ZHANGJIAJIE TUJIAYU DIMING QUANSHI

张家界土家语地名诠释

永定区 武陵源区 · 上 册

尚立昆 尚立晰 / 编著

民族出版社

政区划简图

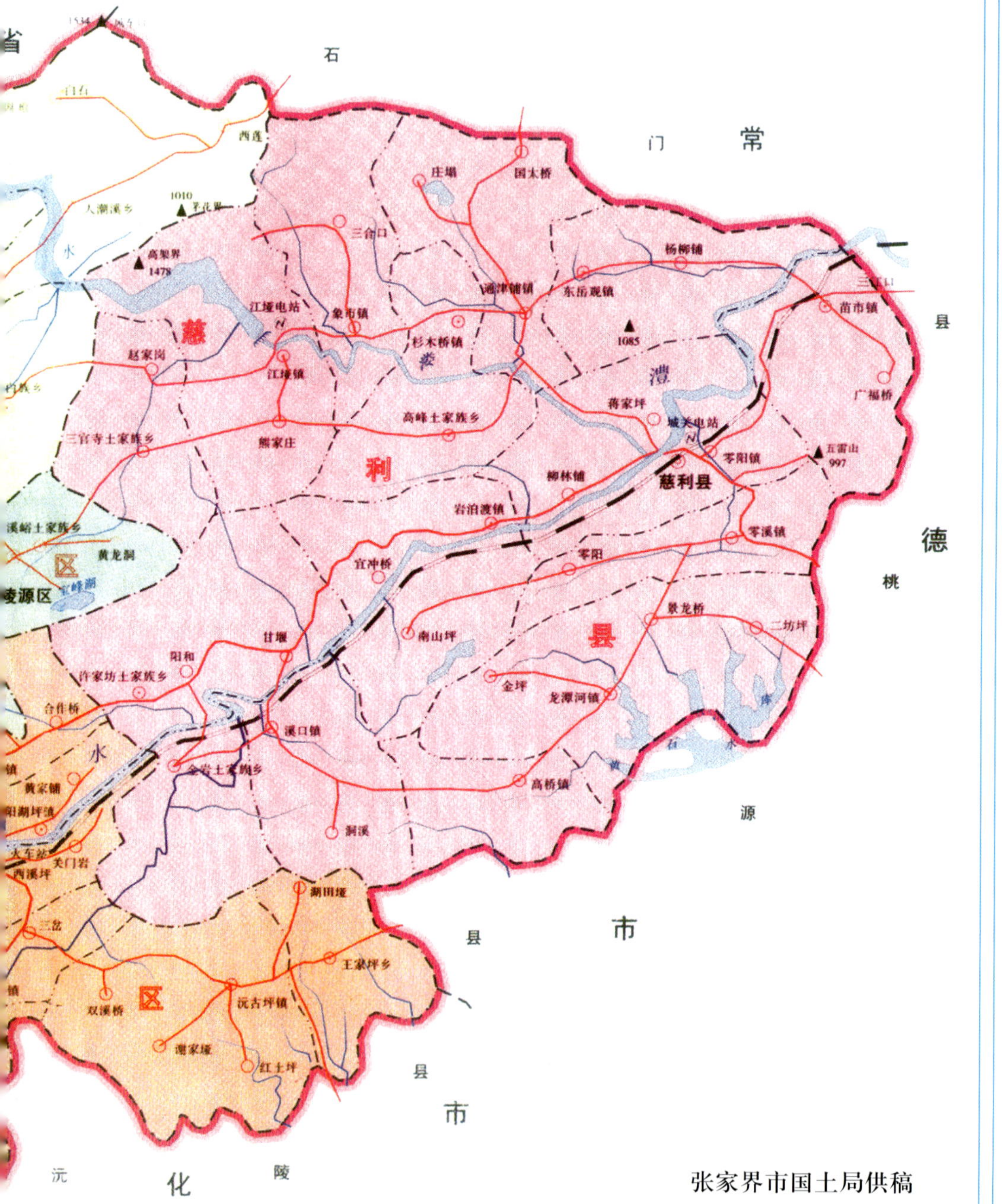

张家界市国土局供稿

张家界市行

湖 北
湘西土家族苗族自治州
龙山县
永顺县
怀
桑植县
武陵源
永定区
张家界市
天平山
八大公山
五道水镇
四方溪
龙潭坪镇
芭茅溪
苦竹坪
金藏
长潭坪
青龙山
细沙坪
大木塘
沙塔坪乡
谷罗山
官地坪镇
河口乡
瑞塔铺白族乡
天子山镇
贺龙公园
中湖乡
兴隆
教字垭镇
罗水
禹溪
官坪
沙堤乡
温塘镇
三家馆乡
大庸溪镇
枫香岗
后坪镇
天门山 1517.9
七星山 1528.6
石长溪林场
沅溪
四都坪
青安坪
罗塔坪
图例
市政府驻地
县(区)政府驻地
乡(镇)政府驻地
片驻地
省界
地(州市)界
县(区)界
乡(镇)界
公路
铁路
河流
水库
电站
比例尺 1:500000

前 言

一

5年前，得知我退居二线，族兄立昆便邀我共同编写《张家界土家语地名诠释》。在听了他的构想后，我没多作考虑便爽快地答应了。

之所以爽快答应，是因为我觉得这是一件很有意义的事情。土家族是张家界市的主体民族，且历史悠久，其文化积淀极其深厚。土家语是土家族文化的重要组成部分。由于土家族有语言而无本民族的文字，所以土家语在传承土家族文化方面具有不可替代的作用。但是由于历史的发展和社会的进步，这种没有载体——文字的语言，已经濒临消失。编写这样一本书，可以使这一濒临消失的语言得以用书面的形式部分地永久传承，可以说这是对土家语这一土家族文化的一种抢救性工作，此其一。自1957年土家族被确认为单一民族以来，土家族地区的民族工作者和研究者，对土家族文化的研究迸发出极大的热情，也出了一批研究成果，尤其是对土家语的研究有了突破。20世纪80年代初，吉首大学副教授彭秀模、叶德书两位先生采用国际音标和汉语拼音方案结合土家族语言编制了一套土家语拼音方案，这是土家语研究史上的一大里程碑。土家语拼音方案能把土家语正确地记录下来，使之达到便于研究和交流的目的，并能使土家语世代传承。但是总体来说，对土家语的研究还是很不够的，成果也不是很多。笔者孤陋寡闻，目前见到的这方面的专著，还只有中央民族大学已故教授罗安源等4位同志合著的《土家人与土家语》，叶德书和向熙勤两位同志合著的《中国土家语地名考订》，张伟权先生编著的《土家语汉语词典》。但是这些都是他山之石。在张家界市，这方面的研究还没有。编写这样一本书，应该是填补了张家界市在这方面的空白，此其二。张家界自古以来就是土家人的家园，几千年的生产生活、繁衍生息，形成和留下了数以万计的土家语地名。但是随着社会的发展，特别是“改土归流”后，土家人中懂本民族语言的人越来越少，大多都转用了汉语，对土家语反而知之甚少，致使不少用汉字记录的土家语地名在一些资料和言传中出现误记误解。张家界是新兴的旅游地区，不少客人对这里的一些地名表现出浓厚的兴趣。而我们的导游和陪同，由于不懂土家语，在解释时或错误地“照本宣科”，或信口开河，以致闹出不少笑话，泯灭了土家族的传统文化。编写这样一本书，实事求是地从这些地名的显性形态（语音、语法、结构等）和隐性内涵（信仰、习俗、道德观、价值观、文化心理、美学观念等）两个方面，准确地诠释其含义、来历及其演变，就能够匡正讹传和曲解，正本清源，从而还原土家族优秀的传统文化，此其三。

之所以爽快答应，还因为我对编好这本书充满信心。这种“信心”主要还不是“自信”，而是“他信”，即对立昆兄的了解。编著此类书，必须具备以下两个条件：一是有一定的文字表述能力；二是谙熟包括土家语在内的土家族文化。这后一条尤其重要，这也是一般人能写出种种鸿篇巨著，却不能编著此类著作的原因。我和立昆兄同族同宗，同乡同村，他长我 10 岁，于我是亦兄亦师。据我了解，这两个条件他都是具备的，而且是优秀的。20 世纪 60 年代，立昆兄进入湖南艺术学校，学习戏曲创作，在这里，他打下了扎实的文字表述和创作基础。参加工作直到退休前，曾有数十篇专业论文见报见刊，数部个人专著问世。因此，编著此书，在文字表述方面当是不成问题的。立昆兄的“帕普”（祖父）是当地小有名气的“梯玛”，“帕普”、“阿巴”（祖母）均操一口地道的土家语。立昆兄儿时就是“帕普”、“阿巴”的一个小尾巴，学、说土家语与汉语几乎是齐头并进。参加工作后，他对土家语又有过比较系统和深入的研究。就懂土家语而言，在张家界除他外，恐再没有第二人。立昆兄从 6 岁起就开始学唱桑植民歌、学跳花灯舞，学打花鼓、九子鞭、莲花闹等民族民间曲艺；学打镏子、打围鼓，吹咚咚喹等民族乐器。从 9 岁起，先后参加了 3 个傩坛，充当一名小梯玛，跟着“帕普”学演傩戏、跳傩舞，学唱《梯玛神歌》、《舍巴歌》，学跳《八宝铜铃舞》、《摆手舞》，可以说从小就受古老民族艺术的滋润和熏陶。参加工作后，除 7 年从事行政工作外，其余时间全在文化部门，主要从事的又是地方文化、民族文化和文物考古工作。这样的工作经历，使他成为张家界地区土家族文化研究屈指可数的专家。由上可见，编著这本书，立昆兄是完全可以独立完成的；拉上我，做一些文字编辑等方面的辅助性工作，只不过想少一些劳心费神，因为毕竟年逾古稀，精力有限。

二

经过6年多的编撰，书稿终成，定名《张家界市土家语地名诠释》（以下简称《诠释》）。全书共收录土家语地名2210个，另收录同一地域（乡镇）汉字记录有异但汉语义相同实为同一土家语的地名近百个，因此实际收录地名2300多个。这些地名覆盖张家界市两区、两县101个乡镇的几乎全部行政村，对应的土家语词汇近千条，这些词汇涉及自然、社会、生产、生活、宗教等方方面面。考虑到这些地名总是在一定的行政区划地域内，只有在特定的地域内，它才是土家语地名。因此《诠释》在编序上采取按行政区划“划块”，即以区县成篇，以乡镇为单元。

《诠释》在参考借鉴同类著作的叙述方法时，在以下几个方面进行了一些尝试：

第一，在记录土家语时，以土家语拼音为主，汉字记音为辅，这与已有的同类著作的记录方法正好相反。作这样的处理，更符合土家语的实际。我们知道，土家族只有本民族的语言，而无本民族的文字，也就是说，土家语没有与之相对应的语言符号即文字，书面表现土家语只有通过记音来实现。在没有土家语拼音的情况下，人们只有选择汉字为其记音，舍此没有其他更好的办法。但是，有了土家语拼音以后就不一样了，土家语拼音比汉字的发音更接近被记录的土家语的实际发音。因此，本书采用以土家语拼音为主记录土家语；同时，考虑到大多数人不了解土家语拼音的实际，又辅助以汉字记音。这样，就兼顾到了各个方面。采用以土家语拼音记音为主，汉字记音为辅的记述方法，表述效果要更好一些。不妨以对“龙借”这个土家语地名的诠释为例来作一个比较。先看按传统的即以汉字记音为主，土家语拼音为辅的表述：

“龙借（$luŋ^{55}tɕie^{35}$）”是土家语，汉语义是“裙”、“裙子”。

再看按本书的即以土家语拼音为主、汉字记音为辅的表述：

“龙借”是土家语$luŋ^{55}tɕie^{35}$的汉字记音，土家语$luŋ^{55}tɕie^{35}$（龙借）的汉语义是“裙”、“裙子”。

前一种表述给人们的信息和印象是：汉字“龙借”是土家语，而土家语拼音$luŋ^{55}tɕie^{35}$是为汉字“龙借”注音的。这显然不是编著者的本义。后一种表述则不一样，它明确的表示，“龙借”没有任何汉语义，仅仅是土家语 luŋ[55]tɕie[35] 的记音。显然这更符合实际。

第二，在用汉字为土家语记音时，尽可能地选用与土家语拼音注音同音的汉字。同其他语言一样，由于地域不同，土家语的语音和词汇也存在一些差别。从大的方面讲，土家语可分为北部方言和南部方言。北部方言分布于湘西北（湘西州的永、龙、保、吉四县市，张家界市的四个区县，常德市的石门县）及其周边的鄂、渝、川、黔的一些县；南部方言分布在湘西州的泸溪县的大、小陂流村。两大方言之间语音和词汇差别很大，难以对话交流，且操南部方言的土家族人口不足千人。因此，本书在为土家语记音时对南部方言不予考虑。北部方言区域内的东部区（张家界市和常德市的石门县）和西部区（北部方言区除东部区之外的其他地区）之间的语音也存在一些差异，最显著的是西部区的语音声母中没有汉语拼音的 zh（知）、ch（痴）、sh（诗）等卷舌音，凡 zh（知）、ch（痴）、sh（诗）音一律分别发为 z（资）、c（雌）、s（思）音。韵母中没有撮口呼 ü（迂）音，凡 ü（迂）音一律发为 i（衣）音；韵母中也没有带后鼻音的 ang（昂）音，凡 ang（昂）音一律发为 an（安）音。而东部区 zh、ch、sh 与 z、c、s 发音分明，i 与 ü、an 与 ang 发音也分明。但是，土家语拼音方案是根据西部区的土家语语音编制的，这就使得在为东部区一些语音用土家语拼音方案注音和用汉字记音时陷入两难境地：用与土家语拼音注音同音的汉字记音，会与当地的实际发音不符；用与当地实际发音相符的汉字记音，又会与土家语拼音注音不一致。权衡利弊，《诠释》在用汉字为土家语记音时，选择了与土家语拼音注音同音的汉字（对个别语音按东部区的发音应如何记音给以适当的说明），这样处理，能使汉字记音与土家语拼音注音保持一致，而且也与土家族人口占大多数的西部区的土家语语音相吻合。

第三，在用汉字为土家语记音时，一律用普通话汉字，而不是用方言汉字。我们知道，用来给土家语记音的汉字，是不表示任何汉语义的，它的作用，而且是唯一的作用就是记音，因此，用来记音的汉字越接近被记录的土家语的实际发音越好。以往的一些同类著作，在为土家语记音时，都是采用西南官话（武陵山区方言）汉字。采用方言记录土家语最大的优点是，对于操方言的人群来说，根据汉字就能读出土家语。但是，武陵山区的方言与普通话的发音差别较大，某些汉字按方言发音固然与被记录的土家语的发音相同或相近，但用普通话来读，可能就相差很远了。现在说普通话的人越来越多，操方言、懂方言的人越来越少，用方言记录土家语，适应的读者层面必然会受到限制；而且，即便是在武陵山区内，各地的方言也不尽相同，用方言记录土家语，也会带来地域局限。采用普通话记录土家语，不仅能忠实地表现土家语的读音，而且更“大众化”，能突破人群和地域的局限。

第四，对土家语地名的诠释，既注意准确阐明它的含义，又注意揭示它所包含的土家文化。本书对土家语地名的诠释，一般按以下几个层次阐述：阐明该地名是纯粹的土家语地名，还是土家语与汉语结合运用的地名；阐明其演变过程；详细诠释该地名中土家语部分的汉语含义；阐明该地名得名的缘由；对有特殊含义的地名，作相关的说明和介绍。这样阐述，不仅诠释了地名的含义，还“带”出了与之紧密相联的一些土家文化。如土家人的宗教“还神愿”，建筑艺术“转角楼”，婚嫁习俗“哭嫁”，以及服饰方面的“西兰卡普”、“袜裤”，饮食方面的“团馓”、“豆豉”，生产活动方面的“砍火畲”、“赶仗”，居住方面的“干栏”、“土筑墙”、“风火房”，等等，书中在对相关地名作诠释时都有较为详细的介绍。这就使本书的价值得以拓展，即既有诠释地名含义的价值，又有从多方面展示、弘扬土家文化的价值。

以上尝试，是弄巧成拙，还是有益的探索，只有留给读者来评判了。当然，更期望得到方家的指导。

三

《诠释》虽然收录了张家界市土家语地名 2300 多条，但这只是张家界市全部地名中的一部分，而且是很少很少的一部分。张家界市的地名到底有多少，其中的土家语地名到底有多少，笔者没有办法弄清楚，但是可以肯定地说：张家界市的地名绝大多数是土家语地名。这绝非信口开河。

地名是人们用以寻找和识别地物方位和性质的一种代号。它是人的主观意识活动的产物，即人们对自然（身边生存环境）认识的产物。因此，人们对一个地方命名，在很大程度上要受人们的语言、文化素养的影响，尤其是离不开命名者所操持的语言。人们一般只会用自己的语言来为一个地方命名。对“海参崴”，中国人叫“海参崴”，而俄罗斯人则叫“符拉迪沃斯托克”，恐怕就是这个道理。张家界是土家族聚居区，也是土家人的世居地。这里山大沟深，交通闭塞，加上“汉不入峒”旧俗的影响，历史上这里长期由土家先民“一统天下”，土家语也就成为这个地区的主流语言（很可能是唯一通行的语言）。为了生产和生活的需要，先民们在辛勤开垦这方水土的同时，也给这里的山山水水、沟沟壑壑，根据它们的不同特征取下包罗万象、千奇百怪的名称。因为人是土家人，语是土家语，这些地名就只能是土家语地名了。诚然，地名是历史形成的，因而会随着社会的发展和人类的进步不断发生变化。东汉以降，汉人陆续进入这一地区，带来了汉语言和汉文化，打破了土家人和土家语在这一地区“一统天下”的局面。土家语由于没有文字支撑，根本无法与汉语言和汉文字抗衡，此消彼长，坚守了几千年土家语的土家人转用汉语言和汉文字。在这样的情况下，产生一些汉语地名也是情理之中的事了。但这毕竟是有限的，因为土家先民们留给后人命名的空间——“无名地”已经不多，多数情况是将原来只有语音的土家语地名，变成既有语音又有文字的地名，即将土家语地名循土家语之音用汉字记录下来，给穿上汉语的外衣。但这恰如一个女人穿上男装仍是女人一样，这些地名尽管披上了汉语的外衣，其实质、内涵仍属土家语地名。

张家界地区的地名绝大多数是土家语地名（准确一点说是土家语与汉语结合运用的地名），应该是毋庸置疑的，遗憾的是这一点并没有成为张家界人的共识。原大庸县（当时属湘西土家族苗族自治州，1988 年划归大庸市即今张家界市后改为“永定区”），1982 年进行了一次地名普查，编印了一本地名录。该地名录共收录地名 3567 条，但在对地名含义解释时，竟然没有一条说明是土家语地名的。慈利县 2007 年出版了一本《慈利县地名志》，全书共收录地名 2595 条，也没有一条说明是土家语地名的。对一些莫名其妙的地名，人们宁肯去瞎猜、胡编，也不愿往土家语方面去想。更有甚者，对一些原本就被误记的土家语地名，不去“拨乱反正”，正本清源，反而以行政手段将其更名为汉语地名，使其更加偏离该地名的真实含义。如有个县老城区有一条街，原名“毕架路”，“毕架”是土家语 pi^{35}tɕi^{55}（毕基）的误记，汉语义是“土家”；“毕架路”就是“土家路”，多好的路名。可是，2006 年县政府却行文将其“规范”为“笔架路”。真是不可思议。现在，全市的市区、县城，对街道两旁的建筑物大搞“穿衣戴帽”工程，以求从建筑方面彰显民族风格和地方特色；另一方面，对土家语地名却又挖空心思“改土归汉”，岂非咄咄怪事！

随着旅游业的发展，地方文化和民族文化越来越显其魅力，已成为旅游的鸟之一翼，车之一轮。因此，我们有必要重新认识张家界的土家语地名，从土家语地名入手，深入挖掘土家语言文化和土家语地名文化。《诠释》所收录的这些地名，虽然涵盖了全市两区、两县的全部乡镇，但绝大部分是“村级”，即行政村名，至于“组级”及其以下的地名，由于编著者条件所限，还很少涉及。而“组级”及其以下的地名，在全市地名中显然是大头，而且这部分地名由于“小”，很少见诸文字，因而便少了被误记和讹编的印痕，原汁原味，土家语特色更为明显。从这个意义上说，《诠释》做得还很不够，权当抛砖引玉吧！我们期待一部能囊括张家界市全部土家语地名的《诠释》问世！

尚立昕

2015 年 10 月

导 言

张家界市山清水秀，坪坝星罗，气候温和湿润，自古以来就是土家人的理想家园。土家族从遥远的古代一路走来，留下了成千上万的土家语地名，珍珠般地缀满了溇、澧河畔的山山水水。任时光荏苒，云卷云舒，这些地名至今仍绚丽多姿，绽放着璀璨夺目的光辉。

土家语地名作为一种地名文化，承载的是土家人的千古文明，蕴含着土家族万世不衰的民族风情。我们怀着无比的眷恋，在这片土地上拾金掇玉，选择其中的一批予以诠释，只为对那尘封旷久而仍未发生变化的核心习俗的依恋，只为对那古老而又温馨的故园情结和稀释了的乡愁的追寻。

一

土家族自称“毕基卡”或“毕兹卡”。“毕基卡”或“毕兹卡”，过去通常被译为“本地人”。今天看来，这种译法并不妥切，它的实际含义应是“土著族”或“世居人”。土家族的《摆手歌·迁徙歌》中有一段唱词这么唱道：“……杀日恰过了/红捧那知过了/到了洗口/河中岩石挡住路//……站在船上/看到岸上/岸上是些什么人呢/嘴巴像水瓢/鼻孔像灶孔/脚杆柱头粗/眼睛像灯笼/满脸都是毛/叽叽咔咔笑/身上穿的芭茅叶/头上戴的芭茅草/舞手舞脚/喊喊叫叫/怪模怪样的人过来了///社巴公公走上前/笑眯眯/开言道/天长路远这里来/翻山过水这里来/今朝宝山借路过/借条大路请让开//公公言语实在好/他们叽叽咕咕笑/哩哩喇喇吹起来/叮叮咚咚敲起来/缩手缩脚让开了/闪出一条大路。”这些“怪模怪样”的人，显然就是当地的土著先民。

20世纪80年代，考古工作者先后在慈利县的金岩和桑植县的朱家台发掘了两处旧石器时代遗址，证明早在10万至30万年以前，在澧水中上游地区就有人类生息繁衍。接着又在桑植县发现了两处新石器时代遗址，并在澧水和溇水两岸发现了商代以前的居住遗址200余处。这些古文化遗址一脉相承，独成体系。1989年5月下旬，中国社会科学院学部委员安致敏教授和北京大学考古系教授邹衡先生特地来到张家界，对同类的桑植县

48 处商代遗址明确做出了鉴定，认定这批遗址属二里头文化晚期（即夏代晚期）至商代早期的文化遗存，距今约 5000 年左右，是全国独有的一种文化类型，建议命名为“桑植文化”或“朱家台文化”。

从 1987 年以来，考古工作者先后在慈利县的官地和石板、桑植县的朱家台、永定城区等地，发掘了战国至汉代的墓葬 300 余座，并发掘了多处古居住址、窑址和城址，获得了相关时期的大批文物。经有关专家认定，澧水中上游地区历史文化的创造者应是古代濮人，其历史文化应是古代濮人文化。省考古所所长何介钧先生指出：“先秦时期，在湘西、湘西北地区……有百濮民族的一些支系”，“曾经在湘西、湘西北地区长期居留和经营。”湖南省社科院教授田曙岚先生指出：“湘西丘陵地实为古‘卜’人或‘濮’人的宅居地。”湖南省考古所柴焕波先生特地对湘西北地区的濮人墓葬进行了检索，明确指出：“张家界市菜籽塆 12 号墓”，“慈利官地 M5、石板 M20”，“还有桑植朱家台战国墓地 M3、M4、M10、88M13，都是典型的濮人墓。”

由此，考古界形成了一个共识：湘西北地区的土著先民就是古代濮人。考古学界并且认为，上古濮人为中古僚人的先民，中古僚人为后来土人的先民，由濮到僚，由僚到土，由土到土家族，构成一条完整有序的历史链条，勾划出一条比较清晰的历史发展轨迹。

考古界的这种认识，与历代典籍对濮人地望的记载也是一致的。据《逸周书·王会解》载：商时，百濮在商的“西南”。《左传·昭公九年》载：西周时，濮为周的“南土”。《史记·楚世家》正义引刘伯庄云：“濮在楚西南。”晋代张华《博物志》载：“荆州极西南界至蜀，诸民曰僚子。”

这就清楚地表明，张家界境内土家族的原始祖先是古代濮人。他们“筚路蓝缕，以启山林”，开辟了这方土地；以后先后融合了庸人、楚人、少量巴人和部分汉人，而成为雄踞一方的“毕基卡”。他们用自己的勤劳和智慧，开创了澧水中上游的历史文明，并以鲜艳亮丽的文化光辉照亮了一方天空。

《张家界市土家语地名诠释》的形成，我们始终按住这条律动着的历史脉搏，力求揭示土家语地名的显性形态和隐性内涵的本质联系，全面系统地拾取土家族的历史资料，从语言学、考古学、历史学、社会学、民族学、民俗学、生态学、宗教学、经济学等等，多角度、多方面地揭示它们之间的对应关系，以期达到弘扬土家族优秀传统文化的目的。

二

土家语地名，完全是以土家语作地名的称谓。要准确地揭示它的表层形态和深层含义的对应关系，就必须弄清土家语的一般规律。

土家语，土家人称其为 $pi^{35}tsi^{53}sa^{21}$（毕兹萨）。从古到今，它自然地形成了古代土家语和现代土家语两大板块，但又是一脉相承、联系紧密、彼此不可分离的。这种语言既不同于汉语，也不同于邻近的苗语、瑶语、仡佬语和白语。土家语属于汉藏语系缅语族，比较接近于彝语支系的一种独立语言，权且称为“土家语支”，它有21个声母、23个韵母和4个独特声调，土家语地名就用这种语言命名。它的基本特征：有辅音，无复辅音；复合元音较多，辅音韵尾较少；词汇有单音词，也有复音词，但以复音词占优势。句子的基本语序有“主语—谓语”和“主语—宾语—谓语”两种结构形式；名词和领格代词作主语在被修饰语之前，形容词定语在被修饰语之后，指示代词位于所修饰的名词之前。

按照传统，土家语一般划分为北部方言区和南部方言区。南部方言区主要指湘西自治州的沪溪县潭溪及周边地区；北部方言区则地域广阔，囊括了湖南、湖北、贵州、重庆四省市边区。两个方言区，语音、词汇、语言结构等都有较大差别，而北部方言区，则语言分歧不大，彼此之间可以通话，可以互相交流。

张家界地区虽然属于北部方言区，彼此之间可以通话，但有的声母、韵母、语音乃至部分词汇，明显存在很多差异，应是实际上的东部方言区。

首先，在声母的发音上，以汉语拼音方案为坐标，北部方言区没有zh（知）、ch（痴）、sh（诗），而是zh（知）、ch（痴）、sh（诗）和z（资）、c（雌）、s（思）通用。东部区则zh（知）、ch（痴）、sh（诗）和z（资）、c（雌）、s（思）十分分明。例如“猴子”，北部方言区发音为se（色），东部区则发音为she（舍）。“鸭子”，北部区发音为sa（萨），东部区的发音则为sha（沙）。

而对声母r（日）的发音，北部区为ri（日），东部区则普遍为er（二）。例如表示“长工”的 $xu^{21}zi^{55}ma^{53}$，北部区发音为“胡日马”，东部区则发音为“胡二马”；又如表示“做摆手”的 $se^{53}pa^{53}zi^{55}$，北部区发音为

“色巴日”，东部区则发音为“舍巴二”。

其次，表现在部分韵母上，北部方言区没有ang（昂），而是ang（昂）、an（安）通用，都为an（安）；东部区则ang（昂）、an（安）分明。东部区i（衣）、ü（鱼）分明；北部区则i（衣）、ü（鱼）不分，一律为i（衣）。例如表示“火坑”的mi^{55}than^{21}，北部区发音为“米谈”，东部区则发音为“米糖”；又如表示“绳子”的ji^{55}la^{55}，北部区发音为“一拉”，东部区则发音为“玉拉”。

最后，在词汇上也部分地存在着差别。例如“豆腐”，北部区称之为tie^{55}xe^{21}（爹核），东部区的溇水流域则称为xui^{55}ma^{21}（灰马）。“芦苇”，北部区称其为kha^{55}pa^{53}（卡巴），东部区有的地方则称为pa^{55}uan^{53}（巴完）。又如代词“大家”，北部区称其为ma^{21}li^{55}（马里），东部区有的地方则称之为tse^{35}tɕhi^{53}（则起）。存在差别的词汇，还可以找到很多。

东部区和北部区土家语的这些差异，必然反映到地名上来。因为发音的不同，也必然会造成地名记名的混乱，同一个地名往往会记出多种形态，得出多种结果。为了科学、规范、准确地认识和记录土家语地名，本书全部以吉首大学副教授彭秀模、叶德书两先生采用国际音标和汉语拼音方案结合土家语言制订出来的《土家语拼音方案》为基准，一律以普通话汉字予以注音，这是与以往同类著作采用以普通话结合西南官话张家界地区方言中的汉字语音注音所不同的。这不是作者要标新立异，只是希望它能适应更多的读者。诚然，这些汉字在记录土家语地名时并不表示汉语义，只表示土家语的语音。

三

张家界地区的土家语地名，浩如烟海，璨若繁星，虽然经历几千年风雨，从城市到集镇，从集镇到乡村，今天仍然可以清晰地见到它们的身影。越是偏僻的山区，保留得越是完整；越是交通闭塞的山寨，越是原始，越是纯正。同时，我们也可以看到，这些土家语地名都不同程度地留下了人为改造的痕印，与龙山、永顺等地的原始性比较，就显得“现代化”了。这种现象，愈是往东愈是明显，愈是城镇愈是鲜明。

为什么会形成这样的局面呢？溯其缘由，当然是多方面的。

张家界地区居于湘、鄂、渝、黔土家族聚居区的东部前沿，邻近汉区，受汉语影响是其原因之一，但最主要的原因则与历次战乱带来的历史变迁密不可分。

东汉一朝，张家界地区先后爆发了相单程、陈从、覃儿健、谭戎、羊孙、陈汤等起义；宋代，又爆发了田求、雷德进、廖彦等的“反叛”；元朝至明代初年，有尚俄蒂、向大坤揭竿而起；明代，又有覃垕和土千户夏克武、夏三、夏四等剑指朝廷。在长达2000余年的时间内，历代朝廷都在零阳（今慈利县城）设置大本营，兴兵“征讨”。清朝雍正年间，清廷在土家族地区实施“改土归流”政策，废除土司制度，派流官实行中央集权。

在这一系列的“征战”和“讨伐”过程中，历代朝廷在今张家界辖区内，先后设立了安抚司、都元帅府、九溪卫、永定卫和两个千户所，并设置多座关隘，长期派重兵驻守。于是就有一批又一批的官兵和汉族官僚进入这一地区，有一批又一批的各类工匠、商贾进入长住，也有一批又一批的汉人为避战乱逃到了这一地区。后来，这些人中有的不走了，成批地在这一地区居住了下来，形成了客家人口体系，分布于城镇乡村。

这样一来，汉族语言和儒家文化也就自然地来到了张家界地区，并逐渐地取代土家语成为当地的主体语言，土家语反倒逐渐地消亡了。表现在地名方面，也就不可避免地有了对原先业已存在的土家语地名人为改造的刻痕。

土家族有语言但无文字，从前记名时采用的记名符号都是汉字。“改土归流”后，土家人使用的汉语普遍采用西南官话，记名时也是以西南官话中的汉字来对应。这两种语言相差甚远，既使是懂得土家语的人用汉字记音，也很难做到准确无误，更别说不懂土家语的汉人了。

土家语在张家界地区普遍消失较早，不过，在一部分边远山区则是在民国年间才消失。土家语在一些地区消失后，对祖先留下来的土家语地名，人们不再认识也不能理解。记名时，人们通常采用的方法，是因循土家语之音，用汉语之义来想象、猜测、比附和讹编。这样编出来的地名，有的躯壳虽存，含义却变质变味，往往远离本义；有的非驴非马，不伦不类，似是而非；有的本末倒置，与原义完全相背；有的则完全被改造成纯汉语地名，让人啼笑皆非。例如土家语 pi^{35}tɕi^{55}（毕基）或 pi^{35}tsi^{55}（毕兹），原本是土家族的族称，不懂土家语的人记名时，可以猜测附会出多种结果。张家界境内数以百计的“笔架山”、“笔尖界”、“白鸡垭”、“毕家坪”

和“白支坪”、“拜子溪”、“八子界”等等，多由此附会而来。

土家语地名，既有与汉语地名的共性，更有其独特的个性。命名的题材有天象地理，时间节令；有亲属称谓，人事伦理；有宗教礼俗，军事兵器；有数词量词，处所方位；有服饰食物，医药疾病；有文化娱乐，建筑用具；有飞禽走兽，花草虫鱼；有颜色性状，交通工具。这些题材一旦纳入土家族的民族意识之中，就建立起必然的内在联系，很难被人理解，对不懂土家语和土家习俗的人来说，就更是难着边际。例如土家族的民族宗教 $xu^{21}si^{55}tho^{55}$（服司妥），其本义是“祭祖还愿”，不知其义的人记名时，容易浮想联翩，将其猜测为“虎势”、“浮石坪”、“胡沙寨”或“禾生塔”了。又如表示土家族祭祀活动主祭人的 $thi^{55}ma^{53}$（梯玛），人们也只好将其附会为“梯木”、“铁马”或“田马”了。

土家语的发音和声调都十分特别，有的词语则更加奇特，没有一个汉字可以与其相当，用汉字记音时人们往往选择与其发音相近的汉字来替代；而近音汉字常有多个，采用时便可有多种选择。这样记下来的地名，必然会有多种形态，会有多种结果。

值得特别提出的，有以下四例。

土家人称“水”为 $tshe^{21}$（测），如“出水”称为 $tshe^{21}tsu^{35}$（测租），“水井”称为 $tshe^{21}mu\eta^{35}$（测蒙）。但表示“水”的 $tshe^{21}$（测），其声调并不是高升，而是相当于汉语拼音方案的第三声，汉字中找不出一个字可以与其对应。因此，用汉字记音时，人们多选择“车”、“泽”、“测”、“扯”等近音字替代，而以“车”、“泽”替代的居多。

土家语地名的记名中，有的以“杂古”表示“茶叶”，以“咱木界”表示“蜻蜓”，以“扎”表示“鸡”，以“仁和溪”表示“天南星”。其中的“杂”、“咱”、“扎”、“仁”都是 za 的近音替代字。za 的原始发音是“日”和“阿”的拼合，其结果是“日阿”。因为汉字中没有一个字与其发音相同，人们只好选择与其发音较近（实际并不相近）的“杂”、“咱”、“扎”、“仁”、“煞”、“杀”、“撒”等来替代，从而衍化出多种形态，但记音都极不准确。

土家语称“锯子”为 khi^{55}，人们通常记为“去”、“克”或“康”。称“盆子”为 $khi^{55}thi^{55}$，一般记为“去替”或“克替”。其实，土家语对“锯子”的原始发音是 khi^{55}（克衣），对“盆子”的实际发音是 $khi^{55}thi^{55}$（克衣替）。这 khi⁵⁵（克衣）是“克”和“衣”相拼，汉字中没有一个字与其发音相同，与之最接近的是“□（kēi）”，而这个汉字又不常用常见，因此人们记名时只好以与其发音较近的汉字来代替，“去”、“克”、“康”等字便是常被选用的对象，实际并不准确。

在土家语和土家语地名中，可以经常听到土家人称“缺水”为 $tshe^{21}ka^{21}$（测嘎），称“吃肉”为 $si^{21}ka^{21}$（司嘎）；称“柴”为 kha^{21}（卡），称“树木”为 $kha^{21}mu\eta^{21}$（卡蒙）。而在书面记录时，却是 $tshe^{21}ka^{21}$ 普遍记为“车家”，$si^{21}ka^{21}$（司嘎）普遍记为“十家”；kha^{21}（卡）普遍记为“克”或“客”，$kha^{21}mu\eta^{21}$（卡蒙）普遍记为“克蒙”。这是因为在推广汉语拼音方案之前的几千年间，土家语虽有“嘎”、“卡”之音，但通行的西南官话中却并无“嘎”、“卡”二字。在记录土家语时，人们通常采用“家”、“夹”、“佳”之类的近音字来替代“嘎”，以“克”、“客”、“空”、“孔”、“科”之类的近音字来替代“卡”。

上述诸种情况，在张家界地区十分普遍。前人留下来的一些地名资料中，有不少的土家语地名不仅外部形态被弄得面目全非，内在含义也大多被讹变和曲解。

为正本清源，我们首先注重深入的田野调查，广泛听取土家语地名的原始发音，对其正音正调，并从语音、词汇、语法和地名结构等方面加以考辨，实事求是地还原其原始的显性形态。与此同时，尽量弄清其得名的由来，地名的含义，演变的原委，以及与此有关的社会环境和自然环境，准确地揭示其外部形态与内在含义相互间的本质联系。在此基础上，对原有地名资料中的误释、讹传、曲解进行必要的纠正，从而还原土家语地名中蕴藏着但又被泯灭了的土家族传统文化。

土家语地名，犹如艘艘航船，穿过时间隧道，经过历史无情的淬炼，捎来了土家族的一路文明，涉及土家人生活的方方面面，是土家祖先遗留下来的宝贵财富。每一个地名都是一段历史，沉淀着一段历史传奇。为了全面揭示其蕴育的文化信息，我们十分注意沿用土家语地名文化的载体，紧密联系土家族的历史实际，对地名所及的政治、经济、军事、宗教信仰、民族风情、道德观念、价值取向、人际关系、爱情婚姻、文化艺术、审美情趣等全面的传统文化，在诠释中尽量将它们有机地联系起来，做出恰如其分的介绍，尽量使其知识化、趣味化，使每段历史都可供人观看，从中参悟出兴替因缘。

张家界作为世界自然文化遗产，现已成为对全世界开放的旅游地区。在编写本书的过程中，我们始终关注着这片热土的建设和未来发展，以期最大限度地实现“古为今用”，直接为现实服务。

尚立昆

2015 年 2 月 3 日

中国土家族简介

在美丽神奇的武陵山区，居住着一个勤劳善良、行侠仗义的民族。她从远古走来，挟“登楼射虎”之雄风，顶“东南战功第一”的光环，披荆斩棘创业，披坚执锐征战，同各民族同胞一道共创了中华民族的文明和辉煌。她，就是中国土家族。

一、地域人口

土家族是一个古老而年轻的少数民族。说她新兴，因为土家族直到20世纪50年代中期，才获得正式的称谓，被确认为单一民族。在此以前的历朝历代，土家人都被视为“蛮”，作为苗族的一个分支。1950年9月，永顺县土家族姑娘田心桃以苗族身份，作为中南少数民族代表团的成员，在京参加国庆观礼期间，第一次向周恩来、乌兰夫、李维汉等党和国家领导人提出“承认‘毕兹卡’是个单一民族”的要求，引起了周恩来总理及中央有关部门的高度重视。中央人民政府派出四个调查组，根据斯大林关于确定单一民族的四个标准（共同地域、共同语言、共同经济生活、共同心理素质），对土家族的族源历史进行了全面深入的调查研究，提交了具有说服力的田野调查报告，向中央提供了解决土家民族成份的科学论据。1956年12月8日，中共湖南省委向中央上报《关于批准土家族为一个民族的请示报告》。1957年1月3日，中央统战部以“统发电507号”下达湖南、湖北、四川、贵州省委统战部，确认土家族为单一民族。从此，土家族成为中华民族和睦大家庭中的幸福一员。

今天的土家族主要分布在湘、鄂、渝、黔四省市接壤的武陵山区，具体一点说是，湖南省的湘西土家族苗族自治州、张家界市、常德市石门县，湖北省的恩施土家族苗族自治州，重庆市的黔江区，贵州省的铜仁地区，四川省的巴中、达州一带。据2010年全国第六次人口普查数据显示，土家族总人口为835万人，在全国民族人口中排名第七位。其中，湖南省263.9万人，湖北省211.8万人，贵州省142万人，重庆市120万人，四川省8000人。全国共有2个土家族苗族自治州，即湖南省的湘西土家族苗族自治州（辖吉首、龙山、永顺、花垣、保靖、古丈、凤凰、泸溪8县市）和湖北省的恩施土家族苗族自治州（辖恩施、利川、建始、巴东、宣恩、咸丰、鹤峰、来凤8县市）；8个土家族（或土家族苗族）自治县，即湖北省的长阳、五峰，重庆市的石柱、秀山、酉阳、彭水，贵州省的沿河、印江；加上重庆市黔江区，在土家族聚居地区共有25个区、县市实行民族自治，另有一批县（区）享受民族自治待遇，如张家界市的桑植县、永定区和武陵源区。

二、历史源流

土家族又是一个古老的少数民族。据古代文献资料记载和考古发现显示，早在距今三四千年前的夏、商、周时期，其先民就稳定地生活在武陵山区一带，这些先民应当就是土家族的“源头”、“始祖”。但是，这些先民具体属于哪一部分人，却又是众说纷纭。至20世纪80年代初，形成了“巴人”、“乌蛮”、“土著”三说。但广大研究工作者并未就此止步，在深入研究的基础上，特别是依据大量的考古发现，至本世纪初又形成了新“三说”：

一是“巴人说”。“巴人说”认为，今天的土家族是古代巴人的后裔，具体说是巴氏之子务相即廪君的后裔。此说所依据的古代文献资料，最具代表性的是《后汉书》中的一段记录：

“巴郡、南郡蛮本有五姓：巴氏、樊氏、瞫氏、相氏、郑氏，皆出于武落钟离山。其山有赤、黑二穴。巴氏之子生于赤穴，四姓之子皆生黑穴。未有君长，俱事鬼神；乃共掷剑于石穴，约，能中者，奉以为君。巴氏子务相乃独中之……又令各乘土船，约，能浮者，当以为君。余姓悉沉，唯务相独浮。因共立之，是为廪君……廪君死，魂魄世为白虎；巴氏以虎饮人血，遂以人祠焉。”

此说的主要代表是中央民族学院（即今中央民族大学）已故著名教授潘光旦和他的《湘西北的“土家”与古代的巴人》。此说也是鄂西多数土家族研究者和工作者的共识。

二是“賨人说”。“賨人说”认为，土家族是古代賨人的后裔。“賨人”因称“赋”为“賨”而被他称为“賨人”；又因“賨人”在打仗时以虎皮板作

“盾”，又被他称为“板盾蛮”。“賨人”主要活动在古代巴国和楚国边境，曾在宕渠（今四川省宕渠县东北）建立过賨国都。关于“賨人”的活动情形，《后汉书》(卷八十六《南蛮西南夷列传》有一段比较完整的记录：

“板盾蛮夷者，秦昭襄王时有一白虎，常从群虎数游秦、蜀、巴、汉之境，伤害千余人。昭王乃重募国中有能杀虎者，赏邑万家，金百镒。时有巴郡阆中夷人，能作白竹之弩，乃登楼射杀白虎。昭王嘉之，而以其夷人，不欲加封，乃刻石盟要，复夷人顷田不租，十妻不筭，伤人者论，杀人者得以赕钱赎死。盟曰：‘秦犯夷，输黄龙一双；夷犯秦，输清酒一钟。’夷人安之。至高祖为汉王，发夷人还伐三秦。秦地既定，乃遣还巴中，复其渠帅罗、朴、督、鄂、度、夕、龚七姓，不输租赋，余户乃岁入钱，口四十。世号为板盾夷。”

此说的主要代表有中央民族大学已故教授罗安源、湘西土家族研究者田荆贵以及他们的著作《土家人与土家语》。

三是“濮人说”。“濮人说”认为，今天的土家族的族源就是生活在武陵山区的土著先民，而这些土著先民就是古代濮人。古代濮人活动的地域分两个部分：其一是湖北的江汉平原，即历史上有名的“江汉之濮”；其二是湘鄂边境的武陵山区，其地域东到常德，南到沅陵，西到巴东、秭归，可称为“武陵之濮”。从周桓王五十六年（前704年）到楚平王六年(前523年)，楚国发动了长达200余年的消灭“江汉之濮”的战争。濮人失败，大部分濮人向西南转移，成为后来的“滇濮”；一部分退居澧水上源区，与当地的濮人（武陵之濮）会合；留在江汉地区的濮人则与当地楚人融合，成为汉族的组成部分。此说曾于1984年《土家族简史》审稿会议上以“论据不足，不宜列为一说”被否定。持此说者主要是湖南省和张家界市的一些民族研究工作者。自1986年秋，在现今的张家界地区进行了大规模的文物考古工作。在发掘中，获得了大批的古文化遗存，而其中大部分可以断定为濮文化的历史遗留，这让持“濮人说”的研究者们兴奋不已。因此，“濮人说”大有“卷土重来”、“东山再起”，甚至“取而代之”之势。

“三说”并存，但主源毕竟只有一个，孰是孰非，只有期待研究的进一步深入。

三、族名含义

土家族具有“双重化”的族称，既有一个土家语的自称，又有一个汉语的自称。土家人以土家语自称为“毕兹卡”（或毕基卡，下同），以汉语自称为“土家族”；对族内自称为“毕兹卡”，对族外自称为“土家”；无论对内对外，以土家语交际时自称“毕兹卡”，以汉语交际时自称为“土家”。现今，“土家族”作为土家人的法定族称行诸各种正式文件和公开场合，而“毕兹卡”一名只在民间或学术著作中使用。

作为土家语族称的“毕兹卡”一名从何而来呢？在土家语里，“毕兹卡”是由“毕兹”和“卡”构成的复合词。“毕兹”是双音节的族名，目前尚难解其具体含义；“卡”指人的族类。据有关学者考证，“毕兹”一名源自古代“賨人”的自称“及孳”（音 bìzī），即周代初记昭王时事的（宗周钟）铭文“南国及孳”。上古时期，“及”、“服”、“愎”、“复”读音相同。随着汉文字的进化演变，“及孳”写成了“服孳”。20 世纪 50 年代以后，今人又用同音的汉字写为“毕兹”，作为土家人的族名，已成为惯例。有的学者将土家语的“毕兹”释为汉义“本地”，将土家语的“卡”释为汉义“客”。但是在现代土家语里，还看不出“毕兹”有“本地”的意思。土家语的“卡”与汉语的“客”虽同出一源，但也不是“客人”的意思，只能理解为“人的族类”。

作为汉语族称的“土家”一名又从何而来呢？它也经历了一个长期的演变过程。唐代以前和稍后，汉文古文献笼统地称中国一切少数民族为“蛮”，如所谓“武陵蛮”、“澧中蛮”、“零阳蛮”、“溇中蛮”、“五溪蛮”、“豫州蛮”、“酉阳蛮”、“彭水蛮”、“溪州蛮”、“石门蛮”，等等，就是对湘、鄂、川、黔等地区包括土家族在内的诸多民族的统称。到了宋代，文献中有“土兵”、“土丁”、“土人”等名称的记载，在字面上以“土”代“蛮”，可能是为了避免在情感上引起严重对立。但这个“土”还不是专指土家族，仍然指同一地域之中包括土家族在内的诸多民族。元、明、清三代，土司制度在土家族地区实行，文献中（主要是地方志）出现了以“土”呼族的名称，如“土兵”、“土民”、“土酋”、“土蛮”，等等。其中“土蛮”一名，以“土”对“蛮”加以类别，是“土家人”的汉语族名的发端。从清代“改土归流”到“民国”时期，大量汉族人和其他民族的人不断迁入土家族地区，进一步形成该地区的多民族格局。社会中的频繁交往，产生了区别不同民族的需要，于是，“土民”、“客民”、“苗民”，“土家”、“客家”、“苗家”等称谓，就在书面上（主要是地方志类）和口头上通行开了。在土家人和其他民族人的心目中，“土家”就是土家人的汉语“族称”。

四、语言文字

土家族是一个“准双语”的民族。土家族中的大部分人（99%）放弃本民族语言而转用各民族通用语言，即汉语；少部分人（1%）保持操用本民族的语言，即土家语。

土家语是一种独立的语言。一般认为土家语属汉藏语系藏缅语族彝语支。但近年来，有的专家通过深入研究，将土家语定为尚未定语系，也有的认为就是土家语系。见仁见智，尚待进一步研究探讨。

土家语可分北部方言和南部方言。北部方言分布于湘西北的永顺、龙山、保靖、古丈县及张家界市和周边的湖北省、重庆市、贵州省、四川省的一些县份；南部方言分布在湘西泸溪县潭溪乡的大陂流村和小陂流村。北部方言操说者占土家族人口的绝大多数，而南部方言操说者不上1000人，几近消失。两大方言之间语音和词汇差别很大，难以对话交流。北部方言区域的东部（主要是张家界市和常德市的石门县）和西部（北部方言区除东部区以外的其他区域），其语音也存在着一些差异。

作为一种独立的语音，土家语也有它自身的特点。

在语音方面：北部方言区域的西部区，声母没有卷舌音，即没有汉语拼音的“zh（知）”、“ch（痴）”、“sh（诗）”音，只有与之相对应的“z（资）”、“c（疵）”、“s（思）”音，如“zhīchí”（支持）按西部区土家语发音就是“zīcí”（资词）。韵母没有汉语拼音的“ang（昂）”、“ü（於）”音，只有与之相对应的“an（安）”、“i（衣）”音，因而在实际发音时，“柑”、“缸”不分，“床”、“船”不分，“鱼”、“移”不分。这些经常成为人们在日常闲谈中的笑料，殊不知这正是土家语的遗存。

在语序方面：主谓结构的句子的基本语序是“主语——谓语”，但有宾语的句子的基本语序则是“主语——宾语——谓语”的结构形式。如“狗咬狗”就是“哈列（狗）哈列（狗）嘎（咬）”。形容词、数量词作定语位于中心词之后。如“花被子”就是“西兰（被子）卡普（花）；“一碗饭”就是“自（饭）拉（一）苏（碗）”。形容词不带助词而直接用在动词述语之后作状语。如“好吃”就是“嘎（吃）嚓（好）”，“好看”就是“巴（看）嚓（好）”。动量词作补足语直接用在动词述词之前。如“说一句”就是“拉（一）则（句）里（说）”，等等。

土家族无本民族的文字，长期使用汉字。20世纪80年代初，吉首大学副教授彭秀模、叶德书两先生采用国际音标和汉语拼音方案结合土家族语言创编了土家语拼音方案，这是土家语研究史上的一大里程碑。土家语拼音方案能把土家语正确地记录下来，使之达到便于研究和交流的目的，并能使土家语世代承传。

五、文化习俗

古老的民族，神奇的土地，必然会产生灿烂的民族文化。土家族在漫长的繁衍、发展、传承过程中，形成了多姿多彩、独具特色的文化习俗。

（一）节庆方面，主要有“过赶年”、“社巴节”和“六月六”

“过赶年”是土家人最隆重的节日，也是土家族独有的民族节日。所谓过赶年，就是按农历比汉人提前一天过年，即腊月大二十九日过年，腊月小则二十八日过年。土家人过赶年的习俗源于土家儿郎的一次抗倭经历。据传，明嘉靖三十三年（1554）腊月，土家先民正准备过年，朝廷突然下旨，征调湖广土兵限期开赴苏淞抗倭前线。为不误军期，又能让这批土家官兵过了年再走，土司王一声令下，各峒土民一律于二十八日过年（是年腊月小），并同时祭祖祭天。腊月二十九，正当汉人热热闹闹过大年时，这批应征的土家儿郎已告别亲人，踏上了抗倭征途。他们风雨兼程，终于按期到达苏淞前线，并在嘉兴一战成名，取得抗倭以来首次大捷。明皇帝龙颜大悦，钦赐“东南战功第一”匾额。喜讯传来，土家山寨一片欢腾。人们把这次胜利与提前一天过年、祭祖祭天联系起来，以为吉利，于是每年都比汉人提前一天过年，以致相沿成习至今。

“社巴节”，有的地方称“调年”，时间在正月初三至初七。每逢节期，姑娘们穿上节日盛装，小伙子背上鸟枪大刀，老人孩子带着水酒、猎物等供品，聚集摆手堂前，燃起三堆熊熊篝火，敲起深沉的鼓乐，奏起欢乐的咚咚喹，鸟铳、三眼炮齐鸣，大家围着火堆尽情地唱着土家民歌，跳起摆手舞。“社巴节”的本质是祭祀活动。同时，男女青年通过赛歌、跳摆手舞进行交往，寻找自己的意中人。

“六月六”的来历在土家族地区有几种不同的版本，在张家界地区则是为了纪念土家族的英雄覃垕王。相传在明洪武年间，茅岗土司王覃垕，因不满明王朝的统治，聚十八峒土司反叛朝廷。征战七年，终因寡不敌众而被俘。覃□被押解到京城，朱洪武不仅将其杀害，而且还令人将其剥皮(传说其背有龙纹)。覃垕遇害的这天正是农历六月初六。为了纪念覃垕王，土家人每到这天，就要办酒肉，舂粑粑，推豆腐，祭祀一番；同时还要将衣物翻晒一次，意为“晒龙袍”。

(二) 舞蹈方面，主要有摆手舞和茅古斯舞

“摆手舞”又名“舍巴舞”，是土家族独特的舞蹈。旧时，逢年过节，土家男女着“斑斓”服饰，聚集于“土王庙”或“摆手堂”，举行祭祖仪式，由“梯玛”（土老司）领带，摆手长歌起舞，人数多少不限，主要动作是“手脚同边摆”，一字排开或圆圈均可。舞蹈者随着锣声鼓点且唱且摆，模拟多种生产动作，“男女相携，蹁跹进退”，舞姿粗犷，富有古朴奔放的生活气息。

“茅古斯”原为古代戏剧，有讲、有唱、有跳。后来，唱白部分全部裁掉，仅剩下跳的部分，就成了现在的古舞形式了。参加表演的人可多可少，少则几人十几人，多则几十人乃至几百人。其中由一人扮演老茅古斯(首领)，少数扮演女茅古斯，其余的人全部扮成小茅古斯。表演者头上扎着用棕叶编的五条辫子，身穿用茅草、树叶、藤蔓编织的草衣，象征着古代毛人。老茅古斯腰上捆一根用稻草扎成的粗鲁棒，用红布包头（象征着男性生殖器)，引出小茅古斯和女茅古斯，抖动着身上的茅衣，曲膝碎步进退，摇头抖肩。茅古斯表现的内容复杂，主要分为“祭祖先”、“开山”、“赶仗”、“生产”、“抢婚”、“调年”六场，动作极为粗犷原始，再现了土家先民的原始生活，是今天土家族舞蹈群星中最为独特的一朵艺术奇葩。

(三) 建筑方面，主要有转角楼

土家族的建筑艺术集中体现在他们的民居建筑——转角楼。

转角楼又称“走马转角楼”，客家人称其为“吊脚楼”，纯木质结构。整套房子由正屋、偏屋、吊脚楼组成，采用穿眼式结构，不用一钉一铆。正屋一般为三间（四扇）或五间，每扇有三柱四棋、四柱五棋、五柱六棋不等。正屋当中一间为堂屋，为敬祭祖先和举行重大仪式之所；左右两边为火坑屋和住房；两头称“偏房”，俗称“磨房”，又叫“骡子屁股”，作

灶房或磨房之用；紧接“磨房”处，一边或两边向前方就起吊脚楼。其楼一般为三扇两间，上下两层，上层住人，下层为杂物间；其前方多修饰檐，其顶正前两角翘起，饰以龙头鱼尾，气势雄伟。转角楼一般有四种形式：

一是单边吊，即正屋的一头厢房（根据建房的地势或屋势的风水而定）悬空吊脚。这种形式美观、大方、适用，一般小户人家都采用这种形式。

二是双边吊，又称撮箕口，即正屋的两头厢房都悬空吊脚。这种形式气势宏伟、富丽堂皇，住起来宽敞、舒适，一般为中等人家首选。

三是四合井，即正房建两层楼，然后将正房两侧厢房用吊脚楼连为一体，形成一个城堡式的天井院。这种形式豪华、气派，多为旺族或富裕人家采用，是土家上层人的象征。

四是双层吊（多层吊），即正屋建两层（或多层），四周悬空吊脚。这种形式的吊脚楼也只有大富人家才能建得起。

（四）婚嫁方面，主要有哭嫁

哭嫁，就是姑娘在出嫁前夕，将胸中对父母的养育之恩、对兄弟姐妹的情谊、对生活的艰辛和对包办婚姻的抑郁之气，用悲哀婉转的曲调哭诉出来，是一种亦哭亦歌的情感方式，有词有调有泪，是声泪俱下的哭歌。

哭嫁是土家女儿自古就有的，土家姑娘出嫁时都要哭。旧时，土家人把是否会哭作为衡量女子才智和贤德的标准。会哭的妹子就是乖妹子，不会哭的妹子就是傻妹子。哭嫁时哭不出，会被认为心狠，巴不得离开爹娘。因此，即便不会哭，干嚎也得嚎几声。正因为如此，土家姑娘进入十二三岁年龄就开始学哭嫁。

哭嫁歌的调子虽然是固定的单一的，但哭词内容却是丰富多彩的。一般有哭父母、哭姐妹、哭哥嫂，总之凡比自己年长辈高的都要哭到，主要是倾诉感恩、难舍、牵挂之情。最有趣的是“骂媒人”，将对包办婚姻的满腔愤慨，一股脑儿发泄出来，把媒人骂得一无是处。哭到男的，一般都要给钱，称“哭钱”；若哭到女的，不给哭钱，但要陪哭一场。新娘一般于出嫁前三天或十天开始哭。大户人家也有提前一个月开始的。到出嫁前一天晚上达到高潮，平时相处得好的姊妹伙伴都来陪哭，称“陪十姊妹”。哭嫁期间，新娘不正式用餐，仅以鸡蛋、炒米（爆米花）、糖食、果品代替，表示难分难离，无法下咽。

土家人的哭嫁习俗随着社会的发展而逐渐淡化甚至消失，但在一些土家族聚居的地区，特别是一些偏远山寨，仍然保留着这一古老的遗风。

（五）工艺方面，最具有特色的是土家织锦——西兰卡普

西兰卡普，土家语，汉语义为“土花铺盖”，实为土家彩锦。西兰卡普历史悠久，汉代即列为朝廷“贡布”。现在的西兰卡普，其用途已远远不止于做“铺盖”（被面）。

西兰卡普分为打花、挑花、绣花三类，以打花、挑花最为有名。最初的西兰卡普是用麻绩线作经纬，用粗麻线挑成图案，然后用染料染色。后来有用棉线、蚕丝的，有的织后染色，有的染色后再织。染色的颜料多用天然矿物和植物，有土红、品绿、黄桅子、江西绿、栗皮、火坑灰、锅底黑等。到了近代，则多采用各种颜色的绒线或毛线。

制作西兰卡普时，一般席地而坐，将经线一端拴在腰上，另一端固定在木架上或横木上，两端拉紧，然后用一柄牛角挑刀，将纬线按图案的需要一纬一纬地挑入经线中去，制成各种美丽的图案。图案题材大致可分为植物、动物、生产生活用具、几何纹、天象、文字等。

设色自由而夸张浪漫，是西兰卡普最为鲜明的特点，也是土家织锦十分悦目的重要原因之一。这种夸张浪漫的设色方法，是土家人最为大胆的创造，充分反映了土家人民丰富的民族感情和大胆、豪放的民族性格。

张家界市概况

张家界市位于湖南省西北部，位于北纬28°52′~29°48′、东经111°20′~109°40′之间。东西最长167公里，南北最宽96公里，总面积9516平方公里，约为全国版土面积的千分之一。辖永定、武陵源两区和慈利、桑植两县，共7个街道、32个镇、62个乡，146个居委会、1513个村委会。2008年末总人口163.95万人。

张家界历史悠久。在位于慈利县蒋家坪乡金台村遗址采集到的石器、石核等，体现出市域旧石器晚期到新石器时期文化的延续，证明距今约5万~20万年左右先民就在溇、澧沿岸繁衍生息；在位于桑植县朱家台商周遗址发掘出的许多陶器、陶片和石器，经鉴定属夏代晚期至早商时期具有土著特征的文化类型，被命名为“桑植文化”；在位于市城区的古城堤遗址出土的大量战国时期的以陶系为主的器物，经考证为原始社会晚期的文化遗存。张家界，商周时期地属荆楚，春秋战国为楚之黔中地，秦属黔中郡，汉为武陵郡；三国以后到清代，先后属天门郡、北衡州、崇州、澧阳郡、澧州路总管府、慈姑州、慈利县、永顺府；中华民国时期分属武陵道、永顺府和第二、第四、第八行政督察区；中华人民共和国成立后曾先后分属永顺专署、常德专署和湘西自治州、常德地区。1988年5月，国务院批准建立省辖地级大庸市，1994年4月更名为“张家界市”。

张家界资源丰富。旅游资源得天独厚：由我国第一个国家森林公园张家界和天子山、索溪峪两个自然保护区组成的武陵源风景区，总面积264平方公里，于1992年被联合国教科文组织列入《世界遗产名录》，2004年被授予“世界地质公园”（中国首批）。整个景区以世界罕见的石英砂岩峰林峡谷地貌为主体，奇峰异石冠绝天下，苍山秀水绚丽多姿。它汇天下名山大川之大成，藏峰、桥、洞、湖、瀑于一身，集幽、野、奇、秀、险于一体，有“扩大的盆景，缩小的仙山”、“大自然的迷宫”等美称。卫星景点还有被联合国列为“人与生物圈”观测站的八大公山自然保护区、“百里画廊”茅岩河、“亚洲第一洞”九天洞、天门山国家森林公园和峰峦溪国家森林公园。人文景观有江南古刹普光禅寺、玉皇洞石窟、道教圣地五雷山、贺龙元帅故居、中华苏维埃湘鄂川黔革命根据地纪念馆。物产资源丰富多样：有丰富的山地资源。境内山地面积占总面积的76%，已开发建成300万亩用材林基地、全国最大的面积达40万亩的杜仲基地、南方最大的面积达33万亩的黄柏基地、40万亩的干水果基地和6万亩茶叶基地；全市实现绿化达标，森林覆盖率64%，景区森林覆盖率98%。有丰富的生物资源。张家界属中亚热带山原型季风性湿润气候，独特的地理环境孕育出丰富的生物资源。市域有“绿色基因库”、“天然动物园”之称。现存植物在3000种以上，特别存有大量的古稀树种，仅乔木就有191种，比整个欧洲的总数多一半，裸子植物种类占世界总量的一半以上；珍奇树种有银杏、珙桐、红豆杉、樱花等，名贵中药材有灵芝、天麻、何首乌、杜仲等。常见的野生兽类有60余种，常见的野生禽类有90余种。珍禽异兽有独角兽、云豹、黑熊、飞狐、猕猴、灵猫等。有丰富的水能资源。张家界市是全国10大水电基地之一的湘西水电基地的重要组成部分，澧水、溇水流域水电资源可进行梯级开发，水能储藏量328万千瓦，可开发的有143万千瓦。有丰富的矿产资源。市域内已发现的矿藏有60多种，已探明有一定储量和可开发的28种，开发价值高、储量大的有天燃气、铝土、煤、铁、镍、钼、大理石等，其中铝土矿、镍钼矿、铁矿储量居湖南省首位。已探明煤炭储量10029万吨，远景储量1.5亿吨;天燃气地质储量1892亿立方米，浅层储量5亿立方米。土特产品更具特色。经济林有油桐、油茶、板栗、核桃、柑橘、奈李等，经济作物有烤烟、茶叶、苎麻等，民族工艺品有西兰卡普、刺绣、土家蜡染、挑花织锦、沙石粘贴画、海生物化石工艺品等，土特食品有葛根粉、茅岩莓茶、山野菜、土家腊味系列、木瓜果脯等。

张家界是少数民族聚居地。市域内居住着土家族、白族、苗族等33个少族民族，少数民族人口约126万人，约占全市总人口的77%。土家族是这里的主体少数民族，分布在全市四个区县，人口110多万，约占全市少数民族总人口的90%，全市总人口的70%。张家界的白族源于云南大理，10万余人，集中分布在桑植县，设有七个白族乡。各民族在漫长的繁衍、发展、传承过程中，创造出灿烂的民族文化，形成多姿多彩、各具特色的民俗风情。这里是我国最早实行土司制度的地方，已有上千年的历史，土司文化源远流长。土家族的民歌、摆手舞、茅古斯舞、花灯歌舞，白族的仗鼓舞、九子鞭舞，苗族的猴儿鼓舞、接龙舞等丰富多彩的民族表演形式，构成张家界少数民族传统文化精华。桑植民歌《马桑树儿搭灯台》唱遍祖国大江南北，由宋祖英在维也纳世界音乐圣殿演唱。源远流长的大庸硬气功曾出访欧洲七国表演，一路雄风，令观众叫绝。民族建筑有别具一格的土家转角楼；民族集会有土家人的“六月六”、白家人的“赶会”、苗家人的“四月八”；民族风俗有土家人的“过赶年”、“哭嫁”等。这些植根于民族生产生活的民俗风情，异彩纷呈，既成当今颇具地方特色的现代民族文化，也是张家界旅游资源的重要组成部分。

张家界是一片红色的热土。第二次国内革命战争时期，这里先后是湘鄂边革命根据地的策源地和大本营、湘鄂西革命根据地的重要组成部分、湘鄂川黔革命根据地的中心区域。苏维埃湘鄂川黔革命根据地政府（临时省委、省军区、省革命委员会）就设在市区。这里是贺龙元帅的故乡，是贺龙元帅早期从事革命活动的地方，“两把菜刀闹革命”的故事处处传颂，几乎家喻户晓。“桑植起义”与“秋收起义”、“湘南暴动”、“平江暴动”在中国革命史上并列为湖南四大起义。在那如火如荼的革命战争年代，贺龙、任弼时、关向应、肖克、王震、廖汉生等老一辈无产阶级革命家在这里浴血奋战多年，红二方面军从这里出发踏上二万五千里长征。从1928年4月桑植起义到1935年11月红二、六军团誓师长征的八年红色割据期间，47000多名优秀的张家界儿女参加红军。到新民主主义革命胜利，全市有18000多名革命烈士载入史册。

张家界正在崛起。张家界地处湘、鄂、渝、黔交界的武陵山区，又是革命老区和少数民族聚居区，由于多方面原因，这里长期处于贫穷、落后状态。到建市初的1989年，全市国内生产总值仅10.65亿元，地方财政收入0.7亿元,城镇居民人均收入457元，农村贫困人口56.4万人。经过20年的艰苦创业，如今的张家界已旧貌换新颜，发生了翻天覆地的变化。国民经济快速增长。2008年，实现生产总值183.98亿元，为1989年的17.28倍；财政收入13.3亿元，为1989年的19倍；城镇居民人均可支配收入10561元，为1989年的23倍；农民人均纯收入2944元，为1989年的6.44倍；农村贫困人口9.75万人，比1989年减少46.65万人。基础设施明显改善。交通方面，建成荷花机场，已开通至北京、上海、香港以及韩国首尔、釜山等中外30多个大中城市的航线；焦柳铁路连接南北，石长铁路横贯东西并连通京广线，旅游列车直达北京、上海、广州等20多个大中城市；建成常张高速公路，公路通车里程达6558公里，比1989年增加4709公里；由铁路、航空、公路构成的主体交通网络基本形成。通迅方面，先后开通长途直拨电话、长途数字传输、无线寻呼、移动电话、可视电话、数据通信网络和国际互联网等，2008年末拥有移动电话用户38.06万户、固定电话用户32.86万户、互联网宽带用户6.73万户。能源水利方面，先后建成一批发电站、变电站和水利枢纽工程，已由电力输入地变成电力输出地。景区方面，开辟游览线路30多条，开发景点300多处，建成高标准游道300多公里，建成现代化的游览索道3条，户外观光电梯一座。城建方面，全市城市总面积达到39.07平方公里；城市道路总面积437万平方米，人均10.22平方米；公共绿地面积266公顷，人均6.22平方米；建成区绿化覆盖面积1300公顷、绿地面积1163公顷，绿化覆盖率33.2%、绿地率29.77%；城市公园5个，面积78.5公顷；一批垃圾、污水处理设施已经建成或正在兴建，垃圾、污水处理能力大幅提高。旅游业突飞猛进。全市拥有国家级旅游区（点）13个，其中5A级2个、4A级8个；星级酒店57家，其中五星级1家、四星级6家，床位1.32万张；旅行社65家，其中国际社24家；持证导游员2104人，其中外语导游67人；旅游运输公司14家，车辆1127辆；2008年全市共接待国内外游客1680万人次，实现旅游总收入83.5亿元，其中境外游客106万人次，旅游外汇收入2亿美元。

张家界因旅游立市。1995年，时任中共中央总书记的江泽民在视察张家界后亲笔题词："把张家界建设成为国内外知名的旅游胜地"。经过二十多年的发展，这个目标已经基本实现：今天的张家界，不仅拥有"世界自然遗产"、"世界地质公园"、"国家第一批5A级风景区"等顶级品牌，而且荣获了"中国优秀旅游城市"、"全国文明风景区"、"感动世界的中国品牌城市"等多项殊荣。辉煌说明过去，拼搏才有未来。张家界市的各族人民高举民族团结大旗，坚持改革开放方针，发扬艰苦奋斗传统，又在向更高更新的目标冲击，谱写更加灿烂、辉煌的新篇章。

说　明

一、土家族有语言无文字，本书在述及土家语时，采用汉字和土家语拼音两种方法记音。在记述土家语地名条目时，汉字记述在前，土家语拼音在后，如“八节冲 $pi^{35}tçi^{55}tshuŋ^{55}$”；在作地名诠释时，土家语拼音在前，汉字记音（用圆括号括入）在后，如“$pi^{35}tçi^{55}tshuŋ^{55}$（毕基匆）”。

二、土家语分北部方言和南部方言。北部方言分布于湘西北，即湘西州的永、龙、保、吉四县市，张家界市的四区县，常德市的石门县及其周边的鄂、渝、川、黔的一些县；南部方言分布在湘西州泸溪县的大、小陂流村。两大方言之间语音和词汇差别很大，难以对话交流，且操南部方言的土家族人口不足千人。因此，本书在为土家语记音和诠释其含义时，不考虑南部方言，只按北部方言记音释义。但北部方言区域内的东部（张家界市和常德市石门县）和西部（北部方言区中除东部区之外的其他地区）之间的语音也存在一些差异，最显著的是，东部区的语音有卷舌音 zh、ch、sh 和后鼻音 ang、eng 及撮口呼音 ü，而西部区的语音则没有。土家语拼音方案是根据西部区的语音编制的，张家界市大多数地方的土家语属东部区的语音。因此，在用土家语拼音为张家界市地区的含有上述语音的土家语地名注音时，很难与当地的实际发音完全吻合，即土家语拼音的注音与用普通话的汉字记音很难保持一致。这一点还请读者谅解。

三、书中所称的“东部区”、“西部区”，专指土家族语音区的北部方言区的东部、西部而言。

四、在用汉字为土家语记音时，一律用普通话的汉字，而不用方言汉字。由于土家语发音非常特别，用来记音的汉字的发音与被记音的土家语的实际发音很难做到完全吻合，大多只能是音近而已；用来记音的汉字不表示任何汉语义，因此，在记同一土家语时可能会出现几种不同的汉字，这不是记音的错误。

五、书中音节右上角的数值表示调值，如 $pi^{35}tçi^{55}kha^{21}$ 中的 35、55、21，分别表示高升调值、高平调值和低降调值。土家语有 4 个声调，调值为55、21、35、53，对应的调型分别为高平、低降、高升、高降。

六、土家语的基本语序与汉语的基本语序差别较大，有的甚至完全相反。如汉语的“谓—宾”结构形式，土家语则是“宾—谓”；汉语的“状—谓”结构形式，土家语则是“谓—状”。在将土家语翻译成汉语时，一般应先按土家语基本语序直译成汉语，然后再按汉语的基本语序调整翻译成汉语。但是为叙述简洁，本书在将土家语翻译成汉语时，一律只按上述程序翻译，不一一说明理由，敬请读者见谅。

总 目 录

上 册

中 册

下 册

目 录

永定区土家语地名诠释

永定区概况

永定区地处湖南省西北部，东邻慈利县、常德市桃源县，西抵湘西州永顺县，南接怀化市沅陵县，北接桑植县和武陵源区，是市政府所在地，中心城区距省会长沙约350公里。全区总面积2174平方公里，辖9镇、12乡、6街道，常住人口45.48万人，其中土家族、白族、苗族等18个少数民族人口共计36.3万人，土家族为主体民族。

永定区具有悠久的历史。周属荆蛮，春秋战国属黔中地。自秦置黔中郡慈姑县始，历朝均在此设置机构进行管理。三国、南北朝先后置天门郡、北衡州、崇州、临澧县、崇义县；唐、宋、元并入慈利县；明初始设大庸县，后废，仍属慈利县，在境内置军事机构永定卫，因得永定之名；清雍正八年（1730年）撤卫置安福县，雍正十三年（1735年）建永定县，因与福建省永定县同名，民国三年（1914年）改名“大庸县”。新中国建立后，大庸县隶属湘西土家族苗族自治州，1985年改为州辖县级大庸市；1988年设立大庸地级市后，原县级大庸市更名永定区。

永定区有光荣革命传统。早在东汉，充县人民就曾积极参加相单程、覃儿健、谭戎等反抗朝廷增加赋税的起义；明朝有覃垕、夏德忠、向大坤等反抗民族压迫的斗争；明清年间，一批永定籍志士赴东南沿海参加反击倭寇、抗御帝国主义侵略及反击沙皇支持的阿古柏分裂新疆的斗争；清朝末年，辛亥革命，一批知识分子参加同盟会，投入推翻满清帝制的斗争，血洒荆楚大地；土地革命战争时期，大庸曾是湘鄂川黔革命根据地的中心区，中华苏维埃湘鄂川黔省委、省革委、省军区就建立于县城天主堂，3000多人参加红军，跟随贺龙闹革命；新中国成立后，在剿匪斗争、抗美援朝战争、对越自卫还击战争中，一批批优秀永定儿女为国捐躯。据统计，在共产党领导的人民革命和保卫祖国的战争中，壮烈牺牲的在册烈士就有2124人。

永定区美丽富绕。由于地处武陵山脉腹地，属亚热带季风气候区，这里光照充足，气候温和，四季分明，境内资源丰富，适宜农、林、牧、副、渔业发展。全区森林覆盖率71%，境内有大小河流266条，有镍、钼、铁、钒、煤、磷、大理石等矿产35种，有娃娃鱼、中国鸽子花、银杏等国家二级珍稀保护动植物20多种，名优特产有“土家四绝”（茅岩莓、葛根粉、岩耳、蕨菜）、张家界椪柑、菊花心柚、湘西黄牛等。永定区不仅是张家界旅游核心服务区，而且有自己独特的自然景观。“武陵之魂”天门山如今已是国家森林公园，张家界世界地质公园的组成部分，5A级旅游景区。茅岩河百里河段，百里峡谷，百里画廊，是张家界世界地质公园的组成部分；1987年开漂的茅岩河漂流，成为中国旅游第一漂。

永定区文化底蕴厚重。张家界阳戏、张家界高花灯分别列入国家和省级非物质文化遗产名录；土家茅古斯、大庸傩戏远近闻名；张家界硬气功表演曾随国家领导人漂洋过海，远赴欧洲七国。永定区还有一批魅力四射的人文景观：中华苏维埃湘鄂川黔省委、省革委旧址是全国重点文物保护单位；普光禅寺、玉皇洞石窟、田家老院子是省级重点文物保护单位；土家风情园为国家4A级旅游风景区（点），其中九重天吊脚楼为目前中国最大、最高、最完美的木质结构吊脚楼，被载入吉尼斯世界纪录；秀华山馆、大庸府城也各具特色；世界首台山水实景音乐剧《天门狐仙·新刘海砍樵》，已成为张家界最重要的文化旅游产品。

今天的永定区，在致力打造旅游核心服务区的同时，始终坚持旅游带动战略，大力实施旅游兴区、工业强区、三产富区战略，突出产业快速发展，城市提质扩容，致力构建海内外人士旅游、休闲、投资、创业的乐园。

城 区

市、区两级政府所在地，全市政治、经济、文化中心，距省会长沙约350公里；总面积50.1平方公里。辖区内有6个街道办事处，38个社区，16万多人。枝柳铁路横贯东西，澧水上游穿城而过，荷花机场距城区中心仅5公里。还有天门山国家森林公园以及江南名刹普光禅寺、中华苏维埃湘鄂川黔革命委员会旧址、土家风情园、田家老院子等一批人文景点。

崇 山 tshuŋ^{35}san^{55}

土家语与汉语结合运用的地名："崇"是土家语tshuŋ^{35}（从）的误记，因当地方言"崇"不读作chóng（虫），而是读作cónŋ（从），故有此误记；"山"是汉语。因此，按土家语发音，这个地名的准确记音应是"从山"。

土家语称其"首领"、"大王"为tshuŋ^{35}（从）。据《永顺县志》记载："官长曰冲，又曰送，又曰踵，又曰从。如吴著冲、惹巴冲、药师冲，即吴著从也。"因此，"从山"（崇山）的汉语义就是"首领山"或"王山"，即古代土家族首领居住过的山。

崇山，距市区中心10公里，面积23平方公里，海拔1100余米。山顶为塬，较平坦，面积4平方公里，可耕土地3000余亩。山上有"驩兜屋场"遗址，屋场后山巅有一空旷平地，中有土垄状似坟冢。《大清一统志》云："崇山绝顶有巨垄，传为驩兜冢。"山下有"驩兜石室"、"系马桩"等古迹。看来此山名"从山"（崇山）——"首领山"不是没有道理的。

嵩梁山 suŋ^{35}ȵie^{35}san^{55}

土家语与汉语结合运用的地名："嵩梁"是土家语suŋ^{35}ȵie^{35}的汉字记音，但"梁"是ȵie^{35}（捏）的误记。用汉语记土家语，很难记录准确，将ȵie^{35}（捏）误记成"梁"不足为怪。"山"是汉语。因此，准确一点，这个地名应记为"嵩捏山"。

土家语suŋ^{35}ȵie^{35}（嵩捏）系两个音节：suŋ^{35}（嵩）的汉语义是"首领"、"大王"，ȵie^{35}（捏）的汉语义是"睡"或"长眠"；suŋ^{35}ȵie^{35}（嵩捏）连起来译成汉语是"大王睡"或"大王长眠"。因此，"嵩捏山"（嵩梁山）就是"首领长眠的山"或"大王长眠的山"。简而言之，就是埋葬首领或大王的地方。

天门山，昔称嵩梁山

嵩梁山即今天门山。三国吴永安六年（263 年），山裂，洞开如门，吴帝孙休以为吉祥，遂改嵩梁山为天门山。嵩梁山四面绝壁，海拔 1500 余米，山顶平旷，面积约 2.2 平方公里，高耸崔嵬，翠峰若堆，有丘陵、岩溶、石牙、石林，也有流泉飞瀑，风景怡人，如今已经是国家森林公园，5A 级风景区。1999 年，欧洲六国特技飞行队驾机穿越天门洞，开人类驾机穿越天然山洞之先河。嵩梁山不仅自然风光峻美，而且人文积淀深厚。相传神农雨师赤松子曾在此炼丹，战国时期大纵横家鬼谷子在此学《易》。唐初始建寺庙，元代建天门书院。山上留有千年古墓，也有古代先人的遗迹，更是古代埋葬土家首领、大王之所。此山以“嵩捏”（嵩梁）——“首领长眠”命名，显然是事出有因。

木龙滩 mu^{53}luŋ^{21}than^{55}

土家语与汉语结合运用的地名：“木龙”是土家语 mu^{53}luŋ^{21} 的汉字记音；“滩”是汉语，即“河滩”。

土家语 mu^{53}luŋ^{21}（木龙）系两个音节：mu^{53}（木）的汉语义是“竹”（Bamboo sprout），luŋ^{21}（龙）的汉语义是“养”、“繁殖”，mu^{53}luŋ^{21}（木龙）连起来直译就是“竹养”或“竹繁殖”。前面在“说明”中交待过，相对于汉语的谓—宾结构的语句，土家语则是宾—谓，在译成汉语时要将宾—谓调整颠倒为谓—宾。所以，mu^{53}luŋ^{21}（木龙）连起来译成汉语时应按 luŋ^{21}mu^{53}（龙木）的顺序来译，即“养竹”或“繁殖竹”。（像这样的情况很多，下不赘述）“养竹”、“繁殖竹”，实际就是“竹园”或“竹山”。所以，“木龙滩”就是“竹园或竹山旁边的河滩”。以物产或植物作地名，是土家语地名的一大特色。

木龙滩旁有木龙岗，木龙滩因木龙岗得名，今修有水电站，其名也就叫木龙滩电站。

木纳里 $mu^{53}la^{35}li^{53}$

纯粹的土家语地名，$mu^{53}la^{35}li^{53}$ 的汉字记音。

土家语 $mu^{53}la^{35}li^{53}$（木纳里）系三个音节：mu^{53}（木）的汉语义是“竹子”（Bamboo sprout），la^{35} 的汉语义是“放”、“甩”或“梭放”、“梭甩”，$mu^{53}la^{35}$（木纳）连起来直译是“竹放”、“竹甩”或“竹梭放”、“竹梭甩”；调换语序结构就是“放竹”、“甩竹”或“梭放竹”、“梭甩竹”。li^{53}（里）的汉语义是“地方”。因此，$mu^{53}la^{35}li^{53}$（木纳里）连起来译成汉语就是“梭放竹子的地方”。

山区土家人为了节省体力，常常在较缓的山坡上开僻“梭道”或“梭口”，用来从山上到山底梭放或甩放木材或竹子，这种运输竹木的方式沿用至今。

且住岗 $tɕhie^{55}tsu^{35}kan^{55}$

土家语与汉语结合运用的地名：“且住”是土家语 $tɕhie^{55}tsu^{35}$ 的汉字记音，原汁原味；“岗”是汉语，即“山冈”。但西部区土家语没有卷舌音，凡汉语声母为 zh（知）、ch（痴）、sh（诗）的语音，土家语分别读作 z（资）、c（雌）、s（思）音，所以，按西部区的语音，“住”是 tsu^{35}（租）的音变。因此，这个地名按西部区的语音读作“且租冈”。同样的地名，在土家人聚居的地方存在不少。

土家语 $tɕhie^{55}tsu^{35}$（且住）系两个音节：$tɕhie^{55}$（且）是 $tɕhie^{55}lie^{53}$（且列）的简化，汉语义是“山”；tsu^{35}（住）的汉语义是“出”、“起”。$tɕhie^{55}tsu^{35}$（且住）连起来直译是“山出”、“山起”；调换语序结构就是“出山”或“起山”。因此，“且住岗”就是“出山冈”或“起山冈”。

此地位于澧水之阳，河畔是大坪坝，坪坝的后面是大山。这座大山分出一条支系缓缓伸入坪坝之中，形成一座山冈，这座山冈就是且住岗。名实相符，名副其实。

挨家院子 $ŋai^{55}kha^{35}jan^{35}tsi^{35}$

土家语与汉语结合运用的地名：“挨家”是土家语 $ŋai^{55}kha^{35}$ 的汉字记音，但“家”是 kha^{35}（卡）的误记，土家语言中经常出现“卡”或“嘎”，用西南官话记音时往往记为“家”；“院子”是汉语。所以，这个地名的准确记音应是“挨卡院子”。

土家语 ŋai⁵⁵kha³⁵（挨卡）为一个音节，是一个指示代词，译成汉语是“那家”，比如“那家房子”就是 ŋai⁵⁵kha³⁵tsho²¹（挨卡挫）。因此，“挨卡院子”（挨家院子）就是“那家院子”，与汉语的“院子挨着院子”意义完全不同。

新龙册 ɕi²¹luŋ⁵⁵tshe²¹

纯粹的土家语地名，ɕi²¹luŋ⁵⁵tshe²¹ 西聋扯的误记：“新龙”是 ɕi²¹luŋ⁵⁵（西聋）的音变；“册”是 tshe²¹ 的汉字记音，但按东部区的发音应记作“扯”。所以，这个地名的准确记音应是“西聋册”或“西聋扯”。

土家语 ɕi²¹luŋ⁵⁵tshe²¹（西聋扯、西聋册）系三个音节：ɕi²¹（西）的汉语义是“草”，luŋ⁵⁵（聋）的汉语义是“烂”，ɕi²¹luŋ⁵⁵（西聋）连起来直译是“草烂”。土家语的语序结构还有个特点，那就是形容词作定语位于被修饰的中心词之后，在译成汉语时也需调换语序结构。所以，ɕi²¹luŋ⁵⁵（西聋）调换语序结构译成汉语就是“烂草”。tshe²¹（扯、册）的汉语义是“水”，这里是指水沟。所以，ɕi²¹luŋ⁵⁵tshe²¹（西聋扯、西聋册）连起来译成汉语就是“烂草沟”。

古代，这里地势低洼，常年积水，杂草腐烂成沼泽，因而得名。

这里说明一下，土家语对“水”的称谓，东部区和西部区的语音存在一些差异：东部区的语音相当于汉语拼音的 chě（扯），西部区的语音相当于汉语拼音的 cě，共同点是都是第三声。但查现代汉语词典，汉语拼音 ce 没有第三声的汉字，只有第四声 cè（册、测、策），所以只能将 tshe²¹ 记为“册”、“测”、“策”。

么公坡 mu⁵³kho⁵⁵pho⁵⁵

土家语与汉语结合运用的地名：“么公”是土家语 mu⁵³kho⁵⁵ 的汉字记音，但“公”是 kho⁵⁵（科）的误记，有的记为“木柯”，有的记为“母科”，文字符号虽异，但发音完全相同；“坡”是汉语，即“山坡”。所以，这个地名的准确记音应是“么科坡”。

土家语 mu⁵³kho⁵⁵（么科）系两个音节：mu⁵³（么）的汉语义是“竹子”（Bamboo sprout），kho⁵⁵（科）的汉语义是“山”；mu⁵³kho⁵⁵（么科）连起来译成汉语是“竹山”，也可以引申为“竹园”或“竹林”。所以，“么科坡”（么公坡）就是“竹山坡”或“竹园坡”。

古时，这片山坡竹子多而茂密，故而得名。

咸水坪 $xa^{53}si^{21}phin^{21}$

土家语与汉语结合运用的地名。附近有“咸水潭”和“海士峪”，“咸水”和“海士”都是土家语 $xa^{53}si^{21}$（哈司）的误记；“坪”、“潭”、“峪”都是汉语。所以，“咸水坪”的原始名称应是“哈司坪”。

土家语 $xa^{53}si^{21}$（哈司）的完整音节是 $xa^{53}lie^{21}si^{21}$（哈列司），由于 lie^{21}（列）属于高降轻声，在历史的语流长河中常常被自然省略，就成了现今的 $xa^{53}si^{21}$（哈司），但其含义未变，都是指乔木植物“野杨梅”（Myrica L）。因此，“哈司坪”（咸水坪）就是“野杨梅坪”，“哈司潭”（咸水潭）就是“野杨梅潭”，“哈司峪”（海士峪）就是“野杨梅峪”，都因为生长野杨梅树多而得名。

白洋坪 $pe^{55}jəu^{55}phin^{21}$

土家语与汉语结合运用的地名。此处还有“北洋坡”和“白羊坡”两个地名。这三个地名的“白洋”、“北洋”和“白羊”，虽然语音符号不同，但在当地发音完全一样，其实都是土家语 $pe^{55}jəu^{55}$（白优）的附会和误记；“坪”、“坡”是汉语。因此，这个地名的准确记音应为“白优坪”。

土家语 $pe^{55}jəu^{55}$（白优）是一个由两个单音节构成的复合音节：pe^{55} 是 $pe^{55}kha^{21}$（白卡）的简省，汉语义是“苗族”、“苗家”；$jəu^{55}$（优）的汉语义是“村”、“寨”或“村寨”。$pe^{55}jəu^{55}$（白优）连起来译成汉语就是“苗族村寨”，即常说的“苗寨”。因此，“白洋坪”就是“苗寨坪”，“北洋坡”和“白羊坡”就是“苗寨坡”。古代，这些地方都是苗族同胞居住的村寨，人们便以苗寨作了地名，并流传至今。

这几个地名是一串反映民族关系的“活化石”，它们承载的史实是：土家族和苗族人民，从遥远的古代就共同居住在澧水上源地区，和睦相处，共生共荣，一起开发了这片土地。

白坪溪 $pe^{35}pi^{55}tɕhi^{55}$

土家语与汉语结合运用的地名：“白坪”是土家语 $pe^{35}pi^{55}$ 的汉字记音，但“坪”是 pi^{55}（比）的音变；“溪”是汉语，即“溪沟”。所以，这个地名的准确记音应为“白比溪”。

前面说过，土家语称苗族人为 $pe^{35}kha^{21}$（白卡），也有称 $pe^{35}pi^{55}$（白比）的，还有称 $pe^{35}ma^{55}$（白马）的。因此，“白比溪”（白坪溪）就是“苗族沟”，是从前苗族同胞居住的地方。

四线桥 $si^{21}ɕie^{35}tɕhie^{55}$

纯粹的土家语地名，$si^{21}ɕie^{35}tɕhie^{55}$（司些茄）的误记：由于记名者不懂土家语，误将 $si^{21}ɕie^{35}$（司些）推想为“四线”，将 $tɕhie^{55}$（茄）附会为“桥”，从而将这个地名弄得面目全非。

土家语 $si^{21}ɕie^{35}tɕhie^{55}$（司些茄）系三个音节：$si^{21}$（司）的汉语义是“肉”，也指“野兽”；$ɕie^{35}$（些）的汉语义是“有”或“富有”、“多”。$si^{21}ɕie^{35}$（司些）连起来直译是“兽有”或“兽多”，调换语序结构译成汉语是“有兽”或“多兽”。$tɕhie^{55}$（茄）的汉语义是“山”或“山坡”。所以，$si^{21}ɕie^{35}tɕhie^{55}$（司些茄）连起来译成汉语就是“有兽山”或“多兽坡”。

在遥远的古代，这里树茂林深，草青果肥，是各种野兽繁衍栖息的场所，人们便以这种特点作了地名。

马红溪 $ma^{53}xau^{35}tɕhi^{55}$

土家语与汉语结合运用的地名：“马红”是土家语 $ma^{53}xau^{35}$ 的汉字记音，但“红”是 xau^{35}（浩）的音变与误记；“溪”是汉语，即“溪沟”。所以，这个地名的准确记音应是“马浩溪”。

土家语 $ma^{53}xau^{35}$（马浩）系两个音节：ma^{53}（马）的汉语义是“蜂”（Apismellifera）；xau^{35}（浩）是土家语中的一个修饰语，汉语义是“好多”、“那么多”。$ma^{53}xau^{35}$（马浩）连起来直译是“蜂好多”或“蜂那么多”；调换语序结构就是“好多蜂子”或“那么多蜂子”。所以，“马浩溪”（马红溪）就是“多蜂沟”。

古时，这条溪沟一年四季山花烂漫，不仅是各种野蜂的乐园，养蜂人也常把蜂桶、蜂箱挑到这里放养，因此得“多蜂沟”之名。

白那溪 $pe^{55}lie^{55}ɕi^{55}tɕhi^{55}$

土家语与汉语结合运用的地名：“白那”是土家语 $pe^{55}lie^{55}ɕi^{55}$ 的省略与误记，有的记作“白列士”；“溪”是汉语，即“溪沟”。所以，这个地名的准确记音应是“白列溪”或“白列西溪”。

土家语 $pe^{55}lie^{55}ɕi^{55}$（白列西）为一个音节，译成汉语是“梨子”（Pyrus spp）。因此，“白列西溪”（白那溪）就是“梨子沟”。

有意思的是记名者不懂土家语，只认得其中的“溪”，不懂得“白列西”的实际含义，加上地名的“西”、“溪”相连而又同音，便采取舍去其中一个的办法，从而记录成了今天的“白那溪”。但记名者没有牵强比附，还算比较忠实地记录了地名的原音原义，仍保留了“梨子沟”的精髓。

路木坪 luŋ^{55}mu^{53}phin^{21}

土家语与汉语结合运用的地名：“路木”是土家语 luŋ^{55}mu^{53} 的汉字记音，但“路”是 luŋ^{55}（聋）的音变；“坪”是汉语，即“坪坝”。所以，这个地名的准确记音应是“聋木坪”。

土家语 luŋ^{55}mu^{53}（聋木）为一个音节，有的地方叫 luŋ^{55}muŋ^{53}（聋猛），汉语义是一种叫“三月黄”的“大麦”（Hordeum vulgarel）；因此，“聋木坪”（路木坪）就是“大麦坪”。

在“路木坪”境内还有一地名“六木桥”。在西南官话中，“路”和“六”都读作“路”；因此，“六木桥”就是“路木桥”，就是“聋木桥”，即“大麦桥”，也是因这里从前种植的大麦多而得名。

狗丝峪 ka^{21}se^{21}jəu^{55}

土家语与汉语结合运用的地名：“狗丝”是土家语 ka^{21}se^{21}（嘎色）的音变与误记；“峪”是汉语，即“山峪”。所以，这个地名的准确记音应是“嘎色峪”。

土家语 ka^{21}se^{21}（嘎色）的完整音节是 ka^{21}muŋ^{21}se^{21}（嘎蒙色），由于其中的 muŋ^{21}（蒙）在整个音节中属轻声高降，在长期的语流音变中脱落了，变成了现在的 ka^{21}se^{21}（嘎色），但基本含义未变，汉语义是“枫香”（Liquidambar formosana）。因此，“嘎色峪”（狗丝峪）就是“枫香峪”。“枫香”即枫香树，“枫香峪”就是枫香树多的地方。古时，这个山峪里普遍生长枫香树，故而得名。

土家语 ka^{21}muŋ^{21}se^{21}（嘎蒙色），既可简化成 ka^{21}se^{21}（嘎色），也可简化成 ka^{21}muŋ^{21}（嘎蒙）。土家语对“枫香树”的完整称法是 ka^{21}muŋ^{21}se^{21}kha^{21}muŋ^{21}（嘎蒙色卡蒙），其中的 kha^{21}muŋ^{21}（卡蒙）是“树”。土家语对各种树的称呼同汉语对各种树的称呼习惯——往往只呼其“名”（如杉、松、柳）、不称其“姓”（树）一样，一般也只呼“名”而不称“姓”，如称“枫香树”一般就只称 ka^{21}muŋ^{21}se^{21}（嘎蒙色）或 ka^{21}se^{21}（嘎色）、ka^{21}muŋ^{21}（嘎蒙），而很少称 ka^{21}muŋ^{21}se^{21}（嘎蒙色卡蒙）。

梯化榔 tie^{55}xe^{53}lu^{21}

纯粹的土家语地名，tie^{55}xe^{53}lu^{21}（爹核六）的误记，当地老人们的实际发音也是“爹核六”。

土家语 tie^{55}xei^{53}lu^{21}（爹黑六）由 tie^{55}xei^{53}（爹核）和 lu^{21}（六）两个音节组成：tie^{55}xei^{53}（爹核）的汉语义是“豆腐”，lu^{21}（六）的汉语义是“卖”、“出售”。所以，tie^{55}xei^{53}lu^{21}（爹核六）连起来直译是“豆腐卖”，调换语序结构译成汉语就是“卖豆腐”。

古代，此地属交通要口，村寨重地，有人专作卖豆腐的生意，人们便以“卖豆腐”作了地名。

蝉岩塔 san^{55}ŋai^{55}thu^{55}

纯粹的土家语地名，san^{55}ŋai^{55}thu^{55}（善挨土）的误记：“蝉”是 san^{55}（善）的音变；“岩”在当地不读作 yán（言），其发音与 aí（挨）相近，是 ŋai^{55} 的近音字替代；“塔”是 thu^{55}（土）的音变。所以，这个地名的准确记音应是“善挨土”，按西部区的发音读作“三挨土”。

土家语 san^{55}ŋai^{55}thu^{55}（善挨土）为一个音节，汉语义是“鱼腥草”(Houttuynia cordata)；用作地名，就是鱼腥草多的地方。

“鱼腥草”又名“蕺菜”，俗名“折耳根”，是武陵山区一种可食的野菜，又是常用的一种多年生草药，功能清火消炎，止咳化痰，还是一种上佳的生猪青饲料，很受土家妇女青睐。

杆子坪 kan^{53}tsi^{21}phin^{21}

土家语与汉语结合运用的地名：“杆子”是由土家语 ze^{21}pi^{35}kho^{55}su^{53}(热必可苏）演化而来的；“坪”是汉语，即“坪坝”。

土家语 ze^{21}pi^{35}kho^{55}su^{53}（热必可苏）为一个音节，译成汉语是草药“高良姜”（Alpinia japonica) 或“良姜”、“山姜”，别称“杆子”，也称“小杆子”、“小杆草”。因此，“杆子坪”就是“高良姜坪”。

高良姜根叶清香，从古到今都是土家人治疗胃病的要药。它与香附配合治疗胃寒气滞，可以做到药到病除，是土医药中秘而不传的药方。此地高良姜多，因而便以这种特产作了地名。

与“杆子坪”毗邻的“杆子峪”，同样是土家语与汉语结合运用的地名，汉语义即“高良姜峪”。参看桑植县打古泉乡“赶塔”。

禾生塔 xu^{21}si^{55}tho^{55}

纯粹的土家语地名，xu^{21}si^{55}tho^{55}（服司妥）的误记。

土家语 xu^{21}si^{55}tho^{55}（服司妥）为一个音节，是土家族的民族宗教，译成汉语就是“做土菩萨”、“还神愿”。

土家转角楼——双吊

古代，此地居住有“梯玛”，并以善于“还神愿”著名，于是，人们便直接以 xu^{21}si^{55}tho^{55}（服司妥）——“还神愿”作了地名。详细释义参看桑植县白石乡“黄仕塔”。

碾 洲 lie^{35}tsu^{35}

纯粹的土家语地名，lie^{35}tsu^{35} 的误记：“碾”是 lie^{35}（列）的误记；“洲”作为 tsu^{35}（住）的误记。所以，这个地名的准确记音应是“列住”。按西部区的发音读作“列租”。

土家语 lie^{35}tsu^{35}（列住）系两个音节：lie^{35}（列）的汉语义是“楼子屋”，就是土家族特有的“转角楼”；tsu^{35}（住）的汉语义是“起”、“建造”。所以，lie^{35}tsu^{35}（列住）连起来直译是“楼子屋起”或“楼子屋建造”；调换语序结构译成汉语就是“起楼子屋”，即“建造转角楼”。

古时，此地修建的转角楼多，特色浓烈，人们便以转角楼作了地名。详细释义参看桑植县沙塔坪乡“连三塆”。

沙 巴 sa^{53}pa^{53}

纯粹的土家语地名，sa^{53}pa^{53} 的汉字记音，原汁原味，地道准确。不过按西部区的语音读作“撒巴”。

土家语 sa^{53}pa^{53}（沙巴）系两个音节：sa^{53}（沙）的汉语义是“鸭子”（Anas domestica）；pa^{53}（巴）的汉语义是“看”、“看守”、“照看”。所以，sa^{53}pa^{53}（沙巴）连起来直译是“鸭看”或“鸭看守”、“鸭照看”；调换语序结构译成汉语就是“看鸭”，即“照看鸭子”或“看守鸭子”。

湘西人都非常清楚，所谓“看鸭子”、“照看鸭子”或“看守鸭子”的概念，实际就是“鸭棚”。自古以来，土家人有着养鸭的传统。人们用竹篾编成可以收缩移居的鸭棚，供“鸭客”住宿；用竹条编成同样可以收缩移动的篱笆或栅栏用以关鸭，以便于照看和防守。白天把鸭子放出去，晚上收回来。每到艳阳高照，一条条山溪，一垅垅坪坝，成群的鸭子犹如片片白雪，忽东忽西漂动，叽叽嘎嘎叫唤，热闹非凡，蔚为壮观。从前，这一带草食丰裕，是鸭客们经常放鸭的地方，故而得名。

大漠洲 $tu^{55}mu^{35}tsu^{35}$

纯粹的土家语地名，$tu^{55}mu^{35}tsu^{35}$ 的音变与误记：“大漠”是 $tu^{55}mu^{35}$（都牟）的音变；“洲”是 tsu^{35}（住）的误记。所以，这个地名的准确记音应是“都牟住”。按西部区的发音读作“都牟租”。

土家语 $tu^{55}mu^{35}tsu^{35}$（都牟住）由 $tu^{55}mu^{35}$（都牟）和 tsu^{35}（住）两个音节组成：$tu^{55}mu^{35}$（都牟），永顺、龙山一带的土家人叫 $thu\eta^{53}mu\eta^{21}$（统蒙），泸溪、辰溪一带的土家人叫 $tu^{55}mu^{35}$（都牟），永定、桑植、慈利一带的土家人则两者皆用，汉语义是“纱线”；tsu^{35}（住）的汉语义是“出”，即“生产”、“出产”。因此，$tu^{55}mu^{35}tsu^{35}$（都牟住）连起来直译是“纱线出产”，调换语序结构译成汉语就是“出纱线”；用作地名，就是出产纱线的地方。

从前这里的土家妇女心灵手巧，纺出的纱和线远近驰名，于是人们便以 $tu^{55}mu^{35}tsu^{35}$（都牟住）——“出产纱线”作了地名。

鲁箭垭 $lo^{35}t\c{c}i^{53}\eta a^{53}$

土家语与汉语结合运用的地名：“鲁箭”是土家语 $lo^{35}t\c{c}i^{53}$（洛几）的音变与误记；“垭”是汉语，即“山垭”。所以，这个地名的准确记音应是“洛几垭”。

土家语 $lo^{35}t\c{c}i^{53}$（洛几）为一个音节，有的地方叫 $lo^{35}t\c{c}i^{53}$（洛子），汉语义是“瞎子”。因此，“洛几垭”（鲁箭垭）就是“瞎子垭”。

从前，这个山垭上居住着一个瞎子，叫的人多了，时间久了，“瞎子”便成了这个山垭的地名而流传至今。

兰　岗 $lan^{53}kan^{21}$

纯粹的土家语地名，$lan^{53}kan^{21}$ 的汉字记音，但“岗”是 kan^{21}（干）的音变。所以，这个地名的准确记音应是“兰干”。

土家语 $lan^{53}kan^{21}$（兰干）为一个音节，汉语义是“花边”。

土家人的服式，妇女为“琵琶襟”，其肩颈、两袖、衣襟、胸前以及裤管一般都缀有“花边”；男子为“对襟”，其肩颈、袖口、襟管也缀有“花边”。这些“花边”，土家语称之为 $lan^{53}kan^{21}$（兰干）。“兰干”的花纹式样繁多，艳丽多姿，历史上称为“五色斑衣”；制造工艺有挑，有打，有编，有绣，有染，方式多样。

从前，这里的土家妇女心灵手巧，制作的“兰干”品种多，质量好，远近闻名，人们便以这种特产作了地名。

马郎口　$ma^{53}lan^{21}kho^{21}$

纯粹的土家语地名，$ma^{53}lan^{21}kho^{21}$的汉字记音，但“郎”是lan^{21}（兰）的音变，“口”是kho^{21}（科）的音变。因此，这个地名的准确记音应为“马兰科”。

土家语$ma^{53}lan^{21}kho^{21}$（马兰科）由$ma^{53}lan^{21}$（马兰）和kho^{21}（科）两个音节组成：$ma^{53}lan^{21}$（马兰）虽为一个音节，实际上只是一个音节中的半个音节，整个音节是$lo^{53}ka^{53}ma^{53}lan^{21}$（洛嘎马兰）。人们为了顺应汉语地名的三字命名习惯和传统，在用汉字记名时人为地将前边的半个音节$lo^{53}ka^{53}$（洛嘎）省略掉了，但其基本含义仍被保留，都指只有几户人家居住的“小寨”。kho^{21}（科）有的记为“枯”，汉语义是“小山坡”。因此，$ma^{53}lan^{21}kho^{21}$（马兰科）连起来译成汉语就是“小寨坡”或“小寨山”。

枞榔坪　$tshe^{21}lan^{21}phin^{21}$

土家语与汉语结合运用的地名：“枞榔”是土家语$tshe^{21}lan^{21}$（测兰）的误记；“坪”是汉语，即“坪坝”。所以，这个地名的准确记音应为“测兰坪”。东部区多数地方的发音是“车榔坪”。

土家语$tshe^{21}lan^{21}$（测兰）为一个音节，汉语义是“麻布”。所以，“测兰坪”（枞榔坪）就是“麻布坪”。

旧时，每到夏秋时节，土家男女老幼都喜欢用麻布做衣服来避炎热暑气，用麻布做蚊帐以避蚊虫，麻布成为时尚。这些麻布都由妇女们手工绩成麻线，再用土织机织成麻布，然后用牛粪漂白，有的还染上颜色，工艺十分考究。此地位于澧水河畔，麻多，织机多，织的麻布也多，人们便以$tshe^{21}lan^{21}$（测兰）——“麻布”作了地名。

石儿溪　$si^{21}zi^{21}tɕhi^{55}$

土家语与汉语结合运用的地名：“石儿”是土家语$si^{21}zi^{21}$的汉字记音，但“石”是si^{21}（司）的音变；“儿”是zi^{21}（日）的误记，居住在澧水流域的土家人，都将“日”读作“二”、“儿”，故有此误。“溪”是汉语，即“溪沟”。因此，这个地名的准确记音应为“石日溪”。按西部区的发音读作“司日溪”。

土家语 $si^{21}zi^{21}$（石日）系两个音节：si^{21}（石）的汉语义是“野兽”。zi^{21}（日）的汉语义，用作名词时是“网”，用作动词时是“做”、“搞”，用作形容词时是“多”；这里是作形容词，其意是“多”。所以，$si^{21}zi^{21}$（石日）连起来直译是“野兽多”；调换语序结构译成汉语是“多野兽”。那么，“石日溪”（石儿溪）就是“多野兽沟”。

从前这里是一片荒原，因野兽多而得名。

池　塔　$tshi^{53}tha^{53}$

纯粹的土家语地名，$tshi^{53}tha^{53}$ 的汉字记音，但“池”是 $tshi^{53}$（蚩）的音变。所以，这个地名的准确记音应是“蚩塔”。按西部区的发音读作“次塔”。

土家语 $tshi^{53}tha^{53}$（蚩塔）为一个音节，是 $tshi^{53}khe^{53}tha^{53}$（蚩克塔）的简化，在整个音节中，$khe^{53}$（克）属轻音低降，在长期的语流音变中被省略了，只留下 $tshi^{53}tha^{53}$（蚩塔），但其含义未变，汉语义是“纸”。

在遥远的古代，土家先民就学会了造纸技术。他们用棚竹、枸皮浸泡碾细漂洗，再用细细的竹篾筛捞取纸浆层层叠叠，然后晒干即成原始的土纸。这种造纸术俗称“挠纸”。此地是先民们“挠纸”的地方，人们便以 $tshi^{53}tha^{53}$（蚩塔）——“纸”直接作了地名。

田柑门　$thian^{53}ka^{35}me^{55}$

汉语与土家语结合运用的地名：“田”是汉语，姓，即田姓；“柑门”是土家语 $ka^{35}me^{55}$（嘎嚜）的音变与误记。所以，这个地名的准确记音应是“田嘎嚜”。

土家语 $ka^{35}me^{55}$（嘎嚜）为一个音节，汉语义是“官”。土家语对“官”的另一种称谓是 kua^{55}（夸）。因此，“田嘎嚜”（田柑门）就是“田姓官”；作为地名，就是姓田的官居住的地方。

可以推想，从前，这里是一姓田的官居住的庄园，故而得名。

包郑坡　$po^{55}tso^{55}pho^{35}$

土家语与汉语结合运用的地名：“包郑”是土家语 $po^{55}tso^{55}$（波着）的音变与误记；“坡”是汉语，即“山坡”。所以，这个地名的准确记音应是“波着坡”。不过，按西部区的发音应读作“波作坡”。

土家语 $po^{55}tso^{55}$（波着）为一个音节，汉语义是“磨子”；因此，“波着坡”（包郑坡）就是“磨子坡”。

古代，土家山区工业落后，加工粮食全靠石磨。此地住有岩匠打制石磨，是人们加工石磨的地方，便以 po^{55}tso^{55}（波作）——“磨子”作了地名。

夜　晚　je^{21}uan^{55}

土家语与汉语结合运用的地名。“夜”是土家语 je^{21} 的汉字记音，一般记作“叶”；“晚”是汉语“塆”的误记，即“山塆”。因此，这个地名的准确记音应为“叶塆”。

土家语 je^{21}（叶）的汉语义是“神”。所以，“叶塆”（夜晚）就是“神塆”。这里的“神”，并不是实指某个具体的神，而是指供有神像的地方，即“神堂”。所以，“神塆”就是“神堂塆”，是土家人供奉祖先神和敬神的地方。

万山界　o^{21}sa^{21}kai^{35}

土家语与汉语结合运用的地名：“万山”是土家语 o^{21}sa^{21}（窝撒）的误记；“界”是汉语，即“山界”。所以，这个地名的准确记音应是“窝撒界”，当地老人的实际发音也是“窝撒界”。将“窝撒界”记为“万山界”，是记名人的一种想像和附会，也有人说是为避“恶煞”之忌（因“窝撒”与“恶煞”谐音）而改称现名的。

土家语 o^{21}sa^{21}（窝撒）为一个音节，汉语义是“背笼”；因此，“窝撒界”（万山界）就是“背笼界”。

此地处于大山区，旧时交通不便，运输货物全靠背负，背笼便成了必不可少的工具。背背笼、出产背笼成了当地的一大特色，人们便以 o^{21}sa^{21}（窝撒）——“背笼”作了地名。

议事溪　ji^{21}si^{21}tɕhi^{55}

土家语与汉语结合运用的地名：“议事”是土家语 ji^{21}si^{21}（移思）的误记，在推广普通话之前，张家界地区“事”与“思”同音，仅声调不同，故有将 si^{21}（思）记为“事”之误；“溪”是汉语，即“溪沟”。所以，这个地名的准确记音应是

土家妇女出门总离不开背笼

"移思溪"。

土家语 $ji^{21}si^{21}$（移思）为一个音节，全称叫 $ji^{21}si^{21}pu^{35}li^{55}$（移思布里）。其中 $ji^{21}si^{21}$（移思）的汉语义是"薏苡"（Coix lacryma jobi），$pu^{35}li^{55}$（布里）的汉语义是"果"、"果实"，也泛指一切颗粒状的东西。所以，$ji^{21}si^{21}pu^{35}li^{55}$（移思布里）就是"苡实"。但在日常生活中，人们称"苡实"一般只用简称 $ji^{21}si^{21}$（移思），而不用全称 $ji^{21}si^{21}pu^{35}li^{55}$（移思布里）。

"苡实"俗称"串珠子"、"屎珠子"。因此，"移思溪"（议事溪）就是"串珠子沟"。此地因"串珠子"多而得其名。

鱼树塔 $ji^{21}si^{21}tha^{35}$

土家语与汉语结合运用的地名："鱼树"是土家语 $ji^{21}si^{21}$（移思）的误记；"塔"是汉语，即"坪塔"，一般泛指有坪塔的地方。因此，这个地名的准确记音应为"移思塔"。

如上所述，土家语 $ji^{21}si^{21}$（移思）为一个音节，汉语义是一种别称"串珠子"的"苡实"；因此，"移思塔"（鱼树塔）就是"串珠子塔"，即"串珠子多的地方"。详细释义参看上条"议事溪"。

月　星 $je^{21}ɕie^{35}$

纯粹的土家语地名，$je^{21}ɕie^{35}$ 的汉字记音，但"月"是 je^{21}（叶）的音变，"星"是 $ɕie^{35}$（些）的音变与误记。因此，这个地名的准确记音应是"叶些"。

土家语 $je^{21}ɕie^{35}$（叶些）系两个音节：je^{21}（叶）的汉语义是"钱财"、"财富"；$ɕie^{35}$（些）的汉语义是"有"。所以，$je^{21}ɕie^{35}$（叶些）连起来译成汉语就是"钱财有"、"财富有"，即"富有"。

此地位于官黎坪大坪，田多水源好，交通便利，从古到今都是富有的地方，人们便以 $je^{21}ɕie^{35}$（叶些）——"富有"作了地名。

生基塔 $sen^{55}tɕi^{55}tha^{35}$

土家语与汉语结合运用的地名："生基"是土家语 $sen^{55}tɕi^{55}$ 的汉字记音，但"生"是 sen^{55}（森）的音变，因在当地"生"不读作 shēng（声），而是读作 sēn（森），故有此误；"塔"是汉语，即"坪塔"。所以，这个地名的准确记音应是"森基塔"。

土家语 $sen^{55}tɕi^{55}$（森基）为一个音节，有的地方记作"生祭"或"星基"，是土家地区流传的一种丧葬习俗。这种习俗是指生前（一般要过花甲）就选好墓地，建好墓塘、竖好墓碑，以待死后入葬。当地人称这种坟墓为“生基坟”。所以，“森基塔”就是建有这种生基坟的坪塔。

“生基坟”在土家地区到处都有，因此，以“生基”（生祭、星祭、星基）作地名的地方也就很多，不同的只是有的称“坪”，有的称“台”，有的称“塔”罢了。详细释义参看桑植县廖家村镇“新村坪”。

子牙溪 $tsi^{21}e^{21}tɕhi^{55}$

土家语与汉语结合运用的地名：“子牙”是土家语 $tsi^{21}e^{21}$ 的汉字记音，但“子”“牙”是 e^{21}（尔）的误记；“溪”是汉语，即“溪沟”。所以，这个地名的准确记音应是“子尔溪”；东部区的大多数地方读作“直二溪”。

土家语 $tsi^{21}e^{21}$（子尔）为一个音节，译成汉语是“米”，即“稻米”、“大米”。所以，“子尔溪”（子牙溪）就是“大米溪”。

此地位于官黎坪中部，一马平川，土地肥沃，自古以来稻田多，农业发达，是大米的主产区。因此，人们便以 $tsi^{21}e^{21}$（子尔）——“大米”作了地名。

堆宝丘 $to^{55}pu^{53}tɕhie^{55}$

纯粹的土家语地名，$to^{55}pu^{53}tɕhie^{55}$（多布且）的误记，也是记名者对这一地名的主观想象与讹编。

土家语 $to^{55}pu^{53}tɕhie^{55}$（多布且）由 $to^{55}pu^{53}$（多布）和 $tɕhie^{55}$（且）两个音节组成：$to^{55}pu^{53}$（多布）的汉语义是一种俗称“打荚”、“破荚”的“红豆”（Phaseolus vuqaris）；$tɕhie^{55}$（且）的汉语义是“山”、“坡”。所以，$to^{55}pu^{53}tɕhie^{55}$（多布且）连起来译成汉语就是“打荚山”或“破荚坡”。

“打荚”（破荚），藤本，花蝶形，果实红色，旧时是土家人刀耕火种、广种薄收的主要粮食作物之一，对土壤、肥料、耕作要求不高，属于粗粮中的粗粮，因此有“别把打荚不当粮食”的说法。此地的先民们爱种这种红豆，产量也多，故而得名。

中柱垭 $tsu^{55}tsu^{53}ŋa^{53}$

土家语与汉语结合运用的地名。“中柱”是土家语 $tsu^{55}tsu^{53}$ 的汉字记音，但“中”是 tsu^{55}（朱）的误记；“垭”是汉语，即“山垭”。所以，这个地名的准确记音应为“租祖垭”。按西部区的发音读作“朱柱垭”。

土家语 $tsu^{55}tsu^{53}$（朱柱、租祖）为一个音节，汉语义是土家妇女编织土家织锦“西兰卡普”所使用的“经线”。所以，“朱柱垭”（中柱垭）就是“经线埡”。

从前，这里出产的经线花色多，质量好，人们便以这种特产作了地名。

笔架山 $pi^{55}tɕi^{55}san^{55}$

土家语与汉语结合运用的地名：“笔架”是土家语 $pi^{55}tɕi^{55}$（毕基）的音变与误记；“山”是汉语。所以，这个地名的准确记音应是“毕基山”。

土家族的族称叫 $pi^{55}tɕi^{55}kha^{55}$（毕基卡），$pi^{55}tɕi^{55}$（毕基）是 $pi^{55}tɕi^{55}kha^{21}$（毕基卡）的省略与简化；因此，“毕基山”（笔架山）就是“土家山”，即土家人居住的地方。详细释义参看桑植县两河口乡“笔架村”。

吴垄子沟 $u^{35}luŋ^{53}kəu^{55}$

土家语与汉语结合运用的地名：“吴垄”是土家语 $u^{35}luŋ^{53}$（戊聋）的音变与误记；“子”是后人生拉硬扯加上去的，纯属蛇足；“沟”是汉语，即“溪沟”。所以，这个地名应记为“戊聋沟”。

土家语 $u^{35}luŋ^{53}$（戊聋）系两个音节：u^{35}（戊）的汉语义是“黄牛”（Bos taurus domestica），$luŋ^{53}$（聋）的汉语义是“养”、“养殖”；$u^{35}luŋ^{53}$（戊聋）连起来直译是“黄牛养”，调换语序结构译成汉语是“养黄牛”。所以，“戊聋沟”（吴垄子沟）就是“养黄牛沟”，即先民们放养黄牛的山沟。

五支角 $u^{35}tsi^{21}khu^{55}$

纯粹的土家语地名，$u^{35}tsi^{21}khu^{55}$（戊直枯）的汉字记音。这个地名按西部区的发音读作“戊子枯”。

土家语 $u^{35}tsi^{21}khu^{55}$（戊子枯、戊直枯）系三个音节：u^{35}（戊）的汉语义是“黄牛”（Bos taurus domestica），也可泛指“牛”；tsi^{21}（直）的汉语义是“猪”（Sus scrofa）；khu^{55}（枯）的汉语义是“山丘”或“山坡”。因此，$u^{35}tsi^{21}khu^{55}$（戊直枯）连起来译成汉语就是“牛猪山”或“牛猪坡”。

从前，这里的养殖业发达，家家养牛养猪，牛多猪多，故得其名。

金弓塔 $tɕian^{35}kai^{55}tha^{35}$

土家语与汉语结合运用的地名。“金弓”是对土家语 $tɕian^{35}kai^{55}$（尖盖）的牵强与讹编，在土家族聚居区，以 $tɕian^{35}kai^{55}$（尖盖）命名的地名不少，由于人们不懂它是土家语，大多误记为“金钩”、“金狗”、“金弓”。“塔”是汉语，即“坪塔”。所以，这个地名的准确记音应为“尖盖塔”。

土家姑娘喜欢佩戴金银首饰，这些金银首饰主要有牙钱、手镯、戒指。对“戒指”，土家语称之为 $tɕian^{35}kai^{55}$（尖盖），有的称为 $tɕian^{35}ka^{55}$

（酱嘎）。所以，“尖盖塔”（金弓塔）就是“戒指塔”。

此地位于水陆交通要道，从前居住有打制金银首饰的“银匠”，制作的金银戒指远近闻名，是人们购买饰品的地方，故而得名。

豹龙坝 $pu^{53}lo^{21}pa^{21}$

纯粹的土家语地名，$pu^{53}lo^{21}pa^{21}$ 的汉字记音，但“豹”是 pu^{53}（补）的误记，“龙”是 lo^{21}（洛）的误记。因此，这个地名的准确记音应为“补洛巴”。

土家语 $pu^{53}lo^{21}pa^{21}$（补洛巴）系三个音节：pu^{53}（补）的汉语义是“船”，lo^{21}（洛）的汉语义是“靠”、“停”，pa^{21}（巴）的汉语义是“山嘴”；$pu^{53}lo^{21}pa^{21}$（补洛巴）连起来直译是“船停嘴”，调换语序结构译成汉语就是“停船嘴”。“靠岸停船”，当地俗称“弯船”；所以“停船嘴”就是弯船的码头。

土家人造船、用船已有几千年历史。他们所造的“搬船”、“鹭鸶船”、“翘尾船”具有强烈的民族特色，一直流传至今。此地以“弯船码头”作地名，清楚地记载了土家人造船用船的历史，是活的历史。

东子峪 $tu^{55}tsi^{53}jəu^{55}$

纯粹的土家语地名，$tu^{55}tsi^{53}jəu^{55}$ 的汉字记音，但“东”是 tu^{55}（都）的音变，“峪”是 $jəu^{55}$（优）的音变。所以，这个地名的准确记音应为“都子优”。

土家语 $tu^{55}tsi^{53}jəu^{55}$（都子优）由 $tu^{55}tsi^{53}$（都子）和 $jəu^{55}$（优）两个音节组成：$tu^{55}tsi^{53}$（都子）的汉语义是“轿”，包括花轿、滑杆；$jəu^{55}$（优）的汉语义是“村”、“寨”。因此，$tu^{55}tsi^{53}jəu^{55}$（都子优）连起来译成汉语就是“轿子寨”或“轿子村”。以“轿子”作村寨名，可能是这个村寨以前出产轿子或有轿子。

土家族姑娘出嫁，男方必须以花轿迎娶。这种花轿为封闭式四方桶形，木质，上有宝顶，旁有花窗，四周雕刻精美花纹，迎娶时挂红色喜灯。

长岩峪 $tshe^{21}a^{53}jəu^{55}$

纯粹的土家语地名，$tshe^{21}a^{53}jəu^{55}$ 的汉字记音，但“长”是 $tshe^{21}$（扯）的误记，“岩”是 a^{53}（阿）的误记，“峪”是 $jəu^{55}$（优）的音变。所以，这个地名应记作“扯阿优”。按西部区的语音读作“测阿优”。

土家语 $tshe^{21}a^{53}jəu^{55}$（扯阿优）系三个音节：$tshe^{21}$（扯）的汉语义是

“水”，a^{53}（阿）的汉语义是“过”、“渡”；tshe^{21}a^{53}（扯阿）连起来直译是“水过”、“水渡”，调换语序结构译成汉语是“过水”或“渡水”。jəu^{55}（优）的汉语义是“村寨”。所以，tshe^{21}a^{53}jəu^{55}（扯阿优）连起来译成汉语就是“过水寨”或“渡水寨”。意思是说人们到这个寨子里去，必须渡过几道水才可到达。

洗马潭 ɕie^{53}ma^{53}tha^{53}

纯粹的土家语地名，ɕie^{53}ma^{53}tha^{53}的汉字记音，但“洗”和“潭”分别是ɕie^{53}（谢）和tha^{53}（塔）的音变。所以，这个地名的准确记音应是“谢马塔”。

土家语ɕie^{53}ma^{53}tha^{53}（谢马塔）系三个音节：ɕie^{53}（谢）的汉语义是“富有”；ma^{53}（马）的汉语义是“者”、“家”、“人”；tha^{53}（塔）的汉语义是“住处”。所以，ɕie^{53}ma^{53}tha^{53}（谢马塔）连起来译成汉语就是“富人住处”，用现代话来说就是“财主家”，即某财主或地主的住地。

这个地名是一个反映古代阶级关系的活化石。

宁家塔 ȵie^{35}tɕie^{35}tha^{53}

纯粹的土家语地名，ȵie^{35}tɕie^{35}tha^{53}的汉字记音，但“宁”是ȵie^{35}（捏）的音变，“家”是tɕie^{35}（借）的误记。所以，这个地名的准确记音应为“捏借塔”。

土家语ȵie^{35}tɕie^{35}tha^{53}（捏借塔）系三个音节：ȵie^{35}（捏）的汉语义是“鸟类”，当然，对各种不同的鸟土家语都有不同的称谓，但对各种鸟的综合体，即鸟类都以ȵie^{35}（捏）统称之；tɕie^{35}（借）的汉语义是“叫”、“啼”；tha^{53}（塔）的汉语义是“处所”、“地方”。所以，ȵie^{35}tɕie^{35}tha^{53}（捏借塔）连起来译成汉语就是“鸟啼塔”，即各种鸟雀啼叫的地方。

在遥远的古代，此地林深树密，浓荫掩映，各种禽鸟栖息其间，嬉戏啼叫，人们便以这种景象作了地名。

千工坪 tɕhie^{21}kho^{21}phin^{21}

土家语与汉语结合运用的地名：“千工”是土家语tɕhie^{21}kho^{21}（且科）的误记；“坪”是汉语，即“坪坝”。所以，这个地名的准确记音应为“且科坪”。

土家语tɕhie^{21}kho^{21}（且科）在龙山、永顺等西部区叫tshe^{21}kho^{21}（测科），为一个音节，汉语义是“麻篮”。所以，“且科坪”（千工坪）就是

"麻篮坪"。

土家姑娘从十三四岁就要学会绩麻，绩成的麻纱都要置放于一个麻篮内。这种麻篮用竹篾精心编制而成，正方形，篮底编织米粒大的小孔，形若炭筛，但比炭筛小，也比炭筛精美。

此地以"麻篮"作地名有两种可能：一是这个坪坝土层不厚，不易储水，像麻篮一样容易漏水；二是该地古代有技艺高超的篾匠，编制的麻篮远近闻名。二者必居其一。

木工塔 $mu^{55}ku^{55}tha^{35}$

土家语与汉语结合运用的地名："木工"是土家语 $mu^{55}ku^{55}$ 的汉字记音，但"工"是 ku^{55}（古）的音变，也是人们的推测比附。"塔"是汉语，即"坪塔"。所以，这个地名的准确记音应为"木古塔"。

土家语 $mu^{55}ku^{55}$（木古）为一个音节，是古老的土家语，汉语义是"鳖"（Trionyx sinensis）。所以，"木古塔"（木工塔）就是"鳖塔"。

"鳖"，俗称"团鱼"，现代土家语则称其为 $luŋ^{55}ku^{55}$（聋古），近代也称为 $luŋ^{55}çi^{55}$（聋喜）。从前，这个坪坝旁边的河溪之中团鱼多，人们便以这种水产作了地名。

𠕾田塆 $lo^{35}thie^{53}uan^{55}$

土家语与汉语结合运用的地名："𠕾田"是土家语 $lo^{35}thie^{53}$（罗铁）的音变与误记，"𠕾"是当地的自造字，音 lu ō（罗），是 lo^{35}（罗）的记音；"田"是 $thie^{53}$（铁）的音变。"塆"是汉语，即"山塆"。所以，这个地名的准确记音应是"罗铁塆"。

土家语 $lo^{35}thie^{53}$（罗铁）为一个音节，东部地区有的称为 $lo^{55}ke^{53}$（罗革），汉语义是"口袋"，即各种袋子的统称，如 $çi^{55}pa^{53}lo^{35}thie^{53}$（西巴罗铁）就是"衣服口袋"，$mo^{21}si^{21}lo^{35}thie^{53}$（磨司罗铁）就是"布口袋"。因此"罗铁塆"（𠕾田塆）就是"口袋塆"。因为这个山塆像一个口袋，人们便以这种地形地貌作了地名。

西溪坪 $çi^{35}tçhi^{53}phin^{21}$

土家语与汉语结合运用的地名："西溪"是土家语 $çi^{35}thi^{53}$ 的汉字记音，但"溪"是 $tçhi^{53}$（起）的误记，因当地"溪"不读作 x ī（西），而是读作 q ī（期），故有此误记；"坪"是汉语，即"坪坝"。所以，这个地名的准确记音应是"西起坪"。

土家语 $ɕi^{35}thi^{53}$（西起）为一个音节，是 $ɕi^{35}thi^{53}khe^{55}ɕi^{35}$（西起克西）的省略，在整个音节中，$khe^{55}ɕi^{35}$（克西）属词尾轻声，很容易脱落，加上汉语三字格地名的影响和需要，在长期的语流音变中便脱落了，只留下词根 $ɕi^{35}tɕhi^{53}$（西起），但含义未变，汉语义是“龙胆草”（Gentịana Scabna Bunge）。因此，“西起坪”（西溪坪）就是“龙胆草坪”。

龙胆草清泻湿热，是治疗黄疸、头疼肋痛、尿血尿痛、足膝红肿的要药，也是促食欲和清肝明目的佳品。古代，这里遍地生长龙胆草，是人们常去采掘的地方，人们便以这种珍贵药材作了地名。

荒岭岗　$xuan^{55}lu^{55}ka^{21}$

纯粹的土家语地名，$xuan^{55}lu^{55}ka^{21}$（欢鲁嘎）的误记。

土家语 $xuan^{55}lu^{55}ka^{21}$（欢鲁嘎）为一个音节，汉语义是一种取暖保暖的设施——“火床”。

土家人具有尊敬长辈、善待老人的传统美德，大多人家都备有火桶或火床，以便老人冬天取暖。火桶为圆桶形，直径约二尺，后背高过头顶，正面低于膝盖，置于火坑旁，人坐在其中烤火，非常暖和。火床则为长方形，长约两米，宽一米，四面封闭，中层设方格栏板，下面置放烘笼，使用时老人坐在其中或躺在上面，舒适温暖。古代此地的火床比较流行，制作的火床远近闻名，因而得 $xuan^{55}lu^{55}ka^{21}$（欢鲁嘎）——“火床”之名。

马放坪　$ma^{53}xuan^{21}phin^{21}$

土家语与汉语结合运用的地名：“马放”是土家语 $ma^{53}xuan^{21}$ 的汉字记音，但“放”是 $xuan^{21}$（环）的音变；“坪”是汉语，即“坪坝”。所以，这个地名的准确记音应是“马环坪”。

土家语 $ma^{53}xuan^{21}$（马环）系两个音节：ma^{53}（马）的汉语义是“蜂”（ApismeIIifena）；$xuan^{21}$（环）的本义为“掩盖”、“铺天盖地”，引伸为“多”、“很多”。$ma^{53}xuan^{21}$（马环）连起来直译是“蜂多”；调换语序结构译成汉语是“多蜂”。所以，“马环坪”（马放坪）就是“多蜂坪”。

古时，居住此地的土家先民喜欢养蜂，蜂子多是这里的一大特点，因此人们便以“多蜂”作了地名。

五放坪　$u^{35}xuan^{21}phin^{21}$

土家语与汉语结合运用的地名：“五放”是土家语 $u^{35}xuan^{21}$ 的汉字记

音，但 u³⁵ 一般记为“戊”；“放”是 xuan²¹（环）的音变。“坪”是汉语，即“坪坝”。所以，这个地名的准确记音应是“戊环坪”。

土家语 u³⁵xuan²¹（戊环）系两个音节：u³⁵（戊）的汉语义是“黄牛”（Bos taurus domestica）；xuan²¹（环）的汉语义是“多”、“很多”，多得“铺起一层”。u³⁵xuan²¹（戊环）连起来直译是“黄牛多”；调换语序结构译成汉语是“多黄牛”。因此，“戊环坪”（五放坪）就是“多黄牛坪”。

从前这里饲养的黄牛多，因牛多而得其名。

新木岗 ɕi²¹mu³⁵kan⁵⁵

土家语与汉语结合运用的地名：“新木”是土家语 ɕi²¹mu³⁵ 的汉字记音，但“新”是 ɕi²¹（西）的音变；“岗”是汉语，即“山冈”。所以，这个地名的准确记音应是“西木冈”。

土家族世居大山区，山峦叠嶂，沟谷纵横，加上树密林深，常常发生迷失方向的情况。对这种“迷惘”或“迷茫”的现象，土家语统称之为 ɕi²¹mu³⁵（西木）。因此“西木岗”（新木岗）就是“迷惘岗”，即经常让人迷失方向的山岗。

从前，这里树大林深，浓荫蔽日，人到此处很容易迷失路径，故而得名。

无家坪 u³⁵kha⁵³phin²¹

土家语与汉语结合运用的地名：“无家”是土家语 u³⁵kha⁵³（戊卡）的误记，“家”在当地读“嘎”，是 kha⁵³（卡）的近音汉字替代；“坪”是汉语，即“坪坝”。所以，这个地名的准确记音应是“戊卡坪”。

土家语 u³⁵kha⁵³（戊卡）系两个音节：u³⁵（戊）的汉语义是“黄牛”（Bos taurus domestica），kha⁵³（卡）的汉语义是“守”；u³⁵kha⁵³（戊卡）连起来直译是“牛守”，调换语序结构译成汉语是“守牛”。所以，“戊卡坪”（无家坪）就是“守牛坪”。

这里从前是人们放牧黄牛的地方，因而得名。

罒子 lo³⁵tsi⁵³

纯粹的土家语地名，lo³⁵tsi⁵³ 的汉字记音，但“罒”是当地的自造字，音 luō（罗），与“洛”同音，“罒子”即为“洛子”。

土家语 lo³⁵tsi⁵³（洛子）为一个音节，有的地方也叫 lo³⁵tɕi⁵⁵（洛几），汉语义是“瞎子”。

以“瞎子”作地名，说明从前这个地方曾经住过一个名声较高的瞎子，人们叫惯了他居住的地方，约定俗成，从而留名至今。

马扎塆 $ma^{53}tsa^{35}uan^{55}$

土家语与汉语结合运用的地名："马扎"是土家语 $ma^{53}tsa^{35}$ 的汉字记音；"塆"是汉语，即"山塆"。但"马扎"按西部区的发音应读作"马杂"。

土家语 $ma^{53}tsa^{35}$（马扎）系两个音节：ma^{53}（马）的汉语义是"蜂"(Apimellifena)，包括蜜蜂、土雷蜂、梭雷蜂、狗屎蜂、王哪叱、泥蜂等；tsa^{35}（扎）作动词时有"飞"、"蜇"、"捕"、"捉"等多种含义，这里应是"飞"或"蜇"。$ma^{53}tsa^{35}$（马扎）连起来译成汉语是"蜂飞"或"蜂蜇"。所以，"马扎塆"就是"蜂飞塆"或"蜂蜇塆"。

从前，这个山塆里蜂子多，到处是飞舞的蜂子；人们在这里砍柴割草时也常常被蜂子蜇伤，故而得名。

无事桥 $u^{55}su^{53}tɕhie^{55}$

纯粹的土家语地名，$u^{55}su^{53}tɕhie^{55}$（乌俗且）的误记。

土家语 $u^{55}su^{53}tɕhie^{55}$（乌俗且）由 $u^{55}su^{53}$（乌俗）和 $tɕhie^{55}$（且）两个音节组成：$u^{55}su^{53}$（乌俗）的汉语义是"粟谷"(Setaria italica)；$tɕhie^{55}$（且）是 $tɕhie^{55}lie^{53}$（且列）的简化，汉语义是"山"或"山坡"。因此，$u^{55}su^{53}tɕhie^{55}$（乌俗且）连起来译成汉语就是"粟谷山"或"粟谷坡"，是盛产粟谷的地方。

寡老坡 $ko^{21}la^{35}pho^{55}$

土家语与汉语结合运用的地名："寡老"是土家语 $ko^{21}la^{35}$（郭拉）的误记；"坡"是汉语，即"山坡"。所以，这个地名的准确记音应是"郭拉坡"。

土家语 $ko^{21}la^{35}$（郭拉）为一个音节。由于居住的地区不同，土家人对 $ko^{21}la^{35}$（郭拉）的发音略有不同，有的发音为 $ko^{21}lan^{35}$（郭烂），有的发音为 $kho^{21}la^{35}$（科拉），但含义完全一样，汉语义都是"田鸡"〔lxoborychus cinnamomeus (Gmelin)〕。因此，"郭拉坡"（寡老坡）就是"田鸡坡"。

田鸡，学名栗苇鸡，俗称"秧鸡"。插秧过后直到秋收时节，它们一双双、一对对在稻田中觅食、交配，常常唱响美妙之歌。这条坡上梯田层层，禾苗茁壮，秧鸡歌唱其间，人们便以这种人见人爱的禽鸟作了地名，实与"寡老"风马牛不相及。

腰战上 $je^{53}tsa^{35}san^{21}$

土家语与汉语结合运用的地名："腰战"是土家语 $je^{53}tsa^{35}$（也扎）的

误记；“上”是汉语方言，相当于“地方”。因此，这个地名的准确记音应是“也扎上”。不过，“也扎”按西部区的发音读作“也咱”。

土家语 $je^{53}tsa^{35}$（也扎）为一个音节，汉语义是刀耕火种，就是“砍火畲”。所以，“也扎上”（腰战上）就是先民们实行刀耕火种、砍火畲的地方。详细释义参看桑植县上洞街乡“月珠溪”。

枫香岗乡

位于区域西部，乡治距市中心12公里；总面积33.34平方公里，其中耕地面积13604亩；辖11个行政村、2个居委会，117个村（居）民小组；2009年末，总人口13294人，其中土家族占全乡总人口的93%。该乡土地肥沃，种植业发达，是该区粮食的主产区，有200多亩无公害蔬菜，5000多亩水果；境内有省级文物保护单位南方第一石窟——玉皇洞石窟。

洗马溪 $\text{çie}^{35}\text{ma}^{53}\text{tçhi}^{55}$

土家语与汉语结合运用的地名："洗马"是土家语 $\text{çie}^{35}\text{ma}^{53}$ 的汉字记音，但"洗"是 çie^{35}（谢）的音变；"溪"是汉语，即"溪沟"。因此，这个地名的准确记音应是"谢马溪"。

土家语 $\text{çie}^{35}\text{ma}^{53}$（谢马）系两个音节：$\text{çie}^{35}$（谢）的汉语义是"富有"；$\text{ma}^{53}$（马）的汉语义不是"骡马"，也不是"蜂子"，而是"者"、"人"或"家"。所以，$\text{çie}^{35}\text{ma}^{53}$（谢马）连起来译成汉语就是"富有人家"，即俗称的"财主"；"谢马溪"（洗马溪）就是"财主沟"。

从前，这条山沟两畔的土地为某财主所有，穷人不敢涉足，故得其名，与"洗马"毫不相关。

麻空山 $\text{ma}^{53}\text{khu}^{35}\text{san}^{55}$

土家语与汉语结合运用的地名："麻空"是土家语 $\text{ma}^{53}\text{khu}^{35}$ 的汉字记音，但"空"是 khu^{35}（哭）的音转；"山"是汉语。所以，这个地名的准确记音应是"麻哭山"。

土家语 $\text{ma}^{53}\text{khu}^{35}$（麻哭）为一个音节，是 $\text{ma}^{53}\text{khu}^{35}\text{li}^{55}$（麻哭里）的简化，汉语义是"疟蚊"（Culex）。所以，"麻哭山"（麻空山）就是"疟蚊山"。

"疟蚊"俗称"长脚蚊"，是夏秋时节叮咬人畜的害虫。此地从前树密草深，生长的疟蚊多，故而得名。

巫　山 $\text{u}^{35}\text{san}^{55}$

土家语与汉语结合运用的地名："巫"是土家语 u^{35}（戊）的音变与误记；"山"是汉语。所以，这个地名的准确记音应是"戊山"。

土家语 u^{35}（戊）的汉语义是"黄牛"（Bos taurus domestica）。所以，

“戊山”（巫山）就是“黄牛山”。

从前，居住在这个山区的土家人有养牛的习惯，养殖的黄牛多，故得其名。

湘西黄牛

扒谷丘 pha⁵⁵ku⁵³tɕhie⁵⁵

纯粹的土家语地名，pha⁵⁵ku⁵³tɕhie⁵⁵ 的汉字记音，但“丘”是 tɕhie⁵⁵（且）的音变。所以，这个地名的准确记音应是“扒谷且”。

土家语 pha⁵⁵ku⁵³tɕhie⁵⁵（扒谷且）由 pha⁵⁵ku⁵³（扒谷）和 tɕhie⁵⁵（且）两个音节组成：pha⁵⁵ku⁵³（扒谷）的汉语义是“辣椒”（Capsicum frutescens），tɕhie⁵⁵（且）的汉语义是“山”或“山坡”。所以，pha⁵⁵ku⁵³tɕhie⁵⁵（扒谷且）连起来译成汉语就是“辣椒山”或“辣椒坡”。

从前居住在这里的土家人有种植辣椒的习惯，出产的辣椒多，远近闻名，人们便以这种蔬菜作了地名。

长谷溶 tshe²¹ku⁵³juŋ⁵³

纯粹的土家语地名，tshe²¹ku⁵³juŋ⁵³ 的汉字记音，但“长”是 tshe²¹（扯）的误记，“溶”是 juŋ⁵³（泳）的误记，因“溶”在当地不读作 róng，而是读作 yǒng，故有此误记。所以，这个地名的准确记音应是“扯谷泳”。按西部区的发音读作“测谷泳”。

土家语 tshe²¹ku⁵³juŋ⁵³（扯谷泳）系三个音节：tshe²¹（扯）的汉语义是“水”，ku⁵³（谷）的汉语义是“上”；tshe²¹ku⁵³（扯谷）连起来直译是“水上”，调换语序结构译成汉语是“上水”。juŋ⁵³（泳）的汉语义是“低平山冲”。所以，tshe²¹ku⁵³juŋ⁵³（扯谷泳）连起来译成汉语就是“上水泳”，即上水的山冲。

这个山冲位于澧水河边，古时山冲与河道的落差不高，河里稍一涨水，山冲立即就被水淹没，因其极易上水被淹而得名。

泗　坪　si^{21}phin^{53}

土家语与汉语结合运用的地名：“泗”是土家语si^{21}的汉字记音，但通常记为“司”，东部区的多数地方记作“石”；“坪”是汉语，即“坪坝”。

土家语si^{21}（司）的汉语义是“肉”、“野兽”，这里取“野兽”义；所以，“司坪”（泗坪）就是“野兽坪”。

古时，这个坪坝尚未完全开发，常见野兽出没，因而得“野兽坪”之名。

氽家塔　mi^{55}kha^{21}tha^{35}

土家语与汉语结合运用的地名：“氽”是土家语mi^{55}（米）的误记，“氽”在当地不读作cuān（蹿），而是根据字形结构——“入”、“水”的示意，读作mì（汨），因此才有将mi^{55}（米）作“氽”的误记；“家”是kha^{21}（卡）的误记。“塔”是汉语，即“坪塔”。因此，“氽家塔”的原始名称应是“米卡塔”。

土家语mi^{55}kha^{2}（米卡）为一个音节，是mi^{55}kha^{21}thi^{35}（米卡替）的简化，thi^{35}（替）在mi^{55}kha^{21}thi^{35}（米卡替）中属词尾轻声，很容易脱落，从而只留下mi^{55}kha^{21}（米卡）。土家语mi^{55}kha^{21}thi^{35}（米卡替）的汉语义是“腊肉”。所以，“米卡塔”（氽家塔）就是“腊肉塔”。从前此地的腊肉多，味道好，故而得名。

几千年来，土家人世代传承一种“炕腊肉”的习俗。每到腊月，家家户户都要宰杀年猪，并将猪肉分解成三四斤重的肉条，用盐、香料、辣椒等浸腌四五天，然后挂在火坑上边的炕上，用木柴燃烧桔叶、桔皮、松枝、香叶等，烟熏一个冬天。这种火炕肉俗称“腊肉”，由于熏干脱水，不易腐烂，便于贮藏，是土家人待客、送礼和自食的美味佳肴。

石　牌　si^{21}phai^{55}

纯粹的土家语地名，si^{21}phai^{55}的汉字记音，原汁原味，地道准确。不过，按西部区的语音应记作“司牌”。

土家语si^{21}phai^{55}（石牌）为一个音节，是si^{21}pi^{35}si^{21}phai^{55}（石必石牌）的简化。si^{21}pi^{35}si^{21}phai^{55}（石必石牌）可以颠倒为si^{21}phai^{55}si^{21}pi^{35}（石牌石必），可以简化为si^{21}pi^{35}（石必），也可以简化为si^{21}phai^{55}（石牌）。

土家语称“野兽”为si^{21}（石），称各种野兽即“兽类”为si^{21}pi^{35}si^{21}phai^{55}（石必石牌）或si^{21}phai^{55}si^{21}pi^{35}（石牌石必），或简化的si^{21}phai^{55}（石牌）、si^{21}pi^{35}（石必）。所以，作为地名，“石牌”就是野兽种类多的地方。

遥远的古代，此地尚未开发，是一片树密草深的原野，招来各种野兽栖息其间，故而得 si²¹phai⁵⁵（石牌）——“兽类”之名。

龙盘岗 luŋ⁵⁵pha²¹kan⁵⁵

土家语与汉语结合运用的地名。原始名称是 tie⁵⁵xe⁵³luŋ⁵⁵pha²¹（爹核龙帕），土家语在该地消失后，人们不再懂得它的含义，便以汉语加以改造。首先，省去 tie⁵⁵xe⁵³（爹核）保留 luŋ⁵⁵pha²¹（龙帕），然后又将 luŋ⁵⁵pha²¹（龙帕）附会为“龙盘”，取龙脉盘踞之意，再根据地形加上“岗”，从而衍化成今名。因此，“龙盘岗”应为“龙帕岗”。

土家语 tie⁵⁵xe⁵³luŋ⁵⁵pha²¹（爹核龙帕）为一个音节，汉语义是“霉豆腐”。所以，“龙帕岗”（龙盘岗）就是“霉豆腐岗”。从前，居住在这个山岗上的土家人会制作霉豆腐，故而得名。与“龙脉盘踞”风马牛不相及。

霉豆腐是土家人的传统美食，制作霉豆腐是土家人传承几千年的古老工艺技术。制作的工艺流程大致是：取来竹筛、竹席，上铺经过消毒的黄荆叶、紫苏叶等香叶或稻草，再将豆腐切成 3cm 见方的小块，放置在上面任其发酵发霉。发霉到半寸长时涤去霉竹，喷洒白酒、浓茶，拌入花椒、生姜、八角、茴香等佐料，用陶缸密封数日即成。按此法制成的霉豆腐松软可口，香气四溢，是待客、自食和出售的佳品。

老龙岗 lo⁵³luŋ⁵³kan⁵⁵

土家语与汉语结合运用的地名：“老龙”是土家语 lo⁵³luŋ⁵³ 的汉字记音，但“老”是 lo⁵³（裸）的误记；“岗”是汉语，即“山岗”。所以，这个地名的准确记音应为“裸龙岗”。

土家语 lo⁵³luŋ⁵³（裸龙）为一个音节，汉语义是“生育”，相当于汉语的“发人”、“人丁兴旺”。所以，“裸龙岗”（老龙岗）就是“生育岗”，即“发人岗”。

从前，居住在这里的人，生育旺盛，人丁兴旺，故而得名。

童家峪 thuŋ⁵³kha²¹jəu⁵⁵

半借汉语的土家语地名：“童”即“桐”，是借用汉语的“桐”，意为“油桐”；“家”是土家语 kha²¹（卡）的误记；“峪”是土家语 jəu⁵⁵（优）的音变。因此，这个地名的准确记音应是“桐卡优”。

土家语 kha²¹（卡）是 kha²¹muŋ²¹（卡蒙）的简化和省略，汉语义是“树”，所以，“桐卡”（童家）就是“桐树”（Aleurites fordii）；jəu⁵⁵（优）

的汉语义是“村寨”、“村庄。那么，“桐卡优”（童家峪）就是“油桐树寨”。

古代，这个村寨四周全是油桐树，故得其名。

白塔坪 $pe^{35}tho^{55}phin^{21}$

土家语与汉语结合运用的地名：“白塔”是土家语 $pe^{35}tho^{55}$ 的汉字记音，但“塔”是 tho^{55}（拖）的误记；“坪”是汉语，即“坪坝”。所以，这个地名的准确记音应是“白拖坪”。

土家语 $pe^{35}tho^{55}$（白拖）为一个音节，是 $pe^{35}si^{21}tho^{55}$（白司拖）的省略，si^{21}（司）是轻声而且短促，极易脱落，因而只留下 $pe^{35}tho^{55}$（白拖），但其意未变，译成汉语是“黄花菜”（Hemerocallis flava）。所以，“白拖坪”（白塔坪）就是“黄花菜坪”。

黄花菜又叫“金针菜”，顶开金黄喇叭花，十分艳丽。在交通闭塞的古代，黄花菜与木耳、香菇齐名，是山区人民的山珍美味。从前这个坪塔里黄花菜多，人们便以这种山珍作了地名。

张古溶 $za^{35}ku^{53}jəu^{55}$

纯粹的土家语地名，$za^{35}ku^{53}jəu^{55}$（日阿古优）的误记：“张”是 za^{35}（日阿）的近音汉字替代。土家语 za^{35} 的发音非常特别，相当于汉语的“日”和“阿”相拼合的读音（日阿），没有一个汉字能准确对应，记音时常常以近音的“张”、“扎”、“咱”等汉字替代，下不赘述。“溶”是 $jəu^{55}$（优）的音变。

土家语 $za^{35}ku^{53}jəu^{55}$（日阿古优）由 $za^{35}ku^{53}$（日阿古）和 $jəu^{55}$（优）两个音节组成：$za^{35}ku^{53}$（日阿古），有的记为“咱古”、“杂古”、“扎古”、“撒古”，实际都指“茶叶”（Camellia sinensis）；$jəu^{55}$（优）的汉语义是“村寨”。因此，$za^{35}ku^{53}jəu^{55}$（日阿古优）连起来译成汉语义就是“茶叶寨”或“茶叶村”。

茶，是土家人民传承千年的绿色饮料，是待客和送人的饮料珍品，一向为山区人民所喜爱。从前这个山寨出产的茶叶十分出名，人们便以 $za^{35}ku^{53}$（日阿古）——“茶叶”作了地名。

石家溪 $si^{21}ka^{35}tɕhi^{55}$

土家语与汉语结合运用的地名：“石家”是土家语 $si^{21}ka^{35}$ 的汉字记音，“家”是 ka^{35}（嘎）的近音汉字替代。“溪”是汉语，即“溪沟”。因此，这个地名的准确记音应为“石嘎溪”。按西部区的发音读作“司嘎溪”。

土家语 $si^{21}ka^{35}$（司嘎、石嘎）系两个音节：si^{21}（石）有两种含义：一是指“肉”，二是指“野兽”，这里实指“肉”；ka^{35}（嘎）也有两种含义：一是“吃”，二是“咬”，这里指“吃”。$si^{21}ka^{35}$（石嘎）连起来直译是“肉吃”；调换语序结构译成汉语是“吃肉”。所以，“石嘎溪”（石家溪）就是“吃肉溪”或“吃肉沟”。

从前，居住在这条溪沟里的土家先民养殖业十分繁荣，猪、羊、鸡、鸭都膘肥肉壮，每逢过节，亲友往来都有好肉、好酒，真是富甲一方，因此得了“吃肉溪”的美名。

桥头乡

位于区域西北部，西邻桑植县瑞塔铺镇，北抵武陵源区中湖乡，乡治距市中心38公里；总面积54.9平方公里，其中耕地面积11300亩；辖16个行政村，144个村民小组；2009年末，总人口13787人，其中土家族占全乡总人口的90%以上。种植业和养殖业为传统产业；土家族文化历史悠久，土家山歌、哭嫁、祭祖源远流长；传统民间文化有阳戏、花灯、木偶戏等。

壳木坪 $kha^{21}muŋ^{21}phin^{21}$

土家语与汉语结合运用的地名："壳木"是土家语 $kha^{21}muŋ^{21}$（卡蒙）的误记。旧时，西南官话中很少用"卡"字，大多数人不知道"卡"字如何写，在记录土家语"卡"音时往往用"壳"、"科"、"可"等近音字代替，故有此误记。"坪"是汉语，即"坪坝"。因此，这个地名的准确记音应是"卡蒙坪"。

土家语 $kha^{21}muŋ^{21}$（卡蒙）为一个音节，汉语义是"树木"；因此，"卡蒙坪"（壳木坪）就是"树木坪"。古时，这个坪坝里树木繁密，故而得名。

丫角山 $a^{21}kho^{21}san^{55}$

土家语与汉语结合运用的地名："丫角"是土家语 $a^{21}kho^{21}$（阿壳）的音变与误记。用西南官话记录土家语 a^{21}（阿），一般以"丫"、"牙"代替，这里的"丫"即为 a^{21}（阿）的近音汉字替代；"角"在当地方言中不读 jiǎo（搅），而是读 guó（国），与"壳"音近，是 kho^{21}（壳）的音变。"山"是汉语。因此，这个地名比较准确的记音应是"阿壳山"。

土家语 $a^{21}kho^{21}$（阿壳）为一个音节，汉语义是"乱岩"。所以"阿壳山"（丫角山）就是"乱岩山"。

马塔峪 $ma^{53}tha^{55}jəu^{35}$

土家语与汉语结合运用的地名："马塔"是土家语 $ma^{53}tha^{55}$ 的汉字记音，有的记为"马他"；"峪"是汉语，即"山峪"。

土家语 $ma^{53}tha^{55}$（马塔）系两个音节：ma^{53}（马）的汉语义是"蜂子"（Apismellifera），tha^{55}（塔）的汉语义是"坐"、"住"或"坐处"、"住

处”；ma^{53}tha^{55}（马塔）连起来译成汉语是“蜂子住处”。所以，“马塔峪”就是“蜂子住的山峪”；通俗地说，就是蜂子筑巢的地方。

里月岗 li^{35}je^{53}kan^{55}

土家语与汉语结合运用的地名：“里月”是土家语 li^{35}je^{53} 汉字记音，但“月”是 je^{53}（叶）的音变；“岗”是汉语，即“山冈”。所以，这个地名的准确记音应是“里叶冈”。

土家语 li^{35}je^{53}（里叶）系两个音节：li^{35}（里）的汉语义是“虎”(Panthera tigris)，je^{53}（叶）的汉语义是“躲”、“出没”；li^{35}je^{53}（里叶）连起来译成汉语是“虎躲”或“老虎出没”。所以，“里叶岗”（里月岗）就是“老虎躲藏或出没的山岗”。

古时，这里山深林茂，树绿草肥，常有老虎出没其间，故得其名。

天书塔 thi^{55}su^{35}tha^{35}

土家语与汉语结合运用的地名：“天书”是土家语 thi^{55}su^{35}（梯术）的音变与误记；“塔”是汉语，即“坪塔”。所以，这个地名的准确记音应是“梯术塔”。但按西部区的发音应读作“梯苏塔”。

土家语 thi^{55}su^{35}（梯术）系两个音节：thi^{55}（梯）的汉语义是“斗篷”，su^{35}（术）的汉语义是“造”、“（编）织”；thi^{55}su^{35}（梯术）连起来直译是“斗篷织”；调换语序结构译成汉语是“织斗篷”。所以，“梯术苏塔”（天书塔）就是“编织斗篷的地方”。

斗篷是山区土家人民必备的遮雨工具。编织斗篷是土家人传统工艺，有竹篾、皮纸涂柿子油的纸斗篷，有寮竹叶编织的竹叶斗篷，还有用棕片、棕丝编织的棕斗篷，等等，款式多样，工艺考究。从前，这里的土家人善于编织斗篷，因而得名。

张古溪 za^{35}ku^{53}tɕhi^{55}

土家语与汉语结合运用的地名：“张古”是典型的土家语，但记音有误，实际发音是 za^{35}ku^{53}（日阿古）。土家语 za^{35}（日阿）的发音极其特别，没有一个汉字可以对应，人们只有用“扎”、“张”、“咱”之类与其发音相近的字来替代，这里是以“张”代 za^{35}（日阿）。“溪”是汉语，即“溪沟”。所以，“张古溪”的原始名称是“日阿古溪”。

土家语 za^{35}ku^{53}（日阿古）为一个音节，汉语义是“茶叶”(Camellia sinensis)。因此，“日阿古溪”（张古溪）就是“茶叶溪”。

从前，这条溪沟是一片茶园，这里的人们制作的茶叶很有名，人们便以这种特产作了地名。

天次堰 thian^{55}tshi^{53}jəu^{55}

汉语与土家语结合运用的地名："天"是汉语，即"天地"之"天"；"次堰"是土家语 tshi^{53}jəu^{55} 的汉字记音，"堰"是 jəu^{55}（优）的音变。因此，这个地名的准确记音应是"天次优"。

"天次优"（天次堰）古代叫 me^{35}tshi^{53}jəu^{55}（嘿次优），其中 me^{35}（嘿）的汉语义就是"天"，记名时被翻译过来了，但弄不懂 tshi^{53}jəu^{55}（次优）是什么意思，便保留了下来，成了今名。实际上土家语 tshi^{53}（次）的汉语义是"靠近"、"挨着"、"顶着"；me^{35}tshi^{53}（嘿次）连起来直译是"天靠近"或"天挨着"，调换语序结构译成汉语就是"靠近天"或"挨着天"。jəu^{55}（优）的汉语义是"村子"、"寨子"。因此，"天次优"（天次堰）就是"挨着天的村寨"，简言之，就是"齐天寨"。

实测此地，乃一锅形盆地，村民就居住在"锅"的口檐上。从"锅底"望去，人户犹如靠近了天或挨着天。依据这一地形特点，人们便以"靠近天"作了比喻性的地名。

车家山 tshe^{21}ka^{21}san^{55}

土家语与汉语结合运用的地名："车家"是土家语 tshe^{21}ka^{21} 的汉字记音，但"车"是 tshe^{21}（扯）的音变；"家"是 ka^{21}（嘎）的近音汉字替代，土家语 ka^{21}（嘎），书面一般都记为"家"，口语一般念作"嘎"。"山"是汉语。所以，这个地名的准确记音应是"扯嘎山"。按西部区的发音读作"测嘎山"。

土家语 tshe^{21}ka^{21}（扯嘎）系两个音节：tshe^{21}（扯）的汉语义是"水"，ka^{21}（嘎）的汉语义是"干"、"缺"；tshe^{21}ka^{21}（扯嘎）连起来直译是"水干"或"水缺"，调换语序结构译成汉语是"干水"或"缺水"。所以，"扯嘎山"（车家山）就是"干水山"或"缺水山"。

从前，此地水源不足，容易发生干旱，因而得"缺水山"之名。

毛以溪 mo^{21}ji^{21}tɕhi^{55}

土家语与汉语结合运用的地名："毛以"是土家语 mo^{21}ji^{21} 的汉字记音，但"毛"是 mo^{21}（磨）的音变；"溪"是汉语，即"溪沟"。所以，这个地名比较准确一点的记音应是"磨以溪"。

土家语 $mo^{21}ji^{21}$（磨以）系两个音节：mo^{21}（磨）的汉语义是“猫”（Felis domestica），这里实指野猫；ji^{21}（以）的汉语义是“看见”。$mo^{21}ji^{21}$（磨以）连起来直译是“猫看见”；调换语序结构译成汉语是“看见猫”。所以，“磨以溪”（毛以溪）就是“看见猫溪”，即看见野猫的山沟。

古时，这条山沟是一片树草茂密的荒原，经常可以看见各种野猫出没其间，因而得名。

六木垭　$luŋ^{55}mu^{53}ŋa^{21}$

土家语与汉语结合运用的地名：“六木”是土家语 $luŋ^{55}mu^{53}$ 的汉字记音，但“六”是 $luŋ^{55}$（聋）的音变；“垭”是汉语，即“山垭”。所以，这个地名比较准确的记音应是“聋木垭”。

土家语称“三月黄”大麦（Hordeum rulgare L）为 $luŋ^{55}mu^{53}$（聋木），有的地方叫 $luŋ^{55}muŋ^{53}$（聋猛）。因此，“聋木垭”（六木垭）就是“大麦垭”，即盛产大麦的地方。

叶岭岗　$je^{21}lo^{21}kan^{55}$

土家语与汉语结合运用的地名：“叶岭”是土家语 $je^{21}lo^{21}$ 的汉字记音，但“岭”是 lo^{21}（洛）的音变；“岗”是汉语，即“山岗”。所以，这个地名的准确一点的记音应是“叶洛岗”。

土家语　$je^{21}lo^{21}$（叶洛）为一个音节，汉语义是“曲折绕圈”；所以，“叶洛岗”（叶岭岗）就是“绕圈岗”。

这个山岗地势很高，无直路可走，必须曲折绕圈攀爬才能到达。根据这一道路特征，人们便以 $je^{21}lo^{21}$（叶洛）——“绕圈”作了地名。

苦寨峪　$khu^{55}tsa^{53}jəu^{55}$

纯粹的土家语地名，$khu^{55}tsa^{53}jəu^{55}$（枯扎优）的音变与误记。按西部区的发音读作“枯咱优”。

土家语 $khu^{55}tsa^{53}jəu^{55}$（枯扎优）由 $khu^{55}tsa^{53}$（枯扎）和 $jəu^{55}$（优）两个音节组成：$khu^{55}tsa^{53}$（枯扎）的汉语义是“山包”或“山顶”；$jəu^{55}$（优）的汉语义是“村寨”。所以，$khu^{55}tsa^{53}jəu^{55}$（枯扎优）连起来译成汉语就是“山包上的村寨”。因为这个村寨坐落在山包上面而得名。

因为山区的山包多，因而以 $khu^{55}tsa^{53}$（枯扎）命名的地方就比较普遍，记名人不懂得它的实际含义，便以“苦竹”、“苦寨”等予以记录，这就是湘西多“苦竹寨”、“苦竹坪”、“苦竹山”、“苦竹溪”、“苦竹河”等地名的原因，其实都是“枯扎”的误记。

漫家峪 $me^{35}ka^{21}jəu^{55}$

土家语与汉语结合运用的地名：“漫家”是土家语 $me^{35}ka^{21}$（嚜嘎）的误记，“漫”是 me^{35}（嚜）的音变，“家”是 ka^{21}（嘎）的近音汉字替代；“峪”是汉语，即“山峪”。因此，这个地名的准确记音应是“嚜嘎峪”

$me^{35}ka^{21}$（嚜嘎）是土家语的一个专用词，凡是“天干”、“天旱”都叫 $me^{35}ka^{21}$（嚜嘎）。其中的 me^{35}（嚜）的汉语义是“天”，ka^{21}（嘎）的汉义就是“干”。因此，“嚜嘎峪”（漫家峪）就是“天干峪”或“天旱峪”。

从前，此地水源不足，缺水是这里的最大特点，人们便以 $me^{35}ka^{21}$（嚜嘎）——“天旱”作了地名。

告吾坡 $ke^{21}uŋ^{21}po^{21}$

纯粹的土家语地名，$ke^{21}uŋ^{21}po^{21}$（格翁博）的误记：“告”是 ke^{21}（格）的误记，“吾坡”是 $uŋ^{21}po^{21}$（翁博）的误记。

土家语 $ke^{21}uŋ^{21}po^{21}$（格翁博）由 ke^{21}（格）和 $uŋ^{21}po^{21}$（翁博）两个音节组成：ke^{21}（格）是指示代词，汉语义是“这”、“这里”、“这儿”；$uŋ^{21}po^{21}$（翁博）的汉语义是“住下”、“坐下”，实际是指“安家”。所以，$ke^{21}uŋ^{21}po^{21}$（格翁博）连起来译成汉语就是“在这里住下”、“在这里安家”。

这是此地土家先民最初定居时留下的地名，也是当地原始先民留下的一颗“活化石”。

木地凹 $mu^{53}thi^{55}khui^{35}$

纯粹的土家语地名，$mu^{53}thi^{55}khui^{35}$ 的汉字记音，但“地”是 thi^{55}（替）的音变；“凹”在当地既不读 āo（熬），也不读 wā（哇），而是读 kuì（溃），是 $khui^{35}$（溃）的误记。所以，这个地名的准确记音应是“木替溃”。

土家语 $mu^{53}thi^{55}khui^{35}$（木替溃）系三个音节：mu^{53}（木）的汉语义是“竹子”（Bomboo sprout）；thi^{55}（替）是 $thi^{55}mi^{55}$（替米）的简化，汉语义是“蔸”，如“树蔸”就叫 $kha^{21}thi^{55}mi^{55}$（卡替米）或 $kha^{21}thi^{55}$（卡替），“竹蔸”就叫 $mu^{53}thi^{55}mi^{55}$（木替米）或 $mu^{53}thi^{55}$（木替）；$khui^{35}$（溃）的汉语义是指低于周围的地方，如小山窝、小盆地等。因此，“木替溃”（木地凹）连起来译成汉语就是“竹蔸窝”。

从前，这个山窝里是一片大竹山，人们砍去竹子后留下遍地竹蔸，因而得名。

品子山 phi^{35}tsho^{53}san^{55}

土家语与汉语结合运用的地名：“品子”是土家语 phi^{35}tsho^{53}（皮挫）的误记，“品”是 phi^{35}（皮）的音变，“子”是 tso^{53}（挫）的讹变；“山”是汉语。因此，这个地名的准确记音应是“皮挫山”。

土家语 phi^{35}tsho^{53}（皮挫）系两个音节：phi^{35}（皮）的汉语义是“土筑墙”，tsho^{53}（挫）的汉语义是“屋”；phi^{35}tso^{53}（皮挫）连起来译成汉语是“土筑墙屋”。所以，“皮挫山”（品字山）就是“土筑墙屋山”，即建有土筑墙房屋的山界。

从前，这里的民居全都是土墙屋，人们便以这种民居特点作了地名。详细释义参看桑植县两河口乡“枇杷树”。

高竹山 ka^{21}tsau^{21}san^{55}

土家语与汉语结合运用的地名：“高竹”是土家语 ka^{21}tsau^{21}（嘎照）的误记；“山”是汉语。所以，这个地名的准确记音应是“嘎照山”，当地老人的实际发音也是“嘎照山”。而按照西部区的发音则应读作“嘎造山”。

土家语 ka^{21}tsau^{21}（嘎照）为一个音节，汉语义是指两山间俗称“凹槽”或“沟槽”的大小山谷。所以，“嘎照山”（高竹山）就是“凹槽山”或“沟槽山”，即“沟槽”或“凹槽”旁边的山，是一个以地形特点命名的地名。

打扎溪 ta^{35}za^{21}tɕhi^{55}

土家语与汉语结合运用的地名：“打”是土家语 ta^{35}（大）的误记；“扎”是土家语 za^{21}（日阿）的近音汉字替代，za^{21}（日阿）的发音没有一个汉字可以对应，往往以“扎”或“咱”来替代，这里就是以“扎”作 za^{21}（日阿）的代音字。“溪”是汉语，即“溪沟”。因此，这个地名的准确记音应是“大日阿溪”。

土家语 ta^{35}za^{21}（大日阿）为一个音节，汉语义是“岸边”、“岸上”。因此，“大日阿溪”（打扎溪）就是“沟岸边”或“沟岸上”。这个地方处在沟边的岸上，因而得名。

杨腊溪 ji^{55}lan^{53}tɕhi^{55}

土家语与汉语结合运用的地名：“杨腊”是土家语 ji^{55}lan^{53}（依兰）的音变与误记；“溪”是汉语，即“溪沟”。所以，这个地名的准确记音应是“依兰溪”，当地老人的实际发音也是“依兰溪”。

土家语 ji^{55}lan^{53}（依兰）为一个音节，汉语义是香料作物“苏麻”（Helicteres angustifolia）。所以，“依兰溪”（杨腊溪）就是“苏麻溪”。

“苏麻”是澧水上源地区的一种油料植物，籽实特香，可与芝麻媲美，可榨油以食用，常常用来作糍粑、叶儿粑粑的包馅。古时，这里苏麻多，因而得名。

通木峪 thuŋ^{53}muŋ^{21}jəu^{55}

纯粹的土家语地名，thuŋ^{53}muŋ^{21}jəu^{55} 的汉字记音，但“通木”是土家语 thuŋ^{53}muŋ^{21}（统蒙）的音转与误记；“峪”是 jəu^{55}（优）的音变与误记。所以，这个地名的准确记音应是“统蒙峪”。

土家语 thuŋ^{53}muŋ^{21}jəu^{55}（统蒙优）由 thuŋ^{53}muŋ^{21}（统蒙）和 jəu^{55}（优）两个音节组成：thuŋ^{53}muŋ^{21}（统蒙）的汉语义是“线”，jəu^{55}（优）的汉语义是“村”、“村寨”；因此，thuŋ^{53}muŋ^{21}jəu^{55}（统蒙峪）连起来译成汉语就是“线寨”。

以前，这里的土家姑娘纺的线很有名，人们便以“线”作了地名。

龙池岗 luŋ^{35}tshe^{21}kan^{55}

土家语与汉语结合运用的地名：“龙池”是土家语 luŋ^{35}tshe^{21} 的汉字记音，但“池”是 tshe^{21}（扯）的音变；“岗”是汉语，即“山冈”。因此，这个地名的准确记音应是“龙扯冈”。按西部区的发音读作“龙测岗”。

土家语 luŋ^{35}tshe^{21}（龙扯）系两个音节：luŋ^{35}（龙）的汉语义是“浑”，tshe^{21}（扯）的汉语义是“水”；luŋ^{35}tshe^{21}（龙扯）连起来译成汉语是“浑水”。所以，“龙扯岗”（龙池冈）就是“浑水冈”，即出浑水的山冈。

从前，此地有间歇泉，经常出浑水，人们根据这一特点，便以 luŋ^{35}tshe^{21}（龙扯）——“浑水”作了地名。

产子塔 tsha^{53}tsu^{35}tha^{35}

土家语与汉语结合运用的地名：“产子”是土家语 tsha^{53}tsu^{35} 的汉字记音，但“产”是 tsha^{53}（岔）的音转与误记，“子”是 tsu^{35}（住）的音变；“塔”是汉语，即“坪塔”，也泛指有坪塔的地方。所以，这个地名的准确记音应是“岔住塔”。按西部区的发音读作“擦租塔”。

土家语 tsha^{53}tsu^{35}（岔租）系两个音节：tsha^{53}（岔）的汉语义是“纺车”，tsu^{35}（住、租）的汉语义是“出”、“出产”；tsha^{53}tsu^{35}（岔住）连起来直译是“纺车出产”，调换语序结构译成汉语是“出纺车”，即出产纺车。所以，“岔住塔”（产子塔）就是“出产纺车的地方”。

从前，这里的木匠师傅手艺十分高超，制作的纺车式样美，质量好，远近闻名，人们便以 tsha^{53}tsu^{35}（岔租）——“出纺车”作了地名。

水洋池 sui^{55}je^{53}tshi^{53}

土家语与汉语结合运用的地名：“水洋”是土家语 sui^{55}je^{53} 的汉字记音，但“洋”是 je^{53}（也）的音变。“池”是汉语，本义指“池塘”，用作地名时指一般池塘周围一带的地方或有池塘的地方。因此，这个地名的准确记音应是“水也池”。按西部区的发音读作“虽也次”。

土家语 sui^{55}je^{53}（水也）为一个音节，汉语义是一种俗称“土姜树”的灌木，这种“土姜树”学名叫“继木”（Loropetalum chinense），土家人常用作柴薪。因此，“水也池”（水洋池）就是“土姜树生长的地方”，因土姜树多而得名。

团古岩 tha^{35}khu^{53}ŋai^{53}

土家语与汉语结合运用的地名：“团古”是土家语 tha^{35}khu^{53} 的汉字记音，但“团”是 tha^{35}（塔）的误记，“古”是 khu^{53}（苦）的音变；“岩”是汉语，即“岩石”、“石头”，用作地名，是指具有某些岩石特征的地方。所以，这个地名的准确记音应是“塔苦岩”。

土家语 tha^{35}khu^{53}（塔苦）为一个音节，汉语义是“锅”，凡是火锅、炒锅、灶锅、烤酒锅，土家语统称为 tha^{35}khu^{53}（塔苦）。所以，“塔古岩”（团古岩）就是“锅子岩”。

此地或有岩山形似锅子，或者此地从前曾铸造铁锅，故而得名。

炉厂塔 lo^{35}tshuŋ^{55}tha^{35}

土家语与汉语结合运用的地名。“炉厂”是土家语 lo^{35}tshuŋ^{55} 的误记：“炉”是 lo^{35}（洛）的音变；“厂”是 tshuŋ^{55}（冲）的误记；“塔”是汉语，即“坪塔”。因此，这个地名的原始名称应是“洛冲塔”。按西部区的发音读作“洛匆塔”。

土家语 lo^{35}tshuŋ^{55}（洛冲）为一个音节，汉语义是“樟树”（Cinnamomum campbora）。所以，“洛冲塔”（炉厂塔）就是“樟树塔”。

从前，这里是一片樟树林，故而得名。

茅公溪 mu^{53}kho^{55}tɕhi^{55}

土家语与汉语结合运用的地名：“茅公”是土家语 mu^{53}kho^{55}（母科）

的音变与误记，“茅”是mu^{53}（母）的音变，“公”是kho^{55}（科）的误记；“溪”是汉语，即“溪沟”。所以，这个地名的准确记音应是“母科溪”。

土家语称“竹子”（Bamboo sprout）为mu^{53}（母）或$mu^{53}ȵie^{53}$（母捏），称“竹山”、“竹园”为$mu^{53}kho^{55}$（母科）。所以，“母科溪”（茅公溪）就是“竹园溪”或“竹园沟”。

从前，这条溪沟两旁都是茂密的竹林，林深叠翠，是一道亮丽风景，故而得名。

三十六塆 $se^{21}si^{35}lu^{21}uan^{55}$

土家语与汉语结合运用的地名：“三十六”是土家语$se^{21}si^{35}lu^{21}$的汉字记音，但“三”是se^{21}（色）的音变，“十”是si^{35}（司）的音变；“塆”是汉语，即“山塆”。所以，这个地名的准确记音应是“色司六塆”。

土家语$se^{21}si^{35}lu^{21}$（色司六）由$se^{21}si^{35}$（色司）和lu^{21}（六）两个音节组成：$se^{21}si^{35}$（色司）的汉语义是“油”，lu^{21}（六）的汉语义是“卖”；$se^{21}si^{35}lu^{21}$（色司六）连起来直译是“油卖”，调换语序结构译成汉语是“卖油”。所以，“色司六塆”（三十六塆）就是“卖油塆”。

从前武陵山区土家人的日常用油全部靠自产，主要有猪油、茶油、菜油以及桐油、木油，其中尤以桐油最出名。这里所卖之油究竟是哪种油不好妄断。可以肯定的是这里某种油抑或某几种油产量大，先民们自食自用有余，常常向外出售，故而得名。

教字垭镇

位于区域西北部，北邻武陵源区中湖乡，镇治距市中心30公里；总面积136.1平方公里，其中耕地24255亩；辖25个行政村、1个居民委员会，3个联组，285个村（居）民小组；2009年末，总人口28085人，其中土家族占全镇总人口的94%。粮、油、干水果、苎麻是该镇经济主体，全镇有干水果基地10个。该镇文化底蕴深厚，有传统土家摆手舞、茅古斯、西兰卡普等悠久的民族民间文化艺术，曾被湖南省文化厅授予“群众文化艺术之乡”称号。

桐钱塆 thuŋ^{53}tɕhian^{53}uan^{55}

土家语与汉语结合运用的地名：“桐钱”是土家语 thuŋ^{53}tɕhian^{53}（桶千）的汉字记音；“塆”是汉语，即“山塆”。所以，这个地名的准确记音应是“桶千塆”。

土家语 thuŋ^{53}tɕhian^{53}（桶千）为一个音节，与汉语“铜钱”音、义都相同，实际上是一个全借汉语“铜钱”的名词。凡是铜币、银币、纸币土家语都叫 thuŋ^{53}tɕhian^{53}（桶千）。因此，“桶千塆”（桐钱塆）就是“钱塆”。

从前此地富人多，财富也多，因而得名。

雪藤岗 ɕie^{53}than^{21}kan^{55}

土家语与汉语结合运用的地名：“雪藤”是土家语 ɕie^{53}than^{21} 的汉字记音，但“雪”是 ɕie^{53}（谢）的音变，“藤”是 than^{21}（坦）的音变与误记；“岗”是汉语，即“山冈”。所以，这个地名的正确记音应是“谢坦冈”。

土家语 ɕie^{53}kan^{55}（谢坦）为一个音节，汉语义是“铁炉”。因此，“谢坦岗”（雪藤岗）就是“铁炉冈”，是古代铁匠开红炉打铁的地方。

十八山 se^{53}pa^{53}san^{55}

土家语与汉语结合运用的地名：“十八”是土家语 se^{53}pa^{53} 的汉字记音，但“十”是 se^{53}（舍）的音变，“八”是 pa^{53}（巴）的音变，也有记作“把”的。“山”是汉语。因此，这个地名的准确记音应是“舍巴山”。按西部区的发音读作“色巴山”。

土家语 se^{53}pa^{53}（舍巴）为一个音节。在遥远的古代，土家族地区一直实行部落酋长制度。宋、元以后，历代封建王朝对部分土家族地区实行

舍巴楼

"土司制度"，用来"以夷制夷"。各地的部落酋长和土司衙门一般都设有分管其政务的小头领，这些"小头领"除正式选拔为"总理"、"中军"、"贴堂"等正式官职外，一般都称之为 $se^{53}pa^{53}$（舍巴、色巴）。因此，"舍巴山"（十八山）就是"小头领山"。

古时，此地可能是某个小头领的住地，也可能是某个小头领的封地，故得"舍巴山"之名。

水龙坪 $sui^{21}lu\eta^{21}phin^{21}$

汉语与土家语结合运用的地名："水"是汉语；"龙"是土家语 $lu\eta^{21}$ 的汉字记音；"坪"是汉语。

土家语 $lu\eta^{21}$（龙）是 $lu\eta^{21}ku^{53}te^{21}$（龙古得）的简化，汉语义是"浑"、"淹"。所以，"水龙"就是"浑水"、"淹水"；"水龙坪"就是"淹水坪"、"浑水坪"。

从前，这里地势低洼，经常积水难消，故得此名。

兴家岗 $\c{c}in^{35}ka^{53}kan^{55}$

土家语与汉语结合运用的地名："兴家"是土家语 $\c{c}in^{35}ka^{53}$（信嘎）的汉字记音，只不过稍有音变而已，"家"是 ka^{53}（嘎）的近音汉字替代；"岗"是汉语，即"山冈"。所以，这个地名的准确记音应是"信嘎冈"。

土家语 $\c{c}in^{35}ka^{53}$(信嘎)为一个音节,汉语义是"绿色"。因此，"信嘎岗"（兴家岗）就是"绿色山冈"。从前，这个山岗上古木参天，青绿一片，人们便以青绿颜色作了地名。

对于"绿"的颜色，按其色彩程度，土家语有着不同的称谓：对泛指的"绿色"称之为 $\c{c}in^{35}ka^{53}$(信嘎)；对"碧绿"、"绿茵茵"称之为 $\c{c}in^{35}ka^{53}pu^{53}lu^{21}$（信嘎补六）;对"深绿"、"墨绿"称之为 $\c{c}in^{35}ka^{53}pu^{53}lu^{21}pu^{53}lu^{21}$(信嘎补六补

六)。对于这些色彩程度,很难有一个严格的划分界线,因此在实际运用时多用 çin^{35}ka^{53}(信嘎),有时也用 pu^{53}lu^{21}(补六)。

腰占丫 je^{53}tsa^{35}ŋa^{53}

土家语与汉语结合运用的地名:“腰占”是土家语 je^{53}tsa^{35}(也扎)的音变与误记,澧水上游地区有不少冠以“腰占”、“腰展”、“腰斩”、“腰寨”、“腰子”的地名,大多都是因 je^{53}tsa^{35}(也扎)误记而来;“丫”是汉语“垭”的误记。因此,这个地名的准确记音应是“也扎垭”。按西部区土家语发音读作“也咱垭”。

土家语 je^{53}tsa^{35}(也扎)为一个音节,汉语义是“砍火畲”。因此,“也扎垭”(腰占丫)就是先民们砍火畲实行刀耕火种的地方。

在遥远的古代,土家先民由狩猎转入农耕之时,最初的生产方式就是用柴刀砍倒树草、放火燃烧,然后撒下粟谷、红豆之类种子,春播秋收。这种原始的、粗放的广种薄收,俗称“砍火畲”。

下上三 çi^{21}si^{21}so^{55}

纯粹的土家语地名,çi^{21}si^{21}so^{55}(西十梭)的误记,按西部土家语的发音读作“西司梭”。

土家语 çi^{21}si^{21}so^{55}(西十梭)系三个音节:çi^{21}(西)的汉语义是“草”,si^{21}(十)的汉语义是“生”、“生长”;çi^{21}si^{21}(西十)连起来直译是“草生”,调换语序结构译成汉语就是“生草”。(土家人称“原生态”的不毛之地为“生草地”。)so^{55}(梭)的汉语义是“割”、“砍”。因此,çi^{21}si^{21}so^{55}(西十梭)连起来直译是“生草砍割”,调换语序结构译成汉语就是“砍割生草”,即“开荒斩草”。

此地原来是土家先民开荒斩草之地,故留 çi^{21}si^{21}so^{55}(西十梭)——“开荒斩草”之名。

脉 峪 me^{35}jəu^{55}

纯粹的土家语地名,me^{35}jəu^{55}(嚜优)的音变与误记。

土家语 me^{35}jəu^{55}(嚜优)系两个音节:me^{35}(嚜)的汉语义是“天”;jəu^{55}(优)的汉语义是“村寨”。因此,me^{35}jəu^{55}(嚜优)连起来译成汉语就是“天寨”,即“天边的村寨”。

这个村寨位于海拔 800 余米的高山上,从山下的沟底望去犹如处在天边。根据这一特点,人们便以 me^{35}jəu^{55}(嚜优)——“天边寨”作了比喻性的地名。

柏　栋　$pe^{35}tuŋ^{35}$

纯粹的土家语地名，$pe^{35}tuŋ^{35}$（白峒）的误记。

土家语 $pe^{35}tuŋ^{35}$（白峒）系两个音节：pe^{35}（白）是 $pe^{35}kha^{21}$（白卡）的简化，汉语义是“苗族”；$tuŋ^{35}$（峒）的汉语义是比较集中的“村寨”。所以，$pe^{35}tuŋ^{35}$（白峒）连起来译成汉语就是“苗族村寨”，即“苗寨”。

这里从前是苗族同胞居住过的寨子，因而得名。

老　层　$lau^{21}tshi^{21}$

土家语 $lau^{21}tshi^{21}$ 的汉字记音，但“老”作为 lau^{21} 的汉字记音，一般记为“劳”；“层”是 $tshi^{21}$（次）的音变，而在东部区的多数地方的实际发音是“尺”。所以，这个地名的准确记音应是“劳次”。

土家语 $lau^{21}tshi^{21}$（劳次）为一个音节，汉语义是“太阳”。

此地地势高而宽敞，又无高山和树木遮挡，日照长，阳光好，人们便以 $lau^{21}tshi^{21}$（劳次）——“太阳”作了地名。

洞　吹　$tuŋ^{35}tshe^{21}$

汉语与土家语结合运用的地名：“洞”是汉语，即“山洞”；“吹”是土家语 $tshe^{21}$（扯）的音变与误记。所以，这个地名的准确记音应是“洞扯”，当地人们对这个地名的实际发音是“洞扯”。按西部区的发音读作“洞测”。

土家语称“水”为 $tshe^{21}$（扯）。因此，“洞扯”（洞吹）就是“洞水”。

这个地方位于洞水沟两畔，人们便以 $tuŋ^{35}tshe^{21}$（洞扯）——“洞水”作了地名。

立山峪　$li^{35}sa^{55}jəu^{35}$

土家语与汉语结合运用的地名：“立山”是土家语 $li^{35}sa^{55}$（立萨）的误记；“峪”是汉语，即“山峪”。所以，这个地名的准确记音应为“立萨峪”。

土家语 $li^{35}sa^{55}$（立萨）系两个音节：li^{35}（立）的汉语义是“虎”（panthera tigris），sa^{55}（萨）的汉语义是“关”、“囚”；$li^{35}sa^{55}$（立萨）连起来直译是“虎关”，调换宾谓语序结构译成汉语是“关虎”。所以，“立萨峪”（立山峪）就是“关虎峪”。

关虎，是土家人的一种狩猎方式，它起源于狩猎时期，直到新中国成立前夕才被废止。关虎的大致方法是：猎夫用粗树筒做成囚笼，囚笼的一端设活动闸门，一端设封闭式的小笼用以放置小狗。每到傍晚，置小狗于小笼内，任其叫吠以引诱老虎。老虎为食小狗而误入囚笼内，误踏机关，致使闸门关闭而被囚于笼中。从前，“立山峪”这地方曾有关虎能手从事关虎的狩猎活动，故而得名。

排家台 $pho^{35}ka^{53}thai^{21}$

土家语与汉语结合运用的地名：“排家”是土家语 $pho^{35}ka^{53}$（破嘎）的误记，“排”是 pho^{35}（破）的音变，“家”是 ka^{53}（嘎）的近音汉字替代；“台”是汉语，即“台地”，或指“有台地的地方”。因此，这个地名应记为“破嘎台”。

土家语 $pho^{35}ka^{53}$（破嘎）为一个音节，汉语义是“教书先生”；因此，“破嘎台”（排家台）就是“老师台”。

此地从前办有学校，是教书先生教学和居住之所，故而得名。

岩家峪 $ŋan^{21}ka^{55}jəu^{55}$

纯粹的土家语地名，$ŋan^{21}ka^{55}jəu^{55}$（俺嘎优）的误记：“岩”和“峪”分别是 $ŋan^{21}$（俺）和 $jəu^{55}$（优）的音变；“家”是 ka^{55}（嘎）的近音汉字替代。

土家语 $ŋan^{21}ka^{55}jəu^{55}$（俺嘎优）由 $ŋan^{21}ka^{55}$（俺嘎）和 $jəu^{55}$（优）两个音节组成：$ŋan^{21}ka^{55}$（俺嘎）的汉语义是“窝坑”、“窝凹”、“窝坨”等小型盆地，$jəu^{55}$（优）的汉语义是“村寨”。因此，$ŋan^{21}ka^{55}jəu^{55}$（俺嘎优）连起来译成汉语便是“窝凹寨”，即山窝里的村寨。

这个村寨坐落在山窝里，因而得名。

太子岗 $tha^{21}tso^{55}kan^{55}$

土家语与汉语结合运用的地名：“太子”是土家语 $tha^{21}tso^{55}$（塔作）的误记；“岗”是汉语，即“山冈”。所以，这个地名的准确记音应是“塔作冈”。

土家语 $tha^{21}tso^{55}$（塔作）为一个音节，是古老的土家语，现已基本废弃不用，取而代之的是 $kha^{21}tso^{55}$（卡作），汉语义是“木匠”。因此，“塔作冈”（太子岗）就是“木匠冈”。

从前这里的木匠手艺好，人们便以 $tha^{21}tso^{55}$（塔作）——“木匠”作了地名。

长贵峪 $za^{35}ku^{55}jəu^{35}$

土家语与汉语结合运用的地名，但仔细聆听当地老人的实际发音，有的叫“丈古峪”，有的叫“张古峪”，有的叫“遮谷峪”，其实，“长贵”、“丈古”、“张古”、“遮谷”都是土家语 $za^{35}ku^{55}$（日阿古）的误记。土家语 za^{35}（日阿）的发音是“日”与“阿”相拼所得之音，没有一个汉字可以与之对应，一般以与其语音相近的字来代替，前面所举“长”、“丈”、“张”、“遮”等都是用来替代 za^{35}（日阿）的。“峪”是汉语，即“山峪”。因此，这个地名的原始名称应是“日阿古峪”。

土家语 $za^{35}ku^{55}$（日阿古）为一个音节，汉语义是“茶叶”（Camellia sinensis）。因此，“日阿古峪”（长贵峪）就是“茶叶峪”，古时因盛产茶叶而得名。

部家口 $pi^{35}tɕi^{55}kha^{21}$

纯粹的土家语地名，$pi^{35}tɕi^{55}kha^{21}$（毕基卡）的音变与误记。

土家族自称 $pi^{35}tɕi^{55}kha^{21}$（毕基卡）。从古到今，这里一直居住着土家人，于是，人们便用自己民族的族称作了地名。

此地还有一个地名叫“八家塆”，其实也是“毕基塆”，即“土家塆”，是土家人居住的山塆，并不是八户人家之塆。详细释义参看桑植县两河口乡“笔架村”。

岗拱垭 $kan^{55}khu^{55}ŋa^{21}$

土家语与汉语结合运用的地名：“岗拱”是土家语 $kan^{55}khu^{55}$（干苦）的误记，“岗”是 kan^{55}（干）的音变，“拱”是 khu^{55}（苦）的误记；“垭”是汉语，即“山垭”。所以，这个地名的准确记音应是“干苦垭”。

土家语 $kan^{55}khu^{55}$（干苦）为一个音节，是 $kan^{55}khu^{55}li^{55}$（干苦里）的简化，其中的 li^{55}（里）在整个音节中属轻声，在长期的语流音变中脱落了，只留下了 $kan^{55}khu^{55}$（干苦），译成汉语是“蝌蚪”；所以，“干苦垭”（干拱垭）就是“蝌蚪垭”。

过去，这里气候好，青蛙云集，蝌蚪也多，人们便以 $kan^{55}khu^{55}$（干苦）——“蝌蚪”作了地名。

阳日塆 $je^{21}zi^{55}uan^{55}$

土家语与汉语结合运用的地名：“阳日”是土家语 $je^{21}zi^{55}$ 的汉字记音，但“阳”是 je^{21}（叶）的误记；“塆”是汉语，即“山塆”。所以，这个地名的准确记音应是“叶日塆”。

土家语 $je^{21}zi^{55}$（叶日）系两个音节：je^{21}（叶）的汉语义是“神”，zi^{55}

（日）的汉语义是“敬”；$je^{21}zi^{55}$（叶日）连起来直译是“神敬”，调换宾谓语序结构译成汉语是“敬神”。所以，“叶日塆”（阳日塆）就是“敬神塆”。

从前，这里设有神堂，是人们敬祭神灵的地方，因而得名。

陈木岗 $tshe^{21}mu\eta^{55}kan^{55}$

土家语与汉语结合运用的地名：“陈木”是土家语 $tshe^{21}mu\eta^{55}$（扯蒙）的音转与误记；“岗”是汉语，即“山冈”。所以，这个地名应记作“扯蒙冈”。按西部区的发音读作“测蒙岗”。

在澧水上游土家族聚居区，以 $tshe^{21}mu\eta^{55}$（扯蒙）命名的地名十分普遍，由于该地区土家语消失较早，一批不懂土家语的人作相关记录时，往往采用想象、猜想和比附的方法，误记、错误的颇多。比如现有的“车木”、“车马”、“陈马”、“扯门”、“扯脉”等等，都是 $tshe^{21}mu\eta^{55}$（扯蒙）错记的结果。

土家语 $tshe^{21}mu\eta^{55}$（扯蒙）为一个音节，汉语义是“水井”，凡有水出而又作了“岩井”、“穴井”、“棚井”等的地方，都叫 $tshe^{21}mu\eta^{55}$（扯蒙）。因此，“扯蒙冈”（陈木岗）就是“水井冈”，因此地有水井而得名。

宋　柳 $su\eta^{35}\eta̡i^{55}j\partial u^{55}$

纯粹的土家语地名，$su\eta^{35}\eta̡i^{55j}j\partial u^{55}$（宋泥优）的误记：“宋”是 $su\eta^{35}$ 的汉字记音；“柳”是 $\eta̡i^{55j}$（泥）和 $j\partial u^{55}$（优）两个音节拼合的结果，在长期的语流音变中，人们将本是两个音节的 $\eta̡i^{55}$（泥）和 $j\partial u^{55}$（优）拼在了一起成为一个音节，而变成了今天的“柳”。

土家语 $su\eta^{35}\eta̡i^{55j}j\partial u^{55}$（宋泥优）系三个音节：$su\eta^{35}$（宋）的汉语义是“鱼”，$\eta̡i^{55}$（泥）的汉语义是“找”，$su\eta^{35}\eta̡i^{55j}$（宋泥）连起来直译是“鱼找”，调换宾谓语序结构译成汉语是“找鱼”；$j\partial u^{55}$（优）的汉语义是“村寨”。所以，$su\eta^{35}\eta̡i^{55}j\partial u^{55}$（宋泥优）连起来译成汉语就是“找鱼寨”，即找鱼、捕鱼的村寨。

古时，这里的鱼多，打鱼、捕鱼的人也多，因而便得了 $su\eta^{35}\eta̡i^{55j}j\partial u^{55}$（宋泥优）——“找鱼寨”之名。

虎势岗 $xu^{35}si^{53}kan^{55}$

土家语与汉语结合运用的地名：“虎势”是土家语 $xu^{35}si^{53}$（服司）的误记；“岗”是汉语，即“山冈”。因此，此地的原始名称应是“服司冈”。

土家语 $xu^{35}si^{53}$（服司）为一个音节，是 $xu^{35}si^{53}tho^{21}$（服司妥）的省略，

其中的 tho^{21}（妥）在整个音节中属于轻声高降，往往容易脱落而被省略，只留词根 $xu^{35}si^{53}$（服司），但其含义未变。$xu^{35}si^{53}tho^{21}$（服司妥）有的记为“服司吐”、“服士妥”，是土家族的传统宗教，俗称“做土菩萨”，译成汉语就是“还神愿”。

从前，这个山岗上住着“梯玛”，他主持的“服司妥”祭仪很有名，人们便以这种宗教作了地名。详细释义参看桑植县白石乡“黄仕塔”。

麻力垭 $ma^{55}li^{55}ŋa^{53}$

土家语与汉语结合运用的地名：“麻力”是土家语 $ma^{55}li^{55}$ 的汉字记音；“垭”是汉语，即“山垭”。

土家语 $ma^{55}li^{55}$（麻力）为一个音节，是土家语中的一个代词，译成汉语是“大家”，引伸义为“公有”。因此，“麻力垭”就是“大家垭”、“公有垭”，即“公山公地”。

古代，这个山垭周围的土地森林属于“公有”，因得其名。它是记录古代土家地区生产资料所有制的“活化石”，十分珍贵。

刘车坪 $liau^{35}tshi^{53}phin^{21}$

土家语与汉语结合运用的地名：“刘车”是土家语 $liau^{35}tshi^{53}$（尿尺）的误记；“坪”是汉语，即“坪坝”。因此，此地的原始名称应是“尿尺坪”。按西部区的发音读作“尿次坪”。

土家语 $liau^{35}tshi^{53}$（尿尺）为一个音节，汉语义是“泥鳅”（Misgurnus anguillicau-datus）。因此，“尿尺坪”（刘车坪）就是“泥鳅坪”。

从前，这个坪坝里泥鳅多，故而得名。

大马潭 $tu^{55}mu^{35}tha^{35}$

纯粹的土家语地名，$tu^{55}mu^{35}tha^{35}$（都牟他）的音变与误记，当地老人对这个地名的实际发音也是“都牟他”。

土家语 $tu^{55}mu^{35}tha^{35}$（都牟他）由 $tu^{55}mu^{35}$（都牟）和 tha^{35}（他）两个音节组成：$tu^{55}mu^{35}$（都牟）的汉语义是“纱”（包括棉纱、麻纱）；tha^{35}（他）的汉语义是“纺”、“绩”。因此，$tu^{55}mu^{35}tha^{35}$（都牟他）连起来直译是“纱纺”，调换宾谓语序结构译成汉语就是“纺纱”。

从前，这里的土家姑娘会纺纱，纺出的纱质量好，品位高，人们便以 $tu^{55}mu^{35}tha^{35}$（都牟他）——“纺纱”作了地名，与“大马”和“水潭”都无关。

百里尺 $pu^{35}li^{55}tsha^{35}$

纯粹的土家语地名，$pu^{35}li^{55}tsha^{35}$ 的汉字记音，但“百”是 pu^{35}（布）的误记，“尺”是 $tsha^{35}$（岔）的音变。所以，这个地名的准确记音应是“布里岔”。按西部区的发音读作“布里擦”。

土家语 $pu^{35}li^{55}tsha^{35}$（布里岔）由 $pu^{35}li^{55}$（布里）和 $tsha^{35}$（岔）两个音节组成：$pu^{35}li^{55}$（布里）是一个包含范围较广的词语，凡是圆形的颗粒状物都可称为 $pu^{35}li^{55}$（布里），但这里是指“水果”，包括梨子、李子、枣子、枇杷、樱桃，等等；$tsha^{35}$（岔）是土家语的一个修饰词，汉语义是“好”。因此，$pu^{35}li^{55}tsha^{35}$（布里岔）连起来直译是“水果好”，调换语序结构译成汉语就是“好水果”。

从前，此地果树多，盛产各种水果，人们便以 $pu^{35}li^{55}tsha^{35}$（布里岔）——“好水果”作了地名。

茶另包 $tsha^{35}la^{55}pau^{35}$

土家语与汉语结合运用的地名：“茶另”是土家语 $tsha^{35}la^{55}$ 的汉字记音，但 $tsha^{35}$ 一般记作“插”，“另”是 la^{55}（拉）的误记；“包”是汉语，即“山包”。所以，这个地名的准确记音应为“插拉包”。按西部区的发音读作“擦拉包”。

土家语 $tsha^{35}la^{55}$（插拉）为一个音节，是 $tsha^{35}la^{55}kha^{21}mu\eta^{21}$（插拉卡蒙）的简化，汉语义是一种名叫“烂篱笆”的植物。所以，“插拉包”（茶另包）就是“烂篱笆树包”。

烂篱笆树，学名“裂叶鞘柄木”（Torricella angulata Oliv.），属阔叶灌木，叶大而繁密，无甚用途，但其叶可作绿肥。秋收过后，人们把烂篱笆叶和嫩梢从树上摘下埋入水田中让其发酵腐烂，便成了最好的底肥。为了获得足够的肥源，人们将“烂篱笆”特意栽植于沟畔山野。此地是土家先民栽植烂篱笆树的地方，或是烂篱笆树自然生长的地方，因而得名。

次古垭 $tsho^{53}ku^{55}\eta a^{53}$

土家语与汉语结合运用的地名：“次古”是土家语 $tsho^{53}ku^{55}$ 的汉字记音，但“次”是 $tsho^{53}$（措）的音变；“垭”是汉语，即“山垭”。所以，这个地名的准确记音应为“措古垭”。

土家语 $tsho^{53}ku^{55}$（措古）为一个音节，译成汉语是“花椒”（Zanthoxylum bungeanum）。所以，“措古垭”（次古垭）就是“花椒垭”。

从前，居住在这个山垭上的土家先民喜欢培植花椒树，出产的“六月椒”、“冬椒”都很多，质量也好，人们便以这种特产作了地名。

禹　溪　ji^{55}tɕhi^{21}

纯粹的土家语地名，ji^{55}tɕhi^{21}（依其）的误记：“禹”是 ji^{55}（依）的误记；“溪”在当地不读 x ī（西），而是读 q ī（期），故有将 tɕhi^{21}（其）记为“溪”之误。

土家语 ji^{55}tɕhi^{21}（依其）为一个音节，汉语义是“豹”（panthera pardus L）；作为地名，意思就是豹子多的地方。

从前此地树密林深，豹子常常在此出没，人们便以这种猛兽作了地名。

吉家岗　tɕi^{35}khe^{35}kan^{35}

土家语与汉语结合运用的地名：“吉家”是土家语 tɕi^{35}khe^{35} 的汉字记音，但“家”是 khe^{35}（克）的误记，“家”当地读“嘎”，是 khe^{35} 的近音汉字替代；“岗”是汉语，即“山冈”。所以，这个地名的准确记音应为“吉克冈”。

土家语 tɕi^{35}khe^{35}（吉克）为一个音节，是 tɕi^{35}khe^{35}ɕi^{21}（吉克西）的简化，译成汉语是蔷薇科植物“茅莓”（Rubus Paruifolius L），其中tɕi^{35}khe^{35}（吉克）是“茅莓”，ɕi^{21}（西）是“草”。人们说到“茅莓”时，可以说全称 tɕi^{35}khe^{35}ɕi^{21}（吉克西），也可以说简称 tɕi^{35}khe^{35}（吉克）。因此，“吉克冈”（吉家岗）就是“茅莓冈”。

“茅莓”俗称“三月泡”，生长于低山丘陵。果实嫣红鲜艳，甜酸可口，人见人爱。从前这个山冈上三月泡多，故而得名。

有史料记载，吉家岗“因吉姓居住而得名”。经考，千百年来此地并无吉姓人家居住，且附近百里也无吉姓人家，显然是记名者闻音生义。

水羊峪　sui^{55}je^{53}jəu^{35}

土家语与汉语结合运用的地名：“水羊”是土家语 sui^{55}je^{53} 的误记，“羊”是 je^{35}（也）的音变；“峪”是汉语，即“山峪”。所以，这个地名的准确记音应为“水也峪”。按西部区的发音读作“虽也峪”。

土家语 sui^{55}je^{53}（水也）为一个音节，汉语义是灌木植物“土姜条”。所以，“水也峪”（水羊峪）就是“土姜树峪”。

土姜条学名“继木”（Loropetalum chinense），丛生，春夏季节开线状穗花。花有白、茵红色，还有黄色，香气宜人，常常引来蝴蝶飞舞。土姜条是山区人民喜爱的柴薪，无论干湿都易燃烧。从前，这个山峪里土姜树多，因而得名。

卸甲峪 çie^{53}ka^{53}jəu^{55}

纯粹的土家语地名，çie^{53}ka^{53}jəu^{55}的汉字记音，但“甲”是ka^{53}（嘎）的近音汉字替代，“峪”是jəu^{55}（优）的音变。所以，这个地名的准确记音应是“卸嘎优”。

土家语çie^{53}ka^{53}jəu^{55}（卸嘎优）系三个音节：çie^{53}（卸）的汉语义是“铁”，ka^{53}（嘎）的汉语义是“挖”，çie^{53}ka^{53}（卸嘎）连起来直译是“铁挖”，调换宾谓语序结构译成汉语是“挖铁”；jəu^{55}（优）的汉语义是“村寨”。所以，çie^{53}ka^{53}jəu^{55}（卸嘎优）连起来译成汉语就是“挖铁寨”，即挖铁人居住的村庄。

此处有山名“卸甲山”，也是土家语与汉语结合运用的地名。同理，“卸甲”的汉语义是“挖铁”，“卸甲山”即“挖铁山”。

对以上两个地名，人们分别编造了两个传说：一是说“卸甲峪”是“因杨家将路过此峪时，曾卸甲休息过，故名”。二是说“卸甲山”是“杨家将（有说是向王天子）在此山卸甲休息过，故名”。查阅史料，北宋杨业父子根本没有到过大庸。明朝初，杨王景虽然到过大庸，但他不属杨家将。至于向王天子，乃土家族起义首领，根本无甲可卸。传说终归传说，实不可信。

马夫峪 ma^{53}khu^{35}jəu^{55}

纯粹的土家语地名，ma^{53}khu^{35}jəu^{55}的汉字记音，但“夫”是khu^{35}（哭）的音变，“峪”是jəu^{55}（优）的音变。所以，此地的原始名称应是“马哭优”。

土家语ma^{53}khu^{35}jəu^{55}（马哭优）由ma^{53}khu^{35}（马哭）和jəu^{55}（优）两个音节组成：ma^{53}khu^{35}（马哭）是ma^{53}khu^{35}li^{55}（马哭里）的省略和简化，其中的li^{55}（里）是词尾轻声，在长期的音变中自然脱落了，只留下ma^{53}khu^{35}（马哭），后来人们觉得“哭”不吉利，便将ma^{53}khu^{35}（马哭）记为“马夫”，ma^{53}khu^{35}（马哭）的汉语义是“疟蚊”（Culex）；jəu^{55}（优）的汉语义是“村庄”、“寨子”。所以，ma^{53}khu^{35}jəu^{55}（马哭优）连起来译成汉语就是“疟蚊寨”或“疟蚊村”。从前，这个村寨树草繁密，湿度很大，疟蚊多，因此得名。

疟蚊俗称“长脚蚊”、“床脚蚊”，普遍生长于潮湿的树林、杂草间，是疟疾的传播者；人畜若被其叮咬便奇痒无比，并有可能导致疟疾传播。

关于“马夫峪”地名解释，也有一个传说：说是“五女征南时，在这里放过骡马，喂马的人曾住在此峪，故名。”“五女征南”仍属北宋杨家将范畴，是文人编写的传奇。真实的五女或虚构的五女都没有到过大庸，所谓“马夫”更是无稽之谈。

车儿峪 $tshe^{21}e^{21}jəu^{35}$

土家语与汉语结合运用的地名。“车儿”是土家语 $tshe^{21}e^{21}$ 的音变与误记：“车”是 $tshe^{21}$（扯）的音变，“儿”是 e^{21}（耳）的音变；“峪”是汉语，即“山峪”。所以，“车儿峪”的原始名称应是“扯耳峪”。按西部区的发音读作“测耳峪”。

土家语 $tshe^{21}e^{21}$（扯耳）系两个音节：$tshe^{21}$（扯）的汉语义是“水”，e^{21}（耳）的汉语义是“远”、“长”；$tshe^{21}e^{21}$（扯耳）连起来直译是“水远”或“水长”，调换语序结构译成汉语是“长水”或“远水”。所以，“扯耳峪”（车儿峪）就是又长又远的水沟或山峪。意思是说这条山峪里的水沟，既长又远，水源十分充足。

马骡塆 $ma^{53}lo^{21}uan^{55}$

土家语与汉语结合运用的地名：“马骡”是土家语 $ma^{53}lo^{21}$ 的汉字记音，但 lo^{21} 通常记为“洛”；“□”是汉语，即“山塆”。所以，这个地名的准确记音应是“马洛塆”。

土家语 $ma^{53}lo^{21}$（马洛）系两个音节：ma^{53}（马）的汉语义是“蜂子”（Apismekllifera），lo^{21}（洛）的汉语义是“玩”、“游玩”、“玩耍”；$ma^{53}lo^{21}$（马洛）连起来译成汉语是“蜂子玩”。所以，“马洛塆”（马骡塆）就是“蜂子玩耍的山塆”。

从前，这个山塆里繁花似锦，花香扑鼻，花丛间，蜂飞蝶舞，故而得名。

罗 水 乡

位于区域西北部，乡治距市中心42.5公里；总面积62.5平方公里，其中耕地面积10000余亩；辖9个行政村，102个村民小组；2009年末，总人口8149人，其中土家族占全乡总人口的98.5%。主要物产有粮油、干水果等，特产有蜂蜜、野葛粉、板栗、辣椒、茶叶等；全乡森林覆盖率89.5%。1993年被湖南省文化厅命名为“群众文化艺术之乡”；2005年、2009年被国务院授予“全国民族团结进步模范集体”称号；2008年被国家文化部授予“中国民间文化艺术之乡”称号。

小米界 $çi^{35}mi^{55}kai^{35}$

土家语与汉语结合运用的地名：“小米”是土家语 $çi^{35}mi^{55}$ 的汉字记音，但“小”是 $çi^{35}$（细）的误记；“界”是汉语，即“山界”。清朝末年到民国初年间，人们把 $çi^{35}mi^{55}$（细米）附会为“小米”，“细米界”也就变成“小米界”了。

土家语 $çi^{35}mi^{55}$（细米）为一个音节，是 $çi^{35}mi^{55}çian^{21}$（细米贤）的省略，$çian^{21}$ (贤) 在整个音节中属高降轻声，在长期的语流音变中脱落了，只留下词根 $çi^{35}mi^{55}$（细米），但含义未变，译成汉语是落叶乔木海南杞李参 [Dendro panax hainanensis（Merr et chun）Chun]，这种树东部土家语又叫 $ka^{53}pu^{21}ten^{55}$ (嘎不登)，其叶经捣碎过滤便成为豆腐状物体，可食，所以又叫“豆腐树”。逢到荒年，人们常常以此渡荒糊口。

从前，这个山界上普遍生长“豆腐树”，人们便以这种植物作了地名。

耿家界 $ken^{55}kai^{21}kai^{35}$

土家语与汉语结合运用的地名：“耿家”是土家语 $ken^{55}kai^{21}$ 的汉字记音，但“家”是 kai^{21}（改）的误记；“界”是汉语，即“山界”。所以，这个地名的准确记音应是“耿改界”。

土家语 $ken^{55}kai^{21}$（耿改）为一个音节，译成汉语是“滚”、“滚倒”。所以，“耿改界”（耿家界）就是“滚界”。

据传说，古时这里曾是土王的栅宕，设有□石滚木，遇有敌人侵犯，便滚下礌石和树筒袭击敌人。据此，人们便以“滚界”作了地名。

石牌峪 $si^{21}phai^{55}jəu^{35}$

土家语与汉语结合运用的地名："石牌"是土家语 $si^{21}phai^{55}$ 的汉字记音，原汁原味，记音准确；"峪"是汉语，即"山峪"。但这个地名按西部区的语音应读作"司牌峪"。

土家语 $si^{21}phai^{55}$（石牌）为一个音节，是 $si^{21}pi^{35}si^{21}phai^{55}$（石必石牌）的简化，汉语义是"兽类"，即各种各类的野兽。因此，"石牌峪"就是"野兽峪"。

从前，这个山峪里树密草繁，各种野兽生存其间，故得其名。详细释义参看枫香岗乡"石牌"。

狗骨丫 $kan^{53}khu^{53}ŋa^{53}$

土家语与汉语结合运用的地名："狗骨"是土家语 $kan^{53}khu^{53}$（干枯）的误记；"丫"是汉语"垭"的误记，即"山垭"。因此，这个地名的准确记音应为"干枯垭"。

土家语 $kan^{53}khu^{53}$（干枯）为一个音节。是 $kan^{53}khu^{53}tie^{53}$（干枯爹）的简化，其中的 tie^{53}（爹）属于轻声高降而自然脱落，只留下词根 $kan^{53}khu^{53}$（干枯），但其义仍存，汉语义是"弯"或"弯弯的"。因此，"干枯垭"（狗骨丫）就是"弯垭"，即弯弯的山垭。这是一个以地形地貌命名的地名。

赵司垭 $tse^{21}si^{21}ŋa^{53}$

土家语与汉语结合运用的地名："赵司"是土家语 $tse^{21}si^{21}$（者司）的误记；"垭"是汉语，即"山垭"。所以，这个地名的准确记音应为"者司垭"；按西部区的语音读作"则司垭"。

土家语 $tse^{21}si^{21}$（者司）为一个音节，汉语义是"蓑衣"。因此，"者司垭"（赵司垭）就是"蓑衣垭"。

蓑衣是当地人雨天野外劳作时遮雨的雨具，用棕制成，状如张开双翼的老鹰，使用时，"双翼"搭于肩上，"鹰身"遮盖后背，常与斗笠并用。从前，这里的"蓑衣匠"手艺高强，缝制的蓑衣远近闻名，人们便以 $tse^{21}si^{21}$（者司、则司）——"蓑衣"作了地名。

桥儿沟 $tɕhi^{55}e^{53}kəu^{55}$

土家语与汉语结合运用的地名："桥儿"是土家语 $tɕhi^{55}e^{53}$（乞尔）的音变与误记；"沟"是汉语，即"溪沟"。因此，这个地名的准确记音应是"乞尔沟"。

土家人的蜂桶也可以放在山野里

土家语 tɕhi⁵⁵e⁵³（乞尔）为一个音节，是 tɕhi⁵⁵lie⁵³e⁵³（乞列尔）的省略，汉语义是“糯谷”（Oryza sativa Lvar. glutinosa Matsum）；所以，“乞尔沟”（桥儿沟）就是“糯谷沟”，因盛产糯谷而得名。

马义泉 ma⁵³ji²¹tshan⁵³

土家语与汉语结合运用的地名：“马义”是土家语 ma⁵³ji²¹ 的汉字记音；“泉”是汉语，即“山泉”，但当地方言不读 quán（全），而是读 cán（残）。

土家语 ma⁵³ji²¹（马义）系两个音节：ma⁵³（马）的汉语义是“蜂”（Apismellifera），ji²¹（义）的汉语义是“看见”；ma⁵³ji²¹（马义）连起来直译是“蜂见”，调换宾谓语序结构译成汉语是“见蜂”。所以，“马义泉”就是“见蜂泉”。“见蜂”就是“看蜂”，“看蜂”就是“看守蜂”。

土家人历来有养蜂的习惯与传统，常常在山野有花之地放养蜜蜂，有专人看守蜂桶。

紫草峪 tsi⁵³tsho⁵⁵jəu³⁵

土家语与汉语结合运用的地名：“紫草”是土家语 tsi⁵³tsho⁵⁵（紫挫）的误记，tsi⁵³（紫）通常记为“子”，“草”是 tsho⁵⁵（挫）的音变；“峪”是汉语，即“山峪”。所以，这个地名的准确记音应为“子挫峪”。

土家语 tsi⁵³tsho⁵⁵（子挫）系两个音节：tsi⁵³（子）的汉语义是“猪”（Sus scrofa domestica Brisson），tsho⁵⁵（挫）的汉语义是“屋”；tsi⁵³tsho⁵⁵（紫挫）连起来译成汉语是“猪屋”，即“猪栏”。所以，“紫挫峪”（紫草峪）就是“猪栏峪”。

现今，修建猪栏，饲养生猪已经不是了不起的事情。然而在遥远的古代，先民们由狩猎转入农耕，豢养家畜却是一个了不起的进步。此地是土家先民兴建猪栏养殖生猪的地方，人们便以 tsi⁵³tsho⁵⁵（子挫）——“猪栏”作了地名，用以铭记祖先的业绩。

土泉峪 tha^{53}tɕhi^{55}jəu^{35}

土家语与汉语结合运用的地名：“土泉”是土家语 tha^{53}tɕhi^{55}（他乞）的误记；“峪”是汉语，即“山峪”。所以，这个地名的准确记音应是“他乞峪”。

土家语 tha^{53}tɕhi^{55}（他乞）为一个音节，汉语义是一种“织机”。自西汉以来，土家族地区就以土家锦 ɕi^{55}lan^{53}kha^{55}phu^{53}（西兰卡普）而闻名于世。这种土家锦全部用五彩线手工编织而成，传统花式有 130 余种。而编织这种土锦的“织机”，土家语就叫 tha^{53}tɕhi^{55}tsha^{55}（他乞擦）或 tha^{53}tɕhi^{55}（他乞）。因此，“土泉峪”（他乞峪）就是“织机峪”。

从前，这里的木匠师傅手艺高超，制作的织机很有名，人们便以 tha^{53}tɕhi^{55}（他乞）——“织机”作了地名。

罗　里 lo^{35}li^{53}

纯粹的土家语地名，lo^{35}li^{53} 的汉字记音。

土家语 lo^{35}li^{53}（罗里）为一个音节，是一个方位词，汉语义是“中间”。

土家语不同方位都有专用词，如“上”、“上面”叫 ka^{21}xa^{35}（嘎哈），“下”、“下面”叫 pa^{21}thi^{21}（巴梯）或 tɕi^{21}tha^{21}（吉它），“里面”叫 o^{21}thu^{55}（卧吐），“外面”叫 o^{21}tha^{55}（窝他），“中间”则叫 lo^{35}li^{53}（罗里）。此地称为 lo^{35}li^{53}（罗里），是因为它居于这个区域的中间或中部。

冒枫丫 me^{35}xa^{21}ŋa^{53}

土家语与汉语结合运用的地名:“冒枫”是土家语 me^{35}xa^{21}（嘿哈）的音变与误记；“丫”是汉语“垭”的误记，即“山垭”。所以，这个地名的准确记音应为“嘿哈垭”。

土家语称“雷”为 me^{35}uŋ^{21}（嘿翁），称“雷劈”、“雷打”为 me^{35}xa^{21}（嘿哈）。因此，“嘿哈垭”（冒枫丫）就是“雷劈垭”或“雷打垭”。

古时，这个山垭上曾经发生过雷击现象，人们对此印象深刻，便以这种自然现象作了地名，并沿用至今。

龙观塔 luŋ^{55}ku^{53}tha^{35}

土家语与汉语结合运用的地名：“龙观”是土家语 luŋ^{55}ku^{53}（聋古）的音变与误记；“塔”是汉语，即“坪塔”，也泛指有坪塔的地方。所以，这个地名的准确记音应为“聋古塔”。

土家语 luŋ^{55}ku^{53}（聋古）为一个音节，汉语义是“鳖”（Trionyx sinensis）。

因此，“聋古塔”（龙观塔）就是“团鱼塔”。

“鳖”俗称“团鱼”、“脚鱼”、“王八”，是土家人餐桌上的美味佳肴。此地位于罗水河边。从前，罗水河的这一河段团鱼多，便有“聋古滩”和“聋古潭”的地名。“聋古塔”位于“聋古潭”岸畔，因聋古潭而得名。

禁郎坡 tɕi^{53}la^{55}pho^{55}

纯粹的土家语地名，tɕi^{53}la^{55}pho^{55} 的汉字记音，但“禁郎”是 tɕi^{53}la^{55}（吉拉）的误记。所以，这个地名的准确记音应是“吉拉坡”，当地老人的实际发音也是“吉拉坡”。

土家语 tɕi^{53}la^{55}pho^{55}（吉拉坡）由 tɕi^{53}la^{55}（吉拉）和 pho^{55}（坡）两个音节组成：tɕi^{53}la^{55}（吉拉）的汉语义是“袜裤”；pho^{55}（坡）不是汉语的“山坡”，而是一个土家语动词，汉语义为“包”。因此，tɕi^{53}la^{55}pho^{55}（吉拉坡）连起来直译是“袜裤包”，调换宾谓语序结构译成汉语就是“包袜裤”。

男女老少包袜裤，是土家人的传统，在土家族地区流行了几千年，直到新中国成立前夕才消失。2001 年市城区三角坪出土的明代女尸也出土了一双完好的“袜裤”，印证了它的历史存在。“袜裤”既是土家人的御寒物品，也是显示民族工艺的饰件。古代，这地方的袜裤远近闻名，因而得了 tɕi^{53}la^{55}pho^{55}（吉拉坡）——“包袜裤”之名，并非“男人勿入的山坡”。参看桑植县芭茅溪乡“吉脑沟”。

沙　拉 sa^{53}la^{35}

纯粹的土家语地名，sa^{53}la^{35} 的汉字记音，原汁原味，地道准确。不过，按西部区的语音应读作“撒拉”。

土家语 sa^{53}la^{35}（沙拉）系两个音节：sa^{53}（沙）的汉语义是“鸭子”（Anas domestica）；la^{35}（拉）的汉语义是“放”，这里是“放养”。所以，sa^{53}la^{35}（撒拉、沙拉）连起来直译是“鸭子放”，调换宾谓语序结构译成汉语就是“放鸭子”。

古时，这里鸭棚多，是先民们放养鸭子的地方，故而得名。

苍棚峪 tshe^{21}phuŋ^{21}jəu^{55}

纯粹的土家语地名，tshe^{21}phuŋ^{21}jəu^{55} 的汉字记音，但“苍”是 tshe^{21}（扯）的误记，“峪”是 jəu^{55}（优）的音变。所以，这个地方的原始名称应是“扯棚优”。按西部区的发音读作“测棚优”。

土家语 $tshe^{21}phuŋ^{21}jəu^{55}$（扯棚优）由 $tshe^{21}phuŋ^{21}$（扯棚）和 $jəu^{55}$（优）两个音节组成：$tshe^{21}phuŋ^{21}$（扯棚）的汉语义是“深水潭”，$jəu^{55}$（优）的汉语义是“村寨”。因此，$tshe^{21}phuŋ^{21}jəu^{55}$（扯棚优）连起来译成汉语就是“深水潭寨”。

从前，这里有个深水潭，村寨就在水潭边，寨子以水潭得名。

李公塆 $li^{35}ke^{53}uan^{55}$

土家语与汉语结合运用的地名：“李公”是土家语 $li^{35}ke^{53}$ 的汉字记音，但“公”是 ke^{53}（格）的音变；“塆”是汉语，即“山塆”。所以，这个地名的准确记音应是“李格塆”。

土家语 $li^{35}ke^{53}$（李格）系两个音节：li^{35}（李）的汉语义是俗称“扁担花”的“老虎”（panthera tigris）；ke^{53}（格）是 $ke^{35}tshi^{53}$（格次）的省略，汉语义是“玩”、“游玩”。$li^{35}ke^{53}$（李格）连起来译成汉语是“虎游玩”。所以，“李格塆”（李公塆）就是“老虎游玩的山塆”。

从前，这个山塆是一片荒原，树密林深，经常有老虎出没其间，悠然自得，因而得名。

丁儿峪 $ti^{53}zi^{55}jəu^{55}$

纯粹的土家语地名，$ti^{53}zi^{55}jəu^{55}$（抵日优）的误记与音变：“丁”是 ti^{53}（抵）的音变；“儿”是 zi^{55}（日）的误记，永定、桑植、慈利一带的土家人读“日”为“二”、“儿”，所以将 zi^{55}（日）误记为“儿”；“峪”是 $jəu^{55}$（优）的音变。

土家语 $ti^{53}zi^{55}jəu^{55}$（抵日优）系三个音节：ti^{53}（抵）的汉语义是一些传统捕鱼工具的统称，它包括“搬罾”、“麻壕”、“拖网”、“木鹭鸶”等；zi^{55}（日）的汉语义是“做”。$ti^{53}zi^{55}$（抵日）连起来直译是“渔具做”，调换宾谓语序结构译成汉语是“做渔具”。$jəu^{55}$（优）的汉语义是“村寨”。所以，$ti^{53}zi^{55}jəu^{55}$（抵日优）连起来译成汉语就是“做渔具寨”。

这个村寨坐落在罗水河边，制造渔具捕鱼是他们的传统。古时，这个村寨的先民们善于制造渔具，尤以搬罾、拖网、麻壕、木鹭鸶等渔具而闻名一方，故得 $ti^{53}zi^{55}jəu^{55}$（抵日优）——“做渔具寨”之名。

汨溪峪 $mi^{21}çi^{21}jəu^{35}$

土家语与汉语结合运用的地名：“汨溪”是土家语 $mi^{21}çi^{21}$（米西）的音

变；“峪”是汉语，即“山峪”。所以，这个地名的准确记音应是“米西峪”。

土家语 $mi^{21}çi^{21}$（米西）为一个音节，是 $mi^{21}çi^{21}tha^{21}$（米西塌）的简化，汉语义是俗称“笋壳叶”的“竹笋壳”。因此，“米西峪”（汨溪峪）就是“笋壳叶峪”。

旧时，土家妇女绩麻成麻线后，用竹笋壳作圆筒形底垫，然后将麻线缠绕在上面挽成麻团。她们在纺纱时，也要先在车藤子上用竹笋壳作底垫，上面囤积纱线成“穗（音）子”。

从前这里是大竹山，笋壳叶多，人们便以 $mi^{21}çi^{21}$（米西）——“笋壳叶”作了地名。

李公峪　$li^{35}ke^{53}jəu^{35}$

土家语与汉语结合运用的地名：“李公”是土家语 $li^{35}ke^{53}$ 的汉字记音，但“公”是 ke^{53}（格）的音变；“峪”是汉语，即“山峪”。所以，这个地名的准确记音应为“李格峪”。

土家语 $li^{35}ke^{53}$（李格）系两个音节：li^{35}（李）的汉语义是“虎”（panthera tigris）；ke^{53}（格）是 $ke^{53}tshi^{35}$（格次）的简化，汉语义是“玩”。$li^{35}ke^{53}$（李格）连起来译成汉语是“虎玩”。因此，“利格峪”（李公峪）就是“老虎玩耍的山峪”。

从前，这个山峪里老虎多，经常可见有虎出没其间，故而得名。

潭底界　$tho^{53}ti^{21}kai^{35}$

土家语与汉语结合运用的地名：“潭底”是土家语 $tho^{53}ti^{21}$ 的汉字记音，但“潭”是 tho^{53}（拖）的音变；“界”是汉语，即“山界”。因此，这个地名的准确记音应是“拖底界”。

土家语 $tho^{53}ti^{21}$（拖底）系两个音节：tho^{53}（拖）是 $tho^{53}ka^{21}$（拖嘎）的简化，汉语义是“蕨”（Pteridium aquilinum var latiusculum）；ti^{21}（底）的汉语义是“挖”。$tho^{53}ti^{21}$（拖底）连起来直译是“蕨挖”，调换宾谓语序结构译成汉语是“挖蕨”。所以，“拖底界”（潭底界）就是“挖蕨界”，即人们挖蕨的山界。这个山界上蕨多，是人们挖蕨的地方，故而得名。

蕨的块根富含淀粉，可食。从前遇到灾荒之年，人们便上山挖蕨，取其淀粉代替粮食渡荒。如今，随着旅游开发，蕨粉成了名扬海内外的绿色珍品，香醇可口，风味独特，人见人爱。

厂 塆 $tsha^{53}uan^{55}$

土家语与汉语结合运用的地名："厂"是土家语 $tsha^{53}$（岔）的误记；"塆"是汉语，即"山塆"。所以，这个地名的准确记音应为"岔塆"。按西部区的发音读作"擦塆"。

土家语 $tsha^{53}$（岔）的汉语义是"纺车"。因此，"岔塆"（厂塆）就是"纺车塆"。

从前，土家族居住的山区交通闭塞，商品流通不便，衣被所需布料全靠妇女们纺纱织布，"纺车"是山区人民的重要纺织工具，家家必备。从前这个山塆里的工匠们制造的纺车既多又好，远近知名。因此，人们便用 $tsha^{53}$（岔）——"纺车"作了地名。

罗塔坪乡

位于区域西部，南与湘西州永顺县大明、润雅、车坪、王家田、沙坝、桃子溪6个乡镇相邻，西与桑植县利福塔镇交界，乡治距市中心56公里；总面积87.8平方公里，其中耕地面积30248亩；辖12个行政村，99个村民小组；2009年末，总人口7841人，其中土家族占全乡总人口的97%。境内有一定的铁、铜、铝、煤等矿产资源；森林和草地覆盖率80%以上；主要特产有板栗、核桃、猪肉、蜂蜜、茅岩莓等，“盐井贡米”、“茅岩莓茶”种植面积均在千亩以上。

容钠子 $je^{53}lai^{53}tsu^{35}$

纯粹的土家语地名，$je^{53}lai^{53}tsu^{35}$（耶来租）的误记。记名者虽然不懂土家语，但没有随意想象附会，而是选用与原来地名发音相近的符号“容钠子”来代替。虽仍记录有误，但还是基本保持了原来的语音。

土家语 $je^{53}lai^{53}tsu^{35}$（耶来租）由 $je^{53}lai^{53}$（耶来）和 tsu^{35}（租）两个音节组成：$je^{53}lai^{53}$（耶来）是 $a^{55}je^{53}lai^{53}$（阿耶来）的简化，是古老的土家语，汉语义是“女孩子”、“姑娘”，但现代土家语称“女孩”、“姑娘”为 $lo^{53}ka^{35}$（洛嘎）；tsu^{35}（租）的汉语义是“出”。所以，$je^{53}lai^{53}tsu^{35}$（耶来租）连起来直译是“女孩出”，调换宾谓语序结构译成汉语就是“出女孩”。

从前，这个村寨上女孩很多，也很出名。人们便以 $je^{53}lai^{53}tsu^{35}$（耶来租）——“出女孩”作了地名。

孔　门 $kha^{21}mu\eta^{21}$

纯粹的土家语地名，$kha^{21}mu\eta^{21}$（卡蒙）的附会与误记。

土家语 $kha^{21}mu\eta^{21}$（卡蒙）为一个音节，译成汉语是“树”、“树木”。例如“树木多”，就是 $kha^{21}mu\eta^{21}zi^{21}$（卡蒙日）；“板栗树”就是 $su^{35}\c{c}i^{53}kha^{21}mu\eta^{21}$（苏西卡蒙）；“构皮树”就是 $phi^{35}tha^{55}kha^{21}mu\eta^{21}$（皮他卡蒙）。

从前，这个地方是深山老林，树木多，人们便以 $kha^{21}mu\eta^{21}$（卡蒙）——“树木”作了地名。

扎　田 $za^{21}thi^{35}$

纯粹的土家语地名，$za^{21}thi^{35}$（<u>日阿</u>梯）的音变与误记。前面说过，土

家语 za^{21}（日阿）的发音很特别，是“日”和“阿”相拼，没有一个汉字可以对应，用汉语记录时多以“扎”、“咱”来代替，这里就是以“扎”来记 za^{21}（日阿）；“田”是 thi^{35}（梯）的音变与误记。

土家语 $za^{21}thi^{35}$（日阿梯）系两个音节：za^{21}（日阿）的汉语义是“鸡”（Gallus domestica），这里实指竹鸡、锦鸡、野鸡等；thi^{35}（梯）的汉语义是“套”。因此，$za^{21}thi^{35}$（日阿梯）连起来直译是“鸡套”，调换宾谓语序结构译成汉语就是“套鸡”。

“套鸡”是土家人的一种传统狩猎方式，至今仍在运用。一般方法是，狩猎者喂养几只竹鸡或野鸡或锦鸡作“媒子”，并用马尾丝或棕丝做几个连环活动套子。狩猎时用笼子将“媒子”放置在山野里，笼子周围安装“套子”，然后将“媒子”逗叫。这时，山野里的竹鸡、锦鸡、野鸡循声而来，企图与“媒子”相会而落入“桃色陷阱”。从前，这里竹鸡、锦鸡、野鸡很多，是人们套捕鸡类的理想场所，因而得 $za^{21}thi^{35}$（日阿梯）——“套鸡”之名。

四关峪 $si^{21}ku^{21}jəu^{35}$

土家语与汉语结合运用的地名：“四关”是土家语 $si^{21}ku^{21}$ 的汉字记音，但 si^{21} 一般记为“司”，“关”是 ku^{21}（古）的音变；“峪”是汉语，即“山峪”。所以，这个地名的准确记音应是“司古峪”。东部区多数地方的实际发音是“石古峪”。

土家语 $si^{21}ku^{21}$（司古）系两个音节：si^{21}（司）的汉语义是“野兽”，ku^{21}（古）的汉语义是“上”；$si^{21}ku^{21}$（司古）连起来译成汉语是“兽上”。因此，“司古峪”（四关峪）就是“兽上峪”，即野兽上来的山峪。

从前这里山深树茂，各种野兽随意上下出没，是人们狩猎之地，因而得名。

提坝溪 $thie^{53}pa^{53}tɕhi^{55}$

土家语与汉语结合运用的地名：“提坝”是土家语 $thie^{53}pa^{53}$ 的汉字记音，但“提”是 $thie^{53}$（铁）的误记；“溪”是汉语，即“溪沟”。因此，这个地名的准确记音应为“铁坝溪”。

土家语 $thie^{53}pa^{53}$（铁坝）为一个音节，是一个修饰语，译成汉语是“大的”，如“大蛇”就是 $o^{53}thie^{53}pa^{53}$（恶铁坝）。因此，“铁巴溪”（提坝溪）就是“大的溪”，即“大河”。

提坝溪只不过是当地的一条较大的溪沟，较之于滚滚长江，滔滔澧水，无异于参天大树面前的一棵小草，把它视为大河，显然是井蛙之见；但在世代封闭在大山深处的土家先民的眼中，这是他们所见到的最大的“河”，他们仍以能拥有这样一条“大河”而自豪。

九里垭 ka^{21}ȵi^{55}ŋa^{53}

土家语与汉语结合运用的地名：“九里”是土家语 ka^{21}ȵi^{55}（夹尼）的误记与汉语化；“垭”是汉语，即“山垭”。因此，“九里垭”的原始名称应是“夹尼垭”。

土家语 ka^{21}ȵi^{55}（夹尼）为一个音节，全称是 ka^{21}ȵi^{55}tau^{55}tau^{55} (夹尼刀刀)，ka^{21}ȵi^{55}（夹尼）是它的简化与省略，也可以简化和省略为 tau^{55}tau^{55} (刀刀)。“夹尼刀刀”、“夹尼”、“刀刀”都是指当地称之为“刀刀雀”的一种鸟，即“回声杜鹃”（Cuculus micropterus micropterus）。因此，“夹尼垭”（九里垭）就是“刀刀雀垭”，因“刀刀雀”多而得名。

在土家族地区提到“刀刀雀”，人们便会联想到一个凄美动人的故事：一个名叫夹尼召召的男孩从小失去亲娘，受尽后母虐待，每天不仅吃不饱饭，还要忍饥挨饿上山打柴。一天打柴时，他在一个天坑边见到一株樱桃树结满樱桃，又饥又渴的小夹尼喜欢得不得了，带着畲刀爬上樱桃树去采摘樱桃，却不慎将畲刀掉入了天坑。回家后，他的后母和父亲见他不仅没打得柴回来，反而还丢了畲刀，便将他吊在树上鞭打，直打得小夹尼口吐鲜血而亡。小夹尼死后，灵魂化作一只小鸟，每天晚上便在崇山峻岭间，两腿倒挂在树枝上，口吐鲜血悲鸣：“夹尼召召/想吃樱桃/掉了畲刀/娘要刀刀/爹要刀刀！”声音极其凄惨、悲凉，善良的人听了，莫不泪湿衣襟。人们不知这种鸟的名称，便以它的叫声，叫它为“刀刀雀”。

保　子 pu^{55}tsi^{53}

纯粹的土家语地名，pu^{55}tsi^{53} 的汉字记音，但“保”是 pu^{55}（补）的音变。因此，这个地名的准确记音应是“补子”。

土家语 pu^{55}tsi^{53}（补子）为一个音节，汉语义是“筷子”。

旧时，土家人对筷子是很讲究的，筷子的好坏关系到主人的脸面，也事关待客的礼仪。筷子一般都用上等楠竹手工削刮而成，染色、烙花，形式多样，花色多种。从前这里竹子多，做的筷子远近闻名，人们便以 pu^{55}tsi^{53}（补子）——“筷子”作了地名。

宋家塆 suŋ^{35}ka^{53}uan^{55}

土家语与汉语结合运用的地名："宋家"是土家语 suŋ^{35}ka^{53} 的汉字记音，但"家"是 ka^{53}（嘎）的近音汉字替代；"塆"是汉语，即"山塆"。所以，这个地名的准确记音应是"宋嘎塆"。

碓马是从前土家人加工粮食的主要工具

土家语 suŋ^{35}ka^{53}（宋嘎）为一个音节，译成汉语是"碓"，俗称"碓马"。因此，"宋嘎塆"（宋家塆）就是"碓马塆"。

此地四面环山，是个小盆地，像个"碓凹"，人们根据这一地形便用 suŋ^{35}ka^{53}（宋嘎）——"碓马"作了比喻性的地名。

槟榔孔 pi^{21}la^{55}khuŋ^{21}

土家语与汉语结合运用的地名："槟榔"是土家语 pi^{21}la^{55}（必拉）的误记；"孔"是汉语，即"孔道"、"洞孔"。所以，这个地名的准确记音应是"必拉孔"。

土家语 pi^{21}la^{55}（必拉）为一个音节，译成汉语是"肠子"。因此，"必拉孔"（槟榔孔）就是"肠子洞孔"。

"槟榔孔"位于澧水河谷中，这段河床极其狭窄，怪石林立，水急浪高，弯弯曲曲犹如肠子孔门，是澧水河中有名的鬼门关，历史上多少船工、排客在此葬身鱼腹。因此，人们便以 pi^{21}la^{55}（必拉）——"肠子"作了比喻性的地名。

槟榔孔两侧河岸上是槟榔坪，也是土家语与汉语结合运用的地名，因河而得名。

北马屯 pe^{35}ma^{53}tuŋ^{35}

纯粹的土家语地名，pe^{35}ma^{53}tuŋ^{35}（白马峒）的误记："北"是 pe^{35}

（白）的误记，因当地“北”、“白”读音相同，故有此误；“屯”是 tuŋ^{35}（峒）的音变。

土家语 pe^{35}ma^{53}tuŋ^{35}（白马峒）由 pe^{35}ma^{53}（白马）和 tuŋ^{35}（峒）两个音节组成：pe^{35}ma^{53}（白马）也称 pe^{35}kha^{21}（白卡），汉语义是“苗族”；tuŋ^{35}（峒）的汉语义是“峒寨”、“村寨”。因此，“白马峒”（北马屯）就是“苗寨”。从前，这里住过苗族人，因而得名。

锅田坑 khu^{53}thi^{53}khen^{55}

土家语与汉语结合运用的地名：“锅田”是土家语 khu^{53}thi^{53}（枯梯）的音变与误记；“坑”是汉语。所以，这个地名的准确记音应为“枯梯坑”。

土家语 khu^{53}thi^{53}（枯梯）有的称 khe^{53}thi^{53}（克梯），为一个音节，汉语义是“木盆”。因此，“枯梯坑”（锅田坑）就是“木盆坑”。

这个地方处在一个山窝里，四面环山，人居此地，犹如在木盆之中。根据这一地形特征，人们便以 khu^{53}thi^{53}（枯梯）——“木盆”作了比喻性的地名。

六子坎 la^{21}za^{21}kha^{21}

纯粹的土家语地名，la^{21}za^{21}kha^{21}（拉日阿卡）的误记：“六”和“坎”分别是 la^{21}（拉）和 kha^{21}（卡）的音变。“子”是 za^{21}（日阿）的近音汉字替代，前面说过，土家语 za^{21}（日阿）的发音很特别，没有一个汉字与之同音，常常以“咱”或“子”等近音汉字来代替，这里是以“子”记 za^{21}（日阿）。

土家语 la^{21}za^{21}kha^{21}（拉日阿卡）由 la^{21}za^{21}（拉日阿）和 kha^{21}（卡）两个音节组成：（拉日阿）的汉语义是“山槐”［Albizzia kalkora (roxb) prain］；kha^{21}（卡）是 kha^{21}muŋ^{21}（卡蒙）的省略，汉语义是“树”。因此，la^{21}zi^{21}kha^{21}（拉日阿卡）连起来译成汉语就是“山槐树”。以“山槐树”作地名，是因为此地以前山槐树多。

山槐树有两大特征：其叶对生，犹如两片切开的鸡胃，晚合朝开，因此俗名“夜关门”，别称“鸡合子叶”；它的树杆干腐后能发出荧光，晚上看上去犹如一堆绿色火光，因此也叫“夜火木”。

擦耳岩 tsha^{53}zi^{55}ŋai^{21}

土家语与汉语结合运用的地名：“擦耳”是土家语 tsha^{53}zi^{55} 的汉字记音，但“耳”是 zi^{55}（日）的误记，因澧水流域“日”、“耳”同音，故有此误记；“岩”是汉语，即“岩石”，用作地名，一般指具有某些岩石特征的地方。所以，这个地名的准确记音应是“擦日岩”。

土家语 $tsha^{53}zi^{55}$（擦日）系两个音节：$tsha^{53}$（擦）东部区称“岔”，汉语义是“纺车”，zi^{55}（日）的汉语义是“做”；$tsha^{53}zi^{55}$（擦日）连起来直译是“纺车做”，调换宾谓语序结构译成汉语是“做纺车”。所以，“擦日岩”（擦耳岩）就是“做纺车的地方”。

从前，这个村寨里住有技能高超的木匠师傅，制作的纺车远近知名，人们便以 $tsha^{53}zi^{55}$（擦日）——“做纺车”作了地名。

神住界 $se^{21}tsu^{35}kai^{35}$

土家语与汉语结合运用的地名：“神住”是土家语 $se^{21}tsu^{35}$ 的汉字记音，但“神”作为 se^{21} 的记音，按东部区的语音应记为“舍”，按西部区的语音应记作“色”；“住”作为 tsu^{35} 的记音，按西部区的语音应记作“租”。“界”是汉语，即“山界”。所以，这个地名的准确记音应是“舍住界”。按西部区的发音读作“色租界”。

土家语 $se^{21}tsu^{35}$（舍住）系两个音节：se^{21}（舍）的汉语义是“猴子”(Macaca mulatta)；tsu^{35}（住）的汉语义是“出”，引申为“出没”。$se^{21}tsu^{35}$（舍住）连起来译成汉语是“猴子出没”。因此，“舍住界”（神住界）就是“猴子出没的山界”，简而言之就是“猴子界”，因从前猴子多而得名，并非神仙住的山界。

青安坪乡

位于区域西部，西与湘西州永顺县桃子溪乡交界，北与桑植县利福塔镇接壤，东与桑植县澧源镇相连，乡治距市中心63公里；总面积88平方公里，其中耕地11550亩；辖12个行政村，95个村民小组；2009年末，总人口7627人，其中土家族占总人口的89%。境内有煤、铁、铜、锰等矿藏；森林覆盖率达95%，特产有核桃、蜂蜜等。

青安坪 $tɕhian^{55}ŋan^{55}phin^{21}$

土家语与汉语结合运用的地名："青安"是土家语 $tɕhian^{55}ŋan^{55}$ 的汉字记音，但"青"是 $tɕhian^{55}$（千）的音变与误记；$tɕhian^{55}ŋan^{55}$（千安）有的称 $tɕhian^{55}ŋan^{55}$（千矮）。"坪"是汉语，即"坪坝"。所以，这个地名的准确记音应是"千安坪"。

土家语 $tɕhian^{55}ŋan^{55}$（千安）为一个音节。土家人对自己的手足同胞有着独有的称谓：称"兄弟"为 $tɕhian^{55}ŋan^{55}$（千安）或 $tɕhian^{55}ŋai^{55}$（千矮），称"姊妹"为 $zen^{55}ŋan^{53}$（仁安）。所以，"千安坪"（青安坪）就是"兄弟坪"。

"千安坪"（青安坪）是当地的一颗地名"活化石"，它真实地记录了最早进入此地的土家先民是几个兄弟，是他们最早在此地开荒斩草，开垦了这片热土，使之成为后人的美好家园。

卡　子 $kha^{21}tso^{35}$

纯粹的土家语地名，$kha^{21}tso^{35}$ 的汉字记音，但"子"是 tso^{35}（作）的音变。所以，这个地名的准确记音应是"卡作"。

土家语 $kha^{21}tso^{35}$（卡作）是由两个单音节组合而成一个复合音节：kha^{21}（卡）的汉语义是"木"、"木材"，tso^{35}（作）的汉语义是"匠"、"工匠"；所以，$kha^{21}tso^{35}$（卡作）连起来译成汉语就是"木匠"。

此地以 $kha^{21}tso^{35}$（卡作）——"木匠"作地名，是因为从前有木匠居住过，抑或这里的木匠师傅手艺好，很有名。

大米界 $tu^{55}mu^{35}kai^{35}$

土家语与汉语结合运用的地名："大米"是土家语 $tu^{55}mu^{35}$（都牟）的音变与误记；"界"是汉语，即"山界"。所以，"大米界"的原始名称应是"都牟界"。

土家语 $tu^{55}mu^{35}$（都牟）为一个音节，汉语义是“纱”，包括棉纱和麻纱。因此，“都牟界”（大米界）就是“纱界”。

从前，这里的土家姑娘纺的纱远近闻名，因而得名。

仓机界 $tshe^{21}tɕie^{55}kai^{35}$

土家语与汉语结合运用的地名：“仓机”是土家语 $tshe^{21}tɕie^{55}$（测借）的音变与误记；“界”是汉语，即“山界”。所以，这个地名的准确记音应是“测借界”。东部区多数地方的实际发音是“扯借界”。

土家语 $tshe^{21}tɕie^{55}$（测借）系两个音节：$tshe^{21}$（测）的汉语义上“水”，$tɕie^{55}$（借）的汉语义是“赶”；$tshe^{21}tɕie^{55}$（测借）连起来直译是“水赶”，调换宾谓语序结构译成汉语是“赶水”。所以，“测借界”（仓机界）就是“赶水界”。

在山区，土家人利用山垭、山腰的平地开垦了一些稻田。由于水源不足，种植多靠天水，这些田便称为“天水田”或“雷公田”。为了引水灌田，人们往往采用在山界腰部拦腰挖些简易沟道，趁暴雨山洪引水灌溉。这种引水形式，俗称“赶水”，土家语则称之为 $tshe^{21}tɕie^{55}$（测借）。此地天水田多，赶水灌田已经成耕作的一种重要手段，人们便以这种原始灌溉形式作了地名。

王儿界 $uan^{35}zi^{21}kai^{35}$

土家语与汉语结合运用的地名：“王儿”是土家语 $uan^{35}zi^{21}$（万日）的误记，“王”是 uan^{35}（万）的音变；“儿”是 zi^{21}（日）的误记，澧水上游地区的土家人“日”与“儿”同音，故有此误。“界”是汉语，即“山界”。因此，这个地名的准确记音应是“万日界”。

土家语 $uan^{35}zi^{21}$（万日）系两个音节：uan^{35}（万）的汉语义是“黄牛”（Bos taurus domestica），这是古代土家语的称法，现代土家语称“黄牛”为 u^{35}（戊）；zi^{21}（日）的汉语义是“多”。$uan^{35}zi^{21}$（万日）连起来直译是“黄牛多”，调换语序结构译成汉语是“多黄牛”。所以，“万日界”（王儿界）就是“多黄牛界”，简言之就是“多牛界”。

古代这个山界上的土家人重视养牛，也会养牛，因牛多而得名。

红　洲 $xen^{55}tsan^{53}$

纯粹的土家语地名，$xen^{55}tsan^{53}$（亨占）的误记，仔细聆听当地老人们的实际发音，也是“亨占”，“红洲”与其发音较近似，故有此误记。

xen^{55}tsan^{53}（亨占）按西部区的发音读作“亨赞”。

土家语 xen^{55}tsan^{53}（亨占）为一个音节，译成汉语就是“歇气墩”或“歇气处”。

土家人世居山区，道路崎岖，交通极为不便，运输物资多靠背负。背运物资时为了有个歇息的地方，常常在道路旁边的坎墩上挖半圆或条状平台，作为歇息搁置背笼的地方。这样的平台，土家语就叫 xen^{55}tsan^{53}（亨占）。从前，这里的土家先民设置“亨占”（歇气墩）较多，人们经常在此歇气的地方，因而得名并沿用至今。参看桑植县四方溪乡“后庄”。

福尔界 xu^{21}zi^{21}kha^{21}

纯粹的土家语地名，xu^{21}zi^{21}kha^{21}（福日卡）的误记：“尔”是 zi^{21}（日）的误记，当地土家人“日”与“尔”同音，故有此误；“界”与 kha^{21}（卡）的语音相近，故将 kha^{21}（卡）误记为“界”。

土家语 xu^{21}zi^{21}kha^{21}（福日卡）系三个音节：xu^{21}（福）的汉语义是“工”，zi^{21}（日）的汉语义是“做”；xu^{21}zi^{21}（福日）连起来直译是“工做”，调换宾谓语序结构译成汉语是“做工”。kha^{21}（卡）的汉语义是“者”或“……的人”。所以，xu^{21}zi^{21}kha^{21}（福日卡）连起来译成汉语就是“做工者”，换言之，就是“长工”。

古时，此地山高坡陡，自然环境恶劣，生产条件极差，人们为了生计只好给富人做工，长此以往，以致于以 xu^{21}zi^{21}kha^{21}（福日卡）——“长工”作了地名。这个地名是生动记录古代土家先民阶级关系的“活化石”。

汪　丰 uan^{35}xau^{35}

纯粹的土家语地名，uan^{35}xau^{35}（万浩）的误记：“汪”是 uan^{35}（万）的音变，“丰”是 xau^{35}（浩）的音变。

土家语 uan^{35}xau^{35}（万浩）系两个音节：uan^{35}（万）是古土家语，汉语义是“黄牛”（Bos taurus domestica）；xau^{35}（浩）是个感叹词，犹如汉语的“好多！”“那么多！”，总之是“多”。所以，uan^{35}xau^{35}（万浩）连起来直译是“黄牛多”，调换语序结构译成汉语就是“多黄牛”；用作地名，即黄牛很多的地方。

甲林垭 ka^{21}ȵi^{55}ŋa^{53}

土家语与汉语结合运用的地名：“甲林”是土家语 ka^{21}ȵi^{55}（嘎尼）的误记，“甲”是 ka^{21}（嘎）的音变，“林”是 ȵi^{55}（尼）的音变；“垭”是汉语，即“山垭”。因此，“甲林垭”的原始名称应是“嘎尼垭”。

土家语 $ka^{21}ȵi^{55}$（嘎尼）为一个音节，全称是 $ka^{21}ȵi^{55}tau^{55}tau^{55}$（嘎尼刀刀）。有意思的是，$ka^{21}ȵi^{55}tau^{55}tau^{55}$（嘎尼刀刀）既可简称为 $ka^{21}ȵi^{55}$（嘎尼），又可简称为 $tau^{55}tau^{55}$（刀刀），都是指的当地称为“刀刀雀”是一种鸟，即“回声杜鹃”（Cuculus Micyopterus micropterus），别称“子规”。所以，“嘎尼垭”（甲林垭）就是“刀刀雀垭”，因刀刀雀多而得名。参看罗塔坪乡“九里垭”。

八十一丈 $pa^{55}si^{53}je^{53}tsa^{35}$

纯粹的土家语地名，$pa^{55}si^{53}je^{53}tsa^{35}$（巴斯也扎）的音变与误记。按西部区的发音读作“巴斯也咱”。

土家语 $pa^{55}si^{53}je^{53}tsa^{35}$（巴斯也扎）由 $pa^{55}si^{53}je^{53}$（巴斯也）和 tsa^{35}（扎）两个音节组成：$pa^{55}si^{53}je^{53}$（巴斯也）的汉语义是樟科植物“山苍子”（Litsea ea Cubeba）；tsa^{35}（扎）的汉语义是“摘”、“采”。所以，$pa^{55}si^{53}je^{53}tsa^{35}$（巴斯也扎）连起来直译是“山苍子摘”，调换语序结构译成汉语是“摘山苍子”；用作地名，就是“摘山苍子的地方”。从前，此地是一片山苍子树林，山苍子多，是人们常去采摘的地方，故而得名。

山苍子是一种油脂丰富的香料，是土家人民喜爱的调味品。它可以生用，可以晒干储存，可以用清油浸泡，也可以榨油长储。

温 塘 镇

位于区域西北部，南与永顺县润雅乡隔河相望，镇治距市中心38公里；总面积69平方公里，其中耕地6430亩；辖6个行政村、1个居委会；2009年末，总人口5400人，以土家族、苗族居多。境内有装机7万千瓦的渔潭电站，省级风景名胜区百里画廊——茅岩河穿境而过，盛产淡水鱼，尤以“岩鱼”为佳。

且 通 tɕhie^{55}thuŋ^{53}

纯粹的土家语地名，tɕhie^{55}thuŋ^{53}的汉字记音，即今“温塘”。

土家语tɕhie^{55}thuŋ^{53}（且通）系两个音节：tɕhie^{55}（且）的汉语义是“山”，thuŋ^{53}（通）的汉语义是“窝”。tɕhie^{55}thuŋ^{53}（且通）连起来译成汉语是“山窝”，也就是“盆地”。此地曾是历史上某个部落首领的住地，后来人们便将thuŋ^{53}（通）换成tuŋ^{21}（峒），于是，tɕhie^{55}thuŋ^{53}（且通）便演化成了tɕhi^{55}tuŋ^{21}（且峒）。土家语tuŋ^{21}（峒），现在大多译为“村寨”，实际它是属于土家头领专有词，只有头领的寨子才可叫tuŋ^{21}（峒），一般意义上的村寨叫jəu^{55}（优），普通土家人的村寨只能叫lo^{53}jəu^{55} (裸优)。所以，“且峒”也就是“山窝里头领的村寨”。

大约从宋代以来直到清代，此地一直是封建王朝驻兵的地方。随着官兵和汉人的进入，“且峒”逐渐演变成“溪峒”和“溪洞”。由于此处有温泉，后来干脆彻底抛弃原名原意，而改叫“温塘”了。明代在此设关隘，称“温塘关”。尽管变来变去，“山窝里头领寨”才是此地最根本的含义。

茅岩河 mo^{21}a^{21}xo^{35}

土家语与汉语结合运用的地名：“茅岩”是土家语mo^{21}a^{21}（磨阿）的音变与误记；“河”是汉语。因此，这个地名的准确记音应为“磨阿河”。

土家语mo^{21}a^{21}（磨阿）系两个音节：mo^{21}（磨）的汉语义是“猫”(Felis domestica)；a^{21} (阿) 的汉语义是“岩”、“岩石”，这里记作“岩”，可谓歪打正着。所以，mo^{21}a^{21}（磨阿）连起来译成汉语就是“猫岩”。由于对其中mo^{21} (磨) 的含义不能理解，便取与之音近的“茅”，于是“猫岩”又变成了“茅岩”。因此，茅岩河就是“猫岩河”。

“茅岩河”是澧水的一个河段；“磨阿”（猫岩）是这一段的一处“鬼门关”。澧水流入此处，河谷突然变狭，河床突然变窄。最窄处出现一处河滩礁石，约数百余。最大的一座礁石犹如挺立的小山，状如伏猫，这就是“磨阿”。新中国成立以前，不少船工、排客都亲眼见过，并称之为“猫儿岩”。这就是“猫岩河”（茅岩河）的来历。

婆婆峪 $pho^{21}pha^{55}jəu^{55}$

纯粹的土家语地名，$pho^{21}pha^{55}jəu^{55}$（坡帕优）的误记：“婆婆”是 $pho^{21}pha^{55}$（坡帕）的误记，“峪”是 $jəu^{55}$（优）的音变与误记。

土家语 $pho^{21}pha^{55}jəu^{55}$（坡帕优）系两个音节：$pho^{21}pha^{55}$（坡帕）为一个音节，汉语义是“父亲”、“爹爹”；$jəu^{55}$（优）为一个音节，汉语义是“村寨”。因此，$pho^{21}pha^{55}jəu^{55}$（坡帕优）连起来译成汉语就是“父亲寨”。

“父亲寨”是承载土家族家庭关系历史的“活化石”。自从由母系氏族社会转入父系氏族社会后，土家族家庭一直实行“分户制”。凡是儿子长大婚配后便要离开父母，另选住宅，分户独立，俗称“分家”。这个地名就是这种“分家制度”的历史记载，反映儿子分家后在别处另建新居，对父亲所住的寨子便习惯称之为 $pho^{21}pha^{55}jəu^{55}$（坡帕优）——“父亲寨”了。

麻口塆 $ma^{53}khu^{35}uan^{55}$

土家语与汉语结合运用的地名：“麻口”是土家语 $ma^{53}khu^{35}$ 的汉字记音，但“口”是 khu^{35}（哭）的音变；“塆”是汉语，即“山塆”。因此，这个地名的准确记音应是“麻哭塆”。

土家语 $ma^{53}khu^{35}$（麻哭）为一个音节，是 $ma^{53}khu^{35}li^{55}$ (麻哭里) 的简化。在整个音节中，li^{55}（里）是词尾，轻声，很容易脱落，只留下 $ma^{53}khu^{35}$ (麻哭)。$ma^{53}khu^{35}li^{55}$ (麻哭里) 或 $ma^{53}khu^{35}$（麻哭）译成汉语都是“疟蚊”（culex)。因此，“麻哭塆”（麻口塆）就是“疟蚊塆”。

三车溪 $so^{53}tshe^{21}tɕhi^{55}$

土家语与汉语结合运用的地名。“三车”是土家语 $so^{53}tshe^{21}$ 的误记：“三”是 so^{53}（梭）的音变，“车”是 $tshe^{21}$（扯）的音变；“溪”是汉语，即“溪沟”。因此，“三车溪”的原始名称应是“梭扯溪”。按西部区的发音读作“梭测溪”。

土家语 $so^{53}tshe^{21}$（梭扯）为一个音节，汉语义是“露水”；因此，“梭扯溪”（三车溪）就是“露水沟”。

这条山溪地处峪谷，两畔浸水很多，湿度很大，气温变异也大，早晚易上露水，故而得名。

磨山峪 $mo^{21}si^{21}jəu^{55}$

纯粹的土家语地名，$mo^{21}si^{21}jəu^{55}$的汉字记音，但“山”和“峪”分别是si^{21}（司）和$jəu^{55}$（优）的音变与误记。所以，这个地名的准确记音应是“磨司优”。

土家语$mo^{21}si^{21}jəu^{55}$（磨司优）由$mo^{21}si^{21}$（磨司）和$jəu^{55}$（优）两个音节组成：$mo^{21}si^{21}$（磨司）有的记为“磨石”，是土家语中用得较多的词语，译成汉语是“布”；$jəu^{55}$（优）的汉语义是“村寨”。因此，$mo^{21}si^{21}jəu^{55}$（磨司优）连起来译成汉语就是“布寨”。

从前，这里居住有织布的机匠师傅，织出的麻布、棉布很多，名声很大，人们便以$mo^{21}si^{21}jəu^{55}$（磨司优）——“布寨”作了地名。

哈　溪 $xa^{35}tɕhi^{53}$

纯粹的土家语地名，$xa^{35}tɕhi^{53}$的汉字记音，但“溪”是$tɕhi^{53}$（乞）的音变与误记，在当地，“溪”不读作xī（西），而是读作qī (妻)，与“乞”音近，故有此误记。所以，这个地名的准确记音应是“哈乞”。

土家语$xa^{35}tɕhi^{53}$（哈乞）系两个音节：xa^{35} (哈) 是$khe^{55}xa^{35}$ (克哈) 的省略，汉语义是“平原”、“平土”，或“坪”，如永顺的“欠哈”、龙山的“哈嘎”，指的都是“坪”。$tɕhi^{53}$（乞）的汉语义是“大”。因此，$xa^{35}tɕhi^{53}$（哈乞）连起来直译是“坪大”，调换语序结构译成汉语就是“大坪”。

这一地区虽属低山环境，但山坡较多，只有此地有块“坪”；人们便以$xa^{35}tɕhi^{53}$（哈乞）——“大坪”作了地名。

池　里 $tshe^{21}li^{21}$

纯粹的土家语地名，$tshe^{21}li^{21}$的汉字记音，但“池”是$tshe^{21}$（扯）的音变与误记。所以，这个地名的准确记音应是“扯里”。按西部区的发音则读作“测里”。

土家语$tshe^{21}li^{21}$（扯里）为一个音节，是$tshe^{21}li^{21}kho^{21}$（扯里可）的简化，在整个音节中，kho^{21}（可）属词尾，又是轻声高降，常常被脱落省略，只留下$tshe^{21}li^{21}$（扯里），但其意未变，译成汉语义是“浸水壳”、“沼泽”。

滔滔澧水从这里流过，从前，此处常常被水淹浸，形成了一片“沼泽地”，故而得名。

议事河 $ji^{21}si^{21}xo^{53}$

土家语与汉语结合运用的地名：“议事”是土家语 $ji^{21}si^{21}$ 的汉字记音，但 ji^{21} 通常记为“移”；“事”是 si^{21}（思）的音变，因当地“事”不读作 shì（是），而是读作 sí（思），故有此误。“河”是汉语。所以，这个地名的准确记音应是“移思河”。

土家语 $ji^{21}si^{21}$（移思）为一个音节，是 $ji^{21}si^{21}pu^{35}li^{53}$（移思布里）的简化，汉语义是“串珠子”。结这种串珠子的植物叫“串珠子草”（Coix lacryma jobi L）。所以，“移思河”（议事河）就是“串珠子河”。从前这里普遍生长串珠子草，是人们采摘串珠子的地方，故而得名。

此处还有“议事坡”、“议事桥”两个地名，“坡”、“桥”因“河”得名，核心都是“移思”（议事）。因此，“议事坡”就是“串珠子坡”，“议事桥”就是“串珠子桥”，都因多生串珠子草而得名。

胡冲峪 $xu^{53}tsha^{21}jəu^{55}$

纯粹的土家语地名，$xu^{53}tsha^{21}jəu^{55}$ 的汉字记字，但“冲”是 $tsha^{53}$（岔）的误记，“峪”是 $jəu^{55}$（优）的音变。所以，这个地名的准确记音应是“胡岔优”。按西部区的读音读作“胡嚓优”。用 $xu^{53}tsha^{21}$（胡岔）作地名，在土家族聚居区比较普遍，凡是部落酋长或土司驻地，几乎都有这样的地名，不过有的记为“虎岔”。

土家语 $xu^{53}tsha^{21}jəu^{55}$（胡岔优）系两个音节：$xu^{53}tsha^{21}$（胡岔）为一个音节，汉语义是“跑”，可以引申为“练跑”；$jəu^{55}$（优）为一个音节，汉语义是“村庄”、“寨子”。所以，$xu^{53}tsha^{21}jəu^{55}$（胡岔优）连起来译成汉语就是“练跑的村寨”或者“练跑的营寨”。

可以肯定，在遥远的古代，此地是一处兵营，是练兵的场所。土兵们在这里练习跑跳，练习刀枪箭弩，演练队形阵法，故而得名。

仙街河 $çin^{35}ka^{53}xo^{53}$

土家语与汉语结合运用的地名：“仙街”是土家语 $çin^{35}ka^{53}$（信嘎）的误记，也是文人的艺术想象和讹编。“仙”是 $çin^{35}$（信）的音转；“街”当地方言读作 gāi（该），是 ka^{53}（嘎）的误记。$çin^{35}ka^{53}$（信嘎）的发音与“仙街”十分接近，于是便有了“仙街”的讹编与误记。“河”是汉语。因此，“仙街河”的原始名称应是“信嘎河”。

土家语 $ɕin^{35}ka^{53}$（信嘎）为一个音节，汉语义是“绿色”；所以，“信嘎河”（仙街河）就是“绿色的河”。

此地地处澧水河谷中，四面青山，浓荫掩映，河水碧绿，故而得名。详细释义参看教字垭镇“兴家岗”。

磨石溪 $mo^{21}si^{21}tɕhi^{55}$

土家语与汉语结合运用的地名：“磨石”是土家语 $mo^{21}si^{21}$ 的汉字记音；“溪”是汉语，即“溪沟”。这个地名按西部区的语音读作“磨思溪”。

土家语 $mo^{21}si^{21}$（磨石）为一个音节，汉语义是“布”。凡是“布”，如棉布、麻布、丝布，花布、白布、黑布，等等，土家语都称之为 $mo^{21}si^{21}$（磨石），只不过前面加上质料的颜色罢了。所以，“磨石溪”就是“布溪”，是古代出产布匹的地方。

金凼塆 $tɕie^{35}tan^{53}uan^{55}$

土家语与汉语结合运用的地名。“金凼”是土家语 $tɕie^{35}tan^{53}$（借旦）的音变与误记，“金”是 $tɕie^{35}$（借）的音变，“凼”是 tan^{53}（旦）的音变；“塆”是汉语，即“山塆”。所以，这个地名的准确记音应为“借旦塆”。

土家语 $tɕie^{35}tan^{53}$（借旦）为一个音节，汉语义是“翅膀”；所以，“借旦塆”（金凼塆）就是“翅膀塆”。

这个山塆的地形由中间向两侧展开，像一对巨鸟的翅膀，故而得名。

宝宝峪 $pau^{53}pau^{53}jəu^{55}$

纯粹的土家语地名，$pau^{53}pau^{53}jəu^{55}$ 的汉字记音，但“峪”是 $jəu^{55}$（优）的音变。所以，这个地名的准确记音应是“宝宝优”。

土家语 $pau^{53}pau^{53}jəu^{55}$（宝宝优）由 $pau^{53}pau^{53}$（宝宝）和 $jəu^{55}$（优）两个音节组成：$pau^{53}pau^{53}$（宝宝）是土家族民族宗教“服司妥”的一种法器的别称，一般叫 $je^{21}pau^{53}$（耶宝），汉语义为“神铃”，今人叫“八宝铜铃”；$jəu^{55}$（优）的汉语义是“村寨”。所以，“宝宝优”（宝宝峪）就是“耶宝寨”、“神铃寨”或“八宝铜铃寨”。

“服司妥”即“还神愿”，整个法事过程中，“梯玛”头戴纸冠，身披五彩斑衣，腰系八幅罗裙，一手摇耶宝，一手摇司刀，翩翩起舞。由于摇耶宝是整个法事的最为显著的特征，因此，对这种民族性的宗教，有的地方叫“摇耶宝”，有的地方叫“摇宝宝”。从前，这个村里住有著名的“梯玛”，“摇宝宝”远近闻名，人们便以这种法器作了地名。

白蛇塆 $pe^{35}si^{21}uan^{55}$

土家语与汉语结合运用的地名："白蛇"是土家语 $pe^{35}si^{21}$ 的汉字记音，但"蛇"是 si^{21}（石）的音变与附会；"塆"是汉语，即"山塆"。所以，这个地名的准确记音应是"白石塆"。按西部区的语音读作"白司塆"。

土家语 $pe^{35}si^{21}$（白石）为一个音节，是 $pe^{35}si^{21}tho^{55}$（白石拖）的简化，译成汉语是"萱草"（Hemerocallis flava）。萱草俗名金针菜、黄花菜。所以，"白石塆"（白蛇塆）就是"黄花菜塆"，是出产黄花菜的地方。

糖树垭 $than^{21}sa^{53}ŋa^{53}$

土家语与汉语结合运用的地名："糖树"是土家语 $than^{21}sa^{53}$（团馓）的误记，"糖"是 $than^{21}$（团）的音变，"树"是 sa^{53}（馓）的音变；"垭"是汉语，即"山垭"。所以，这个地名的准确记音应为"团馓垭"。

土家语 $than^{21}sa^{53}$（团馓）又叫 $sa^{53}mi^{53}tsi^{21}$（萨米子），为一个音节，汉语义是土家族的一种传统食品。

从前，这个山垭上的的土家先民会做团馓，做团馓习俗远近知名，人们便以这种民族食品作了地名。

寺二垴 $si^{21}zi^{21}lau^{53}$

土家语与汉语结合运用的地名："寺二"是土家语 $si^{21}zi^{21}$（司日）的误记，"寺"是 si^{21}（司）的音变，"二"是 zi^{21}（日）的误记；"垴"是汉语，即"山垴"。所以，这个地名的准确记音应是"司日垴"。东部区多数地方的实际发音是"石日垴"。

土家语 $si^{21}zi^{21}$（司日）系两个音节：si^{21}（司）的汉语义是野兽，zi^{21}（日）的汉语义是修饰词"多"；$si^{21}zi^{21}$（司日）连起来直译是"兽多"，调换语序结构译成汉语是"多兽"。所以，"司日垴"（寺二垴）就是"多兽垴"，即野兽多的山垴。

此地距县城 100 余里，海拔 1124 米，面积 4 平方公里。古代，这里是一片荒原，各种野兽栖息其间，故而得名。

阴景塔 $jan^{55}tɕi^{53}tha^{35}$

土家语与汉语结合运用的地名："阴景"是土家语 $jan^{55}tɕi^{53}$（烟吉）的误记；"塔"是汉语，即"坪塔"，多指有坪塔的地方。所以，这个地名的准确记音应是"烟吉塔"。仔细聆听当地群众的实际发音，也不是"阴景塔"，而是"烟吉塔"。

土家语 jan[55]tɕi[53]（烟吉）为一个音节，汉语义是"凳子"。但这是古代土家语的叫法，现代土家语称"凳子"为 tsah[55]khe[53]（擦克、岔克）。所以，"烟吉塔"（阴景塔）就是"凳子塔"，即像凳子一样的平塔。

人们往往把"凳子"和"椅子"混为一谈，但在土家人的眼里，"凳子"和"椅子"是有区别的，因此，对它们的称谓也不同。两者的区别在于有无扶手或靠背：有扶手或靠背的叫"椅子"，无扶手或靠背的叫"凳子"。土家语称"椅子"为 khuai[21]（块），称"凳子"为 jan[55]tɕi[53]（烟吉）。

长板凳，有的地方也叫高板凳

长板凳

三家馆乡

位于区域西部，西与永顺县润雅乡隔河相望，乡治距市中心 20 余公里；总面积 117 平方公里，其中耕地 19319 亩；辖 17 个行政村，161 个村民小组；2009 年末，总人口 13081 人，其中土家族占全乡总人口的 97%。该乡是湖南省湘西黄牛主产区，是湘西黄牛配种和养殖基地；有丰富的方解石资源（已探明储量过千万吨）；主要经济作物有烤烟、蔬菜、干水果、辣椒、油茶等。

黑枞关 $xei^{55}tsho^{55}khu^{55}$

纯粹的土家语地名，$xei^{55}tsho^{55}khu^{55}$（黑挫枯）的误记与附会。据考证，此地原本名叫“黑挫枯”，明廷为了对澧水上源的土家人“以武制夷”，曾经在此设立关隘，$xei^{55}tsho^{55}khu^{55}$（黑挫枯）便被附会为汉语的“黑枞关”，地名的实际含义也被弄得面目全非了。黑枞关与温塘关、哑龙关、洪家关、毛头关并称为湘西地区的五大关隘。

土家语 $xei^{55}tsho^{55}khu^{55}$（黑挫枯）系三个音节：$xei^{55}$（黑）的汉语义是“歇息”、“休息”，$tsho^{55}$（挫）的汉语义是“屋”、“房子”，$khu^{55}$（枯）的汉语义是“山包”；所以，$xei^{55}tsho^{55}khu^{55}$（黑挫枯）连起来译成汉语便是“歇息屋山包”。“歇息屋”就是俗称的“歇铺”，即“伙铺”、“旅店”；“歇息屋山包”就是“歇铺山包”，即有歇铺的山包。

此地位于湘川古道上，从前这里伙铺多，市面繁华，因此人们便以 $xei^{55}tsho^{55}khu^{55}$（黑挫枯）——“歇铺包”作了地名。

毛头关 $mo^{21}tha^{35}kha^{53}$

纯粹的土家语地名，$mo^{21}tha^{35}kha^{53}$（磨塌卡）的附会与误记。

土家语 $mo^{21}tha^{35}kha^{53}$（磨塌卡）系两个音节：mo^{21}（磨）为一个音节，汉语义是“猫”（Felis domestica）；$tha^{35}kha^{53}$（蹋卡）为一个音节，汉语义是“陡坎”、“绝壁”。所以，$mo^{21}tha^{35}kha^{53}$（磨塌卡）连起来译成汉语就是俗称的“猫陡坎”，意思是“猫都难爬的绝壁”。明代设关时，官吏们不懂“磨塌卡”的实际含义，便将其附会为“毛头关”了。实际上它的含义还是“绝壁关”或“陡坎关”。

“毛头关”也是明王朝在湘西地区设置的重要关隘，它与温塘关、黑枞关、哑龙关、洪家关一起，成为管控、戍守澧水上源地区土家人的重要军事机关。

木尤坑 $mu^{53}jəu^{55}khen^{55}$

土家语与汉语结合运用的地名："木尤"是土家语 $mu^{53}jəu^{55}$ 的汉字记音，但 $jəu^{55}$ 一般记为"优"；坑是汉语，一般指凹进地面的地方。

土家语 $mu^{53}jəu^{55}$（木优）系两个音节：mu^{53}（木）的汉语义是"竹子"（Bamboo sprout），$jəu^{55}$（优）的汉语义是"村寨"；$mu^{53}jəu^{55}$（木优）连起来译成汉语是"竹子寨"。所以，"木优坑"（木尤坑）就是"竹寨坑"。这里的"竹寨"实际是指"竹林"、"竹园"，而非有竹子的村寨。

从前，这里是一片繁密的大竹林，因而得名。

机　场 $tɕi^{53}tshe^{21}$

纯粹的土家语地名，$tɕi^{53}tshe^{21}$（几车）的音变与误记（按西部区的发音读作"几测"），而 $tɕi^{53}tshe^{21}$（几车）又是 $e^{53}tɕi^{53}tshe^{21}khu^{35}$（耳几车库）的省略与简化。有意思的是 $e^{53}tɕi^{53}tshe^{21}khu^{35}$（耳几车库）还可简省为 $she^{21}khu^{35}$（车库）。

土家语 $tɕi^{53}tshe^{21}$（几车）或 $tshe^{21}khu^{35}$（车库）为一个音节，是古代土家语，汉语义是"麻"（Boehmeria spp）。现代土家语称麻为 $tshi^{55}pa^{53}$（次巴）。

"麻"，过去是土家人生活中的必需品，绩麻织布，做衣服，做蚊帐，不可或缺。此地麻园多，麻也多，人们便以 $tɕi^{53}tshe^{21}$（几车）——"麻"作了地名，与现代意义的"飞机场"毫无关系。

半子垭 $pan^{35}tsa^{35}ŋa^{53}$

土家语与汉语结合运用的地名："半子"是土家语 $pan^{35}tsa^{35}$ 的汉字记音，但"子"是 tsa^{35}（咱）的音变与误记；"垭"是汉语，即"山垭"。所以，这个地名的准确记音应是"半咱垭"。

土家语 $pan^{35}tsa^{35}$（半咱）系两个音节：pan^{35}（半）的汉语义是"山鹰"（Accipiten），当地叫"河鹰"；tsa^{35}（咱）的汉语义是"飞"。$pan^{35}tsa^{35}$（半咱）连起来译成汉语是"鹰飞"。所以，"半咱垭"（半子垭）就是"鹰飞垭"，即山鹰飞进飞出的山垭。

从前，这个山垭上多有山鹰筑巢，结伴而飞，因而得名。

溪　穴 $tɕhie^{35}ɕi^{55}$

纯粹的土家语地名，$tɕhie^{35}ɕi^{55}$（切西）的音变与误记。

土家语 tɕhie^{35}ɕi^{55}（切西）为一个音节，汉语义是“柑子”(Citrus reticulata)，如“柑子树”就是 tɕhie^{35}ɕi^{55}kha^{21}muŋ^{21}（切西卡蒙）。用作地名，tɕhie^{35}ɕi^{55}（切西）就是有柑子或柑子较多的地方。

从前，这里是柑子园或出产的柑子多，因而得名。

仁　埂　ze^{35}ka^{55}

纯粹的土家语地名，ze^{35}ka^{55}（热嘎）的音变与误记。

土家语 ze^{35}ka^{55}（热嘎）系两个音节：ze^{35}（热）的汉语义是“酒”；ka^{55}（嘎）的汉语义是“吃”。所以，ze^{35}ka^{55}（热嘎）连起来直译是“酒吃”，调换宾谓语序结构译成汉语就是“吃酒”，即“喝酒”。

从前，这里开有酒坊酿酒，是人们买酒、喝酒的地方，因而得名。

大　培　ta^{53}pho^{55}

纯粹的土家语地名，ta^{53}pho^{55}（打坡）的音变与误记。

土家语 ta^{53}pho^{55}（打坡）为一个音节，是现代土家语，汉语义是“哭嫁”。古代土家语称哭嫁为 tha^{55}tie^{55}lai^{55}tɕi^{55}（他爹来及）。

“哭嫁”是土家地区流传几千年的一种婚嫁习俗。姑娘出嫁前，都要“哭嫁”十天半月，寨上的姑娘都结伴“陪哭”。“哭嫁”有比较固定的程序和比较固定的“哭词”，如“哭父母”、“哭祖先”、“哭哥嫂”、“陪十姊妹”、“骂媒人”等。她们所哭之歌叫“哭嫁歌”，所哭之词叫“离娘词”。此地的土家人素有“哭嫁”传统，姑娘们善哭嫁，人们便以“哭嫁”作了地名。

这个地名历史地记载了土家人“哭嫁”的婚姻习俗，是不可多得的“活化石”。参看桑植县竹叶坪乡“达地”。

塘泥坑　tho^{55}ȵi^{55}kai^{35}

纯粹的土家语地名，tho^{55}ȵi^{55}kai^{35}（拖泥盖）的误记：“塘”是 tho^{55}（拖）的音变，“坑”是 kai^{35}（盖）的音转。

土家语 tho^{55}ȵi^{55}kai^{35}（拖泥盖）为一个音节，不能拆开，是一个极其古老的土家语，汉语义是“大拇指”。用“大拇指”作地名是一个比喻，其本质意义是表示此地自然条件好，打内心满意。它生动反映出土家先民对自己美好家园的热爱之情。

刘　榜　lie^{35}pa^{21}

纯粹的土家语地名，lie^{35}pa^{21}（列巴）误记。

土家语 $lie^{35}pa^{21}$（列巴）系两个音节：lie^{35}（列）的汉语义是“转角楼”；pa^{21}（巴）的汉语义是“坡”，即山坡。所以，$lie^{35}pa^{21}$（列巴）连起来译成汉语就是“楼子坡”。

“转角楼”就是史书上记载的“干栏”，楼柱悬空，飞檐翘瓦，民族特色浓烈。这条山坡上布满了转角楼，构成一道亮丽风景，人们便以 $lie^{35}pa^{21}$（列巴）——“楼子坡”作了地名。

二姑娘塔 $e^{53}khu^{55}lie^{53}tha^{35}$

土家语与汉语结合运用的地名：“二姑娘”是土家语 $e^{53}khu^{55}lie^{53}$（尔苦列）的误记。将 $e^{53}khu^{55}lie^{53}$（尔苦列）想象为“二姑娘”，虽令人啼笑皆非，也还在情理之中，因为毕竟 $e^{53}khu^{55}lie^{53}$（尔苦列）与“二姑娘”发音相近。“塔”是汉语，一般指“坪塔”，也泛指“有坪塔的地方”。因此，这个地名的准确记音应是“尔苦列塔”。

土家转角楼之一角

土家语 $e^{53}khu^{55}lie^{53}$（尔苦列）系两个音节：e^{53}（尔）为一个音节，汉语义是“猴子”（Macaca mulatta）；$khu^{55}lie^{53}$（苦列）为一个音节，汉语义是“山”。$e^{53}khu^{55}lie^{53}$（尔苦列）连起来译成汉语是“猴子山”。所以，“尔苦列塔”（二姑娘塔）就是“猴子山塔”，即猴子多的地方。

从前，这里地处偏僻，山大树密，成群结队的猴子出没其间，因而得名。

张规子 $za^{35}ku^{53}tsu^{35}$

纯粹的土家语地名，$za^{35}ku^{53}tsu^{35}$（日阿古租）的误记：“张”是 za^{35}（日阿）的代音字，“规”是 ku^{53}（古）的误记，“子”是 tsu^{35}（租）的音变与误记。

土家语 $za^{35}ku^{53}tsu^{35}$（日阿古租）系两个音节：$za^{35}ku^{53}$（日阿古）为一

个音节，汉语义是“茶叶”（Camellia sinesis）；tsu^{35}（租）为一个音节，汉语义是“出”、“出产”。所以，za^{35}ku^{53}tsu^{35}（日阿古租）连起来直译是“茶叶出”，调换宾谓语序结构译成汉语就是“出茶叶”；用作地名，就是“出产茶叶的地方”。

古代，这里是茶山，盛产茶叶，故而得名。

关张垭 ku^{55}tsu^{55}ŋa^{21}

土家语与汉语结合运用的地名：“关张”是土家语 ku^{55}tsu^{55}（姑主）的误记；“垭”是汉语，即“山垭”。所以，这个地名的准确记音应为“姑主垭”。按西部区的发音读作“姑租垭”。

土家语 ku^{55}tsu^{55}（姑主）为一个音节，汉语义是“挖”、“抠”或“靠挖”、“靠抠”，实际就是俗话说的勤耕苦做，苦讨苦吃。因此，“姑主垭”（关张垭）就是“苦做垭”。

这里地处偏僻，山高坡陡田土少，从前交通闭塞，经济落后，只能苦做苦吃。

八　方 pa^{21}xu^{21}

纯粹的土家语地名，pa^{21}xu^{21} 的汉字记音，但 pa^{21} 大多记为“巴”，“方”是 xu^{21}（湖）的误记；所以，这个地名准确一点应记为“巴湖”。

土家语 pa^{21}xu^{21}（巴湖）系两个音节：pa^{21}（巴）的汉语义是“山”或“山坡”；xu^{21}（湖）的汉语义是“两山之间的沟谷”。所以，pa^{21}xu^{21}（巴湖）连起来译成汉语就是“山谷”或“山沟”。

这里顺便说说土家语的 xu^{21}（湖），它是古老的土家语，运用得极为普遍，而且桑植、永顺、龙山仍然完好地保存了下来。但在永定、慈利一带，一些不懂土家语的人以为这“湖”是“湖泊”的意思，山区没有湖，便认为用湖记地名不妥，于是大多不用，而以“方”、“河”等近音词取代。这就是这一地区多处出现诸如“四方”、“五方”、“六方”、“八方”，或者小沟小溪也是“河”的由来。其实，凡是两山间的沟谷，或多山间的谷地，古代土家语都称之为 xu^{21}（湖）。“湖”只是记音，不表示任何意义，与“湖泊”毫不相干。

童角院 tuŋ^{53}ke^{21}jəu^{55}

纯粹的土家语地名，tuŋ^{53}ke^{21}jəu^{55}（董格优）的误记。

土家语 tuŋ^{53}ke^{21}jəu^{55}（董格优）系两个音节：tuŋ^{53}ke^{21}（董格）为一个

音节，有的地方叫 $tu\eta^{53}ku^{21}$（董古），汉语义是“山沟的尽头”；$j\partial u^{55}$（优）为一个音节，汉语义是“村”、“寨”。因此，$tu\eta^{53}ke^{21}j\partial u^{55}$（董格优）连起来译成汉语就是“山沟或山塆尽头的村寨”，意即这个村寨坐落在山沟或山塆的尽头。

召召塆 $tsau^{55}tsau^{55}uau^{55}$

土家语与汉语结合运用的地名：“召召”是土家语 $tsau^{55}tsau^{55}$ 的汉字记音，但按西部区的实际发音应记作“遭遭”。土家语 $tsau^{55}tsau^{55}$（召召、遭遭）是 $ka^{21}ȵi^{55}tsau^{55}tsau^{55}$（夹尼召召、夹尼遭遭）的省略与误记，$ka^{21}ȵi^{55}tsau^{55}tsau^{55}$（夹尼召召、夹尼遭遭）也称 $ka^{21}ȵi^{55}tau^{55}tau^{55}$（夹尼刀刀）。“塆”是汉语，即“山塆”。所以，这个地名按西部区的语音应记为“遭遭塆”。

土家语 $ka^{21}ȵi^{55}tsau^{55}tsau^{55}$（夹尼召召、夹尼遭遭）为一音节，译成汉语是一种当地称为“刀刀雀”的鸟。“刀刀雀”，学名“回声杜鹃”（Cucalus micropterus）因此，“召召塆”就是“刀刀雀塆”，即有“刀刀雀的山塆”。详细释义参看罗塔坪乡“九里垭”。

树 茂 $su^{35}mu^{55}$

纯粹的土家语地名，$su^{35}mu^{55}$ 的汉字记音，但“茂”是 mu^{55}（木）的误记。所以，这个地名准确一点应记为“树木”，按西部区的语音读作“苏木”。$su^{35}mu^{55}$（树木）也有记为“送木”的，其含义完全相同。

土家语 $su^{35}mu^{55}$（树木）为一个音节，译成汉语，近者指“太公”，远者泛指“祖宗”、“祖先”。

土家族是一个不信神灵、只信祖先的民族，视祖先高于一切。因此，他们在祖先故地设有神堂，供奉的大多是自己的祖先神。“梯玛”（土老司）的《梯玛经》第一个朝科也是 $su\eta^{35}mu^{55}tho^{55}$（树木吐)，即“敬祖先”。这个地方是从前祖先住的地方，是设祖先神堂的地方，故而得名，并沿用至今。

与“树茂”紧邻的“枞茂”，也是土家语，与“树茂”完全同义。

打马峪 $tu^{55}mu^{35}j\partial u^{55}$

纯粹的土家语地名，$tu^{55}mu^{35}j\partial u^{55}$（都牟优）的音变与误记。

土家语 $tu^{55}mu^{35}j\partial u^{55}$（都牟优）系两个音节：$tu^{55}mu^{35}$（都牟）为一个音节，汉语义是“纱”；$j\partial u^{55}$（优）为一个音节，汉语义是“村”、“寨”。因

此，tu⁵⁵mu³⁵jəu⁵⁵（都牟优）连起来译成汉语就是“纱寨”。

从前，这个寨子的土家妇女会纺纱，纺出的纱线远近闻名，故而得名。详细释义参看城区“大漠洲”。

洞　增　$tuŋ^{35}tshe^{21}$

汉语与土家语结合运用的地名：“洞”是汉语，即“山洞”；“增”是土家语 $tshe^{21}$（扯）的音变与误记。所以，这个地名的准确记音应是“洞扯”。不过，按西部区的发音读作“洞测”。

土家语 $tshe^{21}$（扯）的汉语义是“水”；所以，“洞扯”（洞增）就是“洞水”。

此地严重缺水，全靠山洞里的水来维持人畜饮用，人们便以“洞水”作了地名。

六盘塔　$lu^{35}phan^{35}tha^{55}$

土家语与汉语结合运用的地名：“六盘”是土家语 $lu^{35}phan^{35}$ 的汉字记音，有的记为“六胖”、“路胖”；“塔”是汉语，即“坪塔”，也指“有坪塔的地方”。

土家语 $lu^{35}phan^{35}$（六胖）为一个音节，汉语义是“麦冬草”。因此，“六盘塔”就是“麦冬草塔”，即长麦冬草或麦冬草多的地方。而在张家界地区，上年岁的人至今仍称麦冬草为“路胖草”。

麦冬草是长青草本植物，其地下块根是土医土药的要药，功能生津止渴，润肺利咽。从前，这里普遍生长麦冬草，人们便以这种药草作了地名。

神仙垉　$se^{21}ɕi^{21}pau^{55}$

土家语与汉语结合运用的地名：“神仙”是对土家语 $se^{21}ɕi^{21}$（社西）的附会与误记；“垉”是汉语，是当地的自造字，音“报”，义为“山包”。所以，这个地方的原始名称应是“社西包”。按西部区的发音读作“色西包”。

土家语 $se^{21}ɕi^{21}$（社西）系两个音节：se^{21}(社)的汉语义是“药”，$ɕi^{21}$（西）的汉语义是“草”；$se^{21}ɕi^{21}$（社西）连起来译成汉语是“药草”。所以，“社西包”（神仙垉）就是“药草包”，即生长药草多的山包。

从前，这个地方的药草多，因而得名。

少先沟　$se^{21}ɕi^{21}kəu^{55}$

土家语与汉语结合运用的地名：“少先”是对土家语 $se^{21}ɕi^{21}$（社西）

的附会与误记；"沟"是汉语，即"溪沟"。所以，这个地方的原始名称应是"社西沟"。按西部区的发音读作"社西沟"。

如前所述，土家语 $se^{21}çi^{21}$（社西）的汉语义是"药草"；因此，"社西沟"（少先沟）就是"药草沟"。"少先沟"与"神仙垉"相距不远。这是两个十分有意思的地名，按照汉语义，前者是虚幻飘缈的神仙居住之所，后者是现代实在的少年先锋之沟，一虚一实，不能不让人产生无尽的遐想。其实，"神仙"、"少先"都是不懂土家语的文人们依据土家语 $se^{21}çi^{21}$（社西）发音的想像、推测和附会；不过，仍不失为一杰作。

台屋塔 $tha^{35}o^{53}tha^{35}$

土家语与汉语结合运用的地名："台屋"是土家语 $tha^{35}o^{53}$（塔沃）的音变与误记；"塔"是汉语，即"坪塔"或"有坪塔的地方"。因此，这个地名的准确记音应为"塔沃塔"。

土家语 $tha^{35}o^{53}$（塔沃）为一个音节，与永顺的"塔卧"、桑植蹇家坡的"塔窝"同音同义，汉语义都是"田螺"（Cipangopaludina Chiensis）。"田螺"当地又称"螺蛳"。因此，"塔沃塔"（台屋塔）就是"螺蛳塔"。

依照土家语地名命名的规律推测，此地以"田螺"命名有两种可能：其一是因此地地形有如田螺，其二是古代此地田螺多，二者必居其一。

锣鼓岩 $luŋ^{55}ku^{53}ŋai^{21}$

土家语与汉语结合运用的地名："锣鼓"是土家语 $luŋ^{55}ku^{53}$（聋古）的音变与误记；"岩"是汉语，即"岩石"，指"具有某些岩石特征的地方"。所以，这个地名的准确记音应是"聋古岩"。

前面已经说过，土家语 $luŋ^{55}ku^{5}$（聋古）的汉语义是俗称"王八"、"脚鱼"、"团鱼"的"鳖"（Trionyxsinensis）。因此，"聋古岩"（锣鼓岩）就是"团鱼岩"。

按照土家语地名命名规律推断：或是此地有岩石或岩山状若团鱼，或是因为从前此地团鱼多。

活马坑 $xu^{53}ma^{53}khu^{55}$

纯粹的土家语地名，$xu^{53}ma^{53}khu^{55}$ 的汉字记音，但"活"是 xu^{53}（虎）的误记；"活马"是对 $xu^{53}ma^{53}$（虎马）的想象与讹编。"坑"是对 khu^{55}（枯）的附会。所以，这个地名的准确记音应是"虎马枯"。

土家语 $xu^{53}ma^{53}khu^{55}$（虎马枯）系两个音节：$xu^{53}ma^{53}$（虎马）为一个音

节，是 xu[53]lo[53]ma[53]（虎洛马）的省略与简化，指示的对象是一种称为“梭雷蜂”（Vespaman darinia）的毒蜂；khu[55]（枯）为一个音节，汉语义是“山”或“山坡”。所以，xu[53]ma[53]khu[55]（虎马枯）连起来译成汉语就是“梭雷蜂山”。

梭雷蜂，武陵山区的一种毒蜂。从前，这里梭雷蜂多，因而得名。

亚果山 a[21]kho[53]san[55]

土家语与汉语结合运用的地名：“亚果”是土家语 a[21]kho[53]（阿可）的误记。“亚”是 a[21]（阿）的近音汉字替代；“果”与 kho[53]（可）语音相近，是 kho[53]（可）的误记。“山”是汉语。所以，这个地名的准确记音应为“阿可山”。

“阿可山”（亚果山）是一个以亲属关系命名的地名。土家语 a[21]kho[53]（阿可）为一个音节，汉语义是“兄”、“哥哥”。所以，“阿可山”（亚果山）就是“哥哥山”，即哥哥居住的地方。

二公庸 e[53]ka[21]uŋ[21]

纯粹的土家语地名，e[53]ka[21]uŋ[21]（尔嘎翁）的误记：“二”是 e[53]（尔）的音变，“公”是 ka[21]（嘎）的音变，“庸”是 uŋ[21]（翁）的音转。

土家语 e[53]ka[21]uŋ[21]（尔嘎翁）系两个音节：e[53]（尔）为一个音节，汉语义是“猴子”（Macaca mulatta）；ka[21]uŋ[21]（嘎翁）为一个音节，汉语义是“安家”、“住家”。所以，e[53]ka[21]uŋ[21]（尔嘎翁）连起来译成汉语就是“猴住家”或“猴安家”，简言之，就是“猴子山”。

诚然，“猴安家”是一个比喻性的地名。此地位于海拔 600 余米的高山上，境内山峦叠嶂，沟谷纵横。从前山深林老，成群结队的猴子居住其间，自乐怡然，犹如安家一般，因而得了“猴子山”之名。

村家告 tshe[21]ka[21]kai[35]

土家语与汉语结合运用的地名：“村家”是土家语 tshe[21]ka[21]（测嘎）的误记，其中，“村”按西部区的语音是 tshe[21]（测）的音变，按东部区的语音应记作“扯”；“家”是（嘎）的近音汉字替代；“告”是“界”的音变，是汉语，即“山界”。所以，这个地名的准确记音应是“测嘎界”或“扯嘎界”；其实，此地原名就叫“测嘎界”，当地老人的实际发音也与此相符。

土家语 tshe[21]ka[21]（测嘎）系两个音节：tshe[21]（测）的汉语义是“水”，

ka^{21}（嘎）的汉语义是“干”、“缺”；$tshe^{21}ka^{21}$（测嘎）连起来直译是“水缺”，调换语序结构译成汉语是“缺水”。所以，“测家界”（村家告）就是“缺水界”。

从前，此地严重缺水，人畜饮用水十分困难，粮食十年九不收。由此，人们便以$tshe^{21}ka^{21}$（测嘎）——“缺水”作了地名。

沙　地　$sa^{21}ti^{21}$

纯粹的土家语地名，原名“沙地界”，现在仍叫“沙地界”，从古到今一直未变。“沙地”是土家语$sa^{21}ti^{21}$的汉字记音，按西部区的语音读作“撒地”。

其实，这“沙地界”就是土家语$sa^{21}ti^{21}ka^{21}$（沙地嘎）的误记误读，译成汉语是“画眉”（Garrulax canorus）；用作地名，就是“画眉多的地方”。

在土家人心里，画眉是一种象征美丽和吉祥的鸟，深受人们的喜爱。从前，这里树茂林菁，花香鸟语，画眉多，人们便以这种鸟的名称作了地名。

黑　石　$xa^{53}si^{21}$

纯粹的土家语地名，$xa^{53}si^{21}$（哈司）的误记：“黑”是xa^{53}（哈）的音变，“石”是si^{21}（司）的音变。$xa^{53}si^{21}$（哈司）又是$xa^{21}lie^{21}si^{21}$（哈列司）的省略，其中的lie^{21}（列）属高降轻声，常常被省略，只留下$xa^{53}si^{21}$（哈司），但含义未变。

土家语称“野杨梅”（Myrica L）为$xa^{21}lie^{21}si^{21}$（哈列司）或$xa^{21}si^{21}$（哈司），有的记为“哈列士”或“哈士”。

野杨梅是一种常绿乔木，果实鲜红，可食。它既是用材树，也是观赏树，还是果树。从前这里野杨梅树多，人们便以“野杨梅”作了地名。

碧龙塆　$pi^{55}luŋ^{53}uan^{55}$

土家语与汉语结合运用的地名：“碧龙”是土家语$pi^{55}luŋ^{53}$的汉字记音，有的记为“必龙”；“塆”是汉语，即“山塆”。

土家语$pi^{55}luŋ^{53}$（碧龙）系两个音节：pi^{55}（碧）是$lo^{53}pi^{55}$（洛碧）的简化，汉语义是“儿”；$luŋ^{53}$（龙）的汉语义是“养”。$pi^{55}luŋ^{53}$（碧龙）连起来直译是“儿养”，调换宾谓语序结构译成汉语是“养儿”；所以，“碧龙塆”就是“养儿塆”

按照土家人的语言习惯，这“儿”既指“儿子”，也指“男孩”；“养”既指“抚养”，也指“生育”。因此，“养儿塆”的实质含义是“生男孩塆”。

古代的某个时期，此地出生的男孩子多，也很出众，人们便以这种生育现象作了地名。

南公塔 lan^{35}khu^{55}tha^{35}

土家语与汉语结合运用的地名：“南公”是土家语 lan^{35}khu^{55}（兰枯）的误记，“南”是 lan^{35}（兰）的音变，“公”是 khu^{55}（枯）的音转；“塔”是汉语，即“坪塔”。所以，这个地名的准确记音应为“兰枯塔”。

耕田耕地与犁配套的枷担

人们在耕田犁地时，在牛的肩上套上一个弓形的木枷，拴上缆索牵犁耙。这种木枷俗称“枷担”，土家语则称之为 lan^{35}kha^{55}（兰枯）。因此，“兰枯塔”（南公塔）就是“枷担塔”。

此地的地形曲折弯转，像一只牛枷担，因而得名。

垭脚山 a^{21}tɕie^{35}san^{55}

土家语与汉语结合运用的地名：“垭脚”是土家语 a^{21}tɕie^{35}（阿杰）的音变与误记，“垭”是 a^{21}（阿）的音变，“脚”是 tɕie^{35}（杰）的误记；“山”是汉语。因此，这个地名的准确记音应为“阿杰山”。

土家语 a^{21}tɕie^{35}（阿杰）为一个音节，汉语义是“鬼”。例如“见鬼”就叫 a^{21}tɕie^{35}ji^{21}（阿杰衣），“化生子（死时不满 60 岁）鬼”就叫 o^{35}pi^{53}a^{21}tɕie^{21}（卧比阿杰）。因此“阿杰山”（垭脚山）就是“鬼山”，即鬼多的地方。

土家族是一个古老的民族，从远古走来一直与自然崇拜相伴随，认为世界万物有灵。自然界凡是好的都被奉为神灵，不好的都被认为是精、怪、鬼、妖，从而演化出许多神鬼故事。古人认为这座山上鬼多，故得“鬼山”之名。

仁家垭　$ze^{35}tɕie^{21}ŋa^{21}$

土家语与汉语结合运用的地名："仁家"是土家语 $ze^{35}tɕie^{21}$（热借）的误记，"仁"是 ze^{35}（热）的音变，"家"是 $tɕie^{21}$（借）的音变；"垭"是汉语，即"山垭"。因此，这个地名的准确记音应为"热借垭"。

土家语称"酒"为 ze^{35}（热），称"酒醉"为 $ze^{35}tɕie^{21}$（热借），称"酒醉佬"为 $ze^{35}tɕie^{21}ma^{21}$（热借马）。所以，"热借垭"（仁家垭）就是"酒醉垭"。

依据土家语规律推测，此地以"酒醉"为地名有两种可能：一是古代这里开有酿酒作坊，人们常常在这里喝得酩酊大醉；二是这里曾经居住过嗜酒如命的"酒醉佬"，人们久而久之便以"酒醉"作了地名。

枞茂塔　$tshe^{21}muŋ^{55}tha^{35}$

土家语与汉语结合运用的地名："枞茂"是土家 $tshe^{21}muŋ^{55}$（测蒙）的误记；"塔"是汉语，即"坪塔"，一般泛指有坪塔的地方。所以，这个地名的准确记音应为"测蒙塔"。不过，$tshe^{21}muŋ^{55}$（测蒙）在东部区的大多数地方读作"扯蒙"。

土家语 $tshe^{21}muŋ^{55}$（测蒙）为一个音节，汉语义是"水井"；所以，"测蒙塔"（枞茂塔）就是"水井塔"，是有水井的地方。

泥田峪　$ȵie^{21}thi^{55}jəu^{55}$

纯粹的土家语地名，$ȵie^{21}thi^{55}jəu^{55}$（捏梯优）的音变与误记。

土家语 $ȵie^{21}thi^{55}jəu^{55}$（捏梯优）系两个音节：$ȵie^{21}thi^{55}$（捏梯）为一个音节，它有两种含义，一是指"斗笠"，二是指"帽子"；$jəu^{55}$（优）为一个音节，汉语义是"村"、"寨"。所以，$ȵie^{21}thi^{55}jəu^{55}$（捏梯优）连起来译成汉语就是"斗笠寨"或"帽子村"。从前，这个寨子上土家先民会织斗笠，或会做帽子，故而得名。

民国以前，土家族人所戴的"斗笠"，全部自制自用，有柿油纸糊斗笠，有棕斗笠，有棕叶斗笠，有芭蕉叶斗笠等多种。土家族成人都戴手巾而不戴帽子，但小孩都时兴戴帽子，计有轿顶帽、尾巴帽、列子帽、凉帽、和尚帽、风帽等多种，都挑绣各种花纹，并缀银质饰件。

七拱塔　$tɕhi^{35}ka^{53}tha^{35}$

土家语与汉语结合运用的地名："七拱"是土家语 $tɕhi^{35}ka^{53}$ 的汉字记音，但"拱"是 ka^{53}（嘎）的误记；"塔"是汉语，即"坪塔"，一般泛指有坪塔的地方。所以，这个地名的准确记音应为"七嘎塔"。

土家语 tɕhi^{35}ka^{53}（七嘎）为一个音节，汉语义是“疮”。例如“疮痒”就是 tɕhi^{35}ka^{53}ɕi^{53}ŋa^{21}（七嘎西牙）。所以，“七嘎塔”（七拱塔）就是“疮塔”。

此地以“疮”为其名，有两个可能：一是此地地形地貌起起伏伏，犹如疮疱一样；二是古代的某个时期，此地流行过某种疮症且危害巨大，远近闻名，影响深刻。

黑　蛇　xa^{53}si^{21}

土家语 xa^{53}si^{21}（哈司）的误记：“黑”是 xa^{53}（哈）的近音汉字替代，“蛇”是 si^{21}（司）的误记。

土家语 xa^{53}si^{21}（哈司）为一个音节，是 xa^{53}lie^{21}si^{21}（哈列司）的省略与简化，译成汉语是杨梅科植物“野杨梅”（Myrica L）；用作地名，就是野杨梅树多的地方。

野杨梅是常绿乔木，是土家人民十分喜爱的风景树种，它结的果实鲜红艳丽，酸甜可口。此地从前是一片杨梅林，故而得名。

伍家岗　u^{35}tɕi^{35}kan^{55}

土家语与汉语结合运用的地名：“伍家”是土家语 u^{35}tɕi^{35} 的汉字记音，但“家”是 tɕi^{35}（基）的音变；“岗”是汉语，即“山冈”。所以，这个地名的准确记音应是“伍基冈”。

土家语 u^{35}tɕi^{35}（伍基）为一个音节，汉语义是“仓库”；所以，“伍基岗”（伍家冈）就是“仓库冈”，即修有仓库的山岗。

在遥远的古代，各个部落都修有仓库；土司时期，各宣慰司、宣抚司、长官司也都修有仓库。明朝以后，土家族各姓氏普遍修建了祠堂，祠堂建有仓库储备义谷。总之，这个山岗上曾建有较大的仓库，故而得名。

皮　塆　phi^{35}uan^{55}

土家语与汉语结合运用的地名：“皮”是土家语 phi^{35} 的汉字记音；“塆”是汉语，即“山塆”。

土家语 phi^{35}（皮）的汉语义是“土筑墙”。所以，“皮塆”就是“土墙塆”，即有土筑墙的山塆。

据考古资料证明，土家族的民居大体经历了“穴居”到“干栏”再到“转角楼”三个阶段。这三个阶段，都使用了土筑墙。这种土筑墙，在今天的桑植澧水南源地区不少民居仍可见到。这个山塆里从前的民居都有土墙，故而得名。这个地名是土家族古代民居的“活化石”，十分珍贵。

银栅坳 $je^{53}tsa^{35}ŋau^{35}$

土家语与汉语结合运用的地名。“银栅”是土家语 $je^{53}tsa^{35}$（也扎）的音变与误记，“银”是 je^{53}（也）的音变，“栅”是 tsa^{35}（扎）的误记；“坳”是汉语，即“山坳”，指山与山之间较平缓的山垭。因此，这个地名的准确记音应为“也扎坳”。但是按西部区的发音读作“也咱坳”。

土家语 $je^{53}tsa^{35}$（也扎）为一个音节，汉语义是“砍火畲”。所以，“也扎坳”（银栅坳）就是“砍火畲的山坳”，是古代先民砍火畲、刀耕火种的地方。

竹马溪 $za^{55}mu^{55}tɕhi^{55}$

土家语与汉语给合运用的地名：“竹马”是土家语 $za^{55}mu^{55}$（日阿母）的误记，“竹”是 za^{55}（日阿）的近音汉字替代，“马”是 mu^{55}（母）的误记；“溪”是汉语，即“溪沟”。因此，这个地名的准确记音应为“日阿母溪”。

土家语 $za^{55}mu^{55}$（日阿母）为一个音节，是 $za^{55}mu^{55}li^{55}$（日阿母里）的简化，译成汉语是“蜻蜓”（Polycanthgyna melanictera）；那么，“日阿母溪”（竹马溪）就是“蜻蜓溪”。

这条山溪紧邻澧水，空气清新，各种蜻蜓栖息其间，成为一方奇妙无比的风景。于是，人们便以这种昆虫作了地名。

樟柱垭 $za^{21}tsu^{35}ŋa^{53}$

土家语与汉语结合运用的地名。“樟柱”是土家语 $za^{21}tsu^{35}$ 的误记：“樟”是 za^{21}（日阿）的近音汉字替代；“垭”是汉语，即“山垭”。所以，这个地名的准确记音应为“日阿柱垭”。按西部区的发音读作“日阿租垭”。

土家语 $za^{21}tsu^{35}$（日阿柱）系两个音节：za^{21}（日阿）的汉语义是“鸡”，tsu^{35}（柱）的汉语义是“出”、“出产”；$za^{21}tsu^{35}$（日阿柱）连起来直译是“鸡出”，调换宾谓语序结构译成汉语是“出鸡”。所以，“日阿柱垭”（樟柱垭）就是“出鸡垭”，即出产鸡的山垭。

从前，居住在这个山垭上的先民们喜欢养鸡，出产的鸡多品质好，故而得名。

尹家溪镇

位于区域中部，镇治距市中心15公里；总面积91.4平方公里，其中耕地23454亩；辖23个行政村、3个居民委员会，248个村（居）民小组，2009年末，总人口32222人，其中土家族占全镇总人口的98%。该镇土地肥沃，农业发达，有千亩优质水密桃、千亩香芋、4000亩甘蔗、3000亩蓝莓采摘、3000亩精细蔬菜等7大农业产业基地。龙灯、狮子灯、茅古斯等历史悠久，是湖南省狮龙之乡。

马田坑 $ma^{53}thi^{35}khen^{55}$

土家语与汉语结合运用的地名："马田"是土家语 $ma^{53}thi^{35}$ 的汉字记音，但"田"是 thi^{35}（替）的音变与误记；"坑"是汉语，指低于周围地面的凹地或竖洞。所以，这个地名的准确记音应为"马替坑"。

土家语 $ma^{53}thi^{35}$（马替）系两个音节：ma^{53}（马）的汉语义是"蜂子"，这里实指"蜜蜂"（Apismellifra）；thi^{35}（替）的汉语义是"摘取"。$ma^{53}thi^{35}$（马替）连起来直译是"蜂摘"，调换宾谓语序结构译成汉语是"摘蜂"。所以，"马替坑"（马田坑）就是"摘蜂坑"，即人们经常摘蜂的地方。

"摘蜂"就是俗话说的"接蜂"。每到春暖花开之时，蜜蜂就要分桶，它们离开原来的蜂巢，集结在不远的树枝上。这时，人们便准备一个蜂桶，洒上蜂蜜或盐水，把它们接入桶内带回放养。这个过程就叫"摘蜂"或"接蜂"；土家语就叫 $ma^{53}thi^{35}$（马替）。

从前，这里蜜蜂多，是人们"接蜂"的极好场所，因而得了"摘蜂坑"之名。

铁古井 $thi^{55}khu^{53}tɕin^{53}$

土家语与汉语结合运用的地名："铁古"是土家语 $thi^{55}khu^{53}$（梯枯）的误记；"井"是汉语，即"水井"。所以，这个地名的准确记音应为"梯枯井"。

土家语 $thi^{55}khu^{53}$（梯枯）为一个音节，汉语义是"□子"，如"酒□子"就是 $ze^{35}thi^{55}khu^{53}$（惹梯枯），"水□子"就是 $tshe^{21}thi^{55}khu^{53}$（测梯枯）。因此，"梯枯井"（铁古井）就是"□子井"。

此地有水井，且状若□子，故而得名。

明洋岗 mi^{55}je^{21}kan^{55}

土家语与汉语结合运用的地名："明洋"是土家语mi^{55}je^{21}（米叶）的音变与误记；"岗"是汉语，即"山冈"。所以，这个地名的准确记音应为"米叶冈"。

土家语mi^{55}je^{21}（米叶）系两个音节：mi^{55}（米）的汉语义是"火"，je^{21}（叶）的汉语义是"神"；mi^{55}je^{21}（米叶）连起来译成汉语是"火神"。所以"米叶冈"（明洋岗）就是"火神冈"。

从前，这里设有火神庙，是人们祭火神的地方，故而得名。

二寸界 e^{53}tsho^{21}kai^{35}

土家语与汉语结合运用的地名："二寸"是土家语e^{53}tsho^{21}（耳挫）的音变与误记；"界"是汉语，即"山界"。所以，"二寸界"的原始名称应是"耳挫界"。

土家语e^{53}tsho^{21}（耳挫）系两个音节：e^{53}（耳）的汉语义是"猴子"(Macacamulatta)，tsho^{21}（挫）的汉语义是"屋"或"窝"；e^{53}tsho^{21}（耳挫）连起来译成汉语是"猴窝"。所以，"耳挫界"（二寸界）就是"猴窝界"。

古代这里是一片荒原，树密林茂，成群结队的猴子栖息其间，是个猴子窝，故得其名。

漫上坪 mu^{53}se^{55}phin^{21}

土家语与汉语结合运用的地名："漫上"是土家语mu^{53}se^{55}（木社）的音变与误记；"坪"是汉语，即"坪坝"。因此，这个地名的准确记音应是"木社坪"。按西部区的发音则读作"补色坪"。

土家语mu^{53}se^{55}（木社）为一个音节，有的地方叫pu^{55}se^{55}（补社），汉语义是一种俗称"斗垫"的"晒簟"。因此，"木社坪"（漫上平）就是"晒簟坪"。

每到秋收时节，土家人收割了稻谷、包谷、小谷等粮食，就在转角楼前的天塔里铺上竹篾簟脱水、晒干。篾簟有大有小，四周编织对称花纹，筐边、中间

斗垫，不用时就卷起来

编织花纹点缀，十分美观。此地的篾匠师傅手艺高超，编织的晒簟人见人爱，人们便以 $mu^{53}se^{55}$（木社）——“晒簟”作了地名。

朱其角 $za^{21}tɕhi^{21}kho^{55}$

纯粹的土家语地名，$za^{21}tɕhi^{21}kho^{55}$ 的汉字记音，但“朱”是 za^{21}（日阿）的近音汉字替代，“角”是 kho^{55}（科）的误记。所以，这个地名的准确记音应为“日阿其科”。

土家语 $za^{21}tɕhi^{21}kho^{55}$（日阿其科）由 $za^{21}tɕhi^{21}$（日阿其）和 kho^{55}（科）两个音节组成：$za^{21}tɕhi^{21}$（日阿其）的汉语义是野漆树 [T. Succedaneum (L) kuntze (Rhus succedaneaL)]，kho^{55}（科）的汉语义是“山包”或“山坡”。所以，$za^{21}tɕhi^{21}kho^{55}$（日阿其科）连起来译成汉语就是“野漆树坡”。

从前，这里野漆树多，故 而得名。

词林岗 $tshe^{21}ȵi^{55}kan^{55}$

土家语与汉语结合运用的地名。“词林”是土家语 $tshe^{21}ȵi^{55}$ 的误记：“词”是 $tshe^{21}$（测）的误记，“林”是 $ȵi^{55}$（尼）的误记。“岗”是汉语，即“山冈”。所以，这个地名的准确记音应为“测尼冈”。东部地区多数地方的实际发音是“扯尼冈”。

土家语 $tshe^{21}ȵi^{55}$（测尼）系两个音节：$tshe^{21}$（测）的汉语义是“水”，$ȵi^{55}$（尼）的汉语义是“找”；$tshe^{21}ȵi^{55}$（测尼）连起来直译是“水找”，调换宾谓语序结构译成汉语是“找水”；因此，“测尼冈”（词林岗）就是“找水冈”。

从前此地严重缺水，生产、生活都要到处找水，故而得名。

青沙塆 $tɕhie^{55}sa^{53}uan^{55}$

土家语与汉语结合运用的地名：“青沙”是土家语 $tɕhie^{55}sa^{53}$（且沙）的误记，“青”是 $tɕhie^{55}$（且）的音变。“塆”是汉语，即“山塆”。因此“青沙塆”的原始名称应是“且沙塆”。按西部区的发音读作“且撒塆”。

土家语 $tɕhie^{55}sa^{53}$（且沙）为一个音节，汉语义是“坡上”。因此，“且沙塆”（青沙塆）就是“坡上塆”，也就是“坡上面的山塆”。

这个地方处在高山上的山塆里，根据这种环境，人们便以“坡上塆”作了地名。

沧　溪 $tsha^{21}tɕhi^{21}$

纯粹的土家语地名，$tsha^{21}tɕhi^{21}$ 的汉字记音，但“沧”是 $tsha^{21}$（擦）

的音变，东部区多数地方的发音应为“插”；“溪”是 tɕhi^{21}（其）的音变。因此，这个地名的准确记音应是“擦其”或“插其”。

土家语 tsha^{21}tɕhi^{21}（擦其）为一个音节，有的记为“插旗”、“茶溪”，汉语义是一种学名叫“红腹角雉”（Chrysolophus pictus）的野禽。这种“红腹角雉”俗称“锦鸡”、“金鸡”，状似鸡，头、胸腹的羽毛金黄色，尾长，极其美丽。

从前，此地锦鸡多，人们便以这种野禽作了地名。详细释义参看桑植县廖家村镇“茶溪洞”。

青　龙　tɕhi^{35}luŋ^{53}

纯粹的土家语地名，tɕhi^{35}luŋ^{53}（乞龙）的误记，“青”是 tɕhi^{35}（乞）的音变。

土家语 tɕhi^{35}luŋ^{53}（乞龙）为一个音节，汉语义是“豆豉”和“豆酱”。从前，这里的妇女心灵手巧，做出的豆豉、豆酱非常有名，人们便以这种食品作了地名。

豆豉、豆酱，喷香可口，是土家人待客、自食的上等好菜。每到冬季，土家妇女便选用上等黄豆、蚕豆、豌豆等洗净、煮熟、滤干，然后用黄荆、桔皮、花椒等混合发酵，待长霉后用清茶、包谷酒等灭霉消毒，放入密封的罐子里闷一段时间后，取出晒干即成。

马史塆　ma^{53}si^{21}uan^{55}

土家语与汉语结合运用的地名：“马史”是土家语 ma^{53}si^{21} 的汉字记音，一般记作“马石”，西部区读作“马司”。“塆”是汉语，即“山塆”。

土家语 ma^{53}si^{21}（马石）系两个音节：ma^{53}（马）的汉语义是“蜂子”（Apismellifera），这里实指“梭雷蜂”和“土雷蜂”；si^{21}（石）的汉语义是“肉”。ma^{53}si^{21}（马石）连起来译成汉语是“蜂肉”，这里实指“蜂蛹”。因此，“马石塆”（马史塆）就是“蜂蛹塆”。

“土雷蜂”在地穴里筑巢，“梭雷蜂”在树枝上筑巢，其蜂蛹一向是土家人十分喜爱的美味佳肴。从前，此地蜂多、巢多、蜂蛹多，人们经常来这里烧摘蜂蛹，便以 ma^{53}si^{21}（马石）——“蜂肉（蛹）”作了地名。

伏山界　xu^{21}si^{55}kai^{35}

土家语与汉语结合运用的地名：“伏山”是土家语 xu^{21}si^{55} 汉字记音，但“山”是 si^{55}（司）的误记；“界”是汉语，即“山界”。因此，这个地名的准确记音应为“伏司界”。

土家语 $xu^{21}si^{55}$（伏司）为一个音节，全称是 $xu^{21}si^{55}tho^{55}$（伏司妥），“伏司”是它的简化。$xu^{21}si^{55}$（伏司）或 $xu^{21}si^{55}tho^{55}$（伏司妥），有的记为“服司妥”，是古老的土家语，仅在古老的《梯玛经》中保留，译成汉语是“还神愿”、“做土菩萨”，它是土家族的民族宗教。所以，“伏司界”（伏山界）就是“还神愿界”或“做土菩萨界”。

从前，这个山界上住着有名的梯玛（土老司），民族宗教很盛行，人们便以 $xu^{21}si^{55}$（伏司）——“还神愿”作了地名。详细释义参看桑植县白石乡“黄仕塔”。

拖山垭 $tha^{53}sa^{53}ŋa^{21}$

土家语与汉语结合运用的地名：“拖山”是土家语 $tha^{53}sa^{53}$（他沙）的误记；“垭”是汉语，即“山垭”。因此，这个地名的准确记音应为“他沙垭”。按西部区的发音读作“他撒垭”。

土家语 $tha^{53}sa^{53}$（他沙）为一个音节，汉语义是“较矮的山包”。所以，“他沙垭”（拖山垭）就是“矮山包垭”，意思是这个山垭处在矮山包上。

具庄塔 $tɕi^{21}tso^{35}tha^{35}$

土家语与汉语结合运用的地名：“具庄”是土家语 $tɕi^{21}tso^{35}$（吉作）的音变与误记；“塔”是汉语，即“坪塔”，也指有坪塔的地方。因此，这个地名的准确记音应为“吉作塔”。

土家语 $tɕi^{21}tso^{35}$（吉作）为一个音节，是一个方位词，实际汉语义是“下面”、“下头”。因此，“吉作塔”（具庄塔）就是“下面塔”，即指寨子下面的坪塔。

在遥远的古代，土家先民们面对千个山头、万条溪水，一时找不出标志性的东西，只好用方位来指示地名。这种以方位命名的方法非常普遍，从而成为土家族地区地名的一大特色。

挖龙岗 $uan^{55}luŋ^{53}kan^{55}$

土家语与汉语结合运用的地名：“挖龙”是土家语 $uan^{55}luŋ^{53}$ 的汉字记音，但“挖”是对 uan^{55}（万）的附会；“岗”是汉语，即“山冈”。所以，这个地名的准确记音应是“万龙冈”。

土家语 $uan^{55}luŋ^{53}$（万龙）系两个音节：uan^{55}（万）的汉语义是“黄牛”（Bos tau-rus domestica）。土家语对“黄牛”有三种称法：比较普遍的称

u^{35}（戊），有的称 uan^{55}（万），还有的称 au^{35}（敖）。$luŋ^{53}$（龙）的汉语义是“养”。$uan^{55}luŋ^{53}$（万龙）连起来直译是“牛养”，调换宾谓语序结构译成汉语就是“养牛”。因此，“万龙冈”（挖龙岗）就是“养牛冈”。

从前，这里修有牛栏，是土家先民养牛的地方。

地　塆　$ti^{53}uan^{55}$

土家语与汉语结合运用的地名。“地”是土家语 ti^{53} 的汉字记音；“塆”是汉语，即“山塆”。

土家语 ti^{53}（地）的汉语义是“罾”。因此，“地塆”就是“罾塆”。

在遥远的古代，土家先民就创造了很多捕鱼的工具。例如用线结成四方网，四角安装竹竿的“搬罾”；用鸡鸭毛做成若干浮漂，用绳索串起来围鱼，然后用撮网猎获的“木鹭鸶赶罾”等。从前，此地是先民们制罾和用罾捕鱼的地方，故而得名。

棚井村　$phuŋ^{21}tɕi^{55}tshun^{55}$

土家语与汉语结合运用的地名：“棚井”是土家语 $phuŋ^{21}tɕi^{55}$ 的汉字记音，但井是 $tɕi^{55}$（几）的音变；“村”是汉语，即“村寨”。所以，这个地名的准确记音应是“棚几村”。

土家语 $phuŋ^{21}tɕi^{55}$（棚几）系两个音节：$phuŋ^{21}$（棚）的汉语义是传说中的“凤”；$tɕi^{55}$（几）是 $tɕi^{55}tɕie^{53}$（几借）的简化，汉语义是“飞”；$phuŋ^{21}tɕi^{55}$（棚几）连起来直译是“凤飞”，调换语序结构译成汉语是“飞凤”。所以，“棚几村”（棚井村）就是“飞凤村”。

这个村子坐落在一个山岗上，而这个山岗的地形像一只飞起的凤鸟，是一块风水宝地，先民们对此赞叹不已，便以 $phuŋ^{21}tɕi^{55}$（棚几）——“飞凤”作了地名。

高坪字　$ka^{21}pi^{21}tsa^{35}$

纯粹的土家语地名，$ka^{21}pi^{21}tsa^{35}$（嘎比咱）的误记：“高坪”是对 $ka^{21}pi^{21}$（嘎比）的附会与讹编，“字”是 tsa^{35}（咱）的音变。

土家语 $ka^{21}pi^{21}tsa^{35}$（嘎比咱）分为 $ka^{21}pi^{21}$（嘎比）和 tsa^{35}（咱）两个音节：$ka^{21}pi^{21}$（嘎比）的汉语义是“稀泥巴”，tsa^{35}（咱）的汉语义是“踩”；所以，$ka^{21}pi^{21}tsa^{35}$（嘎比咱）连起来直译是“稀泥踩”，调换语序结构译成汉语就是“踩稀泥”。

一个地方为什么用“踩稀泥”作地名呢？有两种可能：一是此地居于

水边，长期被水浸润形成沼泽；二是此地居于洼地，积水难消，形成泥泞。由于这些原因，每遇下雨涨水就稀泥遍地，给人们生活出行带来不便，先民们便以这种环境作了地名。

美汁包 $me^{35}tsha^{55}pau^{35}$

土家语与汉语结合运用的地名。“美汁”是土家语 $me^{35}tsha^{55}$ 的误记：“美”是 me^{35}（嚜）的音变；“汁”是 $tsha^{55}$（岔）的音变；“包”是汉语，即“山包”。所以，这个地名的准确记音应为“嚜岔包”。按西部区的发音读作“嚜岔包”。

土家语 $me^{35}tsha^{55}$(嚜岔)为一个音节，是 $me^{35}tsha^{55}khu^{55}li^{55}$（嚜岔苦里）的简化，译成汉语是“燕子”（Hirundo rustica gutturalis）。所以，“嚜岔包”（美汁包）就是“燕子包”，即燕子多的山包。

关于“美汁包”这个地名，当地有这样的说法：当地有一山岗，山岗上突出一个山包，像美人的“汁儿包”（方言，指女人的乳房），故得名。这个说法看似有理，但不可信，有浓重的推测、想象成分。

立奴坡 $li^{53}lu^{55}pho^{55}$

土家语与汉语结合运用的地名：“立奴”是土家语 $li^{53}lu^{55}$ 的汉字记音，但 li^{53} 多记为“里”；“坡”是汉语，即“山坡”。

土家语 $li^{53}lu^{55}$（里奴）为一个音节，是 $li^{53}lu^{55}ka^{53}$（里奴嘎）的简化，ka^{53}（嘎）在整个音节中是轻音，在长期的音变中脱落了，只留下词根 $li^{53}lu^{55}$（里奴），其意未变，汉语义是指土地贫瘠、土层薄而不肥沃。因此，“里奴坡”（立奴坡）就是“瘦土坡”，因土层薄瘠而得名。

对“立奴坡”这个地名，当地有这样的解释：一个名叫吴廷光的穷人，在地主家为奴，死后葬于此地，因而得名。又说，吴廷光的后人做了大官，觉得“主奴坡”这个地名有辱家门，便将“主奴坡”改为“立功坡”。此说恐不足为信。

张四垭 $za^{21}si^{21}\eta a^{21}$

土家语与汉语结合运用的地名：“张四”是土家语 $za^{21}si^{21}$ 的汉字记音，但“张”是 za^{21}（日阿）的近音汉字替代，si^{21} 一般记为“司”；“垭”是汉语，即“山垭”。因此，这个地方的原始名称应为“日阿司垭”。

土家语 $za^{21}si^{21}$（日阿司）系两个音节：za^{21}（日阿）的汉语义是“鸡”（Gallus domestica），si^{21}（司）的汉语义是“肉”；$za^{21}si^{21}$（日阿司）连起来

译成汉语是“鸡肉”。所以，“日阿司垭”（张四垭）就是“鸡肉垭”。

从前，这个山垭上家鸡养得多，山里的野鸡也多，因此出产的鸡肉就多，人们便以这个特产作了地名。

长茂山 $tshe^{21}muŋ^{55}san^{55}$

土家语与汉语结合运用的地名：“长茂”是土家语 $tshe^{21}muŋ^{55}$ 的音变与误记，其中的“陈”是 $tshe^{21}$（扯）的误记，茂是 $muŋ^{55}$（蒙）的音变。“山”是汉语。因此，这个地名应记为“扯蒙山”。西部区读作“测蒙山”。

土家语 $tshe^{21}muŋ^{55}$（扯蒙）为一个音节，汉语义是“水井”。所以，“扯蒙山”（长茂山）就是“水井山”。

土家人对“水井”和“出水”的认识是有区别的。只有出水而未加修砌的不能叫做水井，有出水而又加以修砌专供人取水的才可称为水井。土家族地区的水井几乎家家必备，计有吊井、岩砌井、盖井、屋状井等多种，是山区人民的一道亮丽风景。此地水源好，水井好，从而得“水井山”之名。

陈洲坪 $tshe^{21}tsu^{35}phin^{21}$

土家语与汉语结合运用的地名。“陈洲”是土家语 $tshe^{21}tsu^{35}$ 的误记；“坪”是汉语，即“坪坝”。因此，这个地名应记作“扯住坪”。按西部区的发音读作“测租坪”。

土家语 $tshe^{21}tsu^{35}$（扯住）系两个音节：$tshe^{21}$（扯）的汉语义是“水”，tsu^{35}（住）的汉语义是“出”、“出来”；$tshe^{21}tsu^{35}$（扯住）连起来直译是“水出”，调换语序结构译成汉语是“出水”。所以，“扯住坪”（陈洲坪）就是“出水坪”。

这个坪坝里水源充足，地下水在此溢出多，故而得名。

百家村 $pe^{35}kha^{21}tshun^{55}$

土家语与汉语结合运用的地名：“百家”是土家语 $pe^{35}kha^{21}$（白卡）的音变与误记，“家”在当地读“嘎”，是 kha^{21}（卡）的近音汉字替代；“村”是汉语，即“村寨”。所以，这个地名的准确记音应是“白卡村”。

土家语称“苗族”为 $pe^{35}kha^{21}$（白卡）或 $pe^{35}ma^{53}$（白玛）。其中的 kha^{21}（卡）和 ma^{53}（玛）大致相当于汉语的“族”、“家”；所以，“白卡村”（百家村）就是“苗族村”或“苗家村”，是苗族同胞曾经居住过的地方。

对“百家村”这个地名，当地有这样一种解释：民国年间，该地住有符、李、杨、粟四姓约一百户，故名“百家村”。据考证，民国以前乃至更久更远，此地就叫“白卡村”，只不过后来人们用“家”置换了“卡”；可见，这一解释是没有根据的。

柏枝浪 $pi^{35}tsi^{53}lu\eta^{53}$

纯粹的土家语地名，$pi^{35}tsi^{53}lu\eta^{53}$ 的汉字记音，但“柏枝”是 $pi^{35}tsi^{53}$（毕兹）的音变与误记，“浪”是 $lu\eta^{53}$（弄）的音转。因此，这个地名的准确记音应是“毕兹弄”。

土家语 $pi^{35}tsi^{53}lu\eta^{53}$（毕兹弄）由 $pi^{35}tsi^{53}$（毕兹）和 $lu\eta^{53}$（弄）两个音节组成：$pi^{35}tsi^{53}$（毕兹）的汉语义是土家族的族称，即“土家”；$lu\eta^{53}$（弄）的汉语义是“养”，也含“生养”、“养育”，还可伸展为“坐处”。所以，$pi^{35}tsi^{53}lu\eta^{53}$（毕兹弄）连起来译成汉语就是土家族居住生活的地方。

对这个地名，有人解释为柏树枝多而浓密，大风吹来，枝条摇摆如浪，故得名。显然，这是望文生义了。

马 口 $ma^{53}khe^{53}$

纯粹的土家语地名，$ma^{53}khe^{53}$ 的汉字记音，但“口”是 khe^{53}（克）的音变。所以，这个地名的准确记音应是“马克”。

土家语 $ma^{53}khe^{53}$（马克）系两个音节：ma^{53}（马）的汉语义是“蜂子”，这里实指“蜜蜂”（Apismellifera）；khe^{53}（克）的汉语义是“挑”。所以，$ma^{53}khe^{53}$（马克）连起来直译是“蜂挑”，调换宾谓语序结构译成汉语就是“挑蜂”。

从远古走来，土家人世代传承一种放养蜜蜂的习俗，并练就一套养蜂技艺。从春天到秋天，人们乘蜜蜂分桶时机，将它们收集起来，养入木桶或木箱，称为“蜂桶”或“蜂箱”。然后将这些蜂桶、蜂箱挑运到百花盛开、繁花似锦的山野里、溪沟旁放养。此地的先民们有挑蜂放养的习俗，人们便以这种习俗作了地名。

桥棚垭 $t\c{c}ha^{55}phai^{55}\eta a^{53}$

土家语与汉语结合运用的地名：“桥棚”是土家语 $t\c{c}ha^{55}phai^{55}$（洽派）的误记；“垭”是汉语，即“山垭”。因此，这个地名的准确记音应是“洽派垭”。

土家语 $t\c{c}ha^{55}phai^{55}$（洽派）为一个音节，汉语义是“麻雀”（Passer montanus Saturatus)。因此，“洽派垭”（桥棚垭）就是“麻雀垭”。

从前这里麻雀多，故而得名。

马儿山 $ma^{53}zi^{21}san^{55}$

土家语与汉语结合运用的地名："马儿"是土家语 $ma^{53}zi^{21}$ 的汉字记音，但"儿"是 zi^{21}（日）的误记，因当地"儿"、"日"发音相同，故有此误记；"山"是汉语。所以，这个地名的准确记音应是"马日山"。

土家语 $ma^{53}zi^{21}$（马日）系两个音节：ma^{53}（马）的汉语义是"蜂子"（Apismellifera），zi^{21}（日）的汉语义是"多"；$ma^{53}zi^{21}$（马日）连起来直译是"蜂多"，调换语序结构译成汉语是"多蜂"。所以，"马日山"（马儿山）就是"多蜂山"，因蜂子多而得名。

日岗岭 $e^{53}ke^{21}lin^{55}$

土家语与汉语结合运用的地名："日岗"是土家语 $e^{53}ke^{21}$（耳格）的误记；"岭"是汉语，即"山岭"。所以，这个地方的原始名称应是"耳格岭"。

土家语 $e^{53}ke^{21}$（耳格）系两个音节：e^{53}（耳）的汉语义是"猴"（Macaca mulatta）；ke^{21}（格）是 $ke^{21}tshi^{35}$（格次）的简化，汉语义是"玩"、"玩要"、"游玩"。$e^{53}ke^{21}$（耳格）连起来译成汉语是"猴子游玩"。所以，"耳格岭"（日岗岭）就是"猴子游玩的山岭"。

从前，这个山岭上猴子多，常见群猴在此戏要，因而得名。

弓家坪 $ke^{35}kha^{21}phih^{21}$

土家语与汉语结合运用的地名："弓家"是土家语 $ke^{35}kha^{21}$（格卡）的误记，"弓"是 ke^{35} 的误记，"家"当地读"嘎"，是 kha^{21}（卡）的近音汉字替代；"坪"是汉语，即"坪坝"。因此，这个地名的准确记音应是"格卡坪"。

土家语 $ke^{35}kha^{21}$（格卡）为一个音节，汉语义是"化香树"（Platycarya strobilacea）。所以，"格卡坪"（弓家坪）就是"化香树坪"。

从前，这个坪坝里长满化香树，故而得名。

茂岭岗 $mu^{53}ȵie^{53}kan^{55}$

土家语与汉语结合运用的地名："茂岭"是土家语 $mu^{53}ȵie^{53}$（木捏）的音变与误记，也是人们对这一地名的推测与此附；"岗"是汉语，即"山冈"。所以，这个地方的原始名称应是"木捏冈"。

土家语称"竹子"（Bamboo sprout）为 $mu^{53}ȵie^{53}$（木捏），也可以简称为 mu^{53}（木）。所以，"木捏冈"（茂岭岗）就是"竹子冈"，即竹子多的山冈。

后 坪 镇

位于区域西南部，东邻市区，西与湘西州永顺县的青天坪乡接壤，镇治距市中心19公里；总面积81.5平方公里，其中耕地面积24900亩；辖14个行政村、3个居民委员会，176个村（居）民小组；2009年末，总人口80967人，其中土家族占全镇总人口的95%。该镇农业比较发达，是该区重要的粮食、蔬菜、水果和矿产（钼矿）发展基地。

拖船垭 $thu^{35}tshi^{55}a^{55}$

纯粹的土家语地名，$thu^{35}tshi^{55}a^{55}$的误记，是记名人不懂土家语，循声讹编、附会的结果："拖"是thu^{35}（土）的误记，"船"是$tshi^{55}$（尺）的误记，"垭"是a^{55}（阿）的误记。所以，这个地名应记作"土尺阿"，按西部区的语音读作"土次阿"。

土家语$thu^{35}tshi^{55}a^{55}$（土尺阿）分为$thu^{35}tshi^{55}$（土尺）和a^{55}（阿）两个音节。$thu^{35}tshi^{55}$（土尺）的汉语义是"桥"；a^{55}（阿）的汉语义是"过"、"渡"。所以，$tu^{35}tshi^{55}a^{55}$（土尺阿）连起来直译是"桥过"，调换语序结构译成汉语就是"过桥"。

从前，这里有座桥，是人们过桥渡水的地方，因而得名。

空头山 $kha^{21}thu^{55}san^{55}$

土家语与汉语结合运用的地名："空头"是土家语$kha^{21}thu^{55}$（卡吐）的误记；"山"是汉语。所以，这个地名应记为"卡吐山"。

土家语$kha^{21}thu^{55}$（卡吐）系两个音节：kha^{21}（卡）如果独立存在，有三种含义：一是"木材料"，二是"棺材"，三是"柴"，这里是第三义，即"柴"；thu^{55}（吐）的汉语义是"捡"、"拾"。$kha^{21}thu^{55}$（卡吐）连起来直译是"柴捡"，调换语序结构译成汉语是"捡柴"。所以，"卡吐山"（空头山）就是"捡柴山"，是古代先民们砍柴、捡柴的地方。

黄皮岗 $xu^{21}phi^{21}kan^{55}$

土家语与汉语结合运用的地名："黄皮"是土家语$xu^{21}phi^{21}$的汉字记音，但"黄"是xu^{21}（湖）的误记。xu^{21}（湖）在土家族地区用得十分普遍，但在东部区大多记为"河"、"方"、"黄"等，此处就是以"黄"误记xu^{21}（湖）。"岗"是汉语，即"山冈"。所以，这个地名的准确记音应是“湖皮冈”。

土家语 xu^{21}phi^{21}（湖皮）系两个音节：xu^{21}（湖）的汉语义是两山间的深谷，实际是“深沟”；phi^{21}（皮）的汉语义是“分”。xu^{21}phi^{21}（湖皮）连起来直译是“沟谷分”，调换语序结构译成汉语是“分沟谷”。因此，“湖皮冈”（黄皮岗）就是“分沟谷冈”，即俗称的“分水岭”。因此山冈居于两沟之间而得名。

陈七屋 tshe^{21}tɕhi^{35}u^{55}

纯粹的土家语地名，tshe^{21}tɕhi^{35}u^{55} 的汉字记音，但“陈”是 tshe^{21}（扯）的误记，“屋”是 u^{55}（坞）的音变。所以，这个地名的准确记音应是“扯七坞”。按西部区的发音读作“测七坞”。

捞 兜

土家语 tshe^{21}tɕhi^{35}u^{55}（扯七坞）由 tshe^{21}tɕhi^{35}（扯七）和 u^{55}（坞）两个音节组成：tshe^{21}tɕhi^{35}（扯七）的汉语义是一种称为“捞兜”、“抄网”的捕鱼工具；u^{55}（坞）的汉语义是“山窝”，即小盆地。因此，tshe^{21}tɕhi^{35}u^{55}（扯七坞）连起来译成汉语就是“捞兜窝”。

“捞兜”一般用麻线编织，并用柿子油浸泡，然后装上手柄而成。凡遇闹鱼、涨水、鱼汛时，人们便以它来捕鱼。用 tshe^{21}tɕhi^{35}（扯七）作地名，可能是因该地地形像个“捞兜”，或从前此地制作的捞兜很出名。详细释义参看桑植县上洞街乡“车溪洞”。

水溪头 sui^{35}ɕi^{53}thu^{55}

纯粹的土家语地名，sui^{35}ɕi^{53}thu^{55} 的汉字记音，但“头”是 thu^{55}（吐）的误记。因此，这个地名的准确记音应是“水溪吐”。按西部区的发音读作“遂西吐”。

土家语 sui^{35}ɕi^{53}thu^{55}（水溪吐）由 sui^{35}ɕi^{53}（水溪）和 thu^{55}（吐）两个音

节组成：sui^{35}ɕi^{53}（水溪）有的地方记作“树西”、“树溪”，有的地方叫“水西”，尽管记法、叫法颇多，但含义完全相同，译成汉语都是“板栗”（Castanea mollissima）；thu^{55}（吐）的汉语义是“捡”、“拾”。所以，sui^{35}ɕi^{53}thu^{55}（水溪吐）连起来直译是“板栗捡”，调换宾谓语序结构译成汉语就是“捡板栗”。

从前，这里是一片板栗树林，每到板栗成熟时，人们便来到此地拾捡板栗，成为一道风景，人们便以 sui^{35}ɕi^{53}thu^{55}（水溪吐）——“捡板栗”的行为作了地名。

届上坎 ka^{21}se^{21}kha^{21}

纯粹的土家语地名，ka^{21}se^{21}kha^{21}（嘎色卡）的误记。可以看出，记名人虽然不懂土家语，虽然记录不准，但他没有作随意的附会，还是较好地保留了原来的发音。

土家语 ka^{21}se^{21}kha^{21}（嘎色卡）分为 ka^{21}se^{21}（嘎色）和 kha^{21}（卡）两个音节：ka^{21}se^{21}（嘎色）的完整音节是 ka^{21}muŋ^{21}se^{21}（嘎蒙色），其中的 muŋ^{21}（蒙）属高降轻声，在长期的语流音变中脱落了，只留下 ka^{21}se^{21}（嘎色），但原义仍在，译成汉语是“枫”（Liquidambar formosana）；kha^{21}（卡）是 kha^{21}muŋ^{21}（卡蒙）的简化，译成汉语是“树”。因此，ka^{21}se^{21}kha^{21}（嘎色卡）连起来译成汉语就是“枫香树”。

从前，此地是一片繁密高大的枫香树林，每至深秋，万山红遍，层林尽染，真的是“霜叶红于二月花”。人们感其多，叹其美，便以枫香树作了地名。

白大湾 pu^{53}ta^{21}uan^{55}

土家语与汉语结合运用的地名：“白大”是土家语 pu^{53}ta^{21} 的汉字的记音，但“白”是 pu^{53}（补）的音变与误记；“湾”是汉语，即“水湾”、“河湾”。所以，这个地名的准确记音应是“补大湾”。

土家语 pu^{53}ta^{21}（补大）系两个音节：pu^{53}（补）的汉语义是“船”，ta^{21}（大）的汉语义是“下”；pu^{53}ta^{21}（补大）连起来直译是“船下”，调换语序结构译成汉语是“下船”。因此，“补大湾”（白大湾）就是“下船湾”。

从前，该地附近有船码头，是人们上船下船的地方，因而得名。

老塘沟 la^{35}thu^{53}kəu^{55}

土家语与汉语结合运用的地名：“老塘”是土家语 la^{35}thu^{53}（腊土）的

音变与误记；“沟”是汉语，即“溪沟”、“水沟”。因此，这个地名的准确记音应是“腊土沟”。

土家语 la³⁵thu⁵³（腊土）为一个音节，译成汉语是蔬菜植物“葫芦”（lagenaria sice raria）。因此，“腊土沟”（老塘沟）就是“葫芦沟”。

葫芦，既是可口蔬菜，也是先民的一种提水工具。古代，土家人上山下地，使用的提水工具主要是“竹筒壶”和“葫芦壶”。葫芦成熟后，人们便选择形态美观的葫芦，在顶部打孔，然后将其倒挂起来，任其内瓤腐烂后自然流出，再将晾干后的葫芦壳洗净，套上编织精美的护笼和提手后，即可装水，既实用又亮丽。从前，此地的先民喜欢种植葫芦，也喜欢用葫芦做提水工具，因而得“葫芦沟”之名。

八家河 $pi^{35}tɕi^{55}xo^{35}$

土家语与汉语结合运用的地名：“八家”是土家语 $pi^{35}tɕi^{55}$（毕基）的误记；“河”是汉语。所以，这个地名的准确记音应是“毕基河”。其实，此地的原始名称就是“毕基河”，清代雍正年间“改土归流”后，随着土家语的逐渐消失，这个地名才慢慢地演变成了“八家河”。

前面多处说过，土家语 $pi^{35}tɕi^{55}$（毕基）是 $pi^{35}tɕi^{55}kha^{21}$（毕基卡）的省略与简化，译成汉语是“土家族”。因此，“毕基河”（八家河）就是“土家河”。

这条河的两岸居住的都是土家族人，因其族称而得其名。详细释义参看桑植县两河口乡“笔架村”。

麦家溪 $me^{35}ka^{21}tɕhi^{55}$

土家语与汉语结合运用的地名：“麦家”是土家语 $me^{35}ka^{21}$ 的汉字记音,但“麦”是 me^{35}（嚜）的音变，“家”是 ka^{21}（嘎）的近音汉字替代；“溪”是汉语，即“溪沟”。所以，这个地名的准确记音应是“嚜嘎溪”，当地人们对这个地名的实际发音也是“嚜嘎溪”。

土家语 $me^{35}ka^{21}$（嚜嘎）系两个音节：me^{35}（嚜）的汉语义是“天”，ka^{21}（嘎）的汉语义是“干”、“旱”；$me^{35}ka^{21}$（嚜嘎）连起来译成汉语是“天旱”、“天干”。所以，“嚜嘎溪”（麦家溪）就是“天旱沟”或“天干沟”，简而言之就是“干沟”。从前，这条溪沟水源不足，大雨山洪，天晴干涸，因而得名。

此地附近有“庙家塆”，“庙家”也是土家语 $me^{35}ka^{21}$（嚜嘎）的误记，它与“嚜嘎溪”（麦家溪）同义，也是因缺水而得名。

古老泉 kho^{21}lo^{55}tshan^{21}

土家语与汉语结合运用的地名：“古老”是土家语 kho^{21}lo^{55}（可罗）的音变与误记；“泉”是汉语，即“山泉”。因此，这个地名的准确记音应是“可罗泉”。

土家语 kho^{21}lo^{55}（可罗）为一个音节，但其完整音节是 kho^{21}lo^{55}li^{55}（可罗里），li^{55}（里）属词尾又是轻声，在长期的语流音变中脱落了，仅保留了词根 kho^{21}lo^{55}（可罗），但其含义未变，译成汉语是“圆”、“圆溜溜”。因此，“可罗泉”（古老泉）就是“圆溜溜的泉”。

从前，此地有泉水孔成圆形，先民们又做了圆形水井，故得此名。

川岩坪 tshe^{21}a^{55}phin^{21}

土家语与汉语结合运用的地名：“川岩”是土家语 tshe^{21}a^{55} 的误记：“川”是 tshe^{21}（扯）的误记，“岩”是 a^{55} 的误记；“坪”是汉语，即“坪坝”。因此，这个地名应记作“扯阿坪”。按西部区的语音读作“测阿坪”。

土家语 tshe^{21}a^{55}（扯阿）系两个音节。tshe^{21}（扯）的汉语义是“水”，a^{55}（阿）的汉语义是“渡”、“过”；tshe^{21}a^{55}（扯阿）连起来直译是“水渡”或“水过”，调换语序结构译成汉语是“过水”或“渡水”。所以，“扯阿坪”（川岩坪）就是“过水坪”或“渡水坪”。

用 tshe^{21}a^{55}（扯阿）——“过水”、“渡水”作坪之名，或因溪河从这个坪坝里过，或人们从这个坪里渡过河溪，二者必据其一。

团子院 tha^{21}tso^{55}jəu^{55}

纯粹的土家语地名，tha^{21}tso^{55}jəu^{55} 的汉字记音：但“团子”是 tha^{21}tso^{55}（塔作）的音变，“院”是 jəu^{55}（优）的音变。因此，这个地名的准确记音应是“塔作优”。

土家语 tha^{21}tso^{55}jəu^{55}（塔作优）系三个音节：tha^{21}（塔）的汉语义是“坐的”或“住的”，实指“房屋”；tso^{55}（作）的汉语义是“匠”。所以，tha^{21}tso^{55}（塔作）连起来译成汉语就是“屋匠”——修建房屋的匠人，即“木匠”。jəu^{55}（优）的汉语义是“村寨”。因此，tha^{21}tso^{55}jəu^{55}（塔作优）连起来译成汉语就是“木匠寨”。

对“木匠”，土家语通常的称谓是 kha^{21}tso^{55}（卡作），kha^{21}tso^{55}（卡作）和 tha^{21}tso^{55}（塔作）的区别在于，前者指做各种木工活的人，后者指专门或擅长于修建房屋的人。从前，这里擅长于修建房屋的木匠多，因而得名。

连五间 $li^{35}u^{35}ka^{55}$

纯粹的土家语地名，$li^{35}u^{35}ka^{55}$ 的汉字记音，但“连”是 li^{35}（利）的音变，“间”（当地读音为“干”）是 ka^{55}（嘎）的音变。所以，这个地名的准确记音应是“利五嘎”。

土家语 $li^{35}u^{35}ka^{55}$（利五嘎）系三个音节：li^{35}（利）的汉语义是“老虎”（Panthera tigris），u^{35}（五）的汉语义是“黄牛”（Bos taurus domestica），ka^{55}（嘎）的汉语义是“咬”、“吃”。$li^{35}u^{35}ka^{55}$（利五嘎）连起来直译是“虎牛咬”或“虎牛吃”。这是典型的主—宾—谓结构，在译成汉语时应将其调换成主—谓—宾的结构形式，就是“虎咬牛”，并非连五间的房屋。

古时，这里曾经发生过老虎咬牛的事件，人们对此印象很深，便以 $li^{35}u^{35}ka^{55}$（利五嘎）——“虎咬牛”作了地名。

武　溪 $u^{35}tɕhi^{55}$

土家语与汉语结合运用的地名：“武”是土家语 u^{35} 的汉字记音；“溪”是汉语，即“溪流”、“小河”。

依据宋时在此所建“武口寨”判定，“武溪”在宋以前的名称应是“武卡溪”，其中的“武卡”是土家语 $u^{35}kha^{21}$ 的汉字记音。筑“武口寨”时，进入此地的汉人官吏以为土家语的 $u^{35}kha^{21}$（武卡）就是汉语的“武口”，因而以“武口”作了寨名，这可能就是古“武口寨”名称的由来。

土家语 u^{35}（武）有的记为“务”、“戊”、“五”、“伍”、“吴”，实际都同音同义，汉语义都是“黄牛”（Bos taurus domestica）；kha^{21}（卡）的汉语义是“守”。$u^{35}kha^{21}$（武卡）连起来直译是“牛守”，调换宾谓语序结构译成汉语是“守牛”。因此，“武卡溪”（武溪）就是“守牛溪”。古代，这条山沟是一个养牛场，是古代先民养牛的地方。

武溪是澧水一级支流，发源于永顺县的七溪峪，于大庸所注入澧水，长 15 公里。武溪也是一条名溪。宋朝大中祥符五年（1012 年）始在此筑寨，“总核粮储，兼理诉讼，管设卫所”。明代初年，朱元璋在此地建立了“大庸守御千户所”，不久，又改名为“永定卫”，可谓历史悠久，名声赫赫。历史的长河汹涌澎湃，淘尽无数风流人物，但历尽千年的“武溪”却不改初衷，像一颗珍珠，点缀在澧水河边仍熠熠生辉。

腊　坪 $la^{53}phin^{21}$

土家语与汉语结合运用的地名：“腊”是土家语 la^{53} 的汉字记音；

"坪"是汉语，即"坪坝"。

土家语 la^{53}（腊）的汉语义是"路"、"道"；因此，la^{53}phin^{21}（腊坪）就是"路坪"。

古时，这个坪里辟有官道，是人们进出的道路，因而得名。

五步等 u^{35}pu^{53}tuŋ^{35}

纯粹的土家语地名，u^{35}pu^{53}tuŋ^{35} 的汉字记音，但"等"是 tuŋ^{35}（峒）的误记。u^{35}pu^{53}tuŋ^{35}（五步峒）有的记为"戊布峒"、"吴布峒"、"伍布峒"。

土家语 u^{35}pu^{53}tuŋ^{35}（五步峒）系三个音节：u^{35}（五）的汉语义是"黄牛"（Bos taurus dometica），也泛指"牛"；pu^{53}（步）的汉语义是"杀"、"宰"、"屠"。u^{35}pu^{53}（五步）连起来直译是"牛杀"，调换宾谓语序结构译成汉语是"杀牛"。tuŋ^{35}（峒）的汉语义是土家部落头领住地的寨子，俗称"峒寨"，有如现今的乡政府、镇政府机关所在地。因此，"五步峒"（五步等）就是"杀牛寨"。

牛为六畜之首，在古代，土家人视牛如命。那么，为什么要杀牛呢？原来按照土家人的习俗，但凡"抗倭"、"援朝"、抵抗外敌等重大国事调征，凡是重大的祭祀祖先活动，都必须杀牛，而且还要杀白牛来祭祖誓师，并以"食牛头"的方式选拔勇士。这种活动一般在祖先神堂进行，规模宏大，场面热烈。因此，这"五步峒"（五步等）就是当年杀白牛祭祖先的地方。

羊儿岗 je^{21}zi^{55}kan^{55}

土家语与汉语结合运用的地名："羊儿"是土家语 je^{21}zi^{55}（叶日）的误记；"岗"是汉语，即"山冈"。所以，这个地名的准确记音应是"叶日冈"。

土家语 je^{21}zi^{55}（叶日）系两个音节：je^{21}（叶）的汉语义是"神"，实指"祖先神"；zi^{55}（日）的汉语义是"敬"、"祭"。je^{21}zi^{55}（叶日）连起来直译是"神敬"，调换宾谓语序结构译成汉语是"祭神"。所以，"叶日岗"（羊儿岗）就是"祭神冈"，即敬祭祖先神的地方。

"叶日冈"在"五步峒"附近，前者是祭神的地方，后者为因祭祀活动而杀牛的地方，二者有无联系，有待进一步探讨和研究。

我家巷 ŋo^{53}ka^{53}xa^{35}

纯粹的土家语地名，ŋo^{53}ka^{53}xa^{35}（我嘎哈）的误记："我"是 ŋo^{53} 的汉字记音，但 ŋo^{53} 的发音很特别，没有发音相同的汉字准确对应，以"我"

记之，仅是近音而已；“家”是 ka^{53}（嘎）的近音汉字替代；“巷”是 xa^{35}（哈）的音变。

土家语 ŋo^{53}ka^{53}xa^{35}（我嘎哈）系三个音节：ŋo^{53}（我）是 ŋo^{53}ȵie^{55}（我捏）的简化，汉语义是“银”，土家语称“金子”为 kho^{53}ȵie^{55}（可捏）；ka^{53}（嘎）的汉语义是“挖”。ŋo^{53}ka^{53}（我嘎）连起来直译是“银挖”，调换宾谓语序结构译成汉语是“挖银”。xa^{35}（哈）是 khe^{55}xa^{53}（克哈）的简化，汉语义是“坪坝”。因此，ŋo^{53}ka^{53}xa^{35}（我嘎哈）连起来译成汉语就是“挖银坪”。

坪以“挖银”命名只有两种可能：一是此地曾有富人埋过银器，他死后或迁走后后人又挖过这批银器；二是此地大坪大坝，生产条件优越，耕田挖地必有好收成，如同挖金、挖银一般，从而以“挖银”作比喻性地名。

六房院 lu^{55}xu^{55}jəu^{55}

纯粹的土家语地名，lu^{55}xu^{55}jəu^{55}（六乎优）的附会与误记：“六房”是不懂土家语的人对 lu^{55}xu^{55}（六乎）的讹编，“院”是 jəu^{55}（优）的附会。

土家语 lu^{55}xu^{55}jəu^{55}（六乎优）分为 lu^{55}xu^{5}（六乎）和 jəu^{55}（优）两个音节：lu^{55}xu^{5}（六乎）是土家族地区用得十分广泛的地名，桑植、永顺、龙山、鄂西等地到处皆有，大凡比较开阔的山槽，包括这些山槽里的梯田梯地，土家语都称之为 lu^{55}xu^{5}（六乎），有的记为“六湖”、“鲁呼”、“楼房”、“六方”，等等不一，虽然记名符号不同，但实际发音完全一样，含义也完全相同。jəu^{55}（优）的汉语义是“村寨”。因此，lu^{55}xu^{55}jəu^{55}（六乎优）连起来译成汉语就是“宽敞谷地中的寨子”。意思是说这个村寨坐落在一个比较开阔宽敞的山槽中。

水洋坡 sui^{55}je^{53}pho^{35}

土家语与汉语结合运用的地名。“水洋”是土家语 sui^{55}je^{53} 的汉字记音，但“洋”是 je^{53}（也）的误记。“坡”是汉语，即“山坡”。所以，这个地名的准确记音应是“水也坡”。按西部区的发音读作“遂也坡”。

土家语 sui^{55}je^{53}（虽也、水也）为一个音节，汉语义是“继木”（Loropetalum chinense）。因此，“水也坡”（水洋坡）就是“继木坡”。

“继木”俗称“土姜树”，是一种常青灌木，因为湿干皆燃，是人们最为喜欢的柴薪。从前，这一带普遍生长土姜树，人们便以 $sui^{55}je^{53}$（水也）——“土姜树”作了这个坡的名称。

沙 堤 乡

位于区域西北部，北与张家界国家森林公园及武陵源区协合乡相连，乡治距市中心6公里；总面积82.7平方公里，其中耕地面积15415亩；辖14个行政村，162个村民小组；2009年末，总人口16045人，其中土家族占全乡总人口的93%。主要物产有稻谷、水果、苎麻、油菜、油桐、花生及家禽，水果种植总面积15000亩，优质脐橙、椪柑面积及产量居全市前列；投资26亿元，占地近千亩的碧桂园张家界凤凰五星级酒店坐落于该乡板坪村。

无事溪 $u^{55}su^{53}tɕhi^{55}$

土家语与汉语结合运用的地名："无事"是土家语 $u^{55}su^{53}$ 的汉字记音，但"事"是 su^{53}（俗）的音变；"溪"是汉语，即"溪沟"。所以，这个地名的准确记音应是"无俗溪"。"无事溪"即今"沙堤"。

土家语 $u^{55}su^{53}$（无俗）为一个音节，汉语义是粟（Setaria italica）；因此，"无俗溪"（无事溪）就是"粟溪"。

"粟"，当地人称"小谷"。在遥远的古代，土家先民由狩猎转入农耕后，最初的生产方式是砍火畲，实行刀耕火种，所种植的粮食作物的主要品种就是小谷。一把刀、一把火、一把小谷种子撒下去，秋天就有收成。"无俗溪"（无事溪）这个地名就记载了从前刀耕火种的历史。

沙 堤 $sa^{55}thi^{35}$

纯粹的土家语地名，$sa^{55}thi^{35}$ 的汉字记音，但"堤"是 thi^{35}（提）的音变与误记，因"堤"在当地不读作 dī（低），而是读作 tí（提），故有此误记。所以，这个地名的准确记音应是"沙提"，西部区读作"撒提"。

土家语 $sa^{55}thi^{35}$（沙提）分为两个音节：sa^{55}（沙）的汉语义是"鸭子"（Anas domestica）；thi^{35}（提）的基本含义是"套"、"捆"，可以引伸为"圈"、"栅"或"圈养"。所以，$sa^{55}thi^{35}$（沙提）连起来直译是"鸭子圈养"，调换语序结构译成汉语就是"圈养鸭子"。

从古到今，土家人都有养鸭子的传统，并有养鸭子的专业户，俗称"鸭客"。他们请篾匠做成半月形可以移动的鸭棚，为鸭客活动的食宿之所；用篾片做成栅栏，用以在晚间圈关鸭子。此地从前鸭客多，鸭棚多，圈养的鸭子也多，因此人们便以 sa^{55}thi^{35}（沙提）——“圈养鸭子”作了地名。

南泥塆 la^{53}ȵi^{55}uan^{55}

土家语与汉语结合运用的地名：“南泥”是土家语 la^{53}ȵi^{55} 的汉字记音，但“南”是 la^{53}（拉）的误记；“塆”是汉语，即“山塆”。所以，这个地名的准确记音应该是“拉泥塆”。据考证，此地原名就叫“拉泥塆”，可能是由于记名人不懂土家语，抑或是后人受当年陕北南泥塆名气的影响和启发，便以“南泥塆”作了附会。

土家语 la^{53}ȵi^{55}（拉泥）系两个音节：la^{53}（拉）的汉语义是“路”、“道路”，ȵi^{55}（泥）的汉语义是“找”；la^{53}ȵi^{55}（拉泥）连起来直译是“路找”，调换语序结构译成汉语是“找路”。所以，“拉泥塆”（南泥塆）就是“找路塆”。

古代，这个山塆里古木参天，地形复杂，道路难找，容易迷路，人们便以 la^{53}ȵi^{55}（拉泥）——“找路”作了提示性地名。

大里塆 tha^{55}ȵie^{55}uan^{55}

土家语与汉语结合运用的地名。“大里”是土家语 tha^{55}ȵie^{55}（他捏）的误记；“塆”是汉语，即“山塆”。所以，这个地名的准确记音应是“他捏塆”。

土家语 tha^{55}ȵie^{55}（他捏）为一个音节，是一个方位词，汉语义是“后面”、“后边”、“后头”。因此，“他捏塆”（大里塆）就是“后面塆”，即村寨后头的山塆。

对于“后面”这个方位，土家语有两种叫法：古代土家语叫 jan^{21}ku^{35}（言古），现代土家语叫 tha^{55}ȵie^{55}（他捏）。

汉子塆 xen^{55}tsan^{53}uan^{55}

土家语与汉语结合运用的地名，也有记作“汉芝塆”的。“汉子”、”汉芝“，是土家语 xen^{55}tsan^{53}（亨赞）的音变与误记；“塆”是汉语，即“山塆”。所以，这个地名的准确记音应是“亨赞塆”，但东部区多数地区的发音是“亨占”。

土家语 xen^{55}tsan^{53}（亨赞）为一个音节，是土家族地区地名中出现得较多的一个名词，只不过由于它的发音比较特别，用汉字记音很难做到准确无误，因此有记为“恒扎”、“风占”、“峰子”、“汉子”的。土家人喜欢背背笼，负重时需要歇气休息，往往在路边土坎上挖出平台，供休息时搁置背笼。这样的“平台”，土家语就称之为 $xen^{55}tsan^{53}$（亨赞）。因此，“亨赞塆”（汉子塆）就是“歇气塆”。此处路旁辟有平台，以供人们背负重物时歇息，因而得名。

由于 $xen^{55}tsan^{53}$（亨赞）的基本含义是“歇气”、“休息”、“歇息”，后来人们便将“旅店”、“歇铺”、“伙铺”也称为 $xen^{55}tsan^{53}$（亨赞）。

吴公塔 $u^{35}ke^{21}tha^{35}$

土家语与汉语结合运用的地名：“吴公”是土家语 $u^{35}ke^{21}$ 的汉字记音，但“公”是 ke^{21}（格）的误记；“塔”是汉语，即“坪塔”，也指有坪塔的地方。所以，这个地名的准确记音应是“吴格塔”。

土家语 $u^{35}ke^{21}$（吴格）系两个音节：u^{35}（吴）的汉语义是“黄牛”（Bos taurus domestiea）；ke^{21}（格）是 $ke^{21}tshi^{35}$（格次）的简化，汉语义是“游玩”。$u^{35}ke^{21}tshi^{35}$（吴格次）或 $u^{35}ke^{21}$（吴格）连起来译成汉语是“牛游玩”。所以，“吴格塔”（吴公塔）就是“牛游玩的地方”。

古时这里叶绿草肥，是先民放养牛羊之地，故而得名。

于金庸 $ji^{55}tɕhi^{21}uŋ^{53}$

纯粹的土家语地名，$ji^{55}tɕhi^{21}uŋ^{53}$（衣起翁）的误记：“于”是 ji^{55}（衣）的音变，“金”是 $tɕhi^{21}$（起）的音转，“庸”是 $uŋ^{53}$（翁）的音变。

土家语 $ji^{55}tɕhi^{21}uŋ^{53}$（衣起翁）分为 $ji^{55}tɕhi^{21}$（衣起）和 $uŋ^{53}$（翁）两个音节：$ji^{55}tɕhi^{21}$（衣起）的汉语义是“豹”（Panthera pardus L），$uŋ^{53}$（翁）的汉语义是“叫”、“啸”。所以，$ji^{55}tɕhi^{21}uŋ^{53}$（衣起翁）连起来译成汉语就是“豹啸”，用作地名就是“豹子叫啸的地方”。

豹子俗称“铜钱花”，是山区一种凶猛的野兽。古代，此地是深山老林，古木参天，豹子栖息其间，常常发出令人恐怖的叫啸。于是，人们根据这一特点，便以 $ji^{55}tɕhi^{21}uŋ^{53}$（衣起翁）——“豹啸”作了地名。

罗金山 $lo^{35}tɕi^{55}san^{55}$

土家语与汉语结合运用的地名：“罗金”是土家语 $lo^{35}tɕi^{55}$（罗几）的汉字记音，但“金”是 $tɕi^{55}$（几）的音变；“山”是汉语。所以，这个地名的准确记音应是“罗几山”。

土家语 $lo^{35}tɕi^{55}$（罗几）为一个音节，汉语义是“瞎子”。因此，“罗几山”（罗金山）就是“瞎子山”。

古代的某个时期，此地曾经居住过一个“瞎子”，而且较有名声。

久而久之，人们叫惯了，“瞎子山”便久远地留传了下来。

茶包头 tshe^{21}phu^{35}thu^{21}

纯粹的土家语地名，tshe^{21}phu^{35}thu^{21}的音变与误记：“茶”是tshe^{21}（扯）的误记，“包头”是phu^{35}thu^{21}（普吐）的误记。所以，这个地名的准确记音应是“扯普吐”，也有记作“查不透”的。按西部区的发音读作“测普吐”。

土家语tshe^{21}phu^{35}thu^{21}（扯普吐）分为tshe^{21}（扯）和phu^{35}thu^{21}（普吐）两个音节：tshe^{21}（扯）的汉语义是“水”，phu^{35}thu^{21}（普吐）的汉语义是“斑鸠”（Streptopelia orientalis orientalis）；所以，tshe^{21}phu^{35}thu^{21}（扯普吐）连起来译成汉语就是“水斑鸠”。

武陵山区的斑鸠品种较多，土家人称铁灰色而喜欢栖息于林间的斑鸠叫“铁斑鸠”，喜欢栖息于草丛间的斑鸠叫“草斑鸠”，而对瓦灰色且常游离于水边的斑鸠叫“水斑鸠”。从前此地水斑鸠多，人们便以tshe^{21}phu^{35}thu^{21}（扯普吐）——“水斑鸠”作了地名。

马背峪 ma^{53}pi^{35}jəu^{55}

纯粹的土家语地名，ma^{53}pi^{35}jəu^{55}的汉字记音，但“背峪”是pi^{35}jəu^{55}（必优）的音变与误记。所以，这个地名的准确记音应是“马必优”。

土家语ma^{53}pi^{35}jəu^{55}（马必优）由三个音节构成。ma^{53}（马）的汉语义是“蜂子”（Apisme llifera），pi^{35}（必）的汉语义是“小”；ma^{53}pi^{35}（马必）连起来直译是“蜂小”，调换语序结构译成汉语是“小蜂”，即蜜蜂。jəu^{55}（优）的汉语义是“村”、“寨”。所以，ma^{53}pi^{35}jəu^{55}（马必优）连起来译成汉语就是“蜜蜂寨”。

从前，这个寨子的土家人喜欢养蜂，会养蜂，蜜蜂很多，因而得名。

腰　寨 je^{53}tsa^{35}

纯粹的土家语地名，je^{53}tsa^{35}（也扎）的音变与误记：“腰”是je^{53}（也）的误记，“寨”是tsa^{35}（扎）的音变。按西部区的发音读作“也咱”。

土家语je^{53}tsa^{35}（也扎）为一个音节，汉语义是“砍火畲”。在遥远的古代，土家先民由狩猎转入农耕，首先选择的生产方式就是刀耕火种，即“砍火畲”。从前，此地是土家先民砍火畲的地方，故而得名。

告金塔 ke^{53}tɕie^{55}tha^{35}

土家语与汉语结合运用的地名：“告金”是土家语ke^{53}tɕie^{55}（革借）

的音变与误记；“塔”是汉语，即“坪塔”。所以，这个地名的准确记音应是“革借塔”。

土家语 ke^{53}tɕie^{55}（革借）系两个音节：ke^{53}（革）是古老的土家语，译成汉语是“马”（Equus caballus）；tɕie^{55}（借）的汉语义是“赶”。ke^{53}tɕie^{5}（革借）连起来直译是“马赶”，调换语序结构译成汉语是“赶马”。因此，“革借塔”（告金塔）就是“赶马塔”。

旧时，土家山区交通不便，交通运输多用马驮。此地从前马客多，人们便以 ke^{53}tɕie^{55}（革借）——“赶马”这种运输方式作了地名。

西中峪 ɕie^{35}tshuŋ^{55}jəu^{35}

土家语与汉语结合运用的地名。“西中”是土家语 ɕie^{35}tshuŋ^{55} 的音变与误记：“西”是 ɕie^{35}（谢）的误记，“中”是 tshuŋ^{55}（冲）的音变；“峪”是汉语，即“山峪”。所以，这个地名的准确记音应是“谢冲峪”。按西部区的发音读作“谢匆峪”。

土家语 ɕie^{35}tshuŋ^{55}（谢冲）为一个音节，译成汉语是“椿树”的“椿”。土家语称“椿树”（Toona sinensis）为 ɕie^{35}tshuŋ^{55}kha^{21}muŋ^{21}（谢冲卡蒙），其中 ɕie^{35}tshuŋ^{55}（谢冲）的汉语义就是“椿”，kha^{21}muŋ^{21}（卡蒙）的汉语义则是“树”。按照土家语的语言习惯规律，省去 kha^{21}muŋ^{21}（卡蒙）只留 ɕie^{35}tshuŋ^{55}（谢冲），其含义仍指“椿树”。因此，“谢冲峪”（西中峪）就是“椿树峪”。

旧时，椿树是土家人做家具的重要木材，尤其作为嫁妆的家具更是必不可少。因此，当地流传一种叫“十八春（椿）”的习俗：凡生了女孩，当年便要栽上几棵椿树。“十八春”，女子成人了，可以出嫁了；“十八椿”，椿树成材了，可以用来做嫁妆的家具了。从前，这里椿树多，材质好，人们便直接以这种树名作了地名。

窝林岗 o^{53}lie^{55}kan^{55}

土家语与汉语结合运用的地名：“窝林”是土家语 o^{53}lie^{55} 的汉字记音，但“林”是 lie^{55}（列）的音变；“岗”是汉语，即“山冈”。因此，这个地名的准确记音应是“窝列冈”。

土家语 o^{53}lie^{55}（窝列）系两个音节：o^{53}（窝）的汉语义是“蛇”，lie^{55}（列）的汉语义是“踩”；o^{53}lie^{55}（窝列）连起来直译是“蛇踩”，调换宾谓语序结构译成汉语是“踩蛇”。所以，“窝列冈”（窝林岗）便是“踩蛇冈”。

古代，这里草木繁茂，气候湿润，各种蛇生长其间，一不小心便会踩到蛇，人们便以 o⁵³lie⁵⁵（窝列）——“踩蛇”作了警示性地名。

高尔岗 ka²¹zi²¹kan⁵⁵

土家语与汉语结合运用的地名：“高尔”是土家语 ka²¹zi²¹（嘎日）的误记。在长期的语流音变中，ka²¹（嘎）逐渐演变成了“高”；在澧水流域，“尔”、“日”读音相同，所以便有了将 zi²¹（日）记为“尔”之误。“岗”是汉语，即“山冈”。因此，“高尔岗”的原始名称应是“嘎日冈”。

土家语 ka²¹zi²¹（嘎日）系两个音节：ka²¹（嘎）的汉语义是“乌鸦”（Corvus frugi legus linnaeus），zi²¹（日）的汉语义是“多”；ka²¹zi²¹（嘎日）连起来直译是“乌鸦多”，调换语序结构译成汉语是“多乌鸦”。所以，“嘎日冈”（高尔岗）就是“多乌鸦冈”，简而言之，就是“乌鸦冈”。

从前，这里巨木成林，成群结队的乌鸦在林间筑巢，生息繁衍。根据这一特征，人们便以 ka²¹zi²¹（嘎日）——“多乌鸦”作了地名。

界据岗 ke⁵³tɕie⁵⁵kan⁵⁵

土家语与汉语结合运用的地名：“界据”是土家语 ke⁵³tɕie⁵⁵（革借）的误记；“岗”是汉语，即“山冈”。因此，这个地名的准确记音应是“革借冈”。

土家语 ke⁵³tɕie⁵⁵（革借）系两个音节：ke⁵³（革）的汉语义是“马”（Equus caballus），tɕie⁵⁵（借）的汉语义是“赶”；ke⁵³tɕie⁵⁵（革借）连起来直译是“马赶”，调换宾谓语序结构译成汉语是“赶马”。所以，“革借冈”（界据岗）就是“赶马冈”。

土家山区山大路险，从前人们运输货物多靠骡马驮运，因此便出现了很多赶马人。他们成群结队游走四方，人们称之为“马帮”。这个山岗上曾经有马帮，住有赶马人，故而得名。

五蛋丘 u³⁵tan²¹tɕhiəu⁵⁵

纯粹的土家语地名，u³⁵tan²¹tɕhiəu⁵⁵ 的汉字记音，但通常记为“戊旦丘”。

土家语 u³⁵tan²¹tɕhiəu⁵⁵（戊旦丘）系三个音节：u³⁵（戊）的汉语义是“黄牛”（Bos taurusdomestica），也泛指“牛”，tan²¹（旦）的汉语义是“跑”。u³⁵tan²¹（戊旦）连起来直译是“牛跑”，调换语序结构译成汉语是“跑牛”，即跑失牛。tɕhiəu⁵⁵（丘）的汉语义是“地方”、“廊场”。所以，u³⁵tan²¹tɕhiəu⁵⁵（戊旦丘）连起来译成汉语就是“跑牛地”，即经常跑失牛的地方。

从前，这里荒无人烟，水草茂盛，附近的牛常常跑到这里吃草，久久不回，故而得名。

童木垭 thuŋ⁵³muŋ²¹ŋa²¹

土家语与汉语结合运用的地名："童木"是土家语 thuŋ⁵³muŋ²¹（统蒙）的误记；"垭"是汉语，即"山垭"。所以，这个地名的准确记音应是"统蒙垭"。

土家语 thuŋ⁵³muŋ²¹（统蒙）为一个音节，汉语义是"线"，包括棉线、麻线、丝线等。所以，"统蒙垭"（童木垭）就是"线垭"。

从前，居住在这个山垭上的土家姑娘会纺纱纺线，远近闻名，人们便以"线'这个土特产品作了地名。

桑木峪 su³⁵mu⁵⁵jəu⁵⁵

纯粹的土家语地名，su³⁵mu⁵⁵jəu⁵⁵ 的汉字记音，但"桑"是 su³⁵（苏）的音变，"峪"是 jəu⁵⁵（优）的音变。所以，这个地名的准确记音应是"苏木优"。

土家语 su³⁵mu⁵⁵jəu⁵⁵（苏木优）分为 su³⁵mu⁵⁵（苏木）和 jəu⁵⁵（优）两个音节：su³⁵mu⁵⁵（苏木）是土家人对"祖先"、"祖宗"的泛称，凡是太公以上的男性亡灵都可称为 su³⁵mu⁵⁵（苏木）；jəu⁵⁵（优）的汉语义是"村寨"，凡多户聚居的村庄，都称为 jəu⁵⁵（优）。所以，su³⁵mu⁵⁵jəu⁵⁵（苏木优）连起来译成汉语就是"祖宗寨"，即祖先居住过的村寨，也可以理解为"祖宗屋场"或"老屋场"。

木油塔 mu⁵³jəu⁵⁵tha³⁵

土家语与汉语结合运用的地名："木油"是土家语 mu⁵³jəu⁵⁵ 的汉字记音，但 jəu⁵⁵ 通常记为"优"；"塔"是汉语，即"坪塔"。所以，这个地名的准确记音应是"木优塔"。

土家语 mu⁵³jəu⁵⁵（木优）系两个音节：mu⁵³（木）的汉语义是"竹子"(Bamboo sprout)，jəu⁵⁵（优）的汉语义是"村子"、"寨子"；mu⁵³jəu⁵⁵（木优）连起来译成汉语是"竹子村"或"竹子寨"。所以，"木优塔"（木油塔）就是"竹子寨坪塔"。

从前，这个坪塔是一片竹园，村子就在竹园中，因而得名。

板 坪 $pan^{35}phin^{21}$

土家语与汉语结合运用的地名："板"是土家语 pan^{35} 的汉字记音，但一般记为"半"；"坪"是汉语，即"坪坝"。所以，这个地名准确一些应记为"半坪"。

以 pan^{35}（半）作地名在土家族地区十分普遍，有"半山"、"半溪"、"半河"、"半坡"等。凡是懂土家语的人都知道，pan^{35}（半）的汉语义是"老鹰"（Accipiter）。所以，"半坪"（板坪）就是"老鹰坪"。

也许从前这里山鹰多，也许这个坪坝的地形似老鹰，因而得了"老鹰坪"之名。

阳鼓寨 $jan^{21}ku^{35}tsai^{35}$

土家语与汉语结合运用的地名："阳鼓"是土家语 $jan^{21}ku^{35}$ 的汉字记音，但 ku^{35} 一般记为"古"；"寨"是汉语，即"村寨"。所以，这个地名准确一点应该记为"阳古寨"。

土家语 $jan^{21}ku^{35}$（阳古）为一个音节。土家语有自己的方位词，例如"上面"、"上方"叫作 $ka^{21}xa^{35}$（嘎哈）；"下面"、"下方"叫作 $pa^{55}thi^{53}$（八替）；"前面"、"前方"叫作 $tshi^{35}ke^{53}$（次格）；"后面"、"后方"，现代土家语叫 $tha^{55}ȵie^{55}$（他捏），古代土家语叫 $jan^{21}ku^{35}$（阳古）。所以，"阳古寨"（阳鼓寨）就是"后面寨"，即后面的村寨。

在遥远的古代，人们初到一地很难给附近的事物定名，采取以方位定名无疑是最快捷的方式和方法。一旦以方位定名，久而久之，便约定俗成，成为流传千古的地名。

新 桥 镇

位于区域北部，北与武陵源区协合乡接壤，镇治距市中心 12 公里。总面积 63 平方公里，其中耕地 13876 亩；辖 9 个行政村、2 个居委会，121 个村（居）民小组；2009 年末，总人口 12591 人，其中土家族占全镇总人口 90%。主要物产除粮食外有花生、油菜籽、大蒜、生姜，现已初步形成优质水果、蔬菜、杂交水稻、苎麻等产业格局，有优质黄金梨 2500 亩，椪柑 2000 亩，蔬菜 2000 亩，杂交水稻 3000 亩，苎麻 4800 亩。

勒马洞 li^{53}thuŋ^{53}ma^{53}

纯粹的土家语地名，li^{53}thuŋ^{53}ma^{53}（里桶马）的误记。由于记名人不懂土家语，便想象附会，将其中的 thuŋ^{53}（桶）改为“洞”，并按照地名习惯，将其放在音节的后面，将 li^{53}（里）改成了“勒”，字面和含义都被搞得面目全非。

土家语 li^{53}thuŋ^{53}ma^{53}（里桶马）系三个音节：li^{53}（里）的汉语义是“土”，thuŋ^{53}（桶）的汉语义是“窝”、“巢”，ma^{53}（马）的汉语义是“蜂”(Apismellifera)；所以，li^{53}thuŋ^{53}ma^{53}（里桶马）连起来译成汉语就是“土窝蜂”，即俗称的“土雷蜂”。从这个意义上讲，土家语 li^{53}thuŋ^{53}ma^{53}（里桶马）也可以说是一个完整的音节。

从前，此地土雷蜂多，是人们经常来烧摘蜂蛹的地方，人们对此印象深刻，便直接以这种昆虫的名称作了地名。

扎主垭 za^{21}tsu^{35}ŋa^{53}

土家语与汉语结合运用的地名：“扎主”是土家语 za^{21}tsu^{35} 的汉字记音，但“扎”是 za^{21}（日阿）的近音汉字替代；“垭”是汉语，即“山垭”。“扎主垭”今人多附会为汉语“珍珠垭”。其实，这个地名正确的记音应是“日阿主垭”，按西部区的发音读作“日阿租垭”。

土家语 za^{21}tsu^{35}（日阿主）系两个音节：za^{21}（日阿）译成汉语是“鸡”，这里实指“山鸡”；tsu^{35}（主）是土家语的一个动词，汉语义是“出”。za^{21}tsu^{35}（日阿主）连起来直译是“鸡出”，调换语序结构译成汉语是“出鸡”。因此，“日阿主垭”（扎主垭）就是“出鸡垭”。

从前，此地尚未开发，树茂草青，各种山鸡出没其间，故而得名。

南门垭 lo⁵⁵muŋ⁵³ŋa⁵³

土家语与汉语结合运用的地名："南门"是土家语 lo⁵⁵muŋ⁵³（洛猛）的误记；"垭"是汉语，即"山垭"。因此，"南门垭"的原始名称应是"洛猛垭"。

茅岗第十五代土司王塑像

土家语 lo⁵⁵muŋ⁵³（洛猛）为一个音节，是古老的土家语。土家人对本民族的"大王"、"头领"，统通称之为 lo⁵⁵muŋ⁵³（洛猛），比如龙山有 lo⁵⁵tho⁵³lo⁵⁵muŋ⁵³（洛托洛猛），桑植有 o⁵⁵thi⁵³lo⁵⁵muŋ⁵³（俄梯洛猛），实际就是"洛托大王"、"俄梯大王"。因此，"洛猛垭"（南门垭）就是"大王垭"或"头领垭"。

古代，这里曾经是当地部落头领的住所或峒寨，故而得名。

里堡溪 li⁵⁵pu⁵⁵tɕhi⁵⁵

土家语与汉语结合运用的地名："里堡"是土家语 li⁵⁵pu⁵⁵ 的汉字记音，但"堡"是 pu⁵⁵（布）的音变；"溪"是汉语，即"溪沟"。所以，这个地名的准确记音应是"里布溪"。

土家语 li⁵⁵pu⁵⁵（里布）为一个音节，汉语义是"稻谷"（Oryza sativa L）；所以，"里布溪"（里堡溪）就是"稻谷溪"。

此地属高山环境，种植稻谷很不容易，但古时这里却盛产稻谷，故而得名。

苦里塆 khu⁵⁵lie⁵³uan⁵⁵

土家语与汉语结合运用的地名："苦里"是土家语 khu⁵⁵lie⁵³ 的汉字记音，但"里"是 lie⁵³（列）的音变与误记；"塆"是汉语，即"山塆"。所以，这个地名的准确记音应是"苦列塆"。

土家语 khu⁵⁵lie⁵³（苦列）为一个音节，汉语义是"坡上"或"山上"；因此，"苦列塆"（苦里塆）就是"坡上塆"，表示这个山塆在一面坡的上面。

黄儿口 xu²¹zi⁵⁵kha⁵³

纯粹的土家语地名，xu²¹zi⁵⁵kha⁵³（胡日卡）的误记："黄"和"口"分别是 xu^{21}（胡）和 kha^{53}（卡）的音变；“儿”是 zi^{55}（日）的误记，澧水上源地区“日”与“二”、“儿”同音，故有将 zi^{55}（日）记为“儿”之误。

土家语 xu^{21}zi^{55}kha^{53}（胡日卡）又称 xu^{21}zi^{55}ma^{53}（胡日马），分为 xu^{21}zi^{55}（胡日）和 kha^{53}（卡）或 ma^{53}（马）两个音节：xu^{21}zi^{55}（胡日）的汉语义是“做工”，kha^{53}（卡）或 ma^{53}（马）相当于汉语的“……者”、“……的人”。所以，xu^{21}zi^{55}kha^{53}（胡日卡）或 xu^{21}zi^{55}ma^{53}（胡日马）连起来译成汉语就是“做工者”或“做工的人”，即“长工”、“佣人”。

从前，这里山多土少，自然条件恶劣，人们收成微薄，难以度日，大多给大富人家做工，当佣人，近乎于如今的劳动力市场，因而得 xu^{21}zi^{55}kha^{53}（胡日卡）——“长工”、“佣人”之名。这个地名是记录古代社会生活和阶级剥削的“活化石”，十分珍贵。

老木峪 luŋ^{55}mu^{53}jəu^{35}

土家语与汉语结合运用的地名：“老木”是土家语 luŋ^{55}mu^{53} 的汉字记音，但“老”是 luŋ^{55}（聋）的音变与误记；“峪”是汉语，即“山峪”。所以，这个地名的准确记音应是“聋木峪”。

土家语 luŋ^{55}mu^{53}（聋木）也称 luŋ^{55}muŋ^{53}（聋猛），为一个音节，汉语义是俗称“三月黄”的“大麦”（Hordeum vulgare L）。因此，“聋木峪”（老木峪）就是“大麦峪”。

从前，这里的土家先民喜欢种植大麦，大麦面积大，出产大麦多，人们便以 luŋ^{55}mu^{53}（聋木）——“大麦”作了地名，并流传至今。

社 溪 se^{21}tshi^{55}

土家语与汉语结合运用的地名：“社”是土家语 se^{21} 的汉字记音；“溪”是汉语，即“溪沟”。不过，这个地名按西部区的发音应记作“色溪”。

土家语称“药”为 se^{21}（社），例如“药草”就是 se^{21}çi^{21}（社西），其中的 çi^{21}（西）是“草”；称“药匠”（郎中）为 se^{21}tso^{35}（社作），其中的 tso^{35}（作）是“匠”。因此，“社溪”就是“药溪”或“药沟”。

从前，这条山沟里遍地生长各种药草，是先民们寻找草药的地方，故而得名。

铜锣堰 thuŋ^{55}lo^{53}jəu^{35}

土家语与汉语结合运用的地名：“铜锣”是土家语 tsi^{53}thuŋ^{55}lo^{53}（子铜锣）的省略，随着土家语的逐渐消失，人们不懂“子铜锣”的实际含义，便省去了词头 tsi⁵³（子），留下了 thuŋ⁵⁵lo⁵³（铜锣），但这种省略是错误的；“堰”是汉语“峪”之误。

土家语 tsi⁵³thuŋ⁵⁵lo⁵³（子铜锣）为一个音节，有的地区叫 tsi⁵³tha⁵⁵la⁵³（子他拉），汉语义是药科植物“泽泻”（Alisma orientale〔A. plantago-aquatica var. orientala〕）。因此，“子铜锣峪”（铜锣堰）就是“泽泻峪”。

“泽泻”俗称“猪耳草”，是土医常用的泌尿科药物，也是喂养生猪的上佳青饲料。从前，此地“泽泻”（猪耳草）多，人们常来这里采挖或入药，或作生猪饲料，因而得名。

塔神岗　tha³⁵se²¹kan⁵⁵

土家语与汉语结合运用的地名：“塔神”是土家语 tha³⁵se²¹ 的汉字记音，但“神”是 se²¹（色）的音变；“岗”是汉语，即“山冈”。所以，这个地名的准确记音应为“塔色冈”。

土家语 tha³⁵se²¹（塔色）为一个音节，汉语义是“刺”。所以，“塔色冈”（塔神岗）就是“刺冈”。

古代，此地尚未开发，山上遍布刺丛，荒凉一片，因而便以 tha³⁵se²¹（塔色）——“刺”作了地名。

曲二口　tɕhi⁵⁵e⁵³khe⁵³

纯粹的土家语地名，tɕhi⁵⁵e⁵³khe⁵³（乞尔克）的误记。tɕhi⁵⁵e⁵³khe⁵³（乞尔克）是典型的土家语。

土家语 tɕhi⁵⁵e⁵³khe⁵³（乞尔克）由 ɕhi⁵⁵e⁵³（乞尔）和 khe⁵³（克）两个音节组成：ɕhi⁵⁵e⁵³（乞尔）是 tɕhi⁵⁵lie⁵³e⁵³（乞列尔）的简化，汉语义是“糍粑”；khe⁵³（克）是土家语的一个动词，表示“挑”或者“抬”。所以，tɕhi⁵⁵e⁵³khe⁵³（乞尔克）连起来直译是“糍粑挑”或“糍粑抬”，调换宾谓语序结构译成汉语就是“挑糍粑”或“抬糍粑”。

从前，这里盛产糯谷，生产糍粑多得要人挑，人们便以这种特产作了夸张性的地名。

英儿岩　je²¹zi⁵⁵ŋai⁵³

土家语与汉语结合运用的地名：“英儿”是土家语 je²¹zi⁵⁵（叶日）的误记，“英”是 je²¹（叶）的音变，“儿”是 zi⁵⁵（日）的误记；“岩”是汉语，这里是指岩石特征比较突出的地方。所以，这个地名的准确记音应是“叶日岩”。

土家语 $je^{21}zi^{55}$（叶日）系两个音节：je^{21}（叶）的汉语义是“神”，zi^{55}（日）的汉语义是“敬”、“祭”；$je^{21}zi^{55}$（叶日）连起来直译是“神敬”，调换宾谓语序结构译成汉语是“敬神”。所以，“叶日岩”（英儿岩）就是“敬神岩”。

古代，此地或设有神堂，也有自然崇拜，是人们敬祀神灵的地方，故而得名。

川木溪 $tshe^{21}muŋ^{55}tɕhi^{55}$

土家语与汉语结合运用的地名：“川木”是土家语 $tshe^{21}muŋ^{55}$ 的汉字记音，但“川”是 $tshe^{21}$（扯）的误记，“木”是 $muŋ^{55}$（蒙）的音变。“溪”是汉语，即“溪沟”。所以，这个地名的准确记音应是“扯蒙溪”。按西部区的语音读作“测蒙溪”。

土家语 $tshe^{21}muŋ^{55}$（扯蒙）为一个音节，汉语义是“水井”。因此，“扯蒙溪”（川木溪）就是“水井溪”或“水井沟”，因筑有水井而得名。

五里峪 $u^{35}ȵi^{55}jəu^{35}$

土家语与汉语结合运用的地名：“五里”是土家语 $u^{35}ȵi^{55}$（戊尼）的音变；“峪”是汉语，即“山峪”。所以，这个地名的准确记音应是“戊尼峪”。

土家语 $u^{35}ȵi^{55}$（戊尼）系两个音节：u^{35}（戊）的汉语义是“黄牛”（Bos taurus domestica），$ȵi^{55}$（尼）的汉语义是“找”、“寻”；$u^{35}ȵi^{55}$（戊尼）连起来直译是“牛找”，调换宾谓语序结构译成汉语是“找牛”。因此，“戊尼峪”（五里峪）就是“找牛峪”。

古时，这个山峪里山深林密，草深谷曲，牛进峪后很难返回，人们常常进去寻找。根据这一特点，人们便以 $u^{35}ȵi^{55}$（戊尼）——“找牛”作了地名。

冬瓜塆 $tuŋ^{53}ku^{21}uan^{55}$

土家语与汉语结合运用的地名：“冬瓜”是土家语 $tuŋ^{53}ku^{21}$（董古）的误记；“塆”是汉语，即“山塆”。所以，这个地名的准确记音应是“董古塆”。

土家语 $tuŋ^{53}ku^{21}$（董古）为一个音节，有的地方叫 $tuŋ^{53}ke^{21}$（董格），汉语义是“山谷、山沟、山塆的尽头”。因此，“董古塆”（冬瓜塆）就是“山谷或山沟尽头的山塆”，简而言之就是“沟头塆”。意即这个山塆坐落在一条山谷或山沟的尽头。

后沙溪 xa^{53}si^{21}tɕhi^{55}

土家语与汉语结合运用的地名："后沙"是土家语 xa^{53}si^{21}（哈司）的误记；"溪"是汉语，即"溪沟"。所以，这个地名的准确记音应是"哈司溪"。

土家语 xa^{53}si^{21}（哈司）为一个音节，是 xa^{53}lie^{21}si^{21}（哈列司）的省略，汉语义是一种叫"野杨梅"（Myrica L）的常绿乔木。因此，"哈司溪"（后沙溪）就是"野杨梅溪"。

野杨梅既是美化庭院的珍奇树种，也是极好的果树。从前，这里普遍生长野杨梅，因而得名。

香家峪 ɕin^{35}ka^{55}jəu^{35}

土家语与汉语结合运用的地名："香家"是土家语 ɕin^{35}ka^{55}（信嘎）的音变；"峪"是汉语，即"山峪"。所以，这个地名的准确记音应是"信嘎峪"。

土家语对各种颜色有着不同的称谓，例如对"黑色"称之为 lan^{35}ka^{55}（烂嘎），对"红色"称之为 mian^{55}tɕie^{53}（免姐），而对"青绿色"则称之为 ɕin^{35}ka^{55}（信嘎）。因此，"信嘎峪"（香家峪）就是"青绿色的山峪"。

从前，这个山峪树木葱茏，满目青绿，人们便以这种颜色作了地名。详细释义参看教字垭镇"兴家岗"。

苍乐凹 tshe^{21}lo^{21}khui^{55}

纯粹的土家语地名，tshe^{21}lo^{21}khui^{55} 的汉字记音，但"苍"是 tshe^{21}（测）的音变；"凹"当地不读 āo（敖），而是读 kuī（溃），是 khui^{55} 的记音。因此，这个地名应记作"测乐溃"；而东部区多数地方的实际发音是"扯乐溃"。

土家语 tshe^{21}lo^{21}khui^{55}（测乐溃）是 tshe^{21}lo^{21}li^{55}lo^{55}khu^{35}khui^{55}（测乐里罗库溃）的简化与省略，在长期的语流音变中，tshe^{21}lo^{21}li^{55}lo^{55}（测乐里罗）省去了 li^{55}lo^{55}（里罗），只留下 tshe^{21}lo^{21}（测乐）；khu^{35}khui^{55}（库溃）则省去了 khu^{35}（库），只留下了 khui^{55}（溃）。这样就使整个地名被简化成了 tshe^{21}lo^{21}khui^{55}（测乐溃）。由于记名人不懂土家语，就将它误记为"苍乐凹"了。

土家语 tshe^{21}lo^{21}li^{55}lo^{55}khu^{35}khui^{55}（测乐里罗库溃）分为 tshe^{21}（测）、lo^{21}li^{55}lo^{55}（乐里罗）和 khu^{35}khui^{55}（库溃）三个音节：tshe^{21}（测）的汉语义是"水"，lo^{21}li^{55}lo^{55}（乐里罗）的汉语义是"涨"、"积"；tshe^{21}lo^{21}li^{55}lo^{55}

（测乐里罗）连起来直译是“水涨”或“水积”，调换语序结构译成汉语是“涨水”或“积水”。khu^{35}khui^{55}（库溃）的汉意是“窝坑”、“洼地”。所以，tshe^{21}lo^{21}li^{55}lo^{55}khu^{35}khui^{55}（测乐里罗库溃）连起来译成汉语就是“涨水积水的洼地”。从前，这里地势低洼，经常被山洪淹没，而且积水难消，因而得名。

车子垭　tshe^{21}tshi^{21}ŋa^{53}

土家语与汉语结合运用的地名:“车子”是土家语 tshe^{21}tshi^{21}（次）的误记；“垭”是汉语，即“山垭”。所以，“车子垭”的原始名称应是“车次垭”，按西部区的发音读作“测次垭”。

土家语 tshe^{21}tshi^{21}（车次）为一个音节，是 tshe^{21}tshi^{21}khe^{55}（车次克）的省略，khe^{55}（克）在整个音节中属词尾轻声，在长期的语流音变中自然脱落了，只留下词根 tshe^{21}tshi^{21}（车次），但词义未变，译成汉语是“麻团”。所以，“车次垭”（车子垭）就是“麻团垭”。

民国以前，居住在山区的土家人所需的衣被全靠绩麻、纺纱、织布自给自足。土家姑娘十一二岁就要学会绩麻。绩成的麻纱用麻篮装着，然后用一张笋壳叶作成筒状衬底，将麻纱一圈一圈地挽在上面，形成麻纱团。这种麻纱团，土家语就称为 tshe^{21}tshi^{21}khe^{55}（车次克）。从前这个山垭上出产的麻团多，质量好，远近闻名，人们便以这种产品作了地名。

船蓬溪　tshe^{21}phuŋ^{21}tɕhi^{55}

土家语与汉语结合运用的地名：“船蓬”是土家语 tshe^{21}phuŋ^{21} 的汉字记音，但“船”是 tshe^{21}（扯）的误记；“溪”是汉语，即“溪沟”。所以，这个地名的准确记音应记作“扯蓬溪”，按西部区的发音读作“测蓬溪”。

土家语 tshe^{21}phuŋ^{21}（扯蓬）为一个音节，汉语义是“深水潭”。凡是河中、溪中的深水潭，乃至陆地上的低洼深水潭，土家语统称之为 tshe^{21}phuŋ^{21}（扯蓬）。所以，“扯蓬溪”（船蓬溪）就是“有深水潭的溪沟”。

从前，这条溪沟里有深水潭，因而得名。

肖儿峪　ɕi^{21}e^{21}jəu^{35}

土家语与汉语结合运用的地名：“肖儿”是土家语 ɕi^{21}e^{21}（西耳）的误记，“肖”是 ɕi^{21}（西）的音变，“儿”是 e^{21}（耳）的误记；“峪”是汉语，即“山峪”。所以，这个地名的准确记音应是“西耳峪”。

土家语 ɕi^{21}e^{21}（西耳）系两个音节：ɕi^{21}（西）是 ɕi^{21}ka^{21}tsha^{55}（西嘎嚓）

的简化，汉语义是“草”；e^{21}（耳）的汉语义是“长”（ch ǘ ng）。$çi^{21}e^{21}$（西耳）连起来直译是“草长”，调换语序结构译成汉语就是“长草”。所以，“西耳峪”（肖儿峪）就是“长草峪”，即很长的草峪。这个地名告诉我们的是，这条山峪不仅很长，而是古时长满荒草，是人迹罕至的地方。

合作桥乡

住于区域东部，东与慈利县许家坊土家族乡接壤，北邻武陵源风景名胜区，乡治距市中心22.5公里；总面积59.2平方公里，其中耕地14750亩；辖12个行政村，143个村民小组；2009年末，总人口13989人，其中土家族人口占全乡总人口的95%。种植业、养殖业为该乡传统产业，全乡基本形成无公害蔬菜、大棚蔬菜、红薯、甲葛、楠竹、鸭等10大基地，其中覃家山村已形成全区规模最大的养鸭基地。

乪往坪 lo^{53}uŋ^{21}phin^{21}

土家语与汉语结合运用的地名：“乪往”是土家语lo^{53}uŋ^{21}（洛翁）的误记，“乪”是当地的一个自造字，读luō（罗），是lo^{53}（洛）的记音；“往”是uŋ^{21}（翁）的误记。“坪”是汉语，即“坪坝”。因此，“乪往坪”的原始名称应是“洛翁坪”。

土家语lo^{53}uŋ^{2}（洛翁）系两个音节:lo^{53}（洛）的汉语义是“人”，uŋ^{21}（翁）的汉语义是“住”、“居住”；lo^{53}uŋ^{21}（洛翁）连起来直译是“人住”，调换语序结构译成汉语就是“住人”。所以，“洛翁坪”（乪往坪）就是“住人坪”，即最早有人安家居住的地方。

这个地名记载了土家先民最初开发此地的历史，是一颗活的“化石”。

南溪院 lan^{21}tɕhie^{35}jəu^{55}

纯粹的土家语地名，lan^{21}tɕhie^{35}jəu^{55}的汉字记音，但“南”是lan^{21}（兰）的误记，“溪”是tɕhie^{35}（切）的音变，“院”是jəu^{55}（优）的音变。所以，这个地名的准确记音应是“兰切优”。

土家语lan^{21}tɕhie^{35}jəu^{55}（兰切优）由lan^{21}tɕhie^{35}（兰切）和jəu^{55}（优）两个音节构成：lan^{21}tɕhie^{35}（兰切）的汉语义是“扇子”；jəu^{55}（优）的汉语义是“村”、“寨”。所以，lan^{21}tɕhie^{35}jəu^{55}（兰切优）连起来译成汉语就是“扇子寨”。

每遇夏秋时节，土家人为了祛除炎热暑气和蚊蝇骚扰，便采取新生棕叶来编织团扇，或利用篾骨和皮纸制成折扇，用以扇风、赶蚊。先民们以“扇子”作村寨名有两种可能：一是这个村寨居住的地形有如一把扇子；二是从前这个村寨的人善于编织扇子，制作的扇子远近闻名。总之，村名与扇子有关。

机召山 $t\text{ɕ}i^{21}tso^{55}san^{55}$

土家语与汉语结合运用的地名："机召"是土家语 $t\text{ɕ}i^{21}tso^{55}$ 的汉字记音，但"召"是 tso^{55}（作）的音变与误记；$t\text{ɕ}i^{21}tso^{55}$（机作）多数地区记为"吉作"、"及佐"。"山"是汉语。所以，这个地名的准确记音应是"机作山"。

土家语 $t\text{ɕ}i^{21}tso^{55}$（机作）为一个音节，是一个方位词,汉语义是"下面"、"下头"、"下方"。因此，"机召山"（机作山）就是"下面山"，即村寨下面的山。

以方位作地名是土家语地名的一大特色。在遥远的古代，人们面对无数的大山、小山，一时难以抓住其本质特征，以方位来作地名便是最为原始、最为方便的办法。

安乐坪 $a^{21}lau^{55}phin^{21}$

土家语与汉语结合运用的地名："安乐"是土家语 $a^{21}lau^{55}$（阿老）的误记，也是文人的一种比附与讹编；"坪"是汉语，即"坪坝"。所以，这个地名的准确记音应为"阿老坪"，当地老人的实际发音也是"阿老坪"。

土家语 $a^{21}lau^{55}$（阿老）系两个音节：a^{21}（阿）的汉语义是"岩"，lau^{55}（老）的汉语义是"旮"、"缝"；$a^{21}lau^{55}$（阿老）连起来译成汉语是"岩旮"或"岩缝"。因此，"阿老坪"（安乐坪）就是"岩旮坪"，即岩山中间的坪坝。此地是个盆地，四周都是岩山，犹如居于岩旮中间，故而得名。

将本是岩旮坪的"阿老坪"记为安居乐业的"安乐坪"，虽说是一种附会与讹编，却也从另一方面反映了土家人民对自己家园的热爱和对美好生活的向往。

兴垅垭 $\text{ɕ}i^{21}lu\text{ŋ}^{55}\text{ŋ}a^{53}$

土家语与汉语结合运用的地名："兴垅"是土家语 $\text{ɕ}i^{21}lu\text{ŋ}^{55}$（西聋）的误记；"垭"是汉语，即"山垭"。所以，这个地名的准确记音应是"西聋垭"。

土家语 $\text{ɕ}i^{21}lu\text{ŋ}^{55}$（西聋）系两个音节：$\text{ɕ}i^{21}$（西）的汉语义是"草"，$lu\text{ŋ}^{55}$（聋）的汉语义是"烂"、"乱"；$\text{ɕ}i^{21}lu\text{ŋ}^{55}$（西聋）连起来直译是"草乱"，调换语序结构译成汉语是"乱草"；所以，"西聋垭"（兴垅垭）就是"乱草垭"。

从前，此地尚未开发，杂草遍地，一片荒凉。根据这一景象，先民们便以 ɕi²¹luŋ⁵⁵（西聋）——“乱草”作了地名。

狮子塆 si⁵⁵tse⁵³uan⁵⁵

土家语与汉语结合运用的地名：“狮子”是土家语 si⁵⁵tse⁵³（司则）的音变与误记；“塆”是汉语，即“山塆”。所以，这个地名的准确记音应是“司则塆”。

土家语 si⁵⁵tse⁵³（司则）为一个音节，汉语义是“青杩栎”（quercus oxycdom）。因此，“司则塆”（狮子塆）就是“青杩栎塆”，因青杩栎树多而得名。

青杩栎，常绿乔木，树干高大，质地坚硬，既是上佳木材，也是耐燃的柴薪。

分里峪 xu³⁵ȵi²¹jəu³⁵

土家语与汉语结合运用的地名：“分里”是土家语 xu³⁵ȵi²¹ 的汉字记音，但“分”是 xu³⁵（父）的音变；“峪”是汉语，即“山峪”。所以，这个地名的准确记音应是“父里峪”。

土家语 xu³⁵ȵi²¹（父里）为一个音节，是一个副词，汉语义是“都”、“全”、“通统”，可以引伸为“公众”、“公有”。因此，“父里峪”（分里峪）就是“公众峪”或“公有峪”。

古代，此地或为部落所有，或为家族所有，简言之，就是“公山”、“公田”、“公土”。详细释义参看桑植县芙蓉桥白族乡“父里峪”。

长木塆 tshe²¹muŋ⁵⁵uan⁵⁵

土家语与汉语结合运用的地名。“长木”是土家语 tshe²¹muŋ⁵⁵ 的误记：“长”是 tshe²¹（扯）的误记，“木”是 muŋ⁵⁵（蒙）的音变。“塆”是汉语，即“山塆”。因此，这个地名的准确记音应记作“扯蒙塆”。按西部区的语音读作“测蒙塆”。

土家语 tshe²¹muŋ⁵⁵（测蒙、扯蒙）为一个音节，汉语义是“水井”。因此，“扯蒙塆”（长木塆）就是“水井塆”，因有水井而得名。

岗口老 ke³⁵kha²¹ȵau⁵³

土家语与汉语结合运用的地名：“岗口”是土家语 ke³⁵kha²¹（格卡）的误记；“老”是汉语“垴”的误记，即小丘。因此，“岗口老”的原始名称应是“格卡垴”。

土家语 ke³⁵kha²¹（格卡）为一个音节，汉语义是“化香树”（Platycarya strobilacea）；所以，“格卡垴”（岗口老）就是“化香树垴”，因化香树多而得名。

罗顶山 lo⁵³tie⁵³san⁵⁵

土家语与汉语结合运用的地名：“罗顶”是土家语 lo⁵³tie⁵³ 的汉字记音，但“顶”是 tie⁵³（爹）的音变；“山”是汉语。所以，这个地名的准确记音应是“罗爹山”。

土家语 lo⁵³tie⁵³（罗爹）为一个音节，汉语义是“别人”；所以，“罗爹山”（罗顶山）就是“别人山”。

在古代，社会组织一般以“部落”、“家族”形式存在，都有一定的地理范围，土地也各有所属。“罗爹山”（罗顶山）——“别人山”就反映了这种组织形式和地域范围的实际内涵。

苍子峪 tshe²¹tsu³⁵jəu³⁵

土家语与汉语结合运用的地名：“苍子”是土家语 tshe²¹tsu³⁵（测租）的音变与误记，“峪”是汉语，即“山峪”。所以，这个地名的准确记音应是“测租峪”，但按东部区多数地方的读音应是“扯住峪”。

土家语 tshe²¹tsu³⁵（测租）系两个音节：tshe²¹（测）的汉语义是“水”，tsu³⁵（租）的汉语义是“出”；tshe²¹tsu³⁵（测租）连起来直译是“水出”，调换语序结构译成汉语是“出水”。所以，“测租峪”（苍子峪）就是“出水峪”。

这个山峪里有出水，常年不断，潺潺奔流，故得其名。

青碾坪 tɕhi⁵⁵lie⁵³phin²¹

土家语与汉语结合运用的地名：“青碾”是土家语 tɕhi⁵⁵lie⁵³（期列）的误记；“坪”是汉语，即“坪坝”。所以，这个地名的准确记音应是“期列坪”。

土家语 tɕhi⁵⁵lie⁵³（期列）为一个音节，是 tɕhi⁵⁵lie⁵³e⁵³（期列尔）的省略，译成汉语是“糯谷”（Oryza sativa L.var.glutinosa Matsum）。所以，“期列坪”（青碾坪）就是“糯谷坪”。

从前，这个坪坝里盛产糯谷，故而得名。

凡子口 o²¹tso⁵⁵khu⁵⁵

纯粹的土家语地名，o²¹tso⁵⁵khu⁵⁵（禾作枯）的误记。

土家语 o²¹tso⁵⁵khu⁵⁵（禾作枯）由 o²¹tso⁵⁵（禾作）和 khu⁵⁵（枯）两个音

节组成：$o^{21}tso^{55}$（禾作）的汉语义是“梅山神”；khu^{55}（枯）是土家语地名中经常出现的一个词，特别是西部地区仍用得很普遍，东部则多废弃，而改以“口”、“坎”等来代替，汉语义是“山”或“山包”。所以$o^{21}tso^{55}khu^{55}$（禾作枯）连起来译成汉语就是“梅山神山包”，是人们供奉、祭祀梅山神的地方。

在土家族聚居区，以 $o^{21}tso^{55}$（禾作）——“梅山神”命名的地名很多。龙山、永顺、桑植到处都有。“梅山神”是土家人敬祀的猎神，凡出行狩猎都要虔诚的敬祀。

胡田坡 $xu^{55}thi^{55}pho^{55}$

土家语与汉语结合运用的地名：“胡田”是土家语 $xu^{55}thi^{55}$ 的汉字记音，但“田”是 thi^{55}（梯）的音变；“坡”是汉语，即“山坡”。所以，这个地名的准确记音应是“胡梯坡”。

土家语 $xu^{55}thi^{55}$（胡梯）为一个音节。土家人居住的山区，山塆多，山槽多，山谷多，山峪多。凡是“山塆”、“山槽”，无论大小，土家语统统称之为 $xu^{55}thi^{55}$（胡梯）。因此，“胡梯坡”（胡田坡）就是“塆槽里面的山坡”，因这片山坡位于山的塆槽内而得名。

付堡溪 $xu^{35}pu^{35}t\c{c}hi^{55}$

土家语与汉语结合运用的地名：“付堡”是土家语 $xu^{35}pu^{35}$ 的汉字记音，但“堡”是 pu^{35}（卜）的音转；“溪”是汉语，即“溪沟”。所以，这个地名的准确记音应是“付卜溪”。

土家语 $xu^{35}pu^{35}$（付卜）为一个音节，汉语义是“白腊”。因此，“付卜溪”（付堡溪）就是“白腊溪”或“白腊沟”。这里的“白腊”，实际是指“白腊树”（Fraxinus chinensis）；因此，“白腊溪”就是白腊树多的山沟。

白腊树是山区的一种上佳木材，也是人们从中提炼白腊的珍贵树种。从前，此地白腊树多，人们便以这一树种作了地名。

标草塆 $po^{21}tsho^{21}uan^{55}$

土家语与汉语结合运用的地名：“标草”是土家语 $po^{21}tsho^{21}$（波撮）的误记；“塆”是汉语。所以，这个地名的准确记音应是“波撮塆”。

土家语 $pho^{21}tsho^{21}$（波撮）为一个音节，有的地方叫 $pu^{21}tso^{21}$（补撮），汉语义是“客人”、“朋友”。因此，“波撮塆”（标草塆）就是“客人塆”。

土家族是一个好客的民族，凡有客人或朋友前来定居，往往让出一部分地区的土地供其生产和生活。自古以来，特别是“改土归流”后，外地不少的人迁入土家族地区定居，成为土家人的客人和朋友。这个地名就生动记载了这种外人入住的情景，是移民入住土家族地区的地名化石。

庄　利　$tso^{53}li^{21}$

纯粹的土家语地名，$tso^{53}li^{21}$ 的汉字记音，但“庄”是 tso^{53}（着）的音变。所以，这个地名的准确记音应是“着利”。按西部区的发音应读作“作利”。

土家语 $tso^{53}li^{21}$（着利），有的地方记作“坐尼”或“佐尼”，为一个音节，汉语义是“亲戚”。用作地名，就是亲戚居住的寨子或地方。这是一个以亲属命名的地名。

草家山　$tshe^{21}ka^{21}san^{55}$

土家语与汉语结合运用的地名。“草家”是土家语 $tshe^{21}ka^{21}$（测嘎）的误记：“草”是 $tshe^{21}$（测）的音变，“家”是 ka^{21}（嘎）的近音汉字替代；“山”是汉语。所以，这个地名的准确记音应是“测嘎山”。按东部区多数地方的实际发音应是“扯嘎山”。

土家语 $tshe^{21}ka^{21}$（测嘎）系两个音节：$tshe^{21}$（测）的汉语义是“水”，ka^{21}（嘎）的汉语义是“干”、“缺”；$tshe^{21}ka^{21}$（测嘎）连起来直译是“水缺”，调换语序结构译成汉语是“缺水”。所以，“测嘎山”（车家山）就是“缺水山”。山以缺水易旱而得名。

烈士坡　$lie^{55}si^{53}pho^{35}$

土家语与汉语结合运用的地名：“烈士”是土家语 $lie^{55}si^{53}$ 的汉字记音，但 lie^{55} 一般记为“列”，“士”是 si^{53}（司）的音变；“坡”是汉语，即“山坡”。所以，这个地名的准确记音应是“列司坡”。

土家语 $lie^{55}si^{53}$（列司）为一个音节，是 $pe^{55}lie^{55}si^{53}$（白列司）的省略与简化，译成汉语是“梨子”（pyrus spp）。因此，“列司坡”（烈士坡）就是“梨子坡”，以梨树多、梨子多而得名。

“烈士坡”很容易让人以为曾有烈士在此牺牲，或有烈士在此安息。据考证，此两种情况都不存在。

马十堰　$ma^{53}si^{21}jəu^{55}$

纯粹的土家语地名，$ma^{53}si^{21}jəu^{55}$ 的汉字记音，但“堰”是 $jəu^{55}$（优）的误记。所以，这个地方的原始名称应是“马十优”，按西部区的发音读作“马司优”。

土家语 ma⁵³si²¹jəu⁵⁵（马十优）系三个音节：ma⁵³（马）的汉语义是“蜂”（Apismellifera）；si²¹（十）的汉语义是“肉”；jəu⁵⁵（优）的汉语义是“村寨”。所以，ma⁵³si²¹jəu⁵⁵（马十优）连起来译成汉语就是“蜂肉寨”。“蜂肉”俗称“蜂儿”、“蜂蛹”；因此，“蜂肉寨”就是“蜂儿寨”或“蜂蛹寨”。

从前，这里蜂窝多，蜂蛹多，因此得名。

阳湖坪镇

位于区域东部，东与慈利县溪口镇接壤，镇治距市中心7公里，总面积68.1平方公里，其中耕地面积2322亩；辖19个行政村、3个居委会，206个村（居）民小组；2009年末，总人口20354人，其中土家族占全镇总人口的86%。境内土地肥沃，种植业发达，是该区主产粮区，国家农业综合开发项目区。

阳湖坪 $jan^{55}xu^{21}phin^{21}$

半借汉语的土家语与汉语结合运用的地名：“阳湖”是土家语 $jan^{55}xu^{21}$ 的汉字记音；“坪”是汉语，即“坪坝”。不过，由西部区土家语没有后鼻音ang（昂）音，所以，这个地名按西部区的发音读作“言湖坪”。

土家语 jan^{55}（阳）是借用汉语的“烟”，实指“草烟”、“土烟”；xu^{21}（湖）在这里是作动词，汉语义是“吸”、“喝”。$jan^{55}xu^{21}$（阳湖）连起来直译是“烟吸”，调换宾谓语序结构译成汉语是“吸烟”；所以，“阳湖坪”就是“吸烟坪”。从前，这里种植的草烟多，有烟吸，因而得名。

烟草，对于国人来说算是泊来之品。据有关资料记载，大约在明代嘉靖末至万历初，烟草经菲律宾传入我国南方，后迅速在全国推广种植，吸烟人数呈几何级数增长，至清代吸烟已成为国人的基本嗜好。至于土家人何时开始种烟，吸烟起于何时，史无可考。而“阳湖坪”则清楚地记录了土家人种烟和吸烟的历史，实为地名之珍珠。

斯峪兰 $si^{21}jəu^{55}lan^{21}$

纯粹的土家语地名，$si^{21}jəu^{55}lan^{21}$ 的汉字记音，但“峪”是 $jəu^{55}$（优）的音变。所以，这个地名的准确记音应是“斯优兰”。

土家语 $si^{21}jəu^{55}lan^{21}$（斯优兰）系三个音节：土家语称“野兽”为 si^{21}（斯），有的记为“司”、“石”；称“村寨”为 $jəu^{55}$（优），可以引伸为“窝巢”；称“臭”为 lan^{21}（兰）。所以，$si^{21}jəu^{55}lan^{21}$（斯优兰）连起来译成汉语就是“兽窝臭”。

古代，这里山深树茂，草美水肥，各种野兽在此筑巢，老远就可以闻到臭味。根据这一特点，人们便以兽臭作了地名。

踏古堖 tha[35]khu[53]ȵau[53]

土家语与汉语结合运用的地名："踏古"是土家语 tha[35]khu[53] 的汉字记音，但"古"是 khu[53]（苦）的音变；"堖"是汉语，即"山堖"。所以，这个地名的准确记音应是"踏苦堖"。

土家语 tha[35]khu[53]（踏苦）为一个音节，译成汉语是"锅子"，俗称"灶锅"、"耳锅"；因此，"踏苦堖"（踏古堖）就是"锅子堖"，因这个山堖像一口倒仆的锅子而得名。

新伍岗 ɕie[53]u[53]kan[55]

土家语与汉语结合运用的地名："新伍"是土家语 ɕie[53]u[53]（写戊）的音变与误记；"岗"是汉语，即"山冈"。所以，这个地名的准确记音应为"写戊岗"。

土家语 ɕie[53]u[53]（写戊）系两个音节：ɕie[53]（写）的汉语义是"铁"，u[53]（戊）的汉语义是"烧"、"炒"；ɕie[53]u[53]（写戊）连起来直译是"铁炒"，调换宾谓语序结构译成汉语是"炒铁"。所以，"写戊冈"（新伍岗）就是"炒铁冈"。

"炒铁"，是土家先民创造的一种土法冶铁技术，其方法是用黄泥建造土炉，然后将打碎的铁矿石和着木炭置入炉堂，用风箱助燃木炭，使矿石化为铁汁，剔除杂质，使铁汁冷却凝固即为生铁。这种冶铁方式就是俗称的"炒铁"，土家语叫 ɕie[53]u[53]（写戊）。古代，这个山岗曾是先民们土法炼铁的地方，故而得名。

七二桥 tɕhi[55]e[53]tɕhiau[53]

土家语与汉语结合运用的地名："七二"是土家语 tɕhi[55]e[53] 的汉字记音，但 e[53] 一般记为"尔"；"桥"是汉语。

土家语 tɕhi[55]e[53]（七尔）为一个音节，是 tɕhi[55]lie[53]e[53]（七列尔）的省略，译成汉语是"糍粑"。因此，"七尔桥"（七二桥）就是"糍粑桥"。

从前，居住在这座桥两侧的土家人爱制作糍粑，远近闻名，故而得名。

平　庸 phi[35]jəu[55]

纯粹的土家语地名，phi[35]jəu[55]（皮优）的误记与附会。

土家语 phi[35]jəu[55]（皮优）系两个音节：phi[35]（皮）的汉语义是土筑墙，俗称"土墙"；jəu[55]（优）的汉语义是"村寨"。所以，phi[35]jəu[55]（皮优）连起来译成汉语就是"土墙寨"。

从前，这个村寨上房屋的墙壁大多是土筑墙，故得 $phi^{35}jəu^{55}$（皮优）——“土墙寨”之名。详细释义参看桑植县两河口乡“枇杷树”。

舍子岭 $se^{53}tsu^{35}lin^{53}$

土家语与汉语结合运用的地名：“舍子”是土家语 $se^{53}tsu^{35}$ 的汉字记音，“子”是 tsu^{35}（租）的音变；“岭”是汉语，即“山岭”。所以，这个地名的准确记音应为“舍租岭”。不过，由于西部区土家语没有卷舌音，这个地名按西部区的发音读作“色租岭”。

土家语 $se^{53}tsu^{35}$（舍租）系两个音节：对“猴子”（Macaca mulatta），现代土家语称之为 e^{21}（耳），古土家语则称之为 se^{53}（舍）；tsu^{35}（租）的汉语义是“出”、“出来”，可引伸为“出没”。所以，$se^{53}tsu^{35}$（舍租）连起来译成汉语就是“猴子出没”；“舍租岭”（舍子岭）就是猴子出没的山岭，实际就是“猴子岭”，因猴子多而得名。

时儿垭 $si^{35}zi^{21}ŋa^{53}$

土家语与汉语结合运用的地名：“时儿”是土家语 $si^{35}zi^{21}$ 的汉字记音，“时”记为“石”，“儿”是 zi^{21}（日）的误记，在当地，“日”的发音与“儿”相同，故有此误记。“垭”是汉语，即“山垭”。因此，这个地名的准确记音应是“时日垭”。按西部区的语音读作“司日垭”。

土家语 $si^{35}zi^{21}$（石日）系两个音节：si^{35}（石）的汉语义是“野兽”，zi^{21}（日）的汉语义是“多”；$si^{35}zi^{21}$（石日）连起来直译是“野兽多”，调换语序结构译成汉语是“多野兽”。所以，“石日垭”（时儿垭）就是“多野兽的山垭”，因野兽多而得名。

培公堖 $pha^{55}ku^{55}ȵau^{53}$

土家语与汉语结合运用的地名：“培公”是土家语 $pha^{55}ku^{55}$（扒古）的误记；“堖”是汉语，即“山堖”。所以，这个地名的准确记音应为“扒谷堖”，当地老人对这个地名的实际发音也是“扒古堖”。

土家语 $pha^{55}ku^{55}$（扒古）为一个音节，是 $pha^{55}zo^{55}ku^{55}$（扒若古）的省略与简化，汉语义是“辣椒”（Capsicumfrutescens）。因此，“扒古堖”（培公堖）就是“辣椒山”，因辣椒多而得名。

西三塆 $ɕi^{55}so^{21}uan^{55}$

土家语与汉语结合运用的地名：“西三”是土家语 $ɕi^{55}so^{21}$ 的汉字记音，但“三”是 so^{21}（梭）的音变与误记；“塆”是汉语。所以，这个地名的准确记音应是“西梭塆”。

土家语 $\text{ɕi}^{55}\text{so}^{21}$（西梭）系两个音节：$\text{ɕi}^{55}$（西）的汉语义是“草”，$\text{so}^{21}$（梭）的汉语义是“割”；$\text{ɕi}^{55}\text{so}^{21}$（西梭）连起来直译是“草割”，调换宾谓语序结构译成汉语是“割草”。所以，“西梭塆”（西三塆）就是“割草塆”。

从前，此地尚未开发，牛草、猪草生长茂盛，是人们割牛草、打猪草的好去处，故得其名。

康熙洞 $\text{khe}^{55}\text{ɕi}^{55}\text{tuŋ}^{35}$

土家语与汉语结合运用的地名：“康熙”是土家语 $\text{khe}^{55}\text{ɕi}^{55}$（克西）的误记；“洞”是汉语，即“山洞”，可扩展为有洞的地方。所以，这个地名的准确记音应是“克西洞”。

土家语 $\text{khe}^{55}\text{ɕi}^{55}$（克西）为一个音节，汉语义是“艾蒿”（Artemisia argyi）。因此，“克西洞”（康熙洞）就是“艾蒿洞”；作为地名，就是艾蒿多的地方。

艾蒿为多年生草本植物，叶子有香气，可入药，内服可做止血剂，艾绒可供中医针灸时治病。

望文生义，似乎“康熙洞”与康熙帝玄烨有某些关系。但是，据考证，此地与康熙帝没有一点关系，康熙帝的万乘之躯不可能涉足这个当时的不毛之地，即便是几次御驾亲征，大方向也不在这地方。

老吉榔 $\text{la}^{35}\text{tɕi}^{55}\text{lo}^{21}$

纯粹的土家语地名，$\text{la}^{35}\text{tɕi}^{55}\text{lo}^{21}$ 的汉字记音，但“老”是 la^{35}（拉）的误记，“榔”是 lo^{21}（洛）的误记。所以，这个地名的准确记音应是“拉吉洛”。。

土家语 $\text{la}^{35}\text{tɕi}^{55}\text{lo}^{21}$（拉吉洛）分为 $\text{la}^{35}\text{tɕi}^{55}$（拉吉）和 lo^{21}（洛）两个音节：$\text{la}^{35}\text{tɕi}^{55}$（拉吉）的汉语义是“麂子”（Muntiacus），lo^{21}（洛）的汉语义是“玩”、“游玩”。所以，$\text{la}^{35}\text{tɕi}^{55}\text{lo}^{21}$（拉吉洛）连起来译成汉语就是“麂子玩”；作为地名，就是“麂子游玩的地方”。

古代，此地山深林茂，常有各种麂子出没其间，因得其名。

联壁峪 $\text{ȵie}^{35}\text{pi}^{55}\text{jəu}^{35}$

土家语与汉语结合运用的地名：“联壁”是土家语 $\text{ȵie}^{35}\text{pi}^{55}$ 的汉字记音，但“联”是 ȵie^{35}（捏）的音变；“峪”是汉语，即“山峪”。所以，这个地名的准确记音应是“捏壁峪”。

土家语 ȵie^{35}pi^{55}（捏壁）为一个音节，汉语义是“鸟”，包括麻雀、乌鸦、斑鸠、八哥等各种鸟雀，是各种大小鸟雀的总称。因此，“捏壁峪”（联壁峪）就是“鸟雀峪”，因各种鸟雀多而得名。

青龙堤 tɕhi^{35}luŋ^{53}ti^{55}

土家语与汉语结合运用的地名：“青龙”是土家语 tɕhi^{35}luŋ^{53} 的汉字记音，但“青”是 tɕhi^{35}（乞）的音变与误记；“堤”是汉语，即“河堤”、“河坝”。所以，这个地名的准确记音应是“乞龙堤”。

土家语 tɕhi^{35}luŋ^{53}（乞龙）为一个音节，汉语义是豆豉、豆酱和麦酱；因此，“乞龙堤”（青龙堤）就是“豆豉堤”。

从前，这里的土家先民制作豆豉、豆酱的技术高超，生产的豆豉品类繁多，质量也好，故得其名。

止洪垭 tsi^{53}xau^{35}ŋa^{21}

土家语与汉语结合运用的地名：“止洪”是土家语 tsi^{53}xau^{35} 的汉字记音，但“洪”是 xau^{35}（浩）的音变；“垭”是汉语，即“山垭”。所以，这个地名的准确记音应是“止浩垭”。按西部区的语音读作“子浩垭”。

土家语 tsi^{53}xau^{35}（子浩、止浩）系两个音节：tsi^{53}（止）的汉语义是“猪”（Sus scrofa domestica），这里实指“野猪”（Sus Scrofa）；xau^{35}（浩）的汉语义是“好多”、“很多”。tsi^{53}xau^{35}（止浩）连起来直译是“猪好多”，调换语序结构译成汉语是“好多猪”。所以，“止浩垭”（止洪垭）便是“多猪垭”。

从前，这个山垭周围野猪多，故得多猪垭之名。

汉　坑 xa^{53}kha^{21}

纯粹的土家语地名，xa^{53}kha^{21}（哈卡）的音变与误记。

土家语 xa^{53}kha^{21}（哈卡）为一个音节，是 xa^{53}la^{55}kha^{21}（哈拉卡）的简化，译成汉语是“白楠”（Macnilus sp）；作为地名，就是有白楠或白楠多的地方。

白楠，俗称“鸡矢楠”，树干高大，四季常青，木材细腻，是人们制作木箱、衣橱的上好材料。从前，这里是一片白楠林，人们便直接以这种树的名称作了地名。

安　坝 ŋan^{21}pa^{21}

土家语与汉语结合运用的地名：“安”是土家语 ŋan^{21} 的汉字记音；“坝”是汉语，即“坪坝”、“坝子”。

土家语 ŋan^{21}（安）是 ŋan^{21}ka^{55}（安嘎）的简化，本义是“容易被水淹的窝坑”，也可引申为“较大的盆地或洼地”，它与“坪坝”、“坝子”结合起来，便是“容易被水淹的低洼坪坝”。

此地位于澧水河边的坪坝上，地势低洼。据村民说，从前这里常被澧水淹没，成为一片汪洋。

大洲堰 ta^{35}za^{21}jəu^{55}

纯粹的土家语地名，ta^{35}za^{21}jəu^{55}（大日阿优）的误记：“洲”是 za^{21}（日阿）的误记，“堰”是 jəu^{55}（优）的误记。

土家语 ta^{35}za^{21}jəu^{55}（大日阿优）由 ta^{35}za^{21}（大日阿）和 jəu^{55}（优）两个音节组成：ta^{35}za^{21}（大日阿）是一个方位词，汉语义是“岸边”、“岸上”；jəu^{55}（优）的汉语义是“村庄”、“寨子”。所以，ta^{35}za^{21}jəu^{55}（大日阿优）连起来译成汉语就是“岸边寨”，即“岸边的村庄”。意思是说，这个村寨坐落在河沟的岸上。

木榔溪 mu^{53}la^{35}tɕhi^{55}

土家语与汉语结合运用的地名：“木榔”是土家语 mu^{53}la^{35} 的汉字记音，但“榔”是 la^{35}（拉）的音变；“溪”是汉语，即“溪沟”。所以，这个地名的准确记音应是“木拉溪”。

土家语 mu^{53}la^{35}（木拉）系两个音节：mu^{53}（木）的汉语义是“竹子”（Bamboo speout）；la^{35}（拉）的汉语义是“放”，包括“放置”、“屯放”，也包含随水流人工漂放。mu^{53}la^{35}（木拉）连起来直译是“竹放”，调换宾谓语序结构译成汉语就是“放竹”。所以，“木拉溪”（木榔溪）就是“放竹沟”。

古时，这条溪沟两畔竹子很多，人们砍了竹子常常囤放于此；也常常编扎成竹排，趁春水时节人工往下游漂放。根据这一特点，人们便以“放竹溪”作了地名。

落　田 lo^{35}thie^{53}

纯粹的土家语地名，lo^{35}thie^{53} 的汉字记音，但“田”是 thie^{53}（铁）的误记。所以，这个地名的准确记音应是“落铁”。

土家语 lo^{35}thie^{53}（落铁）为一个音节，汉语义是“口袋”。用“口袋”作地名，是因这里地形深幽，形似口袋。

矮垄上 $a^{21}luŋ^{55}san^{53}$

土家语与汉语结合运用的地名："矮垄"是土家语 $a^{21}luŋ^{55}$ 的汉字记音，但"矮"是 a^{21}（阿）的音变与误记；"上"是汉语，义为"上面"、"上方"。所以，这个地名的准确记音应是"阿垄上"。

土家语 $a^{21}luŋ^{55}$（阿垄）有的地方叫 $a^{21}tsha^{21}$（阿擦），为一个音节，汉语义是"岩坎"、"岩山"。所以，"阿垄上"（矮垄上）就是"岩坎上"或"岩山上"。意思是说这个地方在岩山上面或岩坎上面。

流溪排 $lo^{53}tɕhi^{53}pa^{53}$

纯粹的土家语地名，$lo^{53}tɕhi^{53}pa^{53}$（洛其巴）的误记："流"是 lo^{53}（洛）的误记；"溪"是 $tɕhi^{53}$（其）的音变与误记，当地人读"溪"为 q ī (期)，故有此误；"排"是 pa^{53}（巴）的误记。

土家语 $lo^{53}tɕhi^{53}pa^{53}$（洛其巴）由 lo^{53}（洛）和 $tɕhi^{53}pa^{53}$（其巴）两个音节组成：lo^{53}（洛）的汉语义是"人"；$tɕhi^{53}pa^{53}$（其巴）可简化为 $tɕhi^{53}$（乞），也可称为 $thie^{35}pa^{53}$（铁巴），汉语义是"大"。所以，$lo^{53}tɕhi^{53}pa^{53}$（洛其巴）连起来直译是"人大"，调换语序结构译成汉语就是"大人"。

土家语的"大人"的概念，一般指族中或寨中的族长、头人，他们有声望，有地位，办事公道，是群众尊崇的人。此地曾是某头人的住地，因此得名。

沅古坪镇

位于区域东南部，南与沅陵县接壤，北与慈利县交界，镇治距市中心46公里；总面积140.3平方公里，其中耕地面积23221亩；辖18个行政村、1个居民委员会，181个村民小组；2009年末，总人口15580人，其中土家族占全镇总人口的95%。该镇边境贸易活跃，是沅陵、慈利、桃源、永定三县一区边境地区的农副产品集散地；种植业、养殖业、林业是该镇三大传统支柱产业；特色物产有腊肉、七星椒、野味等；民间花灯、阳戏、土地戏、画眉斗鸟会、土家体育竞技较有名气。

沅古坪 $jan^{21}ku^{35}phin^{21}$

土家语与汉语结合运用的地名："沅古"是土家语 $jan^{21}ku^{35}$ 的汉字记音，"坪"是汉语，即"坪坝"。不过，这个地名按西部区的语音应记作"言古坪"。

土家语 $jan^{21}ku^{35}$（沅古）为一个音节，是古老土家语的一个方位词，汉语义是"后面"、"后边"、"后头"，但现今已废弃不用，而以 $tha^{55}ȵie^{21}$（他捏）取代。因此，"沅古坪"就是"后面坪"，表示这个坪坝在某村寨的后边。

四方坪 $si^{35}xuan^{21}phin^{21}$

土家语与汉语结合运用的地名："四方"是土家语 $si^{35}xuan^{21}$ 的汉字记音，但"四"是 si^{35}（司）的音变，"方"是 $xuan^{21}$（环）的音变；"坪"是汉语，即"坪坝"。所以，这个地名的准确记音应是"司环坪"。

土家语 $si^{35}xuan^{21}$（司环）系两个音节：si^{35}（司）的汉语义是"肉"，也指"野兽"；$xuan^{21}$（环）是一个形容词，相当于汉语的"掩盖"、"遮盖"，意思是"很多"。$si^{35}xuan^{21}$（司环）连起来直译是"兽多"，调换语序结构译成汉语是"多兽"。因此，"司环坪"（四方坪）就是"多兽坪"，即野兽很多的地方。

古时，此地尚未开发，树茂林深，荆棘丛生，是野兽的天堂，故而得名。

治田垭 $tsi^{53}thi^{35}ŋa^{21}$

土家语与汉语结合运用的地名。"治田"是土家语 $tsi^{53}thi^{35}$ 的误记："治"作为 tsi^{53} 的记音，东部区一般记为"直"，按西部区的语音应记作

“子”；“田”是 thi^{35}（替）的音变。“垭”是汉语，即“山垭”。所以，这个地名的准确记音应是“直替垭”或“子替垭”。

土家语 tsi^{53}thi^{35}（直替）系两个音节：tsi^{53}（直）的汉语义是“猪”，这里实指“野猪”（Sus Scrofa domestica）；thi^{35}（替）的汉语义是“套”。tsi^{53}thi^{35}（直替）连起来直译是“猪套”，调换宾谓语序结构译成汉语是“套猪”。所以，“直替垭”（治田垭）就是“套猪垭”。

套野兽，是土家先民世代相传的一种绝技，一般是用树杆作绷杆，顶端结绳为套，隐蔽设置在野兽出没的小道上，野兽误踏套坑，绳套机关自动发动将其套住。从前，这个山垭上野猪多，人们常常在此设套，故得“套猪垭”之名。

青狮岗 tɕhie^{55}sa^{53}kan^{55}

土家语与汉语结合运用的地名：“青狮”是土家语 tɕhie^{55}sa^{53}（且萨）的误记；“岗”是汉语，即“山冈”。因此，这个地方的原始名称应是“且萨冈”。

土家语 tɕhie^{55}（且）的汉语义是“坡”，tɕhie^{55}sa^{53}（且萨）的汉语义是“坡上”。所以“且萨冈”（青狮岗）就是“坡上冈”，指这个山冈在一面坡的上头。

长　清 tsha^{21}tɕhi^{21}

纯粹的土家语地名，tsha^{21}tɕhi^{21} 的音变与误记，也是文人对 tsha^{21}tɕhi^{21} 的循声比附：“长”是 tsha^{21}（插）的误记，“清”是 tɕhi^{21}（其）的误记。所以，这个地名的准确记音应是“插其”；按西部区的发音读作“擦其”。

土家语 tsha^{21}tɕhi^{21}（插其）为一个音节，译成汉语是“锦鸡”（Chrysolophus pictus）。

从前，此地草深水肥，众多的锦鸡嬉戏其间。根据这一特点，人们便直接以 tsha^{21}tɕhi^{21}（插其）——“锦鸡”作了地名。详细释义参看桑植县廖家村乡“茶溪洞”。

锁龙洞 so^{53}luŋ^{55}tuŋ^{35}

土家语与汉语结合运用的地名：“锁龙”是土家语 so^{53}luŋ^{55} 的汉字记音；“洞”是汉语，即“山洞”。

土家语 so^{53}luŋ^{55}（锁龙）系两个音节：so^{53}（锁）是 so^{53}phe^{21}（锁拍）的简化，汉语义是“雾”；luŋ^{55}（龙）的汉语义是“涨”、“满”、“溢”、

"盈"。so^{53}luŋ^{55}（锁龙）连起来直译是"雾涨"，调换语序结构译成汉语是"涨雾"。所以，"锁龙洞"就是"涨雾洞"。

这个山洞冬暖夏凉，湿气很大，夏秋时节常常涨满雾气，故而得名。

马井岭 ma^{53}tɕi^{55}lin^{53}

土家语与汉语结合运用的地名："马井"是土家语 ma^{53}tɕi^{55} 的汉字记音，但"井"是 tɕi^{55}（几）的音变；"岭"是汉语，即"山岭"。所以，这个地名的准确记音应是"马几岭"。

土家语 ma^{53}tɕi^{55}（马几）系两个音节：ma^{53}（马）的汉语义是"蜂子"(Apismellisera)；tɕi^{55}（几）是 tɕi^{55}tɕie^{53}（几借）的简化，汉语义是"飞"。ma^{53}tɕi^{55}（马几）连起来译成汉语是"蜂飞"。所以，"马几岭"（马井岭）就是"蜂飞岭"。

从前，这里树绿草肥，百花竞放，成群结队的蜂子飞舞其间，一派清新景色，故以 ma^{53}tɕi^{55}（马几）——"蜂飞"作了地名。

杉　榔 sa^{55}lan^{53}

纯粹的土家语地名，sa^{55}lan^{53} 的误记："杉"在当地不读 shān（山），至今仍读作 shā（沙），故有将 sa^{55}（沙）记为"杉"之误。所以，这个地名的准确记音应是"沙榔"，而按西部区的发音应读作"撒懒"。

武陵山区生长有一种珍贵树种叫"黄杨木"（Pistacia chinensis），土家语称之为 sa^{55}lan^{53}kha^{21}muŋ^{21}（沙榔卡蒙），其中 sa^{55}lan^{53}（沙榔）的汉语义就是"黄杨"，kha^{21}muŋ^{21}（卡蒙）的汉语义则是"树"，省去 kha^{21}muŋ^{21}（卡蒙）——"树"，sa^{55}lan^{53}（沙榔）的汉语义仍是"黄杨木"。作为地名，"沙榔"（杉榔）就是黄杨木多的地方。

黄杨木木色金黄，材质细腻，是土家人雕刻门窗、八部牙床、椅、柜等花纹的首选材料。从前，这里普遍生长黄杨木，人们便以这种珍贵树种作了地名。

张二坪 tsi^{21}e^{21}phin^{21}

土家语与汉语结合运用的地名："张二"不是人名，而是土家语 tsi^{21}e^{21} 的汉字记音，但"张"是 tsi^{21}（直）的音变；"坪"是汉语，即"坪坝"。所以，这个地名的准确记音应是"直二坪"。按西部区的发音读作"自二坪"。

土家语称"稻米"（大米）为 tsi^{21}e^{21}（直二），所以，"直二坪"（张二坪）就是“大米坪”。

此地稻田多，泥质好，水源充足，是当地传统的大米产区，故而得名。

谋吉坪 $mu^{53}tɕi^{53}phin^{21}$

土家语与汉语结合运用的地名：“谋吉”是土家语 $mu^{53}tɕi^{53}$ 的汉字记音，但“谋”是 mu^{53}（母）的音变与误记；“坪”是汉语，即“坪坝”。所以，这个地名的准确记音应是“母吉坪”。

土家语 $mu^{53}tɕi^{53}$（母吉）系两个音节：mu^{53}（母）的汉语义是“竹子”（Bamboo sprout）；$tɕi^{53}$（吉）是 $tɕi^{53}la^{21}$（吉拉）的简化，汉语义是“蔸”。$mu^{53}tɕi^{53}$（母吉）连起来译成汉语是“竹蔸”。所以，“母吉坪”（谋吉坪）就是“竹蔸坪”。

在遥远的古代，这里是满目竹林，遍地竹蔸。先民们砍去竹子，挖出竹蔸，才开辟了这块土地。为了不忘开垦的艰难，乃以 $mu^{53}tɕi^{53}$（母吉）——“竹蔸”作了地名。

南家山 $lan^{35}kai^{55}san^{55}$

土家语与汉语结合运用的地名：“南家”是土家语 $lan^{35}kai^{55}$ 的汉字记音，但“南”记为“兰”要更为准确一些，“家”是 kai^{55}（该）的音变；“山”是汉语。所以，这个地名准确一点应记音为“兰该山”。

土家语 $lan^{35}kai^{55}$（兰该）为一个音节，是一个表示颜色的形容词，译成汉语是“黑色”或“幽暗色”；因此，“兰该山”（南家山）就是“黑山”或“幽暗色山”。

从前，这里古木参天，苍翠葱茏，颜色由绿而青，由青而暗，由暗而黑。于是，人们便以 $lan^{35}kai^{55}$（兰该）——“幽暗色”这种颜色作了地名。

腊鱼坝 $la^{53}ji^{35}pa^{35}$

土家语与汉语结合运用的地名：“腊鱼”是土家语 $la^{53}ji^{35}$ 的汉字记音，但“鱼”是 ji^{35}（易）的误记；“坝”是汉语，即“坝子”。所以，这个地名准确一点应记音为“腊易坝”。

土家语 $la^{53}ji^{35}$（腊易）系两个音节：la^{53}（腊）的汉语义是“道路”，ji^{35}（易）的汉语义是“行走”、“走”；$la^{53}ji^{35}$（腊易）连起来直译是“路走”，调换语序结构译成汉语是“走路”。所以，“腊易坝”（腊鱼坝）就是“走路坝”。

古代，这里有一条大路，是人们进出的重要通道，因而得名。

马虎界 $ma^{53}khu^{35}kai^{35}$

土家语与汉语结合运用的地名："马虎"是土家语 $ma^{53}khu^{35}$ 的汉字记音，但"虎"是 khu^{35}（哭）的误记；"界"是汉语，即"山界"。所以，这个地名的准确记音应是"马哭界"。

土家语 $ma^{53}khu^{35}$（马哭）为一个音节，是 $ma^{53}khu^{35}li^{55}$（马哭里）的简化，译成汉语是俗称"长脚蚊"的"疟蚊"（Culex）；所以"马哭界"（马虎界）就是"疟蚊界"。

疟蚊是一种吸食人畜血液的毒蚊，生活在潮湿黝暗的森林水草间。从前，这座山界上树密林深，疟蚊很多，人们根据这一特点，直接将 $ma^{53}khu^{35}$（马哭）——"疟蚊"作了地名。

横南岗 $xu^{21}lan^{35}kai^{55}$

纯粹的土家语地名，$xu^{21}lan^{35}kai^{55}$（湖兰该）的误记，是不懂这个土家语地名含义的人采取循土家语之声比附汉语之义的办法的讹编。

土家语 $xu^{21}lan^{35}kai^{55}$（湖兰该）由 xu^{21}（湖）和 $lan^{35}kai^{55}$（兰该）两个音节组成：xu^{21}（湖）的汉语义是两山之间的"谷地"、"谷沟"，$lan^{35}kai^{55}$（兰该）的汉语义是"黑色"、"幽暗"。因此，$xu^{21}lan^{35}kai^{55}$（湖兰该）连起来直译是"沟谷黑"，调换语序结构译成汉语就是"黑谷"或"黑沟"。

从前，这里山高沟深，树木葱郁，十分幽暗，故而得名。

新龙岗 $ɕi^{21}luŋ^{55}kan^{55}$

土家语与汉语结合运用的地名："新龙"是土家语 $ɕi^{21}luŋ^{55}$（西聋）的音变与误记；"岗"是汉语，即"山冈"。所以，这个地名的准确记音应是"西聋冈"。

土家语 $ɕi^{21}luŋ^{55}$（西聋）系两个音节：$ɕi^{21}$（西）的汉语义是"草"，$luŋ^{55}$（聋）的汉语义是"烂"；$ɕi^{21}luŋ^{55}$（西聋）连起来直译是"草烂"，调换语序结构译成汉语是"烂草"。所以，"西聋冈"（新龙岗）就是"烂草冈"。

从前，此地乱草多，烂草多，因而得其名。

罗仙洞 $lo^{53}ɕie^{35}tuŋ^{35}$

土家语与汉语结合运用的地名："罗仙"是土家语 $lo^{53}ɕie^{35}$ 的汉字记音，但"仙"是 $ɕie^{35}$（谢）的音变；"洞"是汉语，即"山洞"。所以，这个地名的准确记音应是"罗谢洞"。

土家语 $lo^{53}ɕie^{35}$（罗谢）系两个音节：lo^{53}（罗）的汉语义是"人"，

ɕie^{35}（谢）的汉语义是“有”；lo^{53}ɕie^{35}（罗谢）连起来直译是“人有”，调换语序结构译成汉语是“有人”。所以，“罗谢洞”（罗仙洞）就是“有人洞”，即曾经有人居住过的山洞。

人类经历过由山洞走向平地、由平地走向平原的过程，土家人也不例外。从现有的考古资料证明，土家人也经历过由洞居到穴居、由穴居到建造房屋的过程。“罗谢洞”（罗仙洞）所显示的含义生动地证明了土家原始先民曾经以洞为家的历史，是一颗璀璨的“活化石”。

九斗粮 tɕie^{35}ta^{53}li^{35}a^{21}

纯粹的土家语地名，tɕie^{35}ta^{53}li^{35}a^{21}（借打利阿）经过演变、比附后的误记：“九斗”是 tɕie^{35}ta^{53}（借打）的误记，“粮”则是 li^{35}（利）和 a^{21}（阿）拼合的结果。

土家语 tɕie^{35}ta^{53}li^{35}a^{21}（借打利阿）由 tɕie^{35}ta^{53}（借打）、li^{35}（利）和 a^{21}（阿）三个音节组成：tɕie^{35}ta^{53}（借打）的汉语义是“翅膀”，li^{35}（利）的汉语义是“虎”，a^{21}（阿）的汉语义是“过”、“过身”；所以，tɕie^{35}ta^{53}li^{35}a^{21}（借打利阿）连起来直译是“翅膀虎过”，调换语序结构译成汉语就是“过翅膀虎”。

“翅膀虎”并不是虎，而是俗称“大飞鼠”的“鼯鼠”（Petaursta Petaurista pallas）。鼯鼠在我国主要有棕鼯鼠、红白鼯鼠（P. alboru fus）、海南鼯鼠（P. haina nus）、橙足鼯鼠（Trogop terus xanthipes）。在遥远的古代，先民们不可能科学地认识这种动物，用“翅膀虎”命其名，应是原始朴素的选择。此地因有鼯鼠经常飞过，所以得“过飞虎”之名。

现在回过头来看，这个地名经过演变，其现音、现义较之原音、原义已是“面目全非”了，但仍不失为一个很有意思的地名。无论是先民们对它的定义，还是后人的牵强附会，都令人忍俊不禁。

查岗岭 tsha^{21}kai^{21}lin^{53}

土家语与汉语结合运用的地名：“查岗”是土家语 tsha^{21}kai^{21} 的误记，其中的“岗”是 kai^{21}（改）的音变；“岭”是汉语，即“山岭”。所以，这个地名的准确记音应是“查改岭”。按西部区的发音读作“擦改岭”。

土家语 tsha^{21}kai^{21}（查改），有的记作“岔改”，汉语义是“貂鼠”（Callasciurus ery thraeus palls）。所以，“查改岭”（查岗岭）就是“貂鼠岭”。

从前，此地果树多，貂鼠也多，故得其名。

苍　塆　$tsha^{53}uan^{55}$

土家语与汉语结合运用的地名："苍"是土家语 $tsha^{53}$（擦）的音变与误记（按东部区多数地方的发音是"岔"）；"塆"是汉语，即"山塆"。所以，这个地名的准确记音应是"擦塆"或"岔塆"。

对"纺车"，西部土家语称为 $tsha^{53}$（擦）；东部土家语则称为"岔"。所以，"擦塆"（苍塆）就是"纺车塆"。

纺车俗称"棉花车"，是土家妇女纺线纺纱的主要工具。从前，这里的木匠师傅手艺高强，制作的"纺车"远近闻名，故得其名。

七保溪　$tɕhi^{35}pu^{53}tɕhi^{55}$

土家语与汉语结合运用的地名："七保"是土家语 $tɕhi^{35}pu^{53}$ 的汉字记音，但"保"是 pu^{53}（布）的音变与误记；"溪"是汉语，即"溪沟"。所以，这个地名的准确记音应是"七布溪"。

土家语 $tɕhi^{35}pu^{53}$（七布）为一个音节，译成汉语是"黄豆"（Glycine-max）；因此，"七布溪"（七保溪）就是"黄豆溪"或"黄豆沟"。

从前，这里的土家人爱种黄豆，会种黄豆，出产的黄豆多，品质好，故而得名。

吉家峪　$tɕi^{35}khe^{55}jəu^{35}$

土家语与汉语结合运用的地名："吉家"是土家语 $tɕi^{35}khe^{55}$ 的汉字记音，但"家"是 khe^{55}（克）的音变；"峪"是汉语，即"山峪"。所以，这个地名的准确记音应是"吉克峪"。

土家语 $tɕi^{35}khe^{55}$（吉克）为一个音节，是 $tɕi^{35}khe^{55}xi^{55}$（吉克西）的简化，汉语义是一种叫"三月泡"（Ducnesnea lndica）的野生果树。。因此，"吉克峪"（吉家峪）就是"三月泡峪"，因"三月泡"多而得名。

"三月泡"，落叶小灌木，有刺，每到春夏之交便结出红艳艳的果实。果实酸甜犹如草莓，土家人非常喜爱。

盘　塘　$pha^{35}thuŋ^{53}$

纯粹的土家语地名，$pha^{35}thuŋ^{53}$（扒桶）的音变与误记。

土家语 $pha^{35}huŋ^{53}$（扒桶）为一个音节，译成汉语是"虎杖"（polygonum cuspidatum）。作为地名，就是"虎杖多的地方"。

虎杖，蓼科植物，别名"纳乌杆"，俗称"酸筒杆"，可以入药，也可以作染料。因其茎中空，土家人常用来作乐器"咚咚喹"，吹奏民歌小调。

从前，此地遍地虎杖，人们便以这种植物作了地名。

龙川塔 luŋ^{35}tshe^{21}tha^{35}

土家语与汉语结合运用的地名："龙川"是土家语 luŋ^{35}tshe^{21} 的汉字记音，但"川"是 tshe^{21}（扯）的音变；"塔"是汉语，即"坪塔"，用作地名，一般泛指有坪塔的地方。所以，这个地名的准确记音应是"龙扯塔"。按西部区的语音读作"龙测塔"。

土家语 luŋ^{35}tshe^{21}（龙扯）系两个音节：luŋ^{35}（龙）的汉语义是"浑"，tshe^{21}（扯）的汉语义是"水"；luŋ^{35}tshe^{21}（龙扯）连起来译成汉语是"浑水"。所以，"龙扯塔"（龙川塔）就是"浑水塔"，即经常有浑水的地方。

此地地势低洼，积水浑浊难消，因而得名。

仕溪榔 si^{21}tɕhi^{53}lan^{53}

纯粹的土家语地名，si^{21}tɕhi^{53}lan^{53} 的音变与误记："仕"一般多记作"石"，"溪"是 tɕhi^{53}（起）的音变。因此，"仕溪榔"的原始名称应是"石起榔"。按西部区的语音读作"司起兰"。

土家语 si^{21}tɕhi^{53}lan^{53}（石起榔）系三个音节：si^{21}（石）的汉语义是"肉"，包括猪肉、羊肉、牛肉等；tɕhi^{53}（起）的汉语义是"称"，实际是"买"。si^{21}tɕhi^{53}（石起）连起来直译是"肉称"或"肉买"，调换宾谓语序结构就是"称肉"或"买肉"。lan^{53}（榔）的汉语义是"廊场"，即"地方"。所以，si^{21}tɕhi^{53}lan^{53}（石起榔）连起来译成汉语就是"称肉的地方"。

土家人习惯称"买肉"为"称肉"。从前，这里有屠户杀猪羊卖肉，是人们买肉的地方，故而得名。

专溪洲 za^{21}tɕhi^{55}tsu^{35}

纯粹的土家语地名，za^{21}tɕhi^{55}tsu^{35} 的误记："专"是 za^{21}（日阿）的近音汉字替代；"溪"是 tɕhi^{55}（期）的音变；"洲"是 tsu^{35}（住）的误记，所以，这个地名的准确记音应是"<u>日阿</u>期住"；按西部区的语音读作"<u>日阿</u>期租"。

土家语 za^{21}tɕhi^{55}tsu^{35}（<u>日阿</u>期住）由 za^{21}tɕhi^{55}（<u>日阿</u>期）和 tsu^{35}（住）两个音节组成：za^{21}tahi^{55}（<u>日阿</u>期）的汉语义是"野漆树"[(T. Succedaneum (L).Kuntze (Rhus succedanea L.)]；tsu^{35}（住）的汉语义是"出"、"出产"。因此，za^{21}tɕhi^{55}tsu^{35}（<u>日阿</u>期租）连起来直译是"野漆树出"，调换语序结构译成汉语就是"出野漆树"；作为地名，就是"出野漆树的地方"。从

前，此地野漆树多，故而得名。

指望坡 tsi[53]uan[35]pho[53]

土家语与汉语结合运用的地名：“指望”是土家语 $tsi^{53}uan^{35}$ 的记音，但“望”是 uan^{35}（万）的音变。“坡”是汉语，即“山坡”。所以，这个地名的准确记音应为“指万坡”。按西部区的发音读作“子万坡”。

土家语 $tsi^{53}uan^{35}$（指万）系两个音节：tsi^{53}（指）的汉语义是“猪”（Sus scrofa domestica），uan^{35}（万）的汉语义是“黄牛”（Bos taurus domestca），泛指牛；$tsi^{53}uan^{35}$（指万）连起来译成汉语是“猪牛”。所以，“指万坡”（指望坡）就是“猪牛坡”。

从前居于此地的土家先民勤于畜牧，猪多牛多，远近闻名，故而得名。

石龙峪 $si^{21}luŋ^{53}jəu^{35}$

土家语与汉语结合运用的地名：“石龙”是土家语 $si^{21}luŋ^{53}$ 的汉字记音；“峪”是汉语，即“山峪”。这个地名按西部区的语音读作“司龙峪”。

土家语 $si^{21}luŋ^{53}$（石龙）系两个音节：si^{21}（石、司）的汉语义既指“肉”，也指“野兽”，这里实指“野兽”；$luŋ^{53}$（龙）的汉语义是“养”。$si^{21}luŋ^{53}$（石龙）连起来直译是“兽养”，调换语序结构译成汉语是“养兽”。所以，“石龙峪”就是“养兽峪”。

在遥远的古代，这条山峪是一片广漠的荒原，树茂林菁，人迹罕至，各种野兽栖息其间，犹如放养着一般，故而得名。

大　湖 $ta^{53}xu^{21}$

汉语与土家语结合运用的地名：“大”是汉语，即大小之大；“湖”是土家语 xu^{21} 的汉字记音。

土家语 xu^{21}（湖）的汉语义是山与山之间的“山谷”。所以，“大湖”就是“大山谷”、“大沟谷”。

关木峪 $ka^{21}muŋ^{21}jəu^{35}$

土家语与汉语结合运用的地名：“关木”是土家语 $ka^{21}muŋ^{21}$（嘎蒙）的误记，“关”是 ka^{21}（嘎）的近音汉字替代，“木”是 $muŋ^{21}$（蒙）的音变；“峪”是汉语，即“山峪”。因此，这个地方的原始名称应是“嘎蒙峪”。

土家语 $ka^{21}muŋ^{21}$（嘎蒙）为一个音节，是 $ka^{21}muŋ^{21}se^{21}$（嘎蒙色）的省略。有意思的是，土家语 $ka^{21}muŋ^{21}se^{21}$（嘎蒙色）既可以省略为 $ka^{21}muŋ^{21}$（嘎蒙），又可以省略为 $ka^{21}se^{21}$（嘎色），含义都一样，译成汉语是“枫香

树”(Liquidam bar formosana)。因此,“嘎蒙峪”(关木峪)就是枫香树峪,是枫香树多的地方。

刘麻子界 $li^{53}ma^{53}kai^{35}$

土家语与汉语结合运用的地名:“刘麻”是土家语 $li^{53}ma^{53}$(里马)的音变;“子”是汉语,是记名人为了成就“刘麻子”而硬加上去的。“界”是汉语,即“山界”。因此,这个地名的准确记音应是“里马界”。

土家语 $li^{53}ma^{53}$(里马)的完整音节是 $li^{53}thuŋ^{53}ma^{53}$(里桶马),可以简化为 $li^{53}ma^{53}$(里马)。li^{53}(里)的汉语义是“土”或“地”,$thuŋ^{53}$(桶)的汉语义是“窝”、“巢”,ma^{53}(马)的汉语义是“蜂”(Apismellifera)。连起来译成汉语,$li^{53}ma^{53}$(里马)是“土蜂”;$li^{53}thuŋ^{53}ma^{53}$(里桶马)就是“土窝蜂”。两者意义完全相同,都是指“土雷蜂”。所以,“里马界”(刘麻子界)就是“土雷蜂界”,是土雷蜂多的地方,与姓刘的麻子风马牛不相及。

壶儿界 $xu^{21}zi^{55}kai^{35}$

土家语与汉语结合运用的地名:“壶儿”是土家语 $xu^{21}zi^{55}$ 的汉字记音,但 xu^{21} 一般记为“胡”,“儿”是 zi^{55}(日)的误记;“界”是汉语,即“山界”。所以,这个地名准确一点应记音为“胡日界”。

土家语 $xu^{21}zi^{55}$(胡日)为一个音节,是 $xu^{21}zi^{55}ma^{53}$(胡日马)的简化,汉语义是“长工”、“佣人”。所以,“胡日界”(壶儿界)就是“长工界”。

旧时,这个山界上很穷,被迫当长工、做佣人的人多,故而得名。

四方坡 $si^{21}xuan^{21}pho^{53}$

土家语与汉语结合运用的地名:“四方”是土家语 $si^{21}xuan^{21}$(司环)的音变;“坡”是汉语,即“山坡”。所以,这个地名的准确记音应是“司环坡”。

土家语 $si^{21}xuan^{21}$(司环)系两个音节:si^{21}(司)的汉语义是“野兽”;$xuan^{21}$(环)的汉语义是“掩盖”,相当于汉语的“遍地都是”、“铺起一层”,中心含义是“多”。$si^{21}xuan^{21}$(司环)连起来直译是“野兽多”,调换语序结构译成汉语是“多野兽”。所以,“司环坡”(四方坡)就是“多野兽的山坡”。

古时,此地树草丛生,各种野兽在这里繁衍生息,故而得名。

八公界 pha³⁵ku⁵³kai³⁵

土家语与汉语结合运用的地名："八公"是土家语 $pha^{35}ku^{53}$（帕古）的误记，"八"是 pha^{35}（帕）的音转，"公"是 ku^{53}（古）的音转；"界"是汉语，即"山界"。所以，这个地名的准确记音应为"帕古界"。

土家语 $pha^{35}ku^{53}$（帕古）为一个音节，是 $pha^{35}zo^{55}ku^{53}$（帕若古）的简化，译成汉语是"辣椒"（Capsicum frutescens）。所以，"帕古界"（八公界）就是"辣椒界"。

从前，这个山界上多出产牛角辣椒、七姊妹辣椒、灯笼辣椒，故得"辣椒界"之名。

张长垭 $za^{53}tshi^{21}ŋa^{53}$

土家语与汉语结合运用的地名："张长"是土家语 $za^{53}tshi^{21}$（日阿尺）的音变与误记，"张"是 za^{53}（日阿）的近音汉字替代，"长"是 $tshi^{21}$（尺）的误记；"垭"是汉语，即"山垭"。所以，这个地名的准确记音应是"日阿尺垭"。按西部区的语音读作"日阿次垭"。

土家语 $za^{53}tshi^{21}$（日阿尺）为一个音节，汉语义是胡葱（Allium Chinese）。所以，"日阿尺垭"（张长垭）就是"胡葱垭"，是胡葱多的地方。详细释义参看四都坪乡"战场岗"。

麻幺儿岗 $ma^{21}jan^{21}zi^{55}kan^{55}$

土家语与汉语结合运用的地名："麻幺儿"是土家语 $ma^{21}jan^{21}zi^{55}$ 的汉字记音，但"幺"是 jan^{21}（烟）的音变，现在多记为"阳"；"儿"是 zi^{55}（日）的音变与误记；"岗"是汉语，即"山冈"。所以，这个地名的准确记音应是"麻烟日冈"。

土家语 $ma^{21}jan^{21}zi^{55}$（麻烟日）分为 $ma^{21}jan^{21}$（麻烟）和 zi^{55}（日）两个音节：$ma^{21}jan^{21}$（麻烟）的汉语义是一种专司人间灾祸的"麻烟鬼"（现多记为"麻阳鬼"），zi^{55}（日）的汉语义是"敬"、"祭"；$ma^{21}jan^{21}zi^{55}$（麻烟日）连起来直译是"麻烟鬼敬"或"麻烟鬼祭"，调换语序结构译成汉语是"敬麻烟鬼"或"祭麻烟鬼"；所以，"麻烟日冈"（麻幺儿岗）就是"敬麻烟鬼冈"，即从前敬祭麻烟神灵的地方。详细释义参看桑植县苦竹坪乡"麻阳潭"。

杨旗坡 $ji^{55}tɕhi^{21}pho^{55}$

土家语与汉语结合运用的地名："杨旗"是土家语 $ji^{55}tɕhi^{21}$ 的汉字记

音，但“杨”是ji^{55}（衣）的音变和附会；“坡”是汉语，即“山坡”。所以，这个地名的准确记音应是“衣旗坡”。

土家语ji^{55}tɕhi^{21}（衣旗）为一个音节，汉语义是“豹”（Panthera pardus L）；所以，“衣旗坡”（杨旗坡）就是“豹子坡”。

从前，此地山深林密，虎豹在此繁衍生息，故而得名。

芦茅堰 lo^{55}muŋ^{53}jəu^{55}

纯粹的土家语地名，lo^{55}muŋ^{53}jəu^{55}（洛猛优）的音变与误记。

土家语lo^{55}muŋ^{53}jəu^{55}（洛猛优）由lo^{55}muŋ^{53}（洛猛）和jəu^{55}（优）两个音节组成：lo^{55}muŋ^{53}（洛猛）的汉语义是“大王”，实际就是本部落的“头领”、“头人”、“酋长”；jəu^{55}（优）的汉语义是“村”、“寨”。所以，lo^{55}muŋ^{53}jəu^{55}（洛猛优）连起来译成汉语就是“大王寨”或“首领寨”。

此镇区域内还有一地名“芦茅垭”，其中的“芦茅”也是土家语lo^{55}muŋ^{53}的误记，汉语义也是“大王”、“首领”。所以，“芦茅垭”就是“大王垭”或“头人垭”。

火砖墙房屋

烽　火 xuŋ^{55}xo^{55}

纯粹的土家语地名，xuŋ^{55}xo^{55}的汉字记音，但xuŋ^{55}记为“哄”与其发音更为接近。所以，这个地名准确一点应记为“哄火”。

土家语xuŋ^{55}xo^{55}（哄火）为一个音节，汉语义是“火砖”，所以土家语称“火砖房”为xuŋ^{55}xo^{55}tsho^{53}（哄火挫）。以xuŋ^{55}xo^{55}（哄火）——“火砖”作地名，就是建有“火砖房”的地方。

麻潭河 ma^{21}than^{21}xo^{21}

土家语与汉语结合运用的地名：“麻”是半借汉语“马”的土家语；“潭”是土家语than^{21}（坦）的音变；“河”是汉语。所以，这个地名准确记音应为“马坦河”。

古代土家语称“马”为ke^{53}（革），后来由于与汉族交往频繁，ke^{53}

(革) 不用了，而是直接借用汉语“马”，ke^{53} (革) 仅在古老的《梯玛神歌》中予以保留。汉语“马”借入土家语后发音为 ma^{21} (麻)。than^{21} (坦) 的汉语义是“跑”。ma^{21}than^{21} (麻坦) 连起来直译是“马跑”，调换语序结构译成汉语就是“跑马”；所以，“麻坦河” (麻潭河) 就是“跑马河”。意思是说，这条河边设有跑马场，是土兵跑马射箭、操练阵法的地方。

手板岩 se^{53}pa^{53}ŋai^{21}

土家语与汉语结合运用的地名：“手板”是土家语 se^{53}pa^{53} 的音变与误记：“手”是 se^{53} (舍) 的误记，“板”是 pa^{53} (巴) 的误记；“岩”是汉语，即“岩石”，一般指具有某些岩石特征的地方。因此，“手板岩”的原始名称应是“舍巴岩”。按西部区的语音读作“色巴岩”。

土家语 se^{53}pa^{53} (舍巴) 为一个音节，汉语义是指土司体制内部的小头领，现多称为“舍巴”。所以，“舍巴岩” (手板岩) 就是“头领岩”。

从前，这里或因居住过土家人的小头领，或是某小头人的封地，因而得名。

田茶坪 tie^{55}tsha^{21}phin^{21}

土家语与汉语结合运用的地名：“田茶”是土家语 tie^{55}tsha^{21} 的汉字记音，但“田”是 tie^{55} (爹) 的误记；“坪”是汉语，即“坪坝”。所以，“田茶坪”的原始名称应是“爹茶坪”。按西部区的发音读作“爹擦坪”。

土家语称“豆腐”为 tie^{55}xe^{53} (爹核)，称“豆渣”为 tie^{55}tsha^{21} (爹茶)。所以，“爹茶坪” (田茶坪) 就是“豆渣坪”。

这个坪坝土地肥沃，水源好，泥土松软，人们便以“豆渣”作了比喻性地名。

犀角田 ɕi^{21}kho^{21}thian^{21}

土家语与汉语结合运用的地名，也有记作“西角田”的。“犀角”、“西角”是土家语 ɕi^{21}kho^{21} (息可) 的误记，“犀”、“西”是 ɕi^{21} (息) 的音变，“角”是 kho^{21} (可) 的音转；“田”是汉语，即“稻田”。所以，这个地名的准确记音应是“息可田”。

土家语 ɕi^{21}kho^{21} (息可) 为一个音节，汉语义是量器“升子”。所以，“息可田” (犀角田) 就是“升子田”，意为“小小的田”。

古代，居住此地的土家先民勤劳智慧，将一小块一小块的土地开垦为稻田，远远望去，大大小小犹如升子一样，于是人们便以“升子”作了比喻性地名。

洛士坡 lo^{55}si^{21}pho^{55}

土家语与汉语结合运用的地名：“洛士”是土家语 lo^{55}si^{21} 的汉字记音，但“士”一般记作“石”；“坡”是汉语，即“山坡”。所以，这个地名的准确记音应是“洛石坡”。按西部区的发音读作“洛司坡”。

土家语 lo^{55}si^{21}（洛石）系两个音节：lo^{55}（洛）的汉语义是“人”。si^{21}（石）作名词时有两义，即“肉”和“兽”；作动词时也有两义，一是“送”，二是“生”、“生育”。这里是作动词。按照第一种含义，lo^{55}si^{21}（洛石）连起来直译是“人送”，调换语序结构译成汉语就是“送人”；“洛石坡”（洛士坡）就是“送人坡”，即送人到此地告别的地方。按照第二种含义，lo^{55}si^{21}（洛司、洛石）连起来直译是“人生”，调换语序结构译成汉语是“生人”，即“生育人”、“发人”；“洛石坡”（洛士坡）就是“发人坡”，即“肯发人的地方”。由于没有其他史料可证，这个地名究竟应取何义，尚难断论。

马寄岭 ma^{53}tɕie^{53}lin^{21}

土家语与汉语结合运用的地名：“马寄”是土家语 ma^{53}tɕie^{53} 的汉字记音，但“寄”是 tɕie^{53}（姐）的音变；“岭”是汉语，即“山岭”。所以，这个地名的准确记音应是“马姐岭”。

土家语 ma^{53}tɕie^{53}（马姐）系两个音节：ma^{53}（马）的汉语义是“蜂”(Apismellifera)，tɕie^{53}（姐）的汉语义是“赶”；ma^{53}tɕie^{53}（马姐）连起来直译是“蜂赶”，调换语序结构译成汉语是“赶蜂”。所以，“马姐岭”（马寄岭）就是“赶蜂岭”。

“赶蜂子”是老祖宗传留下来的猎蜂技艺，如今山区人民还在运用。赶蜜蜂是趁春天蜂子分桶之时，将蜂桶内喷洒盐水或蜂蜜水，蜜蜂闻其味主动投入桶内。赶雷蜂则是将猪肥肉切成颗粒，用竹签插于田边地头，雷蜂见了便衔之飞去。这时赶蜂人顺蜂飞方向追寻，一站接着一站，最后就能找到蜂巢，烧其巢取其蛹。从前，这个山岭蜂子多，是“人们追寻蜂子的地方”，故而得名。

马颜沟 ma^{53}jan^{21}kəu^{55}

土家语与汉语结合运用的地名：“马颜”是土家语 ma^{53}jan^{21} 的汉字记音，有的地方称 ma^{53}jn^{21}（马映）；“沟”是汉语，即“溪沟”。

土家语称“彩虹”为 ma^{53}jan^{21}（马颜），并且流传《马颜吃水》的山歌：“马颜吃水两头低，郎在东头姐在西；郎在东头吃好水，姐在西边受孤凄。”所以，“马颜沟”就是“彩虹沟”，因这里常常出现彩虹而得名。

木岭岗 mu^{53}ȵie^{21}kan^{55}

土家语与汉语结合运用的地名：“木岭”是土家语 mu^{53}ȵie^{21} 的汉字记音，但“岭”是 ȵie^{21}（捏）的音变；“岗”是汉语，即“山冈”。所以，这个地名的准确记音应是“木捏冈”。

土家语称“竹子”（Bamboo sporout）为 mu^{53}ȵie^{21}（木捏），一般简称为 mu^{53}（木）。所以，“木捏冈”（木岭岗）就是“竹子冈”。古代，这个山冈上长满了竹子，故得其名。

溶　塆 zuŋ^{53}uan^{55}

土家语与汉语结合运用的地名：“溶”是土家语 zuŋ^{53} 的汉字记音，但通常记为“冗”或“容”；“塆”是汉语，即“山塆”。所以，这个地名的准确记音应是“冗塆”。

zuŋ^{53}（冗）是极其古老的土家语，现代已经弃之不用，仅在《梯玛神歌》中得以保存。zuŋ^{53}（冗）虽然被废弃，但它还是伸延发展了，由原始的 zuŋ^{53}（冗）伸延为 zuŋ^{53}mei^{21}（冗美）、zuŋ^{53}mi^{21}（冗米），最后伸延为现代的 a^{53}mi^{21}（阿米），译成汉语都是“妹妹”。所以，“冗塆”（溶塆）就是“妹妹塆”。

在遥远的古代，这里可能是母系氏族社会女头领的住地，也可能是某女性大王的住地，故而得名。

陈沟坪 tshe^{21}ka^{21}phin^{21}

土家语与汉语结合运用的地名。“陈沟”是土家语 tshe^{21}ka^{21} 的误记：“陈”是 tshe^{21}（扯）的音变，“沟”是 ka^{21}（嘎）的近音汉字替代；“坪”是汉语，即“坪坝”。所以，“陈沟坪”的原始名称应是“扯嘎坪”。按西部区的发音读作“测嘎坪”。

土家语 tshe^{21}ka^{21}（扯嘎）系两个音节：tshe^{21}（扯）的汉语义是“水”，ka^{21}（嘎）的汉语义是“缺”、“少”；tshe^{21}ka^{21}（扯嘎）连起来直译是“水缺”，调换语序结构译成汉语是“缺水”。所以，“扯嘎坪”（陈沟坪）就是“缺水坪”，是水源不足，常常缺水的地方。

望高山 uan^{35}ka^{21}san^{55}

土家语与汉语结合运用的地名："望高"是土家语 uan^{35}ka^{21}（万嘎）的音变与误记，"望"是 uan^{35}（万）的音变，"高"是 ka^{21}（嘎）的近音汉字替代；"山"是汉语。所以，"望高山"的原始名称应是"万嘎山"。

土家语 uan^{35}ka^{21}（万嘎）系两个音节：uan^{35}（万）的汉语义是"黄牛"（Bos taurus domestica），ka^{21}（嘎）的汉语义是"缺少"；所以，uan^{35}ka^{21}（万嘎）连起来直译是"牛缺少"，调换语序结构译成汉语就是"缺少牛"。"万嘎山"（望高山）就是"缺牛山"，即缺少耕牛的地方。

高场垭 ke^{21}tshi^{35}ŋa^{35}

土家语与汉语结合运用的地名。"高场"是土家语 ke^{21}tshi^{35} 的音变与误记："高"是 ke^{21}（格）的误记，"场"是 tshi^{35}（尺）的误记；"垭"是汉语，即"山垭"。所以，"高场垭"的原始名称应是"格尺垭"。按西部区的发音读作"格次垭"。

土家语 ke^{21}tshi^{35}（格尺）为一个音节，汉语义是"玩"、"游玩"。所以，"格尺垭"（高场垭）就是"游玩垭"，是好玩的地方。

龙船塔 luŋ^{35}tshe^{21}tha^{35}

土家语与汉语结合运用的地名："龙船"是土家语 luŋ^{35}tshe^{21} 的汉字记音，但"船"是 tshe^{21}（扯）的误记，也是人们的牵强附会；"塔"是汉语，即"坪塔"，一般泛指有坪塔的地方。所以，这个地名的准确记音应是"龙扯塔"。按西部区的发音读作"龙测塔"。

土家语 luŋ^{35}tshe^{21}（龙扯）系两个音节：luŋ^{35}（龙）的汉语义是"浑"，tshe^{21}（扯）的汉语义是"水"；luŋ^{35}tshe^{21}（龙扯）连起来译成汉语是"浑水"。所以，"龙扯塔"（龙船塔）就是"浑水塔"，即容易出浑水的地方。

大 坪 镇

位于区域西南部，镇治距市中心 26 公里；总面积 98.9 平方公里，其中耕地 8247 亩；辖 9 个行政村、2 个居委会，80 个村（居）民小组，2009 年末，总人口 7652 人，其中土家族占全镇总人口的 95%。境内林业资源丰富，全镇森林覆盖率达 95%；主要特产有香菇、山野菜、土家干菜等。

堡子界 $po^{55}tso^{55}kai^{35}$

土家语与汉语结合运用的地名："堡子"是土家语 $po^{55}tso^{55}$（波左）的音变与误记，也是文人们的想象与讹编；"界"是汉语，即"山界"。所以，这个地名的准确记音应为"波左界"。但在东部区的大多数地方读作"博着界"。

磨子，土家人从前加工粮食的主要工具

土家语 $po^{55}tso^{55}$（波左）为一个音节，汉语义是"石磨"、"磨子"；因此，"波左界"（堡子界）就是"磨子界"。

今天，石磨已经被逐渐淘汰，但它在古代却是土家人不可缺少的粮食加工设备，磨包谷、磨豆腐等都少不了它。从前，这个山界上有石匠打制石磨出售，界上的人家家户户靠石磨加工粮食，人们便以这种工具作了地名。

二方土 $zi^{53}xua^{21}thu^{21}$

纯粹的土家语地名，$zi^{53}xua^{21}thu^{21}$（日花土）的音变与误记："二"是 zi^{53}（日）的误记，前面多处地方说到，在张家界地区，"日"与"二"同音，都读作"二"，故有将 zi^{53}（日）记为"二"之误；"方"是 xua^{21}（花）

的音变。

土家语 $zi^{53}xua^{21}thu^{21}$（日花土）包括两个音节：zi^{53}（日）为一个音节，汉语义是“网”，包括“鱼网”、“兽网”等；$xua^{21}thu^{21}$（花土）为一个音节，是古土家语，现已失传，仅在《梯玛神歌》中留存，汉语义是“师傅”。因此，$zi^{53}xua^{21}thu^{21}$（日花土）连起来译成汉语就是“网师傅”，即做网的师傅。

在遥远的古代，土家先民就学会了做网，用来上山捕兽，下河捕鱼。此地从前居住过著名的做网和用网的能工巧匠，人们便以此作了地名。

丰食峪　$xa^{53}si^{21}jəu^{35}$

土家语与汉语结合运用的地名：“丰食”是土家语 $xa^{53}si^{21}$（哈司）的误记，“丰”是 xa^{53}（哈）的误记，“食”是 si^{21}（司）的音变；“峪”是汉语，即“山峪”。因此，这个地名的准确记音应为“哈司峪”。

土家语 $xa^{53}si^{21}$（哈司）的完整音节是 $xa^{53}lie^{21}si^{21}$（哈列司），lie^{21}（列）属高降轻声，在长期的语流音变中被省掉了，只留下 $xa^{53}si^{21}$（哈司），但其意未变，译成汉语是“野杨梅”（Myrica L）。因此，“哈司峪”（丰食峪）就是“野杨梅峪”，因野杨梅树多而得名。

顶丰垭　$tie^{55}xe^{53}ŋa^{53}$

土家语与汉语结合运用的地名：“顶丰”是土家语 $tie^{55}xe^{53}$（爹核）的误记；“垭”是汉语，即“山垭”。所以，这个地名的准确记音应为“爹核垭”。

土家语 $tie^{55}xe^{53}$（爹核）为一个音节，译成汉语是“豆腐”；因此，“爹核垭”（顶丰垭）就是“豆腐垭”。

从前，此地位于交通要道，有人曾经在这里做豆腐，卖豆腐，人们便以这种食品作了地名。

通塘塆　$thuŋ^{55}than^{53}uan^{55}$

土家语与汉语结合运用的地名：“通塘”是土家语 $thuŋ^{55}than^{53}$ 的汉字记音，但“塘”是 $than^{53}$（谈）的音变；“塆”是汉语，即“山塆”。所以，这个地名准确一点儿应记音为“通谈塆”。

土家语 $thuŋ^{55}than^{53}$（通谈）又称 $thuŋ^{55}tha^{53}$（通踏），为一个音节，汉语义是“通脱木”；因此，“通谈塆”（通塘塆）就是“通脱木塆”。因生长有通脱木而得名。

“通脱木”，冬青科植物，全身有刺，刺如猫爪，因而也叫“猫爪刺”(llex perllia)。对这种植物，土家语还有一种叫法，即 $me^{35}lan^{55}tɕhi^{55}kha^{21}$ (嚜兰期卡)。从前，这里遍地是“猫爪刺”，故得其名。

老 屿 $lo^{53}jəu^{55}$

纯粹的土家语地名，也有记作“老峪”的，是 $lo^{53}jəu^{55}$（裸优）的误记。

土家语 $lo^{53}jəu^{55}$（裸优）可以视为两个音节：lo^{53}（裸）的汉语义是“人”，$jəu^{55}$（优）的汉语义是“村”、“寨”；$lo^{53}jəu^{55}$（裸优）连起来译成汉语是“人寨”。但现在一般把它视为一个音节，汉语义是“土家寨”。

土家人对不同民族成员的村寨有着不同的称谓，除了称土家人自己的村寨为 $lo^{53}jəu^{55}$（裸优），称汉族人的村寨为 $pha^{55}jəu^{55}$（帕优），称苗族人的村寨为 $pe^{35}jəu^{55}$（白优）。此地以 $lo^{53}jəu^{55}$（裸优）命名，就是土家人的寨子。简而言之，就是“土家寨”或“土家村”。详细释义参看桑植县谷罗山乡“罗峪”。

石长溪 $si^{21}tsha^{35}tɕhi^{55}$

土家语与汉语结合运用的地名：“石长”是土家语 $si^{21}tsha^{35}$ 的汉字记音，但“长”是 $tsha^{35}$（岔）的音变；“溪”是汉语，即“溪沟”。所以，这个地名的准确记音应为“司擦溪”。按西部区的发音读作“石岔溪”。

土家语 $si^{21}tsha^{35}$（石岔）系两个音节：si^{21}（石）的汉语义是“肉”，包括猪肉、羊肉、牛肉、野兽肉等；$tsha^{35}$（岔）的汉语义是“好”。$si^{21}tsha^{35}$（石岔）连起来直译是“肉好”，调换语序结构译成汉语是“好肉”。所以，“石岔溪”（石长溪）就是“好肉溪”或“好肉沟”。按照土家语的语言习惯，这个“好”除质量的“好坏”而外，还含“好多”、“好肥”等含义。

从前，这里的土家先民喂养的猪多、羊多，肉多且好，故得此名。

城门峪 $tshe^{21}muŋ^{55}jəu^{55}$

纯粹的土家语地名，$tshe^{21}muŋ^{55}jəu^{55}$ 的汉字记音。但“城”是 $tshe^{21}$（扯）的误记，“门”是 $muŋ^{55}$（蒙）的音变，“峪”是 $jəu^{55}$（优）的音变。所以，这个地名的准确记音应是“扯蒙优”。按西部区的发音读作“测蒙优”。

土家语 $tshe^{21}muŋ^{55}jəu^{55}$（扯蒙优）由 $tshe^{21}muŋ^{55}$（扯蒙）和 $jəu^{55}$（优）两个音节组成：$tshe^{21}muŋ^{55}$（扯蒙）的汉语义是“水井”，$jəu^{55}$（优）的汉语义是“村庄”、“寨子”。所以，$tshe^{21}muŋ^{55}jəu^{55}$（扯蒙优）连起来译成汉

语就是“水井村”或“水井寨”，即水井旁边的村寨。此地从古至今从未建过城池，因此与“城门”无关。

此地还有一地名“陈麻峪”，同样是土家语 tshe^{21}muŋ^{55}jəu^{55}（扯蒙优）的误记，译成汉语也是“水井村”。

七山溪 tɕhie^{55}sa^{53}tɕhi^{55}

土家语与汉语结合运用的地名：“七山”是土家语 tɕhie^{55}sa^{53}（且沙）的音变与误记；“溪”是汉语，即“溪沟”。所以，这个地名的准确记音应为“且沙溪”。按西部区的读音应记作“且萨溪”。

土家语称“山坡”为 tɕhie^{55}（且），称“坡上”为 tɕhie^{55}sa^{53}（且沙）。所以，“且沙溪”（七山溪）就是“坡上沟”或“山上沟”。

鸡地界 tɕi^{21}ti^{53}kai^{35}

土家语与汉语结合运用的地名：“鸡地”是土家语 tɕi^{21}ti^{53} 的汉字记音，但 tɕi^{21} 通常记为“吉”；界是汉语，即“山界”。

土家语 tɕi^{21}ti^{53}（吉地）系两个音节：tɕi^{21}（吉）的汉语义是“脚”，ti^{53}（地）的汉语义是“痛”或“病”；tɕi^{21}ti^{53}（吉地）连起来译成汉语是“脚痛”或“脚病”。所以，“吉地界”（鸡地界）就是“脚病界”或“脚痛界”，意思是说人到了这个山界上，脚要患病疼痛。

为什么人到这个山界上要脚痛呢？也许是山高路窄，凹凸不平，导致脚伤脚疼；也许这个山界上有某种有毒物质存在，对脚有伤害。

张鼓塔 za^{35}ku^{53}tha^{35}

纯粹的土家语地名，za^{35}ku^{53}tha^{35} 的汉字记音，但“张”是 za^{35}（日阿）的近音汉字替代，ku^{53} 一般记为“古”。所以，这个地名的准确记音应是“日阿古塔”。

土家语 za^{35}ku^{53}tha^{35}（日阿古塔）由 za^{35}ku^{53}（日阿古）和 tha^{35}（塔）两个音节组成。za^{35}ku^{53}（日阿古）的汉语义是“茶叶”（Camellia sinensis）；tha^{35}（塔）在这里是动词，汉语义是“烤”、“炒”。所以，za^{35}ku^{53}tha^{35}（日阿古塔）连起来直译是“茶叶炒”，调换语序结构译成汉语就是“炒茶叶”；用作地名，即炒茶的地方。

从前，此地出产茶叶，先民们在这里设有制茶作坊，是人们烤炒茶叶的地方，于是，便以“炒茶叶”作了地名。

望田坡 uan^{35}thi^{35}pho^{55}

土家语与汉语结合运用的地名："望田"是土家语uan^{35}thi^{35}（万替）的误记，"望"是uan^{35}（万）的音变，"田"是thi^{35}（替）的音变；"坡"是汉语，即"山坡"。所以这个地名准确记音应为"万替坡"。

土家语uan^{35}thi^{35}（万替）系两个音节：uan^{35}（万）是古代土家语，汉语义是"黄牛"（Bos taurus domestica）；thi^{35}（替）在这里是动词，汉语义是"拴"、"捆"、"套"。uan^{35}thi^{35}（万替）连起来直译是"黄牛拴"，调换语序结构译成汉语是"拴黄牛"。所以，"万替坡"（望田坡）就是"拴牛坡"。

古代，这片山坡是一片广漠的荒原，水草繁茂，先民们常将黄牛拴在绿草丛中放养，故而得名。

支儿峪 tsi^{21}e^{21}jəu^{55}

纯粹的土家语地名，tsi^{21}e^{21}jəu^{55}的汉字记音，但"支"是tsi^{21}（直）的音变，"峪"是jəu^{55}（优）的音变。所以，这个地名应记作"直二优"。按西部区的发音读作"自二优"。经过几千年的语流音变，今人能够保留其原始发音，能够记录成这个样子，实属难得。

土家语tsi^{21}e^{21}jəu^{55}（直二优）由tsi^{21}e^{21}（直二）和jəu^{55}（优）两个音节组成。tsi^{21}e^{21}（直二）的汉语义是"大米"，jəu^{55}（优）的汉语义是"村庄"。所以，tsi^{21}e^{21}jəu^{55}（直二优）连起来译成汉语就是"大米村"，即产大米、有大米饭吃的村寨。

窝铺塆 O^{53}pho^{35}uan^{55}

土家语与汉语结合运用的地名："窝铺"是土家语O^{53}pho^{35}的汉字记音，但"铺"是pho^{35}（破）的音变与误记；"塆"是汉语，即"山塆"。所以，这个地名准确记音应为"窝破塆"。

土家语O^{53}pho^{35}（窝破）系两个音节：O^{53}（窝）的汉语义是"蛇"；pho^{35}（破）的汉语义是"跑"，可表示"逃跑"，也可表示"跑来跑去"、"常来常往"。所以，O^{53}pho^{35}（窝破）连起来译成汉语就是"蛇跑"；"窝破塆"（窝铺塆）就是蛇跑来跑去、时常出没的山塆。

从前，此地树密草肥，阴凉潮湿，各种毒蛇栖息其间，故而得名。

排岭岗 pha^{35}ȵi^{21}kan^{55}

土家语与汉语结合运用的地名："排岭"是土家语pha^{35}ȵi^{21}（帕妮）的

误记；“岗”是汉语，即“山冈”。因此，“排岭岗”的原始名称应是“帕妮冈”。

土家语 pha^{35}ȵi^{21}（帕妮）为一个音节，汉语义是“老妇人”、“老婆婆”。土家语的语言习惯是：凡是自己的祖父、祖母都分别称为 pha^{35}phu^{55}（帕普）、a^{53}pa^{21}（阿巴）；对不认识或不熟悉的老公公、老婆婆可以尊称为 pha^{35}phu^{55}（帕普）和 a^{53}pa^{21}（阿巴），但一般地称“老公公”为pho^{21}pha^{55}tshi^{21}（婆帕次），称“老婆婆”为 pha^{35}ȵi^{21}（帕妮）。所以，“帕妮冈”（排岭岗）就是“老妇人冈”。

古代的某个时期，这个山冈上居住过一位寿高望重的老妇人，岗藉人名，约定俗成，留名至今。

岩旯子 ŋe^{35}ȵa^{53}tsu^{35}

纯粹的土家语地名，ŋe^{35}ȵa^{53}tsu^{35}（额那租）的音变与误记。

土家语 ŋe^{35}ȵa^{53}tsu^{35}（额那租）由 ŋe^{35}ȵa^{53}（额那）和 tsu^{35}（租）两个音节组成：ŋe^{35}ȵa^{53}（额那）作名词时是个多义词，凡是“花带”、“围裙带”、“裤带”、“绳子”、“索子”、山里捆柴的“藤子”等等，土家语都称之为 ŋe^{35}ȵa^{53}（额那），此处实指“花带”；tsu^{35}（租）的汉语义是“出”、“出产”。ŋe^{35}ȵa^{53}tsu^{35}（额那租）连起来直译是“花带出产”，调换语序结构译成汉语就是“出产花带”；用作地名就是“出产花带的地方”。

“花带”是土家族的工艺品。土家族的花带有“打花带”、“挑花带”、“绣花带”三类，普遍用作围裙、香袋、挎包、裤、裙、板袋、帽子等的系绳。花带都编织花纹图案，花纹简繁以带子长短宽窄而定。一般是编织者席地而坐，在两膝上固定经线，然后用一柄铜挑或牛角挑挑织。花纹图案一般以花草虫鱼鸟兽和自然景物加以夸张抽象，常见的有“万”字格、“田”字格、“王”字格、“寿”字格和“凤穿牡丹”、“喜鹊闹梅”、“野鹿含花”等。图案精美，花色多变，十分美丽，是民族艺术中的一方珍奇。

此镇还有一地方名叫“岩郎塆”，是与“岩旯子”同义的又一土家语与汉语结合运用的地名。“岩郎”是土家语 ŋe^{35}ȵa^{53}（额那）的误记，“塆”是汉语，“额那塆”（岩郎塆）即“花带塆”。

龙门洞 luŋ^{55}muŋ^{53}tuŋ^{35}

土家语与汉语结合运用的地名：“龙门”是土家语 luŋ^{55}muŋ^{53} 的汉字记

音，但 $luŋ^{55}$ 一般记为“聋”，“门”是 $muŋ^{53}$（猛）的音变与附会；“洞”是汉语，即“山洞”，用作地名时，一般泛指有山洞的地方。所以，这个地名的准确记音应是“聋猛洞”。

土家语 $luŋ^{55}muŋ^{53}$（聋猛）为一个音节，汉语义是“大麦”（Hordeum vulgare L）。所以，“聋猛洞”（龙门洞）就是“大麦洞”，即出产大麦的地方。

护兵垭 $xu^{21}pi^{35}ŋa^{53}$

土家语与汉语结合运用的地名：“护兵”是土家语 $xu^{21}pi^{35}$（湖必）的误记；“垭”是汉语，即“山垭”。所以，这个地名的准确记音应是“湖必垭”。

土家语 $xu^{21}pi^{35}$（湖必）系两个音节：xu^{21}（湖）的汉语义是“山与山之间的谷地”，俗称“山谷”；pi^{35}（必）的汉语义是“小”。$xu^{21}pi^{35}$（湖必）连起来直译是“山谷小”，调换语序结构译成汉语是“小山谷”。所以，“湖必垭”（护兵垭）就是“小山谷垭”。意思是说，这个地方处在小沟旁边的山垭上。

盘夹溪 $phan^{21}ka^{21}tɕhi^{55}$

借用汉语的土家语地名：“盘夹”是借用汉语的“螃蟹”（Eriocheir sinensis），“夹”在这里读“嘎”；“溪”是汉语，即“溪沟”。

随着时代的发展进步，土家语的词汇不够用了，有的古老的词汇自然消失了，于是便借用汉语的词汇来补充自己。由于发音、声调、语法运用的不同，借用的汉语词汇往往面目全非，完全融入本民族语言之中。此处的 $phan^{21}ka^{21}$（盘夹）就是借用汉语“螃蟹”一词，所要表达的含义也是“螃蟹”，即“蟹”。所以，“盘夹溪”就是“螃蟹沟”。

螃蟹，属节肢动物，水陆两栖，种类繁多。从前，这条山沟里蟹多，远近知名，因此，人们便以这种水产作了地名。

望乡台 $uan^{35}ɕi^{21}thai^{21}$

土家语与汉语结合运用的地名：“望乡”是土家语 $uan^{35}ɕi^{21}$（万西）的误记，“望”是 uan^{35}（万）的音变，“乡”是 $ɕi^{21}$（西）的音变与附会；“台”是汉语，即“台地”。因此，这个地名的准确记音应是“万西台”。

土家语 $uan^{35}ɕi^{21}$（万西）系两个音节：uan^{35}（万）的汉语义是“黄牛”（Bos taurus domestica），$ɕi^{21}$（西）的汉语义是“草”；$uan^{35}ɕi^{21}$（万西）连起

来译成汉语是“牛草”。所以，“万西台”（望乡台）就是“牛草台”。

这个台地上牛草多，是人们常来割牛草的地方，因而得名；与迷信中冥界的“望乡台”毫无联系。

拖木岭 thuŋ^{53}muŋ^{21}lin^{53}

土家语与汉语结合运用的地名：“拖木”是土家语 thuŋ^{53}muŋ^{21}（统蒙）的误记，“木”是 muŋ^{21}（蒙）的音转；“岭”是汉语，即“山岭”。所以，这个地名的准确记音应是“统蒙岭”。

土家语 thuŋ^{53}muŋ^{21}（统蒙）为一个音节，汉语义是“线”；因此，“统蒙岭”（拖木岭）就是“线岭”，即出产线的地方。

沙漠岭 su^{35}mu^{55}lin^{53}

土家语与汉语结合运用的地名：“沙漠”是土家语 su^{35}mu^{55}（术母）的误记；“岭”是汉语，即“山岭”。所以，这个地名的准确记音应是“术母岭”。按西部区的发音读作“苏母岭”。

土家语 su^{35}mu^{55}（术母）为一个音节。以 su^{35}mu^{55}（术母）作地名，在土家族聚居区十分普遍。由于居住地区不同，发音略有差别，有的记为“苏木”，有的记为“树木”、“树母”，有的记为“术母”，还有的记为“送母”、“松木”，但核心含义完全相同，汉语义都是“祖先”、“祖宗”，即太公及其以上的男性。在这个大前提下，涵盖范围有：祖先居地居址，祖先坟茔与墓地，祖先祠和祖先神堂，祖先遗业、遗产等。《梯玛神歌》还说：su^{35}mu^{55}（术母）就是“菩萨”，当然指祖先神灵。所以，“术母岭”（沙漠岭）就是“祖先岭”，是祖先居住过的“老屋场”，或者是祖先的墓地。

笔架山 pi^{35}tɕi^{55}san^{55}

土家语与汉语结合运用的地名：“笔架”是土家语 pi^{35}tɕi^{55}（毕基）的误记与附会；“山”是汉语。所以，这个地名的准确记音应是“毕基山”。

土家语 pi^{35}tɕi^{55}（毕基）为一个音节，是土家人的自称，即“土家”；所以，“毕基山”（笔架山）就是“土家山”，即土家人居住的地方。详细释义参看桑植县两河口乡“笔架村”。

匹金塔 pi^{35}tɕi^{55}tha^{35}

纯粹的土家语地名，pi^{35}tɕi^{55}tha^{35} 的汉字记音，但“匹金”是 pi^{35}tɕi^{55}（毕基）的误记。所以，这个地名的准确记音应是“毕基塔”。

土家语 pi^{35}tɕi^{55}tha^{35}（毕基塔）系两个音节：pi^{35}tɕi^{55}（毕基）为一个音

节，是土家人的自称，即“土家”；tha^{35}（塔）为一个音节，汉语义是“处所”、“地方”。所以，pi^{35}tɕi^{55}tha^{35}（毕基塔）连起来译成汉语就是“土家人居住的地方”。详细释义参看桑植县两河口乡“笔架村”。

柏枝塔 pi^{35}tsi^{55}tha^{35}

纯粹的土家语地名，pi^{35}tsi^{55}tha^{35} 的汉字记音，但“柏枝”是 pi^{35}tsi^{55}（毕兹）的音转与误记。所以，这个地名的准确记音应是“毕兹塔”。

土家语 pi^{35}tsi^{55}tha^{35}（毕兹塔）系两个音节：pi^{35}tsi^{55}（毕兹）为一个音节，是土家人的另一自称，即“土家”；tha^{35}（塔）为一个音节，汉语义是“处所”、“地方”。所以，pi^{35}tsi^{55}tha^{35}（毕兹塔）连起来译成汉语就是“土家人居住的地方”。详细释义参看桑植县两河口乡“笔架村”。

磨蛇溪 mu^{55}se^{55}tɕhi^{55}

土家语与汉语结合运用的地名：“磨蛇”是土家语 mu^{55}se^{55}（木社）的音变与误记；“溪”是汉语，即“溪沟”。因此，“磨蛇溪”的原始名称应是“木社溪”。按西部区的发音读作“木色溪”。

土家语 mu^{55}se^{55}（木社）为一个音节，汉语义是“晒簟”；所以，“木社溪”（磨蛇溪）就是“晒簟沟”。

“晒簟”，是土家人翻晒粮食的一种农具，用竹篾片编织而成，长约四米，宽约二米，上面编织几何花纹，可以自由伸展收卷。从前，居住此地的篾匠多，编织的晒簟非常有名，于是人们便以这种晒粮工具作了地名。

永明溪 zuŋ^{53}min^{21}tɕhi^{55}

土家语与汉语结合运用的地名：“永明”是土家语 zuŋ^{53}min^{21} 的汉字记音，但“永”是 zuŋ^{53}（冗）的误记；“溪”是汉语，即“溪沟”。所以，这个地名的准确记音应是“冗明溪”。

土家语 zuŋ^{53}min^{21}（冗明）是由单音节 zuŋ^{53}（冗）进化而来的。单音节 zuŋ^{53}（冗）的汉语义为“妹妹”。为了表示肯定与亲切，后来演变成 zuŋ^{53}mi^{21}（冗米）或 zuŋ^{53}mei^{21}（冗美），其义为“妹啊！”。后来又演变为 zuŋ^{53}me^{21}（冗嚜）、zuŋ^{53}min^{21}（冗明），仍然表示“妹啊！”最后，又由 zuŋ^{53}me^{21}（冗嚜）、zuŋ^{53}min^{21}（冗明）演变成 a^{53}mi^{21}（阿米），即“阿妹”，原来表示“啊”的 me^{21}（嚜）、min^{21}（明）却变成了“妹”，zuŋ^{53}（冗）退位为 a^{53}（阿），成为了发声词。所以，“冗明溪”（永明溪）就是“妹妹沟”。

应该说，这个地名是母系社会的产物在今天的遗留，说明此地曾经居住过氏族社会的女性首领。这是一颗母系社会遗留的地名化石，十分珍贵。

总岭垭 tso^{53}ȵi^{21}ŋa^{53}

土家语与汉语结合运用的地名：“总岭”是土家语 tso^{53}ȵi^{21}（左尼）的误记；“垭”是汉语，即“山垭”。所以，这个地名的准确记音应是“左尼垭”。

据《梯玛神歌》记载，土家语称“亲戚”为 tso^{53}ȵi^{21}（左尼），称“亲戚六眷”为 tso^{53}ȵi^{21}mu^{21}ȵi^{21}（左尼母尼）。所以，“左尼垭”（总岭垭）就是“亲戚垭”，即亲戚六眷定居的山垭。

据有关史志记载，清代“改土归流”以前，土家族人以部落的形式参与社会生活，人们以姓氏和血缘关系结成集团组成部落聚族而居，往往一处地方有众多亲戚亲属居住在一起。这种情形，至今仍残俗犹存。

龙窝 luŋ^{55}u^{21}

纯粹的土家语地名，luŋ^{55}u^{21} 的汉字记音，但“窝”是 u^{21}（午）的音变。所以，这个地名的准确记音应是“龙午”。

土家语 luŋ^{55}u^{21}（龙午）为一个音节，是 luŋ^{55}ze^{21}je^{21}u^{21}（龙惹也午）的省略，是极其古老的土家语，汉语义泛指各种野兽。

从远古走来，土家语经历过弃繁就简的过程。在长期的语流音变中，人们对这一词语有的省略 je^{21}u^{21}（也午）而简化为 luŋ^{55}ze^{21}（龙惹），有的省略 ze^{21}je^{21}（惹也）而保留 luŋ^{55}u^{21}（龙午）。但凡懂得土家语的人都知道其含义都是“兽类”。所以，作为地名，“龙午”（龙窝）就是各类野兽栖息的地方。

高庄界 ka^{21}tsau^{21}kai^{35}

土家语与汉语结合运用的地名：“高庄”是土家语 ka^{21}tsau^{21}（嘎照）的误记；“界”是汉语，即“山界”。所以，这个地名的准确记音应是“嘎照界”。按西部区的发音读作“嘎照界”。

土家语 ka^{21}tsau^{21}（嘎照）为一个音节。以 ka^{21}tsau^{21}（嘎照）作地名，在土家族居住的山区极其普遍，凡是山间凹下去的山槽，土家语都称为 ka^{21}tsau^{21}（嘎照）。所以，“嘎照界”（高庄界）就是“凹槽界”，即有凹山槽的山界。

木水溪 $mu^{53}suan^{53}tɕhi^{55}$

土家语与汉语结合运用的地名："木水"是土家语 $mu^{53}suan^{53}$ 的汉字记音，但"水"是 $suan^{53}$（爽）的音变；"溪"是汉语，即"溪沟"。所以，这个地名的准确记音应为"木爽溪"。按西部区的发音读作"木算溪"。

土家语 $mu^{53}suan^{53}$（木爽）系两个音节：mu^{53}（木）的汉语义是"竹子"（Bamboo sprout），$suan^{53}$（爽）的汉语义是"小"；$mu^{53}suan^{53}$（木爽）连起来直译是"竹小"，调换语序结构译成汉语是"小竹"。所以，"木爽溪"（木水溪）就是"小竹溪"。

从前，这个山沟里小山竹多，故而得名。

冥阳山 $mi^{55}jan^{53}san^{55}$

土家语与汉语结合运用的地名。"冥阳"是土家语 $mi^{55}jan^{53}$ 的音变与误记："冥"是 mi^{55}（米）的音变；"阳"是东部区的语音，按西部区的语音是 jan^{53}（言）的音变。"山"是汉语。因此，这个地名按西部区的发音读作"米言山"。

土家语 mi^{55}（米）的汉语义是"火"；$mi^{55}jan^{53}$（米阳）是一种叫做"火阳"的神，也有称其为鬼的。所以"米阳山"（冥阳山）就是"火阳山"。

土家人认为火灾都是"火阳"作祟的结果，因此人们称其为"火阳神"或"火阳鬼"。传说它躲藏在屋檐上数户主的家具器皿，数清了就要放火烧毁。为了防止火灾发生，几千年来老祖宗传下三种祭仪，称为"牵火阳"：一是在房屋的挑坊上挂竹鸡，让竹鸡的叫声打乱火阳的数数。二是在"梯玛"的主持下扎一只大竹船，众人抬着到各家各户念咒语、画符，驱赶火阳。三是玩水龙灯，每年五六月间，以稻草扎一条龙，由多人赤膊舞龙，舞龙时每家放一盆清水于屋檐下，同时用"射水筒"向草龙射水，以驱赶火阳邪神。这种"牵火阳"习俗，一直传承到新中国成立前夕，今已消失。

此山以"火阳"命名，可能出于以下两个原因：一是从前这里的农户经常发生火灾，人们以为是"火阳神"在作祟，即"火阳神"经常"光临"；二是这里的土家先民时兴"牵火阳"祭仪，场面壮观，热闹非凡，人们印象深刻。

王家坪镇

位于区域东南部，东与常德市桃源县的牛车河乡相连，南与怀化市沅陵县的蚕忙乡、七甲坪乡接壤，北与慈利县洞溪乡为邻；镇治距市中心 64 公里；总面积 167.2 平方公里，其中耕地 22458 亩；辖 17 个行政村、2 个居委会，185 个村（居）民小组；2009 年末，总人口 16054 人，其中土家族占全镇总人口的 89.3%。该镇种植业和养殖业比较发达，土家腊味、反季蔬菜颇有特色。精神文明建设成效显著，文化氛围浓厚，历有“九都文化之乡”的美誉。曾先后被中央精神文明建设指导委员会授予“全国创建文明村镇工作先进单位”，被国务院授予“全国民族团结进步模范乡”，被国家民委授予“民族团结模范乡”，被湖南省委、省政府授予“文明乡”，被湖南省委宣传部授予“艺术之乡”等称号。乡文化站被评为全国先进文化站，2000 年被评为全国计划生育工作先进单位。

八家河　$pi^{35}tɕi^{53}xo^{35}$

土家语与汉语结合运用的地名：“八家”是土家语 $pi^{35}tɕi^{53}$（毕基）的音变与误记；“河”是汉语。所以，这个地名的准确记音应是“毕基河”。

土家语 $pi^{35}tɕi^{53}$（毕基）为一个音节，是土家人的自称，汉语义就是“土家”。所以，“毕基河”（八家河）就是“土家河”，是一个以土家族的族称命名的地名，实际是指土家人居住的地方。详细释义参看桑植县两河口乡“笔架村”。

湖田垭　$xu^{55}thi^{55}ŋa^{21}$

土家语与汉语结合运用的地名：“湖田”是土家语 $xu^{55}thi^{55}$ 的汉字记音，但“田”是 thi^{55}（梯）的音变；“垭”是汉语，即“山垭”。所以，这个地名的准确记音应是“湖梯垭”。

土家人居住的山区，出门是塆，开眼见槽。对这些“塆槽”，土家语通称之为 $xu^{55}thi^{55}$（湖梯）。因此，“湖梯垭”（湖田垭）就是“塆槽垭”。

这个山垭处在一个山塆的顶端，故而得名。

白竹沟　$po^{55}tso^{55}kəu^{55}$

土家语与汉语结合运用的地名：“白竹”是土家语 $po^{55}tso^{55}$（博着）的音变与误记；“沟”是汉语，即“溪沟”、“山沟”。所以，这个地名的准确记音应是“博着沟”。按西部区的发音读作“博着沟”。

土家语 $po^{55}tso^{55}$（博着）为一个音节，汉语义是“石磨”、“磨子”。所以，“博着沟”就是“石磨沟”、“磨子沟”，因出磨子而得名。

在土家族地区，不仅家家有用人力推的磨子，为了省力，还有一种利用水的动力来带动的“水磨”。在远古时期，这条山沟水量充足，有人在这里安有水磨，故而得名，也是有可能的。

宋湖溪 $su\eta^{35}xu^{21}t\c{c}hi^{55}$

土家语与汉语结合运用的地名。“宋湖”是典型的土家语 $su\eta^{35}xu^{21}$ 的汉字记音；“溪”是汉语，即“溪沟”。

土家语 $su\eta^{35}xu^{21}$（送湖）系两个音节：$su\eta^{35}$（宋）的汉语义是“鱼”，xu^{21}（湖）的汉语义是“两山之间或多山之间的谷地”。$su\eta^{35}xu^{21}$（送湖）连起来译成汉语是“鱼谷”；所以，“宋湖溪”就是“鱼谷沟”，即山谷中的鱼沟，因这个山谷沟里鱼多而得名。

弄子岩 $lu\eta^{35}tshe^{21}\eta ai^{21}$

土家语与汉语结合运用的地名：“弄子”是土家语 $lu\eta^{35}tshe^{21}$ 的汉字记音，但“子”是 $tshe^{21}$（测）的误记；“岩”是汉语，这里是指与岩有关的地方。所以，这个地名的准确记音应是“弄测岩”。但按西部区大多数地方的发音应是“弄扯岩”。

土家语 $lu\eta^{35}tshe^{21}$（弄测）系两个音节：$lu\eta^{35}$（弄）的汉语义是“浑”、“浊”，$tshe^{21}$（测）的汉语义是“水”；$lu\eta^{35}tshe^{21}$（弄测）连起来译成汉语是“浑水”。所以，“弄测岩”（弄子岩）就是“浑水岩”，即常有浑水的地方。

方石坪 $xu^{21}si^{55}phin^{21}$

土家语与汉语结合运用的地名：“方石”是土家语 $xu^{21}si^{55}$（服司）的误记；“坪”是汉语，即“坪坝”。所以，“方石坪”的原始名称应是“服司坪”。

土家语 $xu^{21}si^{55}$（服司）的完整音节是 $xu^{21}si^{55}tho^{55}$（服司妥），译成汉语是“还神愿”、“做土菩萨”。因此，“服司坪”（方石坪）就是“做土菩萨坪”。

从前，此地住有十分出名的“梯玛”，主事的“服司妥”活动十分有名；由此，人们便以 $xu^{21}si^{55}$（服司）——“还神愿”作了地名。详细释义参看桑植县白石乡“黄仕塔”。

天罗界 thi^{35}lai^{55}kai^{35}

土家语与汉语结合运用的地名："天罗"是土家语 thi^{35}lai^{55}（梯乃）的音变与误记，也是文人妄加比附的结果；"界"是汉语，即"山界"。因此，这个地名的准确记音应是"梯乃界"。

土家语 thi^{35}lai^{55}（梯乃）为一个音节，译成汉语是"山药"（Dioscorea Opposita Thunb）；因此，"梯乃界"（天罗界）就是"山药界"。

山药，俗名"脚板苕"、"苕儿"，是土医常用的药物，能补脾胃，益肺气，强肾固精。从前，这座山界上遍地生长山药，故得其名。

鸭岔塔 a^{21}tsha^{21}tha^{35}

土家语与汉语结合运用的地名。"鸭岔"是土家语 a^{21}tsha^{21} 的汉字记音，但"鸭"是 a^{21}（阿）的近音汉字替代；"塔"是汉语，即"坪塔"。因此，这个地名的准确记音应是"阿岔塔"。按西部区的发音读作"阿擦塔"。

土家语 a^{21}（阿）的汉语义是"岩"；a^{21}tsha^{21}（阿岔）的汉语义是"岩坎"、"岩壁"。所以，"阿岔塔"（鸭岔塔）就是"岩壁塔"或"岩坎塔"。

这个地方处在岩坎下或岩壁下，便以这种地理环境作了地名。

同钱田 thuŋ^{21}tɕhian^{55}thian^{53}

半借汉语的土家语与汉语结合运用的地名："同钱"是借用汉语的"铜钱"，按土家语发音是 thuŋ^{21}tɕhian^{55}（桶千）；"田"是汉语。

土家语 thuŋ^{21}tɕhian^{55}（桶千）虽是借用汉语的名词"铜钱"，但含义有所扩大，包含所有的货币，不过在这里仍然是"铜钱"。"桶千田"（同钱田）是一个比喻性的地名，意思是这里的稻田单个面积很小，一丘丘小如铜钱。

白乐界 pu^{53}lu^{21}kai^{35}

土家语与汉语结合运用的地名："白乐"是土家语 pu^{53}lu^{21}（补鲁）的音变与误记；"界"是汉语，即"山界"。所以，这个地名的准确记音应是"补鲁界"。

土家语 pu^{53}lu^{21}（补鲁）为一个音节，来源是 ɕin^{35}ka^{53}pu^{53}lu^{21}pu^{53}lu^{21}（信嘎补鲁补鲁），在实际运用中有时只讲 ɕin^{35}ka^{53}（信嘎），有时只讲 pu^{53}lu^{21}（补鲁），汉语义都是"绿色"或"绿茵茵"。因此，"补鲁界"（白乐界）就是"绿色的山界"或"绿茵茵的山界"。

古时这个山界上古木参天，郁郁葱葱，生机盎然。依据这里的颜色特征，人们便以“绿茵茵界”作了地名。详细释义参看教字垭镇“兴家岗”。

石堰坪 $si^{21}je^{53}phin^{21}$

土家语与汉语结合运用的地名：“石堰”是土家语 $si^{21}je^{53}$ 的汉字记音，但“堰”是 je^{53}（耶）的音变；“坪”是汉语，即“坪坝”。因此，“石堰坪”的原始名称应是“石耶坪”。按西部区的发音读作“司耶坪”。

土家语 $si^{21}je^{53}$（石耶）系两个音节：si^{21}（石）的汉语义是“肉”，也指“野兽”，这里取后者意，即“野兽”；je^{53}（耶）的汉语义是“拖”。所以，$si^{21}je^{53}$（石耶）连起来直译是“兽拖”，调换语序结构译成汉语是“拖兽”；所以，“石耶坪”（石堰坪）就是“拖兽坪”。

从前，这里树密林深，各种野兽出没其间，是人们打猎、拖兽的地方，故而得名。

上夫溪 $sa^{35}xo^{21}tɕhi^{55}$

土家语与汉语结合运用的地名：“上夫”是土家语 $sa^{35}xo^{21}$（沙嗬）的音变与误记；“溪”是汉语，即“溪沟”。所以，“上夫溪”的原始名称应是“沙嗬溪”。按西部区的发音读作“萨嗬溪”。

$sa^{35}xo^{21}$（沙嗬）为一个音节，是古老的土家语，仅在《梯玛神歌》中保留，译成汉语是“木排”。所以，“沙嗬溪”（上夫溪）就是“木排溪”或“木排沟”。

古时，此地是土家先民砍排树、扎木排的地方，故而得名。

三分塘 $suan^{21}xu^{21}than^{21}$

土家语与汉语结合运用的地名：“三分”是土家语 $suan^{21}xu^{21}$（酸胡）的音变与误记；“塘”是汉语，即“山塘”、“池塘”，也泛指有塘的地方。所以，这个地名的准确记音应是“酸胡塘”。

土家语 $suan^{21}xu^{21}$（酸胡）为一个音节，是 $suan^{21}xu^{21}lai^{55}$（酸胡来）的简化，汉语义是一种称为“雷公香”（Lindera glauca）的山胡椒。所以，“酸胡塘”（三分塘）就是“雷公香塘”或“山胡椒塘”，即山胡椒多的地方。

武陵山区生长有多种山胡椒树，比较著名的有狭叶山胡椒、美丽山胡椒、毛叶木姜子、山苍子、雷公香等。土家语称其中的“雷公香”为 $suan^{21}xu^{21}lai^{55}kha^{21}muŋ^{21}$（酸胡来卡蒙），其中的 $suan^{21}xu^{21}lai^{55}$（酸胡来）的汉语义就是“雷公香”，$kha^{21}muŋ^{21}$（卡蒙）的汉语义是“树”。此地从前雷公香树多，因而得名。

王古界 uan^{55}ku^{53}kai^{35}

土家语与汉语结合运用的地名："王古"是土家语 uan^{55}ku^{53} 的汉字记音，但"王"是 uan^{55}（万）的误记；"界"是汉语，即"山界"。所以，这个地名的准确记音应是"万古界"。

土家语 uan^{55}ku^{53}（万古）的完整音节是 uan^{55}ku^{53}tshi^{35}（万古次），其中的 tshi^{21}（次）属高降轻声，又居于词尾，在长期的语流音变中脱落了，只留下词根 uan^{55}ku^{53}（万古），但词意未变，译成汉语是"弯弯的"。因此，"万古界"（王古界）就是"弯弯的山界"。

伞家塆 sa^{53}kha^{53}uan^{55}

土家语与汉语结合运用的地名："伞家"是土家语 sa^{53}kha^{53}（萨卡）的音变与误记；"塆"是汉语，即"山塆"。因此，这个地方的原始名称应是"萨卡塆"。

土家语 sa^{53}kha^{53}（萨卡）系两个音节：sa^{53}（萨）的汉语义是"鸭子"(Anas domestica)，kha^{53}（卡）的汉语义是"守"；sa^{53}kha^{53}（萨卡）连起来直译是"鸭守"，调换语序结构译成汉语是"守鸭"。所以，"萨卡塆"(伞家塆）就是"守鸭塆"。

"守鸭子"俗称"放鸭子"或"赶鸭子"，是土家人世代传承的养殖业。其守鸭人俗称"鸭客"，"守鸭塆"实际就是"鸭客塆"。从前此地鸭客多，鸭子多，人们便以这种养殖业作了地名。

兴　卜 ɕi^{21}pho^{21}

纯粹的土家语地名，ɕi^{21}pho^{21}（西婆）的误记。

土家语 ɕi^{21}pho^{21}（西婆）为一个音节，译成汉语是"茅草"（Imperata cylindrica var majon）；作为地名，就是茅草多的地方。

从前，此地未经开垦，是一片茅草地，人们根据这一特征，使用 ɕi^{21}pho^{21}（西婆）——"茅草"作了地名。

广东山 kuan^{35}to^{55}san^{55}

土家语与汉语结合运用的地名："广东"是土家语 kuan^{35}to^{55}（贯夺）的误记；"山"是汉语。所以，这个地名的准确记音应是"贯夺山"。

土家语 kuan^{35}to^{55}（贯夺）为一个音节，是一个人称代词，译成汉语是"自己"。因此，"贯夺山"（广东山）就是"自己山"。

古代，此地属于某个部落或某个家族或某个家庭，当时便用权属关系作了地名。用多了，用久了，千百年来也就保留了下来，传至今天。

李马界 $li^{53}ma^{53}kai^{35}$

土家语与汉语结合运用的地名：“李马”是土家语 $li^{53}ma^{53}$ 的汉字记音；“界”是汉语，即“山界”。

土家语 $li^{53}ma^{53}$（李马）是 $li^{53}thuŋ^{53}ma^{53}$（李桶马）的简化，由于 $thuŋ^{53}$（桶）在整个音节中属轻声，常常被省略，从而成为今天的 $li^{53}ma^{53}$（李马），但含义未变。$li^{53}thuŋ^{53}ma^{53}$（里桶马）是一个由三个单音节组成的复合音节（一个词）：li^{53}（李）的汉语义是“土”，$thuŋ^{53}$（桶）的汉语义是“窝”、“巢”，ma^{53}（马）的汉语义是“蜂”（Apismellifera）；$li^{53}thuŋ^{53}ma^{53}$（李桶马）连起来译成汉语是“土窝蜂”，即在土里筑巢的蜂子。所以，“李马界”就是“土窝蜂界”。

“土窝蜂”俗称“土雷蜂”，是一种体黑个大的毒蜂。从前，这个山界上土雷蜂多，人们便以这种蜂作了地名。

大山深处的土家转角楼

连儿堰 $lie^{35}zi^{21}jəu^{55}$

纯粹的土家语地名，$lie^{35}zi^{21}jəu^{55}$（列日优）的误记：“连”是 lie^{35}（列）的音变，“儿”是 zi^{21}（日）的误记，“堰”是 jau^{55}（优）的音转。所以，这个地名的准确记音应是“列日优”。

土家语 $lie^{35}zi^{21}jəu^{55}$（列日优）由三个音节组成：lie^{35}（列）的汉语义是“楼房”，zi^{21}（日）的汉义是“多”；$lie^{35}zi^{21}$（列日）连起来直译是“楼子屋多”，调换语序结构译成汉语是“多楼子屋”。$jəu^{55}$（优）的汉语义是“村寨”。所以，$lie^{35}zi^{21}jəu^{55}$（列日优）连起来译成汉语就是“多楼子屋寨”或“多楼村”。

土家人的楼房，俗称“转角楼”，别称走马转角楼或骡子屁股。此地修建的转角楼多，也很集中，故而得名。

鸭头嘴 a21thu21tsui21

土家语与汉语结合运用的地名：“鸭头”是土家语 a21thu21 的汉字记音，但“鸭”是 a21（阿）的近音汉字替代；“嘴”是汉语，这里是指“山嘴”。所以，这个地名的准确记音应是“阿头嘴”。

土家语称“岩”、“石头”为 a21（阿），称“岩坷”为 a21thu21（阿头）；因此，“阿头嘴”（鸭头嘴）就是“岩坷嘴”。

岩排头 ŋai21phu35thu21

汉语与土家语结合运用的地名：“岩”是汉语；“排头”是土家语 phu35thu21 的汉字记音，但“排”是 phu35（铺）的误记。所以，这个地名的准确记音应是“岩铺头”。

土家语称“斑鸠”（Streptopelia）为 phu35thu21（铺头）。因此，“岩铺头”（岩排头）就是“岩斑鸠”。

在我国分布较广的斑鸠有两种：一种是棕背斑鸠（Streptopelia orien-talis orientalis），另一种是珠颈斑鸠（S. chinensis chin-ensis）。生活在土家山区的斑鸠有多种，当地人称栖息于草丛的叫“草斑鸠”，栖息于水边的叫“水斑鸠”，栖息于岩石间的叫“岩斑鸠”。从前此地岩斑鸠多，故而得名。

宋家溪 suŋ35ka53tɕhi55

土家语与汉语结合运用的地名：“宋家”是土家语 suŋ35ka53 的汉字记音，但“家”是 ka53（嘎）的近音汉字替代；“溪”是汉语，即“溪沟”。所以，这个地名的准确记音应是“宋嘎溪”。

土家语 suŋ35ka53（宋嘎）为一个音节，译成汉语是“碓”，俗称“碓马”；所以，“宋嘎溪”（宋家溪）就是“碓马溪”或“碓马沟”。

碓马和磨子是土家山区人们加工粮食的两种主要工具。碓马有脚踩碓马和水冲碓马两种。此地从前可能碓马多，或许有水冲碓马，因而得名。

安溪峪 a21tɕhi53jəu55

纯粹的土家语地名，a21tɕhi53jəu55（阿起优）的误记：“安”是 a21（阿）的音变；“溪”是 tɕhi53（起）的音变与误记，因当地“溪”读 qī（期），故有此误记。“峪”是汉语，即“山峪”。

土家语 a^{21}tɕhi^{53}jəu^{55}（阿起优）由 a^{21}tɕhi^{53}（阿起）和 jəu^{55}（优）两个音节组成：a^{21}tɕhi^{53}（阿起）的汉语义是“伯伯”，jəu^{55}（优）的汉语义是“村寨”。所以，a^{21}tɕhi^{53}jəu^{55}（阿起优）连起来译成汉语就是“伯伯寨”或“伯伯村”，即伯父居住的地方。显然，这是一个以宗族关系命名的地名。

王力山 uan^{35}ȵi^{55}san^{55}

土家语与汉语结合运用的地名：“王力”是土家语 uan^{35}ȵi^{55}（万尼）的音变；“山”是汉语。所以，这个地名的准确记音应是“万尼山”。

土家语 uan^{35}ȵi^{55}（万尼）系两个音节。对“黄牛”（Bos taurus domestica），现代土家语称为 u^{35}（戊），古代土家语则称为 uan^{35}（万）；ȵi^{55}（尼）的汉语义是“寻”、“找”。uan^{35}ȵi^{55}（万尼）连起来直译是“牛找”，调换语序结构译成汉语是“找牛”；所以，“万尼山”（王力山）就是“找牛山”。

从前，此地山大林密草深，牛进到山里就难回头，人们只好去寻找，故得“找牛山”之名。

洗家坪 ɕi^{21}ka^{21}phin^{21}

土家语与汉语结合运用的地名：“洗家”是土家语 ɕi^{21}ka^{21}（习嘎）的误记，“洗”是 ɕi^{21}（习）的音变，“家”是 ka^{21}（嘎）的近音汉字替代；“坪”是汉语，即“坪坝”。所以，这个地名的准确记音应是“习嘎坪”。

土家语 ɕi^{21}ka^{21}（习嘎）为一个音节，是 ɕi^{21}ka^{21}tsha^{55}（习嘎擦）的简化，译成汉语是“草”。所以，“习嘎平”（洗家坪）就是“草坪”。

古时，此地尚未开发，是一片杂草丛生的莽莽荒原，草多是其显著特征，人们便以 ɕi^{21}ka^{21}（习嘎）——“草”作了地名。

泗墩溪 si^{21}thuŋ^{53}tɕhi^{55}

土家语与汉语结合运用的地名：“泗墩”是土家语 si^{21}thuŋ^{53} 的汉字记音，但”泗“作为“si^{21} 的记音，一般记为“司”；“墩”是 thuŋ^{53}（桶）的音转。“坪”是汉语，即“坪坝”。所以，这个地名的准确记音应是“司桶溪”。按东部多数地方的读音应是“石桶溪”。

土家语 si^{35}thuŋ^{53}（司桶）系两个音节：si^{35}（司）的汉语义是“野兽”，thuŋ^{53}（桶）的汉语义是“窝”、“巢”；si^{35}thuŋ^{53}（司桶）连起来译成汉语是“兽窝”。所以，“司桶溪”（泗墩溪）就是“兽窝溪”，即“兽沟”。

古时，此地一片荒原，人迹罕见，各种野兽栖息其间，故而得名。

湖儿坑 $xu^{21}zi^{55}kha^{53}$

纯粹的土家语地名，$xu^{21}zi^{55}kha^{53}$的汉字记音，但“儿”是zi^{55}（日）的误记，在当地，“日”、“儿”同音，故有zi^{55}（日）为“儿”的误记；“坑”是kha^{53}（卡）的误记，旧时，湘西地区有kha^{53}（卡）音但无“卡”字，于是便有kha^{53}（卡）附会为“坑”之误。所以，这个地名的准确记音应是“湖日卡”。

土家语$xu^{21}zi^{55}kha^{53}$（湖日卡）是一个由三个单音节组成的复合音节（一个词）：xu^{21}（湖）的汉语义是“工”，zi^{55}（日）的汉语义是“做”，kha^{53}（卡）的汉语义是“者”、“……的人”。所以，$xu^{21}zi^{55}kha^{53}$（湖日卡）连起来译成汉语就是“做工的人”。说白了，就是“佣人”、“长工”。

从前，此地生产条件极差，自然条件恶劣，终年辛劳难得温饱，出门当长工的人多，故而得名。

十八塆 $se^{53}pa^{53}uan^{55}$

土家语与汉语结合运用的地名。“十八”是土家语$se^{53}pa^{53}$的误记与附会：“十”是se^{53}（舍）的误记，“八”是pa^{53}的汉字记音，但一般记为“巴”。“塆”是汉语，即“山塆”。因此，此地的原始名称应是“舍巴塆”。按西部区的发音读作“色巴塆”。

土家语$se^{53}pa^{53}$（色巴、舍巴）为一个音节，汉语义是部落和土司衙门内主管一个部门事务的小官、小头领。所以，“舍巴塆”（十八塆）就是“小头人塆”、“小头领塆”。

在漫长的历史长河中，土家族的社会组织形态大略经过了三个历史阶段，即宋以前的部落和部落联盟阶段;元、明时期的部落和土司并存阶段;明清时期的土司阶段。部落和土司衙门都设有主管其部门事务的小官，分别管理各自部门的事务。对这些小官，土家语统称之为$se^{53}pa^{53}$（舍巴）。$se^{53}pa^{53}$（舍巴）一律由土家族人担任。

从前，此地是某舍巴的居住地或封地，故而得名。

科三塆 $kho^{55}su^{53}uan^{55}$

土家语与汉语结合运用的地名：“科三”是土家语$kho^{55}su^{53}$的汉字记音，但“三”是su^{53}（苏）的音变；“塆”是汉语，即“山塆”。所以，这个地名的准确记音应是“科苏塆”。

土家语$kho^{55}su^{53}$（科苏）为一个音节，译成汉语是“生姜”（Zingiber

officinale)；所以，“科苏塆”（科三塆）就是“生姜塆”。

生姜是上佳的调味品，也是土医常用的祛寒药，土家先民很早就学会了种植生姜的技术。从前，此地种植的生姜多，出产也多，人们便以这种作物作了地名。

浪溪坪 $luŋ^{35}tɕhi^{53}phin^{21}$

土家语与汉语结合运用的地名：“浪溪”是土家语 $luŋ^{35}tɕhi^{53}$ 汉字记音，但“浪”是 $luŋ^{35}$（弄）的误记，“溪”是 $tɕhi^{53}$（乞）的音变；“坪”是汉语，即“坪坝”。所以，这个地名的准确记音应为“弄乞坪”。

此地地名经历了由“测弄溪”——“弄溪”——“浪溪”的演变过程。“测弄溪”是土家语 $tshe^{21}luŋ^{35}tɕhi^{53}$ 的汉字记音，但“溪”是 $tɕhi^{21}$（乞）的音变。由“测弄溪”演变为“浪溪”已经是“面目全非”，因此，要弄清后者的含义，还得追及到 $tshe^{21}luŋ^{35}tɕhi^{53}$（测弄溪）。

土家语 $tɕhi^{53}luŋ^{35}tɕhi^{53}$（测弄乞）系三个音节：$tshe^{21}$（测）的汉语义是“水”，$luŋ^{35}$（弄）的汉语义是“浑”，$tɕhi^{53}$（乞）的汉语义是“大”；$tshe^{21}luŋ^{35}tɕhi^{53}$（测弄乞）连起来直译是“水浑大”，调换语序结构译成汉语是“大浑水”。所以，“测弄乞坪”（浪溪坪）就是“大浑水坪”。

从前，此地地势低洼，每遇山洪便被洪水淹没，根据这一特点，人们便以“大浑水坪”作了地名。

麦王界 $me^{35}uŋ^{21}kai^{35}$

土家语与汉语结合运用的地名：“麦王”是土家语 $me^{35}uŋ^{21}$（嚜翁）的误记；“界”是汉语，即“山界”。所以，这个地方的原始名称应是“嚜翁界”。

这是一个以天象命名的地名。土家语称“打雷”为 $me^{35}uŋ^{21}$（嚜翁）；所以，“口墨翁界”（麦王界）就是“打雷界”，即俗称的“雷打界”。

可以判定，古代这座山界上曾经发生过雷击现象，给人们的印象十分深刻，于是，便以 $me^{35}uŋ^{21}$（嚜翁）——“打雷”作了地名。

力子逻 $li^{35}tsi^{53}lo^{21}$

纯粹的土家语地名，$li^{35}tsi^{53}lo^{21}$ 的汉字记音。这个地名能完整地保留到今天，实属不易。

土家语 $li^{35}tsi^{53}lo^{21}$（力子逻）系三个音节：li^{35}（力）的汉语义是“虎”（Panthera tigris）；tsi^{53}（子）的汉语义是“猪”，这里实指“野猪”（Sus scrofa）；lo^{21}（逻）的汉语义是“游玩”。所以，$li^{35}tsi^{53}lo^{21}$（力子逻）连起来

译成汉语就是“虎猪玩”，即老虎、野猪出没游玩的地方。

古代，这里山深林密，是老虎、野猪等野兽栖息的家园，故而得名。

盘古岭 $pha^{55}ku^{53}lin^{21}$

土家语与汉语结合运用的地名：“盘古”是土家语 $pha^{55}ku^{53}$ 的汉字记音，但“盘”是 pha^{55}（扒）的误记。将 $pha^{55}ku^{53}$（扒古）记为“盘古”，也是人们不懂其义的一种想象与附会；“岭”是汉语，即“山岭”。所以，这个地名的准确记音应是“扒古岭”。

土家语 $pha^{55}ku^{53}$（扒古）为一个音节，是 $pha^{55}zo^{55}ku^{53}$（扒若古）的简称，汉语义是“辣椒”（Capsicum frutescens）。所以，“扒古岭”（盘古岭）就是“辣椒岭”或“辣椒山”，是从前生产辣椒多的地方。

辣椒是一种舶来品，但在土家族地区的种植历史却很早，品种也很多。

丰火岗 $xuŋ^{55}xo^{55}kan^{55}$

土家语与汉语结合运用的地名：“丰火”是土家语 $xuŋ^{55}xo^{55}$ 的汉字记音，但“丰”是 $xuŋ^{55}$（轰）的音变；“岗”是汉语，即“山冈”。所以，这个地名准确记音应为“轰火冈”。

土家语 $xuŋ^{55}xo^{55}$（轰火）为一个音节，汉语义是“火砖”。所以，“轰火冈”（丰火岗）直译就是“火砖冈”。但这并不是说这里是烧火砖的地方。此处的 $xuŋ^{55}xo^{55}$（轰火）是 $xuŋ^{55}xo^{55}tsho^{53}$（轰火搓）即“火砖房”的简化。所以，（轰火冈）“丰火岗”实际上就是“火砖房冈”，即建有火砖房的山冈。

土家人的房屋经历了一个发展过程，最早多用石头砌房，称为 $a^{21}tsho^{21}$（阿搓），其中的 a^{21}（阿）的汉语义是“石头”，$tsho^{21}$（搓）的汉语义是“屋”；后来有了“木房”，称之为 $kha^{21}tsho^{21}$（卡搓），其中的 kha^{21}（卡）的汉语义是“木”；再到后来一些富裕人家则采用火砖建房，称之为 $xuŋ^{55}xo^{55}tsho^{53}$（轰火搓）。从前，这里的人比较富裕，建造的火砖房比较多，故而得名。

王四榜 $uan^{21}si^{35}pan^{21}$

土家语与汉语结合运用的地名：“王四”是土家语 $uan^{21}si^{35}$ 的汉字记音，但“王”是 uan^{21}（万）的音变；“榜”应为“塝”，是汉语，即田边、地边的土堆。所以，这个地名的准确记音应是“万四塝”。

土家语 $uan^{21}si^{35}$（万四）为一个音节，是 $uan^{21}si^{35}thu^{21}$（万四土）的简

化，译成汉语是“向日葵”（Helianthus annuus）。因此，“万四塝”（王四榜）就是“向日葵塝”，即向日葵多的山　。

土家人爱种向日葵，尤其喜欢在庭院旁种植以配风景。向日葵籽土家语叫 $uan^{21}si^{35}thu^{21}pu^{35}li^{55}$（万四土布里），是老幼皆食的日常小食珍品。从前，这里种植的向日葵多，是一道亮丽的风景，故而得名。

作家坪　$tse^{53}kai^{21}phin^{21}$

土家语与汉语结合运用的地名，当地人的实际发音是“作嘎坪”。“作家”是“作嘎”的附会与误记；“作嘎”又是土家语 $tse^{53}kai^{21}$（则盖）的音变。“坪”是汉语，即“坪坝”。因此，“作家坪”的原始名称应是“则盖坪”。

土家语 $tse^{53}kai^{21}$（则盖）为一个音节，译成汉语是“貂”（Sciurus Vulqaris）、“貂鼠”。因此，“则盖坪”（作家坪）就是“貂鼠坪”，并非这里出作家。

“貂鼠”东部区也称“者改”。古时，此地尚未开发，松实、枣拐、板栗、野柿等果树多，果实也多，成群结队的松鼠栖息、嬉戏其间，因而得名。

细木岭　$ɕi^{21}mu^{35}lin^{53}$

土家语与汉语结合运用的地名：“细木”是土家语 $ɕi^{21}mu^{35}$ 的汉字记音；“岭”是汉语，即“山岭”。

土家语 $ɕi^{21}mu^{35}$（细木）有的叫做 $ɕi^{21}man^{35}$（西曼），为一个音节，虽然记音符号不同，但它们的发音基本相同，含义完全一样，译成汉语都是“忘记”、“迷茫”、“迷惘”。因此,“细木岭”就是“迷惘岭”或“迷惘山”。

古时，此地山深水曲，古木参天，人到此处路径难辩，常常迷失方向。依据这一特点，人们便以“迷惘岭”作了比喻性的地名。

业龙岗　$ȵie^{55}luŋ^{53}kan^{55}$

土家语与汉语结合运用的地名：“业龙”是土家语 $ȵie^{55}luŋ^{53}$ 的汉字记音，但“业”是 $ȵie^{55}$（捏）的音变，因“业”当地方言不读 yè（叶），而是读作 liè（列），与“捏”音近，故有此误；“岗”是汉语，即“山冈”。所以，这个地名的准确记音应是“捏龙冈”。

土家语 $ȵie^{55}luŋ^{53}$（捏龙）的完整音节是 $ȵie^{55}luŋ^{53}tɕi^{35}$（捏龙及），$tɕi^{35}$（及）在整个音节中属词尾轻声，在长期的语流音变中脱落了，只留下词

根 $\eta ie^{55}lu\eta^{53}$（捏龙），但其义未变，译成汉语是“垮”、“垮下”，或“崩”、“崩下”。所以，“捏龙冈”（业龙岗）就是“垮下冈”或“崩下冈”。

古代的某个时期，此地曾经发生过山体断裂、滑坡或泥石流等自然现象。当时，先民们不可能像今人这样掌握地震、泥石流之类的科学词语，只能以“垮冈”、“崩冈”之类记之。语言虽然朴素、原始，但它实实在在地记录了这一自然异动现象，实属可贵。

车家坪 $tshe^{21}ka^{21}phin^{21}$

土家语与汉语结合运用的地名，又名“胜利坪”。“车家”是土家语 $tshe^{21}ka^{21}$ 的误记：“车”是 $tshe^{21}$（扯）的音变，“家”是 ka^{21}（嘎）的近音汉字替代；“坪”是汉语，即“坪坝”。所以，这个地名的准确记音应是“扯嘎坪”。按西部区语音读作“测嘎坪”。合作化时“车家坪”曾一度改为“胜利坪”。

土家语 $tshe^{21}ka^{21}$（扯嘎）系两个音节：$tshe^{21}$（扯）的汉语义是“水”，ka^{21}（嘎）的汉语义是“缺”、“少”、“干”；$tshe^{21}ka^{21}$（扯嘎）连起来直译是“水缺”，调换语序结构译成汉语是“缺水”。所以，“扯嘎坪”（车家坪）就是“缺水坪”，即水源缺乏，常常发生干旱的地方。

青土峪 $tɕhie^{55}thu\eta^{53}jəu^{55}$

纯粹的土家语地名，$tɕhie^{55}thu\eta^{53}jəu^{55}$ 的汉字记音，但“青土”是 $tɕhie^{55}thu\eta^{53}$（且桶）的音变，“峪”是 $jəu^{55}$（优）的音变。所以，这个地名的准确记音应是“且桶优”。

土家语 $tɕhie^{55}thu\eta^{53}jəu^{55}$（且桶优）分为 $tɕhie^{55}thu\eta^{53}$（且桶）和 $jəu^{55}$（优）两个音节：以 $tɕhie^{55}thu\eta^{53}$（且桶）作地名，在土家族聚居区十分普遍，凡是“山窝”、“小盆地”，土家语统称之为 $tɕhie^{55}thu\eta^{53}$（且通），其中 $tɕhie^{55}$（且）是“山”，$thu\eta^{53}$（桶）是“窝”；$jəu^{55}$（优）的汉语义是“村庄”、“寨子”。所以，$tɕhie^{55}thu\eta^{53}jəu^{55}$（且桶优）连起来译成汉语就是“山窝村”，即山窝里的村庄；意思是说，这个村庄坐落在一个山窝里。

墨溪峪 $me^{35}tɕhi^{55}jəu^{35}$

土家语与汉语结合运用的地名：“墨溪”是土家语 $me^{35}tɕhi^{55}$（嚜期）的误记，“墨”是 me^{35}（嚜）的误记，因当地“墨”不读作 mò（莫），而是读作 me（嚜），故有此误记；“溪”是 $tɕhi^{55}$（期）的误记，因当地“溪”不读作 xī（西），而是读作 qī（期），故有此误记。“峪”是汉语，即

“山峪”。所以，这个地名的准确记音应是“嚜期峪”。

土家语 $me^{35}tɕhi^{55}$（嚜期）为一个音节，是 $me^{35}lan^{55}tɕhi^{55}$（嚜兰期）的省略，又称 $thuŋ^{55}than^{53}$（通谈）、$thuŋ^{55}tha^{53}$（通他），汉语义是“通脱木”(Tetrapanax papyifer)。因此，“嚜期峪”（墨溪峪）就是“通脱木峪”。

通脱木俗称“野猫刺”，中药称为“通草”，性味苦寒，功能利尿通淋，通经下水，是土家药匠用来治疗小便湿热和血尿等疾病，以及下乳汁、通利大小便的重要药材。从前，这个山峪里通脱木多，是人们常来采药的地方，故而得名。

竹尖界 $tsi^{53}tɕie^{55}kai^{35}$

土家语与汉语结合运用的地名。“竹尖”是土家语 $tsi^{53}tɕie^{55}$ 的误记：“竹”是 tsi^{53}（指）的误记，“尖”是 $tɕie^{55}$（姐）的音变。“界”是汉语，即“山界”。因此，“竹尖界”的原始名称应是“子姐界”。按西部区的发音读作“指姐界”。

土家语 $tsi^{53}tɕie^{55}$（指姐）系两个音节：tsi^{53}（指）的汉语义是“猪”(sus scrofa domestica)，这里实指“野猪”（Sus scrofa）；$tɕie^{55}$（姐）的汉语义是“赶”。$tsi^{53}tɕie^{55}$（指姐）连起来直译是“野猪赶”，调换语序结构译成汉语是“赶野猪”。所以，“指姐界”（竹尖界）就是“赶野猪界”。

“赶野猪”是一种狩猎活动，俗称“打猎”、“赶山”、“赶仗”。从前，这个山界上野猪多，是先民们猎获野猪的地方，故而得名。

夹金岗 $ke^{53}tɕie^{55}kan^{55}$

土家语与汉语结合运用的地名：“夹金”是土家语 $ke^{53}tɕie^{55}$（革姐）的误记，“夹”是 ke^{53}（革）的音变，“金”是 $tɕie^{55}$（姐）的音变；“岗”是汉语，即“山岗”。所以，“夹金岗”的原始名称应是“革姐岗”。

土家语 $ke^{53}tɕie^{55}$（革姐）系两个音节：ke^{53}（革）的汉语义是“马”(Equus caballus)，$tɕie^{55}$（姐）的汉语义是“赶”；$ke^{53}tɕie^{55}$（革姐）连起来直译是“马赶”，调换语序结构译成汉语是“赶马”。所以，“革姐岗”（夹金岗）就是“赶马岗”。

从前，这个山岗上居住着一个马帮，以赶马运输为生，故而得名。

狮子坪 $si^{55}tse^{21}phin^{21}$

土家语与汉语结合运用的地名：“狮子”是土家语 $si^{55}tse^{21}$（斯则）的误记，“狮”是 si^{55}（斯）的误记，因当地“狮”不读作 sh ī（诗），而是读作 s ī （斯），故有此误；“子”是 tse^{21}（则）的音变。“坪”是汉语，即“坪坝”。所以，“狮子坪”的原始名称应是“斯则坪”。

土家语 si^{55}tse^{21}(斯则)为一个音节，是 si^{55}tse^{21}kha^{21}muŋ^{21}（斯则卡蒙）的省略，译成汉语是壳斗科植物“青棡栎树”（Ouercus oxyc don）。其中 si^{55}tse^{21}（斯则）是“青棡”，kha^{21}muŋ^{21}（卡蒙）是“树”。所以，“斯则坪”(狮子坪）就是“青棡树坪”，是青棡栎树多的地方。

古塘坪 ku^{35}tha^{55}phin^{21}

土家语与汉语结合运用的地名：“古塘”是土家语 ku^{35}tha^{55} 的汉字记音，但“塘”是 tha^{55}（它）的音变；“坪”是汉语，即“坪坝”。所以，这个地方的原始名称应是“古它坪”。

土家语 ku^{35}tha^{55}（古它）为一个音节，汉语义是“脸”、“面”,也可以指“面子”或“盖面子”。所以，“古它坪”（古塘坪）就是“脸面坪”，即“盖面子坪坝”,也就是当地最大、最好的坪坝。

萝卜顶 lo^{53}pa^{53}tie^{53}

纯粹的土家语地名，lo^{53}pa^{53}tie^{53} 的汉字记音，但“卜”是 pa^{53}（巴）的音变，“顶”是 tie^{53}（爹）的音变。所以，这个地名的准确记音应是“萝巴爹”。

这是一个以对人群称谓命名的土家语地名。土家语称“人”为 lo^{53}（萝），称“男人”（男性）为 lo^{53}pa^{53}（萝巴）；tie^{53}（爹）相当于汉语的“们”。所以，lo^{53}pa^{53}tie^{53}（萝巴爹）连起来译成汉语就是“男人们”。

从前，居住在这里的人男性多，这里是男人们的天下,人们便以这种生态现象作了地名。

八甲河 pa^{21}tɕi^{21}xo^{21}

土家语与汉语结合运用的地名：“八甲”是土家语 pa^{21}tɕi^{21} 的汉字记音，但“甲”是 tɕi^{21}（及）的音变;“河”是汉语。所以，这个地名准确记音应为“八及河”。

土家语称“坡”或“山坡”为 pa^{21}（八），称“脚”、“脚下”为 tɕi^{21}（及）。所以，pa^{21}tɕi^{21}（八及）连起来译成汉语就是“山脚”、“山脚下”；“八及河”（八甲河）就是“山坡脚下的河”。换句话说，就是这个地方处在山坡脚下的河岸上。

卧龙坪 $o^{53}luŋ^{53}phin^{21}$

土家语与汉语结合运用的地名："卧龙"是土家语 $o^{53}luŋ^{53}$ 的汉字记音；"坪"是汉语，即"坪坝"。

土家语 $o^{53}luŋ^{53}$（卧龙）系两个音节：o^{53}（卧）的汉语义是"蛇"，$luŋ^{53}$（龙）的汉语义是"养"；$o^{53}luŋ^{53}$（卧龙）连起来直译是"蛇养"，调换语序结构译成汉语是"养蛇"。所以，"卧龙坪"就是"养蛇坪"。

这里的"养蛇"并非真正意义上的人工饲养蛇，而是一个比喻。当地至今还有人用"养蛇"来戏谑某些人：若某人的庄稼地杂草丛生，未及时耕种或锄除，或某人房屋周围杂草丛生，未及时清除，便会说他是"留着养蛇的"。此地以"养蛇"作地名，说明在遥远的古代，这里是一片广阔的荒原，人迹罕至，各种蛇栖息繁衍其间，犹如散养着一般。

葫芦溪 $xu^{55}lu^{53}tɕhi^{55}$

土家语与汉语结合运用的地名："葫芦"是土家语 $xu^{55}lu^{53}$ 的汉字记音，但通常记为"祜鲁"；"溪"是汉语，即"溪沟"。

土家语 $xu^{55}lu^{53}$（葫芦）为一个音节，汉语义是"山槽"，凡是比较宽敞的山槽、谷地，土家语都称其为 $xu^{55}lu^{53}$（葫芦）或 xu^{55}（湖）。所以，"葫芦溪"就是山槽里的溪沟。

百老界 $pu^{53}lu^{21}kai^{35}$

土家语与汉语结合运用的地名："百老"是土家语 $pu^{53}lu^{21}$（补六）的误记；"界"是汉语，即"山界"。所以，"百老界"的原始名称应是"补六界"。

土家语 $pu^{53}lu^{21}$（补六）的完整音节是 $ɕin^{35}ka^{53}pu^{53}lu^{21}$（信嘎补六），汉语义是"绿茵茵"。有意思的是这个词后来逐渐分离为 $ɕin^{35}ka^{53}$（信嘎）和 $pu^{53}lu^{21}$（补六），而且常常分别运用，都表示"绿色"。所以，"补六界"（百老界）就是"绿茵茵的山界"。意思是说这个山界上树木葱茏，满目翠绿。详细释义参看教字垭镇"兴家岗"。

鸭家塔 $a^{21}tɕi^{21}tha^{35}$

土家语与汉语结合运用的地名："鸭家"是土家语 $a^{21}tɕi^{21}$（阿及）的误记，"鸭"是 a^{21}（阿）的近音汉字替代，"家"是 $tɕi^{21}$（及）的音变与误记；"塔"是汉语，即"坪塔"。所以，"鸭家塔"的原始名称应是"阿及塔"。

土家语 $a^{21}tɕi^{21}$（阿及）系两个音节：a^{21}（阿）的汉语义是"岩"、"岩山”，tɕi^{21}（及）的汉语义是“脚”、“脚下”；a^{21}tɕi^{21}（阿及）连起来译成汉语是“岩脚下”或“岩山脚下”。所以，阿及塔”（鸭家塔）就是“岩山脚下的坪塔”。意思是说，这个坪塔处在岩山脚下。

沙子垭 sa^{55}si^{53}ŋa^{53}

土家语与汉语结合运用的地名：“沙子”是土家语 sa^{55}si^{53} 的汉字记音，但“子”是 si^{53}（司）的音变；“垭”是汉语，即“山垭”。因此，这个地名的准确记音应是“沙司垭”。按西部区的发音读作”萨司垭“。

土家语 sa^{55}si^{53}（沙司）的完整音节是 sa^{55}lie^{53}si^{53}(沙列司)，lie^{53}（列）属高降轻声，在长期的语流音变中脱落了，从而演变成 sa^{55}si^{53}（沙司），人们弄不懂 sa^{55}si^{53}（沙司）的含义，便附会为汉语的“沙子”，实属天大的误会。土家语 sa^{55}lie^{53}si^{53}（沙列司）或 sa^{55}si^{53}（沙司）的汉语义是“李子”(Prunus salicina lindl)；所以，“沙司垭”（沙子垭）就是“李子垭”，是出产李子多的地方。

荷包塔 xu^{21}pha^{21}tha^{55}

纯粹的土家语地名，xu^{21}pha^{21}tha^{55} 的汉字记音，但“荷包”是 xu^{21}pha^{21}（湖扒）的误记；“塔”是 tha^{55}（它）的音变。所以，这个地名的准确记音应是“湖扒它”。

土家语 xu^{21}pha^{21}tha^{55}（湖扒它）由 xu^{21}pha^{21}（湖扒）和 tha^{55}（它）两个音节组成：xu^{21}pha^{21}（湖扒）的汉语义是“溪沟”；tha^{55}（它）是 se^{55}tha^{55}（色它）的简化，汉语义是“旁边”。所以，xu^{21}pha^{21}tha^{55}（湖扒它）连起来译成汉语就是“溪沟旁边”。意思是说，这个地方处在这条溪沟的旁边。

南屋堂 la^{53}u^{21}tha^{53}

纯粹的土家语地名，la^{53}u^{21}tha^{53} 的汉字记音，但“南”是 la^{53}（拉）的音变，“堂”是 tha^{53}（它）的误记。所以，这个地名的准确记音应是“拉屋它”。

土家语 la^{53}u^{21}tha^{53}（拉屋它）由 la^{53}u^{21}（拉屋）和 tha^{53}（它）两个音节组成：la^{53}u^{21}（拉屋）是 la^{53}u^{21}kan^{53}（拉屋杆）的省略，汉语义是蓼科植物“虎杖”（Polygonum Cuspidatum）；tha^{53}（它）的汉语义是“砍”、“刈”。所以，la^{53}u^{21}tha^{53}（拉屋它）连起来直译是“虎杖砍”，调换语序结构译成汉语就是“砍虎杖”，即常去砍虎杖的地方。

虎杖俗称“酸筒杆”，有通肠泻滞，止血散淤的功效，是土家药匠治疗跌打损伤、通肠导滞的要药。从前，此地虎杖多，是人们采药的地方，因而得名。

麻溃里 ma[53]khu[35]li[55]

纯粹的土家语地名，ma[53]khu[35]li[55] 的汉字记音，但“溃”是 khu[35]（枯）的音变。所以，这个地名的准确记音应是“麻枯里”。

土家语 ma[53]khu[35]li[55]（麻枯里）为一个音节，汉语义是“疟蚊”(Culex)。作为地名，就是疟蚊多的地方。

疟蚊，俗称“长脚蚊”，也称床脚蚊，繁殖于水草丛生的湿地，喜欢叮咬人畜，被叮咬者则奇痒无比，甚至被传染疟疾，故得疟蚊之名。

麻枯塆 ma[53]khu[35]uan[55]

土家语与汉语结合运用的地名：“麻枯”是土家语 ma[53]khu[35] 的汉字记音；“塆”是汉语，即“山塆”。

土家语 ma[53]khu[35]（麻枯）为一个音节，是 ma[53]khu[35]li[55]（麻枯里）的简化，汉语义是“疟蚊”。所以，“麻枯塆”就是“疟蚊塆”，即疟蚊多的山塆。

纸造塆 tsi[53]tsho[53]uan[55]

土家语与汉语结合运用的地名。“纸造”是土家语 tsi[53]tsho[53] 的音变与误记：“纸”作为 tsi[53] 的记音，东部区一般记作“指”，按西部区的语音应记作“子”；“造”是 tsho[53]（挫）的音变与附会。“塆”是汉语，即“山塆”。因此，这个地名的准确记音应是“指挫塆”。按西部区的发音读作“子挫塆”。

土家语 tsi[53]tsho[53]（指挫）系两个音节：tsi[53]（指）的汉语义是“猪”(Sus scrofa domestica)，tsho[53]（挫）的汉语义是“屋”；tsi[53]tsho[53]（指挫）连起来译成汉语是“猪屋”，即“猪栏”。所以，“指挫塆”（纸造塆）就是“猪栏塆”。

古代，这个山塆里修有很多猪栏，是先民们饲养生猪的地方，故而得名。

腊树坪 la[53]su[35]phin[21]

土家语与汉语结合运用的地名：“腊树”是土家语 la[53]su[35] 的汉字记音，原汁原味；“坪”是汉语，即“坪坝”。所以，这个地名按西部区的语音应记作“腊树坪”。按西部区的发音读作“腊苏坪”。

土家语 la[53]su[35]（腊树）系两个音节：la[53]（腊）的汉语义是“路”、

“道路”，例如“走路”便是$la^{53}ŋe^{55}$（腊额），“过路”便是$la^{53}kha^{55}$（腊卡）；su^{35}（树）的汉语义是“修”、“建”、“造”。$la^{53}su^{35}$（腊树）连起来直译是“路修”，调换语序结构译成汉语就是“修路”；所以，“腊树坪”就是“修路坪”。

这是一颗地名化石，它记载了古代先民在这里修筑道路的历史功绩。

无常塔 $u^{35}tsha^{35}tha^{35}$

土家语与汉语结合运用的地名：“无常”是土家语$u^{35}tsha^{35}$的汉字记音，但u^{35}一般记为“戊”；“常”是$tsha^{35}$（岔）的误记。“塔”是汉语，即“坪塔”。所以，这个地名的准确记音应是“戊岔塔”。按西部区的发音读作“戊擦塔”。

土家语$u^{35}tsha^{35}$（戊岔）系两个音节：u^{35}（戊）的汉语义是“黄牛”(Bos taurus domestica)，$tsha^{35}$（岔）的汉语义是“好”；$u^{35}tsha^{35}$（戊岔）连起来直译是“牛好”，调换语序结构译成汉语是“好牛”。所以，“戊岔塔”(无常塔）就是“好牛塔”。从前，此地耕牛数量多，品质好，膘肥体壮，故得“好牛”之名。

有人把“无常塔”与封建迷信中的“无常”联系起来，认为是以前有作过“无常”的人在此居住过，因而得名，显然是大错特错了。

大坡岭 $ta^{53}pho^{55}lin^{53}$

土家语与汉语结合运用的地名：“大坡”是土家语$ta^{53}pho^{55}$的汉字记音，但“大”是ta^{53}（打）的音变；“岭”是汉语，即“山岭”。所以，这个地名准确一点应记为“打坡岭”。

土家语$ta^{53}pho^{55}$（打坡）为一个音节，汉语义是“哭嫁”。所以，“打坡岭”（大坡岭）就是“哭嫁岭”。

从前，这里的土家姑娘会哭嫁，哭嫁的习俗十分盛行，故而得名。详细释义参看三家馆乡“大培”。

木　山 $mu^{53}san^{55}$

土家语与汉语结合运用的地名：mu^{53}（木）是土家语mu^{53}的汉字记音；“山”是汉语。

土家语称“竹子”（Bamboo sprout）为mu^{53}（木）；所以，“木山”就是“竹子山”，即竹子很多的地方。

德修溪 $ta^{55}çi^{53}tçhi^{55}$

土家语与汉语结合运用的地名："德修"是土家语 $ta^{55}çi^{53}$（打西）的误记；"溪"是汉语，即"溪沟"。所以，"德修溪"的原始名称应是"打西溪"。

土家语 $ta^{55}çi^{53}$（打西）为一个音节，汉语义是指土家人世代传承的一种"互相帮忙"的习俗。每逢挖生地、插秧、锄草、割谷等重大农活，人们自带农具互相转工，主人则请"锣鼓班"二至五人唱《薅草锣鼓歌》，热闹非凡。所以，"打西溪"（德修溪）就是"转工溪"，即互相转工习俗盛行，爱打锣鼓唱《薅草锣鼓歌》的地方。

蹄马塔 $thi^{55}ma^{53}tha^{35}$

纯粹的土家语地名，$thi^{55}ma^{53}tha^{35}$ 的汉字记音，但"蹄"是 thi^{55}（梯）的音变，ma^{53} 一般记为"玛"。所以，这个地名的准确记音应是"梯玛塔"。

土家语 $thi^{55}ma^{53}tha^{35}$（梯玛塔）由 $thi^{55}ma^{53}$（梯玛）和 tha^{35}（塔）两个音节组成：$thi^{55}ma^{53}$（梯玛）的汉语义是指土家族民族宗教《服司妥》（祭祖还愿）的主祭人，即通常所称的土老司。在四十八大朝科中，"梯玛"始终处于主导地位，充当沟通人与神、人与鬼的角色。他们在祭祀中所唱之歌叫《梯玛神歌》，所跳之舞叫"摇耶宝"，俗称《八宝铜铃舞》。tha^{35}（塔）的汉语义是"处所"、"住地"、"地方"。所以，"梯玛塔"（蹄马塔）就是土老司居住的地方，因该地曾经居住过有名望的土老司而得名。

骑马岭 $tçhi^{53}me^{21}lin^{53}$

土家语与汉语结合运用的地名："骑马"是土家语 $tçhi^{53}me^{21}$ 的汉字记音，但 $tçhi^{53}$ 一般记为"起"，"马"是 me^{21}（嚜）的音变；"岭"是汉语，即"山岭。所以，这个地名的准确记音应是"起嚜岭"。

土家语 $tçhi^{53}me^{21}$（起嚜）为一个音节，汉语义是"荞"（Fagopyrum csculentum）。所以，"起嚜岭"（骑马岭）就是"荞岭"。从前，这个山岭上的土家先民爱种荞，出产的荞籽很多，人们便以这种农作物作了地名。

荞，有甜荞、苦荞，从前是湘西地区四大冬季作物之一，与大麦、小麦、豌豆齐名。每遇春荒，人们将荞磨成粉，作饭、作粑粑、作面条，既可渡荒，也是美食。荞壳则是上佳的枕头填充物。

长冲里 $tsha^{21}tsha^{55}li^{55}$

纯粹的土家语地名，$tsha^{21}tsha^{55}li^{55}$ 的汉字记音，"长冲"是 $tsha^{21}tsha^{55}$

（岔岔）的误记。所以，这个地名的准确记音应是“岔岔里”。按西部区的发音则应读作“礤礤里”。

土家语 tsha^{21}tsha^{55}li^{55}（岔岔里）的完整音节是 tsha^{21}tsha^{55}khu^{55}li^{55}（岔岔苦里）。土家语在该地消失后，人们再也不认识这个地名，于是便以汉语之意来附会土家语之声，加上三字局地名的限制，便省去其中的 khu^{55}（苦），从而衍化为今天的“长冲里”。

土家语 tsha^{21}tsha^{55}khu^{55}li^{55}（岔岔苦里）的汉语义是“蝗虫”。古代的某一时期，此地曾经闹过蝗灾，人们印象深刻，于是便以“蝗虫”作了地名。

万家河　uan^{35}kha^{53}xo^{21}

土家语与汉语结合运用的地名：“万家”是土家语 uan^{35}kha^{53} 的汉字记音，但“家”在当地读“嘎”，是 kha^{53}（卡）的近音汉字替代；“河”是汉语。所以，这个地名的准确记音应是“万卡河”。

土家语 uan^{35}kha^{53}（万卡）系两个音节：uan^{35}（万）的汉语义是“黄牛”（Bos taurus domestica）；kha^{53}（卡）的汉语义是“守”，即“放牧”。uan^{35}kha^{53}（万卡）连起来直译是“牛守”，调换语序结构译成汉语就是“守牛”。所以，“万卡河”（万家河）就是“守牛河”。

从前，这条河的两畔全是水草丛生的荒原，是人们常来放牧的地方，故而得名。

双溪桥乡

位于区域东南部，西南与沅陵县的七甲坪乡、火场乡交界，北与慈利县金岩乡接壤，乡治距市中心 37 公里；总面积 69.7 平方公里，其中耕地 7228 亩。辖 10 个行政村，70 个村民小组；2009 年末，总人口 6520 人，其中土家族占全乡总人口的 94%。主要物产有木材、烤烟、药材、七星椒、红薯、玉米、稻谷，全乡森林覆盖率 73.9%，年种植烤烟 2000 余亩。

仁公垮 $zo^{35}ke^{21}uan^{55}$

土家语与汉语结合运用的地名："仁公"是土家语 $zo^{35}ke^{21}$（若格）的误记，"仁"是 zo^{35}（若）的音变，"公"是 ke^{21}（格）的音变；"垮"是汉语，即"山垮"。所以，"仁公垮"的原始名称应是"若格垮"。

土家语 $zo^{35}ke^{21}$（若格）系两个音节：zo^{35}（若）的汉语义是"羊"（Capra hircus L）；ke^{21}（格）是 $ke^{21}tshi^{35}$（格次）的简化，汉语义是"玩"、"游玩"。$zo^{35}ke^{21}tshi^{35}$（若格次）或 $zo^{35}ke^{21}$（若格）连起来译成汉语是"羊玩"或"羊游玩"。所以，"若格垮"（仁公垮）就是"羊游玩垮"，说得直白一点，就是放羊的地方。

乌三坪 $u^{53}su^{53}phin^{21}$

土家语与汉语结合运用的地名："乌三"是土家语 $u^{53}su^{53}$ 的汉字记音，但"三"是 su^{53}（俗）的音变；"坪"汉语，即"坪坝"。所以，这个地名的准确记音应是"乌俗坪"。

土家语 $u^{53}su^{53}$（乌俗）为一个音节，译成汉语是"粟"（Setaria italica）。所以，"乌俗坪"（乌三坪）就是"粟坪"。

"粟"俗称"粟谷"、"小谷"，其米实俗称"粟米"、"小米"。从前，此地的先民爱种小谷，出产的小米十分有名，人们便以 $u^{53}su^{53}$（乌俗）——"小谷"作了地名。

尧仕坪 $je^{21}si^{53}phin^{21}$

土家语与汉语结合运用的地名："尧仕"是土家语 $je^{21}si^{53}$（耶斯）的误记，"尧"是 je^{21}（耶）的音变，"仕"是 si^{53}（斯）的音变；"坪"是汉语，即"坪坝"。所以，"尧仕坪"的原始名称应是"耶斯坪"。

土家语 $je^{21}si^{53}$（耶斯）系两个音节：je^{21}（耶）的汉语义是"钱财"、

“东西”，si^{53}（斯）的汉语义是“送”；$je^{21}si^{53}$（耶斯）连起来直译是“钱财送”或“东西送”，调换宾谓语序结构译成汉语是“送钱财”或“送东西”。从这个意义出发，土家语对“进贡品”、“交赋税”等也称之为 $je^{21}si^{53}$（耶斯）。因此，“耶斯坪”（尧仕坪）就是“送钱财坪”。

从前此地或是部落首领的驻地，或者设有什么赋税机关，是人们向他们送东西的地方，故而得名。

标梭池 $pho^{35}tsho^{53}tsha^{35}$

纯粹的土家语地名，$pho^{35}tsho^{53}tsha^{35}$（破撮岔）的误记。

土家语 $pho^{35}tsho^{53}tsha^{35}$（破撮岔）分为 $pho^{35}tsho^{53}$（破撮）和 $tsha^{35}$（岔）两个音节：$pho^{35}tsho^{53}$（破撮）是 $pho^{35}tsho^{53}kha^{21}mu\eta^{21}$（破撮卡蒙）的省略，汉语义是“桑树”（Morus aiba）；$tsha^{53}$（岔）是形容词，汉语义是“好”。$pho^{35}tsho^{53}tsha^{35}$（破撮岔）连起来直译是“桑树好”，调换语序结构译成汉语就是“好桑树”；用作地名，就是有好桑树的地方。

据考古资料证明，土家先民在新石器时期就学会了用桑叶养蚕。此地桑树好，人们便以此作了地名。

马英潭 $ma^{53}jn^{21}than^{53}$

土家语与汉语结合运用的地名：“马英”是土家语 $ma^{53}jn^{21}$ 的汉字记音；“潭”是汉语，即较深的水池。

土家语 $ma^{53}jn^{21}$（马英）为一个音节，只是有的记为“马映”，有的记为“马烟”，有的记为“马炎”罢了，但含义都一样，都是指“虹”、“彩虹”。所以，“马英潭”就是“彩虹潭”，因这里经常出彩虹而得名。

土家语对“彩虹”还有一种叫法，即 pu^{35}（补），如 $pu^{35}tsu^{35}$（补租）就是“出彩虹”。但较为普遍是称 $ma^{53}jn^{21}$（马英），这种叫法现今还在用。

昌溪塔 $tsha^{21}t\c{c}hi^{21}tha^{35}$

土家语与汉语结合运用的地名，也有记作“长溪塔”的。“昌溪”是土家语 $tsha^{21}t\c{c}hi^{21}$ 的音变与误记：“昌”是 $tsha^{21}$（插）的音变，“溪”是 $t\c{c}hi^{21}$（其）的误记。“塔”是汉语，即“坪塔”，也泛指有坪塔的地方。所以，“昌溪塔”的原始名称应是“插其塔”。按西部区的发音读作“擦其塔”。

土家语 $tsha^{21}t\c{c}hi^{21}$（插其）为一个音节，译成汉语是俗称“金鸡”的“锦鸡”（Chrysolophus pictus）；所以，“插其塔”（昌溪塔）就是“锦鸡塔”，因锦鸡多而得名。详细释义参看桑植县廖家村镇“茶溪洞”。

保仕塆 $pa^{55}si^{53}uan^{55}$

土家语与汉语结合运用的地名："保仕"是土家语 $pa^{55}si^{53}$（巴斯）的误记，"保"是 pa^{55}（巴）的音变，"仕"是 si^{53}（斯）的音变；"塆"是汉语，即"山塆"。所以，"保仕塆"的原始名称应是"巴斯塆"。

土家语 $pa^{55}si^{53}$（巴斯）为一个音节，是 $pa^{55}si^{53}je^{55}$（巴斯耶）的简化，je^{55}（耶）在整个音节中属词尾轻声，在长期的语流音变中脱落了，只留下词根 $pa^{55}si^{53}$（巴斯），但含义未变，译成汉语是"山苍子"（Litsea cubeba）。所以，"巴斯塆"（保仕塆）就是"山苍子塆"。

"山苍子"别名山胡椒、木姜子，是樟科乔木，其籽富含香料油，是山区人民食物的重要调料。从前，此地山苍子树多，是人们采摘香料的重要场所，人们便以这种特产作了地名。

沂　溪 $ji^{53}tɕhi^{55}$

土家语与汉语结合运用的地名，但是极不准确，准确的记音应是"沂其溪"。"沂其"是土家语 $ji^{53}tɕhi^{35}$ 的汉字记音；"溪"是汉语，即"溪沟"。人们不懂土家语，加上当地方言"溪"不读作 xī（西），而是读作 qī（期），而又以为其中的"其溪"重叠多余，便弃繁就简而衍化成今名。

土家语 $ji^{53}tɕhi^{35}$（沂其）是一个完整的音节，不能分开割裂，更不能省略，译成汉语是"豹"（Panthera Pardus L）。所以，"沂其溪"（沂溪）就是"豹溪"。

"豹"，俗称"豹子"，别称"铜钱花"，是极其凶猛的动物。这条山溪长 32 公里，沿途是深深的山谷，古时树茂草深，是虎豹栖息之地，故而得名。

杀人垭 $sa^{21}zi^{55}ŋa^{53}$

土家语与汉语结合运用的地名："杀人"是土家语 $sa^{21}zi^{55}$（沙日）的误记，"杀"是 sa^{21}（沙）的音转，"人"是 zi^{55}（日）的音变；"垭"是汉语，即"山垭"。因此，这个地名的准确记音和读音应是"沙日垭"。按西部区的发音读作"萨日垭"。

土家语 $sa^{21}zi^{55}$（沙日）为一个音节，汉语义是"办公事"的人；那么，"沙日垭"（杀人垭）就是"办公事的垭"，即"办公事的人居住的地方"。

这个地名的含义也还有一种可能，即 $sa^{21}zi^{55}$（沙日）是 $sa^{21}zi^{55}ma^{53}$（沙日马）的误记和省略。在部落和土司时期，土家族的政体内都有大官小官，都有办理公事的大吏小吏。对这些“官吏”，土家语有两种称法：对大官小官统称为khua^{35}zi^{55}ma^{53}（夸日马），其中的khua^{35}（夸）是“官”，zi^{55}（日）是“当”、“做”，ma^{53}（马）相当于汉语的“者”、“的”、“人”，连起来就是“当官的”。而对办公事的大吏小吏则统称为sa^{21}zi^{55}ma^{53}（沙日马），其中的sa^{21}zi^{55}（沙日）是“办公事”，ma^{53}（马）是“者”、“的”、“人”，连起来就是“办公事的人”。那么，按此理解，“杀人垭”应是“沙日马垭”，汉语义是“办公事人的垭”，或是古代办公事官吏的住地，或是此地曾住过办公事的小吏。

将sa^{21}zi^{55}ŋa^{53}（沙日垭）记为“杀人垭”，真真让人哭笑不得，按照各自民族语言的理解，前者闻之令人向往，后者闻之令人毛骨悚然，岂只大相径庭，简直就是南猿北辙。

看日山　kha^{21}zi^{21}san^{55}

土家语与汉语结合运用的地名：“看日”是土家语kha^{21}zi^{21}的汉字记音，但“看”是kha^{21}（卡）的近音汉字替代；“山”是汉语。所以，这个地名的准确记音应是“卡日山”。

土家语kha^{21}zi^{21}（卡日）系两个音节：kha^{21}（卡）专用作动词时含义为“守”，专用作名词含义为“木材”、“柴”、“棺材”；此处作名词，实指“木材”和“柴”。zi^{21}（日）声调高平为“做”、“敬”、“搞”；此处是低降，意为“多”。kha^{21}zi^{21}（卡日）连起来直译是“木材多”或“柴多”，调换语序结构译成汉语就是“多木材”或“多柴”。所以，“卡日山”（看日山）就是“多木材山”或“多柴山”。

古时，这里树密林深，柴多木料多，因而得名。

碾子垭　ȵie^{35}tsa^{21}ŋa^{53}

土家语与汉语结合运用的地名：“碾子”是土家语ȵie^{35}tsa^{21}（捏咱）的误记，“碾”是ȵie^{35}（捏）的音变，“子”是tsa^{21}（咱）的音变；“垭”是汉语，即“山垭”。所以，这个地名的准确记音应是“捏咱垭”。

土家语ȵie^{35}tsa^{21}（捏咱）系两个音节：ȵie^{35}（捏）是ȵie^{35}pi^{53}（捏比）的简化，汉语义泛指各种鸟，即鸟类；tsa^{21}（咱）是土家语的一个动词，义为“飞”、“飞翔”。所以，ȵie^{35}tsa^{21}（捏咱）连起来译成汉语就是“鸟飞”；“捏咱垭”（碾子垭）就是“鸟飞垭”。

从前，这个山垭上鸟多，常见各种鸟飞来飞去，故而得名。

车黄峪 tshe²¹xuan²¹jəu³⁵

土家语与汉语结合运用的地名。“车黄”是土家语tshe²¹xuan²¹的误记：“车”作为tshe²¹的汉字记音，一般记为“扯”；“黄”是xuan²¹（环）的音变。“峪”是汉语，即“山峪”。所以，这个地名的准确读音、记音应是“扯环峪”。按西部区的发音读作“测环峪”。

土家语tshe²¹xuan²¹（扯环）系两个音节：tshe²¹（扯）的汉语义是“水”；xuan²¹（环）是土家语的一个动词，义为“淹”、“掩盖”、“淹没”。所以，tshe²¹xuan²¹（扯环）连起来译成汉语就是“水淹”；“扯环峪”（车黄峪）就是“水淹峪”或“淹水峪”，即经常容易被水淹的地方。

三角垴 za³⁵ku⁵³lau⁵³

土家语与汉语结合运用的地名：“三角”是土家语za³⁵ku⁵³（日阿古）的误记，“三”是za³⁵（日阿）的近音汉字替代，“角”是ku⁵³（古）的音变；“垴”是汉语，即“山垴”。所以，这个地名的准确记音应是“日阿古垴”。

土家语za³⁵ku⁵³（日阿古）为一个音节，汉语义是“茶叶”（Camellia sinesis）。所以，“日阿古垴”（三角垴）就是“茶叶垴”，即“茶叶山”，是从前出产茶叶的地方。

折溪塆 za⁵⁵tɕhi⁵⁵uan⁵⁵

土家语与汉语结合运用的地名：“折溪”是土家语za⁵⁵tɕhi⁵⁵（日阿期）的误记，“折”是za⁵⁵（日阿）的近音汉字替代，“溪”是tɕhi⁵⁵（期）的音变；“塆”是汉语，即“山塆”。所以，这个地名的准确记音应是“日阿期塆”。

土家语za⁵⁵tɕhi⁵⁵（日阿期）是一个完整音节，不可割裂，译成汉语是漆树科植物“野漆树”［T Succedaneum（L）kuntze（Rhus succedanea L］。所以，“日阿期塆”（折溪塆）就是“野漆树塆”。

从前，这个山塆里是一片野漆树林，故而得名。

夹牛岩 ka²¹ȵi⁵⁵ŋai²¹

土家语与汉语结合运用的地名：“夹牛”是土家语ka²¹ȵi⁵⁵的汉字记音，但“夹”在这里读ɡá（嘎），“牛”是ȵi⁵⁵（尼）的音变；“岩”是汉语，即“岩石”，一般泛指具有某些岩石特征的地方。所以，这个地名的准确记音应是“夹尼塆“。

土家语ka²¹ȵi⁵⁵（夹尼）为一个音节，是ka²¹ȵi⁵⁵tau⁵⁵tau⁵⁵（夹尼刀刀）

的省略，汉语义是当地称作“刀刀雀”的杜鹃科动物“回声杜鹃”(Cuculus micyopterusmicropterus)。所以，“夹尼岩”（夹牛岩）就是刀刀雀多的地方。详细释义参看罗塔坪乡“九里垭”。

六果湾 luŋ^{55}ku^{55}uan^{55}

土家语与汉语结合运用的地名：“六果”是土家语 luŋ^{55}ku^{55}（聋古）的误记，“六”是 luŋ^{55}（聋）的音变，“果”是 ku^{55}（古）的音变；“湾”是汉语，即“河湾”、“水湾”。所以，这个地名的准确记音应是“聋古湾”。

土家语 luŋ^{55}ku^{55}（聋古）为一个音节，汉语义是“鳖”（Trionyx sinensis）。“鳖”，俗称“团鱼”、“脚鱼”、“王八”，是山区的珍奇动物。所以，“聋古湾”（六果湾）就是“团鱼湾”，因团鱼多而得名。

骚水滩 su^{21}su^{53}tha^{35}

纯粹的土家语地名，su^{21}su^{53}tha^{35}（俗术他）的误记。按西部区的发音读作“俗苏他”。

土家语 su^{21}su^{53}tha^{35}（俗术他）由 su^{21}su^{53}（俗术）和 tha^{35}（他）两个音节组成：su^{21}su^{53}（俗术）的汉语义是“月亮”；tha^{35}（他）的汉语义是“处所”、“地方”。所以，su^{21}su^{53}tha^{35}（俗术他）连起来译成汉语义就是“月亮地”，俗称“月形地”。意思是说，这个地方的地形地貌犹如月形。

四都坪乡

位于区域西南部，东南与怀化市沅陵县火场乡接壤，西与湘西州永顺县朗溪乡交界，乡治距市中心 65 公里；总面积 191 平方公里，其中耕地 12446 亩；辖 18 个行政村，128 个村民小组；2009 年末，总人口 10328 人，其中土家族占全乡总人口的 96%。主要物产有稻谷、玉米、油菜、黄豆、洋芋；全乡森林覆盖率 90%，以林业乡著称。

土溪峪 $thu^{55}ɕi^{55}jəu^{35}$

土家语与汉语结合运用的地名："土溪"是土家语 $thu^{55}ɕi^{55}$ 的汉字记音，但"溪"一般应记为"西"；"峪"是汉语，即"山峪"。

土家语 $thu^{55}ɕi^{55}$（土西）为一个音节，汉语义是别称"峒菌"的菌藻类野生"平菇"（Collybia uelutipes）。因此，"土西峪"（土溪峪）就是"峒菌峪"。

在土家人的美食中，菌藻类占了很大比重，例如枞菌、香菇、蜂窝菌、剥皮菌、鸡肉菌、干花菌、峒菌等，都是人见人爱的山珍，而其中以"峒菌"最为珍贵。古时，此地树多树蔸多，生长的峒菌也多，人们便以这种特产作了地名。

大北厢 $ta^{53}pa^{55}ɕie^{53}$

汉语与土家语结合运用的地名："大"是汉语；"北厢"是土家语 $pa^{55}ɕie^{53}$（巴写）的误记。所以，这个地名的准确记音应是"大巴写"。与该地邻近的沅陵县有小北厢，大北厢、小北厢是以大小对应的地名。

土家语 $pa^{55}ɕie^{53}$（巴写）为一个音节，译成汉语是蕨科植物中的"冷蕨"（Cyclosorus acuminatus）。用作地名，就是有冷蕨或冷蕨多的地方。

"冷蕨"又称"反蕨"、"毛蕨"，形态与"蕨"类似，不过根中淀粉很少，且含黑色毛状纤维，但其嫩芽可食，采摘加工后就是"蕨菜"。古时，此地遍生冷蕨，故而得名。

石长溪 $si^{21}tsha^{35}tɕhi^{55}$

土家语与汉语结合运用的地名。"石长"是土家语 $si^{21}tsha^{35}$ 的汉字记音，但"长"是 $tsha^{35}$（岔）的音变；"溪"是汉语，即"溪沟"。所以，"石长溪"的原始名称应是"石岔溪"。按西部区的发音读作"司擦溪"。

土家语 $si^{21}tsha^{35}$（石岔）系两个音节：si^{21}（司、石）的汉语义是“肉”，$tsha^{35}$（岔）的汉语义是“好”；$si^{21}tsha^{35}$（石岔）连起来直译是“肉好”，调换语序结构译成汉语是“好肉”。所以，“石岔溪”（石长溪）就是“好肉溪”或“好肉沟”。

从前，此地的土家先民喂养的猪、羊、鸡、鸭多，出产的肉多质量好，因而得名。

乌木峪 $u^{35}mu^{35}jəu^{35}$

土家语与汉语结合运用的地名：“乌木”是土家语 $u^{35}mu^{35}$ 的汉字记音，但“乌”是 u^{35}（戊）的音变；“峪”是汉语，即“山峪”。所以，这个地名的准确记音应是“戊木峪”。

土家语 $u^{35}mu^{35}$（戊木）系两个音节：u^{35}（戊）的汉语义是“黄牛”（Bos taurus do mestca），mu^{35}（木）的汉语义是“丢失”、“不见了”；$u^{35}mu^{35}$（戊木）连起来直译是“黄牛丢失”或“黄牛不见”，调换宾谓语序结构译成汉语是“失牛”或“不见牛”。所以，“戊木峪”（乌木峪）就是“失牛峪”，即容易丢失牛的山峪。

从前，这个山峪里古木参天，虎狼成群，牛一进去就有去无回，根据这一特点，人们便以 $u^{35}mu^{35}$（戊木）——“失牛”作了警示性的地名。

兰马峪 $lo^{55}muŋ^{53}jəu^{55}$

纯粹的土家语地名，$lo^{55}muŋ^{53}jəu^{55}$ 的汉字记音，但“兰马”（有的记为“南马”、“拦马”）是 $lo^{55}muŋ^{53}$（裸猛）的附会与讹编；“峪”是 $jəu^{55}$（优）的音转。所以，这个地名的准确记音就是“裸猛优”。

土家语 $lo^{55}muŋ^{53}jəu^{55}$（裸猛优）由 $lo^{55}muŋ^{53}$（裸猛）和 $jəu^{55}$（优）两个音节组成：$lo^{55}muŋ^{53}$（裸猛）是土家人对自己部落头领的尊称，译成汉语是“大王”、“头人”；$jəu^{55}$（优）的汉语义是“村”、“寨”。所以，$lo^{55}muŋ^{53}jəu^{55}$（裸猛优）连起来译成汉语就是“头人寨”或“大王寨”。

古代，此地是土家族某个部落头领的住地，故得其名。

桑艮塆 $sui^{55}je^{53}uan^{55}$

土家语与汉语结合运用的地名：“桑艮”是土家语 $sui^{55}je^{53}$（虽耶）的音变与误记；“塆”是汉语，即“山塆”。所以，这个地名的准确记音应是“虽耶塆”。

土家语 $sui^{55}je^{53}$（虽耶）为一个音节，译成汉语是金缕梅科植物“继木”

(Loropetalum chinense)。因此，“虽耶塆”（桑艮塆）就是“继木塆”。

“继木”俗称“土姜树”，是土家人喜好的柴薪。从前此地土姜树多，故而得名。

三瓦池 sa⁵³o²¹tshe²¹

纯粹的土家语地名，sa⁵³o²¹tshe²¹的误记：“三”是sa⁵³（萨）的误记，东部地区大多数地方的实际发音是“沙；“瓦”是o²¹（沃）的误记；“池”是tshe²¹（扯）的误记。所以，这个地名的准确记音应是“萨沃扯”。按西部区的发音读作“萨沃测”。

土家语sa⁵³o²¹tshe²¹（萨沃扯）系三个音节：sa⁵³（萨）的汉语义是“鸭子”（Anas domestica），o²¹（沃）的汉语义是“围”；sa⁵³o²¹（萨沃）连起来直译是“鸭围”，调换语序结构译成汉语是“围鸭”。tshe²¹（扯）的汉语义是“水”，这里实指“水边”。所以，sa⁵³o²¹tshe²¹（萨沃扯）连起来译成汉语是“围鸭水边”，即圈养鸭子的水边；换言之，就是“水岸边的鸭棚”。

从前，此处经常有鸭客居住，圈养鸭子，故而得名。

木浴潭 mu⁵³jəu⁵⁵than⁵³

土家语与汉语结合运用的地名：“木浴”是土家语mu⁵³jəu⁵⁵的汉字记音，但“峪”是jəu⁵⁵（优）的音变与误记；“潭”是汉语，即“水潭”。所以，这个地名的准确记音应是“木优潭”。

土家语mu⁵³jəu⁵⁵（木优）系两个音节：mu⁵³（木）的汉语义是“竹子”（Bamboo sprout），jəu⁵⁵（优）的汉语义是“村”、“寨”。所以，mu⁵³jəu⁵⁵（木优）连起来译成汉语就是“竹子寨”或“竹子村”，实际就是“竹园”；“木优潭”（木浴潭）就是“竹园旁边的水潭”。水潭因竹园而得名。

大老山 ta⁵³lo²¹san⁵⁵

土家语与汉语结合运用的地名：“大老”是土家语ta⁵³lo²¹的汉字记音，但“老”是lo²¹（洛）的音变；“山”是汉语。所以，这个地名的准确记音应是“大洛山”。

土家语ta⁵³lo²¹（大洛）系两个音节：ta⁵³（大）的汉语义是“互相”、“彼此”，lo²¹（洛）的汉语义是“骂”、“吵”；ta⁵³lo²¹（大洛）连起来译成汉语是“互相吵骂”，简言之就是“吵架”。所以，“大洛山”（大老山）就是“吵架山”。

古代的某个时期，此地人际关系紧张，经常吵吵闹闹，因而得了这样一个不光彩的名称。

李阳池 li^{35}je^{53}tshi^{53}

纯粹的土家语地名，li^{35}je^{53}tshi^{53} 的汉字记音，但“李阳”是 li^{35}je^{53}（利耶）的音变，“池”是 tshi^{53}（次）的音变。所以，这个地名的准确记音应是“利耶次”。

土家语 li^{35}je^{53}tshi^{53}（利耶次）系三个音节：li^{35}（利）的汉语义是“老虎”（Panthera tigris），je^{53}（耶）的汉语义是“到”、“躲藏”、“伏”，tshi^{53}（次）的汉语义是“地方”。所以，li^{35}je^{53}tshi^{53}（利耶次）连起来译成汉语就是“虎躲地方”，即老虎伏藏的地方，因从前老虎多而得名。

同溪塆 thuŋ^{53}tɕhi^{53}uan^{55}

土家语与汉语结合运用的地名：“同溪”是土家语 thuŋ^{53}tɕhi^{53}（桶起）的音变与误记；“塆”是汉语，即“山塆”。所以，这个地名的准确记音应是“桶起塆”。

土家语 thuŋ^{53}tɕhi^{53}（桶起）系两个音节：thuŋ^{53}（桶）的汉语义是“窝”，这里指“山窝”；tɕhi^{53}（起）的汉语义是“大”。thuŋ^{53}tɕhi^{53}（桶起）连起来直译是“山窝大”，调换语序结构译成汉语就是“大山窝”。所以，“桶起塆”（同溪塆）就是“大山窝塆”。

此地坐落在一个峡谷之中，山高谷深，实为大山窝，故而得名。

毛　村 mau^{53}tshuŋ^{53}

纯粹的土家语地名，mau^{53}tshuŋ^{53} 的汉字记音，但“村”是 tshuŋ^{53}（枞）的音变。所以，这个地名的准确记音应是“毛枞”。

对“松树”(Pinus massoniana)，土家语有两种叫法：一是叫 mau^{53}tshuŋ^{53}kha^{21}muŋ^{21}(毛枞卡蒙)，二是叫 tshuŋ^{53}ko^{35}kha^{21}muŋ^{21}(枞果卡蒙)。其中的 kha^{21}muŋ^{21}(卡蒙)是“树”，“毛枞”和“枞果”含义一样，都是“松”。后来，人们省略去 kha^{21}muŋ^{21}(卡蒙)，保留 mau^{53}tshuŋ^{53}(毛枞)和 tshuŋ^{53}kho^{35}(枞果)，最后又简化成 tshuŋ^{53}(枞)，并加上汉语的“树”而称为“枞树”。所以，“毛村”就是“毛枞”，就是“松树”。

古时这里是一片松林，人们便以这种树作了地名。

同皮塔 tha^{35}phi^{53}tha^{35}

土家语与汉语结合运用的地名：“同皮”是土家语 tha^{35}phi^{53} 的汉字记音，但“同”是 tha^{35}（塔）的音变；“塔”是汉语，即“坪塔”，也指有坪塔的地方。所以，这个地名的准确记音应是“塔皮塔”。

土家语 $tha^{35}phi^{53}$（塔皮）为一个音节，汉语义是一种称为“火礁”或“火礁岩”的黑色火石。因此，“塔皮塔”（同皮塔）就是“火礁塔”或“火礁岩塔”。

在遥远的古代，土家先民就学会了击石取火的原始方法，其工具和材料是一块钢片或一个钢圈、一块黑色火石、一种名叫“火草”的蒿子晒干后碾成的蒿绒。取火时将蒿绒压在火石上，然后用钢片或钢圈击擦火石，其迸出的火星点燃蒿绒即得火种。这些工具一般用口袋装上系在腰间，上山打猎，田间劳作都带在身边，用时十分方便。这个地名是一块“活化石”，它生动地记录了土家先民原始生活的历史。

沙子坪 $sa^{55}si^{53}phin^{21}$

土家语与汉语结合运用的地名：“沙子”是土家语 $sa^{55}si^{53}$（沙司）的误记，也是人们的循声附会；“坪”是汉语，即“坪坝”。因此，“沙子坪”的原始名称应是“沙司坪”。按西部区的发音读作“萨司坪”。

土家语 $sa^{55}si^{53}$（沙司）为一个音节，是 $sa^{55}lie^{55}si^{53}$（沙列司）的简化，译成汉语是“李子”（Prunus salicina lindl）。因此，“沙司坪”（沙子坪）就是“李子坪”。

从前，此地李子树多，出产的李子很有名，人们便以这种水果作了地名。详细释义参看王家坪乡“沙子垭”。

小木槲 $ɕi^{21}mu^{35}lan^{53}$

纯粹的土家语地名，$ɕi^{21}mu^{35}lan^{53}$ 的汉字记音，但“小”是 $ɕi^{21}$（洗）的音变与误记，“槲”是 lan^{53}（兰）的音变与误记。所以，这个地名的准确记音应是“洗木兰”。

土家语 $ɕi^{21}mu^{35}lan^{53}$（洗木兰）由 $ɕi^{21}mu^{35}$（洗木）和 lan^{53}（兰）两个音节组成：$ɕi^{21}mu^{35}$（洗木）是一个修饰词，汉语义是“迷茫”、“迷惘”、“迷忘”；lan^{53}（兰）的汉语义是“廊场”，即“地方”。因此，$ɕi^{21}mu^{35}lan^{53}$（洗木兰）连起来译成汉语就是“迷茫的地方”，也就是人容易迷惘的地方。

古代，此地山迂水转，古木参天，人到此处容易迷路，故而得名。

五龙堡 $u^{35}luŋ^{53}pau^{35}$

土家语与汉语结合运用的地名：“五龙”是土家语 $u^{35}luŋ^{53}$ 的汉字记音，但 u^{35} 一般记为“戊”；“堡”是汉语，当地读“雹”音，义同“山包”。

土家语 $u^{35}lu\eta^{53}$（戊龙）系两个音节：u^{35}（戊）的汉语义是“黄牛”（Bos taurus domestica），$lu\eta^{53}$（龙）的汉语义是“养”。$u^{35}lu\eta^{53}$（戊龙）连起来直译是“牛养”，调换语序结构译成汉语是“养牛”。所以，“戊龙堡”（五龙堡）就是“养牛包”。

从前，这个地方的先民们爱养牛，而且多为黄牛，因而得名。

王龙塆 $uan^{35}lu\eta^{53}uan^{55}$

土家语与汉语结合运用的地名：“王龙”是土家语 $uan^{35}lu\eta^{53}$ 的汉字记音，但“王”是 uan^{35}（万）的音变；“塆”是汉语，即“山塆”。所以，这个地名的准确记音应是“万龙塆”。

土家语 $uan^{35}lu\eta^{53}$（万龙）与上条目的 $u^{35}lu\eta^{53}$（戊龙）虽然记音符号有所不同，但其含义完全相同。u^{35}（戊）是现代土家语，汉语义是“黄牛”（Bos taqrus domestica）；uan^{35}（万）是古土家语，汉语义也是“黄牛”。$lu\eta^{53}$（龙）的汉语义是“养”。$uan^{35}lu\eta^{53}$（万龙）连起来直译是“牛养”，调换语序结构译成汉语是“养牛”。因此，“万龙塆”（王龙塆）就是“养牛塆”。也是因爱养牛，养的牛多而得名。

酸子界 $so^{53}tsu^{35}kai^{35}$

土家语与汉语结合运用的地名：“酸子”是土家语 $so^{53}tsu^{35}$（梭租）的音变与误记；“界”是汉语，即“山界”。因此，这个地名的准确记音应为“梭租界”。

土家语 $so^{53}tsu^{35}$（梭租）系两个音节：so^{53}（梭）是 $so^{53}phe^{21}$（梭柏）的简化，汉语义是“雾”；tsu^{35}（租）的汉语义是“出”、“起”。$so^{53}tsu^{35}$（梭租）连起来直译是“雾起”，调换语序结构译成汉语是“起雾”。所以，“梭租界”（酸子界）就是“起雾界”。

此地位置较高，境内谷深水迂，潮气很大，早晚雾气笼罩，故得其名。

高溪峪 $ka^{21}t\c{c}hi^{53}j\partial u^{35}$

土家语与汉语结合运用的地名：“高溪”是土家语 $ka^{21}t\c{c}hi^{53}$（嘎起）的误记，“高”是 ka^{21}（嘎）的近音汉字替代，“溪”是 $t\c{c}hi^{53}$（起）的音变；“峪”是汉语，即“山峪”。因此，这个地名的准确记音应是“嘎起峪”。

土家语 $ka^{21}t\c{c}hi^{53}$（嘎起）系两个音节：ka^{21}（嘎）的汉语义是“乌鸦”（Corvus frugilegus linnaeus），$t\c{c}hi^{53}$（起）的汉语义是“大”；$ka^{21}t\c{c}hi^{53}$（嘎

起）连起来直译是“乌鸦大”，调换语序结构译成汉语是“大乌鸦”。所以，“嘎起峪”（高溪峪）就是“大乌鸦峪”。

古时，此地树高山静，成群的乌鸦在此筑巢，繁衍生息，故得“大乌鸦峪”之名。

溪　方　tɕhi^{55}xe^{53}

纯粹的土家语地名，tɕhi^{55}xe^{53}的汉字记音，但“溪”是tɕhi^{55}（期）的音变，“方”是xe^{53}（核）的误记。因此，这个地名的准确记音应是“期核”。此地区有“前溪方”和“后溪方”两处地名，共同的核心地名是“溪方”，“前”、“后”是就方位而言的。

土家语tɕhi^{55}xe^{53}（期核）为一个音节，译成汉语是“糯谷”（Oryza sativa L.vay.glutinosa Matsum）；作为地名，就是盛产糯谷的地方。

从前，此地人爱种糯谷，出产的糯米数量多、质量好，人们便以这种物产作了地名。

远尔塔　je^{21}zi^{55}tha^{35}

土家语与汉语结合运用的地名：“远尔”是土家语je^{21}zi^{55}（叶日）的误记；“塔”是汉语，即“坪塔”，一般指有坪塔的地方。所以，“远尔塔”的原始名称应是“叶日塔”。

土家语je^{21}zi^{55}（叶日）系两个音节：je^{55}（叶）的汉语义是“神”，zi^{55}（日）的汉语义是“敬”、“祀”；je^{21}zi^{55}（叶日）连起来直译是“神敬”，调换语序结构译成汉语是“敬神”。所以，“叶日塔”（远尔塔）就是“敬神塔”，即先民们敬祀神灵的地方。

从前，这里设有神堂，是人们敬神的地方，故得其名。

簸箕山　pau^{35}tɕhi^{21}san^{55}

土家语与汉语结合运用的地名：“簸箕”是土家语pau^{35}tɕhi^{21}（报其）的误记；“山”是汉语。所以，这个地名的准确记音应为“报其山”。

土家语pau^{35}tɕhi^{21}（报其）为一个音节，汉语义是“野鸡”（Corvus phasianus colchicus torquatus Lesson）。所以，“报其山”（簸箕山）就是“野鸡山”，因山上野鸡多而得名。

千斤老　tɕhia^{55}tɕia^{35}ȵau^{21}

土家语与汉语结合运用的地名：“千斤”是土家语tɕhia^{55}tɕia^{35}（恰甲）的循声比附与误记；“老”是汉语，但正确应记为“垴”，即“山垴”。所以，这个地名的准确记音应是“恰甲垴”。

土家语 tɕhia^{55}tɕia^{35}（恰甲）为一个音节，译成汉语是昆虫“纺织娘”（Mecopod elongata）；所以，“恰甲垴”（千斤老）就是“纺织娘垴”或“纺织娘山”。

此地位于海拔 1300 米的高山上，远远望去犹如一只匍匐着的纺织娘，依据这种地形地貌，人们便以 tɕhia^{55}tɕia^{35}（恰甲）——“纺织娘”作了地名。

醒家峪 ɕin^{35}ka^{55}jəu^{35}

土家语与汉语结合运用的地名：“醒家”是土家语 ɕin^{35}ka^{55} (信嘎) 的音变与误记，“醒”是 ɕin^{35}（信）的音变，“家”是 ka^{55}（嘎）的近音汉字替代；“峪”是汉语，即“山峪”。所以,这个地名的准确记音应是“信嘎峪”。

土家语 ɕin^{35}ka^{55}（信嘎）为一个音节，译成汉语是“青绿色”。所以，“信嘎峪”（醒家峪）就是“青绿色的山峪”。详细释义参看教字垭镇“兴家岗”。

百中垭 po^{55}tso^{55}ŋa^{53}

土家语与汉语结合运用的地名：“百中”是土家语 po^{55}tso^{55}（博着）的误记；“垭”是汉语，即“山垭”。因此，这个地名的准确记音应是“博作垭”。按西部区的发音读作“博作垭”。

土家语 po^{55}tso^{55}（博着）为一个音节，汉语义是“磨子”。所以，“博着垭”（百中垭）就是“磨子垭”。

从前，这个地方的先民家家都备有石磨，或者有石匠打制石磨出售，故而得名。

白竹山 po^{55}tso^{55}san^{35}

土家语与汉语结合运用的地名：“白竹”是土家语 po^{55}tso^{55}（博着）的误记；“山”是汉语。因此，这个地名的准确记音应是“博着山”。按西部区的发音读作“博作垭”。

土家语 po^{55}tso^{55}（博着）为一个音节，汉语义是“石磨”、“磨子”；所以，“博着山”（白竹山）就是“石磨山”或“磨子山”，因出产石磨而得名。

十儿塆 $si^{35}zi^{21}uan^{55}$

土家语与汉语结合运用的地名。“十儿”是土家语 $si^{35}zi^{21}$ 的误记：“十”作为 si^{35} 的记音，一般记为“石”；“儿”是 zi^{21}（日）的误记，因澧水上源区人们“日”、“儿”不分，故有此误记。“塆”是汉语，即“山塆”。所以，这个地方的原始名称应是“石日塆”。按西部区的发音读作“司日塆”。

土家语 $si^{35}zi^{21}$（石日）系两个音节：si^{35}（石）的本义是“肉”，但也指“野兽”，例如“打猎”就称为“赶肉”，这里是指后者；zi^{21}（日）的汉语义是“多”。$si^{35}zi^{21}$（石日）连起来直译是“兽多”，调换语序结构译成汉语就是“多兽”。所以，“石日塆”（十儿塆）就是“多兽塆”。

从前，这个山塆里林深树密，多有野兽出没其间，因而得名。

介木冲 $ka^{35}me^{55}tsho^{55}$

纯粹的土家语地名，$ka^{35}me^{55}tsho^{55}$（嘎嚜挫）的误记。

土家语 $ka^{35}me^{55}tsho^{55}$（嘎嚜挫）由 $ka^{35}me^{55}$（嘎嚜）和 $tsho^{55}$（挫）两个音节组成：$ka^{35}me^{55}$（嘎嚜）的汉语义是“官”，$tsho^{55}$（挫）的汉语义是“屋”；所以，$ka^{35}me^{55}tsho^{55}$（嘎嚜挫）连起来译成汉语就是“官屋”，俗称“官屋场”。

从前，此地有一处做官人修的庄园，因而得名。

马路塆 $ma^{53}lu^{21}uan^{55}$

土家语与汉语结合运用的地名：“马路”是土家语 $ma^{53}lu^{21}$ 的汉字记音；“塆”是汉语，即“山塆”。

土家语 $ma^{53}lu^{21}$（马路）系两个音节：ma^{53}（马）的汉语义是“蜂子”，这里实指“蜂蛹”；lu^{21}（路）的汉语义是“卖”。$ma^{53}lu^{21}$（马路）连起来直译是“蜂蛹卖”，调换语序结构译成汉语是“卖蜂蛹”。所以，“马路塆”就是“卖蜂蛹的山塆”。

从前，此地雷蜂多，人们获得的蜂蛹也多，自食之余经常向外出售，故而得名。

左溪口 $za^{21}tɕhi^{55}kha^{21}$

纯粹的土家语地名，$za^{21}tɕhi^{55}kha^{21}$ 的汉字记音，但“左”是 za^{21}（日阿）的近音汉字替代，“溪”是 $tɕhi^{55}$（期）的音变，“口”是 kha^{21}（卡）的近音汉字替代。所以，这个地名的准确记音应是“日阿期卡”。

土家语 za^{21}tɕhi^{55}kha^{21}（日阿期卡）由 za^{21}tɕhi^{55}（日阿期）和 kha^{21}（卡）两个音节组成：za^{21}tɕhi^{55}（日阿期）的汉语义是“野漆”；kha^{21}（卡）是 kha^{21}muŋ^{21}（卡蒙）的简化，汉语义为“树”。所以，za^{21}tɕhi^{55}kha^{21}（日阿期卡）连起来译成汉语就是“野漆树”（Rhus succdanea L）。

从前，此地是一片野漆树林，故而得名。

陈山峪 tshe^{21}sa^{53}jəu^{35}

土家语与汉语结合运用的地名。“陈山”是土家语 tshe^{21}sa^{53} 的误记：“陈”是 tshe^{21}（扯）的音变，“山”是 sa^{53}（沙）的音变。“峪”是汉语，即“山峪”。因此，“陈山峪”的原始名称应为“扯沙峪”。按西部区的发音读作“测萨峪”。

土家语 tshe^{21}sa^{53}（扯沙）系两个音节：tshe^{21}（扯）的汉语义是“水”，sa^{53}（沙）的汉语义是“冷”；tshe^{21}sa^{53}（扯沙）连起来直译是“水冷”，调换语序结构译成汉语是“冷水”。所以，“扯沙峪”（陈山峪）就是“冷水峪”。

这个山峪里出水多，冷浸田多，人们下田耕耘感到手脚冷浸，故得“冷水峪”之名。

李雀塆 li^{35}tɕhi^{53}uan^{55}

土家语与汉语结合运用的地名：“李雀”是土家语 li^{35}tɕhi^{53} 的汉字记音，但“雀”是 tɕhi^{53}（乞）的音变；“塆”是汉语，即“山塆”。所以，这个地名的准确记音应是“李乞塆”。

土家语 li^{35}tɕhi^{53}（李乞）系两个音节：li^{35}（李）的汉语义是“老虎”（Panthera tigris），tɕhi^{53}（乞）的汉语义是“大”；li^{35}tɕhi^{53}（李乞）连起来直译是“虎大”，调换语序结构译成汉语是“大虎”。所以，“李乞塆”（李雀塆）就是“大虎塆”，即有大老虎的地方。

同冒尖 thuŋ^{53}muŋ^{21}tɕie^{35}

纯粹的土家语地名，thuŋ^{53}muŋ^{21}tɕie^{35}（同蒙杰）的误记：“冒”是 muŋ^{21}（蒙）的音变，“尖”是 tɕie^{35}（杰）的音变。

土家语 thuŋ^{53}muŋ^{21}tɕie^{35}（同蒙杰）由 thuŋ^{53}muŋ^{21}（同蒙）和 tɕie^{35}（杰）两个音节组成：thuŋ^{53}muŋ^{21}（同蒙）的汉语义是“线”；tɕie^{35}（杰）的汉语义是“纺”。所以，thuŋ^{53}muŋ^{21}tɕie^{35}（同蒙杰）连起来直译是“线纺”，调换语序结构译成汉语就是“纺线”。

从前，居住此地的土家姑娘是绩麻纺线的能手，纺织出来的线质量好，远近知名，于是人们便以 thuŋ^{53}muŋ^{21}tɕie^{35}（同蒙杰）——“纺线”作了地名。

池油潭 tshi^{53}jəu^{55}than^{53}

土家语与汉语结合运用的地名：“池油”是土家语 tshi^{53}jəu^{55}（蚩优）的误记，“池”是 tshi^{53}（蚩）的音变，“油”是 jəu^{55}（优）的音变；“潭”是汉语，即“水潭”。因此，这个地名应记为“蚩优潭”。按西部区的发音读作“次优寨”。

土家语 tshi^{53}jəu^{55}（蚩优）系两个音节：tshi^{53}（蚩）的汉语义是“纸”；jəu^{55}（优）的汉语义是“村庄”、“寨子”；tshi^{53}jəu^{55}（蚩优）连起来译成汉语是“纸寨”，即“没有造纸作坊的村寨”。所以，“蚩优潭”（池油潭）就是“纸寨旁边的水潭”；换句话说，也就是紧临着水潭的纸寨。

红家界 xa^{35}ka^{55}kai^{35}

土家语与汉语结合运用的地名：“红家”是土家语 xa^{35}ka^{55}（哈嘎）的误记；“界”是汉语，即“山界”。所以，这个地名的准确记音应是“哈嘎界”。

土家语 xa^{35}ka^{55}（哈嘎）是 khe^{55}xa^{35}lau^{55}ka^{55}（克哈老嘎）的简化，汉语义是“最大的平地”。所以，“哈嘎界”（红家界）就是大山界上最大的平地。意思是说，这个地方坐落在山界上面最大的平台上。

尖角塔 tɕian^{35}kai^{55}tha^{35}

纯粹的土家语地名，tɕian^{35}kai^{55}tha^{35} 的汉字记音，但“角”是 kai^{55}（盖）的音转。所以，这个地名的准确记音应是“尖盖塔”。

土家语 tɕian^{35}kai^{55}tha^{35}（尖盖塔）由 tɕian^{35}kai^{55}（尖盖）和 tha^{35}（塔）两个音节组成：tɕian^{35}kai^{55}（尖盖）的汉语义是“手镯”；tha^{35}（塔）在这里是动词，汉语义是“烤制”。所以，tɕian^{35}kai^{55}tha^{35}（尖盖塔）连起来直译是“手镯烤制”，调换语序结构译成汉语就是“烤制手镯”。

古代，土家男女的手腕和足腕都配戴镯子，姑娘们更是人人必备。富有者以金银玉为质，贫穷者用串珠子串成，初生的婴儿也要系上红线。镯子成了土家人的重要装饰品，凡是人户较多的市场和集镇都有“银匠”制造和销售。“尖盖塔”（尖角塔）就是从前制作和出售手镯的地方。

铁屎溪 thi^{53}si^{21}tɕhi^{55}

土家语与汉语结合运用的地名。“铁屎”是土家语 thi^{53}si^{21} 的误记：“铁”是 thi^{53}（梯）的音变；“屎”si^{21} 的记音，一般记作“石”。“溪”是汉语，即“溪沟”。因此，这个地名应该记为“梯石溪”。按西部区的发音读作“梯司溪”。

土家语 thi^{53}si^{21}（梯石）系两个音节：thi^{53}（梯）是个多义词，作动词时，其含义为“套”、“捆”、“摘”，由此，也可以引申为“套子”、“套索”；与修饰对象结合作名词时，有“得……”、“得到……”等含义，这里应该是前者，即“套”。si^{21}（石）的汉语义是“野兽”。所以，thi^{53}si^{21}（梯石）连起来译成汉语就是“套野兽”；“梯石溪”（铁屎溪）就是“套野兽的山沟”。

土家族是一个由狩猎逐渐转入农耕的古老民族，世代传承一套狩猎技艺。有“犬逐人击”的“赶仗”，有网捕、索套，有陷井、药闹（毒）。此处以“套野兽”作地名，是人们经常设套猎获野兽的地方，是活脱脱反映先民们原始生活的活化石。

长锯坪 tsha^{53}tɕie^{53}phin^{53}

土家语与汉语结合运用的地名。“长锯”是土家语 tsha^{53}tɕie^{53} 的误记：“长”是 tsha^{53}（岔）的音变，“锯”是 tɕie^{53}（借）的音变。“坪”是汉语，即“坪坝”。因此，这个地名的准确记音应是“岔借坪”。按西部区的发音读作“擦借坪”。

土家语 tsha^{53}tɕie^{53}（岔借）系两个音节：tsha^{53}（岔）的汉语义是“纺车”，tɕie^{53}（借）的汉语义是“叫”、“响”；tsha^{53}tɕie^{53}（岔借）连起来译成汉语是“纺车叫”或“纺车响”。所以，“岔借坪”（长锯坪）就是“纺车叫坪”，意思是说，这个村寨里纺车多，姑娘们经常纺纱、纺线，时常可以听到纺车的叫声。

烂桃界 la^{35}tha^{53}ka^{53}

纯粹的土家语地名，la^{35}tha^{53}ka^{53}（拉他嘎）的误记。

土家语 la^{35}tha^{53}ka^{53}（拉他嘎）由 la^{35}tha^{53}（拉他）和 ka^{53}（嘎）两个音节组成：la^{35}tha^{53}（拉他）的汉语义是“瓢瓜”，ka^{53}（嘎）的汉语义是“剜”、“挖”；所以，la^{35}tha^{53}ka^{53}（拉他嘎）连起来直译是“瓢剜”、“瓢挖”，调换宾谓语序结构译成汉语就是“剜瓢”、“挖瓢”；用作地名，就是土家先民制作水瓢的地方。

"剜瓢"又称"挖瓢"，挖瓢人俗称"挖匠"。从前，此地有"挖匠"挖瓢，因而得名。

茅家田 mu^{53}kho^{55}thi^{55}

纯粹的土家语地名，mu^{53}kho^{55}thi^{55}（母柯替）的误记。

土家语称"竹子"（Bamboo sprout）为mu^{53}lie^{55}（母列）；称"竹山"、"竹园"为mu^{53}kho^{55}（母柯）；称竹子、树木的"蔸"为thi^{55}mi^{55}（替米），常常简化为thi^{55}（替）。所以，mu^{53}kho^{55}thi^{55}（母柯替）连起来译成汉语就是"竹蔸"；用作地名，即竹蔸、竹根多的地方。

可以想象，在遥远的古代，此地全是竹蔸、竹根，先民们在这样的基础上辛劳开垦，从而为后人创造出丰功伟业，实在值得敬佩。

战场岗 za^{53}tshi^{21}kan^{55}

土家语与汉语结合运用的地名："战场"是土家语za^{53}tshi^{21}（日阿尺）的误记，有的记为"扎尺"，有的记为"咱尺"，"战"、"扎"、"咱"都是za^{53}（日阿）的近音汉字替代；"岗"是汉语，即"山冈"。因此，"战场岗"的原始名称应是"日阿尺冈"；按西部区的发音应记作"日阿次冈"。

土家语za^{53}tshi^{21}（日阿尺）的完整音节是za^{53}khe^{21}tshi^{21}（日阿客尺），khe^{21}（客）属短促轻声，容易脱落，遂成 za^{53}tshi^{21}（日阿尺），但含义未变，译成汉语是"胡葱"（Allium chinese）。所以，"日阿尺冈"（战场岗）就是"胡葱冈"。这里胡葱多，是人们常去挑挖胡葱的地方，故而得名。

胡葱，学名"薤"（Allium chinese），俗称"野藠"，多年生草本植物，叶细长，嫩叶和鳞茎香味浓烈，可食。春天里，土家妇女三五成群上山挑野藠，回来后洗净、晾干、切碎做成酸藠。酸藠也称"仆腌菜"，向来是土家人的传统山珍。

车家垭 tshe^{21}ka^{21}ŋa^{53}

土家语与汉语结合运用的地名："车家"是土家语tshe^{21}ka^{21}的汉字记音，但"车"是tshe^{21}（扯）的音变；"家"是ka^{21}（嘎）的近音汉字替代。"垭"是汉语，即"山垭"。所以，这个地名的准确记音应是"扯嘎垭"；而按西部区的发音则应记作"测嘎垭"。

土家语tshe^{21}ka^{21}（扯嘎）系两个音节：tshe^{21}（扯）的汉语义是"水"，

ka^{21}（嘎）的汉语义是“少”、“缺”、“干”；$tshe^{21}ka^{21}$（扯嘎）连起来直译是“水缺”、“水干”，调换语序结构译成汉语是“缺水”或“干水”。所以，“扯嘎垭”（车家垭）就是“缺水垭”或“旱垭”，即缺少水源容易干旱的地方。

东阳偏 $tuŋ^{35}jəu^{55}pi^{35}$

纯粹的土家语地名，$tuŋ^{35}jəu^{55}pi^{35}$（峒优必）的误记：“东”是$tuŋ^{35}$（峒）的音变，“阳”是$jəu^{55}$（优）的音变，“偏”是pi^{35}（必）的误记。

土家语$tuŋ^{35}juə^{55}pi^{35}$（峒优必）由$tuŋ^{35}juə^{55}$（峒优）和pi^{35}（必）两个音节组成：$tuŋ^{35}$（峒）是土家族部落时期的政体单位，一般一个部落即为一“峒”，部落酋长即为“峒长”；$jəu^{55}$（优）的汉语义是“村庄”、“寨子”；pi^{35}（必）是$pi^{35}khui^{55}$（必亏）的简化，汉语义是“小”。所以，$tuŋ^{35}jəu^{55}pi^{35}$（峒优必）连起来译成汉语就是“小峒寨”。

峒寨，是部落酋长的驻地，一般修有栅寨。古代，此地是某部落酋长居住的地方。因为这个部落小或寨子小，故得“小峒寨”之名。

梳坪垭 $su^{55}phi^{53}ŋa^{55}$

土家语与汉语结合运用的地名：“梳坪”是土家语$su^{55}phi^{53}$（苏匹）的误记，“梳”是su^{55}（苏）的音变，“坪”是phi^{53}（匹）的音变；“垭”是汉语，即“山垭”。因此，这个地名的准确记音应是“苏匹垭”。

土家语$su^{55}phi^{53}$（苏匹）为一个音节，汉语义是“锁”。所以，“苏匹垭”（梳坪垭）就是“锁垭”。

以锁为名，也许因这里的地形地貌如锁，也许这个山垭上曾经有铁匠铸造铁锁，是人们买锁的地方。

扭风垭 $li^{53}xuŋ^{55}ŋa^{55}$

土家语与汉语结合运用的地名：“扭风”是土家语$li^{53}xuŋ^{55}$（里哄）的误记，“扭”是li^{53}（里）的音变，“风”是$xuŋ^{55}$（哄）的音变；“垭”是汉语，即“山垭”。所以，这个地名的准确记音应是“里哄垭”。

对于“土”、“地”，土家语的表示方法有三：一是称zo^{53}（若），二是称li^{53}（里），三是称$phe^{35}thi^{53}$（拍体）。而对于未曾开垦的“生地”、“生土”，则称为$li^{53}xuŋ^{55}$（里哄）。所以，“里哄垭”（扭风垭）就是“生地垭”。从前，这里是一片未曾开垦的处女地，故得其名。

八岭垭 $pa^{55}lie^{53}ŋa^{53}$

土家语与汉语结合运用的地名：“八岭”是土家语 $pa^{55}lie^{53}$ 的汉字记音，但“岭”是 lie^{53}（列）的音变和附会；“垭”是汉语，即“山垭”。所以，这个地名的准确记音应是“八列垭”。

土家语 $pa^{55}lie^{53}$（八列）为一个音节，汉语义是比较平缓的“偏坡”。因此，“八列垭”（八岭垭）就是偏坡垭，即偏坡上面的山垭。

壁儿岩 $pi^{35}e^{53}ŋai^{53}$

土家语与汉语结合运用的地名：“壁儿”是土家语 $pi^{35}e^{53}$ 的汉字记音，但“儿”是 e^{53}（尔）的音变；“岩”是汉语，即“岩石”，也指具有某些岩石特征的地方。所以，这个地名的准确记音应是“壁尔岩”。

土家语 $pi^{35}e^{53}$（壁尔）系两个音节：pi^{35}（壁）的汉语义是“小”；e^{53}（尔）是 $e^{53}khui^{55}$（尔亏）的省略，汉语义也是“小”；$pi^{35}e^{53}$（壁尔）连译为“小小的”。所以，“壁尔岩”（壁儿岩）就是“小小的岩山”或“小小的岩峰”。

此地是一处海拔 1100 余米的山地，面积仅一平方公里，周围峭壁悬崖，风光秀丽。它与湘西其他大山相比，只能算是“小小的”。

谢家垭乡

位于区域东南部，南与怀化市沅陵县洞溪乡相邻，西与沅陵县火场乡、七甲坪乡接壤，乡治距市中心58公里；总面积71.4平方公里，其中耕地面积13915亩；辖10个行政村，108个村民小组，2个专业林场；2009年末，总人口10283人，其中土家族占全乡总人口的89%。境内土地肥沃，物产丰富，是该区的主要粮油集散地和万头仔猪生产基地，全市烤烟种植大乡。

七级峪 tɕhie^{55}tɕi^{21}jəu^{55}

纯粹的土家语地名，tɕhie^{55}tɕi^{21}jəu^{55}（且几优）音变与误记，也是人们的附会与讹编。

土家语tɕhie^{55}tɕi^{21}jəu^{55}（且几优）系三个音节：tɕhie^{55}（且）是tɕhie^{55}lie^{55}（且列）的简化，译成汉语是“山”；tɕi^{21}（几）的汉语义是“脚”；jəu^{55}（优）的汉语义是“村”、“寨”。所以，tɕhie^{55}tɕi^{21}jəu^{55}（且几优）连起来译成汉语就是“山脚寨”或“山脚村”，即山脚下的村寨，因这个村子坐落在山的下面而得名。

粘家坪 za^{21}tɕie^{21}phin^{21}

土家语与汉语结合运用的地名：“粘家”是土家语za^{21}tɕie^{21}（日阿借）的误记，“粘”是za^{21}（日阿）的近音汉字替代，“家”是tɕie^{21}（借）的音变；“坪”是汉语，即“坪坝”。所以，这个地名的准确记音应是“日阿借坪”。

土家语za^{21}tɕie^{21}（日阿借）系两个音节：za^{21}（日阿）的汉语义是“鸡”(Gallus domestica)，tɕie^{21}（借）的汉语义是“叫”、“啼”；za^{21}tɕie^{21}（日阿借）连起来译成汉语是“鸡叫”。所以，“日阿借坪”（粘家坪）就是“鸡叫坪”或“鸡啼坪”。

从前，此地民众有养鸡的传统，饲养的鸡多，从早到晚可以听到此起彼伏的鸡叫声，故而得名。

朱必界 tsa^{55}pi^{35}kai^{35}

土家语与汉语结合运用的地名：“朱必”是土家语tsa^{55}pi^{35}的汉字记音，但“朱”是tsa^{55}（扎）的音变；“界”是汉语，即“山界”。因此，这个地名的准确记音应是“扎必界”；但按西部区的发音应记作“咱必界”。

土家语 tsa^{55}pi^{35}（扎必）为一个音节，是 tsa^{55}tsa^{55}pi^{35}（扎扎必）的省略，汉语义是一种俗称“芭茅雀”、学名叫“黄颊山雀”（Parus xanthoq snys rexs Darid）的山雀。所以，“扎必界”（朱必界）就是“芭茅雀界”。

武陵山区是兽的王国，鸟的天堂，仅山雀就有好多种，如白脸山雀、黄腹山雀、红头山雀、绿背山雀等，黄颊山雀（芭茅雀）仅是其中的一种。这些山雀，羽毛五光十色，叫声婉转动听，是山区一道亮丽的风景。这个山界上芭茅雀多，因而得名。

转　谷　za^{35}ku^{53}

纯粹的土家语地名，za^{35}ku^{53}（日阿古）的误记：“转”是 za^{35}（日阿）的误记，前面说过，土家语 za^{35}（日阿）的发音特别，没有一个汉字可以对应，用汉语记音时常以“扎”、“咱”、“转”、“杂”等发音相近的字来代替，这就是土家族地区不少地方有以“转古”、“扎古”、“咱古”等作地名的由来，这里是以“转”代 za^{35}（日阿）；“谷”是 ku^{53}（古）的音变。

土家语 za^{35}ku^{53}（日阿古）是一个完整的音节，译成汉语是“茶叶”（Camellia sinesis）；用作地名，就是“产茶叶的地方”。

从前，此地盛产茶叶，人们便以这种特产作了地名。

石良坝　si^{21}ȵie^{55}pa^{35}

土家语与汉语结合运用的地名：“石良”是土家语 si^{21}ȵie^{55} 的汉字记音，但“良”是 ȵie^{55}（捏）的音变与误记。“坝”是汉语，即“坝子”，指较平的地方。因此，这个地名准确的读音和记音应是“石捏坝”。按西部区的发音读作“司捏坝”。

土家语 si^{21}ȵie^{55}（石捏）系两个音节：si^{21}（石）的汉语义是“肉”或“兽”，这里实指“野兽”；ȵie^{55}（捏）是土家语的一个多义动词，有“踩”、“睡”、“栖息”、“歇”等含义，这里实为“栖息”；所以，si^{21}ȵie^{55}（石捏）连起来译成汉语就是“兽栖”；“石捏坝”（石良坝）就是“兽栖坝”，即野兽栖息的地方。

此地两山夹一溪，是个较大的山谷。古代，这里山深水曲，树茂草密，是各种野兽栖息的场所，故而得名。

大茶坪　ta^{35}za^{21}phin^{21}

土家语与汉语结合运用的地名：“大茶”是土家语 ta^{35}za^{21} 的汉字记音，

但“茶”是 za^{21}（日阿）的近音汉字替代；“坪”是汉语，即“坪坝”。所以，这个地名的准确记音应是“大日阿坪”。

凡是水的岸边，如河岸边、沟岸边、塘岸边，土家语都称之为 $ta^{35}za^{21}$（大日阿）。所以，“大日阿坪”（大茶坪）就是“岸边坪”。

此地位于一条溪沟岸畔，实符其名。

河包塔 $xu^{21}pha^{21}tha^{55}$

纯粹的土家语地名，$xu^{21}pha^{21}tha^{55}$（湖帕它）的附会与误记。

土家语 $xu^{21}pha^{21}tha^{55}$（湖帕它）由 $xu^{21}pha^{21}$（湖帕）和 tha^{55}（它）两个音节组成：$xu^{21}pha^{21}$（湖帕）的汉语义是“溪沟”。土家人居住的山区，沟壑纵横，溪沟如织，按其大小，土家人有着不同的称呼。对于较小的溪沟，一般称之为 $tshe^{21}la^{21}$（测拉、扯拉）；对于较大的溪沟才称之为 $xu^{21}pha^{21}$（湖帕）。土家语 tha^{55}（它）是 $se^{35}tha^{55}$（色它）的简化，汉语义为“旁边”。所以 $xu^{21}pha^{21}tha^{55}$（湖帕它）连起来译成汉语就是“沟旁边”或“溪沟旁”，是说此地在一条较大的溪沟旁边。

此地坐落在大山脚下，一条较大的溪沟穿村而过。先民们就在这条溪沟两畔定居，今人沿袭旧俗仍依溪而居，名实相符。

油炸塆 $ji^{55}tsa^{53}uan^{55}$

土家语与汉语结合运用的地名：“油炸”是土家语 $ji^{55}tsa^{53}$（以咱）的误记，“油”是 ji^{55}（以）的音变，“炸”是 tsa^{53}（咱）的音变；“塆”是汉语，即“山塆”。因此，“油炸塆”的原始名称应是“以咱塆”。

土家语 $ji^{55}tsa^{53}$（以咱）为一个音节，汉语义是“天坑”。所以，“以咱塆”（油炸塆）就是“天坑塆”，因这个山塆里有天坑而得名。

在土家人聚居的武陵山区，到处可以见到凹陷下去形成漏水的竖洞，大的几千平方米，小的几平方米，深的几百米，浅的几十米。这些漏水竖洞俗称“天坑”，土家语则叫 $ji^{55}tsa^{53}$（以咱）。

竹才塆 $tsi^{53}tsho^{55}uan^{55}$

土家语与汉语结合运用的地名。“竹才”是土家语 $tsi^{53}tsho^{55}$ 的音变与误记：“竹”是 tsi^{53}（指）的误记，“才”是 $tsho^{55}$（搓）的误记；“塆”是汉语，即“山塆”。因此，这个地名的准确记音应是“指挫塆”。按西部区的发音应记作“子挫塆”。

土家语 $tsi^{53}tsho^{55}$（指搓）系两个音节：tsi^{53}（指）的汉语义是“猪”

(Sus scrofa domestica)，tsho^{55}（搓）的汉语义是“屋”；tsi^{53}tsho^{55}（指搓）连起来译成汉语是“猪屋”，即“猪栏”。所以，“指搓塆”（竹才塆）就是“猪栏塆”。

古时，先民们在此建有养猪场，建有很多猪栏，因而得“猪栏塆”之名。

上马岗 su^{35}mu^{53}kan^{55}

土家语与汉语结合运用的地名：“上马”是对土家语 su^{35}mu^{53}（术母）的附会与讹编；“岗”是汉语，即“山冈”。因此，这个地名的准确记音应是“术母冈”；按西部区的发音可记作“苏母干”。

土家语 su^{35}mu^{53}（术母）为一个音节，是古老的土家语，汉语义原本指太公以上的男性，生者、逝者皆同，后来其涵义扩展成为“祖先”的专用词，并且在其民族宗教——xu^{21}si^{55}tho^{55}（服司妥）中设立专门的朝科叫 su^{35}mu^{53}thu^{55}（术母土），即《敬祖先》。所以，“术母冈”（上马岗）就是“祖先冈”。

这个山岗是某姓土家人祖先的住地或墓地，故而得名。

中马岗 za^{55}mu^{55}kai^{55}

纯粹的土家语地名，za^{55}mu^{55}kai^{55}（日阿木该）的误记：“中”是 za^{55}（日阿）的近音汉字替代，“马岗”是对 mu^{55}kai^{55}（木该）的附会。

土家语 za^{55}mu^{55}kai^{55}（日阿木该）为一个音节，译成汉语是“蜻蜓”(Polycanthagyna melanictera)；作为地名，就是蜻蜓多的地方。

蜻蜓有马大头、大箭蜓、河蜓等多类，颜色有灰、黑、红、兰、绿等多种，土家语对它们也有多种称谓。除了 za^{55}mu^{55}kai^{55}（日阿木该）外，还有 za^{55}pu^{55}li^{35}（日阿布里）、zuan^{53}pu^{55}li^{35}（软布里）、zuan^{53}pu^{55}（软布）、tɕhiau^{35}lau^{35}e^{21}（乔老儿）、tin^{55}tin^{55}（丁丁）等多种叫法。从前，此地山清水秀气候好，蜻蜓多，人们便以这种昆虫作了地名。

囮夫峪 lu^{55}xu^{55}jəu^{55}

纯粹的土家语地名，lu^{55}xu^{55}jəu^{55} 的汉字记音，但“囮”是湘西地区的一个自造字，读音为 luō（罗），是 lu^{55}（努）的误记；“峪”是 jəu^{55}（优）的音转。所以，这个地名的准确记音应是“努夫优”。

土家语 lu^{55}xu^{55}jəu^{55}（努夫优）由 lu^{55}xu^{55}（努夫）和 jəu^{55}（优）两个音节组成：lu^{55}xu^{55}（努夫）的汉语义是山峪、山槽里比较开阔的梯田梯地；

jəu^{55}（优）的汉语义是“村”、“寨”。因此，lu^{55}xu^{55}jəu^{55}（努夫优）连起来译成汉语就是开阔山谷中的寨子。意思是说，这个村寨位于开阔的山谷中。

武陵山区是山水世界，开门即是山峪、山槽，因此，用 lu^{55}xu^{55}（努夫）作地名十分普遍，桑植、龙山、永顺皆有。

南角溪 lan^{35}kai^{55}tɕhi^{55}

土家语与汉语结合运用的地名：“南角”是土家语 lan^{35}kai^{55} 的汉字记音，但“南”是 lan^{35}（兰）的音变，“角”是 kai^{55}（该）的音变与误记；“溪”是汉语，即“溪沟”。所以，这个地名的准确记音应是“兰该溪”。

土家转角楼——双吊

土家语 lan^{35}kai^{55}（兰该）为一个音节，是一种颜色名称，译成汉语是“黑色”、“幽黑色”。所以，“南该溪”（兰角溪）就是“幽黑溪”或“黑沟”。

古时，此地谷狭沟深，古木葱茏，显得幽邃灰暗，阴森神秘，故而得名。

良尤塆 lie^{35}jəu^{55}uan^{55}

土家语与汉语结合运用的地名。“良尤”是土家语 lie^{35}jəu^{55}（列优）的汉字记音，但“良”是 lie^{35}（列）的音转与误记，“尤”是 jəu^{55}（优）的音转；“塆”是汉语，即“山塆”。所以，这个地名的准确记音应是“列优塆”。

土家语 lie^{35}jəu^{55}（列优）系两个音节：lie^{35}（列）的汉语义是“楼子屋”，jəu^{55}（优）的汉语义是“村”、“寨”；lie^{35}jəu^{55}（列优）连起来译成汉语是“楼子寨”或“楼子村”。所以，“列优塆”（良尤塆）就是“楼子村塆”。

从前，此地修建的转角楼多，集中成寨，故而得名。

阿卜岗 $a^{21}pu^{21}kan^{55}$

土家语与汉语结合运用的地名。“阿卜”是土家语 $a^{21}pu^{21}$ 的汉字记音；“岗”是汉语，即“山冈”。

土家语 $a^{21}pu^{21}$（阿卜）为一个音节，汉语义是蝶形花科植物“葛”(Pueraria lobota)；所以，“阿卜冈”就是“葛冈”。古时，这里生长的葛多，因而得名。

葛是藤蔓植物，块根发达，淀粉丰富可食。旧时，葛与蕨同为山区“开土仓”取淀粉渡荒的主要品种，蕨粑葛粉曾救助过很多穷人；如今，蕨粑、葛粉仍是人们十分喜爱的山珍。

浮金坪 $xu^{21}tɕi^{21}phin^{21}$

土家语与汉语结合运用的地名。“浮金”是土家语 $xu^{21}tɕi^{21}$（湖几）的音变与误记，也是人们的想像、猜测与附会；“坪”是汉语，即“坪坝”。所以，这个地名的准确记音应是“湖几坪”。

土家语 $xu^{21}tɕi^{21}$（湖几）系两个音节：xu^{21}（湖）的汉语义是山与山之间的“谷地”，即“山谷”；$tɕi^{21}$（几）是 $tɕi^{21}tha^{21}$（几它）的简化，汉语义是“下面”、“下边”、“下头”、“下方”。所以，$xu^{21}tɕi^{21}$（湖几）连起来译成汉语就是“山谷下边”；“湖几坪”（浮金坪）就是“谷下坪”，即“山谷下方的坪坝”，因这个坪坝在山谷的下方而得名。

亮家塆 $lian^{35}ke^{55}uan^{55}$

土家语与汉语结合运用的地名。“亮家”是土家语 $lian^{35}ke^{55}$ 的汉字记音，但“家”是 ke^{55}（革）的音变与误记；“塆”是汉语，即“山塆”。因此，这个地名的准确记音应是“亮革塆”。按西部区的语音读作“练革塆”。

土家语 $lian^{35}ke^{55}$（亮革）为一个音节，汉语义是“窗户”；所以，“亮革塆”（亮家塆）就是“窗户塆”。

“窗户”何以成为地名？原来土家人不仅重视自己的房舍造型，而且十分重视房屋门窗的装饰。房屋的所有窗户、堂屋大门的上半段，都要请能工巧匠雕刻花纹，诸如格花、八勾、八结、框条等几何图纹，镶上各种花、草、虫、鱼，吉祥的飞禽走兽，温馨的福、禄、寿、喜，热热闹闹的传统戏剧故事等图景；有浮雕、有镂空，有浮镂相间，式样繁多，十分精美。有人这么评论：土家人的门窗，就是精美雕刻的“艺术品”。从前，此地房屋的窗户装饰十分精美，很有特色，名声远播，故而得名。

炎家塆 $jan^{55}tɕi^{21}uan^{55}$

土家语与汉语结合运用的地名。“炎家”是土家语 $jan^{55}tɕi^{21}$ 的汉字记音，但“家”是 $tɕi^{21}$（吉）的音变与误记；“塆”是汉语，即“山塆”。所以，这个地名的准确记音应是“炎吉塆”。

土家语 $jan^{55}tɕi^{21}$（炎吉）为一个音节，汉语义是“椅子”。因此，“炎吉塆”（炎家塆）就是“椅子塆”。

土家语对家里的椅凳有着不同的叫法：称大椅子为 $khuai^{21}$（块），称较大的椅凳为 $tsha^{55}khe^{53}$（擦克、岔克），称一般的椅子为 $jan^{55}tɕi^{21}$（炎吉）。

这个山塆三面环山，一面开阔，犹如一张椅子。根据这一地形特征，人们便以“椅子”作了比喻性的地名。

友爱坡 $jn^{55}ŋan^{55}pho^{55}$

土家语与汉语结合运用的地名。“友爱”是土家语 $jn^{55}ŋan^{55}$（阴安）的误记；“坡”是汉语，即“山坡”。因此，这个地名的准确记音应是“阴安坡”。

土家语 $jn^{55}ŋan^{55}$（阴安）为一个音节，汉语义是“姊妹”。所以，“阴安坡”（友爱坡）就是“姊妹坡”。

在古代的某个时期，有几个姊妹来到这里安居，用辛勤的汗水开辟了这块土地，使之成为今人的美好家园。人们没有忘记他们，留下“姊妹坡”的英名传扬至今。可以推断，这个地名的形成时间当在母系氏族社会时期。

仕巴田 $tshi^{55}pa^{53}thian^{53}$

土家语与汉语结合运用的地名。“仕巴”是土家语 $tshi^{55}pa^{53}$（次巴）的汉字记音，但“仕”当地读音为“四”，因“仕巴”和“次巴”发音近似，常常互相转换，也就是说，有时将“仕巴”说成“次巴”，有时将“次巴”说成“仕巴”，含义完全相同。“田”是汉语。

土家语 $tshi^{55}pa^{53}$（次巴）为一个音节，是古代土家语，汉语义是“麻”(Boehmeriaspp)，现代土家语称“麻”为 $tshe^{21}khu^{35}$（测库），有的地区将未刮皮、未加工的麻叫 $tshi^{55}pa^{53}$（次巴），将刮过皮加工过的麻叫 $tshi^{55}pa^{53}$(测库)。所以，“次巴田”（仕巴田）就是“麻田”，即“种麻的田”。但作为地名，这里的“田”已不仅仅指某丘田，而是指“有麻田的地方”。

立旗垭 $li^{35}tɕhi^{53}ŋa^{53}$

土家语与汉语结合运用的地名。“立旗”是土家语 $li^{35}tɕhi^{53}$ 的汉字记音，但更准确一些应记为“利乞”；“垭”是汉语，即“山垭”。

土家语 $li^{35}tɕhi^{53}$（利乞）系两个音节：li^{35}（利）的汉语义是“虎”（Panthera tigris），$tɕhi^{53}$（乞）的汉语义是“大”；$li^{35}tɕhi^{53}$（利乞）连起来直译是“虎大”，调换语序结构译成汉语是“大虎”。所以，“利乞垭”（立旗垭）就是“大虎垭”。

古代，此地尚未开发，在莽莽的原野上，古木苍茫，深草遍布，时有大老虎出没其间，故而得名。

南先堰 $lan^{21}ɕi^{55}jəu^{35}$

土家语与汉语结合运用的地名。“南先”是土家语 $lan^{21}ɕi^{55}$ 的汉字记音，但“南”是 lan^{21}（兰）的音变，“先”是 xi^{55}（西）的误记；“堰”是汉语，却是“峪”的音变与误记。所以，这个地名的准确记音应是“兰西峪”。

土家语 $lan^{21}ɕi^{55}$（兰西）为一个音节，是 $lan^{21}ɕi^{55}ɕi^{55}$（兰西西）的简化，译成汉语是“腥膻臭气”，即俗称的“骚气”。所以，“兰西峪”（南先堰）就是“既腥又膻的地方”。

诚然，这是一个被夸张了的比喻性地名，但它朴素地记载了古代此地的原始生态环境。那时，这里山青兽聚，溪绿鱼肥，人到此处，老远就可以闻到鱼腥和飞禽走兽的膻气。于是，人们便以这种现象作了地名。

全口溪 $tɕhia^{21}khui^{35}tɕhi^{55}$

土家语与汉语结合运用的地名。“全口”土家语 $tɕhia^{21}khui^{35}$（恰亏）的误记；“溪”是汉语，即“溪沟”。所以，这个地名的准确记音应是“恰亏溪”。

土家语 $tɕhia^{21}khui^{35}$（恰亏）的完整音节是 $tɕhia^{21}khui^{35}xan^{21}$（恰亏含），$xan^{21}$（含）属词尾高降轻声，很容易脱落，只留下词根 $tɕhia^{21}khui^{35}$（恰亏），但含义未变，译成汉语是杜鹃科鸟类“杜鹃”（Cuculus Canorus Canorus L）。所以，“恰亏溪”（全口溪）就是“杜鹃溪”。

从前，这个山沟里杜鹃多，故得其名。

宋家溪 $suŋ^{35}ka^{35}tshi^{21}$

纯粹的土家语地名，$suŋ^{35}ka^{35}tshi^{21}$（宋嘎次）的误记：“家”是 ka^{35}（嘎）的近音汉字替代；“溪”是 $tshi^{21}$（次）的音转。

土家语 $suŋ^{35}ka^{35}tshi^{21}$（宋嘎次）为一个音节，汉语义是“翠鸟”（Alcedo atthis benqalensis G.）。所以，“宋嘎溪”（宋家溪）就是“翠鸟溪”。

翠鸟，俗称“叼鱼佬”，也叫“打鱼雀”，绿色羽毛，嘴长啄尖，腿长爪利，生活在溪沟、河边，以捕食小鱼生存。从前，这条溪沟鱼虾多，“叼鱼佬”也多，人们便以这种鸟作了地名。

老　溶　$lo^{53}jəu^{55}$

纯粹的土家语地名，$lo^{53}jəu^{55}$（裸优）的音变与误记。

土家语 $lo^{53}jəu^{55}$（裸优）为一个音节，汉语义是指土家人“居住的村寨”，即“土家村”或“土家寨”，因这个村寨上居住的都是土家人而得名。详细释义参看桑植县谷罗山乡“罗峪”。

老　洞　$lo^{53}tuŋ^{21}$

土家语与汉语结合运用的地名。“老”是土家语（裸）的音变与误记；“洞”是汉语，即“山洞”、“洞穴”。所以，这个地名的准确记音应是“裸洞”。

从前，人们将土家语 lo^{53}（裸）译为“人”，因此，$lo^{53}tuŋ^{21}$（裸洞）即是“人洞”，即人居住的山洞，这无疑是对的，因为这个山洞就是人居住过的山洞。然而澧水上源区的考古资料证明，夏商以远，此地是上古濮僚（也称“濮罗”，或单称“罗”）的聚居地区。“僚”、“罗”、“裸”古时异字同音，所以，“裸洞”即为“僚洞”、“罗洞”，可能是古代濮罗人居住过的山洞。

卸甲垭　$çie^{53}ka^{55}ŋa^{53}$

土家语与汉语结合运用的地名，即今“谢家垭”。“卸甲”、“谢家”是土家语 $çie^{53}ka^{55}$ 的汉字记音，但“甲”、“家”是 ka^{55}（嘎）的近音汉字替代；“垭”是汉语，即“山垭”。所以，这个地名的准确记音应是“谢嘎垭”。

土家语 $çie^{53}ka^{55}$（谢嘎）系两个音节：$çie^{53}$（谢）的汉语义是“铁”或“铁矿”，ka^{55}（嘎）的汉语义是“挖”；$çie^{53}ka^{55}$（谢嘎）连起来直译是“铁挖”，调换语序结构译成汉语是“挖铁”，即“挖铁矿”。所以，“谢嘎垭”（卸甲垭）就是“挖铁矿垭”。

此地有丰富的铁矿，是古人挖铁矿、炒铁的地方，故而得名。

马茶峪 $ma^{53}tsha^{35}jəu^{55}$

纯粹的土家语地名，$ma^{53}tsha^{35}jəu^{55}$ 的汉字记音，但“茶”作为 $tsha^{35}$ 的记音，一般记作“岔”；“峪”是 $jəu^{55}$（优）的音变与误记。所以，这个地名的准确记音应是“马岔优”。按照西部区的发音读作“马嚓优”。

土家语 $ma^{53}tsha^{35}jəu^{55}$（马岔优）系三个音节：ma^{53}（马）的汉语义是“蜂子”（Apismellifera）；$tsha^{35}$（岔）的汉语义是“好”，包括“好多”、“好肥”、“好兴旺”，等等。$ma^{53}tsha^{35}$（马岔）连起来直译是“蜂子好”，调换语序结构译成汉语是“好蜂子”。$jəu^{55}$（优）的汉语义是“村庄”、“寨子”。所以，$ma^{53}tsha^{35}jəu^{55}$（马岔优）连起来译成汉语就是“好蜂子村”。

从前，这里的先民们都有养蜂习俗，屋檐下、挑檐上、转角楼上，到处都有蜂桶。蜜蜂飞舞，嗡嗡声声，气象万千，故得“好蜂村”之名。

马士岗 $ma^{53}si^{21}kan^{55}$

土家语与汉语结合运用的地名。“马士”是土家语 $ma^{53}si^{21}$ 的汉字记音，但“士”作为 si^{21} 的记音，一般记作“石”；“岗”是汉语，即“山冈”。所以，这个地名的准确记音应是“马石冈”。按西部区的发音读作“马司干”。

土家语 $ma^{53}si^{21}$（马石）系两个音节：ma^{53}（马）的汉语义是“蜂子”（Apismellifera），si^{21}（石）的汉语义是“肉”，这里实指“蛹”。$ma^{53}si^{21}$（马石）连起来译成汉语是“蜂肉”。这里的“蜂肉”实际上是指“蜂蛹”。所以，“马石冈”（马士岗）就是“蜂肉冈”，即“蜂蛹冈”。

从前，这里有猎蜂高手，常常去烧土雷蜂、梭雷蜂，取其蜂蛹自食或出售，因而得“蜂肉冈”之名。

栏杆坡 $lan^{21}kan^{21}pho^{55}$

土家语与汉语结合运用的地名：“栏杆”是土家语 $lan^{21}kan^{21}$ 的汉字记音，但一般多记为“兰干”；“坡”是汉语，即“山坡”。

土家语 $lan^{21}kan^{21}$（兰干）为一个音节，汉语义是“花边”。所以，“兰干坡”（栏杆坡）就是“花边坡”。从前，这里的土家姑娘会桃花绣朵，制作的花边远近闻名，因而得名。

土家族男女的衣、裤、裙，都有缀饰花边的传统。衣服周围一般饰有一至四道花边，袖口和裤管、裙边都饰有多道花边。这些花边有打花、挑花、绣花，花纹图案多为山川、花草、星象、吉祥文字，构思奇特，极其艳丽。土家姑娘七八岁就开始学打花、挑花和刺绣，学做各种花边，不学、不会者会被人耻笑。

七溪峪 $tɕhi^{53}tɕhi^{21}jəu^{35}$

土家语与汉语结合运用的地名：“七溪”是土家语 $tɕhi^{53}tɕhi^{21}$ 的汉字记音，但“溪”是 $tɕhi^{21}$（旗）的音变；“峪”是汉语，即“山峪”。所以，这个地名的准确记音应是“七旗峪”。

土家语 $tɕhi^{53}tɕhi^{21}$（七旗）的完整音节是 $tɕhi^{53}tɕhi^{21}ɕi^{35}$（七旗西），$ɕi^{35}$（西）属词尾轻声，常常被省略。$tɕhi^{53}tɕhi^{21}$（七旗）译成汉语是药科植物“茜草”（Rubia gondiflola l）。所以，“七旗峪”（七溪峪）就是“茜草峪”。从前，这个山峪里茜草多，故而得名。

茜草俗名“锯子草”，是旧时土家药匠常用的要药，有活血、破血、凉血、止血的功效，是治疗各种血症的重要草药。

雷包界 $lo^{53}pa^{53}kai^{35}$

土家语与汉语结合运用的地名：“雷包”是土家语 $lo^{53}pa^{53}$（洛巴）的误记；“界”是汉语，即“山界”。所以，这个地名的准确记音应是“洛巴界”。

土家语 $lo^{53}pa^{53}$（洛巴）为一个音节，汉语义是“男人”，也指“丈夫”。所以，“洛巴界”（雷包界）就是“男人界”，即“男人多的山界”。说白了，从前这个山界上生产条件不好，生产落后，男人很难找到媳妇，从而造成“男人过剩”，故而得名。

贵周塆 $ku^{55}tsu^{55}uan^{55}$

土家语与汉语结合运用的地名。“贵周”是土家语 $ku^{55}tsu^{55}$ 的误记：:“贵”是 ku^{55}（姑）的误记；“周”是 tsu^{55}（主）的误记；“塆”是汉语，即“山塆”。因此，这个地名的准确记音应是“姑主塆”。按西部区的发音读作“姑租塆”。

土家语 $ku^{55}tsu^{55}$（姑主）为一个音节，汉语义是“挖”、“抠”，也相当于“靠挖”、“靠抠”，意思是“做苦工”。所以，“姑主塆”（贵周塆）就是“靠做苦工讨吃的山塆”。

在土家族地区，以 $ku^{55}tsu^{55}$（姑主）作地名十分普遍，不懂土家语的人记名时也是笑话百出，有的记为“贵州”，有的记为“贵竹”，有的记为“古州”，还有记为“官占”的。从前这个山塆里生产条件差，生产落后，没有其他资源，人们只有刨土、抠岩壳为生，故得其名。

落河峪 lo²¹xa²¹jəu⁵⁵

半借汉语的土家语地名："落"是借用汉字"锣"，即借"锣"之义；"河峪"是土家语 xa²¹jəu⁵⁵（哈优）的误记。所以，这个地名的准确记音应是"锣哈优"。

土家语 xa²¹jəu⁵⁵（哈优）系两个音节：xa²¹（哈）的汉语义是"打"，jəu⁵⁵（优）的汉语义是"村寨"。所以，"锣哈优"（落河峪）直译是"锣打村"，调换语序结构译成汉语就是"打锣村"。

打锣驱兽，是土家族世代传承的习俗。秋收时节，成群的野兽危害庄稼，为了保卫秋收成果，人们打锣、敲梆以驱野兽。此地从前有打锣驱兽习俗，故而得名。

三 岔 乡

位于区域东南部，东抵慈利县金岩乡，乡治距市中心22公里；总面积65平方公里，其中耕地7510亩；辖10个行政村，80个村民小组；2009年末，总人口7434人，其中土家族占全镇总人口的98%。该乡素有“茶叶之乡”的美誉，青岩荟萃、龙虾花茶曾获省优产品称号；是全区发展养殖业的重要基地，湘西黄牛、本地山羊均逾万头（只）。

三 岔 sa^{55}tshe^{21}

纯粹的土家语地名，sa^{55}tshe^{21}（萨扯）的误记，按西部区的发音记作“萨测”。在土家族聚居区，有很多以“三岔”定名的地名，其中可能有一部分是取“三岔路口”、“三岔沟口”之意，但大部分应是土家语sa^{55}tshe^{21}（萨扯）的误记。

土家语sa^{55}tshe^{21}（萨扯）为一个音节，译成汉语是“蚕丝”，也引伸为“丝布”。所以，“萨测”（三岔）就是出产蚕丝和丝布的地方。

养蚕缫丝和缫丝织布，是土家先民在遥远的古代就学会了的技艺。并且流传到新中国成立前夕才终止。古时，此地的土家姑娘会养蚕，会缫丝，会织丝布，人们便以“丝布”这种特产作了地名。

长零岗 tshe^{21}ȵi^{53}kan^{55}

土家语与汉语结合运用的地名：“长零”是土家语tshe^{21}ȵi^{53}的汉字记音，但“长”是tshe^{21}（扯）的误记，“零”是ȵi^{53}（尼）的音变；“岗”是汉语，即“山岗”。所以，这个地名的准确记音应是“扯尼冈”。按西部区的发音读作“测尼冈”。

土家语tshe^{21}ȵi^{53}（扯尼）系两个音节：tshe^{21}（扯）的汉语义是“水”，ȵi^{53}（尼）的汉语义是“找”、“寻”；tshe^{21}ȵi^{53}（扯尼）连起来直译是“水找”，调换宾谓语序结构译成汉语是“找水”。所以，“扯尼冈”（长零岗）就是“找水冈”。

“长零岗”实际上分为“上长零岗”和“下长零岗”。两个地方只是上下方位不同，实际含义完全一样。它们虽然同居一条小溪边，但这条小溪水位低，旧时又无提水工具，因而稻田常常缺水，耕种困难。人们只好采取临时堵挡、开山水沟等办法找水、引水，故而得名。

八三垭 $pa^{35}sa^{53}ŋa^{53}$

土家语与汉语结合运用的地名：“八三”是土家语 $pa^{35}sa^{53}$ 的汉字记音，但 pa^{35} 一般记为“巴”，“三”是 sa^{53}（萨）的音变与误记；“垭”是汉语，即“山垭”。所以，这个地名的准确记音应是“巴萨垭”。东部区多数地方的实际发音是“巴沙垭”。

土家语 $pa^{35}sa^{53}$（巴萨）为一个音节，汉语义是“竹筒壶”。所以“巴萨垭”（八三垭）就是“竹筒壶垭”。

直到改革开放前夕，居住在山区的土家人上山劳作，为解决喝水问题，都要带上盛满茶水的竹筒壶或葫芦壶。土家语称其中的“竹筒壶”叫 $pa^{35}sa^{53}$（巴萨）。从前，这里的土家先民制作的竹筒壶十分精美，上山下田人人带着竹筒壶，成为一道风景，于是便有了“竹筒壶垭”之名。

田潭峪 $thi^{55}tha^{53}jəu^{55}$

纯粹的土家语地名，$thi^{55}tha^{53}jəu^{55}$（梯它优）的误记。

土家语 $thi^{55}tha^{53}jəu^{55}$（梯它优）系三个音节：thi^{55}（梯）是 $lie^{21}thi^{55}$（列梯）的简化，汉语义是“斗笠”；tha^{53}（它）的汉语义是“织”、“编”。$lie^{21}thi^{55}tha^{53}$（列梯它）或 $thi^{55}tha^{53}$（梯它）连起来直译是“斗笠织”，调换宾谓语序结构译成汉语是“织斗笠”。$jəu^{55}$（优）的汉语义是“村”、“寨”。所以，$thi^{55}tha^{53}jəu^{55}$（梯它优）连起来译成汉语就是“织斗笠寨”，即编织斗笠的村寨。

斗笠俗称“斗篷”，既是土家人雨天外出、下地劳作必不可少的雨具，也是土家人世代传承的手工制品。其品种有纸斗篷、棕斗篷、竹叶斗篷、芭蕉丝斗篷等等。斗篷上绘有多种花纹图案，并用柿油、桐油上光，既实用又美观。这个村寨的先民们手工精巧，编织的斗篷远近闻名，故而得名。

土　村 $thu^{35}tshi^{53}$

纯粹的土家语地名，$thu^{35}tshi^{53}$ 的汉字记音，但“村”是 $tshi^{53}$（次）的音变与误记（按东部区发音多数地方的实际应记作“尺”）。所以，这个地名的准确记音应是“土次”。

土家语 $thu^{35}tshi^{53}$（土次）为一个音节，译成汉语是“桥”。例如“岩桥”就叫 $a^{21}pa^{21}thu^{35}tshi^{53}$（阿巴土次阿巴土尺），“木桥”就叫 $kha^{21}thu^{35}tshi^{53}$（卡土次）。

从前，此地建有一座桥，是大家过河渡水的地方，人们便以 $thu^{35}tshi^{53}$

土家宗教服司妥的主持者——梯玛

(土次)——“桥”直接作了地名。

条木界 thi^{55}ma^{53}kai^{35}

土家语与汉语结合运用的地名：“条木”是土家语 thi^{55}ma^{53}（梯玛）的误记；“界”是汉语，即“山界”。所以，这个地名的准确记音应是“梯玛界”，当地老人的实际发音也是“梯玛界”。

前面已经说过，土家族奉行的传统宗教是 xu^{21}si^{55}tho^{55}（服司妥），即“做土菩萨”、“还神愿”。主持这种祭仪的法师俗称“土老司”，土家语则称之为 thi^{55}ma^{53}（梯玛），汉语义是“神者”、“通神者”或“通灵者”，实际就是祭仪的“掌坛人”。因此，“梯玛界”（条木界）就是“土老司界”。此地从前居住过有名的土老司，他主持的“服司妥”水平高，名望高，人们便以“土老司界”作了地名。

清代“改土归流”以前，土家族地区就有“服司妥”；还有“梯玛”。比较大点的村寨都设有“坛门”，都有“梯玛”活动。

大　棚 ta^{53}pho^{55}

纯粹的土家语地名，ta^{53}pho^{55}（打坡）的音变与误记。

土家语 ta^{53}pho^{55}（打坡）为一个音节，汉语义是“哭嫁”。

几千年来，土家人世代传承着一种婚嫁习俗，凡是姑娘出嫁，都在嫁前“哭嫁”。说是哭，实为唱。所唱之歌，就是土家族有名的《哭嫁歌》、《离娘词》。对这种“哭嫁”习俗，古代土家语叫 tha^{35}tie^{55}lai^{55}tɕi^{35}（他爹乃吉），现代土家语则叫 ta^{53}pho^{55}（打坡）。此地以“打坡”（大棚）为名，实际是土家人“哭嫁”习俗的历史沉淀，也是土家族人文精粹的完好保留，是一颗难得的活“化石”。详细释义参看三家馆乡“大培”。

天乐山 thi^{55}lai^{55}san^{55}

土家语与汉语结合运用的地名：“天乐”是土家语 thi^{55}lai^{55}（梯乃）的误记；“山”是汉语。因此，这个地名的准确记音应是“梯乃山”。

土家语 thi^{55}lai^{55}（梯乃）为一个音节，是 thi^{35}thi^{55}lai^{55}（替梯乃）的省

略，译成汉语是“山药根”（Dioscorea Opposita Thunb）。所以，“梯乃山”（天乐山）就是“山药山”，因山上山药多而得名。

山药根俗名“脚板苕”、“苕”，是土家医药中的重要药材，功能补脾胃，益肺气，强肾固精，治妇女白带。

邢家峪 $ɕin^{35}ka^{53}jəu^{35}$

土家语与汉语结合运用的地名。“邢家”是土家语 $ɕin^{35}ka^{53}$（信嘎）的误记：“邢”是 $ɕin^{35}$（信）的音变，“家”是 ka^{53}（嘎）的近音汉字替代；“峪”是汉语，即“山峪”。所以，这个地名的准确记音应是“信嘎峪”。

前面已经说过，土家语 $ɕin^{35}ka^{53}$（信嘎）的汉语义是“青绿色”。所以，“信嘎峪”（邢家峪）就是“青绿色的山峪”。

古时，此地古树成荫，满目葱茏，青绿一片，人们便以这种颜色作了地名。详细释义参看教字垭镇“兴家岗”。

羊胡子垭 $jan^{55}xu^{21}ŋa^{53}$

土家语与汉语结合运用的地名：“羊胡”是土家语 $jan^{55}xu^{21}$ 的汉字记音，但“羊”是 jan^{55}（言）的音变，“子”则是人们为了成就“胡子”而强加的；“垭”是汉语，即“山垭”。所以，这个地方的原始名称应是“言胡垭”。

土家语 $jan^{55}xu^{21}$（言胡）系两个音节：jan^{55}（言）实际上是借用汉语的“烟”，汉语义就是“草烟”；xu^{21}（胡）的汉语义是“喝”、“吸”。$jan^{55}xu^{21}$（言胡）连起来直译是“烟吸”，调换宾谓语序结构译成汉语是“吸烟”；所以，“言胡垭”（羊胡子垭）就是“吸烟垭”。

从前，这里的土家先民种植的草烟既多又好，人到这里都有烟抽，故而得名。详细释义参看阳湖坪镇“阳湖坪”。

土木溪 $thuŋ^{53}muŋ^{21}tɕhi^{55}$

土家语与汉语结合运用的地名：“土木”是土家语 $thuŋ^{53}muŋ^{21}$（桶蒙）的误记，也是人们对这个地名的附会与讹编；“溪”是汉语，即“溪沟”。所以，这个地名的准确记音应是“桶蒙溪”。

土家语 $thuŋ^{53}muŋ^{21}$（桶蒙）为一个音节，汉语义是“线”（包括棉线、麻线）。所以，“桶蒙溪”（土木溪）就是“线溪”。

此地的土家妇女手巧心灵，会绩麻纺线，尤以“线”远近闻名，故而得“线溪”之名。

水羊池 $sui^{55}je^{53}tsha^{35}$

纯粹的土家语地名，$sui^{55}je^{53}tsha^{35}$ 的汉字记音，但“羊”是 je^{53}（耶）的音变；“池”是 $tsha^{35}$（岔）的音变。所以，这个地名应记作“水耶岔”。按西部区的发音读作“虽耶擦”。

土家语 $sui^{55}je^{53}tsha^{35}$（水耶岔）由 $sui^{55}je^{53}$（水耶）和 $tsha^{35}$（岔）两个音节组成：$sui^{55}je^{53}$（水耶）的汉语义是金缕科植物“继木”（Loropetalum chinense），$tsha^{35}$（岔）的汉语义是“多”、“好多”。所以，$sui^{55}je^{53}tsha^{35}$（水耶岔）连起来直译是“继木好多”，调换语序结构译成汉语就是“好多继木”。

继木，俗称“土姜树”、“土姜条”，是土家人十分喜欢的柴薪。从前，这里生长的土姜树多，故而得名。

皮　塆 $phi^{35}uan^{55}$

土家语与汉语结合运用的地名：“皮”是土家语 phi^{35} 的汉字记音；“塆”是汉语，即“山塆”。

土家语 phi^{35}（皮）的汉语义是指一种用作房屋墙壁的用土筑成的土墙，即“土筑墙”。所以，“皮塆”就是“土墙塆”。

这个山塆里的土家民居的墙壁，从前大多用“土筑墙”，故而得名。详细释义参看桑植县两河口乡“枇杷树”。

安后头 $a^{21}xa^{21}thu\eta^{53}$

纯粹的土家语地名，$a^{21}xa^{21}thu\eta^{53}$（阿哈桶）的音变与误记。

土家语 $a^{21}xa^{21}thu\eta^{53}$（阿哈桶）系三个音节：$a^{21}$（阿）的汉语义是“岩”，$xa^{21}$（哈）的汉语义是“打”，$thu\eta^{53}$（桶）的汉语义是“窝”、“场”。所以，$a^{21}xa^{21}thu\eta^{53}$（阿哈桶）连起来直译是“岩打场”，调换语序结构译成汉语就是“打岩场”，即岩匠取岩打岩的地方。

从前的某个时期，曾经有岩匠在这里取过岩，打过岩，因而得名。

金三岗 $t\c{c}i^{21}sa^{53}kan^{55}$

土家语与汉语结合运用的地名：“金三”是土家语 $t\c{c}i^{21}sa^{53}$（及洒）的误记；“岗”是汉语，即“山冈”。所以，这个地名的准确记音应是“及洒冈”。

土家语 $t\c{c}i^{21}sa^{53}$（及洒）系两个音节：$t\c{c}i^{21}$（及）的汉语义是“脚”，sa^{53}（洒）的汉语义是“冷”、“冷浸”；$t\c{c}i^{21}sa^{53}$（及洒）连起来直译是“脚

冷”，调换语序结构译成汉语是“冷脚”。所以，“及洒冈”（金三岗）就是“冷脚冈”。

这个冈上的稻田是冷浸田，出水冰凉，人们下田劳作时常常感到脚冷，故得“冷脚冈”之名。

上头溪 $sa^{55}thu^{55}tɕhi^{55}$

土家语与汉语结合运用的地名：“上头”是土家语 $sa^{55}thu^{55}$ 的汉字记音，但“上”是 sa^{55}（沙）的误记；“溪”是汉语，即“溪沟”。所以，这个地名的准确记音应是“沙头溪”。按西部区的发音读作“撒头溪”。其实，此地原名就叫“沙头溪”，近年来才记为“上头溪”。

土家语 $sa^{55}thu^{55}$（沙头）为一个音节，汉语义是“虾”（C.denticulata sinensis）；所以，“沙头溪”（上头溪）就是“虾溪”。

从前，这条溪沟里虾多，人们常去捞食，因得其名。

梳妆塔 $so^{53}tsu^{35}tha^{35}$

土家语与汉语结合运用的地名。“梳妆”是土家语 $so^{53}tsu^{35}$ 的附会与误记：“梳”是 so^{53}（梭）的误记；“妆”是 tsu^{35}（住）的误记；“塔”是汉语，即“坪塔”。因此，这个地名的准确记音应是“梭租塔”。按西部区的发音读作“梭住塔”。

土家语 $so^{53}tsu^{35}$（梭住）系两个音节：so^{53}（梭）是 $so^{53}phe^{21}$（梭拍）的省略与简化，汉语义为“雾”；tsu^{35}（住）的汉语义是“出”、“起”。$so^{53}tsu^{35}$（梭住）连起来直译是“雾起”或“雾出”，调换语序结构译成汉语是“起雾”或“出雾”。所以，“梭住塔”（梳妆塔）就是“起雾塔”或“出雾塔”。

此地地势低洼，又有小溪滋润，湿度大，早晚温差也大，容易起雾，故而得名。

鲁夫子峪 $lu^{55}xu^{55}jəu^{55}$

纯粹的土家语地名，$lu^{55}xu^{55}jəu^{55}$（鲁夫优）的汉字记音，但“子”是今人为成就“夫子”加上去的；“峪”是 $jəu^{55}$（优）的音转。所以，这个地方的原始名称应是“鲁夫优”。

土家语 $lu^{55}xu^{55}jəu^{55}$（鲁夫优）由 $lu^{55}xu^{55}$（鲁夫）和 $jəu^{55}$（优）两个音节组成：$lu^{55}xu^{55}$（鲁夫）的汉语义是“比较开阔的山塆、山槽、山谷中的平土”，$jəu^{55}$（优）的汉语义是“村”、“寨”；$lu^{55}xu^{55}jəu^{55}$（鲁夫优）连起

来译成汉语是“比较开阔山塆里平地上的寨子”，因这个村寨坐落在比较开阔的山塆里而得名。

马井台 $ma^{53}tɕie^{53}thai^{21}$

土家语与汉语结合运用的地名：“马井”是土家语 $ma^{53}tɕie^{53}$ 的汉字记音，但“井”是 $tɕie^{53}$（结）的音变；“台”是汉语，即“台地”。所以，这个地名的准确记音应是“马结台”。

土家语 $ma^{53}tɕie^{53}$（马结）系两个音节：ma^{53}（马）的汉语义是“蜂”(Apismellifera)，$tɕie^{53}$（结）的汉语义是“招”、“招惹”；$ma^{53}tɕie^{53}$（马结）连起来直译是“蜂招”，调换语序结构译成汉语是“招蜂”。所以，“马结台”（马井台）就是“招蜂台”。

古时，这里果树多，花草多，百花争艳，斗奇吐芳，招来大量蜂子来这里采花蜜，于是人们便用“招蜂台”作了地名。

柏榔坪 $pe^{35}ȵa^{35}phin^{21}$

土家语与汉语结合运用的地名：“柏榔”是土家语 $pe^{35}ȵa^{35}$ 的汉字记音，但“榔”是 $ȵa^{35}$（那）的音变；“坪”是汉语，即“坪坝”。所以，这个地名的准确记音应是“柏那坪”。

土家语 $pe^{35}ȵa^{35}$（柏那）为一个音节，是 $pe^{35}ȵa^{35}ɕi^{21}$（柏那席）的简化，译成汉语是马鞭科植物“裸花紫珠”（Callicarqa nudiflora hooket Arn）。所以，“柏那坪”(柏榔坪）就是“裸花紫珠坪”，是裸花紫珠生长得多的坪坝。

“裸花紫珠”是土家医匠常用的草药，有破血、止血、止咳、消肿功效，是治疗呕血、便血、跌打损伤和百日咳的要药。

此处有村名“柏郎寨”，寨因坪得名，实为“柏那寨”，即“遍生裸花紫珠的村寨”。

铁炉潭 $thi^{35}la^{55}than^{21}$

土家语与汉语结合运用的地名。“铁炉”是土家语 $thi^{35}la^{55}$（替拉）的误记：“铁”是 thi^{35}（替）的音变，“炉”是 la^{55}（拉）的音变；“潭”是汉语，即“水潭”。所以，这个地名的准确记音应是“替拉潭”。

土家语 $thi^{35}la^{55}$（替拉）为一个音节，汉语义是“鲶鱼”（Cloryas fuscus Lacepeae）；所以，“替拉潭”（铁炉潭）就是“鲶鱼潭”。

“鲶鱼”又称“胡子鲶”，是山区溪河中的一种稀有鱼类，常常栖息于深水潭底或石隙之中，昼伏夜出，以小鱼为食。它肉肥味美，是山区人民十分喜爱的珍贵水产。古代，这个水潭中鲶鱼很多，故而得名。

烟屎坡 jan^{55}si^{53}phu^{55}

纯粹的土家语地名，jan^{55}si^{53}phu^{55} 的汉字记音，但“屎”作为 si^{21} 的记音，一般记作“十”；“坡”是 phu^{55}（铺）的音变与误记。所以，这个地名的准确记音应是“烟十铺”，按西部区的发音读作“烟司铺”。

土家语 jan^{55}si^{53}（烟十）为一个音节，汉语义是“钥匙”；phu^{55}（铺）的汉语义是“买”。所以，jan^{55}si^{53}phu^{55}（烟十铺）连起来直译是“钥匙买”，调换语序结构译成汉语就是“买钥匙”；用作地名，即“买钥匙的地方”。钥匙和锁是“秤不离砣”，买钥匙当然也就是买锁。

从前，山区人民使用的锁、钥匙都由铁匠打制而成，称为“捆锁”。该地有能工巧匠制造锁钥出售，是人们买锁钥的地方，故而得名。

木子界 mu^{35}tsi^{53}kai^{35}

土家语与汉语结合运用的地名：“木子”是土家语 mu^{35}tsi^{53} 的汉字记音；“界”是汉语，即“山界”。

土家语 mu^{35}tsi^{53}（木子）为一个音节，汉语义是“乌桕”（Sapium sebiferum），实际是指乌桕树。所以，“木子界”就是“乌桕树界”，即乌桕树多的山界。

乌桕树、油桐树、油茶树是土家山区三大油料树，对其中的“乌桕树”，当地至今仍称为“木子树”。乌桕籽俗称“木子”，榨出的油称为“木油”，是山区的重要土产，主要出口外埠。逢年过节，土家人用竹签裹灯草、棉纱蘸“木油”制作蜡烛，用于祭祀、照明。从前，这个山界上乌桕树多，出产的木子也多，故而得名。

簸箕塔 pau^{35}tɕhi^{21}tha^{55}

纯粹的土家语地名，pau^{35}tɕhi^{21}tha^{55} 的汉字记音，但“簸箕”是 pau^{35}tɕhi^{21}（报七）的误记。因此，这个地名的准确记音应是“报七塔”。

土家语 pau^{35}tɕhi^{21}tha^{55}（报其塔）由 pau^{35}tɕhi^{21}（报其）和 tha^{55}（塔）两个音节组成：pau^{35}tɕhi^{21}（报七）的汉语义是“野鸡”（Phasianus Colchicus torqatus）；tha^{55}“塔”的汉语义是“住”、“坐”、“坐处”，即“地方”。所以，pau^{35}tɕhi^{21}tha^{55}（报七塔）连起来译成汉语就是“野鸡栖息的地方”。

从前，这里是广漠的荒原，是野鸡栖息的地方，故而得名。

新　沙　ɕi^{55}sa^{55}

纯粹的土家语地名，ɕi^{55}sa^{55} 的汉字记音，但“新”是 ɕi^{55}（西）的音变。所以，这个地名的准确记音应是“西沙”；不过，按西部区的发音则应记作“西撒”。

土家语 ɕi^{55}sa^{55}（西沙）为一个音节，是 ɕi^{55}sa^{55}pha^{21}（西沙帕）的省略，pha^{21}（帕）属词尾低降轻声，在长期的语流音变中脱落了，只留下词根 ɕi^{55}sa^{55}（西沙），但含义未变，译成汉语是“鳜鱼”。

鳜鱼又称“桂鱼”、“鳜巴鱼”，是山区的一种珍稀鱼种。古代，此地溪河中多鳜鱼，因而得名。

叶儿垭　je^{21}zi^{55}ŋa^{53}

土家语与汉语结合运用的地名：“叶儿”是土家语 je^{21}zi^{55} 的汉字记音，但“儿”是 zi^{55}（日）的误记；“垭”是汉语，即“山垭”。所以，这个地名的准确记音应是“叶日垭”。

土家语 je^{21}zi^{55}（叶日）系两个音节：je^{21}（叶）的汉语义是“神”，zi^{55}（日）的汉语义是“敬”、“祭”；je^{21}zi^{55}（叶日）连起来直译是“神敬”或“神祭”，调换语序结构译成汉语是“敬神”或“祭神”。所以，“叶日垭”（叶儿垭）就是“敬神垭”或“祭神垭”，是人们经常敬神的地方。

高木垴　ka^{21}muŋ^{21}ȵau^{53}

土家语与汉语结合运用的地名：“高木”是土家语 ka^{21}muŋ^{21}（嘎蒙）的误记；“垴”是汉语，即“山垴”。因此，这个地名的准确记音应是“嘎蒙垴”。

土家语 ka^{21}muŋ^{21}（嘎蒙）为一个音节，是 ka^{21}muŋ^{21}se^{21}（嘎蒙色）的简化，汉语义是“枫香树”（Liquidambar formosana）。所以，“嘎蒙垴”（高木垴）就是“枫香树垴”，即枫香树多的山垴。详细释义参看桑植县陈家河镇“夹石河”。

高上塆　ka^{21}se^{21}uan^{55}

土家语与汉语结合运用的地名：“高上”是土家语 ka^{21}se^{21}（嘎色）的误记；“塆”是汉语，即“山塆”。因此，这个地名的准确记音应是“嘎色塆”。

土家语 ka^{21}se^{21}（嘎色）为一个音节，是 ka^{21}muŋ^{21}se^{21}（嘎蒙色）的简化。从上条可以看出，这 ka^{21}muŋ^{21}se^{21}（嘎蒙色）既可简化成 ka^{21}muŋ^{21}（嘎

蒙），又可简化成 ka^{21}se^{21}（嘎色），汉语义都一样，即“枫香树”。所以，“嘎色塆”（高上塆）就是枫香树塆，即枫香树多的山塆。详细释义参看桑植县陈家河镇“夹石河”。

烂苍垭 lan^{21}tshai^{55}ŋa^{53}

土家语与汉语结合运用的地名：“烂苍”是土家语 lan^{21}tshai^{55} 的汉字记音，但“苍”是 tshai^{55}（猜）的音变；“垭”是汉语，即“山垭”。所以，这个地名的准确记音应是“烂猜垭”。

土家语 lan^{21}tshai^{55}（烂猜）为一个音节，是 lan^{21}tɕhi^{55}tshai^{55}（烂期猜）的简化。有意思的是，lan^{21}tɕhi^{55}tshai^{55}（烂期猜）可以独立成义，也可以简化为 lan^{21}tɕhi^{55}（烂期），还可以简化成 lan^{21}tshai^{55}（烂猜），而且三者的核心含义完全相同，汉语义为“夜晚”、“夜里”、“晚上”。所以，“烂猜垭”（烂苍垭）就是“夜垭”，即光线昏暗犹如夜晚的山垭。

可以想象，在遥远的古代，此山垭是一片原始森林，树木高大，林密幽深，藤萝蔓挂，浓阴蔽日，光线幽暗，人到此处犹如身处夜晚。根据这一特征，人们便以 lan^{21}tshai^{55}（烂猜）——“夜晚”作了比喻性的地名。

海士峪 xa^{53}si^{21}jəu^{35}

土家语与汉语结合运用的地名：“海士”是土家语 xa^{53}si^{21}（哈司）的音变与误记；“峪”是汉语，即“山峪”。因此，这个地方的原始名称应是“哈司峪”。

土家语 xa^{53}si^{21}（哈司）为一个音节，是 xa^{53}lie^{21}si^{21}（哈列司）的简化，其中的 lie^{21}（列）是轻声，在长期的语流音变中脱落了，只留下 xa^{53}si^{21}（哈司），但含义未变，汉语义是“野杨梅”（Myrica L）。所以，“哈司峪”（海士峪）就是“野杨梅峪”，因野杨梅树多而得名。

团包虎 thuŋ^{21}pa^{21}xu^{21}

纯粹的土家语地名，thuŋ^{21}pa^{21}xu^{21}（同八湖）的误记。

土家语 thuŋ^{21}pa^{21}xu^{21}（同八湖）由 thuŋ^{21}pa^{21}（同八）和 xu^{21}（湖）两个音节组成：thuŋ^{21}pa^{21}（同八）的汉语义是“桶”，包括水桶、粪桶、提桶、扁桶、黄桶等桶形器具；xu^{21}（湖）的汉语义是山间的峡谷。所以，thuŋ^{21}pa^{21}xu^{21}（同八湖）连起来译成汉语就是“桶谷”或“桶沟”，即高深犹如桶形的山谷。

此地为海拔 1180 米的高山区，在一平方公里的范围内全是深山峡谷，陡峭如同桶形，人们便以 $thuŋ^{21}pa^{21}$（同八）——“桶”作了比喻性地名。

四门溪 $si^{53}muŋ^{21}tɕhi^{55}$

土家语与汉语结合运用的地名：“四门”是土家语 $si^{53}muŋ^{21}$（司蒙）的误记；“溪”是汉语，即“溪沟”。所以，这个地名的准确记音应是“司蒙溪”。

土家语 $si^{53}muŋ^{21}$（司蒙）为一个音节，汉语义是“线”。所以，“司蒙溪”（四门溪）就是“线溪”或“线沟”。

由于居住地区的不同，土家人对“线”的称呼略有不同，有的地方叫 $thuŋ^{53}muŋ^{21}$（统蒙），有的地方叫 $si^{53}muŋ^{21}$（司蒙）。古时，这里的土家姑娘会纺线，远近知名，人们便以这种土特产作了地名。

武陵源区土家语地名诠释

武陵源区概况

武陵源区位于湖南省西北部的武陵山脉中部，张家界市中部，东邻慈利县三官寺、阳和、许家坊乡，南抵永定区新桥、沙堤、合作桥乡，西与永定区教字垭、桥头和桑植县瑞塔铺等乡镇接壤，北同桑植县竹叶坪、汩湖、空壳树三乡毗连。界于北纬29°16′25″—29°24′25″，东经110°22′30″—110°41′15″。东西长31公里，南北宽15.5公里。总面积397.48平方公里，其中风景游览区面积264.6平方公里。1989年6月建区，辖索溪峪镇、中湖乡、协合乡、天子山镇和张家界国家森林公园；2008年末，总人口51206人，其中土家族47382人，约占全区总人口的92.5%；区治军地坪，距市中心城区32公里。

建区前，武陵源四乡镇及张家界国家森林公园分别属于湘西土家族苗族自治州的大庸县（即今永定区）、桑植县和常德地区（即今常德市）的慈利县。其中，中湖乡、协合乡和张家界国家森林公园由大庸县管辖，天子山镇由桑植县管辖，索溪峪镇归慈利县管辖。

武陵源一词，最早见于南北朝，梁《述异记》载："武陵源，在吴中，山无他木，尽生桃李，俗呼为桃李源。……食桃李实者皆得仙。则又一武陵源也。"唐代诗人王维在其《桃源行》中有"居人共住武陵源，还从物外起田园"句。李白在《登金陵冶城西北谢安墩》写有"功成拂衣去，归入武陵源"。宋荆公王安石在《经暖》中有"归来向人说，疑是武陵源"。诚然，这些诗家不一定都到过武陵源，彼武陵源也不一定即此武陵源，但他们都把武陵源视为仙境福地、理想境界，却是毋庸置疑的。武陵源作为风景名胜区名称，始于1984年冬。湘西凤凰籍著名画家黄永玉时受湖南省人民政府委托，将张家界、索溪峪、天子山统一命名为"武陵源"，认为此名与该地区地理位置、自然环境相宜，具有历史文化色彩。此名经省长办公会议通过，专题呈报中共中央政治局常委邓小平同意。1985 年 2 月，时任中共中央总书记胡耀邦在京挥毫题写了“武陵源”三字，交中共湖南省委书记毛致用带回长沙。建区时，“武陵源”也就成了行政区划名称。

武陵源是一个资源丰富，生态完整，具有科学和美学价值的风景名胜区，其独特的石英砂岩峰林为国内外所罕见。三千奇峰、八百秀水，集大自然奇、秀、幽、野、险为一体，素有“养在深闺人未识的绝代佳丽”和“扩大的盆景，缩小的仙境”之美称。

武陵源从一以真实面目示人，便格外受到世人的青睐。人们在蜂拥而至的同时，毫不吝啬地将各种最美的赞语和一顶顶桂冠送给她：

1980 年 1 月，著名画家吴冠中在《湖南日报》发表《养在深闺人未识——张家界是一颗风景明珠》一文，称张家界是“绝代佳丽”、“美的画章”。

1982 年 9 月 25 日，国家计委遵照国务院指示，经与林业部等有关部门研究，同意将张家界林场建设成为国家森林公园，这是我国历史上第一个国家森林公园；

1988 年 8 月 1 日，被列入第二批国家重点风景名胜区；

1991 年 12 月，被国家旅游局授予“全国旅游四十佳”称号；

1992 年 12 月 14 日，被联合国教科文组织列入世界遗产名录（中国首批）；

1997 年，被列为全国 35 个王牌景区；

2000 年，被评为 AAAA 级风景区；

2004 年，被列入世界地质公园（中国首批）；

2007 年，被评为 AAAAA 级风景区；

2008 年，被评为全国文明风景区。

在人们的一片赞叹声中，武陵源区的经济和各项社会事业也得到长足发展。2008 年尽管国际上有金融危机，国内有冰灾地震，全区国民生产总值仍达到 16.3 亿元，财政预算内收入 1.5 亿元；接待国内外游客 1051 万人次（其中境外游客 54.2 万人次）,旅游收入 32.3 亿元。

武陵源区今天的辉煌，既有大自然的恩赐，也是全区人民团结奋斗的结果。建区 20 年来，全区人民高举民族团结、艰苦奋斗和改革开放的大旗，坚持“保护第一、开发第二”的原则，对景区实行统一领导、统一管理、统一规划、统一保护。如今，全区人民正依据“严格保护、统一管理、科学规划、永续利用”的战略方针，着力进行“三个转变”（即工作重点从开发转到保护、建设重点从景区转到城区、开发重点从自然景观转到旅游文化），以期实现建成国内外知名旅游胜地和世界旅游精品的目标。

索溪峪镇

位于区域东部，东与慈利县三官寺乡交界，南与永定区合作桥乡接壤，西北与桑植县竹叶坪乡毗邻；总面积172.8平方公里，其中耕地12673亩；辖11个行政村、3个居委会，136个村（居）民小组；2008年末，总人口10407人，其中土家族约占总人口的80%。该镇又称索溪峪土家族乡，建区前归慈利县管辖。镇域森林覆盖率达84.6%；粮食作物主要是水稻、玉米；经济作物主要为烤烟，特产有茶油、菜油、花生、茶叶、蜂蜜、腊肉、板栗、白豆腐等。

索溪峪 $so^{53}tɕhi^{53}jəu^{55}$

纯粹的土家语地名，$so^{53}tɕhi^{53}jəu^{55}$（索乞优）的音变与误记："溪"是$tɕhi^{53}$（乞）的误记，"峪"是$jəu^{55}$（优）的音变。

土家语$so^{53}tɕhi^{53}jəu^{55}$（索乞优）系三个音节：so^{53}（索）是$so^{53}phe^{21}$（索拍）的简化，汉语义是"雾"；$tɕhi^{53}$（乞）的汉语义是"大"。$so^{53}tɕhi^{53}$（索乞）连起来直译是"雾大"，调换语序结构译成汉语是"大雾"。$jəu^{55}$（优）的汉语义是"村"、"寨"。所以，$so^{53}tɕhi^{53}jəu^{55}$（索乞优）连起来译成汉语就是"大雾村"或"大雾寨"，即大雾笼罩的村寨。

此地位于张家界国家森林公园"金鞭溪"下游的峡谷之中，四面环山，溪水长流，由于温差大，湿度大，一年之中多半时间大雾迷蒙，并常有云海、云瀑等奇景出现，蔚为壮观。由于这种特有的自然环境，先民们便以$so^{53}tɕhi^{53}$（索乞）——"大雾"作了村名。

插旗峪 $tsha^{21}tɕhi^{21}jəu^{35}$

土家语与汉语结合运用的地名："插旗"是土家语$tsha^{21}tɕhi^{21}$的汉字记音，原汁原味，地道准确；"峪"是汉语，即"山峪"。不过，这个地名按西部区的发音应读作"嚓旗峪"。

土家语$tsha^{21}tɕhi^{21}$（插旗）为一个音节，汉语义是"锦鸡"（Chrysolophus pictus）。所以，"插旗峪"就是"锦鸡峪"，因锦鸡多而得名。"锦鸡"俗称"金鸡"，当地也称"背水鸡"，以腹部和颈部的羽毛色泽金黄显其特色。

当地有资料这样记载："相传当年杨家将在此打过仗，在此峪里插过战旗，故名为‘插旗峪’。”索览历史资料，宋代此地并未发生过战争，杨业一家也从未到过此地。显然，这一说法是文人的想象与讹编。

孟子垭 me³⁵tshi⁵³ŋa²¹

土家语与汉语结合运用的地名：“孟子”是土家语 me³⁵tshi⁵³（嘿次）的误记；“垭”是汉语，即“山垭”。所以，这个地名的准确记音应是“嘿次垭”。

土家语 me³⁵tshi⁵³（嘿次）系两个音节：me³⁵（嘿），有的书籍记为“麦”，汉语义是“天”；tshi⁵³（次）的汉语义是“靠着”、“挨着”、“平齐”。me³⁵tshi⁵³（嘿次）连起来直译是“天靠着”、“天挨着”，调换语序结构译成汉语是“靠着天”、“挨着天”。所以，“嘿次垭”（孟子垭）就是“靠着天的山垭”。

这个村寨所在的山垭从金鞭溪拔地而起，直入云端，犹如靠着天一般，人们便以“靠着天”、“齐着天”作了夸张性地名。

鹰卧寨 ji⁵⁵o³⁵tsai³⁵

土家语与汉语结合运用的地名：“鹰卧”是土家语 ji⁵⁵o³⁵（依窝）的音变与误记；“寨”是汉语，即“村寨”。所以，这个地名的准确记音应是“依窝寨”。其实，此地的原始名称就是“依窝寨”，新中国成立前夕还是这个称谓。随着地区的逐步开发，地名也逐渐演变成了今名。

从远古走来，土家族民间一直供奉着两尊主管婚姻和生育的神像：一个叫 si⁵⁵ȵie⁵³thu⁵³kai³⁵（司捏图盖）；一个叫 ji⁵⁵o³⁵a⁵³pa²¹（依窝阿巴）。前者专司男女婚姻媒妁，称为“媒神”；后者专司造人，称为“造人神”。据《舍巴歌》记载，ji⁵⁵o³⁵a⁵³pa²¹（依窝阿巴）是个女神，ji⁵⁵o³⁵（依窝）是其名，a⁵³pa²¹（阿巴）是其尊称，汉语义为“祖母”；所以，ji⁵⁵o³⁵a⁵³pa²¹（依窝阿巴）俗称“依窝娘娘”。传说她用自然界的竹、树、藤、草、果实做成了人类。所以，“依窝寨”（鹰卧寨）就是“供奉造人神依窝阿巴的寨子”。

董格峪 tuŋ⁵³ke²¹jəu⁵⁵

纯粹的土家语地名，tuŋ⁵³ke²¹jəu⁵⁵ 的汉字记音，但“峪”是 jəu⁵⁵（优）的音变与误记。所以，这个地名的准确记音应是“董格优”。

土家语 tuŋ⁵³ke²¹jəu⁵⁵（董格优）由 tuŋ⁵³ke²¹（董格）和 jəu⁵⁵（优）两个音节组成：tuŋ⁵³ke²¹（董格）有的地方称 tuŋ⁵³ku²¹（董古），汉语义是“山沟、山谷、山湾的尽头”；jəu⁵⁵（优）的汉语义是“村”、“寨”或“村庄”。所以，tuŋ^{53}ke^{21}jəu^{55}（董格优）连起来译成汉语就是“山沟尽头的村寨”，因村寨坐落在山沟尽头而得名。

倒栽凼 ta^{35}za^{21}tan^{35}

土家语与汉语结合运用的地名：“倒栽”是土家语 ta^{35}za^{21} 的误记，“倒”是 ta^{35}（大）的误记，“咱”是 za^{21}（日阿）的近音汉字替代；“凼”是汉语，义为“水塘”或“水坑”。因此，这个地名的准确记音应是“大日阿凼”。

土家语 ta^{35}za^{21}（大日阿）为一个音节，汉语义是“岸边”、“岸畔”；所以，“大日阿凼”（倒栽凼）就是“水塘的岸边”，或者“水坑的岸畔”，意思说这个地方坐落在水塘的岸上。

老磨峪 la^{53}mu^{35}jəu^{55}

纯粹的土家语地名，la^{53}mu^{35}jəu^{55}（拉木优）的音变与误记：“老”是 la^{53}（拉）的误记，“磨”是 mu^{35}（木）的误记，“峪”是 jəu^{55}（优）的音变。

土家语 la^{53}mu^{35}jəu^{55}（拉木优）系三个音节：la^{53}（拉）的汉语义是“路”、“道路”；mu^{35}（木）的汉语义是“失”，这里作“迷失”。la^{53}mu^{35}（拉木）连起来直译是“路迷失”，调换语序结构译成汉语是“迷失路”。jəu^{55}（优）的汉语义是“村”、“寨”。所以，la^{53}mu^{35}jəu^{55}（拉木优）连起来译成汉语就是“迷路寨”。

此地位于整个武陵源峰林区的南口，人到此地，展现在眼前的是与天比齐的广阔无垠的万千峰林。峰林下面沟迴水曲，古木葱茏，让人有一种山重水复疑无路之惑，故得“迷路寨”之名。

申子溪 se^{53}tsu^{35}tɕhi^{55}

土家语与汉语结合运用的地名。“申子”是土家语 se^{53}tsu^{35}（舍住）的音变与误记；“溪”是汉语，即“溪沟”。因此，这个地名的准确记音应是按西部区发音读作“舍住溪”、“色租溪”。据老人们说，此地原名“舍子溪”，因避讳“舍弃子女”之意后来才改称“申子溪”。其实，这里的“舍子”是土家语 se^{53}tsu^{35}（舍住）的误记与讹读，与“舍弃子女”风马牛不相及。

土家语 se^{53}tsu^{35}（舍住）系两个音节：se^{53}（舍）的汉语义是“猴子”（Macaca mulatta）；tsu^{35}（住）的汉语义是“出”、“出来”，可以引申为

“出没”。se^{53}tsu^{35}（舍住）连起来直译是“猴子出来”，调换语序结构译成汉语是“出来猴子”。所以，“舍住溪”（申子溪）就是“出来猴子的溪沟”。总之，就是“猴子沟”，因猴子多而得名。

湘南峪 ɕi^{55}lan^{53}jəu^{55}

纯粹的土家语地名，ɕi^{55}lan^{53}jəu^{55}（西兰优）的音变与误记：“湘”是ɕi^{55}（西）的误记，“南”是lan^{53}（兰）的音变，“峪”是jəu^{55}（优）的音变。

土家语ɕi^{55}lan^{53}jəu^{55}（西兰优）由ɕi^{55}lan^{53}（西兰）和jəu^{55}（优）两个音节组成：ɕi^{55}lan^{53}（西兰）的汉语义是“铺盖”，即“被子”；jəu^{55}（优）的汉语义是“村寨”。所以，ɕi^{55}lan^{53}jəu^{55}（西兰优）连起来译成汉语就是“铺盖村”或“铺盖寨”。

为什么用“铺盖”作村名呢？原来土家人的被子很少有素面，一般都有花纹。这些花纹有的“打花”，有的“挑花”，有的“印花”，品种多样，花色多样，十分精美，自西汉以来都是历朝皇宫索要的贡品。这样的“被盖”，土家语叫ɕi^{55}lan^{53}kha^{55}phu^{53}（西兰卡普）。其中ɕi^{55}lan^{53}（西兰）的汉语义是“铺盖”，kha^{55}phu^{53}（卡普）的汉语义是“花”，ɕi^{55}lan^{53}kha^{55}phu^{53}（西兰卡普）就是“花铺盖”。从前，这个村寨里的姑娘们心灵手巧，制作的花铺盖远近闻名，人们便以这种民族特产作了村寨名。

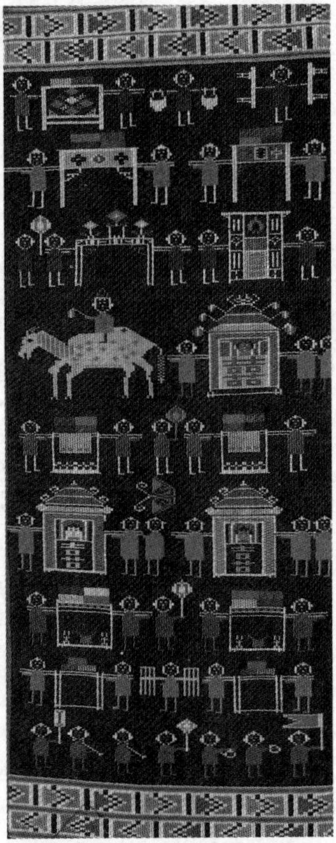

土家织锦——西兰卡普

烈险坡 lie^{55}ɕi^{55}pho^{55}

土家语与汉语结合运用的地名：“烈险”是土家语lie^{55}ɕi^{55}的汉字记音，但“险”是ɕi^{55}（西）的音变；“坡”是汉语，即山坡。所以，这个地名的准确记音应是“烈西坡”。

土家语lie^{55}ɕi^{55}（烈西）为一个音节，是pe^{55}lie^{55}ɕi^{55}（白烈西）的简化，

译成汉语是“梨子”（Pyrus spp）。所以，“烈西坡”（烈险坡）就是“梨子坡”，因出产梨子多而得名。

拜子塆 $pi^{35}tsi^{55}uan^{55}$

土家语与汉语结合运用的地名：“拜子”是土家语 $pi^{35}tsi^{55}$（毕兹）的音变与误记；“塆”是汉语，即“山塆”。所以，这个地名的准确记音应是“毕兹塆”。

土家语 $pi^{35}tsi^{55}$（毕兹）为一个音节，是土家族的族称。所以，“毕兹塆”（拜子塆）就是“土家族塆”，即土家族人居住的地方。详细释义参看桑植县两河口乡“笔架村”。

仕排界 $si^{21}phai^{55}kai^{35}$

土家语与汉语结合运用的地名：“仕排”是土家语 $si^{21}phai^{55}$ 的汉字记音，但“仕”作为 si^{21} 的记音，一般记为“石”；“界”是汉语，即“山界”。所以，这个地名的准确记音应是“石排界”。按西部区的发音读作“司排界”。

土家语 $si^{21}phai^{55}$（石排）为一个音节，是 $si^{21}pi^{35}si^{21}phai^{55}$（石必石排）的简化，汉语义是各种各类野兽的总称，有如汉语所称的“兽类”。所以，“石排界”（仕排界）就是“野兽界”，即野兽多的山界。

从前，这个山界上树密林深，各种野兽栖息其间，故而得名。

马颈界 $ma^{53}tɕi^{55}kai^{35}$

土家语与汉语结合运用的地名：“马颈”是土家语 $ma^{53}tɕi^{55}$ 的汉字记音，但“劲”是 $tɕi^{55}$（几）的音变与误记；“界”是汉语，即“山界”。所以，这个地名的准确记音应是“马几界”；实际上，这里的原始名称就是“马几界”。

土家语 $ma^{53}tɕi^{55}$（马几）系两个音节：ma^{53}（马）的汉语义为“蜂子”（Apisrnellifena）；$tɕi^{55}$（几）是 $tɕi^{55}tɕie^{55}$（几姐）的简化，汉语义为“飞”、“飞舞”。$ma^{53}tɕi^{55}$（马几）连起来译成汉语是“蜂飞”。所以，“马几界”（马颈界）就是“蜂飞界”，即蜂子飞舞的山界。

天子山镇

位于区域北部，北与桑植县泪湖乡接壤；总面积54.5平方公里，其中耕地2394亩；辖2个行政村、3个居委会；2008年末，总人口4441人，以土家族居多。境内有煤炭、硫磺等矿产，有板栗、猕猴桃、奈李等水果，特产有岩耳、刺莓、龟纹石等。该镇建区前归桑植县管辖。

石家檐 $si^{21}ka^{35}jan^{53}$

土家语与汉语结合运用的地名："石家"是土家语 $si^{21}ka^{35}$ 的汉字记音，但"家"是 ka^{35}（嘎）的近音汉字替代，当地读音也是"嘎"。"檐"是汉语，本义是"屋檐"，此处为突兀险峻的山崖。所以，这个地名的准确记音应是"石嘎檐"。按西部区的发音读作"司嘎檐"。

土家语 $si^{21}ka^{35}$（石嘎）系两个音节：si^{21}（石）的汉语义，一是指"肉"，二是指"兽"，这里取"肉"义；ka^{35}（嘎）的汉语义是"吃"。$si^{21}ka^{35}$（石嘎）连起来直译是"肉吃"，调换宾谓语序结构译成汉语是"吃肉"。所以，"石嘎檐"（石家檐）就是"吃肉的山崖"，确切地说是聚众吃肉的山崖。

吃肉，本是平常事，为何用来作地名呢？原来土家族从遥远的古代一直保持着一种传统习俗，每到祭祖还愿或调征出战，都要杀白牛祭祀祖先神灵。并且规定，凡是率先冲锋杀敌的杰出人物有权先食牛头，然后集合所在地域的民兵大众一起吃牛肉。这种习俗，土家语叫 $u^{35}si^{21}ka^{35}$（戊石嘎），即"吃牛肉"，一般简化为 $si^{21}ka^{35}$（石嘎），即"吃肉"。此地以 $si^{21}ka^{35}$（石嘎）作地名，说明这里是古代先民举行杀牛还愿或祭祖出征的场所，或许也就是当年向王天子抗击官兵时留下来的历史尘埃。

黑耳檐 $xe^{35}e^{55}jan^{53}$

土家语与汉语结合运用的地名："黑耳"是土家语 $xe^{35}e^{55}$ 的汉字记音，但黑是 xe^{35}（核）的误记，在当地，"黑"不读作 hēi（嘿），而是读作 hé（核），故有此误；"檐"是汉语，即"突兀险峻的山崖"。所以，这个地名的准确记音应是"核耳檐"。

土家语 $xe^{35}e^{55}$（核耳）系两个音节：xe^{35}（核）是土家语中的一个感叹词，相当于汉语的"那么"、"好"、"很"；e^{55}（耳）的汉语义是"长"，也可以理解为“广阔”。xe[35]e[55]（核耳）连起来译成汉语是“好长”、“那么长”、“很长”。所以，“核耳檐”就是感叹：“啊，好长好广阔的山崖！”或“那么长那么广阔的山崖！”

“黑耳檐”是天子山景区一处高耸而又向前伸出的台地。从这儿远望，金鞭溪、黄石寨、十里画廊、石家檐等风景一览无遗，峰三千、水八百尽收眼底。先人到此万千感慨，今人到此也定会感慨万千。

丁心庸 tin[55]ɕin[53]zuŋ[35]

纯粹的土家语地名，tin[55]ɕin[53]zuŋ[35]的汉字记音，但“庸”是zuŋ[35]（冗）的音变。所以，这个地名的准确记音应是“丁心冗”。

土家语tin[55]ɕin[53]zuŋ[35]（丁心冗）由tin[55]ɕin[53]（丁心）和zuŋ[35]（冗）两个音节组成。武陵山区有的地方生长着一种乔木叫“野柿树”（Diospyos kakivar syivest），土家语称为tin[55]ɕin[53]kha[21]muŋ[21]（丁心卡蒙），其中的tin[55]ɕin[53]（丁心）的汉语义是“野柿”，kha[21]muŋ[21]（卡蒙）的汉语义是“树”。它结出的果实则称之为tin[55]ɕin[53]pu[35]li[55]（丁心布里），一般简化为tin[55]ɕin[53]（丁心）。zuŋ[35]（冗）的汉语义是“生”、“长”。所以，tin[55]ɕin[53]zuŋ[35]（丁心冗）连起来直译是“丁心生长”，调换语序结构译成汉语就是“生长丁心”；用作地名，就是生长丁心树的地方。

丁心果实形似油柿，个小肉肥，艳红油亮。但它好看不好吃，只能供观赏。从前，此地遍生丁心树，故得其名。

泗南峪 si[21]lan[21]jəu[35]

土家语与汉语结合运用的地名：“泗南”是土家语si[21]lan[21]的汉字记音，但“南”是lan[21]（兰）的音变；“峪”是汉语，即“山峪”。所以，这个地名的准确记音应是“泗兰峪”。

土家语si[21]lan[21]（泗兰）系两个音节：si[21]（泗）通常记为“司”，东部区则多记作“石”，汉语义是“野兽”；lan[21]（兰）的汉语义是“臭”。si[21]lan[21]（泗兰）连起来译成汉语是“兽臭”。所以，“泗兰峪”（泗南峪）就是“兽臭峪”。

此地周围山峦叠嶂，是个四面封闭的小盆地。古时，此地尚未开发，草深树茂，各种野兽栖息其间，人到这里，随时可以嗅到它们的腥膻气味，故而得名。

江务峪 tɕi^{21}o^{55}jəu^{35}

土家语与汉语结合运用的地名："江务"是土家语 tɕi^{21}o^{55}（几沃）的音变与误记；"峪"是汉语，即"山峪"。因此，这个地名的准确记音应是"几沃峪"。

土家语 tɕi^{21}o^{55}（几沃）系两个音节：tɕi^{21}（几）的汉语义是"脚"，o^{55}（沃）的汉语义是"洗"；tɕi^{21}o^{55}（几沃）连起来直译是"脚洗"，调换语序结构译成汉语是"洗脚"。所以，"几沃峪"（江务峪）就是"洗脚峪"。

这个村庄坐落在山峪里边，背靠大山，前面是一条长长的山溪，人们要去那里，必须来回踩数道水方能到达，故而得"洗脚峪"之名。

这里的人们守土性极强，千百年来，虽然不再懂得这个地名的原始含义，但仍顽强地保留了它的基本发音。由于历经几千年语流音变的坎坎坷坷，难免产生误差，故而衍化成了今名。如果不看地名的文字符号，凭听觉还是可以听出其原始之声。

西牛塆 ɕi^{21}jəu^{55}uan^{55}

土家语与汉语结合运用的地名："西牛"是土家语 ɕi^{21}jəu^{55} 的汉字记音，但"牛"是 jəu^{55}（优）的音变与误记，在当地的民众中，"牛"并不读作 líu（流），而是读作 yóu（由），因此才有 ɕi^{21}jəu^{55}（西优）到"西牛"的音变与误记。"塆"是汉语，即"山塆"。所以，这个地名的准确记音应是"西优塆"。

土家语 ɕi^{21}jəu^{55}（西优）系两个音节：ɕi^{21}（西）的汉语义是"草"，jəu^{55}（优）的汉语义是"村寨"，可以引伸为"窝巢"；ɕi^{21}jəu^{55}（西优）连起来译成汉语便是"草窝"。所以，"西优塆"（西牛塆）就是"草窝塆"，即长满杂草的山塆。当然，这是古代的景象。

佛田坪 xu^{55}thi^{55}phin^{21}

土家语与汉语结合运用的地名："佛田"是土家语 xu^{55}thi^{55}（乎梯）的音变与误记；"坪"是汉语，即"坪坝"、"坪地"。因此，这个地名的准确记音应是"乎梯坪"。

土家语 xu^{55}thi^{55}（乎梯）为一个音节，汉语义是"山槽谷地"。所以，"乎梯坪"（佛田坪）就是"塆槽谷地里的坪坝"。意指这块坪坝坐落在一个塆槽山谷之中。

白竹界 $po^{55}tso^{55}kai^{35}$

土家语与汉语结合运用的地名："白竹"是土家语 $po^{55}tso^{55}$（博着）的音变与误记；"界"是汉语，即"山界"。所以，这个地名的准确记音应是"博着界"；不过，按西部区的发音可记作"博作界"。

石 磨

土家语 $po^{55}tso^{55}$（博着）为一个音节，汉语义是"磨子"，即"石磨"；所以，"博着界"（白竹界）就是"磨子界"。

浏览澧水上源地区，以"白竹"命名的地名比比皆是，诸如"白竹坪"、"白竹塆"、"白竹坡"、"白竹山"、"白竹溪"等等，几乎星罗棋布。自然界本无白竹，何以用白竹为名呢？究其根本，都是循土家语 $po^{55}tso^{55}$（博着）之音附会的结果。今人难测古时景。从遥远的古代直到新中国成立，居住于山区的土家人，加工粮食的主要工具只有两种：一种是磨，一种是碓。无碓磨则谷物难以为炊。从前，这个山界上家家备有石磨，或者出产石磨，因而得名。

狗猫塔 $ka^{21}mu\eta^{21}tha^{35}$

土家语与汉语结合运用的地名，但当地老人们的实际发音是"嘎母塔"。"狗猫"是"嘎母"的音变，而"嘎母"又是土家语 $ka^{21}mu\eta^{21}$（嘎蒙）的音变；"塔"是汉语，即"坪塔"，一般泛指有坪塔的地方。所以，这个地名应记为"嘎蒙塔"。

土家语 $ka^{21}mu\eta^{21}$（嘎蒙）为一个音节，是 $ka^{21}mu\eta^{21}se^{55}$（嘎蒙色）的简化，汉语义为"枫香树"（Liquidambar formosana）。因此，"嘎蒙塔"（狗猫塔）便是"枫树塔"，即枫香树多的地方，与"狗猫"和"嘎婆"（外婆）都毫不相关。

黄泊溪 $xu^{21}pha^{21}t\c{c}hi^{55}$

土家语与汉语结合运用的地名："黄泊"是土家语 $xu^{21}pha^{21}$（湖帕）的

音变与误记；“溪”是汉语，即“溪沟”。因此，这个地名的准确记音应是“湖帕溪”。

$xu^{21}pha^{21}$（湖帕）为一个音节，汉语义是“较大的溪沟”。土家语对河流和溪沟有着不同的称谓，一般称“河流”为 $xo^{21}pha^{21}$（火帕），称较大的溪流为 $xu^{21}pha^{21}$（湖帕），称小水沟为 $tshe^{21}la^{21}$（测拉、扯拉），称水潭为 $tshe^{21}phu\eta^{21}$（测朋、扯朋）。所以，“湖帕溪”（黄泊溪）就是“溪中溪”、“溪边溪”。准确地讲，就是“大溪旁边的小溪”。即一条较大溪流的支流。

此地不远处有一地名叫“荷包塔”，是土家语 $xo^{21}pha^{21}tha^{35}$（火帕塔）的音变与误记。同理，它就是“河边塔”，即小河旁边的坪塔。

猪娘背 $tsu^{55}lai^{55}pa^{21}$

纯粹的土家语地名，$tsu^{55}lai^{55}pa^{21}$ 的汉字记音，但“娘背”是 $lai^{55}pa^{21}$（来巴）的误记。所以，这个地名的准确记音应是“猪来巴”。按西部区的发音读作“租来巴”。

土家语 $tsu^{55}lai^{55}pa^{21}$（猪来巴）由 $tsu^{55}lai^{55}$（猪来）和 pa^{21}（巴）两个音节组成：$tsu^{55}lai^{55}$（猪来）是 $lan^{55}tsu^{55}lai^{55}$（兰猪来）的简化，汉语义是蝶形花科植物“青葛”[Pueraria thunbergiana（S.et.z）Benth]；pa^{21}（巴）的汉语义是“山”、“山坡”。所以，$lan^{55}tsu^{55}lai^{55}pa^{21}$（兰猪来巴）连起来译成汉语就是“青葛山”或“青葛坡”，因青葛多而得名。

脱嘴包 $tho^{53}tsho^{35}po^{55}$

纯粹的土家语地名，$tho^{53}tsho^{35}po^{55}$（妥错波）的误记，当地老人们的实际发音也是“妥错波”。

土家语 $tho^{53}tsho^{35}po^{55}$（妥错波）由 tho^{53}（妥）和 $tsho^{35}po^{55}$（错波）两个音节组成：tho^{53}（妥）的汉语义是“箱子”，$tsho^{35}po^{55}$（错波）的汉语义是“藏”；$tho^{53}tsho^{35}po^{55}$（妥错波）连起来直译是“箱子藏”，调换语序结构译成汉语是“藏箱子”。所以，用作地名，“妥错波”（脱嘴巴）就是收藏箱子的地方。

此地有一处自然景观，在万千石峰中间横搁着一块巨石，犹如收藏着的一口木箱。先民们慧眼识珠，因而命名为“藏箱子”。然而由此也引出一段故事。传说当年向王天子将一口箱子收藏了起来，临终时留下一段偈语：“一把金钥匙，丢在七星岩；有人拾得它，金锁银锁一齐开。”当然，传说归传说，不可不信，也不可全信。

中　湖　乡

位于区域西部，南接永定区教字垭镇，西交永定区桥头乡和桑植县瑞塔铺镇，北枕桑植县竹叶坪乡；总面积66.7平方公里，其中耕地14115亩；辖9个行政村、2个居委会，109个村（居）民小组；2008年末，总人口13181人，多为土家族。境内森林资源比较丰富，有山林28700多亩，人工用材林47400多亩，木材蓄积量近30万立方米；土特产有桐油、茶油、菜油、花生、板栗、木瓜、火胡芦、土家乌鸡等，利用传统烹饪工艺制作的土家乌鸡和火胡芦，在首届世界自然遗产武陵源传统名菜大奖赛中获金牌小吃称号；民间民族文化活跃。

中　湖　$tsuŋ^{55}xu^{21}$

纯粹的土家语地名，$tsuŋ^{55}xu^{21}$ 的汉字记音。按西部区的发音读作“宗湖”。

土家语 $tsuŋ^{55}xu^{21}$（中湖）系两个音节：$tsuŋ^{55}$（中）的汉语义是“官长”。而土家语所称的“官长”，主要是本民族的头领、头人，如部落酋长，土司衙门的宣慰使、宣抚使、安抚使等。xu^{21}（湖）的汉语义是“山与山之间的谷地”，俗称“山谷”。所以，$tsuŋ^{55}xu^{21}$（中湖）连起来译成汉语就是“头人谷”，即头领所居的山谷。

可以断言，古代，这里及其周边地区是某个土家部落的属地，并且有某系部落酋长在此居住并世代承袭。有资料称：中湖乡名与地形有关，在远古地质构造运动中积水成湖，世称“中湖”。这恐怕是望文生义。

柏子塆　$pi^{35}tsi^{55}uan^{55}$

土家语与汉语结合运用的地名：“柏子”是土家语 $pi^{35}tsi^{55}$（毕兹）的误记，“柏”是 pi^{35}（毕）的音变，“子”是 tsi^{55}（兹）的音变；“塆”是汉语，即“山塆”。所以，这个地名的准确记音应是“毕兹塆”。

土家族自称 $pi^{35}tsi^{55}kha^{21}$（毕兹卡）或 $pi^{35}tɕi^{55}kha^{21}$（毕基卡）；所以“毕兹塆”（柏子塆）就是“土家塆”，即土家族人居住的地方。详细释义参看桑植县两河口乡“笔架村”。

岸家坪　$ŋan^{21}ka^{55}phin^{53}$

土家语与汉语结合运用的地名：“岸家”是土家语 $ŋan^{21}ka^{55}$ 的汉字记

音，但“家”是 ka^{55}（嘎）的近音汉字替代；“坪”是汉语，即“坪坝”。所以，这个地名的准确记音应是“岸嘎坪”。

土家语 ŋan^{21}ka^{55}（岸嘎）为一个音节，汉语义是“凹陷下去的低洼地”，即“窝坑”。所以，“岸嘎坪”（岸家坪）就是“窝坑坪”。

这块坪坝坐落在几条溪流的汇合处，地势低洼，每遇山洪往往积水难消，故而得名。

戈底峪 kho^{35}thi^{21}jəu^{55}

纯粹的土家语地名，kho^{35}thi^{21}jəu^{55}（可替优）的音变与误记。

土家语 kho^{35}thi^{21}jəu^{55}（可替优）由 kho^{35}thi^{21}（可替）和 jəu^{55}（优）两个音节组成：kho^{35}thi^{21}（可替）的汉语义是蝶形花科植物“菜豆”（Phaseolus Vulqaris）；jəu^{55}（优）的汉语义是“村寨”。因此，kho^{35}thi^{21}jəu^{55}（可替优）连起来译成汉语就是“菜豆村”或“菜豆寨”。

菜豆又称“四季豆”，别称金豆，是山区人民的重要蔬菜，可炒、可泡、可腌，尤其是将其切碎用陶缸仆酸，更是味美无穷。从前，这个村寨里种植的菜豆多，出产的菜豆远近闻名，人们便用这种蔬菜作了村名。

青泥堰 tɕhin^{35}ȵi^{55}jəu^{55}

纯粹的土家语地名，tɕhin^{35}ȵi^{55}jəu^{55} 的汉字记音，但“堰”是 jəu^{55}（优）的误记。所以，这个地名的准确记音应是“青泥优”。

土家语 tɕhin^{35}ȵi^{55}jəu^{55}（青泥优）由 tɕhin^{35}ȵi^{55}（青泥）和 jəu^{55}（优）两个音节组成：tɕhin^{35}ȵi^{55}（青泥）的汉语义是“孩子”、“小孩”、“娃娃”；jəu^{55}（优）的汉语义是“村”、“寨”。所以，tɕhin^{35}ȵi^{55}jəu^{55}（青泥优）连起来译成汉语就是“娃娃寨”。

此地是一方风水宝地，古代的某个时期人口发展快，小孩很多，可谓人丁兴旺，故而得名。

石河峪 si^{21}xa^{21}jəu^{55}

纯粹的土家语地名，si^{21}xa^{21}jəu^{55} 的汉字记音，但“河峪”是 xa^{21}jəu^{55}（哈优）的误记。所以，这个地名应记作“石哈优”。按西部区的发音读作“司哈优”。

土家语 si^{21}xa^{21}jəu^{55}（石哈优）系三个音节：si^{21}（石）的汉语义是“野兽”，xa^{21}（哈）的汉语义是“打”；si^{21}xa^{21}（石哈）连起来直译是“兽打”，调换语序结构是“打兽”。jəu^{55}（优）的汉语义是“村寨”。所以，

$si^{21}xa^{21}jəu^{55}$（石哈优）连起来译成汉语就是“打兽寨”。

从前，居住在这个村庄里的多是猎户，人人会打猎，并以打猎为生计，故而得“打兽寨”之名。

牛𠀋巷 $liəu^{53}lo^{35}xa^{53}$

纯粹的土家语地名，$liəu^{53}lo^{35}xa^{53}$ 的汉字记音，但 $liəu^{53}$ 一般记为“流”；“𠀋”是当地的一个自造字，实际读音为 luō（落）；“巷”是 xa^{53}（哈）的音变。因此，这个地名的准确记音应是“流落哈”。

土家语 $liəu^{53}lo^{35}xa^{53}$（流落哈）由 $liəu^{53}lo^{35}$（流落）和 xa^{53}（哈）两个音节组成：$liəu^{53}lo^{35}$（流落）是一种古老的祭祀亡灵的民族宗教仪式，俗称“跳流落”或“跳牌”，汉语义为“跳丧”，有的叫“大绕棺”；xa^{53}（哈）的汉语义是“山岗的平地”。所以，$liəu^{53}lo^{35}xa^{53}$（流落哈）连起来译成汉语就是“流落坪”，即“跳流落祭仪的地方”。从前，这个山岗上居住过高明的“梯玛”，以会“跳流落”而闻名乡里，于是人们便以这种祭仪作了地名。

“跳流落”（跳牌）是土家族丧葬祭祀全部仪式的一道程序。这种丧葬仪式由“梯玛”（土老司）主持，为时四天。老人寿终当日，请“梯玛”为亡人取水开路，为神灵设位安坛，开祭。次日打丧鼓，唱丧歌，孝子孝孙头戴白布，手执子孙棍，抬猪羊或牵牛绕棺；同时，“梯玛”敲锣击鼓伴唱丧歌，歌有《行堂歌》和《坐堂歌》两类，都是土家族传唱千古的史诗。第三日为“跳牌”，“梯玛”身穿法衣，手持司刀吟词作法，孝子孝孙手执竹弓随“梯玛”起舞，踏着鼓点绕棺环跳。第四日为出丧下葬，“梯玛”一手执子孙棍，一手持盛满热灰的火碗，同时击打木棺出殡，沿途丢“买路钱”，敲锣打鼓送上山。墓穴内由“梯玛”用米画太极图，洒雄黄酒，丢衣禄米，然后堆土成垅；垅上插上子孙棍、活乐伞，结束仪式。

“跳流落”是传承千年的历史文明，是民族宗教祭祀文化的活化石。可惜它命运多舛，如今已被部分取代，几近消亡。

车家山 $tshe^{21}ka^{21}san^{55}$

土家语与汉语结合运用的地名：“车家”是土家语 $tshe^{21}ka^{21}$ 的汉字记音，但“车”作为 $tshe^{21}$ 的记音，准确一点应记作“扯”；“家”是 ka^{21}（嘎）的近音汉字替代。“山”是汉语。所以，这个地名的准确记音应是“扯嘎山”。按西部区的发音读作“测嘎山”。

土家语 tshe^{21}ka^{21}（扯嘎）系两个音节：tshe^{21}（扯）的汉语义是“水”，ka^{21}（嘎）的汉语义是“干”、“缺”；tshe^{21}ka^{21}（扯嘎）连起来直译是“水干”或“水缺”，调换语序结构译成汉语就是“干水”或“缺水”。所以，“扯嘎山”（车家山）就是“缺水山”。

此地地势高，坡度大，严重缺乏水源，常闹旱灾，因此得名。

么房坪 mu^{53}xuan^{21}phin^{21}

土家语与汉语结合运用的地名：“么房”是土家语 mu^{53}xuan^{21} 的汉字记音，但 mu^{53} 通常记为“木”，“房”是 xuan^{21}（环）的音变与误记；“坪”是汉语，即“坪坝”。因此，这个地名的准确记名应是“木环坪”。

土家语 mu^{53}xuan^{21}（木环）系两个音节：mu^{53}（木）的汉语义是“竹子”(Bamboo sprout)，xuan^{21}（环）的汉语义是“遮掩”、“遮蔽”；mu^{53}xuan^{21}（木环）连起来译成汉语是“竹子遮掩”。所以，“木环坪”（么房坪）就是“竹子遮掩的坪坝”。

从前，这个坪坝里是一坪竹林，远远望去，葱青翠绿，浓阴掩映遮掩了这块土地，故而得名。

会　逻 xu^{53}lo^{53}

纯粹的土家语地名，xu^{53}lo^{53}（虎逻）的汉字记音，但“会”是 xu^{53}（虎）的音变，lo^{53} 一般记为“洛”。所以，这个地名的准确记音应是“虎洛”。

土家语 xu^{53}lo^{53}（虎洛）的完整音节是 xu^{53}lo^{53}ma^{21}（虎洛马），译成汉语就是“梭雷蜂”(Apismellifera)。此地梭雷蜂多，是人们常去烧蜂的地方，人们便以这种蜂子作了地名。

“梭雷蜂”是一种毒蜂，常在大树枝椏上筑巢。树干稍有振动，它们就成群沿树干梭下螫人。人若被螫中，轻者红肿疼痛，重者可以危及生命。这种毒蜂的蜂蛹个大体肥，是山区人民的山珍美食。因此，人们常常趁着黑夜，火烧烟熏，取其蜂蛹，用以待客或自食。

腰　展 je^{53}tsa^{35}

纯粹的土家语地名，je^{53}tsa^{35}（也扎）的误记，当地老人的实际发音也是“也扎”。历经几千年的语流音变，原名发生音变在所难免，能记到这个程度诚属不易。je^{53}tsa^{35}（也扎）按西部区的发音读作“也咱”。

土家语 je^{53}tsa^{35}（也扎）为一个音节，译成汉语是“砍火畲”；作为地名，就是刀耕火种砍火畲的地方。详细释义参看桑植县上洞街乡“月珠溪”。

张古溪 $za^{35}ku^{53}tɕhi^{55}$

土家语与汉语结合运用的地名："张古"是土家语 $za^{35}ku^{53}$ 的汉字记音，但"张"是 za^{35}（日阿）的近音汉字替代；"溪"是汉语，即"溪沟"。所以，这个地名的准确记音应是"日阿古溪"。

土家语 $za^{35}ku^{53}$（日阿古）为一个音节，汉语义是"茶叶"（Camellia sinensis）。所以，"日阿古溪"（张古溪）就是"茶叶溪"，因出产茶叶而得名。

协 合 乡

位于区域南部，东接永定区合作桥乡，南邻永定区新桥镇；辖7个行政村、2个居委会；总面积57.4平方公里，其中耕地9167亩；2008年末，总人口7963人，主要民族成分为土家族。全乡森林覆盖率达80%，有银杏、珙桐、香樟、梓、香楠、苦桃等珍贵树木30多种；主要物产除粮食外有油菜、杂竹、木材、苎麻、烤烟、茶叶及干水果。

协 合 $\text{çie}^{53}\text{xa}^{21}$

纯粹的土家语地名，$\text{çie}^{53}\text{xa}^{21}$的汉字记音，但“合”是$\text{xa}^{21}$（哈）的音变与误记。所以，这个地名的准确记音应是“协哈”。

土家语$\text{çie}^{53}\text{xa}^{21}$（协哈）系两个音节：$\text{çie}^{53}$（协）的汉语义是“铁”；$\text{xa}^{21}$（哈）的汉语义是“打”。所以，$\text{çie}^{53}\text{xa}^{21}$（协哈）连起来直译是“铁打”，调换语序结构译成汉语是“打铁”。此地原名“协哈坪”，汉语义就是“打铁坪”。从前，此地铁匠多，红炉多，打铁的人多，故而得名。

关于“协合”地名的释义，有资料记载：“新中国成立前，因宋末修建于此地的一所古老庙宇‘道林寺’而得‘道林寺’名。新中国成立后，用‘齐心协力、团结协合’之意而改‘道林寺’为‘协合’。”据考察，这个记载并不妥切，因为新中国成立前这里就叫“协哈坪”，而且与“道林寺”并用。

扯覃塆 $\text{tshe}^{21}\text{tçhi}^{53}\text{uan}^{55}$

土家语与汉语结合运用的地名：“扯覃”是土家语$\text{tshe}^{21}\text{tçhi}^{53}$的汉字记音，但“覃”则是$\text{tçhi}^{53}$（乞）的音变；“塆”是汉语，即“山塆”。因此，这个地名的准确记音应是“扯乞塆”。按西部区的发音读作“测乞塆”。

土家语$\text{tshe}^{21}\text{tçhie}^{53}$（扯乞）系两个音节：$\text{tshe}^{21}$（扯）的汉语义是“水”，$\text{tçhi}^{53}$（乞）的汉语义是“大”；$\text{tshe}^{21}\text{tçhi}^{53}$（扯乞）连起来直译是“水大”，调换语序结构译成汉语是“大水”。所以，“扯乞塆”（扯覃塆）就是“大水塆”，即有大水的山塆。

吉山坪 $\text{tçi}^{21}\text{sa}^{53}\text{phin}^{21}$

土家语与汉语结合运用的地名：“吉山”是土家语$\text{tçi}^{21}\text{sa}^{53}$的汉字记音，但“山”是$\text{sa}^{53}$（沙）的误记；“坪”是汉语，即“坪坝”。因此，这个地名的准确记音应是“吉沙坪”。按西部区的发音读作“吉萨坪”。

土家语 $tɕi^{21}sa^{53}$（吉沙）系两个音节：$tɕi^{21}$（吉）的汉语义是“脚”，sa^{53}（沙）的汉语义是“冷”、“浸”；$tɕi^{21}sa^{53}$（吉沙）连起来直译是“脚冷”、“脚浸”，调换语序结构译成汉语是“冷脚”或“浸脚”。所以，“吉沙坪”（吉山坪）就是“冷脚坪”或“浸脚坪”。

吉山坪坐落在一个峪谷之中，四条溪水在这里汇合。溪水都是泉水，冰凉冷浸，人们下田劳作，顿感脚冷，于是，便以 $tɕi^{21}sa^{53}$（吉沙）——“冷脚”作了地名。

马儿山 $ma^{53}zi^{21}san^{55}$

土家语与汉语结合运用的地名：“马儿”是土家语 $ma^{53}zi^{21}$ 的汉字记音，但“儿”是 zi^{21}（日）的误记，因澧水上游地区“日”的发音与“二”、“儿”相同，故有此误；“山”是汉语。所以，这个地名的准确记音应是“马日山”。

土家语 $ma^{53}zi^{21}$（马日）系两个音节：ma^{53}（马）的汉语义是“蜂”(Apismellifera)，zi^{21}（日）的汉语义是“多”；$ma^{53}zi^{21}$（马日）连起来直译是“蜂多”，调换语序结构译成汉语是“多蜂”。所以，“马日山”（马儿山）就是“多蜂山”。

从前，这座山上树茂林菁，百花齐放，引来无数蜂子鸣翅其间，故而得“多蜂山”之名。

松　坪 $suŋ^{35}phin^{53}$

土家语与汉语结合运用的地名：“松”是土家语 $suŋ^{35}$（宋）的音变；“坪”是汉语，即“坪坝”。所以，这个地名的准确记音应是“宋坪”。

土家语称“鱼”为 $suŋ^{35}$（宋）；所以，“宋坪”（松坪）就是“鱼坪”。

坪以“鱼”命名，可能从前这一带的溪河里鱼多，也可能是这个坪坝的人会捕鱼，或捕鱼的人多。

松　富 $suŋ^{35}xu^{21}$

纯粹的土家语地名，$suŋ^{35}xu^{21}$ 的汉字记音，但“松”是 $suŋ^{35}$（宋）的音变，“富”是 xu^{21}（湖）的音变。所以，这个地名的准确记音应是“宋湖”。

土家语 $suŋ^{35}xu^{21}$（宋湖）系两个音节：$suŋ^{35}$（宋）的汉语义是“鱼”；xu^{21}（湖）的汉语义是“山谷”、“沟谷”。因此，$suŋ^{35}xu^{21}$（宋湖）连起来译成汉语就是“鱼谷”或“鱼沟”，因鱼多而得名。

抗金岩　$kha^{21}tɕie^{35}ŋai^{21}$

土家语与汉语结合运用的地名："抗金"是土家语 $kha^{21}tɕie^{35}$（卡借）的误记；"岩"是汉语，即"岩石"，一般指具有某些岩石特征的地方。所以，这个地名的准确记音应是"卡借岩"。据老人们回忆，此地原来叫"卡借岩"，因为弄不懂它的含义，后来才改称"抗金岩"。

土家语 $kha^{21}tɕie^{35}$（卡借）为一个音节，汉语义是"树桠"。所以，"卡借岩"（抗金岩）就是"树桠岩"，即有伸展着繁茂枝桠大树的岩山。

岩石山上长树，是张家界石英砂岩峰林的一大特色，"卡借岩"（抗金岩）就是这种特色的真实写照。

马放峪　$ma^{21}xuan^{21}jəu^{55}$

纯粹的土家语地名，$ma^{21}xuan^{21}jəu^{55}$ 的汉字记音，但"放"和"峪"分别是 $xuan^{21}$（环）和 $jəu^{55}$（优）的音变。所以，这个地名的准确记音应是"马环优"。

土家语 $ma^{21}xuan^{21}$（马环）系两个音节：ma^{21}（马）的汉语义是"蜂"(Apismellifera)，$xuan^{21}$（环）的汉语义是"遮掩"、"很多很多"；$ma^{21}xuan^{21}$（马环）连起来直译是"蜂多"，调换语序结构译成汉语是"多蜂"。$jəu^{55}$（优）的汉语义是"村寨"。所以，$ma^{21}xuan^{21}jəu^{55}$（马环优）连起来译成汉语就是"多蜂寨"。

养蜂是土家人传承几千年的习俗。到了土家山寨往往能够看到这样的情景：房檐下、山林中、田野间摆满了蜂桶，成群结队的蜜蜂飞鸣花丛，成为一道亮丽的风景。这个村庄有养蜂的传统，故而得"多蜂寨"之名。

旦　坡　$ta^{53}pho^{55}$

纯粹的土家语地名，$ta^{53}pho^{55}$ 汉字记音，但"旦"是 ta^{53}（打）的音变与误记。所以，这个地名的准确记音应是"打坡"。此地有"上旦坡"、"中旦坡"两个地名，"上"、"中"是方位，"旦坡"是核心。

土家语 $ta^{53}pho^{55}$（打坡）为一个音节，汉语义是土家人的婚嫁习俗——"哭嫁"。

"哭嫁"，古代土家语叫 $tha^{55}tie^{55}lai^{55}tɕi^{35}$（他爹乃寄），现代土家语叫 $ta^{53}pho^{55}$（打坡）。此地以 $ta^{53}pho^{55}$（打坡）命名，表明曾经是盛行"哭嫁"的地方。

张家界国家森林公园

建于1982年9月，是我国第一个国家森林公园；位于区域西部，距市城区中心30公里、区治军地坪27公里；总面积46平方公里；代管两个农业村，16个村民小组；2008年末，总人口3887人，其中干部和正式工人1000余人。公园管理处为企业化管理的处级事业单位，党务、政务和干部管理由武陵源区领导，业务受省林业厅指导；下设18个科室，处属企业23个、事业单位22个。该森林公园是武陵源风景名胜区的重要组成部分，所辖景区有黄石寨、金鞭溪、鹞子寨等，建市前归大庸市（县级）管辖。

户溪峪 $khu^{21}tɕhi^{21}jəu^{55}$

纯粹的土家语地名，$khu^{21}tɕhi^{21}jəu^{55}$的汉字记音："户溪"是$khu^{21}tɕhi^{21}$（哭七）的误记，"哭七"与"哭泣"同音，为寓意吉祥，后来改称"富溪"，也称"户溪"；"峪"是$jəu^{55}$（优）的音变。所以，这个地名的准确记音应是"哭七优"。

土家语$khu^{21}tɕhi^{21}jəu^{55}$（哭七优）由$khu^{21}tɕhi^{21}$（哭七）和$jəu^{55}$（优）两个音节组成：$khu^{21}tɕhi^{21}$（哭七）与啼哭之义毫无关系，译成汉语是"人熊"；$jəu^{55}$（优）的汉语义是"村寨"，这里是指"窝巢"。所以，$khu^{21}tɕhi^{21}jəu^{55}$（哭七优）连起来译成汉语就是"人熊窝"，即人熊栖居的地方。

在张家界地区，民间流传着一个动人的故事，这个故事土家人称其为$khu^{21}tɕhi^{21}ka^{55}ka^{55}$（哭七嘎嘎），其中的$khu^{21}tɕhi^{55}$（哭七）就是"人熊"，$ka^{55}ka^{55}$（嘎嘎）是"外婆"，连起来就是"人熊嘎婆"（母人熊）。这个故事土家族世代相传，并为之震撼。

人熊是什么动物呢？有的认为是猿，有的认为是野人，也可能是猩猩，至今没有定论。但大多数人坚信，它在武陵山区是实际存在的。此地可能曾经出现过"人熊"，人们便用这种动物作了地名。

板　坪 $pan^{35}phin^{21}$

土家语与汉语结合运用的地名："板"是土家语pan^{35}（半）的音变与误记；"坪"是汉语，即"坪坝"。所以，这个地名的准确记音应是"半坪"。

土家语 pan³⁵（半）的汉语义是“老鹰”（Accipiter）。所以，“半坪”（板坪）就是“老鹰坪”，因老鹰多而得名。

“老鹰”别称山鹰、河鹰、木鹰，是捕食鸡、鸭、鸟、鼠的猛禽。

六房岗　$lu^{55}xu^{55}kan^{55}$

土家语与汉语结合运用的地名：“六房”是土家语 $lu^{55}xu^{55}$ 汉字记音，但“房”是 xu^{55}（湖）的音变；“岗”是汉语，即“山岗”。所以，这个地名的准确记音应是“六湖岗”。

土家语 $lu^{55}xu^{55}$（六湖）有的记为“鲁呼”、“鲁夫”，为一个音节，汉语义是“山塆里、山谷中的开阔地”。那么，“六湖岗”（六房岗）便是“山谷开阔地上的山岗”。

此地是大山深处的一块坪坝，坪坝里又伸出一脉山岗，农家村庄就建在这个山岗上，名副其实，实恰其名。

罗古塔　$luŋ^{55}ku^{55}tha^{35}$

土家语与汉语结合运用的地名，有的记为“锣鼓塔”：“罗古”、“锣鼓”都是土家语 $luŋ^{55}ku^{55}$（聋古）的音变与误记；“塔”是汉语，即“坪塔”。所以，这个地名的准确记音应是“聋古塔”。

土家语 $luŋ^{55}ku^{55}$（聋古）为一个音节，汉语义是俗称团鱼、脚鱼、王八的“鳖”（Trionyx sinesis）。所以，“聋古塔”（罗古塔）就是“团鱼塔”，即团鱼多的地方。

张家界土家语地名诠释

桑植县·中 册

尚立昆 尚立晰/编著

民族出版社

目　录

桑植县概况

桑植县位于湖南省西北部，武陵山脉北系中段；东经 109°41′~110°40′、北纬 29°17′~29°84′。东界慈利县、常德市石门县，南毗永定区、武陵源区、湘西土家族苗族自治州永顺县，西接湘西土家族苗族自治州龙山县，北邻湖北省宣恩县、鹤峰县。县治澧源镇距省会长沙 380 公里、市治永定 59 公里。县域东西长 104 公里，南北宽 51 公里，总面积 3464.27 平方公里，其中耕地 38.9 万亩。辖 9 个镇 22 个乡 7 个民族乡，1 个县属林场；2008 年末总人口 45.4 万人，其中少数民族人口 41.9 万人，约占总人口的 92.3%。少数民族人口中，土家族、白族分别占全县总人口的 64%、23%。

桑植上古史籍称古西南夷地，夏、商属荆地，西周属楚地，春秋属巫郡慈姑县，西汉至宋相继属武陵郡充县、天门郡、临澧县、崇义县、慈利县。宋仁宗年间，桑植推行土司制度，设桑植宣抚司，因司治“桑植坪”（今芭茅溪乡境内）而得名。元、明、清因袭宋制，到清雍正五年（1727 年）改土归流，七年（1729 年）设桑植县，属永顺府。民国以县直隶于省。新中国成立后，隶属于永顺专署；1952 年 8 月改为湘西苗族自治区（1954 年 4 月改为自治州）代管；1957 年 9 月正式隶属于湘西土家族苗族自治州。1988 年 5 月改属大庸市；1994 年 5 月，大庸市更名为张家界市，桑植县隶属张家界市。

桑植物华天宝，是全国 500 个资源富县之一。境内地下矿苗多达 40 余种，主要矿产有煤、铁、铝土、硫铁、萤石、重晶石、大理石、铅、铜、石英、古生物化石、石油天然气等。其中天然气储量 1982 亿立方米；铁矿储量 1.5 亿吨；煤炭地质储量 1.2 亿吨；硅石工业储量 2368 万吨，是全省特大型硅石矿床，占全省硅储量的 86%。水能理论蕴藏量 48.4 万千瓦，可开发利用 29.36 万千瓦，是湖南省最具开发价值的水能资源大县和省五大小水电开发基地之一。有山地 23.87 万公顷；草场面积 176 万亩，其中连片 20 万亩的南滩草场是湖南省三大天然草场之一；森林覆盖面积 12.24 万公顷，覆盖率 34.8%，活立木蓄积量 300 万立方米。动植物资源丰富，珍稀品种多，被誉为亚热带动植物基因库。有可供开发利用的药用植物1700多种，是全国三大药库之一。有全国最大的木瓜基地，南方最大的黄柏基地，黄连、五倍子产量居湖南省之首。

桑植县的旅游资源自成体系，是张家界市西线旅游的精品线和目的地。自然风光令人流连忘返。距县城80公里的八大公山国家级自然保护区，是目前亚热带地区保存最完好的原始森林，面积2.32万公顷，被誉为亚洲物种“基因库”，是科研、旅游、度假、疗养胜地。距县城17公里的“亚洲第一洞”九天洞、峰峦溪风景区，是张家界世界地质公园的重要组成部分。红色历史令人热血沸腾。桑植是湘鄂西、湘鄂川黔革命根据地的中心腹地，以贺龙故居、贺龙纪念馆、红二方面军长征出发地为中心的革命纪念地，是全国30条红色旅游精品线路之一。民族民俗文化令人心驰神往。土家族、白族文化异彩纷呈，桑植民歌被列为国家首批非物质文化遗产名录，桑植也因此而被授予“中国民歌之乡”。此外，“芙蓉龙”恐龙化石遗址、土司文化遗址、苦竹河古寨等人文景观与旖旎的风光、红色的热土交相辉映。

桑植县是国家重点扶持的贫困县，在各级大力扶持下，桑植县的经济建设和社会发展有了长足的进步。工业方面已基本形成能源、食品、机械、建材、冶金、采掘、化工等门类较为齐全、布局比较合理的基础产业。农业方面已基本呈现出专业化、区域化布局，并逐渐形成烟叶、牛羊、水果、蔬菜、葛根、魔芋等6个产业基地和10家农业产业化龙头企业。交通方面已基本形成“县际主干全畅通、县内网络全覆盖、区域交通全方位”的立体交通网络。科教、文化、卫生、体育等各项社会事业都得到协调发展。

桑植是个好地方。“地是刮金板，山是万宝山，树是摇钱树，人是活神仙。”新时期，45万桑植各族人民，发扬革命传统，弘扬桑植精神，阔步前进在建设和谐、富裕、美好家园的康庄大道上。

澧 源 镇

县政府所在地，全县政治、经济、文化、交通中心；辖31个行政村、4个社区、6个居委会；总面积98平方公里，其中城区面积5平方公里，耕地面积12536亩；2008年末总人口64981人，其中县城人口44801人。境内煤炭资源比较丰富；主要经济作物有烟叶、油菜、花生及柑橘、奈李、沙田柚等水果。有苏维埃政府旧址、县农民协会旧址等一批革命纪念遗址；朱家台出土的大量商代文物，证明了这里的悠久历史文化。

八斗溪 $pu^{53}thu^{21}tɕhi^{55}$

土家语与汉语结合运用的地名："八斗"是土家语 $pu^{53}thu^{21}$（补土）误记；"溪"是汉语，即"溪河"。所以，这个地名的准确记音应是"补土溪"。

土家语 $pu^{53}thu^{21}$（补土）系两个音节：pu^{53}（补）的汉语义是"船"，thu^{21}（土）的汉语义是"撑"；$pu^{53}thu^{21}$（补土）连起来直译是"船撑"，调换语序结构译成汉语是"撑船"。所以，"补土溪"（八斗溪）就是"撑船溪"，简而言之，就是"船码头"。

"八斗溪"位于澧水左岸，是桑植县城北门外的一个小寨，也是桑植县城的北大门，一条小溪从寨前流过注入澧水。此地现在已筑起拦河坝，建了发电站，但从前却是很热闹的水码头，是澧水"三源"的各种船只、木排下津市、入洞庭、进长江的必经之地。

澧水荡舟

建兴岭 $tɕie^{55}ɕiau^{55}lin^{53}$

土家语与汉语结合运用的地名："建兴"是土家语 $tɕie^{55}ɕiau^{55}$（揭肖）的音变与误记；"岭"是汉语，即"山岭"。所以，这个地名的准确记音应是"揭肖岭"。

土家语称深水潭为 $tshe^{21}phuŋ^{21}$（测棚、扯棚），

称较浅的水潭为 tɕie^{55}ɕiau^{55}（揭肖）。所以，“揭肖岭”（建兴岭）就是“浅水潭旁边的山岭”。

“建兴岭”是湘川古道上的一个关隘，山岭位于澧水东岸，山岭的脚下就是有名的杨公潭，地名与实际完全相符。

杨公潭 jan^{21}ku^{35}than^{53}

土家语与汉语结合运用的地名，也有记作“羊公潭”的。“杨公”是土家语 jan^{21}ku^{35} 的汉字记音，但“公”是 ku^{35}（古）的音变。“潭”是汉语，即“水潭”。因此，这个地名应记作“杨古潭”，按西部区的发音读作“言古潭”。

土家语 jan^{21}ku^{35}（言古、杨古）为一个音节，是一个方位词，汉语义为“后面”“后方”“后头”。所以，“言古潭”（杨公潭）就是“后边的水潭”。

“杨公潭”在桑植县城北门外，位于城池的后方，故而得名。

老官潭 luŋ^{55}ku^{55}than^{53}

土家语与汉语结合运用的地名：“老官”是土家语 luŋ^{55}ku^{55}（聋古）的误记，也是不懂土家语的人们的讹编；“潭”是汉语，即“水潭”。因此，这个地方的原始名称应是“聋古潭”。

土家语 luŋ^{55}ku^{55}（聋古）为一个音节，汉语义是俗称“团鱼”“脚鱼”“甲鱼”“王八”的“鳖”（Trionyx sinesis）。所以，“聋古潭”（老官潭）就是“团鱼潭”，因这个河潭里团鱼多而得名。

批　树 pha^{21}su^{55}

纯粹的土家语地名，pha^{21}su^{55} 的汉字记音，但“批”是 pha^{21}（帕）的误记。所以，这个地名比较准确的读音和记音应是“帕树”。按西部区的发音读作“帕苏”。

土家语 pha^{21}su^{55}（帕苏、帕树）为一个音节，汉语义是“锅铲”和“铁瓢”的统称。

土家人的锅铲与铁瓢有着比较明确的“分工”：锅铲与锅配套，主要用于炒菜；铁瓢与鼎罐配套，主要用于舀饭，因此如今叫“饭瓢”“饭勺”。旧时，土家人使用的锅铲和铁瓢，都由当地铁匠用铁打制而成，大小不同，款式多样，十分精美。此地从前开有洪炉，专门打制锅铲、铁瓢，故而得名。

木心塔 mu^{53}ɕi^{53}tha^{35}

土家语与汉语结合运用的地名。“木心”是土家语 mu^{53}ɕi^{53} 的汉字记音，但“心”是$ɕi^{53}$（西）的音变；“塔”是汉语，一般意义上指宝塔类的建筑物，但在湘西地区，大多数的情况下不是此义，而是指“坪塔”，也泛指有小块平地的地方。所以，这个地名的准确记音应是“木西塔”。

土家语称“竹子”为mu^{53}（木），称“山竹”（Bamboo sprout）为$mu^{53}ɕi^{53}$（木西）。因此，“木西塔”（木心塔）就是“山竹塔”，即山竹多的地方。

俄子坡 $o^{21}tso^{35}pho^{35}$

土家语与汉语结合运用的地名：“俄子”是土家语$o^{21}tso^{35}$的汉字记音，但“子”是tso^{35}（作）的音变；“坡”是汉语，即“山坡”。因此，这个地名的准确记音应为“俄作坡”。

土家语$o^{21}tso^{35}$（俄作）为一个音节，汉语义是“梅山神”或“梅嫦神”。所以，“俄作坡”（俄子坡）就是“梅山神坡”。

传说梅山神是女神，有姊妹二人，姐姐叫“俄作梅山”，妹妹叫“养如刺山”，都是打猎能手、打虎英雄。她们死后，人们尊崇她们为神，选择在人迹罕至的岩屋边或古树旁，用几块石板砌成小屋，用木雕倒立的小神像供于小屋中。人们出猎时，都要来敬祭梅山，口念“单摧野猪五色花肉”等词，祭毕上山打猎。打猎归来，人们吆喝喧天抬着猎物再祭梅山，献出所得猎物以示酬谢。祭毕，当着梅山神分肉。梅山神是土家人崇奉的猎神，从前，此地设有梅山神堂，是人们敬祭梅山神的地方，故而得名。

建潭河 $tɕi^{21}tha^{21}xo^{53}$

土家语与汉语结合运用的地名，有的记为“见滩河”“见潭河”。“建潭”“见滩”“见潭”都是土家语$tɕi^{21}tha^{21}$（吉塔）的音变与误记；“河”是汉语。因此，这个地名应记为“吉塔河”。

土家语$tɕi^{21}tha^{21}$（吉塔）为一个音节，汉语义是“下面”“下头”“下方”。同汉语一样，土家语对不同的方位也有概念鲜明的不同表达，如称“上面”“上头”“上方”为$ka^{21}xa^{35}$（嘎哈），称“下面”“下头”“下方”就是$tɕi^{21}tha^{21}$（吉塔），有的地方也叫$pa^{21}thi^{35}$（八替）。所以，“吉塔河”（建潭河）就是“下边河”。

“吉塔河”的附近有个叫“车八田”的地名，是土家语$tshe^{21}pa^{21}thi^{35}$（测八替、扯八替）的误记。其中$tshe^{21}$（测、扯）的汉语义是“水”，$pa^{21}thi^{35}$（八替）的汉语义就是“下面”“下方”“下头”；所以，“测八替”（车八田）就是“水下头”，即河的下方。

这两个地名都在桑植县城西门外，在流经县城的澧水河下段，故而得名。

利浪子 $li^{53}lan^{21}tsu^{35}$

纯粹的土家语地名，$li^{53}lan^{21}tsu^{35}$ 的汉字记音，但“浪”是东部区的发音，按西部区发音 lan^{21} 应记为“兰”；“子”是 tsu^{35}（租）的音变。所以，这个地名比较准确的读音和记音应是“利兰租”或“利浪租”。

土家语 $li^{53}lan^{21}tsu^{35}$（利兰租）由 $li^{53}lan^{21}$（利兰）和 tsu^{35}（租）两个音节组成：$li^{53}lan^{21}$（利兰）译成汉语是“虎杖”（Polygonum cuspidatum）；tsu^{35}（租）的汉语义是“出”“出产”。所以，$li^{53}lan^{21}tsu^{35}$（利兰租）连起来直译是“虎杖出”，调换语序结构译成汉语是“出虎杖”；用作地名就是出虎杖的地方。

虎杖，俗称酸筒杆，茎空味酸，是土医治疗山岚瘴气、秽浊湿邪所致的瘴疟的要药，同时也是消食化积的要药。此地从前虎杖多，人们便以这种植物作了地名。

团木塆 $thu\eta^{53}mu\eta^{21}uan^{55}$

土家语与汉语结合运用的地名：“团木”是土家语 $thu\eta^{53}mu\eta^{21}$（统蒙）的音变与误记；“塆”是汉语，即山塆。因此，此地的原始名称应是“统蒙塆”。

土家语 $thu\eta^{53}mu\eta^{21}$（统蒙）为一个音节，汉语义是“线”。所以，“统蒙塆”（团木塆）就是“线塆”。

旧时，土家人缝衣所用的线都用手工纺成，然后染成各种颜色，一般自用，多者出售。从前，这里的土家姑娘会纺线，出产的线质量好、数量多，因得“线塆”之名。

白地里 $phe^{35}thi^{53}li^{21}$

纯粹的土家语地名，$phe^{35}thi^{53}li^{21}$ 的汉字记音，但“白地”是 $phe^{35}thi^{53}$（拍体）的误记，土家语 $phe^{35}thi^{53}$（拍体）的发音为不送气，轻而短快，如果稍加送气拉长，便立即变为“白地”，这也许就是将 $phe^{35}thi^{53}$（拍体）误记为“白地”的原因；li^{21}（里）是尾声词，无实际意义，仅隐含“那儿”“那里”。所以，这个地名应记为“拍体里”。

土家语 $phe^{35}thi^{53}$（拍体）为一个音节，汉语义是“土”“旱地”。所以，“拍体里”（白地里）就是“旱地”“荒地”。

“田”“地”同为耕地，但土家语对其称谓分明，称前者为 $si^{21}thie^{35}$

(司铁)，称后者为 $phe^{35}thi^{53}$ (拍体)。从前，此地尚未开发，是一片不毛的荒地，故而得名。

三百高 $so^{53}phe^{21}ka^{35}$

纯粹的土家语地名，$so^{53}phe^{21}ka^{35}$ 的汉字记音，但“三”是 so^{53}（索）的音变；“百”是 phe^{21}（拍）的音转；“高”是 ka^{35}（嘎）的近音汉字替代，而 ka^{35}（嘎）又是 $ka^{35}kai^{55}$（嘎盖）的简化。所以，这个地名应记为“索拍嘎”或“索拍嘎盖”。

土家语 $so^{53}phe^{21}ka^{35}kai^{55}$（索拍嘎盖）由 $so^{53}phe^{21}$（索拍）和 $ka^{35}kai^{55}$（嘎盖）两个音节组成：$so^{53}phe^{21}$（索拍）的汉语义是“雾”；$ka^{35}kai^{55}$（嘎盖）的汉语义是“稀”“稀薄”。所以，$so^{53}phe^{21}ka^{35}kai^{55}$（索拍嘎盖）连起来直译是“雾稀薄”，调换语序结构译成汉语是“稀薄雾”，即“淡雾”；用作地名，就是容易起淡雾的地方。

米湖洞 $mi^{55}u^{35}tuŋ^{35}$

土家语与汉语结合运用的地名：“米湖”是土家语 $mi^{55}u^{35}$ 的汉字记音，但“湖”是 u^{35}（戊）的音转；“洞”是汉语，即“山洞”。所以，这个地名的准确记音应是“米戊洞”。

土家语 $mi^{55}u^{35}$（米戊）系两个音节：mi^{55}（米）的汉语义是“火”，u^{35}（戊）的汉语义是“烧”；$mi^{55}u^{35}$（米戊）连起来直译是“火烧”，调换语序结构译成汉语是“烧火”。所以，“米戊洞”（米湖洞）就是“烧火洞”。

洞里为何烧火？推测原因可能有两个：其一，可能是古代原始人群在这个洞里居住，烧火取暖煮饭。其二，可能是古代某个时期，有人贫穷潦倒，无家可归，在山洞里栖息生活，开设烟火。总之，这个山洞是古人曾经居住过，开过烟火的，故而得名。但是作为地名，“米湖洞”就不仅仅指一个山洞了，而是指这个山洞的周边地带。

垭龙关 $a^{21}luŋ^{55}kuan^{55}$

土家语与汉语结合运用的地名：“垭龙”是土家语 $a^{21}luŋ^{55}$ 的汉字记音，但“垭”是 a^{21}（阿）的音变；“关”是汉语，即“关隘”。所以，这个地名的准确记音应是“阿龙关”。

土家语称“岩”为 $a^{21}pa^{21}$（阿巴），称“岩山”或“岩崖”为 $a^{21}luŋ^{55}$（阿龙）；所以，“阿龙关”（垭龙关）就是“岩山关”。实际上，这个关隘就设在两座山峦的峡谷中，以岩山作为屏嶂，故而得名。

垭龙关与洪家关、鸡翅关、驻龙关同为元明清时期朝廷在桑植设置的四大关隘。关内屯驻官兵，任务是约束镇压桑植境内的土苗民。

罗崩岗 $lo^{53}puŋ^{21}kan^{55}$

土家语与汉语结合运用的地名："罗崩"是原汁原味的土家语 $lo^{53}puŋ^{21}$ 的汉字记音；"岗"是汉语，即"山冈"。

土家语 $lo^{53}puŋ^{21}$（罗崩）系两个音节：lo^{53}（罗）的汉语义是"人"，$puŋ^{21}$（崩）的汉语义是"埋""葬"；$lo^{53}puŋ^{21}$（罗崩）连起来直译是"人埋"，调换语序结构译成汉语是"埋人"。所以，"罗崩岗"就是"埋人冈"，即埋葬死人的地方，有如常说的"乱葬岗"。

王儿河 $uan^{35}zi^{21}xo^{53}$

土家语与汉语结合运用的地名。"王儿"是土家语 $uan^{35}zi^{21}$（万日）的误记："王"是 uan^{35}（万）的音变，"儿"是 zi^{21}（日）的误记；"河"是汉语。所以，这个地名的准确记音应为"万日河"。

土家语 $uan^{35}zi^{21}$（万日）系两个音节：uan^{35}（万）的汉语义是"黄牛"(Bos taurus domestica)，zi^{21}（日）的汉语义是"多"；$uan^{35}zi^{21}$（万日）连起来直译是"黄牛多"，调换语序结构译成汉语是"多黄牛"。所以，"万日河"（王儿河）就是"多黄牛的河"。

古时，此地沿河两岸水草茂盛，人们饲养的黄牛多，因而得名。

兴旺塔 $ɕie^{53}u^{35}tha^{35}$

土家语与汉语结合运用的地名，人民公社化前叫"香卧塔"。"兴旺""香卧"都是土家语 $ɕie^{53}u^{35}$（写戊）的音变与误记；"塔"是汉语，即"坪塔"，也指有坪塔的地方。所以，这个地名的准确记音应为"写戊塔"。

土家语 $ɕie^{53}u^{35}$（写戊）系两个音节：$ɕie^{53}$（写）的汉语义是"铁"，u^{35}（戊）的汉语义是"烧"；$ɕie^{53}u^{35}$（写戊）连起来直译是"铁烧"，调换语序结构译成汉语是"烧铁"。所以，"写戊塔"（兴旺塔）就是"烧铁塔"。

"烧铁"俗称"炒铁"，实际就是生产铸铁。其工艺流程是先建造小型土炉，用风箱催燃木柴或木炭将炉内的铁矿石熔化，冷却后即为"生铁"。这种土法炼铁技艺，一直从遥远的古代持续到20世纪60年代末。据考古资料证明，此地冶铁历史始于战国时期，冶炼的生铁主要供应今朱家台发现的战国铁器作坊，供生产农具、兵器之用。

包子垉 $pau^{21}tsi^{55}tɕhi^{55}$

土家语与汉语结合运用的地名："包子"是土家语 $pau^{21}tsi^{55}$（保兹）

的音变与误记；“坉”是汉语，当地的自造字，音 báo（抱），义为小山包。所以，这个地名准确一点应记作“保兹包”。

土家语 $pau^{21}tsi^{55}$（保兹）为一个音节，是 $pau^{21}tsi^{55}xa^{21}$（保兹哈）的省略，古老的土家语。$pau^{21}tsi^{55}$（保兹）的大致含义是“出兵”“出战”；xa^{21}（哈）的汉语义是“打”“征”，引申为“出征”。$pau^{21}tsi^{55}xa^{21}$（保兹哈）连起来译成汉语就是“起兵出征”；所以，“保兹包”（包子坉）就是“起兵出征包”，即誓师起兵出征的地方。

土家族的 $pau^{21}tsi^{55}xa^{21}$（保兹哈）虽然以舞蹈的形式出现，但归根结底还是祭祀祖先的祭仪。整个祭仪分为三个部分。第一部分为“祭祖起兵”：宰杀一头白水牛，由土司和梯玛领头祭祖先神灵。梯玛吹牛角、击鼓、作法；英武后生身披“西兰卡普”，小腿着人字袜裤，脚穿麻耳鞋，跪地拔牛毛贴在兵器上，祭祖盟誓。第二部分为“整装待发”：土兵腰挂箭袋，肩挎弯弓，身佩蛮刀，以锣鼓为先导，在吆喝声中变换队形，边歌边舞。第三部分为“战场杀敌”：队伍分为两旗或多旗，以旗为战斗体，每旗 16 人，宝塔形分成六排队伍，以一个为旗头，土兵亮出刀、箭、弓和盾牌、梭镖，在鼓锣声中呐喊进退。整个场面表现出土兵的雄壮军威和不畏强暴、顽强战斗的大无畏气魄。

在土家族地区，有一批以“保兹”命名的地名，只不过记音稍有差异，如桑永边境的“堡子溪”就因历史上演练出征阵法而久负盛名。堡子溪为中峒长官衙署驻地，明代嘉靖年间，桑植土兵两次赴苏杭前线征讨倭寇；万历年间，又两次开赴朝鲜，支援朝鲜抗击倭寇的战争。据传，上峒、中峒的土兵就多次在此“祭祖出征”。如今，该地有“摆手堂”和“土王祠”遗址残存。这些地名和“包子坉”一样，都是再现土家族兵制和军事历史的活化石。

上洞街乡

位于县域西南部，西南与湘西州永顺县的砂坝镇、毛坝乡、万民岗乡接壤，乡治距县城40公里；辖11个行政村，90个村民小组；总面积53平方公里，其中耕地面积9032亩；2008年末总人口9867人，其中土家族7932人，占总人口的80%。境内土地肥沃，昔有“桑植粮仓”之称；传统经济作物有生姜、油菜、花生、甘蔗；矿藏有铜、铁、白萤石等。域内土司文化遗址遗存很多，民间素有习武传统。

柿　溪　si^{21}tɕhi^{53}

纯粹的土家语地名，si^{21}tɕhi^{53}的汉字记音，但“溪”是tɕhi^{53}（乞）的误记。在张家界地区“溪”不读作xī（西），而是读作qī（期），与“乞”音近，故有此误记。因此，这个地名应记作“柿乞”。按西部区的发音读作“司乞”。

土家语si^{21}tɕhi^{53}（柿乞）系两个音节：si^{21}（柿）是si^{21}thie^{55}（柿铁）的省略，汉语义是“田”；tɕhi^{53}（乞）的汉语义是“大”。所以，si^{21}thie^{55}tɕhi^{53}（柿铁乞）或si^{21}tɕhi^{53}（柿乞）连起来直译是“田大”，调换语序结构译成汉语就是“大田”，这里实指“大坪大坝”。

柿溪地处澧水南源流域，境内除个别乡外，成百上千亩的坪坝星罗棋布。世居山区的土家先民，几乎没有机会和可能走出大山，因此在他们的眼里，这些坪坝自然是大坪大坝了。

宋开宝四年（971年），宋廷在柿溪地域建柿溪州，同时置柿溪宣抚司，“蛮酋”向克武因功被授土知州和宣抚使职。柿溪州辖区为澧水南源全部地域，即今桑植县的上洞街、廖家村、两河口、打鼓泉和永顺县的龙家寨、砂坝、万民岗、堡子溪、车革等地；州治和司衙都在今上洞街。

八节冲　pi^{35}tɕi^{55}tshuŋ^{55}

纯粹的土家语地名，pi^{35}tɕi^{55}tshuŋ^{55}的汉字记音，但“八节”是pi^{35}tɕi^{55}（毕基）的音变与误记。因此，此地的原始名称应是“毕基冲”。按西部区的发音读作“毕基匆”。

土家语pi^{35}tɕi^{55}tshuŋ^{55}（毕基冲）由pi^{35}tɕi^{55}（毕基）和tshuŋ^{55}（冲）两个音节组成：土家族的族称为pi^{35}tɕi^{55}khɑ^{21}（毕基卡）或pi^{35}tsi^{55}khɑ^{21}（毕兹

卡），$pi^{35}tɕi^{55}$（毕基）是 $pi^{35}tɕi^{55}khɑ^{21}$（毕基卡）的简化，但“土家族”的实际含义未变；土家语称部落酋长、头领等官长为 $tshuŋ^{55}$（冲）。因此，“毕基冲”（八节冲）连起来译成汉语就是“土家族官长”，这里是指土家族部落酋长、头领或大王；用作地名，就是他们居住的地方。

据传说，东汉，土家族部落联盟酋长、“武陵蛮精夫”相单程曾在此居住，并在此发动武装起义。宋代，柿溪州宣抚使向克武及其后人亦世居于此，向克武死后还葬于此地。于是，人们便以“毕基冲”（八节冲）——“土家头领”作了地名。详细释义参看两河乡“笔架村”。

则十洞　$tse^{21}si^{21}tuŋ^{21}$

土家语与汉语结合运用的地名：“则十”是土家语 $tse^{21}si^{21}$ 的汉字记音，按东部区的发音，这个记音是很准确的，但按西部区的读音“十”是 si^{21}（司）的音变；“洞”是汉语，即“山洞”。因此，这个地名按西部区读音应是“则司洞”。“则十洞”当地也有记为“则时洞”的。

土家语 $tse^{21}si^{21}$（则十）为一个音节，汉语义是指高祖或高祖以上的亡灵。所以，“则十洞”就是“高祖洞”或“祖先洞”。

据传说，土家族部落联盟酋长、“武陵蛮精夫”相单程曾在“则十洞”供奉祖先神像，多次召集所属部落会盟，谋划起义。东汉建武二十三年（47 年）十月，他率领澧水南源土家族人民揭竿起义，克充县、零阳、辰阳诸县，兵伐武陵郡，威逼临沅，打败东汉刘尚、马成和马援的三次进攻，历时三年，威名远扬。“则十洞”也因此而更加为人们所知晓。

八官塔　$pa^{35}ku^{21}tha^{55}$

纯粹的土家语地名，$pa^{35}ku^{21}pi^{21}tha^{55}$（拔古俾塔）的误省、音变与误记：“八官”是 $pa^{35}ku^{21}$（拔古）的音变；$pa^{35}ku^{21}$（拔古）又是 $pa^{35}ku^{21}pi^{21}$（拔古俾）的误省，pi^{21}（俾）在整个音节中属词尾轻声，容易脱落，加上为适应三字地名的需要便被省去了。

土家语 $pa^{35}ku^{21}pi^{21}tha^{55}$（拔古俾塔）由 $pa^{35}ku^{21}pi^{21}$（拔古俾）和 tha^{55}（塔）两个音节组成：$pa^{35}ku^{21}pi^{21}$（拔古俾）是人名；tha^{55}（塔）的汉语义是“住处”“坐处”。所以 $pa^{35}ku^{21}pi^{21}tha^{55}$（拔古俾塔）连起来译成汉语就是“拔古俾居住的地方”。

“拔古俾”被记为“拔古鼻”“拔古皮”或“八古皮”，是澧水南源上源的一个古部落联盟酋长，其辖地大致在桑植陈家河天福岭西段的今上洞街西北部及永顺东部，势力强大，元明以前在今八官塔建立了峒寨，峒以人名，称“拔古俾峒”。所以从这个意义上讲，“八官塔”就是“拔古俾峒寨所在地”。

明洪武三年（1370年），拔古俾曾参加覃垕发动的反明起义，同覃垕一起先后在覃垕城、百仗峡、二卡子、温塘关与明军作战。覃垕被杀后，拔古捭回到上峒。洪武二十二年（1389年），明军10万征南，破拔古俾峒，捉拔古俾等解绑南京。

车溪洞 $tshe^{21}tɕhi^{35}tuŋ^{35}$

土家语与汉语结合运用的地名，即今上洞街。“车溪”是土家语 $tshe^{21}tɕhi^{35}$ 的汉字记音，但“车”作为 $tshe^{21}$ 的汉字记音，按东部区的读音应记作“扯”，按西部区的读音是 $tshe^{21}$（测）的音变；“溪”是 $tɕhi^{35}$（七）的误记。“洞”是汉语，即“山洞”“洞穴”。因此，这个地名准确一点应记为“扯七洞”。按西部区的发音读作“测七”。

土家语 $tshe^{21}tɕhi^{35}$（扯七）为一个音节，汉语义是“捞兜”；所以，“扯七洞”（车溪洞）就是“捞兜洞”。

“捞兜”是一种捕鱼工具，现代叫“抄网”。土家人的“捞兜”是以油桐树隔年生树杆的枝杈捆成圆圈，圈上用麻绳套网兜，用其捞鱼。“车溪洞”的名称来源于当地的一口地下泉，民国年间已译为“冒水孔”。这口地下泉位于澧水南源南侧、利必溪坪坝的东端，圆形，半径约二十米，泉水喷涌而出，成为澧水南源的重要水源。此泉酷似“捞兜”，故得“扯七洞”（车溪洞）——“捞兜洞”之名。

状若捞兜的冒水孔泉

吴把塔 $u^{35}pu^{35}thɑ^{55}$

土家语与汉语结合运用的地名：“吴把”是土家语 $u^{35}pu^{35}$ 的汉字记音，但“把”是 pu^{35}（布）的误记；“塔”是汉语，在湘西地区，“塔”在地名中出现得非常多，但大多数情况下不是指宝塔之类的建筑物，而是指“坪塔”，泛指有坪塔的地方。所以，这个地名应记为“吴布塔”，当地老年人的实际发音也是“吴布塔”。

土家语 $u^{35}pu^{35}$（吴布）系两个音节：u^{35}（吴）的汉语义是“黄牛”(Bos taurus domestica)，pu^{35}（布）的汉语义是“杀”“宰”“屠”；$u^{35}pu^{35}$（吴布）连起来直译是“牛杀”，调换语序结构译成汉语是“杀牛”。所以，“吴布塔”（吴把塔）就是“杀牛塔”，即“杀牛的地方”。

“吴布塔”位于古柿溪州宣抚司署衙附近，过去建有“土王祠”和“摆手堂”。明嘉靖年间，上峒土兵曾多次被明廷调往苏杭抗击倭寇；万历二年（1574 年）间，奉调朝鲜，援助朝鲜抗击日倭丰臣秀吉叔侄；万历三十年（1602 年）又调征播州（今贵州遵义）杨应龙。每次出征，土家族人民都在此杀白牛祭祖，誓师出征，“吴布塔”（吴把塔）——“杀牛塔”因而得名。

召家塔 $tsi^{21}ka^{35}tha^{55}$

土家语与汉语结合运用的地名。“召家”是土家语 $tsi^{21}ka^{35}$ 的误记：“召”是 tsi^{21}（直）的误记；“家”，西南官话不读 jiā（加），而是读 gā（嘎），当地的实际发音也是“嘎”。“塔”是汉语，即“坪塔”，泛指有坪塔的地方。所以，这个地名应记为“直嘎塔”，当地老年人的实际发音也是“直嘎塔”。但按西部区的发音应读作“自嘎塔”。

土家语 $tsi^{21}ka^{35}$（直嘎）系两个音节：tsi^{21}（直）的汉语义是“饭”，ka^{35}（嘎）的汉语义是“吃”；$tsi^{21}ka^{35}$（直嘎）连起来直译是“饭吃”，调换语序结构译成汉语是“吃饭”。所以，“直嘎塔”（召家塔）就是“吃饭的坪塔”，即吃饭的地方。

土家族聚居的地方一般都设有“义仓”，囤积义粮，每遇调征或重大吉庆节日都开仓集体会餐。“直嘎塔”（召家塔）在司城附近，过去是设仓会餐的地方，因而得名。

冬冬岭 $tuŋ^{55}tuŋ^{55}lin^{53}$

土家语与汉语结合运用的地名：“冬冬”是土家语 $tuŋ^{55}tuŋ^{55}khui^{53}$（咚咚喹）的省略，$khui^{53}$（喹）在整个音节中属于轻声，后来便被省略掉了，但其实际含义未变；“岭”是汉语，即“山岭”。

土家语 $tuŋ^{55}tuŋ^{55}khui^{53}$（咚咚喹）为一个音节，汉语义是指土家族民间普遍流行的一种传统竹管乐器。这种乐器一般采取一段长五六寸的小竹管，一端留节削簧，管身雕凿 1、2、3、5、6 音阶五孔，用以吹奏民歌乐曲。“咚咚喹”发音清脆，优美动听。因为这个山寨的“咚咚喹”做得好，吹得好，便以“咚咚喹”作了地名。

捏捏峒 ȵie³⁵ȵie²¹tuŋ²¹

纯粹的土家语地名，ȵie³⁵ȵie²¹tuŋ²¹ 的汉字记音。

土家语 ȵie³⁵ȵie²¹tuŋ²¹（捏捏峒）由 ȵie³⁵ȵie²¹（捏捏）和 tuŋ²¹（峒）两个音节组成：ȵie³⁵ȵie²¹（捏捏）古代称 ȵie³⁵je²¹a²¹ȵie²¹（捏耶阿捏），汉语义是“小姨妈”或“婶娘”；tuŋ²¹（峒）是过去土家人的居住单位，即“峒寨”，后来一般理解为“地方”“住处”。所以，ȵie³⁵ȵie²¹tuŋ²¹（捏捏峒）连起来译成汉语就是“小姨妈居住的地方”，或“婶娘家居住的地方”。

此地以女性亲属命名，其形成时期可能在母系社会时期。

突　尺 thu²¹tshi²¹

纯粹的土家语地名，thu²¹tshi²¹ 的汉字记音。按东部区的发音，这个记音是准确的，但按西部区的发音，“尺”是 tshi²¹（次）的误记。所以，这个地名按西部区的发音应记为“突次”。

土家语 thu²¹tshi²¹（突尺）为一个音节，汉语义是“桥”。此地位于澧水南源上游，从古到今建有一座巨大的“花桥”沟通南北交通。这座桥木质结构，飞檐翘瓦，气势恢弘，长达四十余米，是当时当地的一个比较突出的建筑，人们便以 thu²¹tshi²¹（突尺）——“桥”作了地名。

兰家庄 lan⁵³kan⁵³tsu³⁵

纯粹的土家语地名，lan⁵³kan⁵³tsu³⁵ 的汉字记音。但“家”是 kan⁵³（干）的误记，“家”在土家语地区不读 jiā (加)，而是读 gā（嘎）；而土家语 kan⁵³（干）与西南官话的 gā（嘎）语音相近，因而将 kan⁵³（干）误记为“家”。“庄”是 tsu³⁵（朱）的误记。所以，这个地名的准确记音应是“兰干朱”。按西部区的发音读作“兰干租”。

款式多样的花边

土家语 lan⁵³kan⁵³tsu³⁵（兰干朱）系两个音节：lan⁵³kan⁵³（兰干）的汉语义是土家人衣襟、衣领、袖管、裤管上缀的“花边”；tsu³⁵（朱）的汉语义是“生产”“出产”。因此，lan⁵³kan⁵³tsu³⁵（兰干朱）连起来直译是“花边出产”，调换语序结构译成汉语就是“出产花边”。

这里的土家妇女心灵手巧，刺绣的花边很有名，人们便以 $lan^{53}kan^{53}tsu^{35}$（兰干朱）——“出产花边”作了地名。

大地坪 $tha^{55}tie^{55}phin^{21}$

土家语与汉语结合运用的地名：“大地”是土家语 $tha^{55}tie^{55}$（他爹）的音变与误记；“坪”是汉语，即“坪坝”。因此，此地的原始名称应是“他爹坪”。

土家语 $tha^{55}tie^{55}$（他爹）为一个音节，是古代土家语 $tha^{55}tie^{55}lai^{55}tɕi^{35}$（他爹来吉）的省略，汉语义是“哭嫁”；近现代土家语称“哭嫁”为 $ta^{53}pho^{55}$（打坡）。所以，“他爹坪”（大地坪）就是“哭嫁坪”。

土家姑娘出嫁前先在娘家“哭嫁”，寨上的姑娘也都前去“陪哭”。哭祖先，哭爹娘，哭兄弟姊妹，最后“陪十姊妹”。“哭嫁”是土家族的一种婚姻习俗，也是一种仪式，场面热闹。从前，这里“哭嫁”习俗世代相传，“哭嫁”能人出众，人们便用这种习俗作了地名。参见永定区三家馆乡“大培”。

利必溪 $li^{35}pi^{35}tɕhi^{55}$

土家语与汉语结合运用的地名：“利必”是土家语 $li^{35}pi^{35}$ 的汉字记音；“溪”是汉语，即“溪沟”。

土家语 $li^{35}pi^{35}$（利必）系两个音节：li^{35}（利）的汉语义是“虎”（Panthera tigris），pi^{35}（必）的汉语义是“小”；$li^{35}pi^{35}$（利必）连起来直译是“虎小”，调换语序结构译成汉语是“小虎”。所以，“利必溪”就是“小虎沟”或“虎儿沟”，即小老虎经常出没的地方。

车　拉 $tshe^{21}la^{21}$

纯粹的土家语地名，$tshe^{21}la^{21}$ 的汉字记音，但“车”是 $tshe^{21}$（扯）的音变。所以，这个地名准确一点应记作“扯拉”，按西部区的发音读作“测拉”。

土家语 $tshe^{21}la^{21}$（扯拉）系两个音节：$tshe^{21}$（扯）的汉语义是“水”；la^{21}（拉）的汉语义是“路”“道”。所以，$tshe^{21}la^{21}$（扯拉）连起来译成汉语就是“水路”或“水道”，实际就是水沟。

土家语对“水”的称谓，东西部区发音存在差异：西部区相当于汉语拼音的 cě，东部区相当于汉语拼音的 chě，共同点是都为第三声。但《现代汉语词典》中汉语拼音 ce 没有第三声的汉字，只有第四声 cè 即“册”

“测”“策”等；而 che 的第三声 chě 只有“扯”和“尺”，后者仅用于乐谱上，记音符号如“工尺”。所以，将 $tshe^{21}$ 记为“测”“车”等，严格地说都不是很准确的。用“水”作地名在土家族地区很普遍，在这里特予说明。

土　塘　$thu\eta^{55}th\alpha^{55}$

纯粹的土家语地名，$thu\eta^{55}th\alpha^{55}$（通他）的误记。

土家语 $thu\eta^{55}th\alpha^{55}$（通他）为一个音节，汉语义是中药材“大通”(Tetrapanax pa-pyrifera)。

“大通”，土家语又称为 $thu\eta^{55}th\alpha^{55}mu^{55}$（通他木）或 $thu\eta^{55}tho^{55}mu^{55}$(通脱木)。此地从前“通他木”多，于是人们便用这种药材作了地名。

颜大寨　$je^{21}t\alpha^{35}tsai^{35}$

土家语与汉语结合运用的地名：“颜大”是土家语 $je^{21}t\alpha^{35}$ 的汉字记音，但“颜”是 je^{21}（耶）的误记，$t\alpha^{35}$ 一般记为“达”；“寨”是汉语，即“村寨”。所以，这个地名的准确记音应是“耶达寨”。

土家语 $je^{35}t\alpha^{35}$（耶达）系两个音节：je^{21}（耶）的汉语义是“金钱”“财富”“东西”等的统称，$t\alpha^{35}$（达）的汉语义是“缺少”“没有”“无”；$je^{21}t\alpha^{35}$（耶达）连起来直译是“财富没有”，调换语序结构译成汉语是“缺少财富”。所以，“耶达寨”（颜大寨）就是“缺少财富的村寨”，即“穷寨”。

从前，这里生产落后，人们生活贫苦，因此得了“穷寨”之名。

把小寨　$p\alpha^{55}\c{c}ie^{53}tsai^{35}$

土家语与汉语结合运用的地名：“把小”是土家语 $p\alpha^{55}\c{c}ie^{53}$（巴写）的误记；“寨”是汉语，即“村寨”。因此，这个地名的准确记音应是“巴写寨”。

土家语 $p\alpha^{55}\c{c}ie^{53}$（巴写）为一个音节，汉语义是一种俗称“冷蕨”或“毛蕨”的蕨（Cyclosorus acuminatus）。所以，“巴写寨”（把小寨）就是“毛蕨寨”，可能是因为此地毛蕨多而得名。

土家族世居山区，过去由于生产落后，生活贫困，常常以挖葛打蕨为生，俗称“开土仓”。但毛蕨根系不发达，折断可现睫毛状纤维，淀粉不多，人们一般不挖。

七　节　$t\c{c}hia^{35}t\c{c}i\alpha^{53}$

纯粹的土家语地名，$t\c{c}hia^{35}t\c{c}i\alpha^{53}$(恰甲)的音变与误记，当地老年人的发音也是“恰甲”。

土家语 tɕhia^{35}tɕia^{53}（恰甲）为一个音节，汉语义是一种俗称“纺织娘”（Mecopoda elongata）的昆虫。

“纺织娘”土家语又称 tɕhia^{35}lai^{53}lai^{53}tɕhie^{35}ɕi^{35}（恰乃来切西）。用“纺织娘”作地名，可能是因这里的“纺织娘”多或有地形状如“纺织娘”。

腊沟田 la^{21}ka^{21}thian^{21}

土家语与汉语结合运用的地名：“腊沟”是土家语 la^{21}ka^{21} 的汉字记音，但“沟”是 ka^{21}（嘎）的误记；“田”是汉语，即“稻田”，在这里是指一片田坝。因此，这个地名的准确记音应是“腊嘎田”。

土家语 la^{21}ka^{21}（腊嘎）为一个音节，汉语义是“天旱”“缺水”；所以，“腊嘎田”（腊沟田）就是“天旱缺水的田坝”。

从前，这片田坝没有水源或缺少水源，稍遇久晴不雨便成旱灾，因而得名。

背拐子 pha^{55}ku^{53}tsu^{35}

纯粹的土家语地名，pha^{55}ku^{53}tsu^{35}（葩古租）的音变与误记。

土家语 pha^{55}ku^{53}tsu^{35}（葩古租）由 pha^{55}ku^{53}（葩古）和 tsu^{35}（租）两个音节组成：pha^{55}ku^{53}（葩古）的汉语义是“辣椒”（Capsicum annuum）；tsu^{35}（租）的汉语义是“出”“出产”。所以，pha^{55}ku^{53}tsu^{35}（葩古租）连起来直译是“辣椒出产”，调换语序结构译成汉语是“出辣椒”；用作地名就是出产辣椒的地方。

湖南人爱吃辣椒，湘、鄂、渝、黔的土家人更爱吃辣椒，也爱种辣椒。过去这里出产的辣椒多，品种好，因此得名。

岩冬瓜 ŋe^{55}tuŋ^{21}ka^{55}

纯粹的土家语地名，ŋe^{55}tuŋ^{21}ka^{55}（额洞嘎）的音变与误记。

土家语 ŋe^{55}tuŋ^{21}ka^{55}（额洞嘎）由 ŋe^{55}（额）和 tuŋ^{21}ka^{55}（洞嘎）两个音节组成：古土家语称“猴”（Macaca mulatta）为 se^{53}（色、舍），大多记为“舍”；近现代称“猴”为 ŋe^{55}（额）或 e^{53}（耳）。se^{53}（色、舍）、ŋe^{55}（额）、e^{53}（耳）的汉语义都是“猴”。tuŋ^{21}ka^{55}（洞嘎）的汉语义是“孔”“穴”“洞”。因此，ŋe^{55}tuŋ^{21}ka^{55}（额洞嘎）连起来译成汉语就是“猴子洞”，即猴子多的地方。

从前，这里有山洞，经常有猴子在洞中栖息，因而得名。

郭兰塔 $ko^{21}lan^{35}tha^{55}$

土家语与汉语结合运用的地名："郭兰"是土家语 $ko^{21}lan^{35}$ 的汉字记音；"塔"是汉语，即"坪塔"（小块的平地）。

土家语 $ko^{21}lan^{35}$（郭兰）为一个音节，汉语义是"秧鸡"。因此，"郭兰塔"就是"秧鸡坪"。

"秧鸡"学名叫"栗苇鸡"（Rallus aquaticus indicus）。每到春插至秋收，这种"栗苇鸡"成双成对在稻秧田中觅食，唱着宛转动听的歌，给人们带来丰收喜悦的气息。这里以往秧鸡多，因而得了"郭兰塔"——"秧鸡坪"之名。

月珠溪 $je^{53}tsa^{35}tɕhi^{55}$

土家语与汉语结合运用的地名："月珠"是土家语 $je^{53}tsa^{35}$（也扎）的误记；"溪"是汉语，即"溪沟""山沟"。因此，此地的原始名称应是"也扎溪"。按西部区的发音读作"也咱溪"。

土家语 $je^{53}tsa^{35}$（也扎）为一个音节，汉语义是"砍火畲"；因此，"也扎溪"（月珠溪）就是"砍火畲沟"，是人们刀耕火种的地方。

土家人世居山区，过去靠"砍火畲"广种薄收，维持生计。"砍火畲"，就是在每年冬春之际，将荒山上的灌木杂草砍倒，就地均匀平铺晒于地面，开春之时用火焚烧，及时播下小谷、苞谷种子，不用施肥，中途扯一次草，秋天即可收获。这种生产方式俗称"三把"生产，即一把刀、一把火、一把种。

麦达溪 $me^{35}ta^{35}tɕhi^{55}$

土家语与汉语结合运用的地名："麦达"是土家语 $me^{35}ta^{35}$ 的汉字记音，但"麦"是 me^{35}（嚜）的误记。在张家界地区，"麦"不读作 mài（买），而是读作 me（嚜），故有此误记。像这样的误记，在后面还会遇到，在诠释时不再说明误记的原因。"溪"是汉语，即"溪沟"。所以，这个地名的准确记音应是"嚜达溪"。

土家语 $me^{35}ta^{35}$（嚜达）系两个音节：me^{35}（嚜）的汉语义是"天"，也指"太阳"；ta^{35}（达）的汉语义是"缺""缺少"。$me^{35}ta^{35}$（嚜达）连起来直译是"太阳少"，调换语序结构译成汉语是"少太阳"。所以，"嚜达溪"（麦达溪）就是"缺少光照的山沟"。

"麦达溪"坐落在利必溪尽头的山窝里，四面高山环绕，浓荫蔽日，阳光不足，因而得名。

马头河 $ma^{53}tha^{53}xo^{55}$

土家语与汉语结合运用的地名："马头"是土家语 $ma^{53}tha^{53}$ 的汉字记音，但"头"是 tha^{53}（塔）的误记；"河"是汉语。所以，这个地名的准确记音应是"马塔河"，当地老人的实际发音也是"马塔河"。

土家语 $ma^{53}tha^{53}$（马塔）系两个音节：ma^{53}（马）的汉语义是"蜂"(Apismellifera)，tha^{53}（塔）的汉语义是"住""坐处""结"；$ma^{53}tha^{53}$（马塔）连起来译成汉语是"蜂坐处"，即"蜂巢"。所以，"马塔河"（马头河）就是"蜂子做巢的河"。

"马头河"实际上只是一条溪沟，并无河，将溪沟称为"河"，是山里人没有见过大江大河的井蛙之见。因此，"马塔河"（马头河）实际上是蜂子经常集结做巢的溪沟。

关　珠 $ku^{55}tsu^{55}$

纯粹的土家语地名，$ku^{55}tsu^{55}$ 的误记："关"是 ku^{55}（姑）的误记；"珠"是东部区语音，不过一般记作"主"，按西部区的语音是 tsu^{55}（租）的误记。所以，这个地名准确的记音应是"姑主"，按西部区的发音读作"姑租"。

土家语 $ku^{55}tsu^{55}$（姑主）为一个音节，汉语义为"挖""抠"，可以伸展为"靠挖抠"，即依靠做苦工维持生计；用作地名，就是苦讨苦吃的地方。

以 $ku^{55}tsu^{55}$（姑主）作地名，在土家族居住的山区十分普遍。大凡大山界上，生产条件极差，没有经济资源，收入很低的艰苦之地，多以 $ku^{55}tsu^{55}$（姑主、姑租）命名，都是"面朝黄土背朝天"，靠勤耕苦做过活的地方。

罐尖垭 $kuan^{35}tɕian^{55}ŋa^{53}$

土家语与汉语结合运用的地名："罐尖"是土家语 $kuan^{35}tɕian^{55}$ 的汉字记音；"垭"是汉语，即"山垭"。

土家语 $kuan^{35}tɕian^{55}$（罐尖）为一个音节，汉语义指的是为调节耕田深度而安装在犁铧舌尖上的一块铁片。和汉族同胞一样，土家人耕田犁地的工具也是"犁"，安装在犁楗上的舌状铁片，汉人称为"犁铧"或"铧口"，而土家人则称之为 $kha^{55}thie^{53}$（卡贴），东部区则多称为 $kuan^{35}thu^{21}$（罐头）。为了调节耕田深度，人们往往在"罐头"的舌尖上再安装一个三角形的铁质尖状物，这个铁质尖状物土家语就称为 $kuan^{35}tɕian^{55}$（罐尖）。

"罐尖"一般由铁匠打制而成。所以，"罐尖垭"就是先民们从前打造罐尖的地方。

廖家村镇

位于县域西南部，西与永顺县万民岗乡接壤，镇治距县城35公里；辖9个行政村、2个居委会，94个村民小组；总面积58平方公里，其中耕地7945亩，林地13000亩；2008年末总人口10150人，其中土家族8120人，占总人口的80%；苗族1500人，占总人口的15%。农业以粮食为主；经济作物以干水果为主，是该县干水果大产区，其中黄梨、椪柑较为知名；境内铁矿资源比较丰富。

冲天溪 tshuŋ^{55}thie^{55}pɑ^{55}tɕhi^{55}

土家语与汉语结合运用的地名。原名“冲铁巴溪”“冲铁巴”是土家语tshuŋ^{55}thie^{55}pɑ^{55}的汉字记音，按西部区的发音读作“匆铁巴”。“溪”是汉语，即“溪沟”“溪河”。

土家语tshuŋ^{55}thie^{55}pɑ^{55}（冲铁巴）由tshuŋ^{55}（冲）和thie^{55}pɑ^{55}（铁巴）两个音节组成：tshuŋ^{55}（冲）的汉语义是“王”“头领”“酋长”等官长；thie^{55}pɑ^{55}（铁巴）的汉语义是“大的”或“最大的”；tshuŋ^{55}thie^{55}pɑ^{55}（冲铁巴）连起来直译是“王大”“头领大”，调换语序结构译成汉语是“大王”“大头领”。所以，“冲铁巴溪”就是“大王溪”“大头领溪”。后来有人把thie^{55}pɑ^{55}（铁巴）译成“天”，以为“天”最大最高，于是“冲铁巴溪”就变成了“冲天溪”，即“天王溪”，从含义上讲没有违背“冲铁巴溪”的本义。

据传，东汉时期柿溪部落联盟酋长相单臣，率土兵在沅水迫使东汉王朝马援后回到了柿溪故里，为防止朝廷报复，下令所属部族一律改“相”姓为“向”姓，隐入当地向宗颜集团，他自己则化名“阶大王”，隐居于岩河上源的白岩墙，所部土兵在岩河两岸落户屯垦。依据这一史实，岩河逐渐有“冲铁巴溪”之名，到宋元时期便有了“冲天溪”，即“天王溪”之名。

屎田湖 si^{21}thie^{55}xu^{21}

纯粹的土家语地名，si^{21}thie^{55}xu^{21}的汉字记音，但“田”是thie^{55}（铁）的误记。所以，这个地名的准确记音应是“屎铁湖”，按西部区的发音读作“司铁湖”。

土家语 $si^{21}thie^{55}xu^{21}$（屎铁湖）由 $si^{21}thie^{55}$（屎铁）和 xu^{21}（湖）两个音节组成：$si^{21}thie^{55}$（屎铁）的汉语义是“田”或“田坝”；xu^{21}（湖）的汉语义不是“湖泊”或“湖水”，而是“山谷”，凡山与山之间的深谷土家语都叫 xu^{21}（湖）。所以，$si^{21}thie^{55}xu^{21}$（屎铁湖）连起来直译是“田坝山谷”，调换语序结构译成汉语就是“山谷中的田坝”，因这片田坝坐落在一条山谷中而得名。

早儿坪 $tse^{21}e^{55}phin^{21}$

土家语与汉语结合运用的地名。“早儿”是土家语 $tse^{21}e^{55}$ 的音变和误记：“早”是 tse^{21}（直）的误记，“儿”是 e^{55}（二）的音变。“坪”是汉语，即“坪坝”。所以，这个地名的准确记音应为“直二坪”，西部区土家语称“则二坪”。

土家语 $tse^{21}e^{55}$（直二）为一个音节，汉语义是“大米”（稻米）；所以，“直二坪”（早儿坪）就是“大米坪”。

“直二坪”（早儿坪）坐落在“冲天溪”大坪坝的北侧，盛产稻谷。据传这里是当年土司加工和储备稻米的地方，因而得名。

他庆垭 $thɑ^{53}tɕhin^{55}ŋa^{53}$

土家语与汉语结合运用的地名：“他庆”是土家语 $thɑ^{53}tɕhin^{55}$ 的汉字记音；“垭”是汉语，即“山垭”。此地原来叫“他庆茶”，解放前才演变成“他庆垭”。

土家语 $thɑ^{53}tɕhin^{55}$（他庆）的完整音节是 $thɑ^{53}tɕhin^{55}tsha^{55}$（他庆擦），译成汉语是“打花机”。所以，“他庆垭”就是“打花机垭”。

土家族有一种很有名的织锦叫 $ɕi^{55}lɑn^{53}khɑ^{55}phu^{53}$（西兰卡普），又名“打花被面”，传统花纹有130余种，全部用手工制作。制作时，土家姑娘席地而坐，在一张“打花机”上用“羊角”挑织经纬线而成土锦。土家人把这种“打花机”叫作 $thɑ^{53}tɕhin^{55}tsha^{55}$（他庆擦）。此地因为“打花机”制作工艺水平高，就用“打花机”作了地名。

新村坪 $sen^{55}tɕi^{55}phin^{21}$

土家语与汉语结合运用的地名：“新村”是土家语 $sen^{55}tɕi^{55}$（森祭）的误记，也是人们善意的篡改；有的地方叫 $ɕin^{55}tɕi^{55}$（新祭）。“坪”是汉语，即“坪坝”。所以，这个地名的准确记音应是“森祭坪”或“新祭坪”。

“新村坪”的北侧有一个小山塬，山塬上是一个小坪坝，叫“新村台”，“新村坪”和“新村台”都以这个山塬而得名。解放前，这里分别

生祭碑

叫“生祭坪”和“生祭台”，解放后破除封建迷信才改为今名。“生祭坪”和“生祭台”的“生祭”是土家语 sen^{55}tɕi^{55} 的汉字记音。由于土家语对“森”“生”都读作 sēn（森），因而将 sen^{55}（森）记作了“生”，但歪打正着，反倒使 sen^{55}tɕi^{55}（森祭）更接近它所含的实际意义。

土家语 sen^{55}tɕi^{55}（森祭）为一个音节，汉语义指的是一种埋葬习俗，就是在人还活着的时候（但一般应年过六十），就先选择墓地，并竖立石碑，打造好墓室，待死后再埋入墓塘。当然，能建这种墓的一般为殷实人家。

解放前夕，那个山塬的斜坡上挖有二十余座墓塘，全部是横式土穴，穴塘未封泥土，前面都建有“三厢”石碑，穴内用条石砌成整齐的墓室，气势宏大。此地就是以这种埋葬习俗作了地名。

矮一卓　ɑ^{55}je^{53}tsho^{53}

纯粹的土家语地名，ɑ^{55}je^{53}tsho^{53}（阿耶挫）的误记。

土家语 ɑ^{55}je^{53}tsho^{53}（阿耶挫）由 ɑ^{55}je^{53}（阿耶）和 tsho^{53}（挫）两个音节组成：ɑ^{55}je^{53}（阿耶）是 ɑ^{55}je^{53}lɑi^{53}（阿耶来）的省略，lɑi^{53}（来）属于轻声，很容易丢失，因而就成了 ɑ^{55}je^{53}（阿耶）。ɑ^{55}je^{53}lai^{53}（阿耶来）是古土家语，汉语义是“女孩”，近现代土家语称“女孩”叫 lo^{21}ka^{21}（洛嘎）。tsho^{53}（挫）的汉语义是“房屋”，如“岩屋”叫 ɑ^{55}tsho^{53}（阿挫），“木屋”叫 khɑ^{21}tsho^{53}（卡挫）。所以，ɑ^{55}je^{53}tsho^{53}（阿耶挫）连起来译成汉语就是“女孩屋”。

在很久很久以前，这里可能只住有一户人家，这户人家生育失衡，生的女孩特别多，或许尽为女孩，因而以“女孩屋”作了地名，以致约定俗成，相沿成习，尽管后来这里人丁兴旺，逐渐发展成为上百人的寨子，也没有人想到要改名，更何况现在的人根本不懂这个地名的含义。那种认为“矮一卓”就是这里的人比别的地方的人“矮一着”“低一截”的理解，显然是望文生义了。

罗　洞　lo^53^tuŋ^35^

土家语与汉语结合运用的地名："罗"是土家语 lo^53^ 的汉字记音；"洞"是汉语，即"山洞"。

土家语 lo^53^（罗）的汉语义是"人"，无论男人或女人，统称为 lo^53^（罗）。因此，"罗洞"就是"人洞"，即人住过的山洞。作为地名，当然是指这个山洞周围的一片地域。

古代人类多住在山洞里，然后走出山洞，并由山地走向平原。"罗洞"揭示了人类的发展轨迹，是一颗活化石。参见谷罗山乡"罗峪"。

吉木塘　tɕi^21^mu^35^thɑn^21^

土家语与汉语结合运用的地名："吉木"是土家语 tɕi^21^mu^35^ 的汉字记音；"塘"是汉语，指"泥塘"，用作地名，则是指有泥塘的地方。

土家语 tɕi^21^mu^35^（吉木）系两个音节：tɕi^21^（吉）的汉语义是"脚"，mu^35^（木）的汉语义是"失""不见"，也就是"陷入"或"淹没"；tɕi^21^mu^35^（吉木）连起来直译是"脚陷"，调换语序结构译成汉语是"陷脚"。所以，"吉木塘"就是"陷没脚的泥塘或地方"。

从前，此地有一池塘（或是一片沼泽地），满塘淤泥，人入其中便难以自拔，因而得名。

作头山　zɑ^21^thu^55^sɑn^55^

土家语与汉语结合运用的地名："作头"是土家语 zɑ^21^thu^55^ 的汉字记音，但"作"作为 zɑ^21^ 的记音是极不准确的。土家语 zɑ^21^ 的发音非常特别，是汉语的"日"音、与"阿"音相拼的结果，即"日阿"，汉语中没有一个字音能与其发音准确对应，用汉字记音时常常以与其发音较近的字如"咱""杂""扎""作"等代替，都不准确，这里就是以"作"记 zɑ^21^（日阿）。"山"是汉语。所以，这个地名的准确记音应是"日阿头山"。

土家语 zɑ^21^thu^55^（日阿头）为一个音节，是 zɑ^21^pi^55^thu^55^ɕi^55^（日阿必土西）的省略，汉语义是指山区一种俗名"干花菌"（Collybia uelutipes）的食用菌。所以，"日阿头山"（作头山）就是"干花菌山"。

"干花菌"，个小，色白，常长在干死的油桐树上，与腊肉同炖，味美异常。从前这个山上干花菌多，人们便以此山珍作了地名。

洗塘塆　ɕi^55^thɑ^55^uan^53^

土家语与汉语结合运用的地名："洗塘"是土家语 ɕi^55^thɑ^55^ 的汉字记

音，但“塘”是 tha^{55}（他）的误记；“塆”是汉语，即“山塆”。所以，这个地名的准确记音应是“洗他塆”。

土家语 $ɕi^{55}tha^{55}$（洗他）为一个音节，汉语义是“刺桑”。所以，“洗他塆”（洗塘塆）就是“刺桑塆”。

“刺桑”又叫“柞桑”（*Morus mongolica* Schneid），是蚕食桑叶的一种。过去这里刺桑多，因以得名。

茶溪洞 $tsha^{21}tɕhi^{21}tuŋ^{35}$

土家语与汉语结合运用的地名：“茶溪”是土家语 $tsha^{21}tɕhi^{21}$ 的汉字记音，但“茶”是东部区的语音（不过多记作“插”），按西部区发音 $tsha^{21}$ 应该记作“擦”；“溪”是 $tɕhi^{21}$（乞）的误记。“洞”是汉语，即“山洞”，用作地名，一般指有山洞的地方。所以，这个地名的准确记音应是“插乞洞”，按西部区的发音读作“擦乞洞”。

土家语 $tsha^{21}tahi^{21}$（插乞）为一个音节，汉语义是“锦鸡”。所以“插乞峒”（茶溪洞）就是“锦鸡洞”，即锦鸡多的地方。

“锦鸡”学名叫“红腹角鸡”（*Chrysolophus pictus*），俗称“金鸡”，当地也称“背水鸡”，以腹部和颈部的羽毛色泽金黄而显其特色。

客其巴 $khe^{53}tɕhi^{21}pa^{21}$

纯粹的土家语地名，$khe^{53}tɕhi^{21}pa^{21}$ 的汉字记音。

土家语 $khe^{53}tɕhi^{21}pa^{21}$（客其巴）为一个音节，汉语义是“青蛙”（*Rana nigromaculata*）。

“青蛙”，当地俗称“ 克马”。每到春天，四面八方的青蛙选择适当的地方汇集在一起交配，常会出现“青蛙聚会”的奇观。此地当是“青蛙聚会”的场所，故而得名。

利耳塆 $li^{35}zi^{21}uan^{55}$

土家语与汉语结合运用的地名：“利耳”是土家语 $li^{35}zi^{21}$ 的汉字记音，但“耳”是 zi^{21}（日）的误记；“塆”是汉语，即“山塆”。因此，这个地名的准确记音应是“利日塆”。

土家语 $li^{35}zi^{21}$（利日）系两个音节：li^{35}（利）的汉语义是“虎”或“老虎”（*Panthera tigris*），zi^{35}（日）的汉语义是“多”；$li^{35}zi^{21}$（利日）连起来直译是“虎多”，调换语序结构译成汉语是“多虎”。所以，“利日塆”（利耳塆）就是“多虎的山塆”，简言之，就是“老虎塆”。

从前，这个山塆里树密林深，常有老虎藏匿其间，因而得名。

赶子塆 kan^{53}tshi^{21}uan^{55}

土家语与汉语结合运用的地名："赶子"是土家语 kan^{53}tshi^{21}pe^{53}（赶次白）的省略与误记，pe^{53}（白）在整个音节中属轻音，容易脱落；"子"是 tshi^{21}（次）的误记；因此，kan^{53}tshi^{21}pe^{53}（赶次白）就变成了 kan^{53}tshi^{21}（赶次）；"塆"是汉语，即"山塆"。所以，这个地名的准确记音应是"赶次塆"。

土家语 kan^{53}tshi^{21}（赶次）为一个音节，汉语义是"没有用处"或"没有前途"。所以，"赶次塆"（赶子塆）就是"没有用处的山塆"，就是说，这是一个没有开发价值或无人开垦的不毛山塆。

立子言 li^{35}tsi^{53}je^{53}

纯粹的土家语地名，li^{35}tsi^{53}je^{53} 的汉字记音，但"言"是 je^{53}（耶）的音变。所以，这个地名的准确记音应是"立子耶"。

土家语 li^{35}tsi^{53}je^{53}（立子耶）系三个音节：li^{35}（立）的汉语义是"虎"(Panthera tigris)；tsi^{53}（子）的汉语义是"猪"(Sus scrofa domestica)；je^{53}（耶）的汉语义是"拖"。所以，li^{35}tsi^{53}je^{53}（立子耶）连起来直译是"虎猪拖"，调换语序结构译成汉语就是"老虎拖猪"。

过去这里老虎凶猛，常常拖走生猪，时间一长，竟以这种现象作了地名。

枯必山 khu^{55}pi^{35}so^{55}

纯粹的土家语地名，khu^{55}pi^{35}so^{55} 的汉字记音，但"山"是 so^{55}（梭）的误记。因此，这个地名的准确记音应是"枯必梭"。

土家语 khu^{55}pi^{35}so^{55}（枯必梭）系三个音节：khu^{55}（枯）的汉语义是"山"，如 khu^{55}tsa^{53}（枯咱）就是"山包"，khu^{55}lie^{53}（枯裂）就是"山腰"；pi^{35}（必）的汉语义是"小"或"小小的"；so^{55}（梭）的汉语义是"刈""切"或"被刈""被切"。所以，khu^{55}pi^{35}so^{55}（枯必梭）连起来直译是"山小被切刈"，调换语序结构译成汉语就是"被切刈的小山"。

"枯必梭"（枯必山）坐落在澧水南源北岸的大坪坝中，周围是宽阔的农田和平地。可以想象得到，在遥远的古代，它被滔滔澧水包围，完全与远山隔离，形成了小岛，这种地形地貌也就成了它的地名。

普斗田 phu^{35}thu^{21}thian^{21}

土家语与汉语结合运用的地名："普斗"是土家语 phu^{35}thu^{21} 的汉字记音，但"斗"是 thu^{21}（土）的误记；"田"是汉语，即"田坝"。因此，这个地名的准确记音应是"普土田"。

土家语 phu^{35}thu^{21}（普土）为一个音节，汉语义是"斑鸠"（Streptopelia orientalis orientalis）。所以，"普土田"（普斗田）就是"斑鸠田"，即斑鸠多的田坝。参见打鼓泉乡"小埠头"。

洗毕溪 ɕi^{21}pi^{35}tɕhi^{55}

土家语与汉语结合运用的地名："洗毕"（有的记作"洗笔"）是土家语 ɕi^{21}pi^{35} 的汉字记音；"溪"是汉语，即"溪沟"。

土家语 ɕi^{21}pi^{35}（洗毕）系两个音节：ɕi^{21}（洗）的汉语义是"草"，如 u^{35}ɕi^{21}（戊洗）就是"牛草"，tsi^{35}ɕi^{21}（子洗）就是"猪草"；pi^{35}（毕）的汉语义是"小"。ɕi^{21}pi^{35} 连起来直译是"草小"，调换语序结构译成汉语是"小草"。所以，"洗毕溪"就是"小草沟"，即"小小的草沟"。

因 ɕi^{21}pi^{35}tɕhi^{55}（洗毕溪）也记作"洗笔溪"，于是有人以为是文人洗过笔的地方。历史上，此地并无此掌故，显然是望文生义了。

丰 岩 xɑ^{53}ŋe^{53}

纯粹的土家语地名，xɑ^{53}ŋe^{53}（哈额）的音变与误记：西南官话的"丰""哈"发音相近，因而将 xɑ^{53}（哈）误记为"丰"；"岩"是 ŋe^{53}（额）的音变与误记，在张家界地区，"岩"不读作 yán（言），发音很特别，没有一个汉字音可以与之对应，只是与 aí（挨）、"额"音近，故有将 ŋe^{53}（额）记为"岩"之误。

土家语 xɑ^{53}ŋe^{53}（哈额）系两个音节：xɑ^{53}（哈）是 khe^{55}xɑ^{53}（克哈）的省略，汉语义是"平地""平土"；ŋe^{53}（额）的汉语义是"长""远"。所以"哈额"连起来直译是"坪长"，调换语序结构译成汉语就是"长坪"，因有长长的坪坝而得名。

"ŋ"现代汉语已经不用，但在解放前的注音字母"ㄍ""ㄎ""兀"中仍然保留，"额"的声母就是"兀"（今用"ŋ"代替，下同）。这个声母"兀"在土家语中运用相当普遍，大凡"安""矮""额""硬""岩""欧""眼""咬""垭"等的声母都是"兀"（ŋ）。

惹河拔 ze^{35}xo^{21}pa^{55}

纯粹的土家语地名，ze^{35}xo^{21}pa^{55}的汉字记音。

土家语 ze^{35}xo^{21}pa^{55}（惹河拔）由 ze^{35}（惹）和 xo^{21}pa^{55}（河拔）两个音节组成：ze^{35}（惹）的汉语义是“酒”，如大米酒、苞谷酒、番薯酒，凡是“酒”土家语都叫 ze^{35}（惹）；xo^{21}pa^{55}（河拔）的汉语义是“河”。所以，ze^{35}xo^{21}pa^{55}（惹河拔）连起来译成汉语就是“酒河”，即“烤酒的河边”。

“惹河拔”坐落在古代下峒长官司城南侧，澧水南源的岸畔，当年设有土司王的造酒作坊，因而得了“酒河”之名。

吴卡坪 u^{35}kha^{53}phin^{21}

土家语与汉语结合运用的地名：“吴卡”是土家语 u^{35}kha^{53}的汉字记音；“坪”是汉语，即“坪坝”。

土家语 u^{35}kha^{53}（吴卡）系两个音节：u^{35}（吴）的汉语义是“黄牛”（Bos taurus domestica）；kha^{53}（卡）的汉语义，作名词时是“家”“人”，作动词时是“守”，这里是后者。u^{35}kha^{53}（吴卡）连起来直译是“牛守”，调换语序结构译成汉语就是“守牛”；所以，“吴卡坪”就是“守牛坪”。

这里是澧水河边的一块大坪坝，历来是放牧的好场所，因而得名。

咱家村 za^{35}xa^{53}tshun^{55}

土家语与汉语结合运用的地名：“咱家”是土家语 za^{35}xa^{53}的汉字记音，但“咱”是 za^{35}（日阿）误记，“家”在当地读 gā (嘎)，是 xa^{53}（哈）的误记。“村”是汉语，即“村庄”“村寨”。解放前，这里叫“咱哈”，解放后才叫“咱嘎村”，书面记作“咱家村”。所以，这个地名的准确记音应是“日阿哈村”。

土家语 za^{35}xa^{53}（日阿哈）系两个音节：za^{35}（日阿）的汉语义是“鸡”（Gallus domestica），如“鸡公”叫 za^{35}pa^{55}（日阿巴），“鸡母”叫 za^{35}ȵi^{53}ka^{53}（日阿尼嘎）。xa^{53}（哈）是 khe^{55}xa^{53}（克哈）的简化，汉语义是“平原”“平地”。za^{35}xa^{53}（日阿哈）连起来译成汉语是“鸡坪”。所以，“日阿哈村”（咱家村）就是“鸡坪村”，简言之就是鸡多的村。

驼背寨 tho^{53}pi^{35}tsai^{35}

土家语与汉语结合运用的地名：“驼背”是土家语 tho^{53}pi^{35}的汉字记音，但“背”是 pi^{35}（必）的误记，因为“背”和“必”语音相近，故有此误记；“寨”是汉语，即“村寨”。因此，这个地名的准确记音应是“驼必寨”。

土家语 $tho^{53}pi^{35}$（驼必）系两个音节：tho^{53}（驼）的汉语义是“箱子”，pi^{35}（必）的汉语义是“小”；$tho^{53}pi^{35}$（驼必）连起来直译是“箱子小”，调换语序结构译成汉语是“小箱子”。所以，“驼必寨”（驼背寨）就是“小箱子寨”。

从前，这个寨子上的木匠师傅手艺高，做的小箱子质量好，样式美，因而得名。

斋公塔 $tse^{53}kai^{21}tha^{55}$

土家语与汉语结合运用的地名。这里历史上没有寺塔庙宇，也不曾有过和尚、尼姑，根本没有“斋公”一说。“斋公”是土家语 $tse^{53}kai^{21}$（者改）的误记；“塔”是汉语，即“坪塔”，一般泛指有坪塔的地方。因此，此地的原始名称应是“者改塔”，按西部区的发音读作“则改塔”。

土家语 $tse^{53}kai^{21}$（者改）为一个音节，汉语义是学名叫“松鼠”（Sciurus Vulqaris）的“貂鼠”。因此，“者改塔”（斋公塔）就是“貂鼠塔”。

以往这里树茂林菁，野果多，貂鼠很多，因而得名。

争江界 $tsi^{53}tɕie^{55}kai^{35}$

土家语与汉语结合运用的地名：“争江”是土家语 $tsi^{53}tɕie^{55}$（指借）的音变和误记；“界”是汉语，即“山界”。所以，这个地名的准确记音应为“指借界”，按西部区的发音读作“子借界”。当地老人的实际发音也是“子借界”。

土家语 $tsi^{53}tɕie^{55}$（指借）系两个音节：tsi^{53}（指）的汉语义是“猪”（Sus scrofa domestica），这里实指野猪；$tɕie^{55}$（借）的汉语义是“赶”，这里实指“赶山打猎”。$tsi^{53}tɕie^{55}$（指借）连起来直译是“猪赶”，调换语序结构译成汉语是“赶猪”，实际是“打猎赶野猪”。所以，“指借界”（争江界）就是“打猎赶野猪的山界”。

过去这个山界上野猪多，人们常来此打猎，因而得名。

木鱼坪 $mu^{53}jəu^{55}phin^{21}$

土家语与汉语结合运用的地名：“木鱼”是土家语 $mu^{53}jəu^{55}$ 的汉字记音，但“鱼”是 $jəu^{55}$（优）的音变；“坪”是汉语，即“坪坝”。所以，这个地名的准确记音应是“木优坪”。

土家语 $mu^{53}jəu^{55}$（木优）系两个音节：mu^{53}（木）的汉语义是“竹子”

(Bamboo sprout)，jəu^{55}（优）的汉语义是“寨子”；mu^{53}jəu^{55}（木优）连起来译成汉语是“竹寨”，即“竹园”或“竹林”。所以，“木优坪”（木鱼坪）就是“竹园坪”或“竹林坪”，因竹多而得名。

妖气洞 ji^{53}tɕhi^{21}tuŋ^{21}

土家语与汉语结合运用的地名：“妖气”是土家语 ji^{53}tɕhi^{21} 的汉字记音，但“妖”是 ji^{53}（依）的误记，并非这里有什么妖魔；“洞”是汉语，即“山洞”，用作地名，一般指山洞周围的一片地方。因此，此地的原始名称应是“依气洞”。

土家语 ji^{53}tɕhi^{21}（依气）为一个音节，汉语义是俗称“铜钱花”的“豹子”（Panthera pardus L)。所以，“依气洞”（妖气洞）就是“豹子洞”，因经常有豹子出没其间而得名。

ji^{53}tɕhi^{21}tuŋ^{21}（依气洞）被误记为“妖气洞”，被认为是妖魔气味很重的地方，已经大大地背离了该地名的实际含义；“大跃进”年代及其以后一段时间又被改为“跃进洞”，一个原本是土家语的地名，人为地给披上政治色彩很浓的外衣。这些误记、乱改、瞎猜，皆因不懂土家语所致。

矮子坨 a^{21}tsho^{21}tha^{21}

纯粹的土家语地名，a^{21}tsho^{21}tha^{21}（阿挫塌）的音变和误记。

土家语 a^{21}tsho^{21}tha^{21}（阿挫塌）系三个音节：a^{21}（阿）的汉语义是“岩”“岩石”“岩头”，tsho^{21}（挫）的汉语义是“屋”；a^{21}tsho^{21}（阿挫）连起来译成汉语就是“岩屋”。tha^{21}（塌）是古代土家语，汉语义是“坐”“住”，或“坐处”“住处”；现代土家语称“坐”“住”为 tha^{21}po^{21}（塌博），即“坐起”或“住起”。所以，a^{21}tsho^{21}tha^{21}（阿挫塌）连起来直译是“岩屋坐”，调换语序结构译成汉语就是“坐岩屋”。

这个地名是一颗地名化石，完好地记录了土家族古代先民穴居的真实生活。

有人望文生义，认为此地以“矮子”命名，是因为出矮子。但纵观古今，横较周边，这里人的身高与正常人无异。

两河口乡

位于县域西南部，南与永顺县万民岗乡接壤，乡治距县城20公里；辖14个行政村，92个村民小组；总面积42平方公里，其中耕地面积4750亩；2008年末总人口9758人，其中土家族6810人，占总人口的70%。桑龙公路横跨东西，两廖公路纵贯南北。各种干水果万余亩，其中优质梨子5600亩，年产250多吨；椪柑4500亩，年产300多吨。有较丰富的煤炭资源，年产煤近5万吨；境内有六七百年历史的土司古城遗址——下峒、旧街。

耶　吐　$je^{21}thu^{21}$

纯粹的土家语地名，$je^{21}thu^{21}$的汉字记音。

土家语$je^{21}thu^{21}$（耶吐）系两个音节：je^{21}（耶）的汉语义是“神”，thu^{21}（吐）的汉语义是“敬”和“祭祀”；所以，$je^{21}thu^{21}$（耶吐）连起来直译是“神敬”，调换语序结构译成汉语就是“敬神”，作为地名，即祭祀神灵的地方。

土家族不信天神，只敬土王和祖先，当地的土家先民曾在这里建“土王祠”供奉土王和祖先神像，并建有“摆手堂”，定期以“舍巴日”（做摆手）予以祭祀，因而得$je^{21}thu^{21}$（耶吐）——“敬神”之名。

耶吐，即今两河口。此地是澧水南源和北源的汇合处，土家语在此地消失后，人们不再懂得$je^{21}thu^{21}$（耶吐）的含义，有人便据此将此地改用“两河口”名称，倒也名实相符。

铁桶湖　$tɕhie^{55}thuŋ^{53}xu^{21}$

纯粹的土家语地名，$tɕhie^{55}thuŋ^{53}xu^{21}$的汉字记音，但“铁”是$tɕhie^{55}$（茄）的误记。所以，这个地名的准确记音应是“茄桶湖”。

土家语$tɕhie^{55}thuŋ^{53}xu^{21}$（茄桶湖）系三个音节：$tɕhie^{55}$（茄）的汉语义是“山”，$thuŋ^{53}$（桶）的汉语义是“窝”，$xu^{21}$（湖）的汉语义是“山谷”。所以，$tɕhie^{55}thuŋ^{53}xu^{21}$（茄桶湖）连起来译成汉语就是“山谷中的山窝”，意思是说这个山窝坐落在山谷中。

以“铁桶”作地名，湘、鄂、渝、黔土家族地区都有，一般认为“铁桶”就是土家语 tɕhie^{55}thuŋ^{53}（茄通），但考证两河口乡的“铁桶湖”，其实际意义却有些不同。两河口乡的“铁桶湖”原名“俄梯桶湖”（ŋo^{53}thi^{35}thuŋ^{53}xu^{21}），直到民国初年还在用，因为 ŋo^{53}（俄）在整个音节中是轻声，后来慢慢地脱落了，变成了今天的“梯桶湖”。这是一个以当地土家族头领命名的地名。ŋo^{53}thi^{35}（俄梯）即“尚俄梯”，人名；所以，ŋo^{53}thi^{35}thuŋ^{53}xu^{21}（俄梯桶湖）连起来译成汉语就是“山谷中尚俄梯的窝巢”。

尚俄梯是元末明初土家族部落联盟酋长，为了抵抗元明王朝的镇压，他在这个山谷里修筑栅砦，抗击官兵三十余载，至今仍有“三战天福岭，七战梯桶湖”的传说，因此便留下“俄梯桶湖”即今“铁桶湖”的名称。

扪将岩壳 men^{55}tɕian^{53}ŋai^{53}kho^{21}

土家语与汉语方言结合运用的地名，同时也是以人名命名的地名。“扪将”是土家语 men^{55}tɕian^{53} 的汉字记音；“岩壳”是汉语方言，即“杂乱岩山”。

土家语 men^{55}tɕian^{53}（扪将）是人名，此人姓尚，名“扪将”。所以，“扪将岩壳”就是尚扪将居住的岩壳（地方）。

尚扪将，元末明初人，土家族部落联盟酋长尚俄梯的要将。尚俄梯被明朝杀害后，尚扪将在这个岩壳里隐居，繁衍后代，后人便将他居住过的岩壳以他的名字作了地名。

革坡垭 ke^{53}pho^{55}ŋa^{53}

土家语与汉语结合运用的地名：“革坡”是土家语 ke^{53}pho^{55} 的汉字记音；“垭”是汉语，即“山垭”。

土家语 ke^{53}pho^{55}（革坡）系两个音节：ke^{53}（革）的汉语义是“马”（Equus caballus），pho^{55}（坡）的汉语义是“放”或“放守”；ke^{53}pho^{55}（革坡）连起来直译是“马放”，调换语序结构译成汉语是“放马”。所以，“革坡垭”就是“放马垭”。

这里离当年土王尚俄梯营寨“营盘塔”不远，相传是他当年的牧马场，因而得名，其遗址尚存。

谢塘亏 ɕie^{53}than^{21}khui^{55}

纯粹的土家语地名，ɕie^{53}than^{21}khui^{55} 的汉字记音。按东部区语音，这个记音很准确，原汁原味，但 than^{21} 按西部区的发音应该记作“谈”。因此，这个地名按西部区的读音应是“谢谈亏”。

土家语 çie^{53}than^{21}khui^{55}（谢塘亏、谢谈亏）由 çie^{53}than^{21}（谢塘、谢谈）和 khui^{55}（亏）两个音节组成：çie^{53}than^{21}（谢塘、谢谈）的汉语义是铁匠打铁用的“铁炉”；khui^{55}（亏）是 khu^{35}khui^{55}（库亏）的省略，汉语义为“塆”，即“山塆”。所以，çie^{53}than^{21}khui^{55}（谢塘亏、谢谈亏）连起来译成汉语就是“铁炉塆”。

据考证，此地距“营盘塔”不远，是土王尚俄梯当年打造兵器的作坊，铁炉遗址仍在，“铁炉塆”由此而得名。

龙　借　luŋ^{55}tçie^{35}

纯粹的土家语地名，luŋ^{55}tçie^{35} 的汉字记音。

土家语 luŋ^{55}tçie^{35}（龙借）为一个音节，译成汉语是“裙”，俗称“八幅罗裙”，是古代土家族男女皆穿的服饰，尤以“梯玛”（土老司）还神愿时必不可少。相传过去这里的八幅罗裙花色多样，做工精细，因而得名。这里的地形三面环水，一面靠山，也像一件张开了的罗裙。

“龙借”即今“下峒街”，是柿溪州宣抚司的世袭领地。明宣德四年（1429 年），宣抚使向仕金死后三子争袭，明廷将柿溪州分为上、中、下三峒，三子都袭父职，各执一峒。随之，其三子向仲贵在这里兴建司城，定名为“下峒”。从此，“下峒”和“龙借”地名并存并用至今。

格　溪　ke^{53}tçhi^{55}

土家语与汉语结合运用的地名：“格”是土家语 ke^{53} 的汉字记音，也可记为“革”；“溪”是汉语，即“溪沟”。

土家语 ke^{53}（格）的汉语义是“马”（Equus caballus），也泛指“骡马”；所以，“格溪”就是“骡马溪”，是养殖、放牧骡马的地方。

元朝元统三年（1355 年），桑植宣慰使向仲山为征伐土酋尚俄梯，将宣慰司迁来黄木坪建立新的衙署，俗称旧司城（即今旧街）。同时在姑主界（今称“官占界”）下的溪沟谷地开辟骡马坊，用以养殖和放牧骡马，这个溪沟谷地便因此而得 ke^{53}tçhi^{55}（格溪）——“骡马溪”之名。

哑子口　a^{21}tso^{53}khu^{55}

纯粹的土家语地名，a^{21}tso^{53}khu^{55}（阿作枯）的音变与误记。

土家语 a^{21}tso^{53}khu^{55}（阿作枯）系三个音节：a^{21}（阿）的汉语义是“岩”“岩石”“石头”；tso^{53}（作）的汉语义是“匠”“匠人”；khu^{55}（枯）的汉语义是“山”。所以，a^{21}tso^{53}khu^{55}（阿作枯）连起来译成汉语就是“岩匠山”。

古时这里岩匠多，岩匠手艺好，因而得名。

笔架村 $pi^{35}tɕi^{55}tshun^{55}$

土家语与汉语结合运用的地名：“笔架”是土家语 $pi^{35}tɕi^{55}$（毕基）的误记；“村”是汉语，即“村寨”。所以，这个地名准确的读音和记音应是“毕基村”。

这个地名经历了多次的演变。在古近代，这里叫“毕基村”，后来又叫“毕卡村”。解放前夕，这里的一批文化人觉得这个地名太拗口，没有文化气息，就改称“笔架村”，合作化前后改称“毕家村”，有一段时间又叫“碧家村”，最后又回到“笔架村”（当地人读作笔嘎村）。其实，“笔架”“毕家”“碧家”都是土家语 $pi^{35}tɕi^{55}$（毕基）的误记，“笔”“毕”“碧”是 pi^{35} 的汉字记音，“架”“家”是 $tɕi^{55}$（基）的音变。

土家语 $pi^{35}tɕi^{55}$（毕基）为一个音节，$pi^{35}tɕi^{55}kha^{21}$（毕基卡）的省略，是土家人以土家语的自称，汉语义就是“土家族”。所以，“毕基村”就是“土家族居住的村寨”。

随着土家地区土家语与汉语的消长变化，土家人的族称趋于“双重化”，既有一个土家语的自称，又有一个汉语的自称。土家人以土家语自称为 $pi^{35}tɕi^{55}kha^{21}$（毕基卡）或 $pi^{35}tsi^{53}kha^{21}$（毕兹卡），对族外自称为“土家”；无论对内对外，以土家语交际时自称 $pi^{35}tɕi^{55}kha^{21}$（毕基卡）或 $pi^{35}tsi^{53}kha^{21}$（毕兹卡），以汉语交际时自称为“土家”。1957 年 1 月 3 日，中共中央统战部以“统发 507 号”下达湖南、湖北、四川、贵州省委统战部，确认土家族为单一民族。从此，“土家族”作为土家人的法定族称行诸正式文件和公开场合，而“毕基卡”“毕兹卡”一名则只在民间或学术著作中使用。

麦塔坪 $me^{35}tha^{35}phin^{21}$

土家语与汉语结合运用的地名：“麦塔”是土家语 $me^{35}tha^{35}$ 的汉字记音，但“麦”是 me^{35}（嚜）的误记，因“麦”的标准读音为 mài（卖），所以，me^{35} 记为“嚜”则更为准确；“坪”是汉语，即“坪坝”。所以，这个地名的准确记音应是“嚜塔坪”。

土家语 $me^{35}tha^{35}$（嚜塔）系两个音节：me^{35}（嚜）的汉语义是“天”或“阳光”，tha^{35}（塔）的汉语义是“晒”“照”；$me^{35}tha^{35}$（嚜塔）连起来直译是“阳光晒”或“太阳晒”，调换语序结构译成汉语是“晒阳光”或“晒太阳”。所以，“嚜塔坪”（麦塔坪）就是“晒太阳的坪坝”。

这里地势开阔，阳光充足，日照时间长，因而得 $me^{35}tha^{35}phin^{21}$（嚜塔坪）——“晒太阳的坪”之名。

莫耳塔 $mu^{55}e^{55}tha^{21}$

纯粹的土家语地名，$mu^{55}e^{55}tha^{21}$ 的汉字记音，但一般应记为“母耳它”。

土家语 $mu^{55}e^{55}tha^{21}$（母耳它）由 mu^{55}（母）和 $e^{55}tha^{21}$（耳它）两个音节组成：mu^{55}（母）的汉语义是“竹子”（Bamboo sprout）；$e^{55}tha^{21}$（耳它）的汉语义是“叶子”。所以，$mu^{55}e^{55}tha^{21}$（母耳它）连起来译成汉语就是“竹叶”。

过去这里是座竹山，竹叶很多，因而得名。

沙　𨙶 $sa^{53}lo^{21}$

纯粹的土家语地名，$sa^{53}lo^{21}$ 的汉字记音，但“𨙶”，汉语词典查无此字，是当地自造字，音 luō（啰），是 lo^{21}（洛）的记音。所以，这个地名应记作“沙洛”，按西部区的发音读作“撒洛”。

土家语 $sa^{53}lo^{21}$（沙洛）系两个音节：sa^{53}（沙）的汉语义是“鸭子”（Anas domestica)；lo^{21}（洛）的汉语义是“游玩”。所以，$sa^{53}lo^{21}$（沙洛）连起来译成汉语就是“鸭子游玩”，用作地名就是“鸭子游玩嬉戏的地方”。

这里是澧水中源与南源交汇处，过去是人们放牧鸭子的理想之地。稻田中，河面上，常见一群群鸭子觅食嬉戏，因而得 $sa^{53}lo^{21}$（沙洛）——“鸭子游玩”之名。

乌所岭 $u^{55}su^{53}lin^{53}$

土家语与汉语结合运用的地名：“乌所”是土家语 $u^{55}su^{53}$ 的汉字记音，但“所”是 su^{53}（俗）的音变；“岭”是汉语，即山岭。所以，这个地名的准确记音应是“乌俗岭”。“乌所岭”当地也有叫“乌草岭”的。

土家语 $u^{55}su^{53}$（乌俗）为一个音节，译成汉语是俗称“小谷”“谷子”的粟谷（setaria italica)。所以，“乌俗岭（乌所岭）”就是“粟谷岭”，以盛产小谷而得名。

“粟谷”在土家山区有“猪脚糯”“狗屎糯”等多个品种。“狗屎糯”土家语称为 $xa^{53}lie^{21}se^{21}u^{55}su^{53}$（哈列色乌俗），“猪脚糯”土家语称为 $tsi^{53}tɕi^{21}u^{55}su^{53}$（子及乌俗），都是刀耕火种的主要作物。

八路溪 $pu^{53}lu^{21}tɕhi^{55}$

土家语与汉语结合运用的地名：“八路”是土家语 $pu^{53}lu^{21}$ 的汉字记音，但“八”是 pu^{53}（补）的误记；“溪”是汉语，即“溪沟”“山沟”。

所以，这个地名的准确记音应是“补路溪”。

土家语 $pu^{53}lu^{21}$（补路）为一个音节，是 $çin^{35}ka^{53}pu^{53}lu^{21}$（信嘎补路）的简省，汉语义是“青绿色”。所以，“补路溪”（八路溪）就是“青绿色的山沟”，因过去这里树密林深，一片翠绿而得其名。详细释义参见永定区教字垭镇“兴家岗”。

梧桐塆 $u^{53}thuŋ^{53}uan^{55}$

土家语与汉语结合运用的地名：“梧桐”是土家语 $u^{53}thuŋ^{53}$ 的汉字记音，但记为“吾桶”则更好；“塆”是汉语，即“山塆”。

土家语 $u^{53}thuŋ^{53}$（吾桶）系两个音节：u^{53}（吾）的汉语义是“黄牛”（Bos taurus domestica），$thuŋ^{53}$（桶）的汉语义是“窝”“巢”；$u^{53}thuŋ^{53}$（吾桶）连起来译成汉语是“黄牛窝”，实际上就是牛栏。所以，“吾桶塆”（梧桐塆）就是“牛栏塆”，是过去的养牛场，因黄牛多、牛栏多而得名。

无路坡 $u^{53}lu^{21}pho^{35}$

土家语与汉语结合运用的地名：“无路”是土家语 $u^{53}lu^{21}$ 的汉字记音，但较为准确一点应记为“吾卢”；“坡”是汉语，即“山坡”。

土家语 $u^{53}lu^{21}$（吾卢）系两个音节：u^{53}（吾、无）的汉语义是“黄牛”（Bos taurus domestica），lu^{21}（卢）的汉语义是“卖”；$u^{53}lu^{21}$（吾卢）连起来直译是“黄牛卖”，调换语序结构译成汉语是“卖黄牛”。所以，“吾卢坡”（无路坡）就是“卖黄牛的山坡”，而非人们所想象的没有路的山坡。

“无路坡”与“梧桶塆”相邻，前者为卖牛的地方，后者为关牛、放牛的地方，正好两相印证。

虎洛垭 $xu^{55}lo^{55}ŋa^{53}$

土家语与汉语结合运用的地名：“虎洛”是土家语 $xu^{55}lo^{55}$ 的汉字记音；“垭”是汉语，即“山垭”。此地原名“虎洛马”，民国年间有人将它改称“虎洛垭”。

土家语 $xu^{55}lo^{55}$（虎洛）是 $xu^{55}lo^{55}ma^{53}$（虎洛马）的省略，为一个音节，汉语义是“梭雷蜂”（Vespamandarinia）；所以，“虎洛马垭”（虎洛垭）就是“梭雷蜂垭”，是梭雷蜂多的地方。

“梭雷蜂”是武陵山区的一种毒蜂。这种蜂色黄、个大，有剧毒，知觉特别灵敏，它结巢于大树枝上，树竿稍有震动，即倾巢出动，沿树竿飞梭下来螫人，被螫者不死即伤。然而蜂巢内的蜂蛹个大，是山区人民油炸取食的山珍。土家人掌握这种蜂遇惊“只梭不飞”的特点，常在夜晚以长竿举火烧灭毒蜂，取其蜂蛹自食或款待宾客，实为美味佳肴。

牛毛洞 li⁵³ma⁵³thuŋ⁵³

纯粹的土家语地名，li^{53}ma^{53}thuŋ^{53}（里马桶）的误记。因为 li^{53}（里）与“牛”、ma^{53}（马）与“毛”、thuŋ^{53}（桶）与“洞”的语音相近似，才导致将“里马桶”附会误记成了“牛毛洞”。

土家语里 li^{53}ma^{53}thuŋ^{53}（里马桶）由三个音节构成：li^{53}（里）的汉语义是“泥土”，ma^{53}（马）的汉语义是“蜂”（Apismellifera），li^{53}ma^{53}（里马）连起来译成汉语是“土蜂”；thuŋ^{53}（桶）的汉语义是“窝”或“巢”。所以，li^{53}ma^{53}thuŋ^{53}（里马桶）连起来译成汉语就是“土蜂窝”。

“土蜂”俗称“土雷蜂”，个大、体黑，在泥土里择洞穴结巢，遇有犯者靠近蜂窝即一齐飞出巢穴叮螫，与“梭雷蜂”并列为两大毒蜂。土家人非常熟悉“土雷蜂”，依据它“昼出夜伏”的习性，常常乘黑夜之时将其巢洞出口塞闭，然后用火熏烧，取其蛹待客或自食。这种习俗今人得以继承，并摸索出以导火索烟熏的办法，效果更好。此地因“土雷蜂”常来结巢，人们也以烧“土蜂”为乐，故得 li^{53}ma^{53}thuŋ^{53}（里马桶）——“土蜂窝”之名。

黑岩垮 xe^{21}ŋe^{53}uan^{55}

土家语与汉语结合运用的地名：“黑岩”是土家语 xe^{21}ŋe^{53} 的汉字记音，但“黑”是 xe^{21}（核）的音变与误记，因“黑”当地方言不读 hēi，而是读 hé（核），故有此误记。“岩”是 ŋe^{53}（额）的音变与误记，土家语 ŋe^{53} 的发音特别，没有一个汉字的发音可以与之准确对应，记音时只能以与之音近的“额”来替代；而“岩”在当地不读作 yán（严）,其读音没有一个汉字音可以与之准确对应，但与 āi（挨）的发音相近，而“挨”与“额”的发音相近，故有将 ŋe^{53}（额）记为“岩”之误。“垮”是汉语，即“山垮”。所以，这个地名的准确记音应是“核额垮”。

土家语 xe^{21}ŋe^{53}（核额）系两个音节：xe^{21}（核）的汉语义是“漏水”或“陷阱”，ŋe^{53}（额）的汉语义是“长”或“远”；xe^{21}ŋe^{53}（核额）连起来直译是“漏水长”，调换语序结构译成汉语是“长长的漏水”。所以，“核额垮”（黑岩垮）就是“很长的漏水垮”。

20 世纪 50 年代，水利部门对“核额垮”（黑岩垮）的地质和水力进行了勘察，认为这里有一条地下暗河，长达十余里。由于古代地陷，在“核额塆”的地表长约五里的地段，接连形成五六个巨大的“窝凹”，这些“窝凹”的底部都有平土，也都有“天坑”，长年漏水渗入地下潜流，因此便得了 $xe^{21}ŋe^{53}uan^{55}$（核额塆）——“长漏水塆”之名。

毛枞塆 $mau^{53}tshuŋ^{53}uan^{55}$

土家语与汉语结合运用的地名：“毛枞”是土家语 $mau^{53}tshuŋ^{53}$ 的汉字记音；“塆”是汉语，即“山塆”。“毛枞塆”又称“毛树塆”。

土家语 $mau^{53}tshuŋ^{53}$（毛枞）为一个音节，汉语义是当地称作“枞树”的“马尾松”（Pinus Massoniana）；因此，“毛枞塆”或“毛树塆”就是“枞树塆”。这一片山塆，过去马尾松多，因而得名。

$mau^{53}tshuŋ^{53}$（毛枞）的全称是 $mau^{53}tshuŋ^{53}kha^{21}muŋ^{21}$（毛枞卡蒙），也叫 $tshuŋ^{53}ko^{21}kha^{21}muŋ^{21}$（枞果卡蒙），可以简化为 $tshuŋ^{53}ko^{21}$（枞果）。土家语 $mau^{53}tshuŋ^{53}$（毛枞）或 $tshuŋ^{53}ko^{21}$（枞果），虽然主指“马尾松”，但其含义实际涵盖了所有松科植物，如“金钱松”“黄山松”“华山松”“落叶松”“五叶松”等。因此，$mau^{53}tshuŋ^{53}$（毛枞）实际指的是所有松树植物，这也就是今人将松树叫作“枞树”的由来。

北拉塆 $phie^{55}la^{55}uan^{55}$

土家语与汉语结合运用的地名：“北拉”是土家语 $phie^{55}la^{55}$ 的汉字记音，但“北”是 $phie^{55}$（撇）的误记；“塆”是汉语，即“山塆”，俗称“峪”。所以，这个地名的准确记音应是“撇拉塆”。

土家语 $phie^{55}la^{55}$（撇拉）为一个音节，汉语义是水田中的“蚂蟥”（Whitmania）。所以，“撇拉塆”（北拉塆）就是“蚂蟥塆”，因“蚂蟥”多而得名。

“蚂蟥”即“水蛭”，也叫“蚂鳖”，是一种环节动物，生活在沼泽或水田中，以善于吸食人畜的血液而让人生畏。

涂家湖 $thu^{53}ka^{53}xu^{21}$

纯粹的土家语地名，$thu^{53}ka^{53}xu^{21}$ 的汉字记音，但 thu^{53} 一般记为“图”，“家”是 ka^{53}（嘎）的音变与误记。所以，这个地名的准确记音应是“图嘎湖”。

土家语 $thu^{53}ka^{53}xu^{21}$（图嘎湖）由 $thu^{53}ka^{53}$（图嘎）和 xu^{21}（湖）两个音节组成：$thu^{53}ka^{53}$（图嘎）的汉语义是“媒人”；xu^{21}（湖）的汉语义是“山间谷地”，也可称“峪”。所以，$thu^{53}ka^{53}xu^{21}$（图嘎湖）连起来译成汉语就是“媒人谷”或“媒人峪”，因历史上曾居住过在当地小有名气的媒人而得名。

土家人对“媒人”古今有着不同的概念。古时，土家男女“以歌达情，以歌为媒”自选对象，说合婚事，然后请“图嘎”来帮助男女双方家庭穿针引线，并完成从论婚到嫁娶的全部礼仪，“图嘎”实际是一个礼仪使者。“改土归流”后，随着儒教文化的传入，“图嘎”逐渐演变成了“说客”，成了包办婚姻的“媒人”。

马映沟 ma⁵³jin²¹kəu⁵⁵

土家语与汉语结合运用的地名：“马映”是土家语 ma⁵³jin²¹ 的汉字记音；“沟”是汉语，即“溪沟”。

土家语 ma⁵³jin²¹（马映）为一个音节，有的地方叫 pu³⁵（卜），汉语义是“虹”。所以，“马映沟”就是“彩虹沟”。

这条溪流流程很短，四周山高林茂，沟底阴森潮湿，夏天行雨过后便有虹出，因而得名。

金勾塔 tɕian³⁵kai³⁵tha³⁵

纯粹的土家语地名，tɕian³⁵kai³⁵tha³⁵ 的汉字记音，但“金勾”是 tɕian³⁵kai³⁵（见盖）的附会与误记。所以，这个地名的准确记音应是“见盖塔”。

土家语 tɕian³⁵kai³⁵tha³⁵（见盖塔）由 tɕian³⁵kai³⁵（见盖）和 tha³⁵（塔）两个音节组成：tɕian³⁵kai³⁵（见盖）的汉语义是“戒指”；tha³⁵（塔）的汉语义是“烤”或“制造”。所以，tɕian³⁵kai³⁵tha³⁵（见盖塔）连起来直译是“戒指烤制”，调换语序结构译成汉语就是“烤制戒指”；用作地名，就是“烤制戒指的地方”。

从前，这里有人制造戒指，周边的人都来这里定制，因而得名。

枇杷树 phi³⁵phuŋ²¹su⁵³

土家语与汉语结合运用的地名：“枇”是土家语 phi³⁵（皮）的误记；“杷”是汉语“棚”的误记，即“茅棚”；“树”是土家语 su⁵³ 的汉字记音。所以，这个地名的准确记音应是“皮棚树”。按西部区的发音读作“皮棚苏”。人们不知道 phi³⁵phuŋ²¹su⁵³（皮棚树）的意思，因而将其牵强记为与之音近的“枇杷树”。

土家语 phi³⁵（皮）的汉语义是“土墙”。这种“土墙”一般采用厚实的木板，置活动扣作成长约两米、高约六十厘米的长方匣形模具，然后用泥土逐层向上夯筑而成，常作为房屋的墙壁。su⁵³（树）的汉语义是“建造”。所以，phi³⁵phuŋ²¹su⁵³（皮棚树）连起来直译是“土墙茅屋建造”，调换语序结构译成汉语就是“建造土墙茅棚”；用作地名就是“建造土墙茅棚的地方”，是说这里的房屋都是土墙茅棚。

清代以前，土家族地区的土酋制度等级森严，就连住房也有严格规定。平民只能住土墙茅棚，不准用砖石墙，不准屋上盖瓦，因此有“可以买马，不准盖瓦”一说。“皮棚苏”（枇杷树）是一颗真实反映当时社会生活的化石。

岩壁村 ŋa^{53}pi^{35}tshun^{55}

土家语与汉语结合运用的地名。“岩壁”是土家语 ŋa^{53}pi^{35}（额阿必）的误记：ŋa^{53} 的发音很特别，在现代汉语里没有一个字音可以与之对应，记为“额阿”也不过音近而已；“壁”是 pi^{35} 的汉字记音，但一般记作“必”。“村”是汉语，即“村寨”。所以，这个地名的准确记音应是“额阿必村”。

土家语 ŋa^{53}pi^{35}（额阿必）系两个音节：ŋa^{53}（额阿）的汉语义是“山垭”，pi^{35}（必）的汉语义是“小”；ŋa^{53}pi^{35}（额阿必）连起来直译是“山垭小”，调换语序结构译成汉语是“小山垭”。所以，“额阿必村”（岩壁村）就是“小山垭村”。

这个村寨实际位于朱家沟尽头的小山垭上，可以说是名实相符。

赵家科 tsi^{55}ke^{53}kho^{55}

纯粹的土家语地名，tsi^{55}ke^{53}kho^{55} 的汉字记音，但“赵家”是 tsi^{55}ke^{53} 的误记：“赵”是 tsi^{55}（直）的误记；“家”是 ke^{53}（格）的误记。所以，这个地名应记作“自格科”，按西部区的发音读作“直格科”。

土家语 tsi^{55}ke^{53}kho^{55}（直格科）由 tsi^{55}ke^{53}（直格）和 kho^{55}（科）两个音节组成：tsi^{55}ke^{53}（直格）是方位词，汉语义是“前面”；kho^{55}（科）的汉语义是“山包”。所以，tsi^{55}ke^{53}kho^{55}（直格科）连起来译成汉语就是“前面的山包”。

在遥远的古代，对于原始状态的荒原，特别是对于一些没有显著特征的地方，采用方位命名是常有现象，在土家族地区也十分普遍。

官占界 ku^{55}tsu^{55}kai^{53}

土家语与汉语结合运用的地名：“官占”是土家语 ku^{55}tsu^{55}（姑主）的音变与误记；“界”是汉语，即“山界”。所以，这个地名的准确记音应是“姑主界”，按西部区的发音读作“姑租界”。

土家语 ku^{55}tsu^{55}（姑主）为一个音节，汉语义是“挖”“抠”。所以，

“姑主界”（官占界）就是“挖抠界”，即靠挖土、抠土为生的山界。

“姑主界”（官占界）位于格溪村境内，是一条长达数十里的大山界，山高寒冷，岩多土少，水源缺乏，生产生活条件极差，人们全靠刀耕火种和挖岩壳谋生，因而得名。正因为这里的生存环境恶劣，居住在这里的一个小组的村民，如今通过政府扶贫，已经整体搬迁到山下的格溪口边。

白竹科 $po^{55}tso^{55}kho^{55}$

纯粹的土家语地名，$po^{55}tso^{55}kho^{55}$ 的汉字记音，但“白竹”是 $po^{55}tso^{55}$（博着）的音变与误记。所以，这个地名的准确记音应是“博着科”，按西部区的发音读作“博作科”。

石磨，土家人加工粮食的重要工具

土家语 $po^{55}tso^{55}kho^{55}$（博着科）由 $po^{55}tso^{55}$（博着）和 kho^{55}（科）两个音节组成：$po^{55}tso^{55}$（博着）的汉语义是“石磨”，俗称“磨子”；kho^{55}（科）的汉语义是“山包”。所以，$po^{55}tso^{55}kho^{55}$（博着科）连起来译成汉语就是“磨子山”或“磨子包”，即全靠石磨加工五谷杂粮的山包。

“博着科”（白竹科）属大山区，无水碾，因而家家户户都备有石磨，这可能就是以“磨子”作地名的原因。

帕那凹 $pha^{55}la^{55}khui^{55}$

纯粹的土家语地名，$pha^{55}la^{55}khui^{55}$ 的汉字记音，但“那”是 la^{55}（拉）的音变，在张家界地区，“那”与“拉”的发音鲜有人能分辨出其中的差异；“凹”当地不读 ào（拗），也不读 wā（哇），而是根据其形状读 kuì（溃），是 $khui^{55}$（亏）的误记。所以，这个地名准确一点应记为“帕拉亏”。

土家语 $pha^{55}la^{55}khui^{55}$（帕拉亏）由 $pha^{55}la^{55}$（帕拉）和 $khui^{55}$（亏）两个音节组成：$pha^{55}la^{55}$（帕拉）的汉语义是“峡隙”“狭窄山峡”，即俗称的“一线天”“簸箕大块天”这类地形；$khui^{55}$（亏）是 $khu^{53}khui^{55}$（库亏）的简化，汉语义为“塆”或“凹地”。所以，$pha^{55}la^{55}khui^{55}$（帕拉亏）连起来译成汉语就是“狭窄的塆凹”。

此地是古代陷落下去的狭窄窝凹，深五十余米，窝凹下有四五亩平土，站在这里仰望，真有“簸箕大块天”之感。

罗家坡 $lo^{55}kha^{21}pho^{55}$

纯粹的土家语地名，$lo^{55}kha^{21}pho^{55}$ 的汉字记音，但“家”是 kha^{21}（卡）的音变与误记。所以，这个地名应记作“罗卡坡”。

土家语 $lo^{55}kha^{21}pho^{55}$（罗卡坡）由 $lo^{55}kha^{21}$（罗卡）和 pho^{55}（坡）两个音节组成：$lo^{55}kha^{21}$（罗卡）的汉语义是装有死人尸体的棺材；pho^{55}（坡）的汉语义不是“山坡”，而是“排放”。所以，$lo^{55}kha^{21}pho^{55}$（罗卡坡）连起来直译是“棺材排放”，调换语序结构译成汉语就是“排放棺材”，实际就是埋葬死人的墓地。

实际情况也是这样，这里是一片墓地，土家尚姓的几位“太公”（曾祖以上的祖先）就长眠于此。

鹭鸶垭 $lo^{53}si^{53}ŋa^{53}$

土家语与汉语结合运用的地名：“鹭鸶”是土家语 $lo^{53}si^{53}$（洛司）的误记；“垭”是汉语，即“山垭”。因此，这个地名的准确记音应是“洛司垭”。

土家语 $lo^{53}si^{53}$（洛司）系两个音节：lo^{55}（洛）的汉语义是“人”，si^{53}（司）的汉语义是“送”；$lo^{53}si^{53}$（洛司）连起来直译是“人送”，调换语序结构译成汉语是“送人”。所以，“洛司垭”（鹭鸶垭）就是“送人垭”，即迎送客人的山垭：迎客在此恭候，送客到此止步。

打鼓泉乡

位于县域西南部，乡治小埠头距县城8公里，辖13个行政村，78个村民小组；总面积53平方公里，其中耕地面积4829亩；2008年末总人口7490人，其中土家族7315人，约占总人口的95%。境内有贺龙水库水电站水域总面积20多万平方米，适宜水产养殖；阳冬梨、板栗颇具特色；有较丰富的煤炭资源。

打鼓泉 tuŋ^{53}ku^{21}tshɑn^{21}

土家语与汉语结合运用的地名。“打鼓”是土家语 tuŋ^{53}ku^{21}（董古）的音变与误记：“打”与“董”发音相近，因而将 tuŋ^{53}（董）误记为“打”；“鼓”是 ku^{21} 的汉字记音，ku^{21} 一般记为“古”。“泉”是汉语,即“山泉”，但在当地不读作 quán（全），而是读作 cán（残）。因此，这个地名的准确记音应为“董古泉”。

土家语 tuŋ^{53}ku^{21}（董古），有的地方叫 tuŋ^{53}ke^{21}（董格），为一个音节，汉语义为“峡谷、溪沟、山塆的尽头”。所以，“董古泉”（打鼓泉）就是“峡谷尽头的水泉”。此地有三孔水泉，都处于山谷间的麻僚溪尽头，因而得名。

有资料称：相传，早前此地久旱无雨，人们需击鼓求神，开泉引水，故名打鼓泉，这显然是望文生义。

土南溪 thu^{55}lo^{55}tɕhi^{55}

土家语与汉语结合运用的地名：“土南”是土家语 thu^{55}lo^{55}（土洛）或 thu^{21}lɑ^{35}（图拉）的音变与误记；“溪”是汉语，即“溪沟”。所以，这个地名的准确记音是“土洛溪”或“图拉溪”。

土家语 thu^{55}lo^{55}（土洛）和 thu^{21}lɑ^{35}（图拉）均为一个音节，汉语义都是“麻线”，这里实指土家姑娘编织“西兰卡普”的“重线”，即“填花线”；所以，“土洛溪”或“图拉溪”（土南溪）就是“重线溪”，即生产棉麻重线的地方。

破　池 pho^{21}tshi^{21}

纯粹的土家语地名，pho^{21}tshi^{21} 的汉字记音，但“池”是东部区的语音，按西部区的发音是 tshi^{21}（次）的音变。所以，这个地名按西部区的发音应记为“破次”；按东部区的发音记作“破池”是很准确的，原汁原味。

土家语 pho^{21}tshi^{21}（破池）为一个音节，是 pho^{21}phɑ^{55}tshi^{21}（破帕池）的省略，由于 phɑ^{55}（帕）在整个音节中是轻声，而且又是下行音，很容易被脱落，后来就演化成了 pho^{21}tshi^{21}（破池），但含义未变，汉语义是“男性老人”，如“老公公”“老太公”等。

此地是位于澧水西侧的一个山冈，以 pho^{21}tshi^{21}（破池、破次）——“老太公”命名，可能是因为曾居住过很有名望的高寿老公公。

穴虎洞　ɕie^{35}xu^{21}tuŋ^{35}

纯粹的土家语地名，ɕie^{35}xu^{21}tuŋ^{35} 的汉字记音，但“洞”是“峒”的误记。

土家语 ɕie^{35}xu^{21}（穴虎）是人名，土家部落酋长。tuŋ^{35}（峒）的汉语义是“村”“寨”，一般称“峒寨”，但它与 jəu^{55}（优）所含的“村”“寨”的意义又有所不同，在古时它是一个行政单位；因此，jəu^{55}（优）多表示自然村寨，而 tuŋ^{35}（峒）多表示行政村寨。ɕie^{35}xu^{21}tuŋ^{35}（穴虎峒）就是以部落首领的名讳命名的峒寨名。而在澧水上源地区以部落首领的名讳作峒寨名的现象十分普遍。

“穴虎峒”的辖地在古绿水河沿岸，即今打鼓泉乡大塔坪、破池、土南溪、穿洞、葫芦壳、小埠头一带，峒寨驻地是澧水中源与南源交汇处西南侧悬崖上的一块山塬平地，即今“穴虎洞”。明洪武三年（1370 年），覃垕联络澧水上源古十八峒伐明，“穴虎”率部落参加了这次起义。五年（1372 年），覃垕婿朱思济利用翁婿之情将覃垕骗下山寨，“一鼓俘之”。覃垕解送南京后被剥皮处死。朱思济诱捕岳父有功，被封为“毂用元帅”，留驻阳凤关，统辖所隘，控制蛮峒。接着，朱元璋命卫国公邓愈为征南将军，统兵征讨散毛、柿溪（上、中、下三峒）、赤溪、安福等二十六峒，平之。在这次征讨中，朱思济的征讨对象之一就是“穴虎”部落。“穴虎峒”坐落在高山之上，四周悬崖峭壁，地势险要，朱思济无法用兵，久攻不下。于是，他故伎重演，诱骗穴虎到小埠头擒之。《神武传》称：“朱思济活擒穴虎。”《皇明通纪》称：“朱思济有调虎出穴之功。”穴虎被擒后生死无考，但“穴虎峒”地名长存。

赶　塔　kan53thɑ55

土家语与汉语结合运用的地名："赶"是土家语 kan53 的汉字记音；"塔"是汉语，即"坪塔"，泛指有坪塔的地方。

kan53（赶）是由古土家语 ze21pi53kho55su53（热必可苏）演化而来的，汉语义是一种学名叫"高良姜"（Alpinia officinarum）、俗名"山姜"的草药。因其功能暖胃，又能排赶滞气，所以，人们把它叫作"赶药"或"小赶草""小赶子"。后来人们丢弃土家语不用，渐渐地用"赶草"取代了"热必可苏"。所以，"赶塔"就是长有"小赶草"这种草药的地方。

从前，这里以生长"小赶草"这种草药得了地利，也就以此作了地名。

马子岭　mɑ55zɑ55lin53

土家语与汉语结合运用的地名："马子"是土家语 mɑ55zɑ55 的汉字记音，但"子"是 zɑ55（日阿）的近音汉字替代；"岭"是汉语，即"山岭"。所以，这个地名的准确记音应是"马日阿岭"。

土家语 mɑ55zɑ55（马日阿）系两个音节：mɑ55（马）的汉语义是"蜂"（Apisme llifera），zɑ55（日阿）的汉语义是"飞""螯"；mɑ55zɑ55（马日阿）连起来译成汉语是"蜂飞"或"蜂螯"。所以，"马日阿岭"（马子岭）就是"飞蜂岭"或"蜂子螯人的山岭"。说白了就是蜂子多的地方。蜂子多，人们到这里常被蜂螯，印象深刻，因而得名。

远眺小埠头

小埠头　ɕie53phu35thu21

纯粹的土家语地名，ɕie53phu35thu21（写普吐）的误记。民国以前叫"写普吐"，如今老年人的实际发音仍是"写普吐"，用"小埠头"记名完全是解放后文人的附会。

土家语 ɕie53phu35thu21（写普吐）由 ɕie53（写）和 phu35thu21（普吐）两个音节组成：ɕie53（写）的汉语义是"铁"，phu35thu21（普吐）

的汉语义是“斑鸠”（Streptopelia orientalis orientalis）。所以，$\text{çie}^{53}\text{phu}^{35}\text{thu}^{21}$（写普吐）连起来译成汉语就是“铁斑鸠”；用作地名，就是“铁斑鸠多的地方”。

这一带的土家人将斑鸠分为三类：把铁灰色羽毛，常活动于树林中的斑鸠称为“铁斑鸠”；把灰色羽毛，喜欢在草丛中觅食的斑鸠称为“草斑鸠”；把银灰色羽毛，喜欢在水边觅食的斑鸠叫作“水斑鸠”。从前，这一带铁斑鸠多，因而得名。

小埠头，澧水北源与在两河口汇合后的南源、中源在此交汇，形成澧水干流。从前，这里是一个小小的水陆码头，如今，这里已是打鼓泉乡政府所在地。

陈家河镇

位于县域西北部，西南与湘西州永顺县万民岗乡接壤，镇治距县城27公里；总面积106平方公里，其中耕地面积8421亩；辖20个行政村、2个居委会，149个村民小组；2008年末总人口17216人，绝大多数为土家族。桑龙、桑鹤公路穿境而过，区位优势明显。主要物产有稻谷、玉米、柑橘、板栗、花生、煤、萤石等。有椪柑9000亩，年产椪柑100吨，是内半县椪柑基地；有中小煤矿5个，年产原煤3万吨。1935年4月，贺龙、肖克率红二、六军团在此歼敌1万余人，史称“陈家河大捷”。境内的新街有土司新司城遗址。

俄梯城 ŋo⁵³thi³⁵tshen⁵⁵

以土家人名为名称的土家语与汉语结合运用的地名：“俄梯”是ŋo⁵³thi³⁵的汉字记音，人名，即尚俄梯，土家部落联盟酋长，史志记有“尚俄梯”“尚鹅悌”“俄悌寇”等，实为同一人；“城”，汉语，即“城池”。

俄梯城遗址凤凰山远眺

据《尚氏族谱》记载，汉唐以降，澧水中源和北源地区世居着近百支土家族部落，由尚氏集团充任部落联盟酋长，统辖十八峒土酋，其范围包含了今南岔渔潭口以内除澧水南源地区以外的全部内半县地域。元末明初，尚俄梯袭部落联盟酋长职，称ŋo⁵³thi³⁵tshuŋ⁵⁵（俄悌冲），并在今新街的凤凰山麓建立栅寨。期间，他与茅岗土酋覃垕一起，联络十八峒土酋多次发动起义，对朝廷展开了三十余年反抗“向化”的斗争。明洪武初年，朱元璋展开统一全国的战争，于洪武二年（1369年）将尚俄梯诛杀于夹石界，“人枪共葬一窝坪”。

尚俄梯被明王朝诛杀后，后人将他的凤凰山栅寨称作“俄梯城”，其遗址尚在，且仍沿用其名。

剖腹溪 pha^{55}u^{53}tɕhi^{55}

土家语与汉语结合运用的地名：“剖腹”是对土家语 pha^{55}u^{53}（帕戊）的附会；“溪”是汉语，即“溪沟”。所以，这个地名应记作“帕戊溪”。其实，民国以前当地人们对这个地名的实际发音也是“帕戊溪”。

古道沧桑

土家语 pha^{55}u^{53}（帕戊）系两个音节：pha^{55}（帕）的汉语义是“汉人”或“客家人”，u^{53}（戊）的汉语义是“烧”；pha^{55}u^{53}（帕戊）连起来直译是“汉人烧”，调换语序结构译成汉语是“烧汉人”。所以，“帕戊溪”（剖腹溪）就是“烧汉人沟”。

据考，明洪武二年（1369 年）春，土王尚俄梯退守夹石界后，明廷派官兵多次分三路攻打夹石界栅寨。夹石界是高约千米的悬崖，只有三条道路可通，尚俄梯选择今“剖腹溪”峡谷设火阵，一举烧死大批官兵，至今留有“俄梯王火烧客家兵”的传奇，因此便有了“帕戊溪”的地名。不过这“烧汉人沟”实际应为“烧汉军沟”，这也才是地名的实在意义。

厂 塆 tsha^{53}uan^{55}

土家语与汉语结合运用的地名。“厂”是土家语 tsha^{53}（岔）的误记，“塆”是汉语，即“山塆”。所以，这个地名的准确记音应是“岔塆”，当地老人的实际发音也不是“厂塆”，而是“岔塆”。按西部区的发音读作“擦塆”。

古代，土家人所穿衣服的布料，全靠妇女用一种土纺车纺出的纱来织成，土家语称这种纺车叫 tsha^{53}（岔）。当地至今对这种纺车还留下这样一个谜语：“丝线粗的藤，簸箕大的叶，呜啦呜啦长，呜啦呜啦结，结的果果吃不得。”这种土纺车全靠“卡作”（木匠）手工制造。因这个小山塆里制造的纺车有名，便以这种物件作了地名。

半 溪 pan^{35}tɕhi^{55}

土家语与汉语结合运用的地名：“半”是土家语 pan^{35} 的汉字记音；“溪”是汉语，即“溪沟”。

土家语 pɑn^{35}（半）的汉语义是俗称“河鹰”的“鹰”（Accipiter）。因此，“半溪”就是“鹰溪”，以老鹰多而得名。

扯长溪 tshe^{21}tsha^{21}tɕhi^{55}

土家语与汉语结合运用的地名：“扯长”是土家语 tshe^{21}tsha^{21} 的汉字记音，但“长”是 tsha^{21}（岔）的音变；“溪”是汉语，即“溪沟”。所以，这个地名的准确记音应是“扯岔溪”，按西部区的发音读作“测擦溪”。

古代，土家人煮饭炒菜用的“鼎罐”和“耳锅”都是环底，放在地板上很不稳当，于是先民们就用竹篾编织一种由“人”字花组成的圆圈，俗称“锅炉圈”，将鼎罐、耳锅放在上面，既平稳，又安全。土家语将这种“锅炉圈”称作 tshe^{21}tsha^{21}（扯岔）。因此，“扯岔溪”（扯长溪）就是“锅炉圈沟”。

这里是个小盆地，溪随山起，水绕三门，犹如锅炉圈，因而得名。

王二沟 uan^{35}zi^{55}kəu^{55}

土家语与汉语结合运用的地名：“王”是土家语 uan^{35}（万）的音变与误记；“沟”是汉语，即“山沟”。所以，这个地名应记作“万日沟”。

土家语 uan^{35}zi^{55}（万日）系两个音节：uan^{35}（万）是古土家语，汉语义是“黄牛”（Bos taurus domestica），现代土家语称“黄牛”为 u^{35}（戊）；zi^{55}（日）的汉语义是“多”。uan^{35}zi^{55}（万日）连起来直译是“黄牛多”，调换语序结构译成汉语是“多黄牛”。所以，“万日沟”（王二沟）就是“多黄牛的山沟”。

从前，这条山沟里草丰水碧，是先民们放牧牛羊的好场所，满沟黄牛是这里的一道风景，因而得“多黄牛沟”之名。

耳洞坪 e^{53}thuŋ^{53}phin^{21}

土家语与汉语结合运用的地名：“耳洞”是土家语 e^{53}thuŋ^{53} 的汉字记音，但“洞”是 thuŋ^{53}（桶）的误记；“坪”是汉语，即“坪坝”。所以，这个地名的准确记音应是“耳桶坪”。

土家语 e^{53}thuŋ^{53}（耳桶）系两个音节：e^{53}（耳）的汉语义是“猴”（Macaca mulatta），thuŋ^{53}（桶）的汉语义是“窝”“巢”；e^{53}thuŋ^{53}（耳桶）连起来译成汉语是“猴窝”“猴巢”。所以，“耳桶坪”（耳洞坪）就是“猴窝坪”，即猴子栖息的地方。过去，这里的猴子多，因而得名。

夹石河 ka^{21}se^{21}xo^{35}

土家语与汉语结合运用的地名。“夹石”是土家语 ka^{21}se^{21} 误记：

“夹”在这里本来应当读 gā，是 ka^{21}（嘎）的近音汉字替代，可惜读作了 jiá；“石”是 se^{21}（色）的音变。“河”是汉语。所以，这个地名的准确记音应是“嘎色河”。

土家语 $ka^{21}se^{21}$（嘎色）为一个音节，是 $ka^{21}mu\eta^{21}se^{21}$（嘎蒙色）的简化，汉语义是“枫香”（Liquidambar formosana），也即“枫香树”。所以，“嘎色河”（夹石河）就是“枫香河”，因此河段两岸枫香树多而得名。

可以想象，古时，这一带每至深秋，两岸红遍，层林尽染，“霜叶红于二月花”，一定美不胜收。

毛　塔　$mo^{21}tha^{35}$

纯粹的土家语地名，$mo^{21}tha^{35}$ 的汉字记音，但“毛”是 mo^{21}（磨）的误记。因此，这个地名的准确记音应是“磨塔”。

土家语 $mo^{21}tha^{35}$（磨塔）系两个音节：mo^{21}（磨）的汉语义是“猫”（Felis domestica）；tha^{35}（塔）是 $tha^{35}kha^{53}$（塔卡）的省略，汉语义是“陡坎”“悬崖”。所以，$mo^{21}tha^{35}$（磨塔）或 $mo^{21}tha^{35}kha^{53}$（磨塔卡）连起来译成汉语就是俗称的“猫陡坎”，即“悬崖峭壁”。

“毛塔”分为“大毛塔”和“小毛塔”，都坐落在澧水中源东岸高百余米的陡坎上，可谓名副其实。

仓关峪　$tsho^{35}ku^{53}j\partial u^{55}$

纯粹的土家语地名，$tsho^{35}ku^{53}j\partial u^{55}$（撮古优）的音变与误记。

土家语 $tsho^{35}ku^{53}j\partial u^{55}$（撮古优）由 $tsho^{35}ku^{53}$（撮古）和 $j\partial u^{55}$（优）两个音节组成：$tsho^{35}ku^{53}$（撮古）的汉语义是“花椒”（Zanthoxylum bungeanum）；$j\partial u^{55}$（优）的汉语义是“寨”，即“村寨”。所以，$tsho^{35}ku^{53}j\partial u^{55}$（撮古优）连起来译成汉语就是“花椒寨”或“花椒园”。

花椒是土家人十分喜爱的调味品，尤其是炒野味、做霉豆腐，同辣椒一样必不可少。以往这里是一片花椒林，因而得名。

仓　坊　$tshe^{21}xuan^{21}$

纯粹的土家语地名，$tshe^{21}xuan^{21}$ 的汉字记音，但“仓”是 $tshe^{21}$（测）的误记，东部区多数地方的实际发音是“扯”；“坊”是 $xuan^{21}$（环）的音变。所以，这个地名比较准确的记音应该是“测环”。

土家语 $tshe^{21}xuan^{21}$（测环、扯环）系两个音节：$tshe^{21}$（测）的汉语义是“水”，如 $tshe^{21}mu\eta^{35}$（测蒙）是“水井”，$tshe^{21}tsu^{35}$（测租）是出水；

$xuan^{21}$（环）的汉语义是“遮”“淹”。所以，$tshe^{21}xuan^{21}$（测环）连起来译成汉语就是“水淹”；用作地名，就是经常被水淹的地方。

且戊溪 $tɕhie^{53}u^{53}tɕhi^{55}$

土家语与汉语结合运用的地名：“且戊”是土家语 $tɕhie^{53}u^{53}$ 的汉字记音；“溪”是汉语，即“溪沟”。

土家语 $tɕhie^{53}u^{53}$（且戊）系两个音节：$tɕhie^{53}$（且）是 $tɕhie^{53}lie^{55}$（且列）的省略，汉语义是“山坡”；u^{53}（戊）的汉语义是“烧”。$tɕhie^{53}u^{53}$（且戊）连起来直译是“山坡烧”，调换语序结构译成汉语是“烧山坡”。所以，“且戊溪”就是“烧山坡沟”。

这条山沟长达十余里，两侧是高约百米的山坡，沟谷里平地梯土极少，这里的人们世世代代靠“砍火畲”来刀耕火种。砍火畲需放火烧山，因此得“且戊溪”即“烧山沟”之名。

马　峪 $ma^{53}jəu^{35}$

土家语与汉语结合运用的地名：“马”是土家语 ma^{53} 的汉字记音；“峪”是汉语，即“山峪”。

土家语 ma^{53}（马）的汉语义是“蜂”（Apisme llifera）。因此，$ma^{53}jəu^{35}$（马峪）就是“蜂峪”。

土家人历来有养蜂的习俗，一般在春季乘蜂“分桶”之时，用开窗的木桶喷盐或糖水将蜂收入，放在房前屋后养殖，少则一桶，多则几十桶，秋后取蜂蜜待客或自食。这个山峪里以往家家户户都养殖蜜蜂，故而得名。

苏子溪 $su^{35}si^{53}tɕhi^{55}$

土家语与汉语结合运用的地名：“苏子”是土家语 $su^{35}si^{53}$ 的汉字记音，但“子”是 si^{55}（司）的音变；“溪”是汉语，即“山沟”。所以，这个地名的准确记音应是“苏司溪”。

土家语 $su^{35}si^{53}$（苏司）为一个音节，有的地方叫 $su^{35}ɕi^{53}$（苏西），汉语义是“板栗”（Castanea mollissima），这里实际上是指板栗树。所以，“苏司溪”（苏子溪）就是“板栗溪”，即板栗树多的山沟。

夭胡溪 $jian^{55}xu^{21}tɕhi^{55}$

半借汉语词汇的土家语地名：“夭”是 $jian^{55}$（演）的音变，是借用汉语的“烟”，即“烟草”；“胡”是土家语 xu^{21} 的汉字记音；“溪”是汉语，即“溪沟”。所以，这个地名应记作“演胡溪”或“烟胡溪”。

土家语 xu^{21}（胡）的汉语义是“喝”“吸”；jian^{55}xu^{21}（烟胡）连起来直译是“烟吸”，调换语序结构译成汉语就是“吸烟”。所以，“烟胡溪”（夭胡溪）就是“吸烟沟”，即“吸烟的地方”，因此地烟草种植多和吸烟人多而得名。

随着社会的发展，面对现代许多名词术语，土家语显得不够用了，因而就大量借用汉语的词汇。土家语借用汉语词汇有“全借”和“半借”两种。“全借”不言而喻，全盘照搬；“半借”即“汉夹土”或“土夹汉”。本条的“吸烟”就属于“半借”，即只借“烟”，“吸”仍为土家语。不论是全借还是半借，借用时词音都会稍有变化。

立浪子 li^{35}lan^{55}tsi^{21}

土家语与汉语结合运用的地名：“立”是土家语 li^{35} 的汉字记音；“浪子”也叫“漤子”，是汉语，西南官话将波涛汹涌、礁石林立的险河滩称为“浪子”或“漤子”，实际就是“险滩”。

土家语 li^{35}（立）的汉语义是“老虎”（Panthera tigris）。因此，“立浪子”就是“老虎滩”，意思是凶险犹如老虎的河滩。

克马垉 khe^{53}ma^{21}pau^{55}

土家语与汉语结合运用的地名：“克马”是土家语 khe^{53}ma^{21} 的汉字记音；“垉”是汉语，但是一个自造字，音 báo（抱），即“山包”。

土家语 khe^{53}ma^{21}（克马）系两个音节，是 je^{21}khe^{53}ma^{21}（叶克马）的省略，由于 je^{21}（叶）在整个音节中属于低降，后来慢慢脱落了，从而变成了 khe^{53}ma^{21}（克马）。但这种省略是欠妥当的。je^{21}（叶）有两种意义：一是表示“神灵”，二是表示“货物”，这里是后者，即“货物”；khe^{53}（克）的汉语义是“挑”。je^{21}khe^{53}（叶克）连起来直译是“货挑”，调换语序结构译成汉语是“挑货”。ma^{21}（马）的汉语义不是“骡马”，而是“者”或“……的人”。所以，je^{21}khe^{53}ma^{21}（叶克马）连起来译成汉语就是“挑货的人”，即“挑夫”，俗称“挑脚人”。如今，je^{21}khe^{53}ma^{21}（叶克马）变成了 khe^{53}ma^{21}（克马），但其义未变，仍是“挑夫”。因此，“克马包”（克马垉）就是“挑夫包”。以往这里的人多以“挑脚”谋生，也就以这种谋生手段作了地名。

西南官话称“蛤蟆”“青蛙”为“克马”。于是有人以为此地地名与“蛤蟆”“青蛙”有关，这是因为不懂土家语言所致。土家语称“蛤蟆”

“青蛙”为 $khe^{53}tɕhi^{21}pa^{21}$（客其八）。

立子浪 $li^{35}tsi^{53}lan^{21}$

纯粹的土家语地名，$li^{35}tsi^{53}lan^{21}$ 的汉字记音，但按西部区发音 lan^{21} 应记作“兰”或“烂”。所以，这个地名按西部区发音应记作“立子烂”或“立子兰”。

土家语 $li^{35}tsi^{53}lan^{21}$（立子烂）系三个音节：li^{35}（立）的汉语义是“虎”（panthera tigris）；tsi^{53}（子）的汉语义是“猪”（Sus scrofadomestica Brisson），也指“野猪”；lan^{21}（烂）的汉语义是“臭”，包括“膻臭”。所以，$li^{35}tsi^{53}lan^{21}$（立子烂）连起来译成汉语就是“虎猪膻臭”。

以往这里老虎和野猪很多，很远就可以闻到它们的膻臭气味，因而以这种现象作了地名。

塞家坡乡

位于县域西北部，乡治距县城59公里；辖13个行政村，67个村民小组；总面积64.9平方公里，其中耕地面积9696亩，林地58290亩；2008年末总人口6424人，其中土家族约5000人，约占总人口的78%；苗族1028人，占总人口的16%。该乡烟叶产业有一定优势，是湖南省替代进口烟叶基地；有草场3万余亩，是良种生猪、山羊、黄牛生产基地；有煤、硫黄、金等矿藏，其中煤炭储量1000多万吨，发热量达6000大卡以上；特色水果冬桃，种植面积1500多亩。

罗门界 $lo^{55}muŋ^{53}kai^{35}$

土家语与汉语结合运用的地名："罗门"是土家语$lo^{55}muŋ^{53}$（裸猛）的误记；"界"是汉语，即"山界"。所以，此地的原始名称应是"裸猛界"。

土家语$lo^{55}muŋ^{53}$（裸猛）为一个音节，汉语义是"大王""头领"。因此，"罗门界"（裸猛界）就是"大王界"，是过去大王住过或与其有关联的地方。

"罗门界"是山塬上的一条山界，其山之坡为"罗门坡"，坡旁有"罗门垭"，坡下不远有"罗门挫"（今已译为"老村"），"界""坡""垭""挫"都以"罗门"命其名，说明这些地方都与"大王"有关。

据考，明洪武初年，朱元璋在统一全国的战争中，决定取道今桑植、龙山之湘川大道，去消灭盘踞重庆的明玉珍夏国政权。为了能顺利进军重庆，他派出官兵联络桑植宣慰司向仲山，先向扼守这条大道要隘的"俄梯城"发起攻击。大军压境，土王尚俄梯退守夹石界（今塞家坡）抗拒明军达一年多。明洪武二年（1369年）十月，被明军诛杀。尚俄梯被其部下尊称为"俄梯大王"，上述地方是他居住和打仗之处，因而得名。

义禾闰 $ji^{53}o^{53}zi^{55}$

纯粹的土家语地名，$ji^{53}o^{53}zi^{55}$的汉字记音，但ji^{53}一般记为"依"，"禾闰"是$o^{53}zi^{55}$（窝日）的误记。所以，这个地名应记作"依窝日"。"义禾闰"所在的大地名叫"依窝坪"或"一窝坪"，都因$ji^{53}o^{53}$（依窝）得名。

土家语$ji^{53}o^{53}zi^{55}$（依窝日）由$ji^{53}o^{53}$（依窝）和zi^{55}（日）两个音节组成：$ji^{53}o^{53}$（依窝）的全称是$ji^{53}o^{53}a^{53}pa^{21}$（依窝阿巴），译成汉语是"依窝祖

母”或“依窝婆婆”，“依窝”是人（神）名，“阿巴”是称呼；zi⁵⁵（日）汉语义是“敬”。因此，ji⁵³o⁵³zi⁵⁵（依窝日）连起来直译是“依窝婆婆敬”，调换语序结构译成汉语就是“敬依窝阿巴”。此地过去建有神堂，供奉“依窝阿巴”神像，人们经常前来祭祀，因而得“依窝日”之名。

ji^{53}o^{53}a^{53}pa^{21}（依窝阿巴）是土家族传说中的造人神。传说她能用树木做人的骨骼，用泥巴做人的皮肉，用竹子做人的筋脉血管，用茅草做人的毛发，等等，因而广为土家人供奉祭祀。据《尚氏族谱》记载，明洪武二年（1369年），土王尚俄梯被明王朝诛杀于此地，也葬于此地。当时，人们在“依窝阿巴”神堂前追悼三日，场面极其悲壮。“依窝坪”之名也因此而载入史册。

洗泡河 ɕi^{21}pho^{21}xu^{21}

纯粹的土家语地名，ɕi^{21}pho^{21}xu^{21}的汉字记音，但“泡”是pho^{21}（婆）的误记，“河”是xu^{21}（湖）的误记。因此，这个地名的准确记音应为“洗婆湖”。

土家语ɕi^{21}pho^{21}xu^{21}（洗婆湖）由ɕi^{21}pho^{21}（洗婆）和xu^{21}（湖）两个音节组成：ɕi^{21}pho^{21}（洗婆）的汉语义是“茅草”（lmperata cylindrica var. major），xu^{21}（湖）的汉语义是“山与山之间的沟谷”。所以，ɕi^{21}pho^{21}xu^{21}（洗婆湖）连起来译成汉语就是“茅草沟”。

从前，这里没有开发，遍地茅草，因而得名。

洞天河 tho^{53}ti^{21}xu^{21}

纯粹的土家语地名，tho^{53}ti^{21}xu^{21}（托蒂湖）的误记。民国年间此地就叫“托蒂湖”，“洞天河”是后人的牵强附会。

土家语tho^{53}ti^{21}xu^{21}（托蒂湖）系三个音节：tho^{53}（托）是tho^{53}ka^{21}（托嘎）的简化，汉语义是“蕨”（Pteridium aquilinum var.latiusculum）；ti^{21}（蒂）的汉语义是“挖”。tho^{53}ti^{21}（托蒂）连起来直译是“蕨挖”，调换语序结构译成汉语是“挖蕨”。xu^{21}（湖）的汉语义是“山间沟谷”。所以，tho^{53}ti^{21}xu^{21}（托蒂湖）连起来译成汉语就是“挖蕨的沟谷”。

以往这里野蕨多，是人们常去挖蕨的地方，因而得名。

龙家河 luŋ^{55}ka^{21}xu^{21}

纯粹的土家语地名，luŋ^{55}ka^{21}xu^{21}（聋嘎湖）的误记：“龙”是高平声的luŋ^{55}（聋）的音变；“家”当地人读gā（嘎），是ka^{21}（嘎）的误记；“河”是xu^{21}（湖）的误记，此地是高八百余米的山塬，只有溪沟并无河流。

土家语 $luŋ^{55}ka^{21}xu^{21}$（聋嘎湖）系三个音节：$luŋ^{55}$（聋）的汉语义是“浑”“涨满”；ka^{21}（嘎）的汉语义为“干”；xu^{21}（湖）的汉语义是“山与之山之间的沟谷”。所以，$luŋ^{55}ka^{21}xu^{21}$（聋嘎湖）连起来译成汉语就是“水时淹时干的溪谷”。

“聋嘎湖”下游不远有一个名叫“筲箕池”的窝凼，过去靠一个不大的天坑排水。天下雨时山洪暴发，天坑排水不畅导致洪水猛涨，淹没“聋嘎湖”盆地；天晴时则洪水退去，这一带又常常发生干旱。于是，人们便以这种时淹时旱、时涨时退的自然现象作了地名。

筲箕池 $sa^{21}tɕhie^{21}tshi^{21}$

土家语与汉语结合运用的地名，原名“沙且池”。“筲箕”是土家语 $sa^{21}tɕhie^{21}$（沙且）的误记；“池”是汉语，即“山塘”或“水凼”。所以，这个地名的准确记音应是“沙且池”。按西部区的发音读作“萨且池”。

土家语 $sa^{21}tɕhie^{21}$（沙且）为一个音节，汉语义是传说中的一种叫“麻阳鬼”的恶鬼。因此，“沙且池”（筲箕池）就是“麻阳鬼池”，即“麻阳鬼”作祟怙恶的水凼。

筲箕池是一个小盆地，四山之水集流于此，全靠一口较小的天坑排水，每遇山洪，天坑排水不及，盆地积水为池，时涨时消，时淹时干，群众多认为是“麻阳鬼”作祟，多年传为迷信。这种情况直到 1967 年 10 月凿通隧道，排出积水，开垦水田，建成电站才完结。详细释义参见龙潭坪乡“麻阳潭”。

曹　坊 $tshe^{21}xuan^{21}$

纯粹的土家语地名，$tshe^{21}xuan^{21}$ 的汉字记音，但“曹”是 $tshe^{21}$（测）的误记，东部区多数地方的实际发音是“扯”；“坊”是 $xuan^{21}$（环）的音变。所以，这个地名的准确记音应是“测环”。

土家语 $tshe^{21}xuan^{21}$（测环）系两个音节：$tshe^{21}$（测）的汉语义是“水”，$xuan^{21}$（环）的汉语义是“遮”“淹”，所以，$tshe^{21}xuan^{21}$（测环）连起来译成汉语就是“水淹”。

此地在“筲箕池”旁边，因经常被水淹而得名。详细释义参见陈家河镇“仓坊”。

塔　窝 $tha^{21}o^{35}$

纯粹的土家语地名，$tha^{21}o^{35}$ 的汉字记音。

土家语 $tha^{21}o^{35}$（塔窝）为一个音节，汉语义是当地称“螺蛳”的田螺

(Cipangopaludina chinensis)。此地以“田螺”作地名，可能是因地形像田螺或田螺多。

斑　园　pan^{35}jəu^{55}

纯粹的土家语地名，pan^{35}jəu^{55} 的汉字记音，但“斑”是 pan^{35}（半）的音变，“园”是 jəu^{55}（优）的误记。所以，这个地名的准确记音应是“半优”。

土家语 pan^{35}jəu^{55}（半优）系两个音节：pan^{35}（半）的汉语义是“鹰”(Accipiter)；jəu^{55}（优）的汉语义是“村”“寨”，可以引申为“窝巢”“巢穴”，这里取引申义。所以，pan^{35}jəu^{55}（半优）连起来译成汉语就是“鹰巢”，即有山鹰窝巢的地方。以往这里山鹰多，鹰巢也多，因而得名。

梭普凪　so^{53}phu^{21}lo^{55}

纯粹的土家语地名，so^{53}phu^{21}lo^{55} 的汉字记音，但“凪”是自造字，读音为 luō（啰），是 lo^{55}（洛）的误记。所以，这个地名应记作“梭普洛”。

土家语 so^{53}phu^{21}lo^{55}（梭普洛）由 so^{53}phu^{21}（梭普）和 lo^{55}（洛）两个音节组成：so^{53}phu^{21}（梭普）的汉语义是“狐狸”（Vulpes vulpes）；lo^{55}（洛）的汉语义指的是小盆地，俗称“山凪”“山窝”。所以，so^{53}phu^{21}lo^{55}（梭普洛）连起来译成汉语就是“狐狸山窝”，即有狐狸出没的地方。

岩　丰　ŋa^{53}xa^{35}

纯粹的土家语地名，ŋa^{53}xa^{35} 的汉字记音，但“岩”是 ŋa^{53}（额阿）的近音汉字替代，“丰”是 xa^{35}（哈）的音变。所以，这个地名的准确记音应是“额阿哈”。

土家语 ŋa^{53}xa^{35}（额阿哈）系两个音节：ŋa^{53} 的发音很特别，是“额”与“阿”相拼的结果，即“额阿”，没有一个汉字音可以与之准确对应，因而以与其相近的“岩”（当地不读 yán，而是读与之近音的“挨”）代替。ŋa^{53}（额阿）译成汉语是“山垭”。xa^{35}（哈）是 khe^{55}xa^{35}（克哈）的简化，汉语义是“平土”或“坪”。所以，ŋa^{53}xa^{35}（额阿哈）连起来译成汉语就是“山垭平土”或“山垭上的小坪”，即“山垭坪”。

洗岜锣　ɕi^{21}pha^{21}la^{35}

纯粹的土家语地名，ɕi^{21}pha^{21}la^{35} 的汉字记音，但“岜”是 pha^{21}（扒）的音变，“锣”是 la^{35}（拉）的误记。因此，这个地名应该记为“洗扒拉”。解放初期，当地人们的发音还是“洗扒拉”，更多的人则单叫“洗扒”，没有人叫“洗岜锣”。

土家语 $ç i^{21} p h a^{21} l a^{35}$（洗扒拉）由 $ç i^{21} p h a^{21}$（洗扒）和 la^{35}（拉）两个音节组成：$ç i^{21} p h a^{21}$（洗扒）的汉语义是“码子”；la^{35}（拉）的汉语义是“放”“压”。所以，$ç i^{21} p h a^{21} l a^{35}$（洗扒拉）连起来直译是“码子放”或“码子压”，调换语序结构译成汉语就是“放压码子”，即土家人压码子的地方。

在土家族《梯玛神歌》中传唱着两个猎神：一个是“梅山俄座”，主管狩猎；一个是“刺山养如”，主司管理飞禽走兽。一般是打猎须祭梅山，防兽必祭刺山。过去祭祀刺山神时，主要祭仪是在刺山神屋前放压码子。这种“码子”有用茅草结节，有用血纸折叠，请“梯码”念咒画符，再用石板压在比较固定的地方，目的是防止野猪、狗熊、乌鸦等飞禽走兽吃食践踏庄稼，祈求一年的好收成。

“压码子”是土家人民古代山神崇拜信仰的传袭，是民族祭祀仪式和习俗风情的保留，是一颗活“化石”。

巴东界 $pa^{21}tuŋ^{21}ka^{55}$

纯粹的土家语地名，$pa^{21}tuŋ^{21}ka^{55}$ 的汉字记音，但“东界”是 $tuŋ^{21}ka^{55}$（董嘎）的误记。因此，这个地名的准确记音应是“巴董嘎”。

土家语 $pa^{21}tuŋ^{21}ka^{55}$（巴董嘎）由 pa^{21}（巴）和 $tuŋ^{21}ka^{55}$（董嘎）两个音节组成：pa^{21}（巴）的汉语义是“山”，如 $a^{21}pa^{21}$（阿巴）是“岩山”，$pa^{21}ku^{55}$（巴古）是“上山”；$tuŋ^{21}ka^{55}$（董嘎）的汉语义是“洞”，按照土家语的规律，凡是一切“洞”“孔”“穴”“眼”等都称为 $tuŋ^{21}ka^{55}$（董嘎），并有表示多数“洞”“孔”的意思。因此，$pa^{21}tuŋ^{21}ka^{55}$（巴董嘎）连起来译成汉语就是“山洞”，而且是很多山洞。

这个大山界海拔 1500 余米，溶洞极多，洞洞相连，称“巴董嘎”名实相符。

巴列洞 $pa^{55}lie^{53}tuŋ^{21}$

土家语与汉语结合运用的地名：“巴列”是地道的土家语 $pa^{55}lie^{53}$ 的汉字记音；“洞”是汉语，即“山洞”。

土家语 $pa^{55}lie^{53}$（巴列）为一个音节，汉语义是“陡山”或“陡坡”。所以，“巴列洞”就是“陡山洞”或“陡坡洞”，即很陡的坡上的洞。

“巴列洞”是一个世代以土家语定名的洞群，近年来有人将其名记为“百联洞”，说是“以其洞洞相联而闻名”，其实这是误解。

斗米界 $tu^{55}mu^{55}kai^{35}$

土家语与汉语结合运用的地名：“斗米”是土家语 $tu^{55}mu^{55}$ 的汉字记

音，但 tu^{55} 一般记为“都”，“米”是 mu^{35}（牟）的音变；“界”是汉语，即“山界”。所以，这个地名的准确记音应是“都牟界”。

土家语 $tu^{55}mu^{55}$（都牟）为一个音节，汉语义是“纱”。所以，“都牟界”（都米界）就是“纱界”。

纱是土家人织布的主要材料，以往住在这个山界上的土家妇女会纺棉纱、麻纱，因而得名。

燕匼界 $je^{21}lo^{21}kai^{35}$

土家语与汉语结合运用的地名。“燕匼”是土家语 $je^{21}lo^{21}$（叶洛）的音变与误记：“燕”是 je^{21}（叶）的音变；“匼”是当地的自造字，音 luō（啰），是 lo^{21}（洛）的误记。“界”是汉语，即“山界”。所以，这个地名的准确记音应是“叶洛界”。

土家人世居山区，翻山越岭须要绕“之”字形山道或环山绕圈而行。对这种情形，土家语就叫 $je^{21}lo^{21}$（叶洛）。因此，“叶洛界”（燕匼界）就是“绕圈界”，即俗称“盘山路界”。

以道路特征作地名在土家族地区司空见惯，也是土家语地名的一大特征。

卜岔口 $pho^{35}tsho^{53}kha^{21}$

纯粹的土家语地名，$pho^{35}tsho^{53}kha^{21}$（破绰卡）的音变与误记。按西部区的发音读作“破错卡”。

土家语 $pho^{35}tsho^{53}kha^{21}$（破绰卡）由 $pho^{35}tsho^{53}$（破绰）和 kha^{21}（卡）两个音节组成：$pho^{35}tsho^{53}$（破绰）的汉语义是“桑”，kha^{21}（卡）的汉语义是“木”；所以，$pho^{35}tsho^{53}kha^{21}$（破绰卡）连起来译成汉语就是“桑木”；用作地名，就是有桑木或桑木多的地方。

桑木就是“桑树”（Morus aiba），是土家人十分喜爱的树种，其树干是做扁担的上好材料。有一首桑植民歌这样唱道：“桑木扁担软溜溜，挑担白米下苏州；苏州爱我好白米，我爱苏州好太湖。”从前，此地是一片桑树林，故得其名。

沙河界 $sa^{35}xo^{21}kai^{35}$

土家语与汉语结合运用的地名：“沙河”是土家语 $sa^{35}xo^{21}$ 的汉字记音，原汁原味，很准确；但按西部区的发音读作“撒河”。“界”是汉语，即“山界”。所以，这个地名按西部区的发音就要读作“撒河界”。

土家语 $sa^{35}xo^{21}$（撒河）为一个音节，是古老的土家语，现今已不常用，只在《梯玛神歌》中保留，译成汉语是“木排”，即“木排树”。因此，“沙河界”就是“木排树界”，即砍伐木排树或出产木排树的地方。

从前，土家人靠山吃饭穿衣，常常在深山里砍伐杉材杂木，肩抬背负到河边扎成木排，然后水运外地换来食盐、布匹和日用杂货。此地树多树大，是人们砍木排树的地方，故而得名。参见岩屋口乡“砂河坪”。

马龙山　$ma^{53}luŋ^{53}san^{55}$

土家语与汉语结合运用的地名：“马龙”是土家语 $ma^{53}luŋ^{53}$ 的汉字记音；“山”是汉语。

土家语 $ma^{53}luŋ^{53}$（马龙）系两个音节：ma^{53}（马）的汉语义是“蜂”（Apisme llifera），$luŋ^{53}$（龙）的汉语义是“养”；$ma^{53}luŋ^{53}$（马龙）连起来直译是“蜂养”，调换语序结构译成汉语是“养蜂”。所以，“马龙山”就是“养蜂山”，即放养蜂子的地方。

土家人世居山区，素有放养蜜蜂的习俗。山区山大林菁，野花繁多，人们凭借地利，利用木质蜂桶收集游蜂，然后一桶一桶地放在山洞、岩屋、树下等处养殖。有的还选择不同山花放养，使其酿出各具特色的蜂蜜，如桂花蜜、茶花蜜、枣花蜜等。养蜂是土家人的一道亮丽的风景，“马龙山”就是这道风景的写照。

虎洛塔　$xu^{55}lo^{55}tha^{55}$

纯粹的土家语地名，$xu^{55}lo^{55}tha^{55}$ 的汉字记音。

土家语 $xu^{55}lo^{55}tha^{55}$（虎洛塔）由 $xu^{55}lo^{55}$（虎洛）和 tha^{55}（塔）两个音节组成：$xu^{55}lo^{55}$（虎洛）是 $xu^{55}lo^{55}ma^{53}$（虎洛马）的简化，其中的 ma^{53}（马）在整个音节中属于高降音，后来便被省略简化掉了，成了今天的 $xu^{55}lo^{55}$（虎洛）。无论是 $xu^{55}lo^{55}ma^{55}$（虎洛马）还是 $xu^{55}lo^{55}$（虎洛），汉语义都是俗称“梭雷蜂”（Vespamandarinia）的一种野生黑色毒蜂。tha^{55}（塔）在这里的汉语义是“坐处”，也指“巢窝”。所以，$xu^{55}lo^{55}tha^{55}$（虎洛塔）连起来译成汉语就是“梭雷蜂窝巢”，因“梭雷蜂”喜欢在这里结巢，人们常常用火烧摘取其蜂蛹为食，故而得名。详细释义参见两河口乡“虎洛垭”。

白列垭　$pe^{55}lie^{55}ŋa^{53}$

土家语与汉语结合运用的地名：“白列”是土家语 $pe^{55}lie^{55}$ 的汉字记音；“垭”是汉语，即“山垭”。

土家语 $pe^{55}lie^{55}$（白列）为一个音节，是 $pe^{55}lie^{55}si^{53}$（白列司）或 $pe^{55}lie^{55}ɕi^{53}$（白列西）的简化，在整个音节中，si^{53}（司）或 $ɕi^{53}$（西）都是高降，属于轻音，自然脱落了，只留下词根 $pe^{55}lie^{55}$（白列）；但其义未变，汉语义都是“梨”（pyrus spp）。因此，“白列垭”就是“梨子垭”，因盛产梨子而得名。

麻沙塘 $mo^{21}si^{21}tha^{55}$

纯粹的土家语地名，$mo^{21}si^{21}tha^{55}$（磨石它）的音变与误记。

土家语 $mo^{21}si^{21}tha^{55}$（磨石它）由 $mo^{21}si^{21}$（磨石）和 tha^{55}（它）两个音节组成：$mo^{21}si^{21}$（磨石）是古土家语，汉语义是“布”，如“麻布”叫 $tshe^{21}khu^{35}mo^{21}si^{21}$（测库磨石）；$tha^{55}$（它）的汉语义是“织”。所以，$mo^{21}si^{21}tha^{55}$（磨石它）连起来直译是“布织”，调换语序结构译成汉语就是“织布”。

以往，土家族地区织布一般都由专门的“织布匠”进行，“织布匠”俗称“机匠”。这里因是“机匠”织布的地方而得“磨石它”（麻沙塘）——“织布”之名。

其林岩 $tɕhin^{35}ȵi^{55}ŋai^{21}$

土家语与汉语结合运用的地名：“其林”是土家语 $ɕhin^{35}ȵi^{55}$（清尼）的误记；“岩”是汉语，即“山岩”。因此，这个地名的准确记音应为“清尼岩”。

土家语 $ɕhin^{35}ȵi^{55}$（清尼）为一个音节，汉语义是“小孩”，俗称“娃娃”。所以，“清尼岩”（其林岩）就是“娃娃岩”，因这山岩形状像娃娃而得名。

土家语对“小孩”有三种叫法：一是叫作 $po^{53}li^{21}$（波里），二是叫作 $lo^{53}pi^{21}tie^{53}$（洛必爹），三是叫作 $tɕhin^{35}ȵi^{55}$（清尼）。

夹石界 $ka^{21}se^{21}kai^{35}$

土家语与汉语结合运用的地名：“夹石”是土家语 $ka^{21}se^{21}$（嘎色）的误记；“界”是汉语，即“山界”。所以，这个地名的准确记音应为“嘎色界”。

土家语 $ka^{21}se^{21}$（嘎色）是 $ka^{21}muŋ^{21}se^{21}$（嘎蒙色）的简化，译成汉语是“枫香树”（Liquidambar formosana）。所以，“嘎色界”（夹石界）就是“枫香树多的山界”。详细释义参见陈家河镇“夹石河”。

“嘎色界”是澧水上源古十八峒之一“夹石峒”所在地，这“夹石峒”的“夹石”就是 $ka^{21}se^{21}$（嘎色）的最早的误记，并衍化成为今名。“夹石峒”是古十八峒的部落联盟酋长驻地，其最早建于唐宋之际，最后一位部落联盟酋长尚俄梯被明太祖朱元璋诛杀后，“夹石峒”随之消亡，其余十七峒也逐渐销声匿迹，最后朝廷以“州”取代。

菜 趴 $tshe^{21}phe^{55}$

纯粹的土家语地名，$tshe^{21}phe^{55}$ 的汉字记音，但“菜”是 $tshe^{21}$（测）的误记，东部区多数地方的实际发音是“扯”；“趴”是 phe^{55}（拍）的音转。所以，这个地名比较准确一点应记作“测拍”。

土家语 $tshe^{21}phe^{55}$（测拍）系两个音节：$tshe^{21}$（测）的汉语义是“水”；phe^{55}（拍）的汉语义是“溢”“冒”。所以，$tshe^{21}phe^{55}$（测拍）连起来直译是“水冒”，调换语序结构译成汉语就是“冒水”或“溢水”。用作地名，就是有冒水或出冒水的地方。

这里有多处山泉从地下溢出，从而构成溪流“洒湖溪”，故而得名。

小 匝 $\c{c}ie^{35}tso^{55}$

纯粹的土家语地名，$\c{c}ie^{35}tso^{55}$（写着）的音变。按西部区的发音读作“写作”。

土家语 $\c{c}ie^{35}tso^{55}$（写着）系两个音节：$\c{c}ie^{35}$（写）的汉语义是“铁”；tso^{55}（着）的汉语义是“匠”“匠人”。所以，$\c{c}ie^{35}tso^{55}$（写着）连起来译成汉语就是“铁匠”。

此地以 $\c{c}ie^{35}tso^{55}$（写着）——“铁匠”作地名，显示古代先民在这里建有红炉，是铁匠打铁的地方。

马 田 $ma^{53}thi^{21}$

纯粹的土家语地名，$ma^{53}thi^{21}$ 的汉字记音，但“田”是 thi^{21}（梯）的误记。所以，这个地名的准确记音应是“马梯”。

土家语 $ma^{53}thi^{21}$（马梯）系两个音节：ma^{53}（马）的汉语义是“蜂子”（Apisme llifera）；thi^{21}（梯）作动词有三解：一是“得”“得到”，二是“摘”，三是“套”“捆”；这里应取第一解，即“得”或“得到”。所以，$ma^{53}thi^{21}$（马梯）连起来直译是“蜂子得”或“蜂子得到”，调换语序结构译成汉语就是“得蜂子”或“得到蜂子”。即能够得到蜂窝、蜂蛹的地方。

澧水上源区有两种毒蜂：一种叫“土雷蜂”，一种叫“梭雷蜂”。前者在地穴结巢，后者在树上筑窝。它们个儿大体肥，其蜂蛹是山区人民自食和待客的美味佳肴。秋收后，人们寻找其巢穴，烟熏火烧猎取蜂蛹。此地从前蜂子多、蜂巢多，是人们得到蜂蛹的地方，故而得名。

卡那坝 $kha^{55}la^{55}pha^{55}$

纯粹的土家语地名，$kha^{55}la^{55}pha^{55}$ 的汉字记音，但“那”是 la^{55}（拉）的音变（在张家界地区，人们对汉语拼音的声母 n 和 l 是分不清的，凡声母为 n 的汉字，都按声母为 l 的相应汉字来发音，如“南”“泥”“年”就分别读作“兰”“里”“连”，所以，这里将 la^{55} 误记成了“那”。类似这样的误记，张家界市的土家语地名中是很多的，后面在诠释此类地名时，只指出是误记，不再说明误记的具体原因）。“坝”是 pha^{55}（帕）的音变与误记。因此，这个地名的准确记音应是“卡拉帕”。

响　夹

土家语 $kha^{55}la^{55}pha^{55}$（卡拉帕）为一个音节，汉语义是“响夹”。

土家人习惯在天塔里翻晒粮食，为了防止鸡鸭偷食，家家都做有一种“响夹”。这种“响夹”用中号竹竿做成，一般近两米长，一端留存一两节作手柄，另一端均匀破成数块。鸡鸭来偷食时，守护人摇动“响夹”即可发出强烈响声，鸡鸭闻之，惊而逃去。土家语称这种“响夹”为 $kha^{55}la^{55}pha^{55}$（卡拉帕）。

响夹的特点是“响”，如今已不多见，但常被人们用来作比喻，如单车破旧，使用起来除了车铃不响，其他地方都响，人家就会说它像“响夹”。“响夹”是山区人民一道民俗风景。从前，此地制作和使用“响夹”很普遍，人们便以“响夹”作了地名。

罐头坪 $kuan^{35}thu^{53}phin^{21}$

土家语与汉语结合运用的地名：“罐头”是土家语 $kuan^{35}thu^{53}$ 的汉字记音；“坪”是汉语，即“坪坝”。

土家语 $kuan^{35}thu^{53}$（罐头）为一个音节，是东部区的一种土家语方言，译成汉语就是耕田的“铁铧”。所以，“罐头坪”就是“铁铧坪”。

旧时，农民所用“罐头”（铁铧）一般都由能工巧匠自开红炉浇铸。罐头坪就是从前先民们开设铁炉，浇铸铁铧的地方。

爬楼坡 $pha^{55}la^{55}pho^{55}$

土家语与汉语结合运用的地名：“爬楼”是土家语 $pha^{55}la^{55}$ 的汉字记音，但“楼”是 la^{55}（拉）的音转；“坡”是汉语，即“山坡”。所以，这个地名的准确记音应是“爬拉坡”。

土家语 $pha^{55}la^{55}$（爬拉）为一个音节。土家人居住的山区，有一些远离集镇的偏僻山沟，其面积小而且狭窄，汉语俗称为“角落”。对这种“狭窄的角落”，土家语统称为 $pha^{55}la^{55}$（爬拉），例如“扒拉坪”“扒拉湖”“爬拉溪”，等等，都是狭窄的偏僻地。所以，“爬拉坡”（爬楼坡）就是“偏僻而又狭小的角落里的山坡”。

七夕庄 $tɕhie^{35}ɕi^{55}tsu^{35}$

纯粹的土家语地名，$tɕhie^{35}ɕi^{55}tsu^{35}$ 的误记：“七夕”是 $tɕhie^{35}ɕi^{55}$ 的音变，“庄”，按西部区的语音是 tsu^{35}（租）的误记，按东部区的语音应记作“住”。所以，这个地名的准确记音应是“切西租”或“切西住”。

土家语 $tɕhie^{35}ɕi^{55}tsu^{35}$（切西住、切西租）由 $tɕhie^{35}ɕi^{55}$（切西）和 tsu^{35}（住、租）两个音节组成：$tɕhie^{35}ɕi^{55}$（切西）的汉语义是“柑子”（Citrus reticulata）；tsu^{35}（住、租）的汉语义是“出”“出产”。所以，$tɕhie^{35}ɕi^{55}tsu^{35}$（切西住、切西租）连起来直译是“柑子出产”，调换语序结构译成汉语就是“出柑子”，即出产柑子的地方。

从前，这里出产的柑子多、品质好，人们便以这种物产作了地名。

河口乡

位于县域西北部，乡治距县城49公里；辖20个行政村，149个村民小组；总面积138平方公里，其中耕地10855亩，林地144201亩；2008年末总人口11156人，主要少数民族有土家、苗、蒙古族等。该乡是全市唯一的蒙古族聚居地，蒙古族文化特色突出，蒙古族服饰、蒙古语保留较好。有草场面积8万多亩，箬竹叶生产基地2万多亩；主要土特产有猕猴桃、板栗、花生、茶油等；主要矿藏有硫铁、萤石、铅锌等。

奎 树 $kho^{55}su^{55}$

纯粹的土家语地名，$kho^{55}su^{55}$的汉字记音，但“奎”是kho^{55}（柯）的误记，“树”是su^{55}（苏）的音变。因此，这个地名的准确记音应是“柯苏”。解放前当地人的实际发音也是“柯苏”。

土家语$kho^{55}su^{55}$（柯苏）为一个音节，汉语义是“生姜”（Zingiber officiphale）；作为地名，就是生姜多的地方，或出产生姜的地方。

从前，这里生姜种植多，质量好，因而得名。

以 咱 $ji^{55}tsa^{53}$

纯粹的土家语地名，$ji^{55}tsa^{53}$的汉字记音。

土家语$ji^{55}tsa^{53}$（以咱）为一个音节，汉语义是“天坑”。这里因为有天坑，因而以天坑作了地名。

此地一面靠山坡，一面临坪坝，在山坡与坪坝临界处有一个硕大的天坑，山水和坪水都流入这个天坑。以$ji^{55}tsa^{53}$（以咱）——“天坑”定其名，名副其实。

车那洞 $tshe^{21}la^{21}tuŋ^{35}$

纯粹的土家语地名，$tshe^{21}la^{21}tuŋ^{35}$（扯拉峒）的误记，但西部区的发音读作“测拉峒”。

土家语$tshe^{21}la^{21}tuŋ^{35}$（扯拉峒）系三个音节：$tshe^{21}$（扯）的汉语义是“水”，la^{21}（拉）的汉语义是“路”；$tshe^{21}la^{21}$（扯拉）连起来译成汉语是“水路”，即“水沟”。$tuŋ^{35}$（峒）的汉语义是“村”“寨”。所以，“扯拉峒”（车那洞）就是“水沟峒”，即“沟峒”。

“测拉峒”不是一般的沟峒，而是历史上赫赫有名的澧水上源古十八峒之一。明代徐学谟《万历湖广总志》记载："桑植安抚司，元置，以羁十八峒蛮。……桑植、美坪、朝那、那步、苦竹、黄河、鱼龙、夹石、若南、捍坪、蚕寮、金藏、拓山、烂石、黄家、板山、龙潭、孟迷是也，皆白獠出没处。"其中的"蚕寮"是"车那"的误记。古代土家语的"车那"的实际发音是 $tshe^{21}la^{21}$（扯拉），与汉语的"蚕寮"音近。桑植安抚司的汉族官员是不懂土家语的，因而误记为"蚕寮"。作为古十八峒之一的"蚕寮峒"（即车那峒）的建立时代应在元代以远，至明代洪武年间，其部落联盟酋长尚俄梯被诛杀后，改"峒"为"州"，各峒逐渐消亡。

西　垭　$ɕi^{21}ŋa^{53}$

土家语与汉语结合运用的地名："西"是土家语 $ɕi^{21}$ 的汉字记音；"垭"是汉语，即"山垭"。

土家语 $ɕi^{21}$（西）的汉语义是"草"。所以，"西垭"就是"草垭"。可以想象，在那遥远的古时，这里曾是一个杂草丛生、人迹罕至的地方。

西　坪　$ɕi^{21}phin^{21}$

土家语与汉语结合运用的地名："西"是土家语 $ɕi^{21}$ 的汉字记音；"坪"是汉语，即"坪坝"。

土家语 $ɕi^{21}$（西）的汉语义是"草"。因此，"西坪"就是"草坪"。这个地名给我们展现的是一幅芳草萋萋的原始状态景象。

太　坪　$thai^{55}pi^{53}$

纯粹的土家语地名，$thai^{55}pi^{53}$ 的汉字记音，但"太"是 $thai^{55}$（胎）的音变，"坪"是 pi^{53}（比）的音变。因此，这个地名的准确记音应为"胎比"。

土家语 $thai^{55}pi^{53}$（胎比）为一个音节，汉语义是"对面""对门"。此地西高东低，中间是沟谷，村民大多居住在两侧的山腰或山顶上，两边互为"对面"和"对门"，因而得 $thai^{55}pi^{53}$（胎比）——"对面"之名。

千民坡　$tɕhi^{53}me^{21}pho^{35}$

土家语与汉语结合运用的地名。解放前，人们对这个地名的实际发音是"起嚜坡"，解放以后才被改为"千民坡"，并牵强附会为"千人居住的山坡"，实际上此地至今人口还不足500人。很明显，"千民"是"起嚜"的误记。其实"起嚜"是土家语 $tɕhi^{53}me^{21}$ 的汉字记音；"坡"是汉语，即"山坡"。所以，这个地名准确记音应是"起嚜坡"。

土家语 $tɕhi^{53}me^{21}$（起嚜）为一个音节，汉语义是"荞"（Fagopyrum esculentum Mcencb）；所以，"起嚜坡"（千民坡）就是"荞坡"。

这里是一面大山坡，土多平地少，水源奇缺，过去以刀耕火种为生计，甜荞、苦荞是主要粮食作物。因种的荞多，收入主要是荞，因而以 $tɕhi^{53}me^{21}$（起嚜）——“荞”直接作了地名。

左主坡 $tso^{53}tsu^{35}pho^{35}$

土家语与汉语结合运用的地名：“左主”是土家语 $tso^{53}tsu^{35}$ 的汉字记音，按西部区的发音读作“左租”；“坡”是汉语，即“山坡”。

土家语 $tso^{53}tsu^{35}$（左主）系两个音节：tso^{53}（左）的汉语义是一种被称为“扣”或“扣板”的织布工具，tsu^{35}（主）的汉语义是“出产”或“制造”；$tso^{53}tsu^{35}$（左主）连起来直译是“扣板出产”，调换语序结构译成汉语是“出产扣板”。因此，“左主坡”就是“出产扣板的山坡”。

“扣”或“扣板”为横条形，上下两端各置一块木板，木板间均匀密嵌若干光滑的细竹片，犹如封闭起来的木梳。土家姑娘在编织土锦或织布时，将经线一条一条地理入竹片间，这个工艺过程叫作“捡扣”。扣板的作用是将经线理开，使其互不缠绕。

大　国 $ta^{53}ko^{53}$

纯粹的土家语地名，$ta^{53}ko^{53}$ 的汉字记音，但通常应记为“打果”，是一个以当代普通话记录土家语语音的典型。

土家语 $ta^{53}ko^{53}$（打果）为一个音节，汉语义不是“打果子”，而是“打架”。以 $ta^{53}ko^{53}$（打果）——“打架”作地名，可能是从前的某个时期，这里曾经发生过部落与部落或人群与人群之间的械斗，影响很大，人们印象深刻，因以名之。

马骆湖 $ma^{53}lo^{21}xu^{21}$

纯粹的土家语地名，$ma^{53}lo^{21}xu^{21}$ 的汉字记音。

土家语 $ma^{53}lo^{21}xu^{21}$（马骆湖）系三个音节：ma^{53}（马）的汉语义是“蜂”（Apisme llifera）；lo^{21}（骆）的汉语义是“游玩”；xu^{21}（湖）的汉语义是“山与山之间的深谷”。因此，$ma^{53}lo^{21}xu^{21}$（马骆湖）连起来译成汉语就是“蜂子游玩的山谷”。

这个沟谷以往是人们放养蜂子的地方，到处蜂子飞舞，你来我往，自在安详，因而得名。

太　垭 $thai^{35}ŋa^{53}$

土家语与汉语结合运用的地名：“太”是土家语 $thai^{35}$ 的汉字记音；

“垭”是汉语，即“山垭”。

土家语称“没有”“穷”为 thai^{35}（太）；因此，“太垭”译成汉语就是“穷垭”。

以往这里自然条件不好，人们生活水平低下，因而得了这样一个不体面的地名。

生吉塔 sen^{55}tɕi^{55}tha^{55}

土家语与汉语结合运用的地名：“生吉”是土家语 sen^{55}tɕi^{55} 的汉字记音（也有记作“生祭”“星祭”“生基”的），但“生”是 sen^{55}（森）的误记；“塔”是汉语，即“坪塔”，也泛指有坪塔的地方。所以，这个地名的准确记音应是“森吉塔”。

土家语 sen^{55}tɕi^{55}（森吉）为一个音节，汉语义是指在人生前就选好墓地，建造墓室，竖立墓碑，待人死之后埋入墓塘的埋葬习俗。所以，“森吉塔”（生吉塔）就是建有“森吉墓”的地方。详细释义参见廖家村镇“新村坪”。

栗　东 li^{35}tuŋ^{35}

土家语与汉语结合运用的地名：“栗”是土家语 li^{35} 的汉字记音，不过一般多记为“利”“李”；“东”是汉语“洞”的误记，即“山洞”。所以，这个地名应记作“栗洞”。

土家语 li^{35}（栗）的汉语义是“虎”（Panthera tigris）；所以，“栗洞”（栗东）就是“老虎洞”。过去这里老虎多而凶猛，因而得名。

燕庄坪 je^{53}tsa^{35}phin^{21}

土家语与汉语结合运用的地名：“燕庄”是土家语 je^{53}tsa^{35}（也扎）的误记，“燕”是 je^{53}（也）的音变，“庄”是 tsa^{35}（扎）的音变；“坪”是汉语，意为“平地”“坪坝”，也泛指“有坪坝的地方”。因此，这个地名的准确记音应为“也扎坪”，按西部区的发音读作“也咱坪”。

土家语 je^{53}tsa^{35}（也扎）为一个音节，汉语义是“砍火畬”。因此，“也扎坪”（燕庄坪）就是原始先民砍火畬的地方，或是用“砍火畬”方式开垦出来的坪坝。详细释义参见上洞街乡“月珠溪”。

巴　结 pa^{21}tɕi^{21}

纯粹的土家语地名，pa^{21}tɕi^{21} 的汉字记音，但“结”是 tɕi^{21}（及）的误记。所以，这个地名的准确记音应是“巴及”。

土家语 pa²¹tɕi²¹（巴及）系两个音节：pa²¹（巴）的汉语义是“坡”，即山坡；tɕi²¹（及）是 tɕi²¹tha²¹（及他）的简化，汉语义是“下面”或“下头”，也可以理解为“脚下”。因此，pa²¹tɕi²¹（巴及）连起来译成汉语就是“山坡下面”或“山脚下”。

此地因在山坡下面，于是就以方位作了地名。

溪 河 tɕhi⁵³xe⁵³

土家语与汉语结合运用的地名，原名“起核溪”。“起核”是土家语 tɕhi⁵³xe⁵³ 的汉字记音；“溪”是汉语，即“溪沟”。记名者不懂得土家语，误把“起核溪”当作“溪河溪”，觉得啰唆累赘，便将其记为“溪河”，其实这是对“起核”的误解。

土家语 tɕhi⁵³xe⁵³（起核）为一个音节，汉语义是“糯米”。因此，“起核溪”就是“糯米沟”，即出产糯米多、质量好的地方。

“糯米”，又称“江米”“黏米”，是土家人十分喜爱的一种粮食。逢年过节，打糍粑、做阴米、做团萨、做甜酒、包叶儿粑，都离不开它。

科 溪 kho⁵⁵tɕhi⁵⁵

纯粹的土家语地名，kho⁵⁵tɕhi⁵⁵ 的汉字记音，但“溪”是 tɕhi⁵⁵（期）的音变与误记，因当地方言“溪”不读作 xī（西），而是读作 qī（期），故有此误记。所以，这个地名应记作“科期”。

土家语 kho⁵⁵tɕhi⁵⁵（科期）为一个音节，汉语义是梯玛主持祭仪时使用的一种卜具——“竹卦”。

在土家族地区，凡是较大的姓氏集团或者较大的峒寨，都有专司祭祀活动的 thi⁵⁵ma⁵³（梯玛），即“土老司”。“梯玛”既是祭祀仪式的主祭者，又是“人神相通”“人鬼相通”的中介者，同时也是预知祸福的占卜人。他们能够通晓天地阴阳的主要手段是“占卜”，其卜具除牛角、司刀外，主要是竹卦。这种竹卦以楠竹蔸一分为二组成，少则一对，多则三对，并以占十四“卦象”判断福祸吉凶。此地以 kho⁵⁵tɕhi⁵⁵（科期）为名，主要是这里的“梯玛”活动传承历史久远，其竹卦占卜极其灵验。

插 旗 tsha²¹tɕhi²¹

纯粹的土家语地名，tsha²¹tɕhi²¹ 的汉字记音。按西部区发音读作“擦旗”。

土家语 tsha²¹tɕhi²¹（擦旗、插旗）为一个音节，译成汉语是学名叫红腹角雉（chrysolophus pictus）的“锦鸡”。以往这里锦鸡多，因而以这种野禽作了地名。详细释义参见廖家村镇“茶溪洞”。

田谷塆 thi⁵⁵khu⁵³uan⁵⁵

土家语与汉语结合运用的地名，解放初期叫“梯枯塆”，合作化时才记录成“田谷塆”。“田谷”是土家语 thi⁵⁵khu⁵³（梯枯）的误记；“塆”是汉语，即“山塆”。

土家语 thi⁵⁵khu⁵³（梯枯）为一个音节，汉语义是“坛子”，例如“酒坛子”就是 ze³⁵thi⁵⁵khu⁵³（惹梯枯），“水坛子”就是 tshe²¹thi⁵⁵khu⁵³（测梯枯）。因此，“梯枯塆”（田谷塆）就是“坛子塆”。

此地位于山间凹地，四面环山，地形犹如一个坛子，因而得名。

新　南 çi⁵⁵lan⁵³

纯粹的土家语地名，çi⁵⁵lan⁵³（西兰）的音变与误记。

土家语 çi⁵⁵lan⁵³（西兰）为一个音节，汉语义是“被面”。过去，这里的土家姑娘心灵手巧，编织的被面花色多、质量好，远近闻名，因而便以 çi⁵⁵lan⁵³（西兰）——“被面”作了地名。

土家织锦——西兰卡普

土家人的被面很少素面，喜欢饰以各种花色，其品种有打花、挑花、染花、绣花等多种，可谓五彩缤纷，绚丽多姿，这些花被面就是通称的 çi⁵⁵lan⁵³kha⁵⁵phu⁵³（西兰卡普）。

塘水科 than⁵³sa⁵³kho⁵⁵

纯粹的土家语地名，than⁵³sa⁵³kho⁵⁵ 的汉字记音，但“塘”是 than⁵³（团）的误记，“水”是 sa⁵³（萨）的音变。所以，这个地名的准确记音应是“团萨科”。

土家语 than⁵³sa⁵³kho⁵⁵（团萨科）由 than⁵³sa⁵³（团萨）和 kho⁵⁵（科）两个音节组成：than⁵³sa⁵³（团萨）的汉语义是一种土家族传统食品；kho⁵⁵（科）的汉语义是“山包”或“山坡”。因此，than⁵³sa⁵³kho⁵⁵（团萨科）连起来译成汉语就是“团萨包”或“团萨坡”，因这里的团萨做得好而得名。

据考，明嘉靖年间，朝廷调集大批土家兵开赴苏（州）、杭（州）地区抗击倭寇。为了使自己的亲人在开赴前线途中不致受饥挨饿，家人特地为他们赶制了一种干粮。这种干粮是将糯米用清水淘洗浸泡，再用木甑蒸熟成饭，然后将熟糯米饭用圆形模具压成圆饼，油炸成型。这种食品久放不腐，可以干食，也可以拌以蜂蜜用开水冲泡，味道十分鲜美。这种食品土家语叫 $than^{53}sa^{53}$（团萨），也叫 $sa^{53}mi^{53}tsi^{21}$（萨米自）。明朝以降，土家人民将这种“抗倭干粮”发展成一种民族传统美食，点缀红绿花纹，形状多式多样，逢年过节用以馈赠亲朋，款待宾客，成为一道亮丽的风景。

七个田 $tɕhie^{21}kho^{21}thian^{21}$

土家语与汉语结合运用的地名：“七个”是土家语 $tɕhie^{21}kho^{21}$（且可）的误记，“个”是 kho^{21}（可）的音变；“田”是汉语。所以，这个地名的准确记音应为“且可田”。

土家妇女绩麻时用来装麻纱的麻篮

土家语 $tɕhie^{21}kho^{21}$（且可）为一个音节，汉语义是“麻篮”。因此，“且可田”（七个田）就是“麻篮田”。

土家人世居山区，依山济人，广植苎麻。夏秋时节，土家妇女剥取麻皮，并刮去外皮将其晒干，然后绩成麻纱，织成麻布，缝制麻布衣服和蚊帐。绩麻时都有一个麻篮，用来盛装麻线。

那么，“麻篮田”是什么意思呢？这是因为麻篮通体都留筛子眼，装不住水，“麻篮田”是比喻，意思是“装不住水的漏水田”，与俗称的“筛子田”同义。

来　朝 $lai^{35}tsha^{53}$

纯粹的土家语地名，$lai^{35}tsha^{53}$ 的汉字记音，但“朝”是 $tsha^{53}$（查）的音变与误记。所以，这个地名的准确记音应是“来查”，按西部区的发音读作“来嚓”。

土家语 $lai^{35}tsha^{53}$（来查）为一个音节，有的地方叫“奈查”，有的地方叫“旯差”，其汉语义都是一种叫“笮背”的背笼。过去，这里的篾匠师傅手艺好，编织的“筅背”好，因此便以 lai^{35}tsha^{53}（来查）——“筅背”作了地名。

土家人世代与山为伴，靠在山上广种薄收维持生计。而山里悬岩陡坎，山道崎岖，运输生产资料和生活资料，肩挑实不可能，只好靠背负。于是，土家先民便创造了一种名叫“筅背”的负重工具。这种“筅背”是一种用竹篾编织而成的背笼，上大下小、上圆下方，一般可负重一百余斤，大的可达两百余斤。每遇秋收，人们就靠着这种“筅背”，一背背、一筅筅将山里的苞谷、粟谷、红豆、麻豆等粮食背运回来，“筅背”成了山区土家人的又一道亮丽的风景。

篾石溪 mi^{55}si^{35}tɕhi^{55}

土家语与汉语结合运用的地名：“篾石”是土家语 mi^{55}si^{35} 的汉字记音，但“篾”是 mi^{55}（米）的音变；“溪”是汉语，即“溪沟”。所以，这个地名的准确记音应为“米石溪”，按西部区的发音读作“米司溪”。

土家语 mi^{55}si^{35}（米石）为一个音节，汉语义是“火星子”，这里实际是指“萤火虫”（Luciola terminalis）。因此，“米石溪”（篾石溪）就是“萤火虫沟”。

这条山沟气候凉爽，溪水潺潺，夏秋时节，萤火虫集聚其间。每到晚上，沟谷里繁星点点，荧光闪烁，蔚为壮观，因而得了 mi^{55}si^{35}tɕhi^{55}（米石溪）——“火星沟”之名。

沙洲湖 sa^{53}tsu^{35}xu^{21}

纯粹的土家语地名，sa^{53}tsu^{35}xu^{21} 的汉字记音，但“洲”是 tsu^{35}（住）的误记。所以，这个地名的准确记音应是“沙住湖”。按西部区的发音读作“撒租湖”。

土家语 sa^{53}tsu^{35}xu^{21}（沙住湖）系三个音节：sa^{53}（沙）的汉语义是“鸭子”（Anas domestica），tsu^{35}（住）的汉语义是“出”或“出产”；sa^{53}tsu^{35}（沙住）连起来直译是“鸭子出”，调换语序结构译成汉语是“出鸭子”，即出产鸭子。xu^{21}（湖）的汉语义是“山谷”。因此，sa^{53}tsu^{35}xu^{21}（沙住湖）连起来译成汉语就是“出产鸭子的山谷”。

这里地处澧水中源源头，境内溪沟纵横，气候温和湿润，田螺、草虾、昆虫很多，食料充足，是繁养鸭子的理想之地。过去，这里鸭客多、鸭棚多、鸭子多，因而得 sa^{53}tsu^{35}（沙住）——“出产鸭子”之名。

“沙洲湖”附近有“沙洲河”“沙洲坝”“沙洲坪”，所在地村寨也称“沙洲村”，这些地名都以“沙洲”为其名称。表面看来，这“沙洲”似乎是沙子堆积起来的河洲，实际并非如此。这些“沙洲”都是土家语 $sa^{53}tsu^{35}$（沙住）的东部区的读音。所以，“沙洲河”就是“出产鸭子的河”；“沙洲坝”和“沙洲坪”就是“出产鸭子的坪坝”；“沙洲村”就是“出产鸭子的村寨”了。

宋 家 $su\eta^{35}ka^{53}$

纯粹的土家语地名，$su\eta^{35}ka^{53}$ 的汉字记音。但“家”是 ka^{53}（嘎）的近音汉字替代，在当地，“家”的实际读音还是“嘎”。所以，这个地名的准确记音应是“宋嘎”。

土家语 $su\eta^{35}ka^{53}$（宋嘎）为一个音节，汉语义是用来舂米的“碓”，俗称“碓马”。旧时，山区人民生产落后，粮食加工也极其原始，所食用的稻米全靠碓舂，因此，每家每户都有“碓马”。每到晚上，家家户户便碓马声声，呼应交错。这个地名就是这种场景的历史记录。

朝 东 $tshe^{21}tu\eta^{21}$

土家语与汉语结合运用的地名，原名“车洞”，“文化大革命”期间改名“朝东”，沿用至今。“车”是土家语 $tshe^{21}$（扯）的音变；“洞”是汉语，即“山洞”。所以，这个地名的准确记音应是“扯洞”，按西部区的发音读作“测洞”。

土家语 $tshe^{21}$（扯）的汉语义是“水”，所以，“扯洞”（朝东）就是“水洞”，也指冒水、出水的井洞。

此地沟谷纵横，但水源奇缺，人们要到很远的井洞或山洞挑水饮用，洞水成了主要的用水来源，因此便以这种特征作了地名。

别卡峒 $pi^{35}kha^{21}tu\eta^{35}$

纯粹的土家语地名，$pi^{35}kha^{21}tu\eta^{35}$ 的汉字记音，但“别”是 pi^{35}（毕）的误记。所以，这个地名应记作“毕卡峒”。

土家语 $pi^{35}kha^{21}tu\eta^{35}$（毕卡峒）由 $pi^{35}kha^{21}$（毕卡）和 $tu\eta^{35}$（峒）两个音节组成：$pi^{35}kha^{21}$（毕卡）是 $pi^{35}tɕi^{53}kha^{21}$（毕基卡）的简化，汉语义是“土家族”；“峒”的汉语义是“村落”“山寨”。所以，$pi^{35}tɕhi^{53}kha^{21}tu\eta^{35}$（毕基卡峒）或 $pi^{35}kha^{21}tu\eta^{35}$（毕卡峒）就是“土家寨”，是土家族聚居的地方。详细释义参见两河口乡“笔架村”。

树乐坝 su³⁵lo⁵³pa⁵³

以土家族人物命名的土家语地名。原名“尚树洛巴”，“尚树”为人名，“尚”为姓，“树”为名；“乐坝”是土家语lo⁵³pa⁵³（洛巴）的误记。

据《尚氏族谱》记载，“尚树”是明朝中期的一个土家族头领，他生于斯地，长于斯地，后来也死于斯地。

土家语lo⁵³pa⁵³（洛巴）为一个音节，汉语义有三解：一是男人，又称lo⁵³pa⁵³tie⁵³（洛巴爹）；二是丈夫；三是头人、大王，也称lo⁵³tɕhi⁵³pa⁵³（洛起巴）。这里应取第三解，即“头人”“大王”。因此，su³⁵lo⁵³pa⁵³（树洛巴）就是“树头人”，是土官尚树头领居住的地方。

树乐坝又名树落村，经考证，是古十八峒之一，始名“书洛峒”，元代中后期直到明代，“书洛峒”消失，取而代之的是“孟迷峒”。为什么会出现这种情况呢？原来“书洛峒”到元代时的峒长名叫尚树，人称尚树洛巴，“书洛峒”就是以他名字命名。他死后，接任峒长叫“郑老”。这时，朝廷撤销“书洛峒”，而在龙山的猛必建立“孟迷峒”，仍由郑老任峒长。而原“书洛峒”改称“树洛巴”，今为“树乐坝”或“树落村”。

神州界 se²¹tsu³⁵kai³⁵

土家语与汉语结合运用的地名：“神州”是土家语se²¹tsu³⁵（社住）的附会与误记；“界”是汉语，即“山界”。所以，这个地名应记为“社住界”，按西部区的发音读作“色租界”，当地老人的实际发音也是“色租界”。

土家语se²¹tsu³⁵（社住）系两个音节：se²¹（社）的汉语义是“药”，即“药草”；tsu³⁵（住）的汉语义是“出”，即“出产”。se²¹tsu³⁵（社住）连起来直译是“药出”，调换语序结构译成汉语是“出药”。所以，“色租界”（社住界）就是“出药界”。

这条山界上地利条件好，气候适宜，生长的药草药材品种多，因而得“出药界”之名。

四川溪 si²¹tsho⁵³tɕhi⁵⁵

土家语与汉语结合运用的地名：“四”是土家语si²¹的汉字记音，但多记为“司”；而按东部区多数地方的语音则应记为“石”。“川”是土家语tsho⁵³（濯）的音变与误记。“溪”是汉语，即“山沟”。所以，这个地名的准确记音应是“司濯溪”，当地老人们的实际发音也是“司濯溪”。

土家语si²¹tsho⁵³（司濯）系两个音节：si²¹（石）的汉语义是“野兽”；tsho⁵³（濯）的汉语义是“屋”，也指“窝”“巢”。si²¹tsho⁵³（司濯）连起来译成汉语是“兽窝”。因此，“司濯溪”（四川溪）就是“兽窝沟”，即野兽构建窝巢的沟谷。

过去，这里山大谷深，树茂林荫，人迹罕至，各种野兽活跃其间，犹如兽类的天堂，因而得“司濯溪”（四川溪）——“兽窝沟”之名。

腊树溪 $la^{35}su^{35}tɕhi^{55}$

土家语与汉语结合运用的地名：“腊树”是土家语 $la^{35}su^{35}$ 的汉字记音，但 la^{35} 一般记为“拉”；“溪”是汉语，即“山沟”。所以，这个地名的准确记音应是“拉树溪”。按西部区的发音读作“拉苏溪”。

土家语 $la^{35}su^{35}$（拉树）系两个音节：la^{35}（拉）的汉语义是“路”；su^{35}（树）的汉语义是“造”“修”“筑”，如“修屋”就是 $tsho^{53}su^{35}$（挫树）。$la^{35}su^{35}$（拉树）连起来直译是“路修”，调换语序结构译成汉语是“修路”。所以，“拉树溪”（腊树溪）就是“修路溪”或“筑路溪”。

此地有一条较大的溪流，由车洞流经科溪，再由董市注入澧水中源。在遥远的古代，土家先民沿着这条溪流修筑了长达十余里的山道，然后在溪流两岸定居下来，开垦了这一片土地。因为有了这条山道才有了他们的家园，人们便以“拉树”——“修路”作了地名。

座㓒月 $tsho^{53}lo^{53}je^{53}$

纯粹的土家语地名，$tsho^{53}lo^{53}je^{53}$ 的汉字记音。但“座”是 $tsho^{53}$（挫）的音变；“㓒”是当地自造字，读 luō（啰），是 lo^{53}（洛）的记音；“月”是 je^{53}（叶）的误记，古代土家语音的韵母无撮口呼“ü”，只有“i”，因此“月”读作“叶”，故有此误。所以，这个地名的准确记音应是“挫洛叶”。

土家语 $tsho^{53}lo^{53}je^{53}$（挫洛叶）由 $tsho^{53}lo^{53}$（挫洛）和 je^{53}（叶）两个音节组成：$tsho^{53}lo^{53}$（挫洛）是 $lo^{21}ka^{21}ȵi^{55}$（洛嘎尼）的简化，汉语义是“妻子”“已婚女人”；je^{53}（叶）是动词“拉”“拖”“抢”，基本义是“抢”。因此，$tsho^{53}lo^{53}je^{53}$（挫洛叶）连起来直译是“妻子抢”，调换语序结构译成汉语就是“抢妻子”，俗称“抢亲”。

这是一个化石般的地名，也是一个十分有趣的地名。在遥远的古代，即在母系社会向父系社会转变之时，不少的民族都曾经盛行过“抢亲”并成为习俗。作为古代民族之一的土家族也不例外，这种“抢亲”习俗也曾流行过一段时期。据传说，男女双方谈婚、定亲都自由自愿，但到结亲时，男方不接不迎，而是组织抢亲队伍乘夜晚去偷去抢，女方家庭不仅不设防，反而欣喜若狂。当然，这种偷抢不是真抢，而是习俗使然。由此看来，“挫落叶”地名千古犹存，不仅为土家族人类学保留了一颗活化石，也为土家族历史勒刻了一方不朽文明。

八　洞　pa^{21}tuŋ^{35}

土家语与汉语结合运用的地名：“八”是土家语 pa^{21} 的汉字记音；“洞”是汉语，即“山洞”。

土家语 pa^{21}（八）的汉语义不是数词“八”，而是“山”或“山坡”。例如土家人称“上山”或“上坡”为 pa^{21}ku^{21}（八古），称“下山”或“下坡”为 pa^{21}ta^{21}（八达）。所以，pa^{21}tuŋ^{35}（八洞）就是“山洞”或“山坡上的岩洞”。

西野坪　ɕi^{35}je^{55}phin^{21}

土家语与汉语结合运用的地名：“西野”是土家语 ɕi^{35}je^{55} 的汉字记音；“坪”是汉语，即“坪坝”。

土家语 ɕi^{35}je^{55}（西野）为一个音节，汉语义是药用植物“萹蓄草”(Polygonum aviculare)。所以，“西野坪”便是“萹蓄草坪”，是生长萹蓄草的地方。

萹蓄草功能清利膀胱湿热，是土家药匠用来治疗热淋、小便不利、黄疸等疾病的要药。此地从前普遍生长萹蓄草，是人们常去采药的地方，故而得名。

与“西野坪”相邻还有一地名叫“西野垭”，此“西野”与彼“西野”其义完全相同，因此，“西野垭”就是“萹蓄草垭”，垭因坪得名。

铲子溃　tsho^{53}tsa^{53}khui^{55}

纯粹的土家语地名，tsho^{53}tsa^{53}khui^{55} 的汉字记音，但“铲子”是 tsho^{53}tsa^{53}（濯咱）的误记。所以，这个地名应记作“濯咱溃”。按西部区的发音读作“挫咱溃”。

土家语 tsho^{53}tsa^{53}khui^{55}（濯咱溃）由 tsho^{53}tsa^{53}（濯咱）和 khui^{55}（溃）两个音节组成：tsho^{53}tsa^{53}（濯咱）的汉语义是“屋场”“屋基”；khui^{55}（溃）的汉语义是“山窝”“窝凹”。所以，tsho^{53}tsa^{53}khui^{55}（濯咱溃）连起来译成汉语便是“屋场凹”，即适合修建房屋的山窝，或曾经是某人屋场的窝凹。

垭比月　ŋa^{53}pi^{35}je^{21}

汉语与土家语结合运用的地名：“垭”是汉语，即“山垭”；“比月”是土家语 pi^{35}je^{21}（必叶）的音变与误记。因此，这个地名的准确记音应是“垭必叶”。

土家语 $pi^{35}je^{21}$（必叶）系两个音节：pi^{35}（必）的汉语义是“小”；je^{21}（叶）的汉语义是“神”。但是“垭必叶”不能译为“垭小神”，而应译为“小垭神”，因为土家语的基本语序是修饰语在被修饰语之后，pi^{35}（必）在“垭”的后面，是修饰“垭”的，在汉译时应倒过来，即“小垭神”。土家语 je^{21}（叶）直译是“神”，但也引申为“神堂”“神屋”，即 $je^{21}tsho^{53}$（叶撮）。所以，“小垭神”实际就是指小山垭上的神堂。

从前，这个小山垭上设有敬神的场所——神堂、神屋，因而得名。

译山坡 $ji^{21}si^{21}pho^{35}$

土家语与汉语结合运用的地名：“译山”的实际发音是“译三”，是土家语 $ji^{21}si^{21}$（译思）的音变与误记；“坡”是汉语，即“山坡”。所以，“译山坡”的原始名称应是 $ji^{21}si^{21}pho^{35}$（译思坡）。

土家语 $ji^{21}si^{21}$（译思）为一个音节，汉语义是“薏苡”（Coix lacryma-jobi）所结的果实，即俗称的“串珠子”或“尿珠子”。所以，“译思坡”（译山坡）就是“串珠子坡”，因薏苡果实多而得名。

“串珠子”颗粒大，圆实，表面有斑纹，十分美丽，人们常常摘来串成项链、手链、脚链，佩戴起来十分好看。

条子垭 $thi^{21}tsi^{53}ŋa^{53}$

土家语与汉语结合运用的地名：“条子”是土家语 $thi^{21}tsi^{53}$ 的汉字记音，但“条”是 thi^{21}（提）的音变；“垭”是汉语，即“山垭”。所以，这个地名应记作“提子垭”。

土家语 $thi^{21}tsi^{53}$（提子）系两个音节：thi^{21}（提）的汉语义是“得”“得到”，还可以表达“可以得”“可以得到”“能够得到”等含义；tsi^{53}（子）的汉语义是“猪”，这里实指“野猪”（Sus scrofa）。$thi^{21}tsi^{53}$（提子）连起来译成汉语是“能够得到野猪”。所以，“提子垭”（条子垭）就是“能够得到野猪的山垭”。

从前，这个山垭上是广漠的荒原，树茂林菁，水碧草肥，成群的野猪栖息其间。先民们常去打猎，而且次次都有好的收获，故得其名。

溪垭包 $tɕhian^{55}ŋai^{55}pau^{35}$

土家语与汉语结合运用的地名：“溪垭”是土家语 $tɕhian^{55}ŋai^{55}$（千矮）的音变与误记；“包”是汉语，即“山包”。所以，这个地名的准确记音应是“千矮包”。

土家语 $tɕhian^{55}ŋai^{55}$（千矮）为一个音节，汉语义是“兄弟”。所以，“千矮包”（溪垭包）就是“兄弟包”。

土家人对于家族中的兄弟姐妹有着各自不同的称谓，例如称“哥哥”“兄”为 a^{21}kho^{53}（阿可），称“弟弟”为 a^{21}ŋai^{53}（阿矮），称“姐姐”为 a^{21}ta^{55}（阿大），称“妹妹”为 za^{21}（冗）或 a^{21}mi^{53}（阿米），对“兄弟”称为 tɕhian^{55}ŋai^{55}（千矮），对“兄弟们”则称为 tɕhian^{55}ŋai^{55}tie^{21}（千矮爹）。

在遥远的古代，这个山包上是一片草木丛生的荒原，某个时期，有土家先民中的兄弟们来到这里，用自己的辛勤劳动，开垦了这片土地，使之成为今日的美好田园。于是，人们便用 tɕhian^{55}ŋai^{55}（千矮）——“兄弟”作了纪念性地名。

其家坡 tɕhi^{35}ka^{53}pho^{35}

土家语与汉语结合运用的地名：“其家”是土家语 tɕhi^{35}ka^{53}（七嘎）的音变；“坡”是汉语，即“山坡”。所以，这个地名的准确记音应是“七嘎坡”。

土家语 tɕhi^{35}ka^{53}（七嘎）为一个音节，汉语义是“疮”“疱”，即人身上长出的毒疮、毒疱。所以，“七嘎坡”（其家坡）就是“疮坡”“疱坡”，即长疮疱的地方。

此地以“疮疱”作地名，推其缘由可能有二：一是在古代的某个时期，此地曾经发生过一场危害巨大的疮疱疾病，给人们留下深刻印象；二是此地山包多而密集，犹如疮疱一样。二者必居其一。

索枝埠 so^{53}tsi^{21}xu^{21}

纯粹的土家语地名，so^{53}tsi^{21}xu^{21} 的汉字记音，但“枝”是 tsi^{21}（兹）的音变；xu^{21} 一般记为“湖”。所以，这个地名应记为“索兹湖”。

土家语 so^{53}tsi^{21}xu^{21}（索兹湖）系三个音节：so^{53}（索）的汉语义是“雾”；tsi^{21}（兹）的汉语义“结”“集结”“挂”；so^{53}tsi^{21}（索兹）连起来直译是“雾结”或“雾挂”，调换语序结构译成汉语是“结雾”或“挂雾”。xu^{21}（湖）的汉语义是山与山之间的“山谷”“沟谷”。所以，so^{53}tsi^{21}xu^{21}（索兹湖）连起来译成汉语就是“结雾谷”或“挂雾谷”，即经常起浓雾的山谷。总之，是雾多的地方。

官塞洞 ka^{21}se^{21}thuŋ^{53}

纯粹的土家语地名，ka^{21}se^{21}thuŋ^{53}（嘎色桶）的音变与误记：“官”是 ka^{21}（嘎）的近音汉字替代；“塞”是 se^{21}（色）的音变与误记，因当地“塞”不读作 sài（赛），而是读作 sé（色），故有此误记；“洞”是 thuŋ^{53}

（桶）的音变。

土家语 $ka^{21}se^{21}thuŋ^{53}$（嘎色桶）由 $ka^{21}se^{21}$（嘎色）和 $thuŋ^{53}$（桶）两个音节组成：$ka^{21}se^{21}$（嘎色）是 $ka^{21}muŋ^{21}se^{21}$（嘎蒙色）的简化。有意思的是，这 $ka^{21}muŋ^{21}se^{21}$（嘎蒙色）可以简化为 $ka^{21}muŋ^{21}$（嘎蒙），也有可以简化成 $ka^{21}se^{21}$（嘎色），它们的汉语义都是“枫香树”（Liquidambar formosana）。$thuŋ^{53}$（桶）的汉语义不是“水桶”“木桶”，而是“窝”。所以，$ka^{21}se^{21}thuŋ^{53}$（嘎色桶）连起来译成汉语就是“枫香树窝”，即长满枫香树的地方。参见陈家河镇“夹石河”。

莫大坪　$mu^{55}ta^{35}phin^{21}$

以土家族峒长命名的地名，是一个历史悠久、变化巨大的地名。

溯其本源，此地的原始名称是“木坪”。据明代徐学谟《万历湖广总志》载：“桑植安抚司，元始设立，以羁十八峒蛮。”各峒“各设土酋一人铃束，名曰峒长”。美坪峒即十八峒之一，“美坪”为“木坪”误记而来。而当时“美坪峒”的峒长名叫“那木得”，人们以峒长之名呼“美坪”为“木得坪”，“美坪”反而少用。土家语在该地消失后，人们不再懂得它的含义，便记名为“莫大坪”，从而留传至今。

正在作法的梯玛

“木得坪”也好，“莫大坪”也罢，它们都是以“美坪峒”著名峒老“那木得”名讳命名的地名，时间应在元朝以远，具体含义今不可考。

田麻界　$thi^{55}ma^{53}kai^{35}$

土家语与汉语结合运用的地名：“田麻”是土家语 $thi^{55}ma^{53}$（梯玛）的误记；“界”是汉语，即“山界”。所以，这个地名应记作“梯玛界”。直到20世纪的60年代，当地的老人们都称呼这个地方为“梯玛界”，并翻译成汉语“老司界”。可是如今有的史料却记成了今名，显然是不懂土家语的文人们的讹编。

土家语 $thi^{55}ma^{53}$（梯玛）为一个音节，汉语义是“土老司”；所以，

“梯玛界”（田麻界）就是“土老司界”。

几千年来，土家族一直有着自己的民族宗教——“服司妥”，汉语义为“做土菩萨”“还神愿”，目的是给死去的本民族亡灵解送钱财，解除过结，从而使人间吉祥、平安，人寿年丰。这种祭祀活动的主持人就叫 $thi^{55}ma^{53}$（梯玛），它是沟通人神和人鬼的桥梁。从前，这个山界上住着远近闻名的“梯玛”，故而得名。

黑塞洞 $xa^{53}si^{21}tuŋ^{35}$

土家语与汉语结合运用的地名：“黑塞”是土家语 $xa^{53}si^{21}$（哈司）的误记。全国推广汉语拼音方案之前的几千年内，澧水上源区的语言中有“哈”音而无“哈”字，用汉字记音时常常采用与其发音较近的“喝”“黑”“海”等字替代，此处是以“黑”代 xa^{53}（哈）。“塞”则是 si^{21}（司）的音变。“洞”是汉语，即“山洞”，一般指有山洞的地方。因此，这个地名的准确记名应是“哈司洞”。

土家语 $xa^{53}si^{21}$（哈司）为一个音节，其完整音节是 $xa^{53}lie^{21}si^{21}$（哈列司），其中的 lie^{21}（列）属短促轻音，极易脱落，而只留下 $xa^{53}si^{21}$（哈司），但含义不变，译成汉语就是杨梅科植物“野杨梅”（Mirica L）。所以，“哈司洞”（黑塞洞）就是“野杨梅洞”，即野杨梅多的地方。

巴拉洞 $pha^{55}la^{55}tuŋ^{35}$

土家语与汉语结合运用的地名：“巴拉”是土家语 $pha^{55}la^{55}$（扒拉）的误记；“洞”是汉语，即“山洞”。所以，这个地名应记作“扒拉洞”。

土家语 $pha^{55}la^{55}$（扒拉）为一个音节，是一个修饰词，相当于汉语的“旮旯”“角落”的狭窄处。“洞”，在土家人的意识上是双重的，它即表示“洞”本身，也表示“洞”的周边地域。所以，“扒拉洞”（巴拉洞）就是“角落里狭窄的地方”。意思是说，这个地方坐落在偏僻而又狭窄的洞边。

土家湖 $thu^{21}ka^{35}xu^{21}$

纯粹的土家语地名，$thu^{21}ka^{35}xu^{21}$（图嘎湖）的音变与误记。

土家语 $thu^{21}ka^{35}xu^{21}$（图嘎湖）由 $thu^{21}ka^{35}$（图嘎）和 xu^{21}（湖）两个音节组成：$thu^{21}ka^{35}$（图嘎）的汉语义是“媒人”；xu^{21}（湖）的汉语义是“谷”“沟”。所以，$thu^{21}ka^{35}xu^{21}$（图嘎湖）连起来译成汉语就是“媒人谷”“媒人沟”。从前，这个山谷里居住过十分著名的媒人，故得其名。详细释义参见两河口乡“涂家湖”。

这里顺便说一下，有史料将这个地名释为“山地像湖，湖边住着土家族”。这显然是望文生义。土家族被认定为单一民族是1957年，而这个地名定名至少是上百年，甚至上千年，那时还没有“土家族”一说，只有“毕基卡”或“毕兹卡”。此说与历史事实不符。

了 园 $liau^{21}jəu^{55}$

纯粹的土家语地名，$liau^{21}jəu^{55}$（僚优）的误记。土家语在该地消失后，人们再也弄不懂它的实际内涵，人们记名时便以汉语义去推测比附，有的记为“鸟园”，人民公社化时循音定名为“燎原”，人为地给它涂上了浓厚的政治色彩。

1987年春天，文物考古部门在澧水三源和溇水两岸调查出夏代晚期至商代早期的古文化遗址四十余处，经中国社会科学院安致敏教授、北京大学考古系邹衡教授、湖南省考古所何介均所长等专家鉴定为上古濮人居址。上古濮人到中古称为“僚人”，都是土家族的原始先民。桑植的这批早商遗址在“了园”就有几处。

可以判定，这“了园”就是土家语 $liau^{21}jəu^{55}$（僚优）的音变与误记。$liau^{21}$（僚）就是中古的“僚人”；$jəu^{55}$（优）的汉语义是“村庄”“寨子”。所以，$liau^{21}jəu^{55}$（僚优）连起来译成汉语就是“僚人寨”，即古代土家先民僚人居住的地方。

岩屋口乡

位于县域西北部，乡治距县城38公里；辖9个行政村，62个村民小组；总面积49.8平方公里，其中耕地面积3433亩，林地49384亩；2008年末总人口5241人，其中土家族4561人，占总人口的87%。境内煤炭资源较丰富，年产煤6万吨；主要经济作物有花生、柑橘、茶叶等。在解放初期的剿匪斗争中，16位烈士将鲜血洒在这片土地上。

在耳垉　tse^{21}e^{55}pu^{55}

纯粹的土家语地名，tse^{21}e^{55}pu^{55}的汉字记音，但“在”是tse^{21}（则）的误记；“耳”是e^{55}的汉字记音，但多记为“二”；“垉”是当地的自造字，音“抱”，是pu^{55}（布）的音变。所以，这个地名的准确记音应是“则二布”。

舂米

土家语tse^{21}e^{55}pu^{55}（则二布）由tse^{21}e^{55}（则二）和pu^{55}（布）两个音节组成：tse^{21}e^{55}（则二）的汉语义是“稻米”；pu^{55}（布）的汉语义是“舂”，即用碓舂。因此，tse^{21}e^{55}pu^{55}（则二布）连起来直译是“米舂”，调换语序结构译成汉语就是“舂米”。

过去，这里没有水碾，所食稻米全靠“碓马”加工，每到夜晚家家户户碓马声声，此起彼伏。根据这样的特点，便将tse^{21}e^{55}pu^{55}（则二布）——“舂米”作了地名。

砂河坪　sa^{35}xo^{21}phin^{21}

土家语与汉语结合运用的地名：“砂河”是土家语sa^{35}xo^{21}的汉字记音，原汁原味，准确地道；“坪”是汉语，即“坪坝”。这个地名按西部区的发音应读作“撒河坪”，当地人的实际读音也是“撒河坪”。

土家语sa^{35}xo^{21}（砂河）为一个音节，汉语义是“木排”。《梯玛神歌》

中有这么几句唱词："革日坦，捏必咱，啥河坡，聋古一。"将它译成汉语就是"马在跑，鸟在飞；放木排，见团鱼"。其中的"啥河坡"就是"放木排"。"砂河""啥河""撒河"同义，都是"木排"。所以，"砂河坪"就是"木排坪"。

此地位于澧水河畔，紧靠着蹇家坡乡的"砂河界"，树大林茂，盛产各种木材。人们将山上的木材运到这里，编扎成木排，然后沿澧水南下，换取各种必需品。这里是人们经常编扎木排的地方，故得其名。

撒埠溪 $sa^{53}xu^{21}tɕhi^{55}$

土家语与汉语结合运用的地名：有的记作"洒湖溪"，有的记作"隋湖溪"，字不同，音相近，义相同，土家语用汉字记音很难有统一的标准，字虽不同，其音其义能够准确就很难得了。"撒埠"是土家语 $sa^{53}xu^{21}$ 的汉字记音，但 xu^{21} 一般记为"湖"；"溪"是汉语，即"溪沟"。

土家语 $sa^{53}xu^{21}$（撒埠）系两个音节：sa^{53}（撒）的汉语义是"鸭""鸭子"（Anas domestica）；xu^{21}（埠）即"湖"，是"山与山之间的谷地"，即"山谷"。$sa^{53}xu^{21}$（撒湖）连起来译成汉语是"鸭子谷"。所以，"撒湖溪"（撒埠溪）就是"鸭子谷沟"。直白一点说，就是人们放养鸭子的地方。

吾　坝 $u^{35}pa^{35}$

土家语与汉语结合运用的地名。这里有两块较大的坪坝子，一个叫"大吾坝"，一个叫"小吾坝"，"吾坝"是"大吾坝"和"小吾坝"的统称。"吾坝"的"吾"是土家语 u^{35} 的汉字记音；"坝"是汉语，即"坪坝"。

土家语 u^{35}（吾）的汉语义是"黄牛"（Bos taurus domestica）。所以，"吾坝"就是"黄牛坝"或"黄牛坪"。"大吾坝"是"大黄牛坪"，"小吾坝"是"小黄牛坪"，这里的"大""小"不是修饰"黄牛"的，而是就坪坝的面积而言的。

以往这里的土家先民家家养牛，黄牛成群，四野皆是，成为一方风景，故得 $u^{35}pa^{35}$（吾坝）——"黄牛坝"之名。

克米河 $kha^{21}mie^{21}xu^{21}$

纯粹的土家语地名，$kha^{21}mie^{21}xu^{21}$（卡灭湖）的误记，当地老人的实际发音也是"卡灭湖"。

土家语 $kha^{21}mie^{21}xu^{21}$（卡灭湖）系三个音节：kha^{21}（卡）的汉语义是"木"或"段木"；mie^{21}（灭）的汉语义是"破""破开"；xu^{21}（湖）的汉语义是"山间的谷地"。所以，$kha^{21}mie^{21}xu^{21}$（卡灭湖）连起来直译是"木破谷"，调换语序结构译成汉语就是"破木谷"，即破开木料的沟谷。当地人称破开木材为"解（读'盖'）料"，干这项活的人为"解匠"。因此"卡灭湖"最终是指"解匠沟"。

土家人建转角楼、修家整业、做家具等都需要木板，获得木板的手段就是mie^{21}（灭），即"解"。"解"是将段木横卡在"木马"上，两人合拉一把粗齿锯（俗称解锯）纵向推拉，按照需要的厚度破开段木筒，一块一块地取下木板。"解料"是一项工艺精细而又很费体力的劳动。现在有了电锯，自然不可同日而语了。过去这里是个"解料场"，"解匠"师傅手艺高强，因而得名。

罗富峪 $lu^{55}xu^{55}jəu^{55}$

纯粹的土家语地名，$lu^{55}xu^{55}jəu^{55}$的汉字记音，但"罗"是lu^{55}（鲁）的误记，"富"一般记为"乎"，"峪"是$jəu^{55}$（优）的音变。所以，这个地名应记作"鲁乎优"。

土家语$lu^{55}xu^{55}jəu^{55}$（鲁乎优）由$lu^{55}xu^{55}$（鲁乎）和$jəu^{55}$（优）两个音节组成：$lu^{55}xu^{55}$（鲁乎）的汉语义是"山塆里比较开阔的梯土"，凡是山塆里的梯田梯地统称$lu^{55}xu^{55}$（鲁乎）；$jəu^{55}$（优）的汉语义是"寨""村"。所以，$lu^{55}xu^{55}jəu^{55}$（鲁乎优）连起来译成汉语就是"山塆开阔梯土上的村寨"，意思是说这个村寨坐落在山塆的一片开阔的梯土上。

斑竹村 $pan^{35}tsu^{35}tshun^{55}$

土家语与汉语结合运用的地名："斑竹"是土家语$pan^{35}tsu^{35}$（半住）的误记；"村"是汉语，即"村寨"。所以，这个地名的准确记音应是"半住村"。按西部区的发音读作"半租村"。

土家语$pan^{35}tsu^{35}$（半住）系两个音节：pan^{35}（半）的汉语义是"山鹰"（Accipiter），tsu^{35}（住）的汉语义是"出"或"出来"；$pan^{35}tsu^{35}$（半住）连起来译成汉语是"出鹰"。因此，"半住村"（斑竹村）就是"山鹰出没的村寨"。以往这里的土家人有养家禽的习惯，家家户户鸡鸭成群，常常引来山鹰捕食，故而得名。

有人以为"斑竹村"肯定与"斑竹"有关，这是文人的想象和附会，实际情况是这里并无斑竹，而且不是毛泽东的一句"斑竹一枝千滴泪"的名诗，人们连斑竹为何物都不知道。

龙协坪 $luŋ^{55}ɕi^{55}phin^{21}$

土家语与汉语结合运用的地名。"龙协"是土家语$luŋ^{55}ɕi^{55}$（拢喜）的误记："龙"是$luŋ^{55}$的汉字记音，但一般记为"拢"；"协"是$ɕi^{55}$（喜）的音变。"坪"是汉语，即"坪坝"。所以，这个地名的准确记音应是"拢喜坪"。

土家语$luŋ^{55}ɕi^{55}$（拢喜）为一个音节，汉语义是俗称"团鱼"的"鳖"（Trionyx sinensis）。因此，"拢喜坪"（龙协坪）就是"团鱼坪"。

"鳖"，也叫"甲鱼""脚鱼"，当地则叫"团鱼"。对"鳖"，土家语有三种叫法：古代土家语叫$mu^{55}ku^{55}$（木古），近现代土家语叫$luŋ^{55}ku^{55}$（聋古），也叫$luŋ^{55}ɕi^{55}$（拢喜）。这里溪沟纵横，澧水中源贯流其间，河谷中沙石星罗，河水清澈，很适合团鱼繁殖生息。以往这里团鱼群繁群生，因而得"拢喜坪"（龙协坪）——"团鱼坪"之名。

斗尼湖铁巴　$tho^{55}ȵi^{55}xu^{21}thie^{53}pa^{55}$

纯粹的土家语地名，$tho^{55}ȵi^{55}xu^{21}thie^{53}pa^{55}$的汉字记音，但"斗"是$tho^{55}$（妥）的音变与误记。所以，这个地名准确一点应记作"妥尼湖铁巴"。这是一个比喻性的地名。

土家语$tho^{55}ȵi^{55}xu^{21}thie^{53}pa^{55}$（妥尼湖铁巴）由$tho^{55}ȵi^{55}$（妥尼）、$xu^{21}$（湖）和$thie^{53}pa^{55}$（铁巴）三个音节组成：$tho^{55}ȵi^{55}$（妥尼）是$tho^{55}ȵi^{55}kai^{55}$（妥尼盖）的简化，古土家语，汉语义是"大拇指"；$xu^{21}$（湖）的汉语义是"山与山之间的谷地或谷坝"；$thie^{53}pa^{55}$（铁巴）是形容词"大的"或"最大"。因此，$tho^{55}ȵi^{55}xu^{21}thie^{53}pa^{55}$（妥尼湖铁巴）连起来直译是"大拇指山谷最大的"，调换语序结构译成汉语就是"最大的大拇指山谷"。

岩屋口一带属于澧水上源峡谷，层峦叠嶂，多绝壁悬崖，山大坡多平地少，唯有妥尼湖、大吾坝、小吾坝有一方大的坪坝，算是这一带的"大拇指"。山里人不知山外的世界，更无法知道还有长江中下游平原、华北平原等大平原，因此，用比喻性的$tho^{55}ȵi^{55}kai^{55}$（妥尼盖）——"大拇指"，再加一个$thie^{55}pa^{55}$（铁巴）——"最大的"作了地名。它固然反映了山区土家先民坐井观天、夜郎自大的一面，同时也深切地表达了土家先民对自己家园的深情热爱和对幸福生活的美好愿望。

南　坝　$lan^{21}pa^{21}$

纯粹的土家语地名，$lan^{21}pa^{21}$的汉字记音，但"南"是lan^{21}（兰）的音变。这是一个以植物作名称的地名。

土家语$lan^{21}pa^{21}$（兰坝）为一个音节，汉语义是"臭牡丹"。

“臭牡丹”（Clerodendron bungei），马鞭草料，落叶小灌木，有臭气，叶对生阔卵形，夏季开花，花蔷薇红色，喜阴凉潮湿，常于溪沟河畔成片密集生长，根、茎、叶入药，有祛风解毒、消肿止痛等效用，是土家人常用的一种草药。这里因臭牡丹多，而得“兰坝”（南坝）之名。

白洋坪 $pe^{35}jəu^{55}phin^{21}$

土家语与汉语结合运用的地名：“白洋”是土家语 $pe^{35}jəu^{55}$ 的汉字记音，但“洋”是 $jəu^{55}$（优）的音变；“坪”是汉语，即“坪坝”。所以，这个地名的准确记音应是“白优坪”。

土家语 $pe^{35}jəu^{55}$（白优）是由两个单音节组合成的一个复合音节：pe^{35} 是 $pe^{35}kha^{21}$（白卡）的简化，汉语义是“苗族”“苗家”；$jəu^{55}$（优）的汉语义是“村”“寨”。$pe^{35}jəu^{55}$（白优）连起来译成汉语就是“苗寨”。在土家族地区，普遍称土家族的寨子为 $lo^{53}jəu^{55}$（裸优），称汉人或客家人的寨子为 $pha^{35}jəu^{55}$（帕优），称苗族的寨子为 $pe^{35}jəu^{55}$（白优）。因此，“白优坪”（白洋坪）就是“苗寨坪”，即苗族同胞居住过的地方，是一个以民族属性为题材的土家语地名。

阿挫口 $a^{21}tsho^{53}khəu^{21}$

土家语与汉语结合运用的地名，即今“岩屋口”。“阿挫”是土家语 $a^{21}tsho^{53}$ 的汉字记音；“口”是汉语，即“口子”。

土家语 $a^{21}tsho^{53}$（阿挫）系两个音节：a^{21}（阿）的汉语义是“岩”，$tsho^{53}$（挫）的汉语义是“屋”；$a^{21}tsho^{53}$（阿挫）连起来译成汉语是“岩屋”。所以，“阿挫口”就是“岩屋口”。

$a^{21}tsho^{53}$（阿挫）是古十八峒之一，即“阿挫峒”；但有关史料上记为“阿者峒”，“阿者”是 $a^{21}tsho^{53}$（阿挫）的误记。

将 $a^{21}tsho^{53}$（阿挫）记为“岩屋”，真可谓歪打正着。因此，“阿挫峒”就是“岩屋峒”，即“岩屋部落”。至于“岩屋”后边加“口”，则是该部落（峒）消亡以后的事了。

着壶峪 $tso^{35}khu^{21}jəu^{35}$

土家语与汉语结合运用的地名：“着壶”是土家语 $tso^{35}khu^{21}$（坐苦）的误记；时间倒退 50 年，“着壶”在当地的实际发音乃是“坐壶”，推广普通话后才读成“着壶”。“峪”是汉语，即“山峪”。所以，这个地名的原始名称应是“坐苦峪”。

今日岩屋口

土家语 tso[35]khu[21]（坐苦）为一个音节，汉语义是“野猫”（Feilis silvistris）。所以，“坐苦峪”（着壶峪）就是“野猫峪”，因从前野猫多而得名。

坐虎溪 tso[35]khu[21]tɕhi[55]

土家语与汉语结合运用的地名：“坐虎”是土家语 tso[35]khu[21]（坐苦）的误记；“溪”是汉语，即“溪沟”。所以，这个地名的准确记音应是“坐苦溪”。

同上条一样，土家语 tso[35]khu[21]（坐苦）为一个音节，汉语义是“野猫”；所以，“坐苦溪”（坐虎溪）就是“野猫溪”或“野猫沟”，皆因野猫多而得名。

雪梅村 ɕie[53]ma[53]tsho[53]

纯粹的土家语地名，ɕie[53]ma[53]tsho[53]（谢玛挫）的误记。

土家语 ɕie[53]ma[53]tsho[53]（谢玛挫）系三个音节：ɕie[53]（谢）的汉语义是“钱财”“富有”；ma[53]（玛）相当于汉语的“者”“人”；tsho[53]（挫）的汉语义是“屋”“房子”。所以，ɕie[53]ma[53]tsho[53]（谢玛挫）连起来译成汉语就是“富者屋”或“富人屋”，即俗话所说的“财主屋”“大户人家”。

从前，这里居住有远近闻名的财主，他修的房子也十分有名，人们便以其居所作了代表性地名。

隋家坡 sen[55]tɕi[35]pho[55]

土家语与汉语结合运用的地名：“隋家”是土家语 sen[55]tɕi[35]（森基）的误记；“坡”是汉语，即“山坡”。所以，这个地名的准确记音应为“森基坡”，当地民众至今的实际发音仍是“森基坡”。

土家语 sen[55]tɕi[35]（森基），有的地方叫 ɕin[55]tɕi[35]（星基），为一个音节，汉语义指的是在人死前建好墓塘，立好墓碑，待死后埋葬的一种丧葬习俗。所以，“森基坡”（隋家坡）就是建有这种墓塘、墓碑的山坡。详细释义参见廖家村镇“新村坪”。

五宝界 u³⁵pa⁵³kai³⁵

土家语与汉语结合运用的地名：“五宝”是土家语 u³⁵pa⁵³（戊巴）的音变与误记；“界”是汉语，即“山界”。所以，这个地名的准确记音应是“戊巴界”。

土家语 u³⁵pa⁵³（戊巴）系两个音节：u³⁵（戊）的汉语义是“黄牛”（Bos taurus domestica），pa⁵³（巴）的汉语义是“公”“雄”；u³⁵pa⁵³（戊巴）连起来直译是“黄牛公”，调换语序结构译成汉语是“公黄牛”或“雄黄牛”，即俗称的“黄牯牛”“黄牯”。所以，“戊巴界”（五宝界）也就是“黄牯界”。

从前，这座山界上的土家先民爱养黄牯牛，黄牯牛是当地的突出特色，故得其名。

扒子溪 phu³⁵tsu³⁵tɕhi⁵⁵

土家语与汉语结合运用的地名：“扒子”是土家语 phu³⁵tsu³⁵（铺租）的音变与误记；“溪”是汉语，即“溪沟”。因此，这个地名的准确记音应是“铺租溪”。

土家语 phu³⁵tsu³⁵（铺租）系两个音节：phu³⁵（铺）的汉语义有两解，一是“龙”，即传说中的“龙神”；二是“虹”，即“彩虹”，这里实指后者。tsu³⁵（租）也有两解：一是“出”“出来”，二是“起”“起来”。phu³⁵tsu³⁵（铺租）连起来直译是“彩虹出”或“彩虹起”，调换语序结构译成汉语义就是“出虹”或“起虹”。所以，“铺租溪”（扒子溪）就是“出虹沟”或“起虹沟”。

每到夏秋季节，行雨过后，这条山沟里即出现七彩斑斓的彩虹。于是，人们便以这种自然现象作了地名。

巴山溪 pa³⁵sa⁵³tɕhi⁵⁵

土家语与汉语结合运用的地名：“巴山”是土家语 pa³⁵sa⁵³ 的汉字记音，但“山”是 sa⁵³（沙）的音变；“溪”是汉语，即“溪沟”。所以，这个地名的准确记音应是“巴沙溪”。按西部区的发音读作“巴撒溪”。

土家语 pa³⁵sa⁵³（巴沙）为一个音节，汉语义是“提水竹筒”。所以，“巴沙溪”（巴山溪）就是“提水竹筒沟”，即先民们普遍使用提水竹筒的山沟。

旧时，土家人上山生产劳作需要带水以供饮用。那时的带水工具主要有两种：一种是葫芦壳做成的“水葫芦”，一种则是“竹筒”。这种“竹筒”选取大而节长的竹筒两截，其一端节上凿一圆孔作注水出水用，外端开一舌状戽口以便于喝水。竹筒周围常常绘有花纹，并以桐油油漆。土家人称这种“提水竹筒”为 $pa^{35}sa^{53}$（巴沙）。“提水竹筒”是这里的一大特色，故得其名。

谢家塆 $çie^{53}ka^{21}uan^{55}$

土家语与汉语结合运用的地名：“谢家”是土家语 $çie^{53}ka^{21}$ 的汉字记音，但“家”是 ka^{21}（嘎）的近音汉字替代；“塆”是汉语，即“山塆”。所以，这个地名的准确记音应是“谢嘎塆”。

土家语 $çie^{53}ka^{21}$（谢嘎）系两个音节：$çie^{53}$（谢）的汉语义是“铁”“铁矿”，ka^{21}（嘎）的汉语义是“挖”“掘”；$çie^{53}ka^{21}$（谢嘎）连起来直译是“铁矿挖”，调换语序结构译成汉语是“挖铁矿”。所以，“谢嘎塆”（谢家塆）就是“挖铁塆”。

与“谢家塆”相邻的是“谢家坡”，前者在坪，后者在山，其义完全相同，“谢家坡”就是“挖铁坡”。

谢家塆和谢家坡在元代以前是古十八峒之一的“谢家峒”。“谢家峒”的准确记名应是“谢嘎峒”。“谢嘎部落”地域较小，人户不多，势力不强，后来依附桑植安抚司、桑植宣慰司，清朝雍正年间“改土归流”后被废弃，从而回归原名。

上河溪乡

位于县域西部，西与龙山县茨岩塘镇交界，北与湖北宣恩县接壤，乡治距县城56公里，素有桑植“西大门”之称；辖15个行政村，128个村民小组；总面积133平方公里，其中耕地面积10109亩；2008年末总人口12817人，其中土家族7427人，约占总人口的58%。境内煤炭、硫铁、重晶石资源比较丰富，煤炭储量逾千万吨，年产煤炭10多万吨；主要特产有花生、茶油、板栗等。

比石溪 pi^{35}tsi^{55}tɕhi^{55}

土家语与汉语结合运用的地名。民国以前，这里叫“比兹溪”，解放以后有人将它记为“比石溪”，但当地人的发音是“比四溪”，仍然接近于“比兹溪”。“比兹”就是土家语pi^{35}tsi^{55}的汉字记音，但一般记为“毕兹”；“溪”是汉语，即“溪沟”。所以，这个地名的准确记音应是“毕兹溪”。

土家语pi^{35}tsi^{55}（毕兹）为一个音节，汉语义是土家人的族称“土家”。因此“毕兹溪”（比石溪）就是“土家族溪”，是土家族世代居住的地方。

对土家族族称的汉字记音历来有两种记法：一是记为“毕兹”，二是记作“毕基”或“毕几”。两种记法并不是有两种土家族，或者是土家族有两支，而是土家语tsi^{55}（兹）和tɕi^{55}（基）的实际发音并不单纯是“兹”和“基”，而是介乎于“兹”和“基”之间，汉语中找不出这样的字音来对应，因此，有的记成了“兹”，有的记成了“基”或“几”。pi^{35}tsi^{55}（毕兹）和pi^{35}tɕi^{55}（毕基）都是指“土家”。详细释义参见两河口乡“笔架村”。

哪补界 la^{35}pu^{53}kai^{35}

土家语与汉语结合运用的地名：“哪补”是土家语la^{35}pu^{53}的汉字记音，但“哪”是la^{35}（拉）的误记；“界”是汉语，即“山界”。所以，这个地名应记作“拉补界”更准确。

土家语la^{35}pu^{53}（拉补）为一个音节，汉语义是“盐”“食盐”；土家语对食盐还有一种叫法，即ɕi^{21}la^{35}（细拉）。因此，“拉补界”（哪补界）就是“盐界”。过去这里曾经有人熬过盐或卖过盐，因而得名。

哪补界是村名，其所在山名“哪补大界”，在当地颇有名气。据考证，哪补界是古十八峒之一，其名为“那步峒”。“那步峒”建立于元代以前，于明代消亡。

富　塘　xu^{21}tha^{55}

纯粹的土家语地名，xu^{21}tha^{55}（湖它）的音变与误记。

土家语 xu^{21}tha^{55}（湖它）系两个音节：xu^{21}（湖）是 xu^{21}pha^{21}（湖帕）的省略与简化，因为 pha^{21}（帕）在整个音节中属于低降轻声，很容易脱落，只留下 xu^{21}（湖），汉语义是“沟”；tha^{21}（它）是 se^{35}tha^{55}（色它）的省略，汉语义是“边”“旁边”。因此，xu^{21}tha^{55}（湖它）连起来译成汉语就是“沟边”。因此地位于溪沟旁边而得名。

卡拉湖　kha^{21}la^{35}xu^{21}

纯粹的土家语地名，kha^{21}la^{35}xu^{21} 的汉字记音，记音准确，原汁原味。

土家语 kha^{21}la^{35}xu^{21}（卡拉湖）系三个音节：kha^{21}（卡）是个多义词，作名词主语时，可以是“木”“木材”，也可以是“柴”，还可以是“棺材”，总的说都是“木料”；la^{35}（拉）的汉语义是“放”“寄放”“存放”。kha^{21}la^{35}（卡拉）连起来直译是“木料存放”，调换语序结构译成汉语是“存放木料”。xu^{21}（湖）的汉语义是“山与山之间的谷地”，即“山沟”。因此，kha^{21}la^{35}xu^{21}（卡拉湖）连起来译成汉语就是“存放木料沟”，即人们存放木料的沟谷。

由于土家语 la^{35}（拉）还有从上往下放木料的“标口”“梭口”的含义，所以，kha^{21}la^{35}xu^{21}（卡拉湖）也可能是指辟有放木料的标口的沟谷。

卡溪坡　kha^{53}tɕhi^{21}pho^{35}

土家语与汉语结合运用的地名：“卡溪”是土家语 kha^{53}tɕhi^{21} 的汉字记音，但“溪”是 tɕhi^{21}（期）的音变；“坡”是汉语，即“山坡”。所以，这个地名应记作“卡期坡”。

土家语 kha^{53}tɕhi^{21}（卡期）为一个音节，汉语义是“高跷”；因此，“卡期坡”（卡溪坡）就是“高跷坡”。从前，这里踩“高跷”活动很有名气，因而以 kha^{53}tɕhi^{21}（卡期）——“高跷”直接作了地名。

“高跷”当地叫“高脚马”。“骑高脚马”即“踩高跷”是土家族民间流行的一种体育娱乐活动，在小孩子中间更为盛行。凡有闲暇，如春节前后、秋收过后，大家骑着“高脚马”赛跑、角斗，有的还穿上戏装表演故事，场面热闹，趣味盎然。至今，“高脚马”仍是少数民族传统体育运动会的比赛项目。

老　塔　$la^{53}tha^{53}$

纯粹的土家语地名，$la^{53}tha^{53}$的汉字记音，但“老”是la^{53}（拉）的音变。所以，这个地名应记作“拉塔”。

土家语$la^{53}tha^{53}$（拉塔）为一个音节，汉语义是“水瓢”（俗称“瓢瓜”）。

以前，土家人用的“瓢”一律是木质瓢，个体有大有小，瓢把有长有短，千姿百态。这些木瓢全部由土家人自己的师傅用抠刀挖削而成，专门制作木瓢的师傅称为“挖匠”。此地过去“挖匠”师傅手艺高强，制作的木瓢有名，再加上这里的地形是一个盆地，很像木瓢，因此便直接用$la^{53}tha^{53}$（拉塔）——“瓢瓜”作了地名。

扒拉坪　$pha^{55}la^{55}phin^{21}$

土家语与汉语结合运用的地名：“扒拉”是土家语$pha^{55}la^{55}$的汉字记音；“坪”是汉语，即“坪地”“坪坝”。

土家语$pha^{55}la^{55}$（扒拉）为一个音节，汉语义是“狭窄的空隙”或“狭小的盆地”，即俗称的“簸箕大块天”；因此，“扒拉坪”就是“狭窄盆地里的坪地”。

此地实际地形是四面环山，中间一方小坪，状如小盆地。显然，这是以地形特征命名的地名。

车头沟　$tshe^{21}thu^{21}kəu^{55}$

土家语与汉语结合运用的地名：“车头”是土家语$tshe^{21}thu^{21}$（扯土）的误记；“沟”是汉语，即“溪沟”。所以，这个地名应记作“扯土沟”，按西部区的发音读作“测土沟”。

土家语$tshe^{21}thu^{21}$（扯土）系两个音节：$tshe^{21}$（扯）的汉语义是“水”，thu^{21}（土）的汉语义是“倒”；$tshe^{21}thu^{21}$（扯土）连起来直译是“水倒”，调换语序结构译成汉语是“倒水”。所以，“扯土沟”（车头沟）就是“倒水沟”。

在山区很多地方都有这样的地形：溪河从某处流出来，由于受到山的影响又辗转绕回到原来的方向，俗称“水绕四门”或“水绕三门”。此地的溪沟正是“水绕三门”，故而得名。

绣屋坡　$ɕi^{21}u^{53}pho^{35}$

土家语与汉语结合运用的地名：“绣屋”是土家语$ɕi^{21}u^{53}$的误记，“绣”是$ɕi^{21}$（西）的音变；“坡”是汉语，即“山坡”。所以，这个地名的准确记音应是“西屋坡”。

土家语 ɕi^{21}u^{53}（西屋）系两个音节：ɕi^{21}（西）的汉语义是“草”，u^{53}（屋）的汉语义是“扯”；ɕi^{21}u^{53}（西屋）连起来直译是“草扯”，调换语序结构译成汉语是“扯草”。所以，“西屋坡”（绣屋坡）就是“扯草坡”。

此地山高路陡，坎坷崎岖，需要借扯草发力才能上去，故得其名。

金沙坪 tɕi^{21}sa^{53}phin^{21}

土家语与汉语结合运用的地名：“金沙”是土家语 tɕi^{21}sa^{53}（吉撒）的音变与误记；“坪”是汉语，即“坪坝”。所以，这个地名的准确记音应是“吉撒坪”，当地老人的实际发音也是“吉撒坪”。

土家语 tɕi^{21}sa^{53}（吉撒）系两个音节：tɕi^{21}（吉）的汉语义是“脚”，sa^{53}（撒）的汉语义是“冷”“浸”；tɕi^{21}sa^{53}（吉撒）连起来直译是“脚冷”，调换语序结构译成汉语是“冷脚”。所以，“吉撒坪”（金沙坪）就是“冷脚坪”。

此地是山谷中的一块小坪坝，到处都浸出凉水，下田耕耘、插秧都会感到脚冷，人们便以这种自然特征作了地名。

咱　必 za^{21}pi^{21}

纯粹的土家语地名，za^{21}pi^{21} 的汉字记音，但“咱”是 za^{21}（日阿）的近音汉字替代。所以，这个地名的准确记音应是“日阿必”。

土家语 za^{21}pi^{21}（日阿必）系两个音节：za^{21}（日阿）的汉语义是“鸡”（Gallus domestica）；pi^{21}（必）的汉语义是“小”。所以，za^{21}pi^{21}（日阿必）连起来直译是“鸡小”，调换语序结构译成汉语就是“小鸡”。

过去，这里的土家人会养鸡，也会孵小鸡儿，人们便以 za^{21}pi^{21}（日阿必）——“小鸡”作了地名。

沙　坝 sa^{53}pa^{53}

纯粹的土家语地名，sa^{53}pa^{53} 的汉字记音，按西部区的发音读作“撒坝”，当地老人的实际发音也是“撒坝”。

土家语 sa^{53}pa^{53}（沙坝）系两个音节：sa^{53}（沙）的汉语义是“鸭”（Anas domestica）；pa^{53}（坝）的汉语义是“看”或“看管”。所以，sa^{53}pa^{53}（沙坝）连起来直译是“鸭子看管”，调换语序结构译成汉语就是“看管鸭子”。

自古以来，土家人就有养殖鸭子的习惯，并有养鸭专业户。他们担着活动“鸭棚”，赶着鸭群游动于山谷田间，人们通称他们为“鸭客”。这里是西水上源的一个较大的坪坝，是放养鸭子的理想场所，以往“鸭客”常在此架设鸭棚、鸭圈，因而得名。

姑娘塔 $ko^{21}lan^{35}tha^{35}$

土家语与汉语结合运用的地名。民国以前，这里叫“角兰塔”（角，当地方言读 guó），解放以后才记为“姑娘塔”，显然，这是文人的附会。“姑娘”是土家语 $ko^{21}lan^{35}$（郭兰）的误记；“塔”是汉语，即“坪塔”，一般指有坪塔的地方。所以，这个地名的准确记音应是“郭兰塔”。

土家语 $ko^{21}lan^{35}$（郭兰）为一个音节，汉语义是俗称“秧鸡”的“栗苇鸡”（Rallus aquaticus indicus）。因此，“郭兰塔”（姑娘塔）就是“秧鸡塔”，即秧鸡多的地方。

秧鸡是土家人喜爱和予以保护的鸟种，每年春播到秋收，它们双双对对觅食田中，啄食稻虫，为庄稼除害，因此受到人们的喜爱。它们还能“唱”出悠长高亢而又婉转的歌声，也受到人们的青睐。这里因为秧鸡多，便以 $ko^{21}lan^{35}$（郭兰）——“秧鸡”作了地名。

泥巴溪 $li^{35}pa^{35}tɕhi^{55}$

土家语与汉语结合运用的地名：“泥巴”是土家语 $li^{35}pa^{35}$ 的汉字记音，但“泥”是 li^{35}（利）的误记；“溪”是汉语，即“溪沟”。所以，这个地名的准确记音应是“利巴溪”。

土家语 $li^{35}pa^{35}$（利巴）系两个音节：li^{35}（利）的汉语义是一种叫“扁担花”的“老虎”（Panthera tigris），pa^{35}（巴）的汉语义是雌雄的“雄”、公母的“公”；$li^{35}pa^{35}$（利巴）连起来直译是“老虎公”，调换语序结构译成汉语是“公老虎”。所以，“利巴溪”（泥巴溪）就是“公老虎沟”。

过去这里未经开发，树茂草深，老虎出没其间，尤以公老虎多而凶猛，因而得名。

说合坪 $so^{53}xei^{55}phin^{21}$

土家语与汉语结合运用的地名：“说合”是土家语 $so^{53}xei^{55}$（梭嘿）的音变与误记；“坪”是汉语，即“坪坝”。所以，这个地名的准确记音应是“梭嘿坪”，当地人的实际发音也是“梭嘿坪”。

土家语 $so^{53}xei^{55}$（梭嘿）系两个音节：so^{53}（梭）是 $so^{53}phe^{21}$（梭拍）的简化，汉语义是“雾”；xei^{55}（嘿）的汉语义是“休息”，也可以理解为“停息”。$so^{53}xei^{55}$（梭嘿）连起来译成汉语是“雾停”。所以，“梭嘿坪”（说合坪）就是“雾停坪”，即大雾停息的坪坝。

此地高山环绕，并且四面溪沟，湿度很大，早晚都有浓雾笼罩，人们便以这种特殊的自然现象作了地名。

大来坪 $ta^{35}la^{35}phin^{21}$

土家语与汉语结合运用的地名："大来"是土家语 $ta^{35}la^{35}$（达拉）的音变与误记；"坪"是汉语，即"坪坝"。所以，这个地名的准确记音应是"达拉坪"。

"大来坪"的原始名称叫 $ta^{35}la^{35}tuŋ^{35}$（达那峒），是赫赫有名的古十八峒之一。$ta^{35}la^{35}$（达拉）是古老的土家语，其含义今已不可考，但已知它的建峒时代应在元代以远。到嘉靖年间，他们派出土兵，与桑植宣慰司，上、中、下三峒长官司以及永顺、保靖、容美等土兵一起，到苏杭前线抗击过倭寇，为祖国的领土完整和海疆的安宁做出过贡献。

铬石湖 $la^{35}si^{21}xu^{21}$

纯粹的土家语地名，$la^{35}si^{21}xu^{21}$ 的汉字记音，但"铬"是 la^{35}（拉）的音变。所以，这个地名应记作"拉石湖"，按西部区的发音读作"拉斯湖"。

"铬石湖"的原始名称叫 $la^{35}si^{21}tuŋ^{35}$（拉石峒），是古十八峒之一，元朝早期以前记作"那石峒"，其峒长为"墨达送"，后期则改称"烂石峒"。可以判定，这"烂石峒"的"烂石"就是 $la^{35}si^{21}xu^{21}$（拉石湖）的 $la^{35}si^{21}$（拉石）的误记。桑植安抚司的汉族官吏不能懂得 $la^{35}si^{21}$（拉石）为何物，便以汉语附会为"烂石"是不足为怪的。到了明代，十八峒逐步退出历史舞台，"烂石峒"也回归到原始位置，以 $la^{35}si^{21}xu^{21}$（拉石湖）的原名匿伏武陵山中，顽强地走到了今天。

$la^{35}si^{21}xu^{21}$（拉石湖）是古老的土家语，其中的 $la^{35}si^{21}$（拉石）是何含义今已不可考，但 xu^{21}（湖）是清楚的，它是山与山之间的谷地，俗称"山谷""沟谷"。所以，$la^{35}si^{21}xu^{21}$（拉石湖）就是"拉石沟"或"拉石谷"，是从前"烂石峒"的驻地。

大野坪 $ta^{53}ji^{21}phin^{21}$

土家语与汉语结合运用的地名："大野"是土家语 $ta^{53}ji^{21}$ 的汉字记音，但"野"是 ji^{21}（一）的音变；"坪"是汉语，即"坪坝"。所以，这个地名的准确记音应是"大一坪"。

土家语 $ta^{53}ji^{21}$（大一）系两个音节：ta^{53}（大）的汉语义是"互相""彼此"，ji^{21}（一）的汉语义是"见""看见""望见"；$ta^{53}ji^{21}$（大一）连起来译成汉语是"互相看见"。所以，"大一坪"（大野坪）就是"互相望见的坪坝"。

这些坪坝坐落在溪流两岸，彼此可以望见，因得其名。

窝壁洞 o²¹pi³⁵tuŋ³⁵

纯粹的土家语地名，o²¹pi³⁵tuŋ³⁵ 的汉字记音，但“洞”准确一点应记为“峒”。

土家语 o²¹pi³⁵tuŋ³⁵（窝壁峒）系三个音节：o²¹（窝）的汉语义是“背笼”，pi³⁵（壁）的汉语义是“小”；o²¹pi³⁵（窝壁）连起来直译是“背笼小”，调换语序结构译成汉语是“小背笼”。tuŋ³⁵（峒）的汉语义是“峒寨”，即较大的村寨。所以，o²¹pi³⁵tuŋ³⁵（窝壁峒）连起来译成汉语就是“小背笼寨”。

土家妇女喜爱的密背笼

土家人是喜欢背背笼的民族，上山劳作背“柴背笼”，收获粮食背“箸背”，负重背结实的“强夹背笼”，生了小孩背“伢儿窝背”，赶场走亲则背“小密背笼”。这种小背笼俗称“站背笼”“马耳背笼”“密背笼”，由能工巧匠用精致细篾织成，织有精美的花纹图案，小巧玲珑、精美大方，多次被国外博物馆收藏。

棒竹溪 pan³⁵tsu³⁵tɕhi⁵⁵

土家语与汉语结合运用的地名：“棒竹”是土家语 pan³⁵tsu³⁵（半住）的误记；“溪”是汉语，即“溪沟”。所以，这个地名的准确记音应为“半住溪”。按西部区的发音读作“半租溪”。

土家语 pan³⁵tsu³⁵（半住）系两个音节：pan³⁵（半）的汉语义是老鹰（Accipiter），tsu³⁵（住）的汉语义是“出”“出来”；pan³⁵tsu³⁵（半住）连起来直译是“老鹰出”，调换语序结构译成汉语是“出老鹰”。所以，“半住溪”（棒竹溪）就是“出老鹰沟”，即老鹰经常出没的地方。

辛家塆 ɕin³⁵ka⁵³uan⁵⁵

土家语与汉语结合运用地名：“辛家”是土家语 ɕin³⁵ka⁵³（信嘎）的误记，“辛”是 ɕin³⁵（信）的音变；“家”是 ka⁵³（嘎）的近音汉字替代。

“塆”是汉语，即“山塆”。所以，这个地名的准确记音应是“信嘎塆”。

土家语 ɕin^{35}ka^{53}（信嘎）为一个音节，汉语义是“青绿”的颜色。所以，“信嘎塆”（辛家塆）就是“青绿的山塆”。

从前，这个山塆里树茂竹密，水碧草肥，浓荫掩映，翠绿一片，故而得名。参见永定区教字垭镇“兴家岗”。

谢向坪 ɕie^{35}ɕie^{21}phin^{21}

土家语与汉语结合运用的地名：“谢向”是土家语 ɕie^{35}ɕie^{21} 的汉字记音，但“向”是 ɕie^{21}（邪）的音变；“坪”是汉语，即“坪坝”。所以，这个地名的准确记音应是“谢邪坪”。

土家语 ɕie^{35}ɕie^{21}（谢邪）为一个音节，汉语义是对家畜家禽的统称。所以，“谢邪坪”（谢向坪）就是“家禽家畜坪”，即家禽家畜喂得多、喂得好的坪坝。还有一种可能，就是此地是古代某个部落原始分工饲养家畜家禽的地方，相当于今天的畜牧场。

泥巴台 li^{35}pa^{55}thai^{21}

土家语与汉语结合运用的地名：“泥巴”是土家语 li^{35}pa^{55} 的汉字记音，但“泥”是 li^{35}（利）的音变；“台”是汉语，即“平台”“台地”。所以，这个地名的准确记音应为“利巴台”。

土家语 li^{35}pa^{55}（利巴）系两个音节：li^{35}（利）的汉语义是“老虎”(Panthera tigris)，pa^{55}（巴）的汉语义是“公”“雄”；li^{35}pa^{55}（利巴）连起来直译是“老虎公”，调换语序结构译成汉语是“公老虎”。所以，“利巴公”(泥巴台）就是“公老虎台”，即有公老虎的地方。

从前的某个时期，人们经常发现有公老虎在这个台地出没，便以此作了地名。参见“泥巴溪”。

田马界 thi^{55}ma^{53}kai^{35}

土家语与汉语结合运用的地名：“田马”是土家语 thi^{55}ma^{53}（梯玛）的误记，“田”是 thi^{55}（梯）的音变；“界”是汉语，即“山界”。所以，这个地名的准确记音应是“梯玛界”。

土家语 thi^{55}ma^{53}（梯玛）为一个音节，汉语义是土家族民族宗教“服司妥”的主持人“土老司”。所以，“梯玛界”（田马界）就是“土老司界”。

从前，这个山界上居住过远近闻名的“土老司”，故得其名。详细释义参见河口乡“田麻界”。

梭罗溪　$so^{55}lo^{21}tɕhi^{55}$

土家语与汉语结合运用的地名："梭罗"是土家语 $so^{55}lo^{21}$ 的汉字记音；"溪"是汉语，即"溪沟"。

土家语 $so^{55}lo^{21}$（梭罗）为一个音节，汉语义是编织"西兰卡普"时用的一种工具——"羊角"。这种"羊角"，两头尖，腰部宽大，汉语俗称"梭子"，土家语则称 $so^{55}lo^{21}$（梭罗）。所以，"梭罗溪"就是"梭子溪"，因生产"羊角梭"而得名。

细砂坪乡

位于县域西北部，乡治距县城87公里；辖12个行政村，89个村民小组；总面积95.78平方公里，其中耕地面积6899亩，林地11.8万亩；2008年末总人口7916人，其中土家族7124人，占总人口的90%。境内林业、矿产资源比较丰富，有萤石、重晶石、氧化锌等多种矿石；森林覆盖率80%以上；产天麻等名贵中药材；有狗熊、羚羊等珍稀动物；烤烟种植已初具规模，成为全乡的支柱产业。

八皮坡　$pa^{21}phi^{21}pho^{55}$

土家语与汉语结合运用的地名：“八皮”是土家语 $pa^{21}phi^{21}$ 的汉字记音；“坡”是汉语，即“山坡”。

土家语 $pa^{21}phi^{21}$（八皮）系两个音节：pa^{21}（八）的汉语义是“山”，phi^{21}（皮）的汉语义是“分”；“八皮”连起来直译是“山分”，调换语序结构译成汉语是“分山”。所以，“八皮坡”就是“分山坡”，即俗称的“分水岭”。

太子坪　$thai^{35}tshe^{21}phin^{21}$

土家语与汉语结合运用的地名：“太子”是土家语 $thai^{35}tshe^{21}$ 的汉字记音，但“子”按西部区的语音是 $tshe^{21}$（测）的音转，按东部区的语音应记作“扯”。“坪”是汉语，即“坪坝”。所以，这个地名的准确记音应是“太测坪”或“太扯坪”。

土家语 $thai^{35}tshe^{21}$（太测、太扯）系两个音节：$thai^{35}$（太）的汉语义是“无”“没有”，$tshe^{21}$（测、扯）的汉语义是“水”；$thai^{35}tshe^{21}$（太测、太扯）连起来译成汉语是“无水”。所以，“太测坪”（太子坪）就是“无水坪”，即“缺水的坪坝”“干坪”。

此地山大地多，只有一条小溪，仅能灌溉十多亩农田，其余的农田全靠天上下雨耕作，自古以来就是一块水源奇缺的干坪，因此得 $thai^{35}tshe^{21}phin^{21}$（太测坪、太扯坪）——“干坪”之名。

富家园　$xu^{35}ke^{21}jəu^{55}$

纯粹的土家语地名，$xu^{35}ke^{21}jəu^{55}$（胡格优）的音变与误记，不过当地老人的实际发音仍是“胡格优”。是一个以方位定名的地名。

土家语 $xu^{35}ke^{21}jəu^{55}$（胡格优）由 $xu^{35}ke^{21}$（胡格）和 $jəu^{55}$（优）两个音节组成：$xu^{35}ke^{21}$（胡格）的汉语义是“下面”“下边”；$jəu^{55}$（优）的汉语义是“村”“村寨”。因此，$xu^{35}ke^{21}jəu^{55}$（胡格优）连起来译成汉语就是下边的村寨，有的地方也称“下村”。

江西坪 $tɕian^{55}ɕi^{21}phin^{21}$

土家语与汉语结合运用的地名：“江西”是土家语 $tɕian^{55}ɕi^{21}$ 的汉字记音；“坪”是汉语，即“坪坝”。“江西坪”按西部区发音读作“尖西坪”。

土家语 $tɕian^{55}ɕi^{21}$（江西）为一个音节，是 $tɕian^{55}ɕi^{21}lu^{35}$（江西六）的简化，lu^{35}（六）在整个音节中属于轻声，渐渐地被脱落了，只留下词根 $tɕian^{55}ɕi^{21}$（江西），但其义未变，汉语义是当地称为“岩洒子”的一种树。因此，“江西六坪”（江西坪）就是“岩洒子坪”。

“岩洒子”是一种长青灌木，叶对生，水煮能熬出桃红色液汁，女人们常用来扎染、印染、贴染、素染衣物，既保健也美观。以往这里生长的岩洒子树多，因而得名。

马夫云 $ma^{53}khu^{35}jəu^{55}$

纯粹的土家语地名，$ma^{53}khu^{35}jəu^{55}$ 的汉字记音，但“夫”是 khu^{35}（哭）的音变，“云”是 $jəu^{55}$（优）的音变。所以，这个地名的准确记音应是“马哭优”。

土家语 $ma^{53}khu^{35}jəu^{55}$（马哭优）由 $ma^{53}khu^{35}$（马哭）和 $jəu^{55}$（优）两个音节组成：$ma^{53}khu^{35}$（马哭）是 $ma^{53}khu^{35}li^{55}$（马哭力）的省略，因为 li^{55}（力）在整个音节中是词尾轻声，逐渐地被脱落了，但其义未变，就是俗称的“长脚蚊”或“花脚蚊”，学名“疟蚊”（Culex）；$jəu^{55}$（优）的汉语义是“村”“寨”。因此，$ma^{53}khu^{35}jəu^{55}$（马哭优）连起来译成汉语就是“疟蚊寨”。

以往这里树密成荫，湿度大，疟蚊多，因而得 $ma^{53}khu^{35}jəu^{55}$（马哭优）——“疟蚊寨”之名。

朝南坪 $tshau^{21}lan^{21}phin^{21}$

土家语与汉语结合运用的地名：“朝南”是土家语 $tshau^{21}lan^{21}$ 的汉字记音，“南”是 lan^{21}（兰）的音变；“坪”是汉语，即“坪坝”。所以，这个地名应记作“朝兰坪”，按西部区的发音读作“槽兰坪”。民国以前，这里叫 $tshau^{21}phu^{53}lan^{21}phin^{21}$（朝普兰坪），由于 phu^{53}（普）在整个音节中属于高降轻声，后来被省略了，逐渐衍化成了 $tshau^{21}lan^{21}phin^{21}$（朝兰坪），但其义未变。

土家语 tshau^{21}phu^{53}lan^{21}（朝普兰）或 tshau^{21}lan^{21}（朝兰）为一个音节，汉语义是“樟树”（Cinnamomum camhora），俗称“油樟”或“香樟”。因此，“朝兰坪”（朝南坪）就是“樟树坪”。以往这里樟树多而大，人们便以 tshau^{21}lan^{21}（朝兰）——“樟树”作了地名。

朝南坪是澧水上源区古十八峒之一的“朝南峒”所在地。朝南峒设峒年代当在宋代或宋代以远，后来被误记为“朝那峒”。该峒比较著名的峒长有“答车踵”和“若不送”。朝南峒在十八峒中排名第三，是地域广阔、势力雄厚的部落，历经元、明、清，直到清雍正年间“改土归流”才退出历史舞台，朝南峒也随之复名朝南坪。

撒谷节 za^{35}ku^{55}tɕhie^{53}

纯粹的土家语地名，za^{35}ku^{55}tɕhie^{53}lie^{53} 的汉字记音：“撒”是 za^{35}（日阿）的近音汉字替代；“节”是 tɕhie^{53} 的误记，准确一点是 tɕhie^{53}lie^{53}（且列）快读相拼的结果。所以，这个地名的准确记音应是“日阿谷且列”。

土家语 za^{35}ku^{55}tɕhie^{53}lie^{53}（日阿谷且列）由 za^{35}ku^{55}（日阿谷）和 tɕhie^{53}lie^{53}（且列）两个音节构成：za^{35}ku^{55}（日阿谷）译成汉语是“茶叶”（Camellia sinesis）；tɕhie^{53}lie^{53}（且列）的汉语义是“山岭”或“山坡”。所以，za^{35}ku^{55}tɕhie^{53}lie^{53}（日阿谷且列）或 za^{35}ku^{55}tɕhie^{53}（日阿谷且）连起来译成汉语就是“茶叶岭”或“茶叶坡”。过去这里茶叶树多并盛产茶叶，因而得名。

石竹垭 si^{21}tsu^{35}ŋa^{53}

土家语与汉语结合运用地名：“石竹”是土家语 si^{21}tsu^{35} 的汉字记音，按西部区的发音读作“司租”；“垭”是汉语，即“山垭”。所以，“石竹垭”按西部区的发音读作“司租垭”。

土家语 si^{21}tsu^{35}（石竹）系两个音节：si^{21}（石）的汉语义是“野兽”，tsu^{35}（竹）的汉语义是“出”或“出来”；si^{21}tsu^{35}（石竹）连起来直译是“野兽出来”，调换语序结构译成汉语是“出来野兽”。所以，“石竹垭”就是“野兽经常出没的山垭”。

过去这里未经开垦，是一片广漠的荒原，常有野兽出没其间，因而得名。

紫江坪 tsi^{53}tɕie^{53}phin^{21}

土家语与汉语结合运用的地名。“紫江”是土家语 tsi^{53}tɕie^{53}（子借）的误记："紫"是 tsi^{53} 的汉字记音，但一般记为"子"，东部区多数地方的发音是"指"；"江"是 $tɕie^{53}$（借）的音变。"坪"是汉语，即"坪坝"。所以，这个地名的准确记音应为"子借坪"。

土家语 $tsi^{53}tɕie^{53}$（子借）系两个音节：tsi^{53}（子）的汉语义是"猪"，这里实指"野猪"（Sus scrofa）；$tɕie^{53}$（借）的汉语义是"赶"。$tsi^{53}tɕie^{53}$（子借）连起来直译是"野猪赶"，调换语序结构译成汉语是"赶野猪"。因此，"子借坪"（紫江坪）就是"赶野猪坪"。

"赶野猪"即俗称的"打猎"。此地是一个山间盆地，中间是一个方圆三四里的小坪坝，以前林茂草深，是野猪繁衍的天堂，也是人们赶山打猎的理想之地。因为人们常在这里猎打野猪，故得 $tsi^{53}tɕie^{53}phin^{21}$（子借坪）——"赶野猪坪"之名。

湖　塔　$xu^{21}tha^{55}$

纯粹的土家语地名，$xu^{21}pha^{21}se^{35}tha^{55}$（湖帕色塔）省略与简化后的汉字记音："湖"是 $xu^{21}pha^{21}$（湖帕）的省略，"塔"是 $se^{35}tha^{55}$（色塔）的省略。

土家语 $xu^{21}pha^{21}se^{35}tha^{55}$（湖帕色塔）由 $xu^{21}pha^{21}$（湖帕）和 $se^{35}tha^{55}$（色塔）两个音节组成：$xu^{21}pha^{21}$（湖帕）的汉语义是"山沟"；$se^{35}tha^{55}$（色塔）的汉语义是"旁边"。因此，$xu^{21}pha^{21}se^{35}tha^{55}$（湖帕色塔）或 $xu^{21}tha^{55}$（湖塔）连起来译成汉语就是"沟边"或"沟旁边"，是指这个地方坐落在溪沟的旁边。

安岭岗　$a^{21}ȵi^{21}kan^{55}$

土家语与汉语结合运用的地名："安岭"是土家语 $a^{21}ȵi^{21}$（阿妮）的音变；"岗"是汉语，即"山冈"。所以，这个地名的准确记音应是"阿妮冈"，当地老人的实际发音也是"阿妮冈"。

土家语 $a^{21}ȵi^{21}$（阿妮）为一个音节，汉语义是"婶娘""叔母"。所以，"阿妮冈"（安岭岗）就是"婶娘冈"，即"婶娘居住的山冈"。

土家人有一种千古流传下来的家庭习俗，即儿子较多的家庭，待到儿子长大成婚后一般都要分家自立成户，房舍较多的可同屋场同堂屋居住，有的则搬离原地另外择地建房。这个地名就是这种"分家"习俗的反映，是婚姻、家庭发展史上的一颗"化石"。此地以"婶娘"命名，而不是以"叔叔"命名，可以断定其成名时间一定很久远，应是母系氏族社会的产物。

骑龙坡 tɕhi³⁵luŋ⁵⁵pho³⁵

土家语与汉语结合运用的地名："骑龙"是土家语 tɕhi^{35}luŋ^{55} 的汉字记音；"坡"是汉语，即"山坡"。

土家语 tɕhi^{35}luŋ^{55}（骑龙）为一个音节，汉语义是"豆豉"；因此，骑龙坡就是"豆豉坡"。

在遥远的古代，土家人就摸索出了一整套制作豆豉的方法，有用黄豆做的，有用芝麻做的，有用蚕豆做的，还有用豌豆做的。这些豆豉不仅是自食的传统美食，也是用来馈赠亲友宾朋的好礼品。这个山寨上过去制作的豆豉很有名，人们便以这种特产作了地名。

原 垉 je^{21}pau^{53}

纯粹的土家语地名，je^{21}pau^{53}（耶宝）的音变与误记："原"是 je^{21}（耶）的音变；"垉"，汉语字、词典查无此字，是当地自造字，读 báo（抱），是 pau^{53}（宝）的记音。

土家语 je^{21}pau^{53}（耶宝）为一个音节，汉语义是土家人祭神时"梯玛"（老土司）使用的一种法器——"神铃"。

从远古走到今天，土家人一直虔诚地信仰着本民族的传统宗教"服司妥"(译成汉语是"祭土菩萨"或"还神愿"，专司为亡灵"解钱""做解结")。全部祭祀仪式由"梯玛"（老土司）主持，完全用土家语演唱。"梯玛"在仪式过程中始终使用两种法器：一种是"司刀"；一种就是 je^{21}pau^{53}（耶宝），即"神铃"。神铃挂有五只碗口大的铜铃，铃体上满挂各色布条。这种铜铃今译为"八宝铜铃"。在整个祭祀仪式中，"梯玛"一边摇着司刀、耶宝，一边舞蹈歌唱。所唱之歌叫《梯玛神歌》，所跳之舞叫《八宝铜铃舞》或《摇宝宝》。

此地曾经居住过著名的"梯玛"，"耶宝"摇得好，人们便以 je^{21}pau^{53}（耶宝）——"八宝铜铃"这种法器作了地名。

墨岭岗 me^{35}ɳie^{53}kan^{55}

土家语与汉语结合运用的地名："墨岭"是土家语 me^{35}ɳie^{53}（嚜捏）的误记，"墨"是 me^{35}（嚜）的音变，"岭"是 ɳie^{53}（捏）的音变；"岗"是汉语，即"山冈"。所以，这个地名的准确记音应是"嚜捏冈"。

土家语 me^{35}ɳie^{53}（嚜捏）系两个音节：me^{35}（嚜）的汉语义是"天"。ɳie^{53}（捏）的含义有二解：一是"过"，即"到达"；二是按照《梯玛神歌》所记为"边"。那么，这"嚜捏冈"（墨岭岗）既可以理解为"伸到天里的山冈”，也可以理解为“天边的山冈”。总之，这个地方坐落在离天很近的高冈上，故而得名。

麻阳台 ma^{21}jan^{21}thai^{53}

土家语与汉语结合运用的地名：“麻阳”是土家语 ma^{21}jan^{21} 的汉字记音；“台”是汉语，即“台地”。由于西部区土家语没有后鼻音 ang，所以，这个地名按西部区的语音应读作“麻言台”。

土家语 ma^{21}jan^{21}（麻阳）为一个音节，汉语义指的是邪恶神怪“麻阳鬼”。所以，“麻阳台”就是“麻阳鬼台”，是麻阳鬼经常作祟的地方，也是先民们祭祀麻阳鬼的地方。

据传说，“麻阳鬼”是女性，共五姊妹，分住五洞，称为“五洞麻阳”，即童子麻阳、白虎麻阳、阴阳麻阳、地府麻阳、天师麻阳。她们都是凶神恶煞，人若遇着就会患病，遭遇祸患；因此，人们常请梯玛在山谷幽暗之地打狗杀羊以血祭之。参见龙潭坪乡“麻阳潭”。

百里庄 pu^{35}li^{55}tsu^{35}

纯粹的土家语地名，pu^{35}li^{55}tsu^{35}（布里住）的误记：“百”是 pu^{35}（布）的音变，“庄”是 tsu^{35}（住）的音变与附会。

土家语 pu^{35}li^{55}tsu^{35}（布里住）由 pu^{35}li^{55}（布里）和 tsu^{35}（住）两个音节组成：pu^{35}li^{55}（布里）的汉语义是“果实”，包括各种“水果”“干果”，乃至一切颗粒状的物品；tsu^{35}（住）的汉语义是“出”“出产”。那么，pu^{35}li^{55}tsu^{35}（布里住）连起来直译是“果子出”，调换语序结构译成汉语就是“出果子”，即出产果子的地方。

此地位于八大公山原始森林腹地，向来以盛产野果出名。流传至今的野果树种多达百余种，比较著名的有八月瓜、山荔枝、牛奶奶、羊奶奶、天师栗、天葵花、拐枣、板栗、枇杷、核桃、猕猴桃等，因出产野果多，故得其名。

水西坪 sui^{35}ɕi^{53}phin^{21}

土家语与汉语结合运用的地名：“水西”是土家语 sui^{35}ɕi^{53} 的汉字记音，“坪”是汉语，即“坪坝”。“水西坪”按西部区的发音应读作“虽西坪”。

土家语称“板栗树”(Castanea ollissima）为 sui^{35}ɕi^{53}kha^{21}muŋ^{21}（水西卡蒙），其中的 kha^{21}muŋ^{21}（卡蒙）是“树”；称“板栗”为 sui^{35}ɕi^{53}pu^{35}li^{55}（水西布里），其中的 pu^{35}li^{55}（布里）是“果实”，但一般都只称 sui^{35}ɕi^{53}（水

土家特色小吃——炒板栗

西）。所以，“水西坪”就是“板栗坪”。

由于居住的地域不同和语言习惯等原因，土家语对“板栗”的称法也小有差异，除称 sui^{35}ɕi^{53}（水西）外，还有称 sui^{35}si^{53}（水思）、su^{55}ɕi^{53}（苏西）、su^{35}si^{53}（苏思）的。

木鱼壳 mu^{55}jəu^{55}kho^{55}

纯粹的土家语地名，mu^{55}jəu^{55}kho^{55}（木优科）的音变。

土家语 mu^{55}jəu^{55}kho^{55}（木优科）由 mu^{55}jəu^{55}（木优）和 kho^{55}（科）两个音节组成：mu^{55}jəu^{55}（木优）的汉语义是“竹园”“竹山”，kho^{55}（科）的汉语义是“山”“山坡”。所以，mu^{55}jəu^{55}kho^{55}（木优科）连起来译成汉语就是“竹园山”或“竹园坡”。总之，这里从前是竹子多的地方。

八爪坎 pa^{21}tsa^{53}khan^{53}

土家语与汉语结合运用的地名：“八爪”是土家语 pa^{21}tsa^{53}（巴扎）的误记，“八”是 pa^{21}（巴）的音变，“爪”是 tsa^{53}（扎）的音变；“坎”是汉语。所以，这个地名的准确记音应为“巴扎坎”。按西部区的发音读作“巴咱坎”。

土家语 pa^{21}tsa^{53}（巴扎）为一个音节，汉语义是“偏坡”。那么，“巴扎坎”（八爪坎）就是“偏坡坎”。

芭茅溪乡

位于县域西北部，乡治距县城59公里；辖10个行政村，58个村民小组；总面积119平方公里，其中耕地面积2800亩；2008年末总人口4791人，其中土家族4025人，占总人口的81%。境内文化积淀深厚，桑植坪是土司王向仲山的发祥地，桑植县因此而得名；贺龙刀劈盐局旧址保存完好。八大公山自然保护区坐落其间，森林资源丰富，是该县木材主要产区；有国家保护的珍稀动物多种，珍贵中药材100多种。

桑植坪 $sai^{53}tsi^{21}phin^{21}$

土家语与汉语结合运用的地名，由古土家语 $sai^{53}tsi^{21}pi^{55}thiau^{55}$（腮植比挑）演化而成。

土家语 $sai^{53}tsi^{21}pi^{55}thiau^{55}$（腮植比挑）由 sai^{53}（腮）、tsi^{21}（植）和 $pi^{55}thiau^{55}$（比挑）三个音节组成：sai^{53}（腮）的汉语义是“蚕”(Bombyxmori)；tsi^{21}（植）的汉语义是“饭”。所以，$sai^{53}tsi^{21}$（腮植）连起来直译成汉语是“蚕饭”，义译就是“桑叶”，也许这就是人们将 sai^{53}（腮）记为“桑”的原因。$pi^{55}thiau^{55}$（比挑）的汉语义是“坪”，后来，人们干脆借用了汉语的“坪”，所以，$sai^{53}tsi^{21}pi^{55}thiau^{55}$（腮植比挑）便成了“腮植坪”，译成汉语就是“蚕饭坪”，即“桑叶坪”。以前，这里可供养蚕的桑树多，因而得“桑叶坪”之名。

宋代以前，这里以腮植部落为主体组成“腮植峒”，即史料中所载的“桑植峒”。桑植峒位居澧水上源古十八峒之首，隶属部落联盟酋长尚俄梯管辖。宋朝绍兴三十年（1160年），慈利土酋向思胜镇压雷德进、陈万信农民起义有功，被授“桑植安抚使”职，来原荒溪州征讨土酋尚俄梯，司址初设“腮植坪”。向思胜在此地分裂尚俄梯之部落52处服化朝廷。宋廷因其功授向思胜“桑植宣慰使”职，并改荒溪州为“桑植宣慰司”。

“腮植”义为“桑”，音近“桑植”，以“桑植”来记、来代“腮植”，既能明义，又能近音，当是再理想不过的。“腮植坪”被“桑植坪”取代，桑植峒、桑植安抚司、桑植宣慰司以及今天的桑植县，都因“桑植坪”而得名，历史的文明便长久地沉淀在了澧水上源。

扒泥湖 $pha^{35}ȵi^{21}xu^{21}$

纯粹的土家语地名，$pha^{35}ȵi^{21}xu^{21}$ 的汉字记音，记音准确，原汁原味。

土家语 $pha^{35}ȵi^{21}xu^{21}$（扒泥湖）由 $pha^{35}ȵi^{21}$（扒泥）和 xu^{21}（湖）两个音节组成：$pha^{35}ȵi^{21}$（扒泥）的汉语义是“老妇人”“老婆婆”，xu^{21}（湖）的汉语义是“山间沟谷”。因此，$pha^{35}ȵi^{21}xu^{21}$（扒泥湖）连起来译成汉语就是“老妇人沟”。

过去这里曾经住过年高名气大的老妇人，因而得名。

胡仓坪 $xu^{53}tshan^{55}phin^{21}$

土家语和汉语结合运用的地名：“胡仓”是土家语 $xu^{53}tshan^{55}$ 的汉字记音；“坪”是汉语，即“坪坝”。由于西部区土家语韵母没有汉语的 anŋ 音，只有 an 音，所以，这个地名按西部区的语音应读作“胡参坪”。

土家语 $xu^{53}tshan^{55}$（胡仓）为一个音节，汉语义指的是从远古传承下来的一种祈求丰年的习俗：每年插秧时，村寨里的男男女女都来帮忙，称为 $ta^{35}ɕi^{55}$（达西）。完工当日，插秧的人都要给主人身上糊稀泥，糊的泥巴越多越好；主人不仅不生气，反而笑逐颜开，连声道谢。这种习俗，俗称 $xu^{53}tshan^{55}$（胡仓）。显然，“胡参坪”就是以这种传统习俗为由头的地名。

这块坪坝以往“胡仓”盛行，人们便以这种习俗作了地名。

取和坪 $tɕhi^{55}xe^{53}phin^{21}$

土家语与汉语结合运用的地名：“取和”是土家语 $tɕhi^{55}xe^{53}$（起核）的误记，也是记名人善意的附会，以象征团结；“坪”是汉语，即“坪坝”。此地的原始名称就是“起核坪”。

土家语 $tɕhi^{55}xe^{53}$（起核）为一个音节，汉语义没有任何褒贬之义，而是“糯米”。因此，“起核坪”（取和坪）就是“糯米坪”。

过去，这里出产糯稻，人们便以这种物产作了地名。

车家嘴 $tshe^{21}a^{21}tsui$

土家语与汉语结合运用的地名：“车家”是土家语 $tshe^{21}a^{21}$（扯阿）的音变与误记；“嘴”是汉语，即“山嘴”，这里实际是“坪嘴”。所以，这个地名的准确记音应是“扯阿嘴”，当地老人的实际发音也是“扯阿嘴”，但按西部区的发音应读作“测阿嘴”。

土家语 $tshe^{21}a^{21}$（扯阿）系两个音节：$tshe^{21}$（扯）的汉语义是“水”，a^{21}（阿）的汉语义是“过”“渡”；$tshe^{21}a^{21}$（扯阿）连起来直译是“水渡”，调换语序结构译成汉语是“渡水”。所以，“扯阿嘴”（车家嘴）就是“渡水的坪嘴”，即“渡口”。

此地位于澧水北源西岸，是湖南至湖北的要津，过去一直设有渡船，是人们北去南来的重要渡口，因此，便用渡口作了地名。

覃溪塆 tɕhin^{53}tɕhin^{53}uan^{55}

土家语与汉语结合运用的地名：“覃溪”是土家语 tɕhin^{53}tɕhin^{53}（覃覃）的误记，“溪”是 tɕhin^{53}（覃）的音变；“塆”是汉语，即“山塆”。所以，这个地名的准确记音应是“覃覃塆”。

土家语 tɕhin^{53}tɕhin^{53}（覃覃）为一个音节，是 tɕhin^{53}tɕhin^{53}o^{35}si^{53}（覃覃沃司）的简化。tɕhin^{53}tɕhin^{53}o^{35}si^{53}（覃覃沃司）是土家语中的一个形声词，模拟的是蝉鸣的声音。有趣的是这个词既可以完整的运用，又可以简化成 tɕhin^{53}tɕhin^{53}（覃覃），还可以简化成 o^{35}si^{53}（沃司），显示的含义都是“蝉”(Crvptotympana pustulata F)。所以，“覃覃塆”（覃溪塆）就是“蝉塆”。“蝉”，当地别称为“阿司”“贵阿司”“子贵牙”，都是拟声词。

这个山塆是澧水源头的一条支流，风景极其美丽。幽深的峡谷之中，树茂林菁，泉水清凉，每年夏季，蝉鸣其间，热闹非凡。

汨𦊆湖 mi^{55}la^{55}xu^{21}

纯粹的土家语地名，mi^{55}la^{55}xu^{21}（米腊湖）的音变与误记：“汨”是 mi^{55} 的记音字，但一般记为“米”；“𦊆”是当地的自造字，读 luō（啰），是 la^{55}（腊）的误记。

土家语 mi^{55}la^{55}xu^{21}（米腊湖）系三个音节：mi^{55}（米）的汉语义是“火”；la^{55}（腊）的汉语义是“焰”或“烟”；xu^{21}（湖）的汉语义是“山与山之间的谷地”。因此，mi^{55}la^{55}xu^{21}（米腊湖）连起来译成汉语就是“火焰谷”或“火烟谷”，即经常出现火焰或火烟的沟谷。

此地是澧水北源上源的一块谷地，山大平地少，过去靠“砍火畲”来刀耕火种，经常烧山广种薄收，因而便得 mi^{55}la^{55}xu^{21}（米腊湖）——“火焰谷”之名。

板仓坪 po^{21}tsho^{21}phin^{21}

土家语与汉语结合运用的地名：“板仓”是土家语 po^{21}tsho^{21}（波撮）的音变与误记；“坪”是汉语，即“坪坝”。所以，这个地名的准确记音应是“波撮坪”，当地老人的实际发音也是“波撮坪”。

土家语 po^{21}tsho^{21}（波撮）有的地方叫 pu^{21}tsho^{21}（补撮），为一个音节，汉语义是“客人”“友人”。因此，“波撮坪”（板仓坪）就是“客人坪”

或“朋友坪”，即客人居住的地方。

南宋至清代，澧水流域时局一直动乱，不少人为避战乱纷纷逃往山区，投亲靠友，在澧水上源的河谷深山中定居兴业。这个地名所指的“客人”当是这些逃乱之人。

五县山 u⁵⁵çi⁵⁵san⁵⁵

土家语与汉语结合运用的地名：“五县”是土家语 u⁵⁵çi⁵⁵（乌习）的误记；“山”是汉语。此地原名就叫“乌习山”。

土家语 u⁵⁵çi⁵⁵（乌习）为一个音节，汉语义是“阴风飒飒，寒气袭人，阴森可怕”的感受。因此，“乌习山”（五县山）就是“阴风飒飒、寒气袭人、阴森可怕的山地”。

实察此地，乃澧水北源一片硕大的原始荒原，方圆三十余里。境内层峦叠嶂，怪石嶙峋，古木参天，溪瀑雷鸣，初临其境，让人感到幽深神秘，恐怖阴森，因而便有了“乌习山”（五县山）之名。如果有人以为这里是与五个县相邻的“一脚踏五县”的大山，那就大错特错了。

摆布滩 pa³⁵pu²¹tho⁵⁵

纯粹的土家语地名，pa³⁵pu²¹tho⁵⁵（八部拖）的误记。

土家语 pa³⁵pu²¹tho⁵⁵（八部拖）由 pa³⁵pu²¹（八部）和 tho⁵⁵（拖）两个音节组成：pa³⁵pu²¹（八部）的汉语义是“八部大王”，即“八部大神”；tho⁵⁵（拖）的汉语义是“敬”“祭祀”。所以，pa³⁵pu²¹tho⁵⁵（八部拖）连起来直译是“八部大神敬”，调换语序结构译成汉语就是“敬八部大神”；作为地名，就是“敬祭八部大神的地方”。

八部大神是土家族的原始祖先神，具体说法有两种：其一为“八人神团”说。说他们是一母所生的八个兄弟，共同开发了湘西这片原始荒原。但具体到姓名又有两个“八人神团”：沅水上游地区多为敖朝河舍、西梯佬、西阿佬、里都、苏都、那乌米、拢此也所也冲、接也飞也那飞也；永顺、龙山、桑植等地则为破西裸猛、刀太裸猛、泽丰裸猛、拜尔裸猛、罗托裸猛、那祖裸猛、比耶裸猛、缫祖裸猛。其二是“一人神”说，即认为“八部”是 pha³⁵phu²¹（帕普）的音变，汉语义为“爷爷”，实际只有一个人，即“拔普大神”。尽管说法多，但八部大神是土家人的原始祖先，则是完全统一的，毫无疑义的。参见苦竹坪乡“白柏岭”。

十八屋场 se⁵³pa⁵³u³⁵tshan²¹

土家语与汉语结合运用的地名：“十八”是土家语 se⁵³pa⁵³（舍巴）的

音变；“屋场”是汉语。所以，这个地名的准确记音应是“舍巴屋场”，按西部区的发音读作“色巴屋场”。

土家语 $se^{53}pa^{53}$（舍巴）为一个音节。古代的几千年里，土家族地区实行的是部落——土司政治体制。在部落和土司衙门中有一批操办具体事务的小头目、小吏目，土家人尊称其为 $se^{53}pa^{53}$（舍巴）。这些小吏目多为部落酋长和土司长官的亲信，一般都修有较为豪华的房舍，划有固定的土地。这“舍巴屋场”（十八屋场）就是从前某小头领建房的地方。

洒沙坪 $sa^{21}sa^{21}phin^{21}$

土家语与汉语结合运用的地名：“洒沙”是土家语 $sa^{21}sa^{21}$ 的汉字记音，按西部区的发音读作“洒洒”；“坪”是汉语，即“坪坝”。

土家语 $sa^{21}sa^{21}$（洒沙）为一个音节，是 $sa^{21}sa^{21}ka^{21}$（洒沙嘎）的简化，是土家语中的一个修饰词，汉语义是“薄”“薄薄的”。所以，“洒沙坪”就是“薄坪”，即“土层瘠薄的坪坝”。

邢家塆 $ɕin^{55}ka^{53}uan^{55}$

土家语与汉语结合运用的地名。“邢家”是土家语 $ɕin^{55}ka^{53}$（信嘎）的误记：“邢”是 $ɕin^{55}$（信）的音变，“家”是 ka^{53}（嘎）的近音汉字替代。“塆”是汉语，即“山塆”。因此，这个地名的准确记音应为“信嘎塆”。

土家语 $ɕin^{55}ka^{53}$（信嘎）为一个音节，是一个修饰词，汉语义是“青绿色”。所以，“信嘎塆”（邢家塆）就是“青绿色的山塆”。

从前，这个山塆里古木参天，水碧草青，翠绿一片，故而得名。参见永定区教字垭镇“兴家岗”。

夫天垭 $xu^{55}thi^{55}ŋa^{53}$

土家语与汉语结合运用的地名：“夫天”是土家语 $xu^{55}thi^{55}$ 的汉字记音，但“天”是 thi^{55}（梯）的音变；“垭”是汉语，即“山垭”。所以，这个地名的准确记音应是“夫梯垭”。

土家语 $xu^{55}thi^{55}$（夫梯）为一个音节，汉语义是“塆槽”。所以，“夫梯垭”（夫天垭）就是“塆槽里的山垭”。意思是说，这个地方坐落在一个大山槽中的小山垭上。

塆槽是一种地形、地貌，土家人居住的山区多山塆山槽，对于这些大大小小的“塆槽”，土家语统统称为 $xu^{55}thi^{55}$（夫梯）。

车　塆 $tshe^{21}uan^{55}$

土家语与汉语结合运用的地名：“车”是土家语 $tshe^{21}$（扯）的音变；

“塆”是汉语，即“山塆”。所以，这个地名的准确记音应是“扯塆”，按西部区的发音读作“测塆”。

土家语 $tshe^{21}$（扯）的汉语义是“水”。所以，“扯塆”（车塆）就是“水塆”。

此地有“上车塆”“下车塆”和“车塆”三个地名，大环境同属“车塆”，而“上”“下”则同为汉语的方位词。“车塆”“上车塆”“下车塆”都是指水源充足的地方。

拖红垭 $tho^{55}xau^{35}ŋa^{53}$

土家语与汉语结合运用的地名：“拖红”是土家语 $tho^{55}xau^{35}$ 的误记，“红”是 xau^{35}（浩）的音变；“垭”是汉语，即“山垭”。所以，这个地名的准确记音应是“拖浩垭”。

土家语 $tho^{55}xau^{35}$（拖浩）系两个音节：tho^{55}（拖）是 $tho^{55}ka^{21}$（拖嘎）的简化，汉语义是“蕨”（Pteridium aquilinum var.latiusculum）；xau^{35}（浩）是土家语中的一个赞叹词，相当于汉语的“那么多”“好多”，核心是“多”。$tho^{55}xau^{35}$（拖浩）连起来直译是“蕨多”，调换语序结构译成汉语是“多蕨”。所以，“拖浩垭”（拖红垭）就是“多蕨垭”。

这个山垭上多蕨，从前是人们挖蕨打葛的地方，故得其名。

同吕化 $tho^{55}ȵi^{55}xu^{21}$

纯粹的土家语地名，$tho^{55}ȵi^{55}xu^{21}$（妥尼湖）的误记：“同吕”是 $tho^{55}ȵi^{55}$（妥尼）的音变与误记，“化”是 xu^{21}（湖）的音变与误记。

土家语 $tho^{55}ȵi^{55}xu^{21}$（妥尼湖）由 $tho^{55}ȵi^{55}$（妥尼）和 xu^{21}（湖）两个音节组成：$tho^{55}ȵi^{55}$（妥尼）的完整音节是 $tho^{55}ȵi^{55}kai^{35}$（妥尼盖），是古老的土家语，汉语义是“大拇指”；xu^{21}（湖）的汉语义是山与山之间的“山谷”“沟谷”。所以，$tho^{55}ȵi^{55}xu^{21}$（妥尼湖）连起来译成汉语就是“大拇指谷”，即首屈一指的地方。

这个山谷开阔平坦，土地肥沃，水源充足，算得上是当地最好的地方；因此，人们便以 $tho^{55}ȵi^{55}$（妥尼）——“大拇指”作了比喻性地名。

车家岭 $tshe^{21}ka^{21}lin^{53}$

土家语与汉语结合运用的地名。“车家”是土家语 $tshe^{21}ka^{21}$ 的误记：“车”是 $tshe^{21}$（扯）的音变，“家”是 ka^{21}（嘎）的近音汉字替代；“岭”是汉语，即“山岭”。所以，这个地名的准确记音应是“扯嘎岭”，按西部区的发音读作“测嘎岭”。

土家语 tshe²¹ka²¹（扯嘎）系两个音节：tshe²¹（扯）的汉语义是“水”，ka²¹（嘎）的汉语义是“缺”“缺少”“干”；tshe²¹ka²¹（扯嘎）连起来直译是“水缺”或“水少”，调换语序结构译成汉语是“缺水”或“少水”。所以，“扯嘎岭”（车家岭）就是“缺水岭”或“少水岭”,即缺乏水的地方。

南京山 la³⁵tɕi⁵⁵san⁵⁵

土家语与汉语结合运用的地名：“南京”是土家语 la³⁵tɕi⁵⁵（拉基）的误记；“山”是汉语。所以，这个地名的准确记音应为“拉基山”。

土家语 la³⁵tɕi⁵⁵（拉基）为一个音节，汉语义是“麂子”（Muntiacus）。那么，“拉基山”（南京山）就是“麂子山”。

麂子，可分为青麂和黄麂两类，像鹿，但比鹿小，雄的有短角。它们在茂密的森林中栖息，以杂草、嫩叶为食。其肉细嫩味美，是山区人们狩猎的主要对象。从前，这里麂子多，故得其名。

红甘岭 xa⁵³ka⁵³li⁵³

纯粹的土家语地名，xa⁵³ka⁵³li⁵³（哈嘎里）的误记。

土家语 xa⁵³ka⁵³li⁵³（哈嘎里）由 xa⁵³ka⁵³（哈嘎）和 li⁵³（里）两个音节组成：xa⁵³ka⁵³（哈嘎）又是 khe⁵⁵xa⁵³（克哈）和 lau⁵⁵ka⁵³（老嘎）两个音节的组合体，全称为 khe⁵⁵xa⁵³lau⁵³ka⁵³（克哈老嘎）。随着时代的发展，土家语也经历过“弃繁就简”的过程。办法就是简弃枝节，保留词根，原义不变。khe⁵⁵xa⁵³lau⁵³ka⁵³（克哈老嘎）就简 khe⁵⁵（克）留 xa⁵³（哈），简 lau⁵³（老）留 ka⁵³（嘎），从而整体简化为 xa⁵³ka⁵³（哈嘎），汉语义是“山坳上最大的坪地”。土家语 li⁵³（里）属词尾轻声，并无实际意义，但表示“那里”“那儿”。所以，xa⁵³ka⁵³li⁵³（哈嘎里）连起来译成汉语就是“山坳上最大的坪地里”。换句话说，就是这个地方坐落在一个山坳上那块最大的坪地上。

吉脑沟 tɕi²¹la²¹kəu⁵⁵

土家语与汉语结合运用的地名，有的记为“九脑沟”。“吉脑”“九脑”是土家语 tɕi²¹la²¹（吉拉）的音变与误记；“沟”是汉语，即“山沟”“溪沟”。所以，这个地名准确记音应是“吉拉沟”。

土家语 tɕi²¹la²¹（吉拉）为一个音节，今人多译为“裹脚”，即“裹脚布”；那么，“吉拉沟”（吉脑沟）就是“裹脚沟”。

将 tɕi²¹la²¹（吉拉）译为“裹脚”，虽无大错，但严格讲是不准确的。裹脚，作为一种服饰文化现象，土家人有着不同的理解。清代“改土归流”前的几千年，土家人称之为 $tɕi^{21}la^{21}$（吉拉）的“裹脚”，乃是一种“袜裤”。这种袜裤一般采取竖约一尺、横约一尺五的双层棉布缝成长方形，外侧面挑绣精美花纹图案，横幅两端安上布扣或束带。天气冷了，人们将它卷套在小腿上，用布扣或布带系牢，因此，有的也叫“套筒”。这种“袜裤”直到解放后，在山区的老年人中仍可见到它的踪影。袜裤既是土家人的御寒物品，也是浓抹重彩的装饰品。清代“改土归流”前，土家妇女根本没有包小脚的习俗，男女老幼皆穿佩袜裤。“改土归流”后，由于受到满族、汉族文化的影响，少数地区的少数妇女开始学裹小脚，这时便有了长条状的裹脚布。所谓“懒婆娘的裹脚——又臭又长”的“裹脚”指的就是这种裹脚。对这种东西，土家人也称为 $tɕi^{21}la^{21}$（吉拉）。

那么，“吉拉沟”应该译成“裹脚沟”，还是“袜裤沟”呢？作为居住在武陵山脊高寒山区的四门岩的先民们，防寒是第一要务；而且，裹小脚一般是大富人家妇女的事，贫困高寒山区的村姑、村妇是不会干这种“自残”的事的。因此，“吉拉沟”（吉脑沟）应当是“袜裤沟”，即袜裤做得好的地方。

大西厂 $ta^{35}ɕi^{35}tsha^{35}$

纯粹的土家语地名，$ta^{35}ɕi^{35}tsha^{35}$ 的汉字记音，但“厂”是 $tsha^{35}$（岔）的音变。所以，这个地名的准确记音应是“大西岔”，按西部区的发音读作“大西嚓”。

土家语中有两个与日常生活有关的词：一个是 ka^{35}（嘎），一个是 ta^{35}（大）。前者的汉语义是“吃”，后者的汉语义是“穿”。土家人有两句与生活有关的话：一句是 $ka^{35}ɕi^{35}tsha^{35}$（嘎西岔），一句是 $ta^{35}ɕi^{35}tsha^{35}$（大西岔）；前者的汉语义是“吃得好”，后者的汉语义是“穿得好”。那么，这“大西岔”（大西厂）就是“穿得好”；作为地名，即人们“穿得好的地方”。

此地位于天平山原始森林腹地，属高寒山区，按理不是“穿得好”的地方。然而正因为这种环境，姑娘们便要加紧纺纱织布，努力做到足食丰衣；男人们则辛勤狩猎，获取野兽毛皮，着裘穿羽，“穿得好”也在情理之中。

宝宝洞 $pau^{53}pau^{53}tuŋ^{35}$

纯粹的土家语地名，$pau^{53}pau^{53}tuŋ^{35}$ 的汉字记音，但“洞”是 $tuŋ^{35}$（峒）的误记。所以，这个地名应记为“宝宝峒”更为准确。

土家语 $pau^{53}pau^{53}tuŋ^{35}$（宝宝峒）由 $pau^{53}pau^{53}$（宝宝）和 $tuŋ^{35}$（峒）

两个音节组成：pau^{53}pau^{53}（宝宝）的汉语义是“神铃”。tuŋ^{35}（峒）的汉语义不是“山洞”，而是“峒寨”。所以，pau^{53}pau^{53}tuŋ^{35}（宝宝峒）就是“神铃寨”。

土家族的民族宗教是xu^{35}si^{55}tho^{55}（服司妥），汉语义为“还神愿”。xu^{35}si^{55}tho^{55}（服司妥）共有朝科48大朝，目的是为死去的亡灵“解钱财”“解过结”。它的突出特色是“梯玛”在祭祀过程中不断摇动一种“八宝铜铃”翩翩起舞。铜铃用一根桐木雕刻成人头马身手柄，对称串缀八个碗口大小的圆形铜铃。这种“铜铃”，俗称“八宝铜铃”，土家语叫je^{21}pau^{53}（叶宝），也称pau^{53}pau^{53}(宝宝)。因为摇动神铃为其突出特征，许多地方将xu^{35}si^{55}tho^{55}（服司妥）活动别称为“摇宝宝”，这种叫法在鄂西、桑植、永定一带十分普遍。“宝宝峒”实际上就是先民们祭祖还愿的地方。参见细砂坪乡“原坉”。

车溪湖 tshe^{21}tɕhi^{35}xu^{21}

纯粹的土家语地名，tshe^{21}tɕhi^{35}xu^{21}的汉字记音，但“车”是tshe^{21}（扯）的音变；“溪”是tɕhi^{35}（七）的音变。所以，这个地名应记作“扯七湖”，按西部区的发音读作“测七湖”。

捞兜

土家语tshe^{21}tɕhi^{35}xu^{21}（扯七湖）由tshe^{21}tɕhi^{35}（扯七）和xu^{21}（湖）两个音节组成：tshe^{21}tɕhi^{35}（扯七）的汉语义是捕鱼用的“捞兜”，今人叫“抄网”；xu^{21}（湖）的汉语义是山与山之间的“山谷”。所以，tshe^{21}tɕhi^{35}xu^{21}（扯七湖）连起来译成汉语就是“捞兜谷”。

“车溪湖”是四门岩有名的圆形小盆地，四周山坡环绕，底部一块坪坝，犹如一把捞兜，故而得名。详细释义参见上洞街乡“车溪洞”。

瘪旮溪 phie^{55}la^{55}tɕhi^{55}

土家语与汉语结合运用的地名："瘪旮"是土家语 phie^{55}la^{55} 的汉字记音，但"瘪"是 phie^{55}（撇）的音变与误记；"溪"是汉语，即"溪沟""山沟"。所以，这个地名的准确记音应是"撇旮溪"。

土家语 phie^{55}la^{55}（撇旮）为一个音节，汉语义是蚂蟥（whitmania）。所以，"撇旮溪"（瘪旮溪）就是"蚂蟥沟"，因山沟里蚂蟥多而得名。详细释义参见两河口乡"北拉塆"。

五道水镇

位于县域西北部，北邻湖北鹤峰县，西接湖北宣恩县，镇治距县城 75 公里；辖 10 个行政村、2 个居委会；总面积 133 平方公里；2008 年末总人口 7013 人。境内的七眼泉为澧水发源地；木材、药材、茶叶、棕叶是当地农民收入的主要来源；森林覆盖率达 80%以上，药用植物 2000 余种，年销售棕叶达 700 多吨，茶叶畅销省内外。

雅鸡洞 $a^{21}tɕi^{21}tuŋ^{35}$

土家语与汉语结合运用的地名，也有读作“鸦雀洞”的。“雅鸡”“鸦雀”都是土家语 $a^{21}tɕi^{21}$（阿及）的误记。旧时，澧水上源区的语言中有“阿”音但无“阿”字，记音时常常将 a^{21}（阿）记为“雅”“鸦”“鸭”“牙”等，这里的“雅”就是 a^{21}（阿）的替代字。“洞”是汉语，即“山洞”。因此，这个地名的准确记音应是“阿及洞”。

雅 鸡 洞

土家语 $a^{21}tɕi^{21}$（阿及）系两个音节：a^{21}（阿）的汉语义是“岩”或“岩山”；$tɕi^{21}$（及）的汉语义是“脚下”。所以，$a^{21}tɕi^{21}$（阿及）连起来译成汉语就是“岩脚”或“岩脚下”；“阿及洞”（雅鸡洞、鸦雀洞）就是“岩山脚下的山洞”。

“阿及洞”位于五道水北侧深山峡谷中的岩山脚下，澧水北源就从这儿发源。这里山高谷深，古木葱茏，藤萝蔓挂，幽深而又神秘。山谷中泉水潺潺，飞瀑如织，和着谷中的鸟鸣兽驰，一派原始生机，令人心旷神怡，如醉如仙。如果人们欲寻澧水之根，欲溯澧水之源，此处便是世外桃源。

岔角溪 tsha⁵³kai²¹tɕhi⁵⁵

土家语与汉语结合运用的地名："岔角"是土家语 tsha⁵³kai²¹ 的汉字记音，但"角"是 kai²¹（改）的误记；"溪"是汉语，即"溪沟"。因此，这个地名的准确记音应是"岔改溪"，按西部区的发音读作"擦改溪"。

土家语 tsha⁵³kai²¹（岔改）为一个音节，汉语义是松鼠科动物"貂鼠"(Sciurus Vulqaris L)。因此，"岔改溪"（岔角溪）就是"貂鼠沟"。古时，此地貂鼠多，人们便以这种动物名作了地名。

"岔角溪"位于"阿及洞"的西侧，也是澧水北源的源泉之一。在长达近十里的溪沟两侧，遍布原始次森林，其中有板栗、天师栗、山荔枝、猴栗、羊奶奶、金拐子等珍稀果树，是松鼠、貂鼠成群栖息的理想场所。

哑吧岭 a²¹pa²¹lin⁵³

土家语与汉语结合运用的地名："哑吧"并非汉语所称的"哑子"，而是土家语 a²¹pa²¹（阿巴）的误记；"岭"是汉语，西南官话一般指条型走向的"山峦"，俗称"山岭"。所以，这个地名的准确记音应是"阿巴岭"。

土家语 a²¹pa²¹（阿巴）为一个音节，汉语义是"石头""岩"。因此，"阿巴岭"（哑吧岭）就是"石头山""岩山"，即石头结构而成的山岭。

此山海拔 1400 余米，其主体由石灰岩构成，名副其实的石头山。

元宝溪 je²¹pau⁵³tɕhi⁵⁵

土家语与汉语结合运用的地名："元宝"是土家语 je²¹pau⁵³ 的汉字记音，但"元"是 je²¹（耶）的误记；"溪"是汉语，即"溪沟"。所以，这个地名的准确记音应是"耶宝溪"。

土家语 je²¹pau⁵³（耶宝）为一个音节，汉语义是"神铃"或"八宝铜铃"。所以，"耶宝溪"（元宝溪）就是"神铃沟"或"八宝铜铃沟"。

"神铃"或"八宝铜铃"，是土家人祭神时主祭人"梯玛"使用的一种法器。此地从前可能居住过梯玛，抑或有人能制作"神铃"，人们便以梯玛使用的这种法器作了地名。详细释义参见细砂坪乡"原地"。

煞果岭 za³⁵ku⁵³lin⁵³

土家语与汉语结合运用的地名。"煞果"是土家语 za³⁵ku⁵³（日阿古）的误记："煞"是 za³⁵（日阿）的近音汉字替代，"果"是 ku⁵³（古）的音变。"岭"是汉语，即"山岭"。因此，这个地名的准确记音应为"日阿古岭"。

土家语 za³⁵ku⁵³（日阿古）为一个音节，译成汉语是"茶叶"

(Camelliasinesis)。因此，“日阿古岭”（煞果岭）就是“茶叶岭”，即出产茶叶的山岭。

自古以来，澧水源头生产的茶叶名扬天下。如今，满世界都为环境污染而苦恼，这里仍山清水秀，一尘不染，因此这里所产之茶就备受世人青睐。

土溪洞 thu³⁵ɕi⁵⁵tuŋ³⁵

纯粹的土家语地名，thu³⁵ɕi⁵⁵tuŋ³⁵ 的汉字记音，但 ɕi⁵⁵ 一般记为“西”。

土家语 thu³⁵ɕi⁵⁵tuŋ³⁵（土西洞）由 thu³⁵ɕi⁵⁵（土西）和 tuŋ³⁵（洞）两个音节组成：thu³⁵ɕi⁵⁵（土西）的汉语义是指生长于山野树林草丛间的俗称“菌子”的“蕈”。这里的 tuŋ³⁵（洞）不是汉语的“山洞”，也是土家语，但又不是“峒”（村、寨），而是菌子的一种，它与 thu³⁵ɕi⁵⁵（土西）连起来是 thu³⁵ɕi⁵⁵tuŋ³⁵（土西洞），译成汉语就是俗称的“洞菌”，即野生“平菇”（Collybia uelutipes）。过去此地是深山老林，生长的“洞菌”远近闻名，因而得了“土西洞”之名。

“洞菌”是山区食用蕈中的珍宝，是山珍中的山珍。它生长于深山老林枯死的树蔸上，全靠菌丝和孢子繁殖，生长全靠天然，没有好运气很难获得。

白溪坪 pe³⁵tɕhie⁵³phin²¹

土家语与汉语结合运用的地名：“白溪”不是“白色的溪沟”，或“白色的溪水”，实际上这里也没有白色的溪流，而是土家语 pe³⁵tɕhie⁵³ 的汉字记音，但“溪”是 tɕhie⁵³（且）的音变；“坪”是汉语，即“坪坝”。所以，这个地名的准确记音应是“白且坪”。

土家语 pe³⁵tɕhie⁵³（白且）为一个音节，汉语义是一种名叫“救命粮”的常绿灌木。因此，“白且坪”（白溪坪）就是“救命粮树坪”，即救命粮树生长繁密的坪坝。

“救命粮”，学名“火棘”（Pyracantha fortuneana），树冠美观，秋天结出红色果实，一簇簇，一团团，如火如樱，非常美丽。如果饥渴，其果实可以充饥，因此有着“救命粮”的美称。如今，有人用其制作盆景，美化庭院。

心里尖山 ɕie⁵⁵li⁵⁵tɕian⁵⁵san⁵⁵

土家语与汉语结合运用的地名：“心里”是土家语 ɕie⁵⁵li⁵⁵（写里）的误记，“心”是 ɕie⁵⁵（写）的音变；“尖山”是汉语，指比较突兀独立的山峰。所以，这个地名的准确记音应是“写里尖山”。

土家语 $\text{ɕie}^{55}\text{li}^{55}$（写里）为一个音节，是 $\text{ɕie}^{55}\text{kho}^{55}\text{li}^{55}$（写可里）的省略与简化，$\text{kho}^{55}$（可）在整个音节中属于轻声，在语流音变中容易被省掉，从而演化成了 $\text{ɕie}^{55}\text{li}^{55}$（写里），但其含义未变，就是煮饭用的“小铁鼎罐”。因此，“写里尖山”（心里尖山）就是“小鼎罐尖山”。

过去土家人使用的铁鼎罐造型独特，一般上部为圆桶，下接倒圆台形底，一日三餐全靠它来煮饭，家家户户必不可少。“心里尖山”是澧水源头的一座高山，海拔 1500 余米，远处望去，山体犹如一口倒扑着的鼎罐，由此而得“鼎罐山”之名。

九斤台 $\text{tɕi}^{55}\text{tɕie}^{53}\text{thai}^{53}$

土家语与汉语结合运用的地名：“九斤”是土家语 $\text{tɕi}^{55}\text{tɕie}^{53}$（几姐）的误记；“台”是汉语，即“平台”“台地”。所以，这个地名的准确记音应为“几姐台”。

土家语 $\text{tɕi}^{55}\text{tɕie}^{53}$（几姐）为一个音节，汉语义是“飞”，如“飞鸟”就是 $\text{ȵie}^{35}\text{pi}^{55}\text{tɕi}^{55}\text{tɕie}^{53}$（捏必几姐）。所以，“几姐台”（九斤台）就是“飞台”，即飞来的台地，或飞起来的台地。

这个地方坐落在一座突兀高耸的山崖上，远处望去犹如飞在空中一般，故而得名。

土纳子 $\text{thu}^{21}\text{la}^{35}\text{tsu}^{35}$

纯粹的土家语地名，$\text{thu}^{21}\text{la}^{35}\text{tsu}^{35}$ 的汉字记音，但“纳”是 la^{35}（拉）的音变，“子”是 tsu^{35}（租）的音变与误记。所以，这个地名的准确记音应是“土拉租”。这是一个以出产命名的土家语地名。

土家语 $\text{thu}^{21}\text{la}^{35}\text{tsu}^{35}$（土拉租）由 $\text{thu}^{21}\text{la}^{35}$（土拉）和 tsu^{35}（租）两个音节组成：$\text{thu}^{21}\text{la}^{35}$（土拉）是古土家语，汉语义是“纱”“线”。土家姑娘编织“西兰卡普”时，需要棉纱、麻纱，还要填打花纹的纱线，这种纱线俗称“重线”，对这些棉纱、麻纱和“重线”，古代土家语就叫 $\text{thu}^{21}\text{la}^{35}$（土拉）。$\text{tsu}^{35}$（租）的汉语义是“出”或“出产”。因此，$\text{thu}^{21}\text{la}^{35}\text{tsu}^{35}$（土拉租）连起来直译是“重线出”，调换语序结构译成汉语就是“出重线”或“出产重线”。

从前这里的土家姑娘勤于绩麻纺纱，纺出的纱、线远近闻名，人们便以这种产品作了地名。

七老垭 $tɕi^{21}la^{21}ŋa^{53}$

土家语与汉语结合运用的地名。“七老”是土家语 $tɕi^{21}la^{21}$ 的汉字记音，但“七”是 $tɕi^{21}$（吉）的误记，“老”是 la^{21}（拉）的音变；“垭”是汉语，即山垭。所以，这个地名的准确记音应是“吉拉垭”。

土家语 $tɕi^{21}la^{21}$（吉拉）为一个音节，汉语义是一种俗称“袜裤”的土家人特有的御寒物品。因此，“吉拉垭”（七老垭）就是“袜裤垭”，即生产袜裤的山垭或人们普遍穿佩袜裤的地方。参见芭茅溪乡“吉脑沟”。

克蟆湖 $kha^{21}muŋ^{21}xu^{21}$

纯粹的土家语地名，$kha^{21}muŋ^{21}xu^{21}$ 的汉字记音，但“克蟆”是 $kha^{21}muŋ^{21}$（卡蒙）的误记。所以，这个地名应记作“卡蒙湖”。

土家语 $kha^{21}muŋ^{21}xu^{21}$（卡蒙湖）由 $kha^{21}muŋ^{21}$（卡蒙）和 xu^{21}（湖）两个音节组成：$kha^{21}muŋ^{21}$（卡蒙）的汉语义是“树”；xu^{21}（湖）的汉语义是“两山之间的沟谷”。因此，$kha^{21}muŋ^{21}xu^{21}$（卡蒙湖）连起来译成汉语就是“树木沟”，即树木遍布的山谷。

“卡蒙湖”位于澧水北源源头的崇山峻岭中，是八大公山原始次森林的边沿区，自古以来都是深山老林，直到今天仍然树茂林深，因此，人们便以“树木”作了地名。

在张家界地区，人们把“青蛙”“蛤蟆”叫作“克马”，于是，有人便以为“克蟆湖”就是“蛤蟆湖”，以为这里蛤蟆、青蛙多，这显然是不懂土家语的人闻音生义所致。

克蟆塘 $kha^{21}muŋ^{21}than^{53}$

土家语与汉语结合运用的地名：“克蟆”是土家语 $kha^{21}muŋ^{21}$（卡蒙）的误记；“塘”是汉语，即“山塘”“塘坝”。因此，这个地名的准确记音应是“卡蒙塘”。

土家语 $kha^{21}muŋ^{21}$（卡蒙）为一个音节，汉语义是“树”。所以，“卡蒙塘”（克蟆塘）就是“树木塘”，即树木茂密的地方。详细释义参见“克蟆湖”。

夹马湖 $ka^{21}muŋ^{21}xu^{21}$

纯粹的土家语地名，$ka^{21}muŋ^{21}xu^{21}$（嘎蒙湖）的音变与误记：“夹”在当地的读音与 ka^{21}（嘎）相同，“马”是 $muŋ^{21}$（蒙）的音变与误记。当地老人对这个地名的实际发音也是 $ka^{21}muŋ^{21}xu^{21}$（嘎蒙湖）。

土家语 $ka^{21}muŋ^{21}xu^{21}$（嘎蒙湖）由 $ka^{21}muŋ^{21}$（嘎蒙）和 xu^{21}（湖）两个

音节组成：$ka^{21}muŋ^{21}$（嘎蒙）是 $ka^{21}muŋ^{21}se^{21}$（嘎蒙色）的简化，汉语义是“枫树”，即俗称的“枫香树”（Liquidambar formosana）；xu^{21}（湖）的汉语义是“山与山之间的谷地”。因此，$ka^{21}muŋ^{21}xu^{21}$（嘎蒙湖）连起来译成汉语就是“枫香沟”或“枫香谷”。

以往这里枫香树多，每至深秋，万山红遍，层林尽染，美不可言。人们叹其多，美其色，因而以 $ka^{21}muŋ^{21}$（嘎蒙）——“枫香树”命其名。详细释义参见永定区城区“狗丝峪”。

金洞湖 $tɕi^{21}tha^{21}xu^{21}$

纯粹的土家语地名，$tɕi^{21}tha^{21}xu^{21}$ 的汉字记音，但“金洞”是 $tɕi^{21}tha^{21}$（吉它）的误记。所以，这个地名的准确记音应是“吉它湖”。

土家语 $tɕi^{21}tha^{21}xu^{21}$（吉它湖）由 $tɕi^{21}tha^{21}$（吉它）和 xu^{21}（湖）两个音节组成：$tɕi^{21}tha^{21}$（吉它）的汉语义是“下面”“下方”“下头”；xu^{21}（湖）的汉语义是“山间沟谷”。因此，$tɕi^{21}tha^{21}xu^{21}$（吉它湖）连起来译成汉语就是“下面的沟谷”。这是一个以方位命名的地名。

且沙湖 $tɕhie^{55}sa^{53}xu^{21}$

纯粹的土家语地名，$tɕhie^{55}sa^{53}xu^{21}$ 的汉字记音。但按西部区的发音，这个地名应读作“且萨湖”。

土家语 $tɕhie^{55}sa^{53}xu^{21}$（且沙湖）由 $tɕhie^{55}sa^{53}$（且沙）和 xu^{21}（湖）两个音节组成：$tɕhie^{55}sa^{53}$（且沙）的汉语义是“坡上”；xu^{21}（湖）的汉语义是“山间谷地”。因此，$tɕhie^{55}sa^{53}xu^{21}$（且沙湖）连起来译成汉语就是“坡上面的谷地”。

此地是一个山顶盆地，盆地里有平土，有小溪，也有村寨，根据这种地形环境，人们便以 $tɕhie^{55}sa^{53}xu^{21}$（且萨湖）——“坡上面的谷地”作了地名。

五爪坪 $o^{21}tso^{55}phin^{21}$

土家语与汉语结合运用的地名：“五爪”是土家语 $o^{21}tso^{55}$（恶捉）的音变与误记；“坪”是汉语，即“坪坝”，也泛指“有坪坝地方”。所以，这个地名的准确记音应是“恶捉坪”，按西部区的发音读作“恶作坪”。

土家语 $o^{21}tso^{55}$（恶捉）为一个音节，汉语义是土家人崇奉的猎神——“梅山神”。因此，“恶作坪”（五爪坪）就是“梅山神坪”，即人们敬奉梅山神的地方。

自古至今，土家族是一个有着狩猎习俗的民族，这一方面是保护庄稼的需要，另一方面也是一种消闲娱乐。但每次出猎或收猎，都必须敬奉梅山神。参见蹇家坡乡“洗岜锣”、澧源镇“俄子坡”。

中几墕 za²¹tɕi⁵⁵uan⁵⁵

土家语与汉语结合运用的地名：“中几”是土家语 za²¹tɕi⁵⁵ 的误记，但“中”是 za²¹（日阿）的近音汉字替代；“墕”是汉语，即“山墕”。所以，这个地名的准确记音应是“日阿几墕”。

土家语 za²¹tɕi⁵⁵（日阿几）系两个音节：za²¹（日阿）的汉语义是“鸡”(Gallus domesstica)，这里实指“山鸡”；tɕi⁵⁵（几）是 tɕi⁵⁵tɕie⁵³（几借）的简化，汉语义为“飞”。za²¹tɕi⁵⁵（日阿几）连起来译成汉语是“鸡飞”。所以，“日阿几墕”（中几墕）就是“鸡飞墕”，即山鸡飞来飞去的山墕。

此地位于武陵山区深处，树茂草青，野鸡、锦鸡、雉鸡、竹鸡、嘎嘎鸡、伢儿鸡等山鸡栖息其间。每天清晨至黄昏，它们在山野里此起彼伏飞翔，你呼我应地歌唱，呈现出一道亮丽的风景。

河老嘴 o⁵⁵la⁵⁵tsui⁵³

土家语与汉语结合运用的地名：“河老”是土家语 o⁵⁵la⁵⁵（窝拉）的误记；“嘴”是汉语，即“山嘴”。因此，这个地名的准确记音应是“窝拉嘴”。

土家语 o⁵⁵la⁵⁵（窝拉）为一个音节，汉语义是“菜园”；所以，“窝拉嘴”（河老嘴）就是“菜园嘴”。从前，这个山嘴是块大菜园，故得其名。

燕落墕 je²¹lo²¹uan⁵⁵

土家语与汉语结合运用的地名：“燕落”是土家语 je²¹lo²¹ 的汉字记音，但“燕”是 je²¹（叶）的音变；“墕”是汉语，即“山墕”。所以，这个地名的准确记音应是“叶落墕”。

土家语 je²¹lo²¹（叶落）为一个音节，是个修饰词，汉语义是“绕圈”“盘旋”。所以，“叶落墕”（燕落墕）就是“绕圈墕”。

“燕落墕村”坐落在一个小盆地里。人们到这个村子里去须盘旋而下，出来时须绕圈而上；从村民居住的环境看，房屋也是绕山绕圈而建，名实相符。参见蹇家坡乡“燕囮界”。

佰家墕 pe³⁵kha²¹uan⁵⁵

土家语与汉语结合运用的地名：“佰家”是土家语 pe³⁵kha²¹（白卡）的音变；“墕”是汉语，即“山墕”。所以，这个地方的原始名称应是“白卡墕”。

“白卡塆”（佰家塆）是一个以民族族属命名的地名。土家语称“苗族”为 $pe^{35}kha^{21}$（白卡），称汉族为 $pha^{35}kha^{21}$（帕卡），称自己民族则为 $pi^{35}tɕi^{55}kha^{21}$（毕基卡）。所以，“白卡塆”（佰家塆）就是“苗族塆”。

从前，这里是苗族同胞居住的地方，故得其名。

齐家塆 $tɕhi^{35}ka^{53}uan^{55}$

土家语与汉语结合运用的地名：“齐家”是土家语 $tɕhi^{35}ka^{53}$（七嘎）的音变与误记；“塆”是汉语，即“山塆”。所以，这个地方的原始名称应是“七嘎塆”。

土家语 $tɕhi^{35}ka^{53}$（七嘎）为一个音节，汉语义是“疮”，也可以指“疱”。所以，“七嘎塆”（齐家塆）就是“疮疱塆”。

此地以“疮”“疱”作地名，缘由有两种可能：其一，该地小山包较多，此起彼伏，犹如疮疱。其二，在古代的某个时期，此地曾经流行过某种生疮生疱的疾病，给人留下深刻印象。

卯子岭 $mu^{53}tso^{55}lin^{53}$

土家语与汉语结合运用的地名：“卯子”是土家语 $mu^{53}tso^{55}$（母作）的音变与误记；“岭”是汉语，即“山岭”。所以，这个地方的原始名称应是“母作岭”。

正在编织鸡罩的篾匠

土家语 $mu^{53}tso^{55}$（母作）是由两个单音节构成的一个复合音节：mu^{53}（母）的汉语义是“竹”“竹子”，tso^{55}（作）的汉语义是“匠”“匠人”；$mu^{53}tso^{55}$（母作）连起来译成汉语是“篾匠”。所以，“母作岭”（卯子岭）就是“篾匠岭”，是有篾匠的地方。

土家族作为一个古老的民族，几千年来对各行各业的能工巧匠有着不同的称呼。例如称“木匠”为 $kha^{53}tso^{55}$（卡作），称“石匠”为 $a^{21}tso^{55}$（阿作），称“铁匠”为 $ɕie^{35}tso^{55}$（写作），称“药匠”（草医）为 $se^{21}tso^{55}$（色作），对“篾匠”则称之为 $mu^{53}tso^{55}$（母作）。从前的某个时候，这个山岭上住有篾匠，于是人们便以这种职业作了地名。

烂板凳 $lan^{21}pa^{21}tun^{35}$

土家语与汉语结合运用的地名："烂板"是土家语（兰八）的音变与误记；"凳"是汉语，但是"墩"之误，义为"土墩""台地"。所以，这个地方的原始名称应是"兰八墩"。土家语在该地区消失后，人们不再懂得这个地名的实际含义，于是，便循其声而牵强附会为"烂板凳"，有一段时期还误记为"懒板凳"。

土家语 $lan^{21}pa^{21}$（兰八）为一个音节，汉语义是马鞭草植物"臭牡丹"(Clerodendron bungei)。所以，"兰八墩"（烂板凳）就是"臭牡丹墩"，即生长臭牡丹的台地。

臭牡丹又名马樱丹、八宝莲，有散气活血、祛风之功效，且能滋补胎气，是土家草医用来治疗妇科疾病的要药。

流天河 $ȵie^{21}thi^{55}xu^{21}$

纯粹的土家语地名，$ȵie^{21}thi^{55}xu^{21}$（捏梯湖）的误记与附会。

土家语 $ȵie^{21}thi^{55}xu^{21}$（捏梯湖）由 $ȵie^{21}thi^{55}$（捏梯）和 xu^{21}（湖）两个音节组成：$ȵie^{21}thi^{55}$（捏梯）的汉语义是"斗笠"；xu^{21}（湖）的汉语义是"山谷""沟谷"。所以，$ȵie^{21}thi^{55}xu^{21}$（捏梯湖）连起来译成汉语就是"斗笠谷"或"斗笠沟"。

土家族地区的斗笠式样繁多，有竹编纸糊上柿油的纸斗笠，有用竹叶压成的竹叶斗笠，有棕片做成的棕斗笠。从前，这个地方因出产斗笠而名扬远近。

在"流天河"附近有一"流天河垭"，前者在山下，后者在山上，后者因前者而得名。显然，"流天河垭"也是因"斗笠"而得名。

八大公山乡

位于县域西北部，西与湖北宣恩县相邻，西南与龙山县接镶，乡治距县城93公里；总面积110平方公里，辖10个行政村，66个村民小组；2008年末总人口4730人，其中土家族4250人，约占总人口的90%。该乡处于国家级八大公山自然保护区的核心区域，木材、药材资源丰富，杉木储量30万立方米，名贵药材20多种，国家重点保护的珍稀动物17种。

八大公山 $Pa^{21}ta^{21}ku^{21}san^{35}$

土家语与汉语结合运用的地名。“八大公”是土家语 $Pa^{21}ta^{21}ku^{21}$ 的汉字记音，但“公”是 ku^{21}（古）的误记，而 $Pa^{21}ta^{21}ku^{21}$（八大古）又是 $Pa^{21}ta^{21}Pa^{21}ku^{21}$（八大八古）的简化与省略。有意思的是这个词可以是 $Pa^{21}ta^{21}Pa^{21}ku^{21}$（八大八古），也可以是 $Pa^{21}ku^{21}Pa^{21}ta^{21}$（八古八大）。“山”是汉语。所以，这个地名应记作“八大八古山”或“八大古山”。

土家语 $Pa^{21}ta^{21}Pa^{21}ku^{21}$（八大八古）由四个音节构成，包含三种含义：$Pa^{21}$（八）的汉语义是“山”，$ta^{21}$（大）的汉语义是“下”，$ku^{21}$（古）的汉语义是“上”；所以，$Pa^{21}ta^{21}Pa^{21}ku^{21}$（八大八古）连起来译成汉语就是“下山上山”。而简化以后的 $Pa^{21}ta^{21}ku^{21}$（八大古），直译也是“下山上山”。“下山上山”就是“上坡下岭”，核心义是“地形起伏，地貌复杂”。因此，“八大古山”（八大公山）就是“地形起伏、复杂的山区”。

“八大公山”地域包括现今的八大公山乡、天平山自然保护区、芭茅溪乡北部、五道水镇北部等地区，俗有48大岔、48小岔和33条沟、55条水之称，共计250多平方公里土地。这是一片广袤的原始森林，山高林密，沟深崖陡，群众有歌唱道：“八大古，万重山，云里行，雾里钻；站在山顶能对话，若是见面要一天。”这就是“八大古山”的真实写照。

对“八大公山”地名，桑植县志曾有这样的记载：“清朝前有八大业主在此指山划界定权属，后他迁，其权属遂成公山，故名。”据考，历史上根本没有哪八家业主在此“指山划界定权属”，此记载缺少事实依据，不足为信。

冬瓜棚 $tu\eta^{53}ku^{21}phu\eta^{21}$

纯粹的土家语地名，$tu\eta^{53}ku^{21}phu\eta^{21}$（董古棚）的音变与误记。

土家语 $tuŋ^{53}ku^{21}phuŋ^{21}$（董古棚）由 $tuŋ^{53}ku^{21}$（董古）和 $phuŋ^{21}$（棚）两个音节组成：$tuŋ^{53}ku^{21}$（董古），有的地方叫 $tuŋ^{53}ke^{21}$（董格），汉语义是“山谷、山沟、山塆的尽头”；$phuŋ^{21}$（棚）的汉语义不是茅棚，而是“凤鸟”。所以，$tuŋ^{53}ku^{21}phuŋ^{21}$（董古棚）连起来译成汉语就是“山塆尽头的凤鸟”，直白一点说，就是“凤鸟山”。而作为村寨名，就是“山塆尽头凤鸟山下的村寨”。

斗蓬山 $tuŋ^{53}phuŋ^{21}san^{55}$

土家语与汉语结合运用的地名：“斗蓬”是土家语 $tuŋ^{53}phuŋ^{21}$（董棚）的误记，$tuŋ^{53}phuŋ^{21}$（董棚）又是 $tuŋ^{53}ku^{21}phuŋ^{21}$（董古棚）的简化，因为 ku^{21}（古）是轻声低降，在长期的语流音变中被脱落了，只留下 $tuŋ^{53}phuŋ^{21}$（董棚），人们不懂（董棚）是何意，但它与“斗篷”读音十分相近，因而就记成了“斗蓬”。“山”是汉语。所以，这个地名的准确记音应是“董棚山”。

如前如述，土家语 $tuŋ^{53}ku^{21}phuŋ^{21}$（董古棚）的汉语义是“山塆尽头的凤鸟”；所以，“董古棚山”（斗蓬山）就是“山塆尽头的凤鸟山”。详细释义参见“冬瓜棚”。

“董棚山”（斗蓬山）是八大公山的主峰，海拔 1890 余米。澧水北源发源于山的东麓，澧水中源发源于山的西南，山如凤鸟，屹立在澧水源头，蔚为壮观。

庄尔坪 $tse^{21}e^{55}phin^{21}$

土家语与汉语结合运用的地名：“庄尔”是土家语 $tse^{21}e^{55}$（直二）的误记；“坪”是汉语，即“坪坝”。所以，这个地名的准确记音应是“直二坪”。按西部区的发音读作“则二坪”。

土家语 $tse^{21}e^{55}$（直二）为一个音节，汉语义是“稻米”。因此，“直二坪”（庄尔坪）就是“稻米坪”。

此地位于大山深处，这里的土家人向来以苞谷、洋芋、番薯、粟米为主食。但澧水北源在此形成源泉时却冲积成一块坪坝，这在大山深处是十分难得的。人们在这个坪坝种上稻谷，吃上了大米，欣喜之情溢于言表，便以深山珍宝“大米”作了地名。

庄尔溪 $tse^{21}e^{55}tɕhi^{55}$

土家语与汉语结合运用的地名：“庄尔”是土家语 $tse^{21}e^{55}$（直二）的误记；“溪”是汉语，即“溪沟”。所以，这个地名应记作“直二溪”，按西部区的发音读作“则二溪”。

土家语 tse^{21}e^{55}（直二）为一个音节，汉语义是“稻米”。所以，“直二溪”（庄尔溪）就是“稻米溪”。详细释义参见“庄尔坪”。

湖　凸　xu^{21}phau^{55}

土家语 xu^{21}phau^{55}（湖泡）的误记：“凸”是 phau^{55}（泡）的音变，因为“凸”在当地不读 tū（透）,而是根据字形读 bào（抱），“泡”与“抱”音相近，故有此误记。

土家语 xu^{21}phau^{55}（湖泡）有的也称 xu^{21}pha^{55}（湖扒），为一个音节，译成汉语是“河沟”。这条河沟就是北河的下游，是澧水北源源河的一段。这一地段山多土少，只有河沟两侧可以耕种，人们便以“河沟”作了地名。

横溪河　xu^{21}tɕhi^{53}xo^{35}

土家语与汉语结合运用的地名：“横溪”是土家语 xu^{21}tɕhi^{53}（湖乞）的误记；“河”是汉语。所以，这个地名的准确记音应是“湖乞河”，当地老人的实际发音也是“湖乞河”。

土家语 xu^{21}tɕhi^{53}（湖乞）系两个音节：xu^{21}（湖）的汉语义是山间的谷地，即“山谷”；tɕhi^{53}（乞）是形容词，汉语义是“大”。xu^{21}tɕhi^{53}（湖乞）连起来直译是“山谷大”，调换语序结构译成汉语是“大山谷”或“大沟谷”。所以，“湖乞河”（横溪河）就是“大山谷中的河”。

“湖乞河”（横溪河）虽以“河”冠其名，实际仅是一条山溪，是澧水北源的源河之一。它从斗蓬山流出，至此是两岸峭壁悬崖，古木参天，人们便以这种地形作了地名。

黑　塆　xe^{21}uan^{55}

土家语与汉语结合运用的地名：“黑”是土家语 xe^{21}（核）的误记；当地方言“黑”不读作 hēi，而是读作 hé，与“核”同音，故有此误记。“塆”是汉语，即“山塆”。所以，这个地名的准确记音应是“核塆”。

土家语 xe^{21}（核）的汉语义是“漏”，如 tshe^{21}xe^{21}（测核）就是漏水。因此，“核塆”就是“漏塆”，即“漏水的山塆”。

此地仅有一条小山溪，水流量小，由于漏水，枯水季节几乎断流，人们根据这一特征，便将“漏水”作了这个山塆的名称。

砂地坪　so^{53}tie^{53}phin^{21}

土家语与汉语结合运用的地名：“砂地”（当地的实际发音是“撒

地”）是土家语 $so^{53}tie^{53}$（梭爹）的误记，“砂”是 so^{53}（梭）的音变，“地”是 tie^{53}（爹）的音变；“坪”是汉语，即“坪坝”。因此，这个地名的准确记音应是“梭爹坪”。

土家语 $so^{53}tie^{53}$（梭爹）系两个音节：so^{53}（梭）是 $so^{53}phe^{21}$（梭拍）的简化，汉语义是“雾”；tie^{53}（爹）的汉语义是“罩”“盖”。$so^{53}tie^{53}$（梭爹）连起来译成汉语是“雾罩”或“雾盖”。因此，“梭爹坪”（砂地坪）就是“雾罩坪”或“雾盖坪”，即经常被雾笼罩的坪坝。

“梭爹坪”（砂地坪）坐落于武陵山区的大山深处，平均海拔 1050 米，是湖南的四大暴雨区之一，加上境内山峦重叠，原始森林遍布，自古以来就是多雾区。“白天雾为伞，夜晚雾作被”是当地气候的真实写照。依据这一自然特点，人们便以 $so^{53}tie^{53}$（梭爹）——“雾罩”作了地名。

历树垉 $li^{35}su^{35}pau^{55}$

土家语与汉语结合运用的地名：“历”是土家语 li^{35} 的汉字记音；“树”“垉”均为汉语，但“垉”是当地的自造字，读 bào（抱），义为“山包”。所以，这个地名应记作“历树包”。

此地原名“历山”，“历树”是“历山”的误记，“垉”则纯属蛇足。因此，诠释“历树垉”只需诠释“历山”。

“历山”也是土家语与汉语结合运用的地名，“历”是土家语 li^{35} 的汉字记音，汉语义为“虎”（panthera tingris）；“山”是汉语。所以，“历山”就是“虎山”，即老虎多的山界。以往这里老虎多，故而得名。

历山是澧水中源发源地。古代的历山包含了今天的历树垉、蒋家塆、朱家塆、车达河、扒河等广大地域。它位于湘西脊梁的古“董古棚山”（即今“斗蓬山”）西南侧，是一条长 50 余里的山峦。其境内西端有发源于扒河境内的小溪，流经朱家塆在车大河形成河流，构成澧水的源河。东端则有发源于斗蓬山南侧的沈家河、岩屋坪河、范家河等溪河，流经蒋家塆在历树垉汇入车大河南头之水，构成澧水中源的干流。历史上关于澧水中源发源于历山的记载，准确无误，一点不假。

扒　河 $pha^{53}xo^{35}$

土家语与汉语结合运用的地名：“扒”是土家语 pha^{53} 的汉字记音；“河”是汉语。

土家语 pha^{53}（扒）是 $pha^{53}kha^{35}$（扒卡）的简化。汉语义是汉人或客家人。因此，$pha^{53}xo^{35}$（扒河）就是“汉人河”。这里的“汉人河”不是一种领属关系，而是指“汉人居住的河流”，或“客家人居住的河流”。实际上就是客家人居住的地方。

“扒河”是澧水中源的一条支流。东汉以后，特别是清代“改土归流”以来，不少客家人或因战乱，或因饥荒，或因入峒做工匠，纷纷流入土家人世居的山区，并在一些地方定居下来，独立建立了客家人的村寨。“扒河”就是古代客家人定居的一个村寨。

车大河 $tshe^{21}ta^{21}xo^{35}$

土家语与汉语结合运用的地名：“车大”是土家语 $tshe^{21}ta^{21}$ 的汉字记音，但“车”是 $tshe^{21}$（扯）的音变，“河”是汉语。所以，这个地名的准确记音应是“扯大河”，按西部区的发音读作“测大河”。

土家语 $tshe^{21}ta^{21}$（扯大）系两个音节：$tshe^{21}$（扯）的汉语义是“水”，ta^{21}（大）的汉语义是“下”；$tshe^{21}ta^{21}$（扯大）连起来直译是“水下”，调换语序结构译成汉语是“下水”。所以，“扯大河”（车大河）就是“下水河”，即“水从此处而下成为河”。

“车大河”发源于历山西侧，是澧水中源的一条主要源流。

老也沟 $la^{21}je^{35}kəu^{55}$

土家语与汉语结合运用的地名：“老也”是土家语 $la^{21}je^{35}$ 的汉字记音，但“老”是 la^{21}（腊）的音变；“沟”是汉语，即“溪沟”。所以，这个地名的准确记音应是“腊也沟”。

土家语 $la^{21}je^{35}$（腊也）为一个音节，汉语义是“天色阴霭”“光线灰暗”“犹如傍晚”，凡是天地昏暗或天黑都称之为 $la^{21}je^{35}$（腊也）。因此，“腊也沟”（老也沟）就是“昏暗的山沟”。

“腊也沟”（老也沟）是澧水中源的源流之一，它向下流出不远处形成岩屋坪河，然后注入乌鸦河干流。此处山大谷深，古木参天，日照极差，终日昏暗如夜，人们便以这种环境作了地名。

木家台 $mu^{55}kho^{55}thai^{53}$

土家语与汉语结合运用的地名：“木家”是土家语 $mu^{55}kho^{55}$ 的汉字记音，但“家”是 kho^{55}（科）的音变与误记；“台”是汉语，即“台地”。所以，这个地名的准确记音应是“木科台”。

土家语 $mu^{53}kho^{55}$（木科）系两个音节：mu^{53}（木）的汉语义是“竹子”(Bamboo sprout)，kho^{55}（科）的汉语义是“山”或“林”；$mu^{53}kho^{55}$（木科）连起来译成汉语是“竹林”。所以，“木科台”（木家台）就是“竹林台”，即竹林繁茂的台地。

色家河 $se^{21}ka^{53}xo^{21}$

土家语与汉语结合运用的地名：“色家”是土家语 $se^{21}ka^{53}$ 的汉字记音，但“家”是 ka^{53}（嘎）近音汉字替代；“河”是汉语。所以，这个地名的准确记音应是“色嘎河”。

土家语 $se^{21}ka^{53}$（色嘎）系两个音节：se^{21}（色）的汉语义是“药”，ka^{53}（嘎）的汉语义是“挖”；$se^{21}ka^{53}$（色嘎）连起来直译是“药挖”，调换语序结构译成汉语是“挖药”。所以，“色嘎河”（色家河）就是“挖药河”。

“色嘎河”（色家河）亦是澧水中源的源流之一，它位于斗蓬山自然保护区南麓。这里盛产中药材，有天麻、黄连、杜仲、厚朴等药用植物一千余种，向来是人们挖掘药材的场所。因为药材多，人们常来这里挖药，便以 $se^{21}ka^{53}$（色嘎）——“挖药”作了地名。

麦半岭 $me^{35}pu^{55}li^{55}$

纯粹的土家语地名，$me^{35}pu^{55}li^{55}$（嚜布里）的误记：“麦”是 me^{35}（嚜）的误记，在当地，“麦”不读作 mài（卖），而是读作 me（嚜），故有此误记；“半岭”是 $pu^{55}li^{55}$（布里）的音变。

土家语 $me^{35}pu^{55}li^{55}$（嚜布里）由 me^{35}（嚜）和 $pu^{55}li^{55}$(布里)两个音节组成：me^{35}（嚜）的汉语义是“天”，$pu^{35}li^{55}$（布里）的汉语义是“霜”，这里是指“下霜”；$me^{35}pu^{55}li^{55}$（嚜布里）连起来译成汉语是“天下霜”，用作地名，就是经常下霜的地方。

此地位于海拔一千多米的高寒山区，霜期长，全年差不多有一半时间早晚都可以见霜，因而得 $me^{35}pu^{55}li^{55}$（嚜布里）——“天下霜”之名。

三大股 $so^{53}ta^{21}ku^{21}$

纯粹的土家语地名，$so^{53}ta^{21}ku^{21}$ 的汉字记音，但“三”是 so^{53}（梭）的音变。所以，这个地名的准确记音应是“梭大股”。

土家语 $so^{53}ta^{21}ku^{21}$（梭大股）系三个音节：so^{53}（梭）是 $so^{53}phe^{21}$（梭拍）的简化，汉语义是“雾”；ta^{21}（大）的汉语义是“下”或“下来”；ku^{21}（股）的汉语义是“上”或“上去”。所以，$so^{53}ta^{21}ku^{21}$（梭大股）连起来译成汉语就是“雾下上”；用作地名，就是大雾经常下来上去的地方。

此地位于斗蓬山南麓，海拔一千多米，经常大雾笼罩，时而向上飘浮，时而向下沉落，因而得名。

大咱坪 ta^{35}za^{21}phin^{21}

土家语与汉语结合运用的地名："大咱"是土家语 ta^{35}za^{21} 的汉字记音，但"咱"是 za^{21}（日阿）的近音汉字替代；"坪"是汉语，即"坪坝"。所以，这个地名的准确记音应是"大日阿坪"。

土家语 ta^{35}za^{21}（大日阿）为一个音节，汉语义是"岸边"或"岸上"，如 tshe^{21}ta^{35}za^{21}（测大日阿）是"水岸边"或"水岸上"，xu^{21}pha^{21}ta^{35}za^{21}（湖帕大日阿）是"沟岸边"或"沟岸上"。因此，"大日阿坪"（大咱坪）就是"岸边坪"或"岸上坪"。此坪因坐落在水的岸边而得名。

类家塆 la^{35}tɕi^{55}uan^{55}

土家语与汉语结合运用的地名："类家"是土家语 la^{35}tɕi^{55}（拉基）的音变与误记；"塆"是汉语，即"山塆"。因此，这个地名的准确记音应是"拉基塆"。

土家语 la^{35}tɕi^{55}（拉基）为一个音节，汉语义是"麂"（Muntiacus），俗称"麂子"或"山麂"，向来是人们的主要猎物。因此，"拉基塆"（类家塆）就是"麂子塆"。

此地位于斗蓬山东侧的澧水中源源头，山大林深，向以山麂多而闻名，人们便以这种可爱的动物名作了地名。

距此地不远处还有一地名叫"赖家塆"，"赖家"也是土家语 la^{35}tɕi^{55}（拉基）的误记，其汉语义与"类家塆"完全相同。

若　达 zo^{35}ta^{21}

纯粹的土家语地名，zo^{35}ta^{21} 的汉字记音。

土家语 zo^{35}ta^{21}（若达）系两个音节：zo^{35}（若）的汉语义是"羊"（Capra hircus L），这里实指俗称"岩羊"的"野羊"；ta^{21}（达）的汉语义"下"或"下来"。所以，zo^{35}ta^{21}（若达）连起来译成汉语就是"羊下"或"羊下来"；用作地名，就是岩羊经常下来的地方。

此地位于澧水中源源头，湘鄂两省交界的深山峡谷间，以往野羊在此栖息繁衍，成群结队出没其间，人们便以 zo^{35}ta^{21}（若达）——"羊下来"作了地名。

紫砂坪 tsi^{53}si^{35}phin^{21}

土家语与汉语结合运用的地名。"紫砂"是土家语 tsi^{53}si^{35} 的汉字记音，但 tsi^{53} 一般记为"子"，"砂"是 si^{35}（斯）的音变；"坪"是汉语，即"坪坝"。所以，这个地名的准确记音应是"子斯坪"，按西部区的发音读作“子司坪”。

土家语 $tsi^{53}si^{35}$（子斯）系两个音节：tsi^{53}（子）的汉语义是“猪”（Sus scrofa domestica），si^{35}（斯）的汉语义是“肥”“胖”；$tsi^{53}si^{35}$（子斯）连起来直译是“猪肥”，调换语序结构译成汉语是“肥猪”。所以，“子斯坪”（紫砂坪）就是“肥猪坪”。

此地位于斗蓬山腹地，地宽杂粮多，草繁饲料足，人们饲养的生猪又肥又壮，因而得名。

窝　塘　$o^{53}than^{21}$

纯粹的土家语地名，$o^{53}than^{21}$ 的汉字记音，但“塘”是 $than^{21}$（坦）的音变。因此，这个地名的准确记音应是“窝坦”。

土家语 $o^{53}than^{21}$（窝坦）系两个音节：o^{53}（窝）的汉语义是“蛇”；$than^{21}$（坦）的汉语义是“较大的山坑或盆地”。因此，$o^{53}than^{21}$（窝坦）连起来译成汉语就是“蛇坑”，即蛇多的小盆地或山坑。

以往这里蛇多，因而得 $o^{53}than^{21}$（窝坦）——“蛇坑”之名。

内半坡　$lo^{53}puŋ^{21}pho^{55}$

土家语与汉语结合运用的地名。“内半”是土家语 $lo^{53}puŋ^{21}$（洛崩）的误记：“内”是 lo^{53}（洛）的音变，“半”是 $puŋ^{21}$（崩）的音变；“坡”是汉语，即“山坡”。因此，这个地名的准确记音应是“洛崩坡”。

土家语 $lo^{53}puŋ^{21}$（洛崩）系两个音节：lo^{53}（洛）的汉语义是“人”，如 $lo^{53}pa^{53}$（洛巴）是“男人”，$lo^{53}tie^{53}$（洛爹）是“别人”；$puŋ^{21}$（崩）的汉语义是“埋”或“葬”。$lo^{53}puŋ^{21}$（洛崩）连起来直译是“人埋”或“人葬”，调换语序结构译成汉语是“埋人”或“葬人”。所以，“洛崩坡”（内半坡）就是“埋人坡”或“葬人坡”。

古代，这里是土酋部落中心区，风水好，部落酋长或舍巴头人死后多葬于此，是古代的墓地之一，因而得名。

夫咱坡　$xu^{53}tsha^{21}pho^{55}$

土家语与汉语结合运用的地名：“夫咱”是土家语 $xu^{53}tsha^{21}$ 的汉字记音，但“咱”是 $tsha^{21}$（岔）的音变与误记；“坡”是汉语，即“山坡”。所以，这个地名的准确记音应是“夫岔坡”，按西部区的发音读作“夫擦坡”。

土家语 $xu^{53}tsha^{21}$（夫岔）多记作“虎岔”，为一个音节，汉语义是“跑”，可以引伸为“练跑”或“跑马”。因此，“夫岔坡”（夫咱坡）就是“练跑坡”或“跑马坡”。

古代，此地是土酋部落腹地，土酋曾经在这里辟有跑马场，用以练兵、跑马、演武，因而得 xu^{53}tsha^{21}pho^{55}（夫岔坡）——“跑马坡”之名。

罒地总 lo^{55}tie^{53}tsho^{21}

纯粹的土家语地名，lo^{55}tie^{53}tsho^{21}（洛爹挫）的音变与误记：“罒”是 lo^{55}（洛）的误记，前面说过，“罒”是自造字，读 luō（啰），与“洛”音近；“地”是 tie^{53}（爹）的音变；“总”是 tsho^{21}（挫）的音变与误记。当地老人对这个地名的实际发音也是“洛爹挫”。

土家语 lo^{55}tie^{53}tsho^{21}（洛爹挫）由 lo^{55}tie^{53}（洛爹）和 tsho^{21}（挫）两个音节组成：lo^{55}tie^{53}（洛爹）的汉语义是“别人”“他人”；tsho^{21}（挫）的汉语义是“屋”。因此，lo^{55}tie^{53}tsho^{21}（洛爹挫）连起来译成汉语就是“别人屋”，即他人居住的地方。

这里的“别人”“他人”，不是指狭义的单个的“别人”“他人”，而是指别的民族、外来人，具体是指“汉人”。从东汉以后，澧源山区不断移入外地人。特别是清代“改土归流”后，时局打乱了武陵山区“汉不入峒”的固有习俗，大量外地人因战乱、饥荒等原因流入定居，和土家人民和睦相处。这个地名就是这种现象的真实记录。

烂泥湖 la^{53}ȵi^{55}xu^{21}

纯粹的土家语地名，la^{53}ȵi^{55}xu^{21} 的汉字记音，但“烂”是 la^{53}（拉）的音变。所以，这个地名的准确记音应是“拉泥湖”。

土家语 la^{53}ȵi^{55}xu^{21}（拉泥湖）系三个音节：la^{53}（拉）的汉语义是“路”“道路”，ȵi^{55}（泥）的汉语义是“找”“找寻”；la^{53}ȵi^{55}（拉泥）连起来直译是“路找”，调换语序结构译成汉语是“找路”。xu^{21}（湖）的汉语义是“山间沟谷”。所以，la^{53}ȵi^{55}xu^{21}（拉泥湖）连起来译成汉语就是“找路谷”。

此地位于八大公山原始森林腹地，地形地貌极其复杂。古代这里是一片荒原，古木参天，树茂林菁，可谓层峦叠嶂，沟谷纵横，浓荫掩映，山曲水回，人到此处，往往会迷路，故而得名。

拿足界 la^{21}za^{21}kai^{35}

土家语与汉语结合运用的地名：“拿足”是土家语 la^{21}za^{21} 的误记，“足”是 za^{21}（日阿）的近音汉字替代；“界”是汉语，即“山界”。所以，这个地名的准确记音应是“拿日阿界”。

土家语 $la^{21}za^{21}$（拿日阿）为一个音节，汉语义是“山槐”（Albizzia kalkora）。所以，“拿日阿界”（拿足界）就是“山槐界”，是山槐多的地方。

山槐，别名“山合欢”“夜关门”“夜火木”。这种树有两个突出特点：一是羽状对生叶，白天张开，晚上闭合，故俗称“夜关门”；二是树老死后，其树蔸能够放射出绿色荧光，故又称“夜火木”。

时冷河 $si^{21}lai^{21}xei^{53}$

纯粹的土家语地名，$si^{21}lai^{21}xei^{53}$ 的误记：“时”作为 si^{21} 的汉字记音，按东部区的语音一般记作“石”，按西部区的语音是一般记作“思”；“冷”是 lai^{21}（乃）的误记；“河”是 xei^{53}（嘿）的误记。所以，这个地名的准确记音应是“石乃嘿”，按西部区的发音读作“思乃嘿”。

土家语 $si^{21}lai^{21}xei^{53}$（石乃嘿）由 si^{21}（石）和 $lai^{21}xei^{53}$（乃嘿）两个音节组成：si^{21}（石）的汉语义是“野兽”；$lai^{21}xei^{53}$（乃嘿）的汉语义是“休息一下”或“歇息一会儿”，也可以引申为“栖息”。所以，$si^{21}lai^{21}xei^{53}$（石乃嘿）连起来译成汉语就是“野兽休息或栖息的地方”。

古时，该地是一片广漠的荒原，树密草深，各种野兽栖息其间，故而得名。

立龙台 $li^{35}lu\eta^{53}thai^{21}$

土家语与汉语结合运用的地名：“立龙”是土家语 $li^{35}lu\eta^{53}$ 的汉字记音；“台”是汉语，即“台地”。

土家语 $li^{35}lu\eta^{53}$（立龙）系两个音节：li^{35}（立）的汉语义是“老虎”（panthera tigris），$lu\eta^{53}$（龙）的汉语义是“养”；$li^{35}lu\eta^{53}$（立龙）连起来直译是“虎养”，调换语序结构译成汉语是“养虎”。所以，“立龙台”就是“养虎台”。

“养虎台”不是真正意义上养虎的地方，而是一个比喻性地名。可以想象，在遥远的古代，此地是广阔无垠的莽莽荒原，人迹罕至，老虎自由自在地生活其间，犹如养着一般。

洞油河 $tu\eta^{35}j\partial u^{55}xu^{21}$

纯粹的土家语地名，$tu\eta^{35}j\partial u^{55}xu^{21}$ 的汉字记音，但“洞”是 $tu\eta^{35}$（峒）的误记，“油”是 $j\partial u^{55}$（优）的误记，“河”是 xu^{21}（湖）的误记。所以，这个地名的准确记音应是“峒优湖”。

土家语 $tu\eta^{35}j\partial u^{55}xu^{21}$（峒优湖）系三个音节：$tu\eta^{35}$（峒）是古代部落酋长和土司王的驻地，如古十八峒的“峒”即为部落酋长驻地；$j\partial u^{55}$（优）

的汉语义是“村庄”“寨子”；xu^{21}（湖）的汉语义是“山与山之间的谷地”，俗称“山谷”或“沟谷”。所以，$tu\eta^{35}j\partial u^{55}xu^{21}$（峒优湖）连起来译成汉语就是“峒寨谷”或“峒寨沟”。

从前，这条沟谷中曾有部落峒长居住过的寨子，因以得名。

巴尔壁 $pa^{21}e^{53}pi^{35}$

纯粹的土家语地名，$pa^{21}e^{53}pi^{35}$ 的汉字记音。

土家语 $pa^{21}e^{53}pi^{35}$（巴尔壁）系三个音节：pa^{21}（巴）的汉语义是“山坡”；e^{53}（尔）是 $e^{53}khui^{55}$（尔亏）的简化，汉语义是“小”；pi^{35}（壁）是 $pi^{35}khui^{55}$（壁亏）的简化，汉语义也是“小”；$e^{53}pi^{35}$（尔壁）两个形容词联用便是“小小的”。所以，$pa^{21}e^{53}pi^{35}$（巴尔壁）连起来直译是“山坡小小的”，调换语序结构译成汉语就是“小小的山坡”。

“巴尔壁”现在是一个村寨名。所以，“巴尔壁”实际上就是坐落在小山坡上的村庄。

高耳河 $ka^{21}zi^{21}xo^{21}$

土家语与汉语结合运用的地名：“高耳”是土家语 $ka^{21}zi^{21}$（嘎日）的误记。“高”是 ka^{21}（嘎）的近音汉字替代；“耳”是 zi^{21}（日）的误记。“河”是汉语。因此，这个地名的准确记音应是“嘎日河”。

土家语 $ka^{21}zi^{21}$（嘎日）系两个音节：ka^{21}（嘎）的汉语义是“乌鸦”（Corvus frugilegus linnaeus），zi^{21}（日）的汉语义是“多”；$ka^{21}zi^{21}$（嘎日）连起来直译是“乌鸦多”，调换语序结构译成汉语是“多乌鸦”。所以，“嘎日河”（高耳河）就是“多乌鸦的河”。

此地多乌鸦，倒有一段传说。据说从前此地木材多，放木排的人也多，人多，丢弃的剩饭剩菜就多。这些被丢弃的剩饭剩菜常常招来一河乌鸦，于是便有了“多乌鸦河”之名。而在附近的龙山县内，恰有一个“乌鸦河”的地名。

任洲坪 $ze^{35}tsu^{35}phin^{21}$

土家语与汉语结合运用的地名。“任洲”是土家语 $ze^{35}tsu^{35}$ 的误记：“任”是 ze^{35}（热）的音变，“洲”是 tsu^{35}（住）的音变；“坪”是汉语，即“坪坝”。所以，这个地名的准确记音应是“热住坪”，按西部区的发音读作“热租坪”。

土家语 $ze^{35}tsu^{35}$（热住）系两个音节：ze^{35}（热）的汉语义是“酒”，这是现代土家语，古代土家语称酒为 ze³⁵tɕhi³⁵（热期）；tsu³⁵（住）的汉语义是"出""出产"。ze³⁵tsu³⁵（热住）连起来直译是"酒出"，调换语序结构译成汉语是"出酒"。所以，"热住坪"（任洲坪）就是"出酒坪"。

从前，此地设有酒坊，是先民们造酒的地方，因而得名。

马门垭 ma²¹ma³⁵ŋa⁵³

土家语与汉语结合运用的地名："马门"是土家语 ma²¹ma³⁵（麻骂）的误记，"马"是 ma²¹（麻）的音变，"门"是 ma³⁵（骂）的音变；"垭"是汉语，即"山垭"。因此，这个地方的准确记名应是"麻骂垭"。

烤酒坊

土家语 ma²¹ma³⁵（麻骂）为一个音节，是个亲属表谓词，汉语义一指"岳母"，一指"姑母"，但以表示"岳母"最普遍。所以，"麻骂垭"（马门垭）或是"岳母垭"，或是"姑母垭"。

从前，这个垭上是某姓某人的岳母住地或姑母住地，叫得多了，时间长了，约定俗成，遂成地名。

车家老山 tshe²¹ka²¹lau⁵³san²¹

土家语与汉语结合运用的地名。"车家"是土家语 tshe²¹ka²¹ 的误记："车"是 tshe²¹（扯）的音变，"家"是 ka²¹（嘎）的近音汉字替代；"老"是汉语，但一般记为"垴"，即"山垴""山顶"；"山"是"上"之误，汉语，即"上头"。因此，此地的准确记名应是"扯嘎垴上"，按西部区的发音读作"测嘎垴上"。

土家语 tshe²¹ka²¹（扯嘎）系两个音节：tshe²¹（扯）的汉语义是"水"，ka²¹（嘎）的汉语义是"缺""缺乏"；tshe²¹ka²¹（扯嘎）连起来直译是"水缺"，调换语序结构译成汉语是"缺水"。所以，"扯嘎垴上"（车家老山）就是"缺水的山顶上"。换句话说，就是经常缺水，容易发生干旱的山垴上。

汽喊泥 tɕhi[21]xe[21]li[53]

纯粹的土家语地名，tɕhi[21]xe[21]li[53]（起核里）的音变与误记。

土家语tɕhi[21]xe[21]li[53]（起核里）由tɕhi[21]xe[21]（起核）和li[53]（里）两个音节组成：tɕhi[21]xe[21]（起核）的汉语义是“糯谷”（Oryza sativa L·var·glutinosa Matsum)；li[53]（里）的汉语义是“土”“地”，这里实指“地方”。因此，tɕhi[21]xe[21]li[53]（起核里）连起来译成汉语就是“糯谷地”，即出产糯谷的地方。

糯谷是土家人珍爱的粮食品种。逢年过节，人们要用糯米打糍粑，包叶儿粑，做团撒，制甜酒，做阴米。这些食品都是美味佳肴，显示一方风情。从前，此地种植的糯稻多，出产的糯米也多，人们便用这种特产作了地名。

凉水口镇

位于县域中部，镇治距县城33公里；辖16个行政村、1个居委会，90个村民小组；总面积68.7平方公里；2008年末总人口10754人，其中土家族8450人，约占总人口的80%。境内煤、硅储量大，品位高；河流面积广、流量大，适合小水电开发。

生基坡 $sen^{55}tɕi^{55}pho^{55}$

土家语与汉语结合运用的地名：“生基”是土家语 $sen^{55}tɕi^{55}$ 的汉字记音,但“生”是 sen^{55}（森）的音变与误记。$sen^{55}tɕi^{55}$（森基）有的地方叫 $ɕin^{55}tɕi^{55}$（星祭），其义完全相同。“坡”是汉语，即“山坡”。所以，这个地名按照当地的实际读音应记作“森基坡”。

土家语 $sen^{55}tɕi^{55}$（森基）为一个音节，汉语义是指在人生前就选好墓地、建造墓室、竖立墓碑，待人死后再放入墓室这样一种埋葬习俗。对这种“墓室”“墓碑”，土家人称为“生基坟”。所以，“森基坡”（生基坡）就是建有“生基墓”的山坡。详细释义参见廖家村镇“新村坪”。

尧儿坪 $je^{21}zi^{55}phin^{21}$

土家语与汉语结合运用的地名：“尧儿”是土家语 $je^{21}zi^{55}$（也日）的误记，“尧”是 je^{21}（也）的音变，“儿”是 zi^{55}（日）的音变与误记；“坪”是汉语，即“坪坝”。因此，这个地名的准确记音应是“也日坪”。

土家语 $je^{21}zi^{55}$（也日）系两个音节：je^{21}（也）的汉语义是“神”，zi^{55}（日）的汉语义是“敬”或“祭”；$je^{21}zi^{55}$（也日）连起来直译是“神敬”，调换语序结构译成汉语是“敬神”或“祭神”。所以，“也日坪”（尧儿坪）就是“敬神坪”或“祭神坪”。

从前，这里建有神堂，是人们敬神祈愿的地方，因而得名。

白洋台 $pe^{35}jəu^{55}thai^{21}$

土家语与汉语结合运用的地名：“白洋”是土家语 $pe^{35}jəu^{55}$ 的汉字记音，但“洋”是 $jəu^{55}$（优）的音变；“台”是汉语，即“台地”。所以，这个地名的准确记音应是“白优台”。

土家语 $pe^{35}jəu^{55}$（白优）为一个音节，汉语义是“苗寨”。因此，“白优台”（白洋台）就是“苗寨台”，即苗族同胞居住的地方。详细释义参见岩屋口乡“白洋坪”。

江　坑　tɕie^{35}khe^{53}

纯粹的土家语地名，tɕie^{35}khe^{53}（杰克）的音变与误记：“江”是tɕie^{35}（杰）的误记，“坑”是khe^{53}（克）的音变。

土家语tɕie^{35}khe^{53}（杰克）为一个音节，汉语义是“漆”，俗称“生漆”。这种生漆直接从漆树上割取，未作任何加工。“漆树”（Rhus Vernicifluuα）土家语就叫tɕie^{35}khe^{53}kha^{21}muŋ^{21}（杰克卡蒙）。

此地坐落在海拔1200多米的大山深处，以往漆树繁茂，出产的生漆非常有名，因而便以这种土特产品作了地名。

果合溪　ku^{21}xu^{35}tɕhi^{55}

土家语与汉语结合运用的地名：“果合”是土家语ku^{21}xu^{35}（古乎）的音变与误记；“溪”是汉语，即“溪沟”。所以，这个地名的准确记音应是“古乎溪”，当地老人的实际发音也是“古乎溪”。

ku^{21}xu^{35}（古乎），史书曾记为“古虎”，也有称“六古乎”的，人名，澧水北源土家部落酋长，该部落即为古乎部落。古乎溪就是该部落所在地。古乎部落的辖地大致在今四方溪斋公坪、凉水口四层界、谷罗山北部和沙塔坪东部地区。古乎部落在明洪武年间曾随十八峒参加夏德忠领导的反明起义。清代皇甫如森《嘉庆慈利县志·兵燹》载：“洪武二十二年（1389年），土酋夏德忠诱九溪蛮复叛，袭破石（门）、慈（利）二县，居民、公宇悉经残毁，人民死者以万计，溃散无算。上命靖宁侯叶升同东川侯胡海、征南将军周德兴帅师十万往征。师渡九溪、大庸、天火岭、拔古俾峒擒获夏二八、古虎等贼送京师，还次贺山。德忠既诛，置九溪、永定二卫。”这里所记的“古虎”即为“古乎”。所以，“古乎溪”（果合溪）就是古乎或古乎部落所居住、活动的山沟。

四层界　si^{21}tshuŋ^{21}kai^{35}

土家语与汉语结合运用的地名。“四层”是土家语si^{21}tshuŋ^{21}（司从）的误记：si^{21}一般记为“司”，“层”是tshuŋ^{21}（从）的音变；“界”是汉语，即“山界”。因此，这个地方的准确记名应是“司从界”。

土家语si^{21}tshuŋ^{21}（司从）为一个音节，汉语义是“腊肉”；所以，“司从界”（四层界）就是“腊肉界”，即腊肉多的山界。

始自遥远的古代，土家人一直传承着“炕腊肉”的习俗。冬至一过，腊水即来，家家都要宰杀年猪，少则一头，多则三四头。然后将整个猪头刈下，准备过年时上牺祭祖；将四只腿连同大肉刈下，称为“肘子”，是给岳父岳母拜年的最高礼品；其正身肉则顺排骨分别切刈成二三斤或四五斤不等的条块，如若是作为送人的礼物则称为“方”（有的地方称为“信”）。上述诸肉一起放入缸内，用盐、辣椒、花椒等调料腌浸数日，然后挂在火塘上面的炕架上，用松枝、香木、柚壳、柑皮等烟熏月余脱水，即成为“腊肉”。“腊肉”是土家人的土特产，既是馈赠亲朋好友的上佳礼品，也是待客和自食的传统美食。

准备年货，土家人家家炕腊肉

塘坡塆 tha[55]phu[53]uan[55]

土家语与汉语结合运用的地名：“塘坡”是土家语 tha[55]phu[53]（他普）的误记；“塆”是汉语，即“山塆”。因此，这个地名的准确记音应是“他普塆”。

土家语 tha[55]phu[53]（他普）为一个音节，汉语义是“纬线”；所以，“他普塆”（塘坡塆）就是“纬线塆”。

土家姑娘编织土家锦“西兰卡普”时，都必须用经线和纬线，一般是将经线有序地安装在打花机上，再用梭罗将纬线织入而成土锦。“经线”和“纬线”都由姑娘们手工纺绩而成，并以相应的植物或矿物染色，工艺十分考究。这里的姑娘们心灵手巧，纺绩的纬线艳丽多姿，质量厚实，名声远播，人们便以 tha[55]phu[53]（他普）——“纬线”作了地名。

仁生坪 zi[53]suŋ[35]phin[21]

土家语与汉语结合运用的地名：“仁生”是土家语 zi[53]suŋ[35]（日送）的误记；“坪”是汉语，即“坪坝”。所以，这个地名的准确记音应为“日送坪”。

土家语 zi[53]suŋ[35]（日送）系两个音节：zi[53]（日）的汉语义是“网”，suŋ[35]（送）的汉语义是“鱼”；zi[53]suŋ[35]（日送）连起来译成汉语是“网鱼”。所以，“日送坪”（仁生坪）就是“网鱼坪”，即人们用网捕鱼的地方。

整理渔网的老人

此地坐落在澧水北源岸畔，曾有商代时期的大批陶质和石质网坠出土。考古资料证明，人们用网捕鱼历史悠久，这也正是这个地名的由来。这个地名是一颗活化石，它揭示了此地人类由采集到渔业再到农业的历史轨迹，展示了人类发展过程中的一段历史文明。

"仁生坪"是澧水上源区古十八峒之一，桑植安抚司曾经记名为"人士峒"。"人士峒"建峒时间应在宋代或宋代以远，桑植安抚司向思胜从慈利来到澧水上源地区，首先争取到的就是桑植峒和人士峒。人士峒时任峒长叫"白培"，今沙塔坪乡茶盘口有"白泡滩"，是"白培大王"住过的地方。"人士峒"地盘较大，势力较强，一直依附桑植安抚司、桑植宣慰司，直到清雍正年代"改土归流"后弃峒为州止。

鱼兰溪 $ji^{55}lan^{53}tɕhi^{55}$

土家语与汉语结合运用的地名："鱼兰"是土家语 $ji^{55}lan^{53}$（依兰）的音变与误记，西部区土家语"鱼""移"读音不分，都读作"移"，故有此误记；"溪"是汉语，即"溪沟"。所以，这个地名的准确记音应是"依兰溪"。

土家语 $ji^{55}lan^{53}$（依兰）为一个音节，汉语义是"苏麻"（Helicteres angustifolia）；所以，"依兰溪"（鱼兰溪）就是"苏麻溪"。

在土家山区，苏麻可与芝麻媲美，它既是油料，也是香料。其籽可以榨油，也可以粉碎后做菜或叶儿粑的包馅。$ji^{55}lan^{53}$（依兰）——"苏麻"是当地的名产，因而以此作了地名。

"依兰溪"，有的记为"鱼篮溪"，有的记为"鱼罱溪"。明代，桑植安抚司的官吏记为"鱼龙峒"，为澧水上源区古十八峒之一。据考证，"鱼龙峒"建峒年代应在宋代以远。南宋向思胜从慈利来澧水北源区，"鱼龙峒"就已经存在。当时的峒长为"那翁送"，其中"那翁"是姓名，"送"是称呼，即"王""大王""头领"；"那翁送"即"那翁峒长"。

“鱼龙峒”一直到清雍正年间“改土归流”后改峒为州才消亡。

洗氽湖 $ɕi^{35}mi^{55}xu^{21}$

纯粹的土家语地名，$ɕi^{35}mi^{55}xu^{21}$ 的汉字记音,但“洗”是 $ɕi^{35}$（习）的音变,“氽”是 mi^{55}（米）的误记，在当地，“氽”不读作 cuān（蹿），而是读作 mí（谜），故有此误记。因此,这个地方的准确记名应是“习米湖”。

土家语 $ɕi^{35}mi^{55}xu^{21}$(习米湖)由 $ɕi^{35}mi^{55}$（习米）和 xu^{21}(湖)两个音节组成：$ɕi^{35}mi^{55}$（习米）有的地方叫 $ɕi^{35}mi^{55}ɕian^{21}$（习米闲），东部土家语别称 $ka^{21}pu^{21}ten^{55}kha^{21}muŋ^{21}$（嘎不登卡蒙），都是指落叶乔木海南杞李参 [Dendropanax hainanensis（Merr et chun）Chun]。这种海南杞李参当地叫“青皮香”，其叶碾粹挤汁可以做豆腐，因此，人们又叫它“豆腐树”。xu^{21}（湖）的汉语义是“山与山之间的谷地”。因此，$ɕi^{35}mi^{55}xu^{21}$（习米湖）连起来译成汉语就是“豆腐树沟”，是青皮香树普遍生长的谷地。

在距“洗氽湖”不远处有一山界名“西米界”，“西米”就是土家语 $ɕi^{35}mi^{55}$（习米）；所以，“西米界”就是“豆腐树界”。

大步垭 $to^{55}pu^{53}ŋa^{53}$

土家语与汉语结合运用的地名：“大步”是土家语 $to^{55}pu^{53}$ 的汉字记音，但“大”是 to^{55}（多）的音变；“垭”是汉语，即“山垭”。所以，这个地名的准确记音应是“多步垭”，当地人们的实际发音也是“多步垭”。

土家语 $to^{55}pu^{53}$（多步）为一个音节，汉语义是一种当地俗称“打夹”的红豆。因此，“多步垭”（大步垭）就是“打夹垭”，因适宜种植打夹且出产打夹多而得名。

“打夹”，当地又称“破夹”，粒大皮红，是山区的主要杂粮之一，而且是杂粮中的杂粮。这种作物比较“贱”，不需施肥，也不需肥沃的土地。因其“贱”，当地便有“别把打夹不当粮食”一说。如今，这种作物已经消失。

利溪坪 $li^{35}tɕhi^{53}phin^{21}$

土家语与汉语结合运用的地名：“利溪”是土家语 $li^{35}tɕhi^{53}$ 的汉字记音，但“溪”是 $tɕhi^{53}$（乞）的音变；“坪”是汉语，即“坪坝”。所以，这个地名的准确记音应是“利乞坪”。

土家语 $li^{35}tɕhi^{53}$（利乞）系两个音节：li^{35}（利）的汉语义是“虎”（Panthera tigris），$tɕhi^{53}$（乞）的汉语义是“大”；$li^{35}tɕhi^{53}$（利乞）连起来直译是“虎大”，调换语序结构译成汉语是“大虎”。所以，“利乞坪”（利溪坪）就是“大虎坪”。

在遥远的古代，此地尚未开发，树茂草深，是大老虎栖息之所，因而得“利乞坪”（利溪坪）——“大虎坪”之名。

姓家台 $\text{ɕin}^{35}\text{ka}^{55}\text{thai}^{21}$

土家语与汉语结合运用的地名：“姓家”是土家语 $\text{ɕin}^{35}\text{ka}^{55}$ 的汉字记音，但“家”是 ka^{55}（嘎）的近音汉字替代；“台”是汉语，即“台地”。所以，这个地名的准确记音应是“姓嘎台”。

土家语 $\text{ɕin}^{35}\text{ka}^{55}$（姓嘎）为一个音节，汉语义是“青绿色”，例如称“绿茵茵”为 $\text{ɕin}^{35}\text{ka}^{55}\text{pu}^{53}\text{lu}^{21}\text{pu}^{53}\text{lu}^{21}$（姓嘎补六补六），称“绿油油”为 $\text{ɕin}^{35}\text{ka}^{55}\text{tan}^{35}\text{tan}^{35}$（姓嘎旦旦）。因此，“姓嘎台”（姓家台）就是“青绿色的台地”。

这是一个以颜色命名的地名，以颜色作地名在土家族地区也比较普遍。古代，这里山清水秀，古木参天，浓荫掩映，一片青绿，人们便以这种景象作了地名。详细释义参见永定区教字垭镇“兴家岗”。

团木塔 $\text{thuŋ}^{53}\text{muŋ}^{21}\text{tha}^{55}$

纯粹的土家语地名，$\text{thuŋ}^{53}\text{muŋ}^{21}\text{tha}^{55}$（统蒙他）的误记：“团木”是 $\text{thuŋ}^{53}\text{muŋ}^{21}$ 的音变，“塔”是 tha^{55}（他）的音变。

土家语 $\text{thuŋ}^{53}\text{muŋ}^{21}\text{tha}^{55}$（统蒙他）由 $\text{thuŋ}^{53}\text{muŋ}^{21}$（统蒙）和 tha^{55}（他）两个音节组成：$\text{thuŋ}^{53}\text{muŋ}^{21}$（统蒙）的汉语义是“线”；$\text{tha}^{55}$（他）的汉语义是“纺织”。所以，$\text{thuŋ}^{53}\text{muŋ}^{21}\text{tha}^{55}$（统蒙他）连起来直译是“线纺”，调换语序结构译成汉语就是“纺线”。

土家妇女编织“西兰卡普”和缝制衣物需要棉线，做鞋子纳鞋底需要麻线，这些线都由土家妇女自己纺成。此地妇女心灵手巧，很会纺线，因而便以 $\text{thuŋ}^{53}\text{muŋ}^{21}\text{tha}^{55}$（统蒙他）——“纺线”活计作了地名。

日　界 $\text{zi}^{53}\text{kai}^{35}$

土家语与汉语结合运用的地名：“日”是土家语 zi^{53} 的汉字记音；“界”是汉语，即“山界”。

土家语 zi^{53}（日）的汉语义是“网”；因此，“日界”就是“网界”。在遥远的古代，此地树茂林密，飞禽走兽在此栖息繁衍，人们在山界上张开网捕禽，暗设地网猎兽，成为一种时尚，造就一方风景，因而得 $\text{zi}^{53}\text{kai}^{35}$（日界）——“网界”之名。

据考证，土家人曾经经历过由采集到狩猎再到农耕的发展过程，狩猎时期尤其漫长。这个地名生动揭示了狩猎时期的生活形态和本质特征，有着活化石般的意义。

窝垱岭 $o^{53}tan^{21}lin^{53}$

土家语与汉语结合运用的地名："窝垱"是土家语 $o^{53}tan^{21}$ 的汉字记音，但"垱"是 tan^{21}（旦）的音变；"岭"是汉语，即"山岭"。所以，这个地名的准确记音应是"窝旦岭"。

土家语 $o^{53}tan^{21}$（窝旦）系两个音节：o^{53}（窝）的汉语义是"蛇"，tan^{21}（旦）的汉语义是"跑"；$o^{53}tan^{21}$（窝旦）连起来译成汉语是"蛇跑"。所以，"窝旦岭"就是"蛇跑岭"，即有毒蛇跑来跑去的山岭。说得直白一点，就是蛇多的地方。

以往这里阴森潮湿，大蛇小蛇栖息其间，人们便以 $o^{53}tan^{21}$（窝旦）——"蛇跑"命名，以警示后人。

簸箕界 $pau^{35}t\c{c}hi^{21}kai^{35}$

土家语与汉语结合运用的地名："簸箕"是土家语 $pau^{35}t\c{c}hi^{21}$（报其）的误记，"簸"是 pau^{35}（报）的音变，"箕"是 $t\c{c}hi^{21}$（其）的音变；"界"是汉语，即"山界"。所以，这个地名的准确记音应是"报其界"，当地老人的实际发音也是"报其界"。

土家语 $pau^{35}t\c{c}hi^{21}$（报其）为一个音节，汉语义是"雉鸡"。因此，"报其界"（簸箕界）就是"雉鸡界"。

雉鸡是野鸡的一种，学名"长尾雉"或"红腹角雉""环颈雉"(Phasianus colchicus torquatus)，肉味美，尾羽可作饰羽用。从前，这座山界上雉鸡多，因而得名。

马克山 $ma^{53}khe^{53}san^{55}$

土家语与汉语结合运用的地名："马克"是土家语 $ma^{53}khe^{53}$ 的汉字记音；"山"是汉语。

土家语 $ma^{53}khe^{53}$（马克）系两个音节：ma^{53}（马）的汉语义是"蜂"（Apismellifera），这里实指"蜜蜂"；khe^{53}（克）的汉语义是"挑"。$ma^{53}khe^{53}$ 连起来直译是"蜂挑"，调换语序结构译成汉语是"挑蜂"。所以，"马克山"就是"挑蜂山"。

土家人历来有养蜜蜂的习惯，也造就了一代代养蜂好手。每到春暖花开之时，他们便将一箱箱蜜蜂挑到繁花似锦的山里放养。此地过去百花盛开，挑蜂来此放养的人多，因而得名。

四方溪乡

位于县域北部，北与湖北鹤峰县梅坪乡接壤，乡治距县城78公里；辖10个行政村，63个村民小组；总面积83平方公里，其中耕地面积2021亩，林地67857亩；2008年末总人口5439人，其中土家族、白族为主的少数民族人口占总人口的98.5%。森林资源丰富：森林覆盖率86%，林木蓄积量100多万立方米，是桑植县的林业大乡；有优良速生树种——黄杉26000多亩，黄杉群落面积居全省首位，被列为GF保护林基地；有野生五倍子20000多亩，是全市第一个五倍子生产基地；还有一定储量的煤炭和铅锌矿。

四方溪 $si^{21}xuan^{21}tɕhi^{55}$

土家语与汉语结合运用的地名："四方"是土家语 $si^{21}xuan^{21}$（司环）的误记，"四"是 si^{21}（司）的音变，"方"是 $xuan^{21}$（环）的音变；"溪"是汉语，即溪沟。所以，这个地名的准确记音应是"司环溪"。

土家语 $si^{21}xuan^{21}$（司环）系两个音节：si^{21}（司）的汉语本义是"肉"，也泛指兽类，凡是山中野兽一律统称为 si^{21}（司）；$xuan^{21}$（环）的汉语本义是"淹""掩盖"，也泛指"很多很多"或"多得不得了"。$si^{21}xuan^{21}$（司环）连起来直译是"兽多"，调换语序结构译成汉语是"多兽"。因此，"司环溪"（四方溪）就是"多兽沟"。

此地位于花兰溪上源，境内山峦连绵，沟壑纵横，峭壁悬崖，地形十分复杂。古时，这里古木参天，花芳草肥，是各种野兽的理想天堂。因为野兽群聚，人们便以 $si^{21}xuan^{21}$（司环）——"多兽"作了地名。

扎　山 $za^{21}san^{55}$

土家语与汉语结合运用的地名（有的记为"柘山"）："扎""柘"是土家语 za^{21}（日阿）的近音汉字替代；"山"是汉语。所以，这个地名的准确记音应是"日阿山"。

土家语 za^{21}（日阿）的汉语本义是指"家鸡"（Gallus domestica），也泛指鸡类，凡是以"鸡"冠名的都统称为 za^{21}（日阿）。因此，"日阿山"（扎山）就是"鸡山"。

"扎山"是当地的著名大山，海拔一千余米，地形十分复杂。这里过去树密草菁，群栖着野鸡、雉鸡、竹鸡、秧鸡、嘎嘎鸡、伢鸡等各种野生鸡类，是一脉名副其实的“鸡山”，因而得名。

“扎山”也是澧水上源古十八峒之一，即“柘山峒”。“柘山峒”，宋或宋以前建立，向思胜来到澧水上源后，柘山部落依附桑植安抚司，直到清雍正年间“改土归流”后才废峒为州，但“扎山”“柘山”仍沿用其名直到今天。

白马山 pe³⁵ma⁵³san⁵⁵

以族属命名的土家语与汉语结合运用的地名：“白马”是土家语 pe³⁵ma⁵³ 的汉字记音；“山”是汉语。

土家语 pe³⁵ma⁵³（白马）为一个音节，汉语义是“苗族”。因此，“白马山”就是“苗族山”或“苗家山”。

土家语对“苗族”的另一称谓是 pe³⁵kha²¹（白卡）。从前，苗族同胞曾经在此山居住过，因而得名。详细释义参见岩屋口乡“白洋坪”。

油　溪 jəu⁵⁵tɕhi⁵⁵

土家语与汉语结合运用的地名：“油”是土家语 jəu⁵⁵（优）的音变与误记；“溪”是汉语，即“溪沟”。因此，此地的准确记名应是“优溪”。

土家语 jəu⁵⁵（优）的汉语义是“村寨”；因此，“优溪”（油溪）就是“村寨沟”，即“溪沟旁边的村寨”，或者说是“村寨旁边的溪沟”。

苍满溪 tshe²¹muŋ⁵⁵tɕhi⁵⁵

土家语与汉语结合运用的地名。“苍满”是土家语 tshe²¹muŋ⁵⁵ 的误记：“苍”是 tshe²¹（测）的音变，但东部区多数地方实际发音是“扯”；“满”是 muŋ⁵⁵（蒙）的音变。“溪”是汉语，即“溪沟”。所以，这个地名的准确记音应是“测蒙溪”。

土家语 tshe²¹muŋ⁵⁵（测蒙）为一个音节，汉语义是“水井”。因此，“测蒙溪”（苍满溪）就是“水井沟”，即有水井的溪沟。

土家人居住的山区泉水很多，为了实际需要，人们善于修造水井。这些水井有坑型井、洞型井、棚型井、瀑式井、枧式井等多种，一般多用条石砌成，几乎家家都有，户户必备。水井是人们生活的实际需要，也是一方风情。

平头岩 phi³⁵thu²¹ŋai⁵³

土家语与汉语结合运用的地名：“平头”是土家语 phi³⁵thu²¹ 的汉字记音，但“平”是 phi³⁵（皮）的音变与附会；“岩”是汉语，这里指“岩山”。所以，这个地名的准确记音应是“皮头岩”，当地老人的实际发音也是“皮头岩”。

土家语 phi^{35}thu^{21}（皮头）系两个音节：phi^{35}（皮）的汉语义是“土墙”，thu^{21}（头）的汉语义是“筑”“夯”；phi^{35}thu^{21}（皮头）连起来直译是“土墙筑”或“土墙夯”，调换语序结构译成汉语是“筑土墙”或“夯土墙”。所以，“皮头岩”（平头岩）就是“筑土墙岩”。

此地属于山顶盆地，四周岩山环绕，比较整齐，犹如土筑墙一般，人们便以这种地形作了地名。参见两河口乡“枇杷树”。

沙士塆 sa^{55}si^{53}uan^{55}

土家语与汉语结合运用的地名：“沙士”是土家语 sa^{55}si^{53} 的汉字记音；“塆”是汉语，即“山塆”。所以，“沙士塆”按西部区的发音读作“撒司塆”。

土家语 sa^{55}si^{53}（沙士）为一个音节，是 sa^{55}lie^{53}si^{53}（沙列士）的省略，其中 lie^{53}（列）是轻声下行低降，在长期语流音变中脱落了，从而演化成了 sa^{55}si^{53}（沙士），但其义未变，汉语义是“李子”（Prunus salicina lindl）。因此，“沙士塆”就是“李子塆”。

“李子”，土家语又称 sa^{55}lie^{53}çi^{53}（沙列西），当地俗称“墨李”。此地过去李子多，因而得名。

后　庄 xen^{55}tsan^{53}

纯粹的土家语地名，xen^{55}tsan^{53}（亨占）音变与误记。按西部区的发音读作“亨占”。在土家语地区，以 xen^{55}tsan^{53}（亨占）为地名比较普遍。

土家语 xen^{55}tsan^{53}（亨占）为一个音节，汉语义是一种供人们负重（背负）歇气的平台。武陵山区山大路陡，人们运输粮食物资大多用背笼背负。为了在运输途中得到暂时休息，便在路旁开辟一些高约半米的平台，让背负者搁置背笼歇气。这种“歇气平台”，土家语称之为 xen^{55}tsan^{53}（亨占）。此地位于交通要道，辟有 xen^{55}tsan^{53}（亨占）供人们歇气，因而得名。

xen^{55}tsan^{53}（亨占）作为一种概念，后来也指“伙铺”“旅店”等供人休息和歇气的场所。

社仓坪 se^{21}tso^{35}phin^{21}

土家语与汉语结合运用的地名：“社仓”是古老土家语 se^{21}tso^{35} 的汉字记音，但“仓”是 tso^{35}（作）的误记；“坪”是汉语，即“坪坝”。因此，此地的原始名称应是“社作坪”，按西部区的发音读作“色作坪”。

土家语 $se^{21}tso^{35}$（社作）系两个音节：se^{21}（社）的汉语义是“药”，tso^{35}（作）的汉语义是“匠”；$se^{21}tso^{35}$（社作）连起来译成汉语义是“药匠”，即“医生”。因此，“社作坪”（社仓坪）就是“药匠坪”。

从遥远的古代直到今天，土家人在实践中培养出一批又一批土医，开发出几千种土药，传承着属于自己民族的治病方式和方法。此地过去药匠非常出名，人们便以 $se^{21}tso^{35}$（社作）——“药匠”作了地名。

坝 沙 $pa^{35}sa^{53}$

纯粹的土家语地名，$pa^{35}sa^{53}$ 的汉字记音，但一般记作“巴沙”。按西部区的发音读作“巴撒”。

土家语 $pa^{35}sa^{53}$（巴沙）为一个音节，汉语义是“提水竹筒”。

土家人世居的武陵山区，山高坡地多，人们生产劳作大多在山上，喝水相当困难。于是先民们砍来大楠竹，取其封闭的两节凿孔，留耳系绳，用以装水带上工地，称为“提水竹筒”。每到上工之时，男男女女将“提水竹筒”提着、挑着，成为一道独特风景，这道风景直到解放后才逐渐消失。此地山大坡地多，过去人们用竹筒提水上工成为时尚，因而便用 $pa^{35}sa^{53}$（巴沙）——“提水竹筒”作了地名。参见岩屋口乡“巴山溪”。

富溪庄 $khu^{21}tçhi^{21}tsu^{35}$

纯粹的土家语地名，原名“哭溪庄”。按当地方言，“哭溪”与“哭泣”谐音，后来有人觉得“哭溪”是“啼哭之溪”，不吉利，便改记为“富溪”。其实，“富溪庄”是土家语 $khu^{21}tçhi^{21}tsu^{35}$ 的汉字记音，但“富溪”是 $khu^{21}tçhi^{21}$（哭七）的误记，“庄”是 tsu^{35}（住）的误记。因此，此地的原始名称应是“哭七住”。按西部区的发音读作“突七租”。

土家语 $khu^{21}tçhi^{21}$（哭七）为一个音节，汉语义是“人熊”；tsu^{35}（住）的汉语义是“出”或“出来”。所以，$khu^{21}tçhi^{21}tsu^{35}$（哭七住）连起来直译是“人熊出来”，调换语序结构译成汉语就是“出来人熊”，即人熊经常出没的地方。

对于“人熊”，武陵山区和神农架一样传说颇多，今人谁也没有见过。据传说它身躯高大，一身棕红色毛发，心窝间有一块白疤，能直立行走，性情异常凶猛，但到底是何种动物还有待考证。

早木塆 $za^{55}mu^{55}uan^{55}$

土家语与汉语结合运用的地名：“早木”是土家语 $za^{55}mu^{55}$ 的汉字记音，但“早”是 za^{55}（日阿）的近音汉字替代；“塆”是汉语，即“山塆”。所以，这个地名的准确记音应是“日阿木塆”。

土家语 $za^{55}mu^{55}$（日阿木）为一个音节，汉语义是“蜻蜓”（Aeschna melanictera）。因此，“日阿木塆”（早木塆）就是“蜻蜓塆”。

澧水上源的溪河山野，普遍生长蜻蜓，其中以“马大头”（Anax porthenope Julius Brauer）和“大箭蜓”（sinietilloqomphus clanraus Fabr）最多。土家语称这些“蜻蜓”为 $za^{55}mu^{55}kai^{55}$（日阿木该），简称 $za^{55}mu^{55}$（日阿木），最通俗的统称是“乔老儿”。因为蜻蜓的种类不同，形态各异，土家人对它们的叫法亦不同。有的叫 $za^{55}mu^{55}ȵi^{55}$（日阿木妮），有的叫 $zan^{55}pu^{55}ȵi^{55}$（软不妮）或 $zan^{55}pu^{55}$（软不），有的叫 $tɕhia^{53}ȵi^{55}$（恰妮）。以前这个山塆里蜻蜓多，因而得名。

马放坡 $ma^{53}xuan^{21}pho^{55}$

土家语与汉语结合运用的地名：“马放”是土家语 $ma^{53}xuan^{21}$ 的汉字记音，但“放”是 $xuan^{21}$（环）的误记，在张家界地区，“放”的发音与“换”“环”相近，故有此误记；“坡”是汉语，即“山坡”。所以，这个地名的准确记音应是“马环坡”。

土家语 $ma^{53}xuan^{21}$（马环）系两个音节：ma^{53}（马）的汉语义是“蜂”（Apismellifera）；$xuan^{21}$（环）的汉语义是“掩盖”“笼罩”，意思是“很多很多”。$ma^{53}xuan^{21}$ 连起来直译是“蜂多”，调换语序结构译成汉语是“多蜂”。因此，“马环坡”（马放坡）就是“多蜂坡”。

这面山坡上过去花草茂密，百花争奇斗艳，成群结队的蜂子飞舞其间，是花的世界，蜂的王国，因而得名。

利子坪 $li^{35}tsi^{53}phin^{21}$

土家语与汉语结合运用的地名：“利子”是土家语 $li^{35}tsi^{53}$ 的汉字记音；“坪”是汉语，即“坪坝”。

土家语 $li^{35}tsi^{53}$（利子）系两个音节：li^{35}（利）的汉语义是“虎”（panthera tigris）；tsi^{53}（子）的汉语义是“猪”（Sus scrofa domestica Brisson），这里实指野猪。$li^{35}tsi^{53}$ 连起来译成汉语是“虎猪”。因此，“利子坪”就是“虎猪坪”，即老虎和野猪都多的坪坝。

此地位于大山深处，过去未经开发，地形复杂的山谷里树密草深，老虎多、野猪多，人们便以 $li^{35}tsi^{53}$（利子）——“虎猪”作了地名。

扎溪口 $za^{21}tɕhi^{55}kha^{21}$

纯粹的土家语地名，$za^{21}tɕhi^{55}kha^{21}$ 的汉字记音，但“扎”是 za^{21}（日

阿）的近音汉字替代，“溪”是 $tɕhi^{55}$（期）的音变，“口”是 kha^{21}（卡）的音变。所以，这个地名的准确记音应是“日阿期卡”。

土家语 $za^{21}tɕhi^{55}kha^{21}$（日阿期卡）由 $za^{21}tɕhi^{55}$（日阿期）和 kha^{21}（卡）两个音节组成：$za^{21}tɕhi^{55}$（日阿期）的汉语义是“漆”“野漆”；kha^{21}（卡）是 $kha^{21}muŋ^{21}$（卡蒙）的省略，汉语义是“树”。因此，$za^{21}tɕhi^{55}kha^{21}$（日阿期卡）连起来译成汉语就是“野漆树”［T·Succedaneum (L·) Kuntze (Rhus succedanea L·)］。过去此地野漆树多，因而得名。

金子山 $tɕie^{35}tsu^{21}san^{55}$

土家语与汉语结合运用的地名：“金子”是土家语 $tɕie^{35}tsu^{21}$（借租）的误记；“山”是汉语。所以，这个地名的准确记音应是“借租山”。其实，此地民国以前就叫“借租山”，解放以后人们不懂“借租”的含义才循其语音误记为“金子山”。

土家语 $tɕie^{35}tsu^{21}$（借租）为一个音节，汉语义是“帕子”“头帕”。因此，“借租山”（金子山）就是“帕子山”或“头巾山”。

此山是山上之山，直入云天，雾期长，经常被大雾笼罩，仿佛人的头上包着帕子。人们根据这一自然特征，便将其命名为“头巾山”。

板　山 $pan^{35}san^{55}$

土家语与汉语结合运用的地名：“板”是土家语 pan^{35} 的汉字记音，但一般记为“半”；“山”是汉语。所以，这个地名比较准确一点应记为“半山”。

土家语 pan^{35}（半）的汉语义是山鹰（Accipieer）。所以，“半山”（板山）就是“鹰山”，即“老鹰多的山”或“状若老鹰的山”。

板山是澧水上源区古十八峒之一的“板山峒”所在地。“板山”原名“板僚山”，建峒时直称“板山峒”。“板僚部落”早在宋代以前就活跃在澧水上源区，南宋末年依附桑植安抚司、桑植宣慰司。清代“改土归流”废峒设州，“板山峒”回归“板山”原名，直到今天仍不改初衷。在这里的“板僚部落”应是一个以“山鹰”为图腾的僚族部落，“山鹰”是这个部落的崇拜物。

马岭坡 $ma^{55}ȵi^{55}pho^{55}$

土家语与汉语结合运用的地名：“马岭”是土家语 $ma^{55}ȵi^{55}$（妈尼）的误记，“马”是 ma^{55}（妈）的音变，“岭”是 $ȵi^{55}$（尼）的音变；“坡”是汉语，即“山坡”。因此，这个地名的准确记音应是“妈尼坡”。

土家语 ma⁵⁵ȵi⁵⁵（妈尼）为一个音节，是一个代词，汉语义是“大家”“公共”；所以，“妈尼坡”（马岭坡）就是“公共坡”“大家坡”，即大家公有的山坡。

在遥远的部落时期，土家族平民百姓是没有私田私地的，土地全为部落共有，或者说为部落酋长所有，普通百姓只有做工义务，没有自主的权利。直到清代“改土归流”后，人们才逐步有了自主耕种的田土。这个地名，反映出古代土家族的农耕制度，是一颗活化石。

油篓溪 $je^{21}lu^{21}tɕhi^{55}$

土家语与汉语结合运用的地名：“油篓”是土家语 $je^{21}lu^{21}$ 的汉字记音，但“油”是 je^{21}（叶）的误记；“溪”是汉语，即“溪沟”。所以，这个地名的准确记音应是“叶篓溪”。

土家语 $je^{21}lu^{21}$（叶篓）系两个音节：je^{21}（叶）的汉语义是“货物”“物资”，lu^{21}（篓）的汉语义是“卖”；$je^{21}lu^{21}$（叶篓）连起来直译是“货卖”，调换语序结构译成汉语是“卖货”。所以，“叶篓溪”（油篓溪）就是“卖货溪”。

从前，这条溪沟里开有货栈，是人们购买日用物品的地方，故得其名。

苦竹坪乡

位于县域北部，乡治距县城55公里；辖11个行政村，62个村民小组；总面积50平方公里，其中耕地面积3545亩；2008年末总人口5588人，其中土家族4038人，约占总人口的72%。主要经济作物有花生、油菜、茶叶、苎麻等。

苦竹坪 khu^{55}tsa^{53}phin^{21}

土家语与汉语结合运用的地名："苦竹"是土家语 khu^{55}tsa^{53} 的汉字记音，但"竹"是 tsa^{53}（扎）的误记；"坪"是汉语，即"坪坝"。所以，这个地名的准确记音应是"苦扎坪"，按西部区的发音读作"苦咱坪"。

土家语 khu^{55}tsa^{53}（苦扎）为一个音节，汉语义是"山顶"。因此，"苦扎坪"（苦竹坪）就是"山顶坪"。实测此地，古罗大界从罗峪河拔地而起，冲天而上，然后在山顶上形成方圆约20公里的山塬，山塬西头有一块长宽约10里的坪坝，这就是"苦扎坪"（苦竹坪）。它以"山顶坪"命名，名副其实。以"苦竹"为地名在土家族地区较多，在东部区则更加普遍，"苦竹山""苦竹溪""苦竹河""苦竹界"比比皆是，其中的"苦竹"均为土家语 khu^{55}tsa^{53}（苦扎）的误记。

"苦竹坪"是澧水上源古十八峒之一"苦竹峒"所在地。"苦竹峒"建峒的时间当在宋代或宋代以前，南宋末年向思胜来到桑植时，"苦竹峒"就已十分活跃，而且已是当地雄踞一方的较大部落。后来该部落依附桑植安抚司、桑植宣慰司，直到"改土归流"撤峒设州，"苦竹峒"回归原名"苦扎坪"（苦竹坪），直到今天。

白挡坪 pe^{35}tho^{55}phin^{21}

土家语与汉语结合运用的地名："白挡"是土家语 pe^{35}tho^{55} 的汉字记音，但"挡"是 tho^{55}（拖）的音转；"坪"是汉语，即"坪坝"。所以，这个地名的准确记音应是"白拖坪"。

土家语 pe^{35}tho^{55}（白拖）为一个音节，是 pe^{35}si^{21}tho^{55}（白司拖）的简化，其中的 si^{21}（司）是轻音高降，极易脱落，只留下 pe^{35}tho^{55}（白拖），但含义未变，汉语义是俗称"金针菜"的"黄花菜"（Hemerocallis flava）；因此，"白拖坪"（白挡坪）就是"黄花菜坪"。

以往，这块坪坝里曾经种植大面积黄花菜，自食之余还远销外地，人们便以这种特产作了地名。

婆帕台 $pho^{21}pha^{55}thai^{21}$

土家语与汉语结合运用的地名。“婆帕”是土家语 $pho^{21}pha^{55}$ 的汉字记音；“台”是汉语，即“台地”，也泛指“有台地的地方”。

土家语 $pho^{21}pha^{55}$（婆帕）为一个音节，汉语义是“父亲”。因此，“婆帕台”就是“父亲台”，即父亲居住的台地或地方。土家人对自己的“父亲”还有两种称谓：一是称 $a^{21}pa^{21}$（阿巴）；二是称 pa^{21}（巴）。

土家人的家庭实行传统的分户制，俗称“分家”。儿子成婚后大多要分家立户，有的另外择地建房，有的在祖居分户立业。这个地名揭示了这种“分户制”，是儿子们分户立业的原始记录。

湖　塘 $xu^{21}tha^{55}$

纯粹的土家语地名，$xu^{21}tha^{55}$ 的汉字记音，但“塘”是 tha^{55}（他）的音变。所以，这个地名的准确记音应是“湖他”。

土家语 $xu^{21}tha^{55}$（湖他）系两个音节，是 $xu^{21}pha^{21}se^{35}tha^{55}$（湖帕色他）的简化。具体地说，$xu^{21}$（湖）是 $xu^{21}pha^{21}$（湖帕）的简化，其中的 pha^{21}（帕）是轻声高降下行，在长期的语流音变中脱落了，只留下了 xu^{21}（湖），但其义未变，汉语义是“溪沟”；tha^{55}（他）是 $se^{35}tha^{55}$（色他）的省略，汉语义是“旁边”。因此，$xu^{21}tha^{55}$（湖他）或 $xu^{21}pha^{21}se^{35}tha^{55}$（湖帕色他）连起来译成汉语就是“沟边”，即此地在一条溪沟的旁边。

颜客垉 $je^{21}khe^{53}pau^{35}$

土家语与汉语结合运用的地名：“颜客”是土家语 $je^{21}khe^{53}$ 的汉字记音，但“颜”是 je^{21}（耶）的音变；“垉”是当地的自造字，读 báo（抱），即“山包”，属汉语。所以，这个地名的准确记音应是“耶客包”。当地人们的实际发音也是“耶客包”。

土家语 $je^{21}khe^{53}$（耶客）系两个音节：je^{21}（耶）的汉语义是“物资”“东西”，khe^{53}（客）的汉语义是“挑”；$je^{21}khe^{53}$（耶客）连起来直译是“货物挑”，调换语序结构译成汉语是“挑东西”或“挑货物”，其实际含义是“挑夫”，有如重庆市的“棒棒客”。所以，“耶客包”（颜客垉）就是“挑夫包”。

从前，这个山包以专门为商家富户挑运货物的“挑夫”较多，因而得名。

借家洞 tɕie^{35}khe^{53}tuŋ^{35}

纯粹的土家语地名，tɕhie^{35}khe^{53}tuŋ^{35} 的汉字记音，但“家”是 khe^{53}（克）的误记，“洞”是 tuŋ^{35}（峒）的误记。所以，这个地名的准确记音应为“借克峒”。

土家语 tɕhie^{35}khe^{53}tuŋ^{35}（借克峒）由 tɕhie^{35}khe^{53}（借克）和 tuŋ^{35}（峒）两个音节组成：tɕhie^{35}khe^{53}（借克）的汉语义是“漆”，tuŋ^{35}（峒）的汉语义是“村”“寨子”。因此，“借克峒”（借家洞）就是“漆寨”。

自古以来，澧水上源地区盛产“漆”，其品种有“生漆”“熟漆”和“磨光漆”多种，一向出口澧水下游的津市、澧州。土家语称“漆树”(Rhus verniciflua) 为 tɕhie^{35}khe^{53}kha^{21}muŋ^{35}（借克卡蒙）。过去这里漆树多，生产的漆远近闻名，因而得名。

市尤坪 si^{35}juŋ^{55}phin^{21}

土家语与汉语结合运用的地名：“市尤”是土家语 si^{35}juŋ^{55} 的汉字记音，但“市”作为 si^{35} 的记音，在这里应该记作“什”；“尤”是 juŋ^{55}（用）的音变与误记。“坪”是汉语，即“坪坝”。所以，这个地名的准确记音应是“什用坪”，按西部区的发音读作“司用坪”。

土家语 si^{35}juŋ^{55}（什用）为一个音节，汉语义是“酋长”“头领”。所以，“什用坪”（市尤坪）就是“酋长坪”或“头领坪”，即某个“酋长”或“头领”的领地或居所。

根据有关史料记载，这个“酋长”“头领”叫“墨色”，史书称“墨色什用”，其中“墨色”是人名，“什用”是尊号。“墨色什用”生活于元末明初，明初随桑植荒溪诸峒归附朝廷。

七　垭 tɕhian^{55}ŋai^{55}

纯粹的土家语地名，tɕhian^{55}ŋai^{55} 的汉字记音，但“七”是 tɕhian^{55}（千）的音变，“垭”是 ŋai^{55}（哀）的音变。所以，这个地名的准确记音应是“千哀”，当地老人的实际发音也是“千哀”。

土家语 tɕhian^{55}ŋai^{55}（千哀）为一个音节，汉语义是“兄弟”。所以，“七垭”并非是七个山垭，而是“兄弟”。

此地以“兄弟”作地名，似乎很令人费解，其实，它是先民们创业的原始记录。此地以往是一片广漠的荒原，树密草深，后来由某家兄弟移居至此，共同开发了这片土地。为了不忘记先民的功德，后人便以 tɕhian^{55}ŋai^{55}（千哀）——“兄弟”作了地名。

冬瓜井 $tu\eta^{53}ku^{21}t\c{c}in^{53}$

土家语与汉语结合运用的地名："冬瓜"是土家语 $tu\eta^{53}ku^{21}$（董古）的音变与误记；"井"是汉语，一般指"水井"，但也指"水坑"。因此，这个地名的准确记音应为"董古井"。

土家语 $tu\eta^{53}ku^{21}$（董古）为一个音节，汉语义是"山沟、山谷、山塆的尽头"；所以，"董古井"（冬瓜井）就是"山沟尽头的水井（或水坑）"，因这个水井（或水坑）坐落在山沟（山塆）尽头而得名。

"山沟、山谷、山塆尽头"土家语又称 $tu\eta^{53}ke^{21}$（董格）。详细释义参见八大公山乡"冬瓜棚"。

冬瓜峪 $tu\eta^{53}ku^{21}j\partial u^{55}$

纯粹的土家语地名："冬瓜"是 $tu\eta^{53}ku^{21}$（董古）的音变与误记，"峪"是 $j\partial u^{55}$（优）的音变与误记。因此，这个地名的准确记音应为"董古优"。

土家语 $tu\eta^{53}ku^{21}j\partial u^{55}$（董古优）由 $tu\eta^{53}ku^{21}$（董古）和 $j\partial u^{55}$（优）两个音节组成：$tu\eta^{53}ku^{21}$（董古）的汉语义为"山沟、山谷、山塆的尽头"；$j\partial u^{55}$（优）的汉语义为"村寨"。所以，$tu\eta^{53}ku^{21}j\partial u^{55}$（董古优）连起来译成汉语就是"山沟尽头的村寨"，因这个村寨位于山沟（山塆）尽头而得名。详细释义参见八大公山乡"冬瓜棚"。

碧儿塆 $pi^{35}e^{53}uan^{55}$

土家语与汉语结合运用的地名："碧儿"是土家语 $pi^{35}e^{53}$（必耳）的误记；"塆"是汉语，即"山塆"。所以，这个地名的准确记音应为"必耳塆"。

土家语 $pi^{35}e^{53}$（必耳）系两个音节，是 $pi^{35}khui^{55}e^{53}khui^{55}$（必亏耳亏）的简化：$pi^{35}$（必）是 $pi^{35}khui^{55}$（必亏）的省略，汉语义是"小"；e^{53}（耳）是 $e^{53}khui^{55}$（耳亏）的省略，汉语义也是"小"。$pi^{35}e^{53}$（必耳）或 $pi^{35}khui^{55}e^{53}khui^{55}$（必亏耳亏）连起来译成汉语是"小小的"。所以，"必耳塆"（碧儿塆）就是"小小的山塆"。

桃泥塆 $tho^{55}\eta\!\!\!,i^{55}uan^{55}$

土家语与汉语结合运用的地名："桃泥"是土家语 $tho^{55}\eta\!\!\!,i^{55}$ 的汉字记音，但"桃"是 tho^{55}（拖）的音变；"塆"是汉语，即"山塆"。所以，这个地名的准确记音应是"拖泥塆"。

土家语 $tho^{55}\eta\!\!\!,i^{55}$（拖泥）为一个音节，是古代土家语 $tho^{55}\eta\!\!\!,i^{55}kai^{55}$（拖泥盖）的简化，汉语义是"大拇指"。现代土家语称"大拇指"叫

pha^{35}phu^{53}（帕普）。因此，“拖泥塆”（桃泥塆）就是“大拇指塆”。

武陵山区山高坡陡，峭壁悬崖，能够找到一块小小的平地十分不易。此地属山间小坪坝，条件较好，受到人们的喜爱和称赞，因此便用比喻性的 tho^{55}ȵi^{55}（拖泥）——“大拇指”作了地名。

老　层　lau^{21}tshi^{21}

纯粹的土家语地名，lau^{21}tshi^{21} 的汉字记音，但“老”是 lau^{21}（劳）的音变，“层”是 tshi^{21}（次）的音变。因此，这个地名的准确记音应为“劳次”。

土家语 lau^{21}tshi^{21}（劳次）为一个音节，汉语义是“太阳”。此地四面开阔，日照长，光线好，人们便以“太阳”作了地名。

沙塔坪乡

位于县域北部，乡治距县城45公里；辖25个行政村，163个村民小组；总面积132.5平方公里，其中耕地面积11664亩；2008年末总人口15782人，其中土家族约占总人口90%。有全县最大的萤石、重晶石矿床和内半县最大的肉牛交易市场；主要经济作物有花生、油菜、药材；花生年种植面积曾达到1万亩，有桑植县“花生之乡”之称，有全县唯一的花生专业批发市场；境内的茶盘口村官屋场组曾建桑植地方军民宣慰司署衙，即老司城，如今遗址犹存。

沙塔坪 sa[55]thu[55]phin[21]

土家语与汉语结合运用的地名，原名“沙土坪”，清代末年才有人将它记为“沙塔坪”。“沙塔”是土家语sa[55]thu[55]（沙土）的误记；“坪”是汉语，即“坪坝”。因此，这个地名的准确记音应为“沙土坪”，按西部区的发音读作“撒土坪”。

土家语sa[55]thu[55]（沙土）为一个音节，汉语义是“虾”（C.denticulata sinensis）；因此，“沙土坪”（沙塔坪）就是“虾坪”。

据实地考察，此坪是一个面积约百亩的河湾，在遥远的古代是一片沼泽地。境内杂草丛生，水质很好，食料丰富，普遍生长草虾、河虾、木虾等虾类动物，因为“虾米”多，人们便以sa[55]thu[55]（沙土）——“虾”作了地名。

咸 泥 xa[55]lie[21]

纯粹的土家语地名，xa[55]lie[21]（哈列）的误记：“咸”是xa[55]（哈）的音变，“咸”在当地不读xián（贤），而是读hán（含），与“哈”音近，故有此误记；“泥”是lie[21]（列）的音变。所以，这个地名的准确记音应是“哈列”，仔细聆听当地老人们的实际发音也是“哈列”。

土家语xa[55]lie[21]（哈列）为一个音节，译成汉语是“狗”（Canis familiaris）。

此地的地势像一条狗，人们便以这种地形地貌作了地名。

虮子坡 tɕi^{21}tso^{35}pho^{55}

土家语与汉语结合运用的地名：“虮子”是土家语 tɕi^{21}tso^{35} 的汉字记音，但 tɕi^{21} 一般记为“几”，“子”是 tso^{35}（坐）的音变；“坡”是汉语，即“山坡”。所以，这个地名的准确记音应是“几坐坡”，当地老人们的实际发音也是“几坐坡”。

土家语 tɕi^{21}tso^{35}（几坐）为一个音节，译成汉语是“下面”“下方”“下头”。所以，“几坐坡”（虮子坡）就是“下面坡”。

虮子坡如今已是一个土家寨，这个村寨位于山塬上，要到这个村寨必须攀爬下方的山坡，故而得名。

挪木塔 luŋ^{55}mu^{53}tha^{55}

土家语与汉语结合运用的地名：“挪木”是土家语 luŋ^{55}mu^{53} 的汉字记音，但“挪”是 luŋ^{55}（聋）的误记；“塔”是汉语，即“坪塔”。所以，这个地名的准确记音应是“聋木塔”。

土家语 luŋ^{55}mu^{53}（聋木）为一个音节，有的地方叫 luŋ^{55}muŋ^{53}（聋猛），汉语义是一种叫“三月黄”(Hordeun yulgare L) 的大麦。因此，“聋木塔”（挪木塔）就是“大麦塔”，是从前种植大麦的地方。

“三月黄”大麦，系越冬作物，对土、肥的要求不高，较“贱”。其穗状若青稞，是粗粮中的粗粮。“三月黄”顾名思义，农历三月即成熟。旧时，土家山区生产力落后，粮食不足，常闹春荒、夏荒。“三月黄”虽是粗粮，但它成熟早，是土家人民度荒“接新”的主要粮食作物，因此几乎家家户户都要种植。如今，随着农业生产力的提高和粮食的充裕，这种大麦已从人们生产生活中淡出。

尼古田 li^{35}ku^{21}thian^{55}

土家语与汉语结合运用的地名：“尼古”是土家语 li^{35}ku^{21} 的汉字记音，但“尼”是 li^{35}（利）的音变；“田”是汉语。所以，这个地名的准确记音应是“利古田”。

土家语 li^{35}ku^{21}（利古）系两个音节：li^{35}（利）的汉语义是“虎”(Panthera tigris) ,ku^{21}（古）的汉语义是“上”；li^{35}ku^{21}（利古）连起来译成汉语是“虎上”。所以，“利古田”（尼古田）就是“虎上田”，即老虎上下的地方。

此地是一片较大的山谷梯土，开发前树茂林深，老虎出没其间，因此得“利古田”（尼古田）——“老虎上下的地方”之名。

浪家塆 lan^{35}kai^{55}uan^{55}

土家语与汉语结合运用的地名：“浪家”是土家语 lan^{35}kai^{55}（兰该）的音变；“塆”是汉语，即“山塆”。因此，这个地名的准确记音应是“兰该塆”，当地人们的实际发音也是“兰该塆”。

土家语 lan^{35}kai^{55}（兰该）为一个音节，是一个形容词，汉语义表示“黑色”或“光线暗淡”；因此，“兰该塆”（浪家塆）就是“黑塆”。

“兰该（浪家）塆”坐落在高山峡谷之中，周围是高耸的山峦，日照不足，加上参天古木遮天蔽日，光线极其暗淡，故而得名。

与“浪家塆”相邻有一处地方叫“浪家坪”，也是土家语与汉语结合运用的地名，其义与“浪家塆”完全相同。

土谷峪 thu^{55}khu^{55}jəu^{55}

纯粹的土家语地名，thu^{55}khu^{55}jəu^{55} 的汉字记音，但“谷”是 khu^{55}（苦）的音转，“峪”是 jəu^{55}（优）的音变。因此，此地的准确记名应是“土苦优”。

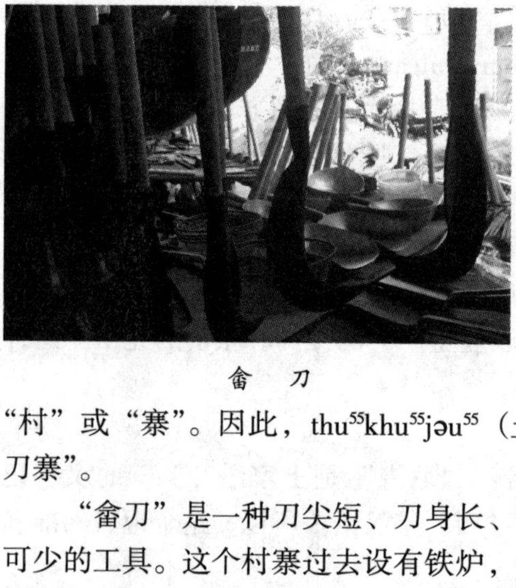

畲 刀

土家语 thu^{55}khu^{55}jəu^{55}（土苦优）由 thu^{55}khu^{55}（土苦）和 jəu^{55}（优）两个音节组成：thu^{55}khu^{55}（土苦）有的地方叫 su^{55}khu^{55}（苏苦），汉语义是“柴刀”，俗称“畲刀”；jəu^{55}（优）的汉语义是“村”或“寨”。因此，thu^{55}khu^{55}jəu^{55}（土苦优）连起来译成汉语就是“畲刀寨”。

“畲刀”是一种刀尖短、刀身长、钢火好的铁刀，是过去砍火畲必不可少的工具。这个村寨过去设有铁炉，铁匠师傅打制的畲刀非常出众，因而人们便以 thu^{55}khu^{55}（土苦）——“畲刀”作了村名。

时家界 si^{21}ka^{35}kai^{35}

土家语与汉语结合运用的地名：“时家”是土家语 si^{21}ka^{35} 的汉字记音，但“时”作为 si^{21} 的汉字记音，一般记作“石”；“家”是 ka^{35}（嘎）的误记，西南官话一般将“家”读作“嘎”，人们用汉字给土家语 ka^{35}（嘎）记音时也往往误记为“家”。“界”是汉语，即“山界”。因此，这个地名的准确记音应为“石嘎界”，按西部区的发音读作“司嘎界”。

土家语 si^{21}ka^{35}（石嘎）系两个音节：si^{21}（石）的汉语义是“肉”，ka^{35}（嘎）的汉语义是“吃”；si^{21}ka^{35}（石嘎）连起来直译是“肉吃”，调换语序结构译成汉语是“吃肉”。所以，“石嘎界”（时家界）就是“吃肉界”。

从前，土家族调征出战或还愿祈禳，都要杀白牛以牛头祭祖，其余的牛肉由众人共同烹食，称为 si^{21}ka^{35}（石嘎）。古代这个山界上经常举办“还愿”祭仪，便因此而得 si^{21}ka^{35}kai^{35}（石嘎界）——“吃肉界”之名。

巴家田 pa^{21}tɕi^{21}thian^{53}

土家语与汉语结合运用的地名：“巴家”是土家语 pa^{21}tɕi^{21} 的汉字记音，但“家”是 tɕi^{21}（及）的音变与误记；“田”是汉语，即“稻田”。所以，这个地名的准确记音应是“巴及田”，当地人的实际发音也是“巴及田”。

土家语 pa^{21}tɕi^{21}（巴及）系两个音节：pa^{21}（巴）的汉语义是“山”或“山坡”，tɕi^{21}（及）的汉语义是“脚”；pa^{21}tɕi^{21}（巴及）连起来译成汉语是“山脚”或“山脚下”。所以，“巴及田”（巴家田）就是“山脚田”或“坡脚田”。

这片稻田位于山坡的脚下，因而得名。

咱家坡 za^{35}tɕie^{21}pho^{55}

土家语与汉语结合运用的地名：“咱家”是土家语 za^{35}tɕie^{21}（日阿借）的误记，“咱”是 za^{35}（日阿）的近音代替字，“家”是 tɕie^{21}（借）的音变与误记；“坡”是汉语，即“山坡”。所以，这个地名的准确记音应是“日阿借坡”。

土家语 za^{35}tɕie^{21}（日阿借）系两个音节：za^{35}（日阿）的汉语义是“鸡”（Gallus domestica）；tɕie^{21}（借）作动词时有两种含义：一是“叫”“啼”，二是“赶”，这里当是前者。因此，za^{35}tɕie^{21}（日阿借）连起来译成汉语是“鸡叫”；“日阿借坡”（咱家坡）就是“鸡叫坡”。

“咱家坡”是一个较大的土家村寨，坐落在澧水北源中段西侧的大山顶上。它鹤立鸡群，视野广阔，公鸡啼叫声在很远的地方都可以听到。根据这一特征，人们便用 za^{35}tɕie^{21}（日阿借）——“鸡叫”作了村名。

元二垭 je^{21}zi^{55}ŋa^{53}

土家语与汉语结合运用的地名：“元二”是土家语 je^{21}zi^{55}（叶日）的

误记，“元”是 je^{21}（叶）的音变与误记，“二”是 zi^{55}（日）的误记（前面说过，在澧水流域的土家族聚居区，“二”和“日”读音相同）；“垭”是汉语，即“山垭”。因此，这个地名的准确记音应是“叶日垭”。

土家语 je^{21}zi^{55}（叶日）系两个音节：je^{21}（叶）的汉语义是“神”，zi^{55}（日）的汉语义是“敬”或“祀”；je^{21}zi^{55}（叶日）连起来直译是“神敬”，调换语序结构译成汉语是“敬神”。所以，“叶日垭”（元二垭）就是“敬神垭”。

这个山垭上从前设有神堂，一向是人们敬神祈禳的地方，因而得名。

建坝滩 tɕie^{35}pi^{55}tha^{55}

纯粹的土家语地名，tɕie^{35}pi^{55}tha^{55}的汉字记音，但“建”是 tɕie^{35}（借）的音变，“坝”是 pi^{55}（比）的音变，“滩”是 tha^{55}（他）的音变。所以，这个地名的准确记音应是“借比他”。

土家语 tɕie^{35}pi^{55}tha^{55}（借比他）为一个音节，译成汉语是“手掌”，俗称“手板”，隐含义是指“小”。这是一个比喻性地名，即“只有手板那么大的地方”。此地是山间小盆地，犹如坐井观天，因而用 tɕie^{35}pi^{55}tha^{55}（借比他）——“手板”作了地名。

“借比他”是古十八峒之一，峒名为“郡步”，是 tɕie^{35}pi^{55}（借比）的误记。“郡步峒”建立于元代以前，到清雍正年间“改土归流”后消亡。

围言垉 u^{35}je^{21}pau^{55}

土家语与汉语结合运用的地名：“围言”是土家语 u^{35}je^{21}（戊叶）的汉字记音，但“围”是 u^{35}（戊）的音变，“言”是 je^{21}（叶）的音变；“垉”是当地的自造字，读 báo（抱），即“山包”，属汉语。因此，这个地名的准确记音应为“戊叶包”。

土家语 u^{35}je^{21}（戊叶）系两个音节：u^{35}（戊）的汉语义是“黄牛”（Bos taurus domestica)，je^{21}（叶）的汉语义是“偷”“拉”；u^{35}je^{21}（戊叶）连起来直译是“黄牛偷”，调换语序结构译成汉语是“偷黄牛”。所以，“戊叶包”(围言垉）就是“偷牛包”，即黄牛被偷的山包。

历史上此地曾经发生过严重的偷牛事件，人们记忆深刻，先民们便以“偷黄牛包”作了地名。

鸳鸡垭 jan^{55}tɕi^{55}ŋa^{53}

土家语与汉语结合运用的地名：“鸳鸡”是土家语 jan^{55}tɕi^{55}（烟鸡）的汉字记音，“鸳”是 jan^{55}（烟）的音变；“垭”是汉语，即“山垭”。所以，这个地名的准确记音应是“烟鸡垭”。

土家语 jan^{55}tɕi^{55}（烟鸡）为一个音节，有的地方叫 tsha^{55}khe^{53}（擦克或岔克），汉语义是“凳子”；因此，“烟鸡垭”（鸳鸡垭）就是“凳子垭”，即像凳子的山垭。

此地位于山的垭口，一面开阔，三面环山犹如凳子的扶手靠背，好像一把凳子。根据这种地形，人们便以 jan^{55}tɕi^{55}（烟鸡）——“凳子”作了地名。

连三塆 lie^{35}su^{35}uan^{55}

土家语与汉语结合运用的地名：“连三”是土家语 lie^{35}su^{35}（列苏）的误记，“连”是 lie^{35}（列）的音变，“三”是 su^{35}（苏）的音变；“塆”是汉语，即“山塆”。因此，此地的准确记名应是“列苏塆”。

依山傍水的土家转角楼

土家语 lie^{35}su^{35}（列苏）系两个音节：lie^{35}（列）的汉语义是“楼子屋”（转角楼），su^{35}（苏）的汉语义是“起”“造”“建”；lie^{35}su^{35}（列苏）连起来直译是“转角楼造”，调换语序结构译成汉语是“造转角楼”。所以，“列苏塆”（连三塆）就是“建有转角楼的山塆”，简而言之就是“楼子塆”，以建有转角楼而得名。

土家族的转角楼，别名“走马转角楼”，又名“骡子屁股”，是土家人十分喜爱的居所建筑。据考证，它起源于狩猎时期向农耕时期转变阶段。在遥远的古代，秋收时节，为了防止野兽糟蹋庄稼，人们都要在山上守望，并选择在高树或陡岩搭建高棚，人居其中，既可免遭野兽侵害，又可遮风避雨。这种高棚就是转角楼的雏形。后来，大家在这种高棚的基础上，选择溪涧岸畔，利用树干、树条和茅草、杉皮，构建了较为宽敞的悬脚茅楼，人们称之为“干栏”。再到后来，大家又在“干栏”的基础上加以扩大化、艺术化，修建了悬空吊脚、飞檐翘瓦、门窗涂彩的转角楼，一村村，一寨寨，遍布溪涧浓荫间，成为一方亮丽的风景。如今这种“转角楼”全部用木料建造，其基本格局是“一正二横”，即正屋五至七间，两头建横屋一至三间，前端设栏杆司檐，下面悬空，上面挑檐。远远望去，飞檐翘瓦，气势恢宏，别具一格。

若那坡 zo³⁵ȵa³⁵pho³⁵

土家语与汉语结合运用的地名，有的记为“弱拉坡”：“若那”“弱拉”虽然文字不同，但音近同义，都是土家语 zo³⁵ȵa³⁵ 的汉字记音。“坡”是汉语，即“山坡”。

土家语 zo³⁵ȵa³⁵（若那）系两个音节：zo³⁵（若）的汉语义是“羊”(Capra hircus)，ȵa³⁵（那）的汉语义是“放”或“放牧”；zo³⁵ȵa³⁵（若那）连起来直译是“羊放”“羊牧”，调换语序结构译成汉语是“放羊”或“牧羊”。所以，“若那坡”就是“放羊坡”或“牧羊坡”。

此地位于大山深处，从前地宽草肥，人们喜欢养羊。荒漠里，草丛中，羊群如白絮，叫声如歌唱，一派兴旺景象，因而得“牧羊坡”之名。

“若那坡”曾称“若那峒”，是澧水上源古十八峒之一，但在史料中被误记为“若南峒”。“若那峒”建立于明代以远，是尚氏酋长统率的集团。明洪武年间，部落联盟酋长尚俄梯被诛杀，“若那峒”便逐渐消亡，最后还原为今天的若那坡。

血场岩 ɕie⁵³tsha⁵³ŋai⁵³

土家语与汉语结合运用的地名。“血场”是土家语 ɕie⁵³tsha⁵³（谢岔）的误记；“岩”是汉语，即“岩石”“岩山”，也泛指“地方”。因此，这个地名的准确记音应是“谢岔岩”，按西部区的发音读作“谢擦岩”。

撑 架

土家语 ɕie⁵³tsha⁵³（谢岔）为一个音节，汉语义是土家人煮饭、炒菜时用以搁置鼎罐、耳锅的“撑架”。因此，“谢岔岩”（血场岩）就是“撑架岩”，因地形像“撑架”得名。

“撑架”，用生铁铸成，上为一直径约 30 厘米的圆圈，用于搁鼎罐煮饭，搁耳锅炒菜；连接圆圈向内倾斜有三条长约 12 厘米的“齿”，用于搁小于圆圈的小鼎罐、小耳锅；从“齿”与圆圈连接处向下（略向外）有三条“脚”，称为“撑架脚”，长约 50 厘米，用于支撑。谜语“三兄弟一条街，一世不相挨”，说的就是撑架。“撑架”一般置于正屋火坑中央。撑架上忌讳踩踏搁脚，尤其在别人家做客，否则会被视为对主人的不敬。旧时，撑架几乎是家家必备的生活用具，但也有人穷得连撑架都置不起，而用石头代替。当地有山歌唱道：“三个岩头架个锅，神仙没得我快活。”就是这种穷快活的生动写照。

四元坡 $sui^{55}je^{53}pho^{55}$

土家语与汉语结合运用的地名：“四元”是土家语 $sui^{55}je^{53}$（虽也）的误记，“四”是 sui^{55}（虽）的音变，“元”是 je^{53}（也）的音变；“坡”是汉语，即“山坡”。所以，这个地名的准确记音应是“虽也坡”，当地老人的实际发音也是“虽也坡”。

土家语 $sui^{55}je^{53}$（虽也）为一个音节，汉语义是一种俗称“土姜树”，学名叫“继木”（Loropetalum chinense）的野生灌木。因此，“虽也坡”（四元坡）就是“土姜树坡”。

“土姜树”，密集丛生，开穗状白花，花香馨心，常常吸引成群蜜蜂飞舞其间。远处望去，山野里白花点点，空气中阵阵花香。“土姜条”质地松脆，是山区人民最好的柴薪。从前，这个山坡上土姜树多，因而得名。

笔架山 $pi^{35}tɕi^{55}san^{55}$

土家语与汉语结合运用的地名。“笔架”是土家语 $pi^{35}tɕi^{55}$（毕基）的误记：pi^{35} 一般记为“毕”，“架”是 $tɕi^{55}$（基）的音变；“山”是汉语。所以，这个地名的准确记音应是“毕基山”。

土家语 $pi^{35}tɕi^{55}$（毕基）为一个音节，是土家族的族称。因此，“毕基山”（笔架山）就是“土家山”，即土家族居住的地方。详细释义参见两河乡“笔架村”。

艺溪河 $ji^{53}tɕhi^{21}xo^{21}$

土家语与汉语结合运用的地名：“艺溪”是土家语 $ji^{53}tɕhi^{21}$（衣其）的音变；“河”是汉语。所以，这个地名的准确记音应是“衣其河”。

土家语 $ji^{53}tɕhi^{21}$（衣其）为一个音节，汉语义就是俗称“铜钱花”的“金钱豹”（Panthera pardus L）；所以，“衣其河”（艺溪河）就是“豹子河”。

从前这里层峦叠嶂，树茂林深，豹子多，人们便以 $ji^{53}tɕhi^{21}$（衣其）——“豹子”作了地名。

木 垭 $mu^{53}ŋa^{53}$

土家语与汉语结合运用的地名：“木”是土家语 mu^{53} 的汉字记音；“垭”是汉语，即“山垭”。

土家语称“竹子”（Bamboo sprout）为 mu^{53}（木）。因此，“木垭”就是“竹垭”，即竹子多的山垭，因竹子多而得名。

马老坡 $ma^{53}la^{35}pho^{35}$

土家语与汉语结合运用的地名：“马老”是土家语 $ma^{53}la^{35}$ 的汉字记音，但“老”是 la^{35}（拉）的音变；“坡”是汉语，即“山坡”。所以，这个地名的准确记音应是“马拉坡”。

土家语 $ma^{53}la^{35}$（马拉）系两个音节：ma^{35}（马）的汉语义是“蜂”，这里实指“蜜蜂”（Apismellifera）；la^{35}（拉）的汉语义是“放”“寄放”。$ma^{53}la^{35}$（马拉）连起来直译是“蜂放”或“蜂寄放”，调换语序结构译成汉语是“放蜂”或“寄放蜂”。所以，“马拉坡”（马老坡）就是“放蜂坡”，即人们寄放蜂桶放养蜜蜂的地方。

青龙嘴 $tɕhi^{35}luŋ^{55}tsu^{35}$

纯粹的土家语地名，$tɕhi^{35}luŋ^{55}tsu^{35}$ 的汉字记音，但“青”是 $tɕhi^{35}$（其）的音变，“嘴”是 tsu^{35}（租）的音变。所以，这个地名的准确记音应是“其龙租”。

土家语 $tɕhi^{35}luŋ^{55}tsu^{35}$（其龙租）由 $tɕhi^{35}luŋ^{55}$（其龙）和 tsu^{35}（租）两个音节组成：$tɕhi^{35}luŋ^{55}$（其龙）的汉语义是“豆豉”“豆酱”；tsu^{35}（租）的汉语义是“出”“出产”。所以，$tɕhi^{35}luŋ^{55}tsu^{35}$（其龙租）连起来直译是“豆豉出”“豆酱出”，调换语序结构译成汉语就是“出豆豉”或“出豆酱”，即出产豆豉或豆酱。此地妇女们手巧、技艺高，制出的豆豉和豆酱远近闻名，人们便以“出豆豉”“出豆酱”作了地名。

从远古至今，土家族自制有许多传统美食，其中的“豆豉”和“豆酱”堪称一绝。这些“豆豉”和“豆酱”的原料有黄豆、豌豆、蚕豆和豆腐渣，方法有酵制、泡制、腌制、霉制等多种，其味芳香可口，是自食和待客的美味佳肴。

游乐安　je^{21}lu^{21}ŋa^{53}

土家语与汉语结合运用的地名："游乐"是土家语 je^{21}lu^{21}（叶鲁）的误记；"安"是"垭"的误记，是汉语，即"山垭"。所以，这个地名的准确记音应是"叶鲁垭"。其实，此地民国以前就叫作"叶鲁垭"，解放前夕，有文人将其附会为"游乐安"，取游玩、快乐、平安之意。

土家语 je^{21}lu^{21}（叶鲁）系两个音节：je^{21}（叶）的汉语义是"物资""货物""东西"，lu^{21}（鲁）的汉语义是"卖"；je^{21}lu^{21}（叶鲁）连起来直译是"货卖"，调换语序结构译成汉语是"卖货"，其实质意义是"货店"或"货栈"，有如今天的"小卖部"。因此，"叶鲁垭"（游乐安）就是"卖货垭""货店垭"。

此地处于交通要道，从前曾经有人在此开过货栈，因而得名。它与游玩、快乐、平安等义毫不相干。

向坛坪　ɕie^{53}than^{21}phin^{21}

土家语与汉语结合运用的地名："向坛"是土家语 ɕie^{53}than^{21} 的汉字记音，但"向"是 ɕie^{53}（写）的音变；"坪"是汉语，即"坪坝"。所以，这个地名的准确记音应是"写坛坪"。

土家语 ɕie^{53}than^{21}（写坛）为一个音节，汉语义是"铁炉"。所以，"写坛坪"（向坛坪）就是"铁炉坪"。

元朝至元十五年（1278 年）至元统三年（1335 年），桑植宣慰使向思胜、向仲山在官屋场修建"老司城"，正式设立桑植宣慰司衙署。"向坛坪"（写坛坪）距"老司城"不远，向氏土司为打造兵器和农具，曾经在这里开设铁炉多座，时间长达五十余年。从这时起，这块坪坝就被称作 ɕie^{53}than^{21}phin^{21}（写坛坪），即"铁炉坪"。

三门沟　su^{35}mu^{53}kəu^{55}

土家语与汉语结合运用的地名："三门"是土家语 su^{35}mu^{53}（苏母）的误记；"沟"是汉语，即"溪沟"。所以，这个地名的准确记音应是"苏母沟"。据这里的老人们说，此地原来不叫"三门沟"，老祖宗留传下来的名称是"苏母沟"，民国年间才改称"三门沟"。

su^{35}mu^{53}（苏母）是古老的土家语，为一个音节，它有三重含义：近指太公以上的男性长辈；远指太公以上男性亡灵，即"祖先"；再远指土家人共同的祖先神灵，俗称"土菩萨"或"家神"。总之，都是"祖宗""祖先"之意。所以，"苏母沟"（三门沟）就是"祖先沟"。

此地或是祖先居地，或是祖先坟茔，或是祖先堂所在地，因而得名。

南子田 lan[21]tsu[55]thi[35]

纯粹的土家语地名，lan[21]tsu[55]thi[35]（兰租替）的音变与误记。这里民国以前叫“兰租替”，如今当地多数老人的实际发音也是“兰租替”。

连 枷

土家语 lan[21]tsu[55]thi[35]（兰租替）由 lan[21]tsu[55]（兰租）和 thi[35]（替）两个音节组成：lan[21]tsu[55]（兰租）的汉语义是一种叫“连枷”的脱粒农具，thi[35]（替）的汉语义是“捆扎”。所以 lan[21]tsu[55]thi[35]（兰租替）连起来直译是“连枷捆扎”，调换语序结构译成汉语就是“捆扎连枷”。

在土家山区，直到今天，一些粮食作物如豆类、麦类、荞类、粟谷等脱粒，仍离不开“连枷”。土家人使用的连枷由三个部件构成：一是连枷把，一段长约 2 米、锄把粗细的竹棒，用来手握操作；二是拍板，由 4 根长约 1.5 米，比拇指稍粗的油茶树条用竹篾并排捆编在一起，用来拍打脱粒作物；三是木柄，长约 0.3 米，用来连接连枷把和拍板。使用时，手握连枷把，挥舞连枷，使拍板木柄旋转下压拍打脱粒作物而达到脱粒的目的。“连枷”是家家必备的脱粒工具，而且一般都是自家捆扎。从前，此地捆扎的连枷质量好，美观实用，名甲一方，因而得名。

茶盘口 tshe[21]phuŋ[21]khu[55]

纯粹的土家语地名，tshe[21]phuŋ[21]khu[55] 的误记：“茶”是 tshe[21]（扯）的误记；“盘”是 phuŋ[21]（棚）的误记；“口”是 khu[55]（枯）的误记。所以，这个地名的准确记音应是“扯棚枯”，按西部区的发音读作“测棚枯”。据老人们口头传说，此地原名“扯棚枯”，民国年间，一些不懂土家语的人，循 tshe[21]phuŋ[21]（扯棚）的语音附会为“茶盘”，循 khu[55]（枯）的语音附会为“口”，“扯棚枯”便成了“茶盘口”。

土家语 tshe[21]phuŋ[21]khu[55]（扯棚枯）由 tshe[21]phuŋ[21]（扯棚）和 khu[55]（枯）两个音节组成：tshe[21]phuŋ[21]（扯棚）的汉语义是“深水潭”；khu[55]

（枯）的汉语义是“山冈”。因此，$tshe^{21}phu\eta^{21}khu^{55}$（扯棚枯）连起来译成汉语就是“深水潭山”，即深水潭旁边的山冈或山包。

此地坐落在澧水北源中段，处于一个长三四百米的深水潭旁边的山包上，名副其实。

排岔口 $pha^{35}tshe^{53}khu^{55}$

纯粹的土家语地名，$pha^{35}tshe^{53}khu^{55}$（帕车枯）的误记：“排岔”是 $pha^{35}tshe^{53}$（帕车）的音变，“口”是 khu^{55}（枯）的音转。记名者没有作牵强比附，比较忠实地记录了这个地名。但这个地名按西部区的发音应读作“帕册枯”。

土家语 $pha^{35}tshe^{53}khu^{55}$（帕车枯）由 $pha^{35}tshe^{53}$（帕车）和 khu^{55}（枯）两个音节组成：$pha^{35}tshe^{53}$（帕车）又叫 $pha^{35}tɕhie^{53}$（帕且），汉语义是“裂叶荨麻”（Urtica fissa pritz）；khu^{55}（枯）的汉语义是“山坡”“山冈”。因此，$pha^{35}tshe^{53}khu^{55}$（帕车枯）连接起来译成汉语就是“裂叶荨麻坡”。

“裂叶荨麻”是一种草本植物，茎叶遍生螫毛，有毒，接触皮肤即令人红肿发热，痛痒难熬，因此别名叫“藿麻草”。以前此地普遍生长“藿麻草”，人们便以这种植物作了地名。

撮落湖 $tsho^{35}lo^{35}xu^{21}$

纯粹的土家语地名，$tsho^{35}lo^{35}xu^{21}$ 的汉字记音。

土家语 $tsho^{35}lo^{35}xu^{21}$（撮落湖）由 $tsho^{35}lo^{35}$（撮落）和 xu^{21}（湖）两个音节组成：$tsho^{35}lo^{35}$（撮落）的汉语义是一种叫作“撮簸”的篾织器具；“湖”的汉语义是指“山间的谷地”。因此，$tsho^{35}lo^{35}xu^{21}$（撮落湖）连起来译成汉语就是“撮簸谷”，即像“撮簸”形状的山谷盆地。

土家族民间，家家户户备有不少篾织盛器和加工粮食的器具，除了筛子、簸箕、撮箕、箩筐、挑篓等外，还有一种就叫作“撮簸”。这种“撮簸”形式别致，口圆腹收，底部又向上凸起，状如元宝。其个体有大有小，大的直径一米，小的直径一尺许，主要用途是摊放湿物，因此也叫“摊盆”。

辟卡溪 $phi^{35}ka^{21}tɕhi^{55}$

土家语与汉语结合运用的地名：“辟卡”是土家语 $phi^{35}ka^{21}$ 的汉字记音，但“卡”是 ka^{21}（嘎）的音转；“溪”是汉语，即“溪沟”。所以，这个地名的准确记音应是“辟嘎溪”。

土家语 phi^{35}ka^{21}（辟嘎）为一个音节，汉语义是“沙蚊子”；因此，“辟嘎溪”（辟卡溪）就是“沙蚊子沟”。

“沙蚊子”，学名“阿蚊”（Armaqeres sohturhan SW），小如粟米，细如河沙，因而被称作“沙蚊子”。沙蚊子生存于夏秋时节，白天活动，群聚群飞，叮噬人血，个体虽小，却有着“沙蚊子咬县长——不怕官大”的名声。人若被叮咬，虽无大碍，但瘙痒异常，令人烦躁不安。这条沟谷从前树茂草密，气候湿润，沙蚊子多，因而得名。

润宝河 zuan^{35}pa^{53}xo^{53}

土家语与汉语结合运用的地名：“润宝”是土家语 zuan^{35}pa^{53}（软把）的误记；“河”是汉语。所以，这个地名的准确记音应是“软把河”。

土家语 zuan^{35}pa^{53}（软把）系两个音节：zuan^{35}（软）的汉语义是“水牛”（Bubalus bubalis），pa^{53}（把）的汉语义是“公”“雄”；zuan^{35}pa^{53}（软把）连起来直译是“水牛公”，调换语序结构译成汉语是“公水牛”或“雄水牛”，即俗称的“水牯”。因此，“软把河”（润宝河）就是“水牯河”。

牛是农民的宝贝，公牛更是土家人喜爱的家畜，因为土家人尚武，因此也喜欢看水牯打架那惊心动魄的场面。此处沿河两岸，人们养的水牯牛多，而且水牯打架厉害，远近闻名，故而得名。

低黑坳 tie^{55}xe^{53}ŋau^{35}

土家语与汉语结合运用的地名：“低黑”是土家语 tie^{55}xe^{53}（爹核）的误记，“低”是 tie^{55}（爹）的音变，“黑”是 xe^{53}（核）的音变；“坳”是汉语，即“山坳”。因此，这个地名的准确记音应是“爹核坳”。

土家语 tie^{55}xe^{53}（爹核）为一个音节，汉语义是“豆腐”。所以，“爹核坳”（低黑坳）就是“豆腐坳”，即做豆腐或卖豆腐的山坳。

从前，这个山坳是交通要道，有人曾经在这里做豆腐出售，人们便以“豆腐坳”作了地名。

六耳口 la^{53}zi^{21}kha^{55}

纯粹的土家语地名，有的记为“鹿耳口”。“六耳口”“鹿耳口”都是 la^{53}zi^{21}kha^{55}（拉日卡）的误记与牵强附会。

土家语 la^{53}zi^{21}kha^{55}（拉日卡）系三个音节：la^{53}（拉）的汉语义是“路”“道路”，zi^{21}（日）的汉语义是“多”；la^{53}zi^{21}（拉日）连起来直译是“路多”，调换语序结构译成汉语是“多路”。kha^{55}（卡）作动词时，声调低降是“守”，声调高平是“过”“经过”，这里属高平，译作“经过”。因此，

$la^{53}zi^{21}kha^{55}$（拉日卡）连起来译成汉语就是“多路经过”，即多条道路经过的地方。

此地位于澧水北源的峡谷中，历来是湘鄂两省的交通要隘。从这里出发，向东可通石门县泥沙，南下可通澧州、津市，西出可达永顺、龙山，向北可达湖北鹤峰、宣恩，真可谓“四通八达”。

窝子田 $o^{21}tso^{55}thi^{55}$

纯粹的土家语地名，$o^{21}tso^{55}thi^{55}$的汉字记音，但“子”是tso^{55}（作）的音变，“田”是thi^{55}（替）的音变。所以，这个地名的准确记音应是“窝作替”。

土家语$o^{21}tso^{55}thi^{55}$（窝作替）由$o^{21}tso^{55}$（窝作）和thi^{55}（替）两个音节组成：$o^{21}tso^{55}$（窝作）的汉语义是猎神“梅山”；thi^{55}（替）的汉语义是“请”。所以，$o^{21}tso^{55}thi^{55}$（窝作替）连起来直译是“梅山请”，调换语序结构译成汉语就是“请梅山”，即敬请梅山神的地方。

梅山神是土家族信仰的猎神，一般在进山的要道上修有神堂供奉。人们进山打猎时，先进其神堂前拈香祭拜，祈求平安丰收。打猎回来，大家抬着猎物又要到神堂前奉敬谢恩，然后才分配猎物。从前，此地修有梅山神堂，供奉有梅山神像，是人们敬请梅山神的地方，故而得名。

腰棚坡 $je^{21}pu^{55}pho^{55}$

土家语与汉语结合运用的地名：“腰棚”是土家语$je^{21}pu^{55}$（叶卜）的误记；“坡”是汉语，即“山坡”。因此，这个地名的准确记音应为“叶卜坡”。

土家语$je^{21}pu^{55}$（叶卜）系两个音节：je^{21}（叶）的汉语义是“物资”“货物”，pu^{55}（卜）的汉语义是“买”；$je^{21}pu^{55}$（叶卜）连起来直译是“货物买”，调换语序结构译成汉语是“买货”。所以，“叶卜坡”（腰棚坡）就是“买货坡”。

古时，这个山坡上设有货栈或居住有商贩，是人们买货物的地方，因而得名。

扯家坡 $tshe^{21}ka^{21}pho^{55}$

土家语与汉语结合运用的地名：“扯家”是土家语$tshe^{21}ka^{21}$的汉字记音，但“家”是ka^{21}（嘎）的近音汉字替代；“坡”是汉语，即“山坡”。所以，这个地名比较准确的记音应是“扯嘎坡”，按西部区的发音读作“测嘎坡”。

土家语$tshe^{21}ka^{21}$（扯嘎）系两个音节：$tshe^{21}$（扯）的汉语义是“水”，ka^{21}（嘎）的汉语义是“缺”“缺少”；$tshe^{21}ka^{21}$（扯嘎）连起来直译是

"水缺"，调换语序结构译成汉语是"缺水"。所以，"扯嘎坡"（扯家坡）就是"缺水坡"，即缺少水源，容易干旱的地方。

白泥塘 $pe^{55}lie^{55}than^{21}$

土家语与汉语结合运用的地名："白泥"是土家语 $pe^{55}lie^{55}$ 的汉字记音，但"泥"是 lie^{55}（列）的音变；"塘"是汉语，即"山塘"，在用作地名时，也指"有山塘的地方"。所以，这个地名的准确记音应是"白列塘"。

土家语 $pe^{55}lie^{55}$（白列）为一个音节，是 $pe^{55}lie^{55}çi^{55}$（白列西）的省略，$çi^{55}$（西）属词尾短促轻音，在长期的语流音变中脱落了，只留下词根 $pe^{55}lie^{55}$（白列），但含义未变，译成汉语是"梨子"（Purus spp）。所以，"白列塘"（白泥塘）就是"梨子塘"，即出产梨子的地方。

浪渣坪 $la^{21}za^{21}phin^{21}$

土家语与汉语结合运用的地名。"浪渣"是土家语 $la^{21}za^{21}$（拉日阿）的误记："浪"是 la^{21}（拉）的音变与误记，"渣"是 za^{21}（日阿）的近音汉字替代；"坪"是汉语，即"坪坝"。所以，这个地名的准确记音应是"拉日阿坪"。

土家语 $la^{21}za^{21}$（拉日阿）为一个音节，汉语义是含羞草科植物"山槐"。土家语称"山槐树"（Albizzia kalkora）为 $la^{21}za^{21}kha^{21}muŋ^{21}$（拉日阿卡蒙），其中 $kha^{21}muŋ^{21}$（卡蒙）的汉语义为"树"。所以，"拉日阿坪"（浪渣坪）就是"山槐树坪"，即山槐树多的地方。

山槐树是一种有特色的树种，它的叶子白天张开，晚上闭合，民众俗称为"夜关门树"。大树老死后，其篼其根晚上可见荧光，绿而光亮，很远也可以看到，所以又称之为"夜火木"。从前，这个坪坝里全是夜火木树，故而得名。

舍　坡 $se^{53}pho^{55}$

土家语与汉语结合运用的地名："舍"是土家语 se^{53} 的汉字记音，但按西部区的发音应读作"色"；"坡"是汉语，即"山坡"。所以，这个地名按西部区发音应读作"色坡"。"猴子"（Macaca mulatta），古代土家语称为 se^{53}（舍），现代土家语称为 e^{53}（耳）。所以，"舍坡"就是"猴子坡"。

从前，这片山坡上树大林茂，果树繁密，众多的猴子栖息其间，故得其名。

巴溪河 $pa^{55}çi^{55}xu^{21}$

纯粹的土家语地名，$pa^{55}çi^{55}xu^{21}$ 的汉字记音，但 $çi^{55}$ 一般记为"西"，

“河”是 xu^{21}（湖）的误记。所以，这个地名应记作“巴西湖”。

土家语 $pa^{55}ɕi^{55}xu^{21}$（巴西湖）由 $pa^{55}ɕi^{55}$（巴西）和 xu^{21}（湖）两个音节组成：$pa^{55}ɕi^{55}$（巴西）的汉语义是“山苍子”；xu^{21}（湖）的汉语义是山与山之间的“山谷”或“沟谷”。所以，$pa^{55}ɕi^{55}xu^{21}$（巴西湖）连起来译成汉语就是“山苍子沟”，即山苍子多的山谷。

澧水上源区生长有多种芳香油脂植物，其中作为调味佳品的有毛叶木姜子、美丽山胡椒、狭叶山胡椒、山鸡椒、山苍子等多种。土家语称其中的“山苍子树”（Litsea Cubeba）为 $pa^{55}ɕi^{55}pian^{21}kha^{21}muŋ^{21}$（巴西边卡蒙），可以简化为 $pa^{55}ɕi^{55}kha^{21}muŋ^{21}$（巴西卡蒙），其中 $kha^{21}muŋ^{21}$（卡蒙）是树；称“山苍子果实”为 $pa^{55}ɕi^{55}pu^{35}li^{55}$（巴西布里），其中 $pu^{35}li^{55}$（布里）是“果实”。在日常生活中，人们习惯于将“山苍子树”和“山苍子果”笼统地称为“山苍子”。

多基坡 $to^{35}tɕi^{53}pho^{55}$

土家语与汉语结合运用的地名：“多基”是土家语 $to^{35}tɕi^{53}$ 的汉字记音；“坡”是汉语，即“山坡”。

土家语 $to^{35}tɕi^{53}$（多基）为一个音节，是 $to^{35}pu^{53}tɕi^{53}la^{21}$（多布基拉）的简化。$to^{35}pu^{53}$（多布）省 pu^{53}（布）留 to^{35}（多），$tɕi^{53}la^{21}$（基拉）则省 la^{21}（拉）留 $tɕi^{53}$（基），$to^{35}pu^{53}tɕi^{53}la^{21}$（多布基拉）便简化为 $to^{35}tɕi^{53}$（多基）。无论是原始的 $to^{35}pu^{53}tɕi^{53}la^{21}$（多布基拉），还是简化了的 $to^{35}tɕi^{53}$（多基），译成汉语都是药用植物“山豆根”（Euchrestatibulosa Dunn）。所以，“多基坡”就是“山豆根坡”，即山豆根多的地方。

山豆根，功能泻火、解毒、利咽喉，是土家药医治疗咽喉红肿、疼痛、吞咽困难的要药，也是治疗肺热咳嗽、喉风急症、扁桃体炎的上佳之品。从前，这个山坡上山豆根多，人们便以这种药草作了地名。

半泥垭 $pan^{35}ȵie^{35}ŋa^{53}$

土家语与汉语结合运用的地名：“半泥”是土家语 $pan^{35}ȵie^{35}$ 的汉字记音，但“泥”是 $ȵie^{35}$（捏）的音变；“垭”是汉语，即“山垭”。所以，这个地名的准确记音应是“半捏垭”。

土家语 $pan^{35}ȵie^{35}$（半捏）系两个音节：pan^{35}（半）的汉语义是“老鹰”（Accipiter），$ȵie^{35}$（捏）的汉语义是“睡”“歇”；$pan^{35}ȵie^{35}$（半捏）连起来译成汉语是“鹰歇”或“鹰睡”。“歇”“睡”的核心意义是“栖息”，所以，“半捏垭”（半泥垭）就是“老鹰栖息的地方”。

龙潭坪镇

位于县域北部的湘鄂边界，东北部与湖北鹤峰县走马镇接壤，镇治距县城 72 公里；辖 10 个行政村、1 个居委会，89 个村（居）民小组；总面积 124 平方公里；2008 年末总人口 8868 人，其中土家族 6200 人，约占总人口的 70%。境内铁矿、萤石矿、棕叶、林木资源较为丰富；主要经济作物有烟叶、花生、油菜、板栗和苎麻，其中烟叶生产颇具规模，有长沙卷烟厂科技示范优质烟生产基地 400 亩，普烟 4000 亩；湘鄂公路贯穿全境，边贸市场繁荣；位于白竹坪的中华苏维埃共和国六县（桑植、鹤峰、石门、慈利、长阳、五峰）联合政府旧址是市重点文物保护单位。

龙潭坪 $lo^{35}tho^{21}phin^{21}$

以土家族历史传说人物命名的地名："龙潭"是土家语 $lo^{35}tho^{21}$（洛托）的误记；"坪"是汉语，即"坪坝"。所以，这个地名的准确记音应是"洛托坪"。

土家语 $lo^{35}tho^{21}$（洛托）为一个音节，人名，传说是土家族原始祖先之一。他生于六月二十三日，称为 $lo^{35}tho^{21}lo^{35}muŋ^{53}$（洛托裸蒙），其中 $lo^{35}muŋ^{53}$（裸蒙）的汉语义是"头领""大王"。所以，$lo^{35}tho^{21}lo^{35}muŋ^{53}$（裸蒙）就是"洛托大王"；"洛托坪"就是"洛托大王坪"。$lo^{35}tho^{21}lo^{35}muŋ^{53}$（洛托裸蒙）实际是土家族原始的八个部落酋长之一。这八个部落酋长被后人尊为"八部大神"，是土家人的菩萨，在较大的村寨都建有神堂予以供奉。所以，"洛托坪"并非洛托大王所拥有的坪坝，而是指供有洛托大王神像的地方。

有史料称：龙潭坪，五龙捧圣之地，由五条形似龙的青龙垉、水龙垉、来龙垉、白龙泉、龙溪口的小山围绕龙潭垉，早年垉顶修有一龙神庙，每年古历六月二十三日，人们在此集合求神，故名。"龙潭垉"顶建有一庙不错，但它不是龙神庙，供奉的也不是龙神，而是八部大神庙，供奉的是八部大神中的"洛托菩萨"。六月二十三日的"集合求神"，实为纪念"洛托"的降生。

宋代以远，澧水上源区有土家族部落联盟十八峒，此地为"洛托峒"。元朝在桑植设桑植安抚司，将"洛托峒"误记为"龙潭峒"。元、明、清三朝，“龙潭峒”始终依附桑植安抚司、桑植宣慰司，成为一方地域宽广、势力强大的部落联盟。清雍正年间“改土归流”后，“龙潭峒”撤销，而沿用“龙潭坪”之名直到今天。拂去覆盖在“洛托坪”上的历史尘埃，就不难发现：“龙潭”是由土家语 $lo^{35}tho^{21}$（洛托）的音变和误记而来；“龙潭坪”是因该地从前供奉八部大神 $lo^{35}tho^{21}lo^{35}mu\eta^{53}$（洛托裸蒙）神像而得其名，与“龙”无关。

赶　坪　$kan^{53}phin^{21}$

土家语与汉语结合运用的地名。元明时期叫“杆坪峒”，为澧水上源古十八峒之一。清雍正年间“改土归流”后，《桑植县志》始记为“竿坪”，今人有的又将它记为“赶坪”。“竿”“赶”“杆”都是土家语 kan^{53} 的汉字记音。“坪”是汉语，即“坪坝”。

土家语 kan^{53}（竿）是 $ze^{21}pi^{21}kho^{55}su^{53}$（惹必科苏）的别称，汉语义为“良姜”（Alpinia japonica）。因此，$kan^{53}phin^{21}$（赶坪）就是“良姜坪”。

“良姜”，别称山姜，俗称“小竿草”或“小竿子”，是土医主治胃病的要药，与“回头青”（香附子）匹配主治心胃气滞冷痛，向来被视为珍宝。此地从前普遍生长“小竿草”，因而得“竿坪”之名。详细释义参见打鼓泉乡“赶塔”。

棕包水井　$tso^{53}pa^{53}sui^{21}t\c{c}in^{53}$

土家语与汉语结合运用的地名：“棕包”是土家语 $tso^{53}pa^{53}$（左巴）的误记，“棕”是 tso^{53}（左）的音变，“包”是 pa^{53}（巴）的音变；“水井”是汉语。所以，这个地名的准确记音应是“左巴水井”。

土家语 $tso^{53}pa^{53}$（左巴）为一个音节，汉语义是“妯娌”“姊妹”。因此，“左巴水井”（棕包水井）就是“妯娌水井”或“姊妹水井”。

从前，此地是地下水的出口，古时毗邻修有几口水井，犹如妯娌、姊妹，因而得“左巴水井”——“姊妹水井”之名。

白柏岭　$pa^{21}pu^{53}lin^{53}$

以土家族历史人物命名的地名，当地民众的实际发音是“八部岭”。据老人们说，从前岭下有座“八部庙”，因而得名。显然，“白柏”是“八部”的误记。“岭”是汉语，即“山岭”。

据有关史料记载：“首八峒，故为八部者，盖因威镇八峒，一峒为一部落。”就是说，所谓“八部”，就是最早开发武陵山区的八个土家族部落酋长。

“八部”，俗称“八部大王”，也称“八部大神”。他们是土家族最为原始的祖先，是本民族至高无上、名列首位的神灵，土家人设置专门的神堂供奉。从前，这里设有“八部大王神堂”，故得“八部岭”（白柏岭）之名。参见芭茅溪乡“摆布滩”。

杨这有 je53tsa35jəu55

纯粹的土家语地名，je53tsa35jəu55（也扎优）的误记：“杨”是je53（也）的音变，“这”是tsa35（扎）的音变，“有”是jəu55（优）的音变。所以，这个地名的准确记音应是“也扎咱优”，当地老人的实际发音也是“也扎优”，但按西部区的发音读作“也扎优”。

土家语je53tsa35jəu55（也扎优）由je53tsa35（也扎）和jəu55（优）两个音节组成：je53tsa35（也扎）的汉语义是“砍火畲”；jəu55（优）的汉语义是“村寨”。因此，je53tsa35jəu55（也扎优）连起来译成汉语就是“砍火畲寨”，即靠“砍火畲”广种薄收维持生计的村寨。参见上洞街乡“月珠溪”。

若不溪 zo55pu53tɕhi55

土家语与汉语结合运用的地名：“若不”是土家语zo55pu53的汉字记音；“溪”是汉语，即“溪沟”。“若不溪”即今“朱油溪”，有的记为“猪游溪”，当地老人的实际发音是“储油溪”。“朱油”“猪游”都是“储油”的音变。

据有关史志记载，清朝前此地名叫“若不溪”，清雍正年间“改土归流”后，有人把它译成“储油溪”，因为土家语zo55pu53（若不）的汉语义就是“储油”，即药科植物“吴茱萸”[Evodia rutaecarpa (juss) Benth]。因此，“若不溪”就是“储油溪”，也就是“吴茱萸溪”。

“储油子”是赶气要药。从前此地吴茱萸（储油）树多，因而得“若不溪”（储油溪）之名。

毛　伏 mo21xu21

纯粹的土家语地名，mo21xu21（磨湖）的误记：“毛”是mo21（磨）的音变，“伏”是xu21的汉字记音，但一般记为“湖”。

土家语mo21xu21（磨湖）系两个音节：mo21（磨）的汉语义是“猫”，这里实指“野猫”，即“灵猫”（Felis temminek Viqors fs）；xu21（湖）的汉语义是“山间谷地”，也就是“沟谷”。所以mo21xu21（磨湖）连起来译成汉语就是“野猫谷”或“野猫沟”。

此地位于云头山的大山深处，山重水复，地形复杂，实为野猫栖息的天堂。因为野猫多，人们便以 $mo^{21}xu^{21}$（磨湖）——“野猫谷”作了地名。

距此地不远有一地名叫“毛垭”，同义就是“野猫垭”，因野猫多而得名。

白极坪 $pi^{35}tɕi^{55}phin^{21}$

土家语与汉语结合运用的地名：“白极”是土家语 $pi^{35}tɕi^{55}$（毕基）的误记，“白”是 pi^{35}（毕）的音变，$tɕi^{55}$ 一般记为基；“坪”是汉语，即“坪坝”。因此，这个地名的准确记音应是“毕基坪”。

前面已经说过，$pi^{35}tɕi^{55}$（毕基）是土家族的族称。因此，“毕基坪”（白极坪）就是“土家坪”，是土家人居住的地方。详细释义参见两河乡“笔架村”。

利溪坪 $li^{35}tɕhi^{53}phin^{21}$

土家语与汉语结合运用的地名：“利溪”是土家语 $li^{35}tɕhi^{53}$ 的汉字记音，但“溪”是 $tɕhi^{53}$（乞）的音变；“坪”是汉语，即“坪坝”。所以，这个地名的准确记音应是“利乞坪”。

土家语 $li^{35}tɕhi^{53}$（利乞）系两个音节：li^{35}（利）的汉语义是“虎”(Panthera tigris)，$tɕhi^{53}$（乞）的汉语义是“大”；$li^{35}tɕhi^{53}$（利乞）连起来直译是“虎大”，调换语序结构译成汉语是“大虎”。所以，“利乞坪”（利溪坪）就是“大虎坪”。

此地虽然以“坪”为名，实际是个峡谷，山深树茂，从前是老虎栖息之所，因而得名。

跑　汉 $pho^{53}xa^{53}$

纯粹的土家语地名，$pho^{53}xa^{53}$（颇哈）的误记：“跑”是 pho^{53}（颇）的音变与误记，“汉”是 xa^{53}（哈）的音变与误记。仔细聆听当地老人的实际发音也是“颇哈”。

土家语 $pho^{53}xa^{53}$（颇哈）系两个音节：pho^{53}（颇）的汉语义是量器“斗”；xa^{53}（哈）是 $khe^{55}xa^{53}$（克哈）的简化，汉语义为“山坳里的平地”。所以，$pho^{53}xa^{53}$（颇哈）连起来译成汉语就是“斗坪”。

此地位于海拔 1200 余米的大山里，是深山中的一块小盆地。四周高山环拱，中间的一块小坪如居斗中。根据这种地势和地形，人们便以 pho^{53}（颇）——“斗”作了比喻性的地名。

泉年塆 tɕhi^{55}lie^{53}uan^{55}

土家语与汉语结合运用的地名："泉年"是土家语 tɕhi^{55}lie^{53}（起列）的误记；"塆"是汉语，即"山塆"。所以，这个地名的准确记音应是"起列塆"，当地老人们的实际发音也是"起列塆"。

土家语 tɕhi^{55}lie^{53}（起列）为一个音节，汉语义是"糍粑"（糯米粑粑）。因此，"起列塆"（泉年塆）就是"糍粑塆"。

自古以来，土家地区流行各种以"粑粑"为名的美食，有糯米做成的糍粑、壳叶粑、蒿子粑、水切粑、粽粑，有用黏米做的发粑粑、油炸粑、锅煎粑，有用苞谷作的桐叶粑、蕉叶粑、酵粑，有用番薯、洋芋做的粉粑粑、煎粑，有用野蕨、野葛做的蕨粑、葛粑，等等，其中以"糍粑"最为有名。明朝嘉靖年间，朝廷曾经两次征调桑植土兵开赴苏杭前线抗击倭寇，他们所带的行军干粮，就是亲人们赶制的"糍粑"。"打糍粑"是土家族传统习俗，每至腊月二十八，家家户户都要"打糍粑"。"糍粑"是家家户户必备的年货，用以自食、待客、送礼，至今仍然长兴不艾。

土不坑 thuŋ^{21}pa^{21}khen^{55}

土家语与汉语结合运用的地名："土不"是土家语 thuŋ^{21}pa^{21}（统把）的误记；"坑"是汉语，即"土坑"，也指坑形的"山窝"。所以，这个地名的准确记音应是"统把坑"，当地老人的实际发音也是"统把坑"。

土家语 thuŋ^{21}pa^{21}（统把）为一个音节，汉语义是对各种"桶"的统称。所以，"统把坑"（土不坑）就是"桶坑"。

旧时，为了储存粮食、饲料和种子，土家人家家备有木质桶形盛器，大小不等，高矮不一。大的叫"黄缸"或"黄桶"，小的叫"槽盆"，扁的叫"扁桶"。此地是山间小盆地，人在其间如在桶中，故而得名。

电池塆 tie^{55}tsha^{53}uan^{55}

土家语与汉语结合运用的地名："电池"是土家语 tie^{55}tsha^{53}（爹岔）的误记；"塆"是汉语，即"山塆"。所以，这个地名的准确记音应是"爹岔塆"，按西部区的发音读作"爹擦塆"。其实，在电池问世之前，这里就叫"爹岔塆"，民国后期桑植有了电筒电池，人们才将其改为"电池塆"。

土家语 tie^{55}tsha^{53}（爹岔）为一个音节，汉语义是"豆腐渣"；因此，"爹岔塆"（电池塆）就是"豆渣塆"。

这个山塆是浸水地或沼泽地，常年泥土稀如豆腐渣，人畜都难行走。根据这一环境，人们便以 tie^{55}tsha^{53}（爹岔）——"豆腐渣"作了比喻性的命名。

巫门岩 u^{35}mu^{35}ŋai^{21}

土家语与汉语结合运用的地名，有的记为“乌门岩”，有的记为“乌木岩”，有的记为“巫木岩”，还有的记为“乌马岩”，对其含义也有多种相应的解读。其实，“巫门岩”的“巫门”是土家语 u^{35}mu^{35}（戊木）的误记，“门”是 mu^{35}（木）的音变；“岩”是汉语，即“岩石”“岩山”，甚至是“山区”。所以，这个地名的准确记音应是“戊木岩”。

土家语 u^{35}mu^{35}（戊木）系两个音节：u^{35}（戊）的汉语义是“牛”，实际指“黄牛”（Bos taurus domestica）；mu^{35}（木）的汉语义是“没见”，引申为“丢失”“迷失”。u^{35}mu^{35}（戊木）连起来直译是“牛丢失”，调换语序结构译成汉语是“失牛”。所以，“戊木岩”（巫门岩）就是“失牛岩”或“失牛山”。

从前，这里山大沟深，树茂草繁，牛一入山便难识归途，如果不事先挂上铃铛，主人很难寻找。于是，人们便以“失牛山”为名，用以警示后人。

金耳塔 tɕie^{35}zi^{55}tha^{55}

土家语与汉语结合运用的地名：“金耳”是土家语 tɕie^{35}zi^{55}（借日）的误记，“金”是 tɕie^{35}（借）的音变与附会；“耳”是 zi^{55}（日）的音变，前面说过，在澧水流域的语言中，“耳”“二”“日”发音相同，都读作“二”，故有“日”为“耳”之误。“塔”是汉语，即“坪塔”。所以，这个地名应记作“借日塔”。至今，当地老人的实际发音也是“借日塔”。

土家语 tɕie^{35}zi^{55}（借日）为一个音节，汉语义是“务农”。因此，“借日塔”（金耳塔）就是“务农塔”，即从事农业生产的地方。

“借日塔”（金耳塔）是一个以社会分工命名的地名。原始部落时代，人们有着比较严格的社会分工，有的务农，有的狩猎，有的养殖，此地曾经是农人们务农的场所，因而得名。

麻阳潭 ma^{53}jan^{53}than^{53}

以鬼怪命名的土家语与汉语结合运用的地名：“麻阳”是土家语 ma^{53}jan^{53} 的汉字记音，但西部区土家语没有 ang（昂）音，因此 jan^{53} 记为“言”更为准确；不过记为“阳”也不为错，现今的人们都读作“麻阳”。“潭”是汉语，即“水潭”。

土家语 ma^{53}jan^{53}（麻阳）为一个音节，是 ma^{53}jan^{53}a^{55}tɕie^{35}（麻阳阿借）的简化，译成汉语是“麻阳鬼”，其中的 a^{55}tɕie^{35}（阿借）的汉语义是

“鬼”。所以，“麻阳潭”就是“麻阳鬼潭”，即有麻阳鬼的水潭或地方。

麻阳鬼是土家族民间传说的专司人间灾祸的恶鬼，俗称“五洞麻阳”。传说她们是五个姊妹，分住五个洞府，其名称分别是童子麻阳、白虎麻阳、阴阳麻阳、地府麻阳、天师麻阳。人若遇着，就会立即患病。旧时，人们常为驱避麻阳鬼，请一“梯玛”去山谷幽处或水潭旁边，打狗杀羊以祭之。

立阿古 $li^{35}a^{53}khu^{55}$

纯粹的土家语地名，$li^{35}a^{53}khu^{55}$ 的汉字记音，但“古”是 khu^{55}（枯）的音转。所以，这个地名的准确记音应是“立阿枯”。

土家语 $li^{35}a^{53}khu^{55}$（立阿枯）由 $li^{35}a^{53}$（立阿）和 khu^{55}（枯）两个音节组成：$li^{35}a^{53}$（立阿）的汉语义是“饿”；khu^{55}（枯）的汉语义是“山”。所以，$li^{35}a^{53}khu^{55}$（立阿枯）连起来译成汉语就是“饿山”，即饿肚子的地方。

从前，这里坡陡山险，无田少土，生产条件极差，一年辛劳，打下的粮食却不能糊口，人们常常处于饥饿状态，故而得名。

播箕洞 $pa^{21}tɕi^{21}tuŋ^{55}$

土家语与汉语结合运用的地名：“播箕”是土家语 $pa^{21}tɕi^{21}$ 的汉字记音，但“播”是 pa^{21}（把）的音变；“洞”是汉语，即“山洞”。所以，这个地名的准确记音应是“把箕洞”。

土家语 $pa^{21}tɕi^{21}$（把箕）系两个音节：pa^{21}（把）的汉语义是“山”或“山坡”；$tɕi^{21}$（箕）的汉语义是“脚”或“脚下”，即“下面”“下头”。$pa^{21}tɕi^{21}$（把箕）连起来译成汉语是“山脚”“坡脚”。因此，“把箕洞”（播箕洞）就是“山脚洞”或“坡脚洞”，即山坡下面的山洞。

实地观察，“把箕洞”（播箕洞）是当地的一个巨大溶洞，它的确坐落在一座大山脚下，名实相符。

补撮坪 $pu^{21}tsho^{21}phin^{21}$

土家语与汉语结合运用的地名：“补撮”是土家语 $pu^{21}tsho^{21}$ 的汉字记音；“坪”是汉语，即“坪坝”。

土家语 $pu^{21}tsho^{21}$（补撮）为一个音节，汉语义是“朋友”“客人”。因此，“补撮坪”就是“朋友坪”或“客人坪”，即朋友或客人居住、生活的地方。

元、明时期，特别是清代“改土归流”以后，大量的外乡人流入武陵山区，并在土家族世居之地安家落户。他们是怎样流入，怎么落户安家，过去难究实情，人们存在着久久不解的谜团。这个地名揭示了一个历史事实，亲靠亲、邻靠邻、朋友靠朋友，肯定是其中的一种方式。可以这样推想：外地人来了，土家人没有排外，而是将他们视为朋友，待为客人，让出自己的一部分田土，帮助他们建立家园。从这个侧面反映出土家人一向坚持的与人为善、助人为乐，追求民族和睦、社会和谐的美德。

巴巴咸 $pa^{35}pu^{21}xa^{53}$

纯粹的土家语地名，$pa^{35}pu^{21}xa^{53}$ 的汉字记音。但“巴巴”的第一个“巴”是 pa^{35}（八）的音变，第二个“巴”是 pu^{21}（部）的误记；“咸”是 xa^{53}（哈）的误记，因当地“咸”不读作 xián（贤），而是读作 hán（含），与“哈”音近，故有此误记。所以，这个地名的准确记音应是“八部哈”。

土家语 $pa^{35}pu^{21}xa^{53}$（八部哈）由 $pa^{35}pu^{21}$（八部）和 xa^{53}（哈）两个音节组成：$pa^{35}pu^{21}$（八部）是土家族原始祖先“八部大王”，亦称“八部大神”，这里实指“八部大神”的神堂；xa^{53}（哈）是 $kha^{55}xa^{53}$（克哈）的简化，汉语义为“山坳上的大坪”。所以，$pa^{35}pu^{21}xa^{53}$（八部哈）连起来译成汉语就是“八部大神神堂所在的大坪”。

从前，这里建有八部大神神堂，是人们跳摆手、演茅古斯的地方，故而得名。

杉木槽 $su^{35}mu^{55}tsho^{53}$

纯粹的土家语地名，$su^{35}mu^{55}tsho^{53}$（术木挫）的误记：“杉”是 su^{35}（术）的音变与误记；“槽”是 $tsho^{53}$（挫）的音变与误记。“术木挫”按西部区的发音读作“苏木挫”。

土家语 $su^{35}mu^{55}tsho^{53}$（术木挫）由 $su^{35}mu^{55}$（术木）和 $tsho^{53}$（挫）两个音节组成：$su^{35}mu^{55}$（术木）是极其古老的土家语，今已失传，只在《梯玛神歌》中有所保留，译成汉语是“祖先”；$tsho^{53}$（挫）的汉语义是“屋”。那么，$su^{35}mu^{55}tsho^{53}$（术木挫）连起来译成汉语就是“祖先屋”，是祖先居住过的地方，俗称“老屋场”。

篾　塆 $mie^{53}uan^{55}$

土家语与汉语结合运用的地名：“篾”是土家语 mie^{53} 的汉字记音；“塆”是汉语，即“山塆”。

土家语 mie^{53}（篾）的汉语义是“血”。所以，“篾塆”，就是“血塆”“血水塆”。

所谓“血水”，实际指的是“锈水”。此地蕴藏铁矿，常有锈水流出，犹如血水一般，故而得名。

野茶坪 $je^{21}tsho^{53}phin^{21}$

土家语与汉语结合运用的地名：“野茶”是土家语 $je^{21}tsho^{53}$ 的汉字记音，但 je^{21} 通常记为“叶”，“茶”是 $tsho^{53}$（濯）的音变；“坪”是汉语，即“坪坝”。因此，此地的准确记名应是“叶濯坪”。按西部区的发音读作“叶挫坪”。

土家语 $je^{21}tsho^{53}$（叶濯）系两个音节：je^{21}（叶）的汉语义是“神”，$tsho^{53}$（濯）的汉语义是“屋”；$je^{21}tsho^{53}$（叶濯）连起来译成汉语是“神屋”，即“宗庙”“神堂”。所以，“叶濯坪”（野茶坪）就是“神堂坪”，即建有神堂的坪坝。

曹　口 $tsho^{35}ku^{53}$

纯粹的土家语地名，$tsho^{35}ku^{53}$（挫古）的误记。

土家语 $tsho^{35}ku^{53}$（挫古）为一个音节，汉语义是“花椒”(Zanthoxylum bungeanum)。用作地名，就是有花椒或产花椒的地方。

从前，这里是一片花椒林，盛产花椒，于是，人们便以这种特产作了地名。

垭二山 $ŋe^{35}e^{53}san^{55}$

土家语与汉语结合运用的地名：“垭二”是土家语 $ŋe^{35}e^{53}$（额耳）的音变与误记；“山”是汉语。因此，这个地名的准确记音应是“额耳山”。

“猴子”(Macaca mulatta)，古土家语称为 se^{53}（舍），西部区土家语读作“色”；现代土家语称为 e^{53}（耳），在土家语东部区也有称为 $ŋe^{35}e^{53}$（额耳）的。所以，“额耳山”（垭二山）就是“猴子山”。

在遥远的古代，这里是一片荒原，古木参天，树茂林菁，成群的猴子在此栖息繁衍，故而得名。

摩掌界 $mu^{53}tso^{55}kai^{35}$

土家语与汉语结合运用的地名。“摩掌”是土家语 $mu^{53}tso^{55}$（木着）的误记：“摩”是 mu^{53}（木）的音变，“掌”是 tso^{55}（着）的音变；“界”是汉语，即“山界”。所以，这个地名的准确记音应是“木着界”，按西部区的发音读作“木作界”。

土家语 $mu^{53}tso^{55}$（木着）系两个音节：mu^{53}（木）的汉语义是“竹”“竹子”(Bamboo sprout)，也可指“竹篾”；tso^{55}（着）的汉语义是“匠”

“匠人”。$mu^{53}tso^{55}$（木着）连起来译成汉语是“篾匠”。所以，“木着界”（摩掌界）就是“篾匠界”。

从前，这个山界上不仅竹子多，篾匠也多。这些篾匠手艺高超，远近闻名，故而得名。

磨儿园 $mu^{53}zi^{21}jeu^{55}$

纯粹的土家语地名，$mu^{53}zi^{21}jeu^{55}$（木日优）的误记：“磨”是 mu^{53}（木）的音变，“儿”是 zi^{21}（日）的音变，“园”是 jeu^{55}（优）的音变。

土家语 $mu^{53}zi^{21}jeu^{55}$（木日优）系三个音节：mu^{53}（木）的汉语义是“竹子”（Bamboo sprout），zi^{21}（日）的汉语义是“多”；$mu^{53}zi^{21}$（木日）连起来直译是“竹多”，调换语序结构译成汉语是“多竹”。jeu^{55}（优）的汉语义是“村庄”“寨子”。所以，$mu^{53}zi^{21}jeu^{55}$（木日优）连起来译成汉语就是“多竹子寨”，是竹子多的地方。

桥自弯乡

位于县域中部，乡治距县城21公里；辖17个行政村，144个村民小组；总面积76.8平方公里，其中耕地9980亩，林地42100亩；2008年末总人口14040人，其中土家族占总人口的70%。产板栗、桃、梨等干水果；西瓜、蔬菜是其标志性特色产品，已经进入县城大小超市；生猪养殖是该乡的一大产业；有100多年的制陶历史。乡治有全国人大常委会原副委员长廖汉生故居。

桥自弯 tɕhie^{55}tsu^{35}uan^{55}

土家语与汉语结合运用的地名，有的记为“樵子塆”：“桥自”“樵子”都是土家语tɕhie^{55}tsu^{35}（且租）的误记，“桥”“樵”是tɕhie^{55}（且）的音变，“自”“子”是tsu^{35}（租）的音变；“弯”“塆”是汉语，即“山塆”。所以，这个地名的准确记音应是“且租塆”。

土家语tɕhie^{55}tsu^{35}（且租）系两个音节：tɕhie^{55}（且）的汉语义是“高山”或“高山坡”，tsu^{35}（租）的汉语义是“起来”；tɕhie^{55}tsu^{35}（且租）连起来直译是“山起来”，调换语序结构译成汉语义是“起来山”，实际含义是指“高山上头”。所以，“且租塆”（桥自弯）就是“高山上头的山塆”。

此地坐落在一个山塬上，南有吴家界从洪家关拔地而起，西有潘家山从澧水北源冲天而上，然后在山顶上形成一个山塬，海拔一千余米。“桥自弯”就是这个山塬上的一个山塆。

松柏垭 so^{53}phe^{21}ŋa^{53}

土家语与汉语结合运用的地名。“松柏”是根据土家语so^{53}phe^{21}（梭拍）语音的附会；“垭”是汉语，即“山垭”。所以，这个地名的准确记音应是“梭拍垭”。其实，此地民国以前叫“梭拍垭”，解放以后才改为“松柏垭”，意为松树柏树垭。

土家语so^{53}phe^{21}（梭拍）为一个音节，可以简称为so^{53}（梭），汉语义是“雾”。因此，“梭拍垭”（松柏垭）就是“雾垭”，即容易起雾的山垭，以雾多而得名，与松树、柏树毫无关联。

蔡子凹 tshe^{21}tsu^{35}khui^{55}

纯粹的土家语地名，tshe^{21}tsu^{35}khui^{55}的音变与误记：“蔡子”是土家语

tshe^{21}tsu^{35}（测租）的音变与误记；“凹”在张家界地区不读 āo（熬），更不读 wā（哇），而是根据字形读作 kuì（溃）。所以，这个地名的准确记音应是“测租溃”，按东部区多数地方的发音应读作“扯租溃”。

土家语 tshe^{21}tsu^{35}khui^{55}（测租溃）系三个音节：tshe^{21}（测）的汉语义是“水”，tsu^{35}（租）的汉语义是“出”；tshe^{21}tsu^{35}（测租）连起来直译是“水出”，调换语序结构译成汉语是“出水”。khui^{55}（溃）是 khu^{35}khui^{55}（库溃）的简化，汉语义为“塆”。因此，tshe^{21}tsu^{35}khui^{55}（测租溃）连起来译成汉语就是“出水塆”。

此地有一股出水，长年不断，因而得名。

案头山 ɑ^{21}thu^{21}sɑn^{55}

土家语与汉语结合运用的地名：“案头”是土家语 ɑ^{21}thu^{21} 的汉字记音，但“案”是 ɑ^{21}（阿）的误记，西南官话记录土家语 ɑ^{21}（阿）时，一般都记作“案”“牙”“鸭”，实际还是 ɑ^{21}（阿）；“山”是汉语。所以，这个地名的准确记音应是“阿头山”。

土家语 ɑ^{21}thu^{21}（阿头）为一个音节，汉语义是“岩坷”。土家语称“岩”为 ɑ^{21}（阿），如“岩山”就是 ɑ^{21}pa^{21}（阿巴）；凡是有孔洞，如山洞、岩屋、岩隙、天坑等的岩壁、岩坡、岩崖，一律称为 ɑ^{21}thu^{21}（阿头）。因此，“阿头山”（案头山）就是“岩坷山”。

这座山体岩石裸露在外，多是乱岩，多是孔洞，因而得 ɑ^{21}thu^{21}（阿头）——“岩坷”之名。

芦培塆 lau^{35}pha^{21}uan^{55}

土家语与汉语结合运用的地名：“芦培”是土家语 lau^{35}pha^{21}（劳爬）的误记，“芦”是 lau^{35}（劳）的音变，“培”是 pha^{21}（爬）的音变；“塆”是汉语，即“山塆”。因此，这个地名的准确记音应是“劳爬塆”。

土家语 lau^{35}pha^{21}（劳爬）为一个音节，汉语义是一种叫“谷精草”(Eriocaulon buergerionum koern) 的植物。所以，“劳爬塆”（芦培塆）就是“谷精草塆”。

谷精草是阴湿水生草本植物，丛生、茎多节，俗称“芦芦草”。它既是治疗眼病的要药，也是危害水稻生长的杂草。这个山塆里生长的谷精草多，因而得名。

牙泥塆 a^{21}ȵi^{21}uan^{55}

土家语与汉语结合运用的地名：“牙泥”是土家语 a^{21}ȵi^{21} 的汉字记音，

但“牙”是 a^{21}（阿）的误记，$ȵi^{21}$ 一般记为“尼”；“塆”是汉语，即“山塆”。所以，这个地名的准确记音应是“阿尼塆”，当地人对这个地名的实际发音也是“阿尼塆”。

土家语 $a^{21}ȵi^{21}$（阿尼）为一个音节，汉语义是“婶娘”“叔母”。因此，“阿尼塆”（牙泥塆）就是“婶娘塆”，即婶娘居住的地方。详细释义参见细沙坪乡“安岭岗”。

虎落垭 $xu^{55}lo^{55}ŋa^{21}$

土家语与汉语结合运用的地名：“虎落”是土家语 $xu^{55}lo^{55}$（虎洛）的汉字记音；“垭”是汉语，即“山垭”。

土家语 $xu^{55}lo^{55}$（虎洛）为一个音节，是 $xu^{55}lo^{55}ma^{21}$（虎落马）的简化，汉语义为“梭雷蜂”（Vespamandarinia）。所以，“虎落垭”就是“梭雷蜂垭”，以梭雷蜂多而得名。详细释义参见两河口乡“虎洛垭”。

司家界 $si^{21}tɕie^{53}kai^{55}$

土家语与汉语结合运用的地名：“司家”是土家语 $si^{21}tɕie^{53}$ 的汉字记音，但“家”是 $tɕie^{53}$（借）的音变；“界”是汉语，即“山界”。所以，这个地名的准确记音应是“司借界”。

土家语 $si^{21}tɕie^{53}$（司借）系两个音节：si^{21}（司）的汉语义是“野兽”，$tɕie^{53}$（借）的汉语义是“赶”；$si^{21}tɕie^{53}$（司借）连起来直译是“兽赶”，调换语序结构译成汉语义是“赶兽”。所以，“司借界”（司家界）就是“赶兽界”。

“赶兽”，俗称“赶肉”，又称“赶山”“赶仗”，实际就是“打猎”。从前，此地山深林密，野兽多，人们经常邀约在此狩猎，因此得 $si^{21}tɕie^{53}kai^{55}$（司借界）——“打猎界”之名。

伍子塆 $u^{35}tsi^{53}uan^{55}$

土家语与汉语结合运用的地名：“伍子”是土家语 $u^{35}tsi^{53}$ 的汉字记音，但 u^{35} 一般记为“戊”；“塆”是汉语，即“山塆”。所以，这个地名的准确记音应是“戊子塆”。

土家语 $u^{35}tsi^{53}$（戊子）系两个音节：u^{35}（戊）的汉语义是“黄牛”（Bostanrus domestica），tsi^{53}（子）的汉语义“猪”（Sus scrofa domestica）；$u^{35}tsi^{53}$（戊子）连起来译成汉语是“牛猪”。所以，“戊子塆”（伍子塆）就是“牛猪塆”。

从前，这里的土家先人有养殖猪牛的习惯，养的牛、猪都多，故得其名。

水洪塔 sui^{21}xuŋ^{53}tha^{55}

土家语与汉语结合运用的地名：“水洪”是土家语 sui^{21}xuŋ^{53} 的汉字记音，不过，sui^{21} 按西部区发音应记作“虽”；“塔”是汉语，即“坪塔”，也泛指“有坪塔的地方”。所以，这个地名按西部区的发音应记作“虽洪塔”，不过按现今人们的读音还是“水洪塔”。

土家语 sui^{21}xuŋ^{53}（水洪）为一个音节，是 sui^{21}xuŋ^{53}kha^{21}muŋ^{21}（水洪卡蒙）的省略，汉语义是“水洪树”。因此，“水洪塔”就是“水洪树塔”，即生长有水洪树或水洪树多的地方。

澧水源头，至今仍保存着一片辽阔的原始森林。在这片原始森林里，生长着银杏、红豆杉、金钱松、黄杉、铁坚杉、鹅掌楸、嘉利、拟赤杨、天目紫槿等珍稀树种，有的被称为古生物的“活化石”。其中的“天目紫槿”（Stewaltia qemmatoa）就是“水洪树”。水洪树，常绿乔木，树干高大，木质坚实，树皮和树质颜色朱红，既是风景树，也是用材林。从前这里成片生长着这种珍稀树木，因而得“水洪塔”之名。

泉土山 tɕhie^{55}thuŋ^{53}san^{55}

土家语与汉语结合运用的地名：“泉土”是土家语 tɕhie^{55}thuŋ^{53}（且桶）的误记，在长期的语流音变中，tɕhie^{55}（且）演化为“泉”，thuŋ^{53}（桶）演化为“土”，从而变得让人莫辨其义；“山”是汉语。因此，这个地方的原始名称应是“且桶山”。

土家语 tɕhie^{55}thuŋ^{53}（且桶）系两个音节：tɕhie^{55}（且）的汉语义是“山”，thuŋ^{53}（桶）的汉语义是“窝”；tɕhie^{55}thuŋ^{53}（且桶）连起来译成汉语是“山窝”。所以，“且桶山”（泉土山）就是“山窝里的山”，即盆地中的山。

纸荒溪 tsi^{53}xuan^{21}tɕhi^{55}

土家语与汉语结合运用的地名，有的记作“纸坊溪”，有的记为“趾坊溪”，有的记为“脂肪溪”，有的记为“纸房溪”。其实，“纸荒”“纸坊”“趾坊”“脂肪”“纸房”都是土家语 tsi^{53}xuan^{21} 的汉字记音，但“纸”一般记为“指”或“直”。“荒”是 xuan^{21}（环）的音变。“溪”是汉语，即“溪沟”。因此，这个地名准确记音应是“直环溪”，按西部区的发音读作“子环溪”。

土家语 tsi[53]xuan[21]（直环）系两个音节：tsi[53]（直）的汉语义是猪（Sus scrofa domestica）；xuan[21]（环）的汉语本义是“掩盖”“遮盖”“覆盖”，引申为“多”。tsi[53]xuan[21]（直环）连起来直译是“猪多”，调换语序结构译成汉语是“多猪”。因此，“子环溪”（纸荒溪）就是“多猪溪”，即猪多的山沟。

从前，这个山沟的土家人会养猪，养的猪多，因而得名。

冷峰山 la[55]xuŋ[21]san[55]

土家语与汉语结合运用的地名：“冷峰”是土家语 la[55]xuŋ[21]（拉红）的误记，“冷”是 la[55]（拉）的音变，“峰”是 xuŋ[21]（红）的音变；“山”是汉语。所以，这个地名的准确记音应是“拉红山”。

土家语 la[55]xuŋ[21]（拉红）为一个音节，是一个数量词，汉语义为“一人”。所以，“拉红山”（冷峰山）就是“一人山”。

这个地名以“一人”冠名，有两种可能：其一，古代某人为首开辟了这片山区；其二，这个地区为某一个土王所拥有。

冷峰山是澧水上源古十八峒之一“黄家峒”所在地。该峒建于宋代或宋代以远，后一直依附桑植安抚司、桑植宣慰司，直到清雍正年间“改土归流”才消亡。以后，黄家峒称“黄家”或“黄家铺”。

谷罗山乡

位于县域中部，乡治距县城33公里；辖13个行政村，64个村民小组；总面积37平方公里，其中耕地4881亩；2008年末总人口6828人，绝大多数为土家族。境内森林资源丰富，林地面积占总面积的三分之二，森林覆盖率达78%。主要土特产有板栗、猕猴桃。土地革命时期，贺龙领导中国工农革命第四军曾在这里进行著名的“罗峪整编”。

罗　峪　$lo^{53}jəu^{55}$

纯粹的土家语地名，$lo^{53}jəu^{55}$的汉字记音，但通常记为“裸优”：lo^{53}一般记为“裸”，“峪”是$jəu^{55}$（优）的音变。

土家人对毗邻而居的各民族村寨，有着不同的称谓。一般称汉族人村寨为$pha^{55}jəu^{55}$（扒优），称“苗寨”为$pe^{35}jəu^{55}$（白优），称土家族自身的村寨叫$lo^{53}jəu^{55}$（裸优）。所以，“裸优”（罗峪）就是“土家寨”。同其他许多地名一样，“罗峪”已不仅仅指一个孤立的土家寨了，而是指以此寨为中心的一方地域。

$lo^{53}jəu^{55}$（裸优）何以是“土家寨”呢？这确实是土家族研究的一个值得探讨的问题。按照一般的理解，土家语lo^{53}（裸）的汉语义是“人”，因此，$lo^{53}jəu^{55}$（裸优）就是“人寨”；而土家人的土家语族称是$pi^{35}tɕi^{53}kha^{21}$（毕基卡）或$pi^{35}tsi^{53}kha^{21}$（毕兹卡），因此“土家寨”应是$pi^{35}tɕi^{53}kha^{21}jəu^{55}$（毕基卡优）或$pi^{35}tsi^{53}kha^{21}jəu^{55}$（毕兹卡优）。那么，$lo^{53}$（裸）——“人”，$pi^{35}tɕi^{53}kha^{21}$（毕基卡）或$pi^{35}tsi^{53}kha^{21}$（毕兹卡）——土家族，这中间究竟有着怎样的一种关系呢？澧水上源区的考古资料证明，夏商以远，这片地域是上古濮人的世居地区。上古濮人，古典籍称之为“濮僚”“濮罗”，也单称“罗”。古时“僚”“罗”为同

土家寨

音异字，都指“濮僚”。我们是否可以这样理解：当时当地，别无他“人”，“人”即“罗”，“罗”即“人”。另，土家人称本民族所居住的寨子（土家寨）为 $lo^{53}jəu^{55}$（裸优），这就等于告诉我们：lo^{53}（裸、僚、罗）与 $pi^{35}tɕi^{53}kha^{21}$（毕基卡）或 $pi^{35}tsi^{53}kha^{21}$（毕兹卡）同义，lo^{53}（裸、僚、罗）就是 $pi^{35}tɕi^{53}kha^{21}$（毕基卡）或 $pi^{35}tsi^{53}kha^{21}$（毕兹卡），就是“土家人”。据此，可以这样认为：上古濮人就是后来的土家人。

在罗峪境内有一条小河，叫“罗峪河”，也是土家语与汉语结合运用的地名，即“土家寨旁边的河”。

1928 年 7 月，贺龙领导的中国工农革命第四军在这里进行了整编，“罗峪”也因此在党史、军史上小有名气。

孔地坪 $khuŋ^{55}ti^{53}phin^{21}$

土家语与汉语结合运用的地名：“孔地”是土家语 $khuŋ^{55}ti^{53}$ 的汉字记音；“坪”是汉语，即坪坝。

土家语 $khuŋ^{55}ti^{53}$（孔地），有的地方叫 $khuŋ^{55}thi^{53}$（孔替），为一个音节，汉语义是“颈项”。因此，“孔地坪”便是“颈项坪”。

这块坪坝受河流冲刷和山地制约，两端大中间小，形状犹如颈项，人们便以 $khuŋ^{55}ti^{53}$（孔地）——“颈项”作了比喻性的地名。

将嘎坪 $tɕian^{35}ka^{53}phin^{21}$

土家语与汉语结合运用的地名：“将嘎”是土家语 $tɕian^{35}ka^{53}$ 的汉字记音，按东部区的语音，这个记音原汁原味，很准确；但由于西部区的语音没有 ɑng 音，所以，$tɕian^{35}$ 记作“箭”要准确一些。“坪”是汉语，即“坪坝”。所以，这个地名按西部区发音应是“箭嘎坪”。

土家语 $tɕian^{35}ka^{53}$（将嘎、箭嘎），有的叫 $tɕie^{35}tsho^{35}$（借错）或 $tɕie^{35}tso^{35}$（借左），为一个音节，汉语义是“手圈”（手镯）。因此，“箭嘎坪”（将嘎坪）就是“手圈坪”。

这块坪坝由溪河三面环绕，后有青山呵护，状如手镯。根据这一地形，便得了“手圈坪”之名。

巴巴田 $pa^{21}pa^{21}thi^{21}$

纯粹的土家语地名，$pa^{21}pa^{21}thi^{21}$ 的汉字记音，但“田”是 thi^{21}（提）的音变。所以，这个地名的准确记音应是“巴巴提”。

土家语 $pa^{21}pa^{21}thi^{21}$（巴巴提）由 pa^{21}（巴）和 $pa^{21}thi^{21}$（巴提）两个音节组成：pa^{21}（巴）的汉语义是“山”或“山坡”；$pa^{21}thi^{21}$（巴提）是一个

方位词，汉语义是“下面”“下头”。所以，$pa^{21}pa^{21}thi^{21}$（巴巴提）连起来译成汉语就是“山下面”或“坡下面”。

“巴巴田”如今已经是一个村落，这个村寨就坐落在山坡的下面。

猪娘洞 $tsu^{55}lai^{55}tuŋ^{21}$

土家语与汉语结合运用的地名：“猪娘”是土家语 $tsu^{55}lai^{55}$ 的汉字记音，但“娘”是 lai^{55}（来）的误记；“洞”是汉语，即“山洞”。因此，这个地名的准确记音应是“猪来洞”，按西部区的发音读作“租来洞”。

土家语 $tsu^{55}lai^{55}$（猪来）为一个音节，是 $lan^{55}tsu^{55}lai^{55}$（兰猪来）的简化，汉语义是“青葛”[Pueraria thunbergiana (S.et.z) Benth]。所以，“猪来洞”（猪娘洞）便是“青葛洞”，是青葛遍地生长而且非常茂盛的地方。

空壳树乡

位于县域东部，南与武陵源区中湖乡接壤，乡治距县城22公里；辖14个行政村，137个村民小组；总面积68.6平方公里，其中耕地面积7978亩；2008年末总人口14204人，其中土家族约占80%。境内土地肥沃，是该县主要产粮区之一；有一定的煤炭资源和可开发的温泉。

猛龙岗 $muŋ^{53}luŋ^{53}kan^{55}$

半借汉语的土家语与汉语结合运用的地名：“猛”是借用汉语的“马”，“龙”是土家语 $luŋ^{53}$ 的汉字记音；“岗”是汉语，即“山冈”。

古代土家语称“马”（Equus caballus）为 ke^{53}（格），但是现在已不为一般人所知晓了，只在古老的《梯玛神歌》中有所保留，人们多直接借用汉语“马”，但实际发音是 $muŋ^{53}$（猛）、ma^{55}（麻），因此，“猛”就是“马”。$luŋ^{53}$（龙）的汉语义是“养”。$muŋ^{53}luŋ^{53}$（猛龙）连起来直译是“马养”，调换语序结构译成汉语是“养马”。那么，“猛龙岗”就是“养马冈”，即从前养过骡马的山冈。

火家峪 $xa^{53}ka^{55}jəu^{55}$

纯粹的土家语地名，$xa^{53}ka^{55}jəu^{55}$（哈嘎优）的误记：解放前，桑植地区读“哈”为 huō（喝），读“家”为 gā（嘎），用汉字记名时，普遍以“喝”“火”代替 xa^{53}（哈），以“家”代替 ka^{55}（嘎），因此，$xa^{53}ka^{55}$（哈嘎）便有了“火家”的误记；“峪”是 $jəu^{55}$（优）的音变。

土家语 $xa^{53}ka^{55}jəu^{55}$（哈嘎优）由 $xa^{53}ka^{55}$（哈嘎）和 $jəu^{55}$（优）两个音节组成：$xa^{53}ka^{55}$（哈嘎）是 $khe^{55}xa^{53}lau^{55}ka^{55}$（克哈老嘎）的简化。其中的 $khe^{55}xa^{53}$（克哈）简化为 xa^{53}（哈），汉语义是“山坳”；$lau^{55}ka^{55}$（老嘎）简化为 ka^{55}（嘎），汉语义是“最大”。$xa^{53}ka^{55}$（哈嘎）或 $khe^{55}xa^{53}lau^{55}ka^{55}$（克哈老嘎）连起来直译是“山坳最大”，调换语序结构译成汉语就是“最大的山坳”。$jəu^{55}$（优）的汉语义是“村寨”。那么，$xa^{53}ka^{55}jəu^{55}$（哈嘎优）连起来译成汉语便是“大山坳上的村寨”。因这个村寨坐落在大山坳上而得名。

铁箍塆 $thi^{55}khu^{55}uan^{55}$

土家语与汉语结合运用的地名：“铁箍”是土家语 $thi^{55}khu^{55}$（梯枯）

音变与误记；“塆”是汉语，即“山塆”。所以，这个地名的准确记音应是“梯枯塆”。

土家语 thi^{55}khu^{55}（梯枯）为一个音节，汉语义是“壶”“坛子”，如“酒坛子”就是 ze^{35}thi^{55}khu^{55}（热梯枯），“水壶”就是 tshe^{21}thi^{55}khu^{55}（扯梯枯、测梯枯）。因此，“梯枯塆”（铁箍塆）便是“坛子塆”。

这个地方坐落在小盆地内，四周山峦环绕，犹如坐在坛子里一般。根据这一地理环境，人们便以 thi^{55}khu^{55}（梯枯）——“坛子”作了比喻性地名。

付　勇　xu^{21}jəu^{55}

纯粹的土家语地名，xu^{21}jəu^{55} 的汉字记音，但“付”是 xu^{21}（湖）的误记，“勇”是 jəu^{55}（优）的误记。所以，这个地名的准确记音应是“湖优”，当地老人对这个地名的实际发音也是“湖优”。

土家语 xu^{21}jəu^{55}（湖优）系两个音节：xu^{21}（湖）的汉语义是两山之间的“谷地”，即“沟谷”；jəu^{55}（优）的汉语义是“村寨”。所以，xu^{21}jəu^{55}（湖优）连起来译成汉语便是“沟谷中的村寨”。

据实测，这个村寨就坐落在两条互相平行山峦的峡谷之中，以 xu^{21}jəu^{55}（湖优）——“沟谷中的村子”命名，名实恰如。

言日峪　je^{21}zi^{55}jəu^{55}

纯粹的土家语地名，je^{21}zi^{55}jəu^{55} 的汉字记音，但“言”是 je^{21}（耶）的音变，“峪”是 jəu^{55}（优）的误记。因此，这个地名的准确记音应是“耶日优”。

土家语 je^{21}zi^{55}jəu^{55}（耶日优）系三个音节：jə^{21}（耶）的汉语义是“神”，zi^{55}（日）的汉语义是“敬”“祀”；je^{21}zi^{55}（耶日）连起来直译是“神敬”，调换语序结构译成汉语是“敬神”。jəu^{55}（优）的汉语义是“村寨”。所以，je^{21}zi^{55}jəu^{55}（耶日优）连起来译成汉语就是“敬神寨”。

从前，这个寨子里设有神堂，是人们敬祭神灵的地方，因而得名。

龙溪桥　luŋ^{55}ɕi^{55}tɕhiau^{53}

土家语与汉语结合运用的地名：“龙溪”是土家语 luŋ^{55}ɕi^{55} 的汉字记音，但“溪”是 ɕi^{55}（喜）的音转；“桥”是汉语。所以，这个地名的准确记音应是“龙喜桥”。

土家语 luŋ^{55}ɕi^{55}（龙喜）为一个音节，汉语义是“鳖”（Trionyx sinensis)。“鳖”，汉语俗称“团鱼”“脚鱼”“王八”。土家语对“鳖”也有几种叫法，古代土家语叫 $mu^{55}ku^{55}$（木古）、$lu\eta^{55}\varsigma i^{55}$（龙喜），现代土家语叫 $lu\eta^{55}ku^{55}$（聋古）。因此，“龙喜桥”（龙溪桥）就是“团鱼桥”，意思是这座桥下的溪沟里多团鱼。

桂来塆 $ko^{55}lai^{53}uan^{55}$

土家语与汉语结合运用的地名：“桂来”是土家语 $ko^{55}lai^{53}$ 的汉字记音，但“桂”是 ko^{55}（郭）的音变；“塆”是汉语，即“山塆”。所以，这个地名的准确记音应是“郭来塆”。

土家语 $ko^{55}lai^{53}$（郭来）为一个音节，汉语义是“男孩”或“儿子”。因此，“郭来塆”（桂来塆）便是“男伢塆”或“儿子塆”。$ko^{55}lai^{53}$（郭来）是古代土家语，现代土家语称“男孩”“儿子”为 $ko^{55}pi^{35}$（郭必），或简称 pi^{35}（必）。

土家族的婚姻家庭历来实行“分户制”。一般情况下，儿子成年成婚后都要离开父母另立门户，儿子多而又祖业少的家庭，要另选基址重新建房。这个山塆的名称，就是这种“分家制度”的原始记录。

五丰岗 $u^{35}u\eta^{21}kan^{55}$

土家语与汉语结合运用的地名：“五丰”是土家语 $u^{35}u\eta^{21}$ 的汉字记音，但“五”是 u^{35}（戊）的音变，“丰”是 $u\eta^{21}$（翁）的音变与误记；“岗”是汉语，即“山冈”。所以，这个地名的准确记音应是“戊翁冈”。

土家语 $u^{35}u\eta^{21}$（戊翁）系两个音节：u^{35}（戊）的汉语义是“黄牛”（Bos taurus domestica），$u\eta^{21}$（翁）的汉语义是“坐处”“住处”；$u^{35}u\eta^{21}$（戊翁）连起来译成汉语是“牛的住处”，实际是指“牛栏”。所以，“戊翁冈”（五丰岗）就是“牛栏冈”。

从前，这个山冈上建有牛栏，是土家先民养牛的地方，因而得名。

八桶桥 $pha^{55}thu\eta^{53}t\varsigma hiau^{53}$

土家语与汉语结合运用的地名，有的记为“八斗桥”：“八桶”“八斗”都是土家语 $pha^{55}thu\eta^{53}$（帕桶）的音变、音转和误记；“桥”是汉语，按照当地的语言习惯，“桥”作为地名，就不仅仅指“桥”本身，更是指有“桥”的地方，即“桥”周围一带的地方。

土家语 $pha^{55}thu\eta^{53}$（帕桶）为一个音节，汉语义是俗称“救命粮”“红果树”的“火棘树”（Pyracantha fortuneana），全称则叫 $pha^{55}thu\eta^{53}kha^{21}mu\eta^{21}$（帕桶卡蒙），其中的 $kha^{21}mu\eta^{21}$（卡蒙）是“树”。所以，“帕桶桥”（八桶桥）就是“救命粮桥”，即救命粮树多的地方。

人称救命粮的火棘树

从前，这里生长的火棘树（救命粮树）多，因而得名。

白沙界 $pe^{35}sa^{21}kai^{35}$

土家语与汉语结合运用的地名："白沙"是土家语 $pe^{35}sa^{21}$ 的汉字记音；"界"是汉语，即"山界"。但这个地名按西部区的发音应读作"白撒界"。

土家语 $pe^{35}sa^{21}$（白沙）系两个音节：pe^{35}（白）是 $pe^{35}kha^{35}$（白卡）的省略，汉语义是"苗族"；sa^{21}（沙）的汉语义是"话"，土家语称"讲话"为 $sa^{21}ȵi^{21}$（沙尼），其中 sa^{21}（沙）是"话"，$ȵi^{21}$（尼）是"讲""说"。$pe^{35}sa^{21}$（白沙）连起来译成汉语是"苗话"或"苗语"。所以，"白沙界"就是"苗话界"，即讲苗族话的地方。

从前，这个山界上居住的是苗族人，讲的全是苗语，人们便以族属语言作了地名并保留至今。

新家山 $ɕin^{35}ka^{53}san^{55}$

土家语与汉语结合运用的地名："新家"是土家语 $ɕin^{35}ka^{53}$（信嘎）的误记，"新"是 $ɕin^{35}$（信）的音变，"家"是 ka^{53}（嘎）的近音汉字替代；"山"是汉语。所以，这个地名的准确记音应是"信嘎山"；实际上此地原名就叫"信嘎山"，当地老人的实际发音也是"信嘎山"。

土家语 $ɕin^{35}ka^{53}$（信嘎）为一个音节，汉语义是"青绿色"；因此，"信嘎山"（新家山）就是"青绿色的山"。

从前，这块山区树茂草肥，浓荫掩映，一片青绿，因而得名。详细释义参见永定区教字垭镇"兴家岗"。

龙虎山 $lu^{55}xu^{55}san^{55}$

土家语与汉语结合运用的地名："龙虎"是土家语 $lu^{55}xu^{55}$ 的汉字记音，但"龙"是 lu^{55}（鲁）的音变与误记；"山"是汉语。所以，这个地名的准确记音应是"鲁虎山"。将"鲁虎山"记为"龙虎山"，也是文人的想象与附会。

土家语 $lu^{55}xu^{55}$（鲁虎）为一个音节，汉语义是“比较开阔的山谷或山槽”。所以，“鲁虎山”（龙虎山）便是“山槽山”或“沟谷山”，即峡谷两边的山峦。

此地是两条山峦对峙，中间一条峡谷，谷中一条山溪，民众大多居住在峡谷中的溪沟旁。根据这种地形，先民们便以 $lu^{55}xu^{55}$（鲁虎）——“山槽”而命其名。

六角沟 $luŋ^{55}ku^{55}kəu^{55}$

土家语与汉语结合运用的地名：“六角”是土家语 $luŋ^{55}ku^{55}$（聋古）的误记；“沟”是汉语，即“山沟”。所以，这里的原始名称应是“聋古沟”。

土家语 $luŋ^{55}ku^{55}$（聋古）为一个音节，汉语义是“团鱼”，即“鳖”（Trionyx Sinensis)。因此，“聋古沟”（六角沟）便是“团鱼沟”。

从前，这条山沟里团鱼多，因得其名。详细释义参见“龙溪桥”。

新龙台 $ɕi^{21}luŋ^{53}thai^{21}$

土家语与汉语结合运用的地名：“新龙”是土家语 $ɕi^{21}luŋ^{53}$（西拢）的误记；“台”是汉语，即“台地”。据老人们回忆，民国以前此地实叫“西拢台”，后来人们避讳“西拢”是“戏弄”而改为“新龙台”。显然，“新龙”是 $ɕi^{21}luŋ^{53}$（西拢）的附会。

土家语 $ɕi^{21}luŋ^{53}$（西拢）系两个音节：$ɕi^{21}$（西）的汉语义是“草”，$luŋ^{53}$（拢）的汉语义是“烂”“乱”；$ɕi^{21}luŋ^{53}$（西拢）连起来直译是“草烂”或“草乱”，调换语序结构译成汉语是“烂草”或“乱草”。所以，“西拢台”（新龙台）便是“烂草台”或“乱草台”。

从前，这片台地没有开发，杂草丛生，一片荒芜。根据这一景象，人们便以 $ɕi^{21}luŋ^{53}$（西拢）——“乱草”作了地名。

烈士嘴 $lie^{53}si^{53}tsu^{35}$

纯粹的土家语地名，$lie^{53}si^{53}tsu^{35}$ 的汉字记音，但“士”是 si^{53}（斯）的音变与误记，当地方言，“士”不读 shì（是），而是读 sì（四），故有此误记，由于记录人不懂土家语，便附会为“烈士”；“嘴”是 tsu^{35}（租）的音变。所以，这个地名的准确记音应是“烈斯租”。

土家语 $lie^{53}si^{53}tsu^{35}$（烈斯租）由 $lie^{53}si^{53}$（烈斯）和 tsu^{35}（租）两个音节组成：$lie^{53}si^{53}$（烈斯）是 $pe^{55}lie^{53}si^{53}$（白烈斯）的简化，汉语义是“梨子”（Pyrus spp)；tsu^{35}（租）的汉语义是“出”“出产”。所以，$lie^{53}si^{53}tsu^{35}$

(烈斯租) 连起来直译是"梨子出",调换语序结构译成汉语就是"出梨子";用作地名,就是"出产梨子的地方"。

龙木泉 $luŋ^{55}muŋ^{53}tɕhie^{55}$

纯粹的土家语地名,$luŋ^{55}muŋ^{53}tɕhie^{55}$(聋猛且)的音变与误记。

土家语 $luŋ^{55}muŋ^{53}tɕhie^{55}$(聋猛且)由 $luŋ^{55}muŋ^{53}$(聋猛)和 $tɕhie^{55}$(且)两个音节组成:$luŋ^{55}muŋ^{53}$(聋猛)的汉语义是一种叫"三月黄"的"大麦"(Hordeum Vulgare L);$tɕhie^{55}$(且)的汉语义是"山"或"山坡"。因此,$luŋ^{55}muŋ^{53}tɕhie^{55}$(聋猛且)连起来译成汉语就是"大麦山"或"大麦坡",因大麦多而得名。详细释义参见沙塔坪乡"挪木塔"。

七条峪 $khi^{55}thi^{55}jəu^{55}$

纯粹的土家语地名,$khi^{55}thi^{55}jəu^{55}$ 的汉字记音,但"七"是 khi^{55}(剋)的误记,"条"是 thi^{55}(替)的误记,"峪"是 $jəu^{55}$(优)的音变。所以,这个地名的准确记音应是"剋替优"。

土家语 $khi^{55}thi^{55}jəu^{55}$(剋替优)由 $khi^{55}thi^{55}$(剋替)和 $jəu^{55}$(优)两个音节组成:$khi^{55}thi^{55}$(剋替)的汉语义是"盆子",例如"洗脸盆"就是 $ku^{35}o^{55}khi^{55}thi^{55}$(古窝剋替),"洗脚盆"就是 $tɕi^{21}o^{55}khi^{55}thi^{55}$(吉窝剋替);$jəu^{55}$(优)的汉语义为"村寨"。所以,$khi^{55}thi^{55}jəu^{55}$(剋替优)连起来译成汉语就是"盆寨"。

这个村寨坐落在小盆地中,人们便以 $khi^{55}thi^{55}$(剋替)——"盆"作了比喻性地名。

子元垭 $tsi^{53}je^{21}ŋa^{21}$

土家语与汉语结合运用的地名:"子元"是土家语 $tsi^{53}je^{21}$ 的汉字记音,但"元"是 je^{21}(耶)的音变;"垭"是汉语,即"山垭"。所以,这个地名的准确记音应是"子耶垭"。

土家语 $tsi^{53}je^{21}$(子耶)系两个音节:tsi^{53}(子)的汉语义是"猪",这里实指"野猪"(Sus scrofa);je^{21}(耶)的汉语义是"躲""躲藏"。$tsi^{53}je^{21}$(子耶)连起来直译是"猪躲",调换语序结构译成汉语是"躲猪"。所以,"子耶垭"(子元垭)就是"躲猪垭",即野猪躲藏的山垭。

从前,这里是一片广漠的荒原,树多草深,许多野猪栖息其间。因为躲藏的野猪多,人们便以这种现象作了地名。

土块峪 $thu^{55}khu^{53}jəu^{55}$

纯粹的土家语地名,$thu^{55}khu^{53}jəu^{55}$ 的汉字记音,但"块"是 khu^{53}

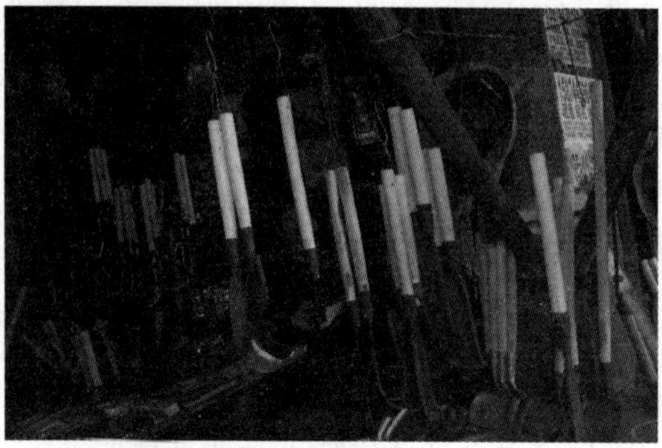
畲刀,也称柴刀

（苦）的音转，“峪”是 $j\partial u^{55}$（优）的音变。所以，这个地名的准确记音应是“土苦优”。

土家语 $thu^{55}khu^{53}j\partial u^{55}$（土苦优）由 $thu^{55}khu^{53}$（土苦）和 $j\partial u^{55}$（优）两个音节组成：$thu^{55}khu^{53}$（土苦）的汉语义是“柴刀”，$j\partial u^{55}$（优）的汉语义是“村寨”。因此，$thu^{55}khu^{53}j\partial u^{55}$（土苦优）连起来译成汉语就是“柴刀寨”。

过去这里曾经开设铁炉，有铁匠师傅打制各种刀具并出售刀具，因而得 $thu^{55}khu^{53}j\partial u^{55}$（土苦优）——“柴刀寨”之名。

蔑家塔 $me^{35}ka^{21}tha^{35}$

土家语与汉语结合运用的地名：“蔑家”是土家语 $me^{35}ka^{21}$（嚜嘎）的音变与误记，“蔑”是 me^{35}（嚜）的音变与误记，“家”是 ka^{21}（嘎）的近音汉字替代；“塔”是汉语，即“坪塔”。所以，这个地名的准确记音应是“嚜嘎塔”，当地人们对这个地名的实际发音也是“嚜嘎塔”。

土家语 $me^{35}ka^{21}$（嚜嘎）系两个音节：me^{35}（嚜）的汉语义是“天”；ka^{21}（嘎）是 $a^{53}ka^{21}$（阿嘎）的简化，汉语义是“干”。$me^{35}a^{53}ka^{21}$（嚜阿嘎）或 $me^{35}ka^{21}$（嚜嘎）连起来译成汉语是“天干”。“天干”就是“天旱缺水”。故“嚜嘎塔”（蔑家塔）就是“天旱塔”。

从前，这里水源严重不足，经常天旱缺水，因而得名。

毛　曹 $mau^{53}tshu\eta^{53}$

纯粹的土家语地名，$mau^{53}tshu\eta^{53}$ 的汉字记音，但“曹”是 $tshu\eta^{53}$（枞）的音变。所以，这个地名的准确记音应是“毛枞”。

土家语 $mau^{53}tshu\eta^{53}$（毛枞）为一个音节，汉语义是当地称作“枞树”的“马尾松”（Pihus Massoniana）。用作地名，就是“有枞树的地方”或“枞树多的地方”。

此地从前是茂密的枞树林，人们便以“毛枞”（毛曹）作了地名。详细释义参见两河口乡“毛枞垮”。

新昌坪 ɕie^{35}tshuŋ^{55}phin^{21}

土家语与汉语结合运用的地名。“新昌”是土家语 ɕie^{35}tshuŋ^{55} 的误记：“新”是 ɕie^{35}（谢）的误记；“昌”是 tshuŋ^{55}（冲）的音变；“坪”是汉语，即“坪坝”。所以，这个地名的准确记音应是“谢冲坪”，按西部区的发音读作“谢匆坪”。其实，此地原来就叫“谢冲坪”，后来人们取汉语“新兴昌隆”之意更名为“新昌坪”，但当地部分老年人的发音仍然固守“谢冲坪”。

土家语 ɕie^{35}tshuŋ^{55}（谢冲）为一个音节，汉语义是“椿”“香椿”。因此，“谢冲坪”（新昌坪）就是“椿树坪”。

土家语对“香椿”（Toona sinensis）和“小果香椿”（Toona Microcrpa）等香椿树统称为 ɕie^{35}tshuŋ^{55}kha^{21}muŋ^{21}（谢冲卡蒙）。其中的 ɕie^{35}tshuŋ^{55}（谢冲）是“椿”，kha^{21}muŋ^{21}（卡蒙）是“树”。同汉语的“松树”去“树”留“松”仍是“松树”一样，ɕie^{35}tshuŋ^{55}kha^{21}muŋ^{21}（谢冲卡蒙）略去 kha^{21}muŋ^{21}（卡蒙）而留下 ɕie^{35}tshuŋ^{55}（谢冲），其义仍是“椿树”。

从前，这里是一片椿树林，因而得名。

宋山峪 suŋ^{35}san^{55}jəu^{55}

土家语与汉语结合运用的地名：“宋”是土家语 suŋ^{35} 的汉字记音；“山”是汉语；“峪”是土家语 jəu^{55}（优）的音变与误记。所以，这个地名的准确记音应是“宋山优”。

土家语 suŋ^{35}（宋）的汉语义是部落的“首领”“头人”“王”等，因此，suŋ^{35}san^{55}（宋山）就是“首领山”或“土王山”。jəu^{55}（优）的汉语义是“村寨”。suŋ^{35}san^{55}jəu^{55}（宋山优）连起来译成汉语就是“土王山上的村寨”，简而言之就是“土王寨”。

从前，这里是当地土王住地，故得其名。

万古坪 uan^{55}ku^{53}phin^{21}

土家语与汉语结合运用的地名：“万古”是土家语 uan^{55}ku^{53} 的汉字记音；“坪”是汉语，即“坪坝”。

土家语 uan^{55}ku^{53}（万古）为一个音节，是 uan^{55}ku^{53}tshi^{21} 万古尺（按西部区发音是万古次）的省略与简化，因为 tshi^{21}（尺、次）在整个音节中属高降轻声，在长期的语流音变中脱落了，只留下 uan^{55}ku^{53}（万古），但含义未变，汉语义是“弯弯的”。那么，“万古坪”就是“弯弯的坪”，因坪坝弯曲而得名。

亚角山 $a^{21}kho^{53}san^{55}$

土家语与汉语结合运用的地名。“亚角”是土家语 $a^{21}kho^{53}$（阿可）的音转与误记：a^{21}（阿），西南官话记录时一般记为“亚”或“牙”，这里是以“亚”代 a^{21}（阿）；“角”是 kho^{53}（可）的音转与误记。“山”是汉语。所以，这个地名的准确记音应是“阿可山”。

土家语 $a^{21}kho^{53}$（阿可）为一个音节，汉语义是“哥哥”“兄”，而且它还涵盖了“胞兄”“堂兄”“妻兄”和“表兄”，但主要是指“胞兄”。因此，“阿可山”（亚角山）便是“哥哥山”，即哥哥居住的地方。

因为哥哥单独立户后迁居此山，其弟弟妹妹们便称此山为“哥哥山”，久而久之，便留下了 $a^{21}kho^{53}san^{55}$（阿可山）——“哥哥山”之名。

歇马塔 $\c{c}ie^{35}ma^{53}tha^{55}$

纯粹的土家语地名，$\c{c}ie^{35}ma^{53}tha^{55}$ 的汉字记音。

土家语 $\c{c}ie^{35}ma^{53}tha^{55}$（歇马塔）系三个音节：$\c{c}ie^{35}$（歇）的汉语义是“财物”“金钱”“富有”；$ma^{53}$（马）是土家语的一个代词，相当于汉语的“者”“……的人”；tha^{55}（塔）的汉语义是“住处”“坐处”“地方”。所以，$\c{c}ie^{35}ma^{53}tha^{55}$（歇马塔）连起来译成汉语就是“富有者坐的地方”。说白了，就是财主住的地方。

亮儿峪 $\eta\!\!\!{}_{\circ}ie^{35}zi^{21}j\partial u^{35}$

土家语与汉语结合运用的地名：“亮儿”是土家语 $\eta\!\!\!{}_{\circ}ie^{35}zi^{21}$（捏日）的误记，“亮”是 $\eta\!\!\!{}_{\circ}ie^{35}$（捏）的音变，“儿”是 zi^{21}（日）的误记；“峪”是汉语，即“山峪”。所以，这个地名的准确记音应为“捏日峪”。

土家语 $\eta\!\!\!{}_{\circ}ie^{35}zi^{21}$（捏日）系两个音节：$\eta\!\!\!{}_{\circ}ie^{35}$（捏）是 $\eta\!\!\!{}_{\circ}ie^{35}pi^{55}$（捏比）的简化，汉语义是“鸟”；$zi^{21}$（日）的汉语义是“多”。$\eta\!\!\!{}_{\circ}ie^{35}zi^{21}$（捏日）连起来直译是“鸟多”，调换语序结构译成汉语是“多鸟”。所以，“捏日峪”（亮儿峪）就是“多鸟峪”。

此峪早年树木茂盛，遮天蔽日，可谓鸟之天堂，故得其名。

万工坪 $uan^{35}ke^{21}phin^{21}$

土家语与汉语结合运用的地名：“万工”是土家语 $uan^{35}ke^{21}$ 的汉字记音，但“工”是 ke^{21}（格）的音变；“坪”是汉语，即“坪坝”。所以，这个地名的准确记音应是“万格坪”。

土家语 $uan^{35}ke^{21}$（万格）系两个音节：uan^{35}（万）的汉语义是“黄牛”（Bos taurus domestica）；ke^{21}（格）是 $ke^{21}tshi^{35}$（格次）的简化，汉语义

为“游玩”“玩耍”。uan^{35}ke^{21}（万格）连起来译成汉语是“黄牛玩”。所以，“万格坪”（万工坪）就是“牛玩耍的坪坝”，即先民们从前放牧牛羊的地方。

汩 湖 乡

位于县域东部，南与武陵源区天子山镇接壤，乡治距县城 34 公里；辖 13 个行政村，98 个村民小组；总面积 73.1 平方公里，其中耕地面积 5098 亩；2008 年末总人口 9231 人，以土家族和白族居多。主要经济作物有木瓜、烟叶、黄柏、杜仲、蚕桑等；桑蚕、蚕丝生产历史悠久。境内已探明有较大储量的天然气。

汩 湖 $mi^{55}xu^{21}$

纯粹的土家语地名，$mi^{55}xu^{21}$ 的汉字记音。

有资料这样记录："汩湖原名余湖，境内中部有面积 5400 亩的低洼盆地，48 条峡谷和 10 余条小溪汇集于此。每逢降雨，山洪齐至，只有一个汩眼徐徐消泄，积水成湖，故名余湖，后改汩湖。"表面看来，这个记录似乎有理，但深溯其源，却又绝非如此。"汩湖"不是汉语，而是土家语 $mi^{55}xu^{21}$ 的汉字记音。

土家语 $mi^{55}xu^{21}$（汩湖）系两个音节：mi^{55}（汩）的汉语义不是"泄水"或"潜流"，而是"火"，如"烧火"就是 $mi^{55}u^{21}$（汩戊），"烤火"就是 $mi^{55}thu^{35}$（汩吐）。xu^{21}（湖）的汉语义也不是"湖泊"或"积水湖"，而是山与山之间的谷地，即山谷盆地。所以，$mi^{55}xu^{21}$（汩湖）连起来译成汉语就是"火谷"，即有火的盆地。

此地一直有一种自然现象，就是经常自然生火。从前，人们以为是精怪吐火，后来认为是沼气燃烧。众说纷纭，传言繁多。近年来发现，此地从古至今，一直有天然气泄露，常常自燃成火。土家先民以"火"命其名，名副其实。

咸池峪 $xa^{35}tshi^{53}jəu^{55}$

纯粹的土家语地名，$xa^{35}tshi^{53}jəu^{55}$ 的汉字记音，但"咸"是 xa^{35}（哈）的音变，在张家界地区，"咸"不读 xián（贤），而是读 hán（含），因此将 xa^{35}（哈）误记为"咸"也就不难理解；"峪"是 $jəu^{55}$（优）的音变。所以，这个地名的准确记音应是"哈池优"，按西部区的发音读作"哈次优"。

土家语 $xa^{35}tshi^{53}jəu^{55}$（哈池优）系三个音节：xa^{35}（哈）是 $khe^{55}xɑ^{53}$（克哈）的简化，汉语义是"平土""坪坝"；$tshi^{53}$（池）的汉语义是"靠近"

“挨着”。$xa^{35}tshi^{53}$（哈池）连起来直译是“坪靠”或“坪挨”，调换语序结构译成汉语是“靠坪”或“挨坪”。$jəu^{55}$（优）的汉语义是“村寨”。因此，$xa^{35}tshi^{53}jəu^{55}$（哈池优）连起来译成汉语就是“靠坪寨”或“挨坪寨”。

此地紧靠着“汨湖”盆地，盆地内是5400余亩面积的大坪。根据这一地理环境，人们便以$xa^{35}tshi^{53}jəu^{55}$（哈池优）——“靠坪寨”作了地名。

言 娥 $ji^{55}o^{53}$

纯粹的土家语地名，$ji^{55}o^{53}$的汉字记音，但“言”是ji^{55}（依）的音变，o^{53}一般记为“窝”。所以，这个地名的准确记音应是“依窝”。

土家语$ji^{55}o^{53}$（依窝）为一个音节，其全称是$ji^{55}o^{53}a^{53}pa^{21}$（依窝阿巴），其中的$ji^{55}o^{53}$（依窝）是人名，$a^{53}pa^{21}$（阿巴）是称谓，汉语义是“祖母”，可以扩展为广义的“婆婆”。因此，$ji^{55}o^{53}a^{53}pa^{21}$（依窝阿巴）就是“依窝婆婆”。

$ji^{55}o^{53}a^{53}pa^{21}$（依窝阿巴）是土家族传说中的造人神。此地从前建有“依窝阿巴”神堂，是土家人膜拜的地方，人们便以“依窝”神作了地名。详细释义参见蹇家坡乡“义禾润”。

三字界 $sai^{53}tsi^{21}kai^{35}$

土家语与汉语结合运用的地名：“三字”是土家语$sai^{53}tsi^{21}$的汉字记音，但“三”是sai^{53}（腮）的误记；“界”是汉语，即“山界”。所以，这个地名的准确记音应是“腮字界”。

土家语$sai^{53}tsi^{21}$（腮字）系两个音节：sai^{53}（腮）的汉语义是“蚕”（Bombyx mori），tsi^{21}（字）的汉语义是“饭”；$sai^{53}tsi^{21}$（腮字）连起来译成汉语是“蚕饭”，“蚕饭”就是“桑叶”。因此，“腮字界”（三字界）就是“桑叶界”。从前，这个山界上桑树多，桑叶多，因而得名。

在武陵山区，能够供为“蚕饭”的桑叶主要有两种：一种叫“油桑”（Morus aiba），土家语叫$pho^{35}tsho^{55}kha^{21}muŋ^{21}$（破撮卡蒙）;一种叫“刺桑”或“柞桑”（Morus Mongolica Schneid），土家语叫$çi^{55}tha^{55}kha^{21}muŋ^{21}$（西他卡蒙）。参见芭茅溪乡“桑植坪”。

小汉峪 $çie^{21}xa^{21}jəu^{55}$

纯粹的土家语地名，$çie^{21}xa^{21}jəu^{55}$（写哈优）的音变与误记。

土家语$çie^{21}xa^{21}jəu^{55}$（写哈优）由$çie^{21}xa^{21}$（写哈）和$jəu^{55}$（优）两个音节组成:$çie^{21}xa^{21}$（写哈）的汉语义是“铣锅”或“铸锅”；$jəu^{55}$（优）的汉语义是“村寨”。因此，$çie^{21}xa^{21}jəu^{55}$（写哈优）连起来译成汉语便是“铸锅寨”。

土家人炊炒菜常用的器具是铁锅，大的叫“灶锅”，主要用于煮猪草、煮猪食、推豆腐开浆、熬糖以及有大务小事蒸饭炒菜，因固定在灶上故名“灶锅”；小的叫“耳锅”，主要用于搁在撑架上炒菜，因有两个耳子便于用手端，故名“耳锅”；再小的叫“炉灶锅”，主要用于炖菜，即火锅，因用时搁在小炉灶上，故名“炉灶锅”。古时，山区因为交通阻塞，弄到一口铁锅十分困难，于是便自开洪炉，烧铁铸锅，俗称“铣锅”或“铸锅”。从前，这个寨子开有洪炉铸锅，出售锅子，人们便以 ɕie²¹xa²¹jəu⁵⁵（写哈优）——“铸锅寨”作了地名。

兴龙塆 ɕi²¹luŋ⁵⁵uan⁵⁵

土家语与汉语结合运用的地名：“兴龙”是土家语 ɕi²¹luŋ⁵⁵（西聋）的误记，“兴”是 ɕi²¹（西）的音变，“龙”是 luŋ⁵⁵（聋）的音变；“塆”是汉语，即“山塆”。因此，这个地名的准确记音应为“西聋塆”。

土家语 ɕi²¹luŋ⁵⁵（西聋）系两个音节：ɕi²¹（西）的汉语义是“草”，luŋ⁵⁵（聋）的汉语义是“烂”；ɕi²¹luŋ⁵⁵（西聋）连起来直译是“草烂”，调换语序结构译成汉语是“烂草”。所以，“西聋塆”（兴龙塆）就是“烂草塆”。

此处地势低洼，近似沼泽，烂草甚多，因而得名。

安家峪 ŋan²¹ka⁵⁵jəu⁵⁵

纯粹的土家语地名，ŋan²¹ka⁵⁵jəu⁵⁵ 的汉字记音，但“家”是 ka⁵⁵（嘎）的近音汉字替代；“峪”是 jəu⁵⁵（优）的音变与误记。所以，这个地名的准确记音应是“安嘎优”。

土家语 ŋan²¹ka⁵⁵jəu⁵⁵（安嘎优）由 ŋan²¹ka⁵⁵（安嘎）和 jəu⁵⁵（优）两个音节组成：ŋan²¹ka⁵⁵（安嘎）的汉语义是“窝凹”“窝坑”，凡是低洼的窝形地，土家语统称为 ŋan²¹ka⁵⁵（安嘎）；jəu⁵⁵（优）的汉语义是“村寨”。因此，ŋan²¹ka⁵⁵jəu⁵⁵（安嘎优）连起来译成汉语就是“低洼窝地里的村寨”。因村寨处于低洼窝地而得名。

才家峪 tshe²¹ka⁵⁵jəu⁵⁵

纯粹的土家语地名，tshe²¹ka⁵⁵jəu⁵⁵ 的汉字记音，但“才”和“峪”分别是 tshe²¹（测）和 jəu⁵⁵（优）的音变，“家”是 ka⁵⁵（嘎）的近音汉字替代。所以，这个地名的准确记音应为“测嘎优”，东部区多数地方的实际发音是“扯嘎优”。

土家语 tshe²¹ka⁵⁵jəu⁵⁵（测嘎优）系三个音节：tshe²¹（测）的汉语义是“水”，ka⁵⁵（嘎）的汉语义是“干”“缺”；tshe²¹ka⁵⁵（测嘎）连起来直译是“水缺”，调换语序结构译成汉语是“缺水”。jəu⁵⁵（优）的汉语义是

“村寨”。因此，tshe^{21}ka^{55}jəu^{55}（测嘎优）连起来译成汉语就是“缺水寨”，即缺水的村寨，因缺少水源，常闹水荒而得名。

长岭岗 tshe^{21}ȵi^{55}ka^{35}

纯粹的土家语地名，tshe^{21}ȵi^{55}ka^{35}（扯尼嘎）的误记。解放初，当地老人对这个地名的实际发音也是“扯尼嘎”。不过，按西部区的发音则应读作“测尼嘎”。

土家语 tshe^{21}ȵi^{55}ka^{35}（扯尼嘎）系三个音节：tshe^{21}（扯）的汉语义是“水”；ȵi^{55}（尼）的汉语义是“找”；tshe^{21}ȵi^{55}（扯尼）连起来直译是“水找”，调换语序结构译成汉语是“找水”。ka^{35}（嘎）的汉语义是“吃”。所以，tshe^{21}ȵi^{55}ka^{35}（扯尼嘎）连起来译成汉语就是“找水吃”，即人们饮用水需要到处寻找。基本义是缺乏水源。

此地属地下潜流地段，“水在地下流，地面水如油”，人畜饮水都十分困难，不能不四处找水。根据这一环境，人们便用 tshe^{21}ȵi^{55}ka^{35}（测尼嘎、扯尼嘎）——“找水吃”作了地名。

甲山峪 tɕi^{21}sa^{53}jəu^{35}

土家语与汉语结合运用的地名：“甲山”是土家语 tɕi^{21}sa^{53}（吉沙）的音变与误记；“峪”是汉语，即“山峪”。所以，这个地名的准确记音应为“吉沙峪”，当地老人对这个地名的实际发音也是“吉沙峪”。但按西部区的发音应读作“吉撒峪”。

土家语 tɕi^{21}sa^{53}（吉沙）系两个音节：tɕi^{21}（吉）的汉语义是“脚”，sa^{53}（沙）的汉语义是“冷”；tɕi^{21}sa^{53}（吉沙）连起来直译是“脚冷”，调换语序结构译成汉语是“冷脚”。所以，“吉沙峪”（甲山峪）便是“冷脚峪”。

这个山峪里出水多而冷浸，人们耕田、栽秧等田中劳作，感觉脚冷如浸。因此，人们便以 ɕi^{21}sa^{53}（吉沙）——“冷脚”作了地名，实际含义是冷浸的山峪，或冷浸的山塆。

姚丰界 je^{21}xuŋ^{35}kai^{35}

土家语与汉语结合运用的地名：“姚丰”是土家语 je^{21}xuŋ^{35}（耶红）的误记；“界”是汉语，即“山界”。因此，这个地名的准确记音应是“耶红界”。

土家语 je^{21}xuŋ^{35}（耶红）系两个音节：je^{21}（耶）的汉语义是“神”，也

指“神屋”“神堂”，因为有“神像”便有“神堂”；xuŋ^{35}（红）的汉语义是“靠”“挨”，或“靠着”“挨着”。je^{21}xuŋ^{35}（耶红）连起来直译是“神堂靠着”或“神堂挨着”，调换语序结构译成汉语是“靠着神堂”或“挨着神堂”。所以，“耶红界”（姚丰界）就是“靠神堂界”，即靠着神堂或挨着神堂的山界。

从前，这座山界下边有神堂，它们互相紧挨着，因而得名。

王子峪　uan^{53}tsi^{21}jəu^{35}

土家语与汉语结合运用的地名：“王子”是土家语 uan^{53}tsi^{21} 的汉字记音；“峪”是汉语，即“山峪”。“王子峪”按西部区的语音读作“玩子峪”。

土家语 uan^{53}tsi^{21}（王子）为一个音节，汉语义是芦苇（Phragmites Communis）的“苇胞”。因此，“王子峪”便是“苇胞峪”。此地从前芭茅多，很多人常来这里抽苇胞，因而得名。

土家人以大山为伴，每年春末至冬初，都喜欢穿草鞋劳作。草鞋有稻草草鞋、棕丝草鞋、麻耳草鞋、布筋草鞋等多种，但不管是哪种草鞋，其中的四条经绳都是刈取苇胞，阴干撕条搓绞而成。这种经绳俗称“草鞋爽子”。

黑儿垭　xe^{35}e^{55}ŋa^{53}

土家语与汉语结合运用的地名：“黑儿”是土家语 xe^{35}e^{55} 的汉字记音，但“黑”是 xe^{35}（核）的音变，“儿”是 e^{55}（耳）的误记；“垭”是汉语，即“山垭”。因此，这个地名的准确记音应是“核耳垭”。

土家语 xe^{35}e^{55}（核耳）为一个音节，是一个形容词，相当于汉语中的“很长”或“多么长”。因此，“核耳垭”（黑儿垭）就是“很长的山垭”。

碾子堡　ȵie^{21}tshi^{21}pau^{55}

土家语与汉语结合运用的地名：“碾子”是土家语 ȵie^{21}tshi^{21}（捏次）的误记，“碾”是 ȵie^{21}（捏）的音变，“子”是 tshi^{21}（次）的音转；“堡”是汉语，即“山堡”“山包”。所以，这个地名的准确记音应是“捏次堡”。

土家语 ȵie^{21}tshi^{21}（捏次）为一个音节，汉语义是“伯母”。对于“伯母”，现代土家语称为 ȵie^{21}tɕhi^{21}（捏起），而古代土家语则称为 pa^{21}je^{21}a^{53}ȵie^{21}（巴耶阿捏）或 ȵie^{21}tshi^{21}（捏次）。因此，“捏次堡”（碾子堡）就是“伯娘堡”，可以理解为伯娘、伯父一家共同居住过的山堡。

在很久以前，这里是某人伯母曾居住过地方，久而久之，这个习惯称谓便成了公用地名。在长达几千年的封建社会，中国的家庭一直以男性为主，此地不称“伯父堡”而称“伯母堡”，据此推测，此地名可能产生于母系社会晚期。

竹叶坪乡

位于县域东部两县一区（桑植县、慈利县、武陵源区）交界处，乡治距县城45公里，素有桑植“东大门”之称；辖16个行政村，119个村民小组；总面积141平方公里；2008年末总人口11000余人，其中土家族约6500人，约占总人口的60%。有14个千亩林场、2个万亩林场，其中有千亩木瓜基地，万亩黄柏、厚朴基地；有煤、硫黄、铁、铝土、硅等矿藏，铝土矿储量197万吨，居全省之首。

马井界 $ma^{53}tɕie^{53}kai^{35}$

土家语与汉语结合运用的地名：“马井”是土家语 $ma^{53}tɕie^{53}$ 的汉字记音，但“井”是 $tɕie^{53}$（姐）的音变；“界”是汉语，即“山界”。所以，这个地名的准确记音应是“马姐界”。

土家语 $ma^{53}tɕie^{53}$（马姐）系两个音节：ma^{53}（马）的汉语义是“蜂子”（Apismellifera），$tɕie^{53}$（姐）的汉语义是“赶”；$ma^{53}tɕie^{53}$（马姐）连起来直译是“蜂赶”，调换语序结构译成汉语是“赶蜂”。所以，“马姐界”（马井界）就是“赶蜂界”，即猎赶蜂子的地方。

“赶蜂子”是土家人世代传承的一项绝技，也是一道亮丽风景，直到今日仍十分盛行。土家山区有两种体型巨大的毒蜂：一种是“梭雷蜂”，土家语叫 $xu^{55}lo^{53}ma^{53}$（虎落马）；另一种是“土雷蜂”，土家语叫 $li^{53}thuŋ^{53}ma^{53}$（里桶马）。这两种蜂子的蜂蛹体肥肉壮，是山区人民十分喜好的山珍。为了找到它们的窝巢，千百年来先民们传下来一套赶蜂秘技：将猪肉或马肉切碎，放在山野间适当的地方，待蜂子衔走碎肉之时窥其方向，一站接一站地跟踪追赶，直到找到蜂巢，然后或用火烧，或用烟熏，取其蜂蛹以待客或自食。这条山界上蜂窝多，是人们经常赶蜂烧蜂的地方，故得此名。

阿坡洞 $a^{21}pu^{21}tuŋ^{21}$

土家语与汉语结合运用的地名：“阿坡”是土家语 $a^{21}pu^{21}$ 的汉字记音，但“坡”是 pu^{21}（补）的音转；“洞”是汉语，既指“山洞”，也指有洞的地方。所以，这个地名的准确记音应是“阿补洞”。

土家语 a^{21}pu^{21}（阿补）为一个音节，汉语义是“葛”（Pueria lobata）。因此，“阿补洞”（阿坡洞）就是“葛洞”，即葛生长得多的地方。

“葛”，土家语又称 a^{21}puŋ^{21}（阿崩）。武陵山区的“葛”有“黄葛”“柴葛”“岁子葛”“青葛”等多种，其块根富含淀粉，俗称“葛粉”，可食。旧社会，“挖厥打葛”是土家人艰辛生活的代名词；如今，“葛粉”系列产品已成为张家界的一大特色旅游产品。

沟家峪 ke^{35}kha^{21}jəu^{55}

纯粹的土家语地名，ke^{35}kha^{21}jəu^{55} 的汉字记音，但“沟家”是 ke^{35}kha^{21}（格卡）的音变与误记；“峪”是 jəu^{55}（优）的音变与误记。所以，这个地名的准确记音应是“格卡优”。

土家语 ke^{35}kha^{21}jəu^{55}（格卡优）由 ke^{35}kha^{21}（格卡）和 jəu^{55}（优）两个音节组成：ke^{35}kha^{21}（格卡）的汉语义是胡桃科乔木“化香树”（Platycarya stribilacea）；jəu^{55}（优）的汉语义是“村寨”。所以，ke^{35}kha^{21}jəu^{55}（格卡优）连起来译成汉语就是“化香树寨”。

化香树木质疏松，用途不大，只能做柴薪；但它不择条件，生命力较强，且带“发”音，因此受到人们的喜爱，是土家人习俗中的吉祥树。从前，这个村庄周围化香树多，人们便以 ke^{35}kha^{21}（格卡）——“化香树”作了地名。

达　地 tha^{55}tie^{55}

纯粹的土家语地名，tha^{55}tie^{55}（它爹）的误记。

土家语 tha^{55}tie^{55}（它爹）为一个音节，是极其古老的土家语，它的全称是 tha^{55}tie^{55}lai^{55}tɕi^{35}（它爹来及），译成汉语是“哭嫁”。

从远古走来，土家族留传下来一种独有习俗，凡是姑娘出嫁，都要哭上十天半月。到时，附近村寨里的姑娘不请自来，陪嫁娘哭嫁，俗称“陪十姊妹”。她们所哭之词就是有名的《哭嫁歌》。这种“哭嫁”，古代土家语叫 tha^{55}tie^{55}lai^{55}tɕi^{35}（它爹来及），现代土家语叫 ta^{53}pho^{55}（打坡）。此地是古代“哭嫁”习俗保留最好的地方，故而留名至今。参见永定区三家馆乡“大培”。

三义班 se^{53}ji^{55}pa^{53}

纯粹的土家语地名，se^{53}ji^{55}pa^{53} 的汉字记音，但“三”是 se^{53}（色）的音变，“班”是 pa^{53}（巴）的音变。所以，这个地名的准确记音应是“色义巴”。

扫 帚

土家语 se[53]ji[55]pa[53]（色义巴）是一个独立的音节，译成汉语是"扫帚"。从前，此地土家人心灵手巧，扎的扫帚不仅结实耐用，而且花样繁多，因而便以 se[53]ji[55]pa[53]（色义巴）——"扫帚"作了地名。

土家人制作扫帚，工艺十分讲究。一般工艺流程是：首先选取去粒的高粱穗秆作刻刀形集束，然后用精制细篾将高粱秆捆紧扎牢。捆扎时有"环扎""间隔扎"和"花扎"等多种技法，总的要求是扎花多样，结实美观。

胡　塔　xu[21]tha[55]

纯粹的土家语地名，xu[21]tha[55] 的汉字记音，但 tha[55] 一般记为"它"。所以，这个地名准确记音应记作"胡它"。

土家语 xu[21]tha[55]（胡它）系两个音节：xu[21]（胡）是 xu[21]pha[53]（胡帕）的简化，汉语义是"溪沟"；tha[55]（它）是 se[35]tha[55]（色它）的省略，汉语义是"旁边"。所以，xu[21]tha[55]（胡它）或 xu[21]pha[53]se[35]tha[55]（胡帕色它）连起来译成汉语便是"溪沟边"或"沟边"。这个地方坐落在溪沟岸畔，因而得名。

马家溪　ma[53]khe[53]tɕhi[55]

土家语与汉语结合运用的地名："马家"是土家语 ma[53]khe[53] 的汉字记音，但"家"是西南官话，以"家"代"嘎"进而代 khe[53]（克）的误记；"溪"是汉语，即"溪沟"。所以，这个地名的准确记音应是"马克溪"，当地人们的实际发音也是"马克溪"。

土家语 ma[53]khe[53]（马克）系两个音节：ma[53]（马）的汉语义是"蜂"，这里实指"蜜蜂"（Apismellifera）；khe[53]（克）的汉语义是"挑"。ma[53]khe[53]（马克）连起来直译是"蜂挑"，调换语序结构译成汉语是"挑蜂"。所以，"马克溪"（马家溪）就是"挑蜂沟"。

此地是深山峡谷，全长 20 余里。从前，这条山谷中树茂草肥，百花争奇斗艳，人们将蜜蜂一桶一桶地挑运到这里放养，成了实际的养蜂场，因而得了 $ma^{53}khe^{53}tɕhi^{55}$（马克溪）——“挑蜂沟”之名。

木子峪 $mo^{35}tsi^{21}jəu^{55}$

纯粹的土家语地名，$mo^{35}tsi^{21}jəu^{55}$ 的汉字记音，但“峪”是 $jəu^{55}$（优）的音变与误记。所以，这个地名准确记音应记为“木子优”。

土家语 $mo^{35}tsi^{21}jəu^{55}$（木子优）由 $mo^{35}tsi^{21}$（木子）和 $jəu^{55}$（优）两个音节组成：$mo^{35}tsi^{21}$（木子）的汉语义是“乌柏果”，至今这一地区的人们仍称“乌柏”为“木子”，但这里的 $mo^{35}tsi^{21}$（木子）实际上是指 $mo^{35}tsi^{21}kha^{21}muŋ^{21}$（木子卡蒙），即“乌柏树”（Sapium sebiterum）；$jəu^{55}$（优）的汉语义是“村寨”。所以，$mo^{35}tsi^{21}jəu^{55}$（木子优）连起来译成汉语就是“乌柏寨”。

从古至今，澧水上源山区出产不少土特产品，例如药材、皮毛、五倍子、茶叶、桐油、茶油、乌柏等，在津市、澧州一带享有很高的声誉。乌柏树（当地称木子树），落叶乔木，其种子的外面有白蜡层，是制作蜡烛的原料。从前，这里乌柏树多，收获的木子也多，因而得名。

铜厂峪 $thuŋ^{53}tshe^{21}jəu^{55}$

纯粹的土家语地名，$thuŋ^{53}tshe^{21}jəu^{55}$ 的汉字记音，但“铜”是 $thuŋ^{53}$（桶）的音变，“厂”是 $tshe^{21}$（扯）的音变，“峪”是 $jəu^{55}$（优）的音变。所以，这个地名的准确记音应是“桶扯优”，按西部区的发音读作“桶测优”。

土家语 $thuŋ^{53}tshe^{21}jəu^{55}$（桶扯优）系三个音节：$thuŋ^{53}$（桶）的汉语义是“窝”；$tshe^{21}$（扯）的汉语义是“水”；$jəu^{55}$（优）的汉语义是“寨”。所以，$thuŋ^{53}tshe^{21}jəu^{55}$（桶扯优）连起来译成汉语就是“窝水寨”。

“窝水”就是俗称的“漩涡水”“回水”，也就是“漩水潭”。“窝水寨”就是“漩水潭旁边的村寨”。从前此地有一个漩涡水潭，村寨以此而得名。

陈子界 $tshe^{21}tshi^{21}khe^{55}$

纯粹的土家语地名，$tshe^{21}tshi^{21}khe^{55}$（车次克）的误记：“陈”是 $tshe^{21}$（车）的音变，“子”和“界”分别是 $tshi^{21}$（次）和 khe^{55}（克）的音转。按西部区的发音读作“测次克”。

土家语 $tshe^{21}tshi^{21}khe^{55}$（车次克）为一个音节，汉语义是“麻团”。

土家妇女绩麻到一定时候，便将所绩的麻纱挽成“麻团”。“麻团”

既可织布，亦可直接作为商品出售。此地的姑娘会绩麻，挽的麻团很有特色，人们便以 $tshe^{21}tshi^{21}khe^{55}$（车次克）——“麻团”作了地名。

南　湖　$lan^{21}xu^{21}$

纯粹的土家语地名，$lan^{21}xu^{21}$ 的汉字记音，但“南”是 lan^{21}（兰）的音变。所以，这个地名准确一点应记作“兰湖”。

土家语 $lan^{21}xu^{21}$（兰湖）系两个音节：lan^{21}（兰）的汉语义是“臭”，包括“腐臭”“腥臭”等臭气、臭味；xu^{21}（湖）的汉语义是“山谷”“谷沟”。因此，$lan^{21}xu^{21}$（兰湖）连起来译成汉语便是“臭沟”或“臭谷”。

据实测，此地是一处面积约 1500 余亩的低洼地，一条小溪从洼地通过流往汨湖。而汨湖仅有一个小溶洞排洪，每到春夏山洪暴发，此地便一片汪洋，常常是几个月甚至半年不能排泄，杂草、杂物淤积此处，久之便是臭气盈盈。依据这种自然环境，人们便以 $lan^{21}xu^{21}$（兰湖）——“臭谷”作了地名。

油柞洞　$ji^{21}tsa^{21}tuŋ^{35}$

土家语与汉语结合运用的地名：“油柞”是土家语 $ji^{21}tsa^{21}$（以咱）的音变与误记；“洞”是汉语，即“山洞”。因此，这个地名的准确记音应是“以咱洞”。

土家语 $ji^{21}tsa^{21}$（以咱）为一个音节，汉语义是“天坑”。因此，“以咱洞”（油柞洞）就是“天坑洞”。

前面介绍过，汨湖是一个有 1500 余亩面积的大盆地，春水一发，一汪泓水，全靠这个山洞泄洪。这个山洞横入而后直下，排水入“野优湖”，是一个名副其实的天坑，故而得名。

毛里垭　$ma^{55}ȵi^{55}ŋa^{21}$

土家语与汉语结合运用的地名：“毛里”是土家语 $ma^{55}ȵi^{55}$（麻尼）的误记，“毛”是 ma^{55}（麻）的音变，“里”是 $ȵi^{55}$（尼）的音变；“垭”是汉语，即“山垭”。因此，这个地方的原始名称应是“麻尼垭”。

土家语 $ma^{55}ȵi^{55}$（麻尼）为一个音节，汉语义是“大家”“大伙”。所以，“麻尼垭”（毛里垭）就是“大家垭”“大伙垭”，实际是指“公山”。

初民社会时期，人少地广，很多地方处于无所归属的公山状态。这个地名真实地反映了这一时期的社会生活状况，有着重要的社会意义。参见四方溪乡“马岭坡”。

合儿岩 $xe^{21}e^{21}ŋai^{53}$

土家语与汉语结合运用的地名：“合儿”是土家语 $xe^{21}e^{21}$（核耳）的误记；“岩”是汉语，这里指“岩山”。所以，这个地名的准确记音应是“核耳岩”。

土家语 $xe^{21}e^{21}$（核耳）系两个音节：xe^{21}（核）的汉语义是“漏”，即“漏水”，e^{21}（耳）的汉语义是“长”；$xe^{21}e^{21}$（核耳）连起来直译是“漏水长”，调换语序结构译成汉语是“长而漏水”。因此，“核耳岩”（合儿岩）就是“长而漏水的岩山”。

据实地考察，以合儿岩、茶垭为中心的地域，土地面积7000余亩，因为天坑多，长期漏水，严重干旱，至今没有一分水田，人畜饮用水全靠接贮雨水。根据这种状况，先民们便以 $xe^{21}e^{21}$（核耳）——“长而漏水”作了地名。

二台山 $e^{53}thai^{35}san^{55}$

土家语与汉语结合运用的地名：“二台”是土家语 $e^{53}thai^{35}$（尔太）的误记；“山”是汉语。所以，这个地名的准确记音应是“尔太山”。

土家语 $e^{53}thai^{35}$（尔太）系两个音节：e^{53}（尔）的汉语义是“猴”（Macaca mulatta），$thai^{35}$（太）的汉语义是“没有”“没了”；$e^{53}thai^{35}$（尔太）连起来译成汉语是“猴没”。所以，“尔太山”（二台山）就是“猴没山”。

这个地名是反映当地社会进程的活档案。可以想象，在遥远的古代，此地是树茂林菁，猴嚣猿啼。随着农业生产的发展和土地开发，森林逐步变成了良田热土，猿猴便没了踪迹。人们为了记住那个时代、那种情景，便以 $e^{53}thai^{35}$（尔太）——“猴没了”作了地名。

坪头界 $phi^{35}thu^{21}kai^{35}$

土家语与汉语结合运用的地名：“坪头”是土家语 $phi^{35}thu^{21}$ 的汉字记音，但“坪”是 phi^{35}（皮）的音变；“界”是汉语，即“山界”。所以，这个地名的准确记音应是“皮头界”。

土家语 $phi^{35}thu^{21}$（皮头）系两个音节：phi^{35}（皮）的汉语义是“土墙”，thu^{21}（头）的汉语义是“筑”“夯”；$phi^{35}thu^{21}$（皮头）连起来直译是“土墙筑”或“土墙夯”，调换语序结构译成汉语是“筑土墙”或“夯土墙”，实际上是指用作房屋墙壁的“土墙筑”。所以，“皮头界”（坪头界）就是“土筑墙界”。

从前，这座山界上的土家人的住房，全部都是土筑墙，因而得名。详细释义参见两河口乡“枇杷树”。

康三峪 kha^{21}so^{55}jəu^{55}

纯粹的土家语地名，kha^{21}so^{55}jəu^{55}（卡梭优）的误记：“康”是 kha^{21}（卡）的音变，“三”是 so^{55}（梭）的音变，“峪”是 jəu^{55}（优）的音变。

土家语 kha^{21}so^{55}jəu^{55}（卡梭优）系三个音节：kha^{21}（卡）的汉语义是“木”“木材”，so^{55}（梭）的汉语义是“锯”“锯解”；kha^{21}so^{55}（卡梭）连起来直译是“木锯”，调换语序结构译成汉语是“锯木”。jəu^{55}（优）的汉语义是“村寨”。所以，kha^{21}so^{55}jəu^{55}（卡梭优）连起来译成汉语就是“锯木寨”。

这里的“锯木”实际是指将完整的木料分解成木板或木条，就是俗称的“解（当地人读 gǎi）木”；担当“解木”的人俗称“解匠”。因此，“卡梭优”（康三峪）实际就是“解匠寨”。从前，此地的“解匠”多，技术好，人们便以这种职业作了地名。

七层岩 tɕhie^{55}tshi^{53}ŋai^{53}

土家语与汉语结合运用的地名：“七层”是土家语 tɕhie^{55}tshi^{53}（且次）的音变与误记；“岩”是汉语，即“岩石”“岩山”。所以，这个地名的准确记音应是“且次岩”，当地老人对这个地名的实际发音也是“且次岩”。

土家语 tɕhie^{55}tshi^{53}（且次）系两个音节：tɕhie^{55}（且）的汉语义是“大山”或“大山坡”，tshi^{53}（次）的汉语义是“靠”“靠着”或“挨”“挨着”；tɕhie^{55}tshi^{53}（且次）连起来直译是“大山靠着”或”大山挨着“，调换语序结构译成汉语是“靠着大山”或“挨着大山”。因此，“且次岩”（七层岩）就是“靠着大山的岩”或“挨着大山的岩”。这里的“岩”实际是个小岩峰，它紧挨着后面的一座大山，因而得名。

西　侧 ɕi^{21}tshe^{21}

纯粹的土家语地名，ɕi^{21}tshe^{21} 的汉字记音，但东部区多数地方的实际发音是“西扯”。

土家语 ɕi^{21}tshe^{21}（西侧）系两个音节：ɕi^{21}（西）的汉语义是“草”，tshe^{21}（侧）的汉语义是“水”或“水沟”；所以，ɕi^{21}tshe^{21}（西侧）连起来译成汉语就是“草水沟”。

此地是一处岩溶大泉，泉水从溶洞流出形成一条山溪。从前，溪沟两畔荒草丛生，原始而又荒漠。根据这一自然环境，人们便用 ɕi²¹tshe²¹（西侧）——“草水沟”作了地名。

柳浪坪 li⁵³lan²¹phin²¹

土家语与汉语结合运用的地名。“柳浪”是土家语 li⁵³lan²¹ 的汉字记音，但“柳”是 li⁵³（里）的音变；“坪”是汉语，即“坪坝”。因此，这个地名的准确记音应是“里浪坪”，按西部区的发音读作“里兰坪”。

土家语 li⁵³lan²¹（里浪）为一个音节，汉语义就是俗称“酸筒杆”的草本植物“虎杖”（Polygonum cuspidtaum）。所以，“里浪坪”（柳浪坪）就是“虎杖坪”。

在遥远的古代，土家先民并不知道这种植物的名称，只知道将其刈来一截，凿几个洞眼，便可以吹出音乐来。其声音或是“里浪”，或是“里呜”，或是“喇呜”，因此便循声取义，或称“里浪”，或称“里呜”，或称“喇呜”。从前此地普遍生长“虎杖”，因而得名。参见瑞塔铺镇“六五岗”。

柳洋溪 li³⁵je²¹tɕhi⁵⁵

土家语与汉语结合运用的地名：“柳洋”是土家语 li³⁵je²¹（利耶）的误记，“柳”是 li³⁵（利）的音变，“洋”为 je²¹（耶）的音变；“溪”是汉语，即“溪沟”。因此，这个地名的准确记音应是“利耶溪”。

土家语 li³⁵je²¹（利耶）系两个音节：li³⁵（利）的汉语义是“虎”(Panthera tigris)，je²¹（耶）的汉语义是“躲”“躲藏”；li³⁵je²¹（利耶）连起来直译是“虎躲”，调换语序结构译成汉语是“躲虎”。因此，“利耶溪”（柳洋溪）就是“躲虎溪”或“藏虎沟”。

这条山溪实际是一个大峡谷，全长 30 余里。从前地形复杂，树草荫郁，大小老虎栖息其间，因而便得了“躲虎溪”之名。

田儿垉 thie²¹zi³⁵pa⁵³

土家语与汉语结合运用的地名：“田”“垉”分别是土家语 thie²¹（铁）、pa⁵³（巴）的音变；“儿”是汉语“日”的误记，澧水上源地区，“儿”“日”“二”“耳”同音，故有此误记。因此，“田二垉”的原始名称应是“铁日巴”。

土家语 thie²¹（铁）的汉语义是“屄”，即女性生殖器；“日”在这里是动词，是指男女间交合的动作行为。thie²¹zi³⁵（铁日）连起来直译是“屄

惟妙惟肖的阴门山

日”，调换语序结构译成汉语就是“日屄”，即男女间交合，文明的说法就是“做爱”。pa^{53}（巴）的汉语义是“看”“望”。所以，thie^{21}zi^{35}pa^{53}（铁日巴）连起来直译是“日屄看（望）”，调换语序结构译成汉语就是“看（望）日屄”，即“看（望）做爱”。

此地怎么会有这样一个粗俗古怪的地名呢？原来是与当地的一处绝世奇观有关。碧绿的溇水流到此处便折向东去。河的南岸拔起一座高300余米的大山，山体酷似女阴，因而得“阴门山”之名；河的北侧也有一座大山，山体酷似男根，当地叫“男豆山”。“阴门山”和“男豆山”相距约5里，溇水将两山紧紧相牵。更为奇怪的是，每日傍晚至次日凌晨，溇水河谷便腾起一脉河雾，浓抹重彩地将阴门山和男豆山相系相联，犹如情人魂牵梦萦，当地人将这种奇异景象叫作thie^{21}zi^{35}（铁日），即“做爱”。“铁日巴”(田儿坳) 位于阴门山和男豆山的三角地带，是能完全看到这种奇景的地方。千百年来，这里的人们朝朝暮暮看望着这一自然奇景，品味着大自然赐予的温馨与欢畅，触景生情，难免浮想联翩。于是，便以thie^{21}zi^{35}pa^{53}（铁日巴）——“看做爱”作了地名。

龙关滩 luŋ^{55}ku^{55}than^{55}

土家语与汉语结合运用的地名：“龙关”是土家语luŋ^{55}ku^{55}（聋古）的误记；“滩”是汉语，指水浅多石且水流很急的河段。所以，这个地名的准确记音应是“聋古滩”。其实，此地民国前就叫“聋古滩”，民国初年才改称“龙关滩”（有的记作“龙关潭”）。

土家语luŋ^{55}ku^{55}（聋古），有的地方叫luŋ^{55}ɕi^{55}（聋喜），为一个音节，汉语义是俗称“团鱼”“脚鱼”“王八”的“鳖”（Trionyx sinensis）。所以，“聋古滩”（龙关滩）就是“团鱼滩”。从前，这个河滩团鱼多，因而得名。

“鳖”，古代土家语称之为mu^{55}ku^{55}（木古）。

瑞塔铺镇

位于县城中部，镇治距县城11公里；辖21个行政村、4个居委会，220个村（居）民小组；总面积108平方公里，其中耕地面积13575亩；2008年末总人口27085人，以白族、土家族人口居多。以煤炭和铁矿、硅矿为主的矿产资源丰富。交通方便，是桑植县的工业重镇。

打马洞 $tu^{55}mu^{35}tuŋ^{35}$

纯粹的土家语地名，$tu^{55}mu^{35}tuŋ^{35}$（都牟峒）的音变与误记。

土家语$tu^{55}mu^{35}tuŋ^{35}$（都牟峒）由$tu^{55}mu^{35}$（都牟）和$tuŋ^{35}$（峒）两个音节组成：$tu^{55}mu^{35}$（都牟）比较普遍的发音是$thuŋ^{53}muŋ^{21}$（统蒙），汉语义是“纱”；$tuŋ^{35}$（峒）的汉语义是“峒寨”“村庄”。因此，$tu^{55}mu^{35}tuŋ^{35}$（都牟峒）连起来译成汉语就是“纱寨”，即出产纱线的村寨。

从前，这个村寨的土家妇女会纺纱，出产的纱线远近闻名，因而得名。

小言峪 $çi^{35}je^{55}jəu^{35}$

土家语与汉语结合运用的地名：“小言”是土家语$çi^{35}je^{55}$（习耶）的误记；“峪”是汉语，即“山峪”。所以，这个地名的准确记音应是“习耶峪”，当地多数人现今的实际发音也是“习耶峪”。

土家语$çi^{35}je^{55}$（习耶）为一个音节，有的叫$la^{55}çi^{55}lai^{55}$（拉西来），汉语义是“扁蓄草”（Polygonum aviculare）。所以，“习耶峪”（小言峪）就是“扁蓄草峪”。

扁蓄草是肾科要药，是土医用来治疗尿热、尿痛、尿血、尿白的珍品。从前，这里扁蓄草多，因而得名。

六五岗 $la^{53}u^{21}kan^{55}$

土家语与汉语结合运用的地名：“六五”是土家语$la^{53}u^{21}$（喇呜）的音变与误记；“岗”是汉语，即“山冈”。所以，这个地名的准确记音应是“喇呜冈”；其实，此地原名就叫“喇呜岗”。

在土家族地区有一种特殊现象：形声定名。譬如“卡壳亏”是“竹鸡”，“沙的介”是“画眉”，“咱咱必”是“芭茅雀”，都是模拟其叫声而定义定名。这$la^{53}u^{21}$（喇呜）也是形声定名，其对象就是蓼科植物“虎杖”（polygonum cuspidatum）。

虎杖俗称“酸筒杆”，茎中空，土家人常常取其一节,凿孔成笛，然后吹奏出“喇呜喇呜”的音乐。由于虎杖有这种用途，先民们便以“喇呜”作了“虎杖”的定名。因此，“喇呜冈”（六五岗）就是“虎杖冈”。从前,这里虎杖多，因而得名。参见竹叶坪乡“柳浪坪”。

司　埔　$si^{21}phu^{55}$

纯粹的土家语地名，$si^{21}phu^{55}$ 的汉字记音。

土家语 $si^{21}phu^{55}$（司埔）系两个音节：si^{21}（司）的汉语义是“肉”；hu^{55}（埔）的汉语义是“买”。所以，$si^{21}phu^{55}$（司埔）连起来直译是“肉买”，调换语序结构译成汉语是“买肉”；用作地名，就是“买肉的地方”，即“屠夫行”。

卖肉买肉是一种商业活动，一般是在墟场进行。这个地名对土家族地区原始市场及其交易活动，作了生动的记录，是一颗不可多得的地名化石。

扎　场　$tsa^{53}tshi^{21}$

纯粹的土家语地名，$tsa^{53}tshi^{21}$（扎尺）的误记，按西部区的发音读作“杂次”。

土家语 $tsa^{53}tshi^{21}$（扎尺）为一个音节，是 $tsa^{53}khe^{21}tshi^{21}$（扎克尺）的省略，$khe^{21}$（克）在整个音节中属轻声高降，在长期的语流音变中常常脱落而被省略，只留下了 $tsa^{53}tshi^{21}$（扎尺），但其义未变，汉语义是百合科植物“薤”（ALLium chinense)。

“薤”，俗称“藠”“野藠”“藠头”，是一种野葱。全草用来腌制，成品叫“藠腌菜”，是土家人传统的民族菜品。每年三月，土家族地区有个“挑葱会”。“挑葱”就是“挖葱”，所挑挖之葱就是这种野藠。此地从前野藠多，挑挖的人也多，人们便以这种植物作了地名。

洛顺埡　$lo^{53}se^{35}ŋa^{21}$

土家语与汉语结合运用的地名：“洛顺”是土家语 $lo^{53}se^{35}$ 的汉字记音，但“顺”是 se^{35}（色）的音变；“埡”是汉语，即山口。所以，这个地名的准确记音应是“洛色埡”。

土家语 $lo^{53}se^{35}$（洛色）系两个音节：lo^{53}（洛）的汉语义是“人”，se^{35}（色）的汉语义是“死”；$lo^{53}se^{35}$（洛色）连起来直译是“人死”，调换语序结构译成汉语是“死人”。所以，“洛色埡”（洛顺埡）就是“死人埡”，即容易死人的地方。

死人，本是自然规律，何以用“死人”作地名？原来千百年来，“洛顺垭”一带，包括今郑家溪沿岸地区，一直存在着一种极为罕见的现象，就是人极易死亡，不死者也聋哑痴呆者甚多，而且粗脖子病十分普遍。从前，人们对这种情况往往在风水龙脉上猜度，但又无可奈何。近年来，经地质部门实地勘探，原来这一带地区地层中蕴藏着大量的放射性元素物质，且有丰富的煤、硅磺物释放出有毒物质于溪水中，久食此水，死亡、痴呆、聋哑、甲状腺病等便可时时发生，“死人垭”故而得名。

盘儿界 $phei^{35}a^{21}kai^{35}$

土家语与汉语结合运用、反映土家族婚姻家庭习俗的地名：“盘儿”是土家语 $phei^{35}a^{21}$（佩阿）的音变与误记；“界”是汉语，即“山界”。所以，这个地名的准确记音应是“佩阿界”。

土家语 $phei^{35}a^{21}$（佩阿）系两个音节：$phei^{35}$（佩）的汉语义是“儿媳”，a^{21}（阿）的汉语义是“娶”或“求”；$phei^{35}a^{35}$（佩阿）连起来直译是“儿媳娶”或“儿媳求”，调换语序结构译成汉语是“娶儿媳”或“求儿媳”，即俗称的“讲媳妇”。所以，佩阿界（盘儿界）就是“求讲儿媳的山界”。

从前，这个山界上美女多，她们心灵手巧、聪敏贤惠，是人们“讲媳妇”的首选之地，因而得名。

狮子背 $si^{53}tse^{35}pa^{21}$

纯粹的土家语地名，$si^{53}tse^{35}pa^{21}$（司则巴）的误记（有的记为“四子坝”）。实际上，此地并无狮形山、狮形水、狮形岩，更无以狮子为标志的人文建筑，显然属于循土家语发音的附会。湘西地区以“狮子”命名的地名颇多，诸如狮子坪、狮子山、狮子峪、狮子岭，等等，大多数都属这种情形。

土家语 $si^{53}tse^{35}pa^{21}$（司则巴）由 $si^{53}tse^{35}$（司则）和 pa^{21}（巴）两个音节组成：$si^{53}tse^{35}$（司则）的汉语义是俗称“青枢树”的壳斗科植物“青枢栎”（Ouercus oxyc don）；pa^{21}（巴）的汉语义是“山”。因此 $si^{53}tse^{35}pa^{21}$（司则巴）连起来译成汉语就是“青枢树山”。从前，这里是广阔的青枢树林，因而得名。

青枢树，常绿乔木，质地坚硬，是人们用来制造犁底、锄把、刀把的重要木材。

土江坪 thu^{53}tɕian^{53}phin^{21}

土家语与汉语结合运用的地名："土江"是土家语 thu^{53}tɕian^{53} 的汉字记音；"坪"是汉语，即"坪塔"，也指有坪塔的地方。"土江坪"按西部区的发音读作"土尖坪"。

土家语 thu^{53}tɕian^{53}（土江）为一个音节，汉语义是金缕梅科植物"继木"（Loropetalum chinense)。因此，"土江坪"就是"继木坪"，因继木多而得名。

"继木"是一种丛生灌木，质松易燃，是山区人民的重要柴薪。土家人称这种"继木"为 sui^{55}je^{53}kha^{21}muŋ^{21}（虽也卡蒙），别称 thu^{53}tɕian^{53}kha^{21}muŋ^{21}（土江卡蒙），现在一般叫"土江条"或"土姜树"。参见沙塔坪乡"四元坡"。

竹征子 tsu^{55}tsu^{53}tso^{53}

纯粹的土家语地名，tsu^{55}tsu^{53}tso^{53}（朱住左）的音变与误记，当地老人们的实际发音也是"朱住左"，但按西部区的发音读作"租足左"。

土家语 tsu^{55}tsu^{53}tso^{53}（朱住左）由 tsu^{55}tsu^{53}（朱住）和 tso^{53}（左）两个音节组成，汉语义是土家姑娘编织"西兰卡普"织锦的两种必需用品。其中的 tsu^{55}tsu^{53}（朱住）是这种织锦的"经线"，即轴线；tso^{53}（左）则是厘清经线的扣板，俗称"扣"，其式样犹如篾梳，上下都用木板卡紧。姑娘们编织织锦时，先把经线牵拉在打花机上，接着将经线一根一根地分别嵌入机齿之间，这个过程俗称"拣扣"。然后便是编入纬线，挑入色线而成"西兰卡普"。

从前，这里的"西兰卡普"非常出名，出产的经线和扣板质量也好，人们便以这两种物品作了地名。

火盆峪 xo^{21}phau^{21}jəu^{55}

纯粹的土家语地名，xo^{21}phau^{21}jəu^{55} 的汉字记音，但"盆"和"峪"分别是 phau^{21}（泡）和 jəu^{55}（优）的音变。所以，这个地名的准确记音应是"火泡优"；其实，此地原名就叫"火泡优"，民国年间才记为今名。

土家语 xo^{21}phau^{21}jəu^{55}（火泡优）由 xo^{21}phau^{21}（火泡）和 jəu^{55}（优）两个音节组成：xo^{21}phau^{21}（火泡）的汉语义是"河"；jəu^{55}（优）的汉语义是"村寨"。所以，xo^{21}phau^{21}jəu^{55}（火泡优）连起来译成汉语就是"河旁边的村寨"。

这个村寨实际坐落在酉水河旁边，因而得"河边寨"之名。

南家垭 lan^{35}ka^{55}ŋa^{53}

土家语与汉语结合运用的地名。“南家”（有的地方叫“南介”）是土家语 lan^{35}ka^{55}（兰嘎）的误记；“南”是 lan^{35}（兰）的音变，“家”是 ka^{55}（嘎）的近音汉字替代。“垭”是汉语，即“山垭”。所以，这个地名的准确记音应是“兰嘎垭”。

土家语 lan^{35}ka^{55}（兰嘎）为一个音节，汉语义是“黑”，即“黑色”。因此，“兰嘎垭”（南家垭）就是“黑垭”。

从前，此地古木参天，遮天蔽日，一片黛绿，加上山峦高耸，阳光极少，白天犹如黑夜。根据这一环境，人们便以“黑垭”作了比喻性的地名。

丰 台 uŋ^{55}tha^{53}

纯粹的土家语地名，uŋ^{55}tha^{53} 的误记：“丰”是 uŋ^{55}（翁）的误记，“台”是 tha^{53}（它）的误记，所以，这个地名的准确记音应是“翁它”。实际上当地老人对这个地名的实际发音也是“翁它”，而不是“丰台”。

土家语 uŋ^{55}tha^{53}（翁它）为一个音节，有的地方叫 luŋ^{55}thuŋ^{53}（聋通），汉语义是“聋子”。

古代的某个时期，此地曾经居住过比较著名的聋子，当时叫的人多了，“聋子”便成了此地的代名词，久而久之，也就成了此地的地名。

章夫峪 za^{35}xu^{21}jəu^{55}

纯粹的土家语地名，za^{35}xu^{21}jəu^{55}（日阿胡优）的误记：“章”是 za^{35}（日阿）的近音汉字替代；“夫”是 xu^{21}（胡）的音变；“峪”是 jəu^{55}（优）的音变。

土家语 za^{35}xu^{21}jəu^{55}（日阿胡优）系三个音节：za^{35}（日阿）是 za^{35}ku^{55}（日阿古）的简化，汉语义是“茶”“茶叶”（Camellia sinensis）；xu^{21}（胡）的汉语义是“喝”。za^{35}xu^{21}（日阿胡）连起来直译是“茶喝”，调换语序结构译成汉语是“喝茶”。jəu^{55}（优）的汉语义是“村寨”。所以，za^{35}xu^{21}jəu^{55}（日阿胡优）连起来译成汉语就是“喝茶寨”。

此地从前盛产茶叶，人到此寨都能喝上香气浓郁的清茶，因而得 za^{35}xu^{21}jəu^{55}（日阿胡优）——“喝茶寨”之美名而芳留后世。

丈古山 za^{35}ku^{55}san^{55}

土家语与汉语结合运用的地名：“丈古”是土家语 za^{35}ku^{55} 的汉字记音，但“丈”是 za^{35}（日阿）的近音汉字替代；“山”是汉语。所以，这个地名的准确记音应是“日阿古山”。

土家语 $za^{35}ku^{55}$（日阿古）为一个音节，汉语义是“茶”“茶叶”(Camellia sinesis)。因此，“日阿古山”（丈古山）就是“茶叶山”。

从前，这里茶树多，出产的茶叶远近闻名，人们便以这种特产作了地名。

水子塆 $sui^{35}si^{53}uan^{55}$

土家语与汉语结合运用的地名：“水子”是土家语 $sui^{35}si^{53}$ 的汉字记音，但“子”是 si^{53}（司）的音转（按照土家语的语言规律，当 tsi 和 si 处于轻声时常常发生音转现象，这种情况比较普遍，也比较正常）；“塆”是汉语，即“山塆”。所以，这个地名应记作“水司塆”，按西部区的发音读作“遂司塆”。

土家语 $sui^{35}si^{53}$（水司）为一个音节，有的称 $su^{35}çi^{53}$（苏西），有的称 $su^{35}si^{53}$（苏司），汉语义是“板栗”。而对“板栗树”(Castanea mollissima)，土家语则称为 $sui^{35}si^{53}kha^{21}muŋ^{21}$（水司卡蒙）或 $su^{35}çi^{53}kha^{21}muŋ^{21}$（苏西卡蒙）。因此，“水司塆”（水子塆）就是“板栗塆”。

从前，这个山塆里板栗树多，出产的板栗多，人们便以这种特产作了地名。

驼泥溪 $tho^{55}ȵi^{55}tçhi^{55}$

土家语与汉语结合运用的地名：“驼泥”是古老的土家语 $tho^{55}ȵi^{55}$ 的汉字记音；“溪”是汉语，即“溪沟”“溪河”。

土家语 $tho^{55}ȵi^{55}$（驼泥）为一个音节，它的全称是 $tho^{55}ȵi^{55}kai^{35}$（驼泥盖），译成汉语是“大拇指”。所以，“驼泥溪”就是“大拇指溪”。

此地位于西界大山东侧深处，山峦重叠，悬崖峭壁，田土极少。然而在这条溪沟里却有这块平坦的坪坝和碧绿的溪水，在当地算是最好的地方。因而，人们便以比喻性的 $tho^{55}ȵi^{55}$（驼泥）——“大拇指”作了地名。

黑　峪 $xe^{21}jəu^{35}$

土家语与汉语结合运用的地名：“黑”是土家语 xe^{21}（核）的音变，因在当地“黑”的读音不是 hēi，而是 hé，与“核”同音，故有此误；“峪”是汉语，即“山峪”。所以，这个地名的准确记音应是“核峪”。

土家语 xe^{21}（核）的汉语义是“漏”，实际是“漏水”。所以，$xe^{21}jəu^{35}$（核峪）就是“漏峪”，即“漏水峪”。

此地山空洞穴多，地面保水能力极差，因而得名。

岗　溪　ka^{21}uŋ^{21}tɕhi^{55}

土家语与汉语结合运用的地名：“岗”是土家语 ka^{21}uŋ^{21}（嘎翁）紧缩拼合的结果，ka^{21}uŋ^{21}（嘎翁）原本是两个独立的音节，但在长期的语流音变中，人们将 ka^{21}（嘎）和 uŋ^{21}（翁）紧缩拼合，加之 uŋ^{21}（翁）又处于轻声下行，从而使 ka^{21}（嘎）、uŋ^{21}（翁）演化成了一个音节 kan^{55}（干）；“溪”是汉语，即“溪沟”。这样，ka^{21}uŋ^{21}tɕhi^{55}（嘎翁溪）也就衍化成了 kan^{55}tɕhi^{55}（干溪），即“岗溪”。

土家语 ka^{21}uŋ^{21}（嘎翁）为一个音节，汉语义是“安家”“定居”。所以，“嘎翁溪”（干溪）便是“安家沟”或“定居沟”，就是土家先民最早安家定居的地方。

韦子班　u^{35}tsi^{53}pa^{21}

纯粹的土家语地名，u^{35}tsi^{53}pa^{21} 的汉字记音，但“韦”是 u^{35}（务）的误记，“班”是 pa^{21}（巴）的音变。所以，这个地名的准确记音应是“务子巴”。

土家语 u^{35}tsi^{53}pa^{21}（务子巴）系三个音节：u^{35}（务）的汉语义是“黄牛”（Bos taurus domestica)；tsi^{53}（子）的汉语义是“猪”（Sus scrofa domestica)；pa^{21}（巴）的汉语义是“山坡”。所以，u^{35}tsi^{53}pa^{21}（务子巴）连起来译成汉语就是“牛猪山”或“牛猪坡”。

从前居住在此地的土家先民非常注重养殖猪牛家畜，牛多猪多，因得其名。

皮他峪　phi^{35}tha^{55}jəu^{35}

土家语与汉语结合运用的地名：“皮他”是土家语 phi^{35}tha^{55} 的汉字记音；“峪”是汉语，即“山峪”。

土家语 phi^{35}tha^{55}（皮他）为一个音节，汉语义是“构树”(Broussonitia papyrifera)；所以，“皮他峪”就是“构树峪”。

“构树”有大、小两种，小构树属灌木，多自然野生；大构树近似乔木，常常在庭院栽培。构树叶是山区土家人所喜爱的生猪饲料；构树皮富含纤维，是造纸的上佳原料。从前，这个山峪里构树多，因而得名。

扬岐山　ji^{55}tɕhi^{55}san^{55}

土家语与汉语结合运用的地名：“扬岐”是土家语 ji^{55}tɕhi^{55}（衣奇）的

误记："扬"是ji⁵⁵（衣）的音变或转音，tɕhi⁵⁵一般记作"奇"；"山"是汉语。所以，这个地名的准确记音应是"衣奇山"。

土家语ji⁵⁵tɕhi⁵⁵（衣奇）为一个音节，汉语义就是俗称"铜钱花"的"豹子"（Panthera pardus L)。故"衣奇山"（扬岐山）就是"豹子山"。从前，这个地方山大林茂，豹子栖息其间。因为豹子多，人们便以这种动物作了地名。

此地不远，有一地名叫"言溪坡"，也是土家语与汉语结合运用的地名，其中的"言溪"也是土家语ji⁵⁵tɕhi⁵⁵（衣奇）的误记，其汉语义与"扬岐山"相同。

兔地峪 tho⁵³ti²¹jəu⁵⁵

纯粹的土家语地名，tho⁵³ti²¹jəu⁵⁵的汉字记音，但"兔"和"峪"分别是tho⁵³（妥）和jəu⁵⁵（优）的音变。所以，这个地名的准确记音应是"妥地优"。

土家语tho⁵³ti²¹jəu⁵⁵（妥地优）系三个音节：tho⁵³（妥）是tho⁵³ka²¹（妥嘎）的简化，汉语义是蕨科植物"蕨"（Pteridium aquilinum Var. latiusculum)；ti²¹（地）的汉语义是"挖"。tho⁵³ti²¹（妥地）连起来直译是"蕨挖"，调换语序结构译成汉语是"挖蕨"。jəu⁵⁵（优）的汉语义是"村寨"。所以，tho⁵³ti²¹jəu⁵⁵（妥地优）连起来译成汉语就是"挖蕨寨"。

从前，这里山大田土少，一年收成入不敷出，人们生活十分困难，冬春之际常常以挖蕨来度荒，由此便得了"挖蕨寨"之名。然而，三十年河东，三十年河西，蕨粉作为绿色食品，如今已是张家界的一大特色旅游产品。

刘家坪白族乡

位于县域东南部，乡治距县城17公里；辖13个行政村，114个村民小组；总面积38.2平方公里，其中耕地9753亩，林地29838亩；2008年末总人口11670人，其中白族占总人口的90%。经济作物主要有烟叶、油菜、花生，柑橘年产量50万公斤；1935年11月，中国工农红军第二、六军团从这里出发长征，乡治建有红二方面军长征出发地纪念碑和纪念馆。

虫木榔 tshuŋ^{35}ma^{53}lan^{21}

纯粹的土家语地名，tshuŋ^{35}ma^{53}lan^{21}（冲马兰）的音变与误记：“虫”是tshuŋ^{35}（冲）的音变，“木”是ma^{53}（马）的音变，“榔”是lan^{21}（兰）的音变。这个地名按西部区的发音读作“从马兰”。

土家语tshuŋ^{35}ma^{53}lan^{21}（冲马兰）由tshuŋ^{35}（冲）和ma^{53}lan^{21}（马兰）两个音节组成：tshuŋ^{35}（冲），有的叫suŋ^{35}（送）或tsuŋ^{35}（宗），汉语义是“首领”“王”；ma^{53}lan^{21}（马兰）是lo^{53}ka^{53}ma^{53}lan^{21}（裸嘎马兰）的简化，汉语义是“小寨”。所以，tshuŋ^{35}ma^{53}lan^{21}（冲马兰）连起来译成汉语就是“首领寨”或“王寨”。

从前，此地是土家族部落首领的峒寨，因而得名。

关溪涧 khua^{35}tɕhi^{53}ɕie^{53}

纯粹的土家语地名，khua^{35}tɕhi^{53}ɕie^{53}（夸乞些）的误记。当地民众的实际发音是“关溪县”，有的记为“官溪县”，有的人戏称为“管七县”。对其含义也是众说纷纭。

土家语khua^{35}tɕhi^{53}ɕie^{53}（夸乞些）系三个音节。据考证，“关溪涧”原来名叫“夸乞些”，后来有人歪打正着，将其中的khua^{35}（夸）直译成“关”“官”，土家语khua^{35}（夸）的本质含义就是“官”；tɕhi^{53}（乞）的汉语义是“大”；ɕie^{53}（些）是土家语的尾声词，有声音无意义，大致相当于汉语“姑娘家”“后生家”的“家”。所以，khua^{35}tɕhi^{53}ɕie^{53}（夸乞些）连起来直译是“官大”，调换语序结构译成汉语就是“大官”，或“大官家”。这里的大官，当然也应是土家族部落的首领或大王。

从前，这里是某部落或土司头目的官邸，人们便以“官家”作了地名。

秋古山 tɕhiau^{21}ku^{55}san^{55}

土家语与汉语结合运用的地名："秋古"是土家语 tɕhiau^{21}ku^{55} 的汉字记音，但"秋"是 tɕhiau^{21}（巧）的音变；"山"是汉语。所以，这个地名的准确记音应是"巧古山"。

土家语 tɕhiau^{21}ku^{55}（巧古）为一个音节，是 tɕhiau^{21}ku^{55}la^{55}kui^{55}（巧古拉规）的简化，汉语义是"东方"或"东边"。所以，"巧古山"（秋古山）就是一个以方位命名的地名，即"东方山"或"东边山"。

这座山在村寨的东边，人们便以 tɕhiau^{21}ku^{55}（巧古）——"东方"作了地名。

泥斗峪 ȵie^{35}tu^{21}jəu^{35}

土家语与汉语结合运用的地名："泥斗"是土家语 ȵie^{35}tu^{21}（捏度）的误记；"峪"是汉语，即"山峪"。所以，这个地名的准确记音应是"捏度峪"。

土家语 ȵie^{35}tu^{21}（捏度）系两个音节：ȵie^{35}（捏）是 ȵie^{35}pi^{55}（捏必）的简化，汉语义是"鸟"；tu^{21} (度）的汉语义是"盖""掩盖""铺天盖地"，核心是"很多"。ȵie^{35}tu^{21}（捏度）连起来直译是"鸟多"，调换语序结构译成汉语是"多鸟"。所以，"捏度峪"（泥斗峪）就是"多鸟峪"。

从前此地鸟多，多得铺天盖地，故而得名。

高古峪 kan^{55}khu^{55}jəu^{35}

土家语与汉语结合运用的地名："高古"是土家语 kan^{55}khu^{55}（干枯）的误记；"峪"是汉语，即"山峪"。所以，这个地名的准确记音应是"干枯峪"。

土家语 kan^{55}khu^{55}（干枯）为一个音节，是 kan^{55}khu^{55}li^{55}（干枯力）的简化，li^{55}（力）是词尾轻声，在长期的语流音变中脱落了，只留下词根 kan^{55}khu^{55}（干枯），译成汉语是"蝌蚪"。所以，"干枯峪"（高古峪）就是"蝌蚪峪"，即蝌蚪多的山峪。

龙言峪 la^{21}je^{35}jəu^{55}

纯粹的土家语地名，有的记作"龙堰峪"，有的记作"龙眼峪"，都是 la^{21}je^{35}jəu^{55}（腊耶优）的误记，也是文人的牵强附会。

土家语 la^{21}je^{35}jəu^{55}（腊耶优）由 la^{21}je^{35}（腊耶）和 jəu^{55}（优）两个音节组成：la^{21}je^{35}（腊耶）是 la^{21}je^{35}xu^{53}（腊耶湖）的简化，含义相当于汉

语的“黄昏”“傍晚”“麻麻黑”，即光线暗淡，将黑未黑；$jəu^{55}$（优）的汉语义是“村寨”“人家”。因此，$la^{21}je^{35}jəu^{55}$（腊耶优）连起来译成汉语就是“昏暗寨”。此地地形状若圈椅，四面环山，中为盆地，只有一个宽度不过20米的峡口通向外地。从前这里古木参天，浓荫掩映，光线严重不足，即使是现在也是如此。依据这种自然环境，人们便以$la^{21}je^{35}$（腊耶）——“昏暗”作了村名。

“龙言峪”是当年中国工农红军第二、六军团司令部驻地。1935年秋冬之际，贺龙、任弼时、关向应、肖克、王震等率领红二、六军团1万多名红军战士，从这里出发踏上万里征途。“龙言峪”也因此而永载史册，名扬中外。

合盘峪 $xo^{21}phau^{21}jəu^{55}$

纯粹的土家语地名，$xo^{21}phau^{21}jəu^{55}$（火泡优）的汉字记音：“合”是xo^{21}（火）的音变，“盘”是$phau^{21}$（泡）的音变，“峪”是$jəu^{55}$（优）的音变。因此，这个地名的准确记音应是“火泡优”。

土家语$xo^{21}phau^{21}jəu^{55}$（火泡优）由$xo^{21}phau^{21}$（火泡）和$jəu^{55}$（优）两个音节组成：$xo^{21}phau^{21}$（火泡）的汉语义是“河”，$jəu^{55}$（优）的汉语义是“村”“村寨”。所以，$xo^{21}phau^{21}jəu^{55}$（火泡优）连起来译成汉语就是“河边寨”。详细释义参见瑞塔铺镇“火盆峪”。

大车峪 $ta^{53}tshi^{53}jəu^{55}$

纯粹的土家语地名，$ta^{53}tshi^{53}jəu^{55}$的音变与误记：“大”是ta^{53}的汉字记音，但一般记作“打”，“车”是$tshi^{53}$（尺）的误记，“峪”是$jəu^{55}$（优）的音变。所以，这个地名的准确记音应是“打尺优”，按西部区的发音读作“打次优”。

土家语$ta^{53}tshi^{53}jəu^{55}$（打尺优）由$ta^{53}tshi^{53}$（打尺）和$jəu^{55}$（优）两个音节组成：$ta^{53}tshi^{53}$（打尺）指的是当地人劳动时所使用的一种叫作“打杵”的辅助工具；$jəu^{55}$（优）的汉语义是“村寨”。因此，$ta^{53}tshi^{53}jəu^{55}$（打尺优）连起来译成汉语就是“打杵寨”。用打杵是这个村子的一种时尚，故得其名。

土家人世居山区，搬运木材全靠肩扛，运输物资多用背篓、扎篼背负。为了能在运输途中得到休息和歇气，普遍借用一种叫“打杵”的工具。肩扛木材的“打杵”为“丫”形，用自然生成略带弯曲的坚硬树叉做

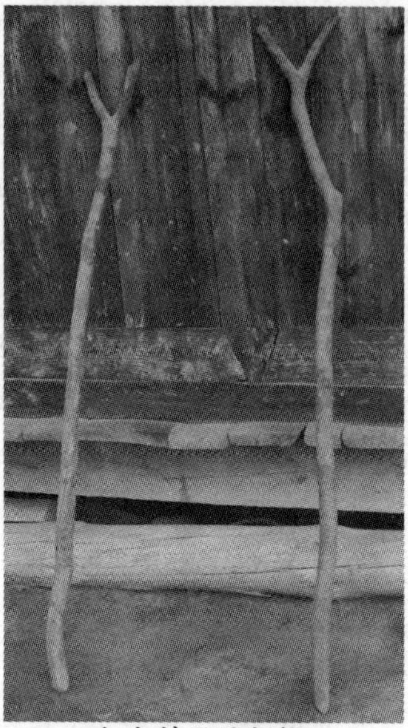

扛木料用的打杵

背负时使用的打杵

成。搬运木材时以一肩扛料，另一肩用“打杵”拗着省力；需要休息时，让木料一头着地，另一头则用“打杵”叉着承重，人便可以抽身得到歇息。用背笼、扎笼负重时用的“打杵”为“T”形，负重行走时将“打杵”抱在怀里，需要歇气时用打杵支撑背笼休息。运用“打杵”是土家族的一种文化，也是一道风景。

晚田峪 $uan^{35}thi^{35}jəu^{55}$

土家语与汉语结合运用的地名：“晚田”是土家语 $uan^{35}thi^{35}$（万替）的音变与误记；“峪”是汉语，即“山峪”。所以，这个地名的准确记音应为“万替峪”。

土家语 $uan^{35}thi^{35}$（万替）系两个音节：uan^{35}（万）是古代土家语，汉语义是“黄牛”（Bos taurus domeslica)，现代土家语称黄牛为 u^{35}（务），有的地方称为 au^{35}（敖）。thi^{35}（替）的汉语义是“套”“拴”。$uan^{35}thi^{35}$（万替）连起来直译是“牛拴”“牛套”，调换语序结构译成汉语是“套牛”“拴牛”。所以，“万替峪”（晚田峪）就是“套牛峪”或“拴牛峪”。

在山区，土家人养牛习惯用三种方式：一是放养，即选择没有庄稼的地方，给牛挂上铃铛，早上放出，晚上再收回来。二是套养，即用长绳将牛栓在水草较好的地方让其吃草，一天变更几个地方。三是守养，俗称守牛，即有人看着。古时，这个山峪里水草茂盛，是人们套养黄牛的地方，故而得名。

车家峪　tshe^{21}ka^{21}jəu^{35}

土家语与汉语结合运用的地名："车家"是土家语 tshe^{21}ka^{21} 的汉字记音，但"车"是 tshe^{21}（扯）的音变，"家"是 ka^{21}（嘎）的近音汉字替代；"峪"是汉语，即"山峪"。因此，这个地名的准确记音应是"扯嘎峪"，按西部区的发音读作"测嘎峪"。

土家语 tshe^{21}ka^{21}（扯嘎）系两个音节：tshe^{21}（扯）的汉语义是"水"，ka^{21}（嘎）的汉语义是"干""缺少"；tshe^{21}ka^{21}（扯嘎）连起来直译是"水干"或"水缺少"，调换语序结构译成汉语就是"缺水"。所以，"扯嘎峪"（车家峪）就是"缺水峪"，以缺水而得名。

马儿垮　ma^{53}zi^{21}uan^{55}

土家语与汉语结合运用的地名："马儿"是土家语 ma^{53}zi^{21} 的汉字记音，但"儿"是 zi^{21}（日）的误记，澧水上源地区的语言中，"日"与"儿"的发音完全相同，故有 zi^{21}（日）记作"儿"之误；"垮"是汉语，即"山垮"。所以，这个地名的准确记音应是"马日垮"。

土家语 ma^{53}zi^{21}（马日）系两个音节：ma^{53}（马）的汉语义是"蜂"（Apismellifera），zi^{21}（日）的汉语义是"多"；ma^{53}zi^{21}（马日）连起来直译是"蜂多"，调换语序结构译成汉语是"多蜂"。所以，"马日垮"（马儿垮）就是"多蜂垮"，即蜂子多的地方。

麻岭岗　ma^{55}ȵi^{55}kan^{55}

土家语与汉语结合运用的地名："麻岭"是土家语 ma^{55}ȵi^{55} 的汉字记音，但"岭"是 ȵi^{55}（尼）的音变与误记；"岗"是汉语，即"山冈"。所以，这个地名的准确记音应是"麻尼冈"。

土家语 ma^{55}ȵi^{55}（麻尼）为一个音节，汉语义是"大家""大伙儿"。所以，"麻尼冈"（麻岭岗）就是"大家冈""大伙儿冈"，即大家共同居住和生活的山冈。参见四方溪乡"马岭坡"。

欢干坪　xu^{35}ke^{21}phin^{21}

土家语与汉语结合运用的地名："欢干"是土家语 xu^{35}ke^{21}（胡格）的误记，"欢"是 xu^{35}（胡）的音变，"干"是 ke^{21}（格）的音变；"坪"是汉语，即坪坝。所以，这个地名的准确记音应是"胡格坪"，当地部分老人对这个地名的实际发音也是“胡格坪”。

土家语 $xu^{35}ke^{21}$（胡格）为一个音节，是个方位词，汉语义是“下面”“下边”“下方”。因此，“胡格坪”（欢干坪）就是“下面坪”。

这个坪坝位于村寨的下方，人们便以方位作了地名。

七面里 $tɕhi^{53}me^{21}li^{53}$

土家语与汉语结合运用的地名：“七面”是土家语 $tɕhi^{53}me^{21}$ 的汉字记音，但“面”是 me^{21}（嚜）的音变与误记；“里”是汉语，当地有一种习惯，不少地名的后面加上“里”，相当于“地方”“处所”。所以，这个地名的准确记音应是“七嚜里”。

土家语 $tɕhi^{53}me^{21}$（七嚜）为一个音节，汉语义是“荞”（Fagopyrum esculentum）。因此，“七嚜里”（七面里）就是“产荞的地方”。

荞即荞麦，是一种粗粮，当地有“荞粑粑敬土地（菩萨）——此地只有此货”的歇后语，意思是地方穷，没有好的东西供奉、孝敬。但是荞乃是穷人度荒糊口的主要杂粮之一，荞面发酵后做成的荞粑软酸甜香，人人爱吃。荞壳晒干灌入枕套作枕芯，舒适清香。从前，这里的人喜欢种荞，荞多荞好，人们便以这种作物作了地名。

盘家溶 $pha^{55}kha^{21}jəu^{55}$

纯粹的土家语地名，$pha^{55}kha^{21}jəu^{55}$（帕卡优）的误记：“盘”是 pha^{55}（帕）的音变，“家”是 kha^{21}（卡）的近音汉字替代，“溶”是 $jəu^{55}$（优）的音变与误记。

土家语 $pha^{55}kha^{21}jəu^{55}$（帕卡优）由 $pha^{55}kha^{21}$（帕卡）和 $jəu^{55}$（优）两个音节组成：$pha^{55}kha^{21}$（帕卡）也可简称 pha^{55}（帕），汉语义是“客家人”（汉人）；$jəu^{55}$（优）的汉语义是“村寨”。因此，“帕卡优”（盘家峪）就是“汉人村”或“客家寨”，即汉族人居住的地方。

宋元以降，特别是明初以来，随着九溪卫、西水所的建立，大量的官兵进入澧水上源以防“土苗民反叛”。后来，这些官兵中不少人解甲归田，在当地落户，成为桑植五大人口成员的“军家”。这个地名真实地反映了当时的情况，是一份难得的活档案。

南康溪 $la^{55}khe^{53}tɕhi^{55}$

土家语与汉语结合运用的地名：“南康”是土家语 $la^{55}khe^{53}$（拉克）的音变与误记；“溪”是汉语，即“溪河”“溪沟”。所以，这个地名的准确记音应是“拉克溪”。其实，民国以前，此地名叫“拉克溪”，1945 年 4 月此地修筑一座河坝定名为“南康坝”，“拉克溪”也就随之改称“南康溪”。

土家语 $la^{55}khe^{53}$（拉克）为一个音节，是 $la^{55}khe^{53}lu^{55}$（拉克路）的省略，古老的土家语，汉语义是“他乡他地”“外乡外地”。因此，“拉克溪”（南康溪）就是“外乡外地溪”，即外乡人迁来此地居住的地方。

从地名的含义推断，这个地名至迟产生于元代。对土家人来说，这些“外乡外地”人可能就是白族，是他们迁到了此地定居下来。“拉克溪”（南康溪）是一颗地名的“活化石”，对今天研究白族的迁徙定居，对研究桑植有关民族的历史，都是极其宝贵的资料。

芙蓉桥白族乡

位于县域东北部，乡治距县城32公里；辖13个行政村，135个村民小组；总面积70.2平方公里，其中耕地面积8063亩；2008年末总人口13128人，多为白族，土家族仅占1.9%。境内有国家级大鲵核心保护区；有被国内外专家誉为“世界恐龙之父”的无牙芙蓉龙化石，已出土的两具化石分别陈列在北京自然博物馆和湖南省博物馆，经中国科学院古脊椎动物与古人类研究所勘测，该乡是“无牙芙蓉龙窝”。白族文化习俗保留得较为完整。

金　藏　tɕi^{21}za^{35}

纯粹的土家语地名，tɕi^{21}za^{35}（吉日阿）的汉字记音，但“金”是tɕi^{21}（吉）的音变，“藏”是za^{35}（日阿）的近音汉字替代。所以，这个地名的准确记音应是“吉日阿”。

土家语tɕi^{21}za^{35}（吉日阿）系两个音节：tɕi^{21}（吉）的汉语义是“脚”，za^{35}（日阿）的汉语义是“洗”；tɕi^{21}za^{35}（吉日阿）连起来直译是“脚洗”，调换语序结构译成汉语是“洗脚”。

“洗脚”本是人们的日常行为，怎么可以作地名呢？原来金藏（吉日阿）是高山盆地，四周层峦叠嶂，封闭了人们的出路，唯一的外出通道是向西出，经现在的“金藏河”大峡谷和“罗峪河”大峡谷至凉水口。这条峡谷是条较大的溪流，全长40余里。溪沟两畔全是悬崖绝壁，无路可走，人们进出必须涉水而行。据有些人实测，沿途必须涉水99道。“涉水”，土家人常常戏称为“洗脚”。根据这一特殊环境，先民们便以“洗脚”这个戏称作了这里的地名。

据考证，“金藏”是古代土家族“吉咱”部落所在地，宋、元、明、清四代叫“吉咱峒”，是澧水上源地区古十八峒之一，清同治版《桑植县志》首次记为“金藏”，从此便以“金藏”定其名称，并久远地沿用了下来。金藏曾为独立的行政乡，现已改设为天星山林场。

父里桥　xu^{35}ȵi^{53}thɕiau^{53}

土家语与汉语结合运用的地名。此地附近还有“父里峪”“父里塔”，“父里桥”在“父里峪”口，“父里塔”在“父里桥”旁边。1958年人民公社化时期，因避“狐狸”讳，“父里峪”改称“胡家峪”，“父里塔”改称“胡家塔”，“父里桥”改称“芙蓉桥”，并以“芙蓉桥”为名称成立了“芙蓉桥人民公社”。

那么，“父里”是什么意思呢？在这三个地名中，“父里峪”居于核心位置，弄清了它的内涵，其余的也就迎刃而解了。

“父里峪”是土家语 xu^{35}ȵi^{53}jəu^{55} 的汉字记音，但“里”是 ȵi^{53}（尼）的误记，“峪”是 jəu^{55}（优）的音变。所以，这个地名的准确记音应是“父尼优”。土家语 xu^{35}ȵi^{53}（父尼）为一个音节，是一个副词，相当于汉语的“全”“都”“统统”，可以扩展为“大家”“公共”“共同”；jəu^{55}（优）的汉语义是“村寨”或“村庄”。所以，xu^{35}ȵi^{53}jəu^{55}（父尼优）连起来译成汉语就是“大家共同住在一起的村寨”。同理，“父里塔”就是“大家共同住在一起的地方”，“父里桥”就是“公共桥”。从土家语的语言规律判断，古代的某个时期土家族某部落全都聚居于此，故而得名。

长家峪 tsha^{53}kai^{21}jəu^{35}

土家语与汉语结合运用的地名。“长家”是土家语 tsha^{53}kai^{21} 的汉字记音，但“长”是 tsha^{53}（查）的误记，“家”是 kai^{21}（改）的近音汉字替代；“峪”是汉语，即“山峪”。因此，这个地名应记作“查改峪”，按西部区语音读作“擦改峪”。也有记作“岔改峪”的。

土家语 tsha^{53}kai^{21}（查改）为一个音节，汉语义是当地称为貂鼠的“松鼠”（Sciurus Vulqaris ）。因此，“查改峪”（长家峪）就是“松鼠峪”。

武陵山区多松鼠，计有红腹松鼠（Callasciurus-erythraus Palls）、麝鼠（Ordtro zibetmca L）、竹鼠（Rmzomys Sinensis Gray）等多种。土家语对这些“松鼠”类的动物一律称为 tsha^{53}kai^{21}（查改）或 tse^{53}kai^{21}（则改），也叫 ze^{35}muŋ^{53}ze^{35}ka^{53}（热猛热嘎）；东部区也有称“者改”的。从前，这里树密林茂，野生果树甚多，是松鼠的乐园。因此，先民们便以 tsha^{53}kai^{21}（查改）——“松鼠”作了地名。

岗儿嘴 ke^{53}e^{21}tse^{53}

纯粹的土家语地名，ke^{53}e^{21}tse^{53} 的汉字记音，但“岗”是 ke^{53}（革）的音变；“儿”是“革”的“儿化”，不具实际意义；“嘴”是 tse^{53}（则）的音变。所以，这个地名的准确记音应是“革儿则”。

土家语 ke^{53}e^{21}tse^{53}（革儿则）由 ke^{53}e^{21}（革儿）和 tse^{53}（则）两个音节

组成：ke^{53}（革）是古老的土家语，现已失传，仅在古老的《梯玛神歌》中得以保留，译成汉语是“马”（Equus caballus），“革儿”就是“马儿”；tse^{53}（则）的汉语义是“像”“似”“好像”“好似”。所以，ke^{53}e^{21}tse^{53}（革儿则）连起来直译是“马儿像”，调换语序结构译成汉语就是“像马儿”。

这个山冈凌空突出，起起伏伏，形状犹如马儿，故而得名。

高 阳 ke^{53}jan^{21}

纯粹的土家语地名，ke^{53}jan^{21}（革演）的音变与误记，也是后来文人的牵强附会。

土家语 ke^{53}jan^{21}（革演）系两个音节：ke^{53}（革）在上面的条目中已经说过，汉语义是“马”（Equus caballus）；jan^{21}（演）的汉语义是“挤”“挨”，实际是“群住群居”。因此，ke^{53}jan^{21}（革演）连起来译成汉语就是“马群居”，即骡马挤着群居的地方。

此地七条峪坪，八面山坡，四十余个小山包，古时水绿草肥，是土家部落放养骡马的地方。因为马栏密集，骡马很多而得名。

蛇老壳 se^{53}lo^{21}khu^{55}

纯粹的土家语地名，se^{53}lo^{21}khu^{55}的音变与误记：“蛇”是 se^{53}（舍）的误记，“老壳”是 lo^{21}khu^{55}（洛枯）的误记。所以，这个地名的准确记音应是“舍洛枯”，按西部区的发音读作“色洛枯”。

土家语 se^{53}lo^{21}khu^{55}（舍洛枯）系三个音节：se^{53}（舍）是古土家语，汉语义是“猴”（Macaca mulatta），包括“猴族”“猴属”“猴类”，现代土家语称猴为 e^{53}（耳）；lo^{21}（洛）的汉语义是“游玩”“嬉戏”；khu^{55}（枯）的汉语义是“山”或“山包”。所以，se^{53}lo^{21}khu^{55}（舍洛枯）连起来译成汉语就是“猴子游玩的山包”。简而言之就是“猴子包”。

古时，此地山包多、沟壑密，树碧水鲜，各种猴子嬉戏其间，成为一道风景，因而得了 se^{53}lo^{21}khu^{55}（舍洛枯）——“猴子包”之名。

土门子 thuŋ^{53}muŋ^{21}tsu^{35}

纯粹的土家语地名，thuŋ^{53}muŋ^{21}tsu^{35}（统蒙租）的音变与误记。

土家语 thuŋ^{53}muŋ^{21}tsu^{35}（统蒙租）由 thuŋ^{53}muŋ^{21}（统蒙）和 tsu^{35}（租）两个音节组成：thuŋ^{53}muŋ^{21}（统蒙）的汉语义是“线”，tsu^{35}（租）的汉语义是“出”“出产”；所以，thuŋ^{53}muŋ^{21}tsu^{35}（统蒙租）连起来直译是“线出”，调换语序结构译成汉语就是“出线”或“出产线”；用作地名，即出

产棉线、麻线的地方。

从前这里的土家妇女善于纺线，出产的棉麻线很有名，因而得名。

𡆑家峪 $lo^{21}kai^{35}jəu^{55}$

纯粹的土家语地名，$lo^{21}kai^{35}jəu^{55}$（啰盖优）的误记："𡆑"是自造字，实际发音为 luō（啰）；"家"是 kai^{35}（盖）的近音汉字替代；"峪"是 $jəu^{55}$（优）的误记。

土家语 $lo^{21}kai^{35}jəu^{55}$（啰盖优）由 $lo^{21}kai^{35}$（啰盖）和 $jəu^{55}$（优）两个音节组成：$lo^{21}kai^{35}$（啰盖）是现代土家语，汉语义是"女孩"；古土家语称"女孩"叫 $a^{53}je^{53}lai^{53}$（阿耶来）。$jəu^{55}$（优）的汉语义是"村寨"。因此，$lo^{21}kai^{35}jəu^{55}$（啰盖优）连起来译成汉语就是"女孩寨"。

古代的某个时期，此地生育的女孩子居多，这种生育现象让人记忆犹新，因此人们便以 $lo^{21}kai^{35}jəu^{55}$（啰盖优）——"女孩寨"作了地名，并沿用至今。

宋　湾 $suŋ^{35}uan^{55}$

土家语与汉语结合运用地名："宋"是土家语 $suŋ^{35}$ 的汉字记音；"湾"是汉语，即"河湾"。

土家语称"鱼"为 $suŋ^{35}$（宋）。因此，"宋湾"就是"鱼湾"。

此地是酉水河的一个潭湾，从前鱼多，因而得名。

雄　虎 $ɕi^{21}uŋ^{35}xu^{21}$

纯粹的土家语地名，$ɕi^{21}uŋ^{35}xu^{21}$（西翁湖）的误记："雄"是 $ɕi^{21}$（西）和 $uŋ^{35}$（翁）相拼的结果，在长期的语流音变中，$ɕi^{21}$（西）、$uŋ^{35}$（翁）连续相拼，被读并记作成了"雄"，于是，xu^{21}（湖）音也就变成了"虎"。

土家语 $ɕi^{21}uŋ^{35}xu^{21}$（西翁湖）系三个音节：$ɕi^{21}$（西）的汉语义是"草"，如"牛草"是 $u^{35}ɕi^{21}$（戊西），"猪草"是 $tsi^{53}ɕi^{21}$（子西）；$uŋ^{35}$（翁）的汉语义是"生""长"；xu^{21}（湖）的汉语义是"山间谷沟"。因此 $ɕi^{21}uŋ^{35}xu^{21}$（西翁湖）连起来直译是"草长沟"，调换语序结构译成汉语就是"长草沟"。

古代，此地未经过开发，乱草丛生，荒漠一片，先民们便以 $ɕi^{21}uŋ^{35}xu^{21}$（西翁湖）——"长草沟"作了地名。

大厦𡆑 $ta^{53}ɕi^{53}lo^{53}$

纯粹的土家语地名，$ta^{53}ɕi^{53}lo^{53}$ 的汉字记音，但"厦"是 $ɕi^{53}$（洗）的误记；"𡆑"是自造字，实际发音为 luō（啰），是 lo^{53}（洛）的误记。离此地不远有一处地名叫“大旗塆”，“大厦”和“大旗”虽然字面不同，其实都是土家语 ta^{53}çi^{53}（大洗）的音变与误记。按照土家语的语音规律，每当 tçhi^{53} 和 çi^{53} 处于轻声或下行时，常常会发生互相音变或音转现象，而这种现象既普遍也很正常。因此，“大厦凼”便是 ta^{53}çi^{53}lo^{53}（大洗洛），“大旗塆”也就是 ta^{53}çi^{53}uan^{55}（大洗塆）。

土家语 tta^{53}çi^{53}lo^{53}（大洗洛）由 ta^{53}çi^{53}（大洗）和 lo^{53}（洛）两个音节组成：ta^{53}çi^{53}（大洗）译成汉语大致相当于“互助”“互帮”，是一种原始的转工形式；lo^{53}（洛）的汉语义是指比较低凹的地形。所以，ta^{53}çi^{53}lo^{53}（大洗洛）连起来译成汉语就是“转工窝凹”，即盛行“转工互助”生产形式的地方。

从远古走来，土家人始终传承着互助习俗，一是轮流转工；二是不计报酬帮工，俗称“帮白夫”。每逢挖生地、薅草、栽秧、扯田草、收割等农活，村寨里的人自带农具集中在一起劳动。劳动时还请“歌师”二至三人敲锣打鼓，唱“薅草锣鼓歌”，俗称“打锣鼓”。几十人、上百人在共同劳动中，自娱自乐，蔚为壮观。参见慈利县零阳镇“大星村”。

南　海　lai^{53}xei^{55}

纯粹的土家语地名，lai^{53}xei^{55}（乃嘿）的误记：“南”是 lai^{53}（乃）的音变，“海”是 xei^{55}（嘿）的音变。

土家语 lai^{53}xei^{55}（乃嘿）系两个音节：lai^{53}（乃）的汉语义一是表示“今天”，二是表示“一会儿”或“一阵子”，这里取后者义；xei^{55}（嘿）的汉语义是“休息”“歇气”。那么，lai^{53}xei^{55}（乃嘿）连起来译成汉语就是“休息一阵子”“歇息一会儿”，实际指的是休息的处所。按常理这个休息的处所应是“伙铺”“歇铺”。

从前，此地处于交通要隘，开设有“歇铺”，供过往客商吃饭住宿，歇脚休息，因而得名。

六合塆　lu^{55}xu^{55}uan^{55}

土家语与汉语结合运用的地名：“六合”是土家语 lu^{55}xu^{55} 的汉字记音，但“合”是 xu^{55}（乎）的音变与误记；“塆”是汉语，即“山塆”。所以，这个地名的准确记音应是“六乎塆”。

土家语 lu^{55}xu^{55}（六乎）为一个音节，汉语义是“比较开阔的山塆里的梯田梯地”，凡是比较开阔的山谷或山塆中的平地，土家语统称为 lu^{55}xu^{55}（六乎）。因此，“六乎塆”（六合塆）简而言之就是“比较开阔的山塆”。

张官峪 $za^{35}ku^{53}jəu^{55}$

纯粹的土家语地名，$za^{35}ku^{53}jəu^{55}$（日阿古优）的误记：“张”是 za^{35}（日阿）的近音汉字替代，“官”是 ku^{53}（古）的音变，“峪”是 $jəu^{55}$（优）的误记。

土家语 $za^{35}ku^{53}jəu^{55}$（日阿古优）由 $za^{35}ku^{53}$（日阿古）和 $jəu^{55}$（优）两个音节组成：$za^{35}ku^{53}$（日阿古）的汉语义是“茶叶”(Camellia sinesis)，$jəu^{55}$（优）的汉语义是“村寨”。所以，$za^{35}ku^{53}jəu^{55}$（日阿古优）连起来译成汉语就是“茶叶寨”。

从前，此地茶叶树多，出产的茶叶多且品质好，因而得名。

张溪峪 $za^{35}tɕhi^{55}jəu^{35}$

土家语与汉语结合运用的地名：“张溪”是土家语 $za^{35}tɕhi^{55}$ 的汉字记音，但“张”是 za^{35}（日阿）的近音汉字替代；“溪”是 $tɕhi^{55}$（期）的误记；“峪”是汉语，即“山峪”。所以，这个地名的准确记音应是“日阿期峪”。

土家语 $za^{35}tɕhi^{55}$（日阿期）为一个音节。武陵山区生长有一种野漆树［T.Succedaneum（L.）Kuntze（Rhus succdanea L.)］，树叶、树干、树型酷似漆树，但不产漆。人若接触时间稍长，或者被其燃烟熏都会皮肤过敏，红肿溃烂，奇痒难忍。土家语称这种“野漆树”为 $za^{35}tɕhi^{55}kha^{21}muŋ^{35}$（日阿期卡蒙），其中的 $kha^{21}muŋ^{21}$（卡蒙）是树。同汉语“杉树”省去“树”，“杉”仍是“杉树”一样，$za^{35}tɕhi^{55}$（日阿期）虽然没有 $kha^{21}muŋ^{21}$（卡蒙）但仍是“野漆树”。因此，“日阿期峪”（张溪峪）就是“野漆树峪”。

从前，这里野漆树多，人们便以这种树木作了地名。

湘迁罒 $ɕian^{53}tɕhi^{21}lo^{21}$

纯粹的土家语地名，$ɕian^{53}tɕhi^{21}lo^{21}$（先七洛）的误记：“湘迁”是 $ɕian^{53}tɕhi^{21}$（先七）的误记；“罒”是一个自造字，读 luō (啰)，是 lo^{21}（洛）的误记。

土家语 $ɕian^{53}tɕhi^{21}lo^{21}$（先七洛）由 $ɕian^{53}tɕhi^{21}$（先七）和 lo^{21}（洛）两个音节组成：$ɕian^{53}tɕhi^{21}$（先七）的汉语义是“唢呐”；lo^{21}（洛）的汉语义是“玩”“耍”。所以，$ɕian^{53}tɕhi^{21}lo^{21}$（先七洛）连起来直译是“唢呐玩”，调换语序结构译成汉语就是“玩唢呐”，即吹奏唢呐。

土家族是一个喜爱音乐、善于吹奏乐器的民族。祖先们遗传下来的吹管乐器主要有“咚咚喹”“唢呐”。其中最古老的“唢呐”用树条或竹条为管凿孔，前端用椿树皮盘绕作喇叭，形象十分特别。从前，这里有高明师傅善制唢呐，会吹唢呐，因而得名。

福建坡 $xu^{21}tɕi^{21}pho^{21}$

土家语与汉语结合运用的地名：“福建”是土家语 $xu^{21}tɕi^{21}$（湖及）的音变与误记；“坡”是汉语，即“山坡”。所以，这个地名的准确记音应是“湖及坡”。

土家语 $xu^{21}tɕi^{21}$（湖及）系两个音节：xu^{21}（湖）的汉语义是“山与山之间的谷沟或谷地”；$tɕi^{21}$（及）是 $tɕi^{21}tha^{21}$（及他）的简化，汉语义是“下端”“下方”“下面”。$xu^{21}tɕi^{21}$（湖及）连起来译成汉语是“山谷下面”。所以，“湖及坡”（福建坡）就是“谷沟下端的山坡”。

此地位于长达20余公里的嘿耳峪大峡谷的出口处，是嘿耳峪大峡谷下端的一个山村。根据这种地理环境，先民们便以 $xu^{21}tɕi^{21}pho^{21}$（湖及坡）——“沟谷下面的坡”作了地名。

马合口白族乡

位于县域东北部，乡治距县城38公里；辖16个行政村，109个村民小组；总面积79平方公里，其中耕地面积9350亩；2008年末总人口11186人，其中白族9856人，占总人口的88.1%；土家族546人，仅占4.9%。主要经济作物有烤烟、油菜，是长沙卷烟厂指定的烟叶生产基地。白族文化活动丰富多彩，仗鼓舞、九子鞭成熟完善，颇具地方色彩。

马合口 $ma^{53}xau^{35}khu^{55}$

纯粹的土家语地名，$ma^{53}xau^{35}khu^{55}$的汉字记音，但“合”是xau^{35}（浩）的音变，“口”是khu^{55}（枯）的音变。所以，这个地名的准确记音应是“马浩枯”。

土家语$ma^{53}xau^{35}khu^{55}$（马浩枯）系三个音节：ma^{53}（马）的汉语义是“蜂子”（Apismellifera）；xau^{35}（浩）相当于汉语的“那么多”“好多”，实际就是“很多”。$ma^{53}xau^{35}$（马浩）连起来直译是“蜂好多”，即“蜂子多”；调换语序结构译成汉语是“多蜂子”。khu^{55}（枯）的汉语义是“小山”。因此，$ma^{53}xau^{35}khu^{55}$（马浩枯）连起来译成汉语就是“多蜂子的小山冈”。

马合口附近还有两处地名分别叫“马红塔”“马洪垭”，“马红”“马洪”同“马合”一样，都是土家语$ma^{53}xau^{35}$（马浩）的误记，汉语义都是“多蜂”。

可以推断，古代这一带家家户户养蜂，坪坝山野到处放着蜂桶，纷繁的花间到处飞舞着蜂子，犹如养蜂场，成为一道风景，故而得名。

长马坪 $tshan^{35}ma^{53}phin^{21}$

土家语与汉语结合运用的地名：“长马”是半借汉语的土家语，“长”是借汉语的“唱”，义为“唱歌”；“马”是土家语ma^{53}的汉字记音；“坪”是汉语，即“坪坝”。

土家语ma^{53}（马）在这里的汉语义是“者”“……的人”。所以，“唱马”（长马）就是“唱歌者”或“唱歌的人”，用现代话讲就是“歌手”“歌师”；“唱马坪”（长马坪）就是“歌师坪”或“歌手坪”。

唱歌伴随了土家人几千年，从而使得今天的桑植成为“歌舞之乡”和“民歌的海洋”。如今，桑植民歌已列入我国第一批非物质文化遗产名录，桑植县亦被文化部授予“中国民歌之乡”称号。山歌、情歌、时政歌、古歌、船歌、薅草锣鼓歌、巫歌、佛歌、仪式歌，等等，几乎人人能唱几首。“你歌没有我歌多，我的歌比牛毛多，唱了三年六个月，还没唱完牛耳朵。”唱歌必有歌师，歌多必有歌王。此地从前的土家人爱唱歌，并且有著名的歌师、歌手，因而得名。

秀尔塆　$\text{ɕiəu}^{55}\text{e}^{21}\text{uan}^{55}$

土家语与汉语结合运用的地名：“秀尔”是地道的土家语 $\text{ɕiəu}^{55}\text{e}^{21}$ 的汉字记音；“塆”是汉语，即“山塆”。

土家语 $\text{ɕiəu}^{55}\text{e}^{21}$（秀尔）系两个音节：$\text{ɕiəu}^{55}$（秀）的汉语义是“开垦”“开辟”“治理”，即“开荒斩草，治山造地”；e^{21}（尔）的汉语义是“长”“远”，可以引申为“长期”“长远”“长久”等。$\text{ɕiəu}^{55}\text{e}^{21}$（秀尔）连起来直译是“开垦长期”，调换语序结构译成汉语是“长期开垦”。所以，“秀尔塆”就是“长期开垦出来的山塆”。

这个地名是一颗活化石，它深刻地揭示了一个历史事实，那就是土家先民自遥远的古代，一代接着一代，用自己的勤劳智慧和坚韧不拔开辟了这块荒原，使其成为今日的美好家园。为了纪念祖先们的丰功伟绩和创业的艰辛，后人便以 $\text{ɕiəu}^{55}\text{e}^{21}$（秀尔）——“长期开垦”作了地名。

寺塘坪　$\text{si}^{21}\text{thuŋ}^{53}\text{phin}^{21}$

土家语与汉语结合运用的地名：“寺塘”是土家语 $\text{si}^{21}\text{thuŋ}^{53}$ 的汉字记音，但 si^{21} 通常记为“司”“塘”是 thuŋ^{53}（桶）的音变；“坪”是汉语，即“坪坝”。所以，这个地名的准确记音应是“司桶坪”。

土家语 $\text{si}^{21}\text{thuŋ}^{53}$（司桶）系两个音节：$\text{si}^{21}$（司）的汉语义是“野兽”，$\text{thuŋ}^{53}$（桶）的汉语义是“窝”“巢”；$\text{si}^{21}\text{thuŋ}^{53}$（司桶）连起来译成汉语是“兽窝”。因此，“司桶坪”（寺塘坪）就是“兽窝坪”，即野兽栖息的地方。

此地是淋溪源大山界南侧的一个峡谷，古时树茂林深，是各种野兽栖息繁衍的乐园，故而得名。

苍家台　$\text{tshe}^{21}\text{ka}^{21}\text{thai}^{53}$

土家语与汉语结合运用的地名：“苍家”是土家语 $\text{tshe}^{21}\text{ka}^{21}$ 的汉字记音，但“苍”是 tshe^{21}（测）的音变与误记，“家”是 ka^{21}（嘎）的近音汉字替代；“台”是汉语，即“台地”。所以，这个地名的准确记音应为“测嘎台”，但东部区多数地方的实际发音是“扯家台”。

土家语 tshe^{21}ka^{21}（测嘎）系两个音节：tshe^{21}（测、扯）的汉语义是“水”，ka^{21}（嘎）的汉语义是“干”“缺”；tshe^{21}ka^{21}（测嘎）连起来直译是“水缺”，调换语序结构译成汉语是“缺水”。因此，“测嘎台”（苍家台）就是“缺水的台地”。此地因缺水易旱而得其名。

后囮子 xəu^{35}lo^{35}tsi^{53}

纯粹的土家语地名，xəu^{35}lo^{35}tsi^{53} 的汉字记音。其中的 xəu^{35}（后）是人名；“囮”是自创字，发音为 luō（啰），是 lo^{35}（洛）的记音。所以，这个地名应记作“后罗子”。

土家语称“瞎子”为 lo^{35}tsi^{53}（罗子）或 lo^{35}tɕi^{53}（罗儿）。所以，“后罗子”（后囮子）就是“后瞎子”。

古代的某个时期，有一个名叫 xəu^{35}（后）的瞎子在此居住过，叫的人多了，习惯成自然，人们便以对他的称呼作了此地的地名。

佳木峪 ka^{35}me^{55}jəu^{55}

纯粹的土家语地名，ka^{35}me^{55}jəu^{55}（嘎嚜优）的误记。据考证，民国以前此地就叫“嘎嚜优”，由于人们不懂这个地名的含义，一些文人后来将其改为今名，以致从形到义都面目全非。

土家语 ka^{35}me^{55}jəu^{55}（嘎嚜优）由 ka^{35}me^{55}（嘎嚜）和 jəu^{55}（优）两个音节组成：ka^{35}me^{55}（嘎嚜）的汉语义是“官”；jəu^{55}（优）的汉语义是“村”“寨”。所以，ka^{35}me^{55}jəu^{55}（嘎嚜优）连起来译成汉语就是“官寨”或“官村”。

从前，这里地灵人杰，达官层出不穷，因而人们便以 ka^{35}me^{55}jəu^{55}（嘎嚜优）——“官寨”或“官村”作了地名。

大地塔 tha^{55}tie^{55}tha^{35}

土家语与汉语结合运用的地名：“大地”是土家语 tha^{55}tie^{55}（他爹）的音变与误记；“塔”是汉语，即“坪塔”，也指有坪塔的地方。因此，这个地名的准确记音应是“他爹塔”。

土家语 tha^{55}tie^{55}（他爹）为一个音节，是 tha^{55}tie^{55}lai^{55}tɕi^{35}（他爹来寄）的简化。tha^{55}tie^{55}lai^{55}tɕi^{35}（他爹来寄）是古老的土家语，现今已不再用，只在《哭嫁歌》中得以保留，现代土家语叫 ta^{53}pho^{55}（打坡），译成汉语是“哭嫁”。因此，“他爹塔”（大地塔）就是“哭嫁塔”或“哭嫁寨”。

从前，这个村寨哭嫁水平高，因而得名。“哭嫁塔”（大地塔）是一颗承载土家人婚嫁习俗的活化石。参见永定区三家馆乡“大培”。

洗银井 ɕi³⁵je⁵⁵tɕin²¹

土家语与汉语结合运用的地名：“洗银”是土家语 ɕi³⁵jə⁵⁵（细耶）的误记；“井”是汉语，本义指“水井”，也泛指水井一带的地方。因此，这个地名的准确记音应该是“细耶井”。

土家语 ɕi³⁵je⁵⁵（细耶）为一个音节，有的地方叫 la⁵⁵ɕi⁵⁵lai⁵⁵（拉西来），汉语义是药科植物“萹蓄”（Polygonum aviculare）。因此，“细耶井”（洗银井）就是“萹蓄井”，即萹蓄草多的地方。

矮子峪 a²¹tso²¹jəu⁵⁵

纯粹的土家语地名，a²¹tso²¹jəu⁵⁵（阿作优）的误记：“矮子”是 a²¹tso²¹（阿作）的附会与误记，“峪”是 jəu⁵⁵（优）的音变。

土家语 a²¹tso²¹jəu⁵⁵（阿作优）系三个音节：a²¹（阿）的汉语义是“岩”“石头”，tso²¹（作）的汉语义是“匠人”，a²¹tso²¹（阿作）连起来译成汉语是“石匠”“岩匠”；jəu⁵⁵（优）的汉语义是“村寨”。所以，a²¹tso²¹jəu⁵⁵（阿作优）连起来译成汉语就是“石匠村”或“石匠寨”，即有石匠或石匠多的村寨。很显然，此地是因石匠多、石匠的手艺高而得名。

有人以为，“矮子峪”是出矮子的地方。据考证，从古至今此地不出矮子，世居之民的身高与周围村寨之人无异。持此论者显然是不懂土家语，望文生义了。

万众𨑨 uan³⁵tsi⁵³lo²¹

纯粹的土家语地名，uan³⁵tsi⁵³lo²¹ 的汉字记音，但“众”是 tsi⁵³（指）的音变；“𨑨”是自造字，音 luō（啰），是 lo²¹（洛）的误记。所以，这个地名应记作“万指洛”，按西部区的发音读作“万子洛”。

石　匠

土家语 uan³⁵tsi⁵³lo²¹（万指洛）系三个音节：uan³⁵（万）的汉语义是“黄牛”（Bos taurus domeslica）；tsi⁵³（指）的汉语义是“猪”（Sus scrofa domestica）；lo²¹

（洛）的汉语义是“玩要”“逛玩”。所以，$uan^{35}tsi^{53}lo^{21}$（万指洛）连起来译成汉语就是“牛猪玩”，即牛和猪游玩的地方。

古时，此地是个牧场，是人们放养猪牛的地方，因而得名。

岗儿栋 $ke^{53}e^{21}tu\eta^{35}$

纯粹的土家语地名，$ke^{53}e^{21}tu\eta^{35}$ 的汉字记字，但“岗”是 ke^{53}（革）的音变；“儿”是 ke^{53}（革）的儿化，不具实际意义；“栋”是 $tu\eta^{35}$（峒）的误记。所以，这个地名应记作“革儿峒”或“革峒”。

土家语 $ke^{53}tu\eta^{35}$（革峒）系两个音节：ke^{53}（革）是极其古老的土家语，现代已不再用，仅在《梯玛神歌》中保留，译成汉语是“马”（Equus caballus）；$tu\eta^{35}$（峒）原本是土家族部落酋长所居之地，俗称“峒寨”，后来也泛指较大的村寨。所以 $ke^{53}tu\eta^{35}$ (革峒) 连起来译成汉语就是“马寨”。

在遥远的古代，此地是土家族头领的养马场，养的马多，故而得名。

曲尺垭 $t\c{c}hie^{55}tshi^{53}\eta a^{21}$

土家语与汉语结合运用的地名：“曲尺”是土家语 $t\c{c}hie^{55}tshi^{53}$（且尺）的误记，“曲”是 $t\c{c}hie^{55}$（且）的音变；“垭”是汉语，即“山口”。因此，这个地名的准确记音应该是“且尺垭”，按西部区的发音读作“且次垭”。

土家语 $t\c{c}hie^{55}tshi^{53}$（且尺）系两个音节：$t\c{c}hie^{55}$（且）的汉语义是“大山”，$tshi^{53}$（尺）的汉语义是“挨近”或“靠近”；$t\c{c}hie^{55}tshi^{53}$（且尺）连起来直译是“大山靠近”或“大山挨近”，调换语序结构译成汉语是“靠近大山”。所以，“且尺垭”（曲尺垭）就是“靠近大山的山垭”。

此地是夹在大山与小山之间的山垭台地，故而得名。

皮家塔 $phi^{35}ka^{21}tha^{35}$

土家语与汉语结合运用的地名：“皮家”是土家语 $phi^{35}ka^{21}$（屁嘎）的误记，“皮”是 phi^{35}（屁）的音变，“家”是 ka^{21}（嘎）的近音汉字替代；“塔”是汉语，即“坪塔”。因此，这个地名的准确记音应该是“屁嘎塔”。

土家语 $phi^{35}ka^{21}$（屁嘎）为一个音节，汉语义是俗称“沙蚊子”的蚊科动物“骚扰阿蚊”（Armaqeres Sobturban SW）。所以，“屁嘎塔”（皮家塔）就是“沙蚊子塔”，即沙蚊子多的地方。详细释义参见沙塔坪乡“辟卡溪”。

木　峡 $mu^{53}\c{c}i^{53}$

纯粹的土家语地名，$mu^{53}\c{c}i^{53}$（木西）的误记。原名“木西沟”，解放以后才改称“木峡”。

土家语 $mu^{53}ɕi^{53}$（木西）为一个音节，汉语义是“山竹”。因此，“木西沟”（木峡）就是“山竹沟”，即山竹多的地方。

武陵山区的竹子种类较多，主要有棚竹、桂竹、苦竹、楠竹、水竹、紫竹、山竹等，土家语将这些竹子统称为 mu^{53}（木）。山竹的竹竿一般不会粗于拇指，山区人多用它编织篱笆、编扎竹扫帚，山竹笋可食。

彻溪峪 $tshe^{21}ɕi^{21}jəu^{35}$

土家语与汉语结合运用的地名：“彻溪”是土家语 $tshe^{21}ɕi^{21}$ 的汉字记音，但“彻”是 $tshe^{21}$（扯）的音变，“溪”是 $ɕi^{21}$（洗）的音变；“峪”是汉语，即“山峪”。因此，这个地名的准确记音应该是“扯洗峪”，按西部区的发音读作“测洗峪”。

土家语 $tshe^{21}ɕi^{21}$（扯洗）为一个音节，是对渗浸水的通称，例如小孩的涎水、天气潮湿时石头上的浸水、盐罐里的浸水、地下的浸水等，一般都称之为 $tshe^{21}ɕi^{21}$（扯洗），这里实指地下的浸水。所以，“扯洗峪”（彻溪峪）就是“浸水峪”。

此地常年浸水不断，细水长流，故而得名。

次屋塔 $tshe^{21}o^{53}tha^{35}$

土家语与汉语结合运用的地名。“次屋”是土家语 $tshe^{21}o^{53}$ 的误记：“次”是 $tshe^{21}$（测）的音变，“屋”是 o^{53}（窝）的误记；“塔”是汉语，即“坪塔”，也泛指有坪塔的地方。因此，这个地名的准确记音应该是“测窝塔”，按东部区多数地方的发音读作“扯窝塔”。

土家语 $tshe^{21}o^{53}$（测窝）系两个音节：$tshe^{21}$（测）的汉语义是“水”，o^{53}（窝）的汉语义是“蛇”；$tshe^{21}o^{53}$（测窝）连起来译成汉语是“水蛇”。因此，“测窝塔”（次屋塔）就是“水蛇塔”，即水蛇多的地方。

梭子丘 $so^{55}tsu^{35}tɕhiəu^{55}$

土家语与汉语结合运用的地名：“梭子”是土家语 $so^{55}tsu^{35}$ 的汉字记音，但“子”是 tsu^{35}（租）的音变；“丘”是汉语，一般指小土堆，也指一块一块的田，这里泛指有小山丘的地方。所以，这个地名的准确记音应该是“梭租丘”。

土家语 $so^{55}tsu^{35}$（梭租）系两个音节：so^{53}（梭）是 $so^{53}phe^{21}$（梭拍）的简化，汉语义是“雾”；tsu^{35}（租）的汉语义是“起”“出”；$so^{55}tsu^{35}$（梭租）连起来直译是“雾出”或“雾起”，调换语序结构译成汉语是“出雾”或“起雾”。所以，“梭租丘”（梭子丘）就是“出雾（或起雾）的山丘”。

此地是一个盆形洼地，积水难消，非常潮湿，早晨和晚间常常大雾迷漫。根据这一特征，人们便以 $so^{55}tsu^{35}$（梭租）——“起雾”作了地名。

官保峪 $ka^{21}po^{21}jəu^{35}$

土家语与汉语结合运用的地名：“官保”是土家语 $ka^{21}po^{21}$（嘎博）的误记；“峪”是汉语，即“山峪”。因此，这个地方的原始名称应是“嘎博峪”。

土家语 $ka^{21}po^{21}$（嘎博）为一个音节，是 $ka^{21}uŋ^{21}po^{21}$（嘎翁博）的简化，在整个音节中，$uŋ^{21}$（翁）是短暂的轻声，在长期的语流音变中脱落了，只留下 $ka^{21}po^{21}$（嘎博），但含义未变，译成汉语是“定居住下”。所以，“嘎博峪”（官保峪）就是土家先民最早定居的地方。

遥想当年，这个山峪是一片荒原，就是那些最早在此定居的先民，用辛勤劳动开辟了这片土地，使其成为今天的美好家园。这个地名是一艘航船，它把先民们的丰功伟业载到了春光明媚的今天。

碗儿塔 $uan^{35}zi^{21}tha^{35}$

土家语与汉语结合运用的地名：“碗儿”是土家语 $uan^{35}zi^{21}$（万日）的汉字记音，但“碗”是 uan^{35}（万）的音变；“儿”是 zi^{21}（日）的误记；“塔”是汉语，即“坪塔”。因此，这个地名的准确记音应该是“万日塔”。

土家语 $uan^{35}zi^{21}$（万日）系两个音节：uan^{35}（万）是古土家语，汉语义是黄牛（Bos taurus domeslica），现代土家语称“黄牛”为 u^{35}（戊），有的称为 au^{35}（嗷）；zi^{21}（日）的汉语义是“多”。$uan^{35}zi^{21}$（万日）连起来直译是“黄牛多”，调换语序结构译成汉语是“多黄牛”。所以，“万日塔”（碗儿塔）就是“多黄牛塔”，即多黄牛的地方。

遥远的古代，此地是一片荒原，水碧草肥，是先民们饲养耕牛的地方，故得其名。

扇皇峪 $sa^{53}xuan^{21}jəu^{55}$

纯粹的土家语地名，$sa^{53}xuan^{21}jəu^{55}$ 的误记：“扇”是 sa^{53}（沙）的误记；“皇”是 $xuan^{21}$（欢）的音变；“峪”是 $jəu^{55}$（优）的音变。所以，这个地名的准确记音应是“沙欢优”，按西部区的发音读作“撒欢优”。

土家语 $sa^{53}xuan^{21}jəu^{55}$（沙欢优）系三个音节：sa^{53}（沙）的汉语义是

“鸭子”（Anas domestica）；xuan^{21}（欢）的汉语义是“满”“遍地”，核心意义是“多”“很多”。sa^{53}xuan^{21}（沙欢）连起来直译是“鸭子多”，调换语序结构译成汉语是“多鸭子”。jəu^{55}（优）的汉语义是“村庄”“寨子”。所以，sa^{53}xuan^{21}jəu^{55}（沙欢优）连起来译成汉语就是“多鸭子的村寨”。

土家族是一个由原始狩猎转向农耕的古老民族。转入农耕后，他们一直十分注意养殖家禽家畜，并且培养了一批又一批养鸭专业户，俗称“鸭客”。从前这个村寨里鸭客多，养的鸭子也非常多，故而得名。

麦地坪白族乡

位于县域东北部，乡治距县城38公里；辖8个行政村，53个村民小组；总面积50.4平方公里，其中耕地面积5680亩；2008年末总人口5033人，其中白族占95%以上，土家族仅占5%。境内资源较为丰富，铁矿已探明储量1622万吨，占全县已探明储量的30.2%，品位高，极具开采价值；经济作物主要有烟叶、花生、油菜，以及板栗、柑橘、梨等干水果和黄柏、杜仲、厚朴等“三木”药材，其中烟叶1600多亩，最高年产量曾达12000担。

麦地坪 $me^{35}thie^{35}phin^{21}$

土家语与汉语结合运用的地名：“麦地”是土家语 $me^{35}thie^{35}$（嚜贴）的误记，“麦”是 me^{35}（嚜）的音变，“地”是 $thie^{35}$（贴）的音转；“坪”是汉语，即“坪坝”。所以，这个地名的准确记音应该是“嚜贴坪”。

土家语 $me^{35}thie^{35}$（嚜贴）为一个音节，是 $me^{35}thie^{35}pa^{53}$（嚜贴吧）的简化，译成汉语是“大神”“大菩萨”或“天神”。所以，“嚜贴坪”（麦地坪）就是“大神坪”。

$me^{35}thie^{35}pa^{53}$（嚜贴吧）是土家族崇奉的“天神”，其地位相当于汉族的“玉皇大帝”。传说他在遥远的古代，与“三元盘古”一起开天辟地，后来主管人间事，地位至高无上，较大的土家村寨都专门设有神堂供奉。随着时间的推移，这个“大神”逐渐在民间消失了，但在《梯玛神歌》中被奉为主坛神。此地从前有“嚜贴吧”神堂，供奉有其神像，故而得名。

四望山 $si^{21}o^{21}san^{55}$

土家语与汉语结合运用的地名。“四望”是土家语 $si^{21}o^{21}$ 的汉字记音，但“望”是 o^{21}（沃）的误记；“山”是汉语。所以，这个地名的准确记音应该是“四沃山”。其实，此山原名就叫“四沃山”，在当地算是比较有名的大山。但人们嫌其与“四恶”同音，民国年间改为“四望山”，取“四方可望”之义，这当然是文人善意的讹编了。

土家语 $si^{21}o^{21}$（四沃）系两个音节：si^{21}（四）通常记为“司”，汉语义是“兽”“野兽”；o^{21}（沃）的汉语义是“围”。$si^{21}o^{21}$（四沃）连起来直译是“兽围”，调换语序结构译成汉语是“围兽”。所以，“四沃山”（四望山）就是“围兽山”。

“围兽”，就是“围猎”；“围猎”，就是“打猎”“狩猎”，当地人称作“赶山”“赶仗”。这座山海拔1400余米，境内地形复杂，山峦重叠，溪沟纵横，树木苍郁，野兽很多，是人们常去围猎的地方，故而得名。

车路湾 $tshe^{21}lo^{21}uan^{55}$

土家语与汉语结合运用的地名：“车路”是土家语 $tshe^{21}lo^{21}$（扯洛）的误记；“湾”是汉语，即“河湾”。因此，这个地名的准确记音应该是“扯洛湾”，按西部区的发音读作“测洛湾”。

土家语称“水”为 $tshe^{21}$（扯），称“洪水”“大水”为 $tshe^{21}lo^{21}$（扯洛）。所以，“扯洛湾”（车路湾）就是“洪水湾”或“大水湾”，即经常暴发山洪的地方。

麦地坪河是一条较大的溪流，流到此处将该地切割成深达百余米的峡谷。山高谷深，溪沟如织，每遇大雨，水从四面八方汇集此地，顿时暴发大水山洪。依据这种自然特点，人们便以“扯洛湾”（车路湾）——“大水湾”作了地名。

湖　囮 $xu^{55}lo^{55}$

纯粹的土家语地名，$xu^{55}lo^{55}$（虎洛）的音变与误记：“湖”是 xu^{55}（虎）的音变；“囮”是自造字，读luō（啰），是 lo^{55}（洛）的误记。

土家语 $xu^{55}lo^{55}$（虎洛）为一个音节，是 $xu^{55}lo^{55}ma^{53}$（虎洛马）的简化，汉语义是“梭雷蜂”（Vespamandarinia）。从前，这个地方梭雷蜂多，因而得名。详细释义参见两河口乡“虎洛垭”。

宋子塔 $su\eta^{35}tsa^{21}tha^{35}$

土家语与汉语结合运用的地名：“宋子”是土家语 $su\eta^{35}tsa^{21}$ 的汉字记音，但“子”是 tsa^{21}（咱）的音变；“塔”是汉语，即“坪塔”，也泛指有坪塔的地方。所以，这个地名的准确记音应该是“宋咱塔”。

土家语 $su\eta^{35}tsa^{21}$（宋咱）系两个音节：$su\eta^{35}$（宋）的汉语义是“鱼”，tsa^{21}（咱）的汉语义是“捉”“捕”；$su\eta^{35}tsa^{21}$（宋咱）连起来直译是“鱼捕”或“鱼捉”，调换语序结构译成汉语是“捕鱼”或“捉鱼”。所以，“宋咱塔”（宋子塔）就是“捕鱼塔”或“捉鱼塔”，即人们捕鱼的地方。

马龙垭 $ma^{53}lu\eta^{53}\eta a^{53}$

土家语与汉语结合运用的地名：“马龙”是原汁原味的土家语 $ma^{53}lu\eta^{53}$ 的汉字记音；“垭”是汉语，即“山口”。

土家语 ma[53]luŋ[53]（马龙）系两个音节：ma[53]（马）的汉语义是“蜂子”，这里实指“蜜蜂”（Apismellifera）；luŋ[53]（龙）的汉语义是“养”。ma[53]luŋ[53]（马龙）连起来直译是“蜂养”，调换语序结构译成汉语是“养蜂”。所以，“马龙垭”就是“养蜂垭”，即养蜜蜂的地方。

养蜜蜂，是土家人世代传承的习俗，至今已有数千年历史。人们养蜂的方式很多，大宗的是将蜜蜂引入木桶放置在屋檐下，也有人将蜂桶放置在溪沟山野间，少者几桶，多者几十桶。从前，此地家家养蜂，成为一种时尚，故而得名。

寸 岩 tshe[21]ŋe[35]

纯粹的土家语地名，tshe[21]ŋe[35] 的汉字记音。但“寸”是 tshe[21]（“测”）的误记；ŋe[35] 的发音很特别，没有一个汉字的读音能与之准确对应，比较接近的是“额”；而“岩”在张家界地区不读作 yán（言），其发音也很特别，同样没有一个汉字的读音能与之准确对应，比较接近的是“挨”。“额”“挨”读音接近，故将 ŋe[35] 误记为“岩”。因此，这个地名比较准确一点应记作“扯额”，按西部区多数地方的实际发音读作“测额”。

土家语 tshe[21]ŋe[35]（测额）系两个音节：tshe[21]（测）的汉语义是“水”；ŋe[35]（额）是 tsau[21]ŋe[35]（造额）的简化，汉语义是“走”“走了”或“去”“去了”。所以，tshe[21]ŋe[35]（测额）连起来译成汉语就是“水走了”或“水去了”，意思是说地上停不住水，雨一停水也渗入地下了。

此地是著名的山坡岩坷地区，地上是裸露的乱石，地下是空阔的阴河（暗河），一向以“地下水长流，地面水如油”而远近闻名。这个地名是当地的真实写照，也是当地至今极少种稻田的原因。

芦毛𠚾 luŋ[55]mu[55]lo[53]

纯粹的土家语地名，luŋ[55]mu[55]lo[53] 的汉字记音，但“芦毛”是 luŋ[55]mu[55]（聋木）的音变与误记；“𠚾”是当地的自造字，音 luō（啰），是 lo[53]（洛）的记音。所以，这个地名的准确记音应该是“聋木洛”。

土家语 luŋ[55]mu[55]lo[53]（聋木洛）由 luŋ[55]mu[55]（聋木）和 lo[53]（洛）两个音节组成：luŋ[55]mu[55]（聋木）的汉语义是“大麦”（Hordeum vulgarel）；lo[53]（洛）的汉语义是指比较低凹的地方，即窝凹。所以，“聋木洛”（芦毛𠚾）就是“大麦凹”，即产大麦的窝凹。

与“芦毛𠚾”相邻有一地名叫“芦茅塘”。“芦茅”也是土家语 luŋ[55]mu[55]（聋木）的误记；因此，“芦茅塘”就是“大麦塘”。

柯　家 $kho^{21}xa^{21}$

纯粹的土家语地名，$kho^{21}xa^{21}$ 的汉字记音，但“家”是 xa^{21}（哈）的误记。旧时，湘西地区的语言中有“哈”音但无“哈”字，用汉字记 xa^{21}（哈）时一般用“家”“喝”等发音较近的字替代，此处就是以“家”代 xa^{21}（哈）。所以，这个地名的准确记音应该是“柯哈”。

土家语 $kho^{21}xa^{21}$（柯哈）为一个音节，译成汉语是“乞丐”“叫花子”。此地以 $kho^{21}xa^{21}$（柯哈）作地名，就是出叫花子的地方。

该地坐落在海拔 1500 余米的大山上，山高坡陡，水源严重不足，少得可怜的田地全靠雨水。由于自然条件恶劣，生产的粮食极少，人们不得不出外乞讨，从而使该地得了一个“叫花子”的名称。这个地名是一颗活化石，它淀积了土家先民的心酸，也淀积了遥远古代的社会阶级烙印。

淋溪河白族乡

位于县域东北部，北以溇水为界与湖北省鹤峰县铁炉白族乡、走马镇相邻，乡治距县城59公里；辖11个行政村，62个村民小组；总面积92平方公里，其中耕地面积2125亩；2008年末总人口4642人，其中白族2816人，占总人口的60%。境内森林覆盖率达90%，有国家一、二级保护动物、植物10多种和大杉树、大楠木原始林；拟建中的淋溪河水电站装机17万千瓦，年发电量3.96亿千瓦小时；这里是江垭水库尾水区，盛产无鳞鱼；“五步蛇”系列酒、茶叶、茶油、蜂蜜及各种野生菌是这里的特产。

淋　溪　$li^{35}uŋ^{35}tɕhi^{55}$

土家语与汉语结合运用的地名：“淋”是土家语 li^{35}（利）和 $uŋ^{35}$（翁）相拼后的汉字记音，因为 $uŋ^{35}$（翁）属于轻声，而且一带而过，于是人们便将 li^{35}（利）和 $uŋ^{35}$（翁）相拼，从而使两个音节变成了一个音节（词），就是现在的“淋”。“溪”是汉语，即“溪沟”“沟河”。所以，$li^{35}uŋ^{35}tɕhi^{55}$（利翁溪）也就演变成了今天的“淋溪”。

土家语 li^{35}（利）的汉语义是“虎”（panthera tigris），$uŋ^{35}$（翁）的汉语义是“吠”“啼”“啸”；$li^{35}uŋ^{35}$（利翁）连起来译成汉语是“虎啸”。所以，“利翁溪”（淋溪）就是“虎啸溪”。

此地坐落在大山深处，纵横交错的无数条溪沟汇合成一条较大的山溪。从前，山谷中、溪沟旁，全是参天古树。这种环境当是老虎栖息的理想处所，常常可以听到虎啸声，故而得名。

淋溪源　$li^{35}uŋ^{35}tɕhi^{55}jan^{21}$

土家语与汉语结合运用的地名：“淋”是土家语 li^{35}（利）和 $uŋ^{35}$（翁）两个音节拼合后的汉字记音。“溪”是汉语，即“溪沟”“山溪”；“源”是汉语，即“源头”。“淋溪源”即淋溪的源头。详细释义参见“淋溪”。

淋溪河　$li^{35}uŋ^{35}tɕhi^{55}xo^{21}$

土家语与汉语结合运用的地名：“淋”是土家语 li^{35}（利）和 $uŋ^{35}$（翁）两个音节拼合后的汉字记音。“溪”是汉语，即“溪沟”“山溪”；“河”

是汉语。“淋溪河”就是淋溪出口汇合溇水河的地方。详细释义参见“淋溪”。

淋溪河位于湘鄂两省交界线上的百年古镇，也是溇水河谷中的水上码头，在湘鄂边境有着很大的名气。

大汗溪 $ta^{53}xa^{21}tɕhi^{55}$

土家语与汉语结合运用的地名：“大汗”是土家语 $ta^{53}xa^{21}$ 的汉字记音，但“汗”是 xa^{21}（哈）的音变；“溪”是汉语，即“溪沟”。所以，这个地名的准确记音应是“大哈溪”。

土家语 $ta^{53}xa^{21}$（大哈）系两个音节：ta^{53}（大）的汉语义是“互相”，xa^{21}（哈）的汉语义是“打”；$ta^{53}xa^{21}$（大哈）连起来译成汉语是“互相打”，即“打架”“打仗”。所以，“大哈溪”（大汗溪）就是“打架溪”或“打仗溪”，即打过架、打过仗的地方。

东汉建初三年（78 年），土家族领袖覃儿健率领溇中土家人起义，反抗东汉王朝的统治与剥削，其大本营就建在距“大哈溪”不远的四围山上，今叫“覃寨”。义军声势浩大，势如破竹，先占领九溪、零阳，然后攻克作唐（今安乡）、孱陵（今湖北公安）。但在强大的官兵压迫进剿下，起义失败，义军退守大本营，与十倍于己的敌军“战于宏下”，这“大哈溪”应是当时的重要战场。战争过去已经近两千年了，可谓物是人非，但“大哈溪”却像一颗点缀在深山里的珍珠，仍旧折射着那场战争的缕缕硝烟。

古牛台 $ku^{53}jəu^{55}thai^{53}$

汉语与土家语结合运用的地名：“古”是汉语，即“古代”；“牛”是土家语 $jəu^{55}$（优）的误读、误记，因为在当地，“牛”“优”读音不分，都读作“优”，因此才将 $jəu^{55}$（优）记作了“牛”；“台”是汉语，即“台地”。所以，这个地名的准确记音应该是“古优台”。

土家语 $jəu^{55}$（优）的汉语义是“村”“寨”。因此，“古优台”（古牛台）就是“古时的村寨台”，意思是说这个台地曾是古代的村庄。

板　桩 $pan^{35}tsu^{35}$

纯粹的土家语地名，$pan^{35}tsu^{35}$ 的音变与误记：“板”作为 pan^{35} 的记音，一般记作“半”；“桩”是 tsu^{35}（住）的误记，所以，这个地名的准确记音应是“半住”，按西部区的发音读作“半租”。

土家语 $pan^{35}tsu^{35}$（半住）系两个音节：pan^{35}（半）的汉语义是“山鹰”（Accipiter）；tsu^{35}（住）的汉语义是“出”“出来”，可以扩展为“出没”。

所以，$pan^{35}tsu^{35}$（半住）连起来译成汉语就是“山鹰出没的地方”。

此地坐落在澧水有名的神门大峡谷中，自古以来山鹰很多，人们便以山鹰作了地名。

各马台 $ka^{35}me^{55}thai^{53}$

土家语与汉语结合运用的地名：“各马”是土家语 $ka^{35}me^{55}$（嘎嚜）的音变与误记；“台”是汉语，即“台地”。因此，这个地名的准确记音应该是“嘎嚜台”。

土家语 $ka^{35}me^{55}$（嘎嚜）为一个音节，古土家语，汉语义是“官”；现代土家语称“官”叫 $khua^{35}$（夸）。因此，“嘎嚜台”（各马台）就是“官台”，即官居住过的地方。古代的某个时期，此地曾经出过做官的人，人们便以这种情况作了当地的地名。

此地附近有个地名叫“关屋场”，是汉语，但正确的记名应是“官屋场”，即官住过的屋场，与“嘎嚜台”的含义是完全一样的，是对“嘎嚜台”即“官台”的最好的印证。

华皮界 $xu^{21}phi^{21}kai^{35}$

土家语与汉语结合运用的地名：“华皮”是土家语 $xu^{21}phi^{21}$ 的汉字记音，但“华”是 xu^{21}（湖）的音变与误记。xu^{21}（湖）在土家语地名中用得十分普遍，但在东部区由于不懂土家语，人们错误地以为“湖”就是“湖泊”，认为山区有湖泊不合实际，因而大多将 xu^{21}（湖）误记为“河”“喝”“华”等，此处就是误“湖”为“华”。“界”是汉语，即“山界”。所以，这个地名的准确记音应该是“湖皮界”。

土家语 $xu^{21}phi^{21}$（湖皮）系两个音节：xu^{21}（湖）的汉语义不是“湖泊”，而是山与山之间的“谷地”，俗称“山谷”或“沟谷”；phi^{21}（皮）的汉语义是“分”。$xu^{21}phi^{21}$（湖皮）连起来直译是“沟谷分”，调换语序结构译成汉语是“分沟谷”。所以，“湖皮界”（华皮界）就是“分沟谷界”，即俗称的“分水岭”。

夹河塆 $ka^{21}xa^{35}uan^{55}$

土家语与汉语结合运用的地名。“夹河”是土家语 $ka^{21}xa^{35}$（嘎哈）的音变与误记：“夹”在这里读 gá，是 ka^{21}（嘎）的汉字记音；“河”是 xa^{35}（哈）的音变。“塆”是汉语，即“山塆”。因此，这个地名的准确记音应该是“嘎哈塆”。

土家语 $ka^{21}xa^{35}$（嘎哈）为一个音节，是一个方位词，汉语义是“上面”“上边”“上头”“上方”。所以，“嘎哈塆”（夹河塆）就是“上面塆”，意思是说这个村庄坐落在上头的塆里。

董古庄 $tuŋ^{53}ku^{21}tsuan^{55}$

土家语与汉语结合运用的地名：“董古”是土家语 $tuŋ^{53}ku^{21}$ 的汉字记音，有的地方叫 $tuŋ^{53}ke^{21}$（董格）；“庄”是汉语，即“村庄”。

土家语 $tuŋ^{53}ku^{21}$（董古）为一个音节，汉语义是“山谷、山塆、山沟的尽头”。因此，“董古庄”就是“山沟尽头的村庄”，因村子坐落在山沟（山塆）的尽头而得名。

小 汉 $ɕie^{21}xa^{21}$

纯粹的土家语地名，$ɕie^{21}xa^{21}$（写哈）的误记。

土家语 $ɕie^{21}xa^{21}$（写哈）系两个音节：$ɕie^{21}$（写）的汉语义是“铁”；xa^{21}（哈）的汉语义是“打”。所以，$ɕie^{21}xa^{21}$（写哈）连起来直译是“铁打”，调换语序结构译成汉语就是“打铁”。

土家语对“打铁”有两种理解：一是指“铸锅”,俗称“铣锅”，即开设土炉熔化生铁，然后用模具铸成锅子;二是指铁匠开设洪炉，煅打农具兵器。此地以 $ɕie^{21}xa^{21}$ (写哈）命名，就是先民铸锅、打制农具的地方。

沙兰溪 $sa^{55}lan^{53}tɕhi^{55}$

土家语与汉语结合运用的地名：“沙兰”是土家语 $sa^{55}lan^{53}$ 的汉字记音，但“兰”是 lan^{53}（懒）的音变；“溪”是汉语，即“溪沟”。因此，这个地名的准确记音应该是“沙懒溪”，按西部区的发音读作“撒懒溪”。

土家语 $sa^{55}lan^{53}$（沙懒）为一个音节，汉语义是漆树科植物“黄连木”(Pistacia chnensis)。因此，“沙懒溪”（沙兰溪）就是“黄连木沟”。

从前，这条山沟里黄连木多，因而得名。

车家坝 $tshe^{21}ka^{21}pa^{35}$

土家语与汉语结合运用的地名：“车家”是土家语 $tshe^{21}ka^{21}$ 的汉字记音，但“车”是 $tshe^{21}$（扯）的音变，“家”是 ka^{21}（嘎）的近音汉字替代；“坝”是汉语，即“坪坝”。所以，这个地名的准确记音应该是“扯嘎坝”，按西部区的发音读作“测嘎坝”。

土家语 $tshe^{21}ka^{21}$（扯嘎）系两个音节：$tshe^{21}$（扯）的汉语义是“水”，ka^{21}（嘎）的汉语义是“干”“缺”；$tshe^{21}ka^{21}$（扯嘎）连起来直译是“水干”或“水缺”，调换语序结构译成汉语是“干水”或“缺水”。所以，

“扯嘎坝”（车家坝）就是“缺水坝”，即缺少水源的坪坝。

北 西 $pe^{55}ɕi^{53}$

纯粹的土家语地名，$pe^{55}ɕi^{53}$ 的汉字记音。但“北”是 pe^{55}（白）的音变，因“北”在当地不读作 běi，而是读作 bé，故有此误。所以，这个地名的准确记音应该是“白西”。

土家语 $pe^{55}ɕi^{53}$（白西）为一个音节，是 $pe^{55}lie^{55}ɕi^{53}$（白列西）的简化，lie^{55}（列）在整个音节中属轻声短音，在长期的语流音变中脱落了，从而衍化成了今天的 $pe^{55}ɕi^{53}$（白西），但实际含义未变，汉语义是“梨子”(Pyrus spp)。土家语称“梨树”叫 $pe^{55}lie^{55}ɕi^{53}kha^{21}muŋ^{21}$（白列西卡蒙），其中 $kha^{21}muŋ^{21}$（卡蒙）是“树”；称“梨”为 $pe^{55}lie^{55}ɕi^{53}pu^{35}li^{55}$（白列西布里），其中 $pu^{35}li^{55}$（布里）是“果”。$pe^{55}ɕi^{53}$（白西）单称，既可指“梨子”，也可指“梨树”。所以，$pe^{55}ɕi^{53}$（白西）用作地名就是“梨树或梨子多的地方”。

四姐峪 $si^{21}tɕie^{53}jəu^{35}$

土家语与汉语结合运用的地名：“四姐”是土家语 $si^{21}tɕie^{53}$ 的汉字记音，但 si^{21} 一般记为“司”；“峪”是汉语，即“山峪”。所以，这个地名准确一点应记作“司姐峪”。

土家语 $si^{21}tɕie^{53}$（司姐）系两个音节：si^{21}（司）的汉语义是“肉”，也指“野兽”；$tɕie^{53}$（姐）的汉语义是“赶”。$si^{21}tɕie^{53}$（司姐）连起来直译是“肉赶”或“兽赶”，调换语序结构译成汉语是“赶肉”或“赶兽”。所以，“司姐峪”（四姐峪）就是“赶肉峪”或“赶兽峪”。

“赶肉”或“赶兽”就是俗称的“赶山”“赶仗”，即“狩猎”。这就是土家人称“猎人”“猎户”为 $si^{21}tɕie^{53}ma^{53}$（司姐马）的由来，其中的 ma^{53}（马）是“者”“……的人”。所以，“司姐峪”（四姐峪）实际就是先民们打猎的地方。

社郎坪 $se^{53}lan^{21}phin^{21}$

土家语与汉语结合运用的地名。“社郎”是土家语 $se^{53}lan^{21}$ 的误记：“社”作为 se^{53} 的记音多记作“舍”，“郎”是 lan^{21}（兰）的音变；“坪”是汉语，即“坪坝”。所以，这个地名的准确记音应该是“舍兰坪”，按西部区的发音读作“色兰坪”。

土家语 $se^{53}lan^{21}$（舍兰）系两个音节：se^{53}（舍）是古土家语，汉语义是“猴子”（Macaca mulatta），现代土家语称猴子为 e^{53}（耳）。lan^{21}（兰），

现多记为“南”，是土家语中的一个修饰词，汉语义为“臭味”“腥味”“膻味”。se[53]lan[21]（舍兰）连起来译成汉语是“猴臭味”。所以，“舍兰坪”（社郎坪）就是“猴臭坪”，即弥漫猴子膻臭气味的地方。

用“猴子臭味”作地名，可以想象，在遥远的古代，这个坪坝是广阔的荒原，树密林深，栖息其间的猴子一定很多。

走马坪白族乡

位于县域中部，乡治距县城34公里；辖11个行政村，86个村民小组；总面积68平方公里，其中耕地面积6176亩；2008年末总人口8080人，其中白族占总人口的80%以上。主要经济作物有花生、烟叶和油菜，有一定量的铁、硫黄、煤等矿藏。白族文化底蕴深厚，仗鼓舞、九子鞭久负盛名。

楠木坡 lo^{55}muŋ^{53}pho^{55}

土家语与汉语结合运用的地名：“楠木”是土家语lo^{55}muŋ^{53}（洛猛）的误记；“坡”是汉语，即“山坡”。土家语在该地消失后，人们弄不懂lo^{55}muŋ^{53}（洛猛）的含义，便以汉语想象附会为“南门”，后来进一步附会为“楠木”，并作为今天的村名。因此，这个地方的原始名称应是“洛猛坡”。

从远古走来，土家人对原始部落头领和后来的“土司”头人，统称为lo^{55}muŋ^{53}（洛猛），译成汉语就是“王”或“大王”。所以，“洛猛坡”（楠木坡）就是“大王坡”。

可以判定，此地是古代某部落头领的居住地，其周围地区是他的领地，人们便以lo^{55}muŋ^{53}（洛猛）——“大王”作了地名。

郭门坡 ka^{21}muŋ^{21}pho^{55}

土家语与汉语结合运用的地名：“郭门”是土家语ka^{21}muŋ^{21}（嘎蒙）的误记；“坡”是汉语，即“山坡”。所以，这个地名的准确记音应该是“嘎蒙坡”。

土家语ka^{21}muŋ^{21}（嘎蒙）为一个音节，是ka^{21}muŋ^{21}se^{21}（嘎蒙色）的简化，其中，se^{21}（色）属词尾轻声，极易脱落而只留下ka^{21}muŋ^{21}（嘎蒙），但含义不变，译成汉语是“枫香树”（Liquidambar formosana）。所以“嘎蒙坡”（郭门坡）就是“枫香树坡”，因枫香树多而得名。参见陈家河镇“夹石河”。

采龙观 tshe^{21}luŋ^{21}ku^{53}

纯粹的土家语地名，tshe^{21}luŋ^{21}ku^{53}tie^{21}（测龙古爹）的省略与误记，也是不懂土家语的文人的讹编。不过，按东部区多数地方的实际发音，这个地名应读作“扯龙古爹”。

该地的原始名称就是“测龙古爹”，土家语在该地消失后，人们根本无法弄懂它的含义，便循其声而加以改造。为适应汉语“三字式”地名的需要，首先省去了词尾的tie^{21}（爹），仅留tshe^{21}luŋ^{21}ku^{53}（测龙古）。然后将tshe^{21}（测）改为“采”，将ku^{53}（古）改为“观”，从而衍化成为道观名——采龙观。

tshe^{21}luŋ^{21}ku^{53}tie^{21}（测龙古爹）是古老的土家语，现今大多简化为tshe^{21}luŋ^{21}（测龙）。土家语称“水”为tshe^{21}（测），称“浑”为luŋ^{21}（龙）或luŋ^{21}ku^{53}tie^{21}（龙古爹）；所以，tshe^{21}luŋ^{21}ku^{53}tie^{21}（测龙古爹）或tshe^{21}luŋ^{21}（测龙）连起来直译是“水浑”，调换语序结构译成汉语就是“浑水”；作为地名，就是容易出浑水或涨浑水的地方。

走马坪 za^{55}mu^{55}phin^{21}

土家语与汉语结合运用的地名：“走马”是土家语za^{55}mu^{55}（日阿木）的误记，也是文人的牵强附会与讹编；“坪”是汉语，即“坪坝”。因此，这个地名的准确记音应该是“日阿木坪”。

土家语za^{55}mu^{55}（日阿木）为一个音节，是za^{55}mu^{55}kai^{55}（日阿木该）或za^{55}mu^{55}li^{55}（日阿木里）的简化，汉语义是蜻蜓（Polycanthagyma melanictera）。所以，“日阿木坪”（走马坪）就是“蜻蜓多的坪坝”。

蜻蜓，东部土家语方言中有的别称为“乔老儿”“丁丁”。此地坐落在千亩汩湖北岸，水丰草肥，气候温和湿润。每到夏秋季节，红蜻蜓、绿蜻蜓、黑蜻蜓、白蜻蜓、黄蜻蜓、花蜻蜓等，群繁群生，活跃其间，各显风流，独成一方风景。于是，人们便以这种昆虫作了地名。

苦竹界 khu^{55}tsa^{53}kai^{35}

土家语与汉语结合运用的地名：“苦竹”是土家语khu^{55}tsa^{53}的汉字记音，但“竹”是tsa^{53}（扎）的误记；“界”是汉语，即“山界”。所以，这个地名的准确记音应该是“苦扎界”，按西部区的发音读作“苦咱界”。

土家语khu^{55}tsa^{53}（苦扎）为一个音节，汉语义是“顶上”或“山顶”。所以，“苦扎界”（苦竹界）就是“山顶上的山界”，即山上之山。而作为村名，就是说，这个村庄坐落在山顶的山峦上。

石家坡 si^{21}tɕie^{53}pho^{55}

土家语与汉语结合运用的地名：“石家”是土家语si^{21}tɕie^{53}的汉字记音，但“家”是tɕie^{53}（借）的音变。“坡”是汉语，即“山坡”。所以，这个地名的准确记音应该是“石借坡”，按西部区的发音读作“司借坡”。

土家语 $si^{21}tɕie^{53}$（石借）系两个音节：si^{21}（石）的汉语义是“肉”或“野兽”，因为野兽也是肉；$tɕie^{53}$（借）的汉语义是“赶”。$si^{21}tɕie^{53}$（石借）连起来直译是“肉赶”或“野兽赶”，调换语序结构译成汉语是“赶肉”或“赶野兽”。所以，“石借坡”（石家坡）就是“赶肉坡”或“赶兽坡”。

“赶肉”或“赶兽”，俗称“赶山”“赶仗”，实际就是“打猎”。古时，这面山坡树草茂密，各种野兽栖息其间，是人们常去打猎的地方，故而得名。

采金坡 $tshe^{21}tɕie^{53}pho^{55}$

土家语与汉语结合运用的地名：“采金”是土家语 $tshe^{21}tɕie^{53}$ 的汉字记音，但“采”是 $tshe^{21}$（测）的误记，“金”是 $tɕie^{53}$（借）的误记；“坡”是汉语，即“山坡”。所以，这个地方的原始名称应是“测借坡”，按东部区多数地方的实际发音应读作“扯借坡”。

土家语 $tshe^{21}tɕie^{53}$（测借）系两个音节：$tshe^{21}$（测）的汉语义是“水”，$tɕie^{53}$（借）的汉语义是“赶”；$tshe^{21}tɕie^{53}$（测借）连起来直译是“水赶”，调换语序结构译成汉语是“赶水”。所以，“扯借坡”就是“赶水坡”。

土家人世居山区，有的地方水源缺乏，喝水、种田需要从水源充足的地方开挖渠道或架设枧槽引水。这种“引水”活动，人们称之为“赶水”。此地以“赶水坡”为名的原因有两种可能：其一是这个山坡上严重缺水，必须从别的地方引水；其二是这个山坡上水源充盈，别的干旱地区经常从这儿引水。二者必居其一。

史料记载：“传说此坡藏有金矿，并有人试采。”据考察，此地并无金矿，自古以来也没有“采金”的记录，显然属于望文生义的讹编。

洛　里 $lo^{35}li^{53}$

纯粹的土家语地名，$lo^{35}li^{53}$ 的汉字记音。

土家语 $lo^{35}li^{53}$（洛里），有的地方称 $lo^{35}liəu^{55}$（洛留），为一个音节，汉语义是“中间”“中央”。

此地以 $lo^{35}li^{53}$（洛里）——“中间”作地名，意思是说，此地四面八方都有村庄，它便是中间那个寨子。

平溪峪 $phi^{35}tɕhi^{53}jəu^{55}$

纯粹的土家语地名，$phi^{35}tɕhi^{53}jəu^{55}$（皮乞优）的音变与误记。

土家语 $phi^{35}tɕhi^{53}jəu^{55}$（皮乞优）系三个音节：$phi^{35}$（皮）的汉语义是

“土筑墙”；tɕhi^{53}（乞）是土家语的一个形容词，汉语义为“大”；jəu^{55}（优）的汉语义是“村庄”“寨子”。所以，phi^{35}tɕhi^{53}jəu^{55}（皮乞优）连起来直译是“土筑墙大寨”，调换语序结构译成汉语就是“大土筑墙寨”，即房屋为土筑墙的大村庄。它是土家族民居的一颗活的化石，显得十分珍贵。

北瓜峪 pe^{35}kha^{21}jəu^{55}

纯粹的土家语地名，pe^{35}kha^{21}jəu^{55}（白卡优）的误记。

土家语 pe^{35}kha^{21}jəu^{55}（白卡优）由 pe^{35}kha^{21}（白卡）和 jəu^{55}（优）两个音节组成：pe^{35}kha^{21}（白卡）的汉语义是“苗族”；jəu^{55}（优）的汉语义是“村庄”“寨子”。所以，pe^{35}kha^{21}jəu^{55}（白卡优）连起来译成汉语就是“苗族人居住的村寨”，简而言之，就是俗称的“苗寨”。详细释义参见岩屋口乡“白洋坪”。

火砖墙房屋，又称风火桶子

封　合 xuŋ^{55}xo^{53}

纯粹的土家语地名，xuŋ^{55}xo^{53}（轰火）的音变与误记。有的记为“风火”，有的记为“封火”“封”“风”“丰”都是 xuŋ^{55}（轰）的误记。“封”“风”“丰”，汉语拼音为 fēng，而张家界人普遍发音为 hōng，这也许就是将 xuŋ^{55}（轰）记为“封”“风”“丰”的原因。

土家语 xuŋ^{55}xo^{53}（轰火）为一个音节，汉语义是“火砖墙”，实际是指“以火砖为墙的房子”或在房屋四周用火砖砌成的高大山墙。土家人称这样的火砖墙房屋叫“轰合桶子”，通常简化为“轰合”，多记为“封合”“风火”。此地以 xuŋ^{55}xo^{53}（轰合）作地名，表示从前这里建有“轰合桶子”这种火砖民居建筑。

腊水塆 la^{53}su^{35}uan^{55}

土家语与汉语结合运用的地名：“腊水”是土家语 la^{53}su^{35} 的汉字记音，但“腊”作为 la^{53} 的汉字记音，一般记作“拉”；“水”是 su^{35}（术）的音变。“塆”是汉语，即“山塆”。所以，这个地名的准确记音应该是“拉术塆”，按西部区的发音读作“拉苏塆”。

土家语 $la^{53}su^{35}$（拉术）系两个音节：la^{53}（拉）通常记为“拉”，汉语义是“道路”；su^{35}（术）的汉语义是“修”或“修造”。$la^{53}su^{35}$（拉术）连起来直译是“路修”，调换语序结构译成汉语是“修路”，即“修筑道路”。所以，“拉术塆”（腊水塆）就是“修有道路的山塆”。

司子包 $si^{55}tse^{21}pau^{35}$

土家语与汉语结合运用的地名：“司子”是土家语 $si^{55}tse^{21}$ 的汉字记音，但“子”是 tse^{21}（则）的音变与误记；“包”是汉语，即“山包”。所以，这个地名的准确记音应该是“司则包”。

土家语 $si^{55}tse^{21}$（司则）为一个音节，汉语义是壳斗科植物“青枢栎”（Quercus oxyc don）。所以，“司则包”（司子包）就是“青枢栎包”，即青枫栎树多的山包。

古时，这个山包上青枢栎树多而且大，人们便以这种树名作了地名。

龙洞坪 $lu\eta^{55}thu\eta^{53}phin^{21}$

土家语与汉语结合运用的地名：“龙洞”是土家语 $lu\eta^{55}thu\eta^{53}$ 的汉字记音，但“洞”是 $thu\eta^{53}$（通）的误记；“坪”是汉语，即“坪坝”。所以，这个地名的准确记音应该是“龙通坪”。

土家语 $lu\eta^{55}thu\eta^{53}$（龙通）为一个音节，汉语义是“聋子”，所以“龙通坪”（龙洞坪）就是“聋子坪”。

古代的某个时期，此地可能经常发生耳聋的疾病，也可能曾经居住过名望颇高的聋子，让人印象深刻，叫的人多，约定俗成，人们便以“聋子”作了地名。

泥巴山 $li^{35}pu^{55}san^{55}$

土家语与汉语结合运用的地名：“泥巴”是土家语 $li^{35}pu^{55}$（立布）的音变与误记；“山”是汉语。所以，这个地名的准确记音应该是“立布山”。

土家语 $li^{35}pu^{55}$（立布）为一个音节，汉语义是“稻谷”（Oryza sativa）。所以，“立布山”（泥巴山）就是“稻谷山”或“水稻山”。

此地虽属山坡，但梯田层层，水源充足，盛产稻谷，名甲一方。因此，人们便以 $li^{35}pu^{55}$（立布）——“稻谷”作了地名。

官地坪镇

位于县域东北部，北与湖北省鹤峰县接壤，东与常德市石门县相邻，镇治距县城48公里；辖18个行政村、1个居委会，145个村民小组；总面积127平方公里，其中耕地面积13590亩；2008年末总人口16112人，其中土家族约9000人，占总人口的80%以上。境内天然气资源开发价值很大；烟叶生产是该镇农业增收、企业增效、财政增收的支柱产业，是全市烟叶过万担的重点镇；该镇还是省级小城镇建设投入重点镇。

笔家峪 $pi^{35}tɕi^{55}jəu^{55}$

纯粹的土家语地名，$pi^{35}tɕi^{55}jəu^{55}$（毕基优）的音变与误记："笔"是pi^{55}的汉字记音，但一般记为"毕"；"家"和"峪"分别是$tɕi^{55}$（基）和$jəu^{55}$（优）的音变。

土家语$pi^{35}tɕi^{55}jəu^{55}$（毕基优）由$pi^{35}tɕi^{55}$（毕基）和$jəu^{55}$（优）两个音节组成：$pi^{35}tɕi^{55}$（毕基）的汉语义是"土家"，$jəu^{55}$（优）的汉语义是"村寨"；所以，"毕基优"（笔家峪）连起来译成汉语就是"土家寨"，即土家人居住的地方。详细释义参见两河口乡"笔架村"。

别里峪 $pi^{55}lie^{55}jəu^{55}$

纯粹的土家语地名，$pi^{55}lie^{55}jəu^{55}$（比列优）的音变与误记。经过几千年的语流音变，$pi^{55}lie^{55}jəu^{55}$（比列优）能够保持到今天的"别里峪"这种程度实属不易。

土家语$pi^{55}lie^{55}jəu^{55}$（比列优）由$pi^{55}lie^{55}$（比列）和$jəu^{55}$（优）两个音节组成：$pi^{55}lie^{55}$（比列）的汉语义是"天花""痘子"，$jəu^{55}$（优）的汉语义是"村寨"。所以，$pi^{55}lie^{55}jəu^{55}$（比列优）连起来译成汉语就是"天花寨"或"痘子寨"，即出天花的村庄。

天花，俗称"出痘子""出水痘"，是一种流行性疾病，极易传染。人若患上天花，轻者九死一生后成为"麻子"，重者可致死亡。在今天看来，天花只是一种病，但在旧时却与疟疾、肺结核一起被列为不治之症，往往可致十室九空。古代的某个时期，这个村寨里曾经天花流行，给人以深刻印象，先民们便以这种疾病作了地名。它是一颗活化石，生动地记载了古代缺医少药的历史事实。

华玉塆 xui^{55}jəu^{55}uan^{55}

土家语与汉语结合运用的地名："华玉"是土家语 xui^{55}jəu^{55}（灰优）的音变与误记；"塆"是汉语，即"山塆"。因此，这个地名的准确记音应该是"灰优塆"。

土家语 xui^{55}jəu^{55}（灰优）系两个音节：xui^{55}（灰）是一个范围副词，汉语义表示"共同""公众"，可以引申为"大家"；jəu^{55}（优）的汉语义是"村寨""村庄"。xui^{55}jəu^{55}（灰优）连起来译成汉语是"公共村""公众寨"。所以，"灰优塆"（华玉塆）就是"公众村庄塆"，即大家共同聚居的山塆。"公众"，当然包括各个姓氏和各种人群。

"灰优塆"（华玉塆）应是今官地坪村镇的雏形。可以想象，在遥远的古代，不断有人在此定居。"有容乃大"，它包容了各个姓氏的人群，从而发展成今天的住有几千人的繁荣昌达的当地政治经济文化中心。

大 茂 tu^{55}mu^{35}

纯粹的土家语地名，tu^{55}mu^{35} 的汉字记音，但"大"是 tu^{55}（都）的音变，"茂"是 mu^{35}（牟）的误记。因此，这个地名的准确记音应该是"都牟"。

土家语 tu^{55}mu^{35}（都牟）为一个音节，汉语义是"纱"。从前，此地的土家妇女会纺纱纺线，纺出的"纱"远近闻名，人们便以这种产品作了地名。

茂古洞 mu^{55}ku^{55}tuŋ^{35}

土家语与汉语结合运用的地名："茂古"是土家语 mu^{55}ku^{55} 的汉字记音，但"茂"是 mu^{55}（木）的误记；"洞"是汉语，即"山洞"，也指山洞周围的地区。所以，这个地名的准确记音应该是"木古洞"。

土家语 mu^{55}ku^{55}（木古）为一个音节，是极其古老的土家语，现代已经不用，仅在《梯玛神歌》中保留，汉语义是"鳖"（Trionyx sinensis)。"鳖"，俗称"团鱼""脚鱼""王八"，现代土家语叫 luŋ^{55}ku^{55}（聋古），有的地方叫 luŋ^{53}ɕi^{53}（拢喜）。所以，"木古洞"（茂古洞）就是"团鱼洞"。

"茂古洞"是一个巨大的山洞，洞里是汩汩奔流的阴河，洞下就是滔滔奔腾的溇水。从前，此处团鱼多，故而得名。

乌金岭 u^{35}tɕi^{53}lin^{21}

土家语与汉语结合运用的地名："乌金"是土家语 u^{35}tɕi^{53} 的汉字记

音，但“金”是 $tɕi^{53}$（基）的音变；“岭”是汉语，即“山岭”。所以，这个地名的准确记音应该是“乌基岭”。

土家语 $u^{35}tɕi^{53}$（乌基）为一个音节，汉语义是“仓库”。所以，“乌基岭”（乌金岭）就是“仓库岭”，即建有仓库的地方。

此地位于溇水岸畔，是溇水河谷中的一个重要码头，有船和木排直放津市、澧州。古时，当地的土家部落在这里建有仓库，屯储各种山货土产，以到外地交换食盐、布匹、棉花等日用品。这个地名记载了土家先民的经济生活的历史，具有很高的历史价值。

竹家塆 $tse^{53}kai^{21}uan^{55}$

土家语与汉语结合运用的地名。“竹家”是土家语 $tse^{53}kai^{21}$（者改）的音变与误记；“塆”是汉语，即“山塆”。所以，这个地名的准确记音应是“者改塆”，按西部区的发音读作“则盖塆”。

土家语 $tse^{53}kai^{21}$（者改）为一个音节，汉语义是“貂鼠”（Sciurus vulqαris）。所以，“者改塆”（竹家塆）就是“貂鼠塆”。

从前，此地野果多，生长的貂鼠也多，故而得名。

望角尖山 $uan^{55}ku^{53}tɕian^{55}san^{55}$

土家语与汉语结合运用的地名。“望角”是土家语 $uan^{55}ku^{53}$（弯古）的误记；“望”是 uan^{55}（弯）的音变，“角”当地方言读 guó (国)，是 ku^{53} (古) 的误记。“尖山”是汉语。因此，这个地名的准确记音应是“弯古尖山”。

土家语 $uan^{55}ku^{53}$（弯古）为一个音节，是 $uan^{55}ku^{53}tshi^{21}$（弯古次）的简化，$tshi^{21}$（次）属词尾下行轻音，在长期的语流音变中脱落了，但词根仍存，含义未变，译成汉语是“弯弯的”。所以，“弯古尖山”（望角尖山）就是“弯弯的尖山”。

海果塔 $xei^{21}ko^{21}tha^{35}$

土家语与汉语结合运用的地名：“海果”是土家语 $xei^{21}ko^{21}$ 的汉字记音，但“海”是 xei^{21}（嘿）的音变；“塔”是汉语，即“坪塔”，也泛指有小块平地的地方。所以，这个地名的准确记音应该是“嘿果塔”。

土家语 $xei^{21}ko^{21}$（嘿果）为一个音节，是东部区的方言，汉语义为“满意”“要得”“不错”。所以，“嘿果塔”（海果塔）就是“不错的坪塔”。

澧水上源地区以 $xei^{21}ko^{21}$（嘿果）命名的地名很多，诸如“嘿果溪”“嘿果坪”“嘿果峪”，等等，只不过有的是以“海角”的符号出现的，它们都是“令人满意”的意思。

土家人对人对事的认知和赞许，情感极为丰富。例如称“好”是 tsha^{35}（岔、擦）；称“最好”或“好得很”是 tsha^{35}ɕi^{55}thai^{35}（岔西太、擦西太）；称“喜欢”为 li^{53}si^{21}（里司）；称“满意”“如意”为 mau^{35}to^{21}（冒朵），东部区则称为 xei^{21}ko^{21}（嘿果）。

此地有大小山头 30 多个，俗有“五百和尚拜观音”之称。在这山的世界里，此地算是好的地方，古人的赞许之词也就成了该地的名称。

英旺塔　ji^{55}o^{35}tha^{35}

土家语与汉语结合运用的地名：“英旺”是土家语 ji^{55}o^{35}（依窝）的误读误记。土家人有语言而无文字，用汉语记土家语十分困难，加上几千年的语流音变，很难做到准确无误，能够将“依窝”记为“英旺”还算不错。“塔”是汉语，即“坪塔”，一般指有小块平地的地方。所以，这个地名的准确记音应是“依窝塔”，当地老人的实际发音也是“依窝塔”。

土家语 ji^{55}o^{35}（依窝）的全称是 ji^{55}o^{35}a^{53}pa^{21}（依窝阿巴），其中 ji^{55}o^{35}（依窝）是姓名，a^{53}pa^{21}（阿巴）的汉语义是对“祖母”以上的女性尊辈的称呼。“依窝阿巴”俗称“依窝老母”或“依窝娘娘”。所以，“依窝塔”（英旺塔）就是“依窝娘娘塔”，实质是指建有“依窝娘娘”神堂的地方。

依窝阿巴是土家族尊崇的“造人神”，主管人间的生殁之事，相当于汉族的“女娲”，一般都设有神堂供奉。此地从前设有供奉她的神堂，故得其名。详细释义参见蹇家坡乡“义禾润”。

五方头　u^{35}xua^{21}thu^{21}

纯粹的土家语地名，u^{35}xua^{21}thu^{21}（戊花土）的音变与误记。

土家语 u^{35}xua^{21}thu^{21}（戊花土）由 u^{35}（戊）和 xua^{21}thu^{21}（花土）两个音节组成：u^{35}（戊）的汉语义是“黄牛”（Bos taurus domestica），一般也泛指“牛”；xua^{21}thu^{21}（花土）源于《梯玛神歌》，汉语义为“传授人”，后来普及民间，一般称为“师父”或“师傅”。所以，u^{35}xua^{21}thu^{21}（戊花土）连起来译成汉语就是“牛师傅”。

从前，此地可能出过养牛的师傅，也可能出过善治牛病的牛医，因此，人们便以 u^{35}xua^{21}thu^{21}（戊花土）——“牛师傅”作了地名。

车尔溪　tshe^{21}e^{21}tɕhi^{55}

土家语与汉语结合运用的地名：“车尔”是土家语 tshe^{21}e^{21} 的汉字记音，但“车”是 tshe^{21}（扯）的音变；溪”是汉语，即“溪沟”。所以，这个地名的准确记音应该是“扯尔溪”，按西部区的发音读作“测尔溪”。

土家语 $tshe^{21}e^{21}$（扯尔）系两个音节：$tshe^{21}$（扯）的汉语义是“水”，e^{21}（尔）的汉语义是“长”“远”；$tshe^{21}e^{21}$（扯尔）连起来直译是“水长”或“水远”，调换语序结构译成汉语是“长水”或“远水”。所以，“扯尔溪”（车尔溪）就是“长水沟”或“远水沟”。

车尔溪是一个大峡谷，全长 10 余公里。而官地坪方圆 15 平方公里，却是“水贵如油”的干坪。1985 年，人们在车尔溪谷口修坝截流成库，能灌溉官地坪 3000 多亩面积，解决了境内近万人的饮用水问题。往日的长水沟，如今成了大平湖，景色极佳。

车尔坪 $tshe^{21}e^{21}phin^{21}$

土家语与汉语结合运用的地名：“车尔”是土家语 $tshe^{21}e^{21}$ 的汉字记音，但“车”是 $tshe^{21}$（扯）的音变；“坪”是汉语，即“坪坝”。所以，这个地名应记作“扯尔坪”，按西部区的发音读作“测尔坪”。

如上所述，土家语 $tshe^{21}e^{21}$（扯尔）的汉语义是“长水”“远水”；所以，“扯尔坪”（车尔坪）就是“长水坪”或“远水坪”。“车尔坪”位于“车尔溪”谷口，“坪”因“溪”得名。详细释义参见“车尔溪”。

石场溪 $si^{21}tsha^{35}tɕhi^{55}$

土家语与汉语结合运用的地名，有的记作“施昌溪”。“石场”是土家语 $si^{21}tsha^{35}$ 的汉字记音，但“场”是 $tsha^{35}$（岔）的误记；“溪”是汉语，即“溪沟”。所以，这个地名的准确记音应该是“石岔溪”，按西部区的发音读作“司擦溪”。

土家语 $si^{21}tsha^{35}$（石岔）系两个音节：si^{21}（石）是个多义词，汉语义既指“肉”，也指“野兽”；$tsha^{35}$（岔）的汉语义是“好”。$si^{21}tsha^{35}$（石岔）连起来直译是“肉好”或“兽好”，调换语序结构译成汉语是“好肉”或“好兽”。所以，“石岔溪”（石场溪）就是“好兽沟”。简而言之，就是有好野兽的山沟。在土家族的语言习惯中，“好肉”和“好兽”是不矛盾的，其核心是“好兽肉”。因此，土家人称“打猎”为“赶肉”或“打肉”。

石场溪位于车尔溪尽头，是这条溪流的发源地。在长达 10 余公里的峡谷中，沟壑纵横，古木参天，人迹罕至，俨然成了各种野兽的天堂，故而得名。

天子元 $thian^{53}tsi^{53}jəu^{55}$

汉语与土家语结合运用的地名，有的记为“天子园”：“天子”是汉语；“元”是土家语 jəu^{55}（优）的误记。所以，这个地名的准确记音应该是“天子优”。

土家语 jəu^{55}（优）的汉语义是“村”“寨”。所以，“天子优”（天子元）就是“天子寨”，即天子的栅寨。

为什么此地叫“天子寨”呢？原来，远在东汉建初至永元年间（76–104 年），当地的土家族领袖陈从、覃儿健、谭戎在溇水中游接连举行起义，率领土家族人民反抗东汉王朝的黑暗统治。捣官府、杀长史、释放囚徒，闹得溇水流域一片火红。车尔溪大峡谷的尽头有一座名叫“七星伴月”的高山，山的顶端有平地千亩，水源充足。陈从、覃儿健、谭戎先后在这里建造房屋，设立栅寨，扎下大营，并自称“天子”，指挥起义。他们后来都牺牲了，起义也失败了。土家后人为追悼先灵，将“七星伴月”改称“天子寨”。

“天子元”（天子寨）历史悠久，自然景色极佳。

庹子峪 tho^{53}tsu^{35}jəu^{55}

纯粹的土家语地名，tho^{53}tsu^{35}jəu^{55} 的汉字记音，但“子”是 tsu^{35}（租）的音变；“峪”是 jəu^{55}（优）的音变。所以，这个地名的准确记音应是“庹租优”。

土家语 tho^{53}tsu^{35}jəu^{55}（庹租优）系三个音节：tho^{53}（庹），一般记为“妥”，汉语义是“箱子”；tsu^{35}（租）的汉语义是“出”“出产”。tho^{53}tsu^{35}（庹租）连起来直译是“箱子出”，调换语序结构译成汉语是“出箱子”。jəu^{55}（优）的汉语义是“村庄”。所以，tho^{53}tsu^{35}jəu^{55}（庹租优）连起来译成汉语就是“出箱子寨”，即出产箱子的村庄。

箱子，是旧时土家人收纳衣服的主要家具，也是居家的重要装饰品。箱子有大小之分，但都选用优质竹叶楠、红楠精制而成，上面或绘或刻优美花纹，然后上土漆抛光，极其精美。从前，这个村庄的木匠师傅手艺高强，制作的箱子远近闻名，因而得名。

一支垭 ji^{55}tsa^{53}ŋa^{53}

土家语与汉语结合运用的地名：“一支”是土家语 ji^{55}tsa^{53}（以咱）的误记；“垭”是汉语，即“山垭”。所以，这个地名的准确记音应该是“以咱垭”。直到 20 世纪 70 年代，当地老人们对这个地名的实际发音还是“以咱垭”。

土家语 ji^{55}tsa^{53}（以咱）为一个音节，汉语义是“天坑”。所以，“以咱垭”（一支垭）就是“天坑垭”，即天坑旁边的山垭或有天坑的山垭。

出儿塔 tshu³⁵tshu⁵³tha³⁵

土家语与汉语结合运用的地名：“出”是土家语 $tshu^{35}$ 的汉字记音；“儿”是 $tshu^{35}$（出）的“儿化”，不具实际意义。土家语 $tshu^{35}$（出）实际上是 $tshu^{35}tshu^{35}$（出出）的简省：“出出儿”是东部区的语音，按西部区的语音则是 $tshu^{35}tshu^{53}e^{21}$（促促儿），其中第二个 $tshu^{53}$（促）属低降轻声，往往被第一个 $tshu^{35}$（促）一带而过，常常被省略。“塔”是汉语，即“坪塔”，一般指有小块平地的地方。所以，这个地名的准确记音应该是“出出场”，口语读作“出出儿塔”；按西部区的发音则应读作“促促儿塔”。

很久以前，土家人就开始种植棉花，而剥落棉籽的是一种原始工具。这种工具是将上下两个滚筒并列安放，脚踩手摇使滚筒相向旋转，然后将棉花“喂”进滚筒间使棉花和棉籽剥离。土家人称这种原始的“轧花机”为 $tshi^{35}tsha^{53}$（次擦），东部区普遍叫“出出儿”（按西部区语音就是“促促儿”）。所以，“出出儿塔”（出儿塔）就是“棉花机塔”，即有棉花机的地方。

罗　洞 lo⁵³tuŋ³⁵

土家语与汉语结合运用的地名：“罗”是土家语 lo^{53} 的汉字记音；“洞”是汉语，即“山洞”。

土家语 lo^{53}（罗）的汉语义是“人”。因此，$lo^{53}tuŋ^{35}$（罗洞）就是“人洞”，即人居住或居住过的山洞。

此地有一个桶形洼地，口径不过百米，深五十余米，冬暖夏凉，景色极佳。这个洼地西北侧的半山腰间有一个回环曲折的岩洞，宽敞干燥，自古就有人在这里居住。

明末清初，当地“教谕”罗祖纲在岩洞的岩壁上书法雕刻，并耗巨资，用三年时间修建成一座庙宇式的别墅以安度晚年，自号“书庵洞”。其子罗武帅 17 岁考中秀才，将“书庵洞”改为“罗洞书院”。书院请来慈利县三官寺解元康吉人执教，数年中培育了一批很有影响的名士。名震江湖的“溇水三狂士”（诗人）罗武帅、谷得路、向子猷皆出自书院。清朝中叶，“罗洞书院”名扬九州。民国年间，匪患迭起，书院被毁。

东流坪 tuŋ³⁵lie³⁵phin²¹

土家语与汉语结合运用的地名：“东”是汉语“洞”的误记，即“山洞”；“流”是土家语 lie^{35}（列）的误记；“坪”是汉语，即“坪坝”。所以，这个地名的准确记音应该是“洞列坪”。

土家语 lie^{35}（列）的汉语义是“楼子屋”。所以，“洞列坪”（东流坪）就是“洞楼子坪”，即洞楼子旁边的坪地。

洞列坪（东流坪）是“罗洞”所在地，“坪”以“洞”得名。

木方溪 mu^{53}xuan^{21}tɕhi^{55}

土家语与汉语结合运用的地名：“木方”是土家语 mu^{53}xuan^{21} 的汉字记音，但“方”是 xuan^{21}（欢）的音变；“溪”是汉语，即“溪沟”。所以，这个地名的准确记音应该是“木欢溪”。

土家语 mu^{53}xuan^{21}（木欢）系两个音节：mu^{53}（木）的汉语义是“竹子”（Bamboo sprout），xuan^{21}（欢）的汉语义是“遮盖”“掩盖”“笼罩”；mu^{53}xuan^{21}（木欢）连起来译成汉语是“竹子笼罩”，指竹子很多。所以，“木欢溪”（木方溪）就是“竹子笼罩的山沟”。

从前，这里是条竹子沟，远远望去，浓荫掩映，满目葱茏，故而得名。

大汩头 ta^{21}mi^{55}thu^{55}

汉语与土家语结合运用的地名：“大”是汉语；“汩头”是土家语 mi^{55}thu^{55} 的汉字记音。与“大汩头”一山之隔的是“小汩头”。

“大汩头”和“小汩头”是两个消水溶洞，中间虽隔着一座山峰，但水在地下相通。它们的洞口各有一个山窝常年积水成湖。前者面积近百亩，面积较大，洞口也大，称“大汩头”；后者十余亩，面积较小，洞口也小，称为“小汩头”。可见，这里的“大”“小”是就规模、面积而言的。

土家语 mi^{55}thu^{55}（汩头）系两个音节：mi^{55}（汩）的汉语义是“火”；thu^{55}（头）的汉语义是“敬”或“祭”，如“敬神”就是 je^{21}thu^{55}（叶头），“敬祖先”就是 su^{35}mu^{53}thu^{55}（苏母头）。所以，mi^{55}thu^{55}（汩头）连起来直译是“火敬”“火祭”，调换语序结构译成汉语是“敬火”或“祭火”；用作地名，就是“祭祀火神的地方”。

自古至今，这两个地方的神怪传说很多，诸如“神牛塞洞”“群鱼排阵”“鱼精吐雾”等，其中以“鲤鱼精吐火”流传最广。用科学的眼光看，这两个溶洞都是积水不消，致使淤泥堆积很厚，有产生沼气的可能。也许古代的某个时期曾经发生过起火现象，愚昧的先民们难破起火之谜，只能以敬畏之情祭祀之。由此，这个传说也就成了该地的地名而流传至今。

会马逦 xu^{55}ma^{53}lo^{53}

纯粹的土家语地名，xu^{55}ma^{53}lo^{53} 的汉字记音，但“会”是 xu^{55}（虎）的

误记；“乪”是自造字，发音为luō（啰），是lo^{53}（洛）的误记。所以，这个地名的准确记音应该是“虎马洛”。

土家语xu^{55}ma^{53}lo^{53}（虎马洛）由xu^{55}ma^{53}（虎马）和lo^{53}（洛）两个音节组成：xu^{55}ma^{53}（虎马）是xu^{55}lo^{53}ma^{53}（虎洛马）的简化，汉语义是“梭雷蜂”（Apisme llifera）；lo^{53}（洛）的汉语义是指比较低凹的地形。所以，“虎马洛”（会马乪）就是“梭雷蜂凹”，即梭雷蜂多的地方。

同马乪 thuŋ^{53}muŋ^{21}lu^{21}

纯粹的土家语地名，thuŋ^{53}muŋ^{21}lu^{21}（同猛六）的误记：“马”是muŋ^{21}（猛）的音变；“乪”是自造字，读luō（啰），是lu^{21}（六）的音变。

土家语thuŋ^{53}muŋ^{21}lu^{21}（同猛六）由thuŋ^{53}muŋ^{21}（同猛）和lu^{21}（六）两个音节组成：thuŋ^{53}muŋ^{21}（同猛）的汉语义是“线”，lu^{21}（六）的汉语义是“卖”；thuŋ^{53}muŋ^{21}lu^{21}（同猛六）连起来直译是“线卖”，调换语序结构译成汉语是“卖线”，用作地名，就是出售纱线的地方。

土家语的“线”范围广泛，除了缝补衣被的棉线而外，还包括土家锦“西兰卡普”的经线、纬线和重线。这些线都由手工纺绩而成，然后用土红、黄栀子、江洗绿、麻栗树皮、凤仙花、胭脂红等天然染料染成七彩线。此地的土家姑娘心灵手巧，纺出的纱线五光十色，质量好，求购的人也多，故而得名。

竹国峪 za^{35}ku^{53}jəu^{55}

纯粹的土家语地名，za^{35}ku^{53}jəu^{55}（日阿古优）的音变与误记：“竹”是za^{35}（日阿）的误记，前面说过，za^{35}（日阿）的发音十分特别，没有发音准确的汉字与之相对应，记音时通常以“扎”“咱”“竹”等语音接近的汉字来替代，这里就是以“竹”代替za^{35}（日阿）；“国”是ku^{53}（古）的误记；“峪”是jəu^{55}（优）的音变。

土家语za^{35}ku^{53}jəu^{55}（日阿古优）由za^{35}ku^{53}（日阿古）和jəu^{55}（优）两个音节组成：za^{35}ku^{53}（日阿古）的汉语义是“茶叶”（Camellia sinesis）；jəu^{55}（优）的汉语义是“村寨”“村庄”。所以，za^{35}ku^{53}jəu^{55}（日阿古优）连起来译成汉语就是“茶叶寨”或“茶叶村”。

从前这里出产名茶，故而得名。

李耳界 li^{35}e^{53}kai^{35}

土家语与汉语结合运用的地名：“李耳”是原汁原味的土家语li^{35}e^{53}的汉字记音；“界”是汉语，即“山界”。

土家语 li^{35}e^{53}（李耳）系两个音节：li^{35}（李）的汉语义是“虎”(Panthera tigris)，俗称“扁担花”；e^{53}（耳）的汉语义是“猴”（Macaca mulatta)。li^{35}e^{53}（李耳）连起来译成汉语是“虎猴”。所以，“李耳界”就是“虎猴界”，即老虎多、猴子也多的山界。

满渣栋　me^{35}tsa^{55}tuŋ^{35}

纯粹的土家语地名，me^{35}tsa^{55}tuŋ^{35} 的汉字记音，但发音、记音都不准确:“满渣”是 me^{35}tsa^{55}（嚜扎）的误记；“栋”应记为“峒”。因此，这个地名的准确记音应该是“嚜扎峒”，按西部区的发音读作“嚜咱峒”。

土家语 me^{35}tsa^{55}tuŋ^{35}（嚜扎峒）由 me^{35}tsa^{55}（嚜扎）和 tuŋ^{35}（峒)两个音节组成:me^{35}tsa^{55}（嚜扎）是 me^{35}tsa^{55}khu^{55}li^{55}（嚜扎苦里）的简化，译成汉语是“燕子”（Hirundo rustica gutturalis)；tuŋ^{35}（峒）的本义是“村寨”，也指“窝巢”。所以，me^{35}tsa^{55}tuŋ^{35}（嚜扎峒）就是“燕子窝”，即燕子筑窝的地方。

燕子是土家人公认的吉祥鸟，深受人们的喜爱。屋檐下如有燕子筑巢，则被视为家庭吉祥安康、兴旺发达的象征。此地静谧清新，食料充足，燕子常来筑巢繁衍，故而得名。

和寺塆　xu^{21}si^{21}uan^{55}

土家语与汉语结合运用的地名：“和寺”是土家语 xu^{21}si^{21} 的汉字记音，但“和”是 xu^{21}（服）的误记；“寺”是 si^{21} 的汉字记音，但通常记为“司”。“塆”是汉语，即“山塆”。所以，这个地名的准确记音应该是“服司塆”。

土家语 xu^{21}si^{21}（服司）为一个音节，是 xu^{21}si^{21}tho^{55}（服司妥）的省略，译成汉语是“敬土菩萨”“还神愿”。所以，“服司塆”（和寺塆）就是“敬土菩萨塆”或“还神愿塆”，是从前土家人“还神愿”的地方。

母老溃　mo^{35}lo^{21}khui^{55}

纯粹的土家语地名，mo^{35}lo^{21}khui^{55}（目洛溃）的误记：“母老”是 mo^{35}lo^{21}（目洛）的音变。

土家语 mo^{35}lo^{21}khui^{55}（目洛溃）由 mo^{35}lo^{21}（目洛）和 khui^{55}（溃）两个音节组成：mo^{35}lo^{21}（目洛）是 mo^{35}lo^{21}ɕi^{55}（目洛西）的简化，汉语义是一种叫“羊奶子”（Pyacanthaloureiri）的野果；khui^{55}（溃）是 khu^{35}khui^{55}（库溃）的简化，汉语义是“山塆”“山窝”。那么，mo^{35}lo^{21}khui^{55}（目洛溃）连起来译成汉语就是“羊奶子窝”。

澧水上源地区，生长有两种野生灌木果树；一种俗称“半春子”，一种俗称“羊奶子”，其果实都状如羊奶，颜色嫣红，其味酸甜可口。二者的区别是：前者较后者大，春末夏初成熟；后者较前者小，夏末秋初成熟。人们上山耕种、放牧，常食之；收工回来，不忘摘些回来供小孩、老人享受。从前，这里“羊奶子”“半春”多，人们便用这种野果作了地名。

曲儿塔 $tɕhi^{55}e^{53}tha^{35}$

土家语与汉语结合运用的地名：“曲儿”是土家 $tɕhi^{55}e^{53}$（起尔）的误记，“曲”是 $tɕhi^{55}$（起）的音变，“儿”是 e^{53}（尔）的音变与误记；“塔”是汉语，即“坪塔”。因此，这个地名的准确记音应该是“起尔塔”。

土家语 $tɕhi^{55}e^{53}$（起尔）为一个音节，是 $ɕhi^{55}lie^{53}e^{53}$（起列尔）的简化，汉语义是“粑粑”。因此，“起尔塔”（曲儿塔）就是“粑粑塔”。

居住在此地的古代先民是原始的美食家，制作的粑粑远近闻名，人们便以这种食品作了地名。

人潮溪乡

位于县域东北部，乡治距县城75公里；辖11个行政村，75个村民小组；总面积114平方公里，其中耕地面积2219亩；2008年末总人口6337人，其中土家族占80%以上。有江垭水库，水面5600多亩；水面资源和旅游资源独特，盛产优质河鱼、银鱼；铁、煤、铝等矿产资源较丰富。

人潮溪 $ze^{35}tsho^{53}tɕhi^{55}$

土家语与汉语结合运用的地名：“人潮”是土家语 $ze^{35}tsho^{53}$（热濯）的音变；“溪”是汉语，即“溪沟”“溪河”。所以，这个地名的准确记音应是“热濯溪”，按西部区的发音读作“热撮溪”。

据有关史料记载，此地古名“仁石溪”，为古“九溪”之一，清朝末年才改称“人潮溪”。“仁石”和“人潮”都是土家语的音变，含义也比较接近。

先说古名“仁石溪”。“仁石”是土家语 $ze^{35}si^{21}$（热石）的音变与误记。$ze^{35}si^{21}$（热石）系两个音节：ze^{35}（热）的汉语义是“酒”，si^{21}（石）的汉语义是“肉”；$ze^{35}si^{21}$（热石）连起来译成汉语是“酒肉”；所以，“热石溪”（仁石溪）就是“酒肉溪”。

再说今名“人潮溪”。“人潮”是土家语 $ze^{35}tsho^{53}$（热濯）的音变。$ze^{35}tsho^{53}$（热濯）系两个音节：ze^{35}（热）的汉语义是“酒”，$tsho^{53}$（濯）的汉语义是“屋”；$ze^{35}tsho^{53}$（热濯）连起来译成汉语是“酒屋”“酒坊”，即酿酒的作坊。所以，“热撮溪”（人潮溪）就是“酒坊沟”。

“人潮溪”是溇水中游的一个古镇，也是溇水河谷中的重要水陆码头，自古以来建有酒坊，沿河上下的船工、排客都要在这里歇息，喝酒食肉，因而得名。

毕家塆 $pi^{35}tɕi^{55}uan^{55}$

土家语与汉语结合运用的地名：“毕家”是土家语 $pi^{35}tɕi^{55}$ 的汉字记音，但“家”是 $tɕi^{55}$（基）的音变；“塆”是汉语，即“山塆”。所以，这个地名的准确记音应该是“毕基塆”。

土家语 $pi^{35}tɕi^{55}$（毕基）为一个音节，汉语义为“土家”或“土家族”“土家人”；所以，“毕基塆”（毕家塆）就是“土家塆”，即土家族世代居住的山塆（地方）。详细释义参见两河口乡“笔架村”。

倍子溪 $pi^{35}tsi^{55}tɕhi^{55}$

土家语与汉语结合运用的地名：“倍子”是土家语 $pi^{35}tsi^{55}$（毕兹）的音变；“溪”是汉语，即“溪沟”。所以，这个地名的准确记音应该是“毕兹溪”。

土家语 $pi^{35}tsi^{55}$（毕兹）为一个音节，汉语义是“土家”或“土家族”“土家人”；所以，“毕兹溪”（倍子溪）就是“土家溪”，即土家族居住的溪沟（地方）。详细释义参见两河口乡“笔架村”。

牛寒沟 $jəu^{55}xa^{21}kəu^{55}$

土家语与汉语结合运用的地名：“牛寒”是土家语 $jəu^{55}xa^{21}$（优哈）的音变与误记，在一些土家族地区，“牛”“优”读音不分，“牛”不读作 niú，而是读作 yóu（优），导致 $jəu^{55}$（优）被记作了“牛”；“寒”是 xa^{21}（哈）的音变。“沟”是汉语，即“山沟”。因此，这个地名的准确记音应是“优哈沟”。

土家语 $jəu^{55}xa^{21}$（优哈）系两个音节：$jəu^{55}$（优）的汉语义是“村寨”，xa^{21}（哈）的汉语义是“打”；$jəu^{55}xa^{21}$（优哈）连起来直译是“村寨打”，调换语序结构译成汉语是“打村寨”。所以，“优哈沟”（牛寒沟）就是“打村寨沟”，即村寨被打的山沟。

元朝至正十五年（1355 年），御封邓忠均为八番、顺元等处宣慰使。次年，在今塔坪的中里山麓修建官寨，建立衙署，称“邓氏衙门”。不久，衙署后山发生大面积泥石流，山体崩塌，将衙署官寨全部淹埋，迫使邓忠均迁衙署于双狮重建。后来，当地的土家人在衙署旧址重建村寨，如今仍称“衙门”，即今乡政府所在地。寨下的山沟也因此而得“打寨沟”之名。

“优哈沟”是用土家语记录地质变迁和自然灾害的浓墨重笔，是不可多得的地名化石。

塔　坪 $tha^{35}phi^{53}$

纯粹的土家语地名，$tha^{35}phi^{53}$ 的汉字记音，但“坪”是 phi^{53}（皮）的音变。所以，这个地名的准确记音应该是“塔皮”。

土家语 $tha^{35}phi^{53}$（塔皮）为一个音节，是 $tha^{35}phi^{53}a^{21}pa^{21}$（塔皮阿巴）的简化，译成汉语是“火镰岩”。“火镰岩”有两种含义：其一是指击打取火的石头，即火石、燧石；其二是指散乱密集的石块、石粒，俗称“火镰渣”。这里应是后者。

此地位于邓氏衙门下方，那面倾斜的大山坡就是前面提到的那次泥石流造成的。“农业学大寨、学野鸡坪”期间，当地民众就在这面坡上改梯土造梯田，连续多年，声势浩大。挖掘推移的也是杂乱无章的石头，大的如房屋，小的如鸡卵，地道的“火镰渣”。所以，$tha^{35}phi^{53}$（塔皮）就是“火镰渣”多的地方。

永　安　$jin^{55}\eta an^{55}$

纯粹的土家语地名，$jin^{55}\eta an^{55}$的汉字记音，但“永”是jin^{55}（英）的音变。所以，这个地名的准确记音应是“英安”。

土家语$jin^{55}\eta an^{55}$（英安）为一个音节，汉语义是“姊妹”。此地以$jin^{55}\eta an^{55}$（英安）——“姊妹”命名，就是两姊妹居住的地方。古代，有土家族的两姊妹率先来到此地落户安家，并开垦了这片荒原，故而得名。这个地名命名的年代一定非常的久远，明显带有母系氏族社会的烙印。

将$jin^{55}\eta an^{55}$（英安）记为“永安”，取“永远平安”之意，虽说是文人的附会，却也反映了当地人们美好、善良的愿望。

八能塆　$pha^{55}la^{55}uan^{55}$

土家语与汉语结合运用的地名：“八能”是土家语$pha^{55}la^{55}$（扒拉）的误记，“八”是pha^{55}（扒）的音转，“能”是la^{55}（拉）的音变；“塆”是汉语，即“山塆”。所以，这个地名的准确记音应是“扒拉塆”。

在土家族聚居区，用$pha^{55}la^{55}$（扒拉）作地名十分普遍，凡是狭窄的沟谷、缝隙，土家语一律称之为$pha^{55}la^{55}$（扒拉）。所以，“扒拉塆”（八能塆）就是“狭窄沟谷里的山塆”。这个地方坐落在一个狭窄的沟谷之中，故而得名。

统子峪　$thu^{35}tshi^{35}j\partial u^{55}$

纯粹的土家语地名，$thu^{35}tshi^{35}j\partial u^{55}$的音转和误记。在一定的条件下，土家语的某些音节是可以互为转音的，比如常见的“西”“事”就常常发生音转现象。这里的“统”就是thu^{35}（土）的音转；“子”是$tshi^{35}$（次）的音转（东部区记为“尺”）；“峪”是$j\partial u^{55}$（优）的音变。

土家语$thu^{35}tshi^{35}j\partial u^{55}$（土尺优、土次优）由$thu^{35}tshi^{35}$（土尺、土次）和$j\partial u^{55}$（优）两个音节组成：$thu^{35}tshi^{35}$（土尺、土次）的汉语义为“桥”；$j\partial u^{55}$（优）的汉语义是“村寨”。所以，$thu^{35}tshi^{35}j\partial u^{55}$（土尺优、土次优）连起来译成汉语就是“桥村”，即桥旁边的村庄。

从前，这里修有木桥或石桥，村庄则在桥的旁边，故而得名。

南斗溪 $lan^{21}to^{21}tɕhi^{55}$

土家语与汉语结合运用的地名。“南斗”是土家语 $lan^{21}to^{21}$（兰夺）的误记：“南”是 lan^{21}（兰）的误记，“斗”是 to^{21}（夺）的音变。“溪”是汉语，即“溪沟”。所以，这个地名的准确记音应该是“兰夺溪”。

土家语 $lan^{21}to^{21}$（兰夺）系两个音节：lan^{21}（兰）的汉语义是“臭”“臭气”，包括“腥臭”“膻臭”；to^{21}（夺）的汉语义是“流”，可以扩展为“流动”“湮流”。$lan^{21}to^{21}$（兰夺）连起来译成汉语是“流动着腥臭气味”。所以，“兰夺溪”（南斗溪）就是“流动着腥臭气味的溪沟”。

南斗溪是位于漤水河与兴隆溪交汇处的一个小寨，也是历史上的小渔村。漤水河里鱼多，河谷中和村寨里到处迷漫着鱼的腥味，故而得名。

邢家岭 $ɕin^{35}ka^{53}lin^{53}$

土家语与汉语结合运用的地名：“邢家”是土家语 $ɕin^{35}ka^{53}$ 的汉字记音，但 $ɕin^{35}$ 一般记为“信”，“家”是 ka^{53}（嘎）的近音汉字替代；“岭”是汉语，即“山岭”。所以，这个地名的准确记音应为“信嘎岭”。

土家语 $ɕin^{35}ka^{53}$（信嘎）为一个音节，是表颜色的修饰词，汉语义为“青色”“绿色”。所以，“信嘎岭”（邢家岭）就是“青绿色的山岭”。

古代，这片山岭上古木参天，草绿树青，远远望去，浓荫掩映，一派葱郁，故而得名。详细释义参见永定区教字垭镇“兴家岗”。

八良塝 $pa^{55}lie^{53}pan^{53}$

土家语与汉语结合运用的地名：“八良”是土家语 $pa^{55}lie^{53}$（巴列）的误记，“八”是 pa^{55} 的汉字记音，但通常记为“巴”；“良”是“列”的音变。“塝”是汉语，即“土坡”。所以，这个地名的准确记音应为“巴列塝”。

土家人居住的山区，开门见山，出门见坡，人们对山坡印象深刻。一般的“山坡”，土家语称为 pa^{53}（巴）或 $pa^{53}tsa^{53}$（巴咱）；对“陡坡”称为 $pa^{55}lie^{53}$（巴列）；对“悬崖绝壁”称为 $tha^{35}kha^{53}$（塔卡）。所以，“巴列塝”（八良塝）就是“陡坡上的山塝”，即陡坡上面的土坡。

打果溪 $ta^{53}ko^{53}tɕhi^{55}$

土家语与汉语结合运用的地名：“打果”是土家语 $ta^{53}ko^{53}$ 的汉字记音；“溪”是汉语，即“溪沟”。

土家语 ta[53]ko[53]（打果）为一个音节，汉语义不是打果子，而是“吵架”。所以，“打果溪”就是“吵架沟”。

古代的某个时期，居住在这条溪沟里的人们人际关系紧张，经常发生吵架的现象，故而留下千古不光彩之名。好在今人已经不再懂得它的原始含义。

廖大户 lie[35]tu[35]xu[21]

纯粹的土家语地名，lie[35]tu[35]xu[21]（列度湖）的误记。

土家语 lie[35]tu[35]xu[21]（列度湖）系三个音节：lie[35]（列）的汉语义是“楼子屋”，即“转角楼”；tu[35]（度）的汉语义是“盖”。lie[35]tu[35]（列度）连起来直译是“楼子屋盖”，调换语序结构译成汉语是“盖楼子屋”。xu[21]（湖）的汉语义是“山与山之间的沟谷”。所以，lie[35]tu[35]xu[21]（列度湖）连起来译成汉语就是“盖楼子屋的山谷”。按照土家族的语言习俗，“盖”就是“修”“修建”。所以，“列度湖”（廖大户）就是修建转角楼的地方。

万绿丛中的转角楼

“转角楼”是土家民居的一大特色。但是并非家家都建得起转角楼、人人都住得上转角楼，只有少数大户人家才能建得起、住得上。这里修有转角楼，成为有别于其他地方的一大特征，因而得名。

马孔潭 ma[53]khe[53]than[21]

土家语与汉语结合运用的地名：“马孔”是土家语 ma[53]khe[53] 的汉字记音，但“孔”是 khe[53]（克）的音变；“潭”是汉语，即“水潭”。所以，这个地名的准确记音应是“马克潭”。

土家语 ma[53]khe[53]（马克）系两个音节：ma[53]（马）的汉语义是“蜂”，这里实指“蜜蜂”（Apismellifera）；khe[53]（克）的汉语义是“挑”。ma[53]khe[53]（马克）连起来直译是“蜂挑”，调换语序结构译成汉语是“挑蜂”。所以，“马克潭”（马孔潭）就是“挑蜂潭”。

几千年来，土家人世代相传一种“挑蜂放养”习俗，就是将蜜蜂用蜂桶、蜂箱装上，一桶桶、一箱箱挑到繁花似锦的山谷水旁放养，且不断地转移地方。从前，这个潭边水草繁茂，百花芬芳，是先民们挑蜂养蜂的地方，故得其名。

王儿岗 $uan^{35}zi^{21}kan^{55}$

土家语与汉语结合运用的地名。“王儿”是土家语 $uan^{35}zi^{21}$（万日）的误记：“王”是 uan^{35}（万）的音变，“儿”是 zi^{21}（日）的误记。“岗”是汉语，即“山冈”。所以，这个地名的准确记音应是“万日冈”。

土家语 $uan^{35}zi^{21}$（万日）系两个音节：uan^{35}（万）的汉语义是“黄牛”（Bos taurus domestica），zi^{21}（日）的汉语义是“多”；$uan^{35}zi^{21}$（万日）连起来直译是“黄牛多”，调换语序结构译成汉语是“多黄牛”。所以，“万日冈”（王儿岗）就是“多黄牛冈”。

从前，居住在这个山冈上的先民们喜欢养黄牛，养的黄牛多，故得其名。

白 石 乡

位于县域东北部，东界常德市石门县，北邻湖北省鹤峰县，乡治距县城122公里，是全县距县城最远的乡；辖12个行政村，71个村民小组；总面积121平方公里，其中耕地面积8139亩，林地面积10900亩；2008年末总人口5278人，其中土家族4257人，约占总人口的80.6%；白族804人，约占总人口的15.2%。境内的18万亩草山草坡开发是省、市、县的重点项目，也是农业部的种草示范基地。经济作物有花生、烟叶、木瓜、猕猴桃等，已发展烟叶5000多亩、反季节蔬菜5000多亩；土特产有中药材木瓜、黄柏、天麻等。境内有土司白坻城（廖城）遗址。

笔架山 pi³⁵tɕi⁵⁵san⁵⁵

土家语与汉语结合运用的地名：“笔架”是土家语pi³⁵tɕi⁵⁵的汉字记音，但“架”是tɕi⁵⁵（基）的误记；“山”是汉语。所以，这个地名的准确记音应是“毕基山”。

土家语pi³⁵tɕi⁵⁵（毕基）为一个音节，汉语义是“土家”或“土家族”“土家人”；所以，“毕基山”（笔架山）就是“土家山”，即土家人世代居住的山。详细释义参看两河口乡“笔架村”。

白 石 pe³⁵si²¹

纯粹的土家语地名，pe³⁵si²¹tho⁵⁵（白石拖）简化后的汉字记音，tho⁵⁵（拖）属词尾轻声，在长期的语流音变中脱落了，只留下pe³⁵si²¹（白石）；按西部区的发音读作“白司”。“白石”又名“白石河”。

土家语pe³⁵si²¹tho⁵⁵（白石拖）为一个音节，汉语义是“黄花菜”（Hoturnix coturnixjaponica）。所以，“白石”就是生长有黄花菜的地方；“白司河”（白石河）就是“黄花菜河”，即黄花菜多的地方。

“黄花菜”别名“金针菜”，是土家人民非常喜欢的山珍。从前，这里的黄花菜多，人们便以这种特产作了地名。

西 坪 ɕi²¹phin⁵³

土家语与汉语结合运用的地名：“西”是土家语ɕi²¹的汉字记音；“坪”是汉语，即“坪坝”“坪地”。

土家语ɕi²¹（西）的汉语义是“草”。所以，“西坪”就是“草坪”。

此地是南滩草场的延伸，是这个草场的重要部分。远远望去，一望无际的草场上草深花繁，蔚为壮观。

中柱山 $tsu^{55}tsu^{53}san^{55}$

土家语与汉语结合运用的地名。“中柱”是土家语 $tsu^{55}tsu^{53}$（朱主）的误记，按西部区的发音读作“租租”。“山”是汉语。因此，这个地名的准确记音应为“朱主山”。

土家语 $tsu^{55}tsu^{53}$（朱主）为一个音节，汉语义是编织“西兰卡普”的“经线”；所以，“朱主山”（中柱山）就是“经线山”。

从前，此地的土家姑娘心灵手巧，纺绩的“经线”远近闻名，人们便以这种产品作了地名。

麻池河 $ma^{53}tshi^{21}xo^{53}$

土家语与汉语结合运用的地名：“麻池”是土家语 $ma^{53}tshi^{21}$ 的汉字记音，按西部区的发音读作“麻次”；“河”是汉语。

土家语 $ma^{53}tshi^{21}$（麻池）经历了一个由繁到简的历史过程。追溯历史，此地的原始名称是极其古老的土家语 $ma^{53}kho^{55}lo^{55}tshi^{21}xu^{21}$（麻柯洛池湖），其中的 $ma^{53}kho^{55}lo^{55}tshi^{21}$（麻柯洛池）的汉语义是“猫头鹰”（Caprimulgus indicus jotaka），xu^{21}（湖）的汉语义是“山谷”“峡谷”；所以，$ma^{53}kho^{55}lo^{55}tshi^{21}xu^{53}$（麻柯洛池湖）连起来译成汉语就是“猫头鹰谷”。后来人们弃繁就简，省略了其中的 lo^{55}（洛），又将 xu^{21}（湖）改称“河”，而成为 $ma^{53}kho^{55}tshi^{21}xo^{53}$（麻柯池河）。东部区土家语消失较早，受汉语“三字式”地名影响，进一步简化，从而成为今名。几千年变化，此地地名从 $ma^{53}kho^{55}lo^{55}tshi^{21}xu^{21}$（麻柯洛池湖）到 $ma^{53}kho^{55}tshi^{21}xo^{53}$（麻柯池河），再到 $ma^{53}tshi^{21}xo^{53}$（麻池河），万变不离其宗，译成汉语仍然是“猫头鹰河谷”。

麻池河是一条长达 25 余里的大峡谷，谷深 200 余米，宽不过 30 米。境内怪石嶙峋，古木参天，至今仍是原生状态，不仅野兽多，更是猫头鹰的天堂。

川丰岩 $tshe^{21}xu^{21}ŋai^{55}$

土家语与汉语结合运用的地名。“川丰”是土家语 $tshe^{21}xu^{21}$（扯胡）的误记；“岩”是汉语，即“岩石”“岩山”，也可以引申为有岩石特征的地方。所以，这个地名的准确记音应是“扯胡岩”，按西部区的发音读作“测胡岩”。当地民众的实际发音也是两者兼有。

土家语 $tshe^{21}xu^{21}$（扯胡）系两个音节：$tshe^{21}$（扯）的汉语义是“水”，xu^{21}（胡）的汉语义是“喝”；$tshe^{21}xu^{21}$（扯胡）连起来直译是“水喝”，调换语序结构译成汉语是“喝水”。所以，“扯胡岩”（川丰岩）就是“喝水岩”。

此地有清泉，是人们喝水、挑水的地方，故名。

黄仕塔 $xu^{21}si^{21}tha^{35}$

土家语与汉语结合运用的地名：“黄仕”是土家语 $xu^{21}si^{21}$（服司）的音变与误记；“塔”是汉语，即“坪塔”，也泛指有平地的地方。所以，这个地名的准确记音应是“服司塔”。

土家语 $xu^{21}si^{21}$（服司）为一个音节，是 $xu^{21}si^{21}tho^{55}$（服司妥）的简化，译成汉语是“敬土菩萨”“还神愿”。所以，“服司妥塔”（黄仕塔）就是经常敬土菩萨的坪塔（地方）。这个地方，从前住有著名的“梯玛”，举办的“服司妥”祭仪远近闻名，因而得名。

$xu^{21}si^{21}tho^{55}$（服司妥）是土家族传承几千年的民族宗教，它的主要任务是通过祭祀祖先的仪式，为亡灵“解钱”“解结”，祈求平安吉祥。整个祭仪共有 48 大朝，由“梯玛”（土老司）主持，全部用土家语演唱。他们所唱之歌叫《梯玛神歌》，所跳之舞叫“摇宝宝”（今译为“八宝铜铃舞”）。清朝雍正年间“改土归流”后，这种宗教已经在东部地区完全消失，但这个地名却承载着它的历史身影走到了今天。

黄士坪 $xu^{21}si^{21}phin^{21}$

土家语与汉语结合运用的地名：“黄士”是土家语 $xu^{21}si^{21}$（服司）的音变与误记；“坪”是汉语，即“坪坝”。所以，这个地名的准确记音应是“服司坪”。

土家语 $xu^{21}si^{21}$（服司）为一个音节，是 $xu^{21}si^{21}tho^{55}$（服司妥）的简化，汉语义为“敬土菩萨”或“还神愿”；所以，“服司坪”（黄士坪）就是经常“敬土菩萨的坪坝”。详细释义参见“黄仕塔”。

排兵山 $pha^{53}pi^{55}san^{55}$

土家语与汉语结合运用的地名，有的记为“排笔山”。“排兵”“排笔”都是土家语 $pha^{53}pi^{55}$（扒笔）的误记；“山”是汉语。所以，这个地名的准确记音应是“扒笔山”。

土家语 $pha^{53}pi^{55}$（扒笔）为一个音节，汉语义是“汉人”“客家人”。所以，“扒笔山”（排兵山）就是“汉人山”“客家人山”，是汉族人居住的地方。土家语对“汉人”“客家人”的另一种称谓是 pha⁵³kha²¹（扒卡）。

清代“改土归流”后，因战乱或饥荒，大量的客家人移居武陵山区，与土家人杂居。这个地名就反映了这种历史事实。

亚角尖 $a^{21}ku^{55}tɕie^{35}$

纯粹的土家语地名，$a^{21}ku^{55}tɕie^{35}$（阿古借）的音变与误记。前面说过，全国推广汉语普通话以前，湘西地区的语言中有“阿”音但无“阿”字，用汉字记录时常用“亚”“牙”“丫”等近音字代替，此处就是以“亚”代“阿”；“角”和“尖”分别是 ku^{55}（古）和 $tɕie^{35}$（借）的音变。

土家语 $a^{21}ku^{55}tɕie^{35}$（阿古借）系三个音节：a^{21}（阿）的汉语义是“岩”“岩头”“岩山”；ku^{55}（古）的汉语义是“上”“爬”；$tɕie^{35}$（借）的汉语义是“手”。所以，$a^{21}ku^{55}tɕie^{35}$（阿古借）连起来直译是“岩爬手”，调换语序结构译成汉语是“手爬岩”。意思是说此地的岩山十分陡峭，要到山上的村庄里去，光靠脚不行，还要靠手帮忙，故而得名。

泥儿垭 $li^{35}e^{21}ŋa^{21}$

土家语与汉语结合运用的地名：“泥儿”是土家语 $li^{35}e^{21}$（利儿）的误记，“泥”是 li^{35}（利）的音变，“儿”是 li^{35}（利）的儿化，无实际意义；“垭”是汉语，即“山垭”。所以，这个地名的准确记音应是“利儿垭”或“利垭”。

土家语称“老虎”（Panthera tigris）为 li^{35}（利）。所以，“利儿垭”（泥儿垭）就是“老虎垭”，因老虎多而得名。

小茶溪 $ɕie^{53}tsha^{53}tɕhi^{55}$

土家语与汉语结合运用的地名：“小茶”是土家语 $ɕie^{53}tsha^{53}$（写岔）的误记；“溪”是汉语，即“溪沟”。因此，这个地名的准确记音应是“写岔溪”，按西部区的发音读作“写擦溪”。

土家语 $ɕie^{53}tsha^{53}$（写岔）为一个音节，汉语义是土家人煮饭、炒菜时用以搁置鼎罐、耳锅的“撑架”。所以，“写岔溪”（小茶溪）就是“撑架溪”。意思是说这条溪沟里的土家先民普遍使用“撑架”，并成为一道风景。详细释义参见沙塔坪乡“血场岩”。

白坻城 $pe^{35}ti^{53}tshen^{55}$

土家语与汉语结合运用的地名：“白坻”是土家语 $pe^{35}ti^{53}$ 的汉字记音；“城”是汉语。“白坻城”现已改名为“廖城”。从“白坻城”到“廖城”，由土家语到汉语，此地地名经历了一个漫长而复杂的演变过程。

“白坻城”本无城，只是高山上的一个山洞——长峰洞。那么，为什么记为“城”呢？原来这“白坻城”的原始名称是“白坻冲”，纯粹的土家语地名，$pe^{35}ti^{53}tshuŋ^{55}$ 的汉字记音，按西部区的语音应叫 $pe^{35}ti^{53}tshuŋ^{55}$（拍体匆）。土家语 $pe^{35}ti^{53}$（白坻）、$phe^{35}thi^{55}$（拍体），译成汉语就是一个“土”字；$tshuŋ^{55}$（匆、冲）的汉语义是“大王”“头领”“头人”。所以，$pe^{35}ti^{53}tshuŋ^{55}$（白坻冲）连起来译成汉语就是“土王”。南宋宣和二年（1120 年），土家族部落酋长廖炎据长峰洞称王，率溇中土家人起义，反抗封建王朝的统治。廖炎死后，后人改 $tshuŋ^{55}$（冲）为“城”，叫“白坻城”。最后取廖炎之姓氏改称“廖城”。

白坻城位于溇水东岸，山高百仞，四周峭壁如削。山塬上宽四五里，长八九里，多是良田沃土。境内重峦叠翠，沟谷纵横，犹如一座天然迷宫，极其神秘，极其美丽。

石牌溪 $si^{21}phai^{55}tɕhi^{55}$

土家语与汉语结合运用的地名：“石牌”是土家语 $si^{21}phai^{55}$ 的汉字记音；“溪”是汉语，即“溪沟”。不过，这个地名按西部区的语音应读作“司牌溪”。

土家语 $si^{21}phai^{55}$（司牌）为一个音节，是 $si^{21}pi^{35}si^{21}phai^{55}$（石必石牌）的简化，译成汉语泛指各种野兽，即“兽类”。但它可以简化为 $si^{21}pi^{35}$（石必），汉语义是“小野兽”，同时可以简化为 $si^{21}phai^{55}$（石牌），仍表示“兽类”，即各种野兽的总称。所以，“石牌溪”就是“野兽沟”。

古时，这条山沟里古木参天，是一片广阔的荒原。由于人迹罕至，各种野兽栖息其间，故而得名。

伊士格 $ji^{21}si^{21}ke^{21}$

纯粹的土家语地名，$ji^{21}si^{21}ke^{21}$ 的汉字记音，但“士”是 si^{21}（思）的音变。所以，这个地名的准确记音应是“伊思格”。

土家语 $ji^{21}si^{21}ke^{21}$（伊思格）由 $ji^{21}si^{21}$（伊思）和 ke^{21}（格）两个音节组成：土家姑娘纺纱线使用的纺车，俗称“棉花车”。车的头端安装一根长约 8 寸至 1 尺能够滚动的铁针，用以集囤纱线成“穗子”。这根铁针俗称“车藤子”，土家语叫 ji^{21}（伊）。为了防止两条带动铁针的轴线互相缠绞，铁针中部间隔串装三颗“隔珠”，俗称“串珠子”，土家语叫作 $ji^{21}si^{21}$（伊思）。土家语 ke^{21}（格）是 $ke^{21}tɕhi^{53}$（格乞）的简化，表示“大”“很大”。所以，$ji^{21}si^{21}ke^{21}$（伊思格）连起来直译是“串珠子大”，调换语序结构译成汉语就是“大串珠子”。

“大串珠子”是草本植物“薏苡”（coix lacryma-jobi）的果实，土家语叫 $ji^{21}si^{21}pu^{35}li^{55}$（伊思布里）。此地是薏苡草繁茂盛长的地方，所产的大串珠子颗粒品质好，是姑娘们用于纺车的极好材料，于是，人们便以这种特产作了地名。

西　莲　乡

位于县域东北角，东南与慈利县接壤，东北与常德市石门县相邻，乡治距县城 97 公里；辖 10 个行政村，65 个村民小组；总面积 108 平方公里，其中耕地 6700 多亩；2008 年末总人口 5001 人，其中土家族占总人口的 98%。境内矿藏资源丰富，有煤、铁、铝土、水晶石等，已探明煤炭储量 5200 万吨；云雾茶享誉县内外，“三鹤园”茶清乾隆年间曾被定为朝廷贡品；烟叶产业已成该乡最大的产业，年产烟叶近 2000 担。

西　莲　ɕi^{21}lie^{35}

纯粹的土家语地名，ɕi^{21}lie^{35} 的汉字记音，但“莲”是 lie^{35}（列）的音变。所以，这个地名的准确记音应是“西列”。

土家语 ɕi^{21}lie^{35}（西列）系两个音节：ɕi^{21}（西）的汉语义是“草”；lie^{35}（列）的汉语义是“楼房”。所以，ɕi^{21}lie^{35}（西列）连起来译成汉语就是“草楼房”，即盖草的楼子屋。

土家族的民居，经历了一个漫长的历史发展过程。最初是茅草盖顶，木条、竹条作壁的“干栏”，后来发展成茅草盖顶的木楼，最后形成小青瓦盖顶的走马转角楼。ɕi^{21}lie^{35}（西列）——“草楼房”生动记载了土家人居住文化的一个历史发展阶段，是一颗活的化石。

中　里　tsuŋ^{55}li^{53}

纯粹的土家语地名，tsuŋ^{55}li^{53} 的汉字记音，但按西部区的语音读作“宗里”。

土家语 tsuŋ^{55}li^{53}（中里）系两个音节：tsuŋ^{55}（中）的汉语义是“大王”“头人”“头领”。据有关史志记载，土家族的“长官曰冲，又曰送，又曰钟，又曰从”。li^{53}（里）的汉语义为“土地”，可以扩展为“辖地”“属地”或“领地”。所以，tsuŋ^{55}li^{53}（中里）连起来译成汉语就是“王地”，即大王的领地。

“中里”是溇水东岸的山塬，海拔 1400 余米，总面积 18000 余亩。山塬四周是峭壁悬崖，境内有上百座山头。可以判定，在遥远的古代，此地活动着一个土家族部落，全部土地归其酋长所辖，故而得 tsuŋ^{55}li^{53}（中里）——“王地”之名。

丰　合　xuŋ[55]xo[53]

纯粹的土家语地名，xuŋ[55]xo[53] 的汉字记音，但“丰”是 xuŋ[55]（訇）的音变与误记，在张家界地区，“丰”不读作 fēng，而是读作 hōng（轰、哄、訇），故有此误。所以，这个地名的准确记音应是“訇火”。

土家语 xuŋ[55]xo[53]（訇火）为一个音节，汉语义是“火砖”。土家人的住房，因材料质地不同而有不同称谓：用岩石砌的房屋叫 a[21]tsho[21]（阿挫），用木料建的房屋叫 kha[21]tsho[21]（卡挫），而用火砖砌的房屋叫 xuŋ[55]xo[53]tsho[21]（訇合挫）。这里的 xuŋ[55]xo[53]（訇合），实际就是 xuŋ[55]xo[53]tsho[21]（訇合挫），即“火砖房”，用作地名就是建有火砖房的地方。

距“丰合”不远，有一处地方叫“丰合台”，是土家语与汉语结合运用的地名，汉语义就是“砌有火砖房的台地”。详细释义参见走马坪白族乡“封合”。

五家山　u[35]kha[21]san[35]

土家语与汉语结合运用的地名：“五家”是土家语 u[35]kha[21] 的汉字记音，但 u[35] 一般记为“务”“戊”；“家”是“嘎”的近音汉字替代，“嘎”又是 kha[21]（卡）的音转，在一定的条件下，土家语的“嘎”“卡”可以互为转音。“山”是汉语。所以，这个地名的准确记音应是“务卡山”。

火砖墙房屋

土家语 u[35]kha[21]（务卡）系两个音节：u[35]（务）的汉语义是“黄牛”（Bos taurus domestica）；kha[21]（卡）的汉语义是“守”。u[35]kha[21]（务卡）连起来直译是“牛守”，调换语序结构译成汉语是“守牛”。所以，“务卡山”（五家山）就是“守牛山”。

古时此地水草茂盛，是先民们放牧牛羊的地方，故而得名。

苦里垭　khu[55]lie[53]ŋa[53]

土家语与汉语结合运用的地名：“苦里”是土家语 khu[55]lie[53] 的汉字记音，但“里”是 lie[53]（列）的误记；“垭”是汉语，即“山垭”。所以，这个地名的准确记音应是“苦列垭”。

土家语 khu[55]lie[53]（苦列）为一个音节，汉语义是“高坡上”或“高山上”。所以，“苦列垭”（苦里垭）就是“高山上的山垭”或“高坡上的山垭”。

这个山垭坐落在高坡上面，故得其名。

七二垭 tɕhi^{55}e^{53}ŋa^{53}

土家语与汉语结合运用的地名：“七二”是土家语 tɕhi^{55}e^{53} 的汉字记音，但“二”是 e^{53}（尔）的音变；“垭”是汉语，即“山垭”。所以，这个地名的准确记音应是“七尔垭”。

土家语 tɕhi^{55}e^{53}（七尔）为一个音节，是 tɕhi^{55}lie^{53}e^{53}（七列尔）的简化，译成汉语是“糯谷”（oryza sativa L.var.glutinosa Matsum）。所以，“七尔垭”（七二垭）就是“糯谷垭”，因出产糯谷而负盛名。

米二垭 mi^{35}mi^{35}ŋa^{53}

土家语与汉语结合运用的地名：“米”是土家语 mi^{35}mi^{35}（米米）的误省；“二”是汉语“儿”的误记，是“米”的“儿化”，不具实际意义。“垭”是汉语，即“山垭”。所以，这个地名的准确记音应为“米米垭”或“米米儿垭”。据当地老人们回忆，此地原名“米米儿垭”，后来简略成“米儿垭”。

土家语 mi^{35}mi^{35}（米米）为一个音节，汉语义是“竹笋”（Bamboo sprout）。所以，“米米垭”（米二垭）就是“竹笋垭”。

这里的竹笋实际是指山竹笋。山竹笋是土家人非常喜爱的山珍。它体小而肉肥，淳香而清脆。每到山竹抽笋之时，人们采来炖腊肉，多的可加工成干笋长期储藏。从前，此地竹子多，出产的竹笋也多，人们便以这种土特产品作了地名。

西溪垭 ɕie^{35}tɕhi^{55}ŋa^{53}

土家语与汉语结合运用的地名：“西溪”是土家语 ɕie^{35}tɕhi^{55}（谢期）的误记，“西”是 ɕie^{35}（谢）的音变；“溪”是 tɕhi^{55}（期）的音变；“垭”是汉语，即“山垭”。所以，这个地名的准确记音应为“谢期垭”。

土家语 ɕie^{35}tɕhi^{55}（谢期）为一个音节，汉语义是“龙胆草”（Gentiana Scabra Bunge）。所以，“谢期垭”（西溪垭）就是“龙胆草垭”。

龙胆草是土医常用的珍贵草药，功能清肝胆火热，可治疗多种湿热疾病。从前，这个山垭上龙胆草多，是土医常去采挖的地方，故而得名。

风尔界 xe^{35}e^{55}kai^{35}

土家语与汉语结合运用的地名：“风尔”是土家语 xe^{35}e^{55} 的汉字记

音，但“风”是 xe^{35}（核）的音变；“界”是汉语，即“山界”。所以，这个地名的准确记音应是“核尔界”。

土家语 $xe^{35}e^{55}$（核尔）系两个音节，是土家语中迭用的修饰语：xe^{35}（核）的汉语义为“很”“那么”，e^{55}（尔）的汉语义为“长”“远”；$xe^{35}e^{55}$（核尔）连起来译成汉语是“很长”或“那么长”。所以，“核尔界”（风尔界）就是“很长的山界”或“那么长的山界”。意思是说这条山界很长。

行史塔 $ɕi^{21}si^{21}tha^{35}$

土家语与汉语结合运用的地名。“行史”是土家语 $ɕi^{21}si^{21}$（西十）的误记；“行”是 $ɕi^{21}$（西）的音变；“史”是 si^{21}（十）的音变；“塔”是汉语，即“坪塔”。所以，这个地名的准确记音应为“西十塔”，按西部区的发音读作“西司塔”。

土家语 $ɕi^{21}si^{21}$（西十）系两个音节：$ɕi^{21}$（西）的汉语义是“草”，si^{21}（十）的汉语义是“生”“生长”；$ɕi^{21}si^{21}$（西十）连起来直译是“草生”，调换语序结构译成汉语是“生草”“长草”。所以，“西十塔”（行史塔）就是“长草塔”，简而言之就是“草塔”。

草西岭 $tsho^{21}ɕie^{55}lin^{53}$

土家语与汉语结合运用的地名：“草西”是土家语 $tsho^{21}ɕie^{55}$（挫些）的误记；“岭”是汉语，即“山岭”。所以，这个地名的准确记音应是“挫些岭”，仔细聆听当地民众的实际发音也是“挫些岭”。

土家语 $tsho^{21}ɕie^{55}$（挫些）为一个音节，汉语义是“鞋子”。所以，“挫些岭”（草西岭）就是“鞋子岭”。

在今天来看，鞋子并不是了不起的物品，可以随手拈来，信手扔去。然而在古代，它却是不肯轻易施人的礼品。那时候，土家姑娘十四五岁就要开始学习做鞋，并且坚持一生。她们做鞋子的工艺十分考究，一般在鞋底纳象征吉祥的花纹，鞋面上挑绣五彩缤纷的图案，十分精美。姑娘们做出的鞋子只有两种人可以获得：一是孝敬父母长辈，一般叫“天官图”；再就是送给男方作订婚物，叫“定亲鞋”。可以说，得到一个姑娘的一双鞋，就是得到了这个姑娘的一颗心。从前，这里的土家姑娘聪明伶俐，心灵手巧，做出的鞋子名甲一方。因此，人们便以 $tsho^{21}ɕie^{55}$（挫些）——“鞋子”作了地名。

黑石峪 $xa^{21}si^{21}jəu^{35}$

土家语与汉语结合运用的地名：“黑石”是土家语 $xa^{21}si^{21}$（哈司）的

误记；“峪”是汉语，即“山峪”。所以，这个地名的准确记音应为“哈司峪”。

土家语 $xa^{21}si^{21}$（哈司）为一个音节，全称是 $xa^{21}lie^{21}si^{21}$（哈列司），其中的 lie^{21}（列）属轻声，自然脱落了，从而简略成了 $xa^{21}si^{21}$（哈司），汉语义是“野杨梅”（Myrica L）。所以，“哈司峪”（黑石峪）就是“野杨梅峪”，因此地野杨梅多而得名。

草罗大山 $tsho^{35}lo^{35}ta^{53}san^{35}$

土家语与汉语结合运用的地名：“草罗”是土家语 $tsho^{35}lo^{35}$ 的汉字记音，但“草”是 $tsho^{35}$（撮）的音变与误记；“大山”是汉语。所以，这个地名的准确记音应是“撮罗大山”。“草罗大山”也叫“草罗大界”，是西莲乡境内著名的高山。

土家语 $tsho^{35}lo^{35}$（撮罗）为一个音节，别称 $tsho^{35}po^{35}$（撮簸），是一种竹篾编织而成的粮食盛器。所以，“撮罗大山”（草罗大山）就是“撮簸大山”。

撮簸的造型十分特别，其整体为圆桶形，但中心向上凸起，恰似一个圆形的金元宝。“撮罗大山”以“撮罗”冠名，可能因这座大山像“撮簸”，或是因这里出产的“撮簸”有名。二者必居其一。

长潭坪乡

位于县域东北部，北与湖北省鹤峰县铁炉乡相邻，乡治距县城73公里；辖8个行政村，49个村民小组；总面积45.44平方公里，其中耕地2514亩；2008年末总人口4352人，其中土家族、白族人口占总人口的95%以上。有江垭水库，水面10.5平方公里；有硫铁、煤等矿产资源；椪柑面积3000多亩，年产椪柑3000余吨。

边家塆 $pi^{35}tɕi^{55}uan^{55}$

土家语与汉语结合运用的地名："边家"是土家语 $pi^{35}tɕi^{55}$（毕基）的音变；"塆"是汉语，即"山塆"。所以，这个地名的准确记音应是"毕基塆"。

土家语 $pi^{35}tɕi^{55}$（毕基）为一个音节，汉语义是土家族的族称，即"土家"。所以，"毕基塆"（边家塆）就是"土家塆"，即土家人世代居住的地方。详细释义参见两河口乡"笔架村"。

蛇盘溪 $se^{53}pa^{53}tɕhi^{55}$

土家语与汉语结合运用的地名。"蛇盘"是土家语 $se^{53}pa^{53}$ 的汉字记音，但"蛇"是 se^{53}（社或舍）的音变，"盘"是 pa^{53}（巴、把）的音变；"溪"是汉语，即"山沟"，也指"地方"。所以，这个地名的准确记音应为"社巴溪"或"舍把溪"，按西部区的发音读作"色巴溪"。

土家摆手舞

土家语 $se^{53}pa^{53}$（社巴、舍把）为一个音节，有两种含义：其一是土家族的一种祭祀仪式，俗称 $se^{53}pa^{53}zi^{55}$（社巴日），今译为"跳摆手舞"；其二是土家族原始部落和土司衙门中主管行政、经济、外交等事务的一种官衔。由此，"社巴溪"（蛇盘溪）或者是土家先民跳"摆手舞"的地方；

或者是某个舍巴头人居住过的地方。

边鱼山　$pi^{53}jəu^{55}san^{55}$

土家语与汉语结合运用的地名：“边鱼”是对土家语 $pi^{53}jəu^{55}$（必优）的附会；“山”是汉语。所以，这个地名的准确记音应为“必优山”。

土家语 $pi^{53}jəu^{55}$（必优）为一个音节，有的叫作 $pi^{53}ŋəu^{35}$（必欧），汉语义为“女儿”“闺女”，可以扩展为“姑娘”。所以，“必优山”（边鱼山）就是“女儿山”或“姑娘山”。

古代的某个时期，此地生育的姑娘多，个个都聪明伶俐，远近闻名，故而得名。

冲　田　$tshuŋ^{55}thian^{21}$

土家语与汉语结合运用的地名：“冲”是土家语 $tshuŋ^{55}$ 的汉字记音；“田”是汉语，即“稻田”“水田”。这个地名按西部区的语音读作“匆田”。

土家语 $tshuŋ^{55}$（冲）的汉语义为“大王”“头领”；所以，“冲田”就是“大王田”。

此地在骆家山村，而骆家山是古骆卡部落的属地。骆卡部落的头领就是“大王”，这一带的田土都归他所有，故而得名。

茶嘎河　$tsha^{53}kai^{21}xo^{53}$

土家语与汉语结合运用的地名。“茶嘎”是土家语 $tsha^{53}kai^{21}$ 的汉字记音，但“茶”作为 $tsha^{53}$ 的汉字记音，多记作“岔”或“查”；“嘎”是 kai^{21}（改）的音变。“河”是汉语。所以，这个地名的准确记音应是“岔改河”或“查改河”，按西部区的发音读作“擦改河”。

土家语 $tsha^{53}kai^{21}$（岔改）为一个音节，汉语义是对各种“松鼠”（Sciurus Vulqaris L）的统称，如红腹松鼠（Callasciurus erythraeus palls）、花鼠（Tamias Sibircas Laxmann）、麝鼠(Ondtro Zibethica L）等。“松鼠”当地称“貂鼠”，所以，“岔改河”(茶嘎河)就是“貂鼠河”。

此地位于溇水河谷两岸，从前果树多，成群的貂鼠在这里生息繁衍，故而得名。

羊古坨　$jan^{21}ku^{35}tho^{53}$

土家语与汉语方言结合运用的地名：“羊古”是土家语 $jan^{21}ku^{35}$ 的汉字记音；“坨”是汉语方言，指某种形状的地方，如“窝坨”。“羊古坨”按西部区的发音读作“言古坨”。

土家语 $jan^{21}ku^{35}$（羊古）为一个音节，是一个方位词，汉语义为“后面”“后边”“后头”。所以，“羊古坨”就是“后面的窝坨”，意思是说，这个地方坐落在某个村庄的后头。

羊角堖 $jan^{21}ku^{35}lau^{21}$

土家语与汉语结合运用的地名。“羊角”是土家语 $jan^{21}ku^{35}$ 的汉字记音，但“角”是 ku^{35}（古）的音变，在张家界地区，“角”不是读作 jiǎo（狡），而是读作 guó（国），与“古”音近，故有此音变。“堖”是汉语，义为小山丘，多用于地名。所以，这个地名的准确记音应是“羊古堖”，按西部区的发音读作“言古堖”。

土家语 jan^{21}（羊古）为一个音节，汉语义为“后面”“后头”“后边”；所以，“羊古堖”（羊角堖）就是“后面的山堖”。

刷帚溪 $sa^{53}tsu^{35}tɕhi^{55}$

土家语与汉语结合运用的地名。“刷帚”是土家语 $sa^{53}tsu^{35}$ 的误记：“刷”是 sa^{53}（沙）的误记，“帚”是 tsu^{35}（住）的误记；“溪”是汉语，即“溪沟”。因此，这个地名的准确记音应是“沙住溪”，按西部区的发音读作“撒租溪”。

土家语 sa^{53}（沙）的汉语义是“鸭子”（Anas domestica），tsu^{35}（住）的汉语义是“出”“出产”；$sa^{53}tsu^{35}$（沙住）连起来直译是“鸭子出”，调换语序结构译成汉语是“出鸭子”。所以，“沙住溪”（刷帚溪）就是“出鸭子溪”，即出产鸭子的山沟。

古代，这个山沟里的土家先民有养鸭子的传统习俗，不仅鸭子多，而且孵出的小鸭也多，故而得名。

夹　溪 $ka^{21}tɕhi^{55}$

土家语与汉语结合运用的地名：“夹”是土家语 ka^{21} 的汉字记音，此处读 gɑ́（嘎），一般也记作“嘎”。“溪”是汉语，即“溪沟”。

土家语称“乌鸦”（Corvus frugilgus linnaeus）为 ka^{21}（嘎）。所以，“嘎溪”（夹溪）就是“乌鸦溪”。

“嘎溪”（夹溪）是溇水河谷中的一个较大的险滩关口，河中礁石林立，惊涛拍岸，异常险恶。旧时，船工、排客每到此处都要烧纸焚香和抛撒米饭祭水神，以求保佑平安，从而引来成群乌鸦觅食。时间长了，乌鸦也就多了，于是人们便以 ka^{21}（嘎）——“乌鸦”作了地名。

杨寺庙 $jan^{53}si^{55}miau^{35}$

以土家族历史人物命名的庙宇名。此人的正确记名应为“杨泗”。

"杨泗庙"就是供奉杨泗神像的庙宇，是人们敬祀他的地方，久负盛名。

"杨泗"是土家族的民族英雄神，俗称"杨泗将军""杨泗爷爷""杨泗菩萨"。传说他是古代的一个樵夫，得异人传授一柄神斧。他家的旁边住有一户人家共九个弟兄，个个都是"蛟龙"。他们两家的门前是一条大河，河上架有一座花桥，供人们过河渡水。有一年夏天，山洪暴发，河水猛涨，那九条蛟龙决定乘机移居东海，欲将大桥破坏掉。杨泗知道消息后决定亲自保护大桥。那天，他手执神斧立于桥上，喝令蛟龙统统从桥下通过。前八条蛟龙遵令从桥下过去了，唯有第九条蛟龙却凶猛地向大桥飞腾而来，欲毁桥而过。杨泗挥动神斧砍去，这条蛟龙用尾扫来，被杨泗斩去尾巴，成为"桩巴龙"。花桥保住了，杨泗斩龙得道，成为土家族的镇水之神，不仅受到人们设置专门的神庙供奉，而且成为土家族的家堂神之一。

在土家族聚居区，有一批以"杨泗"命名的地方，诸如杨仕坪、杨士山、杨三溪、阳士垭，等等，虽然记音符号不同，但它们都是祭祀杨泗菩萨的地方。

洪家关白族乡

位于县域北部，乡治距县城 11 公里；辖 25 个行政村，240 个村民小组；总面积 91 平方公里，其中耕地面积 16893 亩；2008 年末总人口 23355 人，以白族、土家族为主的少数民族占总人口的大多数，其中土家族 7584 人，约占总人口的 32%。洪家关是贺龙元帅的故乡，乡治有贺龙纪念馆、贺龙故居，是全国 30 条红色旅游精品线路之一，也是全国 100 个红色旅游经典景点之一。白族、土家族文化浓郁；有群众性体育活动的传统，20 世纪 60 年代即为全国群众体育先进单位。

罗门界 $lo^{55}muŋ^{53}kai^{35}$

土家语与汉语结合运用的地名："罗门"是土家语 $lo^{55}muŋ^{53}$ 的汉字记音，但"门"是 $muŋ^{53}$（猛）的误记；"界"是汉语，即"山界"。所以，这个地名的准确记音应是"罗猛界"。

土家语 $lo^{55}muŋ^{53}$（罗猛）为一个音节，汉语义是"首领""头人""大王"。因此，"罗猛界"（罗门界）就是"头人界"或"大王界"。

古时，此地是一个土家族部落，其头领在这里居住过，因而得名。

从旦峪 $tshuŋ^{35}tan^{21}jəu^{55}$

纯粹的土家语地名，$tshuŋ^{35}tan^{21}jəu^{55}$ 的汉字记音，但"峪"是 $jəu^{55}$（优）的误记。所以，这个地名的准确记音应是"从旦优"。

土家语 $tshuŋ^{35}tan^{21}jəu^{55}$（从旦优）系三个音节：$tshuŋ^{35}$（从）译成汉语是"首领""头人""大王"等。土家语对"首领""头人""大王""土官"统称为 $lo^{55}muŋ^{53}$（罗猛），但由于地区不同、官阶有别等诸多原由，有的称 $tshuŋ^{35}$（从，有的记为"冲"），有的称 $tsuŋ^{35}$（宗，有的记为"钟"），有的称 $suŋ^{35}$（送）。其实，"从""宗""送"字面虽然不同，但是在古土家语中既同音也同义，犹如古代汉语的"罗""僚""骆"同音同义一样。tan^{21}（旦）的汉语义是"跑""跑了"。$jəu^{55}$（优）的汉语义是"村寨"。所以，$tshuŋ^{35}tan^{21}jəu^{55}$（从旦优）连起来译成汉语就是"王跑寨"，即头领或大王跑了的村寨。

从前，这里是土家族一个部落首领的居住地，后来可能随着安福寨的设置，这个大王被官兵赶跑了，便因此留下了 $tshuŋ^{35}tan^{21}jəu^{55}$（从旦优）——

“大王跑了的村寨”之名。

安伏溪 a²¹xu²¹tɕhi⁵⁵

土家语与汉语结合运用的地名：“安伏”是土家语 a²¹xu²¹（阿湖）的误记；“溪”是汉语，即“溪沟”“溪河”。所以，这个地名的准确记音应是“阿湖溪”。

土家语 a²¹xu²¹（阿湖）系两个音节：a²¹（阿）的汉语义是“岩”“岩石”，xu²¹（湖）的汉语义是“山与山之间的沟谷”；a²¹xu²¹（阿湖）连起来译成汉语是“岩谷”。所以，“阿湖溪”就是“岩谷沟”。总之，“岩沟”就是这个地名的基本含义。

但是，此地从 a²¹xu²¹（阿湖）到“安伏”却经历了一个相当漫长的演变过程。北宋以前，这里属古慈利县地。此地曾有一个土家族部落，名叫“阿湖峒”。北宋乾德元年（963 年），宋兵灭湖南，宋将延钊占领澧州，慈利县归服宋朝。为控制澧水上源的土苗民，宋廷在“阿湖峒”赶走了这个峒主，废其“峒”而随之建立了“安福寨”。

“安福寨”是宋廷设在“蛮区”的军事政权机关，辖今桑植五里桥、朱家台、羊公潭，慈利赵家岗以北，永定教字垭以北的广大地域。明洪武三年（1370 年），迁“安福寨”至今桑植方家坪，改称“酉水千户所”。洪武三十年（1397 年）恢复旧名，称“安福守御千户所”，成为桑植县的前身。

由“阿湖峒”到“安福寨”，经历了宋、元、明三代，历时 400 余年，峒亡寨去，只留下“阿湖溪”（安伏溪）这辆时代列车，将历史的悲欢载到了今天。

尧冲峪 je²¹tsho²¹jəu⁵⁵

纯粹的土家语地名，je²¹tsho²¹jəu⁵⁵（叶濯优）的音变与误记。按西部区的发音读作“叶挫优”。

土家语 je²¹tsho²¹jəu⁵⁵（叶濯优）系三个音节：je²¹（叶）的汉语义是“神”，tsho²¹（濯）的汉语义是“屋”,jəu⁵⁵（优）的汉语义是“村寨”。因此，je²¹tsho²¹jəu⁵⁵（叶濯优）连起来译成汉语就是“神屋寨”或“神堂寨”。

从前，这个村寨设有神堂，村寨以有神堂而得名。

言日峪 je²¹zi⁵⁵jəu⁵⁵

纯粹的土家语地名，je²¹zi⁵⁵jəu⁵⁵ 的汉字记音，但“言”是 je²¹（叶）的误记，“峪”是 jəu⁵⁵（优）的音变。所以，这个地名的准确记音应是“叶日优”。

土家语 $je^{21}zi^{55}jəu^{55}$（叶日优）系三个音节：je^{21}（叶）的汉语义是“神”；zi^{55}（日）的汉语义是“敬”或“祀”。$je^{21}zi^{55}$（叶日）连起来直译是“神敬”“神祀”，调换语序结构译成汉语是“敬神”或“祀神”。$jəu^{55}$（优）的汉语义是“村寨”。所以，$je^{21}zi^{55}jəu^{55}$（叶日优）连起来译成汉语就是“敬神寨”或“祀神寨”。

从前，这个村寨设有神堂，供有神像，是人们敬祀神灵的地方，因而得名。

另外，这一地区还有“砚塆”“言峪”等地名，分别是“叶塆”“叶优”的误记，实际就是“神堂塆”“神堂寨”，义与上同，不一一赘述。

海耳峪 $xe^{21}e^{21}jəu^{35}$

土家语与汉语结合运用的地名：“海耳”是土家语 $xe^{21}e^{21}$ 的汉字记音，但“海”是 xe^{21}（核）的音变与误记；“峪”是汉语，即“山峪”。所以，这个地名的准确记音应是“核耳峪”，当地人对这个地名的实际发音也是“核耳峪”。

土家语 $xe^{21}e^{21}$（核耳）系两个音节：xe^{21}（核）的汉语义是“漏”，实指“漏水”；e^{21}（耳）的汉语义是“长”。$xe^{21}e^{21}$（核耳）连起来直译是“漏长”，调换语序结构译成汉语是“长漏”。所以，“核耳峪”（海耳峪）就是“长漏峪”，即“长长的漏水山谷”。

1959年冬，该县组织万余劳动力在这里修堤筑坝，欲蓄水为库。当时就有人说：这个山谷全长20余公里，中间有很多天坑和溶洞，大坝修成了也难装得住水。但是这样的说法，显然与当时的“大跃进、放卫星、插红旗”的政治气候和形势是相悖的，自然不会动摇决策层的决心。后来大坝修好了，结果蓄不上水，只好废弃。这个劳民伤财的“学费”从另一个方面印证了“海耳峪”就是漏水沟。

才家峪 $tshe^{21}ka^{21}jəu^{35}$

土家语与汉语结合运用的地名：“才家”是土家语 $tshe^{21}ka^{21}$ 的汉字记音，但“才”是 $tshe^{21}$（测）的音变，“家”是 ka^{21}（嘎）的近音汉字替代；“峪”是汉语，即山峪。所以，这个地名的准确记音应是“测嘎峪”，按东部区多数地方的实际发音读作“扯嘎峪”。

土家语 $tshe^{21}ka^{21}$（测嘎）系两个音节：$tshe^{21}$（测）的汉语义是“水”，ka^{21}（嘎）的汉语义是“干”“缺”；$tshe^{21}ka^{21}$（测嘎）连起来直译是“水干”“水缺”，调换语序结构译成汉语是“干水”“缺水”。因此，“测嘎峪”（才家峪）就是“干水峪”“缺水峪”，即缺少水源的山峪。

从前，此地水源奇缺，因而得名。

实竹坪 si^{21}tsu^{35}phin^{21}

土家语与汉语结合运用的地名。“实竹”是土家语 si^{21}tsu^{35} 的汉字记音，不过一般记作“石住”；“坪”是汉语，即“坪坝”。因此，这个地名的准确记音应为“石住坪”，按西部区的发音读作“司租坪”。

土家语 si^{21}tsu^{35}（石住）系两个音节：si^{21}（石）的汉语义是“兽”，实指“野兽”；tsu^{35}（住）的汉语义是“出”“出来”。si^{21}tsu^{35}（石住）连起来译成汉语是“兽出”。因此，“石住坪”（实竹坪）就是“兽出坪”，即野兽经常出没的地方。

从前，此地尚未开发，山水间树茂草深，各类野兽栖息其间，因而得名。

以 si^{21}tsu^{35}（石住）作地名，在土家族居住区到处都有，如贵州有“石柱”，咸丰有“实柱”，字面虽异，其实际发音和含义都完全相同。

海龙坪 xe^{35}luŋ^{53}phin^{21}

土家语与汉语结合运用的地名：“海龙”是土家语 xe^{35}luŋ^{53} 的汉字记音，但“海”是 xe^{35}（核）的误记；“坪”是汉语，即“坪坝”。所以，这个地名的准确记音应是“核龙坪”。

土家语 xe^{35}luŋ^{53}（核龙）为一个音节，是一个专有形容词，汉语义是“很（大）”“那么（大）”，相当于平常所说的“好（大）！”因此，“核龙坪”（海龙坪）就是“好大的坪”。这无疑是土家先民发现此坪时一种惊喜的感叹。

用感叹词作地名，也是土家人给一个地方命名的一种常用手法。

月台峪 je^{21}thai^{35}jəu^{55}

纯粹的土家语地名，je^{21}thai^{35}jəu^{55} 的汉字记音，但“月”是 je^{21}（叶）的音变，“台”是 thai^{35}（太）的音变，“峪”是 jəu^{55}（优）的音变。所以，这个地名的准确记音应是“叶太优”。

土家语 je^{21}thai^{35}jəu^{55}（叶太优）系三个音节：je^{21}（叶）的汉语义是“钱财”“物质”“财富”，thai^{35}（太）的汉语义是“无”“没有”；je^{21}thai^{35}（叶太）连起来直译是“财富没有”，调换语序结构译成汉语是“没有财富”。jəu^{55}（优）的汉语义是“村寨”。因此，je^{21}thai^{35}jəu^{55}（叶太优）连起来译成汉语就是“没有财富的村寨”，即“穷寨”。

从前，这里坡多耕地少，水源严重不足，生活在这里的人们一年到头入不敷出，十分贫穷，因此，便以 $je^{21}thai^{35}jəu^{55}$（叶太优）——“穷寨”作了地名。

银竹溪 $ji^{21}tsu^{35}tɕhi^{55}$

土家语与汉语结合运用的地名。“银”是 ji^{21}（移）的误记，“竹”是 tsu^{35}（住）的音变；“银竹”是土家语 $ji^{21}tsu^{35}$ 的音变与误记：“溪”是汉语，即“溪沟”。因此，这个地名的准确记音应为“移住溪”，按西部区的发音读作“移租溪”。

土家语 $ji^{21}tsu^{35}$（移住）系两个音节：ji^{21}（移）的汉语义是纺车的一种部件——“车藤子”，tsu^{53}（住）的汉语义是“出”或“出产”；$ji^{21}tsu^{35}$（移住）连起来直译是“车藤子出产”，调换语序结构译成汉语是“出产车藤子”。因此，“移住溪”（银竹溪）就是“出车藤子沟”，即出产车藤子的地方。

车藤子实际上是一根长约尺许的铁针，安装在纺车的车头上，由车页上的轴线带动铁针旋转，用以积储纱线。古时，车藤子一般由铁匠精心打制而成，俗称“辗车藤子”。此地的铁匠师傅手艺高超，打制的车藤子品质优良，人们便以这种工艺产品作了地名。

铁板垭 $thie^{53}pa^{53}ŋa^{21}$

土家语与汉语结合运用的地名：“铁板”是土家语 $thie^{53}pa^{53}$ 的汉字记音，但“板”是 pa^{53}（巴）的误记；“垭”是汉语，即“山垭”。所以，这个地名的准确记音应是“铁巴垭”。

土家语 $thie^{53}pa^{53}$（铁巴）为一个音节，汉语义是“大的”或“最大的”。因此，“铁巴垭”（铁板垭）就是“大的垭”，或“最大的垭”。

土家语对“大”这个概念，有三种表述：即 $tɕhi^{53}$（起）、$tɕhi^{53}pa^{53}$（起巴）、$thie^{53}pa^{53}$（铁巴），但 $thie^{53}pa^{53}$（铁巴）除了显示“大的”的含义外，还有“最大的”含义。

这个山垭在众多山垭中是最大的，因而可以叫作“大垭”。

泥门岩 $li^{53}ma^{53}ŋai^{53}$

土家语与汉语结合运用的地名。“泥门”是土家语 $li^{53}ma^{53}$（里马）的音变与误记；“岩”是汉语，即“岩石”“岩山”。所以，这个地名的准确记音应是“里马岩”，当地人对这个地名的实际发音也是“里马岩”。

土家语 $li^{53}ma^{53}$（里马）是 $li^{53}thuŋ^{53}ma^{53}$（里桶马）的简化，其中 li^{53}

（里）的汉语义是“土”，thuŋ[53]（桶）的汉语义是“窝巢”，ma[53]（马）的汉语义是“蜂”（Apismellifera）；li[53]thuŋ[53]ma[53]（里桶马）连起来译成汉语就是“土窝蜂”，即在土里做窝的蜂子。“土窝蜂”就是俗称的“土雷蜂”。所以，“里马岩”就是“土雷蜂岩”。

从前，这个山岩上土雷蜂多，因而得名。

南子垭 lan[21]tsu[55]ŋa[21]

土家语与汉语结合运用的地名。“南子”是土家语 lan[21]tsu[55]（兰足）的音变与误记：“南”是 lan[21]（兰）的音变，“子”是 tsu[55]（足）的音变；“垭”是汉语，即“山垭”。所以，这个地名的准确记音应是“兰足垭”，当地老人对这个地名的实际发音也是“兰足垭”。

用连枷给荞麦、豆类等农作物脱粒

土家语 lan[21]tsu[55]（兰足）为一个音节，译成汉语是“连枷”；因此，“兰足垭”（南子垭）就是“连枷垭”。

“连枷”是山区人们给粮食脱粒的重要工具，几乎家家必备。从前，这里制作的连枷质量好，人们便以这种农具作了地名。详细释义参见沙塔坪乡“南子田”。

西田塆 ɕi[21]thie[55]uan[55]

土家语与汉语结合运用的地名：“西田”是土家语 ɕi[21]thie[55] 的汉字记音，但“田”是 the[55]（铁）的音变；“塆”是汉语，即“山塆”。所以，这个地名的准确记音应是“西铁塆”。

土家语 ɕi[21]thie[55]（西铁）为一个音节，汉语义是“大桌子”，也可泛称“桌子”。因此，“西铁塆”（西田塆）就是“桌子塆”。从前，这个山塆里木匠师傅手艺高超，制作的桌子美观大方，远近闻名，从而以 ɕi[21]thie[55]（西铁）——“桌子”作了地名。

土家族家庭，一般都备有大小两种木质方桌，大桌子叫 ɕi[21]thie[55]（西铁），平时放在神龛前面，过节时作祭祀祖先放置香烛、纸钱和祭品用，遇有红白喜事则摆放于天塔里设席招待宾客；小桌子叫 $ɕi^{21}thie^{55}pi^{35}$（西铁必），多放在火塘边，作全家人就餐之用。这两种桌子都选用优质木材制成，四周的墙板上精雕多种花纹，十分美观。

西头岭 $ɕi^{21}tho^{55}lin^{53}$

土家语与汉语结合运用的地名："西头"是土家语 $ɕi^{21}tho^{55}$ 的汉字记音，但"头"是 tho^{55}（妥）的音变；"岭"是汉语，即"山岭"。所以，这个地名的准确记音应是"西妥岭"。

土家语 $ɕi^{21}tho^{55}$（西妥）为一个音节，汉语义是"大蒜"（Allium sativum L）。所以，"西妥岭"（西头岭）就是"大蒜岭"。

从前，这里的先民喜爱种植大蒜，以致用 $ɕi^{21}tho^{55}$（西妥）——"大蒜"作了地名。

吴克山 $u^{35}khe^{53}san^{55}$

土家语与汉语结合运用的地名："吴克"是土家语 $u^{35}khe^{53}$ 的汉字记音，不过 u^{35} 一般记为"戊"；"山"是汉语。

土家语 $u^{35}khe^{53}$（戊克）系两个音节：u^{35}（戊）的汉语义是"黄牛"（Bos tanrus domestica）；khe^{53}（克）的汉语义是"角"，即"犄角"。$u^{35}khe^{53}$（吴克）连起来译成汉语是"黄牛角"。所以，"戊克山"（吴克山）就是"黄牛角山"。因为这座大山的主峰形似黄牛的犄角，故而得名。

大沙坡 $tha^{55}sa^{53}pho^{55}$

土家语与汉语结合运用的地名。"大沙"是土家语 $tha^{55}sa^{53}$（他沙）的音变与误记；"坡"是汉语，即"山坡"。所以，这个地名的准确记音应是"他沙坡"，按西部区的发音读作"他撒坡"。

土家语 $tha^{55}sa^{53}$（他沙）为一个音节，译成汉语是"矮山包"，凡是比较矮小的山包，土家语统称为 $tha^{55}sa^{53}$（他沙）。因此，"他沙坡"（大沙坡）就是"矮山包坡"或"小山坡"。

这个地方坐落在较矮的山塬上，即山坡的上头，因而得名。

二号塆 $e^{53}xau^{35}uan^{55}$

土家语与汉语结合运用的地名："二号"是土家语 $e^{53}xau^{35}$（耳号）的汉字记音，但"二"是 e^{53}（耳）的音变；"塆"是汉语，即"山塆"。所以，这个地名的准确记音应是"耳号塆"。

土家语 $e^{53}xau^{35}$（耳号）系两个音节：e^{53}（耳）是现代土家语，汉语义是"猴"（Macaca mulatta）；古土家语称"猴"为 se^{53}（色，现多记为

“舍”)。xau^35^（号）的汉语义是“好多”“那么多”，实质是“多”。e^53^xau^35^（耳号）连起来直译是“猴多”，调换语序结构译成汉语是“多猴”。所以，“耳号塆”（二号塆）就是“多猴塆”。

“二号塆”所在的地域是山区，境内山峦重叠，沟壑纵横，从前古木参天，树茂林深，成群的猴子出没其间。因为猴多，故得“耳号塆”之名。

有人以为“二号塆”就是“第二号塆”，此论不足为信。给山塆编号码，闻所未闻，况且此地也只是孤立的一个“二号塆”，并无“一号塆”“三号塆”，持此论者显然是望文生义了。

丘木塔 tɕhi^{53}me^{21}tha^{55}

土家语与汉语结合运用的地名：“丘木”是土家语 tɕhi^{53}me^{21}（起嚜）的音变与误记；“塔”是汉语，即“坪塔”。所以，这个地名的准确记音应是“起嚜塔”，当地老人对这个地名的实际发音也是“起嚜塔”。

土家语 tɕhi^{53}me^{21}（起嚜）为一个音节，汉语义是“荞”（Fagpyrum csculentum Mceneh）。因此，“起嚜塔”（丘木塔）就是“荞塔”，即荞多的地方。

从前这里的先民们喜欢种荞，种的荞多，因而得名。

王古台 uan^{55}ku^{53}thai^{21}

土家语与汉语结合运用的地名：“王古”是土家语 uan^{55}ku^{53} 的汉字记音，但“王”是 uan^{55}（万）的音变与误记，“台”是汉语，即“台地”。所以，这个地名的准确记音应是“万古台”。

土家语 uan^{55}ku^{53}（万古）的完整音节 uan^{55}ku^{53}tshi^{21}（万古次），tshi^{21}（次）是词尾轻音，在长期的语流音变中脱落了，只留下词根 uan^{55}ku^{53}（万古），但含义未变，汉语义是“弯弯的”。所以，“万古台”（王古台）就是“弯弯的台地”。

采楠峪 tshe^{21}lan^{21}jəu^{55}

纯粹的土家语地名，tshe^{21}lan^{21}jəu^{55} 的汉字记音，但“采”是 tshe^{21}（测）的音变，“楠”是 lan^{21}（兰）的音变，“峪”是 jəu^{55}（优）的音变。所以，这个地名的准确记音应是“测兰优”，按东部区多数地方的实际发音是“扯兰优”。

土家语 tshe^{21}lan^{21}jəu^{55}（测兰优）由 tshe^{21}lan^{21}（测兰）和 jəu^{55}（优）两个音节组成：tshe^{21}lan^{21}（测兰）的汉语义是“麻布”；jəu^{55}（优）的汉语义

是“村庄”“寨子”。所以，$tshe^{21}lan^{21}jəu^{55}$（测兰优）连起来译成汉语就是“麻布寨”。

“麻布”，用苎麻绩线手工织成，然后用牛粪浸沤漂洗成白色，民国以前的几千年内，一直是澧水上源土家人制作衣服、蚊帐的材料。用麻布做成的衣服，夏天穿着凉爽而透气，且清丽漂亮；用麻布制作的蚊帐，空阔透气，是土家姑娘出嫁必备的陪嫁品。

这个村寨的土家姑娘心灵手巧，织成的麻布远近闻名，人们便以这种特产作了地名。

倒落峪 $ta^{53}lo^{21}jəu^{55}$

纯粹的土家语地名，$ta^{53}lo^{21}jəu^{55}$ 的汉字记音，但“倒”是 ta^{53}（打）的误记，“峪”是 $jəu^{55}$（优）的音变。所以，这个地名的准确记音应是“打落优”。

土家语 $ta^{53}lo^{21}jəu^{55}$（打落优）系三个音节：ta^{53}（打）的汉语义是“互相”；lo^{21}（落）的汉语义是“骂”“吵”；$jəu^{55}$（优）的汉语义是“村庄”“寨子”。所以，$ta^{53}lo^{21}jəu^{55}$（打落优）连起来译成汉语就是“互相吵架的村庄”，即“吵架村”。

古代的某个时期，该地人际关系紧张，经常吵吵闹闹，故而得了这样一个千古不光彩的名称。

利福塔镇

位于县域西南部，南与永定区青安坪乡交界，西南与湘西州永顺县砂坝镇接壤，镇治距县城13公里；辖23个行政村（居委会），185个村民小组；总面积75平方公里，其中耕地面积12465亩；2008年末总人口19531人，其中以苗族、土家族、白族为主的少数民族占总人口的85%以上。该镇是湖南省8个严重缺水的乡镇之一；境内有被称为“亚洲第一洞”的九天洞，有峰峦溪国家森林公园、千年古镇苦竹寨；土特产主要有板栗、柑橘、花生、红薯糖等；牛市、米市、糖市闻名全县。

芦毛塆 $lo^{55}mu\eta^{53}uan^{55}$

土家语与汉语结合运用的地名：“芦毛”是土家语 $lo^{55}mu\eta^{53}$（洛猛）的误记；“塆”是汉语，即“山塆”。翻开土家族地区的地名，诸如芦毛坪、芦茅峪、罗门界、南木塔等，大多属于对 $lo^{55}mu\eta^{53}$（洛猛）的误记，也是不懂土家语的人们对 $lo^{55}mu\eta^{53}$（洛猛）的牵强附会。

土家语 $lo^{55}mu\eta^{53}$（洛猛）为一个音节，其含义经历过一个历史发展过程。最初，它是土家族部族首领的尊称，汉语义为“大王”。如“八部大王”就曾经被尊称为“八部洛猛”。后来，这些“大王”中有不少人被神化，被作为偶像供奉，所以，$lo^{55}mu\eta^{53}$（洛猛）也泛称“大神”。这里实际是指前者，具体是指茅岗土司覃胤昌父子。所以，“洛猛塆”（芦毛塆）就是“大王塆”，即土司王覃应冒、覃胤昌居住过或埋葬的地方。

明朝初年，茅岗土酋覃添佑被授为茅岗隘安抚使，始为茅岗土司之祖。清康熙八年（1669年），覃应冒据慈利十二、十三都地（今利福塔、杨仕坪一带），后传覃胤昌，皆称“土司王”。不久，卫民刘明时助清军诛杀覃应冒、覃胤昌，夺其辖地。覃应冒、覃胤昌均于葬杨仕坪。

长年头 $tshe^{21}ȵi^{55}thau^{35}$

纯粹的土家语地名，$tshe^{21}ȵi^{55}thau^{35}$ 的音变与误记：“长”是 $tshe^{21}$（扯）的误记；“年”是 $ȵi^{55}$（尼）的音变；“头”是 $thau^{35}$（桃）的音变。所以，这个地名应记作“扯尼桃”，按西部区的发音读作“测尼桃”。

土家语 $tshe^{21}ȵi^{55}thau^{35}$（扯尼桃）系三个音节：$tshe^{21}$（扯）的汉语义是

“水”；ȵi⁵⁵（尼）的汉语义是“找”；thau³⁵（桃）的汉语义是“没”“没有”。所以，tshe²¹ȵi⁵⁵thau³⁵（扯尼桃）连起来直译是“水没有找”，调换语序结构译成汉语就是“没有水找”。

此地坐落在“亚洲第一洞”——九天洞附近，这一地区是澧水上源有名的潜流区，山体空洞，洞穴遍布。“地下水长流，地面水如油”，是没有水源可找的地方，故而得名。

白蛇溪 pu⁵⁵se⁵⁵tɕhi⁵⁵

土家语与汉语结合运用的地名：“白蛇”是土家语 pu⁵⁵se⁵⁵（不社）的附会与误记；“溪”是汉语，即“溪沟”，也可泛指地方。所以，这个地名的准确记音应是“不社溪”，按西部区的发音读作“不色溪”。

晒竿（斗垫），使用时就把它打开

土家语 pu⁵⁵se⁵⁵（不社）为一个音节，汉语义是“晒簟”，一些地方也称“斗垫”。所以，“不社溪”（白蛇溪）就是“晒簟溪”。

晒簟是土家人民翻晒粮食的一种用具。解放前，土家人家的房前都建有一个平塔，俗称“天塔”，或是土塔，或是岩塔。翻晒粮食时，为防止尘土混入粮食，家家都备有竹篾编织而成的竹簟，晒粮时将其平铺在天塔里，上面匀铺粮食；不用时则将其卷起。

用晒簟晒粮已成为当地的一种习俗、一种时尚，故而得名，与“白蛇”犹如风马牛，毫无关联。如今的“天塔”大多是水泥坪塔，晒簟也因此而逐渐淡出人们的生产生活。

青　龙 tɕhi⁵⁵luŋ⁵³

纯粹的土家语地名，tɕhi⁵⁵luŋ⁵³ 的汉字记音，但“青”是 tɕhi⁵⁵（乞）的音变。所以，这个地名的准确记音应是“乞龙”。

土家语 tɕhi⁵⁵luŋ⁵³（乞龙）为一个音节，汉语义是“豆豉”；用作地名，就是“产豆豉的地方”。

从远古走来，土家人世代传承着制作豆豉、豆酱的工艺，采用黄豆、小麦、蚕豆、豌豆等为原料，以黄荆、桂皮、花椒、辣椒等为佐料，经发酵、发霉、泡、腌、晒等工艺流程，做出各种醇香可口的美味佳肴，诸如豆豉、豆酱、渣豆酱、晒麦酱、蚕豆酱、豌豆酱、芝麻酱，等等。土家语 tɕhi⁵⁵luŋ⁵³（乞龙）的汉语义本指“豆豉”，也是这些豆酱类食品的总称。

自清代以来，此地就以豆豉、豆酱而闻名乡里，是桑植县城所需豆豉、豆酱的供应地。因其豆豉、豆酱的名声，人们便以这些土特产品作了地名。

黑　槽　xe²¹tshe²¹

纯粹的土家语地名，xe²¹tshe²¹ 的汉字记音，但“黑”是 xe²¹（核）的音变；“槽”是 tshe²¹（测）的音变。所以，这个地名应记作“核测”，按东部区多数地方的发音是“核扯”。

土家语 xe²¹tshe²¹（核测）系两个音节：xe²¹（核）的汉语义是“漏”，tshe²¹（测）的汉语义是“水”；所以，xe²¹tshe²¹（核测）连起来译成汉语就是“漏水”。用作地名，就是“地面漏水的地方”。

“黑槽”是一个山洞，地面上的溪水都从这儿流入地下汇成潜流。以 xe²¹tshe²¹（核测）——“漏水”作地名，名实相符。

司娘洞　si²¹ȵie³⁵tuŋ²¹

土家语与汉语结合运用的地名：“司娘”是土家语 si²¹ȵie³⁵ 的汉字记音，但“娘”是 ȵie³⁵（捏）的音变；“洞”是汉语，即“山洞”。所以，这个地名的准确记音应是“司捏洞”。

土家语 si²¹ȵie³⁵（司捏）系两个音节：si²¹（司）的汉语义是“野兽”，ȵie³⁵（捏）的汉语义是“睡”；si²¹ȵie³⁵（司捏）连起来译成汉语是“兽睡”。所以，“司捏洞”（司娘洞）就是“兽睡洞”，即野兽睡觉休息的山洞。

司娘洞是一个能够容纳千人的大溶洞，在当地很有名声。古时，常有野兽在洞中栖息，因而得名。

俄岭凸　o⁵³lie⁵⁵pau³⁵

土家语与汉语结合运用的地名：“俄岭”是土家语 o⁵³lie⁵⁵ 的汉字记音，但“岭”是 lie⁵⁵(列)的音变；“凸”是汉语，但在当地不读作 tū（突），而是读作 báo（雹），义为“山包”。所以，这个地名的准确记音应是“俄列包”，当地民众对这个地名的实际发音也是“俄列包”。

土家语 o⁵³lie⁵⁵（俄列）系两个音节：lo⁵³（俄）的汉语义是“蛇”，lie⁵⁵（列）的汉语义是“踩”；o⁵³lie⁵⁵（俄列）连起来直译是“蛇踩”，调换语序结构译成汉语是“踩蛇”。所以，“俄列包”（俄岭凸）就是“踩蛇包”，即容易踩到蛇的山包。

从前这里蛇多，外出行走容易踩到蛇，故而得名。

抱拦洞 $pu^{53}lo^{21}tuŋ^{35}$

土家语与汉语结合运用的地名："抱拦"是土家语 $pu^{53}lo^{21}$（补洛）的音变与误记；"洞"是汉语，即"山洞"。所以，这个地名的准确记音应是"补洛洞"，当地民众对这个地名的实际发音也是"补洛洞"。

根据《梯玛神歌》记载，土家语 pu^{53}（补）的汉语义是"船"，"弯船漂滩"则叫 $pu^{53}lo^{21}$（补洛）。所以，"补洛洞"（抱拦洞）就是"弯船漂滩的山洞"。意思是说，凡是下行的船只都要在这个山洞边停靠，准备好漂下边的险滩。

"抱拦洞"是一个山洞，位于澧水河谷中。洞口前是一个深水潭，水流缓慢。洞的下方是有名的"老虎滩"，河中礁石散乱，水急浪高，极其险恶。从前，凡是下行的船只都要在洞口弯船停靠，待做好必要的准备后再漂"老虎滩"，故而得名。如今的"老虎滩"已被下游的温溏水库淹没，"弯船漂滩"已成历史。

干滥子 $kan^{55}lan^{21}tsho^{53}$

纯粹的土家语地名，$kan^{55}lan^{21}tsho^{53}$ 的汉字记音，但"滥"是 lan^{21}（栏）的音变，"子"是 $tsho^{53}$（挫）的音变。所以，这个地名的准确记音应是"干栏挫"。

土家语 $kan^{55}lan^{21}tsho^{53}$（干栏挫）由 $kan^{55}lan^{21}$（干栏）和 $tsho^{53}$（挫）两个音节组成：$kan^{55}lan^{21}$（干栏）是土家民居演进过程中的一种形式；$tsho^{53}$（挫）的汉语义是"屋"或"棚屋"。所以，$kan^{55}lan^{21}tsho^{53}$（干栏挫）连起来译成汉语就是一种称为"干栏"的房屋。

据考古资料证明，土家人的居所有一个十分漫长的演进过程。最初是完全的穴居，后来演进为半地穴式居所，然后演进为"干栏"，最后演进为"转角楼"。"干栏"一词，现今研究土家族历史的学者及其著述都普遍采用，实际它是直接引用的土家语。土家语的"干栏"的特点是"依树积木，以居其上"。明代田汝成《炎徼纪闻》录："舍，茅而不涂，衡板为阁，上以栖人，下畜牛羊猪犬，谓之麻栏。"干栏的式样大致是：上下两层，多以木竹做桩柱、楼板和墙壁，壁如篱笆，通风过气，有的也用泥糊。房子用杉木皮、茅草、薄石板覆盖。楼上住人，楼下喂养牲畜，安置碓磨，堆放农具杂物。

当民居演进至转角楼后，这种"干栏"便退变成守野兽的各种蓬类，至今仍有保存。这种简易的蓬屋，俗称“埋杈屋”，土家语则称为 $kan^{55}lan^{21}tsho^{53}$（干栏挫）。

$kan^{55}lan^{21}tsho^{53}$（干栏挫）是一颗不可多得的地名化石，对土家族的民居有着里程碑意义，它标志着土家先民由“穴居”阶段演进到楼房阶段。

岩巴肚 $a^{21}pa^{21}tu^{35}$

纯粹的土家语地名，$a^{21}pa^{21}tu^{35}$ 的汉字记音，但“岩”是 a^{21}（阿）的误记，“肚”是 tu^{35}（度）的音变。所以，这个地名的准确记音应是“阿巴度”。

土家语 $a^{21}pa^{21}tu^{35}$（阿巴度）由 $a^{21}pa^{21}$（阿巴）和 tu^{35}（度）两个音节组成：$a^{21}pa^{21}$（阿巴）的汉语义是“岩板”；tu^{35}（度）是土家语的一个动词，汉语义为“盖”。所以，$a^{21}pa^{21}tu^{35}$（阿巴度）连起来直译是“岩板盖”，调换语序结构译成汉语就是“盖岩板”，即房屋以岩板作瓦盖。

从前的某个时期，此地民居多以岩板当瓦，因而得名。

张家界土家语地名诠释

慈利县·下 册

尚立昆 尚立晰/编著

民族出版社

目 录

慈利县概况

慈利县位于湖南省西北部，武陵山脉边缘，澧水中游；东经110°27′—110°20′，北纬29°04′—29°41′。东北界常德市石门县，东南邻常德市桃源县，西南抵本市永定区，西北接本市桑植县、武陵源区。东西长70.7公里，南北宽69公里，总面积3480平方公里，其中耕地面积540750亩。县治零阳镇距省会长沙248公里，距市治永定约80公里。辖13个镇、18个乡（其中7个土家族乡）、1个国有林场，676个村（居）委会，7077个村（居）民小组；2009年末总人口近70万人，其中土家族人口约占全县总人口的64%。

慈利县历史悠久，设县距今已有2500余年。秦统一中国置郡县时，始建慈姑县，属黔中郡。汉改为零阳县。隋开皇九年（589年）置零陵县，属崇州；开皇十八年（598年），以“土俗淳慈，得物产利”改称慈利县。唐宋、五代沿袭之。元前置元年（1264年）升为慈姑州，旋改为慈利州。明洪武二年（1369年）降州为大庸县，旋改为大庸卫，仍建慈利县，以迄于今。1949年7月31日慈利解放，属常德地区（今常德市）管辖。1988年5月18日经国务院批准成立大庸市，慈利县划归大庸市（1994年5月改称张家界市）管辖。

慈利县物产资源丰富。年均水能蕴藏量67.7万千瓦，已开发利用近60万千瓦，是全国100个小水电重点县之一。森林面积231.7万亩，森林覆盖率达59.17%，活木蓄积量469万立方米；经济林面积58万亩，其中果林面积29万亩，果产品年产量在100万吨以上，杜仲林面积23万亩，为全国最大的杜仲林基地县。已查明矿产地165处，各类矿产44种，探明储量的矿产22种，主要开发利用的有煤、石煤、大理石、方解石、镍钼、石灰石等，尤以石煤储量最大，达40亿吨。旅游资源自成体系，已形成以零阳镇为中心的“东西一条线、南北两大片”的旅游格局。“东西一条线”即五雷山、四十八寨、星斗山、老棚、三王峪、万福温泉4A级、岩泊渡鱼市、饭甑山、剪刀寺、溪口古镇、阳和国际商务旅游区、渔浦书院。“南北两大片”是：南片百岛龙潭、桃花溪、云朝山、高桥的恐龙洞、历史悠久的板凳灯；北片以江垭水库为中心，包括九溪古城、杜心五故居、索水溇水漂流、龙王洞4A级、张家界大峡谷、野人谷、江垭温泉(4A级)、江垭省级森林公园。

慈利人民具有光荣革命传统。辛亥革命前，杜心五等一批仁人志士就在日本参加同盟会，进行推翻帝制的民主主义革命活动，并举兵响应武昌起义。大革命时期，杜修经、袁任远、蹇先任等一批共产党人积极投入并领导革命活动。土地革命时期，这里是革命根据地，5000多人参加红军，1400多名先烈为革命献身。抗日战争时期，慈利县是张家界市区唯一遭受日军铁蹄践踏蹂躏的地区，一批热血青年组成抗敌流动剧团，广泛宣传党的抗日主张，奔赴延安参加革命。解放战争时期，慈利人民在党的领导下，开展宣传、统战、策反等革命活动，砸碎了千年铁锁链，迎来了慈利的解放。

新中国成立60多年来，勤劳勇敢的慈利人民在中国共产党和人民政府的领导下，致力于社会主义革命和社会主义建设，国民经济得到较快发展，社会各项事业有了长足进步。现在，全县上下团结一致，为建设繁荣、富裕、文明的社会主义新慈利而努力奋斗。

零 阳 镇

县政府所在地，全县政治、经济、文化、交通中心，距张家界市区约80公里，素称“湘西门户”；辖56个行政村、15个社区居委会；总面积316平方公里，其中耕地59400亩；2008年末总人口131405人。农产品以稻谷、棉花、油菜、烤烟、柑橘为主，工业品主要有盐渍肠衣、油画笔、皂素、大理石等；境内有被誉为“南武当”的道教圣地五雷山和4A级旅游景区（点）万福温泉。

标丝塔 pi^{35}tsi^{55}tha^{55}

纯粹的土家语地名，pi^{35}tsi^{55}tha^{55}的汉字记音，但“标丝”是pi^{35}tsi^{55}（毕兹）的音变与误记。所以，这个地名的准确记音应是“毕兹塔”。

土家语 pi^{35}tsi^{55}tha^{55}（毕兹塔）由 pi^{35}tsi^{55}（毕兹）和tha^{55}（塔）两个音节组成：pi^{35}tsi^{55}（毕兹）是土家人的自称，汉语义是“土家”；tha^{55}（塔）的汉语义是“住处”“坐处”，扩展义为“地方”。因此，pi^{35}tsi^{55}tha^{55}（毕兹塔）连起来译成汉语就是“土家人住的地方”。详细释义参看桑植县两河口乡“笔架村”。

白布垮 pha^{21}phu^{55}uan^{55}

土家语与汉语结合运用的地名：“白布”是“八部”的附会与误记，“八部”是从土家语pha^{21}phu^{55}（帕普）转译过来的；“垮”是汉语，即“山垮”。所以，这个地名的准确记音应是“八部垮”或“帕普垮”。

土家语pha^{21}phu^{55}（帕普）为一个音节，全称是pha^{21}phu^{55}lo^{55}muŋ^{53}（帕普裸猛）其中的pha^{21}phu^{55}（帕普）的汉语义是“爷爷”，lo^{35}muŋ^{53}（裸猛）的汉语义是“大王”或“大神”；pha^{21}phu^{55}lo^{55}muŋ^{53}（帕普裸猛）连起来直译是“爷爷大王”或“爷爷大神”，调换语序结构译成汉语就是“大王爷爷”或“大神爷爷”。所以，“帕普垮”（白布垮）就是“大神爷爷垮”。

土家族供奉的最高神只有三位，即“大神、二神、三神”，俗称“大神爷爷”“二神爷爷”“三神爷爷”，其中的“大神”就是“八部大神”，也叫“八部大王”。据传说，“八部大神”是土家族8个原始部落的酋长，他们去世后人们将他们合并共塑一尊神像，并设有专门的神堂供奉，俗称“八部神堂”或“八部祠”，“服司妥”（还神愿）、社巴日（做摆手）都是最高的主祀尊神的活动。保靖一处“八部祠”的一副对联写道：“守斯土，抚斯土，斯土黎民感恩戴德，同歌摆手；封八蛮，佑八蛮，八蛮疆地风调雨顺，共庆丰年”。从前这里设有八部大神的神堂，是人们敬奉八部大神的地方，故而得名。这个地名是东部土家族地区的地名“化石”，显得珍贵异常。

盆棚垭 $pha^{21}phu^{55}ŋa^{53}$

土家语与汉语结合运用的地名：“盆棚”是土家语 $pha^{21}phu^{55}$（帕普）的音变与误记；“垭”是汉语，即“山垭”。所以，这个地名的准确记音应是“帕普垭”。

土家语 $pha^{21}phu^{55}$（帕普）为一个音节，汉语义是“祖父”，即“爷爷”。所以，“帕普垭”（盆棚垭）就是“爷爷垭”，是某姓人爷爷居住过的地方，简而言之就是俗称的“老屋场”。

十板村 $se^{53}pa^{53}tsho^{53}$

纯粹的土家语地名，土家语 $se^{53}pa^{53}tsho^{53}$ 的汉字记音，但“十板”是 $se^{53}pa^{53}$（社巴）的音变与误记，“村”是 $tsho^{53}$（挫）的误记。所以，这个地名应记作“社巴挫”，按西部区的发音读作“色巴挫”。

土家摆手舞

土家语 $se^{53}pa^{53}tsho^{53}$（社巴挫）由 $se^{53}pa^{53}$（社巴）和 $tsho^{53}$（挫）两个音节组成，$se^{53}pa^{53}$（社巴）汉语义是“摆手”，$tsho^{53}$（挫）的汉语义是“屋”“堂”。所以，$se^{53}pa^{53}tsho^{53}$（社巴挫）连起来译成汉语就是“摆手堂”。从前，此地设有“摆手堂”，是土家人敬祖先、祭土王的地方，故而得名。

按照土家族习俗，每年正月初二到十五，都要在土王祠（摆手堂）敬祖先、祭土王，举行盛大的“摆手”活动，这就是有名的“社巴日”。人们所唱之歌叫“社巴歌”，所跳之舞叫“社巴舞”（俗称“摆手舞”）。

空　佳　$kha^{21}tɕie^{35}$

纯粹的土家语地名，$kha^{21}tɕie^{35}$（卡借）的误记。

土家语 $kha^{21}tɕie^{35}$（卡借）为一个音节，译成汉语是“树桠”“树枝”。

以“树垭”“树枝”作地名实属少见，可能是因为古时这里树木多、枝丫大，是人们拾柴砍树枝的地方，故而得名。

齐龙岗　$tɕhi^{35}luŋ^{53}kan^{55}$

土家语与汉语结合运用的地名：“齐龙”是土家语 $tɕhi^{35}luŋ^{5}$ 的汉字记音，但 $tɕhi^{35}$ 记作“七”更为准确；“岗”是汉语，即“山冈”。

土家语 $tɕhi^{35}luŋ^{53}$（七龙）为一个音节，译成汉语是“豆豉”“豆酱”。所以，“七龙岗”（齐龙冈）就是“豆豉冈”“豆酱冈”。

在遥远的古代，土家人就学会了制作豆豉、豆酱，如霉豆酱、楂豆酱、水豆酱、麦酱、芝麻酱等，这些酱类食品土家语统称为 $tɕhi^{35}luŋ^{53}$（七龙）。从前，这里的豆豉、豆酱品种多，质量好，故而得名。

盘家溶　$pho^{35}ka^{21}uŋ^{21}$

纯粹的土家语地名，$pho^{35}ka^{21}uŋ^{21}$（破嘎翁）的误记：“盘”和“溶”分别是 pho^{35}（破）和 $uŋ^{21}$（翁）的音变；“家”是 ka^{21}（嘎）的近音汉字替代。

土家语 $pho^{35}ka^{21}uŋ^{21}$（破嘎翁）由 $pho^{35}ka^{21}$（破嘎）和 $uŋ^{21}$（翁）两个音节组成：$pho^{35}ka^{21}$（破嘎）的汉语义是“教书先生”（老师），$uŋ^{21}$（翁）的汉语义是“坐”“住”或“坐处”“住处”。所以，$pho^{35}ka^{21}uŋ^{21}$（破嘎翁）连起来译成汉语就是“先生住处”或“老师坐处”，即教书先生居住的地方。

此地从前可能设过学堂私塾，有教书先生居住过，故得其名。

司毛塔　$su^{35}mu^{53}tha^{55}$

纯粹的土家语地名，$su^{35}mu^{53}tha^{55}$ 的汉字记音，但“司毛”是 $su^{35}mu^{53}$（苏母）的音变与误记。所以，这个地名的准确记音应是“苏母塔”。

土家语 $su^{35}mu^{53}tha^{55}$（苏母塔）由 $su^{35}mu^{53}$（苏母）和 tha^{55}（塔）两个音节组成。$su^{35}mu^{53}$（苏母）的汉语义一指太公以上的男性先辈，包括健在的和死去的；二指男性祖先，包括父辈以上的先辈和亡灵：这里实指后者。tha^{55}（塔）的汉语义是“坐处”“住处”。所以，$su^{35}mu^{53}tha^{55}$（苏母塔）连起来译成汉语就是“祖先居所”，包括祖宗的住地和墓地。

从前，这里是某姓祖宗居住过或埋葬的地方，故而得名。

七　枞　tɕhie^{55}tshuŋ^{55}

纯粹的土家语地名，tɕhie^{55}tshuŋ^{55} 的汉字记音，但“七”是 tɕhie^{55}（且）的音变。所以，这个地名的准确记音应是“且枞”。

土家语 tɕhie^{55}tshuŋ^{55}（且枞）系两个音节：tɕhie^{55}（且）的汉语义是“山”“山坡”；tshuŋ^{55}（枞）的汉语义是“官”“王”“头领”。所以，tɕhie^{55}tshuŋ^{55}（且枞）连起来直译是“山官”或“山王”“山头领”，调换语序结构译成汉语就是“官山”或“王山”“头领山”，简言之就是“官地”。

古代的某个时期，这座山属某个部落头领所有，因而被先民们称为“官山”“头领山”。

七相坪　tɕhie^{35}ɕi^{55}phin^{21}

土家语与汉语结合运用的地名：“七相”是土家语 tɕhie^{35}ɕi^{55}（切西）的误记；“坪”是汉语，即“坪坝”。所以，这个地名的准确记音应是“切西坪”。

土家语 tɕhie^{35}ɕi^{55}（切西）为一个音节，汉语义是“橘子”“柑子”。（Citrus reticulata）所以，“切西坪”（七相坪）就是“橘子坪”。

从前，这里是一片橘子园，出产的橘子多，人们便以 tɕhie^{35}ɕi^{55}（切西）——“橘子”作了地名。

大星村　ta^{53}ɕi^{53}tshun^{55}

土家语与汉语结合运用的地名：“大星”是土家语 ta^{53}ɕi^{53} 的汉字记音，但“星”是 ɕi^{53}（西）的音变；“村”是汉语，即“村寨”。所以，这个地名的准确记音应是“大西村”。

土家语 ta^{53}ɕi^{53}（大西）为一个音节，汉语义是“转工”“互助”“帮忙”。所以，“大西村”（大星村）就是“互助村”或“帮忙村”。从前，这个村寨盛行转工帮忙习俗，故得“帮忙村”之名，这是一颗记载土家人转工互助习俗的“化石”。

自古至今，土家人都有互相帮忙的传统，凡是起屋、婚嫁、丧葬、农忙耕作等重大活动，村寨里的人便会主动来帮工，其中尤以农忙耕种的互助活动最具特色。到了挖生地、插秧、薅草、收割需要互助时，往往能集中几十、上百人。主人除了好酒好饭款待而外，还要请来称为“唱马”的歌师 2~4 人，一边打锣鼓，一边唱鼓歌，热闹非凡。这就是土家人俗称的

“打锣鼓”，他们所唱之歌就是有名《薅草锣鼓歌》。参看桑植县芙蓉桥乡“大厦凪”。

星子塆 ɕi⁵⁵tsi²¹uan⁵⁵

土家语与汉语结合运用的地名：“星子”是土家语 ɕi⁵⁵tsi²¹ 的汉字记音，但“星”是 ɕi⁵⁵（西）的误记；“塆”是汉语，即山塆。所以，这个地名的准确记音应是“西子塆”。

土家语 ɕi⁵⁵tsi²¹（西子）为一个音节，是 ɕi⁵⁵tsi²¹lo⁵⁵so²¹（西子逻所）的省略。汉语在此地成为主流语言后，人们便按照汉语三字地名原则省去了其中的 lo⁵⁵so²¹（逻所），留下词根 ɕi⁵⁵tsi²¹（西子），但含义未变。由于人们不懂土家语，又将“西子”附会讹传为“星子”，其含义就完全变了。ɕi⁵⁵tsi²¹lo⁵⁵so²¹（西子逻所）或者 ɕi⁵⁵tsi²¹（西子）译成汉语是“鸡眼草”[Kumerouia striata（Thunb） schindl]。所以，“西子塆”（星子塆）就是“鸡眼草塆”。

鸡眼草也叫十字草、铃铃草，是土医治疗肺痨的必备药，也是常用的散寒解表药。从前，这个山塆里鸡眼草多，是土家药匠经常采药的地方，故而得名。

赤从山 tshi⁵⁵tsho⁵³san⁵⁵

土家语与汉语结合运用的地名：“赤从”是土家语 tshi⁵⁵tsho⁵³ 的汉字记音，但“从”是 tsho⁵³（挫）的音变；“山”是汉语。因此，这个地名的准确记音应是“赤挫塆”，按西部区的发音读作“次挫塆”。

土家语 tshi⁵⁵tsho⁵³（赤挫）系两个音节：tshi⁵⁵（赤）是 tshi⁵⁵tshi⁵³（赤赤）的简化，汉语义是“书”；tsho⁵³（挫）的汉语义是“屋”。所以，tshi⁵⁵tsho⁵³（赤挫）连起来译成汉语就是“书屋”，“赤挫山”（赤从山）就是“书屋山”。

当然，这里的“书屋”绝不是指现代意义上的“图书室”“图书馆”“书店”之类的文化场所，只能理解为有书的人家。还有一种可能，那就是此地从前曾经办过学堂或私塾。

榨儿塆 tsi²¹e²¹uan⁵⁵

土家语与汉语结合运用的地名：“榨儿”是土家语 tsi²¹e²¹ 的误记：“榨”是 tsi²¹（直）的误记；“儿”是 e²¹ 的记音，但一般记作“二”。“塆”是汉语，即“山塆”。所以，这个地名的准确记音应是“直二塆”，按西部区的发音读作“自二塆”。

土家语 tsi²¹e²（直二）为一个音节，汉语义是“大米”（稻米）。所以，“直二塆”（榨儿塆）就是“大米塆”，因此地稻田多，出产的大米多而得名。

仁 和 za⁵³xo⁵³

纯粹的土家语地名，za⁵³xo⁵³ 的汉字记音，但“仁”是 za⁵³（日阿）的近音汉字替代。所以，这个地名的准确记音应是“日阿和”。

土家语 za⁵³xo⁵³（日阿和）的完整音节是 za⁵³xo⁵³tɕhi⁵⁵（日阿和期），tɕhi⁵⁵（期）属词尾轻声，容易脱落，只留下词根 za⁵³xo⁵³（日阿和），原义未变，译成汉语是一种叫“天南星”（Arisaeme consanguineum）的草药。

“天南星”俗名“蛇包谷”，是土家医用以治疗癫痫、口眼歪斜等风症的要药。从前，此地天南星多，人们便以这种植物作了地名。

白洋坪 pe³⁵jəu⁵⁵phin²¹

土家语与汉语结合运用的地名：“白洋”是土家语 pe³⁵jəu⁵⁵ 的汉字记音，但“洋”是 jəu⁵⁵（优）的音变；“坪”是汉语，即“坪坝”。因此，此地的原始名称应是“白优坪”。

土家语 pe³⁵jəu⁵⁵（白优）是由两个单音节组合成的一个复合音节：pe³⁵（白）是 pe³⁵kha²¹（白卡）的省略，汉语义是“苗族”；jəu⁵⁵（优）的汉语义是“村”“寨”。所以，pe³⁵jəu⁵⁵（白优）连起来译成汉语就是“苗寨”，“白优坪”（白洋坪）就是“苗寨坪”。

从前，有苗族人在这里聚居成寨，因而得名。

白沙溪 pe³⁵sa²¹tɕhi⁵⁵

土家语与汉语结合运用的地名：“白沙”是土家语 pe³⁵sa²¹ 的汉字记音；“溪”是汉语，即“溪沟”。“白沙溪”按西部区的发音读作“白撒溪”。

土家语 pe³⁵sa²¹（白沙）是由两个单音节组合而成的一个复合音节：pe³⁵（白）是 pe³⁵kha²¹（白卡）的省略，汉语义是“苗族”；sa²¹（沙）的汉语义是“话”“语”。所以，pe³⁵sa²¹（白沙）连起来译成汉语就是“苗语”，“白沙溪”就是“苗话溪”，即讲苗语的地方。

白优坪、白沙溪，还有附近的白坡，都是苗族同胞曾经居住过的地方。这些地名能够留存至今实属不易，它们生动地反映了土家族和苗族世代和睦相处、共存共荣的历史。

克　西　$khe^{55}çi^{53}$

纯粹的土家语地名，$khe^{55}çi^{53}$ 的汉字记音。

土家语 $khe^{55}çi^{53}$（克西）为一个音节，是典型的土家语，原音原义，原汁原味，译成汉语是“艾蒿”（Artemisia argyi）。从前，此地艾蒿多，人们便以这种植物作了地名。

旧时，艾蒿是土家人极其喜爱的植物，主要用途有三：一是碾成蒿绒拌和麝香点烧病患者的相关穴位，可治头痛、腰腿痛等多种疾病，俗称“烧艾”；二是春秋时疫病期，将艾蒿扎成把挂在房内以驱疫虫；三是夏秋傍晚家人亲友聚于天塔乘凉谈天，薰烧艾蒿用以驱赶蚊虫，相当于今天的蚊香。

西儿峪　$çi^{21}zi^{21}jəu^{35}$

土家语与汉语结合运用的地名：“西儿”是土家语 $çi^{21}zi^{2}$ 的汉字记音，但“儿”是 zi^{21}（日）的误记，这是因为当地“日”与“儿”“二”读音相同所致；“峪”是汉语，即“山峪”。所以，这个地名的准确记音应是“西日峪”。

土家语 $çi^{21}zi^{21}$（西日）系两个音节：$çi^{21}$（西）的汉语义是“草”，zi^{21}（日）的汉语义是“多”，$çi^{21}zi^{21}$（西日）连起来直译是“草多”，调换语序结构译成汉语是“多草”。所以，“西日峪”（西儿峪）就是“多草峪”。

在遥远的古代，这个山峪尚未开化，是一片布满荒草的原野，故而得名。

毛鞭堰　$me^{35}pi^{55}jəu^{55}$

纯粹的土家语地名，$me^{35}pi^{55}jəu^{55}$（嘿逼优）的误记。

土家语 $me^{35}pi^{55}jəu^{55}$（嘿逼优）由 $me^{35}pi^{55}$（嘿逼）和 $jəu^{55}$（优）两个音节组成：$me^{35}pi^{55}$（嘿逼）的汉语义是部落“酋长”，即汉人所称“大王”；$jəu^{55}$（优）的汉语义是“村”“寨”，这里是指“城寨”。所以，“嘿逼优”（毛鞭堰）连起来译成汉语就是“土王寨”。

古代，此地曾是某部落酋长的城寨，故得 $me^{35}pi^{55}jəu^{55}$（嘿逼优）——“土王寨”之名。

马尾岗　$ma^{53}u^{35}kan^{55}$

土家语与汉语结合运用的地名：“马尾”是土家语 $ma^{53}u^{35}$ 的汉字记音，但“尾”是 u^{35}（务）的音变；“岗”是汉语，即“山冈”。所以，这个地名的准确记音应是“马务冈”。

土家语 $ma^{53}u^{35}$（马务）系两个音节：ma^{53}（马）的汉语义是“蜂”(Apismellifera)，u^{35}（务）的汉语义是“烧”，$ma^{53}u^{35}$（马务）连起来直译是“蜂烧”，调换语序结构译成汉语是“烧蜂”，即常说的“烧蜂包”。所以，“马务岗”（马尾冈）就是“烧蜂冈”。

此地从前雷蜂多，人们常来这里烧蜂取蛹，故而得“烧蜂冈”之名。

公母当 $ka^{21}mu\eta^{21}tu^{35}$

纯粹的土家语地名，$ka^{21}mu\eta^{21}tu^{35}$（嘎蒙度）的误记。

土家语 $ka^{21}mu\eta^{21}tu^{35}$（嘎蒙度）由 $ka^{21}mu\eta^{21}$（嘎蒙）和 tu^{35}（度）两个音节组成：$ka^{21}mu\eta^{21}$（嘎蒙）是 $ka^{21}mu\eta^{21}se^{35}$（嘎蒙色）的简化，其中的 se^{35}（色）在音节中属下行轻声，被省略了，结果成了 $ka^{21}mu\eta^{21}$（嘎蒙），汉语义是胡桃科植物枫杨（Liquidambar for mosana），即俗称的“枫香树”；tu^{35}（度）的汉语义是“盖”“遮”“罩”。所以，$ka^{21}mu\eta^{21}se^{35}tu^{35}$（嘎蒙色度）或 $ka^{21}mu\eta^{21}tu^{35}$（嘎蒙度）连起来译成汉语就是“枫香树遮盖”，用作地名，就是指枫香树多的地方。

六角洞 $lu\eta^{55}ku^{53}tu\eta^{35}$

土家语与汉语结合运用的地名：“六角”是土家语 $lu\eta^{55}ku^{53}$（聋古）的音变与误记；“洞”是汉语，即“洞穴”。所以，这个地名的准确记音应是“聋古洞”。

土家语 $lu\eta^{55}ku^{53}$（聋古）为一个音节，汉语义是俗称团鱼、脚鱼、王八的“鳖”(Trionyx sinesis)。所以，“聋古洞”(六角洞)就是“团鱼洞”，因有团鱼或团鱼多而得名。

挂耳峪 $khua^{35}zi^{55}jəu^{55}$

纯粹的土家语地名，$khua^{35}zi^{55}jəu^{55}$ (夸日优）的误记：“挂”是 $khua^{35}$（夸）的音转，在土家语中，kua^{35}（挂）和 $khua^{35}$（夸）可以互相转音，所以常常互相转用；“耳”是 zi^{55}（日）的音变，在当地“日”和“耳”发音相同，以致将 zi^{55}（日）误记为“耳”；“峪”是 $jəu^{55}$（优）的音变。

土家语 $khua^{35}zi^{55}jəu^{55}$（夸日优）系三个音节：$khua^{35}$（夸）的汉语义是“官”，zi^{55}（日）的汉语义是“做”“当”；$khua^{35}zi^{555}$（夸日）连起来直译是“官做”“官当”，调换语序结构译成汉语是“做官”“当官”。$jəu^{55}$（优）的汉语义是“村”“寨”。所以，$khua^{35}zi^{55}jəu^{55}$（夸日优）连起

来译成汉语就是“做官寨”或“当官寨”，简而言之就是“官寨”，即做官人的村寨。

从前的某个时期，这个村寨曾出过做官的人，因而得名。

马字溪 ma⁵³tsa⁵³tɕhi⁵⁵

土家语与汉语结合运用的地名：“马字”是土家语 ma⁵³tsa⁵³ 的汉字记音，但“字”是 tsa⁵³（咱）的音变；“溪”是汉语，即“溪沟”。所以，这个地名的准确记音应是“马咱溪”。

土家语 ma⁵³tsa⁵³（马咱）系两个音节：ma⁵³（马）的汉语义是“蜂”(Apismellifera) ;tsa⁵³（咱）是个多义词，汉语义有“飞”“螫”“放”等，这里是“放”“放养”之意。ma⁵³tsa⁵³（马咱）连起来直译是“蜂放”，调换语序结构译成汉语就是“放蜂”。所以，“马咱溪”（马字溪）就是“放蜂溪”，即放养蜜蜂的溪沟。

放养蜜蜂是土家人的一种传统习俗，一般方法是将蜂桶或蜂箱放置在繁花似锦的溪边山野，任蜂采花酿蜜。此地从前百花竞开，争奇斗艳，是人们放养蜜蜂的地方，故而得名。

白　粟 pe⁵⁵ɕi⁵³

纯粹的土家语地名，pe⁵⁵ɕi⁵³ 的汉字记音，但“粟”是 ɕi⁵³（西）的音变与误记。所以，这个地名的准确记音应是“白西”。

土家语 pe⁵⁵ɕi⁵³（白西）的完整音节是 pe⁵⁵lie⁵³ɕi⁵³ (白列西)，lie⁵³（列）属轻声，在长期的音变中脱落了，只留下词根 pe⁵⁵ɕi⁵³（白西），但含义未变，译成汉语是“梨子”（Pyrus spp)。用作地名，就是指“梨子多的地方”。

从前，这里梨树多，出产的梨子很有名，于是人们便直接用 pe⁵⁵ɕi⁵³（白西）——“梨子”作了地名。

野　派 je²¹phu⁵⁵

纯粹的土家语地名，je²¹phu⁵⁵ 的汉字记音，但“派”是 phu⁵⁵（铺）的音变。所以，这个地名的准确记音应是“野铺”。je²¹phu⁵⁵ 有的记作“叶卜”“也普”，虽然记音符号不同，但发音相近，含义相同。

土家语 je²¹phu⁵⁵（野铺）系两个音节：je²¹（野）的含义广泛，作名词时，既可以指“神”，也可以指货物、钱财、财富、商品、东西等，这里取后者义；phu⁵⁵（铺）的汉语义是“买”“购”。所以，je²¹phu⁵⁵（野铺）连起来直译是“货物买”，调换语序结构译成汉语就是“买货物”；用作地名，就是买货物的地方。

从前，此地开设有商店货栈，是人们购买货物的地方。这个地名是古代土家先民商贸交易活动的“化石”，十分珍贵。

三官寺土家族乡

位于县域西部，南与武陵源区索溪峪镇交界，西与桑植县竹叶坪乡接壤，乡治距县城45公里；辖26个行政村，259个村民小组；总面积114平方公里，其中耕地21700亩；2008年末总人口25387人。主要物产有水稻、玉米、柑橘、烤烟等。三国时期古溇中县县治所在地。

月　塔　$je^{21}tha^{35}$

土家语与汉语结合运用的地名："月"是土家语je^{21}（叶）的误记；"塔"是汉语，本指"坪塔"，这里指"地方"。所以，这个地名的准确记音应是"叶塔"。

这里的土家语je^{21}（叶）是$je^{21}tsho^{21}$（叶挫）的简化，土家语称"神"为je^{21}（叶），称"屋""堂"为$tsho^{21}$（挫）；$je^{21}tsho^{21}$（叶挫）译成汉语是"神屋""神堂"。因此，"叶挫塔"（月塔）就是"神屋塔"或"神堂塔"，即建有神堂的地方。

从前，此地建有神堂，供有大神、二神、三神像，是人们敬神的地方，因而得名。

甲　介　$tɕian^{35}kai^{55}$

纯粹的土家语地名，$tɕian^{35}kai^{55}$（见盖）的误记："甲"是$tɕian^{35}$（见）的音变与误记；"介"是kai^{55}（盖）的误记，因当地"介"不读作jiè（借），而是读作gaì（盖），故有此误记。

土家语$tɕian^{35}kai^{55}$（见盖）为一个音节，汉语义是"戒指"。同其他民族一样，土家族姑娘也十分爱美，头上有金银头饰，胸前挂"牙钱"，手腕上戴手镯（俗称"手圈"），手指上戴戒指（俗称"箍箍儿"）。此地位于湘川古道，古代曾有银匠师傅在这里打制"戒指"等首饰，于是人们便以这种制件作了地名。

荣郎栋　$ji^{55}lan^{53}tuŋ^{35}$

纯粹的土家语地名，$ji^{55}lan^{53}tuŋ^{35}$（依兰峒）的误记："荣郎"是$ji^{55}lan^{53}$（依兰）的音变，"栋"是$tuŋ^{35}$（峒）的音变。

土家语$ji^{55}lan^{53}tuŋ^{35}$（依兰峒）由$ji^{55}lan^{53}$（依兰）和$tuŋ^{35}$（峒）两个音节组成：$ji^{55}lan^{53}$（依兰）的汉语义是油料植物"苏麻"（Helicteres angustifolia)；tuŋ[35]（峒）的汉语义本指“峒寨”，这里是指“地方”。因此，“依兰峒”（荣郎栋）连起来译成汉语就是“苏麻峒”，即出产苏麻的地方。

苏麻籽富含油脂，可以榨油，是山区人民的食油品种之一。苏麻籽特别香，可与芝麻媲美，炒熟碾粉可作食品调料。从前，此地的土家人爱种苏麻，产品远近闻名，故而得名。

小 头 ɕi[21]tho[55]

纯粹的土家语地名，ɕi[21]tho[55]（洗拖）的音变与误记。

土家语 ɕi[21]tho[55]（洗拖）为一个音节，汉语义是“大蒜”（Allium sativum l)。

此地以“大蒜”作地名，可能是从前种植的大蒜多。

乱船溪 lan[55]tsu[55]tɕhi[55]

土家语与汉语结合运用的地名：“乱船”是土家语 lan[55]tsu[55]（兰朱）的误记；“溪”是汉语，即“溪沟”。所以，这个地名的准确记音应是“兰朱溪”，按西部区的发音读作“兰租溪”。

土家语 lan[55]tsu[55]（兰朱）为一个音节，是 lan[55]tsu[55]lai[55]（兰朱乃）的简化与省略，其中的 lai[55]（乃）属词尾轻声，在长期的语流音变中脱落了，只留下词根 lan[55]tsu[55]（兰朱），但含义未变，汉语义是“青葛” [Pueraria thunbergiana (s.et.z) Benth]。所以，“兰朱溪”（乱船溪）就是“青葛溪”，因青葛多而得名。

澧水上源区山野间多葛蕨，每遇荒年人们便上山挖葛打蕨提取淀粉糊口度日。“青葛”是葛类中的一种。

石龙山 si[21]lo[21]san[55]

土家语与汉语结合运用的地名：“石龙”是土家语 si[21]lo[21] 的汉字记音，但“龙”是 lo[21]（罗）的音变；“山”是汉语。因此，这个地名的准确记音应是“石罗山”，按西部区的发音读作“司罗山”。

土家语 si[21]lo[21]（石罗）系两个音节：si[21]（石）的汉语义是“兽”“野兽”，lo[21]（罗）的汉语义是“游玩”；si[21]lo[21]（石罗）连起来译成汉语是“野兽游玩”。所以，“石罗山”（石龙山）就是“兽玩山”，即野兽游玩的山野。

此地“南坡北岭中峡谷”，古时林木参天，树密草深，人迹罕至，成了各种野兽的乐园，故而得名。

月形地 $je^{21}ɕie^{35}tie^{53}$

纯粹的土家语地名，$je^{21}ɕie^{35}tie^{53}$（叶谢爹）的误记。

土家语 $je^{21}ɕie^{35}tie^{53}$（叶谢爹）系三个音节：je^{21}（叶）的汉语义是“钱财”“财富”；$ɕie^{35}$（谢）的汉语义是“有”；tie^{53}（爹）的汉语义是“们”“的”“者”。所以，$je^{21}ɕie^{35}tie^{53}$（叶谢爹）连起来直译是“财富有的”或“钱财有的”，调换语序结构译成汉语就是“有财富的”或“有钱财的”，即“富人们”，简而言之，就是“财主”。

从前，这里是财主的地、财主的山，一草一木都属财主所有，故而得名。

杨桂沟 $jan^{21}ku^{35}kəu^{55}$

土家语与汉语结合运用的地名：“杨桂”是土家语 $jan^{21}ku^{35}$ 的汉字记音，但“桂”是 ku^{35}（谷）的误记；“沟”是汉语，即“山沟”。因此，这个地名的准确记音应是“杨谷沟”，按西部区的发音读作“言谷沟”。

土家语 $jan^{21}ku^{35}$（杨谷）为一个音节，是一个方位词，指示的方向是“后面”“后边”“后头”；所以“杨谷沟”（杨桂沟）就是“后面沟”，意思是说这条沟在村寨的后面。

在遥远的古代，土家人用方位作地名十分普遍。他们初到一地，面对无数的山和水，一时很难抓住其本质特征，最简便的方法就是用方位命名，这是完全可以理解的。

兰溪峪 $lan^{55}tɕhi^{55}jəu^{35}$

土家语与汉语结合运用的地名：“兰溪”是土家语 $lan^{55}tɕhi^{55}$ 的汉字记音，但“溪”是 $tɕhi^{55}$（期）的音变，因当地方言“溪”不读 xī（西），而是读作 qī（期），故有此误；“峪”是汉语，即“山峪”。所以，这个地名的准确记音应是“兰期峪”。

土家语 $lan^{55}tɕhi^{55}$（兰期）为一个音节，是 $me^{35}lan^{55}tɕhi^{55}$（嚜兰期）的简化，汉语义是五加科植物“通草”（Tetrapanax papyrifera）。所以，“兰期峪”（兰溪峪）就是“通草峪”。

通草亦称大通，俗名通脱木、野猫刺，是土医常用的药材，功能利小便、泻肺热、下乳汁、舒胃气。从前此地通草多，是土家医常去寻药的地方，人们便以 $lan^{55}tɕhi^{55}$（兰期）——“通草”作了地名。

苦泉峪 $khu^{21}tɕhi^{21}jəu^{35}$

土家语与汉语结合运用的地名：“苦泉”是土家语 $khu^{21}tɕhi^{21}$ 的汉字

记音，但“泉”是 tɕhi^{21}（七）的音变；“峪”是汉语。所以，这个地名的准确记音应是“苦七峪”。

土家语 khu^{21}tɕhi^{21}（苦七）为一个音节，汉语义是俗称人熊的“罴”。因此，“苦七峪”（苦泉峪）就是“人熊峪”，古时是人熊出没的地方。

人熊究竟是何动物，至今说法不一，比较普遍的看法是大猩猩。详细释义参看桑植县四方溪乡“富溪庄”。

皮夹坡 phi^{35}ka^{21}pho^{35}

土家语与汉语结合运用的地名：“皮夹”是土家语 phi^{35}ka^{21}（屁嘎）的音变与误记；“坡”是汉语，即“山坡”。所以，这个地名的准确记音应是“屁嘎坡”。

土家语 phi^{35}ka^{21}（屁嘎）为一个音节，译成汉语是“沙蚊子”，所以“屁嘎坡”（皮夹坡）就是“沙蚊子坡”。

“沙蚊子”学名“搔挠阿蚊”（Armaqeres sohturhan SW.）。这种蚊子细如针尖，嗅觉灵敏，夏秋时节成群结队叮咬人畜，被叮者瘙痒异常。从前，此地沙蚊子多，故得“沙蚊子坡”之名。参看桑植县沙塔坪乡“辟卡溪”。

打磨峪 tu^{55}mu^{35}jəu^{55}

纯粹的土家语地名，tu^{55}mu^{35}jəu^{55} 的汉字记音，但“打”是 tu^{55}（都）的误记，“峪”是 jəu^{55}（优）的音变。所以，这个地名的准确记音应是“都磨优”。

土家语 tu^{55}mu^{35}jəu^{55}（都磨优）由 tu^{55}mu^{35}（都磨）和 jəu^{55}（优）两个音节组成：tu^{55}mu^{35}（都磨）的汉语义是“纱”，jəu^{55}（优）的汉语义是“村”“寨”，所以，tu^{55}mu^{35}jəu^{55}（都磨优）连起来译成汉语就是“纱寨”。

“纱”是土家人织布用的材料，分“麻纱”和“棉纱”两种。从前此地的土家妇女心灵手巧，纺的纱质量好，因此得名。

大木山 tu^{35}mu^{55}san^{55}

土家语与汉语结合运用的地名：“大木”是土家语 tu^{35}mu^{55}（都磨）的误记；“山”是汉语。所以，这个地名的准确记音应是“都磨山”。

土家语 tu^{35}mu^{55}（都磨）为一个音节，汉语义是织布用的“纱”；所以，“都磨山”（大木山）就是“纱山”。详细释义参看上条“打磨峪”。

王林山 uan^{35}ȵie^{55}san^{55}

土家语与汉语结合运用的地名：“王林”是土家语 uan^{35}ȵie^{55}（万捏）

的音变与误记；“山”是汉语。因此，这个地名的准确记音应是“万捏山”。

土家语 $uan^{35}ȵie^{55}$（万捏）系两个音节：uan^{35}（万）是古代土家语，汉语义是“黄牛”（Bos taurus domeslica），现代土家语称黄牛为 u^{35}（戊），有少数地方叫 au^{35}（敖）；$ȵie^{55}$（捏）的汉语义是“睡”“歇”。因此，$uan^{35}ȵie^{55}$（万捏）连起来译成汉语就是“牛睡”，“万捏山”（王林山）就是“牛睡山”，即俗称的“放敞牛”的地方。

所谓“放敞牛”，就是将牛放到水草茂盛的地方，任其在那里吃草歇息，过了一段时间再找回来。

四方土 $si^{35}xua^{21}thu^{21}$

汉语与土家语结合运用的地名：“四”是汉语，这里是作顺序词，即第四；“方土”是土家语 $xua^{21}thu^{21}$ 的汉字记音，但“方”是 xua^{21}（花）的音变。所以，这个地名的准确记音应是“四花土”。

土家语 $xua^{21}thu^{21}$（花土）为一个音节，汉语义是“师傅”。所以，“四花土”（四方头）就是“四师傅”。不过，这种“师傅”称谓是“梯玛”的专利，仅在土老司行业中使用。

从前，这里居住过一个人称“四师傅”的“梯玛”，人们便以对他的尊称作了地名。

抽屉塆 $tshe^{21}thin^{21}uan^{55}$

土家语与汉语结合运用的地名。“抽屉”是土家语 $tshe^{21}thin^{21}$ 的音变与误记：“抽”是 $tshe^{21}$（扯）的误记，“屉”是 $thin^{21}$（廷）的误记。将 $tshe^{21}thin^{21}$（扯廷）记作“抽屉”，纯粹是人们的附会与讹编。“塆”是汉语，即“山塆”。所以，这个地名的准确记音应是“扯廷塆”，按西部区的发音读作“测廷塆”。

土家语 $tshe^{21}thin^{21}$（扯廷）系两个音节：$tshe^{21}$（扯）的汉语义是“水”，$thin^{21}$（廷）的汉语义是“积”“蓄”；$tshe^{21}thin^{21}$（扯廷）连起来直译是“水积”，调换语序结构译成汉语是“积水”。所以，“扯廷塆”（抽屉塆）就是“积水塆”或“蓄水塆”。

这里的地势低洼，犹如盆底，每遇山洪暴发便积水难消，故而得名。

麻长垭 $ma^{53}tshi^{21}ŋa^{53}$

土家语与汉语结合运用的地名：“麻长”是土家语 $ma^{53}tshi^{21}$ 的汉字记

音，但“长”是tshi^{21}（迟）的误记；“垭”是汉语，即“山垭”。所以，这个地名的准确记音应是“麻迟垭”，按西部区的发音读作“麻次垭”。

土家语ma^{53}tshi^{21}（麻尺）的完整音节是ma^{53}kho^{55}tshi^{21}（麻科迟），kho^{55}（科）属轻声，在长期的语流音变中脱落了，从而衍化成了今天的ma^{53}tshi^{21}（麻迟），但它所表达的汉语义没变，就是“猫头鹰”（Caprimulgus indicus jotaka）。所以，“麻迟垭”（麻长垭）就是“猫头鹰垭”。从前，这里猫头鹰多，故得其名。

哑巴土 a^{21}pa^{21}thu^{21}

纯粹的土家语地名，a^{21}pa^{21}thu^{21}的汉字记音，但“哑”是a^{21}（阿）的音变。所以，这个地名的准确记音应是“阿巴土”。

土家语a^{21}pa^{21}thu^{21}（阿巴土）由a^{21}pa^{21}（阿巴）和thu^{21}（土）两个音节组成：a^{21}pa^{21}（阿巴）的汉语义是“石头”“岩石”；thu^{21}（土）的汉语义是“倒”“悬”“倾倒”。所以，a^{21}pa^{21}thu^{21}（阿巴土）连起来直译是“岩石倒悬”，调换语序结构译成汉语就是“悬岩”。

这个地方坐落在悬岩陡壁的下边，人们便以这种地理环境作了地名。

木坡塆 mu^{53}pho^{55}uan^{55}

土家语与汉语结合运用的地名：“木坡”是土家语mu^{53}pho^{55}的汉字记音；“塆”是汉语，即“山塆”。

土家语 mu^{53}pho^{55}（木坡）系两个音节：mu^{53}（木）的汉语义是“竹子”（Bamboo sprout），pho^{55}（坡）的汉语义是“放”“梭放”；mu^{53}pho^{55}（木坡）连起来直译是“竹子梭放”，调换语序结构译成汉语是“梭放竹子”。所以，“木坡塆”就是“放竹塆”。

古时，这里辟有梭口，是先民们梭放竹子的地方，故而得名。

狗家垭 ke^{21}kha^{21}ŋa^{53}

土家语与汉语结合运用的地名：“狗家”是土家语ke^{21}kha^{21}（格卡）的音变与误记，ke^{2}（格）属高降下行音，与“狗”的发音相近，kha^{21}（卡）与“家”发音相近，于是ke^{21}kha^{21}（格卡）便被附会讹传为“狗家”了；“垭”是汉语，即“山垭”。因此，“狗家垭”的原始名称应是“格卡垭”。

土家语ke^{21}kha^{21}（格卡）为一个音节，译成汉语是胡桃科植物“化香树”（Platycarya strobilacea），所以，“格卡垭”（狗家垭）就是“化香树垭”，因这里化香树多而得名。

木谷峪 mu⁵⁵ku⁵⁵jəu³⁵

土家语与汉语结合运用的地名："木谷"是土家语 mu⁵⁵ku⁵⁵ 的汉字记音，但 ku⁵⁵ 一般记作"古"；"峪"是汉语，即"山峪"。所以，这个地名的准确记音应是"木古峪"。

土家语 mu⁵⁵ku⁵⁵（木古）为一个音节，汉语义是"团鱼"（Trionyx sinensis)。《梯玛神歌》中有一句唱词："木古义，见团鱼"。其中的"木古义"是土家语，后边的"见团鱼"就是这句土家语的汉译。所以，"木古峪"（木谷峪）就是"团鱼峪"。

称"团鱼"为 mu⁵⁵ku⁵⁵（木古），这是古土家语的叫法，现代土家语叫 luŋ⁵⁵ku⁵⁵（聋古），有的地方叫 luŋ⁵⁵ɕi⁵⁵（拢喜）。

王长垭 uan³⁵tsha³⁵ŋa⁵³

土家语与汉语结合运用的地名："王长"是土家语 uan³⁵tsha³⁵ 的汉字记音，但"王"是 uan³⁵（万）的音变；"长"是 tsha³⁵（岔）的音变。"垭"是汉语，即"山垭"。所以，这个地名的准确记音应是"万岔垭"，按西部区的发音读作"万擦垭"。

土家语 uan³⁵tsha³⁵（万岔）系两个音节：uan³⁵（万）是古土家语，汉语本义是"黄牛"（Bos taurus domestica)，也泛指"牛"；tsha³⁵（岔）的汉语义是"好"。uan³⁵tsha³⁵（万岔）连起来直译是"牛好"，调换语序结构译成汉语就是"好牛"；所以，"万岔垭"（王长垭）就是"好牛垭"。

从前，这里喂养的黄牛多、品种好，故而得名。

朱良垭 tsu⁵⁵lai⁵⁵ŋa⁵³

土家语与汉语结合运用的地名："朱良"是土家语 tsu⁵⁵lai⁵⁵ 的汉字记音，但"良"是 lai⁵⁵（来）的音转；"垭"是汉语，即"山口"。所以，这个地名的准确记音应是"朱来垭"，按西部区的发音读作"租来垭"。

土家语 tsu⁵⁵lai⁵⁵（朱来）为一个音节，是 lan⁵⁵tsu⁵⁵lai⁵⁵（兰朱来）的简化，汉语义是"青葛"[Pueraria thuabergiana (S.et.z) Benth]。所以，"朱来垭"（朱良垭）就是"青葛垭"，以青葛多而得名。

烧基㓞 ɕiau⁵⁵tɕi⁵⁵lo⁵⁵

纯粹的土家语地名，ɕiau⁵⁵tɕi⁵⁵lo⁵⁵ 的汉字记音，但"烧"是 ɕiau⁵⁵（肖）的音转；"㓞"是当地自造字，读音为 luō（罗），是 lo⁵⁵（洛）的误记。所以，这个地名的准确记音应是"肖基洛"。

撮 箕

土家语 çiau⁵⁵tçi⁵⁵lo⁵⁵（肖基洛）由 çiau⁵⁵tçi⁵⁵（肖基）和 lo⁵⁵（洛）两个音节组成：çiau⁵⁵tçi⁵⁵（肖基）的汉语义是“撮箕”；lo⁵⁵（洛）的汉语义是“凹下去的窝地”，即“山窝”。所以，çiau⁵⁵tçi⁵⁵lo⁵⁵（肖基洛）连起来译成汉语就是“撮箕山窝”，因此地的地形地貌如撮箕形而得名。

撮箕是一种竹制器具，其形状为三面高一面敞口，主要用于撮谷、撮土、撮火土肥。

香本〇 çie⁵³pu²¹lo⁵⁵

纯粹的土家语地名，çie⁵³pu²¹lo⁵⁵ 的汉字记音，但“香本”是 çie⁵³pu²¹（写不）的音变与误记；“〇”是当地的自造字，读音为 luō（罗），是 lo⁵⁵（洛）的误记。所以，这个地名的准确记音应是“写不洛”。

土家语 çie⁵³pu²¹lo⁵⁵（写不洛）由 çie⁵³pu²¹（写不）和 lo⁵⁵（洛）两个音节组成：çie⁵³pu²¹（写不）的汉语义是“芝麻”（Sesamum indicum），lo⁵⁵（洛）的汉语义是指“凹陷下去的山窝”。所以，çie⁵³pu²¹lo⁵⁵（写不洛）连起来译成汉语就是“芝麻山窝”。从前，这个山窝里出产的芝麻多，故得其名。

马夫垭 ma⁵³khu³⁵ŋa⁵³

土家语与汉语结合运用的地名：“马夫”是土家语 ma⁵³khu³⁵ 的汉字记音，但“夫”是 khu³⁵（哭）的音变；“垭”是汉语，即“山口”。所以，这个地名的准确记音应是“马哭垭”。

土家语 ma⁵³khu³⁵（马哭）为一个音节，是 ma⁵³khu³⁵li⁵⁵（马哭哩）的简化，译成汉语是“疟蚊”（Culex）；所以，“马哭垭”（马夫垭）就是“疟蚊垭”。

“疟蚊”，俗称“长脚蚊”，生存、活动于夏秋时节，成群成团地叮咬人畜，令被叮咬者奇痒难忍。古时，此地草深林密，长脚蚊多，故得其名。

塘木塆 thuŋ^{53}muŋ^{21}uan^{55}

土家语与汉语结合运用的地名："塘木"是土家语 thuŋ^{53}muŋ^{21}（统猛）的音变与误记；"塆"是汉语，即"山塆"。所以，这个地名的准确记音应是"统猛塆"。

土家语 thuŋ^{53}muŋ^{21}（统猛）为一个音节，汉语义是"线"。所以，"统猛塆"（塘木塆）就是"线塆"。

从前此地的土家姑娘会纺纱纺线，出产的线很有名，人们便以这种产品作了地名。

雪马岭 ɕie^{35}ma^{53}lin^{53}

土家语与汉语结合运用的地名："雪马"是土家语 ɕie^{35}ma^{53} 的汉字记音，但"雪"是 ɕie^{35}（谢）的音变与误记；"岭"是汉语，即"山岭"。所以，这个地名的准确记音应是"谢马岭"。

土家语 ɕie^{35}ma^{53}（谢马）系两个音节：ɕie^{35}（谢）的汉语义是"有""富有"，ma^{53}（马）的汉语义是"家""人"；ɕie^{35}ma^{53}（谢马）连起来译成汉语是"富有家"或"富有人"。正因为此，土家人称"富豪""财主""有钱人"叫 ɕie^{35}ma^{53}（谢马）。所以，"谢马岭"（雪马岭）就是"富家岭"，即富豪人家的地方，或住有富豪人家的地方。

庙上塔 mi^{55}si^{21}tha^{35}

土家语与汉语结合运用的地名："庙上"是土家语 mi^{55}si^{21}（咪市）的误记；"塔"是汉语，这里不是指"宝塔"，而是指"坪塔"，或"有坪塔的地方"。所以，这个地名的准确记音应是"咪市塔"，按西部区的发音读作"咪司塔"。

土家语 mi^{55}si^{21}（咪市）为一个音节，是 mi^{55}si^{21}pa^{53}uai^{21}（咪市巴歪）的简化，译成汉语是"蝙蝠"（Vespertilio siporans Thomas）。所以，"咪市塔"（庙上塔）就是"蝙蝠塔"，因蝙蝠多而得名。

胡儿坡 xu^{21}zi^{55}pho^{55}

土家语与汉语结合运用的地名："胡儿"是土家语 xu^{21}zi^{55} 的汉字记音，但"儿"是 zi^{55}（日）的误记，这是因为当地"二""日"发音相同所致；"坡"是汉语，即"山坡"。所以，这个地名的准确记音应是"胡日坡"。

土家语 xu^{21}zi^{55}（胡日）为一个音节，译成汉语是"长工""佣人"。所以，"胡日坡"（胡儿坡）就是"长工坡"。此地山高坡陡田地少，生产条件不好。古时，有不少人为生活计，只好外出给富人当长工、作佣人，故而得名。

这个地名是古代土家先民苦难生活的见证，也是古代土家族地区阶级关系的历史记忆。

张七坪 $za^{21}tɕhi^{55}phin^{21}$

土家语与汉语结合运用的地名："张七"是土家语 $za^{21}tɕhi^{55}$ 的汉字记音，但"张"是 za^{21}（日阿）的近音汉字替代；"坪"是汉语，即"坪坝"。所以，这个地名的准确记音应是"日阿七坪"。

土家语 $za^{21}tɕhi^{55}$（日阿七）为一个音节，译成汉语是"野漆树" [T. Succedaneum (L.) kuntze (Rhus succedanea L.)]。所以，"日阿七坪"（张七坪）就是"野漆树坪"。

古时，这里是一片野漆树林，故而得名。

射　泉 $se^{21}tshan^{21}$

土家语与汉语结合运用的地名："射"是土家语 se^{21} 的汉字记音，按西部区的发音读作"色"；"泉"是汉语，但在当地不读作 quán（全），而是读作 cǎn（惨），按照湘西地名习惯，它既指"泉"本身，也指"泉"周围地域。

土家语 se^{21}（射）译成汉语是"药"，这里实指"草药"。所以，"射泉"就是"药泉"，即生长草药的地方。

此地是峭岩陡壁的峡谷，幽深湿润，是生长名贵药材的地方，故得其名。

大丰山 $ta^{53}xa^{21}san^{55}$

土家语与汉语结合运用的地名："大丰"是土家语 $ta^{53}xa^{21}$（达哈）的误记，"丰"是 xa^{21}（哈）的音变；"山"是汉语。因此，这个地名的准确记音应是"达哈山"。

土家语 $ta^{53}xa^{21}$（达哈）是由两个单音节组合成的一个复合音节，ta^{53}（达）的汉语义是"互相""彼此"，xa^{21}（哈）的汉语义是"打"，$ta^{53}xa^{21}$（达哈）连起来译成汉语就是"互相打"，即"打仗""打架"，一般多以"打仗"为核心含义。因此，"达哈山"（大丰山）就是"打仗山"。

东汉时期此地就是汉王朝征剿土家起义领袖陈从、覃儿健、谭戎等的重要战场之一，明代又是朱元璋征剿土家起义领袖覃垕、向大坤等的主战场。此地以"打仗山"命名想必不是空穴来风。

王木溶 uan^{35}mu^{35}juŋ^{21}

纯粹的土家语地名，uan^{35}mu^{35}juŋ^{21} 的汉字记音：但“王”是 uan^{35}（万）的音变；“溶”是 juŋ^{21}（永）的音变，由于“溶”当地方言不读 róng（绒），而是读 yóng（永），故有此误。因此，这个地名的准确记音应是“万木永”。

土家语 uan^{35}mu^{35}juŋ^{21}（万木永）系三个音节：uan^{35}（万）的汉语义本是“黄牛”（Bos taurus domestica），也泛指“牛”；mu^{35}（木）的汉语义是“丢失”“走失”。uan^{35}mu^{35}（万木）连起来直译是“牛走失”，调换语序结构是“走失牛”；juŋ^{21}（永）的汉语义是“山冲”。所以，uan^{35}mu^{35}juŋ^{21}（万木永）连起来译成汉语就是“走失牛的山冲”。

古时，这条山冲里山深树密，沟壑纵横，牛到这里极易走失，于是人们便以 uan^{35}mu^{35}juŋ^{21}（万木永）——“失牛冲”作了警示性地名。

马　岭 ma^{53}lin^{53}

土家语与汉语结合运用的地名：“马”是土家语 ma^{53} 的汉字记音；“岭”是汉语，即“山岭”。

土家语称“蜂子”（Apismellifera）为 ma^{53}（马）。所以，“马岭”就是“蜂子岭”。

从前，这座山岭上树木茂盛，百花争艳，蜂飞蝶舞，景象怡人，尤以蜂子为多，于是人们便以“蜂子”作了地名。

罗　潭 lo^{53}than^{21}

土家语与汉语结合运用的地名：“罗”是土家语 lo^{53} 的汉字记音；“潭”是汉语，即“水潭”，在用作地名时，指有水潭的地方。

土家语中有个叫 lo^{53}jəu^{21}（罗优）的词汇，译成汉语是“土家人的寨子”，即“土家寨”。至于土家人为什么自称 lo^{53}（罗）就很少有人知道了。近十几年来，张家界地区的文物考古取得了巨大成就，大批的考古资料证明，张家界地区的土家族的原始先民不是巴人，而是上古濮人。上古之濮成为中古之“僚”，这是土家族演进的主轴，而“僚”与“罗”“骆”古时为异音同义的三个字，因此土家先民常以“濮僚”“濮骆”或“僚”“骆”“罗”载入历史。所以，这“罗潭”就是古代濮罗族居住之所，当然也就是土家先民居住的地方。

余石山 ji^{21}si^{21}san^{55}

土家语与汉语结合运用的地名：“余石”是土家语 ji^{21}si^{21} 的汉字记音，

但“余”是ji^{21}（移）的误记，“石”是si^{21}（思）的误记；“山”是汉语。所以，这个地名的准确记音应是“移思山”。

土家语$ji^{21}si^{21}$（移思）为一个音节，汉语义是“薏苡”（Coix lacryma iobi）。所以，“移思山”（余石山）就是“薏苡山”，即薏苡生长多的地方。

“薏苡”俗称“串珠子”或“屎珠子”，可以入药，也串起来可以作项链、手链。但对土家姑娘来说，这种串珠子主要用于纺车。纺车前端必须安装一根铁针，用来囤积棉纱，这根针土家语称为ji^{21}（移）。ji^{21}（移）的中间间隔穿套三颗串珠子，以隔开转轴线。这三颗串珠子就叫做$ji^{21}si^{21}$（移思）。从前，这里串珠子多，人们便以这种植物作了地名。

张地坪　$za^{21}thi^{35}phin^{21}$

土家语与汉语结合运用的地名：“张地”是土家语$za^{21}thi^{35}$（日阿替）的误记，“张”是za^{21}（日阿）的近音汉字替代，“地”是thi^{35}（替）的音变；“坪”是汉语，即“坪坝”。所以，这个地名的准确记音应是“日阿替坪”。

土家语$za^{21}thi^{35}$（日阿替）系两个音节：za^{21}（日阿）的汉语义是“鸡”（Gallus domestica），这里实指“山鸡”，包括竹鸡、野鸡、雉鸡、锦鸡等；thi^{35}（替）的汉语义是“套”。$za^{21}thi^{35}$（日阿替）连起来直译是“鸡套”，调换语序结构译成汉语就是“套鸡”。所以，“日阿替坪”（张地坪）就是“套鸡坪”。

“套鸡”，是土家人传承千古的一种“狩猎”习俗，以各种山鸡为对象。其方式主要有两种：一是“媒子套”，主要用于套竹鸡、野鸡，一般用驯养的“竹鸡”或“野鸡”为“媒介”，称为“媒子”，置放于山野禽路上，笼子周围施放连环绳套，然后逗叫“媒子”引诱野物来聚，使之误入套索而被擒。二是“地套”，即在飞禽常到的小路上挖掘小坑，用小竹、小树作弓杆牵引绳索作活动机关，放置大米、绿豆等引诱野物来食，套颈而擒之。从前，这个坪坝里山鸡多，是人们套猎的地方，故而得名。

王李坡　$uan^{35}ȵi^{55}pho^{55}$

土家语与汉语结合运用的地名：“王李”是土家语$uan^{35}ȵi^{55}$（万尼）的音变与误记；“坡”是汉语，即“山坡”。所以，这个地名的准确记音应是“万尼坡”。

土家语$uan^{35}ȵi^{55}$（万尼）系两个音节：uan^{35}（万）是古土家语，汉语本义是“黄牛”（Bos taurus domestica），也泛指“牛”，现代土家语称黄牛为 u^{35}（戊）或 au^{35}（敖）；$ȵi^{55}$（尼）的汉语义是“找”“寻”。$uan^{35}ȵi^{55}$（万尼）连起来直译是“牛找”，调换语序结构译成汉语是“找牛”。所以，“万尼坡”（王李坡）就是“找牛坡”。

古时，这个山坡山大树密，地形复杂，牛若进入此地便很难找寻，故而得名。

峪　塌　$jəu^{55}tha^{55}$

纯粹的土家语地名，$jəu^{55}tha^{55}$ 的汉字记音，但“峪”是 $jəu^{55}$（优）的音变。所以，这个地名的准确记音应是“优塌”。

土家语 $jəu^{55}tha^{55}$（优塌）系两个音节：$jəu^{55}$（优）的汉语义是“村庄”“寨子”；tha^{55}（塌）是一个广义代词，一般表示“处所”“地方”“居所”等。所以，$jəu^{55}tha^{55}$（优塌）连起来译成汉语就是“建村寨的地方”。

铜泊堰　$thuŋ^{21}pa^{21}jəu^{55}$

纯粹的土家语地名，$thuŋ^{21}pa^{21}jəu^{55}$ 的汉字记音，但“泊”是 pa^{21}（八）的音变，“堰”是 $jəu^{55}$（优）的音变。所以，这个地名的准确记音应是“铜八优”。

土家语 $thuŋ^{21}pa^{21}jəu^{55}$（铜八优）由 $thuŋ^{21}pa^{21}$（铜八）和 $jəu^{55}$（优）两个音节组节：$thuŋ^{21}pa^{21}$（铜八）的汉语义是土家人用来储存粮食的木桶——“黄桶”，有的称“黄缸”；$jəu^{55}$（优）的汉语义是“村庄”。所以，$thuŋ^{21}pa^{21}jəu^{55}$（铜八优）连起来译成汉语就是“桶村”或“桶寨”。

这个村寨坐落在一个小盆地里，四面是高峻的山峦，人居其中犹如身处黄桶中一般，故而得名。

大谷溪　$ta^{53}kuo^{53}tɕhi^{55}$

土家语与汉语结合运用的地名：“大谷”是土家语 $ta^{53}kuo^{53}$（打果）的音变与误记；“溪”是汉语，即“溪沟”。所以，这个地名的准确记音应是“打果溪”。

土家语 $ta^{53}kuo^{53}$（打果）是由两个单音节组合成的一个复合音节：ta^{53}（打）的汉语义是“互相”，kuo^{53}（果）的汉语义是“吵”“骂”；$ta^{53}kuo^{53}$（打果）连起来译成汉语是“互相吵”“互相骂”，即“吵架”“骂架”。所以，“打果溪”（大谷溪）就是“吵架沟”。

土家语对于各种人际关系，都有着鲜明清晰的表达。如称“互相帮助”为 $ta^{53}ɕi^{53}$（打西），称“打架”“打仗”为 $ta^{53}xa^{55}$（打哈），称“吵架”

“骂架”则为 $ta^{53}kuo^{53}$（打果）。古代的某个时期，居住在这条溪沟里的人人际关系紧张，经常吵架骂架，因而得了这样一个不甚光彩的地名。

堰子垭 $ji^{55}tsa^{53}ŋa^{53}$

土家语与汉语结合运用的地名：“堰子”是土家语 $ji^{55}tsa^{53}$（以咱）的误记；“垭”是汉语，即“山垭”。所以，这个地名的准确记音应是“以咱垭”。

土家语 $ji^{55}tsa^{53}$（以咱）为一个音节，汉语义是“天坑”。所以，“以咱垭”（堰子垭）就是“天坑垭”，即天坑旁边的山垭。

外中坪 $o^{21}tso^{55}phin^{21}$

土家语与汉语结合运用的地名。“外中”是土家语 $o^{21}tso^{55}$（恶捉）的误记：“外”是 o^{21}（恶）的音变，“中”是 tso^{55}（捉）的音变；“坪”是汉语，即“坪坝”。因此，这个地名的准确记音应是“恶捉坪”，按西部区的发音读作“恶作坪”。

土家语 $o^{21}tso^{55}$（恶捉）为一个音节，汉语义是猎神“梅山”。所以，“恶捉坪”（外中坪）就是“梅山神坪”。

“梅山神”一般供奉在坪边的山脚之下，人们进山打猎时都要敬祭，打猎回来也要以猎物敬祭，然后才可以分肉。从前，这个坪坝边供奉有梅山神，人们便以“梅山坪”作了地名。

羊公泉 $jan^{21}ku^{35}tshan^{21}$

土家语与汉语结合运用的地名：“羊公”是土家语 $jan^{21}ku^{35}$ 的汉字记音，但“公”是 ku^{35}（古）的音变；“泉”是汉语，即“山泉”“泉水”。所以，这个地名的准确记音应是“羊古泉”，按西部区的发音读作“言古泉”。

土家语 $jan^{21}ku^{35}$（羊古）为一个音节，是一个方位词，表示“后面”“后边”。所以，“羊古泉”（羊公泉）就是“后面泉”。

对于“后面”“后边”，土家语也可以用 $tha^{55}ȵie^{21}$（它捏）表示，还可以用 $tɕhin^{21}ȵie^{21}$（情捏）表示。

鲍家峪 $pa^{21}tɕi^{21}jəu^{55}$

纯粹的土家语地名，$pa^{21}tɕi^{21}jəu^{55}$（巴及优）的误记。

土家语 $pa^{21}tɕi^{21}jəu^{55}$（巴及优）系三个音节：pa^{21}（巴）的汉语义是“山坡”，$tɕi^{21}$（及）的汉语义是“脚”或“脚下”，$jəu^{55}$（优）的汉语义是

“村庄”。所以，$pa^{21}tɕi^{21}jəu^{55}$（巴及优）连起来译成汉语就是“坡脚寨”或“坡脚村”，即山坡脚下的村庄。

半尖山 $pan^{35}tɕie^{21}san^{55}$

土家语与汉语结合运用的地名：“半尖”是土家语 $pan^{35}tɕie^{21}$ 的汉字记音，但“尖”是 $tɕie^{21}$（借）的音变；“山”是汉语。所以，这个地名的准确记音应是“半借山”。

土家语 $pan^{35}tɕie^{21}$（半借）系两个音节：pan^{35}（半）的汉语义是“老鹰”（Accipiter）；$tɕie^{21}$（借）是个多义动词，可以表示“赶”“招”“叫”“啼”“喊”等多种含义，这里实指“招”“招引”。$pan^{35}tɕie^{21}$（半借）连起来直译是“鹰招”，调换语序结构译成汉语是“招鹰”。所以，“半借山”（半尖山）就是“招鹰山”，即招引山鹰的山峦。

从前，该地是一片荒原，山禽极多，容易招来山鹰觅食。此地因此得名。

木子坡 $mu^{35}tsi^{53}pho^{55}$

土家语与汉语结合运用的地名：“木子”是土家语 $mu^{35}tsi^{53}$ 的汉字记音；“坡”是汉语，即“山坡”。

土家语 $mu^{35}tsi^{53}$（木子）为一个音节，不过，它的完整音节是 $mu^{35}tsi^{53}kha^{21}muŋ^{21}$（木子卡蒙），汉语义是“乌柏树”（Sapium sebiterum），其中 $kha^{21}muŋ^{21}$（卡蒙）的汉语义是“树”。所以，“木子山”就是“乌柏山”，是乌柏树多的地方。

油桐、油茶、乌柏是土家山区的三大油料树种，桐油、茶油、乌柏油是被人们视为“乌金”的三大土特产品。乌柏油称为“木油”，可以制蜡烛、肥皂，可以用作工业原料。

斜阳塌 $ɕi^{35}je^{55}tha^{35}$

土家语与汉语结合运用的地名：“斜阳”是土家语 $ɕi^{35}je^{55}$（细也）的误记，也是文人的牵强附会和讹编；“塌”是汉语，但一般记为“塔”，义即“坪塔”。所以，这个地名的准确记音应是“细也塔”。

土家语 $ɕi^{35}je^{55}$（细也）为一个音节，汉语义是“扁蓄草”（Polygonum aviculare）。所以，“细也塔”（斜阳塌）就是“扁蓄草塔”，即生长扁蓄草的地方。

扁蓄草，土家草医常用的要药，功能清热除湿通淋，是治疗沙淋、石淋、血淋、白淋等泌尿系统疾病必不可少的草药。从前，这里生长的扁蓄草多，故得其名。

星子溪 ɕi^{55}tsi^{21}tɕhi^{55}

土家语与汉语结合运用的地名：“星子”是土家语 ɕi^{55}tsi^{21} 的汉字记音，但“星”是 ɕi^{55}（西）的音变；“溪”是汉语，即“溪沟”。所以，这个地名的准确记音应是“西子溪”。

土家语 ɕi^{55}tsi^{21}（西子）为一个音节，是 ɕi^{55}tsi^{21}lo^{55}so^{21}（西子洛梭）的简化，汉语义是“十字草”，即“鸡眼草”〔Kumerouia striata（Thunb）Schindl〕。所以，“西子溪”（星子溪）就是“鸡眼草沟”。

鸡眼草功能清热消毒，发表风寒，是土家药匠治疗感冒时疫的要药。从前，这条山沟里鸡眼草多，故而得名。

狼埡溃 la^{21}ŋan^{55}khui^{55}

纯粹的土家语地名，la^{21}ŋan^{55}khui^{55}（拉安溃）的误记：“狼”和“埡”分别是 la^{21}（拉）和 ŋan^{55}（安）的音变。

土家语 la^{21}ŋan^{55}khui^{55}（拉安溃）由 la^{21}ŋan^{55}（拉安）和 khui^{55}（溃）两个音节组成：la^{21}ŋan^{55}（拉安）是 la^{21}ŋan^{55}so^{55}phe^{21}（拉安梭拍）的简化，译成汉语是“鬼针草”（Bidens bipiunata）；khui^{55}（溃）是 khu^{35}khui^{55}（库溃）的简称，汉语义为“山窝”“山塆”。所以，la^{21}ŋan^{55}so^{55}phe^{21}khu^{35}khui^{55}（拉安梭拍库溃）或简化后的 la^{21}ŋan^{55}khui^{55}（拉安溃），连起来译成汉语义就是“鬼针草窝”，即鬼针草多的山窝。

鬼针草，别名“婆婆针”，其性能可清热消毒，是伤科要药。但其果实如针，极易沾上衣裤，因而又十分讨厌。

李胡峒 li^{35}xu^{21}tuŋ^{35}

纯粹的土家语地名，li^{35}xu^{21}tuŋ^{35} 的汉字记音，但 li^{35} 通常记为“利”，xu^{21} 一般记为“湖”，tuŋ^{35} 通常记为“峒”。所以，这个地名记为“利湖峒”要更准确一些。

土家语 li^{35}xu^{21}tuŋ^{35}（利湖峒）系三个音节：li^{35}（利）的汉语义是“老虎”（Panthera tigris）；xu^{21}（胡）的汉语义是山与山之间的“沟谷”；tuŋ^{35}（峒）的汉语义是“寨子”，俗称“峒寨”。所以，li^{35}xu^{21}tuŋ^{35}（利胡峒）连起来译成汉语就是“老虎沟寨”，即老虎沟里的村寨。换句话说，这个村寨坐落在老虎沟里。

纱帽山 sa^{21}ma^{53}san^{55}

土家语与汉语结合运用的地名：“纱帽”是土家语 sa^{21}ma^{53}（纱马）的

附会，“山”是汉语。因此，这个地名的准确记音应是“纱马山”，按西部区的发音读作“萨马山”。

土家语 sa²¹ma⁵³（纱马）为一个音节，是 sa²¹zi⁵⁵ma⁵³（纱日马）的省略，汉语义是“公事人”。所谓“公事人”，是旧时对“吏”的称呼，意思是“办公者”“公干者”，实际就是小官吏。所以，“纱马山”（纱帽山）就是“小官吏山”。

从前，这里居住过小官吏，或这个山就属这个小官吏所有，因而得名。

斋儿塌 tse²¹e²¹tha³⁵

土家语与汉语结合运用的地名。“斋儿”是土家语 tse²¹e²¹ 的音变与误记：“斋”是 tse²¹（直）的误记；“儿”是 e²¹ 的记音，但一般多记作“尔”或“二”。“塌”是汉语，一般记作“塔”，义为“坪地”或“有平地的地方”。所以，这个地名的准确记音应是“直二塔”，按西部区的发音读作“则尔塔”。

土家语 tse²¹e²¹（直二）为一个音节，汉语义是“米”，即“稻米”（Oryza Sativa）。所以，“直二塔”（斋儿塌）就是“米塔”，即“出产稻米的地方”。

由于土家族居住的地区不同，土家语对于“米”的表达也有差别。西部区，如永顺、龙山、保靖等地称“米”为 tse²¹e²¹（则尔），可简称为 tse²¹（则），有的也称 tsi²¹e²¹（自尔、直二）；而在东部区的永定、慈利只称为 tse²¹e²¹（直尔）；桑植则两种发音皆有。

挂坡里 khua³⁵pho⁵⁵ȵie⁵³

土家语与汉语结合运用的地名：“挂”是土家语 khua³⁵（夸）的音变；“坡”是汉语，即“山坡”；“里”是土家语 ȵie⁵³（捏）的音变。因此，这个地名的准确记音应是“夸坡捏”。

土家语 khua³⁵（夸）的汉语义是“官”；所以，“夸坡”（挂坡）就是“官坡”，即“官住之坡”。ȵie⁵³（捏）是土家语常用的人名、地名的后加语音，没有具体意义，这里只有一种领属关系，隐含着“官的坡”的意味。

从前的某个时期，这片坡上曾经居住过一个有名望的官吏，人们便以 khua³⁵pho⁵⁵ȵie⁵³（夸坡捏）——“官坡”作了地名，约定成俗，流传至今。

余民界 juŋ⁵³min²¹kai³⁵

土家语与汉语结合运用的地名：“余民”是土家语 juŋ⁵³min²¹ 的汉字记

音，但“余”是 $juŋ^{53}$（咏）的音变；“界”是汉语，即“山界”。所以，这个地名的准确记音应是“咏民界”。

土家语 $juŋ^{53}min^{21}$（咏民）为一个音节，是古老的土家语，汉语义为“妹”。这个名称后来演变成 $juŋ^{53}mi^{21}$（咏米），最后演变成 $a^{21}mi^{21}$（阿米），都是表示“妹妹”。所以，“咏民界”（余民界）就是“妹妹界”，即妹妹居住的山界。

山界以“妹妹”冠名，缘由可能是在遥远的古代，这里的氏族首领为女性，山界从女性而名。

赵家岗土家族乡

位于县域西北部，西与桑植县竹叶坪接界，乡治距县城46公里；辖19个行政村，164个村民小组；总面积73.13平方公里，其中耕地12300亩；2008年末总人口15509人。该乡有慈利“西北粮仓”之誉，其中麻山优质籼米颇有名气；主要物产有木材、药材、油菜、板栗、柑橘、冠溪蜜柚、矮晚柚、烤烟、黄姜；矿产资源有陶土、大理石等。传统陶器生产有700余年历史；养殖业主要有湘西黄牛、湖北黄羊和本地山羊。

大红坡 $ta^{53}xa^{21}pho^{55}$

土家语与汉语结合运用的地名：“大红”是土家语 $ta^{53}xa^{21}$（达哈）的音变与误记；“坡”是汉语，即“山坡”。因此，这个地名的准确记音应是“达哈坡”。

前面讲过，土家语 $a^{53}xa^{21}$（达哈）为一个音节，汉语义是“打仗”。所以，“达哈坡”（大红坡）就是“打仗坡”。

东汉王朝征剿陈从、覃儿健、谭戎和明王朝镇压覃垕、向大坤等土家族起义，曾经在这一带多次展开大战，这个地名就是这些战斗的见证。真是“千古硝烟虽散尽，此地犹留杀敌声”。详细释义参看三官寺土家族乡“大丰山”。

盘古塆 $pha^{55}ku^{53}uan^{55}$

土家语与汉语结合运用的地名：“盘古”是土家语 $pha^{55}ku^{53}$ 的汉字记音，但“盘”是 pha^{55}（帕）的音变；“塆”是汉语，即“山塆”。所以，这个地名的准确记音应是“帕古塆”。

土家语 $pha^{55}ku^{53}$（帕古）为一个音节，是 $pha^{35}zu^{55}ku^{53}$（帕入古）的省略，汉语义是“辣椒”（Capsicum frutescens）。因此，“帕古塆”（盘古塆）就是“辣椒塆”，因盛产辣椒而得名。

陕几沟 $si^{21}tɕi^{21}kəu^{55}$

土家语与汉语结合运用的地名：“陕几”是土家语 $si^{21}tɕi^{21}$ 的汉字记音，但“陕”是 si^{21}（石）的误记；“沟”是汉语，即“溪沟”“山沟”。所以，这个地名的准确记音应是“石几沟”，按西部区的发音读作“司几沟”。

土家语 si²¹tɕi²¹（石儿）系两个音节：si²¹（石）的汉语义是“兽”“野兽”，tɕi²¹（儿）的汉语义是“闹”“毒”；si²¹tɕi²¹（石儿）连起来直译是“兽闹”，调换语序结构译成汉语是“闹兽”。所以，“石儿沟”（陕儿沟）就是“闹兽沟”。

“闹兽”是土家语一种俗称，其中的“闹”就是用药物毒杀。土家族经历过原始狩猎转向农耕的过程，在原始狩猎阶段就学会了射、套、毒、陷阱等狩猎技巧，世代传承，直到今天仍有所保留。此地是从前先民们毒杀野兽的地方，故而得名。

利果垭 li³⁵ku²¹ŋa⁵³

土家语与汉语结合运用的地名：“利果”是土家语 li³⁵ku²¹ 的汉字记音，但“果”是 ku²¹（古）的音变；“垭”是汉语，即“山口”。所以，这个地名的准确记音应是“利古垭”。

土家语 li³⁵ku²¹（利古）系两个音节：li³⁵ (利) 的汉语义“虎”（Pantera tigris），ku²¹（古）的汉语义是“上”“爬”；li³⁵ku²¹（利古）连起来译成汉语是“虎爬”。所以，“利古垭”（利果垭）就是“虎爬垭”。

此地属高寒山区，呈三岭两峪分布，古时树密林深，人迹罕至，是老虎栖息的乐园，故而得名。

板查垭 phan³⁵tshe²¹ŋa⁵³

土家语与汉语结合运用的地名：“板查”是土家语 phan³⁵tshe²¹（畔车）的音变与误记；“垭”是汉语，即“山口”。所以，这个地名的准确记音应是“畔车垭”，按西部区的发音读作“畔测垭”。

土家语 phan³⁵tshe²¹（畔车）为一个音节，译成汉语是“木耳”[Auricularia auricula (L.ex.Hook) Underw]。所以，“畔车垭”（板查垭）就是“木耳垭”。

从前这里林深树密，人迹罕至，干树朽木多，长的木耳也多，是人们经常采摘木耳的地方，因此得名。

长家溪 tsha⁵³kai²¹tɕhi⁵⁵

土家语与汉语结合运用的地名：“长家”是土家语 tsha⁵³kai²¹ 的音变与误记：“长”是 tsha⁵³（岔）的音变，“家”是 kai²¹（改）的误记。“溪”是汉语，即“溪沟”。因此，这个地名的准确记音应是“岔改溪”，按西部区的发音读作“擦改溪”。

土家语 tsha⁵³kai²¹（擦改、岔改）为一个音节，译成汉语是松鼠科动物

“貂鼠”（Sciurus valqaris）。所以，“岔改溪”（长家溪）就是“貂鼠沟”。

貂鼠，在有的土家语地区又称“者改”。从前此地野果树多，引来众多貂鼠在此觅食、筑巢、繁殖，故而得名。

野鹅山 $ji^{55}o^{35}san^{55}$

土家语与汉语结合运用的地名：“野鹅”是土家语 $ji^{55}o^{35}$（依窝）的误记，也是文人的附会与讹编；“山”是汉语。因此，“野鹅山”的原始名称应是“依窝山”。

土家语 $ji^{55}o^{35}$（依窝）为一个音节，是 $ji^{55}o^{35}a^{53}pa^{21}$（依窝阿巴）的缩略。$ji^{55}o^{35}a^{53}pa^{21}$（依窝阿巴）中的 $ji^{55}o^{35}$（依窝）是人名，$a^{53}pa^{21}$（阿巴）是称谓，汉语义是“祖母”“婆婆”；$ji^{55}o^{35}a^{53}pa^{21}$（依窝阿巴）即“依窝婆婆”。如同汉语的“女娲娘娘”省去“娘娘”的称谓后，实质还是“女娲娘娘”一样，$ji^{55}o^{35}a^{53}pa^{21}$（依窝阿巴）省去 $a^{53}pa^{21}$（阿巴）的称谓后，其含义仍是 $ji^{55}o^{35}a^{53}pa^{21}$（依窝阿巴）。因此，“依窝山”（野鹅山）就是“依窝婆婆山”。

$ji^{55}o^{35}a^{53}pa^{21}$（依窝阿巴）是土家族供奉的“造人神”和“婚姻神”，凡是较大的土家村寨和部落、土司驻地，都设有专门的神堂，并塑像供奉。此地是从前供奉“依窝阿巴”的地方，故而得名。

小耳塆 $ɕi^{21}zi^{21}uan^{55}$

土家语与汉语结合运用的地名：“小耳”是土家语 $ɕi^{21}zi^{21}$（西日）的误记，“小”是 $ɕi^{21}$（西）的音变，“耳”是 zi^{21}（日）的误记；“塆”是汉语，即“山塆”。因此，这个地名的准确记音应是“西日塆”。

土家语 $ɕi^{21}zi^{21}$（西日）系两个音节：$ɕi^{21}$（西）的汉语义是“草”，zi^{21}（日）的汉语义是“多”；$ɕi^{21}zi^{21}$（西日）连起来直译是“草多”，调换语序结构译成汉语是“多草”。所以，“西日塆”（小耳塆）就是“多草塆”。

古时，此地是一片杂草丛生的荒原，故而得名。

才　塆 $tshe^{21}uan^{55}$

土家语与汉语结合运用的地名：“才”是土家语 $tshe^{21}$（扯）的音变与误记；“塆”是汉语，即“山塆”。所以，这个地名的准确记音应是“扯塆”，按西部区的发音读作“测塆”。

土家语称“水”为 $tshe^{21}$（扯），西部区叫“测”。所以，“扯塆”（才塆）就是“水塆”。

此地有株木泉、方岩泉、温水泉三泉汇集，水源丰裕，故得“水塆”

之名。

一子岭 $ji^{55}tsa^{53}lin^{53}$

土家语与汉语结合运用的地名：“一子”是土家语 $ji^{55}tsa^{53}$（以咱）的误记；“岭”是汉语，即“山岭”。因此，这个地名的准确记音应是“以咱岭”。

土家语 $ji^{55}tsa^{53}$（以咱）为一个音节，译成汉语是“天坑”；所以，“以咱岭”（一字岭）就是“天坑岭”或“天坑山”，因此处有天坑而得名。

新　枯 $ɕi^{21}khu^{55}$

纯粹的土家语地名，$ɕi^{21}khu^{55}$ 的汉字记音，但“新”是 $ɕi^{21}$（西）的音变。所以，这个地名的准确记音应是“西枯”。

土家语 $ɕi^{21}khu^{55}$（西枯）系两个音节：$ɕi^{21}$（西）的汉语义是“草”，khu^{55}（枯）的汉语义是“山”。所以，$ɕi^{21}khu^{55}$（西枯）连起来译成汉语就是“草山”。

古代，此地尚未开发，是一片长满杂草的荒原，故而得名。

杉朗垭 $sa^{55}lan^{53}ŋa^{53}$

土家语与汉语结合运用的地名：“杉朗”是土家语 $sa^{55}lan^{53}$ 的汉字记音，但“杉”是 sa^{55}（沙）的误记，成因是“杉”在当地不读 shān（山），而是读 shā（沙）；“垭”是汉语，即“山口”。因此，“杉朗垭”的原始名称应是“沙朗垭”，按西部区的发音读作“撒兰垭”。

土家语 $sa^{55}lan^{53}$（沙郎）也有记作“沙懒”的，为一个音节，是 $sa^{55}lan^{53}kha^{21}muŋ^{21}$（沙郎卡蒙）的简化，译成汉语是漆树科植物“黄连木”（Pistacia chinensis）。其中的 $sa^{55}lan^{53}$（沙郎）就是“黄连”，$kha^{21}muŋ^{21}$（卡蒙）的汉语义是“木”“树”。土家语和汉语一样，有时只讲树名而不加“树”字，但仍是指这种树，例如“马桑树”只讲“马桑”也是“马桑树”，$sa^{55}lan^{53}$（沙郎）不加 $kha^{21}muŋ^{21}$（卡蒙）也是“黄连树”。所以，“沙郎垭”（杉朗垭）就是“黄连树垭”，因黄连树多而得名。

虎马栋 $xu^{53}ma^{53}tuŋ^{35}$

纯粹的土家语地名，$xu^{53}ma^{53}tuŋ^{35}$ 的汉字记音，但 $tuŋ^{35}$ 通常记为“峒”。

土家语 $xu^{53}ma^{53}tuŋ^{35}$（虎马峒）由 $xu^{53}ma^{53}$（虎马）和 $tuŋ^{35}$（峒）两个音节组成：$xu^{53}ma^{53}$（虎马）是 $xu^{55}lo^{53}ma^{53}$（虎落马）的简省，汉语义是“梭雷蜂”（Apismellifera)；$tuŋ^{35}$（峒）的本义是“峒寨”，可引申为“巢穴”

“窝巢”。所以，“虎马峒”（虎马栋）连起来译成汉语就是“梭雷蜂窝巢”，即“有梭雷蜂窝巢的地方”，简言之就是梭雷蜂多的地方。

梭雷蜂是武陵山区两大毒蜂之一，另一种毒蜂叫“土雷蜂”。

朝儿洞 $tshe^{21}e^{21}tuŋ^{35}$

土家语与汉语结合运用的地名。“朝儿”是土家语 $tshe^{21}e^{21}$ 的音变与误记：“朝”是 $tshe^{21}$（扯）的误记，“儿”是 e^{21}（尔）的音变。“洞”是汉语，即“山洞”。所以，这个地名的准确记音应是“扯尔洞”，按西部区的发音读作“测尔洞”。

土家语 $tshe^{21}e^{21}$（扯尔）系两个音节：$tshe^{21}$（扯）的汉语义是“水”，e^{21}（尔）的汉语义是“长”“远”；$tshe^{21}e^{21}$（扯尔）连起来直译是“水长”或“水远”，调换语序结构译成汉语是“长水”或“远水”。所以，“扯尔洞”（朝儿洞）就是“长水洞”或“远水洞”。意思是说这个山洞的水来得很远，水源充足，一年四季长流不断，潺潺不息。

腊沟滩 $la^{35}kəu^{53}than^{55}$

土家语与汉语结合运用的地名：“腊沟”是土家语 $la^{35}kəu^{53}$ 的汉字记音，有的记作“腊狗”“那狗”“那勾”；“滩”是汉语，即“河滩”。当地人都称作“腊狗”。

土家语 $la^{35}kəu^{53}$（腊狗）为一个音节，汉语义是隐鳃鲵科两栖动物“大鲵”（Meqalobatrachus davidianus B.)。所以，“腊狗滩”就是“大鲵滩”，因大鲵多而得名。

“大鲵”俗称“娃娃鱼”，当地上年纪的人至今仍称其为“腊狗”，冷水动物，栖息于溪河石洞中，是国家二级保护动物。

竹廷垭 $za^{21}thi^{35}ŋa^{53}$

土家语与汉语结合运用的地名：“竹廷”是土家语 $za^{21}thi^{35}$（日阿替）的误记，“竹”是 za^{21}（日阿）的近音汉字替代，“廷”是 thi^{35}（替）的音变；“垭”是汉语，即“山口”。因此，这个地名的准确记音应是“日阿替垭”。

土家语 $za^{21}thi^{35}$（日阿替）系两个音节：za^{21}（日阿）的汉语义是“鸡”，（Gallus domestica）这里实指“山鸡”；thi^{35}（替）的汉语义是“套”。$za^{21}thi^{35}$（日阿替）连起来直译是“鸡套”，调换语序结构译成汉语就是“套鸡”。所以，“日阿替垭”（竹廷垭）就是“套鸡垭”。

“套鸡”就是设绳套猎鸡，是土家人捕猎山鸡的一种方法，所套之鸡有竹鸡、野鸡、雉鸡等。从前，此地山鸡多，是人们套鸡的地方，故而得名。详细释义参看三官寺土家族乡“张地坪”。

木马墩 ma²¹ma³⁵ten⁵⁵

土家语与汉语结合运用的地名：“木马”是土家语 ma²¹ma³⁵（嬷妈）的音变与误记；“墩”是汉语，本指土堆，这里指“地方”。所以，这个地名的准确记音应是“嬷妈墩”。

土家语 ma²¹ma³⁵（嬷妈）为一个音节，是一种对人的称谓，汉语义一是指“岳母”“丈母娘”，二是指“姑母”。一种称谓可以指称几种人，这是土家语的规律。例如 a²¹kho⁵³（阿可）可以是“兄”，也可以是“内兄”“表兄”；a²¹mi⁵³（阿米）可以是“妹”，也可以是“表妹”“堂妹”“内妹”。所以，“嬷妈墩”（木马墩）就是“岳母墩”或“姑妈墩”，即某人岳母或姑母居住的地方。

诚然，岳母或姑母都是某个人的亲属，但叫得久了，叫得多了，习惯成自然，也就成了公认的地名。

锁口田 so⁵³khi⁵⁵thi⁵³

纯粹的土家语地名，so⁵³khi⁵⁵thi⁵³（锁尅替）的汉字记音，但“口”是 khi⁵⁵（尅）的近音汉字替代，khi⁵⁵（尅）是一个发音特别的土家语词汇，它是将“克”与“衣”两个音节相拼为一个单音节，结果为 khi⁵⁵（克衣），即“尅”，而“尅”是一个不常用的字，因此，人们用汉字记音时，通常采用与其发音较近的“口”“克”等去替代，这里是以“口”代 khi⁵⁵（克衣）；“田”是 thi⁵³（替）的音变。所以，这个地名的准确记音应是“锁克衣替”或“锁尅替”。

土家语 so⁵³khi⁵⁵thi⁵³（锁尅替）由 so⁵³（锁）和 khi⁵⁵thi⁵³（尅替）两个音节组成：so⁵³（锁）是 so⁵³phe²¹（锁迫）的简化，汉语义是“雾”；khi⁵⁵thi⁵³（尅替）的汉语义是“盆子”，例如“洗脸盆”就是 ku³⁵o⁵⁵khi⁵⁵thi⁵³（古沃尅替）。所以，so⁵³khi⁵⁵thi⁵³（锁尅替）连起来译成汉语就是“雾盆”。

此地是地势低洼的盆地，湿度大，常常起雾最快，雾停持久。依据这一自然特征，人们便以“雾盆子”作了比喻性地名。

坦塘塆 thuŋ⁵⁵tha⁵⁵uan⁵⁵

土家语与汉语结合运用的地名：“坦塘”是土家语 thuŋ⁵⁵tha⁵⁵（通塔）的音变与误记；“塆”是汉语，即“山塆”。所以，这个地名的准确记音应是“通塔塆”。应该肯定，土家语在该地消失得很早，而且又经过长期的语流音变过程，这个地名能够保留和记录到今天这样，实在是难能可贵的了。

土家语 $thuŋ^{55}tha^{55}$（通塔）为一个音节，汉语义是一种中医称为“大通”（Tetrapanax papyrifera）、草医称为“通脱木”的药用植物。所以，“通塔塆”（坦塘塆）就是“大通塆”，是生长大通的地方。

大通（通脱木）去湿通淋，活血下乳，是土家医治淋症和下乳汁的要药。

宫地塌 $khuŋ^{55}ti^{53}tha^{35}$

土家语与汉语结合运用的地名：“宫地”是土家语 $khuŋ^{55}ti^{53}$ 的汉字记音，但“宫”是 $khuŋ^{55}$（空）的音转；“塌”是汉语，一般记作“塔”，即“坪塔”。所以，这个地名的准确记音应是“空地塔”。

土家语 $khuŋ^{55}ti^{53}$（空地）为一个音节，汉语义为“颈项”“脖子”。所以，“空地塔”（宫地塌）就是“颈项塔”，即像颈项的坪塔。

这是一个比喻性地名。这块平塔两端大而中间狭长，有如人的颈脖，人们便以 $khuŋ^{55}ti^{53}$（空地）——“颈项”作了比喻性地名。

亚洲塆 $a^{21}tsa^{21}uan^{55}$

土家语与汉语结合运用的地名：“亚洲”是土家语 $a^{21}tsa^{21}$（阿扎）的误记，也是现代文人的附会；“塆”是汉语，即“山塆”。因此，这个地名的准确记音应是“阿扎塆”，按西部区的发音读作“阿杂塆”。

土家语 $a^{21}tsa^{21}$（阿扎）为一个音节，汉语义是“岩坎”“悬崖”。所以，“阿扎塆”（亚洲塆）就是“岩坎塆”，即“悬崖下的山塆”。

明　潭 $mi^{55}than^{21}$

纯粹的土家语地名，$mi^{55}than^{21}$ 的汉字记音，但“明”是 mi^{55}（米）的音变。所以，这个地名的准确记音应是“米潭”，通常记为“米塘”。

土家语 $mi^{55}than^{21}$（米潭）为一个音节，汉语义是“火坑”。

土家人的火炕

“火坑”是土家人家家必备的居家设施，也是一道独特风景。一般是在正屋靠近前窗部位挖掘泥土，成正方形土坑，然后四边用青石围砌。坑的中央置三脚架，当地称为“撑架”，煮饭、炒菜时用来搁置鼎罐、耳锅；上面悬空挂梭筒，用来悬挂烧水的水壶。“火坑”，冬天既是煮饭炒菜的场所，也是烤火取暖的地方，更是一家人谈天说地的中心场所。土家人有句俗话，叫做“以火为主”，火坑便是一家人的生活中心。

此地以“火坑”作地名，可能是地形四边高，中间低洼，形似火坑。

浦丘田 $pha^{35}tɕhie^{53}thian^{21}$

土家语与汉语结合运用的地名：“浦丘”是土家语 $Pha^{35}tɕhie^{53}$（扒茄）的误记，“浦”是 pha^{35}（扒）的音变，“丘”是 $tɕhie^{53}$（茄）的音变；“田”是汉语，即“稻田”。因此，这个地名的准确记音应是“扒茄田”。

土家语 $pha^{35}tɕhie^{53}$（扒茄）为一个音节，汉语义是俗称“藿麻草”的“裂叶荨麻”（Urtica fissa pritz）。所以，“扒茄田”（薄丘田）就是“藿麻草田”，即藿麻草多的地方。

千亩岗 $tɕhi^{53}me^{21}ka^{35}$

纯粹的土家语地名，$tɕhi^{53}me^{21}ka^{35}$ 的汉字记音，但“千亩”是 $tɕhi^{53}me^{21}$（起嚜）的音变，也是人们的牵强附会；“岗”是“嘎”ka^{35} 的音变。所以，这个地名的准确记音应是“起嚜嘎”。

土家语 $tɕhi^{53}me^{21}ka^{35}$（起嚜嘎）由 $tɕhi^{53}me^{21}$（起嚜）和 ka^{35}（嘎）两个音节组成：$tɕhi^{53}me^{21}$（起嚜）的汉语义是“荞”（Fagopyrum esculentum Mcench），ka^{35}（嘎）的汉语义是“吃”。所以，$tɕhi^{53}me^{21}ka^{35}$（起嚜嘎）连起来直译是“荞吃”，调换语序结构译成汉语就是“吃荞”，即吃荞面的地方。

可以想象，此地从前生产条件很差，生产落后，生产的稻米很少，荞成了人们日常生活的主要食粮，故而得名。

毕家山 $pi^{35}tɕi^{55}san^{55}$

土家语与汉语结合运用的地名：“毕家”是土家语 $pi^{35}tɕi^{55}$（毕基）的汉字记音，但“家”是 $tɕi^{55}$（基）的音变；“山”是汉语。所以，这个地名的准确记音应是“毕基山”。

土家语 $pi^{35}tɕi^{55}$（毕基）为一个音节，是 $pi^{35}tɕi^{55}kha^{21}$（毕基卡）的缩略，汉语义是土家人的族称，即“土家”。所以，“毕基山”（毕家山）就是“土家山”，即土家族世代居住的地方。详细释义参看桑植县两河口乡“笔架村”。

竹家坡 tse^53^kai^21^pho^55^

土家语与汉语结合运用的地名。“竹家”是土家语 $tse^{53}kai^{21}$ 的误记：“竹”是 tse^{53}（者）的音变，“家”是 kai^{21}（改）的音变。“坡”是汉语，即“山坡”。因此，这个地名的准确记音应是“者改坡”，按西部区的发音读作“则改坡”。

土家语 $tse^{53}kai^{21}$（者改）为一个音节，汉语义是当地称为“貂鼠”的“红腹松鼠”（Sciurus vulqaris）。那么，“者改坡”（竹家坡）就是“貂鼠坡”。

貂鼠，在有的土家语地区也称“岔改”。从前，这片坡上树多，果多，成群的貂鼠栖息其间，故得其名。

胥家塆 $ɕi^{21}ka^{21}uan^{55}$

土家语与汉语结合运用的地名。“胥家”是土家语 $ɕi^{21}ka^{21}$（习嘎）的音变与误记：“胥”是 $ɕi^{21}$（习）的音变，“家”是 ka^{21}（嘎）的近音汉字替代；“塆”是汉语，即“山塆”。所以，这个地名的准确记音应是“习嘎塆”。

土家语 $ɕi^{21}ka^{21}$（习嘎）为一个音节，是 $ɕi^{21}ka^{21}tsha^{35}$（习嘎擦）的简化，如今更简化成 $ɕi^{21}$（习），汉语义是“草”，如“牛草”就是 $u^{35}ɕi^{21}$（戊习），“猪草”就是 $tsi^{21}ɕi^{21}$（子习）。所以，“习嘎塆”（胥家塆）就是“草塆”，因草多而得名。

夹儿沟 $ka^{21}zi^{21}kəu^{53}$

土家语与汉语结合运用的地名：“夹儿”是土家语 $ka^{21}zi^{21}$（嘎日）的误记，ka^{21} 一般记作“嘎”，“儿”是 zi^{21}（日）的音变与误记；“沟”是汉语，即“溪沟”。所以，这个地名的准确记音应是“嘎日沟”。

土家语 $ka^{21}zi^{21}$（嘎日）系两个音节：ka^{21}（嘎）的汉语义是乌鸦（Corvus frugilegus linnaeus），zi^{21}（日）的汉语义是“多”；$ka^{21}zi^{21}$（嘎日）连起来直译是“乌鸦多”，调换语序结构译成汉语是“多乌鸦”。所以，“嘎日沟”（夹儿沟）就是“多乌鸦沟”，因乌鸦多而得名。

鸭角山 $a^{21}kho^{21}san^{55}$

土家语与汉语结合运用的地名：“鸭角”是土家语 $a^{21}kho^{21}$（阿壳）的误记，“鸭”是 a^{21}（阿）的近音汉字替代，“角”是 kho^{21}（壳）的音转与误记；“山”是汉语。因此，这个地名的准确记音应是“阿壳山”。

土家语 $a^{21}kho^{21}$（阿壳）为一个音节，汉语义是“乱岩坷”，这也是现今语言中“岩坷”的由来。所以，“阿壳山”（鸭角山）就是“乱岩坷山”。因山上岩石多，且怪石嶙峋、杂乱无章而得其名。

高峰土家族乡

位于县域中部，乡治距县城32公里；辖25个行政村，228个村民小组；总面积143平方公里，其中耕地19022亩；2008年末总人口17396人。全乡以农业、林业为主，20世纪80年代，该乡是全国享有盛誉的旱粮多熟高产乡，现已形成优质烤烟、反季蔬菜、生猪三大支柱产业；森林覆盖率90%，林木蓄积量14.5万立方米。土特产有木炭、枞菌、兰草、野天麻、山核桃等。

芦峪沟 lo^{53}jəu^{55}kəu^{55}

土家语与汉语结合运用的地名：“芦峪”是土家语lo^{53}jəu^{55}（裸优）的音变与误记；“沟”是汉语，即“山沟”。所以，这个地名的准确记音应是“裸优沟”。

如前所述，土家人对不同民族的村寨有着不同的称谓。如称苗族村寨为pe^{35}jəu^{55}（白优）、汉族村寨为pha^{55}jəu^{53}（帕优），而对土家族居住的村寨，则称之为lo^{53}jəu^{55}（裸优）。所以，“裸优沟”（芦峪沟）就是“土家寨沟”，即土家人居住的村寨旁边的溪沟。

“裸优沟”（芦峪沟）是澧水一级支流团岩溪的上源，全长25公里。在遥远的古代，土家先民就世居在这条山溪两畔，用自己的勤劳和智慧开垦了这片土地，创造了不朽的历史文明。详细释义参看桑植县谷罗山乡“罗峪”。

白蛇溪 pu^{55}se^{55}tɕhi^{55}

土家语与汉语结合运用的地名：“白蛇”是土家语pu^{55}se^{55}的汉字记音，但“白”是pu^{55}（补）的误记；“蛇”是se^{55}（社）的音变。“溪”是汉语，即“溪沟”。所以，这个地名的准确记音应是“补社溪”，按西部区的发音读作“补色溪”。

土家语pu^{55}se^{55}（补社）为一个音节，译成汉语是“晒簟”。所以“补社溪”（白蛇溪）就是“晒簟溪”。这里的篾匠师傅编制的晒簟很有名，故以晒簟作了地名。

“晒簟”，俗称“斗垫”，用篾片编织而成，长丈余，宽约六尺，周边编有精美花纹。秋收时季，将它平铺在堂屋前的天塔里晒稻谷、玉米、小谷、黄豆等粮食。用后卷起来，放在适当地方待下次再用。

有人以为“白蛇溪”肯定与“白蛇”有关，以前盛传此地有白蛇，这是对 pu⁵⁵se⁵⁵（补社）循声附会为“白蛇”的一种猜想。

则　廊　tshe²¹lan²¹

纯粹的土家语地名，tshe²¹lan²¹（侧兰）的音变与误记。

旧时，土家族地区的衣服用料流行“家机布”。姑娘们自己纺纱，自己织布，所织之布有棉布，也有麻布。对其中的“麻布”，土家语就叫 tshe²¹lan²¹（侧兰），东部区多数地方的读音是“车兰”。

“麻布”是土家族地区的一种特产，除了供人们夏季做衣裤而外，更多的是用来制蚊帐。麻布制品的优点是透气、凉快、不裹身，穿（用）起来很舒服，因此深受人们喜爱，如嫁女陪嫁，麻布帐子是必不可少的。

从麻到布，要经过剥麻、刮麻、破麻、绩麻、纺纱、织布、漂洗等流程，全部用手工操作。古时，此地生产的麻布多、质量好，人们便直接以 tshe²¹lan²¹（侧兰）——“麻布”作了地名。

桂南塆　ko²¹lan³⁵uan⁵⁵

土家语与汉语结合运用的地名：“桂南”是土家语 ko²¹lan³⁵（郭兰）的音变与误记；“塆”是汉语，即“山塆”。所以，这个地名的准确记音应是“郭兰塆”。

土家语 ko²¹lan³⁵（郭兰）为一个音节，汉语义是“田鸡” [Ixoborychus cinnamomeus (Gmelin)]。因此，“郭兰塆”（桂南塆）就是“田鸡塆”，是田鸡多的地方。

“田鸡”，俗称秧鸡、泥魏，是土家人特别喜爱的益鸟。

柒鸭子　tɕhian⁵⁵ŋai⁵⁵tsho⁵³

纯粹的土家语地名，tɕhian⁵⁵ŋai⁵⁵tsho⁵³ 的汉字记音，但“柒鸭”是 tɕhian⁵⁵ŋai⁵⁵（千矮）的误记，土家语消失后，人们不再懂得 tɕhian⁵⁵ŋai⁵⁵（千矮）的含义，猜测、想象、附会、讹编皆有之，于是记录出诸如“青安”“请安”“且安”“七垭”“溪岩”“青岩”等，可谓五花八门；“子”是 tsho⁵³（挫）的误记。所以，这个地名的准确记音应是“千矮挫”。

土家语 tɕhian⁵⁵ŋai⁵⁵tsho⁵³（千矮挫）由 tɕhian⁵⁵ŋai⁵⁵（千矮）和 tsho⁵³（挫）两个音节组成：tɕhian⁵⁵ŋai⁵⁵（千矮）的汉语义是“兄弟”，tsho⁵³（挫）的汉语是“房屋”。因此，tɕhian⁵⁵ŋai⁵⁵tsho⁵³（千矮挫）连起来译成汉语就是“兄弟屋”，即兄弟安家定居的地方。

在遥远的古代，此地是一片草木丛生的荒原。某个时期，有几个兄弟来此定居，开垦了这块土地，使其成为今天人们的美好家园。他们是这个家园的始祖，值得永远纪念。

铺　塔　pho⁵⁵tha⁵³

纯粹的土家语地名，pho⁵⁵tha⁵³（坡他）的误记："铺"是 pho⁵⁵（坡）的音变，"塔"是 tha⁵³（他）的音变。

土家语 pho⁵⁵tha⁵³（坡他）为一个音节，是 pho⁵⁵tha⁵³kha²¹muŋ²¹（坡他卡蒙）的省略，译成汉语是桦木科植物"光皮桦"（Betula luminitera)。

"光皮桦"俗称"粗糠壳""脱皮树"，是山区人们常用的柴薪。从前，这里光皮桦树多，人们便以这种树名作了地名。

碾盘塔　lie³⁵phe⁵³tha³⁵

土家语与汉语结合运用的地名："碾盘"是土家语 lie³⁵phe⁵³（列迫）的音变与误记；"塔"是汉语，即"坪塔"。所以，这个地名的准确记音应为"列迫塔"。

土家语 lie³⁵phe⁵³（列迫）为一个音节，汉语义是俗称"卵包"的男人的阴囊。所以"列迫塔"（碾盘塔）就是"卵包塔"，意思是这个坪塔很小，小如卵包，是一个比喻性地名。

西塘沅　ɕie⁵³than²¹jəu⁵⁵

纯粹的土家语地名，ɕie⁵³than²¹jəu⁵⁵ 的汉字记音，但"西"是 ɕie⁵³（写）的音变，"塘"是 than²¹（坛）的音变，"沅"是 jəu⁵⁵（优）的误记。所以，这个地名应记为"写坛优"。

土家语 ɕie⁵³than²¹jəu⁵⁵（写坛优）由 ɕie⁵³than²¹（写坛）和 jəu⁵⁵（优）两个音节组成：ɕie⁵³than²¹（写坛）的汉语义是"铁炉"，jəu⁵⁵（优）的汉语义是"村寨"。所以，ɕie⁵³than²¹jəu⁵⁵（写坛优）连起来译成汉语就是"铁炉寨"或"铁炉村"。

从前，有铁匠师傅在这里开设铁炉，打造农具，因而得名。

大仙坑　ta⁵³ɕi⁵³khen⁵⁵

土家语与汉语结合运用的地名："大仙"是土家语 ta⁵³ɕi⁵³ 的汉字记音，但"仙"是 ɕi⁵³（西）的误记；"坑"是汉语，这里是指有坑的地方。所以，这个地名应记为"大西坑"。

土家语 ta⁵³ɕi⁵³（大西）为一个音节，汉语义是"转工""互助"。所以，"大西坑"（大仙坑）就是"转工互助的地方"。详细释义参看桑植县芙蓉桥乡“大厦凼”。

二达垭 $e^{53}ta^{21}ŋa^{53}$

土家语与汉语结合运用的地名：“二达”是土家语 $e^{53}ta^{21}$ 的汉字记音，但“二”是 e^{53}（尔）的音变；“垭”是汉语，即“山口”。所以，这个地名的准确记音应是“尔达垭”。

土家语 $e^{53}ta^{21}$（尔达）系两个音节：对“猴子”（Macaca mulatta），古土家语称为 se^{53}（色，现多记为“舍”），现代土家语称为 e^{53}（尔）；ta^{21}（达）的汉语义是“下”“下来”，实指“出没”。所以，$e^{53}ta^{21}$（尔达）连起来译成汉语就是“猴子出没”，“尔达垭”（二达垭）就是猴子出没的山垭，简言之就是“猴子垭”。

古时，此地古木参天，莽莽荒原，是猴子出没的地方，故而得名。

石　景 $si^{21}tɕie^{53}$

纯粹的土家语地名，$si^{21}tɕie^{53}$ 的汉字记音，但“景”是 $tɕie^{53}$（姐）的音变。所以，这个地名的准确记音应是“石姐”，按西部区的发音读作“司姐”。

土家语 $si^{21}tɕie^{53}$（司姐、石姐）系两个音节：si^{21}（石）的汉语义是“肉”“兽”，这里实指“兽”；$tɕie^{53}$（姐）的汉语义是“赶”。所以，$si^{21}tɕie^{53}$（石姐）连起来直译是“兽赶”，调换语序结构译成汉语就是“赶兽”。

“赶兽”俗称“赶仗”，是土家人世代相传的狩猎习俗。农闲时，猎手们带着赶仗狗、火铳、钢叉、铁刀等进山打猎。先由“枪手”分守各个要隘，称为“守卡”，然后由“赶角”一人带狗搜寻猎物，逼其进入卡子，由“守卡人”铳打、刀劈、叉杀，将猎物擒获。从前，此地野兽多，是人们常去狩猎的地方，故得其名。

万　台 $uan^{35}thai^{21}$

土家语与汉语结合运用的地名：“万”是土家语 uan^{35} 的汉字记音；“台”是汉语，即“台地”。

土家语 uan^{35}（万）的汉语义是“黄牛”。所以，“万台”就是“黄牛台”。古时，这个台地上的土家人爱养黄牛，出产的黄牛多，故而得名。

对“黄牛”（Bos taurus domestica），土家语有三种称法：古代土家语称 uan^{35}（万），现代土家语称 u^{35}（戊），有的地方称 au^{35}（敖）。由此可以推断，这个地名形成时间一定很久远。

朝东泉 tshe²¹tuŋ²¹tshan²¹

土家语与汉语结合运用的地名。“朝东”是土家语 tshe²¹tuŋ²¹ 的误记：“朝”是 tshe²¹（扯）的误记；“东”是 tuŋ²¹（洞）的音变。“泉”是汉语，即“山泉”，但当地不读作 quán（全），而是读作 cǎn（惨）。因此，这个地名的准确记音应是“扯洞泉”，按西部区的发音读作“测洞泉”。

土家语 tshe²¹tuŋ²（扯洞）系两个音节：tshe²¹（扯）的汉语义是“水”，tuŋ²¹（洞）的汉语义是“漏”“通”；tshe²¹tuŋ²¹（扯洞）连起来直译是“水漏”或“水通”，调换语序结构译成汉语是“漏水”或“通水”。所以，“扯洞泉”（朝东泉）就是“漏水泉”或“通水泉”，简而言之就是“消水泉”。

此处地势低洼，山沟里的水都集聚此泉，并通过它潜入地下流入阴河，故而得名。

爬盘垭 pha²¹phu⁵⁵ŋa⁵³

土家语与汉语结合运用的地名：“爬盘”是土家语 pha²¹phu⁵⁵（爬铺）的汉字记音，但“盘”是 phu⁵⁵（铺）的音变；垭”是汉语，即“山口”。所以，这个地名的准确记音应是“爬铺垭”。

土家语 pha²¹phu⁵⁵（爬铺）为一个音节，一般多记为“帕普”，汉语义是太公以上的男性，无论活着的还是逝去的，但多指广义的“老爷爷”“老祖宗”。所以，“爬铺垭”（爬盘垭）就是“老祖宗垭”。

这里是某姓的祖居地，他们的家族根基就在这里，故而得名。

黑沙溪 xa⁵³si²¹tɕhi⁵⁵

土家语与汉语结合运用的地名：“黑沙”是土家语 xa⁵³si²¹（哈司）的误记；“溪”是汉语，即“溪沟”。因此，这个地名的准确记音应是“哈司溪”。

土家语 xa⁵³si²¹（哈司）为一个音节，是 xa⁵³lie²¹si²¹（哈列司）的简化，lie²¹（列）属高降轻声，常被省掉，只留下词根 xa⁵³si²¹（哈司），但含义未变，汉语义就是杨梅科植物“野杨梅”（Myrica L）。所以，“哈司溪”（黑沙溪）就是“野杨梅沟”，因野杨梅树多而得名。

叶　塔 je²¹tha³⁵

土家语与汉语结合运用的地名：“叶”是土家语 je²¹ 的汉字记音；“塔”是汉语，即“坪塔”，一般指有坪塔的地方。

土家语 je^{21}（叶）的汉语义是“神”。所以，“叶塔”就是“神塔”或“神堂塔”，也可称为“神地”，是古代先民敬神的地方。

土家族的“神”不是佛道之神，而是指本民族的祖先神，例如三元盘古神、八部大神、大二三神、依窝阿巴、巴沙老母等，一般设有神堂供奉。

龙 界 $lo^{53}uŋ^{21}kai^{35}$

土家语与汉语结合运用的地名：“龙”是土家语 lo^{53}（裸）和 $uŋ^{21}$（翁）相拼的结果，土家语在该地区消失后，人们再也弄不懂这个地名的含义，而 lo^{53}（裸）和 $uŋ^{21}$（翁）稍一快读，很容易拼合而成为 $luŋ^{21}$（龙），久而久之，本是两个音节的 lo^{53}（裸）和 $uŋ^{21}$（翁）便演变成了一个音节的 $luŋ^{21}$（龙）；“界”是汉语，即“山界”。这样，土家语的“裸翁界”也就变成了汉语的“龙界”，其含义也完全变了。

土家语 $lo^{53}uŋ^{21}$（裸翁）系两个音节：lo^{53}（裸）的汉语义是“人”，$uŋ^{21}$（翁）的汉语义是“坐”“住”“安居”；$lo^{53}uŋ^{21}$（裸翁）连起来直译是“人住”，调换语序结构译成汉语是“住人”。所以，“裸翁界”（龙界）就是“住人界”，即人安家定居的山界。

㓾马墩 $lo^{55}muŋ^{53}tuŋ^{35}$

纯粹的土家语地名，$lo^{55}muŋ^{53}tuŋ^{35}$（裸猛峒）的音变与误记：“㓾”是湘西地区的一个自造字，读 luō（罗），是土家语 lo^{55} (裸) 的记音；“马”是 $muŋ^{53}$（猛）的误记；“墩”是 $tuŋ^{35}$（峒）的误记。

土家语 $lo^{55}muŋ^{53}tuŋ^{35}$（裸猛峒）由 $lo^{55}muŋ^{53}$（裸猛）和 $tuŋ^{35}$（峒）两个音节组成：$lo^{55}muŋ^{53}$（裸猛）的汉语义是“头人”“首领”“大王”，一般指原始部落酋长或后来的土司王；$tuŋ^{35}$（峒）的汉语义最初指原始部落或土司机关驻地的村寨，俗称“峒寨”。因此，$lo^{55}muŋ^{53}tuŋ^{35}$（裸猛峒）连起来译成汉语就是“大王寨”“首领寨”。古代，这里曾经是某部落首领的住地，故而得名。

此地附近有一条小溪名曰“忠溪”，也是土家语与汉语结合运用的地名。“忠”是土家语 $tsuŋ^{55}$（宗）的音变，汉语义是“官”，当然是“土官”，是“头领”“大王”；“溪”是汉语，即“溪沟”。所以，“宗溪”（忠溪）就是“官溪”或“王溪”。“㓾马墩”和“忠溪”同处一地，含义大体相同，绝对不是巧合，也绝不是空穴来风，它们之间有极其相关的历史联系。

千子槽门 tɕhian^{55}tsi^{53}tshau^{53}men^{21}

土家语与汉语结合运用的地名：“千子”是土家语 tɕhian^{55}tsi^{53} 的汉字记音；“槽门”是汉语，有的地方叫“朝门”，是指一家一户庭院的总大门。

土家语 tɕhian^{55}tsi^{53}（千子）为一个音节，汉语义指转角楼的“花栏干”，有时也被作为转角楼的代名词。所以，“千子槽门”就是“转角楼大门”，实际指的是转角楼所在地，即有转角楼的地方。

土家民居的格局一般是一正两横，横屋头端建转角楼，转角楼的楼廓外边设“栏干”。“栏干”框内装饰各种花纹，有装花、雕花、镶花、彩绘等，极其精美，也极显民族特色。

十八墩 se^{53}pa^{53}ten^{55}

土家语与汉语结合运用的地名：“十八”是土家语 se^{53}pa^{53}（舍把）的音变与附会；“墩”是汉语，本义指土堆，这里指“地方”。因此，这个地名的准确记音应是“舍把墩”，按西部区的发音读作“色把墩”。

土家语 se^{53}pa^{53}（舍把）为一个音节，汉语义是土家族的原始部落和后来的土司衙门中分管某项具体事务的“小头领”“小头目”。所以，“舍把墩”（十八墩）就是“小头领墩”。

“舍把”，对于“大王”来说，他们仅是“小领班”“小头目”；对于黎民百姓来说，他们是“官”，是“头人”。古代，此地是某舍把头人居住过的地方，或者是这个小头领的领地，因此得名。

西眉山 ɕi^{35}mi^{55}san^{55}

土家语与汉语结合运用的地名：“西眉”是土家语 ɕi^{35}mi^{55}（习眯）的音变与误记。“西”是 ɕi^{35}（习）的音变；“眉”是 mi^{55}（眯）的误记，因当地方言“眉”不读作 méi（梅），而是读作 mí（迷），故有此误记。“山”是汉语。所以，这个地名的准确记音应是“习眯山”。

土家语 ɕi^{35}mi^{55}（习眯）为一个音节，是 ɕi^{35}mi^{55}ɕian^{21}（习眯贤）的省略，ɕian^{21}（贤）是词尾高降轻声，常常被省略掉，只留下词根 ɕi^{35}mi^{55}（习眯），但含义未变，译成汉语是“豆腐树”。所以，“习眯山”（西眉山）就是“豆腐树山”，因“豆腐树”多而得名。

“豆腐树”就是海南杞李参 [Dendro panax hainanensis (Merr et chun) Chun]。土家语有两种叫法：其一叫 ka^{53}pu^{21}ten^{55}（嘎不登），其二叫 ɕi^{35}mi^{55}ɕnan^{21}（习眯贤）。

椅子圈 ji^{55}tsa^{53}tɕhie^{53}

纯粹的土家语地名，ji^{55}tsa^{53}tɕhie^{53}（以咱且）的误记。

土家语 ji^{55}tsa^{53}tɕhie^{53}（以咱且）由 ji^{55}tsa^{53}（以咱）和 tɕhie^{53}（且）两个音节组成：ji^{55}tsa^{53}（以咱）的汉语义是“天坑”，tɕhie^{53}（且）的汉语义是“山”“山坡”。所以，ji^{55}tsa^{53}tɕhie^{53}（以咱且）连起来译成汉语就是“天坑山”或“天坑坡”，因此地有天坑而得名。

六方塔 lu^{55}xu^{55}tha^{35}

土家语与汉语结合运用的地名：“六方”是土家语 lu^{55}xu^{55}（噜乎）的误记。在张家界地区的方言中，“六”与“噜”同音，故有 lu^{55}（噜）记作“六”之误；“方”是 xu^{55}（乎）的音变与误记。“塔”是汉语，即“坪塔”，一般指有坪塔的地方。所以，这个地名的准确记音应是“噜乎塔”。

土家语 lu^{55}xu^{55}（噜乎）为一个音节，汉语义是山谷、山槽、山塆里比较开阔敞亮的梯田梯地。所以“噜乎塔”（六方塔）就是“山谷塔”，即山谷里的平地。

楂角田 za^{35}ku^{53}thi^{53}

纯粹的土家语地名，za^{35}ku^{53}thi^{53} 的汉字记音，但“楂”是 za^{35}（日阿）的近音汉字替代，“角田”是 ku^{53}thi^{53}（古梯）的音变。所以，这个地区的准确记音应是“日阿古梯”。

土家语 za^{35}ku^{53}thi^{53}（日阿古梯）由 za^{35}ku^{53}（日阿古）和 thi^{53}（梯）两个音节组成：za^{35}ku^{53}（日阿古）的汉语义是“茶叶”（Camellia sinensis），thi^{53}（梯）的汉语义是“摘”。所以，za^{35}ku^{53}thi^{53}（日阿古梯）连起来直译是“茶叶摘”，调换语序结构译成汉语是“摘茶叶”。用作地名，就是“摘茶叶的地方”。“摘茶叶”即通常说的“采茶”。

土家人很早就学会了种茶、制茶、品茶，并形成了底蕴极深的茶文化。采茶，是土家人一道亮丽的风景，并创作了数不胜数的《采茶歌》，其中有一首唱道：“三月采茶茶叶青/茶园来了采茶人/茶叶装进茶篮里/一片茶叶一片心。”

粗　坡 tshu^{21}pha^{21}

纯粹的土家语地名，tshu^{21}pha^{21}（促扒）的音变与误记：“粗”是 tshu^{21}（促）的音变，“坡”是“扒”的音变。

土家语 tshu^{21}pha^{21}（促扒）为一个音节，汉语义是“炭筛”，有的地方也指“大米筛”。

炭筛

“炭筛”，用竹篾编织而成，正方形，筛眼一般有指头大。“炭筛”的主要用途是筛火土肥。土家人耕种的旱地大多在大山深处，离住地很远，用家畜肥极其不便，基本上都采用“火土肥”。制作“火土肥”的一般方法是把地边的杂草杂树砍倒晒干，然后堆成一团，上面盖压上腐质土，用火燃烧成“灰烬”。这种肥料里面掺入的泥团石子较多，而且还有没有烧尽的柴棒残草，就需要用一种叫“炭筛”的工具过筛，筛下的就是“火土肥”。

此地属砂石土壤，渗漏极其严重，犹如炭筛一般。根据这一特点，人们便以 $tshu^{21}pha^{21}$（促扒）——“炭筛”作了比喻性地名。

罗丰台 $lo^{53}xe^{21}thai^{53}$

半借汉语的土家语地名。

土家语是一种古老的民族语言，随着时代的发展，本身的语言也逐渐显得不够用了，于是便采取借用汉语的方法来补充不足。借用的方法有半借，也有全借，“罗丰台”就属于前者。“罗丰”的正确发音是 $lo^{53}xe^{21}$（罗核），其中的 lo^{53}（罗）就借用汉语的“锣”，即“铜锣”；xe^{21}（核）是土家语，汉语义是“鼓”。“台”是汉语，即“台地”，指有平台的地方。所以，“罗核台”（罗丰台）就是

土家人爱打锣鼓

"锣鼓台"，即打锣鼓的地方。

以"打锣鼓"作地名，有两种情况：一是指土家特有的民族演唱形式"薅草锣鼓"。这种情况的"打锣鼓"一般在转工互助时进行。那时，工地常常集中几十甚至上百人，主人家便请来"歌师"2~4人在工地上演唱以助兴。两人演唱时一人执鼓，一人执锣；四人演唱时一人执鼓，一人执锣，另二人执钹。一场锣鼓分"请神""扬歌""送神""谢土"四个阶段，唱间夹击锣鼓，锣鼓间夹唱歌。所唱之歌就是有名的《薅草锣鼓歌》。二是指敲锣打鼓以驱赶野兽。此处应是指第一种情况。

从前，这里住着一班会打锣鼓的师傅，演唱的"鼓歌"远近闻名，人们便以"锣鼓台"作了地名。

长溪堰 tsha^{21}tɕhi^{21}jəu^{55}

纯粹的土家语地名，tsha^{21}tɕhi^{21}jəu^{55}的音变与误记："长"是tsha^{21}（扯）的音变，"溪"是tɕhi^{21}（旗）的误记，"堰"是jəu^{55}（优）的音变。所以，这个地名的准确记音应是"插旗优"，按西部区的发音读作"擦旗优"。

土家语tsha^{21}tɕhi^{21}jəu^{55}（插旗优）由tsha^{21}tɕhi^{21}（插旗）和jəu^{55}（优）两个音节组成：tsha^{21}tɕhi^{21}（插旗）的汉语义是"锦鸡"（Chrysolophus pictus），jəu^{55}（优）的汉语义是"村庄"。所以，"插旗优"（长溪堰）连起来译成汉语就是"锦鸡村"，是锦鸡多的地方。详细释义参看桑植县廖家村镇"茶溪洞"。

扯旗冲 tshe^{21}tɕhi^{35}tshuŋ^{55}

土家语与汉语结合运用的地名："扯旗"是土家语tshe^{21}tɕhi^{35}的汉字记音，但按西部区的发音应读作"测旗"；"冲"是汉语，即"山冲"。

土家语tshe^{21}tɕhi^{35}（扯旗）为一个音节，汉语义是捕鱼工具"捞兜"，今名叫作"抄网"。所以，"扯旗冲"就是"捞兜冲"。

以"捞兜"作地名，可能因此地地形是个小盆地，犹如捞兜。详细释义参看桑植县上洞街乡"车溪洞"。

荫旗垭 ji^{55}tɕhi^{21}ŋa^{53}

土家语与汉语结合运用的地名："荫旗"是土家语ji^{55}tɕhi^{21}的汉字记音，但"荫"是ji^{55}（衣）的音变；"垭"是汉语，即"山垭"。所以，这个地名的准确记音应是"衣旗垭"。

土家语ji^{55}tɕhi^{21}（衣旗）为一个音节，汉语义是俗称"铜钱花"的"豹子”（Panthera pardus L）。所以，“衣旗垭”（荫旗垭）就是“豹子垭”。

从前，这个山垭上树茂林深，有豹子栖息其间，故而得名。详细释义参看桑植县廖家村镇“妖气洞”。

石家凸 $si^{21}tɕie^{53}pa^{21}$

纯粹的土家语地名，$si^{21}tɕie^{53}pa^{21}$ 的误记：“家”是 $tɕie^{53}$（姐）的音变；“凸”在当地不读 tù（土），而是读作 báo（雹），是 pa^{21}（巴）的音变。所以，这个地名的准确记音应是“石姐巴”，按西部区的发音读作“司姐巴”。

土家语 $si^{21}tɕie^{53}pa^{21}$（石姐巴）系三个音节。si^{21}（石）的汉语义是“肉”或“野兽”，这里取“野兽”义；$tɕie^{53}$（姐）的汉语义是“赶”。$si^{21}tɕie^{53}$（石姐）连起来直译是“兽赶”，调换语序结构译成汉语是“赶兽”。pa^{21}（巴）的汉语义是“山坡”。所以，$si^{21}tɕie^{53}pa^{21}$（石姐巴）连起来译成汉语就是“赶兽坡”。

“赶兽”又称“赶仗”，即“打猎”。从前，这个山坡上野兽多，是人们打猎的好场所，故而得名。

四脚泥 $si^{21}tɕie^{53}lie^{21}$

纯粹的土家语地名，$si^{21}tɕie^{53}lie^{21}$ 的汉字记音，但 si^{21} 一般记为“司”，“脚”是 $tɕie^{53}$（姐）的误记，“泥”是 lie^{21}（列）的音变。所以，这个地名的准确记音应是“司姐列”。

土家语 $si^{21}tɕie^{53}lie^{21}$（司姐列）由 $si^{21}tɕie^{53}$（司姐）和 lie^{21}（列）两个音节组成：$si^{21}tɕie^{53}$（司姐）的汉语义如上所述是“打猎”；lie^{21}（列）是词尾附加成分，所指大致相当于汉语的“地方”“处所”。所以，$si^{21}tɕie^{53}lie^{21}$（司姐列）连起来译成汉语就是“打猎的地方”。

从前，此地野兽多，是先民们“赶仗”（打猎）的好地方，因而得名。

青龙垭 $tɕhi^{35}luŋ^{55}ŋa^{53}$

土家语与汉语结合运用的地名：“青龙”是土家语 $tɕhi^{35}luŋ^{55}$ 的汉字记音，但“青”是 $tɕhi^{35}$（乞）的音变，也是人们的附会；“垭”是汉语，即“山垭”。所以，这个地名的准确记音应是“乞龙垭”。

土家语 $tɕhi^{35}luŋ^{55}$（乞龙）为一个音节，汉语义是“豆豉”“豆酱”。所以，“乞龙垭”（青龙垭）就是“豆豉豆酱垭”。

此地还有一地名叫“青龙井”，也是土家语与汉语结合运用的地名。“青龙”也是土家语 $tɕhi^{35}luŋ^{55}$（乞龙）的误记，“青龙井”实为“乞龙井”，就是“豆豉豆酱井”，它们都是古代出产豆豉、豆酱的地方。

尖角栋 tɕian^{35}kai^{55}tuŋ^{35}

纯粹的土家语地名，tɕian^{35}kai^{55}tuŋ^{35} 的汉字记音，但“角”是 kai^{55}（盖）的音变，“栋”是 tuŋ^{35}（峒）的误记。所以，这个地名的准确记音应是“尖盖峒”。

土家语 tɕian^{35}kai^{55}tuŋ^{35}（尖盖峒）由 tɕian^{35}kai^{55}（尖盖）和 tuŋ^{35}（峒）两个音节组成：tɕian^{35}kai^{55}（尖盖）的汉语义是“戒指”，tuŋ^{35}（峒）的汉语义是“峒寨”“地方”。所以，tɕian^{35}kai^{55}tuŋ^{35}（尖盖峒）连起来译成汉语就是“戒指峒”，即产戒指的峒寨。

从前，这里住有金银工匠，加工和出售“戒指”，是人们购买戒指的地方，人们便以这种饰件作了地名。

八斗𡇙 pa^{21}ta^{21}lo^{55}

纯粹的土家语地名，pa^{21}ta^{21}lo^{55} 的汉字记音，但“八”是 pa^{21}（巴）的音变；“斗”是 ta^{21}（达）的音变；“𡇙”是当地自造字，读 lu ō（罗），是 lo^{55} 的记音，但一般记为“洛”。所以，这个地名的准确记音应是“巴达洛”。

土家语 pa^{21}ta^{21}lo^{55}（巴达洛）系三个音节：pa^{21}（巴）的汉语义是“山”“山坡”，ta^{21}（达）的汉语义是“下”“下边”，lo^{55}（洛）的汉语义是“山窝”“小盆地”。所以，pa^{21}ta^{21}lo^{55}（巴达洛）连起来译成汉语就是“山下洼地”，实际就是山脚下的窝坑。意思是说，这个地方坐落在四面山坡环抱的山窝里。

万家台 uan^{35}kha^{21}thai^{21}

土家语与汉语结合运用的地名：“万家”是土家语 uan^{35}kha^{21} 的汉字记音，但“家”是 kha^{21}（卡）的音变；“台”是汉语，即“台地”。所以，这个地名的准确记音应是“万卡台”。

土家语 uan^{35}kha^{21}（万卡）系两个音节：uan^{35}（万）的汉语义是黄牛（Bos taurus domestica），kha^{21}（卡）的汉语义是“守”；uan^{35}kha^{21}（万卡）连起来直译是“黄牛守”，调换语序结构译成汉语是“守黄牛”，即“守牛”。所以，“万卡台”（万家台）就是“守牛台”。

从前，这个台地草肥水美，是人们放牧牛羊的地方，因而得“守牛台”之名。

张窝山 $za^{21}o^{21}san^{55}$

土家语与汉语结合运用的地名："张窝"是土家语 $za^{21}o^{21}$ 的汉字记音，但"张"是 za^{21}（日阿）的近音汉字替代；"山"是汉语。所以，这个地名的准确记音应是"日阿窝山"。

土家语 $za^{21}o^{21}$（日阿窝）系两个音节：za^{21}（日阿）的汉语义是"鸡"(Gallus domestica)，也泛指"鸡类"；o^{21}（窝）的汉语义是"围"。$za^{21}o^{21}$（日阿窝）连起来直译是"鸡围"，调换语序结构译成汉语就是"围鸡"。所以，"日阿窝山"（张窝山）就是"围鸡山"。

土家人以原始的围猎起家，创造了许多围猎技能，"围山鸡"就是其中的一种。土家人深刻了解各种山鸡有一个共同习性，就是每每遇危险只是潜逃而很少飞行。于是，人们用麻线、棉线织成鸟网，秘密安置于鸟类潜行的路上，然后放狗追赶，迫使山鸡自投罗网。如今，这种方法在大部分地区已经消失，但在一些山区仍有保留，只不过常常用于"网鸟"罢了。

南家山 $ȵa^{35}tɕi^{55}san^{55}$

土家语与汉语结合运用的地名。"南家"是土家语 $ȵa^{35}tɕi^{55}$（那几）的误记，"山"是汉语。因此，这个地名的准确记音应是"那几山"。

土家语 $ȵa^{35}tɕi^{55}$（那几）为一个音节，汉语义是鹿科动物"麂"(Muntiacus)。所以，"那几山"（南家山）就是"麂山"。

"麂"，俗称"麂子"，分为青麂和黄麂两类。它们在茂密的丛林中栖息，以杂草、嫩叶为食，有时也偷食庄稼。其肉质红嫩鲜美，皮可制革，是山区人围猎和套捕的主要猎物。从前，这个山上麂子多，人们便以这种动物作了地名。

德螺山 $te^{35}lo^{21}san^{55}$

土家语与汉语结合运用的地名："德螺"是土家语 $te^{35}lo^{21}$ 的汉字记音，"山"是汉语。

土家语 $te^{35}lo^{21}$（德螺）为一个音节，汉语义是"陀螺"。所以，"德螺山"就是"陀螺山"，因山的形状酷似倒扣着的陀螺而得名。

"打陀螺"是土家族居住地区民间流行的一种体育活动，土家语称之为 $te^{35}lo^{21}xa^{21}$（德螺哈），其中 xa^{21}（哈）的汉语义为"打"。这种"陀螺"一律用质料较硬的麻栗树、茶树、青㭎树切削而成，呈圆锥形，用棕叶、麻绳绕上后抽拉，然后用鞭子抽打，使其在地上旋转。这种运动尤以小孩最为喜欢。“德螺山”下是“德螺村”，村因山得名。

庹家溪 $tho^{55}ka^{21}tɕhi^{55}$

土家语与汉语结合运用的地名：“庹家”是土家语 $tho^{55}ka^{21}$（拖嘎）的误记，“庹”是 tho^{55} 的汉字记音，但通常记为“拖”；“家”是 ka^{21}（嘎）的近音汉字替代。“溪”是汉语，即“溪沟”。因此，这个地名的准确记音应是“拖嘎溪”。

土家语 $tho^{55}ka^{21}$（拖嘎）为一个音节，汉语义是“蕨”（Ptericlium aquilinum）。所以，“拖嘎溪”（庹家溪）就是“蕨沟”。

这条山沟里蕨多，是先民们挖蕨的地方，因此得名。

皮家凸 $phi^{35}ka^{21}pau^{35}$

土家语与汉语结合运用的地名：“皮家”是土家语 $phi^{35}ka^{21}$（屁嘎）的误记，“皮”是 phi^{35}（屁）的音变，“家”是 ka^{21}（嘎）的近音汉字替代；“凸”是汉语，但在当地不读作 tū（突），而是读作 báo（雹），即“山包”。因此，这个地名的准确记音应是“屁嘎包”。

土家语 $phi^{35}ka^{21}$（屁嘎）为一个音节，汉语义是一种俗称“沙蚊子”，学名叫“骚扰阿蚊”（Armaqeres Sohturhan SW）的“蚊子”。所以，“屁嘎包”（皮家凸）就是“沙蚊子包”，即沙蚊子多的地方。

董家𡆀 $tuŋ^{53}ke^{21}lo^{55}$

纯粹的土家语地名，$tuŋ^{53}ke^{21}lo^{55}$ 的汉字记音，但“家”是 ke^{21}（格）的音变与误记；“𡆀”是当地的自造字，发音为 luō（罗），是 lo^{55}（洛）的记音。所以，这个地名的准确记音应是“董格洛”。

土家语 $tuŋ^{53}ke^{21}lo^{55}$（董格洛）由 $tuŋ^{53}ke^{21}$（董格）和 lo^{55}（洛）两个音节组成：以 $tuŋ^{53}ke^{21}$（董格）作地名，在土家族居住的山区极为普遍，凡是山谷、山沟、山塆、山峪的尽头，土家语统称之为 $tuŋ^{53}ke^{21}$（董格）或 $tuŋ^{53}ku^{21}$（董古）；lo^{55}（洛）的汉语义是“窝坑”“小凹地”。所以，$tuŋ^{53}ke^{21}lo^{55}$（董格洛）连起来译成汉语就是“山沟尽头的山窝”。意思是说，这个地方坐落在一条山沟源头的山窝里。

大　溪 $ta^{53}ɕi^{53}$

纯粹的土家语地名，$ta^{53}ɕi^{53}$ 的汉字记音，但 ta^{53} 一般记为“达”，$ɕi^{53}$ 一般记为“西”。所以，这个地名准确一点应记为“达西”。

土家语称“互相”为 ta^{53}（达），称“互相帮忙”或“转工”为 $ta^{53}çi^{53}$（达西）。

土家人的这种 $ta^{53}çi^{53}$（达西）——互相帮助，是指谁家有大情小事，尤其是重要的农事活动，人们自带工具集中帮忙，一场农活往往能集中几十人甚至上百人。从前，这条山沟里的土家先民传承互相帮忙的习俗，于是，人们便以这种互助习俗作了地名。详细释义参看桑植县刘家坪乡“大厦凼”。

甘堰土家族乡

位于县域西部，乡治距县城57公里；辖20个行政村，264个村民小组；总面积100平方公里，其中耕地20290亩；2008年末总人口21242人，土家族人口居多。主要物产有水稻、玉米、油菜、花生、苎麻等，土特产有柚子、板栗等。

碧溪峪 $pi^{35}tɕi^{55}jəu^{55}$

纯粹的土家语地名，$pi^{35}tɕi^{55}jəu^{55}$（毕基优）的误记。

土家语 $pi^{35}tɕi^{55}jəu^{55}$（毕基优）由 $pi^{35}tɕi^{55}$（毕基）和 $jəu^{55}$（优）两个音节组成：$pi^{35}tɕi^{55}$（毕基）的汉语义是“土家”，$jəu^{55}$（优）的汉语义是“村”“寨”。所以，$pi^{35}tɕi^{55}jəu^{55}$（毕基优）连起来译成汉语就是“土家寨”或“土家村”，是土家人世代居住的地方。详细释义参看桑植县两河口乡“笔架村”。

西　铺 $ɕi^{35}phuŋ^{53}$

纯粹的土家语地名，$ɕi^{35}phuŋ^{53}$（习朋）的音变与误记。

土家语 $ɕi^{35}phuŋ^{53}$（习朋）为一个音节，汉语义是“青菜”（Brassica chinensis L）。

青菜是土家人的主要蔬菜品种，鲜叶剁碎拌和黄豆酱可以制成“合楂”；沸水烫过后加盐和香料搓揉晾晒，可以制成“盐菜”；放入加香料的冷开水中压泡，可以制成“水酸菜”。合楂、盐菜、水酸菜都是土家人的土特产品，极具民族特色。从前，此地青菜多，人们便以“青菜”作了地名。

诗堂凸 $si^{21}thuŋ^{21}pau^{55}$

土家语与汉语结合运用的地名。“诗堂”是土家语 $si^{21}thuŋ^{21}pau^{55}$ 的误记，也是文人的想象与讹编。“诗”一般记为“石”，“堂”是 $thuŋ^{21}$（桶）的音转。“凸”是汉语，但在当地不读 tū（突），而是读 bào（抱），义为“山包”。所以，这个地名的准确记音应是“石桶包”，按西部区的发音读作“司桶包”。

土家语 $si^{21}thuŋ^{21}$（石桶）由 si^{21}（石）和 $thuŋ^{21}$（桶）两个音节组成：si^{21}（石）的汉语义是“兽”，“野兽”$thuŋ^{21}$（桶）的汉语义是“窝”“巢”“眼”“孔”“洞穴”。所以，$si^{21}thuŋ^{21}$（石桶）连起来译成汉语就

是“兽窝”或“兽巢”。“石桶包”（诗堂凸）就是“兽窝包”或“兽巢包”。直白一点说，就是野兽多的地方。

从前，这个山包上有野兽栖息其间，故得其名。

业榔岗 ȵie^{55}lan^{55}kan^{55}

土家语与汉语结合运用的地名：“业榔”是土家语 ȵie^{55}lan^{55}（捏兰）的音变，“业”当地方言不读作 yè（叶），而是读作 lié（列），“捏”“列”音近，故有将 ȵie^{55}（捏）记作“业”之误；“榔”是 lan^{55}（兰）的误记。“岗”是汉语，即“山冈”。所以，这个地名的准确记音应是“捏兰冈”。

土家语 ȵie^{55}lan^{55}（捏兰）有的地方称为 ȵie^{55}luŋ^{55}（捏龙），为一个音节，是一个数词，汉语义是“二”。所以，“捏兰冈”（业榔岗）就是“二冈”，即第二个冈。

“冈”实际是凸起的小台地，在河流两岸尤为明显。由于几千年的河流冲积变迁，往往形成多层台地，一般有一、二级，也有三、四级的。这个台地居于第二级，故得“二冈”之名。

杉榔塆 sa^{55}lan^{53}uan^{55}

土家语与汉语结合运用的地名。“杉榔”是土家语 sa^{55}lan^{53} 的音变与误记：“杉”是 sa^{55}（沙）的误记，因当地方言“杉”不读作 shān (山)，而是读作 shā（沙），故有此误记。“塆”是汉语，即“山塆”。所以，这个地名应记为“沙榔塆”，按西部区的发音读作“仨懒塆”。

土家语 sa^{55}lan^{53}（沙榔）为一个音节，汉语义是漆树科植物“黄连木”(Pistacia chinensis)；所以，“沙榔塆”（杉榔塆）就是“黄连木塆”。古时，此地黄连木多，因而得名。详细译义参看赵家岗土家族乡“杉榔垭”。

一字寨 ji^{55}tsa^{53}tsai^{35}

土家语与汉语结合运用的地名：“一字”是土家语 ji^{55}tsa^{53}（以咱）的误记；“寨”是汉语，即“山寨”“村寨”。因此，这个地名的准确记音应为“以咱寨”。

土家语 ji^{55}tsa^{53}（以咱）为一个音节，汉语义是“天坑”。所以，“以咱寨”（一字寨）就是“天坑寨”，即天坑旁边的村寨。

沙漠寨 su^{35}mu^{53}tsai^{35}

土家语与汉语结合运用的地名：“沙漠”是土家语 su^{35}mu^{53}（术母）的误记与附会；“寨”是汉语，即“山寨”“村寨”。因此，这个地名的准确记音应是“术母寨”，按西部区的发音读作“苏母寨”。

$su^{35}mu^{53}$（术母）是极其古老的土家语，而且已经消失，仅在《梯玛神歌》中保留。按照梯玛们的介绍，$su^{35}mu^{53}$（术母）原来指太公以上的男性，后来扩展到男性祖先，最后扩展到祖先菩萨，包括八部大王等祖先神。所以，在传统宗教“服司妥”开坛的第一朝科，就是$su^{35}mu^{53}thu^{55}$（术母土），即“敬请祖先菩萨”。因此，“术母寨”（沙漠寨）就是“祖宗寨”，是某一姓氏集团祖宗居住过的地方，是这个姓氏族人的根基地、摇篮地。

上马墩 $su^{35}mu^{53}tuŋ^{35}$

纯粹的土家语地名，$su^{35}mu^{53}tuŋ^{35}$（术母峒）的误记：“上马”是$su^{35}mu^{53}$（术母）的误记，“墩”是$tuŋ^{35}$（峒）的音变。“术母峒”，按西部区的发音读作“苏母峒”。

如上所述，土家语$su^{35}mu^{53}$（术母）的汉语义是“祖先菩萨”；$tuŋ^{35}$（峒）的汉语义也是“寨”，只不过是“峒寨”。所以，$su^{35}mu^{53}tuŋ^{35}$（术母峒）连起来译成汉语就是“祖宗寨”。详细释义参看“沙漠寨”。

七根枞 $tɕhi^{35}ka^{53}tsho^{21}$

纯粹的土家语地名，$tɕhi^{35}ka^{53}tsho^{21}$的汉字记音，但“根”是$ka^{53}$（嘎）的误记，“枞”是$tsho^{21}$（撮）的误记。所以，这个地名的准确记音应是“七嘎撮”。将“七嘎撮”记为“七根枞”，理解为“七根枞树”，也是文人的附会与讹编。

土家语$tɕhi^{35}ka^{53}tsho^{21}$（七嘎撮）由$tɕhi^{35}ka^{53}$（七嘎）和$tsho^{21}$（撮）两个音节组成：$tɕhi^{35}ka^{53}$（七嘎）的汉语义是“疱疮”“毒疱”，$tsho^{21}$（撮）的汉语义是“房屋”。所以，$tɕhi^{35}ka^{53}tsho^{21}$（七嘎撮）连起来译成汉语就是“疱疮屋”，即经常长疱生疮的人家。

从前此地有某种有毒物质，或者受到某种有毒物质的影响，某个时期住在这里的人容易生疮长疱，故而得名。

阵鼓岩 $za^{35}ku^{53}ŋai^{53}$

土家语与汉语结合运用的地名：“阵鼓”是土家语$za^{35}ku^{53}$的汉字记音，但“阵”只是za^{35}（<u>日阿</u>）的近音汉字替代，ku^{53}一般记为“古”；“岩”是汉语，即“岩石”，用作地名，一般指具有某些岩石特征的地方。所以，这个地名的准确记音应是“<u>日阿</u>古岩”。

土家语$za^{35}ku^{53}$（<u>日阿</u>古）为一个音节，汉语义是“茶叶”（Camellia sinensis)。所以“<u>日阿</u>古岩”（阵鼓岩）就是“茶叶岩”，即出产茶叶的地方。

金盆县 tɕhia^{55}phai^{55}ɕie^{21}

纯粹的土家语地名，tɕhia^{55}phai^{55}ɕie^{21}（恰派些）的误记。土家语消失后，人们不再懂得这个地名的含义，便采取循土家语之声比附汉语之义的办法，将 tɕhia^{55}phai^{55}（恰派）附会为“金盆”，将 ɕie^{21}（些）附会为“县”。

土家语 tɕhia^{55}phai^{55}ɕie^{21}（恰派些）由 tɕhia^{55}phai^{55}（恰派）和 ɕie^{21}（些）两个音节组成：tɕhia^{55}phai^{55}（恰派）的汉语义是“麻雀”（Passer montanus satarates S.）；ɕie^{21}（些）是词尾发声词，不含明显意义，但有“成群”“成伙”的隐义。所以，tɕha^{55}phai^{55}ɕie^{21}（恰派些）连起来译成汉语就是“麻雀多”，作为地名就是麻雀多的地方。

笆家塆 pa^{21}tɕi^{21}uan^{55}

土家语与汉语结合运用的地名：“笆家”是土家语 pa^{21}tɕi^{21} 的汉字记音，但 pa^{21} 一般记为“巴”，“家”是 tɕi^{21}（及）的音变；“塆”是汉语，即“山塆”。因此，这个地名的准确记音应是“巴及塆”。

土家语 pa^{21}tɕi^{21}（巴及）系两个音节：pa^{21}（巴）的汉语义是“山坡”，tɕi^{21}（及）的汉语义是“脚”“脚下”“下头”；pa^{21}tɕi^{21}（巴及）连起来译成汉语是“坡脚”或“坡下”。所以，“巴及塆”（笆家塆）就是“坡脚塆”，即山坡下头的山塆。

世家垭 si^{21}tɕie^{53}ŋa^{21}

土家语与汉语结合运用的地名。“世家”是土家语 si^{21}tɕie^{53} 的误记：“世”一般记作“石”，“家”是 tɕie^{53}（借）的音变。“垭”是汉语，即“山口”。所以，这个地名的准确记音应是“石姐垭”，按西部区的发音读作“司借垭”。

土家语 si^{21}tɕie^{53}（石姐）系两个音节：si^{21}（司、石）的汉语义是“兽”“野兽”，tɕie^{53}（借）的汉语义是“赶”。si^{21}tɕie^{53}（石姐）连起来直译是“兽赶”，调换语序结构译成汉语是“赶兽”。所以，“石借垭”（世家垭）就是“赶兽垭”。

“赶兽”俗称“赶仗”，“赶仗”就是“打猎”。从前，此地野兽多，是土家先民打猎的地方。

不庆垭 pe^{35}tɕhie^{53}ŋa^{21}

土家语与汉语结合运用的地名：“不庆”是土家语 pe^{35}tɕhie^{53}（白且）的音变与误记；“垭”是汉语，即“山口”。因此，这个地名的准确记音应是“白且垭”。

土家语 $pe^{35}tɕhie^{53}$（白且）为一个音节，汉语义是蔷薇科植物“火棘树”（Pyacantha fortuneana)。所以，“白且垭”（不庆垭）就是“火棘树垭”。

“火棘”俗称“救命粮”，常绿灌木，夏秋之间结出累累果实，樱红发亮，酸甜可口，是土家人喜爱的山野果。从前，此地火棘树多，故得“火棘树垭”之名。

白粟垭 $pa^{55}ɕie^{53}ŋa^{21}$

土家语与汉语结合运用的地名：“白粟”是土家语 $pa^{55}ɕie^{53}$（巴写）的误记，也是人们对它的比附与讹编；“垭”是汉语，即“山口”。因此，此地的原始名称应是“巴写垭”。

土家语 $pa^{55}ɕie^{53}$（巴写）为一个音节，汉语义是“贯仲”（Polystichum falcatum)，有的地方也指俗称“次蕨”的“骨牌蕨”（Lemmaphyllnm subrostyatuni)。所以，“巴写垭”（白粟垭）就是“贯仲垭”或“次蕨垭”。

武陵山区的蕨类植物较多，除了“贯仲”“次蕨”外，还有石韦、石岩姜、半边旗、狗脊、蕨、乌韭等。此地山坡陡，土质瘦，长出的多是次蕨之类的植物，故而得名。

马儿岭 $ma^{53}zi^{21}lin^{53}$

土家语与汉语结合运用的地名：“马儿”是土家语 $ma^{53}zi^{21}$ 的汉字记音，但“儿”是 zi^{21}（日）的误记；“岭”是汉语，即“山岭”。所以，这个地名的准确记音应是“马日岭”。

土家语 $ma^{53}zi^{21}$（马日）系两个音节：ma^{53}（马）的汉语义是“蜂子”(Apismellifera)，zi^{21}（日）的汉语义是“多”；$ma^{53}zi^{21}$（马日）连起来直译是“蜂多”，调换语序结构译成汉语是“多蜂”。所以，“马日岭”（马儿岭）就是“多蜂岭”或“多蜂山”，即蜂子多的地方。

龙虎峪 $lu^{55}xu^{55}jəu^{55}$

纯粹的土家语地名，$lu^{55}xu^{55}jəu^{55}$（鲁夫优）的误记。土家语消失后，人们再也不懂它的含义，便用汉语来猜想、比附，从而讹编为今名。

土家语 $lu^{55}xu^{55}jəu^{55}$（鲁夫优）由 $lu^{55}xu^{55}$（鲁夫）和 $jəu^{55}$（优）两个音节组成：$lu^{55}xu^{55}$（鲁夫）译成汉语是“比较开阔的山谷、山塆、山槽里的梯田梯地”，$jəu^{55}$（优）的汉语义是“村”“寨”。所以，$lu^{55}xu^{55}jəu^{55}$（鲁夫优）连起来译成汉语就是“山谷中梯地上的村寨”。

这个村寨坐落在一个比较开阔的山谷的梯地中，故得其名。

来麦岈 luŋ^{55}mu^{53}jəu^{55}

纯粹的土家语地名，luŋ^{55}mu^{53}jəu^{55}的汉字记音，但“来麦”是luŋ^{55}mu^{53}（聋木）的误记，“岈”是jəu^{55}（优）的误记。所以，这个地名的准确记音应是“聋木优”。

土家语luŋ^{55}mu^{53}jəu^{55}（聋木优）由luŋ^{55}mu^{53}（聋木）和jəu^{55}（优）两个音节组成：luŋ^{55}mu^{53}（聋木）有的称luŋ^{55}muŋ^{53}（聋猛），汉语义是“大麦”（Hordeum vulgarel）；jəu^{55}（优）的汉语义是“村”“寨”。所以，luŋ^{55}mu^{53}jəu^{55}（聋木优）连起来译成汉语就是“大麦寨”或“大麦村”。

大麦俗称“老麦”“三月黄”，旧时是土家人度春荒的重要粮食品种。从前这里种植的大麦多，质量好，故而得名。

此地还有一处地名叫“老木峪”，也是一个完全的土家语地名，其含义与“来麦岈”完全相同。“老木”是土家语luŋ^{55}mu^{53}（聋木）或luŋ^{55}muŋ^{53}（聋猛）的误记，“峪”是土家语jəu^{55}（优）的音变；所以，“老木峪”的汉语义也是“大麦村”。

菇子塔 ku^{55}tsu^{55}tha^{53}

土家语与汉语结合运用的地名：“菇子”是土家语ku^{55}tsu^{55}的汉字记音，但“子”是tsu^{55}（租）的音变，东部区一般发音为“主”；“塔”是汉语，即“坪塔”，泛指有坪塔的地方。所以，这个地名的准确记音应是“菇租塔”或“菇主塔”。

土家语ku^{55}tsu^{55}（菇租）为一个音节，其基本汉语义是“挖”“抠”“刨”，扩展引申义为“靠挖”“靠抠”“靠刨”。那么，“菇租塔”（菇子塔）就是“靠挖刨塔”，即依靠挖黄土、刨岩壳糊口的地方。

古代，此地田地少，生产方式落后，除了挖刨土地外，没有别的经济来源，故而得名。

粉布台 xu^{55}pu^{35}thai^{53}

土家语与汉语结合运用的地名：“粉布”是土家语xu^{55}pu^{35}（夫卜）的误记，“粉”是xu^{55}（夫）的音变，“布”是pu^{35}（卜）的音转；“台”是汉语，即“台地”。因此，这个地名的准确记音应是“夫卜台”。

土家语xu^{55}pu^{35}（夫卜）为一个音节，汉语义是木樨科植物“白蜡树”（Fraxinus chinensis）。所以，“粉布台”（夫卜台）就是“白蜡树台”。

白蜡树属乔木，籽及树皮含有丰富的油脂，经过加工就是“白蜡”。

白蜡与乌桕都是人们制作蜡烛的重要原料。从前，这台地上白蜡树多，人们便以这种树木作了地名。

沐浴塆 mu⁵³jəu⁵⁵uan⁵⁵

土家语与汉语结合运用的地名："沐浴"是土家语 mu⁵³jəu⁵⁵（母优）的音变与误记；"塆"是汉语，即"山塆"。因此，这个地名的准确记音应为"母优塆"。

土家语 mu⁵³jəu⁵⁵（母优）系两个音节：mu⁵³（母）的汉语义是"竹子"(Bamboo sprout)，jəu⁵⁵（优）的汉语义是"村""寨"。所以，mu⁵³jəu⁵⁵（母优）连起来译成汉语就是"竹子寨"，实际指的是"竹山""竹园"，"母优塆"（沐浴塆）就是"竹园塆"。

从前，这里是一片竹山或竹园，因得其名。

太坪塔 thai⁵⁵pi⁵³tha³⁵

土家语与汉语结合运用的地名："太坪"是土家语 thai⁵⁵pi⁵³（胎比）的误记，"太"是 thai⁵⁵（胎）的音变，"坪"是 pi⁵³（比）的音转。按照土家语的规律，凡是"平""皮""比"等语音常常发生转音现象，此处的"坪""比"互转是正常现象。在澧水上源区，有"太平山""太平溪""台坪"等许多地名，大多数是由 thai⁵⁵pi⁵³（胎比）转音的结果。"塔"是汉语，即"坪塔"，泛指有坪塔的地方。所以，这个地名比较准确一些应记为"胎比塔"。

土家语 thai⁵⁵pi⁵³（胎比）为一个音节，汉语义是"对面""对门"。所以"胎比塔"（太平塔）就是"对面塔"，是一个以方位命名的地名。

团模峪 thuŋ⁵³muŋ²¹jəu⁵⁵

纯粹的土家语地名，thuŋ⁵³muŋ²¹jəu⁵⁵ 的汉字记音，但"团模"是 thuŋ⁵³muŋ²¹（统蒙）的误记，"峪"是 jəu⁵⁵（优）的音变。所以，这个地名的准确记音应是"统蒙优"。由于土家语在该地消失较早，加上长期的语流音变和汉语的影响，能将 thuŋ⁵³muŋ²¹jəu⁵⁵（统蒙优）记为"团模峪"就很不错了。

土家语 thuŋ⁵³muŋ²¹jəu⁵⁵（统蒙优）由 thuŋ⁵³muŋ²¹（统蒙）和 jəu⁵⁵（优）两个音节组成：thuŋ⁵³muŋ²¹（统蒙）的汉语义是织布缝衣所用的"线"，jəu⁵⁵（优）的汉语义是"村""寨"。所以，thuŋ⁵³muŋ²¹jəu⁵⁵（统蒙优）连起来译成汉语就是"线寨"，因出产纱线而得名。

莫贤铺 mu[53]ɕi[53]phu[55]

纯粹的土家语地名，mu[53]ɕi[53]phu[55] 的汉字记音，但“莫贤”是 mu[53]ɕi[53]（母洗）的误记。所以，这个地名的准确记音应是“母洗铺”。

土家语 mu[53]ɕi[53]phu[55]（母洗铺）由 mu[53]ɕi[53]（母洗）和 phu[55]（铺）两个音节组成：mu[53]ɕi[53]（母洗）的汉语义是“山竹”（Bamboo sprout），phu[55]（铺）的汉语义是“买”“购买”。所以，mu[53]ɕi[53]phu[55]（母洗铺）连起来直译是“山竹买”，调换语序结构译成汉语是“买山竹”，用作地名，就是购买山竹的地方。

高庙坪 ka[35]me[55]phin[55]

土家语与汉语结合运用的地名：“高庙”是土家语 ka[35]me[55]（嘎嚜）的误记；“坪”是汉语，即“坪坝”。所以，这个地名的准确记音应是实为“嘎嚜坪”。

土家语 ka[35]me[55]（嘎嚜）为一个音节，译成汉语是“官”。所以，“嘎嚜坪”（高庙坪）就是“官坪”。

从前，此地出了个当官的人，这里是他的家园，故得“官坪”之名。

牛畀溪 ȵie[53]pi[35]tɕhi[55]

土家语与汉语结合运用的地名：“牛畀”是土家语 ȵie[53]pi[35]（捏比）的误记，ȵie[53]（捏）是重鼻音，发音近似“牛”，故有此误记；pi[35] 一般记为“比”。“溪”是汉语，即“溪沟”。因此，这个地名准确一些应记为“捏比溪”。

土家语 ȵie[53]pi[35]（捏比），有的地方叫 ȵi[35]pi[53]（泥比），为一个音节，汉语义是对各种鸟、雀的统称、总称，即“鸟”或“雀”。所以，“捏比溪”（牛畀溪）就是“鸟溪”或“雀沟”。

古时，此地尚未开发，树茂草肥，人迹罕见，各种鸟雀在此繁衍，真是山空任鸟飞！

支鸡塆 tsi[53]tɕi[21]uan[55]

土家语与汉语结合运用的地名。“支鸡”是土家语 tsi[53]tɕi[21] 的音变：“支”一般记为“直”，“鸡”是 tɕi[21]（几）的音变。“塆”是汉语，即“山塆”。所以，这个地名准确一些应记为“直几塆”，按西部区的发音读作“子几塆”。

土家语 tsi[53]tɕi[21]（直几）系两个音节：tsi[53]（子）的汉语义是“猪”

（Sus scrosa domestica），包括“野猪”；tɕi^{21}（几）的汉语义是“脚”，tsi^{53}tɕi^{21}（子几、直几）连起来译成汉语是“猪脚”。所以，“直几塆”（支鸡塆）就是“猪脚塆”。

山塆为什么以“猪脚”作地名呢？按照土家语对地名命名的规律判断有两种可能：其一是这个山塆里从前喂养的猪多，俗称“猪肘子”的腊脚腊腿多得令人羡慕，因而得名；其二是这里从前尚未开发，栖息在这里的野猪多，它们常常成群结队进出，践踏庄稼，留下的脚迹也就多，而得“猪脚塆”之名。

甘之塘 ka^{21}tsau^{21}than^{53}

土家语与汉语结合运用的地名：“甘之”是土家语 ka^{21}tsau^{21}（嘎照）的音变与误记；“塘”是汉语，指水池、堰塘，作地名时一般指有塘的地方。所以，这个地名的准确记音应为“嘎照塘”，按西部区的发音读作“嘎早塘”。

土家语 ka^{21}tsau^{21}（嘎照）为一个音节，汉语义是凹陷下去的“窝坑”“凹槽”。所以，“嘎照塘”（甘之塘）就是“凹槽塘”，即凹陷下去的小盆地、小窝塘。

武陵山区是山的世界，真的是“横看成岭侧成峰，远近高低各不同”。所以，以 ka^{21}tsau^{21}（嘎照）作地名，在土家族居住区到处都有，运用得很普遍。

八角凹 pha^{55}ku^{53}khui^{55}

纯粹的土家语地名，pha^{55}ku^{53}khui^{55} 的汉字记音。但“八”是 pha^{55}（帕）的音转；“角”是 ku^{53}（古）的误记；“凹”是 khui^{55} (溃）的误记，在当地“凹”不读 aō (熬) ,也不读 wā (哇) ,而是念作 kuí (奎)，因而有此误记。所以，这个地名的准确记音应是“帕古溃”。

土家语 pha^{55}ku^{53}khui^{55}（帕古溃）由 pha^{55}ku^{53}（帕古）和 khui^{55}（溃）两个音节组成：pha^{55}ku^{53}（帕古）的汉语义是“辣椒”（Capsicum frtescens)；khui^{55}（溃）是 khu^{35}khui^{55} (库溃）的省略与简化，汉语义是“塆”。所以，“帕古溃”（八角凹）就是“辣椒塆”。

从前，此地土家先民爱种辣椒，出产的辣椒名扬一方，人们便以这种特产作了地名。

业　塆 lie^{35}uan^{55}

土家语与汉语结合运用的地名：“业”是土家语 lie^{35}（列）的误记，

因当地方言“业”不读yè（叶），而是读liè（列），故有此误；“塆”是汉语，即“山塆”。所以，这个地名的准确记音应是“列塆”。

土家转角楼——单吊

土家语 lie^{35}（列）的汉语义是“楼”“楼房”“楼子屋”。所以，“列塆”（业塆）就是“楼子屋塆”，即“转角楼塆”。

从前，这个山塆里的转角楼修得多，修得出色，人们便以这种民居作了地名。

干子垭 $kan^{21}tsi^{21}ŋa^{53}$

土家语与汉语结合运用的地名：“干子”是土家语 $kan^{21}tsi^{21}$ 的汉字记音，但“干”是 kan^{21}（杆）的音变；“垭”是汉语，即“山垭”。因此，这个地名准确一点应记为“杆子垭”。

土家语 $kan^{21}tsi^{21}$（杆子）为一个音节，汉语义是“良姜”（Alpinia japonica）。所以，“杆子垭”（干子垭）就是“良姜垭”，是良姜多的地方。

“良姜”，土家语又称 $zi^{21}pi^{35}kho^{55}su^{53}$（惹必可苏），别称“杆子”，亦称“小杆子”或“小杆草”，中药称高良姜，功能温胃、调胃，是土家药匠用来治疗胃病的要药。

七斗坪 $tɕhie^{55}ta^{21}phin^{21}$

土家语与汉语结合运用的地名：“七斗”是土家语 $tɕhie^{55}ta^{21}$（且达）的误记，“七”是 $tɕhie^{55}$（且）的音变，“斗”是 ta^{21}（达）的音变；“坪”是汉语，即“坪坝”。所以，这个地名的准确记音应是“且达坪”。

土家语 $tɕhie^{55}ta^{21}$（且达）系两个音节：$tɕhie^{55}$（且）的汉语义是“山”“山坡”，ta^{21}（达）的汉语义是“下”“下方”；$tɕhie^{55}ta^{21}$（且达）连起来译成汉语是“山下”或“坡下”。因此，“且达坪”（七斗坪）就是“山下坪”或“坡下坪”。意思是说，这个坪坝在山的下边。

七覃垭 tɕhin^{21}tɕhin^{21}ŋa^{53}

土家语与汉语结合运用的地名：“七覃”是土家语 tɕhin^{21}tɕhin^{21} 的汉字记音，但“七”是 tɕhin^{21}（覃）的音变；“垭”是汉语，即“山垭”。所以，这个地名的准确记音应是“覃覃垭”。

土家语 tɕhin^{21}tɕhin^{21}（覃覃）为一个音节，汉语义是“蝉”(Crvptoympana pustulata F)。所以，“覃覃垭”（七覃垭）就是“蝉垭”，是蝉多和蝉鸣最为热烈的地方。

“蝉”，土家语有两种叫法：其一，称为 kui^{35}ja^{35}si^{21}（贵牙司）或 si^{21}kui^{35}ja^{35}（司贵牙）；其二，称为 tɕhin^{21}tɕhin^{21}o^{35}si^{21}（覃覃窝司），简称 tɕhin^{21}tɕhin^{21}（覃覃）。

木家塆 mu^{53}tɕi^{53}uan^{55}

土家语与汉语结合运用的地名：“木家”是土家语 mu^{53}tɕi^{53} 的汉字记音，但“家”是 tɕi^{53}（及）的音变；“塆”是汉语，即“山塆”。所以，这个地名的准确记音应是“木及塆”。

土家语 mu^{53}tɕi^{53}（木及）系两个音节：mu^{53}（木）的汉语义是“竹子”；tɕi^{53}（及）是 tɕi^{53}la^{21}（及拉）的简化，汉语义为“脚”“蔸”“根”，这里取“蔸”义。所以，mu^{53}tɕi^{53}（木及）连起来译成汉语就是“竹蔸”，“木及塆”（木家塆）就是“竹蔸塆”或“竹根塆”。

这是一个纪念性地名，它说明在遥远的古代，先民们就是在这竹蔸、竹根遍布的山塆里用自己的辛勤和汗水开垦出一方热土，从而成为今天美好的田园。

老木峪 luŋ^{55}mu^{53}jəu^{55}

纯粹的土家语地名，luŋ^{55}mu^{53}jəu^{55} 的汉字记音，但“老”是 luŋ^{55}（聋）的音变，“峪”是 jəu^{55}（优）的音变。所以，这个地名的准确记音应是“聋木峪”。

土家语 luŋ^{55}mu^{53}jəu^{55}（聋木优）由 luŋ^{55}mu^{53}（聋木）和 jəu^{55}（优）两个音节组成：luŋ^{55}mu^{53}（聋木）的汉语义是“大麦”（Hordeum vulgare L），jəu^{55}（优）的汉语义是“村庄”。所以，luŋ^{55}mu^{53}jəu^{55}（聋木优）连起来译成汉语就是“大麦村”。

从前，这里的先民爱种大麦，大麦产量多，因而得其名。

岩那塆 ŋe³⁵la³⁵uan⁵⁵

土家语与汉语结合运用的地名："岩那"是土家语ŋe³⁵la³⁵（额拉）的误记，"岩"是ŋe³⁵（额）的音变；"塆"是汉语，即"山塆"。所以，这个地名的准确记音应是"额拉塆"。

土家语ŋe³⁵la³⁵（额拉）为一个音节，有的地方叫phu³⁵la³⁵（普拉），汉语义是"藤子"。所以，"额拉塆"（岩那塆）就是"藤子塆"。

按照土家族的语言习惯，凡是属于条状、带状、索状的物品，如花带、裤带、腰带、绳子、植物的藤子等，都可以用ŋe³⁵la³⁵（额拉）或phu³⁵la³⁵（普拉）表示。在遥远的古代，这个山塆是一片原始森林，树大林深，藤萝满挂。因为巨大而绵长的藤子是其特色，人们便以藤子作了地名。

米麦凹 mi⁵⁵ma⁵³khui⁵⁵

纯粹的土家语地名，mi⁵⁵ma⁵³khui⁵⁵的汉字记音。但"麦"是ma⁵³（马）的音变；"凹"是khui⁵⁵（溃）的误记，因当地"凹"不读作 ǎo（敖），也不读作 wā（哇），而是读作 kuì（溃），故有此误。因此，"米麦凹"的原始名称应是"米马溃"。

土家语mi⁵⁵ma⁵³khui⁵⁵（米马溃）由mi⁵⁵ma⁵³（米马）和khui⁵⁵（溃）两个音节组成：mi⁵⁵ma⁵³（米马）的汉语义是"蜜蜂"（Apismellifera）；khui⁵⁵（溃）是khu³⁵khui⁵⁵（库溃）的简化，汉语义是"山塆"或"山窝"。所以，mi⁵⁵ma⁵³khui⁵⁵（米马溃）连起来译成汉语就是"蜜蜂多的山窝"。

从前，居住地这个山窝里面的土家人有着养蜂的习惯和传统，蜜蜂多，出产的蜂蜜也多，人们便以mi⁵⁵ma⁵³（米马）——"蜜蜂"作了地名。

十家王 si²¹ka³⁵uan³⁵

纯粹的土家语地名，si²¹ka³⁵uan³⁵的汉字记音，但"十"一般记作"石"；"家"是ka³⁵（嘎）的近音汉字替代；"王"是uan³⁵（万）的音变。所以，这个地名的准确记音应是"石嘎万"，按西部区的发音读作"司嘎万"。

土家语si²¹ka³⁵uan³⁵（石嘎万）可以视为三个音节，也可以分为si²¹ka³⁵（石嘎）和uan³⁵（万）两个音节。因为si²¹ka³⁵（石嘎）是一个由两个单音节组合成的复合音节，si²¹（石）的汉语义是"肉"，ka³⁵（嘎）的汉语义是"吃"，si²¹ka³⁵（石嘎）连起来直译是"肉吃"，调换语序结构译成汉语是"吃肉"；uan³⁵（万）的汉语本义是"黄牛"（Bos taurus domesttica），一般泛指"牛"。

所以，si²¹ka³⁵uan³⁵（石嘎万）连起来译成汉语就是“吃肉牛”。

“吃肉牛”是什么意思呢？原来 si²¹ka³⁵（石嘎）本义并非“吃肉”，而是土家族流传千年的祭祀仪式的专用词。这种仪式分为两个层次：一般仪式是“梯玛”举办“服司妥”（还神愿）时要杀牲祭祖，通常是杀猪，称为 si²¹ka³⁵（石嘎）。最高层次的仪式是出征御敌，如调征倭寇等，就要杀白牛祭祖。祭祀仪式由“梯玛”主持，将白牛之头呈于祖先堂前，祭祀祖宗，跳保兹舞（出征舞），由勇士吃牛头，然后出征。所以，“吃肉牛”的“肉牛”就是用于出征祭祖仪式的牛，当然是“白牛”。

从前，此地有杀牛祭祖调征御敌的传统，而且喂有用于祭祖的白牛，故而得名。

加龙坪 ke⁵³luŋ⁵³phin²¹

土家语与汉语结合运用的地名：“加龙”是土家语 ke⁵³luŋ⁵³ 的汉字记音，但“加”是 ke⁵³（革）的近音汉字替代；“坪”是汉语，即“坪坝”。所以，这个地名的准确记音应是“革龙坪”。

土家语 ke⁵³luŋ⁵³（革龙）系两个音节：ke⁵³（革）是古土家语，汉语义是“马”（Equus caballus）；luŋ⁵³（龙）的汉语义是“养”“饲养”。ke⁵³luŋ⁵³（革龙）连起来直译是“马养”，调换语序结构译成汉语就是“养马”。所以，“革龙坪”（加龙坪）就是“养马坪”，是古代先民饲养骡马的地方。

万家场 uan³⁵kha⁵³tsha³⁵

纯粹的土家语地名，uan³⁵kha⁵³tsha³⁵ 的汉字记音，但“家”是 kha⁵³（卡）的音变；“场”是 tsha³⁵（岔）的音变。所以，这个地名的准确记音应是“万卡岔”，按西部区的发音读作“万卡擦”。

土家语 uan³⁵kha⁵³tsha³⁵（万卡岔）系三个音节：uan³⁵（万）的汉语本义是“黄牛”（Bos taurus domestica），实际使用时一般泛指“牛”；kha⁵³（卡）的汉语义是“守”；tsha³⁵（岔）的汉语义是“好”。所以，uan³⁵kha⁵³tsha³⁵（万卡岔）连起来直译是“牛守好”，调换语序结构译成汉语就是“好守牛”。

从前，此地是一片荒原，草肥水美，是人们放牧牛羊的最好地方，故而得名。

毕家坪 pi³⁵tɕi⁵⁵phin²¹

土家语与汉语结合运用的地名：“毕家”是土家语 pi³⁵tɕi⁵⁵ 的汉字记音，但“家”是 tɕi⁵⁵（基）的音变与误记；“坪”是汉语，即“坪坝”。所以，这个地名的准确记音应是“毕基坪”。

土家语 $pi^{35}tɕi^{55}$（毕基）为一个音节，是土家族的自称，即“土家”。所以，“毕基坪”（毕家坪）就是“土家坪”，即土家族世代居住的地方。详细释义参看桑植县两河口乡“笔架村”。

因龙坪　$je^{21}lu^{21}phin^{21}$

土家语与汉语结合运用的地名：“因龙”是土家语 $je^{21}lu^{21}$（叶鲁）的误记；“坪”是汉语，即“坪坝”。因此，“因龙坪”的原始名称应是“叶鲁坪”。

土家语 $je^{21}lu^{21}$（叶鲁）系两个音节：je^{21}（叶）是个多义词，表示“钱财”“货物”“富有”，也表示“神灵”，这里是指“货物”；lu^{21}（鲁）的汉语义为“卖”。$je^{21}lu^{21}$（叶鲁）连起来直译是“货卖”，调换语序结构译成汉语就是“卖货”。所以，“叶鲁坪”（因龙坪）就是“卖货坪”。

从前，土家山区在人户集中的小镇都设有商铺，这个坪坝里开有商铺，是人们购买货物的地方，故而得名。

六福塔　$lu^{55}xu^{55}tha^{35}$

土家语与汉语结合运用的地名：“六福”是土家语 $lu^{55}xu^{55}$ 的汉字记音，但“福”是 xu^{55}（湖）的音变；“塔”是汉语，即“坪塔”。所以，这个地名的准确记音应是“六湖塔”。

土家语 $lu^{55}xu^{55}$（六湖）为一个音节，汉语义是“山塆里的梯田梯土”。所以，“六湖塔”（六福塔）就是“塆槽里的坪塔”。意思是说，这个地方坐落在山谷塆槽梯土的坪塔上。

大凸岭　$to^{35}pu^{53}lin^{53}$

土家语与汉语结合运用的地名：“大凸”是土家语 $to^{35}pu^{53}$（多布）的误记，“大”是 to^{35}（多）的音变；“凸”在当地不读 tū（突），而是读 báo（雹），是 pu^{53}（布）的音变。“岭”是汉语，即“山岭”。因此，这个地名的准确记音应是“多布岭”。

土家语 $to^{35}pu^{53}$（多布）为一个音节，汉语义是当地称为“破荚”“打荚”的红豆。因此，“多布岭”（大凸岭）就是“破荚岭”或“打荚岭”。

从前，这个山岭上的土家先民爱种“破荚”，出产的“破荚”多，品质好，人们便以这特产作了地名。

许家坊土家族乡

位于县域西部，西与永定区合作桥乡接壤，北与武陵源区索溪镇交界，乡治距县城70公里，距市区32公里；总面积80.52平方公里，其中耕地19000亩；辖16个行政村，219个村民小组；2008年末总人口20711人，大多数为土家族。主要物产有稻谷、花生、油菜、柑橘、苎麻、木材、山竹、杜仲等。

么战场 $mu^{53}tso^{55}tsha^{35}$

纯粹的土家语地名，$mu^{53}tso^{55}tsha^{35}$（母着岔）的误记："么"一般记作"母"，"战"是tso^{55}（着）的误记，"场"是$tsha^{35}$（岔）的音变。因此，这个地名应记作"母着岔"，按西部区的发音读作"母作擦"。虽然土家语在该地消失较早，尽管经历了长期的语流音变，但它还是基本保持了原始的发音。

土家语$mu^{53}tso^{55}tsha^{35}$（母着岔）由$mu^{53}tso^{55}$（母着）和$tsha^{35}$（岔）两个音节组成：$mu^{53}tso^{55}$（母着）是由两个单音节组合而成的一个复合音节，mu^{53}（母）的汉语义是"竹"Bamboo sprout，tso^{55}（着）的汉语义是"匠""匠人"，$mu^{53}tso^{55}$（母着）连起来译成汉语是"竹匠"，即"篾匠"；$tsha^{35}$（岔）的汉语义是"好""很"。所以，$mu^{53}tso^{55}tsha^{35}$（母着岔）连起来直译是"篾匠好"，调换语序结构译成汉语就是"好篾匠"；用作地名，就是有好篾匠的地方。

土家人对各种工匠有着不同的称谓，例如称"木匠"为$kha^{21}tso^{55}$（卡着），称"岩匠"为$a^{21}tso^{55}$（阿着），称"铁匠"为$\c{c}ie^{55}tso^{55}$（写着）。古代的某个时期，此地曾经有技艺高强的篾匠师傅居住过，故而得名。

板齐峪 $pau^{35}t\c{c}hi^{21}j\partial u^{35}$

土家语与汉语结合运用的地名："板齐"是土家语$pau^{35}t\c{c}hi^{21}$的汉字记音，但"板"是pau^{35}（报）的音变，$t\c{c}hi^{21}$一般记为"七"；"峪"是汉语，即"山峪"。所以，这个地名应记为"报七峪"。

土家语$pau^{35}t\c{c}hi^{21}$（报七）为一个音节，汉语义是"野鸡"（Phasianus colchicus torquatus）。因此，"报七峪"（板齐峪）就是"野鸡峪"，因野鸡多而得名。古时，这个地方没有开发，草茂林菁，茫茫苍苍，是野鸡栖息的场所。

此处还有一地名叫“板溪峪”，也是一个土家语与汉语结合运用的地名。“板溪”是土家语 pau³⁵tɕhi²¹（报七）的误记，“峪”是汉语。“板溪峪”的汉语义也是“野鸡峪”。

李马峪 li⁵³ma⁵³jəu³⁵

土家语与汉语结合运用的地名：“李马”是土家语 li⁵³ma⁵³ 的汉字记音；“峪”是汉语，即“山峪”。

土家语 li⁵³ma⁵³（李马）为一个音节，大多数地方叫 li⁵³thuŋ⁵³ma⁵³（李桶马）。其中 li⁵³（李）的汉语义是“地”“土”，thuŋ⁵³（桶）的汉语义是“窝”“巢”，ma⁵³（马）的汉语义是“蜂”；li⁵³ma⁵³（李马）或 li⁵³thuŋ⁵³ma⁵³(李桶马）连起来译成汉语就是“地蜂”或“地窝蜂”，实质上都是指俗称的“土雷蜂”（Apismellifera)。所以，“李马峪”就是“土雷蜂峪”。

从前，此地土雷蜂多，因此得名。

石盘山 si²¹phai⁵⁵san⁵⁵

土家语与汉语结合运用的地名：“石盘”是土家语 si²¹phai⁵⁵ 的汉字记音，但“盘”是 phai⁵⁵（排）的音变；“山”是汉语。所以，这个地名的准确记音应是“石排山”，按西部区的发音读作“司排山”。

土家语 si²¹phai⁵⁵（石排）为一个音节，是 si²¹pi³⁵si²¹phai⁵⁵（石必石牌）的简化，汉语义是对各种走兽的统称，即“兽”“野兽”。所以“石排山”（石盘山）就是“兽山”，即各种野兽密集的地方。

可以想象，在遥远的古代，这里古木参天，树密草深，人迹罕至，各种野兽栖息其间，人们根据这一特点便以“野兽山”作了地名。

棒 树 puŋ⁵³su³⁵

纯粹的土家语地名，puŋ⁵³su³⁵ 的汉字记音，但“棒”是 puŋ⁵³（崩）的音变。所以，

土家人的饭甑

这个地名的准确记音应是“崩树”，按西部区的发音读作“崩苏”。

土家语 puŋ⁵³su³⁵（崩树）系两个音节：puŋ⁵³（崩）是 po⁵³（波）和 uŋ⁵³（翁）快读拼合的结果，汉语义是炊具“甑子”；su³⁵（树）的汉语义是“造”“打造”。所以，puŋ⁵³su³⁵（崩树）连起来直译是“甑子造”，调换语序结构译成汉语就是“造甑子”。

“甑子”是土家人的一种重要炊具，过年蒸年夜饭，打糍粑、做阴米蒸糯米，办酒席蒸饭都必不可少。“甑子”一般为圆柱形，大小不一，小的能蒸几升米，大的可以蒸几斗米。从前，此地有木匠师傅专门打造甑子，故而得名。

狼娘峪 lan⁵³lan²¹jəu⁵⁵

纯粹的土家语地名，lan⁵³lan²¹jəu⁵⁵ 的汉字记音，但“娘”是 lan²¹（郎）的误记，“峪”是 jəu⁵⁵（优）的音变。所以，这个地名的准确记音应是“狼郎峪”，按西部区的发音读作“兰兰峪”。

土家语 lan⁵³lan²¹jəu⁵⁵（狼郎优）由 lan⁵³lan²¹（狼郎）和 jəu⁵⁵（优）两个音节组成：lan⁵³lan²¹（狼郎）的汉语义是“晒”，例如“晒谷”就是 li³⁵pu⁵⁵lan⁵³lan²¹（利布狼郎），“晒衣服”就是 ɕi³⁵pa⁵³lan⁵³lan²¹（西巴狼郎）；jəu⁵⁵（优）的汉语义是“村”“寨”。所以，lan⁵³lan²¹jəu⁵⁵（狼郎优）连起来译成汉语就是“晒寨”，即太阳晒的村子。

此地四面开阔敞亮，日照长，阳光足，因此得名。

也子溪 je⁵³tsa³⁵tɕhi⁵⁵

土家语与汉语结合运用的地名：“也子”是土家语 je⁵³tsa³⁵ 的汉字记音，但“子”是 tsa³⁵（咱）的音变；“溪”是汉语，即“溪沟”。所以，这个地名的准确记音应是“也咱溪”；东部区多数地方的实际发音是“也扎”。

土家语 je⁵³tsa³⁵（也咱）为一个音节，汉语义是“砍火畲”。所以，“也咱溪”（也子溪）就是“砍火畲沟”，是人们实行刀耕火种的地方。

土家族曾经历过由狩猎转入农耕的历史发展阶段，而转入农耕以后，先民们选择的生产方式就是“砍火畲”，实行刀耕火种。这种生产方式延续了几千年，直到“三年困难时期”过后才停止。一般是首先选择杂草灌木丛生的山间缓坡，用畲刀砍去草木，平铺晒干，放火烧成灰后撒播粟谷、红豆、滚豆之类粮种，只需除草，不用施肥，任其自然生长，自然成熟。

木 岩 $me^{35}\eta ai^{21}$

纯粹的土家语地名，$me^{35}\eta ai^{21}$的汉字记音，但“木”是me^{35}（嚜）的音变；“岩”是ηai^{21}（挨）的近音汉字替代，“岩”在当地不读yán(言)，其读音与“挨”比较接近，故将ηai^{21}（挨）记成了“岩”。因此，这个地名比较准确一点应记为“嚜挨”。

土家语$me^{35}\eta ai^{21}$（嚜挨）为一个音节，汉语义是禾本科植物“狗尾草”（Setarin Viridis)。

古代，先民们进入这块地方，看到的是一片狗尾草、一片荒原，于是便用$me^{35}\eta ai^{21}$（嚜挨）——“狗尾草”直接作了地名。

培金垭 $pha^{35}t\c{c}ie^{35}\eta a^{53}$

土家语与汉语结合运用的地名：“培金”是土家语$pha^{35}t\c{c}ie^{35}$（帕借）的音变与误记，也是人们的牵强附会与讹编；“垭”是汉语，即“山口”。所以，这个地名应记为“帕借垭”。

土家语$pha^{35}t\c{c}ie^{35}$（帕借）为一个音节，它既是一个实体指示词，也是一个方位指示词。土家语称“左手”和“左边”“左面”为$tha^{55}pha^{35}t\c{c}ie^{35}$(他帕借)，称“右手”和“右边”“右面”为$pha^{35}t\c{c}ie^{35}$（帕借）。所以，“帕借垭”（培金垭）就是“右边垭”，意思是说这个山垭在村子的右方。

在遥远的古代，人们一时不能清楚地认识周围事物本质特征时，用方位作地名是常有的现象，也是合乎认识规律的。

吉 堂 $t\c{c}i^{21}tha^{21}$

纯粹的土家语地名，$t\c{c}i^{21}tha^{21}$的汉字记音，但“堂”是tha^{21}（塌）的音变。所以，这个地名应记作“吉塌”。

土家语$t\c{c}i^{21}tha^{21}$（吉塌）为一个音节，它是一个方位词，汉语义是“脚下”。而在日常用语中，凡是需要表示“下面”“下边”“下头”“下方”等方位的，一般都是用$t\c{c}i^{21}tha^{21}$（吉塌），或者$pa^{21}thi^{35}$（八替）。

$t\c{c}i^{21}tha^{21}$（吉塌）——“脚下”作为地名没有后缀，方位到底如何定呢？考察此地的实际，它所指的是这个地方在村子的下方、下头。

瓦岗寨 $uan^{35}ke^{53}tshi^{35}$

纯粹的土家语地名，$uan^{35}ke^{53}tshi^{35}$（万格次）的误记，按西部区的发音读作“万格次”。何以有此误记？估计是记名者受《说唐》中程咬金在瓦岗寨称王的影响和启发，通过比附、讹编使然。

土家语 uan[35]ke[53]tshi[35]（万格尺）由 uan[35]（万）和 ke[53]tshi[35]（格尺）两个音节组成：uan[35]（万）的汉语义是“黄牛”（Bos taurus domeslica），ke[53]tshi[35]（格尺）的汉语义为“玩”“游玩”。所以，uan[35]ke[53]tshi[35]（万格尺）连起来译成汉语就是“牛玩”，作为地名，就是牛游玩的地方。

农村里的人都知道，乡间牧牛有一种方式叫“放敞”，就是将牛赶到没有庄稼的荒原里，任其自由吃草游玩，到了晚上再牵回来。这个地名显示的含义就是这种“放敞”，与“瓦岗寨”毫无关联。

庄坝垭 za[21]pa[53]ŋa[53]

土家语与汉语结合运用的地名：“庄坝”是土家语 za[21]pa[53]（日阿巴）的误记，“庄”是 za[21]（日阿）的近音汉字替代，“坝”是 pa[53]（巴）的音变；“垭”是汉语，即“山口”。所以，这个地名的准确记音应是“日阿巴垭”。

土家语称“鸡”为 za[21]（日阿），称“公鸡”“鸡公”为 za[21]pa[53]（日阿巴）。所以，“日阿巴垭”（庄坝垭）就是“鸡公垭”，因此地的地形像一只喔喔叫啼的鸡公而得名。

浮石峪 xu[21]si[55]tho[55]jəu[55]

纯粹的土家语地名，xu[21]si[55]tho[55]jəu[55]（服司妥优）的误记。xu[21]si[55]tho[55]jəu[55]（服司妥优）是一个极其古老的土家语地名。土家语在当地消失后，人们不再懂得它的含义，便用汉语来猜测比附。先是按三字地名的一般规律省去 tho[55]（妥），再将 xu[21]si[55]（服司）附会为“浮石”，最后将 jəu[55]（优）记为“峪”；于是 xu[21]si[55]tho[55]jəu[55]（服司妥优）便记成了“浮石峪”。

土家语 u[21]si[55]tho[55]jəu[55]（服司妥优）由 xu[21]si[55]tho[55]（服司妥）和 jəu[55]（优）两个音节组成：xu[21]si[55]tho[55]（服司妥）译成汉语是“做土菩萨”“还神愿”“敬祖先菩萨”，它是流传几千年的民族宗教仪式，是祭祀祖先的原始祭仪，其目的是为逝者的亡灵“解过结”“送钱财”，为生着的人祈禳、驱疫、求太平。jəu[55]（优）的汉语义是“村”“寨”。所以，u[21]si[55]tho[55]jəu[55]（服司妥优）连起来译成汉语就是“做土菩萨寨”。

从前，这里居住着名望很高的“梯玛”（土老司），主持的宗教活动 xu[21]si[55]tho[55]（服司妥）远近闻名，故而得名。

聂儿凸 lie[35]zi[21]pau[35]

土家语与汉语结合运用的地名：“聂儿”是土家语 lie[35]zi[21] 的汉字记

音，但 lie^{3} 一般记为“列”，zi^{21} 应记为“日”；“凸”是汉语，但在当地不读 tū (透) ,而是念 bɑ́o（抱），即“山包”。所以，这个地名应记为“列日包”。

转角楼之一角

土家语 lie^{35}zi^{2}（列日）系两个音节：lie^{35}（列）的汉语义是楼子屋——“转角楼”，zi^{21}（日）的汉语义是“多”；lie^{35}zi^{2}（列日）连起来直译是“楼子屋多”，调换语序结构译成汉语是“多楼子屋”。所以，“列日包”(聂儿凸)就是“多楼子屋包”，即转角楼多的山包，因转角楼多而得名。

禾 塌 xu^{21}tha^{55}

纯粹的土家语地名，xu^{21}tha^{55} 的汉字记音，但“禾”是 xu^{21}（湖）的误记。所以，这个地名应记作“湖塌”。

土家语 xu^{21}tha^{55}（湖塌）系两个音节：xu^{21}（湖）是 xu^{21}pha^{21}（湖扒）的简化，汉语义为“沟”；tha^{55}（塌）是 se^{35}tha^{55}（色塌）的简化，汉语义为“旁边”。所以，xu^{21}pha^{21}se^{35}tha^{55}（湖扒色塌）或简化后的 xu^{21}tha^{55}（湖塌）连起来译成汉语就是“沟旁边”。意思是说这个地方坐落在溪沟旁边。

地 塆 ti^{21}uan^{55}

土家语与汉语结合运用的地名：“地”是土家语 ti^{21} 的汉字记音；“塆”是汉语，即“山塆”。

土家语 ti^{21}（地）用作名词时，显示的涵义是“病”；此处用作名词，表示“病”。所以“地塆”就是“病塆”。

古代的某个时期，这个山塆里曾经发生过某种可怕的疾病，给人们留下深刻的印象，于是便有了“病塆”之名。

栗 凹 li^{35}khui^{55}

纯粹的土家语地名，li^{35}khui^{55} 的汉字记音，但 li^{35} 通常记为“利”；“凹”是 khui^{55}（溃）的误记，因“凹”在当地不读作 á o（敖），也不读作 w ā （哇），而是读作 ku í （溃），故有此误记。所以，这个地名的准确记音应是“利溃”。

土家语 li³⁵khui⁵⁵（利溃）系两个音节：li³⁵（利）的汉语义是“老虎”(Panthra tigris)；khui⁵⁵（溃）是 khu³⁵khui⁵⁵ 的简化，汉语义为“山塆”。所以，li³⁵khui⁵⁵（利溃）连起来译成汉语就是“老虎塆”。

从前这个山塆里树大林深老虎多，故而得名。

碧　溪　$pi^{35}tɕi^{55}$

纯粹的土家语地名，$pi^{35}tɕi^{55}$ 的汉字记音，但 pi^{35} 通常记为“毕”，“溪”是 $tɕi^{55}$（基）的误记。所以，这个地名的准确记音应为“毕基”。

土家语 $pi^{35}tɕi^{55}$（毕基）为一个音节，是土家族的族称，即“土家”。所以，“毕基”（碧溪）就是“土家”，用作地名，就是土家人世世代代居住的地方。参看桑植县两河口乡“笔架村”。

马颈界　$ma^{53}tɕie^{21}kai^{35}$

土家语与汉语结合运用的地名：“马颈”是土家语 $ma^{53}tɕie^{21}$ 的汉字记音，但“颈”是 $tɕie^{21}$（借）的音变；“界”是汉语，即“山界”。所以，这个地名的准确记音应是“马借界”。

土家语 $ma^{53}tɕie^{21}$（马借）系两个音节：ma^{53}（马）的汉语义是“蜂子”(Apismellifera)；$tɕie^{21}$（借）是个多义词，表示“赶”“啼”“叫”“喊”“招”等多种含义，此处取“赶”义。$ma^{53}tɕie^{21}$（马借）连起来直译是“蜂赶”，调换语序结构译成汉语是“赶蜂”，所以，“马颈界”（马借界）就是“赶蜂界”。从前，这个山界上蜂子多，是先民追寻蜂子的地方，故而得名。

有史料记载：“许家坊乡邓界村与索溪镇交界处有一大山，海拔 1000 多米。传说宋朝时杨六郎率领杨家将曾在此与外侵之敌作战。在一次激烈战斗中，杨家将将战马的马颈带子掉失在此，当地人即叫此地为马颈带。清朝末年，依据其地貌特征，改名马颈界。”查遍杨家将历史资料，并无杨六郎到此的历史痕迹，也无杨氏在此与哪个外侵之敌作战的战例，故此说不足为信。

大毛塔　$tu^{55}mu^{55}tha^{35}$

土家语与汉语结合运用的地名：“大毛”是土家语 $tu^{55}mu^{55}$（都牟）的误记，“大”是 tu^{55}（都）的音变，“毛”是 mu^{55}（牟）的音变；“塔”是汉语，即“坪塔”。因此，这个地名应记为“都牟塔”。

土家语 $tu^{55}mu^{55}$（都牟）为一个音节，汉语义是“纱”。所以，“都牟塔”（大毛塔）就是“纱塔”，即出产纱线的地方。

斯渡溪 $si^{21}tu^{21}tɕhi^{55}$

土家语与汉语结合运用的地名："斯渡"是土家语 $si^{21}tu^{21}$ 的汉字记音，但通常记为"司杜"，东部区多数地方的实际发音是"石杜"；"溪"是汉语，即"溪沟"。所以，这个地名的准确记音应是"司杜溪"或"石杜溪"。

土家语 $si^{21}tu^{21}$（司杜）系两个音节：si^{21}（司）的汉语义是"野兽"；tu^{21}（杜）是土家语中的一个修饰词，相当于汉语的"盖""遮盖""铺天盖地"，实际就是"多得很"。所以，$si^{21}tu^{21}$（司杜、石杜）连起来译成汉语就是"兽多"，"司杜溪"就是"兽多溪"。意思是说这条溪里野兽多，多得铺天盖地。

斯渡溪是当地一条比较有名的溪流。古时，这条山溪古木参天，人迹罕至，各种野兽栖息其间，生息繁衍，俨然成了野兽的天堂。因为野兽多，故得"兽多沟"之名。

猫丘坪 $mu^{53}tɕhi^{53}phin^{21}$

土家语与汉语结合运用的地名："猫丘"是土家语 $mu^{53}tɕhi^{53}$（母七）的误记，"猫"是 mu^{53}（母）的音变，"丘"是 $tɕhi^{53}$（七）的音变；"坪"是汉语，即"坪坝"。因此，这个地名的准确记音应是"母七坪"。

土家语 $mu^{53}tɕhi^{53}$（母七）系两个音节：mu^{53}（母）的汉语义是"竹子"(Bamboo sprout)，$tɕhi^{53}$（七）的汉语义是"大"；$mu^{53}tɕhi^{53}$（母七）连起来直译是"竹大"，调换语序结构译成汉语是"大竹"。所以，"母七坪"(猫丘坪)就是"大竹坪"，即长满竹子的大坪坝。

木鱼凸 $mu^{53}jəu^{55}pau^{35}$

土家语与汉语结合运用的地名："木鱼"是土家语 $mu^{53}jəu^{55}$ 的汉字记音，但"鱼"是 $jəu^{55}$（优）的音变；"凸"是汉语,但在当地不读 tū(突),而是读作 baó(雹),即"山包"。所以,这个地名的准确记音应是"木优包"。

土家语称"竹子"(bomboosprout)为 mu^{53}（木），称"竹寨""竹山""竹园"为 $mu^{53}jəu^{55}$(木优)。所以,"木优包"(木鱼凸)就是"竹园包",即长满竹子的山包。

秀子峪 $ɕiəu^{35}tsu^{35}jəu^{35}$

土家语与汉语结合运用的地名。"秀子"是土语 $ɕiəu^{35}tsu^{35}$ 的汉字记音，但"子"是 tsu^{35}（租）的音变；"峪"是汉语，即"山峪"。所以，这个地名应记作"秀租峪"。

土家语 $\text{ɕiəu}^{35}\text{tsu}^{35}$（秀租）系两个音节：$\text{ɕiəu}^{35}$（秀）是 $\text{ɕiəu}^{35}\text{ɕi}^{21}$（秀席）的简化，译成汉语是“虎耳草”，其中的 ɕi^{21}（席）是“草”，$\text{ɕiəu}^{35}\text{ɕi}^{21}$（秀席）简化成单音词 ɕiəu^{35}（秀），含义未变；tsu^{35}（租）的汉语义是“出”“出产”。$\text{ɕiəu}^{35}\text{tsu}^{35}$（秀租）连起来直译是“虎耳草出”，调换语序结构译成汉语是“出虎耳草”。所以，“秀租峪”（秀子峪）就是“出虎耳草的山峪”，即出产虎耳草的地方。

虎耳草，多年生草本植物，分枝细长如丝，紫红色，叶片略呈圆形，背面红色，花白色，常用来治疗腮腺炎和中耳炎。这个山峪里虎耳草多，药匠常来这里采药，故而得名。

团家坡　$\text{thu}^{21}\text{ka}^{35}\text{pho}^{55}$

土家语与汉语结合运用的地名：“团家”是土家语 $\text{thu}^{21}\text{ka}^{35}$（图嘎）的误记，“团”是 thu^{21}（图）的音变，“家”是 ka^{35}（嘎）的近音汉字替代；“坡”是汉语，即“山坡”。所以，“团家坡”的原始名称应是“图嘎坡”。

土家语 $\text{thu}^{21}\text{ka}^{35}$（图嘎）为一个音节，汉语义是“媒人”。所以，“图嘎坡”（团家坡）就是“媒人坡”。

从前，这里居住过远近知名的媒人，很能说合男女婚姻，故而得名。详细释义参看桑植县两河乡“涂家湖”。

棋盘山　$\text{tɕhia}^{55}\text{phai}^{55}\text{san}^{55}$

土家语与汉语结合运用的地名：“棋盘”是土家语 $\text{tɕhia}^{55}\text{phai}^{55}$（恰派）的音变与误记，“山”是汉语。所以，这个地名应记作“恰派山”。

土家语 $\text{tɕhia}^{55}\text{phai}^{55}$（恰派）为一个音节，汉语义是“麻雀”〔Passer moneanus（Linnaeus)〕。因此，“恰派山”（棋盘山）就是“麻雀山”，因麻雀多而得名。

棋盘山下有溪曰“棋盘溪”，溪边有村曰“棋盘村”，“溪”“村”皆因山得名。所以，“棋盘溪”实为“麻雀溪”，“棋盘村”实为“麻雀村”。

超　庸　$\text{tsha}^{53}\text{jəu}^{55}$

纯粹的土家语地名，$\text{tsha}^{53}\text{jəu}^{55}$ 的音变与误记：“超”是 tsha^{53}（岔）的误记；“庸”是 jəu^{55}（优）的误记。所以，这个地名的准确记音应是“岔优”，按西部区的发音读作“擦优”。

土家语 $\text{tsha}^{53}\text{jəu}^{55}$（岔优）系两个音节：$\text{tsha}^{53}$（岔）的汉语义是“纺车”，$\text{jəu}^{55}$（优）的汉语义是“村庄”“寨子”。所以，$\text{tsha}^{53}\text{jəu}^{55}$（岔优）连

起来译成汉语就是“纺车村”。

从前，这个村寨里的木匠技艺高超，制作的纺车美观适用，远近知名。因此，人们便以 tsha^{53}jəu^{55}（岔优）——“纺车村”作了地名。

茶家岗 tsha^{53}kai^{21}kan^{55}

土家语与汉语结合运用的地名。“茶家”是土家语 tsha^{53}kai^{21} 的误记：“茶”是 tsha^{53}（岔）的音变；“家”当地读 ɡā（嘎），是 kai^{21}（改）的音变。“岗”是汉语，即“山冈”。所以，这个地名的准确记音应是“茶改冈”，按西部区的发音读作“礤改冈”。

对“貂鼠”（Sciurus Vulqaris L），土家语有两种称法：一是称为 tsai^{53}kai^{21}（宰改）或 tse^{21}kai^{21}（则改）；二是称为 tsha^{53}kai^{21}（岔改），也有记作“查改”的。所以，“岔改冈”（茶家岗）就是貂鼠冈，是貂鼠多的地方。

压吧凿 a^{21}pa^{21}tsho^{53}

纯粹的土家语地名，a^{21}pa^{21}tsho^{53} 的汉字记音，但“压”是 a^{21}（阿）的音变；“凿”是 tsho^{53}（挫）的误记，因“凿”在当地不读作 zào（造），而是读作 cuò（错），故有此误。所以，这个地名应记作“阿吧挫”。

土家语 a^{21}pa^{21}tsho^{53}（阿吧挫）由 a^{21}pa^{21}（阿吧）和 tsho^{53}（挫）两个音节组成：a^{21}pa^{21}（阿吧）的汉语义是“岩”“石头”，tsho^{53}（挫）的汉语义是“屋”。所以，a^{21}pa^{21}tsho^{53}（阿吧挫）连起来译成汉语就是“岩屋”。

金岩土家族乡

位于县域西南角，西南部与永定区的关门岩、三岔、双溪桥、王家坪、沅古坪等乡镇接壤，乡治距县城 88 公里，辖 19 个行政村，264 个村民小组；总面积 138.18 平方公里，其中耕地 17231 亩；2008 年末总人口 18339 人。主要物产有稻谷、玉米、红薯、黄豆、油菜等，土特产有黄花菜、香菌、柑橘、辣椒等；有国家一级保护林“黄杉”“千年松”“一炷香”等。

摇巴山 je[53]pau[21]san[55]

土家语与汉语结合运用的地名：“摇巴”是土家语 je[53]pau[21]（耶宝）的音变与误记，“山”是汉语。所以，这个地名的准确记音应是“耶宝山”。

土家语 je[53]pau[21]（耶宝）为一个音节，汉语义是服司妥祭仪主持人“梯玛”在祭仪过程中所持的法器“神铃”（今人译为“八宝铜铃”）。祭仪过程中，“梯玛”一手摇司刀，一手摇神铃，唱起《梯玛神歌》翩翩起舞。这种舞蹈就是“梯玛舞”，今译为《八宝铜铃舞》。这种宗教形式，有的地方叫“摇宝宝”。所以，“耶宝山”（摇巴山）就是“神铃山”，确切地说就是“梯玛山”，即“土老司山”。

从前，这里居住着有名的“梯玛”，“摇宝宝”活动十分有名，故而得名。

晨坦坪 se[53]than[21]phin[21]

土家语与汉语结合运用的地名：“晨坦”是土家语 se[53]than[21] 的汉字记音，但“晨”是 se[53]（舍）的音变；“坪”是汉语，即“坪坝”。所以，这个地名应记作“舍坦坪”，按西部区的发音读作“色坦坪”。

土家语 se[53]than[21]（舍坦）系两个音节：se[53]（舍）是古土家语，汉语义是“猴子”（Macaca mulatta），现代土家语称猴子为 e[53]（尔）；than[21]（坦）的汉语义是“跑”。所以，se[53]than[21]（舍坦）连起来译成汉语就是“猴跑”，“舍坦坪”（晨坦坪）就是“猴跑坪”，即猴子跑来跑去的地方。

此地的地形是两山夹着一条沟，是个幽深的山谷。古时，这里是一片树绿草肥的荒原，无人涉足，是猴子栖息的乐园，因此得名。

武陵山区的山珍——枞菌

土溪沟 thu³⁵ɕi⁵⁵kəu⁵⁵

土家语与汉语结合运用的地名："土溪"是土家语 thu³⁵ɕi⁵⁵ 的汉字记音，但 ɕi⁵⁵ 一般应记为"西"；"沟"是汉语，即"溪沟""山沟"。

土家语 thu³⁵ɕi⁵⁵（土西）为一个音节，汉语义原指菌藻类食用菌"洞菌"（Cortinellus shlltaka），后来逐渐扩展到枞菌、蜂窝菌、剥皮菌、鸡肉菌、香菇、干花菌等野生食用菌。所以，"土西沟"（土溪沟）就是"菌子沟"。

从前，此地树蔸多，生长的食用菌多，是人们采摘食用菌的地方，故而得名。

支三塆 tsi⁵³si²¹uan⁵⁵

土家语与汉语结合运用的地名。"支三"是土家语 tsi⁵³si²¹ 的音变与误记："支"一般记为"直"；"三"是 si²¹（司）的误记，东部区的多数地方的发音是"石"。"塆"是汉语，即"山塆"。所以，这个地名的准确记音应是"子司塆"或"直石塆"。

土家语 tsi⁵³si²¹（直石）系两个音节：tsi⁵³（直）的汉语义是"猪"（Sus scrofa domestica），si²¹（石）的汉语义是"肉"；tsi⁵³si²¹（直石）连起来译成汉语是"猪肉"。所以，"直石塆"（支三塆)就是"猪肉塆"。

从前，这里的养殖业办得好，生猪养得多，出产的猪肉多，人们便以 si⁵³si²¹（直石）——"猪肉"作了地名。

沙地界 sa²¹ti²¹kai³⁵

纯粹的土家语地名，sa²¹ti²¹kai³⁵ 的汉字记音，但"界"是 kai³⁵（盖）的误记，当地方言"界"不读 jiè（借），而是读 gài（盖），故有此误。所以，这个地名应记为"沙地盖"，按西部区的发音读作"萨地盖"。这样的地名，在土家族地区十分普遍，只不过有的记为"杀地介"，有的记为"查的盖"罢了。

土家语 sa²¹ti²¹kai（沙地盖）为一个音节，译成汉语是画眉科动物"画眉”（Garrulax canorus）。从前，此地画眉多，人们便以这种鸟作地名。

元付界 jan^{53}xu^{21}kai^{35}

半借汉语的土家语与汉语结合运用的地名。

随着历史的发展和时代的进步，许许多多的新生事物不断产生，尤其不少的舶来品不断地进入土家人的生活，古老的土家语不够用了。于是，土家人便采用借用汉语的方式来丰富自己语言。借用汉语的方式方法有“全借”和“半借”两类。凡是本民族语言无法表达的，诸如“学堂”“棉花”“中国”等，就全部借来运用。对于部分不能表达的则借其一部分，形成“汉夹土”的格局。但是，无论全借还是半借，借来的汉语都有了声变和音变。

“元付界”就是后一种形式，其中的“元”就是借用汉语“烟”的音和义，实指“草烟”；“付”是土家语 xu^{21}（胡）的音变，汉语义为“喝”“吸”。“元付”实为“烟胡”，即“烟吸”，调换结构语序译成汉语就是“吸烟”；“界”是汉语，即“山界”。所以，“烟胡界”（元付界）就是“喝烟界”，即有烟吸的地方或“烟民”多的地方。

在土家族地区，烟是舶来品，舶来之初，种烟的地方和吸烟的人肯定很少，根据这个地名推断，这里种烟和收烟的历史一定很早。

望八岭 uan^{21}pa^{21}li^{55}lu^{21}

纯粹的土家语地名，uan^{21}pa^{21}li^{55}lu^{21}（万八里六）省略后的汉字记音。土家语在该地消失后，人们不再懂得它的含义，便煞费苦心地猜想、比附。先是按照“三字式”地名的一般规律将词尾的 lu^{21}（六）省去，再将其中的 li^{55}（里）附会为“岭”，加上按西部区土家语发音“万”“望”同音，从而演化为今天的“望八岭”。好在词根仍存，核心含义还存。

土家语 uan^{21}pa^{21}li^{55}lu^{21}（万八里六）是一个完整音节，不能分刈，译成汉语就是画眉科动物“黄莺”（Phylloscopus inornotuS I.B）。

黄莺，俗称“金衣公主”，成对活动，全身金黄，嘴红尾黛，十分美丽。从前此地山清水秀黄莺多，人们便以这种鸟作了地名。

鸽河坪 ka^{21}xa^{35}phin^{21}

土家语与汉语结合运用的地名：“鸽河”是土家语 ka^{21}xa^{35}（嘎哈）的误记，也有记为“果河”“果果”“夹河”“家河”“高河”的，究其原因是推广普通话以前，湘西区的西南官话只有“嘎”“哈”之音，而无“嘎”“哈”之字，用汉字记音时，常常采取与其发音相近的字来代替。

比如，常将外祖母 $ka^{21}ka^{21}$（嘎嘎）记为“家家”，将“哈哈笑”记为“喝喝笑”。这里的“鸽河”就是 $ka^{21}xa^{35}$（嘎哈）的近音替代。“坪”是汉语，即“坪坝”。所以，这个地名的准确记音应是“嘎哈坪”。

土家语 $ka^{21}xa^{35}$（嘎哈）为一个音节，是一个方位词，汉语义是“上面”“上边”“上头”。所以，“嘎哈坪”（鸽河坪）就是“上面坪”，意思是说这个坪在村寨的上方。

乐　元　$lo^{53}jəu^{55}$

纯粹的土家语地名，$lo^{53}jəu^{55}$ 的汉字记音，但“乐”是 lo^{53}（裸）的音变，“元”是 $jəu^{55}$（优）的音变。所以，这个地名应记作“裸优”。

土家语称汉人村寨为 $pha^{55}jəu^{55}$（帕优），称苗族村寨为 $pe^{35}jəu^{55}$（白优），而对本民族的村寨一般都免去族称，而称之为 $lo^{53}jəu^{55}$（裸优）。所以，“裸优”（乐元）就是“土家寨”或“土家村”，是土家人世居的地方。详细释义参看桑植县谷罗山乡“罗峪”。

窝年凹　$o^{53}lian^{55}khui^{55}$

纯粹的土家语地名，$o^{53}lian^{55}khui^{55}$ 的汉字记音：但“年”是 $lian^{55}$（连）的音变；“凹”是 $khui^{55}$（溃）的误记，前面已多处说过，“凹”在湘西地区既不读 aō（熬），也不读 wā（哇），而是读作 kuí（溃），故有此误记。所以，这个地名的准确记音“窝连溃”。

土家语 $o^{53}lian^{55}khui^{55}$（窝连溃）系三个音节：o^{53}（窝）的汉语义是“蛇”；$lian^{55}$（连）有的称为 lie^{55}（列），译成汉语有两层含义，一是“踩”“踏”，二是“栖息”；$khui^{55}$（溃）是 $khu^{35}khui^{55}$（库溃）的简化，指凹陷下去的洼地。所以，$o^{53}lian^{55}khui^{55}$（窝连溃）或 $o^{53}lie^{55}khui^{55}$（窝列溃）连起来直译是“蛇踩洼地”或“蛇栖息洼地”，调换语序结构译成汉语就是“踩蛇洼地”或“栖息蛇洼地”，即“蛇凹”。无论属于前者或者后者，基本的含义都是蛇多的地方。

下火山　$çie^{21}xa^{21}san^{55}$

土家语与汉语结合运用的地名：“下火”是土家语 $çie^{21}xa^{21}$（谢哈）的误记。旧时，湘西区的语言中，“哈”读作“喝”，这是六七十岁的老人都知道的语言事实。这样一来，土家语 $çie^{21}xa^{21}$（谢哈）就自然地演变成了“谢喝”，进而变成了“下火”；“山”是汉语。因此，“下火山”的原始名称应是“谢哈山”。

土家语 $çie^{21}xa^{21}$（谢哈）系两个音节：$çie^{21}$（谢）的汉语义是“铁”，

xa^{21}（哈）的汉语义是“打”；$çie^{21}xa^{21}$（谢哈）连起来直译是“铁打”，调换语序结构译成汉语是“打铁”。所以，“谢哈山”（下火山）就是“打铁山”。

从前，这里居住有铁匠，设有红炉，是人们打造铁器的地方，因此得名。

木纳溪 $mo^{21}lo^{21}tçhi^{55}$

土家语与汉语结合运用的地名：“木纳”是土家语 $mo^{21}lo^{21}$（莫洛）的误记，“木”是 mo^{21}（莫）的音变，“纳”是 lo^{21}（洛）的音变。$mo^{21}lo^{21}$（莫洛）是 $mo^{21}lo^{21}çi^{55}$（莫洛西）的省略，其中的 $çi^{55}$（西）是词尾轻声，很容易脱落，加上土家语 $çi^{55}$（西）与汉语的“溪”发音和声调相同，便将 $çi^{55}$（西）改成了“溪”，变成了汉语，一个纯粹的土家语地名就这样演变成了土家语与汉语结合的地名。

土家语 $mo^{21}lo^{21}çi^{55}$（莫洛西）为一个音节，译成汉语是胡虢子科植物“胡虢子”（Elaeaqnus punqens Thunb）。因此，“莫洛西溪”（木纳溪）就是“胡虢子沟”。

“胡虢子”有两种：一种春季结果，俗称“半春”；一种夏秋结果，俗称“羊奶子”。它们的果实形状大体一样，状如羊奶，鲜红壮实，酸甜可口，是山区人民喜食的一种野生果实。这条山沟里“半春”多，“羊奶子”多，人们便以 $mo^{21}lo^{21}çi^{55}$（莫洛西）——“半春”或“羊奶子”作了地名。

才家塔 $tshe^{21}ka^{21}tha^{35}$

土家语与汉语结合运用的地名。“才家”是土家语 $tshe^{21}ka^{21}$ 的误记：“才”是 $tshe^{21}$（测）的音变，“家”是 ka^{21}（嘎）的近音汉字替代。“塔”是汉语，即“坪塔”，泛指有坪塔的地方。因此，这个地名的准确记音应是“测嘎塔”，按东部区多数地方的发音读作“扯嘎塔”。

土家语 $tshe^{21}ka^{21}$（测嘎）系两个音节：$tshe^{21}$（测）的汉语义是“水”，ka^{21}（嘎）的汉语义是“缺”“干”；$tshe^{21}ka^{21}$（测嘎）连起来直译是“水缺”或“水干”，调换语序结构译成汉语是“缺水”。所以，“测嘎塔”（才家塔）就是“缺水塔”或“干水塔”。简而言之就是“旱塔”，因缺水、少水易旱而得名。

族坦坪 $tshe^{21}than^{21}phin^{21}$

土家语与汉语结合运用的地名。“族坦”是土家语 $tshe^{21}than^{21}$ 的汉字记音，但“族”按西部区的语音是 $tshe^{21}$（测）的音变，按东部区的发音应该是“扯”；“坪”是汉语，即“坪坝”。所以，这个地名的准确记音应是“测坦坪”或“扯坦坪”。

土家语 $tshe^{21}than^{21}$（测坦）系两个音节：$tshe^{21}$（测）的汉语义是“水”，$than^{21}$（坦）的汉语义是“跑”“跑了”；$tshe^{21}than^{21}$（测坦）连起来译成汉语是“水跑”，即水流失了。所以，“测坦坪”（族坦坪）就是“水跑坪”，意思是说这个坪的水容易跑失，是个旱坪。

石罗坪 $si^{21}lo^{21}phin^{21}$

土家语与汉语结合运用的地名：“石罗”是土家语 $si^{21}lo^{21}$ 的汉字记音，原汁原味，地道准确，但按西部区的发音应读作“司罗”。“坪”是汉语，即“坪坝”。

$si^{21}lo^{21}$（石罗）系两个音节，是原汁原味的土家语，它历尽千年风雨，容颜不改，实属不易！si^{21}（石）的汉语义是“野兽”；lo^{21}（罗），有的记为“洛”，有的记为“毑”，汉语义是“玩要”“游玩”。所以，$si^{21}lo^{21}$（石罗）连起来译成汉语就是“兽玩”，““石罗坪”就是“兽玩坪”，即野兽玩要的地方。

遥想远古，此地“三山两峪五面坡”，古木葱茏，山深林密，各种野兽栖息其间，和谐自然。于是，人们便以这种现象作了地名。

须公坡 $ɕi^{21}ka^{21}pho^{35}$

土家语与汉语结合运用的地名：“须公”是土家语 $ɕi^{21}ka^{21}$（西嘎）的误记，按土家语的发音，“西”“须”同音，故有将 $ɕi^{21}$（西）记为“须”之误；“公”是 ka^{21}（嘎）的近音汉字替代。“坡”是汉语，即“山坡”。所以，这个地名的准确记音应是“西嘎坡”。

土家语 $ɕi^{21}ka^{21}$（西嘎）为一个音节，是 $ɕi^{21}ka^{21}tsha^{35}$（西嘎擦）的省略与简化，$tsha^{35}$（擦）是词尾轻声，在长期的语流音变中脱离了，从而只留下 $ɕi^{21}ka^{21}$（西嘎），含义未变，译成汉语就是“草”。所以，“西嘎坡”（须公坡）就是“草坡”。从前，此地尚未开发之时，是一片杂草丛生的荒原，因而得名。

在现代土家语中，表示“草”的 $ɕi^{21}ka^{21}tsha^{35}$（西嘎擦）已经很少用了，而是普遍使用更加简洁的 $ɕi^{21}$（西）。

岔子岗 $tshe^{21}tsu^{35}kan^{55}$

土家语与汉语结合运用的地名。“岔子”是土家语 $tshe^{21}tsu^{35}$ 的误记：

“岔”是 $tshe^{21}$（扯）的音变，子是 tsu^{35}（租）的音转。“岗”是汉语，即“山冈”。因此，这个地名的准确记音“扯租冈”，按西部区的发音读作“测租冈”。

土家语 $tshe^{21}tsu^{35}$（扯租）系两个音节：$tshe^{21}$（扯）的汉语义是“水”，tsu^{35}（租）的汉语义是“出”；$tshe^{21}tsu^{35}$（扯租）连起来直译是“水出”，调换语序结构译成汉语是“出水”。所以，“扯租冈”（岔子岗）就是“出水冈”，因这个山冈有出水而得名。

南门山 $lo^{55}muŋ^{53}san^{55}$

土家语与汉语结合运用的地名：“南门”是土家语 $lo^{55}muŋ^{53}$（罗蒙）的音变与误记，“山”是汉语。所以，“南门山”的原始名称应是“罗蒙山”。

土家语 $lo^{55}muŋ^{53}$（罗蒙）为一个音节，译成汉语是“大王”“头领”。所以，“罗蒙山”（南门山）就是“大王山”或“头领山”。那么什么人可以称为“大王”呢？根据土家语可查的史实来看主要是两种人：一是被神化了的原始祖先，如八部大王；二是某个部落或部落联盟的酋长。可以断言，这里是古代某部落酋长的驻地，或者是他们的领地，故而得名。

此处还有一个土家语与汉语结合运用的地名，叫“南木塔”。其中的“南木”是土家语 $lo^{55}muŋ^{53}$（罗蒙）的误记，其汉语义也是“大王”“头领”，所以，“南木塔”就是“大王塔”或“头领塔”。

三二潭 $so^{53}zi^{21}than^{53}$

土家语与汉语结合运用的地名：“三二”是土家语 $so^{53}zi^{21}$（梭日）的误记，“三”是 so^{53}（梭）的音变；“二”是 zi^{21}（日）的误记，因澧水上源区的西南官话中“日”与“二”发音相同，都读“二”，故有此误记。“潭”是汉语，即“水潭”。所以，这个地名的准确记音应是“梭日潭”。

土家语 $so^{53}zi^{21}$（梭日）系两个音节：so^{53}（梭）的汉语义是“雾”，zi^{21}（日）的汉语义是“多”；$so^{53}zi^{21}$（梭日）连起来直译是“雾多”，调换语序结构译成汉语是“多雾”。所以，“梭日潭”（三二潭）就是“多雾潭”。

因此地周围湿度大，早晚温差也大，容易起雾，因而得名。

铁来塆 $thi^{35}lai^{55}uan^{55}$

土家语与汉语结合运用的地名：“铁来”是土家语 $thi^{35}lai^{55}$（替乃）的误记；“塆”是汉语，即“山塆”。所以，这个地名应记作“替乃塆”。

土家语 $thi^{35}lai^{55}$（替乃）为一个音节，是 $thi^{35}thi^{55}lai^{55}$（替梯乃）的省略

与简化，在整个音节中，thi^{35}（替）和thi^{55}（梯）属同音重叠，在长期音变中有一个自然脱落了，从而衍化成了thi^{35}lai^{55}（替乃），但含义仍在，汉语义为药科植物“山药”（Dioscorea opposita Thunb）。所以，“替乃塆”（铁来塆）就是“山药塆”。

“山药”，土医常用的药物，功能益肺气，补脾胃，强肾固精。这个山塆从前山药多，因此得名。

囮丰山 lo^{53}xe^{21}san^{55}

土家语与汉语结合运用的地名：“囮”是当地的一个自造字，读音为lūo（罗），是借用汉语“锣”，其音义都与汉语的“锣”相同；“丰”是xe^{21}（核）的音变；“山”是汉语。所以，这个地名应记作“锣核山”。

打 锣 鼓

土家语xe^{21}（核）的汉语义是“鼓”，所以，“锣核”（囮丰）就是“锣鼓”；“锣核山”（囮丰山）就是“锣鼓山”，即敲锣打鼓的山。

以“敲锣打鼓”作地名，有两种情况：一是驱赶野兽。土家人世居深山，辛辛苦苦种下的庄稼常常受到野猪、獾、猴、熊等野兽的糟蹋。从远古走来，人们养成了一种习俗：每到庄稼成熟的季节便在庄稼地边的树上搭棚日夜防守，以敲梆、放炮、烧火、打锣击鼓等方式来驱逐野兽。到了晚上，山歌此起彼伏，锣鼓竹梆响彻云霄，成为一道亮丽的风景。二是指盛行的“薅草锣鼓”这一土家人特有的民族演唱形式。（参看高峰乡“罗丰台”）这里应是指第一种情况。此地坐落在海拔1200余米的高山上，而今已是梯田层层，沃土叠叠，但昔日先民驱逐野兽的锣鼓声似乎仍在回响。

驼背垴 thai^{55}pi^{53}ȵau^{53}

土家语与汉语结合运用的地名："驼背"是土家语 thai^{55}pi^{53}（胎比）的音变与误记；"垴"是汉语，即"山垴"。因此，这个地名的准确记音应是"胎比垴"。

土家语 thai^{55}pi^{53}（胎比）为一个音节，是一个方位词，汉语义为"对面""对门"。所以，"胎比垴"（驼背垴）就是"对门的山垴"。意思是说，这个地方坐落在一个山垴的对面。

以方位作地名，是土家语地名的一大特色。在遥远的古代，人们对一地一事一物都有一个逐步深化认识的过程，在对一个地方缺乏深入认识的情况下，以方位作地名便普遍被采用了。

琼塌里 tɕhie^{55}thuŋ^{53}li^{21}

纯粹的土家语地名，tɕhie^{55}thuŋ^{53}li^{21} 的汉字记音，但"琼塌"是 tɕhie^{55}thuŋ^{53}（且通）的音变与误记。所以，这个地名的准确记音应是"且通里"。

土家语 tɕhie^{55}thuŋ^{53}li^{21}（且通里）系三个音节：tɕhie^{55}（且）的汉语义是"山"，thuŋ^{53}（通）的汉语义是"窝"，li^{21}（里）的汉语义是"地方"。所以，tɕhie^{55}thuŋ^{53}li^{21}（且通里）连起来译成汉语就是"山窝里"。意思是说，这个地方坐落在一个山窝里。

以 tɕhie^{55}thuŋ^{53}（且通）作地名，在土家山区十分普遍，不过有的记为"犬塔"，有的记为"千桶"，有的甚至记为"桥头"。

塌地峪 tha^{55}tie^{55}jəu^{55}

纯粹的土家语地名，tha^{55}tie^{55}jəu^{55} 的汉字记音，但"地"和"峪"分别的是 tie^{55}（爹）和 jəu^{55}（优）的音变。所以，这个地名的准确记音应是"塌爹优"。

土家语 tha^{55}tie^{55}jəu^{55}（塌爹优）由 tha^{55}tie^{55}（塌爹）和 jəu^{55}（优）两个音节组成：tha^{55}tie^{55}（塌爹）的完整音节是 tha^{55}tie^{55}lai^{55}tɕi^{35}（塌爹来吉），在长期的语流音变中，属于词尾轻声的 lai^{55}tɕi^{35}（来吉）被省略了，只留下词根 tha^{55}tie^{55}（塌爹），但涵义仍存，汉语义是"哭嫁"；jəu^{55}（优）的汉语义是"村庄""寨子"。所以，tha^{55}tie^{55}jəu^{55}（塌爹优）连起来译成汉语就是"哭嫁村"。

这个村寨世代保持哭嫁习俗，培养出一批哭嫁能手，于是人们便以这种习俗作了村名。这是一颗地名化石，保留至今十分珍贵。详细释义参看永定区三家馆乡“大培”。

碗𡻝凹 uan^{35}lo^{21}khui^{55}

纯粹的土家语地名，uan^{35}lo^{21}khui^{55} 的汉字记音。但“碗”是 uan^{35}（万）的音变；“𡻝”是当地的自造字，读 luō（罗），是 lo^{21}（洛）的记音；“凹”在当地既不读 áo（敖），也不读 wā（哇），而是读 kuí（溃）。所以，这个地名的准确记音应是“万洛溃”。

土家语 uan^{35}lo^{21}khui^{55}（万洛溃）系三个音节：uan^{35}（万）的汉语义是“黄牛”（Bos taurus domestica）；lo^{21}（洛）的汉语义是“游玩”；khui^{55}（溃）是 khu^{35}khui^{55}（库溃）的简化，汉语义是“凹下去的山塆”。所以，uan^{35}lo^{21}khui^{55}（万洛溃）连起来译成汉语就是“黄牛游玩的山塆”。

古代，这里是一片广漠的荒原，水草丛生，是先民们放牧牛羊的地方，故而得名。

儿　垴 e^{53}ȵau^{53}

土家语与汉语结合运用的地名：“儿”是土家语 e^{53}（耳）的音变；“垴”是汉语，即“山垴”。所以，这个地名的准确记音应是“耳垴”。

e^{53}（耳）是现代土家语，汉语义是“猴”（Macaca mulatta）。古代土家语称猴为 se^{53}（色），现多记为“舍”。所以，“耳垴”（儿垴）就是“猴子山”。

此地以“猴”作地名有两种可能：其一是此地的地形犹如猴；其二是古代此地山阔林密，人迹罕至，成群的猴子出没其间。

鹅儿垭 o^{53}zi^{21}ŋa^{53}

土家语与汉语结合运用的地名。“鹅儿”是土家语 o^{53}zi^{21}（窝日）的误记：“鹅”是 o^{53}（窝）的音变；“儿”是 zi^{21}（日）的误记，在张家界地区的语言中，“日”“儿”“二”发音相同，都读“二”音，故有此误记。“垭”是汉语，即“山垭”。所以，这个地名的准确记音应是“窝日垭”。

土家语 o^{53}zi^{21}（窝日）系两个音节：o^{53}（窝）的汉语义是“蛇”，zi^{21}（日）的汉语义是“多”；o^{53}zi^{21}（窝日）连起来直译是“蛇多”，调换语序结构译成汉语是“多蛇”。所以，“窝日垭”（鹅儿垭）就是“多蛇垭”。

从前，这里是一片荒原，树茂草菁，各种蛇栖息其间，故而得名。

头子岗 thu^{35}tshi^{21}kan^{55}

土家语与汉语结合运用的地名：“头子”是土家语 thu^{35}tshi^{21} 的汉字记

音，但 thu35 一般记为“土”，“子”是 tshi21（次）的音转；“岗”是汉语，即“山冈”。所以，这个地名应记作“土次冈”。

土家语 thu35tshi21（土次），东部区多数地方记为“吐尺”“突尺”，为一个音节，汉语义是“桥”。举凡各种石板桥、木桥、浮桥、石蹬桥、石拱桥、花桥等，西部区土家语统通称之为 thu35tshi21（土次）；东部土家语则称之为“土尺”或“突尺”。所以，“土次冈”（头子岗）就是“桥冈”，即桥旁的山冈。

这个山冈的旁边建有桥，冈因桥而得名。

酒精岩 tɕi55tɕie53ŋai21

土家语与汉语结合运用的地名：“酒精”是土家语 tɕi55tɕie53（几姐）的音变与误记，也是不懂土家语人的想象与讹编；“岩”是汉语，即“岩石”。所以，这个地名的准确记音应是“几姐岩”。

土家语 tɕi55tɕie53（几姐）为一个音节，汉语义是“飞”“飞升”。所以，“几姐岩”（酒精岩）就是“飞岩”。意思是说这个岩山突兀高峻，峭壁悬崖，犹如飞起的一般。

簸箕塌 pau35tɕhi21tha35

纯粹的土家语地名，pau35tɕhi21tha35（报其塌）的音变与误记，也是不懂土家语人的牵强附会。

土家语 pau35tɕhi21tha35（报其塌）由 pau35tɕhi21（报其）和 tha35（塌）两个音节组成：pau35tɕhi21（报其）的汉语义是雉科动物“野鸡”（Phasianus Colchicus torquatus）；tha35（塌）的汉语义是“地方”，相当于俗话所说的“住所”“住地”。所以，pau35tɕhi21tha35（报其塌）连起来译成汉语就是“野鸡住地”，即野鸡栖息的地方。

古时，此地是一片原野，树茂林深，草青果肥，成群的野鸡栖息其间，故而得名。

送骨峪 suŋ35ku21jəu35

土家语与汉语结合运用的地名：“送骨”是土家语 suŋ35ku21 的汉字记音，但“骨”是 ku21（古）的音变；“峪”是汉语，即“山峪”。所以，这个地名准确一点应记作“送古峪”。

土家语 suŋ35ku21（送古）系两个音节：suŋ35（送）的汉语义是“鱼”，泛指“鱼类”；ku21（古）的汉语义是“上”“上来”。suŋ35ku21（送古）连起来直译是“鱼上”，调换语序结构译成汉语是“上鱼”。所以，“送古峪”（送骨峪）就是“上鱼峪”。

从前，这条山溪水源充足，食料丰富，常常有鱼溯溪而上，故而得名。

折家塆 tse[53]kai[21]uan[55]

土家语与汉语结合运用的地名。“折家”是土家语 tse[53]kai[21] 的音变：“折”按西部区语音是 tse[53]（则）的音变，按东部区语音一般记为“者；“家”当地方言读“嘎”，是 kai[21]（改）的音变。“塆”是汉语，即“山塆”。所以，这个地名的准确记音应是“者改塆”，按西部区的发音读作“则改塆”。

土家语 tse[53]kai[21]（者改）为一个音节，汉语义是“红腹松鼠”(Callasciuyus erythraeus palls)。所以，“者改塆”（折家塆）就是“红腹松鼠塆”，是红腹松鼠多的地方。

红腹松鼠也叫红肚子松鼠，俗称貂鼠，生活在树林中，以拐枣、松果、嫩枝幼芽为食，生性活泼，十分可爱，其皮毛较好，可制裘。

板　溪 pan[35]tɕhi[55]

土家语与汉语结合运用的地名：“板”是土家语 pan[35]（半）的音变与误记；“溪”是汉语，即“溪沟”。所以，这个地名准确一点应记作“半溪”。

pan[35]（半）是古土家语，汉语义是老鹰（Accipiter）。所以，“半溪”（板溪）就是“老鹰溪”或“老鹰沟”，是山鹰多的地方。

老鹰，西南官话或称为“河鹰”，或称为“鹞鹰”，现代土家语称其为 mu[35]jin[55]（暮鹰）。

柏枝榔 pe[35]tsi[53]lan[35]

纯粹的土家语地名，pe[35]tsi[53]lan[35] 的汉字记音，但“枝”是 tsi[53]（子）的音变，“榔”是 lan[35]（兰）的音变。所以，这个地名的准确记音应是“柏子兰”。

土家语 pe[35]tsi[53]lan[35]（柏子兰）由 pe[35]tsi[53]（柏子）和 lan[35]（兰）两个音节组成：pe[35]tsi[53]（柏子）是 pe[35]tsi[53]kha[21]muŋ[21]（柏子卡蒙）的省略，汉语义是“柏树”（Cupressus funebyis）；lan[35]（兰）是土家语 kha[21]kho[21]（卡可）的东部方言，译成汉语是“林”“树林”。所以，pe[35]tsi[53]lan[35]（柏子兰）连起来译成汉语就是“柏树林”。

从前，这里是一片柏树林，是柏树多的地方，故而得名。

沙罗坪 sa^{53}lo^{21}phin^{21}

土家语与汉语结合运用的地名："沙罗"是土家语 sa^{53}lo^{21} 的汉字记音；"坪"是汉语，即"坪坝"。"沙罗坪"按西部区的发音读作"萨罗坪"。

土家语 sa^{53}lo^{21}（沙罗）系两个音节：sa^{53}（沙）的汉语义是"鸭子"（Anas domestica），lo^{21}（罗）的汉语义是"玩""游玩"；sa^{53}lo^{21}（沙罗）连起来译成汉语是"鸭子游玩"。所以，"沙罗坪"就是"鸭子游玩的坪坝"。

从前，这里是土家先民放鸭子的地方，故而得名。

土门界 thuŋ^{53}muŋ^{21}kai^{35}

土家语与汉语结合运用的地名："土门"是土家语 thuŋ^{53}muŋ^{21}（统蒙）的误记，"土"是 thuŋ^{53}（统）的音变，"门"是 muŋ^{21}（蒙）的音变；"界"是汉语，即"山界"。所以，这个地名的准确记音应是"统蒙界"。

土家语 thuŋ^{53}muŋ^{21}（统蒙）为一个音节，汉语义是织布、缝补衣被的"线"。所以，"统蒙界"（土门界）就是"线界"，即出产线的山界。

从前，这个山界上的土家妇女会纺线纺纱，生产的线数量多、质量好，远近闻名，人们便以这种手工产品作了地名。

风火垭 xuŋ^{55}xo^{53}ŋa^{53}

土家语与汉语结合运用的地名："风火"是土家语 xuŋ^{55}xo^{53} 的汉字记音，但"风"是 xuŋ^{55}（轰）的音变；"垭’是汉语，即"山垭"。所以，这个地名准确一点应记作"轰火垭"。

土家语 xuŋ^{55}xo^{53}（轰火）为一个音节，汉语义是"火砖"，实际指的是"火砖房"。所以，"轰火垭"（风火垭）就是建有火砖房的山垭。

火砖房造价较高，相对于土家先民的"月当灯，风扫地，千根柱头下地"的茅棚，自然是"豪宅"了，这在土家山寨是不多见的。此地从前建有火砖房，人们便以此作了地名。

几儿垴 tɕie^{35}zi^{55}ȵau^{53}

土家语与汉语结合运用的地名："几儿"是土家语 tɕie^{35}zi^{55}（杰日）的误记，"几"是 tɕie^{35}（杰）的音变；"儿"是 zi^{55}（日）的误记，因当地方言"日"读作"二"，与"儿"同音，故有此误记。"垴"是汉语，即"山垴"。所以，这个地名的准确记音应是"杰日垴"。

在几千年的部落、土司时期，土家族的生产活动是有社会分工的。对于分工务农的人群，土家语称其为 tɕie^{35}zi^{55}ma^{53}（杰日马），其中的 tɕie^{35}（杰）的汉语义是“农活”，zi^{55}（日）的汉语义是“做”“干”，ma^{53}（马）相当于汉语的“者”“的”，三者连起来直译是“农活做的人”，调换语序结构译成汉语是“做农活的人”或“做农活者”，即“务农的人”。所以，“杰日堖”（几儿堖）就是从前务农人居住和干农活的地方。

从这个地名的命名推断，这个地名的成名时间相当久远，应当在原始社会的中级阶段，即第一次社会大分工以后。

胡子峪 xu^{53}tsha^{21}jəu^{55}

纯粹的土家语地名，xu^{53}tsha^{21}jəu^{55} 的汉字记音，但“子”音是 tsha^{21}（擦）的音转，按东部区多数地方的发音是“岔”；“峪”是 jəu^{55}（优）的音变。所以，这个地名的准确记音应是“胡擦优”，而东部区多数地方的实际发音是“胡岔优”。

土家语 xu^{53}tsha^{21}jəu^{55}（胡擦优）由 xu^{53}tsha^{21}（胡擦）和 jəu^{55}（优）两个音节组成：xu^{53}tsha^{21}（胡擦）有的地方叫做 ɕi^{53}tsha^{21}（习擦），东部区大多数地方则叫“虎岔”，汉语义是“练跑”；jəu^{55}（优）的汉语义是“村庄”“寨子”。所以，xu^{53}tsha^{21}jəu^{55}（胡擦优）连起来译成汉语就是“练跑寨”。

古代，土家族有着自己的兵制。这种制度就是寓兵于民，亦农亦兵；农忙为民，战时为兵。因此，每年都要定时练跑、练武、演练阵法。此地是土家先民练习阵法、操练武艺的地方，犹如今天的训练场、演兵场，故而得名。

南　木 luŋ^{55}muŋ^{53}

纯粹的土家语地名，luŋ^{55}muŋ^{53}（聋猛）的误记：“南”是 luŋ^{55}（聋）的音变，“木”是 muŋ^{53}（猛）的音变。

土家语 luŋ^{55}muŋ^{53}（聋猛）为一个音节，汉语义是一种称为“三月黄”的“大麦”（Hordeum vulgare L）。此地以 luŋ^{55}muŋ^{53}（聋猛）冠名，表示是古代出产大麦多的地方。

早　收 tse^{21}si^{21}

纯粹的土家语地名，tse^{21}si^{21}（则十）的音变与误记：“早”是 tse^{21}（则）的音变，“收”是 si^{21}（十）的误记，按西部区的发音读作“则十”。

土家语 tse^{21}si^{21}（则十）为一个音节，汉语义是“簑衣”；作为地名，就是出产簑衣的地方。

土家人使用的“簑衣”有两种：一种为翅形肩搭簑衣，可以遮盖全身；另一种为无肩搭，称为“背搭”，只遮盖背部。这两种簑衣都以棕片缝制而成。从前，此地居住有缝制簑衣的能工巧匠，出产的簑衣质量好，远近闻名，于是，人们便以这种产品作了地名。

牛　乐　ȵiəu^{21}lo^{35}

纯粹的土家语地名，ȵiəu^{21}lo^{35}（流落）的音变与误记。

土家语 ȵiəu^{21}lo^{35}（流落）为一个音节，汉语义是“跳牌”，也称“跳流落”，是土家族古老的丧葬仪式。

此地以“流落”冠名，表示古代此地有著名的“梯玛”，盛行“跳流落”习俗。详义释义参看武陵源区中湖乡“牛氹巷”。

何风垭　xe^{21}xa^{21}ŋa^{53}

土家语与汉语结合运用的地名：“何风”是土家语 xe^{21}xa^{21}（核哈）的误记，“何”是 xe^{21}（核）的音变，“风”是 xa^{21}（哈）的音变；“垭”是汉语，即“山垭”。所以，这个地名的准确记音应是“核哈垭”。

土家语 xe^{21}xa^{21}（核哈）系两个音节：xe^{21}（核）的汉语义是“鼓”，xa^{21}（哈）的汉语义是“打”；xe^{21}xa^{21}（核哈）连起来直译是“鼓打”，调换语序结构译成汉语是“打鼓”。所以，“核哈垭”（何风垭）就是“打鼓垭”。

此地以“打鼓”冠名，原因可能有二：其一，该地从前野兽危害庄稼严重，先民们打鼓以驱兽得其名。其二，可能此地古时有一队锣鼓班子，以善打锣鼓而闻名乡里。参看高峰乡“罗丰台”、金岩乡“氹丰山”。

车岩垴　tshe^{21}ŋe^{35}lau^{53}

土家语与汉语结合运用的地名。“车岩”是土家语 tshe^{21}ŋe^{35} 的误记：“车”是 tshe^{21}（扯）的音变，“岩”是 ŋe^{35}（额）的音变。“垴”是汉语，即“山垴”。所以，这个地名的准确记音应是“扯额垴”，按西部区的发音读作“测额垴”。

土家语 tshe^{21}ŋe^{35}（扯额）系两个音节：tshe^{21}（扯）的汉语义是“水”；ŋe^{35}（额）是 tsau^{55}ŋe^{35}（兆额）的简化，汉语义为“走”“去”。tshe^{21}ŋe^{35}（扯额）连起来直译是“水走”“水去”，调换语序结构译成汉语是“走水”或“去水”。所以，“扯额垴”（车岩垴）就是“走水（或去水）的山垴”。

此处溶洞多，属火镰渣地层，水到这里渗入地下，故而得名。

安　垭　ŋan^{55}ŋai^{53}

纯粹的土家语地名，ŋan^{55}ŋai^{53}（安矮）的汉字记音，但“垭”是 ŋai^{53}

(矮) 的音变。所以，这个地名准确一点应记作“安矮”。

土家语 ŋan^{55}ŋai^{53}（安矮）为一个音节，汉语义是缝衣服、纳鞋底的“针”。

此地以“针”命名，可能是从前有人贩卖缝衣针，是人们购买针的地方。

鸽竹坪 ku^{55}tsu^{55}phin^{21}

土家语与汉语结合运用的地名。“鸽竹”是土家语 ku^{55}tsu^{55} 的音变与误记：“鸽”是 ku^{55}（姑）的误记，“竹”是 tsu^{55}（主）的误记。“坪”是汉语，即“坪坝”。所以，这个地名的准确记音应是“姑主坪”，按西部区的发音读作“姑租坪”。

土家语 ku^{55}tsu^{55}（姑主）为一个音节，汉语义是“靠挖”“靠抠”。所以，“姑主坪”（鸽竹坪）就是只能依靠辛劳挖地垦土来维持生活的地方。

土家山区有许多地方自然条件很差，生产条件不好，资源极其贫乏，人们面朝黄土背朝天，通过苦挖、苦刨辛勤劳作来维持生计。因此，以 ku^{55}tsu^{55}（姑主）作地名的地方也很多。详细释义参看桑植县两河口乡“官占界”。

敏家园 mi^{55}kha^{21}jəu^{55}

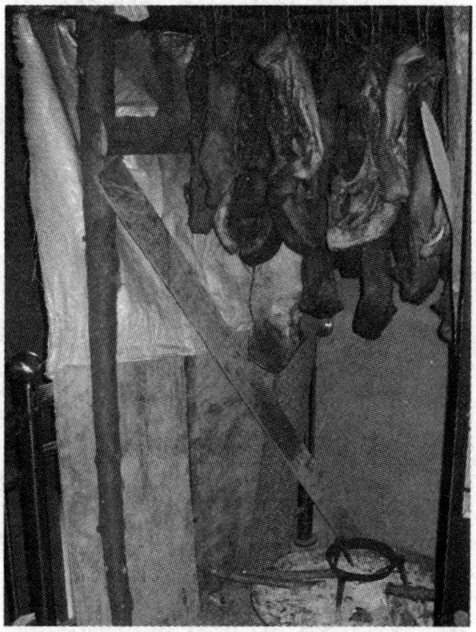

土家特色食品——腊肉

纯粹的土家语地名，mi^{55}kha^{21}jəu^{55}（米卡优）的误记：“敏”是 mi^{55}（米）的音变；“家”读 gā（嘎），是 kha^{21}（卡）的近音汉字替代；“园”是 jəu^{55}（优）的误记。

土家语 mi^{55}kha^{21}jəu^{55}（米卡优）由 mi^{55}kha^{21}（米卡）和 jəu^{55}（优）两个音节组成：mi^{55}kha^{21}（米卡）是 mi^{55}kha^{21}thi^{55}（米卡替）的省略，译成汉语是“腊肉”，其中的 mi^{55}（米）是“火”，kha^{21}thi^{55}（卡替）是“腿”，实指“猪腿”，mi^{55}kha^{21}thi^{55}（米卡替）就是“火熏猪腿”，泛指“腊肉”。jəu^{55}（优）的汉语义是“村庄”“寨子”。所以，mi^{55}kha^{21}jəu^{55}（米卡优）连起来译成汉语就是“腊肉村”，因出产腊肉多而得名。

与敏家园相邻有一山，名敏家山，其义与敏家园相同，即“腊肉山”，山因村得名。

黄石界 $xu^{21}si^{55}kai^{35}$

土家语与汉语结合运用的地名：“黄石”是土家语 $xu^{21}si^{55}$（服司）的误记；“界”是汉语，即“山界”。所以，这个地名的准确记音应是“服司界”。

土家语 $xu^{21}si^{55}$（服司）为一个音节，是 $xu^{21}si^{55}tho^{55}$（服司妥）的省略，因为 tho^{55}（妥）属词尾轻声，常被省略，从而衍化成今名。$xu^{21}si^{55}tho^{55}$（服司妥）是土家族的传统宗教仪俗，汉语义为“敬土菩萨”“还神愿”。所以，“服司界”（黄石界）就是“还神愿的山界”。

从前，在这个山界上居住过著名的“梯玛”，坚持“还神愿”的习俗，故而得名。

南门山 $lo^{55}muŋ^{53}san^{55}$

土家语与汉语结合运用的地名：“南门”是土家语 $lo^{55}muŋ^{53}$（洛猛）的音变与误记；“山”是汉语。所以，这个地名的准确记音应是“洛猛山”。

土家语 $lo^{55}muŋ^{53}$（洛猛）为一个音节，是土家人对本部落或部落联盟“酋长”的一种尊称，涵义大致相当于汉语的“大王”“头领”“头人”，就是俗称的“土王”。所以，“洛猛山”（南门山）就是“土王山”。

古代，此地是某部落土王的居所，或此地归这个土王所有，故得“土王山”之名。

砻石溪 $luŋ^{35}si^{21}tɕhi^{55}$

土家语与汉语结合运用的地名。“砻石”是土家语 $luŋ^{35}si^{21}$ 的汉字记音，但“砻”是 $luŋ^{35}$（弄）的音变；“溪”是汉语，即“溪沟”。所以，这个地名的准确记音应是“弄石溪”，按西部区的发音读作“弄司溪”。

土家语 $luŋ^{35}si^{21}$（弄石）系两个音节：$luŋ^{35}$（弄）是 $luŋ^{35}luŋ^{35}$（弄弄）的省略，第二个 $luŋ^{35}$（弄）属词尾轻声，常常容易脱落，实际上也可以省略，其义不变，汉语义是一种学名叫“华鳇”（Sorcocheilichthys sinensis）的小鱼；si^{21}（石）的汉语义是“肉”。所以，$luŋ^{35}luŋ^{35}si^{21}$（弄弄石）或 $luŋ^{35}si^{21}$（弄石）连起来译成汉语就是“华鳇鱼肉”；“弄石溪”（砻石溪）就是“华鳇鱼沟”，因山沟里华鳇鱼多而得名。

华鳇鱼，俗名“麻弄”或“麻弄子”，一般长 5~6 寸，纺锤形体，口小，眼大，有一对小触须，全身棕黄色，两侧有棕色横斑，鳞片有黄黑色斑点，成群生活。华鳇鱼个体虽小，但味道鲜美，是人们宴席上的佳肴。

磨家峪 $mu^{53}kho^{53}jəu^{55}$

纯粹的土家语地名，$mu^{53}kho^{53}jəu^{55}$（母科优）的误记：“磨”是 mu^{53}（母）的音变；“家”读 gā（嘎），是 kho^{53}（科）的音转；“峪”是 $jəu^{55}$（优）的音变。

土家语 $mu^{53}kho^{53}jəu^{55}$（母科优）由 $mu^{53}kho^{53}$（母科）和 $jəu^{55}$（优）两个音节组成：$mu^{53}kho^{53}$（母科）的汉语义是“竹山”“竹园”，$jəu^{55}$（优）的汉语义是“村庄”“寨子”。所以，$mu^{53}kho^{53}jəu^{55}$（母科优）连起来译成汉语就是“竹园寨”或“竹园村”。

从前，这里是广阔的竹子山，浓荫蔽日，翠绿一片，故而得名。

王木垭 $uan^{35}mu^{35}ŋa^{53}$

土家语与汉语结合运用的地名：“王木”是土家语 $uan^{35}mu^{35}$ 的汉字记音，但“王”是 uan^{35}（万）的音变；“垭”是汉语，即“山垭”。所以，这个地名准确一点应记作“万木垭”。

土家语 $uan^{35}mu^{35}$（万木）系两个音节：uan^{35}（万），有的地方叫 au^{35}（敖），是古土家语，汉语义是“黄牛”（Bos taurus domeslica），现代土家语称黄牛为 u^{35}（戊）；mu^{35}（木）作名词时的汉语义是“竹子”，作动词时的汉语义则是“丢失”“失去”，这里是作动词。$uan^{35}mu^{35}$（万木）连起来直译是“黄牛丢失”，调换语序结构译成汉语是“丢失黄牛”。所以，“万木垭”（王木垭）就是“失牛垭”，即容易丢失牛的地方。

从前这里是广阔无垠的荒原，山大林密，沟壑纵横，加之虎狼成群，牛到这里往往容易丢失。于是，人们便以“失牛垭”作了警示性地名。

桑木垮 $su^{35}mu^{55}uan^{55}$

土家语与汉语结合运用的地名：“桑木”是土家语 $su^{35}mu^{55}$ 的汉字记音，但“桑”是 su^{35}（苏）的误记；“垮”是汉语，即“山垮”。所以，这个地名的准确记音应是“苏木垮”。

土家语 $su^{35}mu^{55}$（苏木）为一个音节，是土家人对自己的原始祖先和近世祖宗的统称。所以，“苏木垮”（桑木垮）就是祖先居住过的地方，也是供奉祖先神灵的地方。

旋坦坪 $çie^{53}than^{21}phin^{21}$

土家语与汉语结合运用的地名：“旋坦”是土家语 $çie^{53}than^{21}$ 的汉字记音，但“旋”是 $çie^{53}$（泻）的音变；“坪”是汉语，即“坪坝”。所以，这个地名的准确记音应是“泻坦坪”。

土家语 çie^{53}than^{21} 为一个音节，汉语义是“铁炉”。，所以，“泻坦坪”(旋坦坪) 就是“铁炉坪”。

据考古资料证明，世居于澧水上源区的土家先民，在战国早中期就学会使用铁器，汉代以降则大量建造铁炉冶铁和制造铁器。人们开设的“铁炉”多式多样，有专门用于熔铁的“高炉”，有煅制铸铁的“炒铁炉”，有铸造锅、鼎罐的“铣炉”，有专门用于打制农具、兵器的“红炉”，还有补锅用的“补锅灶”。可以说，从远古一路走来，土家人依靠这些铁炉冶铁、制造工具，推动了本民族本地区的进步与社会繁荣。从前，土家先民们在这里开设过铁炉，冶炼铸铁，制造铁器，故而得名。

小儿沟 çi^{21}zi^{21}kəu^{55}

土家语与汉语结合运用的地名：“小儿”是土家语 çi^{21}zi^{21} 的汉字记音，但“小”是 çi^{21}（西）的音变；“儿”是 zi^{21}（日）的误记，前面讲过，在张家界地区“儿”“日”发音相同，故有此误记。“沟”是汉语，即“溪沟”。所以，这个地名的准确记音应是“西日沟”。

土家语 çi^{21}zi^{21}（西日）系两个音节：çi^{21}（西）的汉语义是“草”，zi^{21}（日）的汉语义是“多”; çi^{21}zi^{21}（西日）连起来直译是“草多”，调换语序结构译成汉语是“多草”。所以，“西日沟”（小儿沟）就是“多草沟”。意思是说，从前这条溪沟是一片荒草地。

舒公坡 su^{21}khu^{53}pho^{55}

土家语与汉语结合运用的地名：“舒公”是土家语 su^{21}khu^{53} 的汉字记音，但“公”是 khu^{53}（苦）的音变，“坡”是汉语，即“山坡’。所以，这个地名应记作“舒苦坡”，按西部区的发音读作“苏苦坡”。

土家语 su^{21}khu^{53}（舒苦），有的地方称为 thu^{55}khu^{53}（吐苦），为一个音节，汉语义是“畲刀”。所以，“舒苦坡”（舒公坡）就是“畲刀坡”。

几千年来，土家人世居山区，以刀耕火种为伴，“畲刀”便成了家家户户必备之物。这些“畲刀”大小不一，样式多样，计有大砍刀、小畲刀、柴刀、短尖刀、木子刀、弯刀等多种，各有各的用途。人们上山去，腰上捆上一条“刀壳子”，插上几把刀子，便够一天农活用了。从前，这里开有铁炉，有铁匠打制畲刀，是人们购置畲刀的地方，故而得名。

东矿岭 tuŋ^{53}ku^{21}lin^{53}

土家语与汉语结合运用的地名：“东矿”是土家语 tuŋ^{53}ku^{21}（董古）

的误记，“东”是 tuŋ^{53}（董）的音变，“矿”是 ku^{21}（古）的音变；“岭”是汉语，即“山岭”。所以，这个地名应记作“董古岭”。

土家语 tuŋ^{53}ku^{21}（董古）有的地方称为 tuŋ^{53}ke^{21}（董格），为一个音节，汉语义是“山沟、山塆、山谷、山峪的尽头”。所以，“董古岭”（东矿岭）就是山沟尽头的山岭。意思是说，这个地方坐落在一条山沟尽头的山岭上。

马儿岭 ma^{53}zi^{21}lin^{53}

土家语与汉语结合运用的地名：“马儿”是土家语 ma^{53}zi^{21} 的汉字记音，但“儿”是 zɪ^{21}（日）的音变与误记；“岭”是汉语，即“山岭”。所以，这个地名的准确记音应是“马日岭”。

土家语 ma^{53}zi^{21}（马日）系两个音节：ma^{53}（马）的汉语义是“蜂子”（Apisme llifera），zi^{21}（日）的汉语义是“多”；ma^{53}zi^{21}（马日）连起来直译是“蜂多”，调换语序结构译成汉语是“多蜂”。所以，“马日岭”（马儿岭）就是“多蜂岭”，即蜂子多的山岭。

篾溪垭 mi^{35}tɕhi^{21}ŋa^{53}

土家语与汉语结合运用的地名：“篾溪”是土家语 mi^{35}tɕhi^{21}（米乞）的误记，“篾”是 mi^{35}（米）的音变，“溪”是 tɕhi^{21}（乞）的音变；“垭”是汉语，即“山垭”。所以，这个地名的准确记音应是“米乞垭”。

土家语 mi^{35}tɕhi^{21}（米乞）为一个音节，汉语义是竹笋的壳叶，即“笋壳叶”。所以，“米乞垭”就是“笋壳叶垭”。从前，这个山垭上竹子多，笋壳叶铺满山野，故而得名。

笋壳叶本无什么用途，但土家妇女纺纱纺线和绩麻，都要用它作衬底，即将笋壳叶卷成筒状，然后将绩成的麻线挽在上面，称为“随子”或“麻陀”。

瘪气峪 phie^{53}ɕi^{21}jəu^{35}

土家语与汉语结合运用的地名：“瘪气”是土家语 phie^{53}ɕi^{21}（撇习）的误记；“峪”是汉语，即“山峪”。所以，这个地名应记作“撇习峪”。

土家语 phie^{53}ɕi^{21}（撇习）为一个音节，是 ze^{35}phie^{53}ɕi^{21}（热撇习）的简化，译成汉语是药用植物“车前草”（Plantago asiatica L）。所以，“撇习峪”（瘪气峪）就是“车前草峪”，即车前草多的地方。

车前草，俗名“蛤蟆秧儿”，是古时土家医治病的要药。功能去热滤湿、通便治淋，是治疗泌尿系统炎症和感冒发热的要品。从前，这个山峪里普遍生长车前草，是人们常去采药的地方，故而得名。

辛家坪 çin^{35}ka^{53}phin^{21}

土家语与汉语结合运用的地名："辛家"是土家语 çin^{35}ka^{53}（信嘎）的音变与误记，"辛"是 çin^{35}（信）的音变，"家"是 ka^{53}（嘎）的近音汉字替代；"坪"是汉语，即"坪坝"。所以，这个地名应记作"信嘎坪"。

土家语 çin^{35}ka^{53}（信嘎）为一个音节，汉语义是"青色""绿色"。所以，"信嘎坪"（辛家坪）就是"绿色的坪坝"。详细释义参看永定区教字垭镇"兴家岗"。

薛罗山 çie^{53}lo^{55}san^{55}

土家语与汉语结合运用的地名："薛罗"是土家语 çie^{53}lo^{55} 的汉字记音，但"薛"是 çie^{53}（谢）的音变；"山"是汉语。所以，这个地名的准确记音应是"谢罗山"。

土家语 çie^{53}lo^{55}（谢罗）为一个音节，是 çie^{53}kho^{55}lo^{55}（谢科罗）的简化，çie^{53}kho^{55}lo^{55}（谢科罗）也可以简化为 çie^{53}kho^{55}（谢科），汉语义都是"小鼎罐"。所以，"谢罗山"（薛罗山）就是"小鼎罐山"。意思是说这座山浑圆有形，形似小鼎罐。

土家人一般用"鼎罐"煮饭。"鼎罐"有大有小，一律用生铁铸成。对其中的大鼎罐，土家语称之为 çie^{53}phuŋ^{53}（谢朋），对小鼎罐才称为 çie^{53}lo^{55}（谢罗）或 çie^{53}kho^{55}（谢科）。

珠仕坪 tsi^{53}si^{21}phin^{21}

土家语与汉语结合运用的地名。"珠仕"是土家语 tsi^{53}si^{21} 的音变与误记："珠"是 tsi^{53}（直）的误记，"仕"一般记作"石"。"坪"是汉语，即"坪坝"。所以，这个地名应记作"直石坪"，按西部区的发音读作"子司坪"。

土家语 tsi^{53}si^{21}（直石）系两个音节：tsi^{53}（直）的汉语义是"猪"（Sus scrofa domestica），前人歪打正着译为"猪"音，却又误记为"珠"，可谓译得正确，记录错误；si^{21}（石）的汉语义是"肉"。所以，tsi^{53}si^{21}（直司）连起来译成汉语就是"猪肉"，"直石坪"（珠仕坪）就是"猪肉坪"。

从前，居住在这个坪坝上的土家先民养殖业发达，生猪喂得多，出产的猪肉多质量好，人们便以这种特产作了地名。

牛蚌岭 ɲie⁵⁵phuŋ⁵⁵lin²¹

土家语与汉语结合运用的地名："牛蚌"是土家语 ɲie⁵⁵phuŋ⁵⁵（捏朋）的误记；"岭"是汉语，即"山岭"。所以，这个地名的准确记音应是"捏朋岭"。

土家滴水床

土家语 ɲie⁵⁵phuŋ⁵⁵（捏朋）为一个音节，汉语义是"床"。所以，"捏朋岭"（牛蚌岭）就是"床岭"。

山岭以"床"冠名，可能是因该地出产的床很有名。从前，土家人的床是很讲究的，都用实木做成，由床架、铺板、围栏、踢板四部分组成，或多或少都雕刻花纹图案。其中最为著名的是"八部牙床"，豪华异常，有"一滴水""两滴水""三滴水""四滴水"四种，分别在前面一方设置一、二、三、四道床檐和屏门，都浮雕、镂雕各种花纹。传说这种床由土家族原始祖先八部大王集合能工巧匠精制而成，民族特色浓烈。

三合口乡

位于县域北部，西邻桑植县西莲乡，北连常德市石门县磨石镇，乡治距县城75公里；辖18个行政村，125个村民小组；总面积115.1平方公里，其中耕地12255亩；2008年末总人口9053人。主要物产有烤烟、红薯、马铃薯、玉米、茶叶等，有烟煤、石煤、铁等矿藏。

白景塔 $pi^{35}tɕi^{55}tha^{55}$

土家语与汉语结合运用的地名：“白景”是土家语 $pi^{35}tɕi^{55}$（毕基）的误记；“塔”是汉语，即“坪塔”，一般指有坪塔的地方。所以，这个地名的准确记音应是“毕基塔”。

前面已反复述及，土家语 $pi^{35}tɕi^{55}$（毕基）的汉语义是“土家”，也可指“土家人”。所以，“毕基塔”（白景塔）就是“土家塔”，即土家人居住的地方，简言之，就是“土家坪”“土家村”。详细释义参看桑植县两河口乡“笔架村”。

苏木凼 $su^{35}mu^{53}tuŋ^{35}$

纯粹的土家语地名，$su^{35}mu^{53}tuŋ^{35}$ 的汉字记音，但“凼”是 $tuŋ^{35}$（峒）的音变与误记。所以，这个地名应记作“苏木峒”。

土家语 $su^{35}mu^{53}tuŋ^{35}$（苏木峒）由 $su^{35}mu^{53}$（苏木）和 $tuŋ^{35}$（峒）两个音节组成：$su^{35}mu^{53}$（苏木）的汉语义，既指太公以上的男性祖先，也指远古以来的本民族祖先，还指供奉的祖先菩萨；$tuŋ^{35}$（峒）原指部落酋长住地，为某一部落主要聚集地，后来扩展义为“寨子”，俗称“峒寨”。所以，“苏木峒”（苏木凼）就是“祖先寨”，即祖宗们居住过的村寨。

此地是某个姓氏集团的祖居地，是他们的摇篮，有如今天的“老屋场”。

西头峪 $ɕi^{21}tho^{55}jəu^{55}$

纯粹的土家语地名，$ɕi^{21}tho^{55}jəu^{55}$（洗拖优）的音变与误记。

土家语 $ɕi^{21}tho^{55}jəu^{55}$（洗拖优）由 $ɕi^{21}tho^{55}$（洗拖）和 $jəu^{55}$（优）两个音节组成：$ɕi^{21}tho^{55}$（洗拖）的汉语义是“大蒜”（Allium sativum L），$jəu^{55}$（优）的汉语义是“村”“寨”。所以，$ɕi^{21}tho^{55}jəu^{55}$（洗拖优）连起来译成汉语就是“大蒜村”或“大蒜寨”，因大蒜多而得名。

圣角头 $si^{21}ku^{53}thu^{21}$

纯粹的土家语地名，$si^{21}ku^{53}thu^{21}$ 的汉字记音，但“圣角”是 $si^{21}ku^{53}$ 的音变与误记：其中的“圣” si^{21}（石）的音变，“角”是 ku^{53}（古）的误记。所以，这个地名应记作“石古头”，按西部区的发音读作“司古头”。

土家语 $si^{21}ku^{53}thu^{21}$（石古头）为一个音节，汉语义是“肥肉”。土家语统称“肉”为 si^{21}（石），但对“瘦肉”和“肥肉”又有不同的叫法，称“瘦肉”为 $si^{21}mi^{21}$（石米），称“肥肉”为 $si^{21}ku^{53}thu^{21}$（石古头）。

“肥肉”怎么可以作地名呢？看看当地的实际情况就明白了。此地位于大山深处，境内山峦重叠，沟壑纵横，坡陡山悬，很难看到一块稍平的土地。然而在“圣角头”这块地方，有中沟和大溪沟两条山溪汇合，形成一块冲积坪坝，真是万山丛中一点红，极似一块盖面子的“肥肉”。于是，先民们便以“肥肉”直接作了比喻性的地名，即俗称的“肥肉嘎嘎”。

火炼池 $xu^{35}ȵi^{53}tshi^{53}$

土家语与汉语结合运用的地名：“火炼”是土家语 $xu^{35}ȵi^{53}$（父尼）的误记；“池”是汉语，即“池塘”。所以，这个地名的准确记音应是“父尼池”。

土家语 $xu^{35}ȵi^{53}$（父尼）为一个音节，是一个范围副词，显示的含义是“都”“全”“统统”，可以引申为“公共”“大家”“共同”。所以，“父尼池”（火炼池）就是“公共池塘”。

此地严重缺水，从前人畜饮用水主要靠池塘、井水，而且几户甚至几十户共用一个池塘，故而得名。

瓦上溪 $o^{21}sa^{21}tɕhi^{55}$

土家语与汉语结合运用的地名：“瓦上”是土家语 $o^{21}sa^{21}$（窝沙）的误记；“溪”是汉语，即“溪沟”。所以，这个地名的准确记音应是“窝沙溪”，按西部区的发音读作“窝萨溪”。

土家老少妇女都爱背背笼

土家语 $o^{21}sa^{21}$（窝沙）为一个音节，汉语义是

“背笼”；所以，“窝沙溪”（瓦上溪）就是“背笼溪”。此地的篾匠师傅手艺高强，编制的背笼样式多、质量好，人们便以这种物品作了地名。

土家族是一个爱背背篼的民族，上山砍柴、下山赶集，走亲戚、看朋友，男男女女都背着背篼，甚至连襁褓中的孩子也要用背篼背着。因为这个原因，土家人对背篼十分讲究，上山劳作用“柴背篼”，赶集、走亲戚用“密背篼”，运输东西用“笮背”，装小孩用“窝背”。这些背笼都用竹篾编制而成，都饰有美观大方的花纹。

指壁岩 $tsi^{53}pi^{21}ŋai^{21}$

土家语与汉语结合运用的地名：“指壁”是地道的土家语 $tsi^{53}pi^{21}$ 的汉字记音；“岩”是汉语，即“岩石”。“指壁岩”，按西部区的发音读作“子壁岩”。

土家语 $tsi^{53}pi^{21}$（指壁）系两个音节：tsi^{53}（指）的汉语义是“猪”（Sus scrofa domestica），pi^{21}（壁）的汉语义是“小”；$tsi^{53}pi^{21}$（指壁）连起来直译是“猪小”，调换语序结构译成汉语是“小猪”。所以，“指壁岩”就是“小猪岩”。

从这个地名的实际含义判定，此地有岩石形似小猪，或者有密集的山包，犹如成群的小猪崽。

白户桥 $pu^{53}xu^{21}tɕhiau^{53}$

土家语与汉语结合运用的地名：“白户”是土家语 $pu^{53}xu^{21}$（步湖）的误记，“白”是 pu^{53}（步）的音变；“户”是 xu^{21} 的汉字记音，但一般记为“湖”。“桥”是汉语。所以，这个地名应记作“步湖桥”。

土家语 $pu^{53}xu^{21}$（步湖）系两个音节：pu^{53}（步）的汉语义是“船”，如“驾船”就是 $pu^{53}pho^{55}$（步坡），“坐船”就是 $pu^{53}uŋ^{21}$（步翁），“渡船”就是 $pu^{53}a^{21}$（步阿）；xu^{21}（湖）的汉语义是两山间的谷地，即“山谷”。所以，$pu^{53}xu^{21}$（步湖）连起来译成汉语就是“船谷”，即形似帆船的山谷，“步湖桥”（白户桥）就是这船形山谷中的桥。

江 垭 镇

位于县域西北部，北与桑植县人潮溪乡接壤，镇治距县城50公里；辖46个行政村、5个居委会，489个村（居）民小组；总面积224.5平方公里，其中耕地38386亩；2008年末总人口48600人。该镇经济以农业、林业为主，盛产柑橘、杜仲，尤以金香柚较有名气；境内建有中型水库水电站一座，即江垭水库水电站；有江垭温泉、龙王洞、江垭水库平湖游等旅游资源。宋代曾在这里设索口寨，明代曾在这里设九溪卫。

笔架山 $pi^{35}tɕi^{55}san^{55}$

土家语与汉语结合运用的地名："笔架"是土家语 $pi^{35}tɕi^{55}$（毕基）的误记；"山"是汉语。所以，这个地名应记作"毕基山"。

土家语在江垭地区消失较早，明代又在这里设"九溪卫"，有大批官兵和汉族官僚长期入驻，因此，这一地区的土家语地名大都经过了人们的附会而面目全非。土家语 $pi^{35}tɕi^{55}$（毕基）记为"笔架"、释为"形似笔架"就是典型的误记误解。

如前所述，土家语 $pi^{35}tɕi^{55}$（毕基）的汉语义是"土家"，也可理解为"土家人""土家族"。所以，"笔架山"就是"土家山"，即土家人居住的地方。详细释义参看桑植县两河口乡"笔架村"。

笔架村 $pi^{35}tɕi^{55}tshun^{55}$

土家语与汉语结合运用的地名："笔架"是土家语 $pi^{35}tɕi^{55}$（毕基）的误记，汉语义是"土家"；"村"是汉语，即"寨子"。所以，"毕基村"（笔架村）就是"土家村"，即土家人居住的村子。详细释义参看桑植县两河口乡"笔架村"。

毕家坪 $pi^{35}tɕi^{55}phin^{21}$

土家语与汉语结合运用的地名："毕家"是土家语 $pi^{35}tɕi^{55}$（毕基）的误记，汉语义是"土家"；"坪"是汉语，即坪坝。所以，"毕基坪"（毕家坪）就是"土家坪"，即土家人居住的坪坝。详细释义参看桑植县两河口乡"笔架村"。

五里堆 $u^{35}lie^{35}tuŋ^{35}$

纯粹的土家语地名，$u^{35}lie^{35}tuŋ^{35}$（务列峒）的误记，一个极其古老的土家语地名。

土家语 $u^{35}lie^{35}tuŋ^{35}$（务列峒）系三个音节：u^{35}（务）的汉语义是“黄牛”（Bos-taurus domestica），lie^{35}（列）的汉语义是“送”“给”“进贡”；$u^{35}lie^{35}$（务列）连起来直译是“牛送”或“牛贡”，调换语序结构译成汉语是“送牛”或“贡牛”。$tuŋ^{35}$（峒）的汉语义是指部落酋长的驻地，俗称“峒寨”。所以，$u^{35}lie^{35}tuŋ^{35}$（务列峒）连起来译成汉语就是“贡牛寨”，即进贡牛的部落。

古时，土家族的部落酋长都向所属人民规定有贡赋，贡赋的品种有钱、粮、牛羊、布匹、织锦等。可以判定，“务列部落”是以“牛”作为贡品的。

《后汉书·南蛮西南夷列传》有这样的记载：东汉“肃宗建初元年(76年)，武陵澧水蛮陈从等反叛……其冬，零阳蛮五里精夫为郡击破从，从等皆降”。“三年（78年）冬，娄中蛮覃儿健复反……募充中五里蛮精夫不叛者四千人，击澧中贼”。“安帝元初二年（115年），澧中蛮……遂结充中诸种二千余人，攻城杀长吏，州郡募五里蛮六亭兵追击破之，皆散降”。史料中记载的“五里精夫”“五里蛮精夫”“五里蛮六亭兵”，是长期依附朝廷的同一个土家族部落，其大本营就在现今的“五里堆”。

车家山 $tshe^{21}ka^{21}san^{55}$

土家语与汉语结合运用的地名：“车家”是土家语 $tshe^{21}ka^{21}$ 的汉字记音，但“车”是 $tshe^{21}$（扯）的音变；“家”是 ka^{21}（嘎）的近音汉字替代。“山”是汉语。所以，这个地名的准确记音应是“扯嘎山”，按西部区的发音读作“测嘎山”。

土家语 $tshe^{21}ka^{21}$（扯嘎）系两个音节：$tshe^{21}$（扯）的汉语义是“水”，ka^{21}（嘎）的汉语义是“缺”“干”；$tshe^{21}ka^{21}$（扯嘎）连起来直译是“水缺”“水干”，调换语序结构译成汉语是“缺水”。所以，“扯嘎山”（车家山）就是“缺水山”，因缺水易旱而得名。

万世坪 $uan^{21}si^{35}phin^{21}$

土家语与汉语结合运用的地名：“万世”是土家语 $uan^{21}si^{35}$ 的汉字记音，但“世”一般记作“石”；“坪”是汉语，即“坪坝”。所以，这个地名的准确记音应是“万石坪”，按西部区的发音读作“万四坪”。

土家语 $uan^{21}si^{35}$（万石）为一个音节，是 $uan^{21}si^{35}thu^{21}$（万石头）的简化，译成汉语就是“向日葵”（Helianthus annuus）。所以，“万石

坪”（万世坪）就是“向日葵坪”。

从前，此地人爱种向日葵，出产的瓜子多，人们便以这种特产作了地名。

芦　峪　$lo^{53}jəu^{55}$

纯粹的土家语地名，$lo^{53}jəu^{55}$（裸优）的音变与误记。

土家人称苗族人的村寨为 $pe^{35}jəu^{55}$（白优），称汉族人的村寨为 $pha^{55}jəu^{55}$（帕优），而称土家族自己的村寨为 $lo^{53}jəu^{55}$（裸优）。所以，“裸优”（芦峪）就是“土家村”或“土家寨”，是土家族世代居住的地方。详细释义参看桑植县谷罗山乡“罗峪”。

根家峪　$ken^{55}kai^{21}jəu^{55}$

纯粹的土家语地名，$ken^{55}kai^{21}jəu^{55}$ 的汉字记音，但“家”是 kai^{21}（改）的音变，“峪”是 $jəu^{55}$（优）的音变。因此，这个地名的准确记音应是“根改优”。

土家语 $ken^{55}kai^{21}jəu^{55}$（根改优）由 $ken^{55}kai^{21}$（根改）和 $jəu^{55}$（优）两个音节组成：$ken^{55}kai^{21}$（根改）的汉语义是“滚”“滚下”“崩下”；$jəu^{55}$（优）的汉语义是“村”“寨”。所以，$ken^{55}kai^{21}jəu^{55}$（根改优）连起来译成汉语便是“滚下寨”或“崩下寨”。

古代的某个时期，此地曾经发生过泥石流、地崩等自然灾害，致使村寨被破坏，故而得名。

毛姑山　$mau^{53}ku^{53}san^{55}$

土家语与汉语结合运用的地名：“毛姑”是地道的土家语 $mau^{53}ku^{53}$ 的汉字记音，不过现今多记作“茅古”“毛古”；“山”是汉语。因此，“毛姑山”就是“茅古山”。

土家茅古斯舞

土家语 $mau^{53}ku^{53}$（茅古）是 $mau^{53}ku^{53}si^{55}$

(茅古斯）的省略，si^{55}（斯）在整个音节中属词尾轻音，在长期的语流音变中脱落了，从而衍化成了今名，但词根仍在。

$mau^{53}ku^{53}si^{55}$（茅古斯）是极其古老的土家语，它的实际内涵今人已不能准确定义，只知道它是一种原始古老而又集戏剧、舞蹈、音乐、祭仪于一体的表演形式，反映的是母系氏族社会的生殖崇拜和原始的狩猎生活。表演时，一人饰男茅古斯，一人饰女茅古斯，其余若干人饰小茅古斯。他们都身着茅草衣，头戴茅草辫，男茅古斯的腰间系一条“粗鲁棒”（象征生殖器）。表演时，人们围绕着男茅古斯炫耀“粗鲁棒”而载歌载舞。此地以“毛姑”作山名，应有两种可能：一是当地盛行这种表现形式；二是当地先民穷困，衣服破烂，犹如茅古斯穿着一样，以作比喻性地名。

高公井 $ka^{55}ku\eta^{55}t\varsigma in^{53}$

土家语与汉语结合运用的地名：“高公”是土家语 $ka^{55}ku\eta^{55}$ 的汉字记音，但“高”是 ka^{55}（嘎）的近音汉字替代；“井”是汉语，即“水井”。因此，这个地名的准确记音应是“嘎公井”。

土家语 $ka^{55}ku\eta^{55}$（嘎公）为一个音节，汉语义是“外祖父”“外公”。

在整个湘西地区，称“外祖父”为 $ka^{55}ku\eta^{55}$（嘎公），称“外祖母”为 $ka^{55}ka^{55}$（嘎嘎）或 $ka^{55}pu^{21}$（嘎布），至今仍很普遍。所以，“嘎公井”（高公井）就是“外祖父井”，即外祖父的水井或外祖父挑水的地方。

西塘凹 $\varsigma i^{55}tha^{53}khu^{55}$

纯粹的土家语地名，$\varsigma i^{55}tha^{53}khu^{55}$ 的汉字记音，但“塘凹”是 $tha^{53}khu^{55}$（它枯）的音变与误记：“塘”是 tha^{53}（它）的音变；“凹”在当地读作 kuí（奎），与“枯”音近，故有此误记。所以，这个地名的准确记音应是“西它枯”。

土家语 $\varsigma i^{55}tha^{53}khu^{55}$（西它枯）由 $\varsigma i^{55}tha^{53}$（西它）和 khu^{55}（枯）两个音节组成：$\varsigma i^{55}tha^{53}$（西它）的汉语义是“刺桑”（Morus mongolica Schneid），khu^{55}（枯）的汉语义是“山坡”。所以，$\varsigma i^{55}tha^{53}khu^{55}$（西它枯）连起来译成汉语就是“刺桑山”或“刺桑坡”，因刺桑树多而得名。

“刺桑”是蚕桑的一种，当地的蚕桑主要有两种，另一种叫“油桑”，是主要的蚕桑。

单小垭 $ta^{53}\varsigma i^{55}\eta a^{21}$

土家语与汉语结合运用的地名：“单小”是土家语 $ta^{53}\varsigma i^{55}$（打洗）的误记，有的记为“大西”“达洗”；“垭”是汉语，即“山口”。所以，这个地名的准确记音应是“打洗垭”。

土家语 ta⁵³ɕi⁵⁵（打洗）为一个音节，汉语义是“转工互助”；所以，“打洗垭”（单小垭）就是“转工垭”，是先民们经常开展转工互助活动的地方。详细释义参看桑植县芙蓉桥白族乡“大厦凼”。

龙　马　luŋ⁵⁵muŋ⁵³

纯粹的土家语地名，luŋ⁵⁵muŋ⁵³ 的汉字记音，但“马”是 muŋ⁵³（猛）的音变。所以，这个地名的准确记音应是“龙猛”。

土家语 luŋ⁵⁵muŋ⁵³（龙猛）为一个音节，译成汉语是当地称作“三月黄”的“大麦”（Hordeum vulgrne L）。从前，这里的先民们爱种大麦，出产的大麦多，人们更以这种农作物作了地名。

大麦，状似青稞；“三月黄”，顾名思义，农历三月即成熟，大麦是当地人旧时度春荒接新的主要农作物。如今，大麦在张家界地区已经绝迹，种植大麦也就成为历史。

佛　建　xu²¹tɕi²¹

纯粹的土家语地名，xu²¹tɕi²¹（湖及）的误记。

土家语 u²¹tɕi²¹（湖及）系两个音节：xu²¹（湖）的汉语义是“山谷”；tɕi²¹（及）是 tɕi²¹tha²¹（及塔）的省略，tha²¹（塔）在整个音节中属词尾高降轻声，在长期的语流音变中脱落了，只留下了词根 tɕi²¹（及），但含义未变，汉语义是“脚下”“下边”“下头”“下方”。所以，xu²¹tɕi²¹（湖及）或 xu²¹tɕi²¹tha²¹（湖及塔）连起来译成汉语就是“山谷下头”。意思是说，这个地方在山谷的下方。

茶郎坡　tshe²¹lan²¹pho⁵⁵

土家语与汉语结合运用的地名。“茶郎”是土家语 tshe²¹lan²¹（车兰）的误记：“茶”是 tshe²¹（车）的音变，“郎”是 lan²¹（兰）的音变；“坡”是汉语，即“山坡”。因此，这个地名的准确记音应是“车兰坡”，按西部区的发音读作“测兰坡”。

土家语 tshe²¹lan²¹（车兰）为一个音节，汉语义是“麻布”。所以，“车兰坡”（茶郎坡）就是“麻布坡”。

旧时，土家人夏天穿的衣服和挂的蚊帐一般都用麻布作成。从前，这个地方出产的麻布多，因而得名。

长汉峪　tshe²¹xau⁵³jəu³⁵

土家语与汉语结合运用的地名。“长汉”是土家语 tshe²¹xau⁵³ 的音变与误记："长"是 $tshe^{21}$（扯）的误记；"汉"是 xau^{53}（浩）的音变。"峪"是汉语，即"山峪"。所以，这个地名的准确记音应是"扯浩峪"。，按西部区的发音读作"测浩峪"。

土家语 $tshe^{21}xau^{53}$（扯浩）系两个音节：$tshe^{21}$（扯）的汉语义是"水"；xau^{53}（浩）是 $xau^{53}zi^{21}$（浩日）的简化，汉语义是"会""会合""汇集"。所以，$tshe^{21}xau^{53}$（扯浩）连起来译成汉语就是"水会""水汇"，"扯浩峪"（长汉峪）就是"水会峪"，即几条溪水会合的地方。

这个山峪里有个叫"汉池"的地名，"汉"是土家语 xau^{53}（浩）的误记，而 xau^{53}（浩）又是 $xau^{53}zi^{21}$（浩日）的简化，"池"是土家语 $tshe^{21}$（扯）的误记。所以，"汉池"也是 $xau^{53}zi^{21}tshe^{21}$（浩日扯）的简化和误记，汉语义同样是"水会合"或"水汇总"的意思。实测此地有两条小溪在这里汇合，名实相符。

六观坪 $luŋ^{55}ku^{55}phin^{21}$

土家语与汉语结合运用的地名："六观"是土家语 $luŋ^{55}ku^{55}$（聋古）的音变与误记；"坪"是汉语，即"坪坝"。所以，这个地名应记作"聋古坪"。

土家语 $luŋ^{55}ku^{55}$（聋古）为一个音节，汉语义是"鳖"（Trionyx sinensis）。所以，"聋古坪"（六观坪）就是"团鱼坪"。

"鳖"俗称"团鱼""脚鱼""王八"，从前，此地团鱼多，因而得名。

十八关艮山 $se^{53}pa^{53}khua^{35}jəu^{55}san^{55}$

土家语与汉语结合运用的地名。"十八关艮"是土家语 $se^{53}pa^{53}khua^{35}jəu^{55}$ 的误记："十八"是 $se^{53}pa^{53}$（舍把）的音变，"关"是 $khua^{35}$（夸）的音转，"艮"是 $jəu^{55}$（优）的音变。"山"是汉语。因此，此地的原始名称应是"舍把夸优山"，按西部区的发音读作"色把夸优山"。

土家语 $se^{53}pa^{53}khua^{35}jəu^{55}$（舍把夸优）由 $se^{53}pa^{53}$（舍把）、$khua^{35}$（夸）和 $jəu^{55}$（优）三个音节组成：$se^{53}pa^{53}$（舍把）的汉语义是部落或土司衙门中主管具体事务的"小头领"，$khua^{35}$（夸）的汉语义是"官"，$jəu^{55}$（优）的汉语义是"村寨"。所以，$se^{53}pa^{53}khua^{35}jəu^{55}$（舍把夸优）连起来译成汉语就是"小头领官寨"，"舍把夸优山"（十八关艮山）就是"小头领官寨山"。

古代，此地是某个舍把头领的官寨所在地，故而得名。

三老凸　su^{55}lu^{35}pau^{35}

土家语与汉语结合运用的地名：“三老”是土家语 su^{55}lu^{35}（苏鲁）的误记；“凸”是汉语，但在当地不读作 tū（突），而是读作 báo (雹)，义为“山包”。因此，这个地方的原始名称应是“苏鲁包”。

su^{55}lu^{35}（苏鲁）是古老的土家语，据《梯玛神歌》诠释，其汉语义是“祖居”。所以，“苏鲁包”（三老凸）就是“祖居包”，即祖居的山包，也就是某姓人或某族人的“老屋场”。

杉木桥镇

位于县域北部，乡治距县城22公里；总面积91平方公里，其中耕地24000亩；辖27个行政村、2个居委会，351个村（居）民小组；2008年末总人口28033人。主要物产有稻谷、玉米、红薯、油菜、烤烟、柑橘、杜仲、黄豆，养殖业以生猪、山羊为主。

杉木桥 su³⁵mu⁵³tɕhiau⁵⁵

土家语与汉语结合运用的地名：“杉木”是土家语 $su^{35}mu^{53}$ 的汉字记音，但“杉”是 su^{35}（术）的误记；“桥”是汉语。所以，这个地名的准确记音应是“术木桥”，按西部区的发音读作“苏木桥”。

$su^{35}mu^{53}$（术木）是极其古老的土家语，已经失传，只在土家族原始宗教《服司妥》中保留，其汉语义是指的三类祖先：一是太公以上的男性祖宗；二是本民族共同的始祖；三是供奉的本民族的祖先神。简而言之，$su^{35}mu^{53}$（术木）就是“祖宗”“祖先”。所以，“术木桥”（杉木桥）就是“祖宗桥”。不仅是原始祖先建的桥，也是原始先民定居的地方。

人们普遍认为，“杉木桥”是因古代用杉木建桥于溪上而得名。1930年建立行政机构时也以“杉树桥”作名称，从此便被定了下来。其实，这是天大的误解。

黑石峪 $xa^{53}si^{21}jəu^{35}$

土家语与汉语结合运用的地名：“黑石”是土家语 $xa^{53}si^{21}$（哈司）的误记，“黑”是 xa^{53}（哈）的音变，“石”是 si^{21}（司）的误记；“峪”是汉语，即“山峪”。所以，这个地名的准确记音应是“哈司峪”。

土家语 $xa^{53}si^{21}$（哈司）为一个音节，是 $xa^{53}lie^{21}si^{21}$（哈列司）的简化，其中的 lie^{21}（列）属高降轻声，在长期的语流音变中脱落了，只留下词根 $xa^{53}si^{21}$（哈司），但含义未变，汉语义是“野杨梅”（Myrica L）。所以，“哈司峪”（黑石峪）就是“野杨梅峪”。

从前，此地野杨梅树多，是人们采摘杨梅的地方，故而得名。

三斗峪 $so^{53}tu^{55}jəu^{35}$

土家语与汉语结合运用的地名：“三斗”是土家语 $so^{53}tu^{55}$ 的汉字记音，但“三”是 so^{53}（梭）的音变；“峪”是汉语，即“山峪”。所以，这个地名的准确记音应是“梭斗峪”。

土家语 $so^{53}tu^{55}$（梭斗）系两个音节：so^{53}（梭）是 $so^{53}phe^{21}$（梭拍）的简化，汉语义是“雾”；tu^{55}（斗）的汉语义是“盖”“罩”。所以，$so^{53}tu^{55}$（梭斗）连起来译成汉语就是“雾盖”或“雾罩”，“梭斗峪”（三斗峪）就是“雾盖峪”或“雾罩峪”。

此地两山三谷，湿度大，早晚温差大，容易起雾，人们经常看到的是云飞雾遮，故而得名。

列　塆　$lie^{35}uan^{55}$

土家语与汉语结合运用的地名：“列”是土家语 lie^{35} 的汉字记音；“塆”是汉语，即“山塆”。

气势雄伟的土家转角楼

土家语 lie^{35}（列）的汉语义是“楼子”“楼房”，实际指的是“转角楼”。所以，$lie^{35}uan^{55}$（列塆）就是“楼子屋塆”，即建有转角楼的山塆。

此地临永不断流的溪水而建，从前，这儿有很多转角楼，故得“列塆”——“转角楼塆”之名。

四家柴　$si^{21}ke^{21}tshi^{35}$

纯粹的土家语地名，$si^{21}ke^{21}tshi^{35}$ 的汉字记音，但“家柴”是 $ke^{21}tshi^{35}$（格尺）的音变与误记。所以，这个地名应记作“四格尺”，按西部区的发音读作“四格次”。

土家语 $si^{21}ke^{21}tshi^{35}$（四格尺）由 si^{21}（四）和 $ke^{21}tshi^{35}$（格尺）两个音节组成：si^{21}（四）一般记为“司”，按东部区多数地方的语音应记为“石”，汉语义是“野兽”；$ke^{21}tshi^{35}$（格尺）的汉语义是“玩”“游玩”。所以，$si^{21}ke^{21}tshi^{35}$（四格尺）连起来译成汉语就是“野兽游玩”，即野兽多的地方。

从前此地山深水幽，古木葱茏，是各种野兽栖息的地方，故而得名。

四川溪 $si^{21}tsho^{53}tɕhi^{55}$

土家语与汉语结合运用的地名：“四川”是土家语 $si^{21}tsho^{53}$ 的汉字记音，但“川”是 $tsho^{53}$（濯）的误记；“溪”是汉语，即“溪沟”。所以，这个地名应记作“四濯溪”，按西部区的发音读作“四挫溪”。

土家语 $si^{21}tsho^{53}$（四濯）系两个音节：si^{21}（四）一般记为“司”，按东部区多数地方的语音应记为“石”，汉语义是“野兽”；$tsho^{53}$（濯）的汉语义是“屋”“窝”“巢”。所以，$si^{21}tsho^{53}$（四濯）连起来译成汉语就是“野兽窝”，“四濯溪”（四川溪）就是“兽窝沟”。

古时，此地古树参天，沟壑纵横，人迹罕至，各种野兽在这里繁衍栖息，俨然是个野兽窝，故而得名。

马　塔 $ma^{53}tha^{35}$

土家语与汉语结合运用的地名：“马”是土家语 ma^{53} 的汉字记音；“塔”是汉语，即“坪塔”，也泛指有坪塔的地方。

土家语 ma^{53}(马)的汉语义是“蜂子”(Apismellifera)。所以，“马塔”就是“蜂子塔”。

这个地方的土家人历来有养蜂习俗，家家户户都养蜂，成为一道亮丽风景，故而得名。

万　垭 $uan^{35}ŋa^{53}$

土家语与汉语结合运用的地名：“万”是土家语 uan^{35} 的汉字记音，“垭”是汉语，即“山口”。

uan^{35}（万）是古老的土家语，汉语义是“黄牛”（Bos taurus domeslica）。所以，“万垭”就是“黄牛垭”。

此地还有一个叫“万塆”的地名，也是土家语与汉语结合运用的地名，汉语义是“黄牛塆”。

五　坪 $u^{35}phin^{21}$

土家语与汉语结合运用的地名：“五”是土家语 u^{35}（务）的音变；“坪”是汉语，即“坪坝”。所以，这个地名应记作“务坪”。

现代土家语称“黄牛”（Bos taurus domeslica）为 u^{35}（务）。所以，“务坪”（五坪）就是“黄牛坪”。

“五岭”是此地又一土家语与汉语结合运用的地名，同“五坪”一样，译成汉语就是“黄牛岭”。

“万垭”“万塆”“五坪”“五岭”的“万”和“五”，分别为土家语 uan^{35} 和 u^{35} 的汉字记音，汉语义都是“黄牛”，区别只在于前者为古土家语，后者为现代土家语。此四地都以“黄牛”作地名，可见当时这一带养的黄牛较多，成为一道风景。

亩　垭　mu^{53}ŋa^{53}

土家语与汉语结合运用的地名：“亩”是土家语 mu^{53} 的汉字记音（一般记为“木”或“母”）；“坪”是汉语，即“坪坝”。

土家语称“竹子”（Bamboo sprout）为 mu^{53}lie^{35}（木列），但通常简省为 mu^{53}（木），例如“竹山”“竹园”就是 mu^{53}kho^{55}（木科）。所以，“木垭”（亩垭）就是“竹子垭”，即竹子多的山垭。

莫　坪　mu^{53}phin^{21}

土家语与汉语结合运用的地名：“莫”土家语 mu^{53} 的汉字记音（一般记为“木”或“母”）；“坪”是汉语，即“坪坝”。

这里的 mu^{53}（莫）与上一条的 mu^{53}（亩）同音同义，汉语义都是“竹子”（Bamboo sprout）。因此，“莫坪”就是“竹子坪”，都是因竹子多而得名。

香　车　ɕie^{35}tshe^{21}

纯粹的土家语地名，ɕie^{35}tshe^{21}（些扯）的误记：“香”是 ɕie^{35}（些）的误记，“车”是 tshe^{21}（扯）的音变。所以，这个地名应记作“些扯”，按西部区的发音读作“些测”。

土家语 ɕie^{35}tshe^{21}（些扯）系两个音节：ɕie^{35}（些）的汉语义是“铁”，tshe^{21}（扯）的汉语义是“水”。所以，ɕie^{35}tshe^{21}（些扯）连起来译成汉语就是“铁水”。

“铁水”在这里实指“锈水”。从前此地经常渗流黄色锈水，故而得名。

打古泉　ta^{53}ko^{53}tshan^{21}

土家语与汉语结合运用的地名：“打古”是土家语 ta^{53}ko^{53} 的汉字记音，但“古”是 ko^{53}（果）的音变与误记；“泉”是汉语，即“山泉”，不过，当地人不读作 quán（全），而是读作 cán（残）。所以，这个地名应记作“打果泉”。

土家语 ta^{53}ko^{53}（打果）是由两个单音节构成的一个复合音节，是反映人际关系的一个词。ta^{53}（打）的汉语义是“互相”，ko^{53}（果）的汉语义是

"打"；ta^{53}ko^{53}（打果）连起来就是"互相打"，即"打架""打仗"。所以，"打果泉"就是"打架泉"，"打仗泉"，即打架、打仗的地方。

古代的某个时期，这个地方可能发生过重大的械斗现象。也可能是东汉时期朝廷曾派大批官兵前来溇水征剿陈从、覃儿健、谭戎、詹山等的起义，在此地发生过战斗。总之，这个地名与打仗、斗殴有关。

胡　儿　xu^{21}zi^{55}

纯粹的土家语地名，xu^{21}zi^{55}的汉字记音，但"儿"是zi^{55}（日）的误记。在澧水流域的西南官话中，"日"与"儿"发音相同，只是声调有别，这是将土家语zi^{55}（日）误记为"儿"的根本原因。所以，这个地名应记作"胡日"。

土家语xu^{21}zi^{55}（胡日）为一个音节，是xu^{21}zi^{55}ma^{53}（胡日马）的省略，汉语义是"长工""佣人"，作为地名，xu^{21}zi^{55}（胡日）就是"长工多的地方"，或"长工住的地方"。古代的某个时期，这里的人给富人做长工、当佣人的较多，故而得名。

据史书记载，东汉光武时期进入溇中的一些汉族地主勾结官吏，充任"亭长""有秩""乡佐"等基层长吏，大肆侵吞掠夺土家人的山林土地，建立田庄，盘剥土家族人民，将不少人发往零阳、九溪，使其"奴事富人，为之服役"，沦为田庄的徒附和奴隶。此地以"长工""佣人"作地名绝非空穴来风，与当时的"田庄"一定有关。

娥　儿　ŋe^{35}e^{53}

纯粹的土家语地名，ŋe^{35}e^{53}（额耳）的误记："娥"是ŋe^{35}（额）的误记，严格地讲，以"额"记ŋe^{35}也不准确，只是音近而已，土家语ŋe^{35}没有一个汉字的读音能与之准确对应；"儿"是e^{53}（耳）的误记。

土家语ŋe^{35}e^{53}（额耳），现多简称为e^{53}（耳），古代土家语称为se^{35}（色），有的记为"舍"，汉语义是"猴子"（Macaca mulatta）。总之，"娥儿"就是ŋe^{35}e^{53}（额耳），就是"猴子"。

古时，此地是一片广漠的原野，是猴子出没的地方，因而就以猴子作了地名。

扯谷岩　tshe^{21}khu^{35}ŋai^{21}

土家语与汉语结合运用的地名："扯谷"是土家语tshe^{21}khu^{35}的汉字记音，但"谷"是khu^{35}（库）的音转，也是人们的附会。"岩"是汉语，但当地不读作yán（言），而是读作ái（挨），即"岩石"，也指具有某些岩石特征的地方。因此，这个地名的准确记音应是“扯库岩”，按西部区发音读作“测库岩”。

tshe^{21}khu^{35}（扯库）为一个音节，是古代土家语，汉语义是“麻”（Boehmeria-spp）。现代土家语称麻为tshi^{55}pa^{53}（次把）。所以，“扯库岩”（扯谷岩）就是“麻岩”，即麻多的地方。

娥场垭 o^{21}tso^{55}ŋa^{53}

土家语与汉语结合运用的地名：“娥场”是土家语o^{21}tso^{55}的汉字记音，但“场”是tso^{55}（捉）的误记；“垭”是汉语，即“山口”。所以，这个地名应记作“娥捉垭”，按西部区的发音读作“娥作垭”。

o^{21}tso^{55}（娥捉）为一个音节，是典型的土家语，汉语义为“梅山神”。所以，“娥捉垭”（娥场垭）就是“梅山神垭”。

梅山神，是土家族崇奉的狩猎神，自远古以来都设神堂供奉。因为她是狩猎神，所以，神堂多设置在山垭、山边的要道处。人们路过此处都要丢点柴草，以示敬意。狩猎开始前，大家都要前去祭拜，祈求平安、有所收获；收猎时，大家抬着猎物又去敬谢，然后当着梅山神的面分肉。从前，这个山垭上供有梅山神，是人们敬祭的地方，因此得名。

龙关坪 luŋ^{55}ku^{55}phin^{21}

土家语与汉语结合运用的地名：“龙关”是土家语luŋ^{55}ku^{55}（聋古）的音变与误记，也是人们的猜想与讹编；“坪”是汉语，即“坪坝”。所以，这个地名的准确记音应是“聋古坪”。

土家语luŋ^{55}ku^{55}（聋古）为一个音节，译成汉语是“鳖”（Trionyx sineis）。所以，“聋古坪”（龙关坪）就是“鳖坪”。

“鳖”，俗称“团鱼”“王八”“脚鱼”，生活在有沙石洞穴的溪河中。此地的溪河中多团鱼，因而得名。

株　枝 tsu^{55}tsu^{53}

纯粹的土家语地名，tsu^{55}tsu^{53}的汉字记音，但“枝”是tsu^{53}（主）的误记。所以，这个地名准确记音应是“株主”，按西部区的语音读作“租祖”。

土家语tsu^{55}tsu^{53}（株主）为一个音节，汉语义是“经线”。

土家织锦——“西兰卡普”，由纬线和经线编织而成，纬线，土家语叫tha^{55}phu^{55}（他普）。从前，此地的土家姑娘会编织“西兰卡普”，更会纺织这种织锦的“经线”，人们便以这种特产作了地名。

开老坡 $kha^{21}lu^{53}pho^{35}$

土家语与汉语结合运用的地名："开老"是土家语 $kha^{21}lu^{53}$（卡鲁）的音变与误记；"坡"是汉语，即"山坡"。所以，这个地名应记作"卡鲁坡"。

土家语 $kha^{21}lu^{53}$（卡鲁）系两个音节：kha^{21}（卡）的用途较广，变化也大，用作动词时，汉语义是"守"，用作名词时则是"柴""木""棺材"，此处应作"柴"讲；lu^{53}（鲁）的汉语义是"卖"。$kha^{21}lu^{53}$（卡鲁）连起来直译是"柴卖"，调换语序结构译成汉语是"卖柴"。所以，"卡鲁坡"（开老坡）就是"卖柴坡"。

古代，此地柴木多，樵夫也多，人们多以砍柴卖柴为生，故而得名。

尧老榜 $je^{21}lo^{21}pa^{21}$

纯粹的土家语地名，$je^{21}lo^{21}pa^{21}$ 的汉字记音，但"尧老"是 $je^{21}lo^{21}$（叶洛）的误记，"榜"是 pa^{21}（巴）的音变。所以，这个地名的准确记音应是"叶洛巴"。

土家语 $je^{21}lo^{21}pa^{21}$（叶洛巴）由 $je^{21}lo^{21}$（叶洛）和 pa^{21}（巴）两个音节组成：$je^{21}lo^{21}$（叶洛）译成汉语是"绕圈""盘旋"，凡是螺旋形或"之"字形的地形、山路等都称之为 $je^{21}lo^{21}$（叶洛）；pa^{21}（巴）的汉语义为"坡"。所以，$je^{21}lo^{21}pa^{21}$（叶洛巴）连起来译成汉语就是"绕圈坡"，即必须盘旋向上的山坡。

远老塆 $je^{21}lo^{21}uan^{55}$

土家语与汉语结合运用的地名："远老"是土家语 $je^{21}lo^{21}$（叶洛）的误记；"塆"是汉语，即"山塆"。所以，这个地名的准确记音应是"叶洛塆"。

土家语 $je^{21}lo^{21}$（叶洛）为一个音节，汉语义如上所述，是"绕圈""盘旋"。所以，"叶洛塆"（远老塆）就是须绕圈而进的山塆。详细释义见上条。

沙 沃 $sa^{53}o^{21}$

纯粹的土家语地名，$sa^{53}o^{21}$ 的汉字记音，但按西部区的发音应读作"撒沃"。土家语在该地消失几百年后，这个地名仍然保持着原来固有的本色，实在难得。

土家语 $sa^{53}o^{21}$（沙沃）系两个音节：sa^{53}（沙）的汉语义是"鸭子"（Anas da-mestica），o^{21}（沃）的汉语义是"围""圈养"。所以，$sa^{53}o^{21}$

(沙沃)连起来直译是“鸭子围”或“鸭子圈养”,调换语序结构译成汉语是“围鸭”,即圈养鸭子。用作地名,就是“圈养鸭子的地方”。

圈养鸭子,是土家人传承几千年的传统习俗。从前,此地的先民们有圈养鸭子的习俗,人们便以这种习俗作了地名。

新 性 $\c{c}ie^{35}\c{c}ie^{21}$

纯粹的土家语地名,$\c{c}ie^{35}\c{c}ie^{21}$ 的汉字记音,但“新”和“性”分别是 $\c{c}ie^{35}$(谢)和 $\c{c}ie^{21}$(邪)的音变与误记。所以,这个地名的准确记音应是“谢邪”。

土家语 $\c{c}ie^{35}\c{c}ie^{21}$(谢邪)为一个音节,译成汉语是“家畜”。

此地以“家畜”作地名,说明居住在这里的古代先民已由狩猎转入家庭养殖阶段。他们养殖牛、羊、猪、犬已经蔚然成风。

雅 庸 $a^{21}ju\eta^{53}$

纯粹的土家语地名,$a^{21}ju\eta^{53}$ 的汉字记音,但“雅”是 a^{21}(阿)的近音汉字替代。古时湘西区的语言中有 a^{21}(阿)音,但无“阿”字,用汉字记音时普遍用“牙”“鸦”“雅”之类的近音字来代替,此处就是以“雅”代 a^{21}(阿)。所以,这个地名的准确记音应是“阿庸”。

土家语 $a^{21}ju\eta^{53}$(阿庸)为一个音节。a^{21}(阿)原本只是一个发音词,并不具实际意义,但后来逐渐扩展为一种爱称、昵称,潜隐“我的……”之义。例如称“母亲”为 $a^{21}\c{\eta}ie^{55}$(阿捏),称“哥哥”为 $a^{21}kho^{53}$(阿可),称“妹妹”为 $a^{21}ju\eta^{53}$(阿庸)。正因为 a^{21}(阿)含有“我的……”之义,后来演变成 an^{35}(安),这就是现今澧水中上源区将“我”称“安”的由来。明代一位叫田畦的诗人对土家人的生活写道:“高髻螺鬟尽野妆/短衣宽袖半拖裳/儿夫不习衣冠语/逢着游人只道安。”

此处以 $a^{21}ju\eta^{53}$(阿庸)——“妹妹”作地名,含义就是某姓氏妹妹居住的地方。如果推远一点,它应该是古代女系氏族社会的历史遗留。

车公吕 $tsha^{21}khu^{55}li^{55}$

纯粹的土家语地名,$tsha^{21}khu^{55}li^{55}$(岔苦里)的误记,而 $tshe^{21}khu^{55}li^{55}$(岔苦里)又是 $tsha^{21}tsha^{21}khu^{55}li^{55}$(岔岔苦里)的省略与误记。土家语在该地消失后,汉语成为这里的主体语言,于是这个地名便迅速发生音变,原本重叠的 $tsha^{21}tsha^{21}$(岔岔)被省去一个。按土家语的发音,因而 $tsha^{21}$(岔)又被记为“车”。$khu^{55}li^{55}$(苦里)也发生了音变,衍化成了“公吕”。这样,$tsha^{21}tsha^{21}khu^{55}li^{55}$(岔岔苦里)就成了“岔苦里”,按西部区的发音读作“擦苦里”。

无论是 $tsha^{21}tsha^{21}khu^{55}li^{55}$（岔岔苦里），还是被衍化而成的 $tshe^{21}khu^{55}li^{55}$（岔苦里），译成汉语都是“蝗虫”（Acrida Chinensis Westw）。

“蝗虫”，俗称“蚂蚱”“蚱蜢”，当地又称“蚱米子”，是对农作物构成严重威胁的害虫。从前此地可能曾经发生过蝗灾，人们印象深刻，便以这种害虫作了地名。

蓄古栋 $ɕie^{53}kho^{55}tuŋ^{35}$

纯粹的土家语地名，$ɕie^{53}kho^{55}tuŋ^{35}$ 的汉字记音，但“蓄”是 $ɕie^{53}$（些）的音变与误记，“古”是 kho^{55}（可）的音变与误转，“栋”是 $tuŋ^{35}$（峒）的误记。所以，这个地名的准确记音应是“些可峒”。

土家语 $ɕie^{53}kho^{55}tuŋ^{35}$（些可峒）由 $ɕie^{53}kho^{55}$（些可）和 $tuŋ^{35}$（峒）两个音节组成：$ɕie^{53}kho^{55}$（些可）也叫 $ɕie^{53}kho^{55}lo$（些可洛），汉语义是“小鼎罐”；大鼎罐土家语叫 $ɕie^{53}phuŋ^{53}$（些朋）。$tuŋ^{35}$（峒）的汉语义是“村”“寨”。所以 $ɕie^{53}kho^{55}tuŋ^{35}$（些可峒）连起来译成汉语就是“小鼎罐寨”。

为什么叫“小鼎罐寨”呢？估计有两种可能：一是此地是一个小盆地，以“小鼎罐”作比喻性地名；二是从前此地有人铸制小鼎罐。

麻立栋 $ma^{53}li^{55}tuŋ^{35}$

纯粹的土家语地名，$ma^{53}li^{55}tuŋ^{35}$ 的汉字记音，但“栋”是 $tuŋ^{35}$（峒）的误记。所以，这个地名应记作“麻里峒”。

土家语 $ma^{53}li^{55}tuŋ^{35}$（麻里峒）由 $ma^{53}li^{55}$（麻里）和 $tuŋ^{35}$（峒）两个音节组成。$ma^{53}li^{55}$（麻立）译成汉语是“大家”，但可以扩展引申为以下三层意思：一是指“大伙”或“所有人”；二是“公共”“公有”；三是指“大的家庭”。无论属于哪种，其核心涵义是“公有”“公共”。$tuŋ^{35}$（峒）的汉语义是“村”“寨”。所以，$ma^{53}li^{55}tuŋ^{35}$（麻里峒）连起来译成汉语就是“公共寨”。

这个地名记录的是氏族部落时期土家人群居的生活图景，是十分珍贵的“活化石”。

沙儿栋 $sa^{55}zi^{21}tuŋ^{35}$

纯粹的土家语地名，$sa^{55}zi^{21}tuŋ^{35}$ 的误记：“儿”是 zi^{21}（日）的误记，在张家界地区，“日”读作“二”“儿”，故有此误；“栋”是 $tuŋ^{35}$（峒）的误记。所以，这个地名的准确记音应是“沙日峒”，按西部区的发音读作“撒日峒”。

土家语 sa^{55}zi^{21}tuŋ^{35}（沙日峒）由 sa^{55}zi^{21}（沙日）和 tuŋ^{35}（峒）两个音节组成：sa^{55}zi^{21}（沙日）的汉语义是“办公事”，在这里实际是指“办公事的人”，即 sa^{55}zi^{21}ma^{21}（沙日马）；tuŋ^{35}（峒）的汉语义是“村”“寨”。所以，“沙日峒”（沙儿栋）连起来译成汉语就是“办公事人寨”。

古代的某个时期，此地曾出过有名望的为部落、土司衙门办理公务的人员，村寨也因此而“沾光”。

颂老湾 suŋ^{35}lo^{21}uan^{55}

土家语与汉语结合运用的地名：“颂老”是土家语 suŋ^{35}lo^{21} 的汉字记音，但“老”是 lo^{21}（洛）的音变；“湾”是汉语，即“河湾”“水湾”。所以，这个地名应记作“颂洛湾”。

土家语 suŋ^{35}lo^{21}（颂洛）系两个音节：suŋ^{35}（颂）的汉语义是“鱼”，lo^{21}（洛）的汉语义是“游玩”；suŋ^{35}lo^{21}（颂洛）连起来译成汉语是“鱼游”或“鱼玩”。所以，“颂洛湾”（颂老湾）就是“鱼玩湾”，即鱼自由自在游玩的溪湾。

从前，这条溪沟里鱼多，由于人迹罕至，“众鱼”悠然自得，因而得名。

国太桥乡

位于县域北部，东邻常德市石门县白云桥乡，北抵石门县磨石镇，乡治距县城52公里；辖10个行政村、1个居委会，103个村（居）民小组；总面积57.62平方公里，其中耕地10006亩；2008年末总人口8108人。主要物产除粮食外，有棉花、桐油、茶叶、杜仲等，矿藏有雄磺、硫黄、煤等。

毕家垭 pi³⁵tɕi⁵⁵ŋa⁵³

土家语与汉语结合运用的地名："毕家"是土家语 pi³⁵tɕi⁵⁵ 的汉字记音，但"家"是 tɕi⁵⁵（基）的音变；"垭"是汉语，即"山口"。所以，这个地名应记作"毕基垭"。

土家语 pi³⁵tɕi⁵⁵（毕基）是土家人的自称，即"土家"。所以，"毕基垭"（毕家垭）就是"土家垭"，即土家族世居的地方。详细释义参看桑植县两河口乡"笔架村"。

牛连山 ȵi³⁵ȵi⁵⁵san⁵⁵

土家语与汉语结合运用的地名："牛连"是土家语 ȵi³⁵ȵi⁵⁵（尼妮）的误记，"山"是汉语。所以，这个地名的准确记音应是"尼妮山"。

土家语 ȵi³⁵ȵi⁵⁵（尼妮）为一个音节，有的也称为 ȵi³⁵zu³⁵（尼汝），汉语义是"白颈长尾雉"（Syrmaticusellioti）。所以，"尼妮山"（牛连山）就是"白颈雉山"。

"白颈长尾雉"是雉鸡中的一种，以颈部有白羽毛与红腹角雉相区别。从前，这里白颈雉多，因而得名。

泥巴场 li³⁵pu⁵⁵tsha³⁵

纯粹的土家语地名，li³⁵pu⁵⁵tsha³⁵ 的误记："泥巴"是 li³⁵pu⁵⁵（利布）的误记，"场" tsha³⁵（岔）的误记。所以，这个地名的准确记音应是"利布岔"，按西部区的发音读作"利布嚓"。

土家语 li³⁵pu⁵⁵tsha³⁵（利布岔）由 li³⁵pu⁵⁵（利布）和 tsha³⁵（岔）两个音节组成：li³⁵pu⁵⁵（利布）的汉语义是"稻谷"（Oryza sativa L），tsha³⁵（岔）的汉语义是"好"。所以，li³⁵pu⁵⁵tsha³⁵（利布岔嚓）连起来直译是"稻谷好"，调换语序结构译成汉语是"好稻谷"。用作地名，就是产好稻谷的地方。

这一地区属于山区，坡多田少，从前多种植玉米、红薯，惟有此处垦有稻田种植水稻，故而得名。

公母山　ka^{21}muŋ^{21}se^{21}

纯粹的土家语地名，ka^{21}muŋ^{21}se^{21}（嘎蒙色）的误记。

土家语 ka^{21}muŋ^{21}se^{21}（嘎蒙色）为一个音节，汉语义是“枫香树”(Liquidambar formosana)。

“枫香树”别称“枫杨”，俗称“枫树”。从前此地枫树多，便以这种树名作了地名。参看桑植县陈家河镇“夹石河”。

麦碾塔　mu^{53}lie^{35}tha^{55}

土家语与汉语结合运用的地名：“麦碾”是土家语 mu^{53}lie^{35}（母列）的音变与误记，也是人们的附会与讹编；“塔”是汉语，即“坪塔”，一般泛指有坪塔的地方。所以，这个地名的准确记音应是“母列塔”。

土家语称“竹子”（Bamboo sprout）为 mu^{53}lie^{35}（母列），但在日常用语中常常简化为 mu^{53}（母）。所以，“母列塔”（麦碾塔）就是“竹子塔”。从前，此地是一片竹林，故而得名。

望观冲　uan^{55}ku^{53}tshuŋ^{55}

土家语与汉语结合运用的地名：“望观”是土家语 uan^{55}ku^{53}（万古）的音变与误记；“冲”是汉语，指山间的平地，如“韶山冲”。所以，这个地名的准确记音应是“万古冲”。

土家语 uan^{55}ku^{53}（万古）为一个音节，是 uan^{55}ku^{53}tshi^{21}（万古次）的省略，是土家语的一个修饰语，汉语义为“弯弯的”。所以，“万古冲”(望观冲）就是“弯弯的山冲”。

战古丘　za^{35}ku^{53}tɕhie^{55}

纯粹的土家语地名，za^{35}ku^{53}tɕhie^{55} 的汉字记音，但“战”是 za^{35}（日阿）的近音汉字替代，“丘”是 tɕhie^{55}（且）的误记。所以，这个地名的准确记音应是“日阿古且”。

土家语 za^{35}ku^{53}tɕhie^{55}（日阿古且）由 za^{35}ku^{53}（日阿古）和 tɕhie^{55}（且）两个音节组成：za^{35}ku^{53}（日阿古）的汉语义是“茶叶”（Camellia sinensis）；tɕhie^{55}（且）是 tɕhie^{55}lie^{53}（且列）的简化，汉语义是“山”或“山坡”。所以，za^{35}ku^{53}tɕhie^{55}（日阿古且）连起来译成汉语就是“茶叶山”或“茶叶坡”。

从前，这里是一片茶园，出产的茶叶远近闻名，人们便以这种特产作了地名。

白泥地 $po^{21}ȵi^{35}tie^{53}$

纯粹的土家语地名，$po^{21}ȵi^{35}tie^{53}$（波泥爹）的汉字记音，但“白”是 po^{21}（波）的误记，“地”是 tie^{53}（爹）的误记。所以，这个地名应记作“波泥爹”。

土家语 $po^{21}ȵi^{35}tie^{53}$（波泥爹）为一个音节，汉语义是“小孩子”。土家语对不同的人群有着不同的称谓，如称“男人”为 $lo^{53}pa^{35}tie^{53}$（裸八爹），称“女人”为 $ma^{21}ma^{21}tie^{53}$（麻麻爹），称“小孩子”则是 $po^{21}ȵi^{35}tie^{53}$（波泥爹）或 $lo^{53}pi^{35}tie^{53}$（裸必爹）。所以，“波泥爹”（白泥地）就是“小孩子”；用作地名，就是小孩子多的地方。

从前的某个时期，此地出生小孩多，人丁兴旺，故而得名。

庄 塌 乡

位于县域北部，北与常德市石门县九伙坪乡接壤，乡治距县城45公里；辖11个行政村、1个居委会，93个村（居）民小组；总面积54平方公里，其中耕地5734亩；2008年末总人口7006人。主要粮食作物有玉米、水稻，经济作物有茶叶、烤烟，矿藏有煤、铁等，森林覆盖率达80%。

新　车　ɕie^{53}tshe^{21}

纯粹的土家语地名，ɕie^{53}tshe^{21}的汉字记音，但“新”是ɕie^{53}（写）的音变；“车”是tshe^{21}（扯）的音变。因此，这个地名的准确记音应是“写扯”，按西部区发音读作“写测”。

土家语ɕie^{53}tshe^{21}（写扯）系两个音节：ɕie^{53}（写）的汉语义是“铁”，tshe^{21}（扯）的汉语义是“水”。所以，ɕie^{53}tshe^{21}（写扯）连起来译成汉语就是“铁水”，在这里是指“锈水”；用作地名，就是出锈水的地方。

此地蕴藏煤炭、硫铁矿等矿产，地下的出水多为黄红色锈水，故而得名。

金刚坝　tɕi^{21}ka^{35}pa^{21}

纯粹的土家语地名，tɕi^{21}ka^{35}pa^{21}的汉字记音，但“金”是tɕi^{21}（吉）的误记，“刚”是ka^{35}（嘎）的误记，pa^{21}一般记为“巴”。所以，这个地名的准确记音应是“吉嘎巴”。

土家语tɕi^{21}ka^{35}pa^{21}（吉嘎巴）系三个音节：tɕi^{21}（吉）的汉语义是“脚”，ka^{35}（嘎）的汉语义是“咬”；tɕi^{21}ka^{35}（吉嘎）连起来直译是“脚咬”，调换语序结构译成汉语是“咬脚”。pa^{21}（巴）的汉语义是“山坡”。所以，tɕi^{21}ka^{35}pa^{21}（吉嘎巴）连起来译成汉语就是“咬脚坡”。

此地地下埋藏某种有毒矿物，渗出的液体或气体，人的脚一接触即受到腐蚀伤害，人们便以tɕi^{21}ka^{35}（吉嘎）——“咬脚”作了警示性地名。

铁路垮　thi^{55}lai^{55}uan^{55}

土家语与汉语结合运用的地名：“铁路”是土家语thi^{55}lai^{55}（梯乃）的误记；“塆”是汉语，即“山塆”。因此，这个地名的准确记音应是“梯乃塆”。

土家语thi^{55}lai^{55}（梯乃）为一个音节，是thi^{55}thi^{55}lai^{55}（梯梯乃）的简

化，汉语义为药用植物“山药”（Dioscorea opposita Thunb）。所以，“梯乃垮”（铁路垮）就是“山药垮”，以生长山药多而得名。详细释称参看金岩土家族乡“铁来垮”。

车　垮　$tshe^{21}uan^{55}$

土家语与汉语结合运用的地名：“车”是土家语 $tshe^{21}$（扯）的音变；“垮”是汉语，即“山垮”。所以，这个地名应记作“扯垮”，按西部区的发音读作“测垮”。

土家语 $tshe^{21}$（扯）的汉语义是“水”。所以，“扯垮”（车垮）就是“水垮”，即水源充足的山垮。

落马溪　$lo^{55}mu\eta^{53}t\varphi hi^{55}$

土家语与汉语结合运用的地名：“落马”是土家语 $lo^{55}mu\eta^{53}$（裸猛）的误记；“溪”是汉语，即“溪沟”。所以，这个地名的准确记音应是“裸猛溪”。

土家语 $lo^{55}mu\eta^{53}$（裸猛）为一个音节，是土家人对自己部落或部落联盟首领头人的敬称，汉语义就是“大王”，俗称“土王”。所以，“裸猛溪”（落马溪）就是“首领沟”或“大王沟”，是从前某部落酋长居住过或埋葬的地方。

蔡坑垭　$tshe^{21}khe^{53}\eta a^{21}$

土家语与汉语结合运用的地名：“蔡坑”是土家语 $tshe^{21}khe^{53}$（测克）的音变与误记，其中的 $tshe^{21}$ 记作“测”是按西部区的语音的记音，按东部区多数地方的语音应记作“扯”；“垭”是汉语，即“山垭”。所以，这个地名的准确记音应是“测克垭”或“扯克垭”；当地人的实际发音，仔细听来也是“测克垭”，而不是“蔡坑垭”。

土家语 $tshe^{21}khe^{53}$（测克）系两个音节：$tshe^{21}$（测）多误记为“泽”“车”，汉语义是“水”；khe^{53}（克）的汉语义是“挑”。$tshe^{21}khe^{53}$（测克）连起来直译是“水挑”，调换语序结构译成汉语是“挑水”；所以，“测克垭”（蔡坑垭）就是“挑水垭”。

从前，这个山垭上水源奇缺，人畜饮用水都须从远处挑来，故而得名。

新家峪　$\c{c}in^{35}ka^{53}j\partial u^{55}$

纯粹的土家语地名，$\c{c}in^{35}ka^{53}j\partial u^{55}$（信嘎优）的音变与误记。

土家语 $\c{c}in^{35}ka^{53}j\partial u^{55}$（信嘎优）由 $\c{c}in^{35}ka^{53}$（信嘎）和 $j\partial u^{55}$（优）两个

音节组成：$ɕin^{35}ka^{53}$（信嘎）的汉语义是“绿色”，如说“绿茵茵”就是$ɕin^{35}ka^{53}pu^{53}lu^{21}pu^{53}lu^{21}$（信嘎补录补录）；$jəu^{55}$（优）的汉语义是“村庄”“寨子”。所以，$ɕin^{35}ka^{53}jəu^{55}$（信嘎优）连起来译成汉语便是“绿色的村庄”。

土家语对自然界的各种颜色有着非常分明的概念。对“黑色”称之为$lan^{35}kai^{53}$（烂该），“白色”称之为$a^{21}si^{21}$（阿司），“红色”称之为$mian^{55}tɕie^{21}$（免姐），而对“绿色”则称之为$ɕin^{35}ka^{53}$（信嘎）。从前，这个村庄的周围全是茂密的树林，远处望去，满目黛绿苍茫，故得其名。参看永定区教字垭镇“兴家岗”。

打卦溪 $ta^{53}ko^{53}tɕhi^{55}$

土家语与汉语结合运用地名：“打卦”是土家语$ta^{53}ko^{53}$的汉字记音，但“卦”是ko^{53}（果）的音变与误记；“溪”是汉语，即“溪沟”。所以，这个地名的准确记音应是“打果溪”。

土家语$ta^{53}ko^{53}$（打果）为一个音节，汉语义是“打架”。所以，“打果溪”（打卦溪）就是“打架沟”。

历史上的某个时期，居住在这条溪沟里的人们人际关系紧张，吵架打架是家常便饭。对此人们印象深刻，于是，便以这种现象作了地名。

广东塆 $kuan^{55}to^{35}uan^{55}$

土家语与汉语结合运用地名：“广东”是土家语$kuan^{55}to^{35}$（贯夺）的误记，也是文化人的猜想与附会；“塆”是汉语，即“山塆”。所以，这个地名准确一点应记为“贯夺塆”。

土家语$kuan^{55}to^{35}$（贯夺）为一个音节，汉语义是“自己”。所以，“贯夺塆”（广东塆）就是“自己塆”，即“自己的山塆”。

土家语有着自己的人称代词，如称“你”为$ȵi^{35}$（逆），称“他”为ko^{35}（过），称“我”为$ŋa^{35}$（厄阿），称“自己”则为$kuan^{55}to^{35}$（贯夺）。对于“自己”一词，按照土家人的语言习俗，可以表示“自己家庭”，可以表示“自己家族”，也可以表示“自己部落”。

麻　坑 $ma^{53}khe^{53}$

纯粹的土家语地名，$ma^{53}khe^{53}$（马克）的误记。

土家语$ma^{53}khe^{53}$（马克）系两个音节：ma^{53}（马）的汉语义是“蜂子”（Apismellifera），khe^{53}（克）的汉语义是“挑”。$ma^{53}khe^{53}$（马克）连起来直译是“蜂子挑”，调换语序结构译成汉语就是“挑蜂子”。

风云千古，沧海桑田，土家人一直喜欢饲养蜜蜂，并且世代传承着饲养蜜蜂的技艺。每到春夏之交，人们便将四处寻找巢穴的蜜蜂从山野间聚来，集养于木制蜂桶之中，有的放置在屋檐下饲养，有的则一桶桶挑到繁花盛开的荒野间寄放，或挑到岩屋洞穴里喂着，条条溪旁摆满蜂桶，山野田间蜂桶星罗棋布，喷香的繁花之间，群蜂嗡嗡飞翔，别是一番风情，这就是著名的土家族“挑蜂”习俗。从前，此地“挑蜂”习俗盛行，故而得名。

西角尖 ɕi²¹kho²¹tɕian⁵⁵

土家语与汉语结合运用的地名：“西角”是土家语 ɕi²¹kho²¹ 的汉字记音，但“角”是 kho²¹（科）的音转；“尖”是汉语，通常表示“尖山”，一般泛指“山尖”。所以，这个地名应记作“西科尖”。

土家语 ɕi²¹kho²¹（西科）为一个音节，有的地方称为 si²¹kho²¹（思科），汉语义是“升子”。所以“西科尖”（西角尖）就是“升子山”，因此山状若升子而得名。

同汉族一样，土家人使用的量具也是石、斗、升、盒。土家人使用的“升子”有圆桶形和方形两种，均以木为质，以下大上平为其特征。

老木尖 luŋ⁵⁵muŋ⁵³tɕian⁵⁵

土家语与汉语结合运用的地名：“老木”是土家语 luŋ⁵⁵muŋ⁵³（聋猛）的误记；“尖”是汉语，通常指“山尖”或“尖山”，一般泛指“山”。所以，这个地名的准确记音应是“聋猛尖”。

土家语 luŋ⁵⁵muŋ⁵³（聋猛）为一个音节，汉语义是一种称为“三月黄”的“大麦”（Hordeum Vulgare L）。所以，“聋猛尖”（老木尖）就是“大麦山”，是从前先民们广种大麦的地方。

戈 塔 ku³⁵tha³⁵

纯粹的土家语地名，ku³⁵tha³⁵ 的汉字记音，但“戈”是 ku³⁵（固）的误记。因此，这个地名应记作“固塔”。

土家语 ku³⁵tha³⁵（固塔）为一个音节，有的记为“古它”，可以简化为 ku³⁵（固），汉语义是“脸”。

“脸”在土家人意识中有着宽广的含义，诸如“脸面”“面子”“颜面”“盖面”“头面”“头等”等，核心含义是“盖过一切”“光彩一方”。此地以 ku³⁵tha³⁵（固塔）——“脸”为名，表示古代先民认为此地是块脸面，是盖过一切的好地方。

滑桐坡 o^{21}thuŋ^{53}pho^{55}

土家语与汉语结合运用的地名：“滑桐”是土家语 o^{21}thuŋ^{53}（禾桶）的音变与误记，有的记为“窝桶”。庆幸的是，记名人虽然记音欠准，但没有牵强附会刻意编造，基本保持了地名的原始发音。“坡”是汉语，即“山坡”。所以，这个地名的准确记音应是“禾桶坡”。

土家语 o^{21}thuŋ^{53}（禾桶）为一个音节，汉语义是一种烤火取暖的设施“火桶”。如果要细分，其中的 o^{21}（禾）是“围”“围着”，thuŋ^{53}（桶）是“窝”“巢”，o^{21}thuŋ^{53}（禾桶）就是围着的坐窝。所以，“禾桶坡”（滑桐坡）就是“火桶坡”，即流行“火桶”的地方。

古代，土家人冬天取暖方式主要是靠燃柴烤火，一家老小围坐在火塘四周，一边烤火御寒，一边说笑谈天。为让老人们烤火舒适，家家都备有“火桶”，供老人烤火时打坐。这种“火桶”都为圆桶形，直径约两尺。其瓦形靠背高出人头，前端除留下坐凳部分而外，桶壁全部空缺作成门形。烤火时将其置放于火塘一侧。“火桶”全部用木料作成，木材有梧桐、杉木、柏木、楠木等。一般的用一截大树直接做成，有的用木板镶接而成。坐火桶烤火是土家人的一种时尚，一方风情，也是儿女们对老人的一片孝心。

风火嘴 xuŋ^{55}xo^{53}tsui^{21}

土家语与汉语结合运用的地名：“风火”是土家语 xuŋ^{55}xo^{53} 的汉字记音，有的记为“封合”或“封火”，有的记为“风合”，但“风”“封”都是 xuŋ^{55}（轰）的误记。这是因为在当地“风”“封”不是读作 fēng，而是读作 hōng，故有此误。“嘴”是汉语，指“山嘴”。所以，这个地名的准确记音应是“轰火嘴”。

土家语 xuŋ^{55}xo^{53}（轰火）为一个音节，汉语义是“火砖墙”，实际是指以火砖为墙的房子，俗称“封合桶子”。所以，“轰火嘴”（风火嘴）就是“建有封合桶子的山嘴”，因建有以火砖为墙的房子而得名。

象 市 镇

位于县域西北部，镇治距县城45公里；辖23个行政村、1个居委会，256个村（居）民小组；总面积100.4平方公里，其中耕地22748亩；2008年末总人口24385人。主要物产除粮食外，有柑橘、茶叶、杜仲、烤烟，矿藏有烟煤、硫铁等。

尖抓住 tɕie³⁵tsu²¹tsu³⁵

纯粹的土家语地名，tɕie³⁵tsu²¹tsu³⁵（借主住）的误记。“借主住”，按西部区的发音读作“借祖租”。

此地有“大尖抓住”和“小尖抓住”两个地名，“大”与“小”是就面积规模而言的，以示两地的区别，核心是“尖抓住”。

土家语tɕie³⁵tsu²¹tsu³⁵（借主住）由tɕie³⁵tsu²¹（借主）和tsu³⁵（住）两个音节组成：tɕie³⁵tsu²¹（借主）的汉语义是“帕子”，tsu³⁵（主）的汉语义是“出”“出产”。tɕie³⁵tsu²¹tsu³⁵（借主住）连起来直译是“帕子出”，调换语序结构译成汉语是“出帕子”；作为地名，就是出产帕子的地方。

古往今来，土家族是一个与“帕子”为伴的民族，不分男女一律头戴“帕子”。女人们都有一方精美的小方巾配在身边，男女成年定亲时，女方也要挑一条长巾，外加一个香袋送给男方作定情之物。这些帕子有“打花”“挑花”两类，花纹、配色、工艺都十分讲究。从前，此地的土家姑娘心灵手巧，打花巾、挑花巾都非常有名，人们便以这种特产作了地名。

力　山 li³⁵san⁵⁵

土家语与汉语结合运用的地名：“力”是土家语li³⁵的汉字记音，“山”是汉语。

土家语li³⁵（力）大多记为“李”“利”“立”，汉语义是“老虎”(Panthena tignis)。所以，“力山”就是“老虎山”。

从前，此地尚未开发，是一片古木参天、幽谷纵横的原野，老虎栖息其间，故而得名。

距“力山”不远还有一地叫“力垭”，也是土家语与汉语结合运用的地名，如上所述，其汉语义就是“老虎垭”，即老虎经常出没的山垭。

蛇　公　$se^{53}ke^{21}$

纯粹的土家语地名，$se^{53}ke^{21}$ 的误记："蛇"是 se^{53}（舍）的音变；"公"是 ke^{21}（格）的误记。所以，这个地名的准确记音应是"舍格"，按西部区的发音读作"色格"。

土家语 $se^{53}ke^{21}$（舍格）系两个音节：se^{53}（舍）汉语义是"猴子"（Macaca mulatta）；ke^{21}（格）是 $ke^{21}tshi^{35}$（格尺）的简化，汉语义是"游玩"。所以，$se^{53}ke^{21}$（舍格）或 $se^{53}ke^{21}tshi^{35}$（舍格尺）连起来译成汉语就是"猴子玩"。作为地名，就是猴子游玩的地方。

se^{53}（舍）是一个极其古老的土家语，但现今的土家语已不再用，现代土家语称猴子为 e^{53}（耳）。由此可以断定这个地名产生于极其遥远的古代。可以想象那时此地是一片广漠的原野，人迹罕至，是各种猴子生活的乐园。依据这一特点，人们便以 $se^{53}ke^{21}$（舍格）——"猴子玩"作了地名。

太　平　$thai^{55}pi^{53}$

纯粹的土家语地名，$thai^{55}pi^{53}$（胎比）的音变与误记。

土家语 $thai^{55}pi^{53}$（胎比）为一个音节，是一个方位词，汉语义为"对门""对面""对岸"，这里是指"对面的村寨"。因这个村寨在溪河的对面，人们便以这个方位作了村名。

综观土家族居住区的地名中，诸如"太平山""太平溪""太平峪"等地名不少，其中绝大部分都是土家语 $thai^{55}pi^{53}$（胎比）的附会与误记，也反映了土家人民对太平生活的一种期盼。

才这塔　$tshe^{21}tsa^{53}tha^{55}$

土家语与汉语结合运用的地名："才这"是土家语 $tshe^{21}tsa^{53}$ 的汉字记音，但"才"是 $tshe^{21}$（测）的音变，东部区多数地方的实际发音是"扯"；"这"是 tsa^{53}（扎）的误记。"塔"是汉语，即"坪塔"。所以，这个地名的准确记音应是"测扎塔"，按西部区的发音读作"测咱塔"，而按东部区多数地方的发音应读作"扯扎塔"。

土家语 $tshe^{21}tsa^{53}$（测扎）为一个音节，汉语义是"洗澡"，所以"测扎塔"（才这塔）就是"洗澡塔"。

土家人所称的"洗澡"与汉语所称的"洗澡"，其内涵是不完全相等的。汉语所称"洗澡"一般是指在澡盆、澡堂里洗浴，以净身为目的；土家人所称"洗澡"除了汉语"洗澡"的上述内涵外，还包括下河戏水、泅水（游泳），后者以嬉戏、解热为主要目的。古时，此处有水潭，是先民们常去洗澡的地方，故而得名。

乐家塆 $lo^{53}ka^{21}uan^{55}$

土家语与汉语结合运用的地名：“乐家”是土家语 $lo^{53}ka^{21}$（洛嘎）的音变与误记，“乐”是 lo^{53}（洛）的音变，“家”是 ka^{21}（嘎）的近音汉字替代；“塆”是汉语，即“山塆”。所以，这个地名的准确记音应是“洛嘎塆”。

土家语 $lo^{53}ka^{21}$（洛嘎）为一个音节，汉语义是“女孩”；所以，“洛嘎塆”（乐家塆）就是“女孩塆”。从前的某个时期，此地出生的女孩子多，成为一种人口特征，人们便以“女孩塆”作了地名。

土家语对不同年龄段的女人有着不同的称谓：对未成年的“女孩子”古土家语叫 $a^{21}je^{21}lai^{55}$（阿耶来），现代土家语叫 $lo^{53}ka^{21}$（洛嘎）；对已成年但未出嫁的姑娘叫 $pi^{35}jəu^{55}$（必优）；对已经出嫁的成年女性叫 $lo^{53}ka^{21}ȵi^{55}$（罗嘎尼）。

第　思 $ti^{53}si^{21}$

纯粹的土家语地名，$ti^{53}si^{21}$ 的汉字记音。

土家语 $ti^{53}si^{21}$（第思）系两个音节，是一个极其古老的土家语，原汁原味。ti^{53}（第）的原本含义是指捕鱼工具“搬罾”，但也用于捕野兽，称为“兽网”或“兽罾”；si^{21}（思）一般记为“司”，汉语义是“野兽”。所以，$ti^{53}si^{21}$（第思）连起来译成汉语就是“罾兽”，即“用罾捕兽”。

土家人曾经经历过漫长的狩猎时期，创造过射、套、网、毒、关等多种狩猎方法，其中很多方法一直延续到今天。此地就是古代先民用“搬罾”捕兽的地方，故而得名。

苏子垭 $su^{35}si^{53}ŋa^{53}$

土家语与汉语结合运用的地名：“苏子”是土家语 $su^{35}si^{53}$ 的汉字记音，但“子”是 si^{53}（司）的音转；“垭”是汉语，即“山口”。所以，这个地名的准确记音应是“苏司垭”。

土家语 $su^{35}si^{53}$（苏司）有的称 $su^{35}ɕi^{53}$（苏西），均为一个音节，汉语义是“板栗”（Castanea mollissima）。所以，“苏司垭”（苏子垭）就是“板栗垭”。

这里的“板栗”既指板栗果，也指板栗树，是二者的简称。“板栗果”，土家语叫 $su^{35}si^{53}pu^{35}li^{55}$（苏司布利）或 $su^{35}ɕi^{53}pu^{35}li^{55}$（苏西布利），其中的 $su^{35}si^{53}$（苏司）或 $su^{35}ɕi^{53}$（苏西）是“板栗”，$pu^{35}li^{55}$（布利）是“果实”“果”；“板

栗树”，土家语则称 $su^{35}si^{53}kha^{21}mu\eta^{21}$（苏司卡蒙）或 $su^{35}\text{ç}i^{53}kha^{21}mu\eta^{21}$（苏西卡蒙），其中 $kha^{21}mu\eta^{21}$（卡蒙）是“树”。

人世溪 $zi^{53}si^{21}t\text{ç}hi^{55}$

土家语与汉语结合运用的地名。“人世”是土家语 $zi^{53}si^{21}$ 的误记：“人”是 zi^{53}（日）的音变，“世”一般记为“石”。“溪”是汉语，即“溪沟”。所以，这个地名的准确记音应是“日石溪”，按西部区的发音读作“日司溪”。

土家语 $zi^{53}si^{21}$（日石）系两个音节：zi^{53}（日）的汉语义是“网”，si^{21}（石）的汉语义是“野兽”；$zi^{53}si^{21}$（日石）连起来译成汉语是“网兽”。所以，“日石溪”（人世溪）就是“网兽溪”或“网兽沟”。

这条山溪居于万山丛中，群峰叠嶂，幽谷纵横，古代是一片古树葱茏、藤萝漫挂的原野，各种野兽栖息其间，是人们网兽、套兽的理想场所，因而得名。

旭　日 $\text{ç}i\text{ə}u^{55}zo^{35}$

纯粹的土家语地名，$\text{ç}i\text{ə}u^{55}zo^{35}$（秀若）的误记：“旭”是 $\text{ç}i\text{ə}u^{55}$（秀）的误记，在当地“旭”不读 xù（叙），而是读作 xiù（秀），故有此误记；“日”是 zo^{35}（若）的音变。将 $\text{ç}i\text{ə}u^{55}zo^{35}$（秀若）记为“旭日”，也是用汉语猜测比附，从而牵强附会的结果。

$\text{ç}i\text{ə}u^{55}zo^{35}$（秀若）是古老的土家语，系两个音节：$\text{ç}i\text{ə}u^{55}$（秀）的汉语义为“开辟”“开垦”“治理”；$zo^{35}$（若）的汉语义是“土地”。所以，$\text{ç}i\text{ə}u^{55}zo^{35}$（秀若）连起来译成汉语就是“开辟土地”或“开垦土地”，相当于现今所说的“开荒斩草”“启垦山林”。

遥想当年，土家先民来到这里，开发了这片土地，使之成为今人的美好家园，为纪念他们的功绩，人们便以他们的开辟行为作了地名。

洞 溪 乡

位于县域南部，南与本市永定区、常德市桃源县接壤，乡治距县城78公里；辖13个行政村，177个村民小组；总面积120.79平方公里，其中耕地15168亩；2008年末总人口10910人。境内有钼、镍、磷、硫等稀有矿藏，尤以钼、镍矿贮量大、品位高；特产七星椒为省内外畅销食品，1999年获湖南省农博会银奖；森林资源丰富，盛产松、杉、樟木，木材蓄积量近3万立方米，是慈利县林业大乡之一。

无子盐 $u^{35}tsi^{53}jəu^{55}$

纯粹的土家语地名，$u^{35}tsi^{53}jəu^{55}$的汉字记音，但“无”和“盐”分别是u^{35}（务）和$jəu^{55}$（优）的音变。所以，这个地名的准确的记音应是“务子优”。

土家语$u^{35}tsi^{53}jəu^{55}$（务子优）系三个音节：u^{35}（务）的汉语义是“黄牛”（Bos taurus domestica），tsi^{53}（子）的汉语义是“猪”（Sus scrofa domes-tica Brisson），$jəu^{55}$（优）的汉语义是“村寨”。所以，$u^{35}tsi^{53}jəu^{55}$（务子优）连起来译成汉语就是“牛猪寨”，即牛和猪都多的地方。

五　塔 $u^{35}tha^{15}$

土家语与汉语结合运用的地名：“五”是土家语u^{35}（务）的音变，“塔”是汉语，即“坪塔”。所以，这个地名的准确记音应是“务塔”。

土家语u^{35}（务）的汉语义是黄牛（Bos taurus domestica）。所以，“务塔”（五塔）就是“黄牛塔”，即黄牛多的地方或放牧黄牛多的地方。

五方头 $u^{35}xua^{21}thu^{21}$

纯粹的土家语地名，$u^{35}xua^{21}thu^{21}$（务花土）的误记。

土家语$u^{35}xua^{21}thu^{21}$（务花土）由u^{35}（务）和$xua^{21}thu^{21}$（花土）两个音节组成：u^{35}（务）的汉语义是“黄牛”（Bos taurus domestica），$xua^{21}thu^{21}$（花土）的汉语义是“师傅”；所以，$u^{35}xua^{21}thu^{21}$（务花土）连起来译成汉语就是“牛师傅”，即“牛郎中”“兽医”。从前，此地畜牧业发达，兽医也很出名，故而得名。

囮田塆 $lo^{35}thie^{53}uan^{55}$

土家语与汉语结合运用的地名：“囮田”是土家语$lo^{35}thie^{53}$的汉字记

音，但“𡆍”是自造字，实际发音为luō（罗）；“田”是$thie^{53}$（贴）的音变。“塆”是汉语，即“山塆”。因此，这个地名的准确记音应是“罗贴塆”。

土家语$lo^{35}thie^{53}$（罗贴）为一个音节，汉语义原指锁口口袋。这种口袋多用布缝成桶形，一端开口并可用绳索扎紧。后来，凡是敞口袋、衣裤口袋等一律统称$lo^{35}thie^{53}$（罗贴）。所以，“罗贴塆”（𡆍田塆）就是“口袋塆”。因这个山塆像一个口袋而得名。

车内峪 $tshe^{21}lo^{21}jəu^{35}$

土家语与汉语结合运用的地名。“车内”是土家语$tshe^{21}lo^{21}$的音变与误记：“车”是$tshe^{21}$（扯）的音变，“内”是lo^{21}（落）的误记。“峪”是汉语，即“山峪”。所以，这个地名的准确记音应是“扯落峪”，按西部区的发音读作“测落峪”。

土家语称“水”为$tshe^{21}$（扯），称“大水山洪”为$tshe^{21}lo^{21}$（扯落），称“齐天大水”为$tshe^{21}lo^{21}li^{55}lo^{21}$（扯落里落）；所以，“扯落峪”（车内峪）就是“大水峪”。

此地每遇山洪暴发，便被洪水淹没，而且久久难退，故得“大水峪”之名。

陈花沟 $tshe^{21}xuan^{55}kəu^{35}$

土家语与汉语结合运用的地名：“陈花”是土家语$tshe^{21}xuan^{55}$（扯欢）的音变与误记；“沟”是汉语，即“山沟”“溪沟”。所以，这个地名的准确记音应是“扯欢沟”，按西部区的发音读作“测欢沟”。

土家语$tshe^{21}xuan^{55}$（扯欢）系两个音节：$tshe^{21}$（扯）的汉语义是“水”，$xuan^{55}$（欢）的汉语义是“淹”“淹没”“淹盖”；$tshe^{21}xuan^{55}$（扯欢）连起来译成汉语是“水淹”。所以，“扯欢沟”（陈花沟）就是“水淹沟”。

“扯欢沟”同“扯落峪”一样，每遇山洪暴发，周围即被山洪淹没，故而得名。

春三溪 $tshe^{21}sa^{53}tɕhi^{55}$

土家语与汉语结合运用的地名。“春三”是土家语$tshe^{21}sa^{53}$的音变与误记：“春”是$tshe^{21}$（扯）的误记，“三”是sa^{53}（萨）的误记。“溪”是汉语，即“溪沟”“山溪”。因此，这个地名的准确记音应是“扯萨溪”，按西部区的发音读作“测萨溪”。

土家语 tshe[21]sa[53]（扯萨）系两个音节：tshe[21]（扯）的汉语义是“水”，sa[53]（萨）的汉语义是“冷”“凉”；tshe[21]sa[53]（扯萨）连起来直译是“水凉”“水冷”，调换语序结构译成汉语是“冷水”“凉水”。所以，“扯萨溪”（春三溪）就是“冷水溪”或“凉水沟”。

此地泉水多，流程长，水特别冷，故而得名。

达宝岭 to[35]pu[53]lin[53]

土家语与汉语结合运用的地名：“达宝”是土家语 to[35]pu[53]（夺不）的音变与误记；“岭”是汉语，即“山岭”。因此，这个地名的准确记音应是“夺不岭”。

土家语 to[35]pu[53]（夺不）为一个音节，汉语义是一种别称“破荚”“打荚”的“红豆”。所以，“夺不岭”（达宝岭）就是“破荚岭”或“打荚岭”，即出产这种红豆的地方。

土家人世世代代住在山区，养成了种植杂粮的习惯。这些杂粮除了大麦、小麦、荞而外，还有绿豆、红豆、滚豆、饭豆等。

麻因垭 ma[53]jin[21]ŋa[21]

土家语与汉语结合运用的地名：“麻因”是土家语 ma[53]jin[21] 的汉字记音，但“麻”是 ma[53]（马）的误记；“垭”是汉语，即“山口”。所以，这个地名应记作“马因垭”。

土家语 ma[53]jin[21]（马因）为一个音节，汉语义是“彩虹”。土家语对彩虹还有一种叫法即 pu[35]（补）。所以，“马因垭”（麻因垭）就是“彩虹垭”。

土家人家用的石磨

夏秋时节，行雨过后，彩虹往往从这个山垭升起，蔚为壮观。因此，人们便以 ma[53]jin[21]（马因）——“彩虹”作了地名。

白竹坡 po[55]tso[55]pho[35]

土家语与汉语结合运用的地名：“白竹”是土家语 po[55]tso[55]（博着）的误记；“坡”是汉语，即

“山坡”。所以，这个地名的准确记音应是“博着坡”，按西部区的发音读作“博作坡”。

土家语 po^{55}tso^{55}（博着）为一个音节，汉语义是“石磨”，俗称“磨子”。所以，“博着坡”（白竹坡）就是“磨子坡”。

此地以“磨子”命名有三种可能：一是此地有山状如石磨；二是此地曾经有石匠打制石磨；三是此地家家户户都用石磨加工粮食。

安理村 ŋan^{35}ȵi^{21}tshun^{55}

土家语与汉语结合运用的地名：“安理”是土家语 ŋan^{35}ȵi^{21} 的汉字记音，但“理”是 ȵi^{21}（妮）的音变；“村”是汉语，即“村寨”。所以，这个地名的准确记音应是“安妮村”。

土家语 ŋan^{35}ȵi^{21}（安妮）为一个音节，汉语义是“我们”。所以，“安妮村（安理村）就是“我们村”或“我们的村”。

土家语的人称代词也有第一人称、第二人称、第三人称三类，类别分明。如称“我们”或“我们的”就是 ŋan^{35}ȵi^{21}（安妮）或 ŋan^{35}ȵi^{21}ȵie^{21}（安妮捏），称“你们”或“你们的”就是 se^{35}ȵi^{21}（色妮）或 se^{35}ȵi^{21}ȵie^{21}（色妮捏），称“他们”或“他们的”就是 ke^{53}tse^{21}（格则）或 ke^{53}tse^{21}ȵie^{21}（格则捏）。

按照土家语的规律判断，这个地名应该形成于部落时期。那时，人群以姓氏、血缘结成集团并聚族而居，常常以“我们”“他们”或“你们”加以区别。

立企山 li^{35}tɕhi^{53}san^{55}

土家语与汉语结合运用的地名：“立企”是土家语 li^{35}tɕhi^{53} 的汉字记音，一般记为“利乞”或“利起”；“山”是汉语。

土家语 li^{35}tɕhi^{53}（立企）系两个音节：li^{35}（立）的汉语义是“老虎”(Panthra tigris)，tɕhi^{53}（企）的汉语义是“大”。li^{35}tɕhi^{53}（立企）连起来直译是“虎大”，调换语序结构译成汉语是“大虎”。所以，“立企山”就是“大虎山”。

此地位于大山深处，境内山幽水回，沟壑纵横，古时是一片古木参天的原野，有老虎栖息其间，人们便以“大虎山”作了地名。

奔坝坳 puŋ^{53}pa^{35}ŋau^{35}

土家语与汉语结合运用的地名：“奔坝”是土家语 puŋ^{53}pa^{35} 的汉字记音，但“奔”是 puŋ^{53}（崩）的音变；“坳”是汉语，即“山坳”。所以，这个地名的准确记音应是“崩坝坳”。

土家语 $pu\eta^{53}pa^{35}$（崩坝）系两个音节，汉语义是两种日常生活用具：$pu\eta^{53}$（崩）是 $po^{55}u\eta^{53}$（波翁）的简省，实际上是 po^{55}（波）、$u\eta^{53}$（翁）快读拼合的结果，汉语义是蒸饭用的“甑子”；pa^{35}（坝）的汉语义是“茶盘”。所以，“崩坝坳”（奔坝坳）就是“甑子茶盘坳”。

用甑子、茶盘作地名很可能是从前此地居住有专做饭甑、茶盘的木匠师傅，他制作的此类用具远近闻名。

核家坡 $xa^{35}ka^{55}pho^{35}$

土家语与汉语结合运用的地名：“核家”是土家语 $xa^{35}ka^{55}$（哈嘎）的误记，“核”是 xa^{35}（哈）的音变，“家”是 ka^{55}（嘎）的近音汉字替代；“坡”是汉语，即“山坡”。所以，这个地名的准确记音应是“哈嘎坡”。

土家语 $xa^{35}ka^{55}$（哈嘎）系两个音节：xa^{35}（哈）是 $khe^{55}xa^{35}$（克哈）的简化，汉语义是指“山坳上的平地”；ka^{55}（嘎）是 $lau^{55}ka^{55}$（老嘎）的简化，汉语义是“大”“最大”。$xa^{35}ka^{55}$（哈嘎）或 $khe^{55}xa^{35}lau^{55}ka^{55}$（克哈老嘎）连起来直译是“山坳上的平地大”，调换语序结构译成汉语是“山坳上的大平地”。所以，“哈嘎坡”（核家坡）就是“山坳上的大平地坡”，或者说“山坡顶上的坪坝”。

麻姑塆 $ma^{53}khu^{35}uan^{55}$

土家语与汉语结合运用的地名：“麻姑”是土家语 $ma^{53}khu^{35}$ 的汉字记音，但“姑”是 khu^{35}（哭）的音转；“塆”是汉语，即“山塆”。所以，这个地名的准确记音应是“麻哭塆”。

土家语 $ma^{53}khu^{35}$（麻哭）为一个音节，是 $ma^{53}khu^{35}li^{55}$（麻哭里）的省略，其中的 li^{55}（里）属词尾轻声，在长期的语流音变中被省略了，只留下词根 $ma^{53}khu^{35}$（麻哭），但含义仍存，译成汉语就是“疟蚊”（Culex）。所以，“麻哭塆”（麻姑塆）就是“疟蚊塆”。

南溪村 $lan^{21}t\mathrm{ɕ}hi^{55}tshai^{55}$

纯粹的土家语地名，$lan^{21}t\mathrm{ɕ}hi^{55}tshai^{55}$ 的汉字记音，但“南”是 lan^{21}（兰）的音变，这是因为在张家界地区，“南”“兰”发音相同，没有人能分得出其中的细微差别；“溪”是 $t\mathrm{ɕ}hi^{55}$（期）的音变，在张家界地区方言中，“溪”不读作 xī（西），而是读作 qī（期），故有此误；“村”是 $tshai^{55}$（猜）的音变与误记。所以，这个地名的准确记音应是“兰期猜”。

土家语 $lan^{21}t\mathrm{ɕ}hi^{55}tshai^{55}$（兰期猜）为一个音节，汉语义是“天黑”或

“夜晚”。

土家语对天象有着不同的称谓，例如称“白天”为 thian^{55}ȵiau^{21}（天鸟），称“天亮”为 me^{35}su^{21}（噻苏），称“天黑”或“夜晚”则是 lan^{21}tɕhi^{55}tshai^{55}（兰期猜）。此地位于大山谷中，村寨多在山坡下的沟谷之间，古时山崖高峻，古木参天，日照不足，光线阴暗，白天犹如黑夜。根据这一特点，人们便以 lan^{21}tɕhi^{55}tshai^{55}（兰期猜）——“天黑”作了比喻性地名。

插花洞 tshe^{21}xu^{21}tuŋ^{35}

土家语与汉语结合运用的地名：“插花”是土家语 tshe^{21}xu^{21}（扯胡）的误记；“洞”是汉语，即“山洞”“水洞”“洞穴”。所以，这个地名的准确记音应是“扯胡洞”，按西部区的发音读作“测胡洞”。

土家语 tshe^{21}xu^{21}（扯胡）系两个音节：tshe^{21}（扯）的汉语义是“水”，xu^{21}（胡）的汉语义是“喝”；tshe^{21}xu^{21}（扯胡）连起来直译是“水喝”，调换语序结构译成汉语是“喝水”。所以，“扯胡洞”（插花洞）就是“喝水洞”，是古代先民们喝水的地方。

籽荒坪 tsi^{53}xuan^{21}phin^{21}

土家语与汉语结合运用的地名：“籽荒”是土家语 tsi^{53}xuan^{21} 的汉字记音，但 tsi^{53} 一般记为“子”；“荒”是 xuan^{21}（欢）的音变。“坪”是汉语，即“坪坝”。所以，这个地名的准确记音应是“子欢坪”。

土家语 tsi^{53}xuan^{21}（子欢）系两个音节：tsi^{53}（子）的汉语义是“猪”（Sus scrofadomestica Brisson）；xuan^{21}（欢）的汉语义是“满”“掩”，相当于“遍地都是”，实际就是“多”。tsi^{53}xuan^{21}（子欢）连起来直译是“猪多”，调换语序结构译成汉语是“多猪”。所以，“子欢坪”（籽荒坪）就是“多猪坪”。

从前，居住在这里的土家先民畜牧业发达，家家户户养殖生猪多，故而得名。

帐子垭 za^{21}tsi^{53}ŋa^{53}

土家语与汉语结合运用的地名：“帐子”是土家语 za^{21}tsi^{53} 的汉字记音，但“帐”是 za^{21}（日阿）的近音汉字替代；“垭”是汉语，即“山垭”。因此，这个地名的准确记音应是“日阿子垭”。

土家语 za^{21}tsi^{53}（日阿子）系两个音节：za^{21}（日阿）的汉语义是“鸡”（Gallus domestica），tsi^{53}（子）的汉语义是“猪”（Sus scrofa domestica）。

所以，$za^{21}tsi^{53}$（日阿子）连起来译成汉语就是“鸡猪”。“日阿子垭”（帐子垭）就是“鸡猪垭”，即鸡多猪多的地方。

从前，这个山垭上的先民们有饲养家禽家畜的习惯，六畜兴旺，尤以鸡、猪为多，故得其名。

大摩障 $tu^{55}mu^{35}tsa^{35}$

纯粹的土家语地名，$tu^{55}mu^{35}tsa^{35}$（都谋扎）的误记，按西部区的发音读作“都谋杂”。

土家语 $tu^{55}mu^{35}tsa^{35}$（都谋扎）由 $tu^{55}mu^{35}$（都谋）和 tsa^{35}（扎）两个音节组成：$tu^{55}mu^{35}$（都谋）的汉语义是“纱”，包括棉纱、麻纱；tsa^{35}（扎）的汉语义是“纺”。$tu^{55}mu^{35}tsa^{35}$（都谋扎）连起来直译是“纱纺”，调换语序结构译成汉语是“纺纱”；用作地名，就是纺纱人家多的地方。

从前，这里的土家先民家家会纺纱，成为一方特色，因而得名。

乌麂岩 $u^{35}tɕi^{53}ŋai^{21}$

土家语与汉语结合运用的地名：“乌麂”是土家语 $u^{35}tɕi^{53}$ 的汉字记音，不过通常记为“屋基”；“岩”是汉语，即“岩石”，泛指具有某些岩石特征的地方。

土家语 $u^{35}tɕi^{53}$（屋基）为一个音节，汉语义是“粮仓”“仓库”。所以，“屋基岩”（乌麂岩）就是“仓岩”。

此地以“粮仓”作地名，原因可能有二：其一，古代，此地曾经建过粮仓，是某头领储藏粮食的地方；其二，此地土肥水美，盛产粮食，人们以“粮仓”誉之。

着风岗 $za^{21}xau^{35}kan^{55}$

土家语与汉语结合运用的地名：“着风”是土家语 $za^{21}xau^{35}$（日阿浩）的音变与误记，“着”是 za^{21}（日阿）的近音汉字替代，“风”是 xau^{35}（浩）的音变；“岗”是汉语，即“山冈”。因此，这个地名的准确记音应是“日阿浩冈”。

土家语 $za^{21}xau^{35}$（日阿浩）系两个音节：za^{21}（日阿）的汉语义是“鸡”（Gallus domestica），xau^{35}（浩）的汉语义是“几多”“好多”。$za^{21}xau^{35}$（日阿浩）连起来直译是“鸡好多”，调换语序结构译成汉语就是“好多鸡”。所以，“日阿浩冈”（着风岗）就是“好多鸡的山冈”。

“多鸡”有两种情况：一是古时此地是一片无人居住的荒原，栖息的野鸡、山鸡多；二是这里的先民们爱养鸡，饲养的家鸡多。

孔江塔 kha^{21}tɕie^{35}tha^{35}

土家语与汉语结合运用的地名："孔江"是土家语 kha^{21}tɕie^{35}（卡借）的误记，"孔"是 kha^{21}（卡）的近音汉字替代，"江"是 tɕie^{35}（借）的音变；"塔"是汉语，即"坪塔"，也泛指有坪塔的地方。所以，这个地名的准确记音应是"卡借塔"。

土家语 kha^{21}tɕie^{35}（卡借）为一个音节，汉语义是"树芽""树苗"（有的地方也包括"树枝"）。所以，"卡借塔"（孔江塔）就是"树苗塔"，即培植树苗的地方。

这个地名，显示当地人们在遥远的古代就有了培植苗木的习俗，并掌握了繁植苗木的技能，具有朴素的环保意识。

距"孔江塔"不远有一地名叫"孔将塔"，其含义与"孔江塔"完全相同。

田弓溪 thie^{35}ku^{21}tɕhi^{55}

土家语与汉语结合运用的地名："田弓"是土家语 thie^{35}ku^{21}（贴古）的音变与误记；"溪"是汉语，即"溪沟"。所以，这个地名的准确记音应是"贴古溪"。

土家语 thie^{35}ku^{21}（贴古）为一个音节，是 thie^{35}ku^{21}san^{53}（贴古伞）的省略，san^{53}（伞）是词尾高降轻音，在长期的语流音变中脱落了，只留下词根 thie^{35}ku^{21}（贴古），但含义未变，译成汉语是小蘖科植物"淫阳藿"（Epimedium grandiHorum）。因此，"贴古溪"（田弓溪）就是"淫阳藿沟"，因生长淫阳藿多而得名。

淫阳藿，性温，功能壮阳填精，是土家药匠治疗男人早泄阳痿和妇女宫冷不孕的要药。从前，这条溪沟里生长有淫阳藿，是人们常去采药的地方，因而得名。

杰家垭 tɕie^{35}khe^{53}ŋa^{53}

土家语与汉语结合运用的地名："杰家"是土家语 tɕie^{35}khe^{53} 的汉字记音，但"家"当地读 gā（嘎），是 khe^{35}(克)的音变；"垭"是汉语，即"山垭"。所以，这个地名的准确记音应是"杰克垭"。

土家语 tɕie^{35}khe^{53}（杰克）为一个音节，汉语义是"漆"。所以，"杰克垭"（杰家垭）就是"漆垭"。

土家语称"漆树"（Toxicodendron Vernifluum）为 tɕie^{35}khe^{53}khe^{53}muŋ^{21}（杰克卡蒙）。从前，这个山垭上漆树多，出产的漆远近知名，故得其名。

马食塔 $ma^{53}si^{21}tha^{35}$

土家语与汉语结合运用的地名：“马食”是土家语 $ma^{53}si^{21}$ 的汉字记音，但“食”一般记作“石”；“塔”是汉语，即“坪塔”，也泛指有坪塔的地方。所以，这个地名的准确记音应是“马石塔”，按西部区的语音读作“马司塔”。

土家语 $ma^{53}si^{21}$（马石）系两个音节：ma^{53}（马）的汉语义是“蜂子”，这里实指土家山区的“雷蜂”；si^{21}（石）的汉语义是“肉”。所以，$ma^{53}si^{21}$（马石）连起来译成汉语就是“蜂肉”；“马石塔”（马食塔）就是“蜂肉塔”，即“有蜂肉”或“蜂肉多的地方”。

“蜂肉”就是“蜂蛹”“蜂儿”。从前，此地雷蜂多，人们获得的蜂蛹也多，故得“蜂肉塔”之名。

七老塆 $t\c{c}hi^{35}la^{55}uan^{55}$

土家语与汉语结合运用的地名：“土老”是土家语 $t\c{c}hi^{35}la^{55}$ 的汉字记音，但“老”是 la^{55}（拉）的音变与误记；“塆”是汉语，即“山塆”。所以，这个地名的准确记音应是“七拉塆”。

土家语 $t\c{c}hi^{35}la^{55}$（七拉）为一个音节，译成汉语是“裹脚”。因此，“七拉塆”（七老塆）就是“裹脚塆”。

至新中国成立以来的几千年里，土家人是使用“裹脚”的。但土家人所使用的“裹脚”，其物品前后不同，含义也不完全一样。大略在清朝雍正年间“改土归流”前，土家人使用的“裹脚”是一种“袜裤”。这种“袜裤”用长约一尺、宽约一尺二寸的夹层棉布做成长方形，挑绣花纹图案，系上布扣或布带，然后卷扣在小腿上。这种“袜裤”男女皆佩戴，式样亦同，称为 $t\c{c}hi^{35}la^{55}$（七拉）。“改土归流”后，裹小脚习俗逐渐进入土家山区，不少妇女也开始了裹足，所使用的“裹脚”为长条形，但都素面无纹饰。

此地以“裹脚”作地名，有两种可能：一是这个山塆极其狭窄但却深长，犹如裹脚布一样，属于比喻。二是此地古代的“袜裤”精美绝伦，远近知名，因而得名。

笔儿垴 $pi^{35}e^{53}\eta\!\!,au^{53}$

土家语与汉语结合运用的地名：“笔儿”是土家语 $pi^{35}e^{53}$ 的汉字记音，但一般记为“毕尔”；“垴”是汉语，即“山垴”。

土家语 $pi^{35}e^{53}$（毕尔）为一个音节，原来的全称是 $pi^{35}khui^{55}e^{53}khui^{55}$（毕

亏尔亏），其中 $pi^{35}khui^{55}$（毕亏）的汉语义是“小”，$e^{53}khui^{55}$（尔亏）汉语义也是“小”，两者连起来是“小小”。后来，人们弃繁就简，将 $pi^{35}khui^{55}$（毕亏）和 $e^{53}khui^{55}$（尔亏）的词尾 $khui^{55}$（亏）省略，留下词根 $pi^{35}e^{53}$（毕尔），但其义仍存，仍是“小小”。所以，这“毕尔垴”（笔儿垴）就是“小小垴”，即小而又小的山垴。

大地垱 $tha^{55}tie^{53}tan^{35}$

土家语与汉语结合运用的地名：“大地”是土家语 $tha^{55}tie^{53}$（它爹）的误记，“大”是 tha^{55}（它）的音转，“地”是 tie^{53}（爹）的音变；“垱”是汉语，本义为“小土堤”，这里作“地方”。因此，这个地名的准确记音应是“它爹垱”。

土家语 $tha^{55}tie^{53}$（它爹）为一个音节，是 $tha^{55}tie^{53}lai^{55}tɕi^{35}$（它爹来吉）的简化，是古土家语，汉语义是“哭嫁”。“哭嫁”现代土家语叫 $ta^{53}pho^{55}$（打坡）。所以，“它爹垱”（大地垱）就是“哭嫁垱”，即时兴哭嫁习俗的地方。“哭嫁”是土家人特有的婚嫁习俗，详细释义参看永定区三家馆乡“大培”。

地　塌 $ti^{53}tha^{53}$

纯粹的土家语地名，$ti^{53}tha^{53}$ 的汉字记音，但“塌”是 tha^{53}（它）的音变。所以，这个地名准确一点应记为“地它”。

土家语 $ti^{53}tha^{53}$（地它）系两个音节：ti^{53}（地）的汉语义是捕鱼网兽的“罾”，tha^{53}（它）的汉语义为“织”。$ti^{53}tha^{53}$（地它）连起来直译是“罾织”，调换语序结构译成汉语是“织罾”；用作地名，就是有人织罾的地方。

此地从前有能工巧匠编织鱼罾，故而得名。

罗金盘 $lo^{53}tɕhi^{53}pa^{53}$

纯粹的土家语地名，$lo^{53}tɕhi^{53}pa^{53}$ 的汉字记音，但“金”是 $tɕhi^{53}$（其）的误记，“盘”是 pa^{53}（八）的误记。所以，这个地名的准确记音应是“罗其八”。

土家语 $lo^{53}tɕhi^{53}pa^{53}$（罗其八）由 lo^{53}（罗）和 $tɕhi^{53}pa^{53}$（其八）两个音节组成：lo^{53}（罗）的汉语义是“人”，$tɕhi^{53}pa^{53}$（其八）的汉语义是“大”。$lo^{53}tɕhi^{53}pa^{53}$（罗其八）连起来直译是“人大”，调换语序结构译成汉语是“大人”；作为地名，就是大人居住的地方。

土家语所指的“大人”，综合起来大致有四种：一是首领和头人，二是家族族长，三是村寨寨老，四是本民族有一定官位和影响力的人。此处以“大人”冠名，一定是古代精英人士居住的地方。

枣儿塔 $tse^{21}e^{21}tha^{35}$

土家语与汉语结合运用的地名。“枣儿”是土家语 $tse^{21}e^{21}$ 的误记：“枣”是 tse^{21}（则）的音变，“儿”作为 e^{21} 的记音，与 tse^{21}（则）连用时，一般记作“二”。“塔”是汉语，即“坪塔”。所以，这个地名应记作“则二塔”，按东部区的发音读作“哲二塔”。

土家语 $tse^{21}er^{21}$（则二）为一个音节，汉语义是“大米”。所以，“则二塔”（枣儿塔）就是“大米塔”，即出产大米的地方。这里的出产大米，实际是指出产稻谷并非是加工大米。

忠儿岗 $tsuy^{55}e^{21}kaa^{55}$

土家语与汉语结合运用的地名。“忠儿”是土家语 $tsi^{21}e^{21}$（直二）的音变与误记；“岗”是汉语，即“山冈”。所以，这个地名的准确记音应是“直二冈”，按西部区的发音读作“自二冈”。

土家语 $tsi^{21}e^{21}$（直二）为一个音节，汉语义是“大米”。所以，“直二冈”（忠儿岗）就是“大米冈”，即产稻谷、大米的地方。

麻如塆 $ma^{53}zi^{21}uan^{55}$

土家语与汉语结合运用的地名：“麻如”是土家语 $ma^{53}zi^{21}$（马日）的误记，“麻”是 ma^{53}（马）的音变，“如”是 zi^{21}（日）音变与误记；“塆”是汉语，即“山塆”。所以，这个地名的准确记音应是“马日塆”。

土家语 $ma^{53}zi^{21}$（马日）系两个音节：ma^{53}（马）的汉语义是“蜂子”(Apismellifera)，zi^{21}（日）的汉语义是“多”。$ma^{53}zi^{21}$（马日）连起来直译是“蜂子多”，调换语序结构译成汉语是“多蜂子”。所以，“马日塆”(麻如塆）就是“多蜂子的山塆”。

此地以“多蜂”命名，不外乎两种情况：一是这里的先民爱养蜂，蜜蜂多；二是这里土雷蜂、梭雷蜂、王哪炸等野蜂多。

巩家山 $ken^{55}kai^{21}san^{55}$

土家语与汉语结合运用的地名：“巩家”是土家语 $ken^{55}kai^{21}$（根改）的误记，“巩”是 ken^{55}（根）的音变；“家”当地读 g ā（嘎），是 kai^{21}（改）的音变。“山”是汉语。所以,这个地名的准确记音应是“根改山”。

土家语 $ken^{55}kai^{21}$（根改）为一个音节，汉语义是“滚”“滚下”“崩下”“跌倒”，这里取“崩”义。因此，“根改山”（巩家山）就是“崩山”。

古时，这里曾经发生过泥石流之类的山崩现象，后来较长时期还有滚石头的现象发生，故而得“崩山”之名。

硝檐岗 $çi^{35}je^{55}kan^{55}$

土家语与汉语结合运用的地名：“硝檐”是土家语 $çi^{35}je^{55}$（西野）的音变与误记，“岗”是汉语，即“山冈”。因此，这个地名的准确记音应是“西野冈”。经过长期的语流音变过程，经受过客家语的长期冲击，能将消失很久的土家语 $çi^{35}je^{55}$（西野）保持到这种程度，也算是难得了。

土家语 $çi^{35}je^{55}$（西野）为一个音节，汉语义是一种学名叫“萹蓄草”（polygonum auiculare）的草药。所以“西野冈”（硝檐岗）就是“萹蓄草冈”，是萹蓄草多的地方。

萹蓄草，能清热除湿通淋，是土家药医治疗泌尿系统疾病的要药。

大浒溪 $ta^{21}xu^{21}tçhi^{55}$

土家语与汉语结合运用的地名：“大”“溪”是汉语，“浒”是土家语 xu^{21} 的汉字记音，不过一般记为“湖”。

土家语 xu^{21}（湖）的汉语义是“山与山之间的谷地”，俗称“山谷”或“沟谷”。所以，“大湖溪”（大浒溪）便是大山谷中的溪沟。

大浒溪发源于五里垭，经大浒入枧潭、桃源县境，最后流入沅江。

仕明岗 $si^{21}mi^{21}kan^{55}$

土家语与汉语结合运用的地名：“仕明”是土家语 $si^{21}mi^{21}$ 的汉字记音，但“仕”记作“石”；“明”是 mi^{21}（米）的音变。“岗”是汉语，即“山冈”。所以，这个地名的准确记音应是“石米冈”，按西部区的发音读作“司米冈”。

土家语 $si^{21}mi^{21}$（司米、石米）为一个音节，汉语义是“精肉”，即“瘦肉”。所以，“石米冈”（仕明岗）就是“精肉冈”。

山冈以“精肉”冠名，是一种比喻。凡是好的地方，土家人都是以“肥肉坨”和“精肉嘎嘎”来做比喻，显得自豪和自信。这个山冈田多水好，土地肥美，是一块值得夸赞的土地，故而得名。

老家山 $lau^{55}ka^{55}san^{55}$

土家语与汉语结合运用的地名：“老家”是土家语 $lau^{55}ka^{55}$ 的汉字记音，但“家”是 ka^{55}（嘎）的近音汉字替代，实际上，“家”在当地就读作“嘎”；“山”是汉语。所以，这个地名应记作“老嘎山”。

土家语 lau⁵⁵ka⁵⁵（老嘎）为一个音节，是一个修饰语，涵义是“最大”“顶大”。所以，“老嘎山”（老家山）就是“最大的山”。比较而言，这座山是当地的头号山，故而得名。

叶古山 $jan^{21}ku^{35}san^{55}$

土家语与汉语结合运用地名：“叶古”是土家语 $jan^{21}ku^{35}$ 的汉字记音，但“叶”是 jan^{21}（言）的音变；“山”是汉语。所以，这个地名的准确记音应是“言古山”。

$jan^{21}ku^{35}$（言古）为一个音节，是古老的土家语中的一个方位词，显示的涵义是“后面”“后边”。所以，“言古山”（叶古山）就是“后面山”。

核家榔 $xa^{53}kha^{21}la^{55}$

纯粹的土家语地名，$xa^{53}kha^{21}la^{55}$（哈卡拉）的误记：“核”是 xa^{53}（哈）的音变，“家”是 kha^{21}（卡）的近音汉字替代，“榔”是 la^{55}（拉）的音变。

准确地讲，这个地名原本叫 $xa^{53}la^{55}kha^{21}$（哈拉卡），也可以简化为 $xa^{53}kha^{21}$（哈卡），译成汉语是木兰科植物“白兰”（Maqnolia denudata）或“白兰树”“白兰林”。然而不知何时经何人之手，将 $xa^{53}la^{55}kha^{21}$（哈拉卡）颠换了顺序，改成了 $xa^{53}kha^{21}la^{55}$（哈卡拉），并改 la^{55}（拉）为汉语的“榔”，含义也变成“林”了。尽管顺序作了改变，但其含义没有变，“哈卡拉”（核家榔）仍然是“白兰林”。

白兰，别称白兰花，也称白玉兰，常青乔木，花白色，奇香，是庭院重要树种。此地从前是一片白兰树林，故得其名。

胡凹堰 $xu^{21}khui^{55}jəu^{55}$

纯粹的土家语地名，$xu^{21}khui^{55}jəu^{55}$ 的汉字记音。但 xu^{21} 一般记为“湖”；“凹”当地读作 ku í（溃），是 $khui^{55}$ 的记音；“峪”是 $jəu^{55}$（优）的音变。所以，这个地名的准确记音应是“湖溃优”。

土家语 $xu^{21}khui^{55}jəu^{55}$（湖溃优）系三个音节：xu^{21}（湖）的汉语义是“山与山之间的沟谷”，即“沟谷”“山谷”。$khui^{55}$（溃）是 $khu^{35}khui^{55}$（库溃）的简化，它有两种涵义，核心是修饰语“弯”“弯曲”，但也可引申为“山塆”“山窝”“小盆地”，这里取引申义。$jəu^{55}$（优）的汉语义是“村庄”“寨子”。所以，$xu^{21}khui^{55}jəu^{55}$（湖溃优）连起来译成汉语就是“沟谷里山窝中的村庄”。换句话说，就是这个村庄坐落在一条山谷中的山窝里。

张三溪 za²¹sa⁵³tɕhi⁵⁵

土家语与汉语结合运用的地名：“张三”不是汉语的“张三”“李四”，而是土家语 $za^{21}sa^{53}$（日阿萨）的误记，“张”是 za^{21}（日阿）的近音汉字替代，“三”是 sa^{53}（萨）的音变；“溪”是汉语，即“溪沟”。因此，这个地名的准确记音应是“日阿萨溪”。

土家语 $za^{21}sa^{53}$（日阿萨）系两个音节：za^{21}（日阿）的汉语义是“鸡”（Gallus domestica），sa^{53}（萨）的汉语义是“鸭子”（Anas domestica）；$za^{21}sa^{53}$（日阿萨）连起来译成汉语是“鸡鸭”。所以，“日阿萨溪”（张三溪）就是“鸡鸭沟”，即鸡多鸭多、鸡鸭成群的山沟。

蚂蚁潭 $ma^{53}jn^{21}than^{21}$

土家语与汉语结合运用的地名：“蚂蚁”是土家语 $ma^{53}jn^{21}$（马映）的汉字记音，但 ma^{53} 一般记为“马”，“蚁”是 jn^{21}（映）的音变；“潭”是汉语，即“水潭”。所以，这个地名准确一点应记作“马映潭”。

土家语 $ma^{53}jn^{21}$（马映）为一个音节，汉语义是“虹”。至今，当地人仍称彩虹为“马映”，有的也叫“马颜”。所以，“马映潭”（蚂蚁潭）便是“虹潭”，即经常出彩虹的地方。

六亩塌 $luŋ^{55}mu^{53}tha^{35}$

土家语与汉语结合运用的地名：“六亩”是土家语 $luŋ^{55}mu^{53}$ 的汉字记音，但“六”是 $luŋ^{55}$（聋）的音变，mu^{53} 一般记为“木”；“塌”是汉语，但一般记为“塔”，即“坪塔”，也泛指有坪塔的地方。所以，这个地名准确一点应记为“聋木塔”。

土家语 $luŋ^{55}mu^{53}$（聋亩），有的地方叫 $luŋ^{55}muŋ^{53}$（聋猛），为一个音节，汉语义是“大麦”（Hordeum vulgare L）。所以，“聋木塔”（六亩塌）就是“大麦塔”，即出产大麦的地方，并非面积为六亩的坪塔。

旁子桥 $pho^{35}tsi^{53}tɕhiau^{55}$

土家语与汉语结合运用的地名：“旁子”是土家语 $pho^{35}tsi^{53}$ 的汉字记音，但“旁”是 pho^{35}（破）的音变；“桥”是汉语。所以，这个地名的准确记音应是“破子桥”。

土家语 $pho^{35}tsi^{53}$（破子）为一个音节，汉语义是“桑树”（Morus aiba）。所以，“破子桥”（旁子桥）就是“桑树桥”，即采用桑木建筑而成的桥。

桑树，大部分土家人称为 pho^{35}tsho^{53}kha^{21}muŋ^{21}（破撮卡蒙），而溇水以东地区的土家方言则称为 pho^{35}tsi^{53}kha^{21}muŋ^{21}（破子卡蒙），其中 pho^{35}tsho^{53}（破撮）、pho^{35}tsi^{53}（破子）的汉语义是“桑”，kha^{21}muŋ^{21}（卡蒙）的汉语义是“树”。

宋家溪 suŋ^{35}ka^{53}tɕhi^{55}

土家语与汉语结合运用的地名：“宋家”是土家语 suŋ^{35}ka^{53} 的汉字记音，但“家”是 ka^{53}（嘎）的近音汉字替代；“溪”是汉语，即“溪沟”。所以，这个地名准确一点应记为“宋嘎溪”。

土家语 suŋ^{35}ka^{53}（宋嘎）为一个音节，汉语义是“石碓”，又称“碓马”。所以，“宋嘎溪”（宋家溪）就是“碓沟”。

可能从前此地石碓多，也可能该地是个小盆地，有如碓臼，因而得名。

澧四溪 li^{53}si^{21}tɕhi^{55}

土家语与汉语结合运用的地名：“澧四”是土家语 li^{53}si^{21} 的汉字记音；“溪”是汉语，即“溪沟”。

土家语 li^{53}si^{21}（澧四）为一个音节，是心情表达的能愿动词，汉语义为“喜欢”“喜爱”。所以，“澧四溪”就是“喜欢沟”，即先民们满意而又喜欢的地方。

先民们喜欢这里的什么？是喜欢这里的土肥水美的自然条件，还是和谐的人际关系？恐怕只有先民们才清楚。

三掌塆 sai^{53}tsi^{21}uan^{55}

土家语与汉语结合运用的地名：“三掌”是土家语 sai^{53}tsi^{21}（腮直）的误记；“塆”是汉语，即“山塆”。所以，这个地名的准确记音应是“腮直塆”，按西部区的发音读作“腮子塆”。

土家语 sai^{53}tsi^{21}（腮直）系两个音节：sai^{53}（腮）的汉语义是“蚕”(Bombyx mori)，tsi^{21}（直）的汉语义是“饭’；sai^{53}tsi^{21}（腮直）连起来译成汉语是“蚕饭”。所以，“腮直□”（三掌塆）就是“蚕饭塆”。

“蚕饭”即“桑叶”，所以“蚕饭塆”就是“桑叶塆”，是有蚕桑树或蚕桑树多的地方。详细释义参看桑植县芭茅溪乡“桑植坪”。

桩巴溶 za^{21}pa^{53}zuŋ^{35}

纯粹的土家语地名，za^{21}pa^{53}zuŋ^{35}（日阿巴冗）的汉字记音，但“桩”是 za^{21}（日阿）的近音汉字替代，“溶”是 zuŋ^{35}（冗）的音变。所以，这个地名的准确记音应是“日阿巴冗”。

土家语 $za^{21}pa^{53}zuŋ^{35}$（日阿巴冗）由 $za^{21}pa^{53}$（日阿巴）和 $zuŋ^{35}$（冗）两个音节组成：$za^{21}pa^{53}$（日阿巴）的汉语义是“公鸡”，$zuŋ^{35}$（冗）的汉语义是“啼”“叫”。所以，$za^{21}pa^{53}zuŋ^{35}$（日阿巴冗）连起来译成汉语就是“公鸡啼叫”。

可以看出，此地从前家禽养殖得多，是“鸡叫狗吠”、欣欣向荣的地方。

欧儿溪 $ŋau^{35}zi^{21}tɕhi^{55}$

土家语与汉语结合运用的地名：“欧儿”是土家语 $ŋau^{35}zi^{21}$ 的汉字记音，但“欧”是 $ŋau^{35}$（嗷）的误记，“儿”是 zi^{21}（日）的音变与误记，这是因在张家界地区“日”“儿”发同一音所致。“溪”是汉语，即“溪沟”。因此，这个地名的准确记音应是“嗷日溪”。

土家 $ŋau^{35}zi^{21}$（嗷日）系两个音节：$ŋau^{35}$（嗷）的汉语义是“黄牛”（Bos taurus domestica），土家语对黄牛的另两种叫法是 u^{35}（戊）和 uan^{35}（万）。zi^{21}（日）的汉语义是“多”，土家语对多的另一种表示方法是 $pho^{55}la^{55}$（坡拉）。$ŋau^{35}zi^{21}$（嗷日）连起来直译是“黄牛多”，调换语序结构译成汉语是“多黄牛”。所以，“嗷日溪”（欧儿溪）就是“多黄牛溪”，即多黄牛的地方。

荀皮峪 $ka^{21}pi^{21}jəu^{35}$

土家语与汉语结合运用的地名：“荀皮”是土家语 $ka^{21}pi^{21}$（嘎比）的误记；“峪”是汉语，即“山峪”。所以，这个地名的准确记音应是“嘎比峪”。

土家语 $ka^{21}pi^{21}$（嘎比）为一个音节，汉语义是“稀泥”“烂泥”。所以，“嘎比峪”（荀皮峪）就是“烂泥峪”，即渍水多、烂泥多的山峪。

浮池堰 $xu^{53}tsha^{21}jəu^{55}$

纯粹的土家语地名，$xu^{53}tsha^{21}jəu^{55}$ 的汉字记音，但“池”是 $tsha^{21}$（岔）的音变；“堰”是 $jəu^{55}$（优）的音变。所以，这个地名的准确记音应是“浮岔优”，按西部区的发音读作“浮擦优”。

土家语 $xu^{53}tsha^{21}jəu^{55}$（浮岔优）由 $xu^{53}tsha^{21}$（浮岔）和 $jəu^{55}$（优）两个音节组成：$xu^{53}tsha^{21}$（浮岔），有的记为“虎岔”，汉语义是“跑”“练跑”；$jəu^{55}$（优）的汉语义是“寨子”。所以，$xu^{53}tsha^{21}jəu^{55}$（浮岔优）连起来译成汉语就是“练跑寨”，是古代土家兵练习武艺阵法的寨子。

岩泊渡镇

位于县域中部，镇治距县城18公里；辖26个行政村、1个居委会，307个村（居）民小组；总面积93.86平方公里，其中耕地24877亩；2008年末总人口27692人。该镇的红薯粉丝名甲一方，曾获湖南省首届农博会农业产品优质奖、湖南省农业环境建设站金鸡奖、农业部无公害农产品认证；岩泊渡鱼火锅已成一个品牌，是南来北往省内外客人的必尝佳品；盛产柑橘、椪柑，面积10000多亩，年产5700多吨。

岩泊渡 $a^{21}pa^{21}tu^{21}$

纯粹的土家语地名，$a^{21}pa^{21}tu^{21}$的汉字记音，但“岩泊”是$a^{21}pa^{21}$（阿巴）的误记。因此，这个地名的准确记音应是“阿巴渡”。$a^{21}pa^{21}tu^{21}$（阿巴渡）是极其古老的土家语。土家语在该地消失后，人们便以汉语义来推测比附，歪打正着将土家语a^{21}（阿）译成了“岩”，因为土家语a^{21}（阿）的汉语义正好是“岩石”。而对其中的pa^{21}（巴）不能译出，便附会为“泊”，从而演变成了“岩泊”，“渡”也就想象成了“渡口”。

土家语$a^{21}pa^{21}tu^{21}$（阿巴渡）由$a^{21}pa^{21}$（阿巴）和tu^{21}（渡）两个音节组成：$a^{21}pa^{21}$（阿巴）的汉语义是“岩板”，即“石板”；tu^{21}（渡）的汉语义不是“渡口”，而是“盖”。$a^{21}pa^{21}tu^{21}$（阿巴渡）连起来直译是“岩板盖”，调换语序结构译成汉语就是“盖岩板”，即用石板盖房屋的地方。

在遥远的古代，土家人在住房上曾经历过盖茅草、盖树皮、盖石板、盖竹叶的过程，直到学会制造砖瓦才废止。此地以“盖石板”作地名，说明其古老的盖房习俗，是古老建筑文化的保留。

赤谷垭 $tsho^{53}ku^{55}ŋa^{53}$

土家语与汉语结合运用的地名：“赤谷”是土家语$tsho^{53}ku^{55}$的汉字记音，但“赤”是$tsho^{53}$（濯）的音变；“垭”是汉语，即“山口”。所以，这个地名的准确记音应是“濯谷垭”，按西部区的发音读作“撮谷垭”。

土家语$tsho^{53}ku^{55}$（濯谷）为一个音节，汉语义是“花椒”（Zanthoxylum bungeanum）。所以，“濯谷垭”（赤谷垭）就是“花椒垭”。

从前，这个山垭是一片花椒树林，是人们采摘花椒的地方，故而得名。

弄元堤 lo^{53}jəu^{55}ti^{53}

土家语与汉语结合运用的地名："弄元"是土家语 lo^{53}jəu^{55}（裸优）的音变与误记；"堤"是汉语，即"堤坝""堤围"。因此，这个地名的准确记音应是"裸优堤"。

lo^{53}jəu^{55}（裸优）是典型的土家语，在这里是一个音节。按照土家人的习惯，对土家族自己居住的村寨统称为 lo^{53}jəu^{55}（裸优）。所以，"裸优堤"（弄元堤）就是"土家寨堤"，即土家人世居的地方。

三　羊 sui^{55}je^{55}

纯粹的土家语地名，sui^{55}je^{55}（虽耶）的音变与误记。

土家语 sui^{55}je^{55}（虽耶）为一个音节，汉语义是俗称"土姜树"的金缕科植物"继木"（Loropetalum Chinense）。古代，这里尚未开发，是一片土姜树林，因而得名。

这里还有一地名叫"三阳塆"，也是土家语与汉语结合运用的地名。"三阳"是土家语 sui^{55}je^{55}（虽耶）的误记。"虽耶塆"（三阳塆）就是"土姜树塆"，同样是因土姜树多而得名。

羊虎峪 jan^{55}xu^{55}jəu^{55}

纯粹的土家语地名，jan^{55}xu^{55}jəu^{55} 的汉字记音，但"羊"是 jan^{55}（言）的音变，"虎"是 xu^{55}（胡）的音变，"峪"是 jəu^{55}（优）的音变。所以，这个地名的准确记音应是"言胡优"。

土家语 jan^{55}xu^{55}jəu^{55}（言胡优）系三个音节：jan^{55}（言）是借用汉语的"烟"，即"草烟""旱烟"；xu^{55}（胡）的汉语义是"喝""吸"。jan^{55}xu^{55}（言胡）连起来直译是"烟喝"，调换语序结构译成汉语是"喝烟"，即"吸烟""抽烟"。jəu^{55}（优）的汉语义是"村寨"。所以，jan^{55}xu^{55}jəu^{55}（言胡优）连起来译成汉语就是"喝烟寨"，即有草烟喝的村子。这里的烟，当然只能是草烟了。

从前，这里的土家先民有种植草烟的习惯，出产的草烟多，客人来了都有烟抽，故而得名。参看永定区城区"阳湖坪"。

夹儿峪 ke^{53}zi^{21}jəu^{55}

纯粹的土家语地名，ke^{53}zi^{21}jəu^{55} 的误记："夹"当地读 gá（嘎），与"革"音近，是 ke^{53}（革）的音变；"儿"是 zi^{21}（日）的误记，当地"儿""日"读音相同，"日"读作"二"，故有此误；"峪"是 jəu^{55}（优）的音变。所以，这个地名的准确记音应是"革日优"。

$ke^{53}zi^{21}jəu^{55}$（革日优）是古老的土家语，系三个音节：ke^{53}（革）的汉语义是“马”（Equus caballus），zi^{21}（日）的汉语义是“多”；$ke^{53}zi^{21}$（革日）连起来直译是“马多”，调换语序结构译成汉语是“多马”。$jəu^{55}$（优）的汉语义是“村寨”。所以，$ke^{53}zi^{21}jəu^{55}$（革日优）连起来译成汉语就是“多马寨”。

古代，这个村寨里的土家先民养的骡马多，因而得名。

溪垭坳 $tɕhian^{55}ŋai^{55}ŋau^{35}$

土家语与汉语结合运用的地名：“溪垭”是土家语 $tɕhian^{55}ŋai^{55}$（千哀）的误记；“坳”是汉语，即“山坳”，指山间平地。所以，这个地名的准确记音应是“千哀坳”。

土家语 $tɕhian^{55}ŋai^{55}$（千哀）为一个音节，汉语义是“兄弟”；所以，“千哀坳”（溪垭坳）就是“兄弟坳”。

在遥远的古代，有几个兄弟首先来到这里，开辟了这片荒原，为纪念他们的丰功伟绩，人们便以 $tɕhian^{55}ŋai^{55}$（千哀）——“兄弟”作了地名。

榔林坳 $lo^{55}ȵie^{55}ŋau^{35}$

土家语与汉语结合运用的地名：“榔林”是土家语 $lo^{55}ȵie^{55}$（洛捏）的误记；“坳”是汉语，指山间平地。因此，这个地名的准确记音应是“洛捏坳”。

土家语 $lo^{55}ȵie^{55}$（洛捏）系两个音节：lo^{55}（洛）的汉语义是“人”，$ȵie^{55}$（捏）的汉语义是数词“二”；$lo^{55}ȵie^{55}$（洛捏）连起来直译是“人二”，调换语序结构译成汉语是“二人”。所以，“洛捏坳”（榔林坳）就是“二人坳”。

土家语称“两人”为 $lo^{55}ȵie^{55}$（洛捏），称“两口子”“两夫妻”也是 $lo^{55}ȵie^{55}$（洛捏）。如此看来，“洛捏坳”（榔林坳）可能是“两人坳”，也可能是“夫妻坳”。总之，古时是两位土家先民或两夫妻首先到此安居乐业，开发了这片热土，故而得名。

岗木凹 $ka^{21}muŋ^{21}khui^{55}$

纯粹的土家语地名，$ka^{21}muŋ^{21}khui^{55}$（嘎蒙亏）的误记。“岗木”是 $ka^{21}muŋ^{21}$（嘎蒙）的音变；“凹”在当地不读作 āo (熬) 或 wā (娃) ,而是读作 kuí (奎)，是 $khui^{55}$（亏）的音变与误记。

土家语 $ka^{21}muŋ^{21}khui^{55}$（嘎蒙亏）由 $ka^{21}muŋ^{21}$（嘎蒙）和 $khui^{55}$（亏）两个音节组成：$ka^{21}muŋ^{21}$（嘎蒙）是 $ka^{21}muŋ^{21}se^{55}$（嘎蒙色）的省略与简

化，汉语义为“枫香树”（Liquidambar formosana）；khui^{55}（亏）是khu^{35}khui^{55}（库亏）的简化，汉语义为“塆”，即山塆或山谷。所以，ka^{21}muŋ^{21}khui^{55}（嘎蒙亏）连起来译成汉语便是“枫香树塆”，即枫香树多的山塆或山谷。参看桑植县陈家河镇“夹石河”。

五子岩 u^{35}tsi^{53}ŋai^{53}

土家语与汉语结合运用的地名：“五子”是土家语u^{35}tsi^{53}的汉字记音，但“五”是u^{35}（务）的音变与误记；“岩”是汉语，即“岩石”，用作地名，泛指岩石特征比较突出的地方。所以，这个地名准确一点应记作“务子岩”。

土家语u^{35}tsi^{53}（务子）系两个音节：u^{35}（务）的汉语义是“黄牛”（Bos taurus domestica），tsi^{53}（子）的汉语义是“猪”（Sus scrofa domestica Brisson）；u^{35}tsi^{53}（务子）连起来译成汉语是“牛猪”。所以，“务子岩”（五子岩）就是“牛猪岩”。

此地坐落在山谷中，周围的山石山峰似牛似猪，奇特异常，故得其名。

宏　壁 xa^{35}pi^{35}

纯粹的土家语地名，xa^{35}pi^{35}的汉字记音。但“宏”是xa^{35}（哈）的音变，pi^{35}一般记作“比”。所以，这个地名的准确记音应是“哈比”。

土家语xa^{35}pi^{35}（哈比）系两个音节：xa^{35}（哈）是khe^{35}xa^{35}（克哈）的简化，汉语义是“平土”，俗称“坪”；pi^{35}（比）的汉语义是“小”。所以，xa^{35}pi^{35}（哈比）连起来直译是“坪小”，调换语序结构译成汉语就是“小坪”。

此地是今田峪村峪谷中的一块小坪坝，称为“小坪”，名实相符。

血　丘 ɕie^{35}tɕhi^{53}jəu^{55}

纯粹的土家语地名，ɕie^{35}tɕhi^{53}jəu^{55}（斜其优）的音变与误记：“血”是ɕie^{35}（斜）的音变，“丘”是tɕhi^{53}（其）和jəu^{55}（优）误拼的结果。所以，“血丘”的原始名称应记为“斜其优”。

土家语ɕie^{35}tɕhi^{53}jəu^{55}（斜其优）由ɕie^{35}tɕhi^{53}（斜其）和jəu^{55}（优）两个音节组成：ɕie^{35}tɕhi^{53}（斜其）的汉语义是药科植物“龙胆草”（Gertiana Scabra Bunge）；jəu^{55}（优）的汉语义是“村寨”。所以ɕie^{35}tɕhi^{53}jəu^{55}（斜其优）连起来译成汉语就是“龙胆草村”。

龙胆草是土医常用的草药，功能清泻肝胆湿热，治疗传染性肝炎和目赤肿痛，还能清除阴部湿疹、尿道疼痛等症。从前，此地龙胆草多，因而得名。

失马村 si⁵⁵muŋ²¹tshun⁵⁵

土家语与汉语结合运用的地名："失马"是土家语 si⁵⁵muŋ²¹ 的汉字记音，但"马"是 muŋ²¹（蒙）的误记；"村"是汉语，即"村寨"。因此，这个地名的准确记音应是"失蒙村"，按西部区的发音读作"斯蒙村"。

土家语 si⁵⁵muŋ²¹（失蒙）为一个音节，译成汉语是"纱"，包括棉纱和麻纱。所以，"失蒙村"（失马村）就是"纱村"。

从前，这个村寨里的土家姑娘会纺纱，纺出的麻纱、棉纱远近闻名，人们便以 si⁵⁵muŋ²¹（失蒙）——"纱"作了地名。

炭木塔 thunŋ⁵³muŋ²¹tha³⁵

土家语与汉语结合运用的地名："炭木"是对土家语 thunŋ⁵³muŋ²¹（统蒙）的牵强附会；"塔"是汉语，即"坪塔"，一般指有坪塔的地方。因此，此地的原始名称应是"统蒙塔"。

土家语 thunŋ⁵³muŋ²¹（统蒙）为一个音节，汉语义是"线"；所以，"统蒙塔"（炭木塔）就是"线塔"，即出产"线"的地方。

这个地名与前面的"失马村"同处一地，分别因出产线和纱而得名，它们生动地记载了土家先民男耕女织、自给自足的生活状况。

现　凸 ɕie⁵³pu²¹

纯粹的土家语地名，ɕie⁵³pu²¹（写不）的误记："现"是 ɕie⁵³（写）的音变；"凸"在当地不读作 tū（突），而是读作 báo（抱），与"不"音近，故将 pu²¹（不）误记为"凸"。

土家语 ɕie⁵³pu²¹（写不）为一个音节，译成汉语是"芝麻"（Sesamum indicum）；作为地名，就是"芝麻多的地方"。

从前，此地的土家人爱种芝麻，出产的芝麻多，人们便以这种特产作了地名。

唐吏岗 tho⁵⁵ȵi⁵⁵kai³⁵

纯粹的土家语地名，tho⁵⁵ȵi⁵⁵kai³⁵（拖尼盖）的误记："唐吏"是 tho⁵⁵ȵi⁵⁵（拖尼）的音变，"岗"是 kai³⁵（盖）的音变。

tho⁵⁵ȵi⁵⁵kai³⁵（拖尼盖）是古老的土家语，为一个音节，汉语义为"大拇指"。这个词现今已经不用，现代土家语称"大拇指"为 pa²¹pu²¹（拔卜）。

以“大拇指”作地名是个比喻，说明这里田土多，土地肥沃，水源充足，阳光条件好，是先民们满意称好的地方。

行溪峪 $\text{çian}^{53}\text{tçhi}^{21}\text{jəu}^{55}$

纯粹的土家语地名，$\text{çian}^{53}\text{tçhi}^{21}\text{jəu}^{55}$（先乞优）的误记：“行”是 çian^{53}（先）的音变，“峪”是 jəu^{55}（优）的音变。

土家语 $\text{çian}^{53}\text{tçhi}^{21}\text{jəu}^{55}$（先乞优）由 $\text{çian}^{53}\text{tçhi}^{21}$（先乞）$\text{jəu}^{55}$ 和（优）两个音节组成：$\text{çian}^{53}\text{tçhi}^{21}$（先乞）的汉语义是“唢呐”，$\text{jəu}^{55}$（优）的汉语义是“村寨”。所以，$\text{çian}^{53}\text{tçhi}^{21}\text{jəu}^{55}$（先乞优）连起来译成汉语就是“唢呐寨”或“唢呐村”。从前，这个村寨有著名的吹唢呐艺人，吹奏的曲牌多，远近闻名，故得其名。

土家族是一个能歌善舞、喜好乐器的民族，其吹打乐器除锣鼓而外，还有与其匹配的吹管乐器咚咚喹、树皮号和唢呐等。

木子园 $\text{mu}^{53}\text{tso}^{53}\text{jəu}^{55}$

纯粹的土家语地名，$\text{mu}^{53}\text{tso}^{53}\text{jəu}^{55}$ 的汉字记音，但“子”和“峪”分别是 tso^{53}（作）和 jəu^{55}（优）的音变。所以，这个地名的准确记音应是“木作优”。

土家语 $\text{mu}^{53}\text{tso}^{53}\text{jəu}^{55}$（木作优）由 $\text{mu}^{53}\text{tso}^{53}$（木作）和 jəu^{55}（优）两个音节组成：$\text{mu}^{53}\text{tso}^{53}$（木作）的汉语义是“篾匠”，$\text{jəu}^{55}$（优）的汉语义是“村寨”。所以，$\text{mu}^{53}\text{tso}^{53}\text{jəu}^{55}$ 连起来译成汉语就是“篾匠村”。

从前，这个村寨里有著名的篾匠师傅，手艺高强，远近闻名，人们便以 $\text{mu}^{53}\text{tso}^{53}$（木作）——“篾匠”作了村名。

麻池峪 $\text{ma}^{53}\text{tshi}^{21}\text{jəu}^{55}$

土家语与汉语结合运用的地名：“麻池”是土家语 $\text{ma}^{53}\text{tshi}^{21}$ 的汉字记音；“峪”是汉语，即“山峪”。“麻池峪”，按西部区的发音读作“麻次峪”。

土家语 $\text{ma}^{53}\text{tshi}^{21}$（麻池）为一个音节，是 $\text{ma}^{53}\text{kho}^{55}\text{tshi}^{21}$（麻科池）的简化，在整个音节中，$\text{kho}^{55}$（科）属轻声，在长期的音变中被省掉了，但词根尚在，含义仍存，译成汉语就是“猫头鹰”（Caprimulgus indicus jotaka）。所以，“麻池峪”就是“猫头鹰峪”。

从前此地古木参天，是一片广漠的原野，众多的猫头鹰栖息其间，故而得名。

映日岩 $je^{21}zi^{55}ŋai^{21}$

土家语与汉语结合运用的地名："映日"是土家语 $je^{21}zi^{55}$ 的汉字记音，但"映"是 je^{21}（叶）的音变；"岩"是汉语，即"岩石"，也指具有某些岩石特征的地方。所以，这个地名的准确记音应是"叶日岩"。

土家语 $je^{21}zi^{55}$（叶日）系两个音节：je^{21}（叶）的汉语义是"神"，zi^{55}（日）的汉语义是"敬""祀"；$je^{21}zi^{55}$（叶日）连起来直译是"神敬"，调换语序结构译成汉语是"敬神"。所以，"叶日岩"（映日岩）就是"敬神岩"。

土家族所敬奉的"神"基本上都是本民族的祖先神，而且设有专门的神堂供奉，这种"神堂"土家语叫 $je^{21}tsho^{21}$（叶濯）。所以，"叶日岩"（映日岩）从前一定设有祖先神堂，是人们敬奉祖先的地方。

宿龙塌 $ɕi^{21}luŋ^{55}tha^{55}$

纯粹的土家语地名，$ɕi^{21}luŋ^{55}tha^{55}$（习聋他）的误记："宿龙"是 $ɕi^{21}luŋ^{55}$（习聋）的音变，"塌"是 tha^{55}（他）的音变。

土家语 $ɕi^{21}luŋ^{55}tha^{55}$（习聋他）系三个音节：$ɕi^{21}$（习）的汉语义是"草"；$luŋ^{55}$（聋）的汉语义是"烂""乱"；tha^{55}（他）的汉语义是"砍""斩"。$ɕi^{21}luŋ^{55}tha^{55}$（习聋他）连起来直译是"草乱砍"，调换语序结构译成汉语就是"砍乱草"。

"砍乱草"就是"开荒斩草"。由此可以想象，古代此地是一片长满杂草的原野，是土家先民开辟了这片荒原，使之成为今天的美好家园。

拍翅山 $pho^{35}tsho^{53}san^{55}$

土家语与汉语结合运用的地名："拍翅"是土家语 $pho^{35}tsho^{53}$（破绰）的误记，"山"是汉语。所以，这个地名的准确记音应是"破绰山"，按西部区的发音读作"破错山"。

土家语 $pho^{35}tsho^{53}$（破绰）为一个音节，是 $pho^{35}tsho^{53}kha^{21}muŋ^{21}$（破绰卡蒙）的简化，译成汉语是"桑树"（Morus aiba），其中的 $pho^{35}tsho^{53}$（破绰）是"桑"，$kha^{21}muŋ^{21}$（卡蒙）是"树"。所以，"破绰山"（拍翅山）就是"桑树山"，因桑树多而得名。

白鸡垭 $pi^{35}tɕi^{55}ŋa^{21}$

土家语与汉语结合运用的地名："白鸡"是土家语 $pi^{35}tɕi^{55}$（毕基）的误记；"垭"是汉语，即"山口"。所以，这个地名的准确记音应是"毕基垭"。

土家语 pi³⁵tɕi⁵⁵（毕基）是土家族的自称。所以，“毕基垭”（白鸡垭）就是“土家族垭”，是土家人世居的地方。详细释义参看桑植县两河口乡“笔架村”。

车家峪 tshe²¹ka²¹jəu⁵⁵

纯粹的土家语地名，tshe²¹ka²¹jəu⁵⁵ 的音变与误记：“车”是 tshe²¹（扯）的音变，“家”是 ka²¹（嘎）的近音汉字替代，“峪”是 jəu⁵⁵（优）的音变。所以，这个地名的准确记音应是“扯嘎优”，按西部区的发音读作“测嘎优”。

土家语 tshe²¹ka²¹jəu⁵⁵（扯嘎优）系三个音节：tshe²¹（扯）的汉语义是“水”，ka²¹（嘎）的汉语义是“缺”“干”；tshe²¹ka²¹（扯嘎）连起来直译是“水缺”“水干”，调换语序结构译成汉语是“缺水”“干水”。jəu⁵⁵（优）的汉语义是“村寨”。所以，tshe²¹ka²¹jəu⁵⁵（扯嘎优）连起来译成汉语就是“缺水村”或“干水村”。

实测此地，其自然水源奇缺，十天半月不下雨，不仅田土干旱，而且人畜饮水也十分困难。依据这种自然环境，人们便以 tshe²¹ka²¹（扯嘎）——“缺水”作了地名。

延叉溪 jan⁵⁵tsha³⁵tɕhi⁵⁵

土家语与汉语结合运用的地名：“延”是借用汉语的“烟”，“叉”是土家语 tsha³⁵（岔）的音变。“溪”是汉语，即“溪沟”。所以，这个地名应记作“烟岔溪”，按西部区的发音读作“烟嚓溪”。

古老的土家语词汇是比较固定的，随着时代的发展和社会的进步，原来的词语不够用了，于是便产生了借用汉语的情况。借用汉语的方式有两种：一种是“全借”，如“学堂”“棉花”“社会主义”等本民族原来没有的词语，则全部借来直接运用。一种是“半借”，即借汉语的某些词语与土家语词语结合，来表达完整的含义。“延叉”就是这种“半借”的例证。其中的“延”就是借用汉语的“烟”，实指草烟、旱烟，tsha³⁵（岔）的汉语义为“好”。jan⁵⁵tsha³⁵（烟岔）连起来直译是“烟好”，调换语序结构译成汉语是“好烟”。所以，“烟岔溪”（延叉溪）就是“好烟溪”。

对土家族来说，烟是泊来品，是由汉族地区引入的。在古代的某个时期，此地的土家先民引种了草烟，开始了种植草烟的历史，故得“好烟”之名。

石家凹 $si^{21}tɕie^{53}khu^{55}$

纯粹的土家语地名，$si^{21}tɕie^{53}khu^{55}$ 的汉字记音，但“家”是 $tɕie^{53}$（借）的误记；“凹”在当地读作 kuí（溃），是 khu^{55}（枯）的误记。所以，这个地名的准确记音应是“石借枯”，按西部区的发音读作“司借枯”。

土家语 $si^{21}tɕie^{53}khu^{55}$（石借枯）系三个音节：si^{21}（石）的汉语义是“兽”“野兽”，$tɕie^{53}$（借）的汉语义是“赶”。$si^{21}tɕie^{53}$（石借）连起来直译是“兽赶”，调换语序结构译成汉语是“赶兽”。khu^{55}（枯）的汉语义是“山坡”。因此，$si^{21}tɕie^{53}khu^{55}$（石借枯）连起来译成汉语就是“赶兽坡”。

“赶兽”“赶野兽”俗称“赶山”“赶仗”，实际就是“打猎”。所以，“赶兽坡”就是“打猎坡”或“赶仗坡”。从前，这个山坡上野兽多，是“赶仗”打猎的好场所，因此得名。

陆花台 $lu^{55}xu^{55}thai^{21}$

土家语与汉语结合运用的地名：“陆花”是土家语 $lu^{55}xu^{55}$ 的汉字记音，但“花”是 xu^{55}（乎）的音变；“台”是汉语，即“台地”。所以，这个地名的准确记音应是“陆乎台”。

土家语 $lu^{55}xu^{55}$（陆乎）为一个音节，汉语义是“比较开阔的山塆里的田土”。所以，“陆乎台”（陆花台）就是“开阔山塆里的台地”，换句话说就是这个地方坐落在一个开阔的山塆里。

白年坪 $pe^{55}lie^{55}phin^{21}$

土家语与汉语结合运用的地名：“白年”是土家语 $pe^{55}lie^{55}$ 的汉字记音，但“年”是 lie^{55}（列）的音变；“坪”是汉语，即“坪坝”。所以，这个地名的准确记音应是“白列坪”。

土家语 $pe^{55}lie^{55}$（白列）为一个音节，是 $pe^{55}lie^{55}ɕi^{21}$（白列西）的简化，$ɕi^{21}$（西）在整个音节中属词尾轻声，在长期的语流音变中被省略了，只留下词根 $pe^{55}lie^{55}$（白列），但含义未变，译成汉语是“梨子”（Pyrus spp）。所以，“白列坪”（白年坪）就是“梨子坪”。

古时，此地是一片梨树林，出产的梨子多，因而得名。

金 坪 乡

位于县域南部，乡治距县城 51 公里；辖 15 个行政村，107 个村民小组；总面积 94.7 平方公里，其中耕地 12994 亩；2008 年末总人口 8931 人。该乡经济以农业、林业为主。冬糯谷米质独特，堪称上品；林业资源丰富，森林覆盖率 80%。大理石、白矾石品质好，储量大。

丛木村 su^{35}mu^{53}tshun^{55}

土家语与汉语结合运用的地名：“丛木”是土家语 su^{35}mu^{53} 的汉字记音，但“丛”是 su^{35}（苏）的音变与误记；“村”是汉语，即“村寨”。所以，这个地名的准确记音应是“苏木村”。

土家语 su^{35}mu^{53}（苏木）为一个音节，汉语义是指太公以上的男性祖先，甚至包括本民族远古被尊奉为神灵的祖先，如八部大王、墨贴巴、向老倌人等的菩萨神像。所以，“苏木村”（丛木村）就是“祖先村”，即祖先居住过的地方。

土家语称太婆以上的女性祖先则为 thi^{35}mi^{55}（替米）。

于二垭 je^{21}zi^{55}ŋa^{53}

土家语与汉语结合运用的地名：“于二”是土家语 je^{21}zi^{55}（也日）的误记，“于”是 je^{21}（也）的音转；“二”是 zi^{55}（日）的误记，因当地方言“日”与“二”同音，故有此误。“垭”是汉语，即“山口”。因此，“于二垭”的原始名称应是“也日垭”。

土家语 je^{21}zi^{55}（也日）系两个音节：je^{21}（也）的汉语义是“神”，zi^{55}（日）的汉语义是“敬”。je^{21}zi^{55}（也日）连起来直译是“神敬”，调换语序结构译成汉语是“敬神”。所以，“也日垭”（于二垭）就是“敬神垭”。

从前，这里设有“神堂”，是人们祭祀神灵的地方，故而得名。详细释义参看岩泊渡镇“映日岩”。

犬塔坪 tɕhie^{55}thuŋ^{53}phin^{21}

土家语与汉语结合运用的地名：“犬塔”是土家语 tɕhie^{55}thuŋ^{53}（茄桶）的误记，“犬”是 tɕhie^{55}（茄）的音变，“塔”是 thuŋ^{53}（桶）的音变；“坪”是汉语，即“坪坝”。所以，这个地名的准确记音应是“茄桶坪”。

土家语 tɕhie^{55}thuŋ^{53}（茄桶）系两个音节：tɕhie^{55}（茄）的汉语义是“山”，thuŋ^{53}（桶）的汉语义是“窝”，tɕhie^{55}thuŋ^{53}（茄桶）连起来译成汉语是“山窝”。所以，“茄桶坪”（犬塔坪）就是“山窝坪”，即“山窝里的坪坝”。简言之，就是“小盆地”。

冬瓜坡 tuŋ^{53}ku^{21}pho^{35}

土家语与汉语结合运用的地名：“冬瓜”是土家语 tuŋ^{53}ku^{21}（董古）的误记；“坡”是汉语，即“山坡”。所以，这个地名应记为“董古坡”。

土家语 tuŋ^{53}ku^{21}（董古）为一个音节，汉语义是“山谷尽头”“山沟尽头”“山塆尽头”。所以，“董古坡”（冬瓜坡）就是山沟尽头的山坡。因这片山坡在山沟的尽头而得名。

以 tuŋ^{53}ku^{21}（董古）作地名，在土家族居住区极为普遍，桑植、永定有，龙山、永顺有，鄂西也有。只不过有的地方叫 tuŋ^{53}ke^{21}（董格）

优　富 jəu^{55}xu^{21}

纯粹的土家语地名，jəu^{55}xu^{21} 的汉字记音，但 xu^{21} 一般记为“湖”。

土家语 jəu^{55}xu^{21}（优湖）系两个音节：jəu^{55}（优）的汉语义是“村寨”；“湖”的汉语义是“山与山之间的峪谷”。所以，jəu^{55}xu^{21}（优湖）连起来译成汉语是就是“村寨谷”或“村寨峪”。因村寨坐落在山的峪谷之中而得名。

以 xu^{21}（湖）作地名，在土家族聚居区十分普遍，至今仍在广泛使用，如图嘎湖、帕拉湖、龙车湖、舍湖、卡湖，等等。但在东部区由于土家语消失后，汉语成为这一地区的主流语言，以为 xu^{21}（湖）是“湖泊”，因而大多废弃不用，而以“河”“福”“富”“虎”等字来替代。

廊子口 la^{21}za^{21}kha^{21}

纯粹的土家语地名，la^{21}za^{21}ka^{21}（拉日阿卡）的误记。

土家语 la^{21}za^{21}kha^{21}（拉日阿卡）为一个音节，译成汉语是含羞草科植物“山槐树”（Albizzia kalkora），其中的 la^{21}za^{21}（拉日阿）是“山槐”，kha^{21}（卡）是“树”。

“山槐”，也叫“山合欢”，俗称“夜火木”，又称“鸡合子树”。其叶对称如剖开的鸡胃，晚上合拢白天张开，故得合欢之名。其树蔸树根老化腐朽后，晚上可发放荧光，老远可以望见，故又得夜火木之名。从前，此地山槐树多，人们便以这种植物作了地名。

拐潭坪 ku^{35}tha^{55}phin^{21}

土家语与汉语结合运用的地名：“拐潭”是土家语 ku^{35}tha^{55}（古它）的误记；“坪”是汉语，即“坪坝”。因此，这个地名的准确记音应是“古它坪”。

土家语 ku^{35}tha^{55}（古它）为一个音节。对“脸”“脸面”，现代土家语叫 ku^{35}（古），而古土家语则称之为 ku^{35}tha^{55}（古它）。所以，“古它坪”（拐潭坪）就是“脸坪”“脸面坪”。

这里的“脸”“脸面”是个比喻，实际上指“面子”。所以，“脸坪”“脸面坪”就是“面子坪”，也就是俗称的“盖面肉坪”。此地呈不规则的长方形，旱涝保收的田土多集中在这里，俨然成为此地区的“盖面肉”，故而得名。

列巧洞 lie^{35}tɕhiau^{21}tuŋ^{35}

土家语与汉语结合运用的地名：“列巧”是土家语 lie^{35}tɕhiau^{21} 的汉字记音；“洞”是汉语，指“山洞”“水洞”。

土家语 lie^{35}tɕhiau^{21}（列巧）为一个音节，至今还在广泛使用，大致有三种含义：一是指“不合常理，不符常规”，二是指“离奇古怪，不入潮流”，三是指“行为独特，行动特异”。例如，对“行为离奇，不合常理”的人，称之为“列巧人”或“列且人”；对“不听教育，行为古怪”的小孩，称之为“列巧娃”或“列且娃”。所以，lie^{35}tɕhiau^{21}tuŋ^{35}（列巧洞）就是“古怪洞”。

“列巧洞”坐落在伏龙村，是当地有名的间歇泉。泉水一日三潮，定时潮起潮落，极其奇怪。于是人们便以 lie^{35}tɕhiau^{21}（列巧）——“古怪”作了地名。

蛮　子 mu^{53}tsu^{35}

纯粹的土家语地名，mu^{53}tsu^{35}（母租）的误记。此地有“上蛮子”和“下蛮子”两个地名，其中的“上”“下”仅是方位区别，核心是“蛮子”，即 mu^{53}tsu^{35}（母租）。

土家语 mu^{53}tsu^{35}（母租）系两个音节：mu^{53}（母）的汉语义是“竹子”（Bamboo sprout），tsu^{35}（租）的汉语是“出”“出产”。所以，mu^{53}tsu^{35}（母租）连起来直译是“竹子出产”，调换语序结构译成汉语是“出产竹子”；作为地名，就是出产竹子的地方。

“蛮子”是对土家人的污辱性称呼。土家语 mu^{53}tsu^{35}（母租）的发音与“蛮子”音相近，土家语在该地消失后，人们不懂得它的含义，便用汉语牵强附会，刻意讹编为“蛮子”。

八斗坪 pa^{21}ta^{21}phin^{21}

土家语与汉语结合运用的地名：“八斗”是土家语 pa^{21}ta^{21} 的汉字记音，但“斗”是 ta^{21}（达）的误记；“坪”是汉语。所以，这个地名的准确记音应是“八达坪”。综观澧水上源地区，以“八斗”命名的地名不少，诸如“八斗溪”“八斗峪”“八斗溶”“八斗河”，等等。其实其中的“八斗”都是土家语 pa^{21}ta^{21}（八达）的误记。

土家语 pa^{21}ta^{21}（八达）系两个音节：pa^{21}（八）的汉语义是“山”“山坡”，但多数记为“巴”；ta^{21}（达）的汉语义是“下”。pa^{21}ta^{21}（八达）连起来译成汉语义是“山下”或“坡下”。所以，“八达坪”（八斗坪）就是“山下坪”或“坡下坪”，因这个坪坐落在山坡的下面而得名。

细　毛 ɕi^{21}mu^{35}

纯粹的土家语地名，ɕi^{21}mu^{35} 的汉字记音，但“毛”是 mu^{35}（木）的音变。所以，这个地名的准确记音应是“细木”。

土家语 ɕi^{21}mu^{35}（细木）为一个音节，是一个写意词，汉语义为“迷茫”“迷失方向”，也就是今天所说的“迷惘”。

古代，这里古木参天，山转溪迴，幽深难测，人到这里，便陷入迷惘，方向莫辨，因而得名。

里儿溪 li^{35}zi^{21}tɕhi^{55}

土家语与汉语结合运用的地名：“里儿”是土家语 li^{35}zi^{21} 的汉字记音，但“儿”是 zi^{21}（日）的误记，因当地方言“日”“儿”同音，故有此误；“溪”是汉语，即“溪沟”。所以，这个地名的准确记音应是“里日溪”。

土家语 li^{35}zi^{21}（里日）系两个音节：li^{35}（里）的汉语义是“老虎”（Panthera tigris），zi^{21}（日）的汉语义是“多”；li^{35}zi^{21}（里日）连起来直译是“虎多”，调换语序结构译成汉语是“多虎”。所以，“里日溪”（里儿溪）就是“多虎沟”。古代，此地老虎多，故得其名。

喜子峪 ɕi^{55}tsi^{21}jəu^{35}

土家语与汉语结合运用的地名：“喜子”是土家语 ɕi^{55}tsi^{21} 的汉字记音；“峪”是汉语，即“山峪”。

土家语 ɕi^{55}tsi^{21}（喜子）为一个音节，是 ɕi^{55}tsi^{21}lo^{21}so^{21}（喜子落所）的简化。汉语成为该地的主体语言之后，为了适应三字体地名的实际需要，便省略了其中的 lo^{21}so^{21}（落所），保留了词根 ɕi^{55}tsi^{21}（喜子），但其义未变，汉语义是十字花科植物“鸡眼草”〔Kumerouia striata（Thunb）Schindl〕。所以，“喜子峪”就是“鸡眼草峪”。

鸡眼草，别称铃铃草，是土医常用的滋阴解表药，是治疗感冒时疫和肺痨的要药。从前，此地遍地生长鸡眼草，是土家医常去采药的地方，故而得名。

福　山　xu^{21}sa^{53}

纯粹的土家语地名，xu^{21}sa^{53}（湖沙）的误记：“福”是 xu^{21}（湖）的误记。在土家族聚居区，以 xu^{21}（湖）作地名极为普遍，湘西、鄂西到处都有。然而在东部区由于汉语入主较早，人们不懂土家语，以为 xu^{21}（湖）就是“湖泊”，山区焉有湖泊？于是便普遍改“湖”为“福”“河”，这就是“福山”之“福”的由来。“山”是 sa^{53}（沙）的误记。所以，这个地名的准确记音应是“湖沙”，按西部区的发音读作“湖萨”。

土家语 xu^{21}sa^{53}（湖沙）系两个音节：xu^{21}（湖）的汉语义是“山与山之间的深谷”，俗称“山谷”；sa^{53}（沙）的汉语义是“冷”或“冷浸”。所以，xu^{21}sa^{53}（湖沙）连起来直译是“山谷冷浸”，调换语序结构译成汉语就是“冷山谷”或“冷浸山谷”，即水冷浸的山谷地。

实测此地，四面环山，三关三锁中坪，自古以来这一地区冷浸田多，到 1999 年，此地还有 300 余亩深泥冷浸田。根据这一特点，先民们便以冷浸山谷作了地名。

苗 市 镇

位于县域东北部，东北与常德市石门县接壤，镇治距县城24公里；辖24个行政村、1个居委会，289个村（居）民小组；总面积104.2平方公里，其中耕地24490亩；2008年末总人口26469人。境内有蛮王城古城墙遗址，新石器时代和商周时期文物遗址10余处。主要物产有稻谷、玉米、棉花、油菜、柑橘，其中柑橘1700余亩，年产2万余吨；煤炭资源比较丰富。

苗 市 $mi^{55}si^{21}$

纯粹的土家语地名，$mi^{55}si^{21}$（米司）的汉字记音，但“苗”是 mi^{55}（米）的音变。所以，这个地名的准确记音应是“米市”，按西部区的发音读作“米司”。

土家语 $mi^{55}si^{21}$（米市）为一个音节，是 $mi^{55}si^{21}mi^{55}pa^{53}$（米市米巴）的省略与简化，译成汉语是“火把”或“火龙”。

为什么以“火把”或“火龙”作地名呢？原来土家人在“做摆手”祭祖时，都要先用干竹篾条捆扎成每束长约六七尺的火把，然后将它们连接起来，并在前端扎上龙头，组成数条长龙，围绕在土王祠前面的坪场四周。“摆手”开始时同时用火点燃火把，顿时大火熊熊，犹如数条火龙在翻腾飞舞，人们在锣鼓声中翩翩起舞，歌声夹着吆喝，异常热闹。这种火把组成的“火龙”，土家语就叫做 $mi^{55}si^{21}mi^{55}pa^{53}$（米市米巴）或 $mi^{55}si^{21}$（米市）。此地从前是土家人点燃火把跳“摆手”的地方，故而得名。

思 秀 $si^{21}çiəu^{55}$

纯粹的土家语地名，$si^{21}çiəu^{55}$ 的汉字记音。

土家语 $si^{21}çiəu^{55}$（思秀）系两个音节：si^{21}（思）是一个多义名词，汉语义既指“肉”，也指“野兽”；$çiəu^{55}$（秀）则是一个多义动词，有修理、整治、开垦、建造等多种含义，这里实指“修理”。所以，$si^{21}çiəu^{55}$（思秀）连起来直译是“野兽修理”，调换语序结构译成汉语就是“修理野兽”。现今凡是杀猪宰羊，其宰杀后的刮毛、洗涤过程，一般称之为“修”或“挦”（音 xián），如“挦猪”“挦羊”或“修猪”“修羊”。“处理野兽”，实际就是“挦兽”或“修兽”。

古代，此地野兽多，打猎的人也多。这里是人们猎获野兽后处理猎物和分肉的地方，故而得名。这个地名犹如一颗活的化石，它生动地记载了原始先民的狩猎生活，再现了当时的生活情景。

可家坪 $kho^{55}kuŋ^{55}phin^{21}$

土家语与汉语结合运用的地名：“可家”是土家语 $kho^{55}kuŋ^{55}$ 的汉字记音，但“家”是 ka^{21}（嘎）的近音汉字替代，而“嘎”又是 $kuŋ^{55}$（公）的音变；“坪”是汉语，即坪坝。所以，这个地名的准确记音应是“可公坪”。

土家语 $kho^{55}kuŋ^{55}$（可公）为一个音节，是古老土家语 $kho^{55}kuŋ^{55}za^{21}pa^{21}$（可公日阿巴）的省略，现今有的地方简化为 $za^{21}pa^{21}$（日阿巴），汉语义是“鸡公”。所以，“可公坪”（可家坪）就是“鸡公坪”。

以“鸡公”作地名，或因此地地形像鸡公，或因当时人们饲养的鸡多。

苏氏溪 $su^{35}si^{53}tɕhi^{55}$

土家语与汉语结合运用的地名：“苏氏”是土家语 $su^{35}si^{53}$ 的汉字记音，但“氏”是 si^{53}（斯）的音变；“溪”是汉语，即“溪沟”。所以，这个地名应记作“苏斯溪”。

土家语 $su^{35}si^{53}$（苏斯）为一个音节，译成汉语是“板栗”（Castanea mollissima）。所以，“苏斯溪”（苏氏溪）就是“板栗溪”或“板栗沟”，因从前这里板栗多而得名。

由于居住的地域不同，土家人对“板栗”的称谓略有差异。有的地方叫 $su^{35}ɕi^{53}$（苏西），有的地方叫 $su^{35}si^{53}$（苏斯），有的地方叫 $sui^{33}si^{53}$（水斯）。尽管叫法稍有差别，但指的都是“板栗”。

庆塘坡 $tɕhie^{55}thuŋ^{53}pho^{55}$

土家语与汉语结合运用的地名：“庆塘”是土家语 $tɕhie^{55}thuŋ^{53}$（茄桶）的音变与误记；“坡”是汉语，即“山坡”。所以，这个地名的准确记音应是“茄桶坡”。

土家语 $tɕhie^{55}thuŋ^{53}$（茄桶）系两个音节：$tɕhie^{55}$（茄）的汉语义是“山”，$thuŋ^{53}$（桶）的汉语义是“窝”，$tɕhie^{55}thuŋ^{53}$（茄桶）连起来译成汉语是“山窝”。所以，“茄桶坡”（庆塘坡）就是“山窝旁边的坡”。

么　挡 $mu^{53}tan^{53}$

纯粹的土家语地名，$mu^{53}tan^{53}$ 的汉字记音，但“挡”是 tan^{53}（旦）的

音变。所以，这个地名的准确记音应是“么旦”，

土家语 $mu^{53}tan^{53}$（么旦）系两个音节：mu^{53}（么）大多记为“木”或“母”，汉语义为“竹子”（Bamboo sprout）；tan^{53}（旦）的汉语义是“处”“地方”。所以，$mu^{53}tan^{53}$（么旦）连起来译成汉语就是“竹子处”，即生长竹子的地方。

古代，这里是一片竹林，浓荫掩映，满目葱茏，人们便以竹林作了地名。

善土垭 $san^{35}thu^{55}ŋa^{53}$

土家语与汉语结合运用的地名：“善土”是土家语 $san^{35}thu^{55}$ 的汉字记音；“垭”是汉语，即“山口”。“善土垭”，按西部区的发音读作“散土垭”。

土家语 $san^{35}thu^{55}$（善土）为一个音节，是 $san^{35}ŋai^{55}thu^{55}$（善挨土）的简化。$san^{35}ŋai^{55}thu^{55}$（善挨土）是古老土家语，现代土家语多用简化，有的简化为 $san^{35}ŋai^{55}$（善挨），有的简化为 $san^{35}thu^{55}$（善土），但含义完全一样，指的都是“鱼腥草”（Houtt-uynia corolata）。所以，“善土垭”就是“鱼腥草垭”，因普遍生长鱼腥草而得名。

“鱼腥草”学名叫“蕺菜”，俗称“则儿根”。它既是止咳化痰、清热解毒的草药，也是一种清香味美的野菜。

低 棚 $ti^{53}pho^{55}$

纯粹的土家语地名，$ti^{53}pho^{55}$ 的汉字记音，但“棚”是 pho^{55}（坡）的音变。所以，这个地名的准确记音应是“低坡”。

土家语 $ti^{53}pho^{55}$（低坡）系两个音节：ti^{53}（低）的汉语义有两种：一是指“病”或“痛”，如“生病”就叫 $ti^{53}si^{21}$（低司）；二是指“罾”，即捕鱼、狩猎用的“搬罾”“拖罾”。依据地理环境，结合后面的 pho^{55}（坡）来考量，此处 ti^{53}（低）的含义应是后者，即“罾”。pho^{55}（坡）是常用的动词，汉语义是“放”或“置”。因此，$ti^{53}pho^{55}$（低坡）连起来直译是“罾放”，调换语序结构译成汉语就是“放罾”，即放置罾的地方。

在古代，“罾”有两种：一种用于水中捕鱼，一种用于山中捕兽。前者称为“鱼罾”，后者称为“兽罾”。总之，这里是先民安放罾的地方，故而得名。

白 藏 $pa^{55}tsa^{21}$

纯粹的土家语地名，$pa^{55}tsa^{21}$（巴咱）的误记。

土家语 pa[55]tsa[21]（巴咱）为一个音节，汉语义是“山腰偏坡”，实际含义就是“山腰间的偏坡”。意思是说这个地方坐落在山腰间的偏坡上。

土家人世居山区，世代与山为伴，因此对山的概念有着详细的区分。除称“山腰偏坡”为 pa[55]tsa[21]（巴咱）外，一般称“山”为 pa[55]（巴），称山包或山顶为 khu[55]tsa[21]（枯咱），称山坳为 khe[55]xa[53]（克哈）。

古堤坑 khu[55]ti[53]khen[55]

土家语与汉语结合运用的地名：“古堤”是土家语 khu[55]ti[53] 的汉字记音，但“古”是 khu[55]（枯）的音变；“坑”是汉语，指凹下去的地方。因此，这个地名的准确记音应是“枯堤坑”。

土家语 khu[55]ti[53]（枯堤）为一个音节，现今大多记为“古堤”，有的则叫 khi[55]ti[53]（剋堤），译成汉语是“盆子”。例如“洗脸盆”就叫 ku[35]o[55]khi[55]ti[53]（谷窝剋堤），“洗脚盆”就叫 tɕi[21]o[55]khi[55]ti[53]（吉窝剋堤）。所以，“枯堤坑”（古堤坑）就是“盆子坑”，即今人所说的小盆地。

手中岩 se[53]tsu[35]ŋai[53]

土家语与汉语结合运用的地名。“手中”是土家语 se[53]tsu[35] 的误记：“手”是 se[53]（舍）的误记，“中”是 tsu[35]（住）的误记。“岩”是汉语，即“岩石”，一般指具有某些岩石特征和地方。因此，这个地名的准确记音应是“舍住岩”，按西部区的发音读作“色租岩”。

土家语 se[53]tsu[35]（舍住）系两个音节：se[53]（舍）是古土家语，汉语义是“猴子”（Macaca mulatta），现代土家语称猴子为 e[53]（尔）；tsu[35]（住）是土家语中的一个动词，汉语义为“出”“出来”，引申义为“出没”。所以，se[53]tsu[35]（舍住）连起来译成汉语就是“猴子出来”；“舍住岩”（手中岩）就是“猴子出没的地方”，简而言之就是“猴子岩”或“猴子山”，因猴子多而得名。

早头塘 za[21]thu[55]than[53]

土家语与汉语结合运用的地名：“早头”是土家语 za[21]thu[55] 的汉字记音，但“早”是 za[21]（日阿）的近音汉字替代；“塘”是汉语，即“山塘”“水塘”。所以，这个地名的准确记音应是“日阿头塘”。

土家语 za[21]thu[55]（日阿头）为一个音节，是 za[21]pi[55]thu[55]ɕi[55]（日阿必头西）的省略，在经历由繁到简的过程后，其中的 pi[55]（必）、ɕi[55]（西）被省略了，只剩下了 za[21]thu[55]（日阿头），但含义未变，指的是野生小食用菌“干花菌”（Collybia uelutipes）。所以，“日阿头塘”（早头塘）就是“干花菌塘”。

“干花菌”，个小，白色，常长在干树蔸上，尤以干油桐树上最多。人们常常细心摘来与腊肉同炖，是待客和自食的美味佳肴。从前此地树多树蔸多，生长的干花菌多，人们便以这种土特产品作了地名。

车　塆　tshe²¹uan⁵⁵

土家语与汉语结合运用的地名："车"是土家语 tshe²¹（扯）的音变；"塆"是汉语，即"山塆"。所以，这个地名的准确记音应是"扯塆"，按西部区的发音读作"测塆"。

土家语 tshe²¹（扯）的汉语义是"水"。所以，"扯塆"（车塆）就是"水塆"，即有水的山塆。

此地在龙阳村境内，龙阳村是历史上有名的缺水村，全村几百户人家仅有车塆一处水源。从前曾有民谣唱道："龙阳塆，撮箕大个塆，簸箕大块天，吃水在车塆。"

关脉山　ka³⁵me⁵⁵san⁵⁵

土家语与汉语结合运用的地名："关脉"是土家语 ka³⁵me⁵⁵ 的汉字记音，但"关"是 ka³⁵（嘎）的误记；"脉"是 me⁵⁵（嚜）的误记，因"脉"在当地不读作 maì（卖）或 mò（默），而是读 me（嚜），故有此误。"山"是汉语。所以，这个地名的准确记音应是"嘎嚜山"。

土家语 ka³⁵me⁵⁵（嘎嚜）为一个音节，汉语义是"官"。因此，"嘎嚜山"（关脉山）就是"官山"。

古代的某个时期，此地曾经是某个官长居住过或领属过的地方，故而得名。

玖陈坡　tɕie³⁵tshuŋ⁵⁵pho³⁵

土家语与汉语结合运用的地名："玖陈"是土家语 tɕie³⁵tshuŋ⁵⁵（借冲）的误记；"坡"是汉语，即"山坡"。因此，这个地名的准确记音应是"借冲坡"，按西部区的发音读作"借从坡"。

土家语 tɕie³⁵tshuŋ⁵⁵（借从）为一个音节，是 tɕie³⁵tshuŋ⁵⁵kha⁵⁵phu⁵³（借从卡普）的省略，译成汉语是"凤仙花"（lmpatiens balsamina L），其中的 tɕie³⁵tshuŋ⁵⁵（借从）是"凤仙"，kha⁵⁵phu⁵³（卡普）是"花"。由于人们不懂得 kha⁵⁵phu⁵³（卡普）的内涵，便省 kha⁵⁵（卡）留 phu⁵³（普）；而 phu⁵³（普）又与汉语的"坡"音近，于是从音、义都逐渐演变成了汉语的"坡"。尽管如此，这个地名还是比较好地保持了原义，"借从坡"——(玖陈坡）仍是"凤仙坡"。

从前，这里长满了凤仙花，人们便以这种花作了地名。

才溪峪 tshe^{21}tɕhi^{35}jəu^{55}

纯粹的土家语地名，tshe^{21}tɕhi^{35}jəu^{55} 的误记：“才”是 tshe^{21}（测）的音变，“溪”是 tɕhi^{35}（气）的误记，“峪”是 jəu^{55}（优）的音变。所以，这个地名的准确记音应是“扯气优”，按西部区的发音读作“测气优”。

土家语 tshe^{21}tɕhi^{35}jəu^{55}（扯气优）由 tshe^{21}tɕhi^{35}（扯气）和 jəu^{55}（优）两个音节组成：tshe^{21}tɕhi^{35}（扯气）的汉语义是今人称为“抄网”的一种捕鱼工具，“抄网”俗称“捞兜”。jəu^{55}（优）的汉语义是“村寨”。所以，“扯气优”（才溪峪）就是“捞兜寨”。

以“捞兜”作村寨名，原由可能有三个：一是这个村寨从前善于制作“捞兜”；二是此村的民众用“捞兜”捕鱼，并成为一种时尚；三是该地的地形象一张“捞兜”，是个小盆地。三者必居其一。

此地还有一地名“菜溪峪”，与“才溪峪”在记录符号上略有不同，但同音同义，也是土家语与汉语结合运用的地名，汉语义即“捞兜村”。

丰 令 xa^{53}lie^{21}

纯粹的土家语地名，xa^{53}lie^{21}（哈列）的音变与误记。

土家语 xa^{53}lie^{21}（哈列）为一个音节，汉语义是“狗”“狗子”（Canis familiaris L）。例如“养狗”土家语就叫 xa^{53}lie^{21}luŋ^{53}（哈列龙），“狗咬人”就是 xa^{53}lie^{21}lo^{55}ka^{35}（哈列洛嘎）。

以 xa^{53}lie^{21}（哈列）——“狗”作地名，或许在古代此地野狗多，或者此地的地形象狗子。

三口元 sa^{35}kho^{53}jəu^{55}

纯粹的土家语地名，sa^{35}kho^{53}jəu^{55}（萨可优）的音变与误记。

土家语 sa^{35}kho^{53}jəu^{55}（萨可优）由 sa^{35}kho^{53}（萨可）和 jəu^{55}（优）两个音节组成：sa^{35}kho^{53}（萨可）的汉语义是指用杉树枝编成的篱笆，jəu^{55}（优）的汉语义是“村寨”。所以，

土家人庭院旁的篱笆

“萨可优”（三口元）连起来译成汉语就是“用杉树枝编篱笆的村寨”。

庭院、菜园四周编篱笆，是土家族的传统习俗，也是后来院墙的雏形。为了防止野兽和鸟兽践踏蔬菜，土家人都喜欢在庭院四周和菜园周围编织篱笆。这种篱笆有的用细木条编成，有的用竹条、竹篾编成，有的用刺条编成，但大多用杉树枝编成。从前，这个村寨家家户户都用杉树枝编成篱笆，成为一方风景，一种时尚，故而得名。

父　库　$xu^{21}khu^{55}$

纯粹的土家语地名，$xu^{21}khu^{55}$（湖枯）的音变与误记：“父”是 xu^{21}（湖）的误记，土家语在澧水流域消失后，人们总是将这个“湖”与“湖泊”联系起来，认为山区以“湖”作地名显得荒唐，便以“富”“夫”“父”“河”等近音字来替代。“库”是 khu^{55}（枯）的音变，人们总以“枯萎”为不吉利，便常用“库”“科”之类字来替代。

土家语 $xu^{21}khu^{55}$（湖枯）系两个音节：xu^{21}（湖）的汉语义是“山间的谷地或水沟”，khu^{55}（枯）的汉语义是“山”或“小山包”。所以，$xu^{21}khu^{55}$（湖枯）连起来译成汉语就是“沟中的小山包”。

这个地方位于一条山沟里的小山包上，故而得名。

溪　卜　$tɕhi^{53}phu^{55}$

纯粹的土家语地名，$tɕhi^{53}phu^{55}$（起扑）的误记。

土家语 $tɕhi^{53}phu^{55}$（起扑）系两个音节：$tɕhi^{53}$（起）的汉语义是“秤”，phu^{55}（扑）的汉语义是“买”。所以，$tɕhi^{53}phu^{55}$（起扑）连起来直译是“秤买”，调换语序结构译成汉语就是“买秤”；用作地名就是“买秤的地方”。

此地从前居住着手艺高超的制秤秤匠，制造的秤质量好，衡度高，是人们常去买秤的地方，故而得名。

$tɕhi^{53}phu^{55}$（起扑）是一个化石般的地名，它清楚地记载了土家人制造和使用衡具的历史，反映了先民们交易物资的社会生活。

城　坝　$tshi^{55}pa^{53}$

纯粹的土家语地名，$tshi^{55}pa^{53}$ 的汉字记音，但“城”是 $tshi^{55}$（迟）的误记，pa^{53} 一般记为“巴”。所以，这个地名的准确记音应是“迟巴”，按西部区的发音读作“次巴”。

土家语 $tshi^{55}pa^{53}$（迟巴）为一个音节，是古土家语，汉语义是“苎麻”（Boehmeria），现代土家语称苎麻为 $tshe^{21}khu^{35}$（扯库）；有的地方将未刮皮的麻叫 tshi⁵⁵pa⁵³（迟巴），将刮了皮的成品麻叫 tshe²¹khu³⁵（扯库）。总之，tshi⁵⁵pa⁵³（迟巴）就是“麻”；用作地名，就是“有麻的地方”，或“麻多的地方”。

从前此地是苎麻的盛产地，家家户户都有麻园，人们便以这种作物作了地名。

马脊岭 ma⁵³tɕi²¹lin⁵³

土家语与汉语结合运用的地名：“马脊”是土家语 ma⁵³tɕi²¹ 的汉字记音，有的记为“马及”“马吉”“马基”“马急”等；“岭”是汉语，即“山岭”。

土家语 ma⁵³tɕi²¹（马脊）系两个音节：ma⁵³（马）的汉语义是“蜂子”（Apismellifera）；tɕi²¹（脊）的汉语义是“闹”，“闹”是湘西方言，意思是用药物毒杀，如 suŋ³⁵tɕi²¹（送及）就是“闹鱼”（毒鱼）。ma⁵³tɕi²¹（马脊）连起来直译是“蜂闹”，调换语序结构译成汉语就是“闹蜂”。“马脊岭”就是“闹蜂岭”，即用毒药毒杀蜂子的山岭。

此地从前蜂子多（主要是雷蜂），人们经常来这里毒杀蜂子，因此得名。

陈高头 tsha⁵³kai²¹thuŋ⁵³

纯粹的土家语地名，tsha⁵³kai²¹thuŋ⁵³（查改桶）的音变与误记，按西部区的发音读作“嚓改桶”。当地群众虽然已经不懂得这个地名的涵义，但没有想象比附，还是比较准确地坚持了它的原始发音。

土家语 tsha⁵³kai²¹thuŋ⁵³（查改桶）由 tsha⁵³kai²¹（查改）和 thuŋ⁵³（桶）两个音节组成：tsha⁵³kai²¹（查改），有的称为 tse⁵³kai²¹（则改），汉语义是“貂鼠”（Sciurus Vulgaris）；thuŋ⁵³（桶）的汉语义是“窝”“巢”。所以，tsha⁵³kai²¹thuŋ⁵³（查改桶）连起来译成汉语就是“貂鼠窝”；作为地名，就是“貂鼠窝巢多的地方”。

古时，此地山幽林静果树多，成群的貂鼠在这里筑巢繁衍，人们便以这种动物的窝巢作了地名。

抱　丘 pau³⁵tɕhi²¹

纯粹的土家语地名，pau³⁵tɕhi²¹ 的汉字记音，但“丘”是 tɕhi²¹（其）的音变。所以，这个地名的准确记音应是“抱其”。

土家语 pau³⁵tɕhi²¹（抱其）为一个音节，汉语义是“野鸡”（Phasianus Colchicus torquatus）。

在遥远的古代，此地尚未被开发，是一片广漠的原野，树密草深，百鸟争鸣，众多的野鸡栖息其间。因而，人们便以 $pau^{35}tɕhi^{21}$（抱其）——“野鸡”作了地名。

磨儿滩 $mu^{55}e^{55}tha^{21}$

纯粹的土家语地名，$mu^{55}e^{55}tha^{21}$（母尔它）的音变与误记。

土家语 $mu^{55}e^{55}tha^{21}$（母尔它）由 mu^{55}（母）和 $e^{55}tha^{21}$（尔它）两个音节组成：mu^{55}（母）的汉语义是“竹子”（Bamboo sprout），$e^{55}tha^{21}$（尔它）的汉语义是“叶子”。所以，$mu^{55}e^{55}tha^{21}$（母儿它）连起来译成汉语就是“竹叶”。

从前，这里是一片竹山，竹叶覆盖大地，一派浓荫，举目四望，皆为竹叶，人们便以 $mu^{55}e^{55}tha^{21}$（母儿它）——“竹叶”作了地名。

龙长岗 $luŋ^{35}tshe^{21}kan^{55}$

土家语与汉语结合运用的地名。“龙长”是土家语 $luŋ^{35}tshe^{21}$ 的误记：$luŋ^{35}$ 一般记为“弄”，“长”是 $tshe^{21}$（扯）的音变；“岗”是汉语，即“山冈”。所以，这个地名的准确记音应为“弄扯冈”，按西部区的发音读作“弄测冈”。

土家语 $luŋ^{35}tshe^{21}$（弄扯）系两个音节：$luŋ^{35}$（弄）的汉语义是“浑”“浑浊”，$tshe^{21}$（扯）的汉语义是“水”；$luŋ^{35}tshe^{21}$（弄扯）连起来译成汉语是“浑水”。所以，“弄扯冈”（龙长岗）就是“浑水冈”，即“出浑水的山冈”。

从前，这个山冈曾流出锈水或浑水，故而得名。

岁米地 $su^{35}mu^{53}tie^{53}$

纯粹的土家语地名，$su^{35}mu^{53}tie^{53}$（苏母爹）的误记。

土家语 $su^{35}mu^{53}tie^{53}$（苏母爹）由 $su^{35}mu^{53}$（苏母）和 tie^{53}（爹）两个音节组成：$su^{35}mu^{53}$（苏母）的汉语义是指太公以上的男性长辈，后来泛指“祖宗”“祖先”，也指“祖先神灵”；tie^{53}（爹）是土家语人称代词后边的附加语，相当于汉语的“们”，例如“男人们”就是 $lo^{53}pa^{53}tie^{53}$（裸巴爹），“姑娘们”就是 $ma^{21}ma^{21}tie^{53}$（麻麻爹）。所以，$su^{35}mu^{53}tie^{53}$（苏母爹）连起来译成汉语就是“祖宗们”，即祖宗们居住的地方，或埋葬老祖宗的墓地。

此地，是某姓世居的老屋场，或是某姓祖先的墓地，故而得名。

广福桥镇

位于县域东部，东与常德市石门县的夹山镇、白洋镇接镶，南与常德市桃源县的热市镇交界，镇治距县城45公里；辖14个行政村、1个居委会，166个村（居）民小组；总面积98.1平方公里，其中耕地14378亩；2008年末总人口14828人。主要物产除粮食和油菜外，有柑橘、椪柑、脐橙、奈李等水果和黄柏、杜仲、厚朴三味药材；煤炭资源比较丰富，镇办煤矿年产煤6万吨。

虾马口 $\text{çie}^{35}\text{ma}^{53}\text{kha}^{53}$

纯粹的土家语地名，$\text{çie}^{35}\text{ma}^{53}\text{kha}^{53}$ 的汉字记音，但“虾”是 çie^{35}（谢）的误记，“口”是 kha^{53}（卡）的误记。所以，这个地名的准确记音应是“谢马卡”。

土家语 $\text{çie}^{35}\text{ma}^{53}\text{kha}^{53}$（谢马卡）系三个音节：$\text{çie}^{35}$（谢）的汉语义是“富有”，$\text{ma}^{53}$（马）的汉语义是“家”，$\text{kha}^{53}$（卡）的汉语义是人。所以，$\text{çie}^{35}\text{ma}^{53}\text{kha}^{53}$（谢马卡）连起来译成汉语就是“富家人”或“富有者”，即“财主”。

古代，此地为某财主的居住地或属地，人们便以此作了地名。

热家峪 $\text{ze}^{35}\text{kha}^{21}\text{jəu}^{35}$

土家语与汉语结合运用的地名：“热家”是土家语 $\text{ze}^{35}\text{kha}^{21}$ 的汉字记音，但“家”是 kha^{21}（卡）的音变；“峪”是汉语，即“山峪”。所以，这个地名的准确记音应是“热卡峪”。

土家语 $\text{ze}^{35}\text{kha}^{21}$（热卡）为一个音节，是 $\text{ze}^{35}\text{muŋ}^{53}\text{ze}^{35}\text{kha}^{21}$（热猛热卡）的简化，译成汉语是洁齿目动物“松鼠”（Sciurus Vulgaris）。所以，“热卡峪”（热家峪）就是“松鼠峪”。

从前，这个山峪里板栗、柿子、拐李等果实多，因而松鼠也多，人们便以 $\text{ze}^{35}\text{muŋ}^{53}\text{ze}^{35}\text{kha}^{21}$（热猛热卡）——“松鼠”作了地名。

三丝洞 $\text{so}^{53}\text{si}^{21}\text{tuŋ}^{35}$

土家语与汉语结合运用的地名：“三丝”是土家语 $\text{so}^{53}\text{si}^{21}$ 的汉字记音，但“三”是 so^{53}（梭）的音变；“洞”是汉语，即“山洞”“洞穴”，在用作地名时，多指洞周围一带的地方。所以，这个地名的准确记音应是

“梭丝洞”。

土家语 $so^{53}si^{21}$（梭丝）系两个音节：so^{53}（梭）是 $so^{53}phe^{21}$（梭拍）的简化，汉语义是“雾”；si^{21}（丝）的汉语义是“生”“长”。$so^{53}si^{21}$（梭丝）连起来直译是“雾生”“雾长”，调换语序结构译成汉语是“生雾”或“长雾”。所以，“梭丝洞”（三丝洞）就是“生雾洞”或“长雾洞”。

此洞位于今三丝村，该村因洞得名。这个山洞是此地的主要水源，水出洞后形成一条山溪，流经中坪、苗儿泉等地。山洞湿度大，溪水昼夜温差大，常常形成大雾笼罩洞口及溪沟的现象，人们依据这种自然特征，便用“生雾洞”作了地名。

胡儿垭 $xu^{21}zi^{55}ŋa^{53}$

土家语与汉语结合运用的地名：“胡儿”是土家语 $xu^{21}zi^{55}$ 的汉字记音，但“儿”是 zi^{55}（日）的误记，因澧水流域的西南官话中“日”与“儿”实际发音相同，故有此误记；“垭”是汉语，即“山口”。所以，这个地名应记作“胡日垭”。

土家语对旧时的长工和佣人一律称之为 $xu^{21}zi^{55}kha^{21}$，有的称为 $xu^{21}zi^{55}ma^{21}$（胡日马）。其中的 xu^{21}（胡）大致相当于汉语的“工”，zi^{55}（日）的汉语义是“做”，kha^{21}（卡）或 ma^{21}（马）的汉语义是“家”或“人”。所以，$xu^{21}zi^{55}kha^{21}$（胡日卡）或 $xu^{21}zi^{55}ma^{21}$（胡日马）连起来译成汉语就是“做工的人”，即“长工”；“胡日垭”（胡儿垭）就是“长工垭”。从前，此地田少、土少，自然条件恶劣，很多人出外当长工、做佣人，故而得名。

此处还有一地名叫“活人”。以“活人塆”作地名实属罕见。其实这也是土家语与汉语结合运用的地名，“活人”是土家语 $xu^{21}zi^{55}$（胡日）的误记。因此，“活人塆”的汉语义就是“长工塆”。

太　坪 $thai^{55}pi^{53}$

纯粹的土家语地名，$thai^{55}pi^{53}$ 的汉字记音，但 $thai^{55}$ 一般记为“胎”，“坪”是 pi^{53}（比）的音变。因此，这个地名的准确记音应是“胎比”。

土家语 $thai^{55}pi^{53}$（太比）为一个音节，汉语义是“对面”或“对门”。

以“太平”作地名，在土家族聚居区也很普遍，桑植、龙山、永顺、鹤峰等地都有，诸如“太平寨”“太平山”“太平溪”“太平坡”，等等。这些“太平”实际都是 $thai^{55}pi^{53}$（胎比）的误记。土家人世居山区，村寨与村寨之间，或者山与山之间，或者甲地与乙地之间，往往隔水相望，或隔坪相望，彼此称对方为“对面”或“对门”。此地原名“胎比山”，现叫“太坪村”，汉语义就是“对面山”或“对面村”，是以村寨坐落的方位命名的地名。

马龙岗 ma⁵³luŋ⁵³kan⁵⁵

蜂 桶

土家语与汉语结合运用的地名：“马龙”是土家语 ma⁵³luŋ⁵³的汉字记音，原汁原味，十分典型；“岗”是汉语，即“山冈”。

土家语 ma⁵³luŋ⁵³（马龙）系两个音节：ma⁵³（马）的汉语义是“蜂子”，这里实指“蜜蜂”（Apismellfera）；luŋ⁵³（龙）的汉语义是“养”。ma⁵³luŋ⁵³（马龙）连起来直译是“蜂养”，调换语序结构译成汉语是“养蜂”。所以，“马龙岗”就是“养蜂冈”，是从前先民们放养蜜蜂的地方。

则树塆 tse²¹si²¹uan⁵⁵

土家语与汉语结合运用的地名：“则树”是土家语 tse²¹si²¹ 的汉字记音，但“树”是 si²¹（十）的音变；“塆”是汉语，即“山塆”。所以，这个地名的准确记音应是“则十塆”，按西部区的发音读作“则司塆”。

土家语 tse²¹si²¹（则十）为一个音节，汉语义是“高祖父”。所以，“则十塆”（则树塆）就是“高祖塆”。这个山塆是某姓高祖父居住过的老屋场，或者是他们的墓地，因而得名。

土家人对自己的宗亲先辈有含义显明的称谓，如称父亲为 pho²¹pha⁵⁵（坡帕），称祖父为 pha²¹phu⁵⁵（爬普），称尊祖父为 ȵie²¹thi³⁵（捏替），称高祖父为 tse²¹si²¹（则十），称所有的男性祖先为 su³⁵mu⁵³（苏母）。详细释义参看桑植县上洞街乡“则十洞”。

乌龙岗 u³⁵luŋ⁵³kan⁵⁵

土家语与汉语结合运用的地名：“乌龙”是土家语 u³⁵luŋ⁵³ 的汉字记音，但 u³⁵ 一般记为“务”“无”；“岗”是汉语，即“山冈”。

土家语 u³⁵luŋ⁵³（务龙）系两个音节：u³⁵（务）的汉语义是“黄牛”

（Bos taurus domestica），luŋ^{53}（龙）的汉语义是“养”“养殖”；u^{35}luŋ^{53}（务龙）连起来直译是“牛养”，调换语序结构译成汉语是“养牛”。所以，“务龙冈”（乌龙岗）就是“养牛冈”。

“乌龙岗”是该地的一条较长的低矮山脉，地势好，水草茂盛，自古以来是人们养殖牛羊的上佳地方，因为养牛多，人们便以这种现象作了地名。

秀油塆 ɕiəu^{35}jəu^{55}uan^{55}

土家语与汉语结合运用的地名：“秀油”是土家语 ɕiəu^{35}jəu^{55} 的汉字记音，但“油”是 jəu^{55}（优）的误记；“塆”是汉语，即“山塆”。所以，这个地名的准确记音应是“秀优塆”。

土家语 ɕiəu^{35}jəu^{55}（秀优）系两个音节：ɕiəu^{35}（秀）是一个含义广泛的动词，显示的含义为“开垦”“开辟”“建造”“治理”等，这里显然是“建造”；jəu^{55}（优）的汉语义是“村寨”。所以，ɕiəu^{35}jəu^{55}（秀优）连起来译成汉语就是“建造村寨”，“秀优塆”（秀油塆）就是最早“建造村寨的地方”。

土家人的居住习俗有很强的聚居性，一般选择依山傍水的开阔地为基地，几十户人家集中此地构建转角楼，然后聚族而居，俗称土家寨，土家语叫 lo^{21}jəu^{55}（洛优）。这里是某姓土家先民最早建造村寨的地方，故而得名。

西　来 ɕi^{55}lai^{55}

纯粹的土家语地名，ɕi^{55}lai^{55} 的汉字记音。

土家语 ɕi^{55}lai^{55}（西来）为一个音节，全称是 la^{55}ɕi^{55}lai^{55}（拉西来），在日常口语中常常简称为 ɕi^{55}lai^{55}（西来）。无论全称或简称，其含义完全相同，汉语义都指“萹蓄草”（Polygonum auiculare）。

萹蓄草是土家医常用的草药，主要用于治疗急性泌尿系统感染，利尿通便，用醋炒服用还可治蛔虫。此地从前萹蓄草多，是人们常去采药的地方，人们便以这种药草作了地名。

野　派 je^{21}phu^{55}

纯粹的土家语地名，je^{21}phu^{55} 的汉字记音，但“派”是 phu^{55}（普）的音变。所以，这个地名的准确记音应是“野普”。

土家语 je^{21}phu^{55}（野普）系两个音节：je^{21}（野）的汉语义有两种：一为“神灵”，二是“财富”。用作“财富”时，它包含“物资”“钱财”

“货物”等物质性属性，这里实指“货物”中的“商品”。phu^{55}（普）是多义动词，汉语义包含“买”“扫”“补”“薅”“捆”“溢”等行为动作，但主要用作“买”。所以，je^{21}phu^{55}（野普）连起来直译是“货买”，调换语序结构译成汉语便是“买货”；用作地名，就是买货的地方。

古代，此地设有货栈之类的小商店，是人们购买货物的地方，可以称为“货栈”或“商行”，亦如今天的“市场”“商店”。

通津铺镇

位于县域北部，镇治距县城 25 公里；辖 23 个行政村、4 个居委会，296 个村（居）民小组；总面积 94.27 平方公里；2008 年末总人口 27369 人。主要物产除粮食外，有柑橘、木材、药材等。该镇的长峪铺村是南方旱粮多熟制的发源地，20 世纪 70 年代是全国农业学大寨的先进典型。

后溪峪 $xa^{53}tɕhi^{53}jəu^{55}$

纯粹的土家语地名，$xa^{53}tɕhi^{53}jəu^{55}$（哈乞优）的音变与误记，。

土家语 $xa^{53}tɕhi^{53}jəu^{55}$（哈乞优）系三个音节：xa^{53}（哈）是 $khe^{55}xa^{53}$（克哈）的简化，汉语义为“山坳上的坪地”；$tɕhi^{53}$（乞）是土家语的一个形容词，汉语义为“大”。$xa^{53}tɕhi^{53}$（哈乞）连起来直译是“坪大”，调换语序结构译成汉语是“大坪”。$jəu^{55}$（优）的汉语义是“村”“寨”。所以，$xa^{53}tɕhi^{53}jəu^{55}$（哈乞优）连起来译成汉语就是“大坪寨”或“大坪村”。意思是说这个村子坐落在一个台地的大坪里，是以地理环境命名的地名。

湖　凹 $xu^{21}khui^{55}$

纯粹的土家语地名，$xu^{21}khui^{55}$ 的汉字记音，但“凹”是 $khui^{55}$（溃）的误记，因“凹”在当地不读作 aó（敖），而是读作 kuí（溃），故有此误。所以，这个地名的准确记音应是“湖溃”。

土家语 $xu^{21}khui^{55}$（湖凹）系两个音节：xu^{21}（湖）的汉语义是“山与山之间的谷地”，俗称“山谷”或“沟谷”；$khui^{55}$（溃）是 $khu^{21}khui^{55}$（库溃）的简化，汉语义为“塆”，即“山塆”。所以 $xu^{21}khui^{55}$（湖溃）连起来译成汉语就是“沟谷中的塆槽”，意思是说这个地方坐落在一条沟谷中的山塆里，也是一个以地理环境命名的地名。

万　坡 $uan^{35}pho^{55}$

纯粹的土家语地名，$uan^{35}pho^{55}$ 的汉字记音。

土家语 $uan^{35}pho^{55}$（万坡）系两个音节：uan^{35}（万）是古老的土家语，汉语义是“黄牛”（Bos taurus domeslica），现代土家语称黄牛为 u^{35}（戊），有的地方称为 au^{35}（敖）。pho^{55}（坡）是土家语的一个动词，汉语义为“放”，例如 $ma^{53}pho^{55}$（马坡）就是“放蜂子”，$zo^{35}pho^{55}$（若坡）就是“放羊”。$uan^{35}pho^{55}$（万坡）连起来直译是“牛放”，调换语序结构译成汉语是

"放牛"。用作地名，就是人们经常放牛的地方。

芦　毛　luŋ⁵⁵muŋ⁵³

纯粹的土家语地名，luŋ⁵⁵muŋ⁵³（聋蒙）的音变与误记。土家语在该地消失后，人们不再懂得它的含义，加上长期的语流音变，从而衍化成今名。历经千年，语音能够保持到这样，实属不易。

土家语 luŋ⁵⁵muŋ⁵³（聋蒙）为一个音节，汉语义是一种叫"三月黄"（Hordeum Vulgare L）的"大麦"。

从前，土家族居住的山区在粮食方面遇到的最大问题是"春荒"，春夏之交，青黄不接，常闹粮荒。于是先民们便大种春收作物，除了蚕豆、豌豆、荞之外，最主要的品种便是大麦，其中又以"三月黄"最为普遍，因为它成熟早，易于接荒。从前这个地方的先民种植的大麦多，出产的大麦质量好，人们便以这种农作物作了地名。

千步岗　tɕhi³⁵pu⁵³kan⁵⁵

土家语与汉语结合运用的地名："千步"是土家语 tɕhi³⁵pu⁵³ 的汉字记音，但"千"是 tɕhi³⁵（乞）的音变；"岗"是汉语，即"山冈"。所以，这个地名的准确记音应是"乞步冈"。

土家语 tɕhi³⁵pu⁵³（乞步）为一个音节，汉语义是"黄豆"（Glycine mas）。所以，"乞步冈"（千步岗）就是"黄豆冈"。

从前，这里的先民爱种黄豆，出产的黄豆多，品质好，人们便以这种农作物作了地名。

月　塔　je²¹tha²¹

纯粹的土家语地名，je²¹tha⁵⁵ 的汉字记音，但"月"是 je²¹（叶）的误记，因按土家语发音，"月""叶"同音，都读作"叶"，故有此误记。所以，这个地名应记作"叶塔"。

土家语 je²¹tha⁵⁵（叶塔）系两个音节：je²¹（叶）的汉语义是"神"；tha⁵⁵（塔）是 se³⁵tha⁵⁵（色塔）的简化，汉语义是"旁边"或"边"。所以，je²¹tha⁵⁵（叶塔）连起来译成汉语就是"神旁边"。

土家族的"神"不是指"天神"，而是指本民族的祖先神，对祖先神一般都设有专门的"神堂"供奉神像，并适时敬祭，这种"神堂"土家语叫 je²¹tsho²¹（叶挫）。这里的 je²¹（叶）——"神"，实际上是指 je²¹tsho²¹（叶挫）——"神堂"；所以，je²¹tha⁵⁵（叶塔）就是"神堂旁边"。意思是说这个村寨坐落在"神堂旁边"。这是一个以方位命名的地名。

清茶拥　tɕhie^{53}tshi^{53}jəu^{55}

纯粹的土家语地名，tɕhie^{53}tshi^{53}jəu^{55}（且次优）的误记："清茶"是tɕhie^{53}tshi^{53}（且次）的误记，"拥"是jəu^{55}（优）的音变。

土家语tɕhie^{53}tshi^{53}jəu^{55}（且次优）系三个音节：tɕhie^{53}（且）的汉语义是"山""山坡"，tshi^{53}（次）的汉语义是"靠着""挨着"；tɕhie^{53}tshi^{53}（且次）连起来直译是"山坡挨着"，调换语序结构译成汉语是"挨着山坡"。jəu^{55}（优）的汉语义是"村""寨"。所以，tɕhie^{53}tshi^{53}jəu^{55}（且次优）连接起来译成汉语便是"挨着山坡的村庄"。

因为这个村庄紧紧挨着山坡，或就坐落在一面山坡的旁边，故而得名。

二层岩　e^{53}tsho^{53}ŋai^{53}

土家语与汉语结合运用的地名："二层"是土家语e^{53}tsho^{53}（耳挫）的音变与误记；"岩"是汉语，即"岩石"，一般指具有某些岩石特征的地方。所以，这个地名的准确记音应是"耳挫岩"。

土家语e^{53}tsho^{53}（耳挫）系两个音节：e^{53}（耳）是现代土家语，汉语义是"猴子"（Macaca mulatta），古代土家语称猴子为se^{53}（色）；tsho^{53}（挫）的汉语义是"屋"。所以，e^{53}tsho^{53}（耳挫）连起来译成汉语就是"猴子屋"（猴子多以洞穴为家，所以这里的"屋"可以理解为"洞"）；"耳挫岩"（二层岩）就是"猴子屋岩"，即猴子栖息的岩山。

席　塔　ɕi^{55}tha^{53}

纯粹的土家语地名，ɕi^{55}tha^{53}（席塔）的汉字记音，原汁原味。

土家语ɕi^{55}tha^{53}（席塔）为一个音节，汉语义是"刺桑"。

考古资料已经证明，早在新石器时代，土家人就学会了养蚕。而养蚕用的桑叶主要有两种：一种是"油桑"，"油桑树"（Morus aiba）土家语叫pho^{35}tsho^{53}kha^{21}muŋ^{21}（破撮卡蒙），其中的pho^{35}tsho^{53}（破撮）的汉语义是"油桑"，kha^{21}muŋ^{21}（卡蒙）的汉语义是"树"。另一种是"刺桑"，"刺桑树"（Morus monqolica schneid）土家语叫ɕi^{55}tha^{53}kha^{21}muŋ^{21}（席塔卡蒙），其中的ɕi^{55}tha^{53}（席塔）的汉语义是"刺桑"，kha^{21}muŋ^{21}（卡蒙）的汉语义是"树"。如同汉语中的"松树""杉树"省去其中的"树"，留下的"松""杉"仍然是"松树""杉树"一样，ɕi^{55}tha^{53}kha^{21}muŋ^{21}（席塔卡蒙）省去kha^{21}muŋ^{21}（卡蒙），ɕi^{55}tha^{53}（席塔）仍然是"刺桑树"。从前，这里刺桑树多，是土家姑娘常去采摘桑叶的地方，故而得名。

溪儿沟 tɕhi⁵⁵e⁵³kəu⁵⁵

土家语与汉语结合运用的地名："溪儿"是土家语 tɕhi⁵⁵e⁵³（起尔）的误记；"沟"是汉语，即"溪沟""山沟"。所以，这个地名应记作"起尔沟"。

土家语 tɕhi⁵⁵e⁵³（起尔）为一个音节，是 tɕhi⁵⁵lie⁵³e⁵³（起列尔）的简化，lie⁵³（列）在整个音节中属于下行轻音，很容易被省掉，只留下词根 tɕhi⁵⁵e⁵³（起尔），但含义未变，汉语义是"糯谷"（Oryza sativa L.var. glutinosa Matsum）。所以，"起尔沟"（溪儿沟）就是"糯谷沟"。

从前，这条山沟里土质好，泥脚深，水源充足，是种植糯谷的好地方，出产的糯谷多，质量好，人们便以这种特产作了地名。

李二溶 li³⁵e⁵³uŋ⁵³

纯粹的土家语地名，li³⁵e⁵³uŋ⁵³（利尔翁）的误记："李二"是 li³⁵e⁵³（利尔）的音变，"溶"是 uŋ⁵³（翁）的音变。

土家语 li³⁵e⁵³uŋ⁵³（利尔翁）系三个音节：li³⁵（利）的汉语义是"老虎"（Panthera tigris）；e⁵³（尔）的汉语义是"猴子"（Macaca mulatta）；uŋ⁵³（翁）是个多义动词，汉语义含"住""坐""吠""叫""啸"等。所以，li³⁵e⁵³uŋ⁵³（利尔翁）可以译成"虎猴住"，也可以译为"虎猴叫"，即老虎猴子栖息的地方，或者老虎猴子啼叫的地方。实质是指有老虎猴子或老虎猴子多。

古代，此地古树参天，林密草深，老虎、猴子等动物栖息其间，常闻虎啸猿啼，故而得名。

业 峪 lie³⁵jəu⁵⁵

纯粹的土家语地名，lie³⁵jəu⁵⁵（列优）的误记："业"是 lie³⁵（列）的误记，在推广普通话之前，当地"业"的发音与"列"相同，故有此误记；"峪"是 jəu⁵⁵（优）的音变。

绿树丛中的土家转角楼

土家语 lie³⁵jəu⁵⁵

（列优）系两个音节：lie^{35}（列）的汉语义是"楼子屋"，具体是指土家人所特有的"走马转角楼"；jəu^{55}（优）的汉语义是"村""寨"。所以，lie^{35}jəu^{55}（列优）连起来译成汉语就是"楼子寨"，因这个村寨修的转角楼多而得名。

瓦　子　o^{21}tso^{55}

纯粹的土家语地名，o^{21}tso^{55}（俄作）的误记。

土家语 o^{21}tso^{55}（俄作）为一个音节，译成汉语是"梅山神"。

"梅山神"是土家族虔诚供奉的古老猎神，一般供奉在山野大道旁。传说她是女性，所以常记为"梅嫦"。每次出猎，大家集合在神堂前祭祀神灵，祈求平安、多获猎物。收获后带着猎物齐聚神堂前敬祀报恩，然后按照射手分头、赶者分腿、见者有份的原则分配兽肉。

祭梅山，是土家族从狩猎时期沿袭下来的习俗，在桑植、龙山一带至今仍十分奉行。此地以 o^{21}tso^{55}（俄作）作地名，说明从前这里是人们敬祀梅山神的地方。

星　峪　ɕin^{35}jəu^{55}

纯粹的土家语地名，ɕin^{35}jəu^{55}（信优）的误记；"星"是 ɕin^{35}（信）的音变，"峪"是 jəu^{55}（优）的音变。

土家语 ɕin^{35}jəu^{55}（信优）系两个音节：ɕin^{35}（信）是 ɕin^{35}ka^{53}（信嘎）的简化，汉语义是"青绿色"；jəu^{55}（优）的汉语义是"村""寨"。所以，ɕin^{35}jəu^{55}（信优）连起来译成汉语义就是"青绿色的寨"。从前，这个村寨的周围全是青绿色的树木，秀蔚参天，因此得名。

此处还有一地名叫"邢拥"，同"星峪"一样，也是土家语地名，是土家语 ɕin^{35}jəu^{55}（信优）的误记，汉语义也是"青绿色的村寨"。

泗　坪　si^{21}phin^{21}

土家语与汉语结合运用的地名："泗"是土家语 si^{21} 的汉字记音，但一般记为"司"；"坪"是汉语，即"坪坝"。

土家语 si^{21}（司）的汉语义是"肉"，也指"野兽"。所以，"司坪"（泗坪）就是"野兽坪"。

古代此地尚未开发，是一片荒原，各种野兽出没其间，根据这种景况，人们便以兽坪作了地名。

儿　斗　a^{21}tu^{53}

纯粹的土家语地名，a^{21}tu^{53} 的汉字记音，但"儿"是 a^{21}（阿）的误记。

推广汉语普通话以前，澧水流域的西南官话有“阿”音而无“阿”字，记音时常常用“牙”“雅”“儿”等字替代，故有此误记。所以，这个地名的准确记音应是“阿斗”。有的地方记作“阿图”。

土家语 $a^{21}tu^{53}$（阿斗）、$a^{21}thu^{21}$（阿图）均为一个音节，汉语义都是“岩坷”；凡是岩石多的“岩窝”，有孔洞的石山石壁，土家语一般都称其为 $a^{21}tu^{53}$（阿斗）。作为地名，$a^{21}thu^{21}$（阿斗）就是乱石多的地方。

合堡溪 $xu^{55}pu^{35}tɕhi^{55}$

土家语与汉语结合运用的地名：“合堡”是土家语 $xu^{55}pu^{35}$（夫捕）的音变与误记；“溪”是汉语，即“溪沟”。所以，这个地名的准确记音应是“夫捕溪”。

土家语 $xu^{55}pu^{35}$（夫捕）为一个音节，是 $xu^{55}pu^{35}kha^{21}muŋ^{21}$（夫捕卡蒙）的省略，汉语义是木樨科“白蜡树”(Fraxinus chinensis)。其中 $xu^{55}pu^{35}$（夫捕）的汉语义是“白蜡”，$kha^{21}muŋ^{21}$（卡蒙）的汉语义“树”。此处省去 $kha^{21}muŋ^{21}$（卡蒙）——“树”，只保留 $xu^{55}pu^{35}$（夫捕）——“白蜡”，其含义仍然是“白蜡树”。所以，“夫捕溪”（合堡溪）就是“白蜡树溪”或“白蜡树沟”。

“夫捕溪”（合堡溪）是澧水系统的一条重要支流，白蜡树是武陵山区的一种珍贵树种。古代，这条溪流沿岸长满了白蜡树，人们便以这种树名作了溪名。

富　庸 $xu^{21}jəu^{55}$

纯粹的土家语地名，$xu^{21}jəu^{55}$（湖优）的音变与误记。

土家语 $xu^{21}jəu^{55}$（湖优）系两个音节：xu^{21}（湖）的汉语义是“两山间的谷地”，俗称“山谷”或“沟谷”；$jəu^{55}$（优）的汉语义是“村落”或“寨子”。所以，$xu^{21}jəu^{55}$（湖优）连起来译成汉语就是“山谷中的村落”，或“沟谷里的寨子”。意思是说这个村子坐落在山谷中。

沙　浪 $sa^{55}lan^{53}$

纯粹的土家语地名，$sa^{55}lan^{53}$ 的汉字记音，按西部区的发音读作“萨懒”。

土家语 $sa^{55}lan^{53}$（沙浪）为一个音节，是 $sa^{55}lan^{53}kha^{21}muŋ^{21}$（沙浪卡蒙）的省略，汉语义是漆树科植物“黄连木”(Pistacia chinensis)。其中 $sa^{55}lan^{53}$（沙浪）的汉语义是“黄连”，$kha^{21}muŋ^{21}$（卡蒙）的汉语义是树。同汉语的“松树”省略其中的“树”，留下的“松”仍是“松树”一样，土家语

sa^{55}lan^{53}kha^{21}muŋ^{21}（沙浪卡蒙）省去 kha^{21}muŋ^{21}（卡蒙），留下的 sa^{55}lan^{53}（沙浪）同样也是“黄连木”。

从前，此地的黄连木多，人们便以这种树名作了地名。

流 子 ȵie^{35}za^{55}

纯粹的土家语地名，ȵie^{35}za^{55}（捏日阿）的误记：“流”是 ȵie^{35}（捏）的音变，“子”是 za^{55}（日阿）的近音汉字替代。

土家语 ȵie^{35}za^{55}（捏日阿）系两个音节：ȵie^{35}（捏）是 ȵie^{35}pi^{53}（捏比）的简化，汉语义为“鸟类”，即多种鸟雀；za^{55}（日阿）的汉语义是“飞”“飞翔”。所以，ȵie^{35}za^{55}（捏日阿）连起来译成汉语就是“鸟飞”。

此地坐落在深山峡谷之中，自古至今以鸟多著名。依据这种生态特征，人们便以 ȵie^{35}za^{55}（捏日阿）——“鸟飞”作了地名。

此处还有一地叫做“柳子泉”，也是土家语与汉语结合运用的地名。“柳子”同以上的“流子”一样，也是土家语 ȵie^{35}za^{55}（捏日阿）的误记，“柳子泉”即“捏日阿泉”，汉语义就是“鸟飞泉”，即各种鸟雀飞来飞去的地方。

输赢溪 si^{21}je^{53}tɕhi^{55}

土家语与汉语结合运用的地名：“输赢”是土家语 si^{21}je^{53} 的汉字记音，但“输”是 si^{21}（石）的误记，“赢”是 je^{53}（耶）的误记；“溪”是汉语，即“溪沟”。所以，这个地名的准确记音应是“石耶溪”，按西部区的发音读作“司耶溪”。

土家语 si^{21}je^{53}（石耶）系两个音节：si^{21}（石）的汉语义是“野兽”；je^{53}（耶）是多义动词，汉语义含“拖”“到”“躲”等，这里是取“躲”义。si^{21}je^{53}（石耶）连起来直译是“兽躲”，调换语序结构译成汉语是“躲兽”。所以，“石耶溪”（输赢溪）就是“躲兽溪”。

古时，这里是莽莽荒原，各种野兽躲藏其间，栖息繁衍，故而得名。

于儿塆 je^{21}zi^{55}uan^{55}

土家语与汉语结合运用的地名：“于儿”是土家语 je^{21}zi^{55}（也日）的误记，“于”是 je^{21}（也）的音变，“儿”是 zi^{55}（日）的误记（因澧水流域“日”和“儿”发音相同，故有此误记）；“塆”是汉语，即“山塆”。因此，“于儿塆”的原始名称应是“也日塆”。

土家语 je^{21}zi^{55}（也日）系两个音节：je^{21}（也）的汉语义是“神”，zi^{55}（日）的汉语义是“敬”“祭”；je^{21}zi^{55}（也日）连起来直译是“神敬”，调

换语序结构译成汉语是“敬神”。所以，“也日塆”（于儿塆）就是“敬神塆”。

土家人敬奉的神灵主要是祖先神，一般都设有神堂，俗称“土王祠”“摆手堂”。所以，“敬神塆”也就是“神堂塆”，是人们敬祀神灵的地方。

才　零 $tshe^{21}ȵi^{55}$

纯粹的土家语地名，$tshe^{21}ȵi^{55}$ 的误记：“才”是 $tshe^{21}$（测）的音变，“零”是 $ȵi^{55}$（尼）的音变。所以，这个地名按西部区语音应记作“测尼”，按东部区多数地方的发音读作“扯尼”。

土家语 $tshe^{21}ȵi^{55}$（测尼）系两个音节：$tshe^{21}$（测）的汉语义是水”，$ȵi^{55}$（尼）的汉语义是“寻找”。$tshe^{21}ȵi^{55}$（测尼）连起来直译是“水找”，调换语序结构译成汉语就是“找水”；用作地名，就是找水的地方。

从前，此地山坡田多，水源严重不足，人们需要到处寻找水源，故而得名。

奠　马 $tie^{55}xe^{53}ma^{53}$

纯粹的土家语地名，$tie^{55}xe^{53}ma^{53}$（爹核马）的误记：“奠”是土家语 $tie^{55}xe^{53}$（爹核）相拼合后的汉字记音，其中的 xe^{53}（核）属轻音高降，又居于词尾，读念时常常是轻轻带过，似有似无，有时甚至被省略。然而记名人不懂得这微微差别，反而将两者相拼，因而便成了“奠”音。

土家语 $tie^{55}xe^{53}ma^{53}$（爹核马）由 $tie^{55}xe^{53}$（爹核）和 ma^{53}（马）两个音节组成：$tie^{55}xe^{53}$（爹核）的汉语义为“豆腐”，ma^{53}（马）的汉语义是“者”“……人”。所以，$tie^{55}xe^{53}ma^{53}$（爹核马）连起来译成汉语就是“豆腐人”，即“做豆腐的人”，有如今天的“豆腐师傅”。从前这个地方有人生产豆腐，故得其名。

此地还有一地名叫作“奠台”，也是土家语与汉语结合运用的地名。“奠”如上所述，是土家语 $tie^{55}xe^{53}$（爹核）的汉字记音，汉语义是“豆腐”；所以，“奠台”就是“豆腐台”，即出产豆腐的地方。

零　溪　镇

位于县域东部，东与常德市桃源县的热市镇接壤，镇治距县城 13 公里；辖 16 个行政村、1 个居委会，305 个村（居）民小组；总面积 103.35 平方公里，其中耕地 22299 亩；2008 年末总人口 28698 人。主要物产有水稻、柑橘、油菜等。

胡世垭　xu^{35}si^{55}ŋa^{53}

土家语与汉语结合运用的地名：“胡世”是土家语 xu^{35}si^{55} 的汉字记音，但 xu^{35} 一般记为“服”，“世”是 si^{55}（司）的音变，而且 xu^{35}si^{55}（服司）通常加上一个后缀 tho^{55}（妥），即 xu^{35}si^{55}tho^{55}（服司妥）。“垭”是汉语，即“山口”。所以，这个地名的准确记音应是“服司垭”或“服司妥垭”。

土家语 xu^{35}si^{55}tho^{55}（服司妥）为一个音节，译成汉语是“做土菩萨”或“还神愿”。所以，“服司垭”（胡世垭）就是“做土菩萨垭”或“还神愿垭”，即做土菩萨、还神愿的地方。

从前，这里居住过十分有名的“梯玛”，主持“做土菩萨”功课很有名，人们便以 xu^{35}si^{55}（服司）——“还神愿”作了地名。

谭木浪　thuŋ^{53}muŋ^{21}lu^{21}

纯粹的土家语地名，thuŋ^{53}muŋ^{21}lu^{21}（统蒙陆）的误记：“谭木”是 thuŋ^{53}muŋ^{21}（统蒙）的音变，“浪”是 lu^{21}（陆）的音转。

土家语 thuŋ^{53}muŋ^{21}lu^{21}（统蒙陆）由 thuŋ^{53}muŋ^{21}（统蒙）和 lu^{21}（陆）两个音节组成：thuŋ^{53}muŋ^{21}（统蒙）的汉语义是“线”；lu^{21}（陆）是土家语中的一个动词，汉语义为“卖”。所以，thuŋ^{53}muŋ^{21}lu^{21}（统蒙路）连起来直译是“线卖”，调换语序结构译成汉语是“卖线”，作为地名就是“出售线的地方”。

从前，土家人缝补衣被所用的“线”大多由姑娘们用纺车纺，线纺成后，又用红、黑、白、蓝等颜料染上颜色。这里的姑娘会纺线，纺的线数量多、质量好，自用之余还向外出售，故而得名。

青朋峪　tɕhia^{55}phai^{55}jəu^{55}

纯粹的土家语地名，tɕhia^{55}phai^{55}jəu^{55}（恰派优）的误记。

土家语 ɕhia^{55}phai^{55}jəu^{55}（恰派优）由 ɕhia^{55}phai^{55}（恰派）和 jəu^{55}（优）

两个音节组成：tɕhia^{55}phai^{55}（恰派），有的地方叫 tsi^{55}uei^{35}（自未），汉语义是“麻雀”（Passer montanus Sataratess）；jəu^{55}（优）的汉语义是“村”“寨”。所以，tɕhia^{55}phai^{55}jəu^{55}（恰派优）连起来译成汉语就是“麻雀寨”或“麻雀村”。

从前的某个时期，这个村子里麻雀多，人们便以 tɕhia^{55}phai^{55}（恰派）——“麻雀”作了村寨名。

募荒坪 mu^{35}xuan^{21}phin^{21}

土家语与汉语结合运用的地名：“募荒”是土家语 mu^{35}xuan^{21} 的汉字记音，但“荒”是 xuan^{21}（欢）的音变；“坪”是汉语，即“坪坝”。所以，这个地名的准确记音应是“募欢坪”。

土家语 mu^{35}xuan^{21}（募欢）系两个音节：mu^{35}（募）一般记为“母”或“木”，汉语义是“竹子”（Bamboo sprout）；xuan^{21}（欢）的汉语义是“遮掩”“遮盖”，实际含义是“很多很多”；mu^{35}xuan^{21}（募欢）连起来译成汉语是“竹子遮掩”，实质含义是竹子多。所以，“募欢坪”（募荒坪）就是“竹子遮掩的坪坝”，即“竹子多的坪坝”。

古时，这个坪坝里遍地都是竹子，浓阴掩映，满目葱茏，人们便以竹子多作了地名。

提马峪 thi^{55}ma^{53}jəu^{55}

纯粹的土家语地名，thi^{55}ma^{53}jəu^{55}（梯玛优）的音变与误记。

土家语 thi^{55}ma^{53}jəu^{55}（梯玛优）由 thi^{55}ma^{53}（梯玛）和 jəu^{55}（优）两个音节组成：thi^{55}ma^{53}（梯玛），有的译为“神者”，大多译为“土老司”；jəu^{55}（优）的汉语义是“村”“寨”。所以，thi^{55}ma^{53}jəu^{55}（梯玛优）连起来译成汉语就是“土老司寨”。因这个村寨有世代相传的“土老司”，而且名望很高，人们便

梯玛，亦称土老司

以 $thi^{55}ma^{53}$（梯玛）——“土老司”作了村寨名。

土家族的 $thi^{55}ma^{53}$（梯玛）是沟通幽明世界的载体，其地位大致相当于古代宫廷傩祭仪式的方相氏。在主祭祭仪时，梯玛头戴纸冠，身着八幅罗裙，手摇司刀和八宝铜铃，通过 48 大朝科的仪式，来通神、通鬼、通怪，从而为亡灵运去钱财，解开过结，达到驱除鬼疫、消除厄难的目的。这种专职的主祭人，往往世代相传，持续几代或几十代人。

交耳峪 $tɕie^{55}zi^{55}jəu^{55}$

纯粹的土家语地名，$tɕie^{55}zi^{55}jəu^{55}$（杰日优）的音变与误记：“交”是 $tɕie^{55}$（杰）的误记，“耳”是 zi^{55}（日）的误记，“峪”是 $jəu^{55}$（优）的音变。

土家语 $tɕie^{55}zi^{55}jəu^{55}$（杰日优）由 $tɕie^{55}zi^{55}$（杰日）和 $jəu^{55}$（优）两个音节组成：$tɕie^{55}zi^{55}$（杰日）是 $tɕie^{55}zi^{55}ma^{53}$（杰日马）的省略，汉语义是“务农人”；$jəu^{55}$（优）的汉语义是“村”“寨”。所以，$tɕie^{55}zi^{55}jəu^{55}$（杰日优）连起来译成汉语就是“农人村”或“农人寨”。

这个地名十分古老，推测其产生年代应在原始公社时期。那时，人们的生产有比较明确的分工，有的打猎，有的捕鱼，有的养殖，有的务农。此地就是当时分配务农的那部分人居住的村寨。

遮日山 $tsi^{53}zi^{21}san^{55}$

土家语与汉语结合运用的地名：“遮日”是土家语 $tsi^{53}zi^{21}$ 的汉字记音，但“遮”按东部区语音一般记为“直”，按西部区语音是 $tʂi^{53}$（子）的误记；“山”是汉语。所以，这个地名的准确记音应是“子日山”或“直日山”。

土家语 $tsi^{53}zi^{21}$（子日、直日）系两个音节：tsi^{53}（子、直）的汉语义是“猪”（Sus scrofa domestica），zi^{21}（日）的汉语义是“多”；$tsi^{53}zi^{21}$（子日、直日）连起来直译是“猪多”，调换语序结构译成汉语是“多猪”。所以，“直日山”（遮日山）就是“多猪山”。

从前，这里的土家先民有养猪的传统，饲养的生猪多，因而得名。

星　旗 $ɕian^{53}tɕhi^{21}$

纯粹的土家语地名，$ɕian^{53}tɕhi^{21}$ 的汉字记音，但“星”是 $ɕian^{53}$（先）的音转，也是人们的附会。所以，这个地名的准确记音应是“先旗”。“星旗”而今已是行政村“星旗村”。

土家语 $ɕian^{53}tɕhi^{21}$（先旗）为一个音节，汉语义是“唢呐”。所以，

“先旗村”（星旗村）就是“唢呐村”，因村寨里有师傅会吹奏唢呐而得名。

土家族民间流行的吹管乐器有咚咚喹、土号、唢呐等多种，每逢红白喜事或重要节日，人们将其与打击乐“打溜子”“打围鼓”等一起，采用会声、会形、会意的方法，合奏出一曲曲独具特色的乐章。

插旗山 tsha^{21}tɕhi^{21}san^{55}

土家语与汉语结合运用的地名：“插旗”是土家语 tsha^{21}tɕhi^{21} 的汉字记音，按西部区的发音读作“擦旗”；“山”是汉语。

土家语 tsha^{21}tɕhi^{21}（插旗）为一个音节，汉语义是“锦鸡”，（Chrysolophus pictus）。所以，“插旗山”就是“锦鸡山”，山因锦鸡多而得名。

在土家族聚居区，以 tsha^{21}tɕhi^{21}（插旗）作地名十分普遍，由于人们不懂土家语，加上东西部区发音的差异，记名时也就五花八门，有的记为“插旗”，有的记为“岔溪”“茶溪”，甚至有的记为“差溪”，但汉语义都是“锦鸡”。详细释义参看桑植县廖家村镇“茶溪洞”。

佘儿垭 se^{53}e^{21}ŋa^{53}

土家语与汉语结合运用的地名：“佘”是土家语 se^{53}（舍）的音变；“儿”属 se^{53}（舍）的儿化音，不含实际意义；“垭”是汉语，即“山口”。所以，这个地名的准确记音应是“舍儿垭”，按西部区的发音读作“色儿垭”。

“猴子”（Macaca mulatta），古代土家语称为 se^{53}（舍），现代土家语称为 e^{21}（耳）。因此，“舍儿垭”（佘儿垭）就是“猴儿垭”，也就是“猴子垭”。从前，这里的猴子多，因而得名。

铺家岗 pho^{35}ka^{35}kan^{55}

土家语与汉语结合运用的地名：“铺家”是土家语 pho^{35}ka^{35}（破嘎）的音变与误记，“铺”是 pho^{35}（破）的音变，“家”是 ka^{35}（嘎）的近音汉字替代；“岗”是汉语，即“山冈”。因此，这个地方的原始名称应为“破嘎岗”。

土家语 pho^{35}ka^{35}（破嘎）为一个音节，汉语义是“先生”“老师”。因此，“破嘎冈”（铺家岗）就是“先生冈”“老师冈”，即有教书先生的山冈。

清朝雍正年间，土家族地区“改土归流”后，人户比较集中的地方纷纷办起了学堂，供适龄儿童读书学文。从前，这个冈上或居住过“老师”，或兴办过学堂有老师教学，人们便以 $pho^{35}ka^{35}$（破嘎）——“老师”作了地名。

溪 口 镇

位于县域西南部，镇治距县城 31 公里；辖 19 个行政村、2 个居委会，204 个村（居）民小组；总面积 111.22 平方公里，其中耕地 15300 亩；2008 年末总人口 18738 人。主要物产有木材、茶叶、杜仲、柑橘，特色物产有红薯粉、金秋梨、葡萄、草莓等；矿藏有镍钼、磷、重晶石等。

泥 螺 $ȵie^{55}lo^{53}$

纯粹的土家语地名，$ȵie^{55}lo^{53}$ 的汉字记音，但“泥”是 $ȵie^{55}$（捏）的音变。$ȵie^{55}$（捏）的发音是重鼻音，与汉语的“泥”“您”相近，故人们以“泥”代 $ȵie^{55}$（捏）。所以，这个地名的准确记音应是“捏螺”。

土家语 $ȵie^{55}lo^{53}$（捏螺）系两个音节：$ȵie^{55}$（捏）是一个数词，汉语义为“二”“两”；lo^{53}（螺）通常记为“裸”或“洛”，汉语义是“人”。所以，$ȵie^{55}lo^{53}$（捏螺）连起来译成汉语就是“二人”或“两人”；用作地名，就是“两个人居住的地方”。

这“两人”可能是两夫妇，也可能是两兄弟两姊妹或两父子，也可能是两亲戚。总之，是这两个人最早到此地定居，开垦了这块热土，他们是这块土地的鼻祖，值得永远祭奠。

茅岗头 $me^{35}ka^{21}thu^{53}$

纯粹的土家语地名，$me^{35}ka^{21}thu^{53}$（嚜嘎土）的音变与误记。如果仔细听一听，就会发现，当地民众的实际发音也是“嚜嘎土”，并非“茅岗头”。

土家语 $me^{35}ka^{21}thu^{53}$（嚜嘎土）系三个音节：me^{35}（嚜）的汉语义是“天”，ka^{21}（嘎）的汉语义是“干”“旱”，$me^{35}ka^{21}$（嚜嘎）就是“天旱”；thu^{53}（土）的汉语义是“烤”。所以，$me^{35}ka^{21}thu^{53}$（嚜嘎土）连起来译成汉语就是“天旱烤”，正所谓“赤日炎炎似火烧”。

从前，此地严重缺水，十年九不收，故而得名。

独子山 $tu^{35}tsi^{53}san^{55}$

土家语与汉语结合运用的地名：“独子”是土家语 $tu^{35}tsi^{53}$ 的汉字记音，但“独”是 tu^{35}（都）的音变；“山”是汉语。所以，这个地名的准确记音应是“都子山”。

土家语 $tu^{35}tsi^{53}$（都子）为一个音节，汉语义是“花轿”。所以，“都子

花 轿

山”（独子山）就是“花轿山”。

大约进入父系氏族社会以后，土家族娶媳妇就开始用轿子迎娶新娘。元明时期，土家人引进汉族的花轿加以改进，使之成为迎娶新娘的主要工具，同时以本民族的风俗。山以花轿命名，可能是因这座山的形状酷似花轿，也可能是因这个山寨里有花轿（因花轿并不是每家、每村都有）。

三仕峪 $sa^{55}si^{53}jəu^{55}$

纯粹的土家语地名，$sa^{55}si^{53}jəu^{55}$（萨斯优）的音变与误记。

土家语 $sa^{55}si^{53}jəu^{55}$（萨斯优）由 $sa^{55}si^{53}$（萨斯）和 $jəu^{55}$（优）两个音节组成：$sa^{55}si^{53}$（萨斯）的完整音节是 $sa^{55}lie^{53}si^{53}$（萨列斯），由于 lie^{53}（列）属高降轻声，在长期的语流音变中被脱落了，只留下词根 $sa^{55}si^{53}$（萨斯），但含义未变，译成汉语是“李子”（Prunus salicina lindl）；$jəu^{55}$（优）的汉语义是“村”“寨”。所以，$sa^{55}si^{53}jəu^{55}$（萨斯优）连起来译成汉语就是“李子寨”或“李子村”。

从前，这个村寨里李子树多，出产的李子也多，三月李、六月李、黄瓜李、牛肚心、苦李等，品种多样，因此，人们便以这种水果作了村名。

立功坡 $li^{53}ke^{21}pho^{55}$

土家语与汉语结合运用的地名：“立功”是土家语 $li^{53}ke^{21}$（立格）的误记，“功”是 ke^{21}（格）的音变，也是人们的附会；“坡”是汉语，即“山坡”。所以，这个地名的准确记音应是“立格坡”。

土家语 $li^{53}ke^{21}$（立格）系两个音节：li^{53}（立）的汉语义是“老虎”（Panthera tigris）；ke^{21}（格）是 $ke^{21}tshi^{35}$（格次）的省略，其中的 $tshi^{35}$（次）属词尾轻声，在语流音变中脱落了，只留下词根 ke^{21}（格），汉语义是“游玩”。所以，$li^{53}ke^{21}tshi^{35}$（立格次）或 $li^{53}ke^{21}$（立格）连起来译成汉语就是“老虎游玩”，“立格坡”（立功坡）便是“老虎游玩的山坡”。

从前，这里山深林密，人迹罕至，老虎藏匿其间，悠闲自得，故而得名。

同盟村 thuŋ53muŋ21tshun55

土家语与汉语结合运用的地名："同盟"是土家语 thuŋ53muŋ21（统蒙）的误记，也是人们善意的附会；"村"是汉语，即"村寨"。因此，这个地名的准确记音应是"统蒙村"。将"统蒙村"记为"同盟村"，一个音、义都非常好的地名，可惜与当地的实际含义风马牛不相及。

土家语 thuŋ53muŋ21（统蒙）为一个音节，汉语义是挑花织布的"线"。所以，"统蒙村"（同盟村）就是"线村"。

从前，这个村寨里的姑娘个个是纺线能手，出产的线远近闻名，人们便以这种产品作了地名。

南家塆 lan35ka55uan55

土家语与汉语结合运用的地名："南家"是土家语 lan35ka55（烂嘎）的音变，"南"是 lan35（烂）的音变（当地发音没有人能分得清"南""烂"二者的细微差别，都发音为烂）；"家"是 ka55（嘎）的近音汉字替代，旧时，在当地，"家"就读作"嘎"。"塆"是汉语，即"山塆"。所以，这个地名的准确记音应是"烂嘎塆"。

土家语 lan35ka55（烂嘎）也称 lan35kai55（烂该），为一个音节，汉语义是"黑""暗"。所以，"烂嘎塆"（南家塆）就是"昏暗的山塆"。

此地属高寒山区，号称"九条岭"。这些山岭高大险峻，遮天蔽日，再加上古时树高叶密，浓荫掩映，日照短，阳光严重不足，给人以昏暗之感，因而得名。

石家山 si21tɕie53san55

土家语与汉语结合运用的地名："石家"是土家语 si21tɕie53 的汉字记音，但"家"是 tɕie53（借）的音变；"山"是汉语。因此，这个地名的准确记音应是"石借山"，按西部区的发音读作"司借山"。

土家语 si21tɕie53（石借）系两个音节：si21（石）的汉语义是"野兽"，tɕie53（借）的汉语义是"赶"；si21tɕie53（石借）连起来直译是"兽赶"，调换语序结构译成汉语是"赶兽"。所以，"石借山"（石家山）就是"赶兽山"。

"赶兽"俗称"赶仗"，实际就是"打猎"。古时，这里草木繁茂，野兽很多，是人们常去打猎的地方，故而得名。

湖洲坪　$xu^{21}tsu^{35}phin^{21}$

土家语与汉语结合运用的地名："湖洲"是土家语 $xu^{21}tsu^{35}$ 的汉字记音，但"洲"是 tsu^{35}（住）的音变；"坪"是汉语，即"坪坝"。所以，这个地名的准确记音应是"湖住坪"，按西部区的发音读作"湖租坪"。

土家语 $xu^{21}tsu^{35}$（湖住）系两个音节：xu^{21}（湖）的汉语义是山间峡谷，俗称"山谷"或"沟谷"；tsu^{35}（住）的汉语义是"出""出来"。$xu^{21}tsu^{35}$（湖住）连起来直译是"山谷出来"，调换语序结构译成汉语是"出山谷"。所以，"湖住坪"（湖洲坪）就是"出山谷坪"，即山谷出口的坪坝。因这个坪坝处于一条山谷的出口而得名。

大头垴　$ta^{35}tho^{53}ȵau^{21}$

土家语与汉语结合运用的地名："大头"是土家语 $ta^{35}tho^{53}$ 的汉字记音，但"头"是 tho^{53}（妥）的音变；"垴"是汉语，即小山丘、山包。所以，这个地名的准确记音应是"大妥垴"。

土家语 $ta^{35}tho^{53}$（大妥）为一个音节，汉语义是"横"。所以，"大妥垴"（大头垴）就是"横着的山坡或山冈"。也就是说，这个地方坐落在横陈着的山冈上。

土家语对横直方位概念的表述是十分明确的，一般称"直"为 $tshu^{35}tshui^{53}$（徂催），称"弯"为 $khu^{35}kui^{55}$（哭亏），称"横"则为 $ta^{35}tho^{53}$（大妥）。

岩浪头　$a^{21}lau^{55}thu^{21}$

纯粹的土家语地名，$a^{21}lau^{55}thu^{21}$ 的汉字记音。但"岩"是 a^{21}（阿）的音变，土家语 a^{21}（阿）的汉语义原本就是"石头""岩石"，而"岩"在当地不读 jián（盐），而是读作 ái（挨），发音与 a^{21}（阿）相近，将 a^{21}（阿）记成"岩"，可谓歪打正着；"浪"则是 lau^{55}（闹）的音变。所以，这个地名的准确记音应是"阿闹头"。

土家语 $a^{21}lau^{55}thu^{21}$（阿闹头）是 $a^{21}lau^{55}a^{21}thu^{21}$（阿闹阿头）的省略，是 $a^{21}lau^{55}$（阿闹）和 $a^{21}thu^{21}$（阿头）两个音节的结合体。其中的 $a^{21}lau^{55}$（阿闹）的汉语义是"岩旮旯""岩缝"，即非常狭窄的山谷；$a^{21}thu^{21}$（阿头）的汉语义是"岩坷"和"有洞穴的岩壁、石峰"。两者连起来就是"峡谷中的乱岩坷"。文雅点讲，即大山深处的岩坷地。当然，这是古代的地貌。今人可能没有想到，就是凭借前人一代接着一代费尽辛劳，将这些岩坷改成了田园，建设成了今天的家园。

里　仁　$li^{53}ze^{53}$

纯粹的土家语地名，$li^{53}ze^{53}$的汉字记音，但“仁”是ze^{53}（惹）的音变。所以，这个地名应记作“里惹”。

土家语$li^{53}ze^{53}$（里惹）系两个音节：li^{53}（里）的汉语义是“地”，也引申为“土地”或“地方”。ze^{53}（惹）是土家语的一个形容词，汉语义为“乖”“美丽”，例如“妻子乖或美丽”，就是$lo^{21}ka^{21}ȵi^{55}ze^{53}$（罗嘎妮惹），其中的$lo^{21}ka^{21}ȵi^{55}$（罗嘎妮）是“妻子”，$ze^{53}$（惹）是“乖”“漂亮”“美丽”。所以，$li^{53}ze^{53}$（里惹）连起来直译是“土地美丽”，调换语序结构译成汉语就是“好地方”或“美丽的土地”。

此地土地肥沃，水源充足，景色宜人，人们便以$li^{53}ze^{53}$（里惹）——“美丽的土地”作了地名。

百棵塆　$pe^{35}kha^{21}uan^{55}$

土家语与汉语结合运用的地名：“百棵”是土家语$pe^{35}kha^{21}$的汉字记音，但pe^{35}一般记为“白”，“棵”是kha^{21}（卡）的近音汉字替代；“塆”是汉语，即“山塆”。因此，这个地方的原始名称应是“白卡塆”。

土家语$pe^{35}kha^{21}$（白卡）为一个音节，是土家人对苗族的称谓。所以，“白卡塆”（百棵塆）就是“苗族塆”，是苗族同胞居住过的地方。

种岭坡　$tso^{53}ȵi^{21}pho^{35}$

土家语与汉语结合运用的地名：“种岭”是土家语$tso^{53}ȵi^{21}$（卓尼）的音变与误记，“种”是tso^{53}（卓）的误记，“岭”是$ȵi^{21}$（尼）的音变；“坡”是汉语，即“山坡”。因此，这个地名的准确记音应是“卓尼坡”，按西部区的发音读作“作尼坡”。

据《梯玛神歌》记载，土家语称“亲戚六眷”为$tso^{53}ȵi^{21}mu^{21}ȵi^{21}$（卓尼母尼）。其中的$tso^{53}ȵi^{21}$（卓尼）的汉语义是“亲戚”，$mu^{21}ȵi^{21}$（母尼）的汉语义是“六眷”。所以，“卓尼坡”（种岭坡）就是“亲戚坡”，是某姓人或某个人亲戚居住的地方。

阳和土家族乡

位于县域西南部，西北与武陵源区索溪峪土家族乡接壤，乡治距县城45公里；辖16个行政村，231个村民小组；总面积74平方公里，其中耕地21000亩；2008年末总人口19658人。主要物产有水稻、苎麻，矿藏有煤、铁、硫铁等。

冬瓜峪 $tuŋ^{53}ku^{21}jəu^{55}$

纯粹的土家语地名，$tuŋ^{53}ku^{21}jəu^{55}$（董古优）的音变与误记。

土家语 $tuŋ^{53}ku^{21}jəu^{55}$（董古优）由 $tuŋ^{53}ku^{21}$（董古）和 $jəu^{55}$（优）两个音节组成：$tuŋ^{53}ku^{21}$（董古）的汉语义是“山沟、山塆、山谷、山峪的尽头”，$jəu^{55}$（优）的汉语义是“村庄”“寨子”。那么，$tuŋ^{53}ku^{21}jəu^{55}$（董古优）连起来译成汉语就是“山沟尽头的村庄”。意思是说，这个村寨坐落在一条山沟的尽头。

人字囮 $ze^{35}tsu^{35}lu^{35}$

纯粹的土家语地名，$ze^{35}tsu^{35}lu^{35}$（热租六）的误记：“人字”是 $ze^{35}tsu^{35}$（热租）的音变；“囮”是当地的一个自造字，读 luō（罗），是 lu^{35}（六）的音变。

土家语 $ze^{35}tsu^{35}lu^{35}$（热租六）系三个音节：ze^{35}（热）是 $ze^{35}tɕhi^{55}$（热期）的省略，汉语义是“酒”；tsu^{35}（租）的汉语义是“出”“出产”；lu^{35}（六）的汉语义是“卖”“出售”。所以，$ze^{35}tsu^{35}lu^{35}$（热租六）连起来直译是“酒出卖”，调换语序结构译成汉语就是“卖出酒”，就是出产酒也出售酒的地方。

从前，这里建有酒作坊，既出产酒，也出售酒，是人们沽酒饮酒的地方，故而得名。

鹤巢峪 $o^{21}tso^{35}jəu^{55}$

纯粹的土家语地名，$o^{21}tso^{35}jəu^{55}$（禾座优）的误记：$o^{21}tso^{35}$（禾座）的发音与“鹤巢”相近，$jəu^{55}$（优）与“峪”发音相近，从而附会为今名。

土家语 $o^{21}tso^{35}jəu^{55}$（禾座优）由 $o^{21}tso^{35}$（禾座）和 $jəu^{55}$（优）两个音节组成：$o^{21}tso^{35}$（禾座）的汉语义是土家族敬仰的猎神——“梅山”；$jəu^{55}$（优）的汉语义是“村庄”“寨子”。所以，$o^{21}tso^{35}jəu^{55}$（禾座优）连起来译

成汉语就是“梅山寨”，即先民们供奉和敬祭梅山神的地方。

从远古走来，土家人由“狩猎”起家并绵延几千年“狩猎”传统至今。为了打猎安全，保证获得丰收，人们的打猎活动始终信仰着梅山猎神。上山打猎要先敬祭梅山，打猎回来要以猎物先敬梅山，然后才能进行分配。从前，这个村寨供奉有梅山神，是人们敬祭神灵的地方，因而得名。

弦歌洞 ɕian^{21}kuo^{55}tuŋ^{35}

土家语与汉语结合运用的地名：“弦”是土家语 ɕian^{21}（铣）的音变，“歌”是锅的误记，汉语，即“锅子”；“洞”是汉语，即“山洞”。所以，这个地名的准确记音应是“铣锅洞”。

土家语 ɕian^{21}（铣）的汉语义指的是一种铸造工艺，“铣锅”就是铸造锅子。所以，“铣锅洞”（弦歌洞）就是“铸造锅子的山洞”。

清朝以前，土家人所用的“锅子”，无论大锅、小锅都由能工巧匠开设红炉，自铸自造。一般工艺流程是以红炉熔化铸铁，然后用花模翻砂浇铸。这种工艺过程，土家语称为 ɕian^{21}kuo^{55}（铣锅）；由此浇铸而成的各种“锅子”，也叫 ɕian^{21}kuo^{55}（铣锅），只是近代土家语才叫 tha^{35}khu^{55}（蹋苦）。从前，土家先民曾经在这个山洞里开设红炉，浇铸过锅子，故而得名。这个地名是土家族进入铁器时代的生动例证，是不可多得的地名化石。

燕窝里 ji^{55}o^{35}lie^{21}

纯粹的土家语地名，ji^{55}o^{35}lie^{21}（依窝列）的误记：“燕窝”是 ji^{55}o^{35}（依窝）的附会，“里”是 lie^{21}（列）的音变。

土家语 ji^{55}o^{35}lie^{21}（依窝列）由 ji^{55}o^{35}（依窝）和 lie^{21}（列）两个音节组成：ji^{55}o^{35}（依窝）是土家族的一位造人女神，通常称作 ji^{55}o^{35}a^{53}pa^{21}（依窝阿巴），其中 ji^{55}o^{35}（依窝）是名，a^{53}pa^{21}（阿巴）是称呼，汉语义为“祖母”“婆婆”；土家语 lie^{21}（列）作名词时为“楼房”，作处所时为“栖息地”“坐处”，这里取后者意。所以，ji^{55}o^{35}lie^{21}（依窝列）连起来译成汉语就是“依窝阿巴住处”。这里的“依窝阿巴住处”的“住处”，实际上是指供奉依窝阿巴的“神堂”，所以，ji^{55}o^{35}lie^{21}（依窝列）应译为“依窝神堂所在的地方”。

从前，这个地方建有依窝阿巴的神堂，因而得名。

川儿溪 tshe^{21}e^{21}tɕhi^{55}

土家语与汉语结合运用的地名。“川儿”是土家语 tshe^{21}e^{21}（扯尔）的误记，“川”是 $tshe^{21}$（扯）的误记；“儿”是 e^{21}（尔）的音变。“溪”是汉语，即“溪沟”。所以，这个地名的准确记音应是“扯尔溪”，按西部区的发音读作“测尔溪”。

土家语 $tshe^{21}e^{21}$（扯尔）系两个音节：$tshe^{21}$（扯）的汉语义是“水”，（尔）的汉语又是“长”“远”；$tshe^{21}e^{21}$（扯尔）连起来直译是“水长”或“水远”，调换语序结构译成汉语是“长水”或“远水”。所以，“扯尔溪”（川儿溪）就是“长水沟”或“远水沟”。意思是说，这条山沟既长又远，表示很长；也表示这条山沟的水源充足，源远流长。

夹石口 $ka^{21}se^{21}kha^{21}$

纯粹的土家语地名，$ka^{21}se^{21}kha^{21}$（嘎色卡）的误记：“夹”是 ka^{21}（嘎）的近音汉字替代，“石”是 se^{21}（色）的音变，“口”是 kha^{21}（卡）的音变。

土家语 $ka^{21}se^{21}kha^{21}$（嘎色卡）是 $ka^{21}mu\eta^{21}se^{21}kha^{21}mu\eta^{21}$（嘎蒙色卡蒙）的省略与简化。土家语有着不断弃繁就简的漫长过程，比如这个名称有的用全称，有的简化为 $ka^{21}mu\eta^{21}$（嘎蒙），有的简化为 $ka^{21}se^{21}$（嘎色）。无论全称或简称，凡是懂土家语的人都知道，指的都是“枫香树”（Liquidambar formosana）。其中的 $ka^{21}mu\eta^{21}se^{21}$（嘎蒙色）或 $ka^{21}mu\eta^{21}$（嘎蒙）或 $ka^{21}se^{21}$（嘎色）都指“枫香”，kha^{21}（卡）或 $kha^{21}mu\eta^{21}$（卡蒙），都是“树”。“嘎色卡”（夹石口）用作地名，就是枫香树多的地方。

狼头塆 $la^{35}thu^{55}uan^{55}$

土家语与汉语结合运用的地名：“狼头”是土家语 $la^{35}thu^{55}$（拉吐）的误记，也是不懂土家语的人的猜想与附会；“塆”是汉语，即“山塆”。因此，这个地名的准确记音应是“拉吐塆”。

土家语 $la^{35}thu^{55}$（拉吐）为一个音节，汉语义是葫芦（Lagenaria siceraria）。所以，“拉吐塆”（狼头塆）就是“葫芦塆”。

此地以“葫芦”冠名，可能是因这个山塆的地形地貌状若葫芦，也可能是因从前这里的土家先民爱种葫芦，出产的葫芦多。

平头山 $phi^{35}thu^{21}san^{55}$

土家语与汉语结合运用的地名：“平头”是土家语 $phi^{35}thu^{21}$（皮吐）的音变与误记，“山”是汉语。所以，这个地方的原始名称应是“皮吐山”。

土家语 $phi^{35}thu^{21}$（皮吐）系两个音节：phi^{35}（皮）的汉语义是指一种

用土筑成的墙，实际上是房屋的墙壁；thu^{21}（吐）的汉语义是“筑”“构造”。phi^{35}thu^{21}（皮吐）连起来直译是“土墙筑”，调换语序结构译成汉语是“筑土墙”。所以，“皮吐山”（平头山）就是“筑有土筑墙的山”。

这里的“土筑墙”实际上是以土筑墙作墙壁的房屋。“土筑墙”是这个山村房屋的一大特色，故而得名。

酿　溪　zuan^{35}tɕhi^{55}

土家语与汉语结合运用的地名：“酿”是土家语 zuan^{35}（软）的误记，当地人读“酿”为“染”，与“软”音近，故有此误；“溪”是汉语，即“溪河”。所以，这个地名的准确记音应是“软溪”。

有史料记载：“阳和境内有酿溪，初名‘穰溪’，古以川为河，亦称‘酿河’，后讹称‘然河’。因然、阳音近，又易名‘阳河’。”这个记载说明，“酿溪”“酿河”“穰溪”“然河”的记音符号有别，但发音基本相同，（“酿”在当地方言中读“染”）而且都指同一地名。其实，这里的“酿”“穰”“然”都是土家语 zuan^{35}（软）的音变与误记。

土家语称“黄牛”为 u^{35}（戊），称“水牛”则是 zuan^{35}（软）。所以，“软溪”（酿溪）就是“水牛溪”或“水牛河”。

在遥远的古代，牛是农业生产的重要工具。从前，此地的土家先民善于饲养水牛，水牛多，品质好，故而得名。

黄艮岗　xui^{55}jəu^{55}kan^{55}

土家语与汉语结合运用的地名：“黄艮”是土家语 xui^{55}jəu^{55}（灰优）的误记；“岗”是汉语，即“山冈”。所以，这个地名的准确记音应是“灰优冈”。

土家语 xui^{55}jəu^{55}（灰优）系两个音节：xui^{55}（灰）是古土家语的一个代词，所表示的涵义是“大家”，可以引申为“公共”“共同”；现代土家语称“大家”则为 ma^{55}ȵi^{55}（妈尼），引申义同样为“公共”“共同”。jəu^{55}（优）的汉语义是“村庄”“寨子”。所以，xui^{55}jəu^{55}（灰优）连起来译成汉语就是“公共寨”“共同寨”；“灰优冈”（黄艮岗）就是“公寨冈”，即大家聚居的村寨所在的山冈。

从远古走来，土家人为了防备敌人，有聚族而居的传统。人们选择一处基地，几十户，乃至几百户人家毗邻而居，和睦相处，俗称“土家寨”。这种聚族而居的传统世代相承，直到今天仍方兴未艾。

宜冲桥乡

位于县域中西部，乡治距县城30公里；辖20个行政村，223个村民小组；总面积94.57平方公里，其中耕地17618亩；2008年末总人口18263人。主要物产除粮食外，有黄豆、花生、楠竹、柑橘、油桐、木材、枣子、板栗等。

宜冲桥 $je^{21}tsho^{21}tɕhiau^{53}$

土家语与汉语结合运用的地名：“宜冲”是土家语 $je^{21}tsho^{21}$（耶濯）的音变与误记；“桥”是汉语，即“桥梁”。因此，“宜冲桥”的原始名称应是“耶濯桥”，按西部区的发音读作“耶挫桥”。

土家语 $je^{21}tsho^{21}$（耶濯）系两个音节：je^{21}（耶）的汉语义是“神”，$tsho^{21}$（濯挫）的汉语义是“房屋”；$je^{21}tsho^{21}$（耶濯）连起来译成汉语是“神屋”。所以，“耶挫桥”（宜冲桥）就是“神屋桥”。

“神屋”就是“神堂”，是供奉祖先亡灵和神灵的地方。这里从前建有供奉祖先亡灵和神灵的神堂，所以，“耶濯桥”（宜冲桥）便是“神堂旁边的桥”。

有资料记载：“此桥先后修了三次，第一次因基脚不牢被洪水冲垮。第二次又因基脚不牢被洪水冲垮。清咸丰年间，第三次建桥，基础牢固，遂取‘适宜建桥、能受冲击’之义定名为宜冲桥。”这种说法，显然属于讹传。如果是取“适宜建桥”之义，那么应该叫“宜建桥”；如果取“容易被冲之桥”之义，那么应该叫“易冲桥”；如果取“能经受冲击之桥”之义，那么就应该叫“耐冲桥”。

车家峪 $tshe^{21}ka^{21}jəu^{55}$

纯粹的土家语地名，$tshe^{21}ka^{21}jəu^{55}$ 的汉字记音，但“车”按是 $tshe^{21}$（扯）的音变；“家”是 ka^{21}（嘎）的近音汉字替代，当地的实际发音是“嘎”；“峪”是 $jəu^{55}$（优）的音变。所以，这个地名的准确记音应是“扯嘎优”，按西部区的发音读作“测嘎优”。

土家语 $tshe^{21}ka^{21}jəu^{55}$（扯嘎优）系三个音节：$tshe^{21}$（扯）的汉语义是“水”，ka^{21}（嘎）的汉语义是“干”“旱”“缺”；$tshe^{21}ka^{21}$（扯嘎）连起来直译是“水缺”，调换语序结构译成汉语是“缺水”。$jəu^{55}$（优）的汉语义是“村寨”。所以，tshe^{21}ka^{21}jəu^{55}（扯嘎优）连起来译成汉语就是“干旱寨”“缺水寨”，即水源缺乏的村庄。

马子坪 ma^{53}tsi^{21}phin^{21}

土家语与汉语结合运用的地名：“马子”是土家语 ma^{53}tsi^{21} 的汉字记音，是典型的土家语；“坪”是汉语，即“坪坝”。

土家语 ma^{53}tsi^{21}（马子）系两个音节：ma^{53}（马）的汉语义是“蜂”(Apismellifra)；tsi^{21}（子）在这里是动词，义为“结”“集结”“聚集”。所以，ma^{53}tsi^{21}（马子）连起来译成汉语就是“蜂子集结”，“马子坪”就是蜂子集结的坪坝。

古时，这里山青水肥，繁花似锦，常有蜂子在此筑巢，故而得名。

章穆峪 za^{55}mu^{55}jəu^{35}

土家语与汉语结合运用的地名：“章穆”是土家语 za^{55}mu^{55} 的汉字记音，但“章”是 za^{55}（日阿）的误记；“峪”是汉语，即“山峪”。所以，这个地名的准确记音应是“日阿穆峪”。

土家语 za^{55}mu^{55}（日阿穆）为一个音节，汉语义是“蜻蜓”(Polycanthagyna melanictera)。蜻蜓种类多，土家语对它们的称谓也有多种，有的叫 za^{55}mu^{55}kai^{55}（日阿穆该），有的叫 za^{55}mu^{55}li^{55}（日阿木里），有的叫 zan^{55}pu^{55}（然不），有的叫 zan^{55}pu^{55}li^{55}（然不里），还有的地方叫 tɕhIau^{53}lu^{55}（乔鲁）。但人们常常以简化了的 za^{55}mu^{55}（日阿穆）来泛指各类蜻蜓。所以，“日阿穆峪”（章穆峪）就是“蜻蜓峪”，即蜻蜓繁多的地方。

尺寸峪 tshe^{35}tshe^{21}jəu^{55}

纯粹的土家语地名，tshe^{35}tshe^{21}jəu^{55} 的汉字记音，但“尺寸”是 tshe^{35}tshe^{21}（车扯）误记；“峪”是 jəu^{55}（优）的音变。所以，这个地名的准确记音应是“车扯优”，按西部区的发音读作“册测优”。

土家语 tshe^{35}tshe^{21}jəu^{55}（车扯优）由 tshe^{35}tshe^{21}（车扯）和 jəu^{55}（优）两个音节组成：tshe^{35}tshe^{21}（车扯）的汉语义是“蜂蜜”，即俗称的“蜂糖”；jəu^{55}（优）的汉语义是“村寨”。所以，tshe^{35}tshe^{21}jəu^{55}（车扯优）连起来译成汉语就是“蜂糖寨”或“蜂糖村”，即盛产蜂糖的村庄。

有资料记载：“因境内有一二华里的小峪，比邻近的廖家峪、岩峪等短得多，故称尺寸峪，村依其谐音取名赤村峪。”这是由于记音的错误，导致对地名作出望文生义的解释。

土家摆手舞

八宝堂 pa³⁵pu⁵³than⁵³

土家语与汉语结合运用的地名："八宝"是土家语 pa³⁵pu⁵³ 的汉字记音，但"宝"是 pu⁵³（部）的音变与误记；"堂"是汉语。所以，这个地名的准确记音应是"八部堂"。

土家语 pa³⁵pu⁵³（八部）为一个音节，是指最初开发湘西土家族地区的八个原始部落酋长，都有名有姓，俗称"八部大王"。他们死后，人们为感恩戴德，将他们奉为神灵，尊称为"八部大神"，并普遍建立"土王祠"或"摆手堂"，塑其金身予以供奉。每到春节或民族重大节庆，大家齐集于此跳"摆手舞"，演"茅古斯"等，隆重祭祀。所以，这"八部堂"（八宝堂）就是供奉八部大神的地方。详细释义参看桑植县苦竹坪乡"白柏岭"。

打谷塌 ta⁵³ko⁵³tha⁵⁵

纯粹的土家语地名，ta⁵³ko⁵³tha⁵⁵ 的汉字记音，但"谷"是 ko⁵³（果）的误记。所以，这个地名的准确记音应是"打果塌"。

捞 兜

土家语 ta⁵³ko⁵³tha⁵⁵（打果塌）系三个音节：ta⁵³（打）的汉语义是"互相""彼此"，ko⁵³（果）的汉语义是"打"，tha⁵⁵（塌）的汉语义是"坐处""居处""处所"。所以，ta⁵³ko⁵³tha⁵⁵（打果塌）连起来译成汉语就是人们"互相打的地方"，即打架的地方。

古代的某个时期，居于此地的人关系紧张，经常打架，甚至发生过规模较大的群体性械斗，人们印象深刻，故得其名。

车溪峪 tshe²¹tɕhi³⁵jəu⁵⁵

纯粹的土家语地名，tshe²¹tɕhi³⁵jəu⁵⁵ 的汉字记音，但"车"是 tshe²¹（扯）

的音变；“溪”是 tɕhi³⁵（七）的误记，因“溪”在当地不读 xī（西），而是读 qī（期），故有此误记；“峪”是 jəu⁵⁵（优）的音变。所以，这个地名的准确记音应是“扯七优”，按西部区的发音“测七优”。

土家语 tshe²¹tɕhi³⁵jəu⁵⁵（扯七优）由 tshe²¹tɕhi³⁵（扯七）和 jəu⁵⁵（优）两个音节组成：tshe²¹tɕhi³⁵（扯七）的汉语义是一种俗称“捞兜”的捕鱼工具，今人称之为“抄网”；jəu⁵⁵（优）的汉语义是“村庄”“寨子”。所以，tshe²¹tɕhi³⁵jəu⁵⁵（扯七优）连起来译成汉语就是“捞兜村”。

此地以“捞兜”作地名，可能古代这里制作的“捞兜”远近闻名，也可能此地的地形成捞兜状。

上八岭 se⁵³pa⁵³lin⁵³

土家语与汉语结合运用的地名：“上八”是土家语 se⁵³pa⁵³ 的汉字记音，但“上”是 se⁵³（舍）的音转；pa⁵³ 一般记为“把”。“岭”是汉语，即“山岭”。因此，这个地名的准确记音应是“舍把岭”，按西部区的发音读作“色把岭”。

土家语 se⁵³pa⁵³（舍把）为一个音节，汉语义是部落和土司衙署里协助酋长或土司主管操办某些部门事务的中小头领。所以“舍把岭”（上八岭）就是某舍把头人居住或管理的地方。详细释义参看桑植县芭茅溪乡“十八屋场”。

十安垭 si²¹ŋe⁵³ŋa²¹

土家语与汉语结合运用的地名。“十安”是土家语 si²¹ŋe⁵³ 的音变与误记：“十”一般记作“石”，“安”是 ŋe⁵³（额）的误记。“垭”是汉语，即“山垭”。所以，这个地名的准确记音应是“石额垭”，按西部区的发音读作“司额垭”。

土家语 si²¹ŋe⁵³（石额）系两个音节：si²¹（石）的汉语义既指“肉”，也指“兽”，这里实指“野兽”；ŋe⁵³（额）是 tsau³⁵ŋe⁵³（兆额）的省略与简化，汉语义是“走”或“去”，可以引申为“走来走去”或“去去来来”。所以，si²¹ŋe⁵³（石额）连起来译成汉语就是“兽走”；“石额垭”（十安垭）就是“野兽走来走去、进进出出的山垭”。说得直白一点，就是野兽多的地方。

从前，这个山垭上古木参天，树密草深，是各种野兽栖息的天堂，故而得名。

托公塔 tho^{55}ka^{21}tha^{35}

土家语与汉语结合运用的地名：“托公”是土家语 tho^{55}ka^{21} 的汉字记音，但“公”是 ka^{21}（嘎）的音变；“塔”是汉语，即“坪塔”，一般指有坪塔的地方。因此，这个地名的准确记音应是“托嘎塔”。

土家语 tho^{55}ka^{21}（托嘎）为一个音节，汉语义是“蕨”（pteridium aquilinum var latiusculum）。所以，“托嘎塔”（托公塔）就是“蕨塔”，即蕨多的地方，也是先民们从前挖葛打蕨的地方。

蔡子界 tshe^{21}tsu^{35}kai^{35}

土家语与汉语结合运用的地名：“蔡子”是土家语 tshe^{21}tsu^{35}（测租）的误记；“界”是汉语，即“山界”。因此，这个地名的准确记音应是“测租界”，按东部区多数地方的发音读作“扯住界”。

土家语 tshe^{21}tsu^{35}（测租）系两个音节：tshe^{21}（测）的汉语义是“水”，tsu^{35}（租）的汉语义是“出”；tshe^{21}tsu^{35}（测租）连起来直译是“水出”，调换语序结构译成汉语是“出水”。所以，“测租界”（蔡子界）就是“出水的山界”。

这个山界上泉水多，因有出水而得名。

溶子坪 zuŋ^{53}tsu^{35}phin^{21}

土家语与汉语结合运用的地名：“溶子”是土家语 zuŋ^{53}tsu^{35} 的汉字记音，但“子”是 tsu^{35}（租）的音变；“坪”是汉语，即“坪坝”。所以，这个地名的准确记音应是“溶租坪”。

土家语 zuŋ^{53}tsu^{35}（溶租）系两个音节：zuŋ^{53}（溶）是古老的土家语，有的记为“冗”，有的记为“容”，有的记为“雍”，但发音都是 zuŋ^{53}，汉语义也相同，都是指“妹妹”。古土家语称“妹”为 zuŋ^{53}（冗）或 a^{53}zuŋ^{53}（阿冗），也称 zuŋ^{53}me^{21}（冗嚜）、zuŋ^{53}min^{21}（冗明）或 zuŋ^{53}ȵie^{21}（冗捏）。到了近代，土家人大多称“妹”为 a^{53}mi^{21}（阿迷），但 zuŋ^{53}（冗）或 a^{53}zuŋ^{53}（阿冗）仍然沿用。土家语 tsu^{35}（租）的本义是“出”，可以引申为“出嫁”或“嫁出”。所以，zuŋ^{53}tsu^{35}（溶租）连起来译成汉语就是“妹出”，即“妹出嫁”；“溶租坪”（溶子坪）就是“妹妹嫁出的坪坝”。用现代话说，就是妹妹出嫁婚配的地方。

在遥远的古代，土家族曾经存在过几千年的母系氏族社会，后来才逐步向父系氏族社会转变，也才有谈婚论嫁，姻亲婚配。这个地名生动地反映了土家人由母系氏族社会向父系氏族社会转变的历史事实，是一颗不可多得的活化石。

地　塆　$ti^{53}uan^{55}$

土家语与汉语结合运用的地名："地"是土家语 ti^{53} 的汉字记音；"塆"是汉语，即"山塆"。

土家语 ti^{53}（地）的汉语义是一种捕鱼工具——"罾"，即"搬罾"，也叫"扯罾""拉罾"。所以，"地塆"就是"罾塆"或"搬罾塆"。

此地以"搬罾"作地名，或许因出产搬罾，也许此地是人们经常用搬罾捕鱼的地方。

旦　丘　$tuŋ^{35}tɕhiəu^{55}$

纯粹的土家语地名，$tuŋ^{35}tɕhiəu^{55}$ 的汉字记音，但"旦"是 $tuŋ^{35}$（洞）的音变与误记。因此，这个地名应记作"洞丘"。

土家语 $tuŋ^{35}tɕhiəu^{55}$（洞丘）为一个音节，是 $tuŋ^{35}tɕhiəu^{55}kha^{21}muŋ^{21}$（洞丘卡蒙）的省略，汉语义是常绿乔木"珊瑚冬青"（L corallina franch），其中的 $kha^{21}muŋ^{21}$（卡蒙）是"树"。

"珊瑚冬青"俗称"油香树"，木质坚硬，是土家人作门槛、粑粑槽、刨壳、锄把和油榨的重要材料。从前此地油香树多，因而得名。

南山坪乡

位于县域中部，乡治距县城 25 公里；辖 17 个行政村，174 个村民小组；总面积 118.92 平方公里，其中耕地 14757 亩；2008 年末总人口 11760 人。主要物产有烤烟、杜仲、稻谷、红薯、玉米，其中杜仲面积达 3 万多亩，是该县第二大杜仲乡。

西角溪　$ɕi^{21}kho^{21}tɕhi^{55}$

土家语与汉语结合运用的地名："西角"有的记为"犀角"，是土家语 $ɕi^{21}kho^{21}$ 的汉字记音，但"角"当地普遍发音为 guó（过），是 kho^{21}（可）的音转。"溪"是汉语，即"溪沟"。所以，这个地名的准确记音应是"西可溪"。

土家语 $ɕi^{21}kho^{21}$（西可）为一个音节，汉语义是量具"升子"；所以，"西可溪"（西角溪）就是"升子沟"。

新中国成立前的几千年间，与汉人一样，土家人使用的量具为斗、升、合。从前，或许这条山沟里制作的升子十分出众，或许其地形地貌状如升子，因而得"升子沟"之名。

插旗山　$tsha^{21}tɕhi^{21}san^{55}$

土家语与汉语结合运用的地名："插旗"是土家语 $tsha^{21}tɕhi^{21}$ 的汉字记音；"山"是汉语。"插旗山"按西部区的发音读作作"擦旗山"。

土家语 $tsha^{21}tɕhi^{21}$（插旗）为一个音节，汉语义是"锦鸡"（Chrysolophus pictus）。所以，"插旗山"就是"锦鸡山"，即锦鸡多的地方。

旋场囮　$ɕie^{53}tsha^{53}lo^{53}$

纯粹的土家语地名，$ɕie^{53}tsha^{53}lo^{53}$ 的误记："旋"是 $ɕie^{53}$（谢）的误记；"场"是 $tsha^{53}$（岔）的误记；"囮"是当地的自造字，音 luō（罗），是 lo^{53}（洛）的记音。所以，这个地名的准确记音应是"谢岔洛"，按西部区的发音读作"谢擦洛"。

土家语 $ɕie^{53}tsha^{53}lo^{53}$（谢岔洛）由 $ɕie^{53}tsha^{53}$（谢岔）和 lo^{53}（洛）两个音节组成：$ɕie^{53}tsha^{53}$（谢岔）的汉语义是"撑架"，lo^{53}（洛）的汉语义是"凹地""窝地"；所以，"谢岔洛"（旋场囮）就是"撑架凹"。

撑　架

土家族家庭一般都设有四方形火坑，中间架上一个“撑架”。这种“撑架”用生铁浇铸而成，上端为圆形圈托，周围均衡安铸三个支脚。下面烧火，圈托上架鼎罐锅子煮饭做菜。古时，这里有工匠浇铸“撑架”出售，故得其名。

耙齿界　pha^{35}tshe^{21}kai^{35}

土家语与汉语结合运用的地名：“耙齿”是土家语 pha^{35}tshe^{21} 的汉字记音，但“齿”是 tshe^{21}（车）的音变；“界”是汉语，即“山界”。所以，这个地名的准确记音应是“耙车界”，按西部区的发音读作“耙测界”。

土家语 pha^{35}tshe^{21}（耙车）为一个音节，汉语义是“藿麻草”。所以，“耙车界”（耙齿界）就是“藿麻草界”，因生长有藿麻草而得名。

“霍麻草”，又名“霍辣子”，多年生草本植物，学名“裂叶荨麻”(Urtica fissa pritz)，其茎叶生有螫毛，有毒，人一接触，皮肤就会红肿，痛痒难熬。

合二垭　xe^{35}e^{55}ŋa^{21}

土家语与汉语结合运用的地名。“合二”是土家语 xe^{35}e^{55} 的音变与误记：“合”是 xe^{35}（核）的音变；“二”是 e^{55} 的汉字记音，但一般应记为“尔”。“垭”是汉语，即“山垭”。因此，这个地名的准确记音应是“核尔垭”。

土家语 xe^{35}e^{55}（核尔）系两个音节：xe^{35}（核）是程度副词，表示“很”；e^{55}（尔）是土家语中的一个形容词，表示“长”或“远”。xe^{35}e^{55}（核尔）连起来译成汉语是“很长”。所以，“核尔垭”（合二垭）就是“很长的山垭”。

盐凸山　je^{21}pau^{53}san^{55}

土家语与汉语结合运用的地名。“盐凸”是土家语 je^{21}pau^{53} 的误记：

“盐”是 je^{21}（耶）的音变；“凸”在当地不读 tū（秃），而是读 báo（薄），是 pau^{53}（宝）的误记。“山”是汉语。因此，这个地名的准确记音应是“耶宝山”。

土家语 $je^{21}pau^{53}$（耶宝）为一个音节，汉语义是“神铃”。那么，“耶宝山”（盐凸山）就是“神铃山”。

$je^{21}pau^{53}$（耶宝）——“神铃”是土家族宗教“服司妥”的一种“法器”，今人称作“八宝铜铃”。从前，这里居住过有名的“梯玛”，以摇“八宝铜铃”而名漫乡野，人们便以这种法器作了地名。详细释义参看桑植县细沙坪乡“原坳”。

抛楼塆 $pho^{35}lu^{55}uan^{55}$

土家语与汉语结合运用的地名：“抛楼”是土家语 $pho^{35}lu^{55}$ 的汉字记音，但通常记为“坡楼”或“破六”；“塆”是汉语，即“山塆”。

土家语 $pho^{35}lu^{55}$（坡楼）为一个音节，汉语义是“跑了”或“逃跑”。所以“坡楼塆”（抛楼塆）就是“跑了塆”。意思是说，居住在这个山塆里的人都跑走了。

这是一个记载古代先民迁居逃离现象的地名，他们可能遇到了某种不可抗拒的自然灾害，也可能因为某种战乱，而被迫迁离此地，于是人们便以这种逃亡现象作了地名。

马儿岩 $ma^{53}zi^{21}\eta ai^{53}$

土家语与汉语结合运用的地名：“马儿”是土家语 $ma^{53}zi^{21}$ 的汉字记音，但“儿”是 zi^{21}（日）的误记，张家界地区的西南官话中，“日”“二”“儿”发音相近，故有此误记。“岩”是汉语，即“岩石”，一般指具有某一岩石特征的地方。所以，这个地名的准确记音应是“马日岩”。

土家语 $ma^{53}zi^{21}$（马日）系两个音节：ma^{53}（马）的汉语义是“蜂”（Apismellifera），zi^{21}（日）的汉语义是“多”；$ma^{53}zi^{21}$（马日）连起来直译是“蜂多”，调换语序结构译成汉语是“多蜂”。所以，“马日岩”（马儿岩）就是“多蜂的岩”，即蜂子多的地方。

“蜂子多”，可能是指这里的野蜂多，也可能是指这里的先民们爱养蜂，养的蜜蜂多，甚或两者皆有。

仕仪岗 $si^{21}ji^{21}kan^{55}$

土家语与汉语结合运用的地名：“仕仪”是地道的土家语 $si^{21}ji^{21}$ 的汉字记音，不过“仕”一般记为“石”；“岗”是汉语，即“山冈”。所以，这个地名的准确记音应是“石仪冈”，按西部区的发音读作“司仪冈”。

土家语 $si^{21}ji^{21}$（石仪）系两个音节：si^{21}（石）的汉语义是“野兽”；ji^{21}（仪）通常记为“益”，汉语义是“看见”。$si^{21}ji^{21}$（石仪）连起来直译是“兽见”，调换语序结构译成汉语是“见兽”。所以，“石仪冈”（仕仪岗）就是“见兽冈”，即经常看见野兽的山冈。

从前，这个山冈是一片树草繁密的原野，各种野兽出没其间，人们经常可以看到，故而得名。

车儿岗 $tshe^{21}zi^{21}kan^{55}$

土家语与汉语结合运用的地名：“车儿”是土家语 $tshe^{21}zi^{21}$ 的汉字记音，但“车”是 $tshe^{21}$（扯）的音变；“儿”是 zi^{21}（日）的误记，澧水流域的西南官话中“日”的发音与“儿”相近，故有此误记。“岗”是汉语，即“山冈”。所以，这个地名的准确记音应是“扯日冈”，按西部区的语音读作“测日冈”。

土家语 $tshe^{21}zi^{21}$（扯日）系两个音节：$tshe^{21}$（扯）的汉语义是“水”，zi^{21}（日）的汉语义是“多”；$tshe^{21}zi^{21}$（扯日）连起来直译是“水多”，调换语序结构译成汉语是“多水”。所以，“扯日冈”（车儿岗）就是“多水的山冈”。山冈因出水多、水源充足而得名。

朝 阳 乡

位于县域中部，乡治距县城13公里；辖11个行政村，135个村民小组；总面积53平方公里，其中耕地11090亩；2008年末总人口9385人。农产品“香丝乐红薯粉”曾获湖南省第二届农博会优质奖；水产养殖鲟鱼、虹鳟有一定规模。

八龟峪 pha^{55}ku^{53}jəu^{55}

纯粹的土家语地名，pha^{55}ku^{53}jəu^{55}（扒古优）的音变与误记：“八”是pha^{55}（扒）的音变，pha^{55}（扒）的声调是“高平”，汉字中没有同音的字，人们记名时常常以“八”“坝”“巴”之类的近音字来替代，此处就是以“八”代pha^{55}（扒）；“龟”和“峪”分别是ku^{53}（古）和jəu^{55}（优）的音变。

土家语pha^{55}ku^{53}jəu^{55}（扒古优）由pha^{55}ku^{53}（扒古）和jəu^{55}（优）两个音节组成：pha^{55}ku^{53}（扒古）的汉语义是“辣椒”（Capsicum frutescens），jəu^{55}（优）的汉语义是“村寨”。所以，pha^{55}ku^{53}jəu^{55}（扒古优）连起来译成汉语就是“辣椒寨”或“辣椒村”，因盛产辣椒而得名。

马换囮 ma^{53}xuan^{21}lo^{55}

纯粹的土家语地名，ma^{53}xuan^{21}lo^{55}的汉字记音。但xuan^{21}一般记为“环”；“囮”是当地的一个自造字，音luō（罗），是lo^{55}（洛）的误记。所以，这个地名应记作“马环洛”。

土家语ma^{53}xuan^{21}lo^{55}（马环洛）系三个音节：ma^{53}（马）的汉语义是“蜂子”（Apismellifera）；xuan^{21}（环）是土家语的一个形容词，义为“掩盖”“遮盖”“铺天盖地”，即“多”。ma^{53}xuan^{215}（马环）连起来直译是“蜂多”，调换语序结构译成汉语是“多蜂”。lo^{55}（洛）的汉语义是小盆地、窝坑。所以，ma^{53}xuan^{21}lo^{55}（马环洛）连起来译成汉语就是“多蜂子的山窝”，即蜂子多的地方。

有资料记载了这么一段故事：“相传明洪武年间，一黄姓人骑着一匹马，过此地时经反复观察认定这是一块繁衍生息的好地方，遂用所骑的马与汪姓人家换地。姓黄的人用所骑的马换了汪姓人的地，从此，当地人便称此地为‘马换囮’。”

长湖峪 $tshe^{21}xu^{21}jəu^{35}$

土家语与汉语结合运用的地名："长湖"是土家语 $tshe^{21}xu^{21}$ 的汉字记音，但"长"是 $tshe^{21}$（扯）的音变与误记；"峪"是汉语，即"山峪"。因此，这个地名的准确记音应是"扯湖峪"，按西部区的发音读作"测湖峪"。

土家语 $tshe^{21}xu^{21}$（扯湖）系两个音节：$tshe^{21}$（扯）的汉语义是"水"；xu^{21}（湖）在这里是动词，汉语义是"喝"。所以，$tshe^{21}xu^{21}$（扯湖）连起来直译是"水喝"，调换语序结构译成汉语是"喝水"。所以，"扯湖峪"（长湖峪）就是"喝水峪"，即从前先民们挑水喝水的地方。

庚申垭 $ka^{21}se^{21}ŋa^{21}$

土家语与汉语结合运用的地名："庚申"是土家语 $ka^{21}se^{21}$（嘎色）的误记，也是文人的附会与讹编；"垭"是汉语，即"山垭"。因此，这个地名的准确记音应是"嘎色垭"。

土家语 $ka^{21}se^{21}$（嘎色）的完整音节是 $ka^{21}muŋ^{21}se^{21}$（嘎蒙色），而 $muŋ^{21}$（蒙）属轻音，常常被省略。$ka^{21}se^{21}$（嘎色）或 $ka^{21}muŋ^{21}se^{21}$（嘎蒙色）的汉语义是"枫香"，即"枫香树"（Liquidambar formosana）。所以，"嘎色垭"（庚申垭）就是"枫香树垭"，即枫香树多地方。

木　峪 $mu^{53}jəu^{55}$

纯粹的土家语地名，$mu^{53}jəu^{55}$ 的汉字记音，但"峪"是 $jəu^{55}$（优）的音变与误记。所以，这个地名应记作"木优"。

土家语 $mu^{53}jəu^{55}$（木优）系两个音节：mu^{53}（木）的汉语义是"竹子"（bamboo sprout），$jəu^{55}$（优）的汉语义是"寨子"。所以，$mu^{53}jəu^{55}$（木优）连起来译成汉语就是"竹寨"。按照土家语的语言习俗，"竹寨"就是"竹园"或成片的"竹山"，简言之就是竹子多的地方。

密密岗 $mi^{35}mi^{53}kan^{55}$

土家语与汉语结合运用的地名："密密"是土家语 $mi^{35}mi^{53}$ 的汉字记音，地道的土家语；"岗"是汉语，义为"山冈"。

土家语 $mi^{35}mi^{53}$（密密）为一个音节，汉语义是"竹笋"。所以，"密密冈"就是"竹笋冈"。

在土家山区，竹笋有多种，其中的山竹笋、水竹笋、楠竹笋等至今仍是土家人餐桌上的山珍。从前，这里竹子多，竹笋也就多，因而得此名。

皮家溪　$phi^{35}ka^{21}t\text{ɕ}hi^{55}$

土家语与汉语结合运用的地名：“皮家”是土家语 $phi^{35}ka^{21}$ 的汉字记音，但“皮”是 phi^{35}（屁）的音变，“家”是 ka^{21}（嘎）的近音汉字替代；“溪”是汉语，即“溪沟”。因此，这个地名应记作“屁嘎溪”。

土家语 $phi^{35}ka^{21}$（屁嘎）为一个音节，汉语义是“沙蚊子”(Armaperes sohturhan SW)；所以，“屁嘎溪”（皮家溪）就是“沙蚊子沟”。

高 桥 镇

位于县域正南部，南与常德市桃源县的牛车河、钟家铺乡接壤，镇治距县城53公里；辖19个行政村、2个居委会，194个村（居）民小组；总面积167平方公里，其中耕地26692亩；2008年末总人口13851人。该镇粮食的人均产量和商品率居全县各乡镇之首；活木蓄积量为12万立方，是该县用材林基地之一；矿产有大理石、重晶石、磷、汞、镍、钼、硫铁、铁、石煤等；特产有板栗、油桐、油茶、五棓子、灵芝、七星椒、花椒等。

峪 湖 jəu⁵⁵xu²¹

纯粹的土家语地名，jəu⁵⁵xu²¹ 的汉字记音，但“峪”是 jəu⁵⁵（优）的音变。所以，这个地名应记作“优湖”。

土家语 jəu⁵⁵xu²¹（优湖）系两个音节：jəu⁵⁵（优）的汉语义是“村寨”；xu²¹（湖）的汉语义是“山与山之间的谷地”，即“山谷”。所以，jəu⁵⁵xu²¹（优湖）连起来译成汉语就是“村寨谷”，即“建有村庄的山谷”。

木榔口 mu⁵³la³⁵khəu⁵³

土家语与汉语结合运用的地名：“木榔”是土家语 mu⁵³la³⁵ 的汉字记音，但“榔”是 la³⁵（拉）的音变与误记；“口”是汉语，即“口子”，这里是指“山口”。所以，这个地名的准确记音应是“木拉口”。

土家语 mu⁵³la³⁵（木拉）系两个音节：mu⁵³（木）的汉语义是“竹子”（Bamboo sprout），la³⁵（拉）的汉语义是“放”“寄放”“屯放”；mu⁵³la³⁵（木拉）连起来直译是“竹子寄放”或“竹子屯放”，调换语序结构译成汉语是“寄放竹子”或“屯放竹子”。所以，“木拉口”（木榔口）就是“寄放（屯放）竹子的山口”。

古时，此地是广漠的竹林，人们砍下竹子屯放在这里，然后慢慢转运，故而得名。

葛尔界 khuai²¹zi³⁵kai³⁵

土家语与汉语结合运用的地名：“葛尔”是土家语 khuai²¹zi³⁵（块日）的误记，“葛”是 khuai²¹（块）的音转；“尔”是 zi³⁵（日）的误记，在澧水流域，“日”的发音为“二”，与“尔”音近，故有此误记。“界”是

土家人家庭用的小椅子

汉语，义为“山界”。因此，这个地名的准确记音应是“块日界”。

土家语 khuai^{21}zi^{35}（块日）系两个音节：khuai^{21}（块）的汉语义是“椅子”，zi^{35}（日）的汉语义是“做”；khuai^{21}zi^{35}（块日）连起来直译是“椅子做”，调换语序结构译成汉语是“做椅子”。所以，“块日界”（葛尔界）就是“做椅子界”，即制作椅子的山界。

从前，此地有椅匠，制作的椅子远近知名，故而得名。

漫骨垭 me^{35}ku^{21}ŋa^{21}

土家语与汉语结合运用的地名：“漫骨”是土家语 me^{35}ku^{21}（嚜古）的汉字记音，但“漫”是 me^{35}（嚜）的音变，ku^{21} 一般应记为“古”；“垭”是汉语，即“山垭”。所以，这个地名的准确记音应是“嚜古垭”。

土家语 me^{35}ku^{21}（嚜古）系两个音节：me^{35}（嚜）的汉语义是“天”，ku^{21}（古）的汉语义是“上”“爬上”；me^{35}ku^{21}（嚜古）连起来直译是“天上”，调换语序结构译成汉语是“上天”。所以，“嚜古垭”（漫骨垭）就是“上天垭”。意思是说这个山垭在当地很高，坡度大，爬上山垭犹如爬上了天一样。

石竹山 si^{21}tsu^{35}san^{55}

土家语与汉语结合运用的地名：“石竹”是土家语 si^{21}tsu^{35} 的汉字记音，但“竹”一般记作“住”；“山”是汉语。所以，这个地名的准确记音应是“石柱山”，按西部区的发音读作“司租山”。

土家语 si^{21}tsu^{35}（石住）系两个音节：si^{21}（石）的汉语义是“野兽”，tsu^{35}（住）的汉语义是“出”“出来”；si^{21}tsu^{35}（石住）连起来直译是“野兽出来”，调换语序结构译成汉语是“出野兽”。所以，“石住山”（石竹山）就是“野兽山”，即经常有野兽出没的地方。

皂泥峪 tso^{53}ȵi^{21}jəu^{55}

纯粹的土家语地名，tso^{53}ȵi^{21}jəu^{55} 的汉字记音，但“皂”是 tso^{53}（左）的音变，“峪”是 jəu^{55}（优）的误记。所以，这个地名的准确记音应是“左泥优”。

土家语 tso^{53}ȵi^{21}jəu^{55}（左泥优）由 tso^{53}ȵi^{21}（左泥）和 jəu^{55}（优）两个音节组成：tso^{53}ȵi^{21}（左泥）的汉语义是“亲戚”，土家语称“亲戚六眷”为 tso^{53}ȵi^{21}mu^{21}ȵi^{21}（左泥母泥），其中的 mu^{21}ȵi^{21}（母泥）的汉语义是“六眷”；jəu^{55}（优）的汉语义是“村寨”。所以，tso^{53}ȵi^{21}jəu^{55}（左泥优）连起来译成汉语就是“亲戚村”或“亲戚寨”，即亲戚居住的村寨。

站家山 za^{21}tɕie^{21}san^{55}

土家语与汉语结合运用的地名：“站家”是土家语 za^{21}tɕie^{21}（日阿借）的误记，“站”是 za^{21}（日阿）的近音汉字替代，“家”是 tɕie^{21}（借）的音变；“山”是汉语。因此，此地的原始名称应是“日阿借山”。

土家语 za^{21}tɕie^{21}（日阿借）系两个音节：za^{21}（日阿）的汉语义是“鸡”（Gallus domestica），tɕie^{21}（借）的汉语义是“叫”“啼”；za^{21}tɕie^{21}（日阿借）连起来译成汉语是“鸡叫”。所以，“日阿借山”（站家山）就是“鸡叫山”或“鸡啼山”。

从前，居住此地的先民养鸡多，很远就可以听到公鸡啼叫的声音，呈现一派兴旺景象，故而得名。

木几塆 mu^{53}tɕi^{53}uan^{55}

土家语与汉语结合运用的地名：“木几”是土家语 mu^{53}tɕi^{53} 的汉字记音；“塆”是汉语，即“山塆”“山峪”。

土家语 mu^{53}tɕi^{53}（木几）系两个音节：mu^{53}（木）的汉语义是“竹子”（Bamboo sprout），tɕi^{53}（几）是 tɕi^{53}la^{21}（几拉）的省略，汉语义为“根”“篼”。mu^{53}tɕi^{53}（木几）连起来译成汉语是“竹篼”。所以，“木几塆”就是“竹篼塆”或“竹根塆”。

从前，这个山塆里竹子多，人们常来这里伐竹，留下的竹篼、竹根也多，因而得名。

鹅　凹 o^{53}khui^{55}

纯粹的土家语地名，o^{53}khui^{55}（窝溃）的误记：“鹅”是 o^{53}（窝）的音变；“凹”在当地读 kuí（魁），是 khui^{55}（溃）的误记。

土家语 o^{53}khui^{55}（窝溃）系两个音节：o^{53}（窝）的汉语义是“蛇”；

khui^{55}（溃）是 khu^{35}khui^{55}（库溃）的简化与省略，汉语义为“凹下去的山窝”。所以，o^{53}khui^{55}（窝溃）连起来译成汉语就是“蛇窝”，即有蛇或蛇多的窝凹，因蛇多而得名。

鸡骚凹 tɕi^{21}sa^{21}khui^{55}

纯粹的土家语地名，tɕi^{21}sa^{21}khui^{55}（及洒溃）的误记：“鸡”是 tɕi^{21}（及）的音变；“骚”是 sa^{21}（洒）的误记；“凹”当地方言读 kuí（溃），是 khui^{55}（溃）的误记。

土家语 tɕi^{21}sa^{21}khui^{55}（及洒溃）系三个音节：tɕi^{21}（及）的汉语义是“脚”，sa^{21}（洒）的汉语义是“冷”；tɕi^{21}sa^{21}（及洒）连起来直译是“脚冷”，调换语序结构译成汉语是“冷脚”。khui^{55}（溃）是 khu^{21}khui^{55}（库溃）的简化，汉语义是“山塆”“山窝”。所以，tɕi^{21}sa^{21}khui^{55}（及洒溃）连起来译成汉语就是“冷脚窝”，即冷脚的山塆或山窝。

这个山窝里泉水寒冷，人们赤脚在冷浸田土中劳作感觉脚冷，故得其名。

狗爪溪 ka^{21}tsau^{21}tɕhi^{55}

土家语与汉语结合运用的地名：“狗爪”是土家语 ka^{21}tsau^{21}（嘎照）的音变与误记；“溪”是汉语，即“溪沟”。因此，这个地名的准确记音应是“嘎照溪”，按西部区的发音读作“嘎早溪”。

土家语 ka^{21}tsau^{21}（嘎照）为一个音节，汉语义是“低陷下去的山槽”。所以，“嘎照溪”（狗爪溪）就是“山槽里的溪沟”。意思是说这段溪沟处于一条山槽中。

马铃溪 ma^{53}ȵie^{53}tɕhi^{55}

土家语与汉语结合运用的地名：“马铃”是土家语 ma^{53}ȵie^{53} 的汉字记音，但“铃”是 ȵie^{53}（捏）的误记，也是文人的讹编；“溪”是汉语，即“溪沟”。所以，这个地名的准确记音应是“马捏溪”。

土家语 ma^{53}ȵie^{53}（马捏）系两个音节：ma^{53}（马）的汉语义是“蜂”(Apismellfera)；ȵie^{53}（捏）是土家语的一个动词，义为“睡”“栖息”。ma^{53}ȵie^{53}（马捏）连起来译成汉语是“蜂睡”“蜂栖息”。所以，“马捏溪”（马铃溪）就是“蜂子栖息的溪沟”，即蜂子筑巢的溪沟。直白一点说，就是蜂子多的溪沟。

白莲溪 pe^{55}lie^{55}tɕhi^{55}

土家语与汉语结合运用的地名：“白莲”是土家语 pe^{55}lie^{55} 的汉字记

音，但“莲”是 lie^{55}（列）的误记，也是不懂土家语的人的牵强附会；“溪”是汉语，即“溪沟”。所以，这个地名的准确记音应是“白列溪”。

土家语 $pe^{55}lie^{55}$（白列）的完整音节是 $pe^{55}lie^{55}\text{ɕ}i^{53}$（白列西）或 $pe^{55}lie^{55}si^{53}$（白列斯），$\text{ɕ}i^{53}$（西）和 si^{53}（斯）属词尾轻声，在语流音变中常常被省略。$pe^{55}lie^{55}\text{ɕ}i^{53}$（白列西）或 $pe^{55}lie^{55}si^{53}$（白列斯）译成汉语是“梨子”（pyrus spp）。所以，“白列溪”（白莲溪）就是“梨子沟”。从前，这条山沟里梨树多，出产的梨也多，因而得名。

止笔溪 $tsi^{53}pi^{35}t\text{ɕ}hi^{55}$

土家语与汉语结合运用的地名：“止笔”是土家语 $tsi^{53}pi^{35}$ 的汉字记音，但过一般记为“直必”；“溪”是汉语，即“溪沟”。所以，这个地名的准确记音应是“直必溪”，按西部区的发音读作“子必溪”。

土家语 $tsi^{53}pi^{35}$（直必）系两个音节：tsi^{53}（直）的汉语义是“猪”（sus scrofa dometsica），pi^{35}（必）的汉语义是“小”；$tsi^{53}pi^{35}$（直必）连起来直译是“猪小”，调换语序结构译成汉语是“小猪”。所以，“直必溪”（止笔溪）就是“小猪沟”，即俗称的“猪娃沟”。

从前，居住在这条溪沟里的先民畜牧业发达，饲养的母猪多，出产的猪崽也多，故得其名。

下尔溪 $\text{ɕ}i^{21}e^{21}t\text{ɕ}hi^{55}$

土家语与汉语结合运用的地名：“下尔”是土家语 $\text{ɕ}i^{21}e^{21}$ 的汉字记音，但“下”是 $t\text{ɕ}hi^{55}$（西）的音变与误记；“溪”是汉语，即“溪沟”。所以，这个地名的准确记音应是“西尔溪”。

土家语 $\text{ɕ}i^{21}e^{21}$（西尔）系两个音节：$\text{ɕ}i^{21}$（西）的汉语义是“草”，e^{21}（尔）的汉语义是“长”“远”；$\text{ɕ}i^{21}e^{21}$（西尔）连起来直译是“草长”，调换语序结构译成汉语是“长（chǘng）草”。所以，“西尔溪”（下尔溪）就是“长草沟”，即青草茂盛的沟。

龙潭河镇

位于县域东南部，东南与常德市桃源县接壤，镇治距县城35公里；辖14个行政村、1个居委会，157个村（居）民小组；总面积98.38平方公里，其中耕地14460亩；2008年末总人口13620人。水产养殖较有规模，刁子鱼、翘板鱼系列产品曾获张家界市农博会优质旅游产品奖；矿产资源较为丰富，方解石、大理石、镁矿储量大，品位高，有全省最大的矿粉生产企业。

马仕峪 $ma^{53}si^{21}jəu^{55}$

纯粹的土家语地名，$ma^{53}si^{21}jəu^{55}$ 的汉字记音，但“仕”一般记作“石”；“峪”是 $jəu^{55}$（优）的音变。因此，这个地名应记为“马石优”，按西部区的发音读作“马司优”。

土家语 $ma^{53}si^{21}jəu^{55}$（马石优）系三个音节：ma^{53}（马）的汉语义是“蜂”（Apismellifera），si^{21}（石）的汉语义是“肉”，$jəu^{55}$（优）的汉语义是“村寨”。$ma^{53}si^{21}jəu^{55}$（马石优）连起来译成汉语就是“蜂肉寨”或“蜂肉村”。

“蜂肉”就是“蜂蛹”，俗称“蜂儿”。所以，“马石优”（马仕峪）通俗说就是“蜂儿寨”。从前，这里的先民们善于烧蜂包获取蜂蛹，自食有余，常有蜂蛹出售，故而得名。

陈仕岗 $tshe^{21}tshi^{21}khe^{55}$

纯粹的土家语地名，$tshe^{21}tshi^{21}khe^{55}$（车次克）的误记，按西部区的发音读作“测次克”。

土家语 $tshe^{21}tshi^{21}khe^{55}$（车次克）为一个音节，汉语义是“麻团”。

土家妇女绩纱时，先将麻纱绩入麻篮内，然后用笋壳叶垫撑挽成碗口大的纱团，便于存放。这种纱团俗称“麻团”，土家语就叫 $tshe^{21}tshi^{21}khe^{55}$（车次克）。它既可用来自己织布，也可用来出售。此地以“麻团”命名，表明从前此地麻团多。

谢大凸 $çie^{53}than^{21}pau^{35}$

土家语与汉语结合运用的地名：“谢大”是土家语 $çie^{53}than^{21}$ 的汉字记音，但“大”是 $than^{21}$（谈）的误记；“凸”是汉语，但在当地不读 tū

(突)，而是借形读 bǿo（薄），义为“山包”。因此，这个地名的准确记音应为“谢谈包”。

土家语称“铁”为 $çie^{53}$（谢），称“铁炉”为 $çie^{53}than^{21}$（谢谈）。所以，“谢谈包”（谢大凸）就是“铁炉包”。

从前，土家族地区有冶炼生铁的“炒铁炉”，有浇铸铁器的“铸炉”，有供打铁用的“打铁炉”，对这些“炉”，人们统称为“铁炉”。显然“铁炉包”（谢大凸）就是先民们炼铁、打铁的地方。

八角地 $pha^{55}ku^{53}thi^{35}$

纯粹的土家语地名，$pha^{55}ku^{53}thi^{35}$（扒古替）的误记。

土家语 $pha^{55}ku^{53}thi^{35}$（扒古替）由 $pha^{55}ku^{53}$（扒古）和 thi^{35}（替）两个音节组成：$pha^{55}ku^{53}$（扒古）的汉语义是“辣椒”（capsicum frutescens），thi^{35}（替）的汉语义是“捆”“套”。所以，$pha^{55}ku^{53}thi^{35}$（扒古替）连起来直译是“辣椒套”，调换语序结构译成汉语就是“套辣椒”，即套挂辣椒的地方。

套辣椒是土家人的一种传统习俗。每到辣椒成熟季节，人们便把红辣椒摘回，或用线穿，或用绳捆，然后一串串悬挂在房屋前檐，风景独好。此地从前盛产辣椒，且有将红辣椒串起来挂上晾干的习俗，人们便以这种生产方式作了地名。

张枫垭 $za^{21}xau^{35}ŋa^{21}$

土家语与汉语结合运用的地名。“张枫”是土家语 $za^{21}xau^{35}$（日阿蒿）的误记：“张”是 za^{21}（日阿）的近音汉字替代，“枫”是 xau^{35}（蒿）的音变；“垭”是汉语，即“山垭”。所以，这个地名的准确记音应为“日阿蒿垭”。

土家语 $za^{21}xau^{35}$（日阿蒿）系两个音节：za^{21}（日阿）的汉语义是“鸡”(Gallus domestica)，xau^{35}（蒿）的汉语义是“多”“好多”；$za^{21}xau^{35}$（日阿蒿）连起来直译是“鸡多”，调换语序结构译成汉语是“多鸡”。所以，“日阿蒿垭”(张枫垭）就是“多鸡的山垭”。

从前，此地的土家先民爱养鸡，鸡鸭成群，因而得名。

鸡毛凹 $tçi^{21}mu^{35}khui^{55}$

纯粹的土家语地名，$tçi^{21}mu^{35}khui^{55}$（吉莫溃）的音变与误记。

土家语 $tçi^{21}mu^{35}khui^{55}$（吉莫溃）系三个音节：$tçi^{21}$（吉）的汉语义是“脚”，mu^{35}（莫）的汉语义是“陷”“淹没”；$tçi^{21}mu^{35}$（吉莫）连起来直

译是“脚陷”，调换语序结构译成汉语是“陷脚”。khui^{55}（溃）的汉语义是“窝凹”。所以，tɕi^{21}mu^{35}khui^{55}（吉莫溃）连起来译成汉语就是“陷脚凹”。

这个山坳里泥脚深，属“陷泥田”，故而得名。

大老洞 ta^{53}lo^{21}tuŋ^{35}

土家语与汉语结合运用的地名：“大老”是土家语 ta^{53}lo^{21} 的汉字记音，但“老”是 lo^{21}（洛）的音变与误记；“洞”是汉语，即“山洞”，一般泛指有洞的地方。所以，这个地名的准确记音应是“大洛洞”。

土家语 ta^{53}lo^{21}（大洛）系两个音节：ta^{53}（大）的汉语义是“互相”“彼此”，lo^{21}（洛）的汉语义是“骂”；ta^{53}lo^{21}（大洛）连起来译成汉语是“互相骂”，即“吵架”。所以，“大洛洞”（大老洞）就是“吵架洞”。

从前的某个时期，此地人际关系紧张，常常吵架起纠纷，故而得名。

湖启堰 xu^{21}tɕhi^{53}jəu^{55}

纯粹的土家语地名，xu^{21}tɕhi^{53}jəu^{55} 的汉字记音，但“堰”是 jəu^{55}（优）的音变。所以，这个地名应记作“湖启优”。

土家语 xu^{21}tɕhi^{53}jəu^{55}（湖启优）系三个音节：xu^{21}（湖）的汉语义是“山与山之间的深谷”，tɕhi^{53}（启）的汉语义是“大”“大的”；xu^{21}tɕhi^{53}（湖启）连起来直译是“山谷大”，调换语序结构译成汉语是“大山谷”。jəu^{55}（优）的汉语义是“村寨”。所以，xu^{21}tɕhi^{53}jəu^{55}（湖启优）连起来译成汉语就是“大山谷寨”，即“深谷中的大村庄”或“大山谷中的村寨”。

汪儿垭 uan^{35}zi^{21}ŋa^{21}

土家语与汉语结合运用的地名：“汪儿”是土家语 uan^{35}zi^{21}（万日）的汉字记音，但“汪”是 uan^{35}（万）的音变；“儿”是 zi^{21}（日）的误记，因当地“日”普遍读作“二”，与“儿”读音相近，故有此误记。“垭”是汉语，即“山垭”。因此，这个地名的准确记音应是“万日垭”。

土家语 uan^{35}zi^{21}（万日）系两个音节：uan^{35}（万）是古土家语，汉语义是黄牛（Bos taurus domestica）；现代土家语称为黄牛 u^{35}（戊），有的地方称为 au^{35}（嗷）。zi^{21}（日）的语义是“多”。uan^{35}zi^{21}（万日）连起来直译是“黄牛多”，调换语序结构译成汉语是“多黄牛”。所以，“万日垭”（汪儿垭）就是“多黄牛的山垭”。

从前，这里的先民们爱养黄牛，此地也因黄牛多而得名。

唐仕峪 than^{53}sa^{53}jəu^{55}

纯粹的土家语地名，than^{53}sa^{53}jəu^{55} 的汉字记音，但“唐”是 than^{53}

（团）的音变，“仕”是 sa[53]（撒）的音变，“峪”是 jəu[55]（优）的音变。所以，这个地名的准确记音应是“团撒优”。

土家语 than[53]sa[53]jəu[55]（团撒优）由 than[53]sa[53]（团撒）和 jəu[55]（优）两个音节组成：than[53]sa[53]（团撒）又叫 sa[53]mi[53]（撒米），是土家人的一种传统美食；jəu[55]（优）的汉语义是“村寨”。所以，than[53]sa[53]jəu[55]（团撒优）连起来译成汉语就是“团撒寨”，即出产团撒的村庄。详细释义参看桑植县廛家坡乡“塘水坪”。

溪儿垭 tɕhi[55]e[53]ŋa[21]

土家语与汉语结合运用的地名：“溪儿”是土家语 tɕhi[55]e[53] 的汉字记音，但“溪”是 tɕhi[55]（欺）的误记，因“溪”在当地不读 xī（西），而是读 qī（欺），故有此误记；“儿”是 e[53]（尔）的误记；“垭”是汉语，即“山垭”。因此，这个地名的准确记音应为“欺尔垭”。

打糍粑用的粑粑槽、粑粑棰

土家语 tɕhi[55]e[53]（欺尔）的完整音节是 tɕhi[55]lie[53]e[53]（欺列尔），汉语义是“糯米粑粑”。所以，“欺尔垭”（溪儿垭）就是“糯米粑粑垭”，是产糯米粑粑的地方。

土家人的“糯米粑粑”有多种，其中最主要的就是有名的“打糍粑”。民谣云：“腊月二十八，又打粑粑又醮蜡。”每到这一天，妇女们选择上等糯米蒸熟，男人们则将蒸熟的糯米铺在粑粑岩上，用木棰捣细，然后作成拳头大小的团，再用木板压成扁圆形即成。糯米粑粑是土家人的传统美食，是款待宾客和拜年的最好礼品。这个山垭上的先民们有打糍粑的传统习俗，故得“粑粑垭”的美称。

青泥峪 tɕhin[35]ȵi[55]jəu[55]

纯粹的土家语地名，tɕhin[35]ȵi[55]jəu[55] 的汉字记音，但“峪”是 jəu[55]（优）的音变。所以，这个地名应记作“青泥优”。

土家语 tɕhin[35]ȵi[55]jəu[55]（青泥优）由 tɕhin[35]ȵi[55]（青泥）和 jəu[55]（优）两

个音节组成：tɕhin^{35}ȵi^{55}（青泥）的完整音节是 tɕhin^{35}ȵi^{55}khui^{55}（青泥亏），汉语义是“小孩”“娃娃”；jəu^{55}（优）的汉语义是“村寨”。所以，tɕhin^{35}ȵi^{55}jəu^{55}（青泥优）连起来译成汉语就是“小孩寨”或“娃娃村”，因生育的小孩多而得名。

沙儿塆 sa^{21}zi^{55}uan^{55}

土家语与汉语结合运用的地名：“沙儿”是土家语 sa^{21}zi^{55} 的汉字记音，但“儿”是 zi^{55}（日）的误记，因澧水流域的语言中，“日”的发音普遍是“二”，与“儿”音近，故将 zi^{55}（日）衍化成“儿”。“塆”是汉语，即“山塆”。所以，这个地名的准确记音应是“沙日塆”，按西部区的发音读作“萨日塆”。

土家语 sa^{21}zi^{55}（沙日）为一个音节，是 sa^{21}zi^{55}ma^{53}（沙日马）的简化和省略，汉语义是部落或土司政体内操办公事的人员。所以，“沙日塆”（沙儿塆）就是从前某公事人居住的地方。

二坊坪乡

位于县域东南部，东邻常德市桃源县热市镇、郝坪乡，南连桃源县黄石镇，乡治距县城33公里；辖11个行政村，124个村民小组；总面积97.5平方公里，其中耕地10251亩；2008年末总人口10340人。主产有水稻、菜油、茶油等；水产养殖和水果有一定规模。

二坊坪 $e^{53}xuan^{21}phin^{21}$

土家语与汉语结合运用的地名："二坊"是土家语 $e^{53}xuan^{21}$（耳环）的音变与误记；"坪"是汉语，即"坪坝"。因此，这个地名的准确记音应为"耳环坪"。

土家语 $e^{53}xuan^{21}$（耳环）系两个音节：e^{53}（耳）的汉语义是"猴子"(Macaca mulatta)；$xuan^{21}$（环）的汉语义是"多"，"多得铺起一层以至掩盖起来"。$e^{53}xuan^{21}$（耳环）连起来直译是"猴子多"，调换语序结构译成汉语是"多猴子"。所以，"耳环坪"（二坊坪）就是"多猴子的坪坝"。遥远的古代，此地古木参天，浓阴掩映，成群结队的猴子栖息其间，故而得名。

有资料记载："明万历年间，该地小坪的集市上有熬糖作坊、酿酒作坊……二坊坪由此得名。"此说权当一解。

石排峪 $si^{21}phai^{55}jəu^{35}$

土家语与汉语结合运用的地名："石排"是土家语 $si^{21}phai^{55}$ 的汉字记音；"峪"是汉语，即"山峪"。"石排峪"按西部区的语音读作"司排峪"。

土家语 $si^{21}phai^{55}$（石排）为一个音节，是 $si^{21}pi^{35}si^{21}phai^{55}$（石必石排）的简化，汉语义是对各种各类野兽的总称。所以，"石排峪"就是"野兽峪"。

在遥远的古代，这个山峪是一块广漠的原野，是野兽繁衍生息的乐园，故而得名。

鹅公塔 $o^{53}ke^{53}tha^{35}$

土家语与汉语结合运用的地名："鹅公"是土家语 $o^{53}ke^{53}$（恶格）的音变与误记，也是文人的附会与讹编；"塔"是汉语，即"坪塔"。因此，这个地名的准确记音应为“恶格塔”。

土家语 $o^{53}ke^{53}$（恶格）系两个音节：o^{53}（恶）的汉语义是“蛇”，ke^{53}（格）的汉语义是“怕”；$o^{53}ke^{53}$（恶格）连起来直译是“蛇怕”，调换语序结构译成汉语是“怕蛇”。所以，“恶格塔”（鹅公塔）就是“怕蛇塔”，即人们害怕被蛇伤害的地方。说得直白一些，就是蛇多的地方。

佘儿峪 $se^{53}e^{21}j\partial u^{35}$

土家语与汉语结合运用的地名：“佘儿”是土家语 $se^{53}e^{21}$ 的汉字记音，但“佘”是 se^{53}（舍）的音变；“儿”是汉语；“峪”也是汉语，即“山峪”。所以，这个地名应记作“舍儿峪”，按西部区的发音读作“色儿峪”。

“猴”（Macaca mulatta），古代土家语称为 se^{53}（舍），现代土家语则称为 e^{21}（耳）。所以，“舍儿峪”（佘儿峪）就是“猴儿峪”，是猴子多的地方。

此地还有一个“佘儿垭”的地名，与“佘儿峪”同义，只不过一为“峪”，一为“垭”，都是指猴子多的地方。

羊角峪 $jan^{21}ku^{35}j\partial u^{55}$

纯粹的土家语地名，$jan^{21}ku^{35}j\partial u^{55}$ 的汉字记音，但“角”是 ku^{35}（古）的误记，“峪”是 $j\partial u^{55}$（优）的音变。因此，这个地名的准确记音应是“颜古优”。

土家语 $jan^{21}ku^{35}j\partial u^{55}$（羊古优）由 $jan^{21}ku^{35}$（羊古）和 $j\partial u^{55}$（优）两个音节组成：$jan^{21}ku^{35}$（羊古）是古代土家语的一个方位词，含义是“后面”“后头”“后方”；$j\partial u^{55}$（优）的汉语义是“村庄”“寨子”。所以 $jan^{21}ku^{35}j\partial u^{55}$（羊古优）连起来译成汉语就是“后面的村庄”。

用方位作地名，在土家族地区十分普遍，是土家语地名的一大特色。

龙西峪 $lu\eta^{55}\c{c}i^{21}j\partial u^{35}$

土家语与汉语结合运用的地名：“龙西”是土家语 $lu\eta^{55}\c{c}i^{21}$ 的汉字记音，但一般记为“聋喜”；“峪”是汉语，即“山峪”。

土家语 $lu\eta^{55}\c{c}i^{21}$（聋喜）为一个音节，汉语义是俗称“团鱼”的“鳖”（Trionyx sinensis）。所以，“聋喜峪”（龙西峪）就是“鳖峪”“团鱼峪”。

对“鳖”，土家语有三种称谓：古代土家语称为 $mu^{35}ku^{55}$（木古），也称 $lu\eta^{55}\c{c}i^{21}$（聋喜），现代土家语称为 $lu\eta^{55}ku^{55}$（聋古）。从前，这个峪壑中团鱼多，人们便以这种动物作了地名。

李红溪 li^{53}xuŋ^{55}tɕhi^{55}

土家语与汉语结合运用的地名："李红"是土家语 li^{53}xuŋ^{55} 的汉字记音，有的记为"里丰"；"溪"是汉语，即"溪沟"。

土家语 li^{53}xuŋ^{55}（李红）为一个音节，汉语义是指没有开发的"生地"。所以，"李红溪"就是"生地沟"。

生地，是指未经开垦种植的土地。开挖生地，一方面是为了扩大种植面积，更主要的是生地未曾种植过，可以解决农作物"重地"的问题，从而提高粮食产量。从前，每年新春刚过，山区人民就组织帮工开挖生地。"挖生地"土家语就叫 li^{53}xuŋ^{55}ka^{53}（李红嘎），其中的 ka^{53}（嘎）的汉语义是"挖"。这条山沟里没有开垦的生地多，先民们常在此开垦生地，因而得"生地沟"之名。

哲家峪 tse^{53}kai^{21}jəu^{35}

土家语与汉语结合运用的地名。"哲家"是土家语 tse^{53}kai^{21}（者改）的音变与误记；"峪"是汉语，即"峪谷"。因此，这个地名的准确记音应是"者改峪"，按西部区的发音读作"则盖峪"。

土家语 tse^{53}kai^{21}（者改）为一个音节，汉语义是"松鼠"（Sciurus Vulqaris）。所以，"者改峪"（哲家峪）就是"松鼠峪"。

古时，这个沟谷里野果多，招来的松鼠多，人们便以这种动物作了地名。

卜螺山 phu^{35}lo^{53}san^{55}

土家语与汉语结合运用的地名："卜螺"是土家语 phu^{35}lo^{53} 的汉字记音，但通常记为"濮裸"；"山"是汉语。

phu^{35}lo^{53}（濮裸）是典型的土家语，phu^{35}（濮）即上古濮族，lo^{53}（裸）即中古裸（僚）族。考古资料证明，上古之"濮"发展为中古之"僚"，古文字"僚""裸""雒""芦"属异音同字，实际都是"僚"，因其一脉相承，常常"濮裸"联用。所以，"濮裸山"（卜螺山）就是濮裸族人居住的地方。参看桑植县谷罗山乡"罗峪"。

骡停垭 lo^{35}thie^{53}ŋa^{21}

土家语与汉语结合运用的地名："骡停"是土家语 lo^{35}thie^{53} 的汉字记音，但 lo^{35} 一般记为"罗"，"停"是 thie^{53}（贴）的误记；"垭"是汉语，即"山垭"。所以，这个地名的准确记音应是"罗贴垭"。

土家语 lo^{35}thie^{53}（罗贴）为一个音节，汉语义是"口袋"。所以，"罗贴垭”（骡停垭）就是“口袋垭”，即地形像口袋的山垭。

八岭岗 $pa^{55}lie^{53}kan^{55}$

土家语与汉语结合运用的地名：“八岭”是土家语 $pa^{55}lie^{53}$（巴列）的音变与误记；“岗”是汉语，即“山冈”。所以，这个地名应记作“巴列冈”。

土家语称“偏坡”为 $pa^{55}tsa^{21}$（巴咱），称“陡坡”为 $pa^{55}lie^{53}$（巴列）。所以，“巴列冈”（八岭岗）就是“陡坡冈”，即很陡峭的山冈。

有资料记载：此地由八岭八岗组成，长八华里，故名八岭岗。这显然是望文生义。

画儿垭 $xu^{21}zi^{55}ŋa^{21}$

土家语与汉语结合运用的地名：“画儿”是土家语 $xu^{21}zi^{55}$ 的汉字记音，但“画”是 xu^{21}（胡）的误记；“儿”是 zi^{55}（日）的音变与误记，澧水流域，普遍将“日”读为“二”，与“儿”音近，故有此误记。“垭”是汉语，即“山垭”。所以，这个地名的准确记音应是“胡日垭”。

土家语 $xu^{21}zi^{55}$（胡日）为一个音节，是 $xu^{21}zi^{55}ma^{53}$（胡日马）的省略，汉语义是“长工”“佣工”。所以，“胡日垭”（画儿垭）就是“长工垭”。古时，这里自然条件恶劣，阶级压迫深重，人们入不敷出，无奈沦为佣工，故而得名。

对这个地名，有资料这样解释：相传很早以前，这里荆棘丛生，为虎豹等野兽出没之地。清乾隆年间，一农户的小孩在山垭被老虎咬死，其母悲痛欲绝，将自己的手指咬破，用鲜血在岩壁上画了一个血伢儿，此垭便被称为“画儿垭”。故事固然凄惨动人，可惜根据不足，有望文生义之嫌。

景龙桥乡

位于县域东南部，辖12个行政村，145个村民小组；总面积88平方公里，其中耕地12826亩；2008年末总人口12234人。该乡农业生产条件优越，素有慈利县“粮仓油海”之称；土特产为茶油和杂交板栗；有大面积人工种植的玉竹、玄参、黄姜、天麻等名贵药材，有“药材之乡”之誉。民俗艺术“板板灯”被誉为“湘西艺术奇葩”，1999年被湖南省文化厅授予“民俗艺术之乡”称号。

落家峪 $lo^{21}kai^{21}jəu^{55}$

纯粹的土家语地名，$lo^{21}kai^{21}jəu^{55}$（罗盖优）的音变与误记：“落”是lo^{21}的汉字记音，但通常记为“罗”；“家”是kai^{21}（盖）的误记，因当地“家”读gā（嘎），与“盖”音近，故有此误记；“峪”是$jəu^{55}$（优）的音变。

土家语$lo^{21}kai^{21}jəu^{55}$（罗盖优）由$lo^{21}kai^{21}$（罗盖）和$jəu^{55}$（优）两个音节组成：$lo^{21}kai^{21}$（罗盖）的汉语义是“女孩”“女娃娃”，$jəu^{55}$（优）的汉语义是“村寨”。所以，$lo^{21}kai^{21}jəu^{55}$（罗盖优）连起来译成汉语就是“女孩寨”或“女娃村”。

从前的某个时期，此地男女比例失衡，女孩多于男孩，人们便以这种生育失衡现象作了地名。

打锣峪 $ta^{21}lo^{21}jəu^{55}$

纯粹的土家语地名，$ta^{21}lo^{21}jəu^{55}$的汉字记音，但“锣”是lo^{21}（洛）的误记，“峪”是$jəu^{55}$（优）的音变与误记。所以，这个地名的准确记音应是“打洛优”。

土家语$ta^{21}lo^{21}jəu^{55}$（打洛优）由$ta^{21}lo^{21}$（打洛）和$jəu^{55}$（优）两个音节组成：$ta^{21}lo^{21}$（打洛）是由两个单音节组合而成的复合音节，ta^{21}（打）的汉语义是“互相”，lo^{21}（洛）的汉语义是“骂”，$ta^{21}lo^{21}$（打洛）连起来译成汉语就是“互相骂”，即“吵架”；$jəu^{55}$（优）的汉语义是“村寨”。所以，$ta^{21}lo^{21}jəu^{55}$（打洛优）连起来译成汉语就是“吵架村”。

从前的某个时期，居住在这里的先民人际关系紧张，常常吵架，故得其名。

农家坪 luŋ^{21}tɕie^{35}phin^{21}

土家语与汉语结合运用的地名：“农家”是土家语 luŋ^{21}tɕie^{35} 的汉字记音，但“家”是 tɕie^{35}（借）的音变与误记；“坪”是汉语，即“坪坝”。所以，这个地名的准确记音应是“农借坪”。

土家语 luŋ^{21}tɕie^{35}（农借）为一个音节，汉语义是“裙”。所以，“农借坪”（农家坪）就是“裙坪”。

从前，居住在这个坪坝里的先民男女老幼都穿裙，“裙”成为标志，人们便以“裙”作了地名。

实际上，在古代，土家人不分男女都穿“裙”。土家人所穿之裙俗称“八幅罗裙”，清代末年，这种裙在民间逐渐消失，仅在“梯玛”活动中得到保留。参看桑植县两河口乡“龙借”。

邬　溪 u^{55}tɕhi^{55}

土家语与汉语结合运用的地名：“邬”是土家语 u^{55} 的汉字记音；“溪”是汉语，即“溪沟”。

对于“阴气袭人、阴森可怕”的情形，土家语一律称之为 u^{55}（邬）。所以，“邬溪”就是“阴森可怕的山沟”。

古时，这条山沟里古木繁密，潮湿阴森，寒气袭人，令人恐怖发憷，故而得名。

山八丘 se^{53}pa^{53}tɕhiəu^{55}

土家语与汉语结合运用的地名：“山八”是土家语 se^{53}pa^{53} 的汉字记音，但“山”是 se^{53}（舍）的音变与误记，“八”作为 pa^{53} 的汉字记音一般记为“把”。“丘”是汉语，本是稻田的量词，通常指“稻田”。所以，这个地名的准确记音应是“舍把丘”，按西部区的发音读作“色把丘”。

土家语 se^{53}pa^{53}（舍把）为一个音节，汉语义是指土家族部落和土司政体机构内主管某些具体事务的小官吏、小头目。所以，“舍把丘”（山八垭）就是古代某舍把头人的田。这是以田和田的权属作了地名。参看桑植县芭茅溪乡“十八屋场”。

肖塘坝 ɕie^{53}than^{21}pa^{21}

纯粹的土家语地名，ɕie^{53}than^{21}pa^{21}（谢谈巴）的音变与误记：“肖”是 ɕie^{53}（谢）的误记；“塘”是 than^{21}（谈）的音变；“坝”是 pa^{21} 的汉字记音，但一般应记为“巴”。

土家语 çie^{53}than^{21}pa^{21}（谢谈巴）由 çie^{53}than^{21}（谢谈）和 pa^{21}（巴）两个音节组成：çie^{53}than^{21}（谢谈）的汉语义是“冶铁打铁的熔炉”，pa^{21}（巴）的汉语义是“山坡”。所以，çie^{53}than^{21}pa^{21}（谢谈巴）连起来译成汉语就是“铁炉坡”，是从前铁匠打铁或炼铁的地方。

石堰坪 si^{21}je^{53}phin^{21}

土家语与汉语结合运用的地名：“石堰”是土家语 si^{21}je^{53} 的汉字记音，但“堰”是 je^{53}（耶）的音变与误记。“坪”是汉语，即“坪坝”。所以，这个地名的准确记音应是“石耶坪”，按西部区的发音读作“司耶坪”。

土家语 si^{21}je^{53}（石耶）系两个音节：si^{21}（石）的汉语义是“野兽”，je^{53}（耶）的汉语义是“躲”“到”；si^{21}je^{53}（石耶）连起来译成汉语是“兽躲”或“躲兽”。所以，“石耶坪”（石堰坪）就是“兽躲坪”或“躲兽坪”。

在遥远的古代，这个坪坝是一片原野，树草丛生，是各种野兽藏身的好地方，故而得名。

大头堖 ta^{35}tho^{53}ȵau^{53}

土家语与汉语结合运用的地名：“大头”是土家语 ta^{35}tho^{53} 的汉字记音，但“头”是 tho^{53}（妥）的音变与误记；“堖”是汉语，义为“山堖”“山的顶部”。所以，这个地名的准确记音应是“大妥堖”。

土家语 ta^{35}tho^{53}（大妥）为一个音节，汉语义是“横”“横着”。所以，“大妥堖”（大头堖）就是“横堖”，即横向伸出的山堖。

支家塆 tsi^{21}ka^{35}uan^{55}

土家语与汉语结合运用的地名：“支家”是土家语 tsi^{21}ka^{35} 的汉字记音，但“支”是 tsi^{21}（直）的音变；“家”当地旧时读 gā（嘎），是 ka^{35}（嘎）的代音字。“塆”是汉语，即“山塆”。所以，

打糍粑——将糯饭捣成饭泥

这个地名的准确记音应是“直嘎塆”，按西部区的发音读作“自嘎塆”。

土家语 $tsi^{21}ka^{35}$（直嘎）系两个音节：tsi^{21}（直）是 $tsi^{21}e^{21}$（自尔）的简化，汉语义是“稻米”（大米）；ka^{35}（嘎）的汉语义是“吃”。$tsi^{21}ka^{35}$（直嘎）连起来直译是“大米吃”，调换语序结构译成汉语是“吃大米”。所以，“直嘎塆”（支家塆）就是“吃大米塆”，即有大米饭吃的地方。

该地地形复杂，山多，坡陡，稻田少，在古时能够吃到大米饭实属不易，足以令本村人引以为自豪，外村人羡慕向往。

七儿塆　$tɕhi^{55}e^{53}uan^{55}$

打糍粑——将饭泥出成坨

土家语与汉语结合运用的地名：“七儿”是土家语 $tɕhi^{55}e^{53}$（起尔）的音变与误记；“塆”是汉语，即“山塆”“山峪”。

土家语 $tɕhi^{55}e^{53}$（起尔）为一个音节，是 $ɕhi^{55}lie^{53}e^{53}$（起列尔）的简化，汉语义是用糯米作成的“打糍粑粑”。所以，“起尔塆”（七儿塆）就是“打糍粑粑塆”。

糍粑粑是土家人的传统食品，一般在腊月二十八日打，民间有“腊月二十八，又打粑粑又蘸蜡（蜡烛）”一说。打粑粑，有的是一家一户单独进行，更多的是几户人家集中起来进行，很有过年的气氛。此地从前可能是人们集中打粑粑的地方，因而得名。

落马凹　$lo^{55}muŋ^{53}khui^{55}$

纯粹的土家语地名，$lo^{55}muŋ^{53}khui^{55}$（裸猛溃）的误记：“落”是 lo^{55} 的汉字记音，但一般记为“裸”；“马”是 $muŋ^{53}$（猛）的音变；“凹”在当地按字形读 kuí（溃），是 $khui^{35}$（溃）的误记。

土家语 $lo^{55}muŋ^{53}khu^{55}$（裸猛溃）由 $lo^{55}muŋ^{53}$（裸猛）和 khu^{55}（溃）两个音节组成：$lo^{55}muŋ^{53}$（裸猛）的汉语义是“大王”“头人”；$khui^{55}$（溃）是 $khu^{35}khui^{55}$（库溃）的简化，含义是陷落下去的“山窝”，即小盆地。所

以 lo^{55}muŋ^{53}khu^{55}（裸猛溃）连起来译成汉语就是“大王山窝”或“头人山窝”，即头领居住或拥有的山窝。

古代此地曾经居住过土家族某部落的头领，抑或这个地方属这个头领所有，故而留名。

三角堰 za^{35}ku^{53}jəu^{55}

纯粹的土家语地名，za^{35}ku^{53}jəu^{55}（日阿古优）的音变与误记。

土家语 za^{35}ku^{53}jəu^{55}（日阿古优）由 za^{35}ku^{53}（日阿古）和 jəu^{55}（优）两个音节组成：za^{35}ku^{53}（日阿古）的汉语义是“茶叶”（Camellia Sinesis），jəu^{55}（优）的汉语义是“村子”“寨子”。所以，za^{35}ku^{53}jəu^{55}（日阿古优）连起来译成汉语就是“茶叶村”，即出产茶叶的村子。

白鸡塆 pi^{35}tɕi^{55}uan^{55}

土家语与汉语结合运用的地名：“白鸡”是土家语 pi^{35}tɕi^{55}（毕基）的音变与误记；“塆”，是汉语，即“山塆”。所以，这个地名的准确记音应是“毕基塆”。

土家语 pi^{35}tɕi^{55}（毕基）为一个音节，是 pi^{35}tɕi^{55}kha^{21}（毕基卡）的省略，汉语义是土家族的族称，即“土家”“土家族”。所以，“毕基塆”（白鸡塆）就是“土家族塆”，是土家人世居的地方。详细释义参看桑植县两河口乡“笔架村”。

车 塝 tshe^{21}pan^{35}

纯粹的土家语地名，tshe^{21}pan^{35} 的汉字记音，但“车”是 tshe^{21}（扯）的音变“塝”是 pan^{35}（板）的音变。所以，这个地名的准确记音应为“扯板”，按西部区的发音读作“测板”。

土家语 tshe^{21}pan^{35}（扯板）为一个音节，是 tshe^{21}pan^{35}ɕi^{53}（扯板西）的简化，汉语义是“葡萄”（Vitis Vinifera）。

从前，此地盛产葡萄，产品远近知名，于是人们便以这种特产作了地名。

八路井 pu^{53}lu^{21}tɕin^{21}

土家语与汉语结合运用的地名：“八路”是土家语 pu^{53}lu^{21} 的汉字记音，但“八”是 pu^{53}（补）的音变与误记；“井”是汉语，指“水井”。所以，这个地名的准确记音应是“补路井”。

土家语 pu^{53}lu^{21}（补路）为一个音节，是 ɕin^{35}ka^{53}pu^{53}lu^{21}（信嘎补路）的简省，译成汉语是“绿茵茵”。所以，“补路井”（八路井）就是“绿茵茵的水井”，意思是这口水井井深水绿。

在张家界地区，人们有称潭深水蓝为“绿阴板潭”的。按照土家语地名的规律，此处的“井”即指“水井”，用作地名时一般指“水井”的周边地域，即指有水井的地方。详细释义参看桑植县凉水口镇“姓家台”。

东岳观镇

位于县域东北部，北与常德市石门县接壤，辖25个行政村、1个居委会，343个村（居）民小组；总面积109.7平方公里，其中耕地27540亩；2008年末总人口29175人。主要物产有稻谷、玉米、红薯、柑橘等。板桥辣椒、大蜜柚远销各地；柑橘获农业部农产品质量安全中心认证，有年产15000吨的基地。生猪养殖、竹器加工均具规模。矿产主要有碳质页岩、铁矿等。

南家垭 lan³⁵kai⁵³ŋa²¹

土家语与汉语结合运用的地名：“南家”是土家语lan³⁵kai⁵³（烂该）的误记，“南”是lan³⁵（烂）的音变，因在当地“南”“烂”发音相同，人们分不出二者发音的差异，故有此误；“家”当地读gā（嘎），是kai⁵³（该）的近音汉字替代。“垭”是汉语，即“山垭”。所以，这个地名的准确记音应为“烂该垭”。

土家语lan³⁵kai⁵³（烂该）为一个音节，汉语义是“黑色”。所以，“烂该垭”（南家垭）就是“黛黑昏暗的山垭”。

在遥远的古代，这个山垭上古木参天，浓荫掩映，遮天蔽日，一片葱茏。人到此处，感觉昏暗犹如黑夜，便以“黑色”作了地名。用颜色作地名，在土家族地区非常普遍，是土家语地名的一大特色。

车　塆 tshe²¹uan⁵⁵

土家语与汉语结合运用的地名。“车”是土家语tshe²¹（扯）的音变；“塆”是汉语，即“山塆”。所以，这个地名的准确记音应是“扯塆”，按西部区的发音读作“测塆”。

土家语tshe²¹（扯）的汉语义是“水”。所以，“扯塆”（车塆）就是“水塆”，是水源充足的地方。

十二坡 si²¹zi²¹pho⁵⁵

土家语与汉语结合运用的地名。“十二”是土家语si²¹zi²¹的误记：“十”作为si²¹的汉字记音一般记作“石”；“二”是zi²¹（日）的误记，在澧水流域的语言中，“日”的读音与“二”相同，都读作“二”，故有将zi²¹（日）记为“二”之误。“坡”是汉语，即“山坡”。因此，这个地名的准确记音应为“石日坡”，按西部区的发音读作“司日坡”。

土家语 $si^{21}zi^{21}$（石日）系两个音节：si^{21}（石）的汉语义是“野兽”，zi^{21}（日）的汉语义是“多”；$si^{21}zi^{21}$（石日）连起来直译是“兽多”，调换语序结构译成汉语是“多兽”。所以，“石日坡”（十二坡）就是“多兽坡”，即众多野兽栖息的山坡。

捞子峪 $lau^{21}tshi^{21}jəu^{55}$

纯粹的土家语地名，$lau^{21}tshi^{21}jəu^{55}$ 的汉字记音，但“子”是 $tshi^{21}$（次）的音变，“峪”是 $jəu^{55}$（优）的音变。所以，这个地名的准确记音应为“捞次优”。

土家语 $lau^{21}tshi^{21}jəu^{55}$（捞次优）由 $lau^{21}tshi^{21}$（捞次）和 $jəu^{55}$（优）两个音节组成：$lau^{21}tshi^{21}$（捞次）的汉语义是“太阳”，$jəu^{55}$（优）的汉语义是“村庄”“寨子”。所以 $lau^{21}tshi^{21}jəu^{55}$（捞次优）连起来译成汉语就是“太阳寨”或“太阳村”。

这里地域开阔，阳光充足，日照时间长，故得“太阳村”的美名。

八　子 $pa^{55}tsa^{21}$

纯粹的土家语地名，$pa^{55}tsa^{21}$ 的汉字记音，但 pa^{55} 一般记为“巴”，“子”是 tsa^{21}（咱）的音变。所以，这个地名的准确记音应是“巴咱”。

土家语 $pa^{55}tsa^{21}$（巴咱）为一个音节，汉语义是“偏坡”。土家人世居山区，以山为伴，对山体有着细致的认识。人们称“山”为 $khu^{55}tsa^{21}$（枯咱），称“坎”为 $tha^{35}kha^{53}$（塔卡），而称“偏坡”为 $pa^{55}tsa^{21}$（巴咱）。此地以 $pa^{55}tsa^{21}$（巴咱）作地名，表示这个地方坐落在一面偏坡上。

土家山民饮水的水井

策　马 $tshe^{21}muŋ^{53}$

纯粹的土家语地名，$tshe^{21}muŋ^{53}$（测蒙）的音变与误记，但按东部区的语音应记作“扯蒙”。

土家语 $tshe^{21}muŋ^{53}$（策蒙）为一个音节，汉语义是

“水井”。

以 $tshe^{21}mu\eta^{53}$（策蒙）作地名在土家族地区十分普遍，只不过有的记为“车蒙”，有的记为“泽蒙”，其实发音和含义都完全一样，都是“水井”。此地以“水井”作地名，表示是砌有水井的地方。

月　塔　$je^{21}tha^{55}$

纯粹的土家语地名，$je^{21}tha^{55}$ 的汉字记音，但“月”是 je^{21}（叶）的音变，因西部区土家语的韵母没有 ü（迂）音，而是 ü（迂）、i（衣）通用，都发音为 i（衣），故有此误记。所以，这个地名按西部区的语音应记作“叶塔”。

土家语 $je^{21}tha^{55}$,（叶塔）系两个音节：je^{21}（叶）是 $je^{21}tsho^{21}$（叶挫）的省略与简化，汉语义是“神堂”；tha^{55}（塔）是 $se^{35}tha^{55}$（色塔）的简化，汉语义是“旁边”。所以，$je^{21}tha^{55}$（叶塔）就是“神堂边”。意思是说这个地方坐落在神堂旁边，因有神堂而得名。

老毛塆　$lu\eta^{55}mu\eta^{53}uan^{55}$

土家语与汉语结合运用的地名：“老毛”是土家语 $lu\eta^{55}mu\eta^{53}$（聋孟）的误记，土家语在该地消失后，不懂土家语的人只好因循土家语之声，以汉语来想象推测，从而将 $lu\eta^{55}mu\eta^{53}$（聋孟）比附为“老毛”。“塆”是汉语，即“山塆”。所以，这个地名的准确记音应是“聋孟塆”。

土家语 $lu\eta^{55}mu\eta^{53}$（聋孟）为一个音节，汉语义是俗称“三月黄”的“大麦”（Hordenm Vulgare L）。所以，“聋孟塆”（老毛塆）就是“大麦塆”，从前因出产的大麦多而得名。

丛　坪　$tshu\eta^{53}phin^{21}$

土家语与汉语结合运用的地名：“丛”是土家语 $tshu\eta^{53}$ 的汉字记音；“坪”是汉语，即“坪坝”。

土家语称“首领”“长官”为 $tshu\eta^{53}$（丛）。据《永顺县志》记载：“长官曰冲，又曰送，又曰踵，又曰从。”如 $me^{35}xu^{55}su\eta^{35}$（墨夫送）、$u^{21}tsu^{35}tshu\eta^{21}$（吴著从），$su\eta^{35}$（送）、$tshu\eta^{21}$（从）都是对土家族“首领”“大王”的称谓。所以，“丛坪”就是“首领坪”或“大王坪”，即古代土家族某首领居住或领属的地方。

湖　塌　$xu^{21}tha^{55}$

纯粹的土家语地名，$xu^{21}tha^{55}$ 的汉字记音。

土家语 $xu^{21}tha^{55}$（湖塌）系两个音节：xu^{21}（湖）是 $xu^{21}pha^{55}$（湖扒）

的省略，汉语义是“山谷里的溪谷”；tha[55]（塌）是se[35]tha[55]（色塌）的简化，汉语义是“旁边”。所以，xu[21]tha[55]（湖塌）或xu[21]pha[55]se[35]tha[55]（湖扒色塌）连起来译成汉语就是“沟旁边”。意思是说，这个地方坐落在溪沟的岸边。

芦　峪　lo[53]jəu[55]

纯粹的土家语地名，lo[53]jəu[55]（裸优）的音变与误记。

土家语lo[53]jəu[55]（裸优）为一个音节，汉语义是“土家寨”“土家村”，即土家人世居的地方。

土家语称苗族居住的村寨为pe[35]jəu[55]（白优），称汉族居住的村寨为pha[55]jəu[55]（帕优），称土家族自己的村寨为lo[53]jəu[55]（裸优）。详细释义参看桑植县谷罗山乡“罗峪”。

杨柳铺乡

位于县域东北部，北与常德市石门县白云乡接壤；辖23个行政村、2个居委会，296个村（居）民小组；总面积106.89平方公里，其中耕地20570亩；2008年末总人口22047人。主要物产有水稻、玉米、红薯、棉花、烤烟；土特产有柑橘、藤梨、奈李、木材、油菜等；养殖业以生猪、山羊为主，是张家界市瘦肉型良种猪基地之一；矿产资源以煤、铁为主，储量在湖南省据有一席之地。

龙马头 $lo^{55}muŋ^{53}thu^{53}$

纯粹的土家语地名，$lo^{55}muŋ^{53}thu^{53}$（裸猛土）的误记。该地邻近汉区，土家语消失较早，土家语消失后，人们不能理解其含义，便以汉语之义循土家语发音而牵强附会为今名。

土家语 $lo^{55}muŋ^{53}thu^{53}$（裸猛土）由 $lo^{55}muŋ^{53}$（裸猛）和 thu^{53}（土）两个音节组成：$lo^{55}muŋ^{53}$（裸猛）的汉语义是“头领”“大王”，诸如“拜耳裸猛”“洛托裸猛”等，就是“拜耳大王”或“洛托大王”。土家语 thu^{53}（土）是一个动词，汉语义为“敬”“拜”“祭祀”。所以，$lo^{55}muŋ^{53}thu^{53}$（裸猛土）连起来直译是“大王敬”，调换语序结构译成汉语就是“敬大王”。

从前，此地居住有某土家族首领，抑或设有他的神堂，是人们敬祀大王的地方，故而得名。

长茂岗 $tshan^{35}ma^{53}kan^{55}$

土家语与汉语结合运用的地名：“长茂”是半借汉语的土家语，“长”实为“唱”，是借用的汉语，即“唱歌”“歌唱”；“茂”是土家语 ma^{53}（马）的误记。“岗”是汉语，即“山冈”。所以，这个地名应记作“唱马冈”。

土家语 ma^{53}（马）的汉语义相当于“者”“……的人”，加上借用的汉语“唱”，就是“唱歌的人”。所以，“唱马冈”（长茂岗）就是“唱歌人冈”，即“歌师居住的山冈”。

此地从前爱唱歌的人多，歌师也多，故得其名。

沙子峪 $sa^{55}si^{53}jəu^{55}$

纯粹的土家语地名，$sa^{55}si^{53}jəu^{55}$（沙斯优）的音变与误记，按西部区的发音读作“萨斯优”。

土家语 $sa^{55}si^{53}jəu^{55}$（沙斯优）由 $sa^{55}si^{53}$（沙斯）和 $jəu^{55}$（优）两个音节组成：$sa^{55}si^{53}$（沙斯）的完整音节是 $sa^{55}lie^{53}si^{53}$（沙列斯），其中的 lie^{53}（列）在整个音节中属轻声，在长期的语流音变中脱落了，只留下 $sa^{55}si^{53}$（沙斯），但含义未变，译成汉语是“李子”（Prunus calicina lindl）；$jəu^{55}$（优）的汉语义是“村庄”“寨子”。所以，$sa^{55}si^{53}jəu^{55}$（沙斯优）连起来译成汉语就是“李子村”或“李子寨”，即李子树多、产李子多的村子。

罗卜坑 $lo^{53}pu^{53}khen^{55}$

土家语与汉语结合运用的地名：“罗卜”是土家语 $lo^{53}pu^{53}$ 的汉字记音，但“卜”是 pu^{53}（补）的误记；“坑”是汉语，即“土坑”。所以，这个地名的准确记音应是“罗补坑”。

土家语 $lo^{53}pu^{53}$（罗补）为一个音节，汉语义是“眼睛”。所以，“罗补坑”（罗卜坑）就是“眼睛坑”。其意思或是这个窝坑地貌像眼睛；或是比喻坑小，只有“眼睛大个窝坑”。

此地有大小两个“罗卜坑”，也有可能说这两个窝坑像一双眼睛。

莫　坪 $mu^{53}phin^{21}$

土家语与汉语结合运用的地名：“莫”是土家语 mu^{53} 的汉字记音，但通常记为“木”；“坪”是汉语，即“坪坝”。

土家语 mu^{53}（木）的汉语义是“竹子”（bamboo sprout）。所以，“木坪”（莫坪）就是“竹子坪”。古时，这个坪坝是一片竹林，因竹多而得名。

马　岗 $ma^{53}kan^{55}$

土家语与汉语结合运用地名：“马”是土家语 ma^{53} 的汉字记音；“岗”是汉语，即“山冈”。

土家语 ma^{53}（马）的汉语义是“蜂子”（Apismellifera）。所以，“马冈”（马岗）就是“蜂子冈”。

从前，居住在这个山冈上的先民们爱养蜂，屋檐下，山野间，蜂桶遍布，群蜂飞鸣，故得其名。

冉　塔 $zuan^{35}tha^{55}$

纯粹的土家语地名，$zuan^{35}tha^{55}$ 的汉字记音，但“冉”是 $zuan^{35}$（软）

的误记。所以，这个地名应记作“软塔”。

土家语 $zuan^{35}tha^{55}$（软塔）为两个音节：$zuan^{35}$（软）的汉语义为“水牛”（Bubalus bubalis），tha^{55}（塔）的汉语义指“处所”或“地方”。所以，$zuan^{35}tha^{55}$（软塔）连起来译成汉语就是“水牛处所”，即“水牛多的地方”或是关水牛的地方。

马长塆 $ma^{53}tsha^{35}uan^{55}$

土家语与汉语结合运用的地名：“马长”是土家语 $ma^{53}tsha^{35}$ 的汉字记音，但“长”是 $tsha^{35}$（岔）的误记；“塆”是汉语，即“山塆”。所以，这个地名应记作“马岔塆”，按西部区的发音读作“马擦塆”。

土家语 $ma^{53}tsha^{35}$（马岔）系两个音节：ma^{53}（马）的汉语义是“蜂子”（Apismellifera），$tsha^{35}$（岔）的汉语义是“好”；$ma^{53}tsha^{35}$（马岔）连起来直译是“蜂好”，调换语序结构译成汉语是“好蜂”。所以，“马岔塆”（马长塆）就是“好蜂塆”。按照土家人的语言习惯，这个“好”有“好多”“好肥”等义。所以，“马岔塆”实际上是“蜂子多的山塆”。

叶田塆 $je^{21}thi^{53}uan^{55}$

土家语与汉语结合运用的地名：“叶田”是土家语 $je^{21}thi^{53}$ 的汉字记音，但“田”是 thi^{53}（替）的音变；“塆”是汉语，即“山塆”。所以，这个地名的准确记音应是“叶替塆”。

土家语 $je^{21}thi^{53}$（叶替）系两个音节：je^{21}（叶）的汉语义是“神”，thi^{53}（替）的汉语义是“请”；$je^{21}thi^{53}$（叶替）连起来直译是“神请”，调换语序结构译成汉语是“请神”。所以，“叶替塆”（叶田塆）就是“请神塆”。

从前，这个山塆里建有神堂，并有梯玛请神还愿，是先民们常去请神敬神的地方。

据查，此地附近还有叫做“阴塆”“叶塆”的地名，其中的“阴”和“叶”都是土家语 je^{21}（叶）的同音异记，其含义都是“神”的意思。土家人只信祖先不信天神，凡奉为神灵的多为“八部大神”“向老官人”“田好汉”等祖先神，一般修有土王祠、摆手堂予以供奉。故“阴塆”“叶塆”都是先民们敬奉神灵的地方。

坼　岩 $tshe^{21}ŋe^{35}$

纯粹的土家语地名，$tshe^{21}ŋe^{35}$ 的汉字记音，但“坼”是 $tshe^{21}$（扯）的音变；“岩”是 $ŋe^{35}$（额）的误记。所以，这个地名应记作“扯额”，按西部区的发音读作“测额”。

土家语 $tshe^{21}ŋe^{35}$（扯额）系两个音节：$tshe^{21}$（扯）的汉语义是“水”，$ŋe^{35}$（额）的汉语义是“走”“失”。所以，$tshe^{21}ŋe^{35}$（扯额）连起来译成汉语就是“水走”。

这里的 $ŋe^{35}$（额）“走”，可以理解为“漏走”，也可以理解为“流失”。所以，$tshe^{21}ŋe^{35}$（扯额）就是“水容易流失的地方”。

坼　峪　$tshe^{21}jəu^{55}$

纯粹的土家语地名，$tshe^{21}jəu^{55}$ 的汉字记音，但是 $tshe^{21}$（扯）的音变；“峪”是 $jəu^{55}$（优）的音变。所以，这个地名应记作“扯优”，按西部区的发音读作“测优”。

土家语 $tshe^{21}jəu^{55}$（扯优）系两个音节：$tshe^{21}$（扯）的汉语义是“水”；$jəu^{55}$（优）的汉语义是“村”“寨”。所以，$tshe^{21}jəu^{55}$（扯优）连起来译成汉语就是“水村”或“水寨”。意思是说这个村寨水源充足，是干旱不愁的好地方。

马子坪　$ma^{53}tsi^{21}phin^{21}$

土家语与汉语结合运用的地名：马子是土家语 $ma^{53}tsi^{21}$ 的汉字记音；“坪”是汉语，即“坪坝”。

土家语 $ma^{53}tsi^{21}$（马子）系两个音节：ma^{53}（马）的汉语义是蜂子（Apismellifera），tsi^{21}（子）的汉语义是“集结”或“结巢”；$ma^{53}tsi^{21}$（马子）连起来译成汉语是“蜂子集结筑巢”。所以，“马子坪”就是“蜂子筑巢的坪坝”。

“蜂巢”，当地称“蜂包”。在遥远的古代，这个坪坝里水碧草肥，繁花似锦，喷香的花草吸引来一群群蜂子在此集结筑巢，蜂包多，故得其名。

榨　溪　$za^{21}tɕhi^{55}$

纯粹的土家语地名，$za^{21}tɕhi^{55}$ 的汉字记音，但“榨”是 za^{21}（日阿）的近音汉字替代；“溪”是 $tɕhi^{55}$（期）的误记，因“溪”方言读 qī（期），故有此误。所以，这个地名的准确记音应是“日阿期”。

土家语 $za^{21}tɕhi^{55}$（日阿期）为一个音节，是 $za^{21}tɕhi^{55}kha^{21}muŋ^{21}$（日阿期卡蒙）的省略，汉语义是“野漆树”〔T·Succedaneum（L.）kuntze（Rhus succedana L.)〕。其中 $za^{21}tɕhi^{55}$（日阿期）的汉语义是“野漆”，$kha^{21}muŋ^{21}$（卡蒙）的汉语义是“树”。在日常运用时常省略为 $za^{21}tɕhi^{55}$（日阿期），但其含义仍然是“野漆树”。

从前，此地野漆树多，人们便以这种植物作了地名。

打鼓台 ta⁵³ko⁵³thai²¹

土家语与汉语结合运用的地名："打鼓"是土家语 $ta^{53}ko^{53}$ 的汉字记音，但"鼓"是 ko^{53}（果）的误记；"台"是汉语，即"台地"。所以，这个地名的准确记音应是"打果台"。

土家语 $ta^{53}ko^{53}$（打果）是由两个单音节组合而成的一个复合音节：ta^{53}（打）的汉语义是"互相"，ko^{53}（果）的汉语义是"打"；$ta^{53}ko^{53}$（打果）连起来译成汉语就是"互相打"，即"打架""打仗"。所以，"打果台"（打鼓台）就是"打架台""打仗台"，即"打架""打仗"的地方。可以想象，此地是从前经常吵架打架的地方，故而千古留名。它是一颗地名化石，不可多得。

史料记载："长塆村有块约 15 亩面积的平台，与苗市蛮王城隔水相峙，从前两军对阵时均以打鼓为信，故称打鼓台。"这个记录反映的历史事实基本上是准确的，但对"打鼓台"含义的解释则属望文生义，不够准确。

湖坵溶 $xu^{21}tɕhiəu^{55}jəu^{55}$

纯粹的土家语地名，$xu^{21}tɕhiəu^{55}jəu^{55}$ 的汉字记音，但"溶"是 $jəu^{55}$（优）的音变。所以，这个地名应记作"湖坵优"。

土家语 $xu^{21}tɕhiəu^{55}jəu^{55}$（湖坵优）系三个音节：$xu^{21}$（湖）的汉语义是山与山之间的"沟谷"；$tɕhiəu^{55}$（坵）是土家语的一个方位词，相当于汉语的"旁边"；$jəu^{55}$（优）的汉语义是"村庄""寨子"。所以，$xu^{21}tɕhiəu^{55}jəu^{55}$（湖坵优）连起来译成汉语就是"沟谷旁边的村寨"，即"沟边村"或"沟边寨"。意思是说，这个村寨坐落在一条沟谷的旁边。

岔　溪 $tsha^{21}tɕhi^{21}$

纯粹的土家语地名，$tsha^{21}tɕhi^{21}$ 的汉字记音，但"溪"是 $tɕhi^{21}$（其）的误记，因"溪"当地方言读作"期"，与"其"音近，故有此误。因此，这个地名的准确记音应是"岔其"，按西部区的发音读作"擦其"。

土家语 $tsha^{21}tɕhi^{21}$（岔其）为一个音节，汉语义是"锦鸡"（chrysolophus pictus）。　此地以 $tsha^{21}tɕhi^{21}$（岔其）——"锦鸡"为名，就是"锦鸡多的地方"。详细释义参看桑植县廖家村镇"茶溪洞"。

岔溪堰 $tsha^{21}tɕhi^{21}jəu^{55}$

纯粹的土家语地名，$tsha^{21}tɕhi^{21}jəu^{55}$ 的音变与误记："溪"是 $tɕhi^{21}$

(其)的音变，“堰”是 jəu^{55}(优)的音变。所以，这个地名应记作“岔其优”，多记作“插旗优”，按西部区的发音读作“擦其优”。

土家语 tsha^{21}tɕhi^{21}jəu^{55}(岔其优)由 tsha^{21}tɕhi^{21}(岔其)和 jəu^{55}(优)两个音节组成：tsha^{21}tɕhi^{21}(岔其)的汉语义是“锦鸡”；而 jəu^{55}(优)的汉语义是“村”“寨”，也可引申为“窝巢”，这里取引申义。所以，tsha^{21}tɕhi^{21}jəu^{55}(岔其优)连起来译成汉语就是“锦鸡窝巢”，即锦鸡多的地方。

李二垭 li^{35}zi^{21}ŋa^{21}

土家语与汉语结合运用的地名：“李二”是土家语 li^{35}zi^{21} 的汉字记音，但“二”是 zi^{21}(日)的误记，当地方言，“日”发音为“二”，故有此误。“垭”是汉语，即“山垭”。所以，这个地名应记作“李日垭”。

土家语 li^{35}zi^{21}(李日)系两个音节：li^{35}(李)的汉语义是“老虎”(pantheratgis)，zi^{21}(日)的汉语义是“多”；li^{35}zi^{21}(李日)连起来直译是“老虎多”，调换语序结构译成汉语是“多老虎”。所以，“李日垭”(李二垭)就是“多老虎的山垭”。

雷耳坡 li^{35}zi^{21}pho^{55}

土家语与汉语结合运用的地名：“雷耳”是土家语 li^{35}zi^{21}(利日)的误记。在张家界的一些地方，“李”“利”被读作“累”，“日”则普遍读作“二”“耳”，这也许就是将“利日”误记为“雷耳”的缘故。“坡”是汉语，即“山坡”。所以，“雷耳坡”的原始名称应是“利日坡”。

土家语 li^{35}(利)的汉语义是“老虎”(Pantheratigis)，zi^{21}(日)的汉语义是“多”；li^{35}zi^{21}(利日)连起来直译是“老虎多”，调换语序结构译成汉语是“多老虎”。所以，“利日坡”(雷耳坡)就是“多老虎的山坡”。

三儿垭 so^{53}zi^{21}ŋa^{21}

土家语与汉语结合运用的地名。“三儿”是土家语 so^{53}zi^{21} 的汉字记音，但“三”是 so^{53}(梭)的音变；“儿”是 zi^{21}(日)的误记，因在当地“儿”与“日”发音相同，都读作“儿”或“二”，故有此误。“垭”是汉语，即“山垭”。所以，这个地方的原始名称应是“梭日垭”。

土家语 so^{53}zi^{21}(梭日)系两个音节：so^{53}(梭)是 so^{53}phe^{21}(梭拍)的简化，汉语义是“雾”；zi^{21}(日)的汉语义是“多”。so^{53}zi^{21}(梭日)连起来直译是“雾多”，调换语序结构译成汉语是“多雾”。所以，“梭日垭”(三儿垭)就是“多雾的山垭”。

有史料记载："三合村境内有一山垭，面积100多亩。相传，这里林木茂盛，猴群常出没于此，当地人叫猴子为'三儿'，故名。"如果从方言的角度考察，这个诠释权当一家之言，也说得过去。

腊树垭 $la^{53}su^{35}ŋa^{21}$

土家语与汉语结合运用的地名："腊树"是土家语$la^{53}su^{35}$的汉字记音；"垭"是汉语，即"山垭"。"腊树垭"按西部区的发音读作"腊苏垭"。

土家语$la^{53}su^{35}$（腊树）系两个音节：la^{53}（腊）的汉语义是"路""道路"，su^{35}（树）的汉语义是"修""筑""造"；$la^{53}su^{35}$（腊树）连起来直译是"路修"，调换语序结构译成汉语是"修路"。所以，"腊树垭"就是"修路垭"，即将道路修到山垭上。这个地名真实地记录了原始先民为开发这个山垭，曾经艰辛修筑道路的情景，值得后世永不忘怀。

潮溪坪 $tsho^{53}tɕhi^{53}phin^{21}$

土家语与汉语结合运用的地名。"潮溪"是土家语$tsho^{53}tɕhi^{53}$（濯乞）的误记；"坪"是汉语，即"坪坝"。所以，这个地名的准确记音应是"濯乞坪"，按西部区的发音读作"撮乞坪"。

土家语$tsho^{53}tɕhi^{53}$（濯乞）系两个音节：$tsho^{53}$（濯）的汉语义是"屋""房屋"，$tɕhi^{53}$（乞）的汉语义是"大"；$tsho^{53}tɕhi^{53}$（濯乞）连起来直译是"屋大"，调换语序结构译成汉语是"大屋"。所以，"濯乞坪"（潮溪坪）就是"大屋坪"，即"建有大屋的坪坝"。

清 龙 $tɕhi^{53}luŋ^{55}$

纯粹的土家语地名，$tɕhi^{53}luŋ^{55}$的汉字记音，但"清"是$tɕhi^{53}$（其）的音变与误记。所以，这个地名应记作"其龙"。

土家语$tɕhi^{53}luŋ^{55}$（其龙）为一个音节，汉语义是"豆豉""豆酱"。

从前，此地有出众的师傅，制出的豆酱、豆豉远近闻名，人们便以这种土特产品作了地名。

白洋坪 $pe^{35}jəu^{55}phin^{21}$

土家语与汉语结合运用的地名："白洋"是土家语$pe^{35}jəu^{55}$的汉字记音，但"洋"是$jəu^{55}$（优）的音变；"坪"是汉语，即"坪坝"。所以，这个地名的准确记音应是"白优坪"。

土家语$pe^{35}jəu^{55}$（白优）为一个音节。土家人对毗邻而居的各民族成员及其住地，有着不同的称谓：称"汉族人"为$pha^{55}kha^{21}$（帕卡），称汉族

人居住的村寨为 $pha^{55}jəu^{55}$（帕优）；称“苗族人”为 $pe^{35}kha^{21}$（白卡），称“苗寨”为 $pe^{35}jəu^{55}$（白优）；称土家族自已为 $pi^{35}tɕi^{55}kha^{21}$（毕基卡），称“土家寨”为 $lo^{53}jəu^{55}$（裸优）。所以，这“白优坪”（白洋坪）就是“苗寨坪”，即苗族人所居住村寨的坪坝。

有史料这样记载：“永盛村的前溪畔有块150亩的大坪，宜种水稻，但因钻心虫为害，连续出现‘春天绿油油，秋收白茫茫’的歉收惨景，如白色的山羊遍地，故称白羊坪，后习惯书写为白洋坪。”此说太过牵强，不足为信。

六合垭 $lu^{55}xu^{55}ŋa^{21}$

土家语与汉语结合运用的地名：“六合”是土家语 $lu^{55}xu^{55}$ 的汉字记音，但 lu^{55} 一般记为“鲁”，“合”是 xu^{55}（湖）的误记；$lu^{55}xu^{55}$ 有的记为“鲁乎”。“垭”是汉语，即“山垭”。所以，此地的准确记名应是“六湖垭”或“鲁乎垭”。

土家语 $lu^{55}xu^{55}$（六湖）为一个音节，汉语义是指“山塆槽谷中的梯田梯土”，也指“开阔的山槽”。总之，凡是此类地形地貌，土家人一律以 $lu^{55}xu^{55}$（六湖）统称。所以，“六湖垭”（六合垭）就是“山塆槽里的山垭”，也就是山谷中的小山垭。

附录：张家界市土家族历史人物选录

张家界市物华天宝，地灵人杰。勤劳勇敢的土家族人民，自古以来繁衍生息在这片土地上，他们在改造自然、改造社会、推进历史前进的斗争中，创造了一方文明，也涌现出许许多多出类拔萃的人物。现依其事迹较显著、知名度较高、有文献可考且已作古的原则，按其出生时间的先后，选录如下：

相单程

相单程（生卒年月不详），东汉充县车革（今桑植县廖家村）人，土家族部落联盟酋长，东汉充县农民起义首领。

相单程，精武艺，善骑射，心有韬略，正直劲勇，为民仗义，活动于东汉建武年间。因不满东汉封建王朝的“猥增贡赋”“徭役失平”，建武二十三年（47），相单程揭竿而起，率领所辖部落的土家人民，举行了土家族历史上第一次大规模的反抗封建王朝统治的起义。义军一举攻占充县，并把势力扩大到澧水下游和沅水流域，先后三次击退刘秀政权的重兵进剿。威武将军刘尚粮尽援绝，败退中全军被歼；中山太守马成连吃败仗，几乎全军覆灭；伏波将军马援困死壶头，马革裹尸。在武力征剿全不奏效的情况下，东汉朝廷改变策略，改剿为抚，遣使招降。迫于敌强我弱和义军的饥困问题，加上不忍战火带来的生灵涂炭，相单程审时度势，在妥善安置部下，采取一系列防止官府报复的措施后，遂降了朝廷，仍为司吏，后病死。

陈　从

陈从（？—76），东汉娄中（今桑植县淋溪河）人，东汉充县娄中农民起义首领。

陈从，幼习刀弓，行侠仗义，成为当地土家人拥戴的首领。因不堪东汉王朝的苛索，章帝元年（76），陈从率领当地土家人起义，一举攻破零阳（今慈利县），在将近一年的时间里，揭官府，杀长吏，抗贡赋，引起朝廷震惊。是年冬，武陵郡官府收买“零阳蛮”精夫四千余人将义军打败，陈从被俘，旋即惨遭杀害。

覃儿健

覃儿健（？—79），东汉娄中（今桑植县淋溪河）人，东汉充县娄中农民起义首领。

覃儿健与陈从为同一时代人。陈从起义失败被害后，覃儿健从陈从失败中吸取教训，先在淋溪河的连云寨建立大本营，名曰“覃寨”，号称“天子园”。在这里，他率领土家人民一边学习武艺，演练阵法，谋划起事；一边开垦田地，生产自屯。建初三年（78）十二月，覃儿健亮出起义大旗，率领义军首占零阳（今慈利县），继克作唐（今安乡）、孱陵（今湖北公安），杀官吏，烧官府，声势浩荡，令汉章帝刘炟十分恐慌。建初四年（79）春，官府发重兵征剿。官兵因有刘尚、马成、马援的前车之鉴，未敢贸然向覃儿健用兵，而是故伎重演，“募充中五里精夫不叛者四千余人”，从内部分裂打击义军。在内部出现分裂不能统一的情况下，覃儿健退守连云寨。官军跟踪进入娄中，大肆屠杀土家人民。为了减少百姓的牺牲，覃儿健曾主动“请降”，但官府不予准允。最后，官兵攻破连云寨，残忍地将覃儿健杀害。

谭 戎

谭戎（？—95），东汉娄中（今桑植县淋溪河人），东汉充县娄中农民起义首领。

陈从、覃儿健领导的土家人民的起义，曾给东汉王朝以震撼，但未能使统治者作寸步的退让，官府对当地土家人的赋役有增无减。于是，在覃儿健起义失败被害后的第十六年，即永元七年（95），谭戎再举义旗，率领土家人民重据天子园，燔烧邮亭，杀死长吏，后来虽被武陵郡官府击败，但也轰动一时。

陈从、覃儿健、谭戎，同为娄中人，在不到二十年的时间内，前仆后继，三次率领土家人民奋起反抗东汉王朝的统治和压迫，得到当地土家人民的尊崇，被后人誉为“娄中三杰”。

向克武

向克武（931—1033），车溪峒（今桑植县上洞街）人，今张家界市区域内历史上第一个土司王。

向克武自幼习武，精于弓弩，知书识礼，为人仗义，被当地土家人拥戴为部落酋长。在宋太祖赵匡胤开始统一全国战争，宋军进军湖南之时，向先武率所辖土家族各峒酋长倡首“向化”，主动归顺朝廷。宋太祖开宝五年（972），宋廷改车溪峒为柿溪州，并授予向克武柿溪州军民宣抚司使职，允许世代承袭，是为桑植县第一个土司。次年，向克武在车溪峒原址建立柿溪州宣抚司衙署，司下设总理、副官、中军官、旗鼓官，并在辖区内设龙、凤、虎、豹、威、武、东、南、西、北十旗长。向克武死于宋明道二年（1033），享年102岁，葬柿溪州比基冲（今上洞街乡八节冲）。

柿溪州宣抚司是封建王朝为统治少数民族在今桑植乃至张家界地区设立的第一个土司，向克武也就成为这一地区的第一个土司王。此后世代承袭，直至清雍正十三年（1735）改土归流，历763年。

田希吕

田希吕（生卒年月不详），字志舒、公著，今永定区人，活动于元世祖至元十二年至惠宗至正十二年（1275—1352），“天门书院”的首创人。

田希吕自幼就读于守节不仕、隐居在天门山麓的进士王申子门下，文章诗词尽得其传。元成宗大德七年（1303），慈利兴新州学，原学宫拆毁，新修后配了新的神位及十哲像，而原有的孔夫子神位及十哲像无处安置。王申子敦促田希吕申报州、路学官，要求捐资新筑学宫，以奉旧孔子神位及十哲像而祠之。得到批准后，田希吕便亲输财力，在今水洋池学堂岗建成一学宫，并从各地购置了一批经书，又购田200亩捐给学宫作为膏火费。田希吕与王申子在学宫共同执教，庶家子弟纷纷入学，改变了当地职教罕至、士无以养的状况。湖广提学官将田希吕捐资办学的情形申奏元朝廷，遂批准将该学宫命名为“天门书院”，并荐田希吕为书院山长。天门书院在田希吕的苦心经营下，历经近50年沧桑，先后培养出了一批人才，如杨觧、张兑先后得中进士。元至正十二年（1352），天门书院毁于战火。

田希吕由于首创天门书院，功垂千古，名字后来被列入中国名人大辞典，成为后人捐资兴学、阐扬中华的榜样。

尚俄蒂

尚俄蒂（?—1369），元代桑植凤凰山（今桑植县陈家河镇新街村）人，土家族部落联盟酋长（尚氏蛮酋第十四世）。

元朝末年，尚俄蒂集团势力强大，雄踞一方，其地盘包括今桑植县的陈家河、岩屋口、蹇家坡、河口、上河溪等乡镇。尚俄蒂一直反抗元明王朝在少数民族地区提倡的“向化”，拒不接受朝廷的统治，始终坚持抗赋、抗税、抗贡，保境安民，并在凤凰山修筑俄蒂城，扼住湘川大道，与朝廷分庭抗礼。元廷曾多次派兵征剿，均以失败而告终。明朝初年，朱元璋为了统一全国，削弱各地的割据势力，也曾派兵对尚俄蒂进行过征剿，同样未能达到目的。在征剿不胜、收买不成的情况下，官府改变策略，采取“以夷制夷”、从内部分化瓦解的伎俩，利用桑植境内其他土司的力量将尚俄蒂打败。尚俄蒂受伤被俘，于洪武三年（1369）被杀，“人枪共葬一窝坪”。

覃垕

覃垕（1311—1372），今永定区茅岗人，茅岗覃氏第一代土司覃添佑之次子，元末明初九溪十八峒反元反明起义的首领。

覃垕自幼机警过人，偏爱武功，任侠仗义，在湘鄂川边颇有知名度。元至正十二年（1352），覃垕目睹茅岗都元帅府的横征暴敛，联络九溪十八峒万余人，响应湖广徐寿辉、陈友谅红巾军起义，推翻茅岗吴氏宣慰都元帅府，粉碎元军的多次围剿。至正十三年（1353），覃垕被徐寿辉、陈友谅的“天完”政权授予“慈利军民安抚使”。朱元璋称帝后，覃垕曾一度归附明朝，被授“慈利军民宣抚使”，旋即改为湖广理问（掌管行省内的刑事诉讼）。朱明政权废除了陈友谅所倡“摧富益贫”政策，土家山寨的人民又陷入残酷的封建牢笼之中。明洪武三年（1370），明军取道湘川大道入蜀征剿明玉珍夏国政权，数万明军路过今张家界地区，争相苛索军粮。时慈利正逢大旱，全境无粮供军需。覃垕乃联合九溪十八峒土司叛明。覃垕的反叛影响了明军入川，打乱了朱元璋围攻四川的部署。于是，朱元璋决定先消灭覃垕叛军，遂命湖广平章杨璟“以兵讨之”。双方在慈利覃垕城、百丈峡等处多次展开激战，互有胜负。后为保存实力，覃垕率军退入茅岗溪峒，恃险固守。杨璟久攻不下，双方成相持状态。洪武五年（1372），覃垕复联合澧州、辰州及九溪十八峒蛮，大举反攻，争城夺地，攻下慈利、石门等县。朝廷遂以卫国公邓愈为征南将军，江夏侯周德兴为平蛮将军，帅师围剿覃垕联军。覃垕退守七年寨。邓、周大军围攻七年寨，日久不下，周德兴收买覃垕女婿朱思济，授其“毂用元帅”之衔，将覃垕诱捕，押解南京。是年农历六月初六日将覃垕凌迟处死。

因覃垕被处死时遭剥皮，后当地土家人约定，每年农历六月初六日家家户户晒棉衣，有说是“晒覃垕的龙袍”，有说是“为覃垕晒皮”。久而久之，“六月六”成了土家人的一个民族节日；六月六晒棉衣也就成了一种传统习俗。

唐仁

唐仁（？—1559），字少微，今慈利县通津铺乡人，慈利麻寮所千户，抗倭功臣。

明嘉靖三十年（1551），慈利麻寮所千户唐臣死，无嗣，唐仁以弟袭兄职。嘉靖三十三年（1554），唐仁率本所士兵随保靖宣慰使彭荩臣和永顺宣慰使彭翼南部赴苏松地区抗击倭寇，于王江泾大败倭寇，在被明廷称为“东南战功第一”中立下功劳。嘉靖三十五年（1556），明军在沈家庄包围日本天差平海大将军徐海部，明军总督胡宗宪以永顺、保靖、麻寮士兵为前锋主力，重歼日倭。战前唐仁献破倭之策被胡宗宪采纳。战后胡宗宪给唐仁记了功。嘉靖三十八年（1559）冬，唐仁率所部士兵又在舟山参加了对日倭的作战，取得舟山之捷，但唐仁在这次战斗中阵亡。唐仁阵亡后，钦命浙江巡抚建立忠臣祠楼，赐“海上知名”匾字，授其长子唐秉辅袭承父职。

向永亮

向永亮（1826—1855），今桑植县沙塔坪乡冷水塔村人，清咸丰年间桑植农民起义首领。

向永亮从小性格豪放直爽，练就一身过硬的武功。清咸丰四年（1854），朝廷诏令湖南各地兴办团练，以阻击太平军入湘。桑植县令舒寿琪奉旨督办，规定各家各户凡年龄在18岁以上、50岁以下的壮丁，必须抽一为团勇，其办团经费均由农户摊派。当地农民苦不堪言。向永亮不堪忍受，到洪家关联合贺廷壁（贺龙堂曾祖）、谷启虞等人，在洪家关一带聚集千余人揭竿起义。他们提出“忠贞不渝、打富济贫、斩木为兵、揭竿为旗”的行动口号，积极响应太平天国运动，配合太平军攻打湘西，一度攻占桑植县城。接着，起义军兵指永顺，联合当地的“草鞋军”进攻永顺县城，但战斗失利，向永亮等率部退回桑植休整。起义军的行动让官府大为震惊，永顺知府黄其表亲率兵勇来桑植进剿。义军在利福塔的柳树坡设下埋伏，重创黄其表的追剿军，迫其退回永顺县城据守。当时，民间流传这样一首小调：“向永亮坐将台，威风凛凛；贺廷璧打先锋，天下无敌；谷启虞当军师，胜过孔明。”咸丰五年（1855），湘西兵备道派军增援永顺知府黄其表对义军进行围剿，桑植县令也组织兵勇配合围剿。义军在寡不敌众的情况下失败，贺廷璧、谷启虞等36位大小头领或在战斗中阵亡，或被俘后惨遭杀害。向永亮逃到湖北利川一个朋友家避难，以行医为生，不久行踪暴露，永顺知府黄其表派兵将向永亮抓捕押回永顺杀害。

王正道

王正道（1835—1894），字玉春，永定县第八都（今永定区合作桥乡）王家𡋾弯村人，清同治帝诏授振威将军。

王正道孩时历尽苦难，出生时丧母，从小就过着自食其力的生活，后来拜师学艺，练出一身高强的本领。清咸丰六年（1856），王正道在族人的资助下投身湘军，在曾国藩之弟曾国荃的吉字营里打擂夺冠，成为先锋营的一名哨官，后以军功升为把总。咸丰十一年（1861），王正道被编入左宗棠的新楚军，隶属于刘明灯名下，以军功升至参将。同治五年（1866），左宗棠任闽、浙总督后，调刘明灯、王正道镇守台湾，刘明灯为镇总兵，王正道为先锋。临行前，左宗棠特意亲笔题写了一个巨大的“虎”字送给王正道，以示赞赏。王正道到台湾后，为民除害，廉洁奉公，英勇善战，深受台湾民众拥戴，令盗匪和入侵日军闻风丧胆。同治十二年（1873）闰六月二十三日，同治帝下诏授王正道为振威将军。光绪八年（1882），王正道调守福州马尾。光绪十年（1884），中法马尾战争爆发，王正道镇定自如，指挥官兵坚守抗敌，身负重伤。尔后，王正道调守厦门，创建厦门火药局、军械局、船政局，励精图治，深得厦门人民欢迎，却因性情直爽，清廉自重，不事逢迎，得罪了当时出巡闽、浙的钦差大臣，遭其诬告，被光绪皇帝一道圣旨削职为民。王正道携台湾高山族结发妻子和儿女们回到老家王家湾，勤劳度日。光绪二十年（1894），中日甲午战争爆发，厦门火药局在抗击日军时发挥了巨大的威力。光绪查知功在王正道，遂诏令“王正道官复原职，镇守台湾”。王正道带着妻儿直奔厦门，同等候在那里的官兵们一起登上舰船，与入侵日军展开了一场殊死海战。终因敌我力量悬殊，敌人船坚炮利，王正道身受多处重伤，倒在甲板上，为国尽忠，时年60岁。依照王正道临终嘱咐，他的老伴儿和儿孙继续赶赴台湾，加入到杨紫云率领的新楚军抗击日本侵略者的旗帜下；而他自己则马革裹尸，由几个本土的士兵送回王家湾，安葬在牛头山下的青山绿水之间。

彭碧筠

彭碧筠（1854—1887），又名彭春芝，女，今桑植县空壳树乡人，明末桑植才女，开桑植女私塾之先河。

彭碧筠的祖父为清咸丰恩贡，官澧州学正。彭碧筠从小随其祖父到澧州私塾就读，受到良好的教育熏陶，长于诗词，有“桑植才女”之称。慈利著名文人吴恭亨先生阅读其诗文后曾赞曰：“每有作，老师宿儒，皆愧诎。”追后为其撰写墓表，誉为“不栉进士”。彭碧筠胸怀壮志，胜同须眉。清同治十三年（1874），她冲破“女子无才便是德”的封建伦理，女扮男装，赴永顺府应考，被考官识破身份，未能进入考场。彭碧筠在丧夫后，再次冲破世俗观念的束缚，毅然设家馆，课童蒙，开创了桑植女塾师的先河，周围几十里路的学童都赶来入学，为空壳树一带培养了不少的名人。清光绪十三年（1887），彭碧筠终因积劳成疾，英年早逝，年仅33岁。

田金楠

田金楠（1856—1925），号春庵，东溪，今慈利县甘堰人，清光绪岁贡，“渔浦书院”的首创人，毕生致力于教育。

田金楠初讲学于沅澧一带。光绪九年（1883），倡议按照岳麓书院设计图案兴建渔浦书院，得乡绅赞助，于光绪十二年（1886）建成。田金楠讲学于该院，后任该院第三届山长，任内又建藏书楼。维新运动起，应湖南巡抚陈宝箴邀，赴长沙主持南学会，不久，因政变去职至常德，主办西路学院。1913 年，常德镇守使王正雅创办组武学校（不久更名为九澧女子师范学校），田金楠被聘任校长。1917 年，田金楠回县任渔浦学校校长。去职后先后任过湖南省特别议会会员、慈利教育会会长、劝学所所长，纂修民国《慈利县志》时任馆长。田金楠教学之余，潜心著述，其生平著述多数刊印问世，少数未及刊印便因战乱散失。田金楠晚年生计困难，1925 年病故，享年 69 岁。

黎民镇

黎民镇（1867—1946），又名成铠，字省吾，慈利县通津铺人，滇军旅长。

黎民镇年轻时为生活所迫，投奔好友王正雅部栖身，被委以文书之职，随部驻守云南。云南旧军首领李根源在云南创办讲武学堂，黎应试被录取，结业后任滇军管带。云南苗民起义时，黎民镇被当局派作安抚苗民工作，因功晋升为滇军某混成旅旅长。嗣后随李根源去广东。李任两广督军时，黎民镇曾任广东英德县知事两年，旋回湖南充任湖南省参议员。滇军参加北伐时，王均（黎在云南讲武堂时的同学）任国民革命军第七军军长，延揽黎任副官处副处长。后以年迈去职回原籍，曾以制眼药施人。1986 年，黎民镇病逝，享年 79 岁。

杨良翘

杨良翘（1869—1934），字舒溪，号梅溪，今永定区桥头乡杨家湾人，清末民初大庸才子。

杨良翘出生于书香世家，6 岁就能同 10 岁的学生同席听课，学习四书五经，14 岁正式入学，16 岁补廪生，以后又求学于长沙岳麓书院。光绪二十三年（1897），杨良翘考中丁酉科拔贡，随即进京会试，被定为候补知县，在文华殿受到光绪皇帝的召见，随即签发福建省福州府，候缺补授知县。3 年（在家守孝）后任福建建宁、浦城知县 9 年。1911 年，辛亥革命成功，杨良翘举白旗投诚反正，随即归家赋闲。民国初年，大庸兴办团防，杨良翘出任县团防总局长。1915 年，罗剑仇反正时，杨良翘举家迁往澧州，应常德镇守使王正雅之请，任秘书长兼九澧女师校长。1920 年回大庸县被推为县咨议局副局长，以后又任劝学所所长、县立高等学校校长。1923 年退居田园。

杨良翘为官之余，潜心于诗文字画，尤其长于诗文歌谣，被公认为大庸清末民初的才子，先后创作一千多篇诗文歌词，只可惜在兵匪祸乱中，这些著作大部分失散，现仅存手稿一卷，诗文百篇。杨良翘于书法，对绘画也很有研究，尤其擅长画梅花、竹子，有“梅花叟”的美誉。时人以求得他的诗文字画为荣。贺龙非常敬重杨良翘的才学，在创建湘鄂边根据地时曾亲自接见他，对他优礼相待，并指示部下对他加以保护。1934 年，杨良翘在家病逝，享年 65 岁。

唐启虞

唐启虞（1870—1940），字宥在，号苏园，今慈利县东岳观人，清末民初清廉法官。

唐启虞幼年家境贫寒，父早逝，靠母纺绩度日。但他学习刻苦，13 岁就考取秀才。清光绪二十三年（1897）考取拔贡。废除科举制度后入北京朝阳法学院攻读法律。毕业后被派到安徽省任安庆地方审判厅厅长，1911 年去职。“中华民国”成立后，任常德地方审判厅厅长。1916 年去云南，先后任昆明地方审判厅厅长、云南高等审判厅厅长兼司法司司长。1924 年回长沙，继任司法司长。1926 年卸职，寓居汉口操律师业。1934 年由汉口迁回长沙，仍挂牌当律师。

唐启虞为官清廉，不徇私情。在云南为官 8 年，两袖清风。在湖南司法司长任内，谋求官职者如过江之鲫。他在湖南《大公报》上刊登启事，严正表示：“能合标准者，平日虽无一面，虽未有人介绍，自当呈荐；不合标准者，虽日日来见，加以有声望之人介绍，亦爱莫能助。”表明自己坚持用人标准的原则立场。1937 年抗日战争爆发，唐启虞匿居常德农村，1940 年病故，享年 70 岁。

田永立

田永立（1871—1934），今永定区二家河乡人，弃戎从教的书法家。

田永立幼年在侯家弯候昌铭门下就读，勤奋好学，得侯器重。清光绪年间赴乡试考取庠生。侯昌铭赴北京任内阁协办侍读中书舍人时，委托田永立接替侯在侯家弯教学，罗剑仇是其得意门生。1916 年，罗剑仇响应云南蔡锷反对袁世凯复辟帝制，在大庸组建“湘西护国独立军”，田永立弃教从戎，任罗部秘书。后罗部开赴常德整编，田永立不愿随往，遂辞戎赴北京田次瑞

（田的学生）家，第二年回大庸仍从事教育。1924年在大庸高等小学堂执教，任校长两年；1927年被大庸县商会聘为文牍，兼任崇实小学校长。田永立对古典文学造诣很深，长于诗文，数十年的教学生涯，学生遍及大庸城乡。田永立酷爱书法。初学颜真卿，后学钱南园；行草学王羲之、黄庭坚，小楷学钟繇。当时大庸商家的招牌，各处的牌坊、石碑、墓志铭，大部出于他的手笔。田永立晚年旅居津市，上门求学者仍应接不暇。书法流传九澧各县，名盛一时。1934年病故，享年63岁。

黎民藩

黎民藩（1871—1958），名成梓，字康吾，晚号堪悟，今慈利县通津铺人，名老中医。

黎民藩自幼好学，及长，入渔浦书院，博览典籍，喜读医药百工之书。清末，以贡生入选，宦游云南。初放弥度知县，旋迁云龙州知州。辛亥革命后入蔡锷幕，任咨议官，兼西防营务处提调，协办腾越厅民刑诉讼，慎刑恤狱，颇有政声。片马事急调任滇缅边案交涉使署正委员，进驻蛮允，与英人会勘国境未定界，每议事必据理力争，宁成悬案亦不丧权辱国。1913年回归故里。1923年主持县财产保管处，越四年去职。从此潜心医术，绝意仕途。1927年移家常德，悬壶城西，被推为常德中医公会会长。先后受聘为常德省立三中校医、常德监狱医官，被推为慈利、九澧旅常同乡会会长。1938年，日军侵占武汉，常德告警，黎民藩将药店生财分运回里，开业济世。新中国成立初，人民政府将其安置在杉木桥联诊所。1956年，黎民藩被选为慈利县第一届人民代表大会代表。1958年病逝世，享年87岁。

田均一

田均一（1878—1900），名邦璇，今慈利县甘堰乡人，田金楠之子，庚子义军首领。

光绪二十三年（1897），田均一肄业于湖南时务学堂。当时，梁启超在该学堂任中文总教习，田均一在这里接触了维新变法思想。光绪二十五年（1899），因变法失败而亡命日本的梁启超在东京创办高等大同学校，函邀田均一等门生赴日深造。是年七月，田均一与李炳寰等取道上海东渡日本。在日本，田均一等受到孙中山的民主主义革命思想的影响，萌发反清革命思想。他们在东京集会，商讨利用长江中下游会党，组织起义。光绪二十六年（1900）初，田均一等回国后，往来于长沙、常德、慈利等地，联络哥老会党，发展自立军，筹措经费，策划起义。同年农历三月六日，在汉口集会，成立自立会。自立会分军事、政治两部，军事称自立军，组建中、左、右、前、后五军，田均一为后军统领，负责在安庆发难，各军定期在这年农历七月十五日同时起义。不慎事机败露，田均一等二十余人同时被捕，英勇就义于武昌紫阳湖畔。田均一就义时年仅22岁。"中华民国"成立后，烈士遗骸公葬于武昌洪山山麓。

尚星渠

尚星渠（1878—1950），本名元钜，今桑植县廖家村镇斋公塔人，桑植新学的开创者。

尚星渠系清末光绪戊寅庠生，深感科举制度误国误人，毅然舍旧谋新，促进文明。先于廖家村地方创办高初两等学校，灌输新学，培育人才，树本县新文化之先声。旋又在桑植县城澧源书院创办县立高等小学校，亲自主教，并兼任县府教育科长，对桑植的教育改革和新文化的开展起到推进作用。尚星渠晚年僻居乡村，醉心佛学，参加同善社和宝善文坛，1950年4月因病去世，享年72岁。

田永正

田永正（1879—1934），字次瑞，今永定区二家河乡杉树坪人，民国临时总统府顾问。

田永正16岁入为生员，19岁补庠生。21岁赴省考试，成绩优良，本应中举，因应试策论中有触犯皇上的词句，被监考官遣送回乡。清光绪二十八年（1902），湖南从秀才廪生中选4名成绩优良的送湖北高等学堂学习，田永正被选中。学习三年，毕业后被保送到日本早稻田大学学习。在该校学习6年，期间，接受孙中山的民主革命思想加入同盟会，与宋教仁、卢炳文一起进行反清革命活动。宣统二年（1910）毕业回国，在湖北新军中任职。辛亥革命时，参加攻打武昌总督衙门。"中华民国"成立，孙中山就任临时大总统时，田永正当选为国会议员，被任命为总统府顾问，负责对日本外交事务。1915年，袁世凯筹备复辟帝制，下令解散国会，田永正从北京到广州，在孙中山的领导下另建国会，参与发起护国讨袁运动。1922 年 6 月，陈炯明叛变时，田永正随孙中山撤离广州。1927 年蒋介石实行清党，田永正被排挤出国民政府，寓居广州，1934 年病逝于广州，年仅 55 岁。

覃辅臣

覃辅臣（1882—1935），名奏章，今永定区教字垭镇竹园坪村人，红军第四军二路指挥。

覃辅臣清末捐得监生。民国以后，1914 年任教字垭团防局长，成立县议会时被选为县议员。1918 年与贺龙结为莫逆之交。1923 年，贺龙入川任讨贼联军第九混成旅旅长，覃辅臣为旅参谋长。1924 年，混成旅进驻贵州松桃，覃辅臣兼任该县知事。1925 年，贺龙任澧州镇守使，委覃辅臣为大庸县县长兼清乡司令。1926 年，贺龙任北伐军第九军第一师师长，覃辅臣随师北伐。1927 年，贺龙任国民革命军第二十军军长，派覃辅臣及其长子覃遵行回大庸招兵一个团，以四弟覃逸卿为团长。“八一南昌起义”后，覃辅臣曾率部攻占西教乡公所。1928 年 3 月，贺龙回到桑植，覃辅臣率部投贺龙，参加桑植起义。次年 5 月，被任命为中国工农红军第四军第二路指挥。1933 年，贺龙派覃辅臣秘密去凤凰做时任国民党新编第三十四师师长陈渠珍的联络工作，被何健得知。何健电令陈渠珍扣押覃辅臣，但遭到陈渠珍的抵制。后何健将陈渠珍部调出湘西整编，遂将覃辅臣逮捕并投入常德监狱。1935 年冬，覃辅臣被毒杀于常德监狱。新中国成立后，人民政府追认覃辅臣为烈士。

黄礼儒

黄礼儒（1882—1945），又名家让，今桑植县凉水口镇人，革新能手。

黄礼儒自幼勤奋好学，特别对天文地理科技书籍爱不释手。光绪二十六年（1900），他在凉水口集镇上开了一个磨粉作坊，全靠人工拉磨，后来改为马拉磨，但很不卫生。于是他参照水碾的原理，让马在下层拉着木盘打转，带动上层的磨盘，解决了不卫生的问题。1931 年，他又利用缝纫机的原理，将磨粉、筛粉等工序的机件，用大小不同的齿轮连接起来，利用水的冲力使磨盘、箩筛同时转动。这样，原来三四人还忙不过来的磨坊，只要一人看管就行了。晚年，黄礼儒患了下身不遂。他躺在病床上，看着徐徐移动的从瓦隙中射下的阳光，受到启发，他按不同的月份、日期，对日影作出详细的记载。经过两年的仔细观察，1939年，试制出一个日晷，只要把它放在阳光下，细针的影子指在哪里，就知道到了什么时辰。黄礼儒的发明在县内反响很大，乡里人竞相参观，当时桑植县县长岳德威亲自前往查访，湖南省科研单位也很感兴趣。后经有关部门鉴定，认为确有一定的科学价值，获湖南省科技发明奖（银元二十）。1945年，黄礼儒病逝，享年63岁。

刘孟顾

刘孟顾（1882—1961），原名运鸿，后改名运锋，今慈利县江垭镇人，湖北都督府军事委员。

光绪三十年（1904），刘孟顾在长沙湖南高等工业学堂读书时，参加黄兴等人组织的学术团体华兴会，后因在街头散发反清传单被捕入狱，监禁3年。光绪三十四年（1908）出狱后东渡日本留学，入东京明治大学政治经济科。次年参加同盟会。宣统末年（1911）回国。辛亥光复时，充湖北都督府军事委员。民国元年（1912）加入中国国民党。1912—1913年任宜章知县。1914年参加中华革命党，被察觉后遭通缉、抄家，遂逃亡日本，继续参加倒袁活动，并入日本政治学校经济科补习政治经济学。1916年回国后任武昌政府佥事。1918—1942年，历任宁远、安化、平江、桃源、乐昌、通县等县县长、湖南临时参议会议员、常德行政专员公署秘书科长、益阳行政专员公署秘书、衡阳市政府主任秘书等职。1946年任湖南省政府参事。1947年选任溇江中学董事长。1951—1952年任湖南文物管理委员会委员，1956年调任湖南省人民政府参事。1961年病逝于长沙，享年79岁。

唐牺之

唐牺之（1887—1924），字以祀，号洗耻，今慈利县三官寺乡三坪村人，辛亥宜昌起义军司令。

光绪三十三年（1907），唐牺之考入湖南省立师范学堂，接着参加湖北新军第二十一混成协第四十一标第一营，由正士兵升为排长。在新军里曾参加蒋翊武等人组织的群治学社、振武学社和文学社团体。宣统二年（1910），武昌新军第四十一标和三十二标驻防宜昌一带，文学社成员制定了驻宜昌等部新军的发难计划，唐牺之负责与出防四川的三十一标曹子青、三十二标叶正中联络，谋占宜昌。从此，文学社的唐牺之肩负着响应武昌起义的重任。宣统末年（1911）8月，宜昌新军得到武昌起义胜利的消息，唐牺之联络各界人士准备起事。28日，宜昌各界召开会议，推举唐牺之为司令官。9月，宜昌革命军进围荆州。10月28日，清军投降，唐牺之率军进占荆州城。正当革命军准备北伐、进攻河南时，湖北军政府黎元洪委唐牺之办理荆州善后事宜，并命其节制荆州、宜昌、施南、鹤峰四属军队，改设荆宜施鹤总司令部，唐牺之任司令。1912年，宜昌、荆州的革命军改编为鄂军第七镇，仍由唐牺之任统制。3月，鄂军第七镇改为师，唐牺之由统制改为师长。1912年9月，唐牺之被袁世凯政府授予中将，年底赴北京就任将军府咨议职。1914年，唐牺之东渡日本。袁世凯称帝后，唐愤然回国。1917年任湘西靖国军援川司令官。1918年改任湖北靖国联军招讨使，出川时曾取道桑植回慈利三官寺原籍，在洪家关结识贺龙。1919年，柏文蔚在施南任靖国联军总指挥，邀请唐牺之任参谋长。1921年，孙中山任命唐牺之为湖南讨贼军司令官。1922年，孙中山任命唐牺之为别动队总司令、湖南劳军使。行次永州，适黎元洪再任总统，唐牺之应召入京，与县人孙道仁同授将军府将军，另兼湘军赵恒惕驻京代表。1924年，唐牺之因病在北京将军府逝世，年仅37岁。

刘盘铭

刘盘铭（1888—1954），今慈利县宜冲桥乡水杨峪村人，硬功拳师。

刘盘铭12岁即拜南拳名流严克习武，后拜大庸北拳名师郭玉堂为师。刘盘铭苦练一生，轻功能凌空手擒麻雀，登山生擒山麂；重功能掌劈巨石，头撞石壁。曾多次与人交手，均所向披靡。在重庆国术馆任教时，遇一镖师摆擂，一连胜了数人，自吹天下无敌。刘盘铭本不想与他交锋，却见不得他的骄横，决意一试。几个回合下来便将镖师击败。镖师倒也爽快，当即跪拜说："匹夫走遍湘鄂川黔，先生为第一人也！"不惑之年，刘盘铭慕杜心五之名，专程赴长沙求教。杜心五在看了刘盘铭的身手后赞道："果然出手不凡，硬功在我之上。"别时，杜心五赠他一对子母球，小的二十斤，大的六十斤。新中国成立后，刘盘铭因对政府政策不明，离乡出逃，1954年腊月末病逝。

余愿学

余愿学（1890—1927），字谷承，号富海，今桑植县澧源镇人，北伐军团长，南昌起义军副师长。

余愿学12岁时以优异成绩考入当时桑植县最高学府——澧源书院就读，1916年进入省立二师，因家境贫寒，只读一年便辍学。1918年入贺龙在桑植创办的“农民自治讲习所”学习；1923年春，贺龙送他入云南陆军讲武堂深造。1925年，余愿学从云南讲武堂毕业归来，在贺龙于湖南澧州开办的军官教导团任营级教官。1926年任营长，随贺龙部由铜仁出师北伐入湘时，受命到桑植扩充队伍，动员胞弟等几十位青年投身革命。1927年随贺龙北伐，升任团长。曾参加贺龙指挥的南昌起义，在起义军撤离南昌，开拔广州、瑞金的南征途中，已是教导师副师长的余愿学为左路纵队开路先锋。在壬田与阻敌激战中身负重伤，第二天就牺牲了，年仅37岁。余愿学自跟了贺龙，不论顺境逆境，从未动摇，直到生命的最后一刻还告诉身边的人员，要跟共产党，实行马氏学说，继续跟贺军长干。

覃子斌

覃子斌（1891—1944），今永定区关门岩乡三潭坪人，抗日湘军团长。

覃子斌18岁加入湖北新军。参加武昌起义时，孤身潜入府衙，刺杀衙吏。辛亥革命胜利后，被派往云南讲武堂学习军事，结业后到上海、天津、沈阳等地从事反对袁世凯复辟帝制的民主革命。1918年加入湘军。北伐战争时升任连长，1928年升任营长。直奉战争时在山海关作战负伤。1936年伤愈后被派往黄埔军校高等教育班学习，毕业后晋升为一九八师五九四团团长。1938年8月，覃子斌率团随一九八师进驻湘西北剿匪，安定抗战后方。1939年3月，开赴抗日前线，参加粤北会战。1943年，一九八师编入远征军，驻防云南怒江。期间覃子斌曾被派往同盟国在印度兰伽设立的训练营接受训练，半年后结业回部队。1944年5月，远征军开赴缅甸，一九八师奉命配合三十六师攻占日军五十六师团占据的高黎贡山北的重要据点北斋公房。战斗异常惨烈，双方伤亡惨重。覃子斌亲率五九四团迂回到敌人主阵地侧背，从悬崖陡壁上附藤攀援，仅有两百多人登上山顶，摧毁了敌人的防御工事。在最后攻击敌指挥所时，覃子斌不幸身负重伤，仍坚持指挥，直到看到国旗在北斋公房山顶飘扬，才被抬下火线救治。其时，远征军司令部已晋升覃子斌为一九八师副师长，授陆军少将衔。6月6日，任命书送达部队时，覃子斌因流血过多为国捐躯。远征军司令卫立煌闻噩耗深为痛惜，特派专车拟将灵柩送回南岳，举行国葬。车到中途电传南岳已被日军占领，遂将灵柩送原籍大庸县。国民党大庸县政府为他举行了隆重的追悼会，遗体安葬于东门坪先农坛。

彭玉如

彭玉如（1892—1953），又名彭贤明，今桑植县瑞塔铺镇彭家岗人，修建从竹叶坪到杉木桥七十多华里山路的倡议者和组织者。

1921年，因生活所迫，彭玉如只身前往澧县，给时任澧洲镇守使的唐荣阳当护卫兵。他做事忠实可靠，且作战勇敢，得到唐的器重。一次上司来唐部视察，途中被当地土匪围困，彭玉如奉命带几个弟兄拼死拼活救出长官。事后唐升任师长，彭玉如也被提升为团长，驻防慈利江垭。1926年，彭玉如从江垭经赵家岗、竹叶坪回家探亲，亲身感受到路途险峻难行，来往商旅十分不便，由此产生了修路的念头。返回部队后，彭玉如立即召集慈桑沿途各区、乡长会议，号召大家有钱出钱，无钱出力。当时慈利的马营长企图阻挠，彭玉如将其撤职，并亲自做群众的工作。动工后，他经常到工地视察，并带着酒肉慰劳民工。经过一年多的努力，从竹叶坪的三潭沟到杉木桥，全长七十多华里的山路修通了，并全部铺上一米多宽的青石板。为了方便行人，还特地在茅花界的铜锣碑旁建一凉亭，安排人常住此地施舍茶水，沿途乡民无不称赞。1931年，刘芳惠为了扩充自己的势力，以彭玉如“不剿共，有共党嫌疑”为由，逼其缴枪。彭玉如为了全团官兵的性命，未作反抗，只身潜逃长沙避难。1942年，彭玉如返回老家桑植县瑞塔铺，不久被县政府委以二区区长职务。1953年去世，享年61岁。

吴虎臣

吴虎臣（1895—1932），原名富成，今慈利县杉木桥人，红四军团长。

1923年，吴虎臣入澧州镇守使唐荣阳部当兵。1924年贺龙率部攻打唐荣阳时，吴虎臣趁机拖走十余人抢回杉木桥。1926年夏，贺龙部驻杉木桥，吴虎臣取出所藏枪支投奔贺龙，被任命为队长。从此，他跟随贺龙参加北伐和南昌起义，历任队长、连长、营长。1927年9月，南昌起义部队南下时与强敌激战，部队被冲散，吴虎臣与吴玉堂因与部队失去联络，辗转回到杉木桥原籍。1928 年 3 月，贺龙、周逸群在桑植发动起义，吴虎臣闻讯后与吴玉堂、吴子玉等兼程赶到桑植，参加工农革命军，贺龙任命吴虎臣为特务队队长。这期间，贺龙的部队在低谷时一度只剩下 91 人 72 条枪，但吴虎臣毫不动摇，坚定地跟随贺龙坚持斗争。1929 年 7 月，吴虎臣任红四军独立第二团团长，第二年调任第二路第十二团团长。7 月，红四军改为红三军，吴虎臣任红三军四师第十二团团长。1932 年，吴虎臣调任红三军第七师十九团团长。这时，蒋介石调动十万兵力“进剿”湘鄂西根据地。吴虎臣团奉命防守湖北监利县周老嘴，敌人以四个纵队的兵力进攻红军阵地。吴虎臣率部多次击退敌人的进攻，最后在激战中不幸中弹牺牲，时年 37 岁。新中国成立后，吴虎臣被县人民政府追认为烈士。

庹悲亚

庹悲亚（1895—1982），今永定区人，大庸的文化名人。

庹悲亚一生致力于教育事业和诗词创作，捐资办学，培育人才。1927 年 8 月，经慈利县吴恭亨介绍，庹悲亚参加柳亚子组织的“南社”诗社，嗣后又在大庸创办“天门诗社”，并和社友们一道进行诗歌创作。他的作品在国内有一定的影响，如其早年所著的《淡默轩丛稿》得到了孙科的题签，由上海商务印书馆出版发行，后来还在报上转载。他看到《百家姓》中很多姓氏没能收入，就对中国姓氏广泛收集，深入研究。经过多年工作，终于在 1944 年编纂出《新注千家姓》，被当时大庸人赞为“一家新作”。1948 年，庹悲亚受聘为湖南文献委员会顾问，参与编辑《湖南省志稿》。1952 年受聘为湖南省湘西苗族自治区文物普查委员会委员。1982 年去世，享年 87 岁。

李云卿

李云卿（1896—1928），本名李大力，今桑植县南岔人，红四军团长。

李云卿 17 岁时参加“袍哥”，排名“老幺”。在“袍哥”组织中与贺龙相识、交好，因同庚（1896）同名（云卿），遂结拜为“老庚”。1916 年 3 月，贺龙刀劈芭茅溪盐税局后在洪家关聚义，李云卿闻讯赶到洪家关参加聚义，从此从戎。贺龙任靖国军第五军营长时，李云卿任排长。1925 年贺龙任澧州镇守使，李云卿任第三团营长。1926 年贺龙率部北伐，为稳住后方，特遣李云卿等可靠军官回桑植。在贺龙大姐贺英的帮助下，李云卿在桑植拉起了一支几十人的队伍。1928年3月，贺龙、周逸群回到桑植洪家关，组织武装，李云卿率部参加工农革命军，任工农革命军第二团团长，参加了4月举行的桑植起义。是年7月，在掩护主力红军转移时不幸牺牲，年仅32岁。新中国成立后，人民政府追认李云卿为革命烈士。

田祚兰

田祚兰（1896—1939），字孔漪，女，今永定区西溪坪中坪村人，旧大庸县第一个女大学生。

田祚兰十几岁就熟读四书五经、唐诗宋词、部分古典文学名著。18岁时，考入九澧女子师范，3年毕业后留校任教。第二年，辞去九澧女师职务，回乡办学。田祚兰一边教学，一边自修功课，准备升学。1921年，考入东南大学，1925年毕业，成为大庸县第一个女大学生。毕业后，她先后到武汉、长沙、慈利中学教国文课。1928年任九澧女师校长，1931年又任长沙民本女子职业学校校长。抗日战争爆发后，田祚兰返家养病，1939年去世，年仅43岁。

刘泽民

刘泽民（1896—1984），今慈利县金岩乡人，皮肤病学专家。

刘泽民少年时代读完基督教会创办的小学和中学。1916年被教会选送湘雅医校读书，1923年毕业，获博士学位。后在津市教会开设的津兰医院任医务主任。1928年回湘雅医校从事内科临床和教学工作。抗日战争期间，刘泽民被任命为沅陵湘雅医学院院长，兼任湘雅护士学校校长。1947年赴美国得克萨斯州州立医学院深造，致力于皮肤病学的研究。回国后筹建了湘雅医学院皮肤病学教研组，从此开始皮肤病学的研究生涯，并为之献出毕生精力。新中国成立后，刘泽民因工作出色，曾多次被评为院、市、省医药卫生先进工作者，被推荐为长沙市政协委员、常委。1984年1月1日病逝，享年88岁。

贺桂如

贺桂如（1897—1929），桑植县洪家关人，红军团长。

1916年3月，贺桂如参加贺龙刀劈芭茅溪盐税局，从此就一直跟随贺龙从事革命斗争。始为贺龙警卫，1925年被提升为团长，随贺龙参加北伐和南昌起义。南昌起义军南下失散后，贺桂如带了七十多人枪回到家乡，重新拉起队伍。1928年3月，贺龙、周逸群等回到洪家关，创建湘鄂西革命根据地，贺桂如立即率部受贺龙指挥，参加工农革命军，被任命为团长。贺桂如跟随贺龙转战桑、鹤一带，参加了一系列反围剿的战斗。1929年9月，敌两万余人向桑植进犯。红军向桑鹤边界转移，贺桂如所部在庄耳坪与尾追之敌接火，战斗中，贺桂等二十多人牺牲。新中国成立后，贺桂如被人民政府追认为革命烈士。

吴宪猷

吴宪猷（1898—1927），慈利县杉木桥人，大革命时期中共湖南区委农运领导人。

吴宪猷1923年考入慈利县立中学，1925年考入长沙群治大学，次年加入中国共产党，同年底在中共湖南区委工作。1926年10月被派往桃源县领导农民运动，任中共桃源县特支委员会书记。时有土豪劣绅李菊叔、高丕绩、李郁芬三人称霸乡里，鱼肉百姓，被称为“桃北三虎”。吴宪猷将“三虎”押解到县，组织特别法庭审判，并在县城召开公审大会，将他们处决。长沙“马日事变”之后，1927年5月4日，反动军队李弦的一个营袭击桃源县城，县党部被烧，总工会、农协会受围攻，不少革命者和无辜人民惨遭杀害。吴宪猷藏匿于问津医院，26日被搜出，旋遭杀害，时年29岁。

田奇瑰

田奇瑰（1899—1975），今永定区西溪坪彭家巷人，著名地质学家。

宣统元年（1909），田奇瑰入嵩梁书院学习四书五经；1914年考入长沙一中，学习新学和理化学科；1919年考入北京大学地质系。大学期间，因成绩优异，曾连续三年获湖南省教育厅奖学金，中国地质学会破格接收他为学生身份的会员。1923年毕业后，在北京、上海地质调查所当实习员、技佐。1929年回湖南，参与地质所的开创工作，历任技正、所长、中央研究院地质研究员、湖南大学矿冶系教授。1934年第一个获得“赵亚曾”地质科学研究辅助奖（国家级），1939年获得首届“丁文江”地质科学奖（国家级）。自1926年起到1948年，先后出版发表五六十部中、英文科研巨著和上百篇论文。1949年长沙和平解放时，田奇瑪毅然与各界人士联名通电全国，拥护中共的领导，并领导地质调查所全体工作人员保护国家财产，使数万元的仪器设备完整地归属新中国。当年10月1日，他应中央邀请，到北京参加中华人民共和国开国大典。此后，为了适应地质事业发展的需要，田奇瑪离开科研机构，从事地质技术管理工作，先后出任中国地质工作计划指导委员会委员、全国矿产储量委员会副主任兼工程师和中国科学院专门委员、中科院地质学部委员、中南地质调查所所长、地质部中南局副局长兼特级总工程师、地质部地矿司副司长兼总工程师等职务。1957年加入中国民主同盟，1959年当选为全国政协第三届委员会委员，1964年当选为第三届全国人大代表。曾两次被派遣随何长工部长出访匈牙利，并曾奉派赴越南民主共和国任援越专家组组长。1960年苏联专家撤走后，田奇瑪负责全国储量委员会重大技术问题的决策，两次被评为地质部全国先进工作者，受到毛泽东的接见。晚年，病中的田奇瑪也没有停止过对我国的地质和地质工作的思考和研究。地质部部长、他的老师李四光曾赞誉他是对湖南地质有特殊贡献的地质学者。1975年9月，田奇瑪病逝于北京。

彭玉珊

彭玉珊（1900—1928），原名辉琚，又名建新，今桑植县瑞塔镇杨家村人，桑植县早期中共党员。

1919年，彭玉珊曾入贺龙在桑植县城创办的“农民自治讲习所”学习，始接受进步思想。1920年在县城读高小，1921年转入常德省立第二师范，在校期间，曾因参加反帝反封建学生运动受到学校记过处分。1925年，贺龙任澧州镇守使时，贺龙要他去广州“国民革命军第二军官学校”第二期深造，并送给他一百块光洋做资费。在军校里，彭玉珊由教官李六如介绍加入中国共产党，成为桑植县第一个中共党员。1927年“马日事变”后，彭玉珊在武汉参加共产党改编的由中央军校学生组成的独立师第一团任营长，驻武汉关帝庙，率部与国民革命军叛军夏斗寅部浴血奋战。1928年，彭玉珊随部队从湖北宜昌开往岳州，进驻益阳、常德。进到沅陵一带时被人认出告密，军法处将其秘密拘捕，后因找不到充足的证据而释放。不久，因作战勇敢被提升为团部副官。一个月后，一个姓罗的副团长（地下党员）被捕叛变，供出彭玉珊，彭玉珊第二次被捕。受审期间，敌十三军岳师长见彭玉珊才华出众，曾多次找他谈话，只要他承认是共产党员，在报上公开发表声明，今后不干了，不仅可以无罪释放，而且还可以委以政治部主任。彭玉珊不为所动，严词拒绝。敌人始终没有从他口里得到一丝情况，是年 8 月 29 日将彭玉珊杀害于常德小西门外。

卓 炯

卓炯（1908—1987），慈利县国太桥人，我国社会主义商品经济理论的开拓者。

卓炯 1924 年考入湖南省立第二师范学校初级班，1926 年冬毕业后参加国民革命军总司令部学兵团。宁汉分裂后因病回家。1929 年就读省立三中高中师范科，曾被怀疑为“异党分子”而逮捕入狱。1931 年考入中山大学教育系，后转入社会系，攻读政治经济学。1935 年大学毕业获社会学学士学位。同年秋入广东学海书院，攻读研究生，研究明史。1938 年参加共产党的外围组织——广东民族抗日先锋队，1939 年加入中国共产党。1941 年回中山大学任教，先后任讲师、副教授，与王亚南共同钻研《资本论》。1946 年被国民党列入黑名单，组织通知他转移到香港，后侨居泰国曼谷，任南洋中学校长兼中共支部书记。1948 年 9 月回国，在云南参加地下党组织的人民武装斗争。次年 3 月任云南省人民反蒋自卫军第二纵队政治部主任。中华人民共和国成立后调中共华南分局政策研究室工作。1950 年 5 月任南方大学第一部主任。1953 年任中共华南分局宣传部学习室副主任。1954—1958 年任中共广州市委宣传部理论教育处处长，致力于社会主义政治经济学的研究，先后写出《政治经济学学习提要》《十大经济政策解说》等专著，提出计划经济的基础是商品经济和商品价值规律。1958 年，卓炯调任中共广东省委党校政治经济学研究室主任。1960 年，广东省组织社会主义政治经济学编写组，卓炯任副组长，后因在前言中阐发物质利益原则而被撤销副组长职务，但他仍把商品经济作为研究的课题。经过深入研究，他得出“社会分工决定商品生产的存亡，而所有制形式只能决定商品生产的社会性质和特点”的结论，进而得出社会主义经济是有计划的商品经济的论点。卓炯的观点触犯了当时的舆论，被指责为“修正主义”，受到严厉批评，“文化大革命”期间因此而被关进“牛棚”。1973 年复出后任广东省哲学社会科学研究所副所长兼经济研究室主任。1979 年任广东省社会科院副院长，又继续致力于商品经济研究，先后出版发表了一批商品经济和经济体制改革的专著和论文。特别是 1986 年在一次研讨会上提出了“商品经济不等于资本主义，计划经济不等于社会主义”两个著名的不等式。卓炯的商品经济理论逐步地得到学界和社会的认同。从 1982 年开始，《中国社会科学》《光明日报》《广州社会科学》《广州日报》等十多家报纸杂志发表三十多篇文章和报道，评价卓炯的商品经济理论和治学精神，称卓炯是社会主义商品经济理论的开拓者。1985 年 6 月，在广州召开的“卓炯商品经济理论研讨会”上，全国经济理论界充分肯定了卓炯的商品经济理论；同时，他被广东省人民政府授予特等劳动模范称号。1986 年，中共广东省委授予他优秀共产党员称号。1987，卓炯被选为广东省参加中共十三次代表大会代表；同年 6 月 24 日因心脏病逝世，享年 80 岁。

田运干

田运干（1910—1960），今永定区西溪坪乡彭家巷人，医学博士。

田运干出生于农民家庭，幼读私塾。1926 年考入长沙岳云中学；1929 年毕业后考入湘雅医学院研习西医。1934 年毕业后到南京铁路职工医院任医师，其医术颇受时人称道。更因治好了当时侨居南京的一些美国侨民的疾病，1936 年被美国康州大学医学院授予荣誉医学博士学位。抗日战争爆发后，田运干离开南京回到湖南，参加中国红十字会医疗队，上前线救护抗日战士。1938 年回老家在大庸县城开办协和医院。抗战胜利后，田运干到长沙与族孙田开惠合办协和医院，自任院长和内科、小儿科主治医师。1949 年 8 月，在中共地下党的思想影响下，拥护长沙和平解放，积极参加迎接解放工作。新中国成立后，田运干被省人民政府任命为卫生厅科长，参与省卫生厅的筹建工作。不久调任省防疫大队任大队长。抗美援朝开始，他将协和医院价值数万元的财产捐献给国家，并参加抗美援朝中南医疗队，任第二医疗队队长，赴朝救护伤员。朝鲜停战后，田运干回国任湖南省康复医院（干部疗养院）副院长，1957 年调任湖南省寄生虫病研究所所长。1959年“反右倾”运动中受冲击，下放农村劳动。1960年8月病逝。

赵世柱

赵世柱（1913—1947），慈利县高桥人，人民解放军骑兵团团长。

赵世柱1934年11月参加红军，历任班、排、连长，长征到达陕北后，被派往山西太行山抗日根据地，历任参谋、营长、大队长，抗战八年先后五次负伤。抗战胜利后随军接管东北，任辽吉一分区二十五团副团长，后任十三团副团长。1947年秋，人民解放军曾三打康平，展开敖力堂子战斗，每次都由赵世柱率部担任主攻。赵世柱亦以英勇善战著称。同时8月18日，赵世柱与昌图县委负责人带领部队偷袭金家屯，当接近敌阵地时，敌人集中火力反击，赵世柱中弹牺牲，年仅34岁。

张友桃

张友桃（1916—1959），又名桃妹，今永定区红土坪栗山人，刘三姐式的民间歌手。

张友桃7岁丧母，12岁给人当童养媳（男方不满一岁）。18岁时逃婚出走，跟人到处唱歌为生。被抓回后交给她的叔叔处治。叔叔问她为何要逃婚。张友桃哭诉道：“十八女配六岁郎，又当妻子又当娘，睡到半夜喊娘亲，叫我怎么做她娘！”叔叔责备她逃婚出走是“一娼二疯，败坏门风”。张友桃洒泪唱道：“藕卧污泥心中空，没败清河好门风；我唱歌是糊嘴巴，一没娼来二没疯。我的幺幺（即叔叔）我的伢（即父亲），侄女没有犯王法；前头乌龟爬开路，后面乌龟跟路爬。”张友桃的祖母也是给人做童养媳后逃婚出走后与张友桃的祖父结婚的。这首歌触动了祖母的旧恨，祖母便放起泼来：“要杀张桃妹，先把我杀了，我也是走脚逃到这里的。”叔叔没法，只好放了张友桃。此后张友桃四处游乡唱歌，交友参师，知识面更宽，歌技水平大增。她辗转于沅陵、桃源、常德、慈利、泸溪、溆浦、辰溪各地摆擂台赛歌，竟无人能胜。张友桃还常以唱歌给人排难解纷。一次路遇几个抹着花脸的土匪抢劫一老汉，将老汉捆在树上，要挑老汉的大米走。张友桃即唱歌劝说。几个土匪放下担子，放了老汉。还有一次，慈利一唐姓、龚姓豪绅各带四百多人枪在张三溪械斗，双方死伤了几十人仍不罢手。张友桃听说后赶到现场，再次用歌声劝说。唱到下半夜，参加械斗的一般群众都被唱走了，只剩下几个头头，一场械斗就这样结束了。张友桃还用她的歌声讽刺、鞭挞地方上的丑恶。宣坪乡有一个叫刘秀生的地主，平时就对佃户敲诈勒索，甚至挑选佃户中长得漂亮的姑娘作“使女”，供其玩弄。一日，刘秀生三代同日做寿，请了二十几名歌手唱寿歌，张友桃是主角。她对刘氏祖孙父子恨之入骨，于是在歌中唱道：“刘氏秀生乐悠悠，三代同堂作高寿；一家三代生无底，满门儿孙午出头。”众人听后无不捧腹大笑。张友桃无事不歌，无日不歌，受到沅、澧两岸穷苦人民的尊敬与爱戴，1950年被选为人民宣传员，1956年出席了全省民间文学座谈会，并被选为全国妇女联合会的代表。1959年5月，张友桃因患脑溢血逝世，年仅43岁。

黎　瑜

黎瑜（1917—1986），慈利县庄塌人，人民解放军军分区司令员。

黎瑜1935年7月参加红军，随即参加长征。1936年加入中国共产党，红军时期先后任通讯员、排长、副指导员、连长；抗日战争时期历任连长、营长、支队长、大队长。参加过平型关战役和百团大战。1941年4月参加抗日决死队，任营长。解放战争时期先后任团长、五十一军政治干部学校政治委员。全国解放后，1955年被授予三级八一勋章、二级独立自由勋章、三级解放勋章。先后任湖北军区军政干部学校政治委员，湖北郧阳军分区、河南许昌军分区、河南商丘军分区副司令员、代司令员。1960年率许昌地区民兵代表团出席全国民兵工作先进代表大会，受到中央领导的接见。1982年离休，享受副军职待遇。1986年4月因病于北京逝世，享年70岁。

向汉生

向汉生（1919—1972），慈利县三合口人，人民解放军省军区副司令员。

向汉生1935年参加红军，并随部队参加长征。抗日战争期间历任连长、参谋、营长，参加过平型关战役和百团大战。解放战争初期，先后任支队长、团长。1950年调总参谋部工作，次年任炮兵二十二师二〇四团团长，参加抗美援朝战争，1952年任炮兵二十二师干部部部长，曾参加上甘岭战斗。1955年回国后在锦州五十七速成中学学习一年。1956年任炮兵三十一师副师长。1957年进炮校学习一年，1958年任炮兵十五师副师长。1962年起，赴福建前线四年。1965年任平凉军分区司令员。1969年调武都军分区任司令员。1972年任甘肃省军区副司令员。7月赴兰州参加会议途中因车祸逝世，年仅53岁。

廖汉生

廖汉生（1911—2006），桑植县桥自弯人，无产阶级革命家，新中国开国中将。

廖汉生1928年3月即参加贺龙发动和领导的工农武装斗争。1933年5月任湖北鹤峰县第四游击大队副大队长，7月调任红三军书记员，并加入中国共产党。在红军先后担任军政治部秘书、七师党务委员会书记、九师政治委员，参加了黔东苏区的创建。红二、六军团会合后任红二军团六师政治委员。1935年春任红二军团政治部组织部部长，11月从桑植出发长征。抗日战争期间，廖汉生任八路军一二〇师三五八旅七一六团副团长、政治委员，参加过雁门关、晋西北、滑石片等著名战斗。1939年4月任独立第二旅副长、代理旅长。参加过齐会歼灭战。1940年重任七一六团政治委员，参加了晋西北夏季反“扫荡”战役和百团大战。1941年入延安八路军军政学院、政治学院学习，1942年入中央党校学习。1943年任党校第二、第四部组织教育科科长，后任三五八旅副政治委员。1944年10月任八路军南下支队第五干部大队政治委员，重返洪湖，任新四军第五师第三军分区政治委员兼中共襄南地委书记。抗日战争胜利后，廖汉生任江汉军区副政治委员、政治委员兼中共江汉区委书记。1946年4月调北平军调处执行部工作。解放战争期间，廖汉生任晋北野战军副政治委员。1946年11月任晋绥野战军第一纵队政治委员。1947年3月先后担任陕甘宁野战集团军副政治委员、西北野战军第一纵队政治委员。1949年2月任中国人民解放军第一军政治委员，9月任青海省军政委员会主任。新中国成立后，廖汉生任陆军第一军政治委员兼青海军区政治委员、中共青海省委副书记、省人民政府副主席。1952年起历任西北军区政治部主任、副政治委员、党委第五书记。后主持西北军区工作。1954年任国防部副部长。1955

年入解放军军事学院战役系学习，1957 年任军事学院院长。1960 年 1 月至 1967 年 1 月任北京军区政治委员、党委第二书记、中共华北局书记处书记。“文化大革命”期间受迫害。1973 年重新工作，任军事科学院政治委员。1975 年 2 月调任南京军区政治委员。1977 年 8 月任中央军委委员，同年 9 月任南京军区第一政治委员。1980 年 1 月任沈阳军区第一政治委员。1983—1993 年，廖汉生担任第六、第七届全国人大常委会副委员长，并兼任全国人大外事委员会主任委员。廖汉生是中共七大代表，八届中央候补委员，十一、十二届中央委员，十三、十四大代表，十五、十六大特邀代表；第一、三、四、五、六、七届全国人大代表；第一、二、三届国防委员会委员。1955 年被授予中将军衔。获一级八一勋章、一级独立自由勋章、一级解放勋章，1988 年被授予一级红星功勋荣誉章。廖汉生 2006 年 10 月 5 日 6 时 30 分在北京逝世，享年 95 岁。

（以上资料除“廖汉生”外，均源于《中国土家族历史人物》）

后 记

《张家界市土家语地名诠释》是我和立昆兄通力合作的结果，但我俩所起的作用绝非等量齐观的。其中，土家语地名的认定、遴选以及对土家语汉语义的翻译和诠释由立昆兄独立完成。他于2006年3月起稿，次年10月将第一批手稿交付于我。在我着手编辑后，他又先后两次作了补充，最后一次完成内容补充已经到了2010年8月。此外，为了帮助读者阅读和理解，他还撰写了“导言”，对土家族的源流，以及土家语的特点和一般规律作了概括性的介绍；书中大部分的插图照片也是由他提供的。我所做的工作主要是：撰写“前言”“说明”“后记”“中国土家族简介”“张家界市概况”、各区县及乡镇的简介、“张家界市土家族历史人物选录”；负责全书的审改、编辑、打印、校对；组织资金、联系出版。显而易见，立昆兄所承担的工作是本书的主体，其他工作都是围绕这个主体开展的，如果把立昆兄所承担的工作比作“皮”，那么其他工作就是附在这张“皮”上的“毛”。因此，编撰此书，立昆兄是起主要作用的；如果说我也起了一些作用，那充其量也只是辅助作用。

《张家界市土家语地名诠释》的面世，得到了不少单位和同志的支持和帮助。有提供相关资料的，有赞助出版经费的；张家界诚鑫彩印厂对书稿的打印提供了周到的服务。在此，我代表立昆兄对他们一并表示衷心的感谢！

《张家界市土家语地名诠释》对土家语地名的认定，主要是依据该地名的原始发音，同时佐以该地名所在地的相关历史情况。由于文献资料依据有限，对其中个别地名的定性可能不够准，甚至是错误的，权当为读者解读该地名提供一种新的思路和视角。

《张家界市土家语地名诠释》虽经本人上十次审改，但由于本人文字功底不深，缺乏编辑工作经验，加上对土家语知之不多，书中谬误之处肯定不少，恳请读者谅解，更欢迎行家指正。

尚立昕

2015年12月

图书在版编目(CIP)数据

张家界土家语地名诠释:全3册/尚立昆,尚立晰编著. —北京:民族出版社,2016.4

ISBN 978-7-105-14321-4

Ⅰ.①张… Ⅱ.①尚… ②尚… Ⅲ.①土家语—地名—研究—张家界市 Ⅳ.①K926.43

中国版本图书馆CIP数据核字(2016)第090798号

策划编辑:覃代伦

责任编辑:于玉莲 康厚桥 向 阳

封面设计:金 晔

出版发行:民族出版社

地　　址:北京市和平里北街14号

邮　　编:100013

网　　址:http://www.mzpub.com

印　　刷:北京佳顺印务有限公司

经　　销:各地新华书店

版　　次:2016年5月第1版 2016年5月北京第1次印刷

开　　本:787毫米×1000毫米 1/16 字数:960千字

印　　张:55

定　　价:108.00元

ISBN 978-7-105-14321-4/K·2508(汉1399)

该书如有印装质量问题,请与本社发行部联系退换

汉文编辑一室电话:010-64271909　　发行部电话:010-64224782